中国铁建年鉴

CHINA RAILWAY CONSTRUCTION CORPORATION LIMITED YEARBOOK

2023

《中国铁建年鉴》编委会 编

图书在版编目（CIP）数据

中国铁建年鉴. 2023 / 《中国铁建年鉴》编委会编. 北京：中国经济出版社，2024. 7. -- ISBN 978-7-5136-7828-5

Ⅰ. F532.3-54

中国国家版本馆CIP数据核字第20243FK061号

中国铁建年鉴（2023）

策划编辑：李祥柱
责任编辑：李玄璇
责任印制：马小宾

出版发行：中国经济出版社
承　　印：北京富泰印刷有限责任公司
经　　销：各地新华书店
开　　本：787mm × 1092 mm　1/16
印　　张：51.25
插页印张：3.25
字　　数：1700千字
版　　次：2024年7月第1版
印　　次：2024年7月第1次印刷
定　　价：300.00元
广告经营许可证：京西工商广字第8179号

中国经济出版社　**网址** www.economyph.com　**社址** 北京市东城区安定门外大街58号　**邮编** 100011
本版图书如存在印装质量问题，请与本社发行中心联系调换（联系电话：010-57512564）

《中国铁建年鉴》编委会

编 辑 工 作 人 员

编 辑 说 明

一、《中国铁建年鉴》是一部概览中国铁建系统各方面情况的综合性、资料性工具书，1993年创刊，本期年鉴为第31卷。全书全面、系统地反映2022年度中国铁建的基本概貌、改革发展、施工生产、经营工作、科技创新、党群工作等方面取得的新成果、新经验以及重要活动信息。

二、本年鉴记载时间跨度为2022年1月1日至12月31日，内容采用文章、条目、图片、表格等表现形式。年鉴体例采用分类编辑法，全书由类目、分目、条目3个层次组成，个别类目如“工程施工”“党的工作”为表述清楚设次分目。本期年鉴共计17个类目，类目下设分目79个、次分目54个、条目1718条、表格57份、文章8篇。

三、本年鉴注重图片资料收录，以彩页和压题、补白的形式编录，力求全书图文并茂地反映企业的发展历程。

四、本年鉴稿件由中国铁建总部各部门及所属各单位提供，并经其主管领导审核把关。年鉴文章、条目、图表中涉及的一些数据，是不同口径、不同渠道提供的，如有矛盾之处，应以经营和财务资金部门提供的数据为准。

五、本年鉴根据行文实际需要，单位名称全称和简称并用。

六、本年鉴卷首有详细的目录，卷末有按汉语拼音顺序排列的主题分析索引，文中所有信息均可由目录、索引、书眉检索。

七、本年鉴坚持“质量第一、读者第一、服务第一”的宗旨，篇幅适当、内容丰满、信息密集、数据翔实，且数据信息图表化，注重实用功能和数据对比分析，为读者了解、认识、研究中国铁建提供真实可靠、可鉴、可用的翔实资料。从年鉴内容到格式，均按中国制定发布的与编辑、校对有关的法律、法规、标准和规范的有关规定进行规范。为进一步提高编纂质量，诚盼读者提出宝贵意见。

八、《中国铁建年鉴》的编辑出版，得到中国版协年鉴工作委员会、中国经济出版社和兄弟单位的指导、帮助，得到中国铁建系统各级领导、部门的关心、支持，得到各单位史志工作者的密切配合，我们在此一并致谢。

2022年7月8日，国金铁建重庆渝遂高速公路封闭式基础设施证券投资基金在上海证券交易所上市。（赵 爽 提供）

2022年6月16日，中铁第五勘察设计院集团有限公司与生态环境部环境规划院在北京签订EOD联合研究中心合作协议。（王 舒 提供）

2022年1月27日，中国铁建党委书记、董事长汪建平（右二）到中铁十四局集团有限公司北京东六环改造项目，开展“护航冬奥”施工现场安全生产百日攻坚专项行动安全检查。

（宗　悦　摄）

2022年1月27日，中国铁建总裁、党委副书记、执行董事庄尚标（前排右三）到中铁建设集团有限公司北京城市副中心项目调研。

（盛京鹏　提供）

2022年7月21日，中国铁建党委副书记、执行董事陈大洋（右排右三）到中铁物资集团有限公司开展专项整治督导。

（王　莹　提供）

2022年3月4日，中国铁建党委常委、执行董事兼总法律顾问、首席合规官刘汝臣（前排右二）到中铁十六局集团有限公司保定市中阳安置区城改项目现场调研。

（郭启昊　摄）

2022年8月19日，中国铁建党委常委、总会计师王秀明（右排右二）到中国铁建港航局集团有限公司调研。

（陈创海　摄）

2022年7月25—26日，中国铁建党委常委、纪委书记李春德（前排右二）到中国铁建重工集团股份有限公司考察调研并开展督促落实“两个责任”集体谈话。（黄　杰　摄）

2022年7月21日，中国铁建党委常委、副总裁李宁（主席台左四）到中铁十四局集团有限公司济南轨道交通4号线项目开展安全生产大检查等专项行动督导工作。

（刘春雨　提供）

2022年1月26日，中国铁建党委常委、副总裁汪文忠（前排右二）到中国土木工程集团有限公司坦桑尼亚中央线标轨铁路五标项目调研。（王亮亮　提供）

2022年8月10日，中国铁建党委常委、副总裁刘成军（右二）到中国铁建重工集团股份有限公司开展专题调研。

（黄星霖　摄）

2022年3月20日，中国铁建党委常委、副总裁王立新（前排左三）到中铁十六局集团有限公司长春轨道交通7号线一期四工区项目援建兴隆山综合保税区方舱医院施工区域考察部署工作。

（刘 娜 摄）

2022年7月11日，中国铁建党委常委、副总裁倪真（主席台左四）到中国铁建港航局集团有限公司开展安全生产大检查。

（陈创海 摄）

2022年7月27日，中国铁建党委常委、副总裁赵佃龙（右二）到中铁十六局集团有限公司长春轨道交通7号线一期工程四工区项目调研。

（王 倩 摄）

2022年7月20日，中国铁建在济南与山东省人民政府签署战略合作协议。
（范少文　摄）

2022年9月22日，中国铁建在南昌与江西省人民政府签署战略合作协议。
（庞曙光　摄）

2022年7月13日，中国铁建在北京与国家电力投资集团有限公司签署战略合作框架协议。（段继新　摄）

2022年9月28日，中国铁建在北京与中信集团签订战略协议。
（肖永顺　提供）

2022年9月15日，中国铁建在兰州与兰州市人民政府签订战略合作框架协议。
（周　鹏　摄）

2022年7月27日，中国铁建在武汉与武汉长江新区管委会签署合作协议。（彭　勇　提供）

2022年8月4日，中国铁建在青海省甘德县江千乡举行的捐赠仪式上，接受协隆村赠送的锦旗。　（杜　娟　提供）

中铁十九局集团有限公司参与援建的尚义县下马圈乡南朝碾村大好河山兔业养殖场。（杜　娟　提供）

中铁十四局集团有限公司参与援建的尚义县旅客服务中心。（杜　娟　提供）

中铁十九局集团有限公司援建的尚义县南朝碾村光伏电站。（杜 娟 提供）

中铁十一局集团有限公司援建的张家口市万全区铁建阳光幼儿园。（林成立 摄）

2022年4月，中铁二十四局集团有限公司在上海按时建成13处方舱医院、隔离点援建项目。（王 康 摄）

2022年3月16日，中铁十六局集团长春轨道7号线项目部驰援长春市方舱建设。（刘 娜 摄）

2022年9月10日，中铁十二局集团七公司高原项目部全体党员来到震区得妥中心小学，与留校师生共度中秋佳节。项目部同志为安置点学生发放水彩笔、图书等学习用品，放映电影《龙猫》，并与孩子们进行有趣的游戏互动和联欢，受到师生们的热烈欢迎。（李向阳 提供）

2022年6月20日，中铁十二局集团贵南高铁3标项目部参与黔桂铁路威明隧道沿线抢险。（周 星 摄）

中铁十二局集团有限公司承建的太古供热项目（古交兴能电厂至太原供热主管线及中继能源站工程）获第19届中国土木工程詹天佑奖。

（肖永顺 提供）

中铁第一勘察设计院集团南方工程咨询监理有限公司监理的柳州市官塘大桥工程获第19届中国土木工程詹天佑奖。

（史玉婷 提供）

中铁十一局、中铁十二局、中铁十六局、中铁十七局、中铁二十二局集团有限公司等参建的新建北京至沈阳铁路客运专线辽宁段工程获第19届中国土木工程詹天佑奖。
（王浩然 提供）

中铁十二局、中铁二十局、中铁二十一局集团有限公司参建的山西中南部铁路通道工程获第19届中国土木工程詹天佑奖。
（黄梦凡 提供）

中铁第一勘察设计院总体勘察设计，中铁十八局、中国铁建电气化局集团有限公司参建的兰渝铁路西秦岭隧道工程获第19届中国土木工程詹天佑奖。
（史玉婷 提供）

中铁二十一局集团有限公司、中铁第五勘察设计院北京铁研建设监理有限责任公司参建的贵阳龙洞堡机场地下综合交通枢纽隧道工程获第19届中国土木工程詹天佑奖。
（郝正荣　摄）

中铁第一勘察设计院总体勘察设计，中铁十八局、中铁二十局集团有限公司等参建的西安市地铁4号线工程获第19届中国土木工程詹天佑奖。
（徐　彬　摄）

中国土木工程集团有限公司承建的巴基斯坦PKM项目（苏库尔至木尔坦段）获第19届中国土木工程詹天佑奖。
（李　彬　摄）

中铁第四勘察设计院、中铁十二局、中国铁建大桥工程局、中铁十七局、中铁十八局、中铁十九局集团有限公司参建的苏州市轨道交通2号线及延伸线工程获第19届中国土木工程詹天佑奖。 （方迎春 提供）

中铁十四局、中铁十六局集团有限公司参建的宁波市轨道交通3号线一期工程获第19届中国土木工程詹天佑奖。 （刘文霞 摄）

中铁建设集团有限公司及其北京工程有限公司、机电安装有限公司承建的北京环球影城主题公园（一期）项目获2022年度中国建设工程鲁班奖（国家优质工程）。
（肖永顺　提供）

中铁十二局集团有限公司及其建筑安装工程有限公司、中铁二十一局、中国铁建电气化局集团有限公司承建的新建北京至雄安新区城际铁路雄安站房工程获2022年度中国建设工程鲁班奖（国家优质工程）。
（张　琛　摄）

中铁十四局集团有限公司承建的成都天府国际机场（T1、T2航站楼、GTC换乘中心及停车楼、旅客过夜用房）工程获2022年度中国建设工程鲁班奖（国家优质工程）。（杨维祥 摄）

中铁十二局集团有限公司承建的广东省仁化（湘粤界）至博罗公路仁化至新丰段TJ14合同段青云山隧道工程获2022年度中国建设工程鲁班奖（国家优质工程）。（黄英波 提供）

中铁二十一局集团有限公司及其第五工程有限公司、第六工程有限公司、路桥工程有限公司承建的新建商丘至合肥至杭州铁路亳州特大桥工程获2022年度中国建设工程鲁班奖（国家优质工程）。
（位冠锋　摄）

中铁建设集团有限公司及其机电安装有限公司、华东工程有限公司承建的盐城先锋国际广场三期酒店写字楼工程获2022年度中国建设工程鲁班奖（国家优质工程）。（赵　洪　提供）

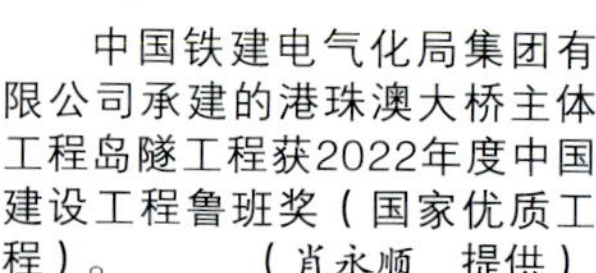

中国铁建电气化局集团有限公司承建的港珠澳大桥主体工程岛隧工程获2022年度中国建设工程鲁班奖（国家优质工程）。（肖永顺　提供）

中铁第四勘察设计院集团及其（湖北）工程监理咨询有限公司、中铁上海设计院集团有限公司、中铁第一勘察设计院集团工程咨询监理有限责任公司、中铁十四局集团有限公司、中铁十六局集团有限公司、中铁建电气化局集团有限公司、中铁十一局集团及其电务公司参建的宁波市轨道交通4号线工程获2022年度国家优质工程金质奖。

（黄松河　提供）

中铁十二局集团有限公司承建的北京大兴国际机场供油工程获2022年度国家优质工程奖。（肖永顺　提供）

中铁十二局、中铁十四局、中铁十一局集团有限公司二公司参建的广东省仁化（湘粤界）至博罗公路新丰至博罗段工程获2022年度国家优质工程奖。

（王观生　摄）

中铁十一局集团有限公司及其城市轨道公司承建的杭州大毛坞—仁和大道供水管道工程获2022年度国家优质工程奖。（周俐杉　提供）

中铁十六局集团有限公司及其三公司承建的杭州湾跨海大桥杭甬高速连接线公路工程（余夫公路至小曹娥互通段）获2022年度国家优质工程奖。（田　杨　摄）

中铁二十四局集团有限公司参建的上海市长江路越江隧道工程获2022年度国家优质工程奖。（盛灿军　摄）

中国铁建股份有限公司、中国铁建股份有限公司华北区域总部、中铁建华北投资发展有限公司、中铁建雄安投资发展有限公司投资建设，中铁十七局、中铁十八局、中铁二十局、中国铁建大桥工程局、中铁城建、中国铁建电气化局、中铁十一局、中铁二十五局、中铁建设、中铁十五局、中铁十四局集团有限公司参建的石家庄市轨道交通3号线获2022年度国家优质工程奖。（刘 琳 摄）

中铁第四勘察设计院、中铁上海设计院、北京铁研建设监理有限责任公司、中铁十五局、中铁十八局、中铁十一局、中铁十六局集团有限公司参建的郑州市轨道交通4号线工程获2022年度国家优质工程奖。图为龙湖南站。

（王浩然 提供）

中铁第四勘察设计院、中铁十一局、中铁十九局集团有限公司参建的武汉市轨道交通8号线二期、三期工程获2022年度国家优质工程奖。

（李秀杰 提供）

中铁第四勘察设计院、北京铁城建设监理有限责任公司、中铁十一局集团有限公司承建的武汉市轨道交通蔡甸线工程获2022年度国家优质工程奖。
（李秀杰 提供）

中国铁建股份有限公司、中铁建南方建设投资有限公司投资建设、中铁第一设计勘察院集团工程监理咨询有限责任公司、中铁第四勘察设计院集团（湖北）工程监理咨询有限公司监理，中铁城建、中国铁建大桥工程局、中铁十一局、中铁二十三局集团有限公司参建的深圳市城市轨道交通6号线工程获2022年度国家优质工程奖。 （刘 斌 提供）

北京铁研建设监理有限责任公司监理，中铁十九局集、中铁二十二局、中国铁建大桥工程局、中铁十一局、中铁十二局、中铁十六局、中铁十七局集团有限公司等参建的新建北京至沈阳铁路客运专线辽宁段工程获2022年度国家优质工程奖。图为蒙古营河特大桥全桥景观。
（黄英波 提供）

北京铁研建设监理有限责任公司、北京铁城建设监理有限责任公司监理，中铁十一局、中铁十七局、中铁二十二局集团有限公司参建的新建大同至张家口高速铁路大梁山隧道工程获2022年度国家优质工程奖。

（徐沛光 摄）

中铁第一勘察设计院集团工程监理咨询有限责任公司监理，中铁十四局、中铁十九局、中铁二十一局、中国铁建大桥工程局集团参建的新建鲁南高铁临沂至曲阜段工程获2022年度国家优质工程奖。

（刘春雨 提供）

中铁第一勘察设计院集团南方工程咨询监理有限公司监理，中铁十一局集团有限公司及其二公司、桥梁公司参建的新建盐城至南通铁路站前工程海安特大桥工程获2022年度国家优质工程奖。

（赵 军 摄）

中铁第五勘察设计院、中铁十五局、中铁十一局集团有限公司参建的新建徐州至淮安至盐城铁路站前工程XYZQ-Ⅲ标徐洪河特大桥工程获2022年度国家优质工程奖。

（李秀杰　提供）

中铁第四勘察设计院集团有限公司勘察设计的新建商丘至合肥至杭州铁路SHZQ-16标水阳江特大桥工程获2022年度国家优质工程奖。（欧　巍　提供）

中铁第一勘察设计院集团有限公司、中铁十二局集团有限公司及其四公司参建的新建银川至西安高速铁路早胜三号隧道获2022年度国家优质工程奖。

（任达禹　摄）

中铁第四勘察设计院集团有限公司勘察设计，北京铁研建设监理有限责任公司监理，中铁十一局、中国铁建大桥工程局、中铁十五局、中铁十二局、中铁十七局、中铁建设、中国铁建电气化局集团有限公司参建的新建武汉至十堰铁路孝感至十堰段综合工程获2022年度国家优质工程奖。（赵 军 摄）

中铁十一局集团有限公司及其五公司承建的渝怀铁路涪陵至梅江段增建二线新圆梁山隧道工程获2022年度国家优质工程奖。（何飞兰 提供）

中铁第一勘察设计院、中铁十一局、中国铁建电气化局集团有限公司承建的新建银川至西安铁路彬县隧道工程获2022年度国家优质工程奖。（杨丙峰 摄）

珠海铁建大厦置业公司、中铁城建集团有限公司及其一公司、中铁建设集团有限公司、中铁建苏州设计研究院有限公司、北京中铁电梯工程有限公司承建的铁建大厦项目主体工程获2022年度国家优质工程奖。（王超杰　摄）

中铁第四勘察设计院集团有限公司勘察设计，北京铁研建设监理有限责任公司监理，中铁十一局、中铁十九局、中铁二十局集团有限公司参建的襄阳东站综合枢纽工程获2022年度国家优质工程奖。（沈正华　摄）

中铁第四勘察设计院、中铁十四局集团有限公司承建的新建上海至南通铁路（南通至安亭段）南通西站等6座站房、生产生活房屋及相关工程HTFJ-1标段南通西站工程获2022年度国家优质工程奖。

（李　宁　摄）

中铁十七局集团有限公司及其建筑公司承建的锦州文化艺术中心建设PPP项目获2022年度国家优质工程奖。
（王秀秀 提供）

中国土木工程集团福州勘察设计研究院有限公司勘察设计，中国土木工程、中国铁建大桥工程局、中铁建设、中铁二十四局集团有限公司承建的尼日利亚航空部阿布贾航站楼工程获2022年度国家优质工程奖。
（闫玉娟 提供）

中国土木工程、中国铁建电气化局、中铁二十四局、中铁二十一局集团有限公司参建的尼日利亚阿布贾城铁一期工程获2022年度国家优质工程奖。
（熊 康 提供）

2022年10月8日，中铁二十局集团有限公司承建的蒙古国最大互通立交桥——奥林匹克立交桥全部建设完工。
（郑选彪 摄）

2022年11月17日，中国土木工程集团有限公司承建的纳米比亚内政与移民部总部大楼竣工剪彩。（徐建涛 提供）

2022年1月17日，阿联酋铁路二期项目C标段主线铺轨贯通。
（谢 锋 摄）

2022年7月29日，中国土木工程集团有限公司承建的赞比亚卡夫河供水项目竣工。
（童　乐　提供）

2022年3月19日，中铁十一局集团三公司参建的匈塞铁路塞尔维亚贝尔格莱德—诺维萨德段正式开通运营。
（马　柯　摄）

2022年8月10日，中国土木工程集团有限公司承建的坦赞铁路纪念园项目举行开园仪式。
（童　乐　提供）

2022年12月18日，卡塔尔世界杯决赛在中国铁建国际集团有限公司承建的卢塞尔体育场进行。（侯镇南 提供）

2022年12月2日（马拉维当地时间），被称为非洲“小奥运”的AUSC（非洲联盟体育理事会）第五区青少年运动会在中铁二十局集团有限公司承建的马拉维格里芬萨德达室内体育中心举行。（陶科宇 提供）

2022年9月8日，中铁十六局集团有限公司承建的郑许市域铁路开通运营。 （王浩然 提供）

2022年6月25日，中铁第五勘察设计院集团有限公司总承包的河北省重点工程、世界首例上跨运营高铁钢桁梁桥——廊坊市交通中心工程主线通车。 （王 舒 提供）

2022年6月16日，中铁十四局集团有限公司等参建的和若铁路建成通车。 （文兴华 摄）

2022年12月29日，中铁第五勘察设计院集团有限公司勘查设计，中铁十一局、中国铁建大桥工程局、中铁十四局、中铁十七局、中铁二十局、中铁二十二局、中铁建设集团有限公司参建的银（川）兰（州）高铁中（卫）兰（州）段开通运营。（索营华　摄）

2022年7月22日，中铁二十三局集团有限公司承建的大瑞铁路（大保段）顺利开通运营。（马鹏飞　摄）

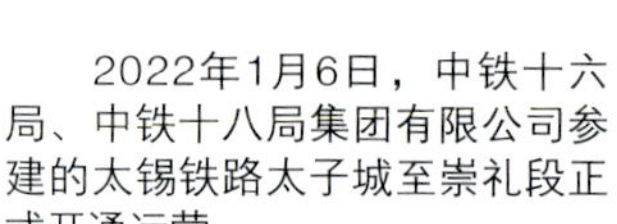

2022年1月6日，中铁十六局、中铁十八局集团有限公司参建的太锡铁路太子城至崇礼段正式开通运营。

（李亚巍　摄）

2022年12月30日，中铁二十四局集团有限公司参建的新建北京至唐山铁路JTZQ—5标段开通运营。 （高志平 提供）

2022年6月20日，中铁十一局、中铁十二局、中铁十五局、中铁十九局、中国铁建电气化局、中铁建设集团有限公司参建的郑州至重庆高速铁路襄阳东至万州北段（简称郑渝高铁襄万段）开通运营。 （曹 昆 摄）

2022年10月15日，中铁十八局集团有限公司承建的天津市重点民心工程生态城塘汉公路联络线（塘汉快速路—中新生态城段）一标段跨蓟运河桥正式建成通车。（王　睿　摄）

2022年6月18日，中铁二十二局集团有限公司参建的朔神高速公路第二标段全线贯通。（翟杉杉　摄）

2022年11月6日，中铁二十三局集团有限公司承建的珠海香海大桥建成通车。（徐 耀 摄）

2022年12月30日，中国铁建昆仑投资集团有限公司投资建设的重庆合川至璧山至江津高速公路合川城南枢纽至璧山西段建成通车。（蒋 婷 摄）

2022年12月14日，中铁十二局集团有限公司参建的312国道完工。（杜 琪 摄）

2022年3月14日，中铁二十三局集团有限公司承建的福建漳武高速公路南靖段建成通车。（高华亮 摄）

2022年3月31日，中国铁建昆仑投资集团有限公司投资建设的云南楚雄至大理高速公路扩容工程（新楚大）顺利建成通车。（龚政旋 摄）

2022年12月7日，中国铁建投资集团有限公司投资建设的运（城）三（门峡）高速公路三门峡公铁黄河大桥连接线工程全线建成。（秦 伟 摄）

2022年12月28日，中国铁建大桥工程局集团有限公司参建的国道G360正式通车运行。 （衣品晔 提供）

2022年9月28日，中铁十四局集团有限公司参建的大广高速南康至龙南段扩容工程顺利建成通车。 （庄新峰 摄）

2022年12月31日，中国铁建港航局集团有限公司承建的九绵高速公路LJ16标段项目正式通车运营。 （顾范平 摄）

2022年9月15日，中铁十二局集团有限公司承建的天津地铁6号线梅林路站至咸水沽西站调整工程获中国铁建杯优质工程奖。（陈 龙 摄）

2022年6月29日，中国铁建大桥工程局集团有限公司等参建的昆明地铁5号线正式开通初期运营。图为世博园站。（于 洋 摄）

2022年12月26日，中铁第五勘察设计院集团有限公司参与设计的青岛地铁4号线正式开通运营。（路 鑫 提供）

2022年7月30日，中铁十四局集团有限公司承建的北京地铁19号线一期景风门站于当日首班车起开通试运营，与既有14号线实现双向换乘。
（张发达 摄）

2022年10月20日，中铁十六局集团有限公司承建的重庆轨道交通环线获2022年度菲迪克工程项目奖。（盛秀龙 摄）

2022年8月6日，中国铁建昆仑投资集团有限公司参与投资建设的国内首条双流制市域（郊）铁路——重庆市郊铁路跳磴至江津线正式开通运营。
（侯 利 摄）

2022年10月26日，中铁十四局集团有限公司参建的亚洲最大断面地下互通立交隧道——海沧疏港通道主线正式通车。

（范少文　摄）

2022年11月28日，中国铁建昆仑投资集团有限公司参与投资，中铁二十五局、中国铁建电气化局集团有限公司参与建设的全球首列全景山地旅游车——云南丽江观光火车一期通车试运行。

（袁国强　摄）

中铁十二局集团电气化公司承建的深中通道项目附属区房建工程（管理中心）。图为深中通道管理中心鸟瞰图

（袁永江　摄）

2022年9月21日，中铁二十四局集团有限公司承建的九江国际网球中心竣工启用。

（史华兴　摄）

2022年7月21日，中铁十七局集团有限公司参建的三江新区东部产业园能源港项目正式投用。（王　丰　摄）

中铁建设集团有限公司承建的商报大厦工程（深圳报业集团新媒体文化产业基地）。（冯友平　提供）

中铁十二局集团有限公司承建的山西省档案馆项目。（毛经纬　提供）

2022年1月17日，中铁十四局集团有限公司参建的商河通用机场举行通航仪式。（张雅婷　摄）

中国铁建电气化局集团一公司承建的灵璧风电项目风电场。（李　磊　摄）

2022年6月29日，中铁十二局集团有限公司承建的贵州省黔中水利枢纽一期工程开始向贵阳市供水。（喻泽华　摄）

中国铁建港航局集团有限公司修建的鱼山二期液化码头8—12号泊位项目。（王永强　摄）

2022年8月5日，中国铁建重工集团股份有限公司研发制造的全球首台纯电动高原型全电脑三臂凿岩台车顺利下线。

（黄 杰 摄）

2022年9月4日，中国铁建重工集团股份有限公司和中铁十八局集团有限公司联合打造的全球首台大坡度螺旋隧道掘进机“北山1号”在长沙第二产业园下线。（黄 杰 摄）

2022年11月29日，中国铁建重工集团股份有限公司和中铁十五局集团有限公司共同打造的全球最大竖井掘进机“梦想号”在湖南长沙下线。

（黄星霖 摄）

2022年1月8日，中铁上海设计院集团有限公司参与监理、中铁第五勘察设计院集团有限公司参与设计的中国首条民营控股高铁——杭州至绍兴至台州高速铁路开通运营。 （马凤军 提供）

2022年9月6日，中铁第四勘察设计院集团有限公司设计的渝厦高铁益阳至长沙段开通运营。 （郑 植 提供）

2022年12月29日，中铁上海设计院集团有限公司总体设计的池黄高铁平湖特大桥顺利合龙。 （马凤军 提供）

中铁二十五局集团房地产公司开发的中国铁建·国际城（柳州）项目 一期A-1地块住宅。
（曾　宇　摄）

中铁建设集团内蒙古景晟发展有限公司开发的中国铁建·景晟学府一期项目。
（邓亚鹏　摄）

2022年8月31日，中铁十四局集团有限公司承建的平度市在建规模最大的安置房项目——秀水东片区改造工程项目21栋高层住宅全部完成封顶。
（陈　强　摄）

中国铁建投资集团有限公司投资开发、中铁第五勘察设计院集团有限公司设计、中铁十八局集团有限公司承建的天津首座“零能耗”被动式建筑——中德天津大邱庄生态城展示中心。 （曾海波 摄）

中国铁建投资集团有限公司投资建设运营的中国首家年画主题特色服务区——成都都市圈环线高速公路德阳至都江堰段（德都高速）绵竹年画特色服务区。 （杜佳丽 摄）

2022年12月9日，中国铁建昆仑投资集团有限公司投资建设的在滇首条自主运营的高速公路——昆明（岷山）至楚雄（广通）高速公路全线正式通车运营。 （赵溪莹 摄）

2022年北京冬奥会和冬残奥会期间，中铁二十二局集团有限公司青年志愿服务队积极投身于服务保障工作。

（段继新　摄）

2022年8月15日，中铁十八局集团有限公司工会为12对新人举办“喜迎二十大，携手伴‘津’生”集体婚礼。

（霍蓓蓓　提供）

2022年3月5日，中铁建华南建设有限公司举办“书香佳人　明媚铁建”汉服阅读活动。

（陈　浩　摄）

目　录

特　载

大 事 记

概　况

董事会工作

工程施工

工程管理

铁路工程

公路工程

海外业务

海外经营

境外工程

经营工作

改革发展

企业管理

经营管理

投资管理

财务管理

审计监事

综合管理

总部政务　行政事务

科技创新

党的工作

综合工作

·总部党务·

组织　人力资源

宣传　文化

·青年工作·

·新闻媒体·

纪检工作

工会工作

·生产宣教·

区域总部

中国铁建股份有限公司华中区域总部

中国铁建股份有限公司华东区域总部

中国铁建股份有限公司华南区域总部

中国铁建股份有限公司西南区域总部

中国铁建股份有限公司西北区域总部

中国铁建股份有限公司工程总承包部

所属单位

中国土木工程集团有限公司

中铁十一局集团有限公司

中铁二十二局集团有限公司

中铁二十三局集团有限公司

中铁二十四局集团有限公司

中铁二十五局集团有限公司

中铁建设集团有限公司

中国铁建电气化局集团有限公司

中铁第五勘察设计院集团有限公司

中铁上海设计院集团有限公司

中铁物资集团有限公司

中国铁建重工集团股份有限公司

中国铁建昆仑投资集团有限公司

中铁磁浮交通投资建设有限公司

中铁建华南建设有限公司

中铁建国际投资有限公司

中国铁建发展集团有限公司

中铁建交通运营集团有限公司

人　物

统计资料

文献辑要

附 录

索 引

2022 年 7 月 22 日,中国铁建召开 2022 年年中工作会议。（段继新 摄）

特　载

锚定高质量 推动新发展 全面加快建设世界一流企业

——党委书记、董事长汪建平在中国铁建 2023年工作会议暨三届三次职工代表大会上的讲话

（摘 要）

（2023年1月15日）

这次会议的主要任务是：深入贯彻落实党的二十大、中央经济工作会、中央企业负责人会议精神，总结2022年工作，分析研判形势，部署2023年任务，团结带领广大干部职工统一思想、坚定信心、接续奋斗，全面加快建设最值得信赖的世界一流综合建设产业集团。

一、2022年企业改革发展和党的建设成效显著

2022年，面对新冠疫情延宕反复、国内经济“三重压力”、全球形势动荡加剧等超预期因素冲击，中国铁建坚持以习近平新时代中国特色社会主义思想为指导，坚决贯彻党中央、国务院、国资委决策部署，全面落实“疫情要防住、经济要稳住、发展要安全”要求，真抓实干、迎难向前，推动企业高质量发展实现新突破。

（一）坚持质效优先，发展态势稳中向好

主要经济指标全面完成。2022年资产总额、净资产均实现两位数增长。质量效益持续向好。“两利”指标均跑赢中央企业平均水平，“四率”指标圆满完成。产业协同发展加速。工程承包、规划设计咨询、投资运营、工业制造、物资物流、绿色环保、军民融合、新兴产业均保持稳增长态势。产业金融创新模式，有力支撑主业发展，国金中国铁建REITs成功上市。房地产应对周期波动，着力化解风险、改善经营状况，行业排名逆市回升。全产业链竞争优势进一步发挥，投建营一体化的产业模式更加成熟。品牌实力持续彰显。世界500强排名跃居第39位、中国企业500强升至第11位，ENR“最大250家全球承包商”稳居第三，首次入围“全球品牌价值500强”百强。获评国务院国资委年度和任期经营业绩考核“双A”及“业绩优秀企业”，荣膺“金紫荆奖”“可持续发展普惠奖”等，公司美誉度、影响力持续提升。

（二）融入战略大局，创新发展步伐加快

科技创新成效显著。坚持科技自立自强，聚合创新资源，搭建创新平台，加大科技攻关和成果转化力度，多项科技创新成果获国家级、省部级表彰，一批科研成果实现产业化应用。绿色发展加速推进。践行绿色理念、“双碳”要求，绿色转型节奏加快，“两新”业务增幅明显，绿色建造、智能建造试点工作扎实推进，4家企业入选工信部专精特新“小巨人”企业。成立国内首家“中碳”字号基础设施产业类公司，“双碳”业务取得实质性进展。数字转型全面启动，“16336工程”全面推进，数字化水平持续提升。“海外优先”坚定不移。践行“一带一路”倡议，创新海外业务模式，推动全产业链出海，巩固拓展海外事业。一系列海外重大工程相继交付投用、一大批“小而美”项目惠及当地民生，《ATO引入干线铁路运营规则制定导则》主导ISO国际标准，诠释“中国建造”“中国标准”，卡塔尔世界杯主场馆卢塞尔体育场惊艳全球，被列为“中阿合作标志性、突破性成就”。考核导向更加鲜明。持续加强对“两新”业务的政策扶持、考核倾斜。聚焦质量效益，初步构建起“中国铁建高质量发展评价体系”，涵盖32项指标，对所属单位的发展质量开展评价，加快推动高质量发展步伐。

（三）收官三年行动，活力动力充分激发

坚持“三可一要”标准，圆满完成各项重点任务，基本实现“三个明显成效”预期目标。公司治理日益规范。修订完善“三重一大”决策制度、党委议事规

则，党的领导深度融入公司治理；强化外部董事履职保障，董事会授权管理不断完善，董事会运作更加规范高效；子企业董事会实现应建尽建、外部董事占多数落实到位。公司被评为“国有企业公司治理示范企业”，信息披露工作连续 9 年被评为 A 级。活力效率切实增强。经理层任期制和契约化管理、公开招聘和全员绩效考核完成率均 100%；管理人员竞争上岗、不胜任退出的比例持续提升；强化中长期激励，建立工资总额差异化调控、超额利润分享机制；完成剥离企业办社会职能，更加聚焦主责主业。资源配置得到优化。推动房地产业务集约化发展，组建交通运营集团，设立新兴业务总部，调整工程总承包部、南方公司职能定位，有效压减法人户数和管理层级，持续推进区域总部去“两化”，加强功能性子企业管理，资源配置效率、市场反应能力得到提升。改革成果推广带动。深化经验总结，选树改革典型案例 39 个。两家“双百企业”改革案例入选国务院国资委《改革样本“双百行动”案例集》，公司混合所有制改革经验在国资系统内交流，起到典型示范作用。

（四）加强综合管理，发展基础持续夯实

加快对标创建。全面贯彻落实“加快建设世界一流企业”战略部署，加强对标研究，出台实施方案，完成管理提升行动工作清单。落地战略体系。加快“十四五”战略规划落地实施，三级战略管理体系更加完备，职能规划、子企业战略规划全部出台，战略分解与年度工作紧密结合，与高质量发展评价体系联动实施，形成战略引领发展、抢抓战略先机的良好局面。夯实基层基础。统筹施工生产与疫情防控，开展在建项目督察，强化终端安全管控，实现全年安全生产事故“双降”目标；加大资源配置，加强项目管理，深化亏损整治，提升三级公司建设水平，生产效能稳步提升，重难点工程项目相继取得突破。推进综合治理。落实合规管理强化年各项要求，扎实开展“严肃财经纪律、依法合规经营”综合治理工作，查风险、堵漏洞、促整改，依法合规经营能力水平进一步提高。完善风控体系。加快“大风控”“大监督”体系信息化运用，“云风控监测中心”上线运行，审计共享中心、信息管理一体化平台加快构建，信息共享和协同机制加快落地，重大风险监测有序开展，企业抗风险能力进一步提升。

（五）坚持强根铸魂，党的优势充分发挥

迎庆宣贯党的二十大贯穿全年。扎实做好迎接、学习、宣传、贯彻工作，参与“奋进新时代”主题成就展。拥护“两个确立”坚定坚决。严格“第一议题”制度，开展习近平总书记重要指示批示精神再学习再落实再提升活动，确保总书记重要指示批示和党中央决策部署在企业落地生根。融入中心工作有力有为。选优配强领导班子，培养选拔优秀年轻干部、专家技师，不断加强人才队伍建设。常态化长效化推进党史学习教育，深化宣传思想文化建设，深入打造“五型工会”，扎实推进“青马工程”，群团工作共建共享。党风廉政建设走深走实。开展整治形式主义为基层减负“回头看”，以作风转变带动工作转变。持续发挥巡视利剑作用，完成党委一届任期内巡视全覆盖。紧盯“关键少数”加强监督，规范领导干部亲属经商办企业，深化“靠企吃企”问题整治，加强境外腐败治理，严格执纪问责。深化“三不腐”一体推进，努力营造风清气正的良好环境。关键时刻彰显央企责任。圆满完成冬奥建设运营和服务保障工作。坚定不移落实“外防输入、内防反弹”总策略，境外员工接返实现疫情零输入，主动参与吉林、上海、香港等地抗疫援建，积极适应疫情转段要求。巩固对口扶贫地区脱贫成果，接续推进援疆援藏援青工作，支持老少边穷地区加快发展。灾难面前不计得失、不讲条件，驰援泸定地震、重庆山火等灾害现场，得到地方政府、人民群众的广泛认可。

二、2023 年工作总体目标要求

从宏观大势看，“时”与“势”总体有利，务必要增强战略定力，坚定发展信心。从行业形势看，“危”与“机”交织共存，务必要保持战略清醒，抢抓发展机遇。从发展态势看，“稳”与“进”相辅相成，务必要做好战略谋划，掌握发展主动。

2023 年工作的总要求是：坚持以习近平新时代中国特色社会主义思想为指导，深入贯彻党的二十大、中央经济工作会、中央企业负责人会议精神，全面落实党中央、国资委决策部署和工作要求，坚持党对企业的全面领导，坚持稳中求进工作总基调，完整、准确、全面贯彻新发展理念，服务加快构建新发展格局，聚焦推进高质量发展，着力提升质量效益，着力优化布局、调整结构，着力深化改革，着力加快动能转换，着力提升本质安全水平，着力强化党建引领，稳增长、强管理、抓改革、促创新、控风险、扬优势，全面加快建设最值得信赖的世界一流综合建设产业集团，以优异成绩检验党的二十大精神贯彻落实成效。

总的目标是：聚焦高质量发展，紧跟国资委“一利五率”新的考核要求，实现“一增一稳四提升”。“一增”，就是确保利润总额增速高于中央企业平均增速；“一稳”，就是资产负债率总体保持稳定；“四提升”，就是净资产收益率、研发经费投入强度、全员劳动生产率、营业现金比率四个指标进一步提升。

要强调的是，国资委将“两利四率”调整为“一利五率”，进一步优化完善中央企业经营指标体系，体现更加注重质量效益，推动国有企业由强而优、由优至大的发展导向。用净资产收益率替换净利润,就是要更加关注权益资本的投入产出效率、创造价值的能力,提升资产使用效率、净资产创利能力和收益水平。用营业现金比率替换营收利润率,就是要更加关注国有资产保值增值,在账面利润基础上更加关注现金流的安全,更加关注可持续发展能力的提升,实现“有利润的收入和有现金的利润”。保留利润总额、资产负债率、研发经费投入强度、全员劳动生产率四个指标,就是要持续关注对经济社会发展的贡献、遏制盲目投资、提升创新能力、最大限度发挥广大职工的价值创造能力,从而推动企业提高盈利水平、全要素生产率,最终实现经营效益的合理增长、发展质量的有效提升。“一利五率”体系指标互相衔接、有效贯通,我们要强化目标管理、量化分解任务,将企业主要生产经营指标与国资委考核体系紧密衔接,进一步压实责任、细化工作措施,用好业绩考核指挥棒,引领发展转型升级。

完成全年工作任务目标,持续提升中国铁建高质量发展能力和效果,全面加快建设世界一流企业,需做到“五个坚持”:一要坚持系统观念。前瞻性思考、全局性谋划、整体性推进,党管国企与依法治企、立足当前与放眼长远、企业治理与建设一流、布局优化与结构调整、做实显绩与厚植潜绩相结合,抓好工作统筹,全面系统推进,让各项工作体现时代性、把握规律性。二要坚持高质量引领。鲜明高质量导向,细化目标管控,持续聚焦质量效益,发挥考核指挥棒作用,让一切工作围绕高质量展开;以精准有效、具体可行、务实管用的考核,促进资源整合、程序契合、工作融合相统一,实现质的有效提升和量的合理增长。三要坚持创新意识。紧跟时代步伐,顺应实践发展,坚持守正创新,不断拓展认识的广度和深度;持续深化科技创新、体制创新、机制创新、管理创新、模式创新,推动实现动力变革、效率变革、质量变革,实现创新驱动发展。四要坚持底线思维。做到居安思危、未雨绸缪,肩负“六种力量”使命,站位“国有企业是中国特色社会主义的重要物质基础和政治基础”,有力防范化解重大风险,做到安全发展、发展安全,保值增值、担责尽责。五要坚持奋斗精神。弘扬伟大建党精神,赓续铁道兵精神血脉,敢为人先、能征善战;建强班子、管好干部、建优队伍,确保行稳致远、事业永续、基业长青。

三、强化担当作为,持续推进企业高质量发展再上新台阶

(一)狠抓生产经营,稳大盘、保增长,持续聚焦高质量发展主题

要稳健经营拓市场。要抢抓机遇。主动融入“双循环”格局,大力拓展国内国际两个市场。加强工作统筹安排,组织召开好国内经营、海外经营工作会。国内经营要把握疫情防控形势好转机遇期、存量市场在上半年集中释放窗口期,围绕国家专项债和政策性金融支持的行业、领域和项目,对重大项目分级分类提级管理,成立经营专班,确保项目落地。海外经营要坚定信心,坚持“海外优先”不动摇,抓住“一带一路”10周年契机,加大国际化经营力度,深耕属地市场,扩大海外份额,加快构建“大海外”格局。要量质并举。从源头上把好经营关,做到标前算赢,坚持选好行业、选优项目、选对标的,确保新签合同实现更有质量的规模增长。投资经营要更加稳健,既要把握机遇,也要控制风险,更加关注投资回报、价值创造,抑制盲目投资和过度做大的冲动,做到理性投资。要进一步厘清各投资主体的权责边界,明确主攻方向,优化投资布局和投资结构,发挥好投资创效、投资兴业作用。要协同发力。各区域总部、产业集团、融合项目等单位,要强化协同联动,发挥好协同作战优势,扩大经营成果。区域总部要履行好经营主责,深化区域发展战略研究,加强高端经营,深化战略合作协议签订后管理,力争在重大项目、战略性工程承揽等方面实现更大突破,提升区域经营成效。产业集团要在保持企业经营规模稳增长的同时,有侧重的承揽符合自身品牌、发展定位的市场项目,坚持打造专项能力、拳头产品,从经营源头上构筑品牌竞争优势。

要统筹协调稳生产。要统筹抓好生产和疫情防控。疫情防控进入新阶段,要做好有效衔接,制定完善稳定生产经营方案,积极应对可能反复感染对正常办公生产造成新的冲击。要保障职工身体健康,关注职工身体状态,“防重感防重症”,落实企业关怀,让广大职工安心工作、共促发展。要统筹抓好生产和资源配置。根据改善社会心理预期、提振发展信心这一主流,立足“两会”前后扩大有效投资、期望形成更多工程实物量这一实际,加强人机物料的统筹安排,提前排除人工紧张、材料短缺、资金周转等制约因素影响,迅速推进复工复产、稳产高产。要统筹抓好生产和盈利增收。既要强化合同履约意识、践诺守信精神,也要突出效益根本、利润收益,千方百计加强生产管理,切实将生产成效体现在经济指标、技术指标的改善上,进一步提升创誉创效能力,实现更有效益的增长。要统筹抓好生产和安全工作。任何时候,发展都决不以牺牲人的生命为代价。要毫不松懈抓好安全生产,压实安全责任,加强对重点区域、关键部位、复杂条件、高危领域的安全监控管理,加大投入保障、严格工作举措、深化标本兼治,以“时时放心不下”的责任感,守住安全生产底线。

要加快推进布局优化和结构调整。落实《关于加快布局优化和结构调整全面推动高质量发展的指导意

见》要求，加快推动区域、经营、投资、资产、产业、海外、项目经营等八大方面36项具体任务落地落实，努力形成定位清晰、布局科学、结构合理、资产优良、产业协同的高质量发展局面。要深化认识，高度重视。各级各单位要把布局优化和结构调整，作为解决发展不平衡、不充分问题，促进高质量发展的重大战略性工程。进一步提升紧迫感、增强责任感，从发展的大局、战略的全局，深刻领会、准确把握。要统筹安排，协调推进。公司总部要牵头抓总，重点在顶层设计、政策支持、方向引领上发力。所属各单位要结合企业实际，进一步贯彻落实指导意见要求，制定专门的实施方案，坚定不移地推、扎扎实实地做。要稳妥实施，形成合力。所属各单位要加强组织领导、工作推动，主要负责同志要亲自挂帅、建立专班，科学实施、步稳蹄急，上下一心、形成合力，推动指导意见见行见效。公司总部也将建立工作协调机制，加强工作统筹，做好跟踪指导，及时督促检查，确保各项任务有序推进。

（二）紧扣质量效益，强管理、争一流，持续提升高质量发展水平

要全面建设世界一流企业。把创建世界一流企业作为一项战略性、引领性重大任务，与建设“最值得信赖的世界一流综合建设产业集团”结合起来，加快落实、全面推进。要坚决做到对标对表争一流。按照公司实施方案要求，短期目标、长期目标两步走，围绕提升企业自主创新能力、全球竞争能力、现代企业治理能力、经营管理能力、企业国际影响力、优秀企业家引领力六个方面，狠抓举措落实，补短板、锻长板、固底板，实现以对标促达标。要深化专项行动创一流。深入实施“四个专项行动”，创建示范行动要定期评估创建效果，加快对标提升；管理提升行动要巩固“压减”、参股管理成效，进一步深化管理标杆创建；价值创造行动要以净资产收益率、全员劳动生产率、经济增加值等指标为牵引，提升全要素价值创造能力；品牌引领行动要推行全面品牌管理理念，加快打造管理科学、贡献突出、价值领先的卓著品牌，提升企业文化软实力。要加强组织领导保障促一流。公司领导小组要加强统筹协调，管理部门要抓好牵头推进，各业务部门要密切配合，各区域总部、二三级公司、项目部等层级责任单位要落实好相应任务举措，形成工作合力，一盘棋实施，以世界一流为目标全面改进企业治理、管理、经营等各项工作。要率先建设世界一流财务管理体系。加强顶层设计，出台建设方案并优化实施方案，以全面预算为统领，以司库体系建设为抓手，以财务决算为重点，系统推进、督战攻坚，带动促进“一增一稳四提升”任务目标落实。

要全面推进管理升级。要通过管理升级，进一步夯基础、上水平、增效益。要系统化加快管理提升。结合企业实际从宏观目标、过程控制等方面入手，做好制度、技术上的顶层设计和指标优化，不断提升管理科学化、规范化、法治化水平。要加强战略动态管理。开展“十四五”规划执行情况评估工作，做好战略规划的跟踪指导，动态完善“一创六化”任务，将国资委的新要求、企业的新部署有效纳入，确保战略规划稳定性和灵活性相统一，承上启下落实好“十四五”后半段重点工作。要健全完善精益管理。聚焦价值创造，将精益管理理念融入企业全链条，加快构建精益管理体系，建立完善组织职能体系、制度标准体系、管理工具体系、能力提升体系，将管理要素贯穿到机构改革、流程再造、队伍建设等各方面，让精益管理更加体系化，更好落地落实。要夯实基础管理。突出基层基础，以清单化、数据化、信息化为重点，用好标准手册，深化业务交底，强化技能培训，加快各项工作举措的生效见效，提高管理效能，提升全员劳动生产率。要落实好管理配套。做好两级总部建设和管理，引导促进管理协同，在制定办法、出台政策等方面，减少摩擦损耗。所属各层级单位要进一步细化量化，推动操作落地、规范执行。

要全面加强项目管理。以更大决心、更大力度，从根本上解决项目管理存在的问题，让项目出效益、出信誉、出品牌。要摸清现状。坚持问题导向，深入调查研究，全面掌握真实情况，深入分析项目管理存在的难点、堵点，深挖项目不好管、不会管、管不住背后的原因，研究制定配套措施，系统解决项目管理存在的短板弱项。要解决痛点。着力解决管理责任缺失、资源在基层一线配置不到位、制度办法跟不上、标准规范执行不到位、风险管控不力、一线人才流失等基础薄弱、漏洞较多问题，制定更加精准有力措施，帮促项目提升管控水平。两级总部要做好对重点单位和项目的督导帮扶。要抓实抓牢。始终将加强项目管理作为重中之重，压紧压实责任，强化组织领导，制定工作方案，做到亏损整治和提质增效两手抓、两手硬。要持续加强典型选树，总结推广好的经验做法，形成抓基础、强管理、比创效的良好氛围。要建好机制。深化项目管理体系制度建设、机制建设，持续完善项目管理指导意见，加强对项目人财物料的管控机制建设，深化项目的考核激励评价机制建设，推动各类资源向项目一线倾斜，进一步提升管理制度的完备性、管控机制的有效性、考核机制的精准性，全面促进项目管理规范化、标准化、效益化。

（三）深化动能转换，抓改革、促创新，持续激活高质量发展引擎

要大力推动改革纵深。扎实做好国资委对国企改革三年行动的考核迎检、评估定级，把改革实效转化为核心竞争能力、发展竞争优势。要巩固深化改革成果。保持改革政策的连贯性、稳定性,坚决避免收官即收兵、反弹回潮等问题,巩固改革的好经验、好做法,推广"双百""科改示范企业"典型,进一步固化为制度性、常态化工作举措,充分挖掘改革潜能,打造更多的基层改革样板和改革尖兵。要持续拓展改革成效。完善国有企业现代公司治理,在党委前置研究生产经营重大事项清单动态优化、董事会授权管理、差异化落实子企业董事职权、外部董事履职、董事考核评价、经理层任期制契约化管理考核兑现、混合所有制改革等方面下功夫,加快生成制度范本,复制推广公司治理示范典型。要坚持抓好改革集成。充分发挥改革的突破性和先导性作用,深化内部适应性改革调整,持续推进集约化发展、专业化运营,更加注重改革的系统性、协同性,让改革在法人治理、综合管理、激励约束、科技创新等方面释放更大效力,实现改革发展高效联动。要发挥上市公司功能。贯彻落实国资委部署,深化提高上市公司质量专项行动,进一步加强信息披露和投资者关系管理,提升价值创造能力,彰显公司内在价值,推动资本市场估值回归合理水平,更好回报股东、回馈社会。

要破解体制机制性障碍。用改革的思维、改革的办法,解决制约发展的共性矛盾、深层次问题。要深化体制改革。推进内部专业化整合,通过划转、重组多种方式,对专业经营性公司、区域功能性公司等实施"一企一策"、有效整合。要稳妥分层分类深化混合所有制改革,坚持"三因三宜三不"原则,引导二、三级企业采用股权转让、增资扩股等方式,推进混合所有制改革。强化对混改企业的指导支持,促进混合所有制企业深度转换经营机制,探索并推进更加市场化的差异化管控模式。要探索管理体制改革,研究法人层级和管理层级的管理模式,更好匹配企业发展规模、更加突出价值贡献。要深化考核机制改革。建立"价值引领"导向的评价指标体系和评价方法,按照价值管理、创造、挖掘、评价、分配的原则,突出"质量第一 效益优先",突出价值最大化。要优化绩效考核体系,精准区分不同业务版块、不同单位特性,科学设定所属企业指标任务,确保考核牵引与公司战略高度匹配。要深化分配机制改革。推动收入分配规范有序、中长期激励扩面提质,加大工资总额差异化管控力度,优化以股权、跟投、超额收益分享、责任(内部)承包等形式的分配机制,鲜明效益导向,发展成果向贡献者、价值创造者倾斜。要积极探索股权激励、分红激励、员工持股等激励方式。要深化人事制度改革。更大力度推进管理人员竞争上岗、末等调整和不胜任退出制度落实落细,公司总部带头推行,二三级子企业原则上覆盖面不低于60%,管理人员末等调整和不胜任退出平均比例不低于5%。要通过持续深化三项制度改革,全面落实"三能"机制,着力破除制约企业活力效率提升的体制障碍,以机制管根本、促长远。

要持续深化科技创新。主动服务国家高水平科技自立自强战略大局,贯彻落实国务院国资委决策部署,把科技创新摆在突出位置,着力打造原创技术策源地,以科技创新深化动力变革、效率变革。要坚持引领正确方向。牢牢把握习近平总书记科技创新"四个面向"要求,聚焦国家重大需求、经济主战场、企业发展需要等,突出在新基建、智慧建造、绿色建造等技术领域开展科技创新,引领企业转型升级。要加大核心关键技术攻关。加强行业前沿原创技术、关键核心技术、产业创新技术的研究,高质量完成国资委"央企攻坚工程"二期和创新联合体项目的攻关任务;强化自主知识产权开发和标准制定,全面提升城市地下空间开发、磁浮交通系统、大盾构和长大隧道、铺架施工等拳头品牌优势,增强行业话语权、抢占桥头堡,进一步构筑竞争优势。要积极搭建科技创新平台。依托国家重大科研项目和CZ铁路等重大工程,做实做强各类科技创新平台;积极参与国家实验室组建和工程研究中心、地方科创中心创建等,用好创新联合体模式,实现联合突破,力争取得更多标志性成果。要狠抓要素投入保障。加快人才队伍培养,对于重点科技领军人才和高水平创新团队,赋予更大自主权、给予更大容错空间;加大科技创新系列制度的执行力度,大力推行"军令状""揭榜挂帅""赛马"等机制;进一步增强研发投入强度、试行研发费用视同利润加回、资本金注入等一揽子支持政策,不断健全完善各类要素保障。要做好科技创新成果转化。将科技成果、创新成果转化为看得见的"生产力"、摸得着的"效益"。

(四)牢牢守住底线,控风险、固安全,持续夯实高质量发展基础

要着力抓好风险防控。要用好"大风控"。常态化制定重大风险管控方案,对所属单位开展"大风控"体系运行评估,与时俱进、升级更新,强化业务规范、考核约束、违规追责等联动管控,形成风险防控工作闭环,进一步筑牢风险"防火墙"。要防范化解合规风险。坚持依法合规经营,巩固综合治理专项行动成效,持续深化合规体系建设,加大"1+9"合规制度执行力度,严格投资、经营、财务等评审,提高合规管理的有效性。要防范化解投资风险。坚决落实"规模适度、严控风险"原则,管投向、管收益,规范运作、理性投资,严格投资负面清单制度,完善投资管理和后评价机制,严肃违规投资追责问责,提高有效投资质量。要防范化解债务风险。严控债务资金投向和对外担保业务,禁止融资性贸易，稳步推进债转股工作，有序压减永续债、带息融资规模，稳妥化解重点债权风险，切实将“稳杠杆”要求落到实处。坚决防止出现债务违约事件。要防范化解舆情风险。加强舆情监测应对，守好网络阵地，实施网络安全整体提升工程和网信人才建设工程；进一步完善公司新闻发布矩阵，扎实做好内外宣传工作，壮大企业声音、讲好铁建故事。要防范化解保密风险。提高保密意识，坚持党管保密原则，压实各级保密责任。深刻吸取经验教训，把保密作为保障安全、促进业务的重要工程，以更高站位、深刻认识，全面加强保密管理，提升保密工作质量。要统筹抓好其他各类有形、无形风险的防范，确保不发生系统性风险。

要不断加强监督管控。要用好“大监督”。完善并持续深化审计监督牵头、职能监督和专职监督协同推进、深度融合的监督体系建设，加强财务监督、审计监督、巡视监督、专业监督、日常监督等的工作协同，健全制度机制，加大“大监督”工作要点、考核方案的执行力度，发挥监督的探头作用。要常态化推进监督检查。加大监督检查力度，扩大业务范围、所属单位的“双覆盖”，加强层级联动，通过轮次检查、派出督察组或专项工作组等多种措施，实现对各业务、各单位的监督检查无死角、零盲区，提高监督效能。要抓实问题整改。紧盯问题不放，销号管理，督促相关单位制定整改方案，明确整改责任人、时限、举措。要坚持分类整改，对短期内能解决的问题，立查立改；对需要经过一定时间和努力才能解决的问题，限期整改；对受客观条件制约一时无法解决的问题，要专题研究，逐步加以解决。要严格监督追责。全面深化监督追责工作体系建设，既要落实“三个区分开来”“尽职合规免责”要求，建立健全容错纠错机制，保护干事创业的积极性；也要将责任追究作为重要抓手，严格标准、严格监督、严肃问责，倒逼各项任务落实，充分发挥监督追责防风险、强合规、保落实、促发展的整体效能，助力企业治理体系和治理能力现代化提升。

（五）坚持党建引领，筑根魂、扬优势，持续强化高质量发展保障

要强化政治担当。把握正确政治方向，提高政治能力，永葆政治本色，始终在政治上过得硬、靠得住。要抓好首要政治任务。把学习宣传贯彻党的二十大精神摆在首位，按照方案要求，加强组织推动、宣教培训，以党的二十大精神统领改革发展、指引企业航向。各级领导干部既要做实干家，也要做宣传家，带头实践、带头宣讲，推动二十大精神直达基层、直通一线，引领广大干部职工学深悟透、弄懂做实。要持续加强政治建设。深入贯彻落实《关于新时代加强和改进思想政治工作的实施意见》，坚持以习近平新时代中国特色社会主义思想为指导，坚决拥护“两个确立”、增强“四个意识”、坚定“四个自信”、做到“两个维护”，始终在政治立场、政治方向、政治原则、政治道路上同党中央保持高度一致，不折不扣把党中央决策部署落到实处。要深化理论武装。严格“第一议题”制度，实施党的创新理论学习教育计划，提升党委理论学习中心组学习质量。进一步完善贯彻落实习近平总书记重要讲话和重要指示批示精神工作机制，巩固再学习再落实再提升主题活动成果，实现传达学习、责任分解、跟踪督办、监督检查、报告反馈全链条闭环管理，促进总书记重要讲话精神在企业落地生根。要坚持加强党的领导。严格党委主体责任落实，推动各级党组织履行管党治党、从严治党责任，认真贯彻落实新修订的《公司法》，在完善公司治理中加强党的领导，加大企业法人、党委书记“一肩挑”和党委双向进入、交叉任职力度，持续加强党对国有企业的领导。

要提升党建质量。以党的建设质量和党建工作水平的全面提升，引领保障企业高质量发展。要建强党的组织。有序推进届满单位党组织做好换届选举工作，确保应换尽换，并组织筹备召开集团公司第四次（股份公司第二次）党员代表大会。要夯实党建基础。深化拓展全国国有企业党的建设工作会议精神落实成果，健全完善党的组织领导、运行管理、制度保障、监督保证、责任落实、绩效考核工作体系，推动党建工作强基础、固基本。要提升“三化”水平。在基层党建规范化、精细化、体系化上用心着力，贯彻实施基层组织、书记、党员、活动、制度、培训、保障“七抓”工程。健全党建制度办法，开展主题教育、主题实践，狠抓载体建设、品牌工程创建，加大督导调研力度，扎实推进“大抓基层”，促进基层党建提质升级。要抓实深度融合。全面落实“两个一以贯之”，深化“六个有机统一”，把党的领导党的建设与企业决策、监督、组织、责任等机制衔接贯通起来，将改革发展、促进生产经营作为党建责任制考核的重要指标，与企业领导人员综合考评、经营业绩考核互融互通，考核结果同领导人员薪酬紧密挂钩。要抓好公司党委《关于进一步推进党建工作与生产经营深度融合的指导意见》落地执行，促进党建工作与生产经营同频共振。要统筹加强意识形态、宣传、统战、国家安全和人民防线、信访、稳定等工作，牢牢把握主动权，守好阵地、履职尽责。

要建强人才队伍。坚持党管干部、党管人才原则，加强整体谋划，鲜明选用导向，严格标准流程，提振干事创业精气神，让领导干部能为善为、广大职工敢干敢创。要加强领导班子建设。突出抓好“关键少数”，贯彻落实国有企业领导人员“二十字要求”，选优配强企业各级领导班子，统筹推进领导人员梯次配备，把政治素质好、履职业绩优，勇于担当、敢于作为的优秀干部选出来用起来。要牢固树立基层导向。坚持“能力在一线锻炼、实绩在一线考察、干部在一线选拔”风向标，在急难险重任务、全面深化改革、生产经营一线培养锻炼、考察识别、选拔任用干部。通过一线选拔使用干部，释放出组织关注一线、实践至上的导向，引导广大干部全心投入工作，敢于担当、履职尽责。要加强干部队伍建设。进一步完善干部培养、选拔、考核、评价、任用制度，通过轮岗交流、挂职锻炼、竞争上岗、公开选拔等多种方式，加大干部的培养使用力度，激发干部队伍活力。健全完善培养选拔年轻干部常态化工作机制，深化青年精神素养提升工程和青马工程。要加强人才队伍建设。统筹抓好科技人才、经营管理人才和技能人才队伍建设，综合利用各类激励手段，调动积极性、激发创造性；探索创新“柔性引才”等方式，引进留住用好关键岗位人才。要进一步加强党员队伍建设，把好党员质量，配齐配强党务工作力量，筑牢高质量党建的人才支撑。

要营造风清气正生态。坚持严的主基调不动摇，以永远在路上的执着和韧劲推进党风廉政和反腐败工作，营造良好的政治生态。要贯彻落实好二十届中央纪委二次全会精神。准确把握全面从严治党体系的目标任务、实践要求，坚定不移深入推进全面从严。要深化作风建设。健全完善改进作风长效机制，对照新修订的中央八项规定实施细则、国资委党委具体实施意见，以钉钉子精神纠“四风”、树新风，持续纠治形式主义、官僚主义顽疾，坚决防止享乐主义、奢靡之风反弹回潮。大力整治不作为、乱作为、弄虚作假、盲目铺摊子等问题，以求真务实、真抓实干的作风抓落实。要强化纪律建设。挺纪在前，精准运用“四种形态”，加强廉洁教育、纪律教育、警示教育，强化纪律执行，让党员干部知敬畏、存戒惧、守底线。推进以案促改、以案促治，将正风肃纪与深化改革、完善制度、促进治理贯通起来。要发挥巡视利剑作用。贯彻巡视工作方针，持续巩固深化政治巡视，完善巡视巡察上下联动格局，实现党委巡视全覆盖。聚焦工程建设、投资运营、金融资产等重点领域，紧盯招标投标、劳务分包、物资设备采购、财务资金管理等关键环节，紧抓项目亏损、违规经营、违规担保等重点问题，利剑高悬、强化震慑。扎实做好巡视整改“后半篇文章”，推动巡视整改见底到位、成果运用落地见效。要一体推进“三不腐”。保持反腐败的高压态势，加大对重点领域、关键岗位腐败问题的查处，加强廉洁从业纪律约束和制度性安排，深化反腐倡廉教育，强化不敢腐的震慑，构建不能腐的机制，增强不想腐的自觉。特别是要深化靠企吃企、境外腐败、“影子股东”“期权腐败”等隐性腐败、新型腐败整治，营造“清风铁建”。

要构建和谐关系。树立和谐理念，推动企业与合作伙伴、职工、社会建立和谐关系，共谋发展、共享成果。要构建和谐伙伴关系。把分包商、供应商当作企业发展的利益共同体，做到严管厚爱，建立清亲合作关系，推动形成良性循环。岁末年初，要落实好助力中小企业纾困各项政策要求，积极处理拖欠账款、农民工工资支付，排查化解各类不稳定因素，及时处理矛盾纠纷，确保和谐稳定大局。要构建和谐劳动关系。尊重职工、依靠职工、关心关爱职工，完善大统战工作格局和党建带团建工作机制，充分发挥工会和共青团桥梁纽带作用，凝聚起广大职工奋进征程、共促发展的智慧力量。深化民主管理、企务公开、集体协商制度，完善职工权益保障、落实劳动保护、帮扶救助，建立职工工资合理增长与支付的保障机制，回应职工关切、解决职工切身利益问题，搭建干事创业平台、岗位建功舞台、暖心服务前台。要构建和谐企地关系。积极融入区域建设，想政府之所想，急人民群众之所急，打造精品工程，提供更优质的产品和服务。勇担央企社会责任，接续助力乡村振兴，主动参与抢险救援，践行初心使命，服务发展大局。要构建和谐企业文化。以中国铁建成立75周年为契机，加强全系统组织协调，开展系列庆祝活动，营造祥和喜庆氛围，聚人心、兴文化，激发广大职工的荣誉感、自豪感、归属感。发布中国铁建精神谱系，加大子品牌培育和融合传播力度，开展央企故事大赛、品牌故事大赛等工作，持续打造铁建文化品牌，展形象、亮风采。

守正创新 踔厉奋发
不断开创高质量发展新局面

——总裁庄尚标在中国铁建2023年工作会议暨三届三次职工代表大会上的报告

(摘 要)

(2023年1月15日)

一、2022年工作回顾

2022年是党的二十大召开之年,是"十四五"规划全面落地、新发展格局全面布局之年。一年来,面对复杂严峻的外部形势和各种超预期不利因素影响,中国铁建系统上下紧密团结在以习近平同志为核心的党中央周围,以习近平新时代中国特色社会主义思想为指导,坚决贯彻落实党中央、国务院决策部署,在国资委党委和公司党委的坚强领导下,紧紧围绕稳增长、高质量工作主题,坚持"实事求是、守正创新、行稳致远"工作方针,统筹推进经营、生产、经济、产业、管理等各项重点工作,知难而进、迎难而上,埋头苦干、勇毅前行,全面完成全年目标任务,企业总体保持稳中有进的良好发展态势。

(一)市场经营抢时争先

紧跟国家稳经济大盘战略部署,全面加强经营动员与督导,抢抓市场机遇,舞好经营龙头。持续推进经营资源集约化,加强国内"1+N"主阵地清单管理与海外核心支柱市场培育,践行"三大"经营战略,落实属地经营、滚动经营和大项目经营责任,国内外经营管理体系进一步健全完善;积极应对建筑央企跨界竞争,强化内部经营协同,成立新兴业务总部,固优势、拓新兴,稳定增长动能;优化调整订单结构,加大公招项目、总承包项目和现汇项目经营力度,减少要素依赖;大力实施"海外优先"战略,高质量共建"一带一路";加强经营资信管理和经营队伍建设,推进经营生产一体化,提升标前算赢能力,调整优化经营考核制度,经营基础持续夯实,订单质量稳步提升。

(二)生产运营克难奋进

面对疫情反复冲击,加强资源投入保障,全力畅通产业链、供应链,生产运营总体保持稳定。进一步落实"1234+"工程项目管理思路,持续开展提质增效专项行动,强化二次经营统筹与亏损治理,筑牢经济责任链条,提升精益化管理水平;积极推行项目模拟股份制、高额风险抵押金、超额利润分享等多种激励制度,加强质量创优与信誉评价管理,激发创誉创效活力;推广项目群管理模式,加强"五优"分供商与自有作业队伍建设,提高生产与项目管理效率,降低下游合作风险;进一步加强物资设备集采供应;加大设备内部调剂力;坚持"双零"目标,整治安全生产突出问题,加强在建项目督察,落实各级"三保一降"责任,参建的黄黄铁路、崇礼铁路、成昆铁路复线、郑渝高铁、和若铁路、北京丰台站、新楚大高速公路、鄂州花湖机场、引江济渭秦岭输水隧洞、匈塞铁路贝诺段、卡塔尔世界杯主体育场等一大批境内外重难点工程开通运营或投入使用,受到业内外一致好评;新获国家优质工程奖47项、鲁班奖15项。

(三)经济运行稳健提质

加强全面预算管理与过程督导纠偏,综合施策、内外兼修,企业经济运行质量稳步提升。持续推进"降杠杆、减负债",强化负债管控与信贷集中,扩大低成本融资渠道,优化融资结构;加强重点单位、重点项目"两金"压控督导;加强清收清欠、顽固库存去化与收尾项目管理,全面清理内部债务;稳妥推进重资产项目资产盘活;严格资金集中度、上存度过程监督;加快司库体系建设,推进财企直联应用,提升资金支付效率,搭建重要客商信用评价体系,强化过程履约支付监管,积极化解债权风险；统筹抓好增值税留抵退税工作。

（四）产业发展固本升级

坚持建筑为本、相关多元，着力巩固工程承包基本盘，加快非工程承包和新兴产业拓展。工程承包产业新签、营收、净利润均同比增长；产业结构持续优化。非工程承包产业蓄势升级、亮点突出，四大设计院主业贡献度稳步回升，前端引领能力持续增强；资本运营调整结构、拉动主业作用进一步提升；城轨、铁路、港口、停车场、管廊等多元运营业务初具规模，专业能力持续提升；工业制造以内部市场为依托，实现稳中提质，多种高端装备、新能源装备和新材料研发投产、迭代升级，市场竞争力持续提升；物资物流“保质量、保供应、降成本、提价值”作用进一步发挥，铁建云采平台持续完善，智慧供应链建设进入新阶段；绿色环保加快形成规模与品牌优势；产业金融坚守发展定位，服务主业、服务实体能力持续提升。海外板块经受住多方面考验，克服重重困难，生产经营规模保持增长，集约化、属地化发展取得新的成效。

（五）改革创新扎实推进

国企改革三年行动圆满收官，党的领导全面融入公司治理，子企业董事会建设和现代企业治理制度更趋完善、经理层成员任期制契约化管理实现全覆盖，厂办大集体改革、教育医疗机构改革、“两非”剥离专项治理基本完成，世界一流企业建设有序推进；优化功能性子公司管理，推进内部股权合作改革试点，打造区域产业链链长，统筹开展布局优化和结构调整研究，组建交通运营集团；细化落实专精特新企业扶持政策，评选30家中国铁建专精特新企业，新增4家企业入选工信部专精特新“小巨人”。修订完善科技创新制度体系，落实支持政策，全面加强科技创新投入与保障；加强关键核心技术攻关，“1025专项”一期圆满完成、二期顺利推进，城市地下大空间、深地空间开发、北斗铁路行业综合应用等国家重点研发任务取得丰硕成果，自主研制的全球最大竖井掘进机“梦想号”入选2022年度央企十大国之重器；加强创新平台建设，围绕智慧城市、智慧交通、地下空间开发、节能环保建筑、新基建等新兴领域打造原创技术策源地；加快制定智慧建造、绿色建造标准与技术体系，选定40家智慧建造试点单位，加快积累数字化转型基层实践经验，中国铁建BIM+管理平台入选十大国产BIM软件；新获詹天佑奖13项，单届获奖数创历史新高，首获日内瓦国际发明金奖1项，新获中国专利银奖、优秀奖7项，新增授权专利7906件，其中发明专利1215件。

（六）全面建设持续夯实

坚持战略引领、考核引导，加强“十四五”规划和子企业考核方案宣贯，较好发挥总部战略管控职能；扎实开展“合规强化年”和综合治理专项行动，强化问题整改与追责问责，建立健全长效机制；持续完善大风控、大监督配套制度，加快推进“云风控”监测中心、“大数据监督”系统建设；将三级公司建设摆在更加突出位置，加大纾困解难与政策扶持力度，筑牢发展根基；信息化建设“小步快跑”、成效显著，网络安全和保密工作持续加强；注重人才培养与队伍建设，扎实推进干部年轻化，推动职工工资合理有序增长，保障职工合法权益；严格执行法律“四项审核”，妥善处置法律纠纷，主动化解信访积案，稳妥应对舆情风险，维护企业利益与和谐稳定；进一步推动新时代铁建文化与品牌体系落地，加强新媒体管理和新闻中心建设，传播铁建声音、讲好铁建故事；抓实抓细常态化疫情防控；持续开展劳务人员工资“治欠保支”工作，保持下游中小企业无分歧欠款“动态清零”，高效完成长春、上海、香港等地方舱医院建设，积极投身乡村振兴、定点帮扶、救灾抢险与公益事业，履行央企社会责任。

二、面临的形势任务与下一步工作思路

2023年，是全面建设社会主义现代化国家开局起步的关键之年，也是中国铁建实施“十四五”规划承上启下的关键一年。从国际形势看：世界百年未有之大变局加速演进，世纪疫情、俄乌冲突仍在持续，全球产业链、供应链深度调整，通胀水平居高不下，世界经济复苏乏力；中美博弈进入新阶段，断链脱钩、长臂管辖等逆全球化极限施压手段层出不穷，对国际国内供需平衡造成重大影响。从国内形势看：我国经济仍面临需求收缩、供给冲击、预期转弱三重压力，人口老龄化加速，劳动力、土地等传统红利减弱，国内疫情仍具有较大不确定性。中央明确今年经济工作的重心是稳增长、稳就业、稳物价，国家对实体经济的刺激预计将进一步增强，并会持续一段时间，我国经济长期向好的基本面不会改变。从行业形势看：今年国内固定资产投资将继续保持高位，超前基础设施投资将为传统工程领域带来一段难得的复苏机遇，新能源、新基建等新兴领域仍是国家重点支持方向，发展潜力巨大，房地产业经过两年多的洗牌和重构，预计下半年将逐步企稳并进入新的常态。

基于对形势任务的研判，2023年总体工作思路是：坚持以习近平新时代中国特色社会主义思想为指导，深入贯彻落实党的二十大、中央经济工作会议、中央企业负责人会议精神，完整、准确、全面贯彻新发展理念，围绕国家重大战略部署和企业中长期发展规划，以高质量发展为首要任务，继续将稳中求进工作总基调和改革创新总要求贯穿始终，进一步科学统筹好规模与质量、投入与产出、整体与局部、发展与安全、当前与长远，守正

创新、踔厉奋发,不断开创中国铁建高质量发展新局面。具体来讲,就是"三个坚持、五个统筹"。

三个坚持:一是坚持高质量发展首要任务。高质量发展是时代召唤、企业需要、员工期盼。要继续按照"集约化发展、精益化管理、专业化运营"的高质量发展思路,不断解放生产力、提高质量效益,全面加快建设世界一流企业,为实现广大员工共建共享、共同富裕奠定坚实物质基础。二是坚持稳中求进工作总基调。"稳"的环境是"进"的前提,"进"的动能是"稳"的支撑。高质量发展不可能一蹴而就、一帆风顺,面对艰巨繁重的改革发展任务,必须强化系统观念、谋定而后动,稳字当头、稳中求进,脚踏实地、步步为营。三是坚持改革创新总要求。市场如战场,惟改革创新者胜。要用好改革关键一招,顺势、借势、谋势,增强"千帆竞发、时不我待"的危机感和紧迫感,进一步加快需求侧适应性变革和供给侧结构性改革,坚定不移实施科技兴企、人才强企、创新驱动发展战略,让干部敢为、企业敢闯、员工敢干,全面激发高质量发展活力。

五个统筹:一是统筹规模与质量。发展中的矛盾归根结底还要依靠发展来解决。规模与质量是辩证统一的,只有保持"量"的合理增长,才有纾困解难、提升质量的腾挪空间,只有实现"质"的有效提升,才有规模增长、健康发展的可持续性。二是统筹投入与产出。效率效益是发展质量的决定性因素。要树牢产出必须大于投入的理念。着力优化资本布局和投资结构,提高资本回报;着力提升全要素生产率和资产周转率,真正实现高质量发展的外优内实。三是统筹整体与局部。不谋全局者,不足以谋一域。要坚持"铁建一盘棋",促进内部协同,着力构建富有竞争力的和谐产业生态,让各级各单位都能在企业生态中找到相对广阔的发展空间,相互依靠、分工协作、抱团竞争,提升产业链、供应链韧性和实力。四是统筹发展与安全。发展必须安全,安全为了发展。居安思危是稳中求进的重要方法,既要增强忧患意识、强化底线思维,坚决避免"黑天鹅、灰犀牛"迟滞或中断高质量发展进程,也要发扬"逢山凿路、遇水架桥"的斗争精神,不畏艰险、勇攀高峰,依靠顽强斗争打开企业发展新天地。五是统筹当前与长远。人无远虑,必有近忧。要坚持长短结合、远近结合,既立足解决当前最紧迫的现实问题,也要围绕长期战略发展方向,持续推进打基础、利长远工作,坚决避免寅吃卯粮、竭泽而渔的短视行为,增强高质量发展的后劲。

三、2023 年重点工作安排

(一)抢抓市场机遇,稳住高质量发展势头

1. 增强主动稳增长。坚持以市场为导向、以客户为中心,进一步突出抢市场的狼性和理性,始终掌握竞争主动。要落实责任。围绕国家城乡融合与区域协调发展战略,紧跟专项债、政策性金融支持方向和各地基建投资计划,明确各产业、各区域、各项目经营策略和主攻方向,早研究、早部署、早发力;加强高端对接统筹,增强服务与合作意识,进一步密切央地关系、银企关系;落实各级"主阵地"和大项目经营责任,确保守土有责、守土尽责,稳步提升重点区域、核心城市的市场占有率。今年各区域铁建系市场份额要保持建筑央企前三,其中西南、中原等优势区域要保二争一。要固优拓新。高度重视主责主业和专业化发展,不断巩固主阵地与传统业务优势。工程承包五大传统业务中房建要稳住规模贡献度,大力拓展保障性住房、公共建筑、工业建筑以及交通站房等细分领域;铁路要捍卫行业地位,优选项目和标段;公路、城轨、市政要资本经营与生产经营协同发力,提升话语权。在"固优势"的基础上,紧跟行业发展趋势,加大专精特新经营力度,进一步加快进城、入水、扩能、拓矿、增融步伐,不断塑造增长新动能和竞争新优势,今年"两新"与非工程承包产业要确保新签占比进一步提升。要走向海外。国际化不仅是建设世界一流企业的必由之路,也是产能转移的迫切需要。要坚持"海外优先",依托优势市场,围绕"一带一路"等传统友好国家,进一步提升经营规模和发展质量,更好更稳融入新发展格局。

2. 强化协同聚合力。区域经营和全产业链经营已成为当前建筑央企竞争的主要方式,要因时而动、因势而变,持续优化国内"五位一体"和海外"3 + 5 + N"经营体系,健全完善协同经营机制。要强化"10"总部高端经营职能。八大区域总部和两个专业总部要坚守"十二字"定位,更加突出高端经营核心职能。进一步明确以股份公司名义承揽的国内项目,"10"总部承担经营牵头责任,但投资类项目原则上须引入铁建投资、昆仑集团等投资平台操盘;以产业集团名义承揽的国内项目,"10"总部不直接参与经营,只承担经营协调、信息沟通与高端对接支持责任;持续优化"10"总部经营管理与考核机制,严格限制提级经营,减少与产业集团争利的冲动。要提升平台公司产业集成能力。铁建投资、昆仑集团和中国土木、铁建国际,作为国内资本经营和海外经营的核心平台,要提升全产业链经营、"投建营"一体化和一站式服务能力,充分发挥市场竞争"拳头"作用;其他平台公司要根据自身定位和发展规划,在不断做强做优的同时,积极发挥协同作用。要支持产业集团自主经营。产业集团是我们参与市场竞争的底气和根本,要大力扶持产业集团作为经营主体参与市场竞争,支持三级公司培育资质业绩,有序开展

属地经营和滚动经营，提升订单自我供给能力；进一步加强经营协调，缓解同质化竞争，引导各产业集团加快融入以股份公司“10”总部和平台公司为核心的区域经营、全产业链经营网络，逐步健全完善各层级“统分有序、各有侧重、协同合作”的经营格局，凝聚经营合力。

3. 优化布局增效能。市场是无限的，而经营资源是有限的，要稳步推进经营资源集约化，集中优势兵力，实现重点突破。要有序疏解重复布局和低效布局。站在“铁建一盘棋”的高度，以属地经营、滚动经营为考量，结合地方基建投资总规模，统筹优化产业集团和三级公司经营网点布局；在持续加强“四极”和“八群组”等关键区域、核心城市经营力量的同时，加强对空白大城市、薄弱区域的渗透和突破，做到既不扎堆、也不缺位。在疏解过程中，审慎对待子企业整体搬迁，按照“先有市场、再有总部”原则，真正实现先立后破、厚积薄发。要做深做透主阵地与核心支柱市场。进一步聚焦“三大”经营战略，持续完善国内“1 + N”主阵地和海外核心支柱市场等重点经营区域的清单式管理机制，每年考核新签、营收贡献度，督促引导各单位集中经营资源，做深做透“责任田”；特别要将属地经营上升到战略高度，加大配套投入，深度融入地方和所在国发展，将属地真正培育成塑造品牌、辐射周边的强有力支点。要持续优化资本经营结构布局。推动资本经营重心向地方财政收入较高、债务风险可控、营商环境较好的区域转移，有序提升长三角、粤港澳大湾区有关重点省市的投资规模占比；积极拓展“运营 + ”、代建等轻资产业务，通过小投资撬动产业和管理、技术输出，做好轻重资产、长短投资搭配，兼顾资金周转率和投资回报率；在巩固交通、城开等传统领域竞争力的同时，进一步加大“四涉”“两新”领域的投资驱动力度，加快形成规模效应与专精特新产业发展优势。

4. 健全机制提质量。把牢经营源头质量，是高质量发展的关键。要完善考核体系。进一步将新签产值转化率和一次经营收益率作为评价订单质量的关键性指标，坚持奖罚并重、以奖为主，持续健全完善经营考核与兑现机制，引导广大经营人员做实做优订单；将主业新签占比、公招和现汇项目新签占比、“两新”拓展、市场集中、内部协同等要求融入子企业经营考核体系，引导各产业集团保持高质量经营的战略定力。要落实管控要求。进一步健全完善市场现场联动机制，让听得见炮声的人来决策，提升标前算赢能力；坚决落实“五必须”“六不揽”“七严禁”和投资经营“四条底线”，严肃合规经营要求，打击内部公关；对无视经营纪律、为了业绩罔顾经营质量的单位和个人，予以严厉处罚。要夯实经营基础。持续打造强有力的经营团队，以价值创造为导向，对高端经营领军人才给予特殊激励政策，对境内外核心支柱市场可实行提级管理；用好信息化手段，提高经营资信管理效率，注重资质、业绩培育，提高竞争门槛；加强经营业务交流与培训，增强市场敏锐度和信息捕捉、筛选、跟踪能力，保持敢打敢拼、沉着冷静、严谨细致的经营作风，用激情和智慧抢抓机遇、赢得市场。

（二）狠抓生产运营，把牢高质量发展核心

1. 智慧建造促升级。以大力发展建筑工业化为载体，以数字化、智能化、低碳化升级为动力，形成涵盖科研、设计、生产加工、施工装配、运营等全产业链融合一体的智慧建造产业体系，是建筑业转型升级的大势所趋。要进一步强化统筹。落实股份公司总部统筹统建责任，持续健全完善具有中国铁建特色的智慧建造标准体系、技术体系、装备体系，加快智慧建造信息系统通用模块开发与建筑工业化特种装备研制；摸清全系统装配式建筑产业基地发展现状，推动资源盘活与数字化升级，持续提升项目工厂化作业、机械化施工、低能耗生产的比重；统筹推进全系统已有智慧勘察、智慧设计、智慧生产、智慧物流、智慧工地、智慧运营、智慧金融等全产业链融合与创新，整合上下游技术资源，为推动企业生产方式变革打下坚实的软硬件基础。要继续推动典型引路。智慧建造、绿色建造、建筑工业化成套技术的开发与推广应用，离不开项目实践。要进一步总结上年40家智慧建造试点单位的发展经验，组织开展智慧建造比武大赛，让产业链上下游各单位都把自己最好的系统和产品拿出来晒一晒、比一比，去劣取优、优中选优；适时组织现场学习观摩、技术交流与推广签约大会，做到真学真用。

2. 精益管理增效益。坚持向精益管理要效益，持续践行“1234 + ”项目管理思路，全面增强生产端创效能力。要精准预控。坚持“法人管项目”下的项目经理负责制，压实法人和项目经理两个责任、注重调动两个积极性，实现企业精益化管理与项目精益化管理同步；进一步严格项目开工后工程公司主要领导带队上场策划的管理要求，做实做细项目实施性施工组织设计和成本控制方案，把牢经济技术两条主线；严格工程项目和生产单元经济责任书签订，加强过程考核与纠偏，夯实成本控制关键环节、关键岗位经济责任，审慎更换项目经理和作业队伍，加强项目经理离任审计与责任追溯，保持经济责任的延续性。要增收创效。落实重点项目二次经营包保责任，加大总部统筹与专家帮扶力度，特别是对重难点铁路项目、重大亏损项目以及重大变更事项，要集中力量进行攻坚；对照“两增两高”要求，持续优化考核机制，提高二次经营收益率；激发职工群众首创精神，深挖项目一线增收创效的好点子、好策略；注重收尾项目管理，加快并账销号、竣工结算与资金回笼，确保颗粒归仓。要治亏堵漏。坚持“减亏就是创效”，科学界定亏损责任和治亏成绩，激发干部员工扭亏增效的积极性和创造力；强化追责问责，严肃查处亏损背后的腐败、“四风”问题，坚决做到“五个凡是”，以务实举措和强有力手段，防治结合，扎紧“流血的口子”。2023 年治亏目标是：存量实体亏损企业个数下降 50%，非实体亏损企业亏损面、亏损额双降 10%，不得新增实质性亏损企业；存量过程亏损项目个数、亏损额双降 10%，不得新产生责任亏损项目。

3. 要素集约降成本。集约化与精益化、专业化相辅相成，是降本增效的重要方式。要强化管理集约。继续实施全面节约战略，推行精兵简政，严控“非生产经营人员”编制，压减非生产性开支和管理费开支；进一步推广项目群管理模式，打造核心骨干人员相对固定的专业项目管理团队，实现项目管理和专业技术人才区域共享；给予项目群更多管理与薪酬分配自主权，鼓励项目群人员一专多能、一人多岗，多产多得、优绩优酬，提高人均产出；支持项目群以干促揽，维护地方关系，巩固滚动发展基础。要强化分包集约。引导工程公司部分人员向生产一线紧缺的试验员、测量员、安全员、带班员、工班长转岗分流，围绕高精尖施工技术和高附加值专业分包领域，加快打造一批精干高效、成建制的自有作业队伍，确保工程公司始终手握“金刚钻”；进一步严格“五优”分供商分级评选机制，每家工程公司的本级“五优”分包商和供应商要根据自身规模控制在一定数量以内；加强“五优”分供商管理与考核，坚持严管善待，工程局集团要适时召开中小企业业务洽商会，凝聚发展共识、利益共识，全面提升下游综合实力。要强化生产资源集约。依托铁建云采平台，进一步加强物资设备集采供应，提升互联网议价能力；大力开展地材自主开发业务，加强绿色环保材料研制与集中推广；进一步落实优先采购、租赁内部设备和工业产品有关要求，加强大型设备和高端装备维保调配，减少设备闲置，提高使用效率；注重项目资金统筹与规划，平衡好上交款与开支刚需，增强项目资金自平衡能力；压实项目借款的回款责任，严格项目自筹资金的合规审查与综合成本测算，避免放任自流，造成项目财务成本失控。

4. 重点重抓稳生产。坚持重点重抓是保持生产运营总体平稳的关键。要围绕境内外重大工程、高精尖项目和存在较大经济风险的项目，持续健全完善清单式分级管理机制，落实各级领导“三保一降”包保责任；持续加强重点项目督查，注重解决实际困难和问题，确保平稳推进、风险可控。针对股份公司层面的境内外重难点在建项目，各参建单位要精心组织，加强技术创新与经济管控，树牢“安全就是饭碗、工期就是效益、质量就是生命”意识，坚决守住“六条底线”。针对资兴高速、安紫高速、安慈高速、合铜高速、潼荣高速、成都简蒲都德环线高速、亚吉铁路等重点运营项目，要重视运营安全与培育期风险，千方百计创收增收，稳步提高运营收益；重点关注呼市地铁 2 号线、太原晋源东区管廊、凤凰旅游项目以及天津、保定、西安等地城开项目，确保政府承诺落实到位，保障投资收益。要将重难点项目打造成人才培养、品牌创誉的“摇篮”，多给年轻干部“压担子、磨刀子”，真正关心、大力培养在艰苦地区、困难项目挑重担、担风险的“救火式”干部，激励广大干部员工艰苦奋斗、攻坚克难；统筹好各领域、各区域信誉评价与质量创优工作，以干好现场促市场，实现可持续滚动发展。

（三）专注经济运行，践行高质量发展要求

1. 进一步强化预算引领。全面预算管理是提高资产配置效率、推进精益化管理的关键工具。要以预算引领结构调整。全盘经营、生产、投资计划的对下分解，既要匹配各产业、各单位发展现状、资源禀赋和区域市场形势，也要满足股份公司整体结构调整需要。要坚持传统与新兴并重，持续稳住传统主业存量规模，逐步提高“两新”增量占比，特别是对“四涉”业务以及新基建、新能源战略项目，可在守住底线前提下，设定差异化的回报率要求，促进新兴产能发育；固定资产投资要进一步向经营主阵地和专精特新领域倾斜，审慎追加过剩产能投资；加大净资产收益率较高、资源占用较少的规划设计咨询、工业制造等产业的资金和政策支持力度，做优做强相关旗舰企业，稳步提升资产周转效率。要以预算引领精益管理。将全面预算管理贯穿生产经营和企业管理各环节，严格预算编制、执行、分析、修正全过程闭环管理，既强调预算执行的刚性约束，也注重监督超预算、无预算的管理和支出行为，坚决摒弃先干后算、先斩后奏的粗放式管理陋习。要借助信息化手段，精简和重塑包括预算在内的各类审批管理流程，确保报批的人担责、逐级审批的人逐级兜底，压减不兜底审批环节，避免已授权事项重复审批，提高精益管理的合理性和执行力。

2. 进一步加强资金和现金流管理。货币资金作为最高效的资产，其经营流动性是衡量企业经济活力和资产质量的最重要标尺。要树牢“现金为王”意识。强化现金流管理与考核，加强各类应收款项和应付款管理，压实清收清欠责任，持续推进保证金清理和保函置换，强化税务和汇兑规划，合理利用金融工具加快债权资产变现、舒缓现金支出。把控好项目源头，新签项目要积极争取有利付款条件，减少后期计价回款压力，在建项目要坚决落实利润列报“三个不得”要求，避免前期交钱、中期借钱、后期亏钱，投资和房地产项目要合理规划投资峰值和资金回正时间，防止超预期资金沉淀，确保“新签有产值、营收有利润、利润有现金流”，不断做实做优企业资产。要增强资金管理能力。进一步加强资金集中，把控好账户关口，常态化推进境内外银行账户清理与并账销号，探索建立境内外货币一体化“资金池”，整合各级资金头寸，确保全年平均资金集中度和铁建财务全口径资金集中度稳中有升；持续加强司库管理系统和财务共享中心建设，推动业财融合、银企直联，准确掌握各级财务资金状况，及时回应资金使用需求；创新内部资金使用渠道和方式，推动内部资金高效调剂周转，加强金融资源统筹，持续提升各级资金筹措能力，严防流动性风险；严格执行财务资金管理制度，加强财务人员日常警示教育，加大物防技防投入，确保企业资金绝对安全。

3. 进一步推动降杠杆减负债。负债虽有利于扩大资产增量，但也伴随着巨大风险和沉重负担，必须做好减法、量力而行。要加强管控减包袱。持续加强债务风险穿透式监测预警，强化有息负债和资产负债率双重管控，健全完善考核机制，对超出红线的重点单位实施挂牌督导，对超预算有息负债实行一事一议；积极创新盘活资产、降低负债率的方式方法，继续大力实施重资产项目债务重组与股权合作，继续稳步推进债转股工作；进一步加强信贷集中，持续优化负债结构，降低平均融资成本。要转变方式少依赖。正确处理负债与资产的关系，坚决不上超过财务承受能力的投资和房地产项目，坚决不上收益无法覆盖资金成本的项目，坚决不做明股实债垫资经营，坚决不做融资性贸易，坚持以创新驱动为主、投资驱动为辅，转变增长方式、减少负债依赖；加强信贷资金投向监管，严格控制生产经营周转类、固定资产投资类有息负债占比，切实发挥有息负债对稳增长、提质量、稳经济、调结构的有益作用。

4. 进一步压控“两金”。坚决避免“两金”过快增长，有效控制资产泡沫，锁定经济风险敞口。要抓住重点、强化督导。重点关注“两金”总量处于高位，应收账款、合同资产、存货增长过快的重点单位和重点项目，结合实际、分类施策，持续开展专项督导，压实相关单位和人员责任；仔细甄别和界定逾期应收款、高风险合同资产、低效无效存货，制定严密的化解方案，继续坚持“三个清零”目标，即年初1年期以上逾期应收账款全部清零、1年期以上完工已结算未销号项目全部清零、3年期以上房地产顽固库存全部清零，始终保持高压态势，不销号不撒手，确保非正常类“两金”快速下降。要标本兼治、压存控增。“两金”产生的根源在项目，要从经营源头和生产过程中找寻压降存量、管控增量的治本之策，落实经营和生产团队的责任，不断提高订单质量和项目收益，2023年要力争“两金”净额增幅低于营收增幅5个百分点以上；要有计划、有步骤地消化亏损和历史遗留问题，持续清理核查实物类、债权类、股权类不良资产，合理计提减值准备并及时予以核销，推动企业资产不断趋实向好。

（四）促进产业协同，优化高质量发展生态

1. 加强产业政策引导。引导各级各单位结合自身发展定位，各尽其责、各展所长，相互依存、和谐共生。要进一步明确“总部集团做生态、二级公司做产业、三级公司做专业”的发展定位。股份公司要发挥战略管控职能，履行好产业培育与生态运维责任，聚焦强链、固链、补链、延链、塑链，站在更高的高度、用更广阔的视野，统筹推进产业结构调整与产业协同；二级公司定位为产业集团，要聚焦主责主业，积极融入产业链分工，避免搞小生态、内循环，其中铁建投资、昆仑集团、铁建发展、华南建设、南方公司等投资平台以及中国土木、铁建国际等外经平台要以成为产业集成商、区域产业链链长为目标，其他产业集团要争当产业旗舰乃至行业“头雁”；三级公司定位为专业公司，必须坚持走专业化、集约化发展道路，以成为行业细分领域专精特新“小巨人”或属地小产业链链长为目标，坚决避免盲目多元、四处布局。要进一步明确产业集团“1+2+N”产业发展清单。针对各产业集团特别是工程局集团追求“大而全”的产业泛化和同质化发展趋向，要坚持市场导向与行政手段相结合，引导各单位加快破除产业壁垒。要建立产业集团“1主2辅N新”的产业清单管理机制。各产业集团每年主业的新签、营收贡献度必须达到一定比例，辅业的经营规模、质量效益必须达到一定标准，特别是局属投资运营、房地产开发、规划设计咨询等专业性较强的辅业，如达不到发展要求，要逐步推动业务转型或与相关产业旗舰合作。要进一步明确三级公司细分业务。各产业集团要进一步明确所属综合工程公司专业化发展方向和专业三级公司专精特新培育方向，细化考核目标，固守发展要求，指导三级公司培育“拳头产品”、支柱业务，确保在全系统产业生态中占据一席之地。股份公司每年对各产业集团三级公司建设成绩进行评价，以“助强扶弱汰劣”为抓手，对限期完不成转型目标的三级公司以及规模小、效益差、无法独立存活的三级公司，逐步予以整合撤并。

2. 增强产业竞争优势。围绕产业链优化创新链、资金链、供应链，激发产业发展潜力与活力。要做强做优产业旗舰。工程局集团是我们产业生态的核心组成，要持续巩固专业优势，扩大主阵地市场份额，在实现自身高质量发展的同时，为其他产业健康发展打牢基础；投资运营主业单位，要提高资本经营与资产运营专业能力，在积极培育新兴产业的同时，发挥好对其他产业的拉动作用；四大设计院要坚持创新驱动，持续做强做优主业，特别是要培育好规划咨询能力，保持前端引领优势；中铁地产要紧跟行业形势变化，快周转、强品牌、控风险，提高盈利能力；铁建重工要将上市优势转化为发展红利，奠定地下工程、装配式建筑领域定制化机械制造领军地位；中铁物资要进一步密切原材料厂商的关系，在降低集采成本的同时，提高物流保障能力，增强客户黏性；铁建资本、铁建财务要进一步提升价值、防范风险，更好更稳服务实体企业；铁建发展要聚焦双碳战略和新基建、新业务，加强与其他产业集团的协同，加快培育新兴支柱产业；三家外经单位要进一步聚焦核心支柱市场，依托各产业集团，有序拓展路外和非工程承包多元业务，增强抗风险能力，当好海外发展龙头。铁建国投要加强阿尔德萨公司并后管理，强化战略管控，提升市场开拓与精益化管理能力，确保尽快步入正轨。要进一步优化供应链体系。供应链是产业主体间资源转换、能量传递的纽带，构建低成本、高效率的供应链体系对提高产业竞争力至关重要。要继续依托铁建云采平台，进一步提升供应链数字化、集约化水平，加强区域物资集采中心、物流集散中心建设，降低供应链管理成本和端到端的物流成本，打造具有中国铁建特色的智慧供应链体系；稳步开展内部产业链自金融模式创新，积极探索区块链数字票据业务，通过供应链金融体系建设，有效缓解产业集团间债务化解难、资金周转难的矛盾，改善上下游关系，提高跨单位资产周转效率，大幅降低产业链、供应链运营成本。

3. 维护产业生态和谐。正确处理“10”总部、平台公司和产业集团之间的关系，合理平衡各方诉求和利益，倡导求同存异，禁止恶性竞争，坚持公平公正，维护契约精神。要注重保护产业集团。进一步健全完善境内外经营协调的评分标准和管理机制，在保证“铁建利益最大化”的同时，确保产业集团的合理诉求得到正当回应；加大审计、巡视、纪检监督力度，督促“10”总部和平台公司对内分包差不得高于股份公司限定标准，内部付款条件不得低于行业平均水平；分类制定内部产业合作的标准化合同模板，重大项目的内部分包、供应合同需报股份公司业务主管部门备案，严厉打击阴阳合同、霸凌条款。要加强内部信誉评价管理。股份公司总部要分区域、分产业建立健全内部信誉评价机制，每月通报各单位信誉等级情况，并将评价结果作为内部招投标、经营协调和任务分配的重要参考；各产业集团要主动接受内部履约情况检查，积极融入股份公司统一的内部信誉评价体系，不得另起炉灶搞小圈子、记小本子，特别是要坚决杜绝私下制裁、个人拉黑行为。要加大内部违约惩戒力度。进一步完善内部产业合作仲裁机制，对内部经济纠纷、合同纠纷、债务纠纷，鼓励协商解决，协商不成的，可申请股份公司协调和仲裁；股份公司仲裁原则上一律以合同为准绳，只要签订了合同就必须严格履约；各级各单位要树牢法治意识、合同意识，对不遵守股份公司仲裁结果、拒不履行合同义务、长期债务违约、利用产业地位打击报复申诉人的单位，除了内部信誉评价降级外，还将在考核中予以扣分，情节较严重、影响较恶劣的，还要对相关责任人给予政务处分，营造公平公正、互利互信的内部产业合作氛围。

（五）深化改革创新，激发高质量发展活力

1. 健全完善灵活高效的市场化经营机制。紧扣“市场化”核心要求，持续巩固深化国企改革三年行动成果，加快补短板、强弱项。要进一步提升公司治理水平。着力提高上市公司质量，提升中国铁建品牌价值和资本市场竞争力；持续规范子企业董事会建设，维护议事规则和决策程序的严肃性，强化外部董事履职能力，鼓励各级职工代表积极建言献策，提高决策的科学性、有效性。要进一步提高经理层“两制一契”管理成效。细化明确经理层岗位职责、权利义务、退出条件与责任追究机制，压实领导人员履职责任；加强经理层经营业绩考核与奖罚兑现，对达不到底线要求或连续两年综合考核评价不合格的，及时解聘退出，激励各级领导人员始终饱含激情、尽职尽责。要进一步完善子企业经营业绩考核机制。推动子企业经营业绩考核更加聚焦生产经营，适度压缩战略引领类、管理控制类指标种类和分值；提高指标对下分解的合理性，确保经过努力能够基本实现目标；持续加强考核方案宣贯，确保上下同心同向，始终围着重点转、盯着指标干。要进一步创新内外部合作模式。重视地方政府、业主单位、合作方利益诉求，鼓励商务模式创新，以产业换市场、以合作拓渠道，促进企业转换经营机制、增加发展机会；进一步加强内部专业化整合，加大专精特新、高新技术企业支持力度，积极探索分拆上市，加快打造一批“独角兽”强企和新兴领域产业链链长；在内部整合与产业协同上，大力推行内部上下游单位股权合作，引导内部各单位构建广泛的利益共同体、命运共同体，实现和谐发展。

2. 着力构建现代人力资源管理体系。要进一步明晰人力资源管理的价值导向。持续推动人力资源管理与企业倡导的价值观相契合，坚持以公平正义引领人、共建共享激励人、奖罚用舍约束人，真正让艰苦奋斗的创业者、纾困解难的担当者、默默奉献的实干者得名利，营造拼搏争先、实干兴企的企业风尚。要持续深化三项制度改革。深入推进劳动、人事、分配制度改革。适当调整职称、职级对薪酬增长和职务晋升的约束条件，让考核认定能力、让业绩决定薪酬，打破论资排辈，加快推进干部年轻化；对青年员工设定更快的薪酬增长机制，形成对竞争对手的相对优势；适度拉开绩效考核各档奖金差距，提高浮动工资占比，确保优秀员工待遇不落后，保持优秀人才稳定。要积极创新混合激励措施。深入研究符合中国铁建实际的股权或类股权激励措施，并将其作为核心骨干人员的重要激励手段；继续大力支持各单位在项目层面开展超额利润分享、大额风险抵押金、核心员工跟投等有益尝试；加强荣誉表彰体系的总部统筹，确保员工个人成绩在人力资源管理体系中得到充分体现，丰富非物质激励方式。要加强人才流动顶层引导。人才结构性流动是供给侧结构性改革的必然要求。各产业集团要摸清各级子公司紧缺工种、紧缺人才的现状，对项目管理、区域经营、科技创新、政策研究等领域紧缺人才，产业集团要统一管理，统筹岗位需求与派遣计划，破除人才流动壁垒；股份公司总部要持续加强各领域专家和领军人才的培养、使用，提高人力资源效率；要采取更有力措施，鼓励优秀年轻干部去困难单位、吃劲岗位奋发作为。

3. 持续强化科技赋能、数字赋能。紧跟行业发展趋势和企业转型需要，坚持实用主义与拿来主义并举、基础支撑与前端引领并重，加快推进科技创新与数字化转型。要强化科技创新支撑引领作用。科技创新既要面向行业前沿，更要面向生产经营主战场。围绕交通强国、制造强国、双碳战略、数字中国等国家重大战略，集中力量进行原创性引领性科技攻关，坚决打赢关键核心技术攻坚战，加快实现科技自立自强；面向市场营销、项目实施、服务保障等现实需求，加强科研团队与生产经营团队的融合，推进科研成果内部共享，进一步发挥科技创新对市场、现场的支撑引领作用。要发挥关键企业和重点平台作用。进一步突出规划设计咨询、工业制造旗舰单位和专精特新企业的科技创新“头雁”地位，加大支持力度；抓实抓细全国重点实验室重组认定、铁路行业科技创新基地建设等重点工作，深化与高等院校、科研院所和相关领军企业的科技合作，打造企业战略科技力量，提高自主创新、集成创新、联合创新能力，注重专利申报与知识产权保护，打造高水平、高质量的原创技术策源地。要健全完善科技创新体制机制。进一步落实国资委科技创新“五加、两减、一保障”要求，健全完善科技创新制度体系，细化完善研发投入视同利润考核、科研人员工资单列、科技创新成果考核加分等支持政策，持续完善科技创新决策、投入、组织与成果转化机制，激发创新活力。要加快推进数智铁建建设。继续围绕“1236”数字化转型总体思路，坚持“小步快跑”，着力推进各类统建信息系统和“小而美”平台建设；围绕产业链、供应链生态，统筹好“畅通工程”和“升级工程”，注重打通数字“断头路”，增强数据采集的智能化水平和穿透力；要保持研发与推广同步，尊重客户体验，加大系统维护优化与服务保障投入，提升员工对数字化转型的认同感和满意度，确保建得快、用得好；加快贵州云数据中心、平遥灾备中心建设，稳步推进人工智能基础设施建设项目，持续做好网络安全攻防演练和日常网络安全保障，在提高数字化、智能化水平的同时，确保数据安全、网络安全。

（六）强化基础保障，巩固高质量发展根基

1. 加快建设世界一流企业。建设世界一流企业是党中央、国资委安排部署的重大战略性、引领性任务，是当前及今后一个时期的重要奋斗目标。股份公司，要进一步加强与国内外先进建筑企业集团的全面对标，以建设“在国际资源配置中占重要地位、引领全球行业技术发展、具有较强话语权和国际影响力的领军企业”为目标，制定建设世界一流企业实施方案，聚焦竞争力、创新力、控制力、影响力、抗风险能力等关键指标，建立健全指标评价体系，并与子企业经营业绩考核有效衔接，引导各单位加快提升与世界一流企业相匹配的能力。各产业集团，要根据股份公司总体部署，结合自身产业定位，加快树标杆、学标杆，并制定赶超标杆的具体举措；重点关注市场份额、质量效益、创新成果等可量化指标的行业排名情况，以进军行业优秀企业为发展目标，其中各产业、各区域旗舰企业和链长单位，要立志成为“行业龙头、区域第一”；在做强做大的同时，要更加注重做优做实，统筹开展好创建示范、管理提升、价值创造、品牌引领“四个专项行动”，确保创建世界一流企业与推动高质量发展保持同步。

2. 持续优化各级总部职能。要务实开展各级总部能力提升工程，打造高素质、高效率、高水平的企业总部。股份公司总部，要围绕生产经营中心工作，持续推进“放管服”改革，尽量减少对具体项目、具体事务的直接干预，压减对下督导、检查、审批、备案、考核、监督事项，压控会议规模和频次，极力避免出台“一刀切”政策、“一竿子插到底”；要把“管”的重点聚焦到把方定向、选人用人、考核分配、监督追责等方面。产业集团总部，要围绕主责主业和主阵地，增强产业发展定力和市场敏锐度，持续完善内控机制，强化人才和生产资源的集约管理与统一调配，推进产业培育与治理能力现代化；要以三级公司建设为重点，健全完善考核体系，精准设置关键性、引领性指标，引导三级公司聚优势、解难题、激活力、固根本，着力培育一批掌握关键核心技术的专精特新企业，筑牢中国铁建高质量发展基石。三级公司总部，要围绕“五化”发展要求、“六有”

奋斗目标，以干好项目为核心使命，提高政策执行力，持续推动管理重心和人员配置向生产一线倾斜，强化“法人管项目”的能力基础与制度保障。

3. 持续加强风险防控。要持续健全完善大风控、大监督体系。用好信息化、数字化手段，强化重特大风险管控，有效促进审计、合规、内控、巡视、纪检“五位一体”监督体系协同融合，全面提升风控、监督工作效率；持续推进综合治理专项行动问题整改，强化审计和巡视巡察成果应用，健全完善风险识别、预警、化解、处置的长效机制。要坚决守住不发生重大风险的底线。始终将安全生产摆在极端重要位置，坚持“人民至上、生命至上”，统筹推进安全风险分级管控和隐患排查治理“双预控”体系建设，坚持“四不两直”，加强安全生产日常督查检查，及时排除重大安全隐患，严格落实终端安全管控规定，推动全员安全生产责任制落实落细。建立健全质量红线管理常态机制和缺陷责任追究机制，落实质量终身责任制，倒逼各单位进一步强化质量意识，杜绝重大质量风险。妥善应对涉单位债权风险，相关单位必须紧盯不放，主要领导要亲自抓，最大限度保全资产、降低损失，要深刻吸取教训，加快客户债务履约预警系统建设，健全完善定期通报机制和联防联控机制，全面提升债权风险防控能力。持续推进“法治铁建”建设，大力压降法律纠纷案件，确保实现“双降双升三杜绝”目标；进一步提升合规工作可靠性、有效性，开展合规专项审查，提升自查自纠能力。切实防范海外风险，坚持危地不去、乱地不往，坚持在商言商、公平履约，遵守国际通用准则，谨防海外政治与法律风险；加强海外财务资金与资产管理，稳妥应对汇率波动、供应链不稳等不利影响，加强安保投入与应急机制建设，保障员工安全与队伍稳定。高度重视舆情、维稳、保密和防疫工作，坚持“三到位一处理”原则，持续推进信访积案和遗留问题处置，加强对重点敏感事件、重要时间节点的舆情监测和处置，严格落实各项保密规定，认真落实防疫转段工作要求，确保企业和谐稳定、安全发展。

4. 持续强化宗旨意识。要旗帜鲜明讲政治。系统把握新时代党和国家赋予国资央企的新使命新任务，深刻领悟“两个确立”的决定性意义，增强“四个意识”、坚定“四个自信”、做到“两个维护”，推动党的二十大精神在中国铁建高质量落地见效；将党的建设融入企业改革发展全过程、经营管理各领域、生产组织各环节，持续加强“三基建设”，以高质量党建引领保障企业高质量发展。要筑牢防线严纪律。坚定不移推进全面从严治党，锲而不舍落实中央八项规定精神，持续深化纠治“四风”，提高一体推进“三不腐”的能力和水平，为企业营造良好政治生态和发展环境。要大张旗鼓塑文化。扎实推进中国铁建文化纲领宣传普及，强化子品牌培育，推进品牌集群融合传播；以庆祝中国铁建成立75周年为契机，统筹开展系列庆祝活动，发布中国铁建精神谱系，加强与主流媒体沟通，进一步发挥新闻中心作用，讲好铁建故事、传播铁建文化。要履行责任惠民生。扎实推进“共享工程”建设，合理有序推动职工工资增长，开展好送温暖、送清凉、送健康等活动，加强困难职工家庭帮扶；继续做好下游中小企业无分歧欠款“动态清零”和劳务人员工资“治欠保支”工作，全力投身乡村振兴，积极参与抢险救灾、应急救援、疫情防控和社会公益事业，用实际行动践行央企担当。

全面贯彻落实党的二十大精神 以永远在路上的坚定和执着推进全面从严治党 为中国铁建高质量发展提供坚强保障

——纪委书记李春德在2023年中国铁建党风廉政建设和反腐败工作会暨警示教育大会上的报告

（摘 要）

（2023年2月9日）

这次会议的主要任务是：以习近平新时代中国特色社会主义思想为指导，深入学习贯彻党的二十大和二十届中央纪委二次全会精神，认真落实国资委党风廉政建设和反腐败工作会议暨警示教育大会部署要求，总结回顾2022年工作，研究部署2023年重点任务，坚定不移推进全系统党风廉政建设和反腐败工作向纵深发展，为新时代新征程企业高质量发展提供坚强保障。

一、2022年工作回顾

2022年是党和国家历史上极为重要的一年。一年来，在国资委党委和驻国资委纪检监察组的领导下，公司党委、纪委深入学习宣传贯彻党的二十大精神，坚决落实全面从严治党要求，主动扛起管党治党政治责任，坚持严的主基调不动摇，一体推进不敢腐、不能腐、不想腐，充分发挥监督保障执行、促进完善发展作用，全系统党风廉政建设和反腐败工作取得新成效。

（一）强化理论武装，政治站位进一步提高

各级党委、纪委主动把学习宣传贯彻党的二十大精神作为当前和今后一个时期的首要政治任务，坚持以习近平新时代中国特色社会主义思想为指导，严格落实"第一议题"制度，深刻领悟"两个确立"的决定性意义，进一步增强"四个意识"，坚定"四个自信"，做到"两个维护"。坚持学原文悟原理。各级党委、纪委按照"全面学习、全面把握、全面落实"的要求，迅速掀起学习宣传贯彻党的二十大精神热潮。广大纪检干部原原本本，认真研读党的二十大报告、党章修正案和中央纪委工作报告，充分运用《党的二十大报告辅导读本》等学习资料，通过多种形式，深刻领会精神实质，全面把握内涵要求，持续深化理论武装，不断提高政治意识、政治站位。坚持学深悟透做实。公司党委、纪委结合实际，印发学习贯彻党的二十大精神工作方案，明确内容、列出清单、提出要求。各级纪委积极参加宣讲报告会，通过深入基层宣讲、举办知识竞赛、召开专题会议、开辟网站专栏等方式，引导广大纪检干部深入研讨交流、畅谈学习体会，互学互鉴、共同提高，切实用党的二十大精神武装头脑、指导实践、推动工作。

（二）聚焦"国之大者"，政治监督进一步强化

各级纪委不断增强政治自觉，强化政治引领，始终把加强政治监督摆在重要位置。加强对习近平总书记重要指示批示精神和党中央重大决策部署贯彻落实情况的监督。协助并督促各级党委立足新发展阶段，完整、准确、全面贯彻新发展理念，积极服务和融入新发展格局，推动企业高质量发展。2022年，面对极其复杂严峻的国际国内环境和疫情等超预期不利因素的影响，全系统各单位坚定信心决心，保持敢闯敢拼的劲头，实现稳中有进、稳中向好的发展态势，全面完成年度生产经营目标任务。公司纪委突出强化政治监督，深入中铁城建等15家单位，对落实"十四五"规划、国企改革三年行动、科技创新、安全生产、乡村振兴帮扶等重点工作进行督促检查，进一步压紧压实政治责任。加强对防范化解重大风险的监督。协助并督促党委开展境外业务专项整治和境外"违规投资经营"专项治理，督促落实境外直派财务负责人制度，对中土集团等10余家单位开展境外业务整治情况的监督检查，切实维护境外国有资产安全。督促推动专项整治工作落实见效。协助并督促党委研究部署开展“严肃财经纪律、依法合规经营”综合治理专项行动,强化过程督导检查,推动专项行动取得实效。牵头协调推进靠企吃企专项整治“回头看”工作,召开专题会议,开展全系统问题线索“大起底”,严肃查处靠企吃企典型问题,推动专项整治工作取得显著成效。督促推进重大项目建设。各级纪委围绕 CZ 铁路、JM 融合项目等国家重大项目、重点工程进行监督,为更好服务国家发展提供坚强保障。公司纪委与多 J 种建立廉洁风险联防联控机制,联合开展监督检查和巡视巡察,着力抓好问题整改。督促有关单位纪委加快查处国家审计移交的问题线索,完成国铁集团下达的重点铁路项目审计整改任务。CZ 线参建单位纪委主动与业主开展“廉洁示范线”建设,着力打造优质工程、阳光工程、廉洁工程。

(三)紧盯“关键少数”,日常监督进一步做实

各级纪委坚守监督专责,强化日常监督,推动监督贯穿管党治党、治企兴企全过程。

加强对“一把手”和领导班子的监督。认真落实《关于加强对“一把手”和领导班子监督的意见》,制定出台《党委书记同下级“一把手”谈话的工作意见》,紧盯苗头性倾向性问题开展谈话提醒、批评教育,让红脸出汗成为常态。全年公司党委书记、纪委书记分别同下级“一把手”谈话 148 人次、96 人次,进一步传导压力、压实责任。协助并督促党委稳步推进企业领导人员兼任下属单位“一把手”专项清理工作,完成清理兼职人员 25 人、清理兼职职务 32 个,进一步规范领导人员履职行为。坚持做好政治生态分析研判,每半年开展全系统信访举报数据分析,认真梳理党的十九大以来查处“一把手”违纪违法案件的特点、规律,提出加强对“一把手”和领导班子监督的工作建议,进一步提高日常监督精准度、有效性。

加强对选人用人的监督。各级纪委全程参与对干部选拔任用的提名酝酿、考察监督,及时更新完善领导干部廉政档案,各级纪委出具党风廉政意见 1507 人次,其中,股份公司纪委出具党风廉政意见 356 人次。公司纪委派员对 107 人次拟提拔干部进行考察监督,对首席专家、专家复审、二级单位总会计师、股份公司总部招聘等进行专项监督。对拟提拔的 12 人有关问题线索及时组织核查,其中 6 人暂缓提拔。落实干部任前廉洁谈话,全年公司纪委开展任前廉洁谈话 48 人次,所属二、三级单位纪委开展任前廉洁谈话 10025 人次,不断筑牢拒腐防变的思想防线。

坚持抓早抓小、防微杜渐。充分运用监督执纪“第一种形态”和“第二种形态”,把抓在日常、严在平常要求寓于日常监督之中。各级纪委精准运用监督执纪“四种形态”处理 3149 人次,其中,运用第一、第二种形态,约谈函询、批评教育及党纪轻处分、组织调整 2937 人次,占比 93.3%。

(四)创新监督方式,监督质效进一步提升

持续推进工程项目纪检监督。调研了解相关单位贯彻落实《关于加强工程项目纪检监督的指导意见》的进展情况,召开工作推进会,进一步统一思想、交流经验、明确目标,督促制定实施细则,配齐配强工程项目纪检负责人,鼓励大胆探索设置片区纪检专员,确保制度建设和人员配备“两个到位”,着力打通基层项目监督“最后一公里”。

深入推进“大数据”监督试点。指导中铁建设积极开展“大数据”监督试点,推进现代信息技术与监督执纪工作有机融合,在劳务招标、设备物资采购租赁、验工计价等方面及时预警、跟进监督,取得积极成效。召开“大数据”监督推进会,总结经验做法,督促所属各单位积极开展“大数据”监督可行性研究,推动全系统“大数据”监督工作迈出坚实步伐。

(五)一体推进“三不腐”,企业风气进一步向好

各级纪委始终坚持严的主基调不动摇,一体推进不敢腐、不能腐、不想腐。强化“不敢腐”的震慑。2022 年,全系统累计受理来信来访 1057 件,处置问题线索 1803 件,初核 1612 件,立案 915 件,结案 892 件,给予党政纪处分 1669 人,刑事处理 20 人。公司纪委本级处置问题线索 74 件,初核 17 件,谈话函询 13 件,立案 7 件,结案 4 件,给予党政纪处分 11 人。通过加大执纪审查力度,有效减存量遏增量,形成强大震慑,企业风气持续向善向好。扎紧“不能腐”的笼子。针对日常监督检查、执纪审查、巡视巡察中发现的突出问题,公司出台《业务招待合规管理实施细则》等 30 余项制度办法,进一步健全完善规章制度、有效堵塞管理漏洞。公司纪委制定《“行贿人黑名单”管理办法(试行)》,加大对行贿行为的惩治力度,着力斩断“围猎”利益链,推动营造公平竞争环境。筑牢“不想腐”的堤坝。坚持每年召开警示教育大会,公开通报曝光突出问题和典型案件。组织开展以“责任重于能力 自律胜于他律”为主题的反腐倡廉宣传教育月活动,各单位组织学习“优秀项目经理韦昌学”先进事迹 5020 场次,举办项目经理谈廉洁座谈会 3626 场次,组织参观廉政教育基地 1650 场次,征集廉洁短信 4 万余条、廉洁家书 5000 余份。通过形式多样的宣教活动,营造浓厚的崇廉尚廉氛围。

(六)持续纠治“四风”,作风建设进一步改善

各级纪委始终把中央八项规定精神作为长期有效的铁规矩、硬杠杠,一年接着一年抓,以钉钉子精神纠“四风”树新风。持之以恒纠治享乐主义、奢靡之风。

紧盯关键部位，严肃查处违规公车私用、违规发放津补贴、违规收送节礼等问题，严肃查处各级食堂、接待餐厅大吃大喝、铺张浪费行为，坚决纠治歪风邪气，大力弘扬新风正气。紧盯重要节点，坚持在重大节日时点，印发提醒通知，编发廉洁信息，展播违反中央八项规定精神典型案例，推送优秀廉洁短信，开展警示教育，营造清廉过节浓厚氛围。全系统采取突击检查、明察暗访等方式，派出检查组 2354 个，抽查单位（项目）5291 家，查处违反中央八项规定精神典型问题 12 个，给予党政纪处分 14 人次。深入整治形式主义、官僚主义。紧盯工作中层层加码、麻痹松懈、任性用权、不担当不作为等问题，科学精准靶向整治。坚决纠治侵害职工群众切身利益的行为，督促相关单位加大对巡视中发现的拖欠职工工资、五险一金等问题的整改力度。经过各级各单位坚持不懈、共同努力，全系统形式主义、官僚主义得到有效纠治，企业风气持续向好。

（七）坚守政治定位，巡视成效进一步显现

各级党委、纪委深入学习贯彻习近平总书记关于巡视工作重要论述，精准落实政治巡视要求，持续深化巡视整改和成果运用，健全完善巡视巡察上下联动机制，高质量推进巡视巡察向纵深发展。如期完成常规巡视全覆盖任务。2022 年，公司党委克服疫情影响，成立 6 个巡视组，采取“一托三”方式，对中土集团等 18 家所属单位党委开展常规巡视。至此，党的十九大以来，公司党委共计完成对 49 家所属单位党委的常规巡视，圆满完成巡视全覆盖任务。扎实推动巡视整改。印发《关于进一步强化巡视整改和成果运用的实施办法》，健全完善“党委统揽牵头改、纪检组联合督查改、职能监管常态改、被巡单位全面改”工作机制，抓好巡视整改和成果运用。坚持向分管领导班子成员通报巡视发现的突出问题，全年向总部职能部门移交巡视发现问题 1013 个，督促职能部门加强日常监管，深化系统治理，推动解决相关行业领域的深层次问题。加强对巡视整改情况的监督检查。公司纪委严格审核 47 家二级单位落实“违规挂靠”专项巡视整改情况报告，对 13 家二级单位进行重点督查，所属二、三级单位共派出 308 个督查组，对 1100 个单位（项目）进行监督检查，有力推动巡视巡察整改取得实效。

（八）强化队伍建设，纪检工作进一步夯实

各级纪委坚决落实打铁必须自身硬要求，努力做到政治过硬、本领高强。持续加强自身建设。全系统组织纪检干部以干代训 982 人次，开展纪检干部内部培训 7645 人次，选调业务骨干到上级单位协助工作 5 人次。持续开展二级单位纪委履职专项考核，督促纪检干部履职尽责、担当作为。加大纪检干部交流力度，全年提拔或交流二级单位纪委书记 20 人次，考察二级单位纪委副书记 7 人。不断提升规范化水平。在全系统开展案件质量评查活动，不断提升案件办理质量，坚决防止和纠正“有案不查”“一函了之”“纸面执行”等突出问题。出台《处理检举控告工作实施办法（试行）》《案件审理工作办法》，有效规范处理检举控告和案件审理程序，提升纪检工作规范化、标准化水平。坚决防止“灯下黑”。对执纪违纪者“零容忍”，严肃查处纪检干部违规违纪违法行为，全系统办理反映纪检干部问题线索 13 件，处理 15 人。

全面从严治党永远在路上，党的自我革命永远在路上，全系统党风廉政建设和反腐败工作形势依然严峻复杂。从“两个责任”落实看，有的单位责任压力传导不到位，重部署、轻落实；有的单位党委书记落实“第一责任人”职责、班子成员履行“一岗双责”不力，缺乏担当精神。有的单位对“关键少数”尤其是“一把手”的监督存在薄弱环节；少数单位还存在执纪问责宽松软、好人主义现象；有的重查处、轻整改，在深挖案件背后根源、推动完善制度上还有差距。从执纪审查、巡视巡察看，全系统受理信访举报、处置问题线索、给予党政纪处分人数等仍在高位运行，呈现出高压态势与顶风作案并存，传统腐败和新型腐败交织，风险隐患和腐败问题关联，境内腐败与境外腐败交汇的阶段性特征。工程分包、物资采购、招标投标、财务资金等环节监管不到位，廉洁风险高；以权谋私、关联交易、违规经商办企业、违规挂靠等靠企吃企问题仍然突出；基层单位“小官巨贪”现象时有发生，一些典型案件触目惊心，影响恶劣，教训深刻。从纪律作风看，有的党员干部作风不实、心浮气躁，抓工作缺乏“钉钉子精神”；有的“亲”“清”不分，靠企吃企，严重侵害企业和职工利益；有的违反中央八项规定精神，内部公关、内部吃请、违规公款购买高档酒水、超标准乘坐交通工具、违规收送礼品礼金等现象仍时有发生。对这些问题，各级党委、纪委必须保持清醒认识，采取有效措施，切实加以解决。

二、2023 年主要工作

2023 年是全面贯彻落实党的二十大精神的开局之年，做好全年党风廉政建设和反腐败工作意义重大。习近平总书记在二十届中央纪委二次全会上发表重要讲话强调，要把全面从严治党作为党的长期战略、永恒课题，保持战略定力，永远吹冲锋号，把严的基调、严的措施、严的氛围长期坚持下去，把党的伟大自我革命进行到底。

2023 年全系统党风廉政建设和反腐败工作总体要求是：坚持以习近平新时代中国特色社会主义思想为指导，深入学习贯彻党的二十大精神，全面落实二十届中央纪委二次全会部署，按照国资委党委、驻国资委纪检监察组要求，深刻领悟“两个确立”的决定性意义，切实增强“四个意识”，坚定“四个自信”，做到“两个维护”；坚决贯彻全面从严治党战略部署，全面加强党的纪律建设，深入开展党风廉政建设和反腐败斗争，推进新时代新征程纪检工作高质量发展，为公司健康稳定发展、加快建设世界一流企业提供坚强保障。

（一）坚持政治引领、强化政治监督，保障党的二十大战略部署落实见效

学深悟透力行习近平新时代中国特色社会主义思想，准确把握党的二十大提出的重大判断、重大战略、重大任务、重大举措，聚焦新时代新征程党的使命任务，始终心怀“国之大者”，推进政治监督具体化、精准化、常态化。要围绕学习宣传贯彻党的二十大精神强化监督，督促各级党组织认真抓好即将在全党开展的主题教育，完整、准确、全面把握二十大精神实质，坚决防止大而化之、浮在表面；督促各级党组织结合职责任务制定贯彻落实的时间表、路线图，坚决纠治照搬照抄、上下一般粗。要围绕严肃党内政治生活强化监督，把落实“三会一课”、民主生活会等作为监督重点，严明政治纪律和政治规矩，及时发现、着力解决“七个有之”问题，坚决防止领导干部成为利益集团和权势团体的代言人、代理人。要围绕高质量发展强化监督，聚焦“一增一稳四提升”、国企改革、科技创新、转型升级等目标任务，进一步压实责任、推动落实，不断提升企业核心竞争力。要围绕防范化解重大风险强化监督，推动更好统筹发展和安全，加强对投资、金融、合规、境外等领域风险防控，牢牢守住不发生系统性风险底线。要围绕重大项目建设强化监督，推动CZ铁路、JM融合项目等重点工程高质量建设，服务保障国家重大战略落实落地。

（二）坚持突出重点、紧盯关键，加强对权力运行的监督制约

认真履行党内监督的主体责任、监督责任，以党内监督为主导，促进各类监督贯通协调，完善权力监督制约机制，让权力在阳光下运行。要强化对“一把手”和领导班子的监督，严格落实《关于加强对“一把手”和领导班子监督的意见》，督促各级党组织及其“一把手”扛起主体责任，以身作则、以上率下，自觉接受监督，认真抓好监督，做到严于律己、严负其责、严管所辖。全面落实谈话制度，常态化、分类分层与监督对象开展谈心谈话，特别是严格执行党委书记、纪委书记同下级“一把手”谈话制度。要强化对选人用人的监督，健全完善党员领导干部廉政档案，规范审慎回复党风廉政意见，坚决杜绝带病提拔。对新任职干部严格落实“凡提必谈”要求，未经廉洁谈话原则上不赴任。从严从实加强年轻干部教育管理监督，引导年轻干部扣好廉洁从业的“第一粒扣子”。要紧盯关键环节创新监督，做实做细工程项目纪检监督，健全完善制度、配齐配强人员，充分发挥项目纪检人员的“探头”作用。围绕物资、设备、劳务的招标、计价、支付等关键环节，持续深化拓展“大数据”监督试点，不断优化监督机制，提升监督质效。

（三）坚持挺纪在前、严管严治，全面加强纪律建设

纪律是管党治党的“戒尺”，也是党员、干部约束自身行为的标准和遵循。要把纪律建设摆在更加突出位置，推动把党章党规党纪教育作为理论学习、干部培训的必修课，促进党员干部增强纪律意识，把党的纪律刻印在心。高度重视年轻领导干部纪律教育，督促领导干部在遵守和执行纪律上走在前、作表率，从而带动广大党员干部真正把纪律严起来、把规矩立起来。要把纪律教育融入日常教育管理监督，坚持把正向引导和反面警示教育结合起来，通过编印警示录、拍摄专题片、召开警示教育大会等形式，运用查处的典型案例开展警示教育。要严格执行党的纪律规定和规章制度，坚持执纪必严、违纪必究，对违反党纪的问题，发现一起坚决查处一起。督促指导发生重大违纪违法案件的相关单位党委召开专题民主生活会，举一反三、以案明纪。要精准运用“四种形态”，坚持“惩前毖后、治病救人”，重点用好谈话函询、提醒批评“第一种形态”，让咬耳扯袖、红脸出汗成为常态。各级“一把手”和领导班子成员要主动运用“第一种形态”，对苗头性倾向性问题，及时谈话提醒、批评教育，切实让党员干部感受到监督常在。

（四）坚持系统施治、标本兼治，坚决打好反腐败斗争攻坚战持久战

坚持有腐必反、有案必查。保持零容忍震慑不变，更加有力遏制增量，更加有效清除存量。要聚焦工程建设、国企混改、境外投资等重点领域，以及招投标、项目审批、并购重组等关键环节，紧盯项目亏损、违规经营、违规担保等重点问题，严肃查处靠企吃企、关联交易、设租寻租、利益输送等违纪违法行为。要坚持受贿行贿一起查，坚决查处多次行贿、巨额行贿、向多人行贿等行为，切实加大对行贿人的惩治力度。今年要把整治规范领导干部配偶、子女及其配偶经商办企业作为巩固深化靠企吃企专项治理的重中之重，加大惩治力度、强化震慑作用。坚决查处“影子公司”“影子股东”等新型腐败和隐性腐败。

坚决铲除腐败滋生土壤和条件。深化以案为鉴、以案促改、以案促治，用好用足纪律检查建议，综合运用法律合规体系、财务审计体系、责任追究体系等，加强专业化体系化监管，压缩权力寻租的空间、消除腐败产生的土壤。按照国资委要求，督促并协助各级党组织扎实开展违规违法获取工程项目专项整治。各级党组织特别是项目党支部、相关职能部门要认真学习贯彻《“行贿人黑名单”管理办法（试行）》，主动向合作方特别是工程项目投标人履行告知义务，充分发挥震慑作用。今年将开展以“强化纪律建设 树牢规矩意识 助力企业高质量发展”为主题的反腐倡廉宣传教育月活动，推进新时代廉洁文化建设，充分发挥廉洁文化浸润熏陶、春风化雨作用。

落实“三个区分开来”。坚持把从严管理监督和鼓励担当作为高度统一起来，精准把握为公与谋私、工作过失与玩忽职守、改革先行先试与蓄意违纪违法之间的界限，严肃查处诬告陷害行为，及时开展澄清正名工作，激励干部勇于担当、积极作为，更好激发党员干部干事创业的积极性和创造性。

（五）坚持正风肃纪、除弊革新，锲而不舍纠“四风”树新风

严肃整治享乐主义、奢靡之风。针对超标准接待、违规乘坐交通工具、乱发津补贴、内部公关吃请等行为，加大查处问责力度；针对以电子红包、快递物流方式“隔空送礼”，以及隐藏在高档酒、“天价茶”“天价烟”、高价月饼等背后的享乐奢靡问题，精准发现、严肃查处。准确把握“四风”问题的新表现新动向，让好作风在党员干部中化风成俗、成为习惯。

重点纠治形式主义、官僚主义。紧盯影响党中央决策部署落实的不正之风，坚决纠治打折扣、搞变通、各行其是、各自为政问题，坚决纠治空喊口号、机械执行、消极应付以及“一刀切”“乱加码”等问题。紧盯加重基层负担的形式主义、官僚主义，持续纠治文山会海、监督检查考核过多过频、“指尖上的形式主义”等问题，注重发现和解决“表现在基层、根子在上面”的现象，保障党员干部有更多时间和精力干事创业。

完善作风建设长效机制。通过开展专项检查、明察暗访、随机抽查等方式，持续加大监督检查力度，发现问题及时纠正。按照国资委要求，督促开展落实中央八项规定精神制度“回头看”，把纠治“四风”实践成果转化为制度规范。坚持纠“四风”与树新风并举，大力弘扬党的光荣传统和优良作风，更好传承和发扬铁道兵精神，教育引导广大党员干部牢记初心使命、忠诚履职尽责、永葆清正廉洁的政治本色。

（六）坚持政治定位、发挥利剑作用，高质量推进新一轮巡视巡察全覆盖

科学制定实施五年巡视工作规划，聚焦“两个确立”“两个维护”根本任务，坚持有形覆盖与有效覆盖相统一，统筹安排常规巡视、专项巡视。坚持从业务看政治、从问题看责任，精准发现问题，纠正政治偏差，实现量的全覆盖和质的新提升。完善巡视巡察上下联动战略格局，强化对二、三级单位巡察工作分类指导，围绕发现问题、整改落实、成果运用创新联动方式，稳步推进提级巡察、交叉巡察，不断完善巡视巡察上下联动战略格局。加强与其他监督贯通融合，积极探索与审计、财务、组织、投资等职能部门协调协作方式，加大通报情况、提供政策咨询、专业人员支持、整改相关领域问题等方面工作力度，进一步形成工作合力，发挥巡视巡察系统优势和综合监督作用。扎实抓好巡视巡察“后半篇文章”，组织人事、宣传、巡视、纪检等相关职能部门要认真落实《关于进一步强化巡视整改和成果运用的实施办法》，建立健全巡视巡察整改责任机制、督促机制、评估报告机制和整改公开机制，以反馈传导压力，以约谈压实责任，以监督推动落实，以回访检验效果，真正做到以巡促改、以巡促建、以巡促治。

2022 年 1 月 26 日，中国铁建召开 2022 年党风廉政建设和反腐败工作会暨警示教育大会。 （*石岩林* 摄）

大事记

特载
大事记
概况
董事会工作
工程施工
海外业务
经营工作
综合管理
科技创新
党的工作
工会工作
区域总部
所属单位
人物
统计资料
文献辑要
附录

2022 年中国铁建大事记

1 月

▲4 日　习近平总书记考察中铁建设集团有限公司参建的北京冬奥村(冬残奥村)。

▲4 日　中国铁建重工集团股份有限公司牵头申报的“复杂施工环境下大型工程装备设计/制造/运维一体化平台研发与应用”“千米竖井硬岩全断面掘进机关键技术与装备”两个项目新增为国家重点研发计划项目。

▲5 日　中国铁建总裁、党委副书记、执行董事庄尚标在北京与中国邮政储蓄银行行长刘建军会谈。双方就进一步加强银企战略合作进行深入交流,并达成共识。中国铁建党委常委、总会计师王秀明,中国邮政储蓄银行副行长张学文参加会谈。

▲6 日　中国铁建党委书记、董事长汪建平在福州会见福建省委书记尹力,省委副书记、代省长赵龙。双方就进一步深化合作进行交流,并达成共识。

▲6 日　中铁十六局、中铁十八局集团有限公司参建的崇礼铁路太子城至崇礼段开通运营。

▲6 日　中国铁建昆仑投资集团有限公司牵头中铁十五局、中铁建设和中铁第五勘察设计院集团有限公司揽获总投资 102.1 亿元的四川德阳凯州新城片区基础设施建设项目。

▲6 日　中国行业报协会走基层优秀作品、全国性行业类媒体 2021 年“百年奋斗　百年答卷”新闻摄影展作品、第 33 届中国经济新闻奖作品、第八届中国交通报刊协会优秀新闻作品、中国经济传媒协会新媒体优秀作品相继揭晓,《中国铁道建筑报》12 件作品获奖。中铁十四局集团有限公司被授予“全国性行业类媒体践行‘四力’实践基地”称号,《中国铁道建筑报》获评“我为诚信代言——2021 中国新媒体短视频征集活动”媒体机构优秀组织者。

▲6 日　中铁建设集团有限公司申报的“以全员绩效考核引领的人才管理体系”获中国企业与改革发展研究会 2021 中国企业改革发展优秀成果一等奖。

▲6 日　中国铁建重工长沙第二产业园自主研制的大直径双护盾岩石掘进机首次出口南亚市场,也是铁建重工 2022 年出口首单。

▲7 日　中铁十七局集团有限公司承建的援孟加拉国孟中友谊八桥项目主桥合龙。该项目是中国政府援助孟加拉国的第八座友谊桥梁,是商务部援外项目改革后的第一个大型路桥项目。

▲8 日　中国铁建与兰州市人民政府举行重点项目对接及视频签约仪式,甘肃省委常委、兰州市委书记朱天舒,兰州市委副书记、市长张伟文,中国铁建党委书记、董事长汪建平,兰州石化公司党委书记、执行董事吴凯出席签约仪式。

▲8 日　中铁第五勘察设计院集团有限公司参与设计,中铁建设集团有限公司参建的我国首条民营控股高铁——杭州至绍兴至台州(杭台)高速铁路开通运营。

▲10 日　中铁十一局、中铁十四局、中铁二十一局、中铁城建集团有限公司参建的成昆铁路复线冕宁至米易段开通运营。

▲10 日　中铁第一勘察设计院集团有限公司勘察设计的阿克苏至阿拉尔铁路开通运营。

▲11 日　中国铁建党委书记、董事长汪建平在中国铁建大厦与保定市委书记党晓龙会谈。双方就进一步深化战略合作进行交流,并达成共识。

▲13 日　中国铁建 2022 年工作会议暨三届二次职代会在北京中国铁建总部召开。中国铁建党委书记、董事长汪建平作题为《稳字当头、稳中求进,坚定不移推动高质量发展再上新台阶》的工作报告,总裁、党委副书记、执行董事庄尚标作题为《埋头苦干、勇毅前行,奋力夺取高质量发展新胜利》的工作报告,党委副书记、执行董事陈大洋传达中央企业负责人会议精神并主持会议。中国铁建非执行董事郜烈阳,独立非执行董事解国光,中华人民共和国审计署企业审计八局局长方超、一级巡视员董维明出席会议。会议审议通过关于《行政工作报告》《关于财务收支及经济运行情况的报告》《关于业务招待费使用情况的报告》《提

案工作报告》的决议草案。

▲14 日　中国铁建党委召开党史学习教育总结会议。中央企业党史学习教育第六指导组组长郭建新、副组长闵玉清及部分组员到会指导。中国铁建党委书记、董事长汪建平作党史学习教育总结讲话，总裁、党委副书记、执行董事庄尚标传达学习习近平总书记在党史学习教育总结会议上的重要指示精神，党委副书记、执行董事陈大洋主持会议。中国铁建领导班子成员参加会议。

▲14 日　中国铁建在北京召开 2022 年安全生产工作会议。中国铁建党委书记、董事长汪建平，总裁、党委副书记、执行董事庄尚标出席会议并讲话。党委常委、执行董事兼总法律顾问、首席合规官刘汝臣主持会议。党委常委、总会计师王秀明宣读 2021 年安全生产包保责任书兑现通报。党委常委、副总裁王立新作工作报告。中国铁建全体领导班子成员参加会议。

▲14 日　中国铁建党委以党委常委扩大会形式召开 2021 年度二级单位党委书记抓基层党建述职评议大会。中国铁建党委书记、董事长汪建平现场点评并讲话，总裁、党委副书记、执行董事庄尚标主持会议。中国铁建领导班子成员参加会议。

▲17 日　中国铁建召开 2022 年国内经营工作动员会。中国铁建总裁、党委副书记、执行董事庄尚标出席会议并讲话，党委常委、副总裁倪真对国内经营工作作出部署。

▲18 日　内蒙古自治区副主席、阿拉善盟委书记代钦到中铁十五局集团有限公司银巴项目进行春节慰问。

▲19 日　《中国审计》2022 年第 4 期以《夯实“压舱石”锚定“航向标”——访中国铁道建筑集团有限公司党委书记、董事长汪建平》为题刊发专题报道。

▲19 日　浙江省交通运输厅副厅长汪东杰到中铁十五局集团有限公司杭甬项目滨海互通施工现场对新冠疫情防控和春节期间施工安排进行调研指导。

▲19 日　浙江省交通运输厅副厅长洪秀敏到中铁十五局集团有限公司桐乡 320 项目调研。

▲20 日　《中国铁道建筑报》13 项优秀新闻作品获第八届“国企好新闻”、第三十五届中国产经新闻奖。

▲25 日　中国铁建党委召开党史学习教育专题民主生活会。中央企业党史学习教育第六指导组组长郭建新、副组长闵玉清，国务院国资委企干二局有关负责人到会指导。中国铁建党委书记、董事长汪建平主持会议，全体领导班子成员参加会议。

▲26 日　中国铁建在北京召开 2022 年党风廉政建设和反腐败工作会暨警示教育大会。中国铁建党委书记、董事长汪建平出席会议并讲话，总裁、党委副书记、执行董事庄尚标主持会议，党委副书记、执行董事陈大洋传达十九届中央纪委六次全会、国务院国资委党风廉政建设和反腐败工作会暨警示教育大会精神，党委常委、执行董事兼总法律顾问、首席合规官刘汝臣通报 2021 年常规巡视、违规挂靠专项巡视情况，党委常委、总会计师王秀明通报 2021 年执纪审查情况，党委常委、纪委书记李春德作工作报告。中国铁建领导班子成员参加会议。

▲26 日　中国铁建党委书记、董事长汪建平到中铁十四局集团有限公司北京东六环改造项目，开展“护航冬奥”施工现场安全生产百日攻坚专项行动安全检查，并看望慰问奋战在一线的建设者，送上新春祝福。

▲27 日　中国铁建总裁、党委副书记、执行董事庄尚标到北京城市副中心站综合交通枢纽工程 01 标段，开展“护航冬奥”施工现场安全生产百日攻坚专项行动安全检查，并提前向大家致以新春的问候和祝福。

▲28 日　中国铁建总裁、党委副书记、执行董事庄尚标在北京与中国铁路投资有限公司党委书记、董事长黄桂章，京津冀城际铁路投资有限公司党委书记、董事长钟生贵，浩吉铁路股份有限公司党委书记、董事长田利民举行工作座谈，就进一步服务国家重大项目建设、推进深度合作、实现互利共赢等进行友好交流，并达成系列共识。

▲29 日　江西省常务副省长梁桂到中国铁建大桥工程局集团有限公司九龙湖大桥项目督导安全生产工作，并慰问春节期间坚守岗位的大桥建设者。

▲29 日　中国铁建党委书记、董事长汪建平通过视频连线方式，代表中国铁建党委、中国铁建向春节期间坚守在俄罗斯项目的建设者以及中国铁建所有海外员工、员工家属致以新春的问候和诚挚的感谢。

▲1 月　中国铁建股份有限公司 9 个项目入选“央企十大超级工程”“央企十大国之重器”“央企海外十大精彩瞬间”“央企十大热搜”等，此次评选由国务院国资委新闻中心组织。

2 月

▲1 日　中国铁建承建的重庆江津几江长江大桥、新建北京至沈阳铁路客运专线辽宁段、山西中南部铁路通道、新建向莆铁路青云山隧道等 13 项工程获第

十九届中国土木工程詹天佑奖。

▲6 日　中铁十一局集团有限公司自主研发制造、用于斯里兰卡科伦坡港口高架桥项目施工的两台1200 吨节段拼装架桥机下线并通过验收。

▲14 日　《中国铁道建筑报》新华号登“最具影响力”媒体榜单。

▲17 日　中国铁建重工集团股份有限公司“基于智能装备的隧道智能建造解决方案”入围工业和信息化部 2021 年工业互联网 App 优秀解决方案，成为地下工程装备行业唯一入选企业。

▲17 日（当地时间）　智利总统塞瓦斯蒂安·皮涅拉·埃切尼克在智利圣地亚哥出席圣地亚哥地铁 7 号线项目启动仪式。中国铁建承建该项目 1 标段，这是中国企业首个在南美洲采用盾构施工的地铁项目。

▲21 日　由中国铁建投资集团有限公司牵头社会资本投资，中铁十一局、中铁十二局、中铁十六局、中铁十八局、中铁二十二局、中铁建电气化局集团有限公司承建的保定市环城水系系列项目、城市更新暨主城区三期城中村改造安置区项目集中开工。中国铁建党委常委、副总裁李宁出席开工活动。

▲22 日　中国土木工程集团有限公司承建的援突尼斯外交培训学院项目通过竣工验收。

▲22 日　中铁第一勘察设计院集团有限公司设计，中铁十七局、中铁十八局、中铁二十一局、中铁二十二局集团有限公司参与施工的陕西省引汉济渭工程秦岭特长输水隧洞全线贯通。

▲23—25 日　中国铁建总裁、党委副书记、执行董事庄尚标在厦门分别会见福建省委常委、厦门市委书记崔永辉，厦门市委副书记、市长黄文辉，并到中铁二十二局集团有限公司调研。

▲24 日　中国铁建党委书记、董事长汪建平在上海与中国船舶集团有限公司党组书记、董事长雷凡培会谈，双方就进一步深化合作进行交流，并达成共识。

▲25 日　中国铁建昆仑投资集团有限公司牵头中铁十九局、中铁二十四局集团有限公司组成联合体，中标总投资 115.91 亿元的四川省阆中至营山高速公路 BOT 项目。

▲26 日　中央政治局委员、北京市委书记蔡奇，市委副书记、市长陈吉宁到中铁二十二局集团有限公司参建的地铁 17 号线项目调研，北京市领导殷勇等陪同调研，中铁二十二局集团有限公司党委书记、董事长赵红鹰参加活动。

▲26 日　中国铁建党委书记、董事长汪建平在郑州会见河南省委书记、省人大常委会主任楼阳生，省委副书记、省长王凯，双方就进一步深化政企合作进行深入交流，并共同见证中国铁建与河南省人民政府签署战略合作框架协议。河南省委常委、副省长费东斌与中国铁建党委常委、副总裁李宁分别代表双方在协议上签字。

▲26 日　中国铁建总裁、党委副书记、执行董事庄尚标在海口会见海南省委副书记、省长冯飞，海南省副省长刘平治，双方围绕服务国家战略、深化政企合作深入交换意见，并达成共识。

▲27 日（当地时间）　中国土木工程集团有限公司和当地企业共同参与建设的“一带一路”重点项目阿联酋铁路二期项目 B 标段主线铺轨贯通，标志着阿联酋阿布扎比和迪拜两个酋长国全境实现铁路连接。

3 月

▲1 日　“中铁建票据管家”投产上线，中国铁建成为全国首个与金融基础设施开展票据风险协同合作的企业集团。

▲3 日　中铁第五勘察设计院、中铁十九局和中铁二十一局集团有限公司联合承担的新疆阿拉尔民用机场 EPC 项目完成行业验收。

▲4 日　中国铁建党委常委、执行董事刘汝臣一行到保定市中阳安置区城改项目现场调研。

▲4—8 日　中国铁建党委常委、执行董事刘汝臣，非执行董事、外部董事召集人部烈阳，独立非执行董事马传景、赵立新、解国光、钱伟伦一行，到铁建投资及保定城市开发项目、兴延高速公路项目进行调研。

▲7 日　中国铁建党委书记、董事长汪建平在中国铁建大厦与到访的阿联酋驻华大使阿里·扎希里会谈，双方就深化交通等领域合作、推进有关项目实施进行深入交流。

▲7 日　中铁建设集团有限公司承建的中国援柬埔寨特本克蒙省医院项目举行启用仪式。柬埔寨首相洪森和中国驻柬埔寨大使王文天出席活动。

▲8 日　中国铁建参与投资建设的沧州市中心城区城市更新项目举行开工活动，中国铁建党委常委、副总裁李宁出席活动。

▲8 日　中国铁建党委常委、副总裁倪真在成都会见中国铁路成都局集团有限公司党委书记、董事长冯定清，总经理刘宏，双方就进一步加强基础设施各领域合作交流座谈，并达成系列共识。

▲9 日　中国铁建总裁、党委副书记、执行董事庄尚标在山东临沂与临沂市委书记任刚会谈，双方围绕

全面加强基础设施领域合作深入交换意见，并达成共识。

▲9—11 日　中国铁建党委常委、副总裁刘成军在贵州仁怀市与茅台集团党委副书记、总经理李静仁会谈，并参加商务活动，与茅台集团围绕加快基础设施建设战略合作进行深入交流，达成重要共识。

▲10 日　国务院副秘书长王志清、国务院国资委副主任翁杰明到铁道兵纪念馆参观。

▲11 日　山东省委常委、济南市委书记孙立成到中铁十四局集团有限公司商河高端医药项目调研。

▲11 日　中国铁建召开 2022 年第一次党风廉政建设和反腐败协调小组会议。中国铁建党委常委、纪委书记李春德出席会议并讲话。

▲14 日（当地时间）　中国铁建中标智利科金博医院特许经营项目，这是中国企业在智利中标的最大单体特许经营医疗项目。

▲15 日　福建省委副书记、政法委书记罗东川到中国铁建港航局集团有限公司福州（连江）国家远洋渔业基地项目调研。

▲15 日　中国铁建在北京召开疫情防控工作视频会议。中国铁建党委常委、副总裁、新冠疫情防控工作领导小组常务副组长赵佃龙出席会议并讲话。

▲17 日　中国铁建在北京召开安全生产工作视频会。中国铁建总裁、党委副书记、执行董事庄尚标主持会议并讲话。

▲17 日　中铁第五勘察设计院集团有限公司承建的中国北斗卫星导航系统重大专项北斗铁路行业综合应用示范工程通过验收。

▲17 日　在山东省淄博市张店区、周村区方舱隔离点，中铁十一局、中铁十四局集团有限公司全力抢建成方舱隔离点集成房 4286 间。

▲19 日（当地时间）　中国土木工程、中铁二十一局、中国铁建电气化局集团有限公司参建的匈塞铁路塞尔维亚境内贝尔格莱德至诺维萨德段开通运营，标志着塞尔维亚迈入高铁时代。

▲21 日　中国铁建在长春兴隆山综合保税区隔离方舱建设项目召开决战誓师动员大会暨党员先锋队、青年突击队授旗仪式。中国铁建党委常委、副总裁王立新作动员讲话。

▲21—22 日　国务院国资委开复工安全生产专项整治督导组到中铁十五局集团有限公司横琴杧洲隧道项目检查指导。

▲22 日　中国铁建党委书记、董事长汪建平在中国铁建大厦与到访的北京市石景山区委书记常卫，区委副书记、区长李新会谈，双方就进一步深化政企合作进行沟通交流，并达成共识。

▲22 日（当地时间）　中国土木工程集团有限公司承建的尼日利亚拉各斯穆尔塔拉 · 穆罕默德国际机场新航站楼启用。

▲22—24 日　中国铁建以“现场 + 视频”方式，召开外部董事履职培训会暨工作沟通会。中国铁建党委书记、董事长汪建平出席培训会开班仪式并讲话，党委副书记、执行董事陈大洋主持开班仪式，党委常委、执行董事兼总法律顾问、首席合规官刘汝臣就如何加强董事会建设进行主题授课并主持召开外部董事工作沟通会。

▲23 日　广东省委书记李希、省长王伟中到中铁十四局集团有限公司广湛项目施工现场调研。

▲23 日　中国铁建党委书记、董事长汪建平在航空工业总部与航空工业党组书记、董事长谭瑞松会谈，双方就进一步深化战略合作，共同推进高质量发展进行深入交流。

▲24 日　中国铁建党委书记、董事长汪建平在贵阳会见贵州省委书记、省人大常委会主任谌贻琴，双方就进一步深化政企合作、贯彻落实《国务院关于支持贵州在新时代西部大开发上闯新路的意见》进行深入交流，并达成共识。贵州省副省长蔡朝林，贵阳市委副书记、市长马宁宇，中国铁建党委常委、副总裁倪真参加会谈。

▲25 日　中国铁建在北京召开 2022 年海外工作会议。中国铁建党委书记、董事长汪建平，总裁、党委副书记、执行董事庄尚标出席会议并讲话，党委副书记、执行董事陈大洋主持会议，党委常委、执行董事兼总法律顾问、首席合规官刘汝臣宣读《关于表彰 2021 年度海外工作先进单位和先进个人的通报》，党委常委、副总裁汪文忠作海外工作报告。中国铁建领导班子成员参加会议。

▲26 日　中铁二十四局集团有限公司承建的龙龙铁路普陀山隧道贯通。

▲28 日　在第 49 届日内瓦国际发明展上，中铁第五勘察设计院集团有限公司获金奖 1 项，中国铁建重工集团股份有限公司获银奖 2 项。

▲29 日　中铁十五局集团有限公司参建的太原轨道交通 1 号线首个盾构区间——南内环东街站至东太堡站右线盾构区间贯通。

▲30 日　乌兹别克斯坦第一副总理拉马托夫到中铁二十局集团有限公司乌兹别克斯坦 A380、A381 公路项目检查指导。

▲31 日　中国铁建与长江沿岸铁路集团签署战略合作框架协议。中国铁建党委常委、副总裁李宁，长江沿岸铁路集团党委书记、董事长马春山分别代表双方签署协议。

▲31 日　中铁十五局、中国铁建昆仑投资集团有限公司参建的楚雄(广通)至大理高速公路扩容工程建成通车。

▲31 日　中铁建华南建设有限公司、中铁十九局集团有限公司参建的广州地铁 22 号线首通段开通运营。

▲3 月　中国驻加纳大使卢坤、经济商务参赞李耀宏到中国铁建港航局集团有限公司援加纳渔港综合设施项目调研。

▲3 月　中铁十八局集团有限公司承建的我国最大跨度多功能斜拉桥、粤港澳大湾区重点交通项目——广州南沙自贸区红莲大桥主桥合龙，大桥主体工程按期完工。

▲3 月　中铁十二局集团有限公司承建的阿尔及利亚房建项目首个地块——布迈戴斯省高赫苏 400 套保障房项目地块通过竣工验收。

4 月

▲1 日　国务院国资委党委书记、主任郝鹏深入中国铁建北京东六环改造工程项目调研，国务院国资委党委委员、副主任任洪斌、袁野参加调研，中国铁建党委书记、董事长汪建平，总裁、党委副书记、执行董事庄尚标陪同。

▲1 日　中国铁建党委常委、副总裁汪文忠、刘成军在中国铁建大厦接待到访的丝路国际产能合作促进中心执行主任陶真，双方就进一步加强有关合作进行深入交流。

▲2 日　中国铁建与北京市石景山区人民政府联合开展的义务植树活动在北京冬奥公园马拉松大本营举行，北京市石景山区委书记常卫，区委副书记、区长李新，中国铁建党委书记、董事长汪建平参加活动。

▲3 日　中铁十二局集团有限公司数字土木研究院在西安揭牌成立。

▲6 日　中国铁建在北京召开安全生产工作视频会议。中国铁建党委书记、董事长汪建平出席会议并讲话，总裁、党委副书记、执行董事庄尚标主持会议，并传达全国安全生产电视电话会议和中央企业安全生产工作视频会议精神。

▲6 日　中国铁建在北京召开 2022 年经营工作会。中国铁建总裁、党委副书记、执行董事庄尚标出席会议并讲话，党委副书记、执行董事陈大洋宣读《关于表彰 2021 年度国内经营工作先进单位和先进个人的通报》，党委常委、副总裁李宁主持会议，党委常委、副总裁倪真作专题报告。

▲6 日　中铁十五局集团有限公司参建的成都地铁 18 号线项目倪家桥站—火车南站左线 DG775 盾构机穿越区间内的特大危险源嘉云台大厦。

▲7 日　中铁十二局集团有限公司参建的中缅国际大通道云南大(理)瑞(丽)铁路全线最大隧道群全部贯通。

▲8 日　中国驻中非大使馆援助、中铁十一局集团有限公司承建的中非太阳能路灯维修项目举行开工典礼，中国驻中非大使馆政务参赞单承林出席典礼。

▲12 日　中共中央政治局常委、中央纪委书记赵乐际到中国铁建重工集团股份有限公司调研。

▲12 日　《人民日报》发表汪建平署名文章《坚定不移做强做优做大国有企业》。

▲13 日　中国铁建在北京召开董事海外调研座谈会。中国铁建党委常委、执行董事兼总法律顾问、首席合规官刘汝臣，党委常委、副总裁汪文忠出席会议，中国铁建非执行董事、外部董事召集人郜烈阳，独立非执行董事马传景、赵立新、解国光、钱伟伦参加会议。

▲13 日　中国铁建投资集团有限公司投资建设运营的广西资兴高速八角寨收费站团支部被授予“全国五四红旗团支部”称号。

▲14 日　中国铁建参与建设的国家会展中心(上海)方舱医院启用。

▲15 日　国家知识产权局公布第二十三届中国专利奖评审结果，中国铁建获银奖 2 项、优秀奖 5 项，获奖数量居建筑央企首位。

▲17 日　上海市委常委、组织部部长胡文容到中铁十五局集团有限公司建设的上海市回民中学隔离点现场检查指导工作。

▲19 日　中国铁建重工集团股份有限公司和中国土木工程、中铁十六局集团有限公司联合研制的“澳琴 1 号”盾构机在湖南长沙下线。该盾构机开挖直径 7.98 米，是当前在澳门应用的最大直径盾构机，计划参与澳门首个海底盾构项目——澳门轻轨延伸横琴线隧道工程建设。

▲20 日　中国铁建在北京召开 2022 年一季度生产经营调度会。中国铁建党委书记、董事长汪建平，总裁、党委副书记、执行董事庄尚标出席会议并讲话，党委副书记、执行董事陈大洋主持会议并通报 2021 年度

专精特新企业和三级公司20强企业名单,非执行董事部烈阳、在京领导班子成员出席会议。

▲21日　中国铁建党委书记、董事长汪建平到水利部会见水利部党组书记、部长李国英,双方就进一步深化合作进行交流,并达成共识。水利部党组成员、副部长刘伟平,中国铁建党委常委、副总裁倪真参加会谈。

▲25日　在中老两国建交61周年之际,中铁建设集团有限公司承建的援老挝邮电技术学院项目开工,中国驻老挝特命全权大使姜再冬,老挝技术与通信部部长波万坎·冯达拉分别代表两国为项目培土奠基。

▲25日　中国铁建党委书记、董事长汪建平在中国铁建大厦会见全国五一劳动奖章获得者、中铁二十一局集团有限公司"工人发明家"马小利。

▲25日　中铁十九局集团有限公司参建的成兰铁路跃龙门隧道历时10年全线贯通。

▲26日　中国铁建总裁、党委副书记、执行董事庄尚标在北京与中国太平保险集团有限责任公司党委副书记、副董事长、总经理尹兆君会谈,双方就进一步深化战略合作、强化产融协同等进行深入交流,并达成广泛共识。

▲28日　中国铁建在北京召开深化国企改革三年行动推进会。中国铁建党委书记、董事长汪建平出席会议并讲话,总裁、党委副书记、执行董事庄尚标主持会议,党委常委、副总裁倪真作工作报告,党委副书记、执行董事陈大洋,党委常委、副总裁刘成军出席会议。

▲28日　中国土木工程集团有限公司参建的中国援突尼斯外交培训学院项目举行交接仪式。中国商务部副部长钱克明与突尼斯外交、移民和侨民部部长杰兰迪通过视频方式共同出席仪式并签署项目交接证书。中国驻突尼斯大使张建国、突尼斯外交部有关官员、中国土木工程集团有限公司有关代表在突尼斯主会场出席仪式。中国外交部、国家国际发展合作署等有关单位代表线上出席仪式。

▲29日　中国国家铁路集团有限公司董事长、党组书记陆东福到中国铁建大桥工程局集团有限公司川藏铁路项目检查调研。

▲4月　中国铁建投资集团有限公司牵头,与中铁建基金管理有限公司、中铁第四勘察设计院、中铁十六局、中国铁建港航局集团有限公司组成联合体,中标盐城黄沙港国家中心渔港建设项目。这是全国首个由社会资本投资建设运营的渔港,标志着中国铁建在专精特新业务领域再次实现重大突破。

▲4月　中铁十八局集团有限公司负责施工的世界第一螺旋隧道群重点工程——新晋高速柳园隧道贯通。

▲4月　中铁十六局集团有限公司获全国五一劳动奖状,白国峰、孙红林、周宏、郝二小、王海峰5人获全国五一劳动奖章,中铁十一局集团有限公司电务公司亚吉铁路电务维保项目部、中铁十八局集团有限公司津冀区域指挥部、中铁二十三局集团有限公司大瑞铁路项目部、中铁建设集团有限公司磨万铁路FJSGⅡ标段项目部、磨万铁路SDSGⅡ标项目部、中铁第一勘察设计院集团有限公司高原铁路指挥部、新疆院边防公路项目部7个集体获"全国工人先锋号"称号。

5月

▲1日　中铁十八局集团有限公司负责施工的国内罕见空间异形结构钢塔嵊州小砩桥主塔完成。

▲5日　中国铁建在北京召开2022年一季报业绩发布电话会。中国铁建党委常委、执行董事兼总法律顾问、首席合规官刘汝臣介绍企业主要经营业绩情况,党委常委、总会计师王秀明主持发布会。

▲6日　黑龙江省委书记、省人大常委会主任许勤到中铁十六局集团有限公司黑河跨江索道(一期)项目调研指导。

▲7日　中国铁建党委书记、董事长汪建平,总裁、党委副书记、执行董事庄尚标在中国融通集团总部与中国融通集团党组书记、董事长温刚,总经理、党组副书记马正武会谈,双方就携手践行党和国家重大战略部署,全面深化合作进行交流,并达成共识。

▲8日　中铁十二局集团有限公司承建的我国西南首座超大富水岩溶隧道——贵(阳)南(宁)高铁朝阳隧道贯通。

▲13日　中国铁建总裁、党委副书记、执行董事庄尚标与扬州市委书记张宝娟视频会谈,双方就深化务实合作、推动相关项目落地进行深入交流,并达成共识。

▲13日　中铁二十局集团有限公司承建的陇海铁路南北崖隧道出口柔性钢棚洞工程完工,标志着世界最大跨度铁路柔性钢棚洞建成。

▲15日　中国铁建党委副书记、执行董事陈大洋以视频形式出席中铁十一局集团有限公司举办的纪念"登高英雄"、志愿军特等功臣、"一级英雄"杨连第牺牲七十周年大会。

▲16 日 中国土木工程集团有限公司承建的西非第一大城市拉各斯的首条轻轨——尼日利亚拉各斯轻轨蓝线项目玛瑞纳车站以及第二条轻轨——拉各斯轻轨红线伊凯贾车站同时实现结构封顶。

▲16 日 中铁二十局集团有限公司承建的陇海铁路南北崖隧道出口柔性钢棚洞工程完工，标志着世界最大跨度铁路柔性钢棚洞正式建成。这也是国内首座特大型柔性钢棚洞工程。

▲25 日（当地时间） 中国铁建与圭亚那公共工程部签署圭亚那最大交通基础设施类项目——新德梅拉拉河大桥项目施工合同，标志着中国铁建进入圭亚那市场。

▲28 日 中国铁建重工集团有限公司生产的国内北方地区应用的最大直径土压平衡盾构机在长沙第二产业园下线。

▲29 日 国务院第十一督查组组长、人力资源和社会保障部副部长俞家栋到中铁十二局集团有限公司向家坝灌区一段工程猫儿沱江底隧洞始发井工地开展实地督查。

▲30 日 中铁十二局集团有限公司承建的成都至自贡至宜宾高铁全线最长隧道——白云山隧道贯通。

▲30 日 中铁十五局集团有限公司施工的乌将铁路三坪联络线下行线全线交付通车。

▲30 日至 6 月 2 日 中国铁建疫情防控工作专班连续 4 天召开沟通会商机制视频会议，对在京机构和项目疫情防控、安全生产和复工达产工作进行再强调、再部署、再落实。中国铁建党委常委、副总裁王立新、赵佃龙出席会议。

▲31 日 中国铁建在北京召开疫情防控工作领导小组专题会议。中国铁建党委书记、董事长汪建平主持会议，总裁、党委副书记、执行董事庄尚标出席会议。

▲31 日 中国铁建选送的中老铁路磨万项目部老挝籍员工杨栽获 2022 第二届“丝路友好使者”称号。

▲5 月 中国铁建首个由财务机器人组建的“数字员工办公室”在中铁十二局集团有限公司财务共享服务中心建成投用，在国内率先实现用财务机器人从事高安全管控、高精细作业，综合性能指标处于行业领先地位。

▲5 月 中铁第五勘察设计院集团有限公司中标国家 A 级数据中心勘察设计项目国铁集团主数据中心二期工程，该项目是铁路信息化建设的示范项目和一体化信息集成平台的核心所在，更是中国铁路行业最高等级的现代化大型数据中心项目。

▲5 月 中铁十四局集团有限公司施工的南水北调北京段房桥光伏发电项目竣工。

▲5 月 中铁第五勘察设计院集团有限公司负责编制的青海省零碳产业园区总体规划通过由国务院发展研究中心和青海省政府组织的专家评审。

▲5 月 中铁十二局集团有限公司姜文涛、中铁第一勘察设计院集团有限公司王杜江、中国铁建重工集团股份有限公司龙斌获中国青年五四奖章，中铁第一勘察设计院集团有限公司高原铁路地质科研队获评“中国青年五四奖章集体”。

6 月

▲5 日 宁夏回族自治区党委书记、人大常委会主任梁言顺到中国铁建大桥工程局集团有限公司包银铁路惠银项目 3 标段调研。

▲5 日 中铁十一局、中铁十二局、中铁十九局、中铁二十一局、中铁二十五局、中铁建设及中铁建电气化局集团有限公司项目部 800 余人组成应急抢险队，经 21 小时抢通因 D2809 次旅客列车脱线而导致停运的贵广线榕江站。

▲5 日（当地时间） 中国土木工程集团有限公司与埃塞俄比亚－吉布提标准轨距铁路股份公司签订纳噶德轨排场铁路专用线特许经营协议。

▲6 日 中铁十五局集团有限公司承建的国内埋深最浅、地层最软的跨航隧道——珠海横琴杧洲隧道“振兴号”盾构机刀盘下井。

▲7 日 中国铁建香港财资中心获国际权威杂志 *The Asset*（《财资》）2022 年度司库团队（Treasury Team of the Year）、最佳流动性及投资方案（Best Liquidity and Investments Solution）两个奖项。

▲8 日 中国铁建党委在北京召开巡视工作会议暨 2022 年巡视工作动员部署会，中国铁建党委书记、董事长、巡视工作领导小组组长汪建平出席会议并讲话，总裁、党委副书记、执行董事、巡视工作领导小组副组长庄尚标主持会议，党委副书记、执行董事、巡视工作领导小组副组长陈大洋宣布巡视组组长名单和任务分工，党委常委、纪委书记、巡视工作领导小组副组长李春德传达全国巡视工作会议主要精神。

▲9 日 中国铁建党委在北京召开学习贯彻习近平总书记在庆祝中国共产主义青年团成立 100 周年大会上重要讲话精神暨青年精神素养提升工程动员

部署会议。中国铁建党委书记、董事长汪建平出席会议并讲话，总裁、党委副书记、执行董事庄尚标主持会议，党委副书记、执行董事陈大洋宣贯《中国铁建青年精神素养提升工程实施方案》，在京领导班子成员出席会议。

▲9 日　中铁第四勘察设计院集团有限公司林超，中铁十五局集团有限公司温瑞，中铁十四局集团隧道工程有限公司魏哲获“全国向上向善好青年”称号。

▲9 日　中国铁建股份有限公司隆重举行“踔厉奋发向未来”先进典型表彰大会，表彰“十大楷模”“十佳道德模范”“十大杰出青年”“十佳青年技术能手”，首次颁授“中国铁建荣誉勋章”，全系统 40 个集体和个人获此荣誉。

▲10 日　国务院国资委党委委员、副部长级干部周国平率国务院国资委第七综合集中督促指导组到中国铁建调研。国务院国资委监督追责局局长肖福泉、企干二局局长姜维亮，中国铁建党委书记、董事长汪建平，总裁、党委副书记、执行董事庄尚标，中国铁建领导班子成员陈大洋、刘汝臣、王秀明、李春德、李宁、汪文忠、刘成军、王立新、倪真、赵佃龙参加调研。

▲10 日　江西省政府党组成员、副省长陈小平到中国铁建大桥工程局有限公司九龙湖过江大桥项目调研。

▲10 日　中国铁建在北京召开“稳增长、防疫情”专题会议。中国铁建党委书记、董事长汪建平出席会议并讲话，总裁、党委副书记、执行董事庄尚标主持会议，党委常委、总会计师王秀明传达国务院国资委中央企业助力中小企业纾困解难促进协同发展视频会议精神。

▲10 日(当地时间)　中铁二十五局集团有限公司承建的援斯里兰卡国家医院门诊楼项目通过竣工验收。

▲14 日　中国铁建在北京召开 2022 年乡村振兴工作视频会议，国务院国资委社会责任局副局长柳长森，中国铁建党委书记、董事长汪建平，党委常委、副总裁赵佃龙出席会议。

▲15 日　中国铁建党委书记、董事长汪建平在中国南水北调集团总部会见中国南水北调集团党组书记、董事长蒋旭光，双方就南水北调工程建设及创新模式加强产业合作进行深入交流，并达成共识。

▲15 日　中国铁建国际集团有限公司负责设计的“俄罗斯莫斯科米丘林地铁站设计”项目获第十二届中国国际空间设计大赛(中国建筑装饰设计奖)银奖。

▲16 日　中国铁建总裁、党委副书记、执行董事庄尚标在中国铁建大厦接待到访的北京市人大常委会副主任侯君舒，双方就加强政企沟通，发挥好“服务包”制度作用，助推企业高质量发展进行深入交流。

▲16 日　中国铁建在北京召开国家安全人民防线建设领导小组(扩大)会议。中国铁建党委常委、副总裁汪文忠出席会议并讲话，党委常委、副总裁赵佃龙主持会议。

▲16 日　中铁第一勘察设计院集团有限公司设计、中铁二十四局、中铁二十一局集团有限公司参建的新疆和田至若羌铁路建成通车，标志着世界首条沙漠铁路环线形成。

▲20 日　中国铁建在北京召开海外重点项目专题会，中国铁建总裁、党委副书记、执行董事庄尚标出席会议并讲话，党委常委、副总裁汪文忠主持会议，党委常委、副总裁王立新提出工作要求。

▲20 日　中国铁建参建的亚洲最大铁路枢纽客站——北京丰台站通车运营。

▲20 日　中铁十五局、中铁十九局、中国铁建电气化局、中铁建设集团有限公司参建郑州至重庆高速铁路襄阳东至万州北段建成开通，郑渝高铁全线贯通运营。

▲20 日　中铁建设集团有限公司参建的济郑高铁濮郑段开通运营。

▲21 日　黑龙江省委常委、副省长沈莹到中铁十六局集团有限公司牡丹江海浪铁路工程项目和牡丹江陆港物流园工程项目调研。

▲21 日　中国铁建与厦门市人民政府举行“十四五”深化战略合作框架协议视频签约仪式。福建省委常委、厦门市委书记崔永辉，中国铁建党委书记、董事长汪建平出席签约仪式并致辞。中国铁建总裁、党委副书记、执行董事庄尚标出席活动。

▲23 日　中国铁建 2021 年度股东大会在中国铁建总部召开。中国铁建党委书记、董事长汪建平主持会议，总裁、党委副书记、执行董事庄尚标，党委副书记、执行董事陈大洋，党委常委、执行董事兼总法律顾问、首席合规官刘汝臣，非执行董事、外部董事召集人郜烈阳，独立非执行董事马传景、赵立新、解国光、钱伟伦，党委常委、纪委书记李春德，党委常委、副总裁刘成军、倪真，监事会主席、董事会秘书、联席秘书、监事，以及部分股东和股东代表出席会议。

▲23 日　中国铁建在北京召开房地产业务经营督导专题会。中国铁建总裁、党委副书记、执行董事庄尚标主持会议并讲话，党委常委、副总裁李宁以视频形

式出席会议。

▲23 日(当地时间)　中国铁建在海外承揽的首个轨道交通类特许经营项目——哥伦比亚西部有轨电车项目首个里程碑工程——安妮车辆段开工典礼在哥伦比亚首都波哥大市萨利特区举行。

▲23 日　中铁十四局集团有限公司承建的武汉至大悟高速公路上跨沪蓉线、麻武线立交桥悬灌梁精准对接,标志着国内总吨位最重的公路跨高铁桥连续转体完成。

▲28 日　江西省委常委、南昌市委书记李红军率队到中国铁建港航局集团有限公司姚湾码头项目调研。

▲29 日　中国铁建外部董事部烈阳、马传景、赵立新、解国光、钱伟伦到中铁物资和中铁建电气化局开展调研,中国铁建党委常委、执行董事兼总法律顾问、首席合规官刘汝臣陪同调研。

▲30 日　山东省总工会党组书记、常务副主席刘贵堂,中国铁建党委副书记、执行董事陈大洋出席济南轨道交通 4 号线党建联盟成立暨“大干一百天,喜迎二十大”劳动竞赛启动活动。

▲30 日(当地时间)　中国铁建国际集团有限公司参建的安哥拉卡宾达供水项目竣工。项目采用中国标准建设,日供水能力 5 万立方米,惠及 60 万名当地居民。

▲6 月　中国铁建品牌管理案例“构建新时代中国铁建品牌体系的实践”和微电影《大城小路》分别获评中央企业品牌建设典型案例和中央企业优秀品牌故事。

▲6 月　中国铁建华东区域总部牵头,中铁建资本控股集团有限公司和中铁第五勘察设计院、中铁十六局、中铁十八局、中铁二十三局、中铁建电气化局集团有限公司组成的中国铁建联合体中标总投资 110.49 亿元的江西省上饶市广信区新区片区综合开发项目。

▲6 月　《中国铁道建筑报》社长、总编辑王利获评中央新闻单位先进个人;《中国铁道建筑报》新闻部获评全国性行业类媒体先进集体,《中国铁道建筑报》策划的连版“奋斗点亮中国年”(责编张晶、袁灿)以及袁鹏、杨钦然、王洪娇主创的短视频《走近冬奥“守灯人”》获评全国性行业类媒体优秀作品奖。

7 月

▲2 日　中铁建设集团有限公司承建的中国融通医疗健康总部基地项目在成都天府新区兴隆湖畔开工建设。四川省委书记王晓晖,省委副书记、省长黄强,省领导施小琳、陈炜、杨兴平,中国融通集团党组书记、董事长温刚,中国铁建党委书记、董事长汪建平出席活动。

▲3 日(当地时间)　中国铁建国际集团有限公司参建的阿尔及利亚贝佳亚连接线项目第四段(PK16 – PK22)通车仪式在项目现场举行。贝佳亚省省长卡梅尔·伊登·卡尔布什、阿尔及利亚高速公路局秘书长贝尔比利迪亚·阿赫辛、业主代表阿法尔·阿贝德纳以及中国铁建国际集团有限公司北非区域公司负责人出席活动。这是中国铁建以实际行动祝贺阿尔及利亚独立 60 周年,助力当地基础设施建设的举措。

▲4 日　中铁二十局集团有限公司承建的西延高铁刘家河二号隧道贯通。

▲5 日　陕西省委农村工作领导小组(省委实施乡村振兴战略领导小组)公布 2021 年度省级定点帮扶和驻村帮扶工作考核结果,中铁第一勘察设计院集团有限公司被评定为省级定点帮扶单位“好”等次。

▲5 日　中国铁建投资集团有限公司投资建设、中铁十八局集团有限公司施工的我国埋深最浅、偏压最大的黄土隧道——银(川)昆(明)高速公路马渠隧道(国家百项交通扶贫骨干通道项目)贯通。

▲5—6 日　中国铁建党委常委、副总裁赵佃龙赴中国铁建定点帮扶的张家口市万全区、尚义县调研乡村振兴帮扶工作,看望慰问挂职干部,安排部署有关工作。

▲6 日　中铁上海设计院集团有限公司设计的百年老站株洲站改扩建项目东站房启用。

▲6 日　中铁第四勘察设计院集团有限公司勘察设计的湖杭高铁转入试运行阶段。

▲7 日　中铁第四勘察设计院集团有限公司牵头,武汉大学、中铁十一局集团有限公司共同完成的“超大规模复杂路网高速铁路规划建造关键技术及应用”课题通过由 5 名院士领衔的专家组评审,被评定为达到国际领先水平。

▲7 日　中铁第一勘察设计院集团与中国铁建投资集团有限公司组成的联合体中标西安渼陂湖水系生态文化旅游区(EOD)综合开发项目。

▲8 日　国金铁建重庆渝遂高速公路封闭式基础设施证券投资基金(交易代码:508008,以下简称“国金中国铁建 REIT”)在上海证券交易所上市。

▲11 日　中国铁建党委在北京召开迎接党的二十大新闻舆论工作视频会,中国铁建党委副书记、执行

董事陈大洋出席会议并讲话。

▲12 日(当地时间) 中国铁建股份有限公司完成沙特麦加轻轨 2022 年朝觐运营。

▲13 日 重庆市委书记陈敏尔到中铁建设集团有限公司重庆东站项目实地调研重大项目建设等情况,看望慰问奋战在高温一线的工作人员。

▲13 日 中国铁建与国家电投在北京签署战略合作框架协议。中国铁建党委书记、董事长汪建平,国家电投党组书记、董事长钱智民出席签约仪式。中国铁建党委常委、副总裁汪文忠与国家电投总经理助理侯学众代表双方签署协议。

▲13 日 中国铁建总裁、党委副书记、执行董事庄尚标在中国铁建大厦接待到访的中国华融总裁、党委副书记梁强,双方就进一步加强合作、协同发展进行深入交流,并达成共识。

▲13 日 中国铁建党委常委、执行董事兼总法律顾问、首席合规官刘汝臣带领中国铁建安全生产大检查暨综合治理第四督导组成员,到中铁二十一局集团有限公司开展综合治理专项督查暨安全生产大检查,并进行督导调研。

▲14 日 中国铁建党委常委、副总裁汪文忠出席由中国土木工程集团有限公司主办的纪念坦赞铁路移交四十六周年暨《我与坦赞铁路——陆大同文集》新书发布会。

▲14 日 中国铁建党委常委、副总裁倪真前往湖南湘江新区管委会会见长沙市委副书记、湖南湘江新区党工委书记、岳麓区委书记谭勇,双方就进一步深化战略合作进行深入交流,并达成共识。

▲17 日 国务院国资委对外发布 2021 年度和 2019—2021 年第六任期中央企业负责人经营业绩考核结果。中国铁建荣登 2021 年度考核 A 级、2019—2021 年第六任期考核 A 级名单,并被评为 2019—2021 年任期业绩优秀企业。

▲17 日 中铁十二局、中铁建设集团有限公司参建的亚洲第一个、世界第四个专业货运枢纽机场——鄂州花湖机场投运。

▲20 日 山东省委书记、省人大常委会主任李干杰,中国铁建党委书记、董事长汪建平共同见证中国铁建与山东省人民政府在济南签署战略合作协议。山东省政府党组成员范波和中国铁建总裁、党委副书记、执行董事庄尚标代表双方签约。

▲20 日 中国铁建总裁、党委副书记、执行董事庄尚标与国家开发银行副董事长、行长、党委副书记欧阳卫民会谈,并达成广泛共识。

▲21 日 中国铁建党委书记、董事长汪建平在中国铁建大厦与到访的中联部副部长钱洪山会谈,双方就推进海外业务发展,助力"一带一路"建设等有关事宜进行沟通交流。

▲22 日 中国铁建在北京召开 2022 年年中工作会议。中国铁建党委书记、董事长汪建平作《聚焦高质量、全力稳增长,以优异成绩向党的二十大献礼》工作报告,总裁、党委副书记、执行董事庄尚标作《抢时奋进、实干争先,以实际行动喜迎党的二十大胜利召开》工作报告,党委副书记、执行董事陈大洋主持会议并通报子公司负责人 2021 年度及 2019—2021 年任期绩效考核结果。中国铁建非执行董事部烈阳、审计署企业审计八局局长方超出席会议。

▲22 日 中国铁建 2022 年面向专业投资者公开发行可续期公司债券(第二期)(可持续挂钩)在上海证券交易所发行。

▲22 日 中铁二十三局集团有限公司参建的大(理)瑞(丽)铁路大保段开通运营,结束保山不通火车的历史。

▲25 日 中国铁建在北京召开国企改革三年行动高质量收官专题推进会。中国铁建总裁、党委副书记、执行董事庄尚标主持会议并讲话,党委副书记、执行董事陈大洋,党委常委、执行董事兼总法律顾问、首席合规官刘汝臣,党委常委、总会计师王秀明,党委常委、副总裁倪真、赵佃龙出席会议并提出意见和建议。

▲26 日 交通运输部公示 2021 年度全国公路施工企业信用评价成绩,中铁十一局集团有限公司以 95.55 分的成绩获 AA 级(最高等级)。

▲26 日 国家知识产权局公布关于第二十三届中国专利奖的授奖决定,中铁第五勘察设计院集团有限公司专利"路基监测装置"(ZL 201921023208.X)获中国专利银奖。

▲26—27 日 中国铁建总裁、党委副书记、执行董事庄尚标在湖北先后会见湖北省委常委、武汉市委书记郭元强,武汉市委副书记、市长程用文,湖北省副省长、宜昌市委书记王立,宜昌市委副书记、市长马泽江,见证中国铁建与武汉长江新区战略合作框架协议签约,并出席中国铁建华中区域总部开工仪式。武汉市委常委、长江新城工委书记张俊勇,中国铁建党委常委、副总裁李宁参加活动。

▲28—30 日 中国铁建总裁、党委副书记、执行董事庄尚标在重庆市开展系列商务活动,先后会见重庆市委副书记、市长胡衡华,副市长郑向东,就加快重庆市建设发展,深化各领域合作进行深入交流,并达成

共识。

▲29 日　中国铁建总裁、党委副书记、执行董事庄尚标，党委常委、总会计师王秀明在重庆市与重庆市发展改革委党组书记、主任董建国会谈，双方就国金中国铁建 REIT 及竹缠绕等新兴产业项目的发展与合作进行沟通交流。

▲29 日　中国铁建总裁、党委副书记、执行董事庄尚标，党委常委、总会计师王秀明，党委常委、副总裁李宁，在重庆市与重庆市渝北区委书记常斌，区委常委、区政府副区长杨帆，副区长李世瑜会谈，双方围绕基础设施、城市更新、投资开发、产业发展、生态环保等领域加强务实合作、实现互利共赢进行沟通交流，并达成一致意见。

▲29 日　中国铁建总裁、党委副书记、执行董事庄尚标，党委常委、总会计师王秀明，党委常委、副总裁李宁在重庆市与重庆市高速集团党委书记、董事长滕英明，党委委员、监事会主席伍立新会谈，双方就交通基础设施投资建设、市场开拓、产业协同等方面合作进行沟通交流。

▲29 日(当地时间)　中国土木工程集团有限公司承建的赞比亚卡夫河供水项目举行竣工仪式。赞比亚总统希奇莱马、中国驻赞比亚大使杜晓晖、赞比亚政府官员等中赞双方代表出席活动。

▲30 日　中铁十四局集团有限公司承建的浙江最大直径市政工程盾构隧道——钱塘过江隧道建成通车。

▲31 日　中铁十五局集团有限公司施工的亚洲最大海上互通——杭甬高速复线滨海互通桩基全部完成。

▲31 日　中铁第五勘察设计院集团有限公司设计的新建东方红站建成。

8 月

▲1 日　中国政研会 2021 年度优秀研究成果和评选活动组织工作先进单位揭晓，中国铁建 4 项政研成果获奖，其中获一类优秀研究成果 2 项，获二类、三类优秀研究成果各 1 项，中国铁建党建政研会被评为评选活动组织工作先进单位。

▲1—3 日　中国铁建总裁、党委副书记、执行董事庄尚标在广东开展系列商务活动，先后会见广东省委常委、广州市委书记林克庆，广州市委常委、南沙区委书记卢一先，东莞市市长吕成蹊，珠海市市长黄志豪以及中国铁路广州局集团、广州地铁集团主要领导，就进一步丰富合作内涵，在重大项目、产业发展等方面不断扩展合作领域进行深入交流，并达成广泛共识。

▲3 日　广东省副省长陈良贤到中国铁建港航局集团有限公司珠海市重点项目金琴快线北延段(二期)工程第三标段调研。

▲3 日　2022 年《财富》世界 500 强榜单全球同步发布，中国铁建居榜单第 39 位。

▲3—4 日　中国铁建党委常委、副总裁赵佃龙赴中国铁建定点帮扶的青海省果洛州甘德县调研乡村振兴帮扶工作，看望慰问挂职干部。

▲4—5 日　中国铁建总裁、党委副书记、执行董事庄尚标在陕西先后会见陕西省省长赵一德，陕西省委常委、副省长王琳，陕西省委常委、西安市委书记方红卫，就在新形势下创新合作模式、建立长期互惠共赢的合作关系进行深入交流。中国铁建党委常委、副总裁李宁参加交流。

▲5 日　山西省委书记、省人大常委会主任林武到中铁十二局集团有限公司原平万星新材料产业园项目调研指导。

▲5 日　中国铁建在北京召开国企改革专项工程推进会。中国铁建党委常委、副总裁倪真出席会议并讲话。

▲5 日　中国铁建党委书记、董事长汪建平在中国铁建大厦与到访的临沂市市长侯晓滨会谈，双方就进一步深化政企合作进行沟通交流，并达成共识。

▲5 日　全球首台纯电动高原型全电脑三臂凿岩台车在中国铁建重工集团股份有限公司下线。

▲5 日(当地时间)　中铁十八局集团有限公司承建的全球最高酒店类建筑——迪拜蓝天酒店项目主体结构完成封顶。

▲6 日　中国国家铁路集团有限公司董事长、党组书记刘振芳到中国铁建大桥工程局集团有限公司川藏铁路项目检查调研。

▲6 日　中国铁建参与投资建设的国内首条双流制市域(郊)铁路——重庆市郊铁路跳磴至江津线开通运营。

▲6 日(当地时间)　中铁十五局集团有限公司承建的坦桑尼亚 39 公里道路升级项目竣工仪式在丘尼亚区举行，坦桑尼亚总统萨米娅·哈桑致辞并剪彩。

▲7 日　中国铁建党委书记、董事长汪建平在沈阳市与辽宁省委副书记、省长李乐成举行会谈，双方就深化“十四五”时期战略合作进行深入交流，并达成系列共识。

▲7 日　中国铁建党委书记、董事长汪建平在本

溪市出席辽宁省本桓、凌绥、京哈改扩建高速公路项目集中开工仪式。

▲7 日（当地时间） 国务委员兼外长王毅在达卡同孟加拉国外长莫门举行会谈。会谈期间，在中孟两国外长共同见证下，中铁十七局集团有限公司承建的孟中友谊八桥项目移交孟方。

▲8 日 安徽省金寨县政府与中铁第五勘察设计院集团有限公司联合举办金寨县革命老区乡村振兴规划专题研讨会。由卢春房、郑静晨、杨善林、孙丽丽、杨长风、王坚等七位中国工程院院士领衔的专家团队，现场为“红军摇篮、将军故乡”金寨县经济社会高质量发展出谋划策。中国铁建党委常委、副总裁赵佃龙出席会议并讲话。

▲8 日 中铁建设集团有限公司参与援建的三亚技师学院气膜方舱实验室投入使用。

▲9 日 第七届湖北省与中央企业项目对接洽谈会在武汉举行。中国铁建党委常委、副总裁倪真应邀出席会议并与湖北省委常委、武汉市委书记郭元强等共同为中铁建长江投资有限公司等 7 家公司落户揭牌。

▲9 日 中国铁建昆仑投资集团有限公司科研项目“高速公路重点路段次生事故主动防控技术”获评中国交通企业管理协会科技创新优秀案例；服务品牌“铁建 · 红旗班”获创新之星团队奖。

▲10 日 中国土木工程集团有限公司承建的坦赞铁路纪念园举行开园典礼。赞比亚总统希奇莱马、中国驻赞比亚大使杜晓晖出席。

▲11 日 中国铁建党委常委、执行董事刘汝臣不再兼任总法律顾问、首席合规官。

▲11 日 中国铁建工程实验室（研发中心）授牌大会在中铁第四勘察设计院集团有限公司召开，第二批 4 个工程实验室挂牌。中国铁建党委常委、副总裁刘成军出席仪式。

▲13—15 日 2022 年全国行业职业技能竞赛——中国铁建职业技能竞赛在宝鸡举行。人社部职业能力建设司副司长刘新昌，中国铁建党委常委、副总裁、大赛组委会主任刘成军出席。

▲15 日 中国铁建党委书记、董事长汪建平在长沙会见湖南省委书记、省人大常委会主任张庆伟，双方就深化“十四五”时期战略合作进行深入交流，并达成系列共识。湖南省委常委、常务副省长李殿勋，湖南省委常委、长沙市委书记吴桂英，湖南省委常委、省委秘书长谢卫江，湖南省副省长、省国资委党委书记陈飞，中国铁建党委常委、副总裁倪真参加会谈。

▲15 日 中国铁建国际集团有限公司参建的卡塔尔卢赛尔体育场获全球可持续发展评估系统 5 星级认证。

▲17 日 中国铁建总裁、党委副书记、执行董事庄尚标在中国铁建大厦接待到访的中国地质大学（武汉）党委书记黄晓玫、校长王焰新，双方就进一步深化校企合作，推动人才培养、科技攻关等方面进行深入交流并达成共识。

▲17—18 日 中国施工企业管理协会主办的 2022 年工程建设行业财税大会在武汉举行。中国铁建党委常委、总会计师王秀明应邀出席会议并作专题分享。

▲18 日 中国铁建党委书记、董事长汪建平在南宁会见广西壮族自治区党委书记、自治区人大常委会主任刘宁，自治区党委副书记、主席蓝天立，双方就进一步深化战略合作进行深入交流，并达成广泛共识。广西壮族自治区副主席方春明，中国铁建党委常委、副总裁倪真参加交流。

▲21 日 重庆市巴南区界石镇新玉村所辖山林发生火灾，当地政府启动森林火灾 I 级响应，中国铁建大桥工程局集团有限公司重庆轨道交通 24 号线项目集结 35 名青年骨干组成应急抢险队，配合地方政府和消防队员进行灭火扑救抢险。

▲22 日 中国铁建与国家电投、中国建材集团在中国建材集团总部举行绿色低碳合作会谈。中国铁建党委书记、董事长汪建平与国家电投党组书记、董事长钱智民，中国建材集团党委书记、董事长周育先出席活动。

▲23 日 中国铁建党委书记、董事长汪建平在云南省昆明市会见云南省委书记王宁、省长王予波，围绕持续深化双方战略合作，加快云南建设发展等方面深入交流，并达成共识。云南省委常委、省委秘书长邱江，省委常委、常务副省长刘非，中国铁建党委常委、副总裁李宁、倪真参加交流。

▲24 日 中国国家铁路集团有限公司总经理、党组副书记郭竹学到中铁十二局集团有限公司天府站站台层及以下主体结构工程项目部调研。

▲24 日 中国铁建党委书记、董事长汪建平在云南省昆明市会见云南省委常委、昆明市委书记刘洪建，市长刘佳晨，就深化基础设施建设、城市规划、经济合作区等各领域战略合作进行交流。昆明市委常委、市委秘书长孙杰，中国铁建党委常委、副总裁李宁、倪真参加会见。

▲24 日 中国铁建总裁、党委副书记、执行董事

庄尚标在浙江省舟山市与舟山市委书记何中伟，市委副书记、市长徐仁标举行会谈，双方就进一步深化战略合作，助力舟山高质量发展交换意见，并达成共识。

▲25 日（当地时间） 中国土木工程集团有限公司承建的亚吉铁路首列小汽车运输专列开通仪式在埃塞俄比亚首都亚的斯亚贝巴市郊英多地举行。

▲25—26 日 中国铁建总裁、党委副书记、执行董事庄尚标在江苏开展系列商务活动，先后与常州市委书记陈金虎、无锡市委书记杜小刚会谈，就充分发挥央企协同效应、加强政企合作、助力长三角一体化发展进行深入交流，达成广泛共识。

▲26 日 中国铁建党委书记、董事长汪建平在中国铁建大厦与到访的鞍钢集团党委书记、董事长谭成旭会谈，双方就进一步加强在钢材采购、矿业开发和产品研发等领域合作进行深入交流，并达成共识。

▲28 日 中国铁建港航局集团有限公司参建的西部陆海新通道骨干工程平陆运河建设动员大会在广西壮族自治区钦州市灵山县旧州镇马道枢纽现场召开。交通运输部部长李小鹏，广西壮族自治区党委书记、自治区人大常委会主任刘宁等领导出席会议并讲话，广西壮族自治区党委副书记、自治区主席蓝天立主持开工仪式，中国铁建总裁、党委副书记、执行董事庄尚标应邀出席大会。

▲29 日 中铁十九局集团有限公司参建的德（阳）遂（宁）高速公路建成通车。

▲30 日 中铁第四勘察设计院集团有限公司设计的我国市域轨道交通单条线路最长项目——浙江金义东市域轨道交通一期工程金华至义乌段通车。

▲8 月 中国铁建承建的 5 项工程获中国建筑金属结构协会第十五届中国钢结构金奖。

9 月

▲1 日 中国铁建在上证路演中心召开 2022 年半年度业绩说明会。中国铁建党委书记、董事长汪建平，总裁、党委副书记、执行董事庄尚标，独立非执行董事解国光，党委常委、总会计师王秀明出席业绩说明会，并以网络互动方式与投资者就热点问题进行交流。

▲1 日 中国铁建党委书记、董事长汪建平在银川会见宁夏回族自治区党委书记、自治区人大常委会主任梁言顺，自治区党委副书记、主席张雨浦，双方就进一步深化战略合作进行深入交流，并达成广泛共识。

▲4 日 中铁十一局集团有限公司和中国铁建重工集团股份有限公司共同研制开发的国内首台 DJZ800 - ND 大口径钻机下线。

▲5 日 设立中国铁建新兴业务总部。

▲5 日 在国家会议中心举办的 2022 年服贸会上，中国铁建与北京市通州区人民政府签订战略合作协议。

▲5 日 中国铁建电气化局集团有限公司承建的中老铁路磨丁至万象段手持检票系统投入运营。

▲6 日 中国国家铁路集团有限公司副总经理、党组成员王同军到中国铁建大桥工程局集团有限公司参建的池黄铁路项目太平湖特大桥项目调研。

▲6 日 中国企业联合会和中国企业家协会联合发布 2022 年中国企业 500 强榜单，中国铁建居第 11 位，较上年上升 1 位。

▲6 日 中国铁建党委书记、董事长汪建平在北京与中国五矿党组书记、董事长翁祖亮会谈，双方就进一步加强在矿业开发、工程承包、物资物流等领域合作进行深入交流，并达成共识。

▲6 日 中国铁建党委常委、副总裁刘成军在中国铁建大厦接待到访的中国电建党委常委、副总经理徐鹏程，双方就进一步强化科技创新发展进行深入交流。

▲6 日 中铁二十四局集团有限公司参建的渝厦高铁益阳至长沙段开通运营。

▲7 日 国务院稳住经济大盘督导和服务工作组到中铁十六局集团有限公司锦州数字城项目调研。

▲7 日 中国铁建党委常委会研究决定通过四川省慈善联合总会，向四川泸定地震灾区捐款 2000 万元。

▲7 日 中国铁建党委书记、董事长汪建平在中国铁建大厦与安徽省通航控股集团党委书记、董事长汤斌会谈，双方就进一步加强在通用航空机场投资建设及相关产业合作深入交流，并达成共识。

▲8 日 中国铁建党委书记、董事长汪建平在南京会见江苏省委书记、省人大常委会主任吴政隆，双方围绕重大项目建设、建筑业绿色低碳高质量发展等方面合作进行深入交流，并达成共识。

▲8 日 中国铁建党委常委、副总裁汪文忠在中国铁建大厦接待到访的丝路国际产能合作促进中心执行主任陶真，双方就进一步加强有关合作、扩大海外布局进行深入交流。

▲11 日 吉林省委常委、长春市委书记张志军到中铁十八局集团有限公司净月影视文创孵化园项目调研。

▲13—15 日 中国铁建外部董事部烈阳、马传

景、赵立新、解国光到山东区域所属单位和部分重点项目调研，中国铁建党委常委、执行董事刘汝臣陪同调研。

▲14 日　中铁十四局集团有限公司承建的金甬铁路千石岩隧道贯通。

▲14 日　中铁第一勘察设计院集团有限公司总体设计的西安火车站改扩建工程获“菲迪克”2022 年度全球工程项目奖。

▲14 日(当地时间)　中国土木工程集团有限公司与尼日利亚国家税务总局签约截至当前中国铁建在尼日利亚合同额最大单体房建项目——税务总局阿布贾总部办公楼。

▲14—15 日　中国铁建总裁、党委副书记、执行董事庄尚标在甘肃先后会见甘肃省委副书记、省长任振鹤，甘肃省委常委、兰州市委书记朱天舒，并出席兰州市人民政府与中国铁建战略合作框架协议签约仪式。

▲15 日　中国铁建与中国日报社在中国铁建大厦签署国际传播战略合作框架协议。中国铁建党委书记、董事长汪建平，中国日报社社长、总编辑曲莹璞出席签约仪式。

▲15 日　中国铁建党委常委、副总裁李宁会见甘肃省交通运输厅党组书记、厅长刘建勋，就进一步加强政企合作进行交流。

▲16 日　中国铁建党委书记、董事长汪建平，总裁、党委副书记、执行董事庄尚标在北京与中国矿产党组书记、董事长姚林，总经理、党组副书记郭斌进行会谈，双方就深化基础设施建设、加强涉矿领域合作等方面进行深入交流，并达成共识。

▲16 日　第十九届中国—东盟博览会和中国—东盟商务与投资峰会在广西南宁开幕。中共中央政治局常委、国务院副总理韩正，中国铁建党委常委、副总裁汪文忠受邀出席开幕式。

▲19 日　中国铁建总裁、党委副书记、执行董事庄尚标与辽宁省交通运输厅党组书记、厅长冯万斌会谈，双方就发挥各自优势、创新合作模式、共同助力交通强国建设等事宜进行交流。

▲20 日　国务院国资委党委召开中央企业思想政治工作会议。国务院国资委党委书记、主任郝鹏出席会议并讲话。会上，中国铁建党委书记、董事长汪建平作交流发言。

▲20 日　中国铁建总裁、党委副书记、执行董事庄尚标在沈阳市会见辽宁省委副书记、省长李乐成，双方就进一步深化合作、共同推动实现新时代辽宁高质量发展进行交流，并达成共识。

▲21 日　中国铁建党委书记、董事长汪建平在浙江杭州、宁波分别会见浙江省委副书记、省长王浩，浙江省委常委、宁波市委书记彭佳学，就进一步深化全面战略合作深入交流并达成共识。

▲21 日　中铁第四勘察设计院集团有限公司设计，中铁十六局集团有限公司参与投资、建设的国内首条连接两座城市核心区域的市域铁路——郑州至许昌市域铁路开始空载试运行。

▲22 日　中国铁建与江西省人民政府在南昌市签署战略合作协议，江西省委副书记、省长叶建春，中国铁建党委书记、董事长汪建平出席签约仪式。

▲22 日　中铁第四勘察设计院集团有限公司设计，中铁十一局、中铁十二局集团有限公司参建的我国首个“站城融合”合(肥)杭(州)高铁湖杭段通车运营。

▲23 日　中铁十八局集团有限公司捐助位于尼日利亚首都阿布贾的 11 区公立学校的“中国之角”升级改造工程举行竣工交付仪式。

▲25 日　中铁十四局集团有限公司承建的东六环改造工程西线隧道完成盾构机中间风井接收，标志着我国最长盾构高速公路隧道首段贯通。

▲26 日　吉林省委常委、常务副省长蔡东到中国铁建大桥工程局集团有限公司长太高速公路项目调研指导。

▲26 日　中国铁建与中国一重通过视频方式签署战略合作协议。中国铁建党委书记、董事长汪建平，总裁、党委副书记、执行董事庄尚标，中国一重党委书记、董事长刘明忠，董事、总经理、党委副书记段向东出席签约仪式。中国铁建党委常委、副总裁倪真与中国一重党委常委、副总经理陆文俊分别代表双方签署协议。

▲26 日　中铁十五局集团有限公司在昌都市芒康县青稞收获时节，紧急调拨燃油送货上门，化解受疫情封控藏胞秋收难题，助力颗粒归仓。

▲27 日　国务院国资委监督追责局局长肖福泉到中国铁建，围绕监督追责相关工作召开专题调研会。中国铁建党委书记、董事长汪建平主持会议，党委常委、总会计师王秀明作工作情况汇报。

▲28 日　中国铁建与中信集团在北京签署战略合作协议。中信集团党委书记、董事长朱鹤新，总经理、党委副书记奚国华；中国铁建党委书记、董事长汪建平，总裁、党委副书记、执行董事庄尚标出席签约仪式。

▲29 日 江西省常务副省长梁桂到中铁二十四局集团有限公司南昌双港大街上跨昌北站立交桥项目调研。

▲29 日 中国铁建昆仑投资集团有限公司承建的四川德阳中江至遂宁高速公路全线建成通车试运营。

▲29 日 中国铁建投资集团有限公司投资建设的陕西澄城至韦庄高速公路建成通车。

▲30 日 中铁二十局集团有限公司承建的苏州中环西线北延工程建成通车。

▲30 日(当地时间) 中国驻安哥拉大使龚韬到中铁十二局集团有限公司安哥拉项目部进行“回头看”督导,并亲切慰问一线员工。

▲9 月 中国铁建在上海证券交易所 2021—2022 年度信息披露工作评价中再获最高评级 A 级。

▲9 月 中国铁建党委分别在中铁二十局、中铁二十五局集团有限公司党校举办基层党支部书记培训示范班,来自全系统 52 家单位 310 余名党支部书记参加培训学习。

▲9 月 中国铁建新闻中心(报社)联合中铁十一局、中铁十四局、中铁二十局集团有限公司和中铁建华南建设有限公司分别在武汉、济南、西安、广州四地同步举办“奋进新征程 腾飞万里行——迎接党的二十大胜利召开美术作品系列展”,展出以国画、油画、版画为主的作品 260 多幅。

10 月

▲5 日 中国铁建国际集团有限公司参建的卡塔尔 DN071 项目获卡塔尔公共工程局绿色环保奖。

▲8 日 辽宁省副省长姜有为到中国铁建大桥工程局集团有限公司京哈高速改扩建项目调研。

▲8 日 中铁十四局集团有限公司联合中国铁建重工集团股份有限公司研发的国产最大直径盾构机“京华号”亮相北京展览馆“奋进新时代”主题成就展。

▲10 日(当地时间) 阿联酋铁路二期项目 D 标段主线铺轨贯通。至此,中国土木工程集团有限公司和当地企业共同建设的阿联酋铁路二期项目主线铺轨全部贯通,阿布扎比、迪拜、沙迦、富吉拉和拉斯海马 5 个酋长国实现铁路连接。

▲10 日 中铁十一局集团有限公司研制的“2021 年度央企十大国之重器”世界首台千吨级架桥一体机“昆仑号”和承建的“2021 年度央企十大超级工程”福厦高铁湄洲湾跨海大桥分别亮相央视荧屏和国铁集团交流会。

▲13 日 中铁十一局集团有限公司获批设立博士后科研工作站。

▲14 日 中国铁建党委常委、副总裁刘成军代表中国铁建出席中国国际可持续交通创新和知识中心成立揭牌仪式。

▲17 日 中国铁建华南区域总部、中国铁建大桥工程局、中铁十四局、中铁十八局、中铁二十一局、中铁第一勘察设计院集团有限公司与南宁交投联合投资建设的广西六宾高速公路建成通车。

▲20 日 中国铁建投资集团有限公司投资,中国铁建大桥工程局、中铁十八局集团有限公司承建的银昆高速公路(宁夏段)全线最长隧道——南梁隧道贯通。

▲21 日 国务院国资委研究中心党委书记、主任衣学东到中国土木工程集团有限公司调研。中国铁建党委常委、副总裁赵佃龙出席座谈会。

▲21 日 中国铁建党委书记、董事长汪建平到中铁建电气化局调研科技创新工作,党委常委、副总裁刘成军、王立新调研并结合分管领域对科技创新工作提出要求。

▲22 日 中铁二十局集团有限公司承建的我国京津冀地区海铁联运大通道——大秦铁路支线(唐山聂庄至东港站)改造工程建成开通。

▲22 日 中国铁建李绍杰,代表央企、代表 30 多万铁建员工光荣走上党的二十大“党代表通道”,接受党和人民的“检阅”。

▲24 日 中国铁建党委书记、董事长汪建平,总裁、党委副书记、执行董事庄尚标等公司党委常委在中国铁建大厦亲切会见党的二十大代表、中铁十九局集团有限公司李绍杰。

▲24 日 中铁第四勘察设计院集团有限公司设计、中铁十四局集团有限公司施工的秦望通道工程过江隧道穿越富春江实现贯通。

▲26 日 中国铁建外部董事郜烈阳、马传景、赵立新、解国光赴中铁十九局集团有限公司调研,中国铁建党委常委、执行董事刘汝臣陪同。

▲27 日 中国铁建在北京召开 2022 年三季度生产经营调度会。中国铁建党委书记、董事长汪建平,总裁、党委副书记、执行董事庄尚标出席会议并讲话,党委副书记、执行董事陈大洋主持会议。

▲27 日 中国驻塞尔维亚大使陈波乘坐高铁抵达诺维萨德车站,考察中国土木工程、中铁十一局集团有限公司参建的匈塞铁路 NS－I 标诺(诺维萨德)苏

（苏博蒂察）段。

▲28 日　中国铁建重工集团股份有限公司制造的国产最大直径顶管机“铁军号”下线。

▲30 日　中铁第五勘察设计院集团有限公司承担设计施工总承包的黑龙江省“百大项目”——齐齐哈尔市民航桥建成通车。

▲30 日　中铁十四局集团有限公司承建的青兰高速扩建工程女姑口特大桥跨越胶州湾海域合龙，标志着青兰高速改扩建工程跨海段全线贯通。

▲31 日　中国铁建在北京召开 2022 年三季报业绩发布电话会。中国铁建党委常委、执行董事刘汝臣介绍企业主要经营业绩情况，党委常委、总会计师王秀明主持发布会。

▲31 日　中铁第一勘察设计院集团有限公司参与勘察、设计、咨询的兰新高铁、兰渝铁路、京新高速、西秦岭隧道、祁连山隧道、拉林铁路 6 项工程入选中国科技新闻学会发布的“2022 中国新时代 100 大建筑”。

11 月

▲1 日　中铁第一勘察设计院集团有限公司新疆铁道勘察设计院被授予“第十七届全国职工职业道德建设标兵单位”称号，马小利被授予“第十七届全国职工职业道德建设标兵个人”称号，郑卫红、严爱国被授予“第十七届全国职工职业道德建设先进个人”称号。

▲2 日　中国铁建党委召开 2022 年巡视集中反馈会，中国铁建党委书记、董事长汪建平出席会议并讲话，总裁、党委副书记、执行董事庄尚标主持会议。

▲2 日　中铁十一局、中国铁建大桥局、中铁十四局、中铁二十四局集团有限公司、中铁建东方投资建设有限公司联合体中标的浙江省甬（宁波）舟（山）铁路项目开工建设。

▲2 日　中国铁建党委常委、副总裁汪文忠到坦桑尼亚中央线标轨五标段调研。

▲4 日　中国铁建团委召开传达学习党的二十大精神全委（扩大）会议。中国铁建党委副书记、执行董事陈大洋出席会议并作党的二十大精神宣讲。

▲4 日　第五届中国国际进口博览会在上海开幕。中国铁建党委书记、董事长汪建平参加开幕式。

▲4 日　中国铁建党委书记、董事长汪建平在上海与中国东方航空集团总经理、党组副书记李养民会谈，就进一步加强双方各领域合作深入交流，并达成共识。

▲4 日　中国铁建党委常委、副总裁汪文忠到坦桑尼亚调研指导工作，会见中国驻坦桑尼亚大使陈明健、经济商务参赞褚昆，考察中铁十五局集团有限公司参建的工程项目，组织召开中国铁建坦桑尼亚国别市场座谈会，就下一步生产经营工作提出要求。

▲5 日　中国铁建党委书记、董事长汪建平在上海与中国一重党委书记、董事长刘明忠会谈，双方就进一步深化互利合作进行交流，并达成共识。

▲6 日　中铁第一勘察设计院集团有限公司设计、中铁十五局集团有限公司参建的兰州至张掖三四线铁路控制性工程新乌鞘岭隧道全隧贯通。

▲7 日　中国铁建召开 2022 年三季度“大监督”工作例会。中国铁建党委书记、董事长汪建平主持会议并讲话，中国铁建“大监督”工作委员会成员出席会议。

▲8 日　中国铁建在北京召开非上市资产管理工作推进会。中国铁建党委常委、副总裁李宁出席会议并讲话。

▲8 日　中国铁建党委书记、董事长汪建平在合肥会见安徽省委书记、省人大常委会主任郑栅洁，双方就进一步深化多领域全方位合作进行沟通交流，并达成共识。

▲8 日　中铁磁浮交通投资建设有限公司参建的清远磁浮旅游专线全线贯通。

▲8 日　中铁十八局集团有限公司参建的郑州至周口至阜阳铁路周淮特大桥获国家优质工程奖。

▲8—13 日　国务院总理李克强出席东亚合作领导人系列会议，并对柬埔寨进行正式访问。其间，中铁十七局集团有限公司海外事业部柬埔寨代表处参与接待、防疫等工作。

▲9 日　中国铁建外部董事部烈阳、马传景、赵立新、解国光、钱伟伦到中铁第五勘察设计院集团有限公司调研，中国铁建党委常委、执行董事刘汝臣陪同调研。

▲10 日　中铁十一局、中铁十二局、中铁十四局、中铁十七局、中铁十九局、中铁建电气化局集团有限公司参建的南通地铁 1 号线开通运营。

▲11 日　2022 中国创新设计活动周暨好设计颁奖大会在江苏无锡举行，中国铁建的“国产首台智能型大断面巷道快速掘锚成套装备”“GMC－20 地铁钢轨打磨车”“处理高铁隧道湿陷性黄土地基的无振动挤密机”分别获中国好设计银奖 1 项和提名奖 2 项。

▲11 日　水利部农村水利水电司副司长张敦强到中国铁建大桥工程局集团有限公司大桥水库灌区二期工程项目调研。

▲11 日　中国铁建党委常委、副总裁汪文忠到中铁二十四局集团有限公司赞比亚公司调研。

▲14 日　中国铁建审计机构成立 35 周年暨年度审计培训研讨会在北京召开。中国铁建党委常委、总会计师王秀明出席会议并对下一步工作提出要求。审计署、国务院国资委、中国内部审计协会有关负责人出席会议并讲话。

▲15 日　中国驻孟加拉国大使李极明及秘书景辰、顾志琴考察中国铁建大桥工程局集团有限公司 WP－13 标段立交桥项目。

▲16 日　中铁二十二局集团有限公司与中国铁建重工集团股份有限公司联合打造的大直径泥水平衡盾构机“强国号”在铁建重工第一产业园区通过场内验收，标志着当前国内最先进的大直径盾构机完成制造并下线。

▲17 日　中国驻中非大使馆公参冯学伟考察中铁十一局集团有限公司中非班吉机场项目。

▲17 日　云南省交通运输厅厅长、党组书记马文亮到中铁十六局集团有限公司昆楚高速综合项目调研。

▲17—18 日　中国铁建党委书记、董事长汪建平在辽宁省沈阳市出席 2022 辽宁国际投资贸易洽谈会系列活动，会见辽宁省委常委、沈阳市委书记王新伟，并见证中国铁建与辽宁省人民政府签署战略合作协议。沈阳市委常委、市委秘书长李军，中国铁建党委常委、副总裁李宁、王立新参加活动。

▲18 日　中国土木工程集团有限公司承建的尼日利亚埃基蒂州机场项目举行试航仪式，标志着埃基蒂州首座机场启用。

▲18 日　中铁十一局、中铁十四局、中铁十五局、中铁十六局集团有限公司参建的天津地铁 10 号线开通初期运营。

▲18—23 日　中国铁建党委常委、副总裁汪文忠赴博茨瓦纳市场调研指导，考察在建项目推进情况，并宣讲党的二十大精神。

▲19 日　国际隧道与地下空间协会（ITA）2022 年度工程大奖揭晓，中国铁建大桥工程局集团有限公司依托乌鲁木齐轨道交通 1 号线主城区大跨度隧道工程所取得的“城市大跨隧道防灾减灾技术与应用”工程技术成果获超越工程奖。

▲20 日　2022 年卡塔尔世界杯开幕。作为半决赛和决赛赛场，中国铁建以总承包身份承建的主体育场——卢塞尔球场，引发了全球瞩目。

▲22 日　中铁第一勘察设计院集团有限公司参建的福州港口后方铁路通道杜坞至樟林至透堡段工程举行开工仪式，福建省委常委、福州市委书记林宝金宣布开工。

▲23 日　中国铁建党委特邀中央宣讲团成员、中共中央政策研究室原副主任施芝鸿，为全系统作党的二十大精神宣讲报告。中国铁建总裁、党委副书记、执行董事庄尚标主持报告会。

▲23 日　中铁十四局集团有限公司承建的济南绕城高速公路二环线西环段跨京沪铁路转体桥转体成功。

▲23—26 日　中国铁建党委常委、副总裁汪文忠到马拉维调研中国铁建在马拉维相关项目，召开中国铁建马拉维国别市场座谈会，会见中国驻马拉维大使龙舟、经济商务参赞张春法。

▲25 日　中国驻埃塞俄比亚大使赵志远、经参处公参杨依航到中铁二十一局集团有限公司埃塞俄比亚甘贝拉公路项目调研检查。

▲25 日　中国土木工程集团有限公司施工的琴澳重点跨境民生工程澳门轻轨延伸横琴线项目海底隧道贯通。

▲25 日　中铁十七局集团有限公司承建的湖北恩施州首个建养一体化项目——唐（崖）朝（阳寺）旅游公路通车。

▲27 日　河南省委常委、洛阳市委书记江凌到中铁十五局集团有限公司葛家岭学校建设工程项目调研。

▲28 日　中国铁建昆仑集团有限公司参与投资，中铁二十五局、中国铁建电气化局集团有限公司参建的丽江观光火车一期工程通车试运行。

▲29 日　中铁十五局集团有限公司和中国铁建重工集团股份有限公司共同打造自主研制的全球最大竖井掘进机“梦想号”在湖南长沙下线。“梦想号”是当前全球开挖直径最大的掘进机，填补掘进机产品型谱的世界空白。

12 月

▲1—6 日（当地时间）　中国铁建党委常委、副总裁汪文忠到阿联酋市场调研，会见中国驻阿联酋大使张益明，慰问一线员工，考察在建项目并组织召开国别市场座谈会。

▲2 日　中铁十四局集团房桥公司获评“2022 年全国工会品牌性职工书屋示范点”；中铁十一局集团房地产公司、中铁十五局集团二公司、中铁十七局集团

二公司、中铁二十四局集团南昌公司、中铁建设集团建筑发展公司、中铁第四勘察设计院集团机动院工会、中铁城建集团工会、中铁建发展集团工会 8 家单位获评“2022 年全国工会职工书屋示范点”。

▲4 日　中铁十四局集团有限公司中标当前世界最长、国内断面最大的公路水下盾构隧道——海太长江隧道，合同额 46.5 亿元。

▲5 日　中铁十一局、中铁十四局、中铁十九局、中铁二十二局集团有限公司参建的广西南宁至凭祥高铁南宁至崇左段开通运营。

▲5 日　中铁二十五局集团有限公司承建的援斯里兰卡国家医院门诊楼项目获斯里兰卡建筑业最高荣誉——国家优质建筑奖，是首家获此殊荣的中国企业。

▲8 日　中国铁建改革三年行动专项评估通报暨高质量收官落实会在北京召开。中国铁建党委常委、副总裁倪真出席会议并讲话。

▲8 日　中国铁建在第十七届“振兴杯”全国青年职业技能大赛（职工组）——“中核杯”创新创效竞赛全国决赛中，获 1 金 3 银 1 铜的历史好成绩。

▲8 日　中国土木工程集团有限公司承建的无锡一棉（埃塞俄比亚）纺织有限公司一期工程获 2022 年境外工程鲁班奖。

▲9 日　中国铁建云风控监测中心上线运行。

▲9 日　中国铁建在滇首条自主运营的高速公路——昆明（岷山）至楚雄（广通）高速公路全线通车运营。

▲9 日　中铁二十局集团有限公司参与投资并承建的甘肃省重点工程陇西至漳县高速公路全线建成通车。

▲12 日　中铁十四局集团有限公司承建的成自宜高铁锦绣隧道顺利贯通，标志着成（都）自（贡）宜（宾）高铁全线隧道贯通。

▲12 日　中铁第一勘察设计院集团有限公司设计的新建南宁至玉林铁路六景郁江特大桥主桥 P4 主塔梁部 6 号块浇筑完成，实现世界首台承载重量“千吨级”整体式悬臂造桥机在高铁建设中的成功应用。

▲15 日　重庆市副市长、党组成员郑向东到中国铁建大桥工程局集团有限公司渝湘复线高速公路彭西路 6 标项目调研指导。

▲15 日　中铁第四勘察设计院集团有限公司设计，中国铁建大桥工程局、中铁十八局集团有限公司施工的世界最大跨度自锚式悬索桥——广州南沙万龙大桥开工建设。

▲15 日　2022 全球工程机械 50 强峰会在上海举行。中国铁建重工集团股份有限公司排第 30 位。

▲16 日　中铁十二局、中铁十七局、中铁城建集团有限公司参建的中国越南国际大通道重要连接线弥（勒）蒙（自）高铁开通运营。

▲20 日　以中国铁建故事为原型的电影《峰爆》获第十六届精神文明建设“五个一工程”优秀作品奖。

▲21 日（当地时间）　中国土木工程集团有限公司总承包，中铁第四勘察设计院集团有限公司设计，中国铁建大桥工程局、中铁建电气化局集团有限公司参建的西非第一条电气化轻轨——尼日利亚拉各斯轻轨蓝线一期竣工仪式在尼日利亚国家大剧院站举行。

▲23 日　中铁十八局集团有限公司承建的我国内陆地区最大规模政府储气项目——山东济南南曹范 LNG（液化天然气）调峰储配站全面建成投产。

▲26 日　中国铁建投资集团有限公司投资建设、中国铁建 14 家施工单位承建的青岛地铁 4 号线全线通车。

▲26 日　中国铁建 13 家单位参建的新成昆铁路（成昆铁路复线）首发运营。

▲26 日　中铁二十局集团有限公司参建的我国最东端快速铁路改造工程黑龙江鹤岗铁路（原名佳鹤铁路）开通运营。

▲26 日　中铁建设集团有限公司承建的渝厦高铁常德至益阳段开通运营。

▲26 日　中铁十九局集团有限公司参建的兰（考）原（阳）高速封丘至原阳段建成通车。

▲27 日　中铁建交通运营集团有限公司成立。

▲27 日　中铁十二局集团有限公司承建的太原市晋源东区综合管廊工程获评中国市政工程协会 2022 年中国市政最高质量水平评价工程。

▲28 日　中铁二十四局、中国铁建电气化局集团有限公司参建的国内首条非遗再造地铁线——深圳地铁 16 号线开通运营，深圳市委副书记、市长覃伟中，中国铁建党委书记、董事长汪建平出席开通活动。

▲28 日　中铁十五局、中国铁建电气化局集团有限公司参建的江苏省首条全自动无人驾驶地铁——南京地铁 7 号线工程北段开通运营。

▲29 日　中铁第五勘察设计院集团有限公司勘察设计，中铁十一局、中国铁建大桥工程局、中铁十四局、中铁十七局、中铁二十局、中铁二十二局、中铁建设集团有限公司参建的银（川）兰（州）高铁中（卫）兰（州）段开通运营。

▲29 日　中国铁建大桥工程局、中铁上海设计院集团有限公司参建的国内高铁最大跨度多塔矮塔斜拉

桥——池黄高铁太平湖特大桥合龙。

▲30 日　中国铁建总承包的石家庄市轨道交通二期工程开工活动在石家庄市轨道交通 4 号线南王站举行。河北省委常委、石家庄市委书记张超，石家庄市委副书记、市长马宇骏，中国铁建总裁、党委副书记、执行董事庄尚标出席活动。

▲30 日　山东省副省长凌文出席中国铁建港航局集团有限公司承建的小清河博兴港以下段试航活动并讲话。

▲30 日　海南省委常委、海口市委书记罗增斌出席中铁建设集团有限公司海口市 2022 年城市更新项目集中开工仪式。

▲30 日　中铁十七局、中铁二十一局集团有限公司参建的全国首条时速 350 千米市域高铁济南至莱芜高铁开通运营。

▲30 日　中铁二十一局集团有限公司参建的重庆合川至璧山至江津高速公路合川城南枢纽至璧山西段建成通车。

▲30 日　中国铁建大桥工程局集团有限公司参建的青岛地铁 2 号线项目“卓越”班组获评中国安全生产协会班组委 2022 年度安全管理标准化班组。

▲31 日　中铁十五局集团有限公司参建的北京地铁 16 号线南段工程开通运营。

▲12 月　“中国铁建职工 e 家”微信公众号在 2022 年“网聚职工正能量　争做中国好网民”主题活动中获评全国网络正能量新媒体（微信组）工会十佳账号。

2022 年 11 月 23 日,中国铁建党委举行学习贯彻党的二十大精神宣讲报告会。（彭　睿　摄）

概　况

2022 年中国铁建发展概况

【基本概况】 中国铁建股份有限公司（中文简称中国铁建，英文简称 CRCC）的前身是组建于 1948 年 7 月的中国人民解放军铁道兵，由中国铁道建筑总公司（改制更名为中国铁道建筑集团有限公司，下同）独家发起设立，于 2007 年 11 月 5 日在北京成立，为国务院国有资产监督管理委员会管理的特大型建筑企业。2008 年 3 月 10 日和 3 月 13 日，分别在上海证券交易所和香港联合证券交易所上市。

截至 2022 年底，中国铁建拥有直管二级单位 41 户；三级法人企业 534 户（不含项目公司），四级法人企业 165 户（不含项目公司）。员工总数 269577 人，其中管理人才 34489 人、专业技术人才 191580 人、技能人才 43508 人。拥有工程院院士 1 人、国家勘察设计大师 10 人、"百千万人才工程"国家级人选 11 人、享受国务院政府特殊津贴的专家 249 人。

资产总额 15239.51 亿元。机械动力设备 142553 台（套）。设备原值 815.69 亿元、净值 307.79 亿元。公司业务涵盖工程承包、规划设计咨询、投资运营、房地产开发、工业制造、物资物流、绿色环保、产业金融及其他新兴产业，具有科研、规划、勘察、设计、施工、监理、运营、维护和投融资完整的行业产业链，具备为业主提供一站式综合服务的能力。截至 2022 年底，中国铁建累计获国家科学技术奖 87 项，中国土木工程詹天佑奖 150 项，国家优质工程奖 537 项（其中金奖 45 项），中国建设工程鲁班奖 172 项，省部级工法 3182 项；累计拥有专利 31479 件。

中国铁建经营范围遍及全国 32 个省、自治区、直辖市以及全球 130 余个国家，是全球最具实力、规模的特大型综合建设集团之一。居《财富》"世界 500 强企业"第 39 位、中国企业 500 强第 11 位，《工程新闻记录》（ENR）"全球 250 家最大承包商"第 3 位，首次入围"全球品牌价值 500 强"百强。获评国务院国资委 2022 年度和 2019—2021 年任期经营业绩考核"双 A"及"业绩优秀企业"。 （戴 红 樊美麟）

【主要指标】 2022 年，中国铁建实现营业收入 10963.13 亿元，同比增长 7.48%；实现利润 378.24 亿元，同比增长 7.60%；上缴税金 301.69 亿元，实现利税 679.93 亿元，同比增长 9.91%；实现净利润 317.53 亿元，同比增长 8.32%；基本每股收益 1.76 元。截至 2022 年底，公司资产总额 15239.51 亿元，负债总额 11379.35 亿元。所有者权益总额 3860.16 亿元，其中归属于上市公司股东权益 2904.84 亿元，归属于上市公司股东的每股净资产 16.98 元。

2022 年中国铁建股份有限公司主要经济指标

项 目	2022 年	2021 年	同比增长（%）
资产总额（亿元）	15239.51	13529.70	12.64
所有者权益（亿元）	3860.16	3464.93	11.41
营业收入（亿元）	10963.13	10200.10	7.48
利润总额（亿元）	378.24	351.51	7.60
净利润（亿元）	317.53	293.15	8.32
归属于母公司所有者的净利润（亿元）	266.42	246.91	7.90
技术开发投入（亿元）	250.04	202.54	23.45
利税总额（亿元）	679.93	618.63	9.91
应缴税金总额（亿元）	301.69	267.12	12.95
加权平均净资产收益率（%）	11.05	11.10	减少 0.05 个百分点
总资产报酬率（%）	3.06	3.17	减少 0.11 个百分点
总公司国有资本保值增值率（%）	109.29	108.92	增加 0.37 个百分点

（制表：丁亚杰）

【改革发展】　2022年,中国铁建聚焦高质量发展目标,坚持"在真落实上下功夫、在真效果上得求证、在可持续上做完善"。编制《适应全面加强基础设施建设新形势,公司布局优化和结构调整方案研究(大纲)》和七大专项工作方案。加强新兴产业、新兴业务培育,增设"鼓励发展类业务"考核加分指标。扭住国企改革三年行动中心任务,按照"可衡量、可考核、可检验、要办事"的要求,构建专题会议推进、培训宣贯交流、过程动态监测、改革典型引路、检查考核督导"五大机制"。完成国企改革三年行动71条改革任务,"两非""两资"完成剥离,亏损双降目标完成。已实现经理层任期制和契约化管理的户数和管理人员人数比例均为100%;管理人员竞争上岗、不胜任退出的比例分别为68.17%、8.40%;公开招聘和全员绩效考核比例均为100%;开展中长期激励的子企业数量占全部具备条件的子企业比例为96.62%。"以全员绩效考核引领的人才管理体系"等2项成果在"2021年中国企业改革发展优秀成果"中获一等奖。持续优化企业资源配置,组建中铁建交通运营集团和中国铁建新兴业务总部。完成国务院国资委"控股不控权"问题专项整治工作,排查系统内控股企业1453家。完善子企业负责人经营业绩考核指标体系,构建差异化的绩效考核机制并刚性兑现。优化调整"三重一大"决策事项清单,持续完善董事会建设"1+N"制度体系,突出战略引领,科学高效决策,强化风险防控。持续推动公司治理向下贯通,实现纳入应建范围董事会应建尽建。　(戴　红　樊美麟)

【重大项目】　2022年,中国铁建坚持重点重抓,持续加强在建项目监管,落实各级"三保一降"责任,强化现场督导。明确40个国内在建重点项目,以施工为主的19家二级单位包保重难点项目562个。年内,崇礼铁路太子城至崇礼段、成昆铁路复线峨眉至米易段、黄黄铁路、和若铁路、北京丰台站、郑万高铁、郑济城际铁路濮郑段、大瑞铁路大保段、重庆市郊铁路跳磴至江津线、乌将铁路扩能、常益长高铁、合杭高铁湖杭段、丽江观光火车一期、广西南宁至崇左高铁、弥勒至蒙自高铁、银兰高铁中卫至兰州段、济莱高铁、重庆铁路枢纽东环线、京唐城际铁路、佳木斯至鹤岗铁路改造、兴泉铁路等铁路工程建成开通。广州地铁22号线首通段、绍兴地铁1号线、福州地铁5号线、杭州地铁3号线后通段、昆明地铁5号线、金义东市域轨道金义段、杭州机场轨道快线、郑州地铁6号线、南通地铁1号线、天津地铁10号线、青岛地铁4号线、深圳地铁16号线、南京地铁7号线北段、北京地铁16号线南段木樨地至榆树庄站段、北京地铁19号线景风门站等城市轨道工程建成开通。广佛肇高速公路、福建漳州至武平高速公路南靖段、沪杭高速公路临平段改建工程涉铁段、大广高速南康至龙南段扩容工程、澄城至韦庄高速公路、中江至遂宁高速公路、广西六宾高速公路、昆明岷山至楚雄广通高速公路、陇西至漳县高速公路、海南国道G360公路文昌至定安段、重庆合川至璧山至江津高速公路合川城南枢纽至璧山西段等公路工程建成通车。2022年杭州亚运会重点保障项目的杭州未来科技城绿汀路、钱塘过江隧道、杭州下沙路与12号路提升改造工程、绍兴二环西路智慧快速路一期工程等市政工程建成运营。济南商河通用机场、三峡机场飞行区改扩建及配套空管工程、湛江吴川机场、鄂州花湖机场等机场工程投运。福建南平港延平新城港区码头工程开港运营,山东济南南曹范LNG调峰储配站全面建成投产,小清河复航工程博兴港下游60公里完成试航,广西北海市跨海第一桥北海西村港跨海大桥项目主体工程完工,全国首条磁浮旅游专线清远磁浮旅游专线全线贯通。贵南高铁九万大山一号隧道、九万大山二号隧道、九万大山四号隧道、独山二号隧道、永兴一号隧道、朝阳隧道、大方山隧道,大瑞铁路杉阳隧道,成兰铁路跃龙门隧道,广汕高铁三凸岭隧道、迎牌山隧道,成都至自贡至宜宾高铁白云山隧道,杭温铁路香山岭隧道、户口隧道,珠江三角洲水资源配置双线输水隧洞,广州北江引水工程4号隧洞等一大批重难点长大隧道工程贯通。新福厦高铁木兰溪特大桥主桥、福厦高铁安海湾特大桥、广汕铁路长沙湾跨海特大桥、杭衢铁路跨金千铁路特大桥、昌景黄高铁信江西支特大桥、金甬铁路新昌江特大桥、长沙磁浮东延线接入T3航站楼道岔梁、广州南沙自贸区红莲大桥、南昌市双港大街系杆拱混凝土桥、四川乐山大渡河凤溪大桥、青兰高速扩建工程跨越胶州湾海域女姑口特大桥、巫镇高速东溪河特大桥、金仁桐高速娅石庆特大桥等顺利合龙。南玉高铁上跨湘桂铁路转体桥那舅特大桥、福庆特大桥,渝昆高铁上跨隆黄铁路的寒坡岭特大桥,江西九江永修县万宝路两座矮塔转体斜拉桥,黑龙江省齐齐哈尔民航路跨线桥,武汉至大悟高速公路上跨沪蓉线、麻武线立交桥,107国道湖北咸宁市赤壁段改扩建工程上跨京广铁路立交桥,潍坊至青岛高速公路上跨胶济客运专线、胶济铁路的转体桥,黎霍高速上跨太焦铁路、国道G208及省道S220线转体桥,上海漕宝路快速路上跨7股道铁路线转体桥，济南绕城高速公路二环线西环段上跨京沪铁路转体桥，宾南高速公路茨坪立交上跨广大铁路转体桥等成功转体。铁建云采平台在中国铁建所属各单位全面上线物资采购业务。中国铁建研制开发的国内首台800大口径钻机、全球首台大坡度螺旋隧道掘进机、高原高寒大直径TBM“高原先锋号”成功下线。2022年，获中国建设工程鲁班奖15项，国家优质工程奖47项。其中，参建的陕西国华锦界电厂三期扩建项目，云南省牛栏江—滇池补水工程，宁波市轨道交通4号线工程，雅安至康定高速公路4项工程获国家优质工程金奖。（戴　红　樊美麟）

【走向海外】 大力实施“海外优先”战略，积极参与“一带一路”建设和国际产能合作，融入“双循环”新发展格局。不断优化“3+5+N”海外经营发展体系和管理架构，带动各板块协同出海，形成发展合力。产业发展格局在巩固海外铁路、公路、城市轨道交通、市政、房建等传统业务优势的基础上，不断向港口、电力、机场、能源、矿产、水工、水务、环保等新型业务领域拓展；以工程承包为主，积极推进海外规划设计咨询、投资运营、产业园区和房地产开发、工业制造、物资物流、绿色环保、城市运营等多元化经营。强化海外项目监管，持续做好境外项目标前评审工作；每周整理研究境外项目情况，及时解决项目实施过程中的问题；持续深化海外业务信息服务系统2.0应用，运用信息系统不断提升海外业务管理的能力。强化境外项目风险防范及境外项目合规管理，完成外经系统V2.0合规管理模块建设。《ATO引入干线铁路运营规则制定导则》提案获得通过，是年度中国铁路领域唯一主导的TSO国际标准。卡塔尔世界杯主场馆卢塞尔体育场被列为“中阿合作标志性、突破性成就”。尼日利亚铁路现代化项目拉各斯至伊巴丹段，沙特内政部安全总部发展项目，阿联酋铁路二期B、C、D标，坦桑尼亚中央线标轨铁路姆万扎至伊萨卡段，马来西亚金马士至新山双线电气化铁路，新加坡裕廊区域线登加车辆段与综合基地J101标段，澳门澳氹第四条跨海大桥，阿联酋迪拜蓝天酒店俄罗斯莫喀高速公路，鲁雷纳瓦克—里韦拉尔塔公路进展顺利。全年中国铁建海外新签合同额4485441万美元，海外完成营业额1034374万美元。

（戴　红　樊美麟）

【重大创新】 2022年，中国铁建细化落实专精特新企业扶持政策，新增4家企业入选工信部专精特新“小巨人”。修订完善科技创新制度体系，落实支持政策，全面加强科技创新投入与保障；加强关键核心技术攻关，“1025专项”一期圆满完成、二期顺利推进，城市地下大空间、深地空间开发、北斗铁路行业综合应用等国家重点研发任务取得丰硕成果，自主研制的全球最大竖井掘进机“梦想号”入选2022年度央企十大国之重器；实现国产大型掘进机控制系统自主可控，自主研制出以国产最大直径盾构机“京华号”为代表的系列超大直径盾构机，自主研发设计制造出世界首台千吨架桥一体机“昆仑号”。加强创新平台建设，围绕智慧城市、智慧交通、地下空间开发、节能环保建筑、新基建等新兴领域打造原创技术策源地；加快制定智慧建造、绿色建造标准与技术体系，选定40家智慧建造试点单位，加快积累数字化转型基层实践经验，中国铁建BIM+管理平台入选十大国产BIM软件；新获詹天佑奖13项，首获日内瓦国际发明金奖1项，新获中国专利银奖、优秀奖共7项，新增授权专利7906件，其中发明专利1215件。获省部级科学技术奖163项；牵头1个全国重点实验室通过科技部认定，国家级创新平台建设取得新突破；新增2个铁路行业科技创新基地，新设水下隧道、电气化、城市地下空间、海洋基础4个中国铁建工程实验室（研发中心）。（戴　红　樊美麟）

【党建工作】 2022年，中国铁建党委坚决贯彻落实党中央、国务院决策部署，狠抓“三基建设”，始终以高质量党建引领保障企业高质量发展，深入开展“建功新时代、喜迎二十大”和党的二十大精神学习活动，“京华号”盾构机、“昆仑号”架桥机、六行采棉机、雄安站等80余项铁建元素亮相“奋进新时代”主题成就展。严格“第一议题”制度，及时跟进学习研讨习近平法治思想、经济思想和系列重要讲话精神，党委常委会4次学习和研究意识形态工作，党委理论学习中心组6次学习研讨相关内容。常态化长效化推进党史学习教育，围绕生产经营中心任务，深入打造“五型工会”，扎实推进“青马工程”，群团工作共建共享，为企业发展培好“根”、筑牢“魂”。开展整治形式主义为基层减负“回头看”，以作风转变带动工作转变；深入推进全面从严治党，持续发挥巡视利剑作用，紧盯“关键少数”加强监督，规范领导干部亲属经商办企业，深化“靠企吃企”问题整治，加强境外腐败治理，严格执纪问责。深化“三不腐”一体推进，营造风清气正的良好环境。

（戴　红　樊美麟）

【信息化管理】 紧密结合公司“1236”数字化转型思路，成立工作专班，坚持问题导向，突出务实管用，编制形成“中国铁建数字化转型行动计划专项实施方案”等系列工作成果；开展“中国铁建数字化转型实施路径研究”重点课题研究，完成26万余字的课题初稿；贯彻落实网络强国重要思想和数据安全工作重要指示批示精神，完成中国铁建数据分类分级专项工作；开展公司智慧工地标杆项目工作调研，以“面向多工程类型的智慧工地底层技术平台”课题研究为抓手，协同做好重点领域产业数字化转型实施工作；参与国务院国资委建筑央企数字化协同创新平台筹备工作，组织典型产业集团梳理创新场景。坚持数字赋能，完成中国铁建全球超过115万名员工和服务人员的疫情防控信息登记和超过13000家机构和基层生产单元的信息登记；利用“铁建通”信息平台为复杂疫情防控条件下的信息通畅提供安全可控手段；利用“云会议”保障各类会议、直播、应急指挥调度的顺利进行完成一体化技术平台、人力资源管理系统群等40余个信息系统的技术运维工作；完成信息化基础设施智能运维管理平台等项目建设。持续加强网络安全和风险管控能力，在公安部2022年度网络安全执法检查中获得好评；开展国企网络与信息安全在线监管平台升级改造工作，完成三家试点单位部署并投入使用；完成全系统网络安全统一态势感知平台的接入试点工作并开展推广；开展“挖矿”专项整治工作，组织数据安全技能培训，参加“2022年全国行业职业技能竞赛—全国数据安全职业技能竞赛”。加快推进“三地三中心”建设，打造数智铁建智慧大脑。持续做好软件资产管理，进一步完善“使用正版软件长效机制”，形成软件资产管理工作数字化转型。 （戴 红 樊美麟）

【履行社会责任】 2022年，中国铁建继续把央企社会责任扛在肩上，高效完成长春、上海、香港等地方舱医院建设，积极投身乡村振兴、定点帮扶、救灾抢险与公益事业。共参与工程抢险救援和防汛抗洪1900次，出动工程抢险力量4.4万多人次，机械设备4520台（套）。全年投入乡村振兴帮扶资金7616.38万元，引进帮扶资金（含招商引资）2461万元，帮助销售脱贫地区农产品1077.9万元，派驻挂职干部50人、工作队16个，打造乡村振兴示范村5个。完成对口支援西藏自治区昌都市江达县的援藏干部交接工作；制定江达县援助资金规模、援助项目及人才培训等“十四五”规划，拨付援藏资金756万元，援助抗疫物资60万元。重点帮扶73个偏远艰苦项目，下拨帮扶资金526余万元，完成国务院国资委“工装援疆”采购任务；总部工会干部分组到贵州省、甘肃省、内蒙古自治区、宁夏回族自治区等偏远艰苦项目进行现场帮扶、调研。落实中央关于碳达峰碳中和指示要求，做到“守住底线、不碰红线、创造亮点”。加快编制企业碳达峰行动方案，践行“绿色施工”理念，把“四节一环保”贯穿于项目施工全过程，协同推进降碳、减污、扩绿、增长。在中央第二轮第六批生态环保督察工作中未出现负面问题。

（戴 红 樊美麟）

【企业文化】 持续开展学雷锋志愿服务活动，在高考考场、乡村振兴等一线成立青年志愿服务队1587支、参与人数24175人。组织开展“新时代 中国铁建文化与品牌理念宣讲活动”。“新时代中国铁建品牌提升”案例被评为中央企业优秀品牌案例。微视频《大城小路》获中宣部、中央文明办二等奖和中央企业优秀品牌故事奖。《峰爆》获中宣部“五个一 工程”奖电影类优秀作品奖并收入《2021中国电影集锦》。

（戴 红 樊美麟）

【境内并购】 2022年8月，为顺应行业变化，持续提升企业市场竞争力，中铁建重庆投资集团有限公司出资1215万元，以公开挂牌交易方式，收购所属子公司重庆金路交通工程有限责任公司合资方股东中铁长江交通设计集团有限公司持有的30%股权。 （何燕军）

【内部重组】 1月17日，印发《关于将中铁建华北投资发展有限公司调整为专业化轨道交通运营公司的通知》（中国铁建发展〔2022〕9号），将华北区域总部管理的中铁建华北投资发展有限公司实体化运作，纳入股份公司管理序列，发展定位调整为中国铁建专业化开展轨道交通运营业务的产业集团，同时将华北区域总部对应的投资平台公司变更为中铁建雄安投资发展有限公司。

3月3日，优化中国铁建在深圳地区管理架构，印发《关于调整中铁建南方建设投资有限公司管理模式的通知》（中国铁建发展〔2022〕23号），调整南方公司管理模式，定位为服务中国铁建重点客户的专业化公司，对华南区域总部和南方公司相关公司股权进行划转。

6月30日，将中铁建海南建设发展有限公司管理权由昆仑集团划转给华南区域总部管理。

8月4日，以中铁海峡建设集团有限公司为基础，统筹协调中国铁建在厦门所属法人单位，整合形成区域总部企业,代表中国铁建对接厦门市各级政府部门和地方国企,全面提升中国铁建在厦投资建设与服务能力。

8 月 29 日,组建中国铁建股份有限公司新兴业务总部,代表中国铁建履行全系统重点新兴业务的统筹、协调、服务和高端经营职能,抢抓新兴产业、新兴业务发展机遇,有效促进重点新兴业务快速发展。

12 月 16 日,以中铁建东南投资建设有限公司为基础,通过股权合作试点改革整合形成江西区域总部企业,将股份公司持有的东南建设的 25% 股权分别转让至中铁十一局、十二局、十六局、十八局及二十四局,各持股 5% 。

12 月 27 日,以中铁建华北投资发展有限公司人员为基础的中铁建交通运营集团有限公司在天津市南开区正式注册成立,交运集团与华北投资公司实行“一套人马、两块牌子”。 (陈向阳)

【**股份公司托管项目部设立情况**】 1 月 25 日,成立中国铁建股份有限公司杭州至德清市域铁路工程土建施工 II 标段项目经理部,委托华东区域总部管理。

1 月 30 日,成立中国铁建 · 中铁十一局 · 中铁十二局 · 中铁十四局 · 中铁十八局长沙市轨道交通 7 号线一期工程土建施工三标联合体项目部,委托华中区域总部管理。

4 月 14 日,成立中国铁建股份有限公司青岛市地铁 15 号线一期土建三标段项目经理部,委托中原区域总部管理。

4 月 14 日,中国铁建股份有限公司西安地铁 1 号线三期工程施工总承包 2 标段项目经理部,委托电气化局管理。

6 月 4 日,成立中国铁建股份有限公司新建天水至陇南铁路 EPC 工程总承包项目经理部,委托铁一院管理。

7 月 12 日,成立中国铁建股份有限公司青岛市地铁 9 号线一期工程土建施工 2 标段项目经理部,委托中原区域总部管理。

7 月 12 日,成立中国铁建股份有限公司厦门轨道 6 号线集美至同安段土建施工总承包 2 标段项目部,委托华东区域总部管理。

10 月 31 日,成立中国铁建股份有限公司厦门轨道 4 号线彭厝北站换乘节点及过街通道土建项目部,委托大桥局管理。

11 月 24 日,成立中国铁建股份有限公司粤东城际铁路 YDZH – 7 标项目经理部,委托华南区域总部管理。 (陈向阳)

【**机构批复、备案**】 1 月 7 日,合资成立中铁建发展集团北京生态环境建设有限公司,注册资本 2000 万元。其中,铁建发展出资 1600 万元,持股 80%;北京市石景山区国有资本投资有限公司出资 400 万元,持股 20% 。

1 月 10 日,合资成立中铁建工研(北京)环保科技有限公司,注册资本 800 万元。其中,铁建发展出资 440 万元,持股 55;北京市工业设计研究院有限公司出资 200 万元,持股 25%;北京青峰源环境科技有限公司出资 160 万元,持股 20% 。

1 月 11 日,中铁十六局在智利成立盾构和隧道股份公司。

1 月 12 日,成立中铁十四局集团深圳工程有限公司。

同日,成立中铁建设集团广西建设有限公司。

同日,成立中铁建设集团(广州)建设有限公司。

同日,成立中铁建设集团(黑龙江)有限公司。

同日,合资成立兰州中陆铁建环保有限公司,注册资本 3508 万元。其中,铁建发展出资 2104. 8 万元,持股 60%;兰州中陆化工集团有限公司出资 1403. 2 万元,持股 40% 。

同日,合资成立汉源县昆仑建材有限公司,注册资本 2500 万元。其中,昆仑集团出资 1275 万元,持股 51%;汉源县发展控股集团有限公司出资 1225 万,持股 49% 。

同日,合资成立平度市城市品质提升建设管理有限公司,注册资本 50784. 23 万元。其中,重庆投资出资 22345. 06 万元,持股 44%;生态公司出资 22345. 06 万元,持股 44%;平度市城市建设投资开发有限公司出资 5078. 43 万元,持股 10%;中铁二十二局、中铁二十三局各出资 507. 84 万元,各持股 1% 。

1 月 14 日,合资成立铁建城发(松阳)开发建设有限公司,注册资本 10000 万元。其中,中铁建城市开发有限公司出资 7500 万元,持股 75%;松阳县城市发展投资集团有限公司出资 1000 万元,持股 10%;中铁建华东建设发展有限公司、大桥局、上海院各出资 500 万元,各持股 5% 。

同日,合资成立南京诚创置业有限公司,注册资本 71000 万元。其中,南京御湖房地产开发有限公司持股 51%,中铁十一局集团华东建设有限公司持股 49% 。

同日,成立中铁十六局集团(阳江市)建设有限公司。

1月19日，合资成立中铁建发展集团（龙口）生态建设有限公司，注册资本10000万元。其中，铁建基金出资4500万元，持股45%；铁建发展出资3450万元，持股34.5%；龙口市城乡建设投资发展有限公司出资1000万元，持股10%；中铁十九局出资500万元，持股5%；中铁二十一局出资500万元，持股5%；上海院出资50万元，持股0.5%。

1月20日，成立中铁十七局集团深圳建设有限公司。

1月21日，上海院成立上海纬宏科技有限公司。

1月25日，合资成立中碳基础设施产业发展有限公司，注册资本15000万元。其中，铁建投资出资7650万元，持股51%；中铁建城市开发有限公司出资2850万元，持股19%；中信云网有限公司、上海青园环保投资有限公司、河北雄安峰和科技有限公司各出资1500万元，各持股10%。

1月26日，成立中铁十一局集团山西建设有限公司。

同日，合资成立京南（固安）空港新城开发建设有限公司，注册资本10000万元。其中，中铁建投资基金管理有限公司出资4980万元，持股49.8%；中铁二十局出资2000万元，持股20%；重庆投资出资2000万元，持股20%；固安县城市发展有限公司出资1000万元，持股10%，铁五院、中铁建安工程设计院有限公司各出资10万元，各持股0.1%。

同日，合资成立中铁二十局高欣城市开发（襄阳）有限公司，注册资本10000万元。其中，中铁建投资基金管理有限公司出资5000万元，持股50%；中铁二十局出资2980万元，持股29.8%；襄阳高欣城乡建设投资有限公司出资2000万元，持股20%；中铁二十局六公司、中铁建安工程设计院有限公司各出资10万元，各持股0.1%。

1月27日，合资成立鄂州吴楚东延线投资建设有限公司，注册资本5000万元。其中，鄂州临空集团有限公司出资1000万元，持股20%；铁四院出资450万，持股9%；中铁十五局出资35万元，持股0.7%；中铁十一局出资15万元，持股0.3%；深圳前海固强投资基金合伙企业（有限合伙）出资3500万元，持股70%。

2月14日，合资成立中铁建投（盐城）城市开发建设有限公司，注册资本20000万元。其中，铁建投资出资5340万元，持股26.7%；铁建基金出资10200万元，持股51%；电气化局出资4000万元，持股20%；中铁十六局、中铁十九局各出资200万元，各持股1%；南方公司、上海院、苏州院各出资20万元，各持股0.1%。

同日，合资成立中铁建投（高密）生态环境有限公司，注册资本10000万元。其中，高密华荣实业发展有限公司出资3500万元，持股35%；铁建投资出资3070万元，持股30.7%；铁建基金出资3100万元，持股31%；中铁十四局、中铁二十五局、中国铁建电气化局各出资100万元，各持股1%；铁四院、苏州院、南方公司各出资10万元，各持股0.1%。

同日，合资成立中铁建投宜昌投资开发有限公司，注册资本10000万元。其中，宜昌金虢投资控股集团有限公司出资1500万元，持股15%；铁建投资出资4780万元，持股47.8%；铁建长江投资公司出资300万元，持股3%；中铁十二局出资850万元，持股8.5%；铁四院出资2550万元，持股25.5%；南方公司、苏州院各出资10万元，各持股0.1%。

2月23日，合资成立中铁十五局集团上海智慧交通科技有限公司，注册资本1000万元。其中，十五局出资900万元，持股90%；上海市静安区国资经营公司出资100万元，持股10%。

2月25日，成立中铁二十三局（泰国）有限公司。

3月1日，成立中铁十一局集团烟台建设有限公司。

3月2日，合资成立铁建高速中油（新疆）能源有限公司，注册资本6000万元。其中，铁建投资出资4020万元，持股67%；中石油新疆销售有限公司出资1980万元，持股33%。

同日，昆仑集团成立重庆融智畅达城市建设开发有限公司。

同日，合资成立重庆科创高新园区建设运营有限公司，注册资本20000万元。其中，重庆投资出7500万元，持股37.5%；潼诚基金出资7200万元，持股36%；垫江县朝阳实业有限公司出资3000万元，持股15%；生态公司出资1000万元，持股5%；中铁十一局、中铁大桥局、中铁十九局分别出资400万元，各持股2%；铁四院出资100万元，持股0.5%。

3月7日，合资成立安徽健元产业园发展有限公司，注册资本1000万元。其中，十八局产业发展公司出资850万元，持股85%；天长市金牛湖新区建设投资发展有限公司出资150万元，持股15%。

同日，成立中铁二十二局集团太原建设有限公司。

3月16日，成立中铁建设（保定）有限公司。

同日，成立中铁建设集团工程检测有限公司。

3月18日，成立中铁建投江湾（杭州富阳）建设发展有限公司。

3月21日，合资成立德阳天府旌城建设开发有限公司，注册资本10000万元。其中，昆仑集团出资4290万元，持股42.9%；成都高新区诺安瑞城基础设施股权投资基金合伙企业（有限合伙）出资4600万元，持股46%；德阳发展城市建设开发有限公司出资500万元，持股5%；铁五院出资10万元，持股0.1%；十六局出资200万元，持股2%；中铁十八局出资200万元，持股2%；中铁建大桥局出资200万元，持股2%。

3月22日，合资成立中铁建华东（慈溪）建设有限公司，注册资本50000万元。其中，慈溪市欣汇建设开发有限公司出资2500万元，持股5%；铁建投资出资12500万元，持股25%；铁建基金出资24000万元，持股48%；铁建国投集团出资8000万元，持股16%；铁建东方投资出资1500万元，持股3%；中铁十四局、中铁二十二局、中铁二十四局各出资500万元，各持股1%。

同日，合资成立中铁建投唐山开发有限公司，注册资本10000万元。其中，唐山市路南区城市建设投资有限公司出资100万元，持股1%；铁建投资出资4480万元，持股44.8%；铁建基金出资5000万元，持股50%；中铁十六局、中铁十八局、中铁二十一局、电气化局各出资100万元，各持股1%；铁五院、苏州院各出资10万元，各持股0.1%。

同日，合资成立中铁建投京畿保定建设有限公司，注册资本5000万。其中，保定市国控集团有限责任公司出资250万元，持股5%；铁建投资出资2215万元，持股44.3%；铁建基金出资2375万元，持股47.5%；中铁十一局、中铁十六局、中国铁建电气化局各出资50万元，各持股1%；铁五院、苏州院各出资5万元，各持股0.1%。

3月24日，成立中铁建大桥工程局集团烟台建设管理有限公司。

同日，合资成立河南省华夏中智信息科技有限公司，注册资本900万元。其中，上海院出资459万元，持股51%；河南省物链大数据信用服务有限公司出资441万元，持股49%。

3月29日，成立中铁物资集团（天津）有限公司。

3月30日，成立中铁建港航局集团城市开发有限公司。

3月31日，成立中铁二十五局集团广西北部湾建设有限公司。

同日，合资成立中铁建投沧州城市开发有限公司，注册资本10000万元。其中，沧州市建设投资集团有限公司出资500万元，持股5%；铁建投资出资1630万元，持股16.3%；铁建基金出资4800万元，持股48%；中国铁建电气化局出资2500万元，持股25%；铁建华北投资出资200万元，持股2%；中铁二十局、中铁二十一局、中铁二十二局各出资100万元，各持股1%；中铁建设出资50万元，持股0.5%；铁五院、苏州院各出资10万元，各持股0.1%。

同日，合资成立阳西宜居生态建设有限公司，注册资本5000万。其中，昆仑集团出资1345万元，持股26.9%；阳西县资产经营有限公司（简称阳西资产）出资500万元持股10%；生态公司出资1000万元，持股20%；华南投资出资50万元，持股1%；中铁二十三局出资50万元，持股1%；中铁五院出资5万元，持股0.1%；成都高新区诺安瑞城基础设施股权投资基金合伙企业（有限合伙）出资2050万元，持股41%。

同日，合资成立中铁建昆仑沧州城市开发有限公司，注册资本10000万元。其中，沧州市建设投资有限公司出资500万元，持股5%；昆仑集团出资3390万元，持股33.9%；中铁建大桥局出资500万元，持股5%；中铁二十三局出资500万元，持股5%；中铁二十五局出资500万元，持股5%；中铁建设机电安装公司出资100万元，持股1%；中铁上海院出资10万元，持股0.1%；成都高新区诺安瑞城基础设施股权投资基金合伙企业（有限合伙）出资4500万元，持股45%。

4月1日，成立中铁十四局集团烟台工程建设有限公司。

4月2日，成立中铁十七局集团河南建设有限公司。

同日，十七局成立太原中昇置业有限公司。

同日，成立中铁二十四局集团深圳建设有限公司。

4月14日，二十一局成立天津德盛和置业有限公司。

4月20日，成立中铁十一局集团贵州建设有限公司。

同日，十六局成立安徽铁旌建设工程有限公司。

同日，合资成立俄罗斯基础设施建设有限公司，注册资本0.14万美元。其中，铁建国投占股99%，中国铁建国际投资集团有限公司占股1%。

4月22日，成立中铁十一局集团佛山建设有限公司。

同日，成立中铁十一局集团西南建设有限公司。

同日，成立中铁十四局集团装备有限公司。

4月24日，成立中铁十二局集团西安工程有限公司。

4月27日，中铁十八局成立天津市隆馨房屋租赁有限公司。

4月29日，成立中铁二十五局集团深圳建设有限公司。

同日，成立中铁城建集团深圳建设有限公司。

同日，合资成立芦山县昆仑绿色建材有限公司，注册资本2700万元。其中，昆仑集团出资1377万元，持股51%，芦山县发展控股集团有限公司出资1323万元，持股49%。

5月6日，合资成立井陉县润连农业开发有限公司，注册资本21193.6万元。其中，中铁十二局出资4132.75万元，持股19.5%；中铁建投资基金管理有限公司出资16001.17万元，持股75.5%；井陉县财基农村建设开发有限公司出资1059.68万元，持股5%。

同日，成立中铁建设集团华南建设有限公司。

同日，成立中铁建设集团（温州）恒晟发展有限公司。

5月13日，合资成立中铁建投（阳江）环境综合治理有限公司，注册资本5000万元。其中，阳江市长洲实业有限公司出资500万元，持股10%；铁建投资出资4311万元，持股86.22%；铁建华南投资公司、中铁二十局、中铁二十二局、中铁二十三局各出资45万元，各持股0.9%；铁五院、苏州院各出资4.5万元，各持股0.09%。

5月16日，成立中铁城建集团苏州建设有限公司。

5月7日，合资成立俄罗斯银城建筑有限公司，注册资本2.83万美元。其中，INTERMEGATEH公司持股49%，中国铁建俄罗斯有限公司持股51%。

5月19日，合资成立西铁建设（陕西）有限公司，注册资本10000万元。其中，二十三局出资4000万元，持股40%；西北建设有限公司出资3400万元，持股34%；陕西国铁工程咨询管理有限公司出资2600万元，持股26%。

同日，合资成立郑州铁建装备技术有限公司，注册资本7000万元。其中，铁建装备出资3570万元，持股51%；郑州铁路装备制造有限公司出资3430万元，持股49%。

同日，合资成立中铁建发展集团（天津）智慧停车有限公司，注册资本293万元。其中，铁建发展出资215.1万元，持股90%；阿达驻车出资23.9万元，持股10%。

5月20日，合资成立铁建城发（台州）城市开发有限公司，注册资本5000万元。其中，城发公司出资4000万元，持股80%；中铁十一局、中铁二十三局各出资500万元，各持股10%。

5月25日，成立中铁建大桥工程局集团（厦门）工程建设有限公司。

5月30日，中铁二十局成立广州铁粤房地产开发有限公司。

同日，成立中铁建港航局集团惠州工程有限公司。

6月2日，中铁二十三局成立广西四维矿业有限公司。

6月6日，成立中铁十一局集团江北建设有限公司。

同日，成立中铁十二局集团合肥工程有限公司。

6月7日，在智利合资成立科金博医院特许经营股份公司，注册资本3676万美元。其中，铁建国际出资2757万美元，持股75%；中铁建设出资919万美元，持股25%。

6月10日，中铁十六局成立安徽省京汇房地产开发有限公司。

同日，合资成立重庆铁恒房地产开发有限公司，注册资本2000万元。其中，中铁二十局房地产公司出资1400万元，持股70%；重庆铁建置业有限公司出资600万元，持股30%。

同日，合资成立广州市黄埔区顺捷房地产开发有限公司，注册资本52160万元。其中，中铁房地产集团华南有限公司出资26080万元，持股50%；广东信达地产有限公司出资20864万元，持股40%；中铁十二局集团房地产开发有限公司出资5216万元，持股10%。

同日，合资成立南京京城房地产开发有限公司，注册资本2000万元。其中，中铁地产出资1600万元，持股80%；中铁十四局出资200万元，持股10%；中铁建城市建设投资有限公司出资100万元，持股5%；中铁十二局出资100万元，持股5%。

同日，合资成立中铁建投盐城黄沙港开发有限公司，注册资本10000万元。其中，铁建投资出资4690万元，持股46.9%；铁建基金出资5100万元，持股51%；中铁十六局、中国铁建港航局各出资100万元，各持股1%；铁四院出资10万元，持股0.1%。

同日，合资成立中铁建投（海南）城市建设有限公司，注册资本10000万元。其中，东方市城市建设投资集团有限公司出资1000万元，持股10%；铁建投资出资8380万元，持股83.8%；中国土木出资500万元，持股5%；中铁十二局出资100万元，持股1%；铁五院、苏州院各出资10万元，各持股0.1%。

同日，合资成立中铁建发展（深圳）城市开发运营有限公司，注册资本10000万元。其中，深圳市罗湖投资控股有限公司出资2000万元，持股20%；铁建发展出资3100万元，持股31%；中铁建设出资890万元，持股8.9%；铁一院出资10万元，持股0.1%；铁建基金出资4000万元，持股40%。

6月14日，合资成立广西津玉投资开发有限公司，注册资本5000万元。其中，中铁十八局集团产业发展有限公司出资4000万元，持股80%；玉林投资集团有限公司出资1000万元，持股20%。

同日，成立中铁十八局集团山东工程建设有限公司。

6月15日，成立德阳凯州新城建设开发有限公司，注册资本10000万元。其中，昆仑集团出资3590万元，持股35.9%；中粮信托有限责任公司出资4100万元，持股41%；德阳市凯州投资开发有限责任公司出资1000万元，持股10%；铁五院出资10万元，持股0.1%；中铁十五局出资800万元，持股8%；中铁建设出资500万元，持股5%。

6月20日，合资成立中铁建发展（定州）园博园生态建设有限公司，注册资本36967.81万元。其中，定州市城投市政工程有限公司出资739.36万元，持股2%；铁建发展出资13123.57万元，持股35.5%；中铁十一局集团有限公司出资2587.75万元，持股7%；中铁十一局集团第一工程有限公司出资1848.39万元，持股5%；中铁建投资基金管理有限公司出资18483.91万元，持股50%；中铁建发展集团北京生态环境建设有限公司出资184.84万元，持股0.5%。

6月22日，成立中铁二十一局集团广西工程有限公司。

6月27日，铁一院成立西安瑞逸房地产开发有限公司。

6月29日，成立中铁二十三局集团安徽工程有限公司。

7月4日，成立铁建重工厦门有限公司。

同日，合资成立中铁建投（临清）公路建设有限公司，注册资本10000万元。其中，临清市安竣建设有限公司出资500万元，持股5%；铁建投资出资4595万元，持股45.95%。

同日，合资成立中铁建投（温州）城市开发有限公司，注册资本10000万元。其中，温州东启建设发展有限公司出资500万元，持股5%；铁建投资出资3390万元，持股33.9%；铁建基金出资4800万元，持股48%；中铁建电气化局出资1000万元，持股10%；中铁十一局、中铁十六局、中国铁建港航局各出资100万元，股权各占比1%；铁五院出资10万元，持股0.1%。铁建基金出资4800万元，持股48%；中铁十八局出资100万元，持股1%；公路运营公司出资5万元，持股0.05%。

7月5日，在埃塞俄比亚合资成立亚吉铁路专项物流服务公司，注册资本20万美元。其中，中土埃塞俄比亚工程有限公司出资14万美元，持股70%；中外运海外发展有限公司出资6万美元，持股30%。

7月7日，成立中铁建设集团雄安工程有限公司。

同日，中铁建设成立宁波京盛置业有限公司。

同日，中铁地产成立西安铁晟房地产开发有限公司。

同日，中铁地产成立上海京淼鑫房地产开发有限公司。

同日，中铁地产成立上海京沐鑫房地产开发有限公司。

同日，中铁地产成立上海京泽鑫房地产开发有限公司。

同日，合资成立中铁建投南阳城市开发有限公司，注册资本10000万元。其中，南阳新城建设投资开发有限公司出资100万元，持股1%；铁建投资出资9570万元，持股95.7%；中铁十二局、十六局、电气化局各出资100万元，各持股1%；南方公司、铁四院、苏州院各出资10万元，各持股0.1%。

7月8日，成立中铁十六局集团烟台建设有限公司。

7月11日，成立中铁十四局集团厦门建设有限公司。

7月13日，成立中铁十四局集团枣庄工程建设有限公司。

同日，中铁地产成立苏州京发房地产开发有限公司。

同日，合资成立中铁建北斗应用科创有限公司，注册资本900万元。其中，铁五院出资540万元，持股60%；中兵北斗应用研究院有限公司出资360万元，持股40%。

7月14日，成立中铁十四局集团淄博工程建设有限公司。

同日，成立中铁二十三局集团南方工程（广东）有限公司。

7月15日，合资成立重庆融智创达城市建设开发有限公司，注册资本5000万元。其中，重庆投资出资4993.75万元，持股99.875%；中国铁建西南投资有限公司出资6.25万元，持股0.125%。

7月19日，合资成立赣州深赣合作区建设发展有限公司，注册资本20000万元。其中，赣州市南康区口岸发展有限责任公司出资4000万元，持股20%；铁四院出资6980万元，持股34.9%，中铁建投资基金管理有限公司出资8000万元，持股40%；中铁二十五局出资600万元,持股3%;中铁十一局出资400万元,持股2%;铁四院工程建设公司出资20万元,持股0.1%。

同日,成立中铁城建集团建筑科技有限公司。

7月20日,合资成立铁建城发(上饶)开发建设有限公司,注册资本10000万元。其中,城开公司出资3500万元,持股35%;上饶市广信区南新投资发展有限公司出资1000万元,持股10%;铁建基金出资4050万元,持股40.5%;东南投资、华东投资各出资300万元,各持股3%;中铁十六局、十八局、二十三局出资100万元,持股1%;中铁建电气化局出资500万元,持股5%,铁五院出资50万元,持股0.5%。

7月25日,成立中铁十四局集团通化建设有限公司。

同日,成立中铁二十一局集团酒泉鑫能工程有限公司。

7月26日,成立中铁十四局集团松原工程建设有限公司。

7月28日,成立中铁十二局集团汉中旭东工程有限公司。

8月2日,成立中铁十二局集团生态产业运营(山西)有限公司。

同日,合资成立中铁建投(辽宁)高速公路有限公司,注册资本327400.94万元。其中,辽宁省交通建设投资集团有限公司出资160426.46万元,持股49%;股份公司出资62206.17万元,持股19%;铁建投资出资55658.16万元,持股17%;铁建基金出资16370.05万元,持股5%;中铁建北方投资、中铁十一局、中铁十二局、中国铁建大桥局、中铁十四局、中铁十六局、中铁十九局、中铁二十局、中铁二十五局、公路运营公司各出资3274.01万元,各持股1%。

同日,合资成立中铁建投泰州姜堰城市开发建设有限公司,注册资本50000万元。其中,泰州市金东城市建设投资集团有限公司出资10000万元,持股20%;铁建投资出资18450万元,持股36.9%;铁建基金出资20500万元,持股41%;中铁十四局、十八局各出资500万元,各持股1%;铁五院出资50万元,持股0.1%。

同日,合资成立中铁建投保定莲池建设有限公司,注册资本5000万元。其中,保定市国控集团有限责任公司出资250万元,持股5%;铁建投资出资2240万元,持股44.8%;铁建基金出资2400万元,持股48%;中铁十一局、二十局各出资50万元,各持股1%;铁五院、苏州院各出资5万元,各持股0.1%。

8月8日,成立中铁二十局集团葡萄牙国际建筑独资有限责任公司。

8月10日,成立中铁十一局集团厦门建设有限公司。

同日,合资成立中铁十九局集团平原建设有限公司,注册资本10000万元。其中,中铁十九局出资5100万元,持股51%;新乡市投资集团有限公司出资4900万元,持股49%。

同日,成立中铁二十局集团(绵阳)建设有限公司。

8月15日,合资成立兰州兰发星华建设材料有限公司,注册资本3000万元。其中,中铁二十局市政工程公司出资1530万元,持股51%,兰州兰发韶华资源经营管理有限公司出资1470万元,持股49%。

同日,合资成立北京恒良悦通房地产开发有限公司,注册资本115000万元。其中,中铁房地产集团北方有限公司出资58650万元,持股51%;重庆泽悦实业有限公司出资56350万元,持股49%。

同日,合资成立四川铁科锦华房地产开发有限公司,注册资本2000万元。其中,铁四院房地产公司、中铁城建房地产开发公司各出资1000万元,各持股50%。

8月17日,中铁建设成立宁波京宏置业有限公司。

同日,成立中铁建设集团温州建设有限公司。

同日,成立中铁建设集团宁波建设有限公司。

同日,成立中铁建设集团宜宾建设有限公司。

8月18日,合资成立湘潭铁城置业有限公司,注册资本800万元。其中,中铁城建集团房地产开发有限公司出资560万元,持股70%;湘潭房产集团有限公司出资240万元,持股30%。

8月22日,成立中铁二十三局集团贵州城建有限公司。

同日,合资成立重庆市产教融合示范片区建设运营有限公司,注册资本10000万元。其中,重庆投资出资4800万元,持股48%;潼诚基金出资4800万元,持股48%;重庆市潼南区城市建设投资(集团)有限公司作为政府方代表,出资200万元,持股2%;中铁十九局出资200万元,持股2%。

8月26日,中铁二十二局成立漳州京驰房地产开发有限公司。

9月1日,合资成立安徽交铁建设工程有限公司,注册资本10000万元。其中,中铁二十四局集团安徽工程有限公司出资6000万元,持股60%;安徽省交通规划设计研究总院股份有限公司出资3500万元,持股35%;安徽新桥交通发展有限责任公司出资500万元,持股5%。

9月2日,中铁十四局成立杭州中杭江城市发展有限公司。

同日,中铁十六局成立浙江恒毅建筑工程有限公司。

同日,成立中铁十九局集团昭通工程有限公司。

同日,合资成立肥城市城乡雨污环境治理有限公司,注册资本5000万元。其中,肥城市水务集团有限公司出资500万元,持股10%;重庆投资出资4200万元,持股84%;生态公司出资250万元,持股5%;中铁十九局出资50万元,持股1%。

9月5日,成立中铁十二局集团雄安建设有限公司。

同日,中铁十四局成立汇融智达物流有限公司。

9月15日,合资成立太仓京凯房地产咨询有限公司,注册资本100万元。其中,中铁地产出资55万元,持股55%;太仓鑫筑管理咨询服务有限公司出资45万元,持股45%。

同日,合资成立太仓京川房地产咨询有限公司,注册资本100万元。其中,中铁地产出资60万元,持股60%;太仓金域商务咨询服务有限公司出资40万元,持股40%。

同日,合资成立太仓京通房地产咨询有限公司,注册资本100万元。其中,中铁地产出资60万元,持股60%;太仓鑫韵商务咨询有限公司出资40万元,持股40%。

9月16日,合资成立铁建城发(蚌埠)开发建设有限公司,注册资本10000万元。其中,中铁建城市开发有限公司出资4890万元,持股48.9%;蚌埠市淮盛资产运营管理有限公司出资1000万元,持股10%;中铁二十四局出资4000万元,持股40%;中铁建华东建设发展有限公司出资100万元,持股1%;上海院出资10万元,持股0.1%。

同日,合资成立铁建城发(新昌)开发建设有限公司,注册资本10000万元。其中,中铁建城市开发有限公司出资1500万元,持股15%;中铁十一局出资3000万元,持股30%;铁建基金出资4100万元,持股41%;上海院出资300万元,持股3%;中铁建华东建设发展有限公司出资100万元,持股1%;新昌县城市建设投资集团有限公司出资1000万元,持股10%。

同日,中铁十六局成立安徽省京拓房地产开发有限公司。

9月20日,成立中铁建港航局集团珠海工程有限公司。

9月22日,成立中铁十六局集团陕西建设有限公司。

同日,合资成立湖北蒲诚投资建设有限公司,注册资本27745.24万元。其中,港航局出资、蒲鑫国投各出资13872.62万元,各持股50%。

同日,合资成立武汉数智轨道科技有限公司,注册资本1000万元。其中,铁四院出资510万元,持股51%;武汉地铁公司出资490万元,持股49%。

9月27日,合资成立太原市既有居住节能改造二期项目管理有限公司,注册资本57528.62万元。其中,太原晋阳发展实业有限公司出资5752.86万元,持股10%;铁建基金出资46022.90万元,持股80%;中铁十二局持股出资1898.44万元,持股3.3%;中铁十四局、十七局各出资1783.39万元,各持股3.1%,中铁建黄河投资建设有限公司出资287.64万元,持股0.5%。

同日,合资成立湖南桐溪置业有限公司,注册资本1000万元。其中,中铁城建集团房地产开发有限公司、湖南梦想置业开发有限公司各出资500万元,各持股50%。

同日,合资成立长沙智城置业有限公司,注册资本800万元。其中,中铁城建集团房地产开发有限公司、湖南慧谷实业有限责任公司各出资400万元,各持股50%。

9月29日,合资成立中铁申昊科技有限公司,注册资本5000万元。其中,上海院出资2550万元,持股51%;杭州申昊科技股份有限公司出资2450万元,持股49%。

10月1日,成立中铁十七局集团四川建设有限公司。

10月8日,成立中铁十六局集团淮海建设有限公司。

10月9日,在西班牙合资成立依斯拉斯梅诺雷斯游艇码头项目公司,注册资本6万欧元,其中阿尔德萨建设公司和联合体合作方Telhidra各持股50%。

10月10日,成立中铁十四局集团武汉工程建设有限公司。

同日,成立中铁二十局集团(丽江)建设有限公司.

10月11日,成立中铁十四局集团华南工程建设有限公司。

10月13日,中铁二十四局成立上海铁建盛顾建设工程有限公司。

10月15日,成立中铁十六局集团武汉建设有限公司。

10月18日,成立中铁建电气化局集团合肥工程有限公司。

10月21日,合资成立中铁建投(潮州)环境综合治理有限公司,注册资本10000万元。其中,潮州市潮安区信和开发建设有限公司出资500万元,持股5%;铁建投资出资9270万元,持股92.7%;中铁十九局、二十二局各出资100万元,各持股1%;铁建华南投资、上海院、苏州院各出资10万元,各持股0.1%。

同日,合资成立中铁建投(西安)渼陂综合开发有限公司,注册资本10000万元。其中,西安曲江渼陂湖投资建设有限公司出资1000万元,持股10%;铁建投资出资2080万元,持股20.8%;铁建基金出资4600万元,持股46%;电气化局出资2000万元,持股20%;中铁十二局、二十局、二十四局各出资100万元,各持股1%;铁一院、苏州院各出资10万元,各持股0.1%。

10月24日,中铁十二局成立江苏祥弘房地产开发有限公司。

同日,合资成立中铁建港航局集团生态环境建设(湖北)有限公司,注册资本57860.54万元。其中,港航局出资26037.24万元,持股45%;重庆市潼诚股权投资基金管理有限公司出资26037.24万元,持股45%;应城市蒲鑫国有资本投资运营有限公司出资5786.06万元,持股10%。

同日,合资成立中铁建投内蒙古乌宁高速公路有限公司,注册资本20000万元。其中,铁建投资出资9360万元,持股46.8%;铁建基金出资10200万元,持股51%;中铁十七局、二十四局各出资200万元,各持股1%;铁五院、公路运营公司各出资20万元,各持股0.1%。

同日,合资成立中铁建投内蒙古纳兰高速公路有限公司,注册资本20000万元。其中,铁建投资出资9160万元,持股45.8%;铁建基金出资10200万元,持股51%;中铁十六局、二十局、中国土木各出资200万元,各持股1%;铁五院、公路运营公司各出资20万元,各持股0.1%。

10月26日,成立中铁二十局集团(固安)建设有限公司。

10月28日,铁建国投成立创金矿业有限公司。

10月31日,中铁十一局成立山东铁能园区开发建设有限公司。

同日,合资成立廊坊昆仑城市开发有限公司,注册资本10000万元。其中,安次区财信建设投资有限公司出资1000万元,持股10%;昆仑集团出资6990万元,持股69.90%;中铁二十五局出资1000万元,持股10%;铁五院出资10万元,持股0.1%;青岛信环更新投资合伙企业(有限合伙)出资1000万元,持股10%。

同日,合资成立四川阆营高速公路有限公司,注册资本10000万元。其中,昆仑集团出资4800万元,持股48%;天津铁建蓝海嘉路股权投资基金合伙企业(有限合伙)出资5000万元,持股50%;中铁十九局出资100万元,持股1%;中铁二十四局出资100万元,持股1%。

同日,合资成立琼崖生态发展有限公司,注册资本1000万元。其中,琼崖农发公司出资100万元,持股10%;昆仑集团出资889万元,持股88.9%;中铁十六局出资10万元,持股1%;铁五院出资1万元,持股0.1%。

同日,合资成立广西沙铁铁路建设有限公司,注册资本40000万元。其中,昆仑集团出资18400万元,持股46.0%;铁建基金出资18000万元,持股45%;北部湾公司出资400万元,持股1%;中铁十六局出资960万元,持股2.4%;中铁十六局铁运公司出资40万元,持股0.1%;中铁二十局出资2000万元,持股5.0%;中铁二十局四公司出资160万元,持股0.4%;铁一院出资40万元,持股0.1%。

11月1日,成立中铁十二局集团河北工程有限公司。

同日,成立中铁四院集团(厦门)勘察设计有限公司。

11月2日,中国铁建股份有限公司成立中铁建交通运营集团有限公司。

同日,成立中土(济宁)建设发展有限公司.

同日,成立中铁建大桥工程局集团(舟山)特种桥梁工程有限公司。

同日,合资成立中铁二十三局集团龙铁工程有限公司,注册资本6000万元。其中,中铁二十三局出资3060万元,持股51%;黑龙江省交投铁路建设投资有限公司出资2940万元,持股49%。

同日,合资成立宿州工程建设有限公司,注册资本10000万元。其中,中铁二十四局出资8000万元,持股80%;宿州市城市建设投资集团(控股)有限公司出资2000万元,持股20%。

11月4日,成立中铁建港航局集团(海南)工程有限公司。

11月7日,成立中铁二十局集团雄安建设有限公司。

同日,合资成立龙口市岛城建设项目管理有限公司,注册资本10000万元。其中,重庆投资出资4000万元,持股40%;生态公司出资500万元,持股5%;二十三局出资100万元,持股1%;潼诚基金出资4400万元,持股44%;龙口市城乡建设投资发展有限公司,出资1000万元,持股10%。

11月10日,合资成立铁建城发开投(台州)城市开发有限公司,注册资本10000万元。其中,中铁建城市开发有限公司出资4600万元,持股46%;台州市开发投资集团有限公司出资4900万元,持股49%;中铁十八局出资500万元,持股5%。

11月11日,成立中铁十四局集团贵阳工程建设有限公司。

11月14日,成立中铁建港航局集团(广州)工程有限公司。

11月16日,成立中铁十四局集团威海工程建设有限公司。

同日,成立中铁建电气化局集团南宁工程有限公司。

11月18日,合资成立中铁建投(湘潭)新能源产业园开发有限公司,注册资本5000万元。其中,湘潭九华投资控股集团有限公司出资500万元,持股10%;湘潭北拓产城融合建设投资发展有限公司出资700万元,持股14%;铁建投资出资1785万元,持股35.7%;铁建基金出资1950万元,持股39%;中铁十七局出资50万元,持股1%;南方公司、铁五院、苏州院各出资5万元,各持股0.1%。

同日,合资成立中铁建投黑龙江高速公路有限公司,注册资本22542万元。其中,黑龙江省金融控股集团有限公司出资11045.58万元,持股49%;铁建投资出资11023.04万元,持股48.9%;中铁建北方投资公司、中铁二十二局各出资225.42万元,各持股1%;公路运营公司出资22.54万元,持股0.1%。

11月21日,成立中铁十六局集团雄安发展有限公司。

同日,成立中铁二十局集团西咸项目运营管理有限公司。

同日,合资成立铁建城发(云和)开发建设有限公司,注册资本10000万元。其中,中铁二十三局出资8300万元,持股83%;云和县城市建设投资集团有限公司出资1000万元,持股10%;中铁建城市开发有限公司出资500万元,持股5%;中铁建华东建设发展有限公司出资100万元,持股1%;上海院出资100万元,持股1%。

同日,中铁建设成立福州容晟置业有限公司。

同日,成立中铁建设集团(湛江)投资有限公司。

同日,成立中铁建设集团(温州)安晟发展有限公司。

同日,成立中铁建设集团佛山建设有限公司。

11月23日,成立中铁二十局集团(马鞍山)建设有限公司。

11月24日,中铁十五局成立上海都桥智科构件有限公司。

11月25日,成立中铁十八局集团雄安发展有限公司。

同日,中铁地产成立成都佳派置业有限公司。

同日,中铁地产成立成都耀派置业有限公司。

12月2日,成立中铁城建集团雄安建设有限公司。

12月8日,成立中铁十五局集团路桥科创装配产业(江门)有限公司。

12月9日,成立中铁二十一局集团吉林工程有限公司。

12月12日,合资成立新乡经开产城融合发展有限公司,注册资本10000万元。其中,中铁十二局、重庆引航高速七号私募股权投资基金合伙企业各出资4500万元,各持股45%;新乡经开投资集团有限公司出资1000万元,持股10%。

同日,成立中铁十五局集团雄安建设发展有限公司。

同日,成立中铁建设集团供应链管理(青岛)有限公司。

同日,成立西藏铁建重工科技有限公司。

同日,成立中铁建国际集团(天津)贸易有限公司。

12月13日,成立中铁二十三局集团芜湖工程有限公司。

同日,成立中铁二十三局集团哈尔滨建筑工程有限公司。

同日,成立中铁二十四局集团广西建设有限公司。

12月14日,成立中铁十一局集团丹东建设有限公司。

同日,成立中铁二十一局集团山东工程有限公司。

12月19日,成立中铁十二局集团黑龙江工程有限公司。

同日,成立铁建二十三局(台州)城建有限公司。

12月20日,成立中铁建港航局集团烟台工程有限公司。

12月21日,合资成立铁建城发新澜(丽水)城市开发有限公司,注册资本10000万元。其中,中铁建城市开发有限公司出资5100万元,持股51%;丽水南城新澜建设经营有限公司出资4900万元,持股49%。

同日,在吉尔吉斯斯坦合资成立中铁十五局集团欧亚有限公司,注册资本1万元。其中,中铁十五局持股99%,中铁十五局城市建设公司持股1%。

(陈向阳)

【机构更名】 1月29日,深圳市深汕特别合作区中铁建建设投资有限公司更名为深圳中铁建湾区投资建设有限公司。

2月21日,中铁十四局集团房地产开发有限公司更名为中铁十四局集团城市发展有限公司。

2月28日,中铁十五局集团物资有限公司更名为中铁建物产科技有限公司。

4月13日,中铁物资集团(天津)智慧物流有限公司更名为盘古云链(天津)数字科技有限公司。

4月21日,武汉京铁房地产开发有限公司更名为中铁房地产集团中南有限公司。

5月6日，中铁二十三局集团工程检测有限公司更名为四川铁锐信检测认证有限公司。

6月2日，武汉中铁凯博物业管理有限公司更名为中铁凯博（武汉）运营管理有限公司。

6月22日，都匀市东来物业服务有限公司更名为贵州东来物业服务有限公司。

6月23日，青岛中铁天翊达钢筋精工有限公司更名为青岛中铁天翊达建筑工程有限公司。

6月24日，黄石市中铁投资发展有限公司更名为湖北启辰工程科技有限公司。

6月28日，中铁建港航局集团路桥工程有限公司更名为中铁建港航局集团市政工程有限公司。

6月30日，中铁十五局集团长春工程有限公司更名为中铁十五局集团浙江工程有限公司。

7月5日，中铁二十二局集团北京置业有限公司更名为北京京焜置业有限公司。

7月20日，西安铁一院工程咨询监理有限责任公司更名为西安铁一院工程咨询管理有限公司。

7月21日，中铁建设集团苏州工程有限公司更名为中铁建设集团宁波建设有限公司。

7月26日，大连京信置业有限公司更名为中铁房地产集团东北有限公司。

7月29日，中铁建港航局集团舟山基础设施工程有限公司更名为中铁建港航局集团（舟山）建筑智造科技有限公司。

9月15日，中铁十四局（广州）建设项目管理有限公司更名为中铁十四局集团（广州）工程有限公司。

10月12日，福州铧兴房地产开发有限公司更名为中铁十七局集团远通（福州）工程有限公司。

10月17日，丽水云铁开发建设有限公司更名为铁建城发（云和）开发建设有限公司。

10月19日，西安德盛和物业管理有限公司更名为中铁二十一局集团西安德盛和物业管理有限公司。

同日，中铁上海设计院集团海门有限公司更名为中铁上海设计院集团南通晟大有限公司。

11月4日，甘肃润通电信与自动化控制工程有限公司更名为西安润通数字科技有限公司。 （陈向阳）

【机构注销】 1月4日，中铁物资所属成都中铁建混凝土有限公司注销。

3月7日，昆仑集团所属中铁建贵州建设有限公司注销。

4月20日，中铁二十局所属成都汇铁置业有限公司注销。

5月9日，中国铁建大桥局所属黑龙江华府房地产开发有限公司、深圳中铁达爆破工程有限公司注销。

5月25日，昆仑集团所属南昌中铁建建设管理有限公司注销。

7月5日，中铁十六局所属中铁十六局集团北京建材供应有限公司注销。

8月4日，中铁二十三局所属齐齐哈尔中铁建筑工程质量检测有限公司注销。

8月22日，中铁十五局所属大连工程有限公司注销。

9月20日，中铁十九局所属中铁十九局集团塔吉克斯坦有限公司注销。

9月26日，中铁二十局所属中铁二十局集团（塞拉利昂）有限公司注销。

同日，华东区域总部所属中铁建城发（上海）有限公司注销。

9月28日，铁建发展所属西安阿达停车管理有限公司注销。

10月8日，中铁二十一局所属陕西通建工程质量检测有限公司注销。

11月3日，中铁地产所属中铁房地产集团杭州京兆置业有限公司注销。

11月11日，中铁二十局所属河南憬大建设有限公司注销。

12月2日，中铁十四局所属铁门关市天建宏泰城市建设有限公司注销。

同日，中铁二十四局所属杭州绿江房地产开发有限公司注销。

12月7日，中国土木所属中铁建石油天然气有限公司注销。

同日，中铁二十五局所属株洲中腾汽车有限责任公司注销。

12月23日，中铁二十一局所属甘肃逸丰房地产开发有限公司注销。

12月26日，昆仑集团所属西安铁川环境治理有限公司注销。

12月28日，中铁十六局所属云南国振城乡投资有限公司注销。 （陈向阳）

中国铁道建筑集团有限公司领导

党委书记、董事长 汪建平
总经理、党委副书记、董事 庄尚标
党委副书记、职工董事 陈大洋
党委常委 刘汝臣
王秀明
党委常委、纪委书记 李春德
党委常委 李 宁
汪文忠
刘成军
王立新
倪 真
赵佃龙

中国铁建股份有限公司领导

党委书记、董事长 汪建平
总裁、党委副书记、执行董事 庄尚标
党委副书记、执行董事 陈大洋
党委常委、执行董事 刘汝臣
党委常委、总会计师 王秀明
党委常委、纪委书记 李春德
党委常委、副总裁 李 宁
汪文忠
刘成军
王立新
倪 真
赵佃龙

中国铁建股份有限公司部门以上领导

总经济师 赵晋华
孙公新
工会主席 史道泉
总工程师 雷升祥
安全总监 官山月
监事会主席 赵 伟
董事会秘书 靖 菁
副总工程师 辛 实
王清明
陈勇鹏
副总经济师 李学福
纪委副书记 钱桂林
工会副主席 白 晶
总法律顾问、首席合规官 王甲国(9月任)
监事、总审计师 刘正昶
安全副总监 李春霞
纪委副书记 王云飞(1月免，调出)
副总工程师 程永亮(10月任)

中国铁建股份有限公司部门正副职领导

董事会办公室
主 任 靖 菁
副主任 王 强
证券事务代表 谢华刚
办公室(党委办公室)
主任、直属机关党委书记 沈玉泉
执行主任 顾传智
副主任 马总路
副主任、保密办公室主任 梁树峰(6月免)
总部房地产管理中心主任 樊祐修
总部房地产管理中心副主任 童联合
一级咨询 戴开扬
二级咨询 曹 军(8月免，退休)
王子利
邵长亮(1月免，退休)
发展规划部
总经理 楼 翔
执行总经理 李吉锋
副总经理 白云飞(3月免)
企业管理部
总经理 赵 伟
副总经理 张鸿斌
科技创新部(技术中心办公室)
总经理、主任 代敬辉(4月任)

许和平(4月免)
副总经理、副主任　贾志武
张育红(4月免)

经营部

总经理　党海军(3月免)
刘青林(3月任，11月免)
副总经理　吴文钊
王　庆(11月免)
冀异生

运营管理部(总部集团战备部)

总经理　高晓东
执行总经理　王旭永
副总经理　白云飞(3月任)
陈洪波
运营管理部二级咨询、战备部副总经理　贾国林
二级咨询　张育红(4月任)
在建项目督察组组长　曾宗根(10月任)
秦正刚(8月任)

安全监督部

总经理　秦正刚(8月免)
魏向阳(9月任)
副总经理　彭　锋
杨生荣(12月免，退休)
二级咨询　仇　发

投资开发部

总经理　陈梦月(11月免，退休)
刘青林(11月任)
副总经理　刘建光
张选虎
二级咨询　荀照杰

财务资金部

总经理　乔国英(3月免，退休)
王　磊(4月任)
副总经理　高继红
郭双来(3月免)

审计监事部

总经理　刘正昶
副总经理　李忠心

法律合规部

总经理　王甲国
副总经理　刘　兵
张世杰
二级咨询　文荣周(12月免，退休)

信息化管理部

总经理　曾宗根(10月免)
程永亮(10月任)
副总经理　窦宏冰
一级咨询　肖新华

海外业务部(总部集团外事办公室)

总经理(主任)　曹保刚
副总经理(副主任)　王永强(12月免)
李法胜(6月任外事办公室副主任)
朱　勇(3月免)
孙湘春(6月任)

党委组织部(人力资源部)

股份公司职工监事、党委组织部部长、人力资源部总经理　康福祥
执行部长、执行总经理　赵玉林
副部长、副总经理　汪显东
离退休职工管理中心副主任　高尚升

党委宣传部(企业文化部)

部长、总经理、新闻发言人　刘树山[3月免部长(总经理)]
部长、总经理、铁道兵纪念馆馆长　钱东锋[9月任部长(总经理)]
思想政治工作研究会副秘书长　王　洋
中国铁道建筑报社社长、总编辑　王　利
中国铁道建筑报社副总编辑　汪元章

党委巡视办

主任　张晓明
党委巡视组组长　董海军

纪委办公室

主任　陈建宏

信访审理室

副主任　杜　军(5月免，退休)

执纪审查室

主任　杜庆吉
副主任　韩奥博

工会工作部

部长、火车头体协秘书长　李　睿
副部长、机关工会主席　吕向东(10月免，退休)
副部长　李智伟

(王　炽)

中国铁道建筑集团有限公司所属二级单位组织序列

（2022年）

- 中国铁道建筑集团有限公司
  - 中铁建锦鲤资产管理有限公司
  - 中国铁建股份有限公司
    - 中国土木工程集团有限公司
    - 中铁十一局集团有限公司
    - 中铁十二局集团有限公司
    - 中国铁建大桥工程局集团有限公司
    - 中铁十四局集团有限公司
    - 中铁十五局集团有限公司
    - 中铁十六局集团有限公司
    - 中铁十七局集团有限公司
    - 中铁十八局集团有限公司
    - 中铁十九局集团有限公司
    - 中铁二十局集团有限公司
    - 中铁二十一局集团有限公司
    - 中铁二十二局集团有限公司
    - 中铁二十三局集团有限公司
    - 中铁二十四局集团有限公司
    - 中铁二十五局集团有限公司
    - 中铁建设集团有限公司
    - 中国铁建电气化局集团有限公司
    - 中国铁建港航局集团有限公司
    - 中国铁建房地产集团有限公司
    - 中铁第一勘察设计院集团有限公司
    - 中铁第四勘察设计院集团有限公司
    - 中铁第五勘察设计院集团有限公司
    - 中铁上海设计院集团有限公司
    - 中铁物资集团有限公司
    - 中国铁建重工集团股份有限公司
    - 中国铁建国际集团有限公司
    - 中铁城建集团有限公司
    - 中国铁建投资集团有限公司
    - 中国铁建昆仑投资集团有限公司
    - 中铁建资本控股集团有限公司
    - 中国铁建财务有限公司
    - 中铁建商务管理有限公司
    - 中铁磁浮交通投资建设有限公司
    - 中铁建华南建设有限公司
    - 中铁建国际投资有限公司
    - 中铁建发展集团有限公司
    - 中铁建交通运营集团有限公司
    - 中铁建南方建设投资有限公司
    - 北京培训中心（党校）

（制图：陈向阳）

中国铁道建筑集团有限公司总部组织序列

（2022年）

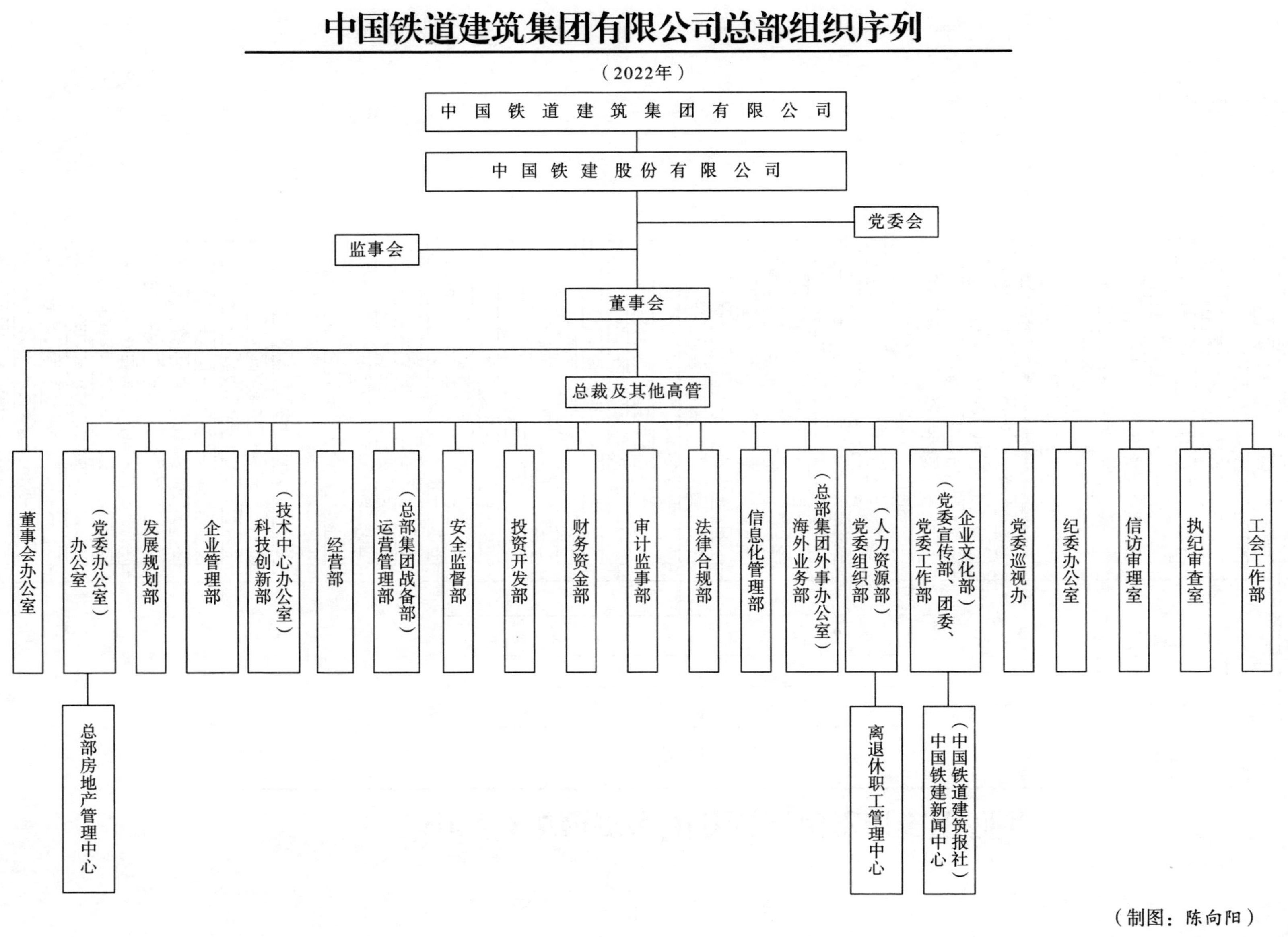

（制图：陈向阳）

中国铁道建筑集团有限公司党组织序列

（2022年）

- 中国铁道建筑集团有限公司党委
  - 中铁建锦鲤资产管理有限公司党委
  - 中国铁建股份有限公司党委
    - 集团公司（股份公司）直属机关党委
    - 中铁建发展集团有限公司党委
    - 中铁建国际投资有限公司党委
    - 中铁建南方建设投资有限公司党委
    - 股份公司党校（北京培训中心）党委
    - 中铁建华南建设有限公司党委
    - 中铁磁浮交通投资建设有限公司党委
    - 中铁建商务管理有限公司党委
    - 中国铁建财务有限公司党委
    - 中铁建资本控股集团有限公司党委
    - 中国铁建昆仑投资集团有限公司党委
    - 中国铁建投资集团有限公司党委
    - 中铁城建集团有限公司党委
    - 中国铁建国际集团有限公司党委
    - 中国铁建重工集团股份有限公司党委
    - 中铁物资集团有限公司党委
    - 中铁上海设计院集团有限公司党委
    - 中铁第五勘察设计院集团有限公司党委
    - 中铁第四勘察设计院集团有限公司党委
    - 中铁第一勘察设计院集团有限公司党委
    - 中国铁建房地产集团有限公司党委
    - 中国铁建港航局集团有限公司党委
    - 中国铁建电气化局集团有限公司党委
    - 中铁建设集团有限公司党委
    - 中铁二十五局集团有限公司党委
    - 中铁二十四局集团有限公司党委
    - 中铁二十三局集团有限公司党委
    - 中铁二十二局集团有限公司党委
    - 中铁二十一局集团有限公司党委
    - 中铁二十局集团有限公司党委
    - 中铁十九局集团有限公司党委
    - 中铁十八局集团有限公司党委
    - 中铁十七局集团有限公司党委
    - 中铁十六局集团有限公司党委
    - 中铁十五局集团有限公司党委
    - 中铁十四局集团有限公司党委
    - 中国铁建大桥工程局集团有限公司党委
    - 中铁十二局集团有限公司党委
    - 中铁十一局集团有限公司党委
    - 中国土木工程集团有限公司党委
    - 中铁建川藏铁路工程指挥部党工委
    - 中国铁建股份有限公司工程总承包部党委
    - 中国铁建股份有限公司西北区域总部党委
    - 中国铁建股份有限公司西南区域总部党委
    - 中国铁建股份有限公司华南区域总部党委
    - 中国铁建股份有限公司华东区域总部党委
    - 中国铁建股份有限公司华中区域总部党委
    - 中国铁建股份有限公司中原区域总部党委
    - 中国铁建股份有限公司华北区域总部党委
    - 中国铁建股份有限公司东北区域总部党委

（制图：高　磊）

中国铁道建筑集团有限公司工会组织序列

（2022年）

- 中国铁道建筑有限公司工会
  - 中铁建锦鲤资产管理有限公司工会
  - 总公司（股份公司）机关工会
  - 中国铁建股份有限公司工会
    - 中国铁建股份有限公司东北区域总部工会
    - 中国铁建股份有限公司华北区域总部工会
    - 中国铁建股份有限公司中原区域总部工会
    - 中国铁建股份有限公司华中区域总部工会
    - 中国铁建股份有限公司华东区域总部工会
    - 中国铁建股份有限公司华南区域总部工会
    - 中国铁建股份有限公司西南区域总部工会
    - 中国铁建股份有限公司西北区域总部工会
    - 中国铁建股份有限公司工程总承包部工会（筹委会）
    - 中国铁建股份有限公司川藏铁路工程指挥部工委
    - 中国土木工程集团有限公司工会
    - 中铁十一局集团有限公司工会
    - 中铁十二局集团有限公司工会
    - 中国铁建大桥工程局集团有限公司工会
    - 中铁十四局集团有限公司工会
    - 中铁十五局集团有限公司工会
    - 中铁十六局集团有限公司工会
    - 中铁十七局集团有限公司工会
    - 中铁十八局集团有限公司工会
    - 中铁十九局集团有限公司工会
    - 中铁二十局集团有限公司工会
    - 中铁二十一局集团有限公司工会
    - 中铁二十二局集团有限公司工会
    - 中铁二十三局集团有限公司工会
    - 中铁二十四局集团有限公司工会
    - 中铁二十五局集团有限公司工会
    - 中铁建设集团有限公司工会
    - 中国铁建电气化局集团有限公司工会
    - 中国铁建港航局集团有限公司工会
    - 中国铁建房地产集团有限公司工会
    - 中铁第一勘察设计院集团有限公司工会
    - 中铁第四勘察设计院集团有限公司工会
    - 中铁第五勘察设计院集团有限公司工会
    - 中铁上海设计院集团有限公司工会
    - 中铁物资集团有限公司工会
    - 中国铁建重工集团股份有限公司工会
    - 中国铁建国际集团有限公司工会
    - 中铁城建集团有限公司工会
    - 中国铁建投资集团有限公司工会
    - 中国铁建昆仑投资集团有限公司工会
    - 中铁建资本控股集团有限公司工会
    - 中国铁建财务有限公司工会
    - 中铁建商务管理有限公司工会
    - 中铁磁浮交通投资建设有限公司工会
    - 中铁建华南建设有限公司工会
    - 中铁建国际投资有限公司工会
    - 中铁建发展集团有限公司工会
    - 中铁建华北投资发展有限公司工会
    - 中铁建南方建设投资有限公司工会
    - 股份公司党校（北京培训中心）工会

（制图：霍蓓蓓）

中国铁道建筑集团有限公司共青团组织序列

（2022年）

- 中国铁道建筑集团有限公司团委
  - 中国铁建股份有限公司团委
    - 中国土木工程集团有限公司团委
    - 中铁十一局集团有限公司团委
    - 中铁十二局集团有限公司团委
    - 中国铁建大桥工程局集团有限公司团委
    - 中铁十四局集团有限公司团委
    - 中铁十五局集团有限公司团委
    - 中铁十六局集团有限公司团委
    - 中铁十七局集团有限公司团委
    - 中铁十八局集团有限公司团委
    - 中铁十九局集团有限公司团委
    - 中铁二十局集团有限公司团委
    - 中铁二十一局集团有限公司团委
    - 中铁二十二局集团有限公司团委
    - 中铁二十三局集团有限公司团委
    - 中铁二十四局集团有限公司团委
    - 中铁二十五局集团有限公司团委
    - 中铁建设集团有限公司团委
    - 中国铁建电气化局集团有限公司团委
    - 中国铁建港航局集团有限公司团委
    - 中国铁建房地产集团有限公司团委
    - 中铁第一勘察设计院集团有限公司团委
    - 中铁第四勘察设计院集团有限公司团委
    - 中铁第五勘察设计院集团有限公司团委
    - 中铁上海设计院集团有限公司团委
    - 中铁物资集团有限公司团委
    - 中国铁建重工集团有限公司团委
    - 中国铁建国际集团有限公司团委
    - 中铁城建集团有限公司团委
    - 中国铁建投资集团有限公司团委
    - 中铁建资本控股集团有限公司团委
    - 中铁建商务管理有限公司团委
    - 中铁磁浮交通投资建设有限公司团委
    - 中铁建华南建设有限公司团委
    - 中国铁建股份有限公司党校团工委
    - 中铁建南方建设投资有限公司团工委
    - 中铁建昆仑投资集团有限公司团委
    - 中铁建国际投资有限公司团委
    - 中铁建发展集团有限公司团委
    - 西北区域总部团工委
    - 华北区域总部团工委
    - 华中区域总部团工委

（制图：霍蓓蓓）

2022 年 1 月 7 日，中国铁建召开党委常委（扩大）会议，谋划 2022 年及其后一段时间的工作，推动企业高质量发展。

（肖永顺 提供）

董事会工作

【中国铁道建筑集团有限公司董事会】 中国铁道建筑集团有限公司(以下简称总部集团)董事会由董事长汪建平,董事、总经理庄尚标,职工董事陈大洋组成。（靖　菁）

【建设规范董事会工作】 总部集团董事会按照国务院国资委关于建设规范董事会相关规定,不断完善公司法人治理,提高董事会决策的合规性、科学性。（靖　菁）

【总部集团董事会第三十七次会议】 2022年1月17日,总部集团召开董事会第三十七次会议,审议通过《关于公司2022年度主要经济指标计划的议案》《关于公司总部金融机构综合授信的议案》《关于确定公司所控股中国铁建重工集团股份有限公司合理持股比例的议案》等3项议案。（孙　瞻）

【总部集团董事会第三十八次会议】 2022年3月4日,总部集团召开董事会第三十八次会议,审议通过《关于公司2022年度重大风险评估结果的议案》。（孙　瞻）

【总部集团董事会第三十九次会议】 2022年3月30日,总部集团召开董事会第三十九次会议,审议通过《关于公司2021年度财务决算报告的议案》《关于公司2021年度国有资本收益上交的议案》《关于公司2022年度工资总额预算方案的议案》《关于公司2021年度内控体系工作报告的议案》等4项议案。（孙　瞻）

【总部集团董事会第四十次会议】 2022年7月4日,总部集团召开董事会第四十次会议,审议通过《关于公司增加注册资本金的议案》。（孙　瞻）

【总部集团董事会第四十一次会议】 2022年8月26日,总部集团召开董事会第四十一次会议,审议通过《关于公司2021年工资总额预算执行情况的议案》。（孙　瞻）

【总部集团董事会第四十二次会议】 2022年12月16日,总部集团召开董事会第四十二次会议,审议通过《关于引入投资者对中铁十四局集团有限公司等四家子公司增资的议案》《关于参股组建中国华兴国际集团有限公司的议案》等2项议案。（孙　瞻）

【中国铁建股份有限公司股东大会】 股东大会是公司的权力机构,依法行使下列职权:决定公司的经营方针和投资计划;选举和更换非由职工代表担任的董事、监事,决定有关董事、监事的报酬事项;审议批准董事会报告;审议批准监事会报告;审议批准公司的年度财务预算方案、决算方案;审议批准公司的利润分配方案和弥补亏损方案;对公司增加或者减少注册资本作出决议;对发行公司债券作出决议;对公司合并、分立、解散、清算或者变更公司形式作出决议;制定和修改《公司章程》,批准《公司章程》附件《股东大会议事规则》《董事会议事规则》和《监事会议事规则》;对公司聘用、解聘或者不再续聘会计师事务所作出决议;审议单独或者合计持有公司3%以上有表决权股份的股东提出的议案;审议批准需由股东大会通过的对外担保事项;审议公司在一年内购买、出售重大资产超过公司最近一期经审计总资产30%的事项;审议批准变更募集资金用途事项;审议股权激励计划和员工持股计划;审议法律和公司股票上市地的证券监管规则规定的应当由股东大会审议批准的关联交易;审议法律、《公司章程》及《上市规则》规定应由股东大会决定的其他事项。（靖　菁）

【中国铁建股份有限公司2021年度股东大会】 2022年6月23日,公司2021年度股东大会以现场与网络相结合的方式召开,会议审议通过《关于董事会2021年度工作报告的议案》《关于监事会2021年度工作报告的议案》《关于公司2021年度财务决算报告的议案》《关于公司2021年度利润分配方案的议案》《关于公司2021年年报及其摘要的议案》《关于2021年度董事、监事薪酬的议案》《关于支付2021年度审计服务费用及选聘2022年审计中介服务机构的议案》《关于公司2022年度对外担保额度的议案》《关于中国铁建房地产集团有限公司对参股公司融资提供担保的议案》《关于公司增加应收款项资产证券化业务发行额度的议案》《关于修订〈中国铁建股份有限公司股东大会议事规则〉的议案》《关于修订〈中国铁建股份有限公司董事会议事规则〉的议案》《关于修订〈中国铁建股份有限公司章程〉的议案》《关于公司增加境内外债券发行额度的议案》《关于授予董事会发行股份一般性授权的议案》等15项议案,听取独立董事2021年度履职情况报告。（王　强）

【中国铁建股份有限公司董事会】 公司第五届董事会由9名董事组成,董事长、执行董事汪建平,执行董事、总裁庄尚标,执行董事陈大洋、刘汝臣,非执行董事郜烈阳,独立非执行董事马传景、赵立新、解国光、钱伟伦。

董事会对股东大会负责，按照《中国铁建股份有限公司章程》依法行使职权。董事会下设提名、战略与投资、薪酬与考核、审计与风险管理4个专门委员会。董事会制定《董事会议事规则》、各专门委员会工作细则及《独立董事工作制度》等法人治理相关工作制度。（靖　菁）

【董事会提名委员会】 董事会提名委员会负责规范公司董事、总裁及其他高级管理人员的选择标准和程序、执行及检讨董事会成员多元化政策等。第五届董事会提名委员会由汪建平、陈大洋、赵立新、解国光、钱伟伦5名董事组成，汪建平任提名委员会主席。2022年，董事会提名委员会召开1次会议，审议1项议题。（靖　菁）

【董事会战略与投资委员会】 董事会战略与投资委员会负责对公司发展战略规划和重大投资决策进行研究并提出建议等。第五届董事会战略与投资委员会由庄尚标、刘汝臣、郜烈阳、马传景、解国光5名董事组成，庄尚标任战略与投资委员会主席。2022年，董事会战略与投资委员会召开11次会议，审议19项议题。（靖　菁）

【董事会薪酬与考核委员会】 董事会薪酬与考核委员会负责制定、审查公司董事及高级管理人员的薪酬政策与方案；负责研究公司董事及高级管理人员的考核标准、进行考核并提出建议等。第五届董事会薪酬与考核委员会由马传景、郜烈阳、赵立新3名董事组成，马传景任薪酬与考核委员会主席。2022年，董事会薪酬与考核委员会召开4次会议，审议5项议题。（靖　菁）

【董事会审计与风险管理委员会】 董事会审计与风险管理委员会主要负责提议公司外部审计机构的聘请、更换；公司内部审计制度的监督；公司内外部审计的沟通、监督和核查；财务信息及其披露的审阅；内控制度的审查；公司风险管理策略和解决方案的制定，重大决策、重大事件、重要业务流程的风险控制、管理、监督和评估等工作；代表董事会识别公司的重大环境、社会及管治风险及机遇，制定环境、社会和管治目标、策略及架构，并监督其目标、策略及架构的实施情况，持续关注环境、社会及管治相关的政策并进行合规监控。第五届董事会审计与风险管理委员会由解国光、郜烈阳、马传景、赵立新、钱伟伦5名董事组成，解国光任审计与风险管理委员会主席。2022年，董事会审计与风险管理委员会召开7次会议，审议24项议题。（靖　菁）

【董事会秘书】 公司设董事会秘书1名，由董事会聘任和解聘。董事会秘书为公司的高级管理人员，对董事会负责。主要职责：(1)负责公司信息披露事务，协调公司信息披露工作，组织制定公司信息披露事务管理制度，督促公司及相关信息披露义务人遵守信息披露相关规定。(2)负责投资者关系管理，协调公司与证券监管机构、投资者及实际控制人、中介机构、媒体等之间的信息沟通。(3)筹备组织董事会会议和股东大会会议，参加股东大会会议、董事会会议、监事会会议及高级管理人员相关会议，负责董事会会议记录工作并签字。(4)负责公司信息披露的保密工作，在未公开重大信息泄露时，立即向上海证券交易所报告并披露。(5)关注媒体报道并主动求证真实情况，督促公司等相关主体及时回复上海证券交易所问询。(6)组织公司董事、监事和高级管理人员就相关法律法规、上海证券交易所相关规定进行培训。(7)督促董事、监事和高级管理人员遵守法律法规、上海证券交易所相关规定和公司章程，切实履行其所作出的承诺。(8)负责公司股票及其衍生品种变动管理事务。(9)法律法规和证券交易所要求履行的其他职责。（靖　菁）

【完善公司法人治理制度】 董事会进一步健全公司治理制度体系。2022年，为进一步完善公司治理，提高规范运作水平，根据国务院国资委、中国证监会、上海证券交易所和香港联交所的最新监管要求，结合公司实际，修订《中国铁建股份有限公司章程》《中国铁建股份有限公司董事会议事规则》《中国铁建股份有限公司董事会审计与风险管理委员会工作细则》《中国铁建股份有限公司独立董事工作制度》和《中国铁建股份有限公司董事会秘书工作制度》；为进一步加强信息披露和投资者关系管理，根据中国证监会和上海证券交易所最新规定，结合公司实际，制定《中国铁建股份有限公司投资者关系管理制度》，修订《中国铁建股份有限公司信息披露管理制度》《中国铁建股份有限公司董事、监事和高级管理人员持股变动管理制度》《中国铁建股份有限公司重大信息内部报告制度》。（王　强　谢华刚）

【外部董事专题调研】 2022年，董事会组织6次外部董事调研，涵盖工程承包、投资运营、物资物流、勘察设计、海外业务等多个板块，以及区域总部、产业集团、三级公司、重大项目等多个管理层级，为董事会科学决策创造条件。2022 年 3 月,组织外部董事对铁建投资及其城市开发、高速公路运营重点项目进行调研;2022 年 4 月,外部董事召集中国土木、铁建国际、铁建国投等 3 家外经单位召开海外业务座谈会;2022 年 6 月,组织外部董事对中铁物资及中铁建电气化局经营发展情况进行调研;2022 年 9 月,组织外部董事对中原区域总部、中铁十四局和铁建投资经营发展情况及重点项目实施情况进行调研;2022 年 10 月,组织外部董事对中铁十九局及所属矿业公司经营发展情况进行调研;2022 年 11 月,组织外部董事对铁五院及所属机场设计院、北斗时空大数据中心进行调研。 (孙　瞻)

【组织公司董事、董事会秘书参加履职培训】 按照国务院国资委、上海证券交易所、香港联合交易所等有关监管机构要求,组织公司董事、董事会秘书参加董事会规范运作专题研讨及上市公司合规运作专题培训。2022 年,组织参加相关培训 29 人次。 (孙　瞻)

【股份公司第五届董事会第二次会议】 2022 年 1 月 12 日,第五届董事会第二次会议在中国铁建大厦 14 层第 2 会议室召开,审议通过《关于聘任公司董事会秘书的议案》《关于公司总部金融机构综合授信的议案》《关于公司 2022 年度审计工作思路及审计工作计划的议案》《关于修订〈中国铁建股份有限公司董事会审计与风险管理委员会工作细则〉的议案》等 8 项议案。 (孙　瞻)

【股份公司第五届董事会第三次会议】 2022 年 1 月 25 日,第五届董事会第三次会议以通讯表决方式召开,审议通过《关于〈中国铁建股份有限公司公司债券信息披露管理办法〉的议案》《关于修订〈中国铁建股份有限公司债务融资工具信息披露管理办法〉的议案》等 3 项议案。 (孙　瞻)

【股份公司第五届董事会第四次会议】 2022 年 3 月 29—30 日,第五届董事会第四次会议在中国铁建大厦 14 层第 2 会议室召开,审议通过《关于公司 2021 年度财务决算报告的议案》《关于公司 2021 年年报及其摘要的议案》《关于公司 2021 年度利润分配方案的议案》《关于董事会 2021 年度工作报告的议案》《总裁 2021 年度工作报告》《关于公司 2022 年度对外担保额度的议案》《关于公司增加境内外债券发行额度的议案》《关于公司 2021 年度计提减值准备方案的议案》《关于在中国铁建财务有限公司开展存贷款等金融业务的风险处置预案的议案》《关于公司对中国铁建财务有限公司的风险持续评估报告的议案》《关于公司 2021 年度内部控制评价报告及内部控制体系工作报告的议案》《关于公司 2021 年度社会责任报告的议案》《关于支付 2021 年度审计服务费用及选聘 2022 年审计中介服务机构的议案》《关于 2021 年度董事、监事薪酬的议案》《关于授予董事会发行股份一般性授权的议案》《关于董事会 2022 年工作要点的议案》《关于召开公司 2021 年年度股东大会审议相关事宜的议案》等 17 项议案。 (孙　瞻)

【股份公司第五届董事会第五次会议】 2022 年 4 月 13 日,第五届董事会第五次会议在中国铁建大厦 14 层第 2 会议室召开,审议通过相关投资项目的议案。 (孙　瞻)

【股份公司第五届董事会第六次会议】 2022 年 4 月 29 日,第五届董事会第六次会议在中国铁建大厦 14 层第 2 会议室召开,审议通过《关于公司 2022 年第一季度报告的议案》《关于董事会对总裁 2021 年度绩效考核结果的议案》《关于董事会对总裁 2022 年度和 2022—2024 年任期绩效考核方案的议案》《关于向中铁建南沙投资发展有限公司增加注册资本金的议案》《关于公司增加应收款项资产证券化业务发行额度的议案》《关于中国铁建房地产集团有限公司对参股公司融资提供担保的议案》《关于中铁建设集团有限公司所属子公司对参股公司融资提供担保的议案》《关于修订〈中国铁建股份有限公司章程〉的议案》《关于修订〈中国铁建股份有限公司股东大会议事规则〉的议案》《关于修订〈中国铁建股份有限公司董事会议事规则〉的议案》《关于修订〈中国铁建股份有限公司独立董事工作制度〉的议案》《关于修订〈中国铁建股份有限公司董事会秘书工作制度〉的议案》等 12 项议案。 (孙　瞻)

【股份公司第五届董事会第七次会议】 2022 年 5 月 27 日,第五届董事会第七次会议以通讯表决方式召开,审议通过相关投资项目的议案。 (孙　瞻)

【股份公司第五届董事会第八次会议】 2022 年 8 月 30 日,第五届董事会第八次会议在中国铁建大厦 14 层第 2 会议室召开,审议通过《关于公司 2022 年半年报及其摘要的议案》《关于董事会对总裁 2019—2021 年任期绩效考核结果的议案》《关于〈中国铁建股份有限公司关于中国铁建财务有限公司风险持续评估的报告〉的议案》《关于修订〈中国铁建股份有限公司对外捐赠管理办法〉的议案》《关于制订〈中国铁建股份有限公司投资者关系管理制度〉的议案》《关于修订〈中国铁建股份有限公司信息披露管理制度〉的议案》《关于修订〈中国铁建股份有限公司董事、监事和高级管理人员持股变动管理制度〉的议案》《关于修订〈中国铁建股份有限公司重大信息内部报告制度〉的议案》等9项议案。（孙　瞻）

【股份公司第五届董事会第九次会议】 2022年9月29日，第五届董事会第九次会议在中国铁建大厦14层第2会议室召开，审议通过相关投资项目的议案。（孙　瞻）

【股份公司第五届董事会第十次会议】 2022年10月11日，第五届董事会第十次会议在中国铁建大厦14层第2会议室召开，审议通过《关于中铁建东方投资建设有限公司等单位联合参与浙江省新建宁波至舟山铁路PPP项目投标的议案》等2项议案。（孙　瞻）

【股份公司第五届董事会第十一次会议】 2022年10月28日，第五届董事会第十一次会议在中国铁建大厦14层第2会议室召开，审议通过《关于公司2022年第三季度报告的议案》《关于续签2023年度〈房屋租赁框架协议〉和拟定2023年度持续关联（连）交易上限的议案》《关于公司2022年度内部控制评价及考核工作实施方案的议案》《关于设立中铁建交通运营集团有限公司的议案》《关于中国铁建港航局集团有限公司投资建造海上风电工程装备的议案》等7项议案。（孙　瞻）

【股份公司第五届董事会第十二次会议】 2022年12月1日，第五届董事会第十二次会议在中国铁建大厦14层第2会议室召开，审议通过《关于中国铁建财务有限公司新增及调整有价证券与同业存单投资额度的议案》《关于中国铁建昆仑投资集团有限公司等单位组成联合体参与湖南省G4京港澳高速长沙广福至株洲王拾万段扩容工程捆绑桂东至新田（宁远）高速公路郴州至桂阳段项目投标的议案》《关于中国铁建股份有限公司等单位组成联合体参与G85银昆高速G93成渝地区环线高速重庆高新区至荣昌区（川渝界）段改扩建工程、重庆市垫江至丰都至武隆高速公路PPP项目投标的议案》等5项议案。（孙　瞻）

【股份公司第五届董事会第十三次会议】 2022年12月16日，第五届董事会第十三次会议以通讯表决方式召开，审议通过《关于引入投资者对中铁十四局集团有限公司等四家子公司增资的议案》《关于中国铁建昆仑投资集团有限公司等单位组成联合体参与河南省郑州南站枢纽产业园区项目投标的议案》等2项议案。（孙　瞻）

【股份公司第五届董事会第十四次会议】 2022年12月30日，第五届董事会第十四次会议以通讯表决方式召开，审议通过《关于公司高级管理人员2021年度及2019—2021年任期薪酬兑现方案的议案》。（孙　瞻）

【董事长专题会】 董事长专题会是公司重大事项集体研究讨论的重要形式，对董事会授权董事长决策的有关事项进行审议。董事长专题会由董事长根据工作需要提议召开，由董事长召集和主持。2022年，董事长专题会召开19次会议，审议通过65项议案。（王　强）

【董事会办公室】 董事会办公室是公司董事会的常设工作机构，负责公司董事会日常工作事务，负责筹备、组织股东大会、董事会及其各专门委员会会议，负责董事会决议执行情况的监督和信息反馈；负责起草董事会重要文件及各项工作制度，负责公司章程等法人治理制度的修订；负责董事会印章管理，处理法人代表授权委托事项；负责为董事履职提供工作服务，组织外部董事调研，组织董事、监事、高级管理人员参加国资委、证券监管机构的履职培训；负责组织公司资本市场再融资和所属子公司分拆上市等相关工作；负责公司对外信息披露工作；负责组织编制年报、半年报、季度报告等定期报告；负责投资者关系管理，组织路演推介、业绩发布会、投资者见面会、投资者来电来函来访接待等活动；负责董事会与公司内外部及监管机构的联络与沟通；负责针对外部资本市场的信息监控与分析；负责二级公司董事会规范运作业务指导及考核评价；负责重大信息内部报告、内幕信息管理工作；负责参加二级公司股东大会的股东代表行使决策意见的沟通与协调；负责股份公司派出外部董事的履职管理及年度绩效评价；承办总部集团董事会相关工作；完成公司领导交办的其他工作。董事会办公室下设秘书处、投资者关系处和股权代表管理处，定员14人。

2022年，董事会办公室在公司董事会、公司领导、董事会秘书领导下，按照《董事会2022年工作要点》，围绕董事会规范运作，持续完善公司治理与制度建设，筹备召开各类决策会议，做好信息披露与投资者关系管理，推进完善现代企业制度专项改革和提高上市公司质量专项行动，进一步加强子公司董事会建设，充分发挥部门的职能作用，服务企业改革发展。（靖　菁）

【修订印发《中国铁建股份有限公司章程》】 为进一

步完善公司治理，提高规范运作水平，根据国务院国有资产监督管理委员会、中国证券监督管理委员会、上海证券交易所和香港联合交易所有限公司的最新监管要求，结合企业实际情况，对《中国铁建股份有限公司章程》部分条款进行修订，并经2022年6月23日公司2021年年度股东大会审议通过，6月24日正式印发《中国铁建股份有限公司章程》（中国铁建董办〔2022〕61号）。（李 静）

【修订印发《中国铁建股份有限公司股东大会议事规则》】 根据中国证券监督管理委员会、上海证券交易所和香港联合交易所有限公司的最新监管要求，结合企业实际情况，对《中国铁建股份有限公司股东大会议事规则》部分条款进行修订，并经2022年6月23日公司2021年度股东大会审议通过，6月24日正式印发《中国铁建股份有限公司股东大会议事规则》（中国铁建董办〔2022〕62号）。（李 静）

【修订印发《中国铁建股份有限公司董事会议事规则》】 根据国务院国有资产监督管理委员会、中国证券监督管理委员会、上海证券交易所的最新监管要求，结合企业实际情况，对《中国铁建股份有限公司董事会议事规则》部分条款进行修订，并经2022年6月23日公司2021年年度股东大会审议通过，6月24日正式印发《中国铁建股份有限公司董事会议事规则》（中国铁建董办〔2022〕63号）。（李 静）

【修订印发《中国铁建股份有限公司独立董事工作制度》】 根据中国证券监督管理委员会和上海证券交易所对独立董事的最新监管要求，结合企业实际情况，对《中国铁建股份有限公司独立董事工作制度》相关条款进行修订，并经2022年4月29日第五届董事会第六次会议审议通过，4月29日正式印发《中国铁建股份有限公司独立董事工作制度》（中国铁建董办〔2022〕49号）。（李 静）

【修订印发《中国铁建股份有限公司董事会审计与风险管理委员会工作细则》】 根据《香港联合交易所有限公司证券上市规则》最新规定，结合公司实际情况，经2022年1月12日公司第五届董事会第二次会议审议通过，董事会将ESG监管职能纳入审计与风险管理委员会职责，并对《中国铁建股份有限公司董事会审计与风险管理委员会工作细则》相关条款进行修订，1月20日正式印发《中国铁建股份有限公司董事会审计与风险管理委员会工作细则》（中国铁建董办〔2022〕10号）。（李 静）

【修订印发《中国铁建股份有限公司董事会秘书工作制度》】 根据中国证券监督管理委员会和上海证券交易所最新监管要求，结合企业实际情况，对《中国铁建股份有限公司董事会秘书工作制度》相关条款进行修订，并经2022年4月29日第五届董事会第六次会议审议通过，4月29日正式印发《中国铁建股份有限公司董事会秘书工作制度》（中国铁建董办〔2022〕50号）。（李 静）

【制定印发《中国铁建股份有限公司投资者关系管理制度》】 为规范投资者关系管理工作，根据国务院国资委、中国证监会、上海证券交易所的最新监管要求，结合实际情况，制定《中国铁建股份有限公司投资者关系管理制度》，并经第五届董事会第八次会议审议通过，2022年9月5日正式印发《中国铁建股份有限公司投资者关系管理制度》（中国铁建董办〔2022〕89号）。原《中国铁建股份有限公司投资者关系工作制度》（中国铁建董〔2008〕115号）及《中国铁建股份有限公司投资者来访接待工作实施办法》（中国铁建董函〔2008〕171号）即行废止。（何 珊）

【修订印发《中国铁建股份有限公司信息披露管理制度》】 为进一步完善公司信息披露制度，加强信息披露事务管理，根据中国证监会、上海证券交易所的最新监管要求，结合实际情况，将《中国铁建股份有限公司信息披露管理办法》修订为《中国铁建股份有限公司信息披露管理制度》，并经第五届董事会第八次会议审议通过，2022年9月5日正式印发《中国铁建股份有限公司信息披露管理制度》（中国铁建董办〔2022〕90号）。原《中国铁建股份有限公司信息披露管理办法》（中国铁建董〔2013〕131号）《中国铁建股份有限公司信息披露暂缓与豁免业务管理制度》（中国铁建董〔2016〕186号）即行废止。（赫东娜）

【修订印发《中国铁建股份有限公司董事、监事和高级管理人员持股变动管理制度》】 为加强对公司董事、监事、高级管理人员所持本公司股份及其变动行为的管理，根据中国证监会和上海证券交易所的最新监管要求，结合实际情况，对《中国铁建股份有限公司董事、监事和高级管理人员持股变动管理制度》进行修订，并经第五届董事会第八次会议审议通过，2022年9月5日正式印发《中国铁建股份有限公司董事、监事和高级管理人员持股变动管理制度》（中国铁建董办〔2022〕91号）。（赫东娜）

【修订印发《中国铁建股份有限公司重大信息内部报

告制度》】 为进一步完善公司内部重大信息管理，根据中国证监会、上海证券交易所的最新监管要求，结合实际情况，对《中国铁建股份有限公司重大信息内部报告制度》进行修订，并经第五届董事会第八次会议审议通过，2022年9月5日正式印发《中国铁建股份有限公司重大信息内部报告制度》（中国铁建董办〔2022〕92号）。（赫东娜）

【加强二级公司董事会规范运作】 按照《二级公司董事会规范运作指导意见》《二级公司董事会规范运作考核评价暂行办法》的要求，对2021年度二级公司董事会规范运作情况进行考核评价。对考核中发现的问题，督促二级公司及时完善整改，建立定期自查机制；督促二级公司严格执行法人治理制度，重大事项必须按照制度规定履行相关决策程序，切实提高制度的执行力。对二级公司董事会重要文件进行备案，发现问题及时要求整改。

2022年度，收到董事会决议相关资料1200余份，法人治理制度900余份。加强与二级公司董事会工作机构的业务培训和指导，发送资料80余份，解答问题700余次。做好股东代表行使出资人决策意见、债转股公司股东大会相关工作。（徐　红）

【持续推进完善现代企业制度专项改革】 按照国企改革三年行动总体要求，股份公司向纳入应建范围64户子企业派出外部董事并占多数，落实子企业董事会职权，规范董事会授权管理，实现子企业董事会应建尽建、配齐建强。指导子企业修订完善《公司章程》《董事会议事规则》等法人治理制度；制定《落实董事会职权实施方案》，建立配套制度；制定《董事会授权管理制度》及授权清单，将有关经营决策事项向经理层进行授权，建立授权事项执行情况报告机制。指导子企业定期召开董事长沟通会、总经理汇报会、外部董事务虚会，建立完善外部董事履职保障工作机制；指导子企业建立董事会及董事履职评价机制，制定《董事会规范运作考评办法》《外部董事年度履职绩效评价办法》，定期开展考核评价工作；指导子企业建立授权事项执行情况报告及监督评估机制。编发《董事会工作简报》，深度挖掘改革经验和典型案例，为子企业建立学习交流平台，推动完善现代企业制度向下贯通。向国务院国资委报送4份典型案例，股份公司打造专业尽责的外部董事队伍案例在国务院国资委《国企改革三年行动简报》刊发，《建立一库三关四支撑工作机制、保障子企业外部董事作用有效发挥》入选国务院国资委《国企改革三年行动案例集》。（徐　红　殷炳帅）

【派出外部董事履职管理】 向子企业先后派出80名外部董事，其中专职外部董事22名、兼职外部董事58名。负责对派出外部董事提供履职支撑服务和履职管理，对外部董事年度履职情况进行考核评价，定期组织召开外部董事工作沟通会、履职工作汇报会、履职培训会，重大事项及时向股份公司领导汇报。2022年度，向派出外部董事发送制度文件及学习资料200余份，受理外部董事重大事项报告6份、调研报告48份、经营综合分析报告45份。3月组织召开外部董事履职培训会、外部董事工作沟通会、二级公司董事会工作机构沟通会，提升外部董事履职能力，推动外部董事在公司治理中更好发挥作用。（徐　红）

【提高上市公司质量专项行动】 按照中国证监会《推动提高上市公司质量三年行动方案（2022—2025）》、上交所新一轮《推动提高沪市上市公司质量三年行动计划》和《中央企业综合服务三年行动计划》、国务院国资委《提高央企控股上市公司质量工作方案》的要求，公司于2022年6月成立以汪建平董事长为组长、庄尚标总裁为副组长、其他公司领导为成员的提高上市公司质量工作领导小组，制定公司提高上市公司工作方案及台账，确定重点任务，细化具体措施，明确责任人和标志性成果。所属控股上市公司也同步成立领导小组，制定工作方案及台账，有序开展各项工作。（何　珊）

【重大信息内部报告】 2022年收集全系统各类重大信息125条，整理披露临时公告43条，确保股份公司内部重大信息迅速上报、归集和有效管理。（徐　红）

【股东代表行使出资人决策意见工作】 针对所属控股子公司召开股东大会事项，会同有关部门对议案进行审核，2022年，所属控股子公司召开股东大会21次，均履行内部审批程序，确保股东代表决策程序依法合规。（徐　红）

【资本市场获奖情况】 2022年，公司在第十七届中国上市公司董事会"金圆桌奖"评选中获"优秀董事会奖"；在"第十三届中国上市公司投资者关系天马奖"上获"投资者关系最佳新媒体运营奖""投资者关系最佳董事会奖"；在第二十二届中国上市公司百强高峰论坛上获"中国百强企业奖""中国百强特别贡献企业奖"；在第十六届中国上市公司价值评选上获"中国上市公司ESG百强"奖；在第十二届香港国际金融论坛暨中国证券"金紫荆奖"上获年度特别奖——"最具投资价值高质量发展上市公司奖"；在第二十三届上市公司金牛奖上获“最具投资价值奖”“社会责任奖”；在《财经》杂志第五届长青奖上获“可持续发展普惠奖”。董事会秘书靖菁获评新浪财经第八届“金麒麟金牌董秘”“中国百强优秀董秘奖”。（徐 衍）

【合规披露公司信息】 公司信息披露工作严格按照证券监管机构及上市地交易所要求，做到真实、准确、完整、及时、公平，保证信息披露的质量和水平。2022年，公司在上海证券交易所、香港联交所披露各类中英文文件298份。信息披露文件除在交易所网站披露外，分别在《中国证券报》《上海证券报》《证券日报》《证券时报》4家指定报纸、《中国铁道建筑报》及公司网站进行披露。公司在上海证券交易所2021—2022年度信息披露工作评价中再获最高评级A级。（赫东娜）

【编制、披露定期报告】 在公司定期报告编制委员会领导下，会同机关有关部门，制定定期报告编制实施意见及工作计划，明确时间节点和部门分工，保障定期报告按要求编制和及时发布。公司圆满完成2021年报、2022年一季报、2022年中期报告和2022年三季报的编制与披露等相关工作。（谢华刚 李 静 何 珊）

【投资者关系管理】 公司认真贯彻落实《国务院办公厅关于进一步加强资本市场中小投资者合法权益保护工作的意见》、中国证监会《上市公司投资者关系管理工作指引》、上海证券交易所《关于进一步加强上市公司投资者关系管理工作的通知》，按照《中国铁建股份有限公司投资者关系管理制度》的有关规定，扎实有效地开展投资者关系管理工作。公司设立投资者关系热线电话，及时回复投资者和分析师的问题。设立投资者关系专用邮箱，为投资者及分析师提供便利的沟通条件。2022年，接听热线电话1000余个，回复邮件数百封，对投资者普遍关注的热点问题，及时向公司领导汇报。全年召开投资者会议32场，接待555人次；参加投资机构举行的投资者论坛25场，接待727人次。（何 珊）

【“上证e互动”平台管理】 公司重视和加强与投资者的互动和交流，充分利用上海证券交易所“上证e互动”网络平台，对投资者提出的问题给予及时回复，并上传机构投资者来访调研记录等资料。利用“上证e互动”平台召开现金分红网络说明会，回复投资者提出的问题。（何 珊 徐 衍）

【业绩发布和路演活动】 公司配合定期报告的披露，及时召开业绩发布会，2022年，召开4次业绩发布电话会议、3场网络业绩说明会，发布公司经营业绩，回答投资者和分析师普遍关注的问题。举办年报、半年报路演电话会议19场，接待投资者364名。（何 珊 徐 衍）

【加强内幕信息管理】 公司按照证券监管机构的相关要求，严格执行《中国铁建股份有限公司内幕信息知情人管理制度》规定，进一步加强内幕信息管理，完善内幕信息知情人登记备案制度，对重点事项进行重点管控，严格规范内幕信息知情人的行为，有效保护股东、公司及其他利益相关方的合法权益。2022年，公司登记内幕信息知情人275人次。（谢华刚 徐 衍）

【2021年度分红派息】 公司认真做好2021年度分红派息工作，制定工作计划，明确工作流程、时间节点及分工建议，对分红派息工作进行整体筹划，与财务资金部密切配合，2022年8月顺利完成2021年度分红派息工作。2021年度利润分配每股派发现金红利0.246元（含税），合计派发现金红利3340567209元，占当年合并报表归属于上市公司普通股股东可供分配利润的15.37%。（赫东娜）

【上市合规类中介机构年度考核】 会同有关部门，组织对所聘北京德恒律师事务所（境内律师）、贝克·麦坚时律师事务所（境外律师）、香港中央证券登记有限公司（境外股东登记服务机构）、香港皓天财经集团有限公司（境外财经公关公司和印刷商）等4家上市合规类中介机构进行年度考核，对2022年度工作情况进行评议，并提出改进要求。（何 珊 赫东娜）

【公司股东名册管理】 公司A股、H股股东情况和相关数据分别由中国证券登记结算公司上海分公司和香港中央证券进行管理。做好A股股东名册管理工作，定期下载公司前百名大股东名册数据和股息红利差异化计税补缴明细数据，在召开股东大会、分红派息、业绩发布等期间进行股东名册的申请、下载、汇总、对比和查询。做好H股股东名册管理工作，定期从香港中央证券网站下载公司全部股东名册等统计表格，及时掌握公司股份分布情况和大股东权益变动情况。

截至2022年12月31日，公司股东总数267636户，其中A股股东253356户、H股股东14280户。（赫东娜 徐 衍）

2022 年 4 月 28 日，中国铁建召开深化国企改革三年行动推进会。（沈正华　摄）

工程施工

工 程 管 理

【中国铁建股份有限公司“碳达峰、碳中和”工作领导小组】 2022 年 1 月 25 日成立，中国铁建汪建平、庄尚标任组长，王立新任副组长，总部有关部门负责人任组员。下辖的“碳达峰、碳中和”工作领导小组办公室设在运营管理部，负责落实领导小组工作会议制度，根据工作需要定期或不定期召开领导小组工作会议；负责落实领导小组关于“碳达峰、碳中和”的审议事项；指导、督促下属各单位抓好相关工作的落实与整改；承办领导小组交办的其他事项，并向领导小组报告。中国铁建股份有限公司“碳达峰、碳中和”工作领导小组主要职责：学习贯彻落实习近平生态文明思想及党中央、国务院和国务院国资委有关“碳达峰、碳中和”的决策部署；全面规划企业“碳达峰、碳中和”行动方案，制定相关规章制度指导所属单位“碳达峰、碳中和”工作，及时进行检查、督导和考核，确保企业行动方案的落实。 （侯　敏）

【中国铁建股份有限公司提质增效专项行动领导小组】 2022 年 4 月 25 日，中国铁建对提质增效专项行动领导小组进行调整。汪建平、庄尚标任组长，陈大洋、刘汝臣、王秀明、李春德、李宁、汪文忠、刘成军、王立新、倪真、赵佃龙任副组长，总部有关部门负责人任组员。领导小组主要职责：统一领导中国铁建提质增效工作；审定中国铁建提质增效工作目标和工作方案；审批督导检查方案和督导检查各单位提质增效工作开展情况。下辖的提质增效专项行动领导小组办公室设在运营管理部，工作职责：认真贯彻上级单位提质增效专项方案及相关规定；制定提质增效专项行动方案及督导检查计划；指导或督导检查所属单位开展提质增效工作；定期汇报提质增效工作开展情况及取得成效。 （侯　敏）

【中国铁建股份有限公司舟山项目建设协调组织机构】 为发挥集团优势，统筹做好浙江舟山区域内的甬舟铁路工程和六横公路大桥二期工程（以下简称舟山项目）的建设管理工作，高标准完成建设任务，兑现投标承诺，树立铁建品牌，实现战略目标，2022 年 10 月 28 日成立中国铁建股份有限公司舟山项目建设协调领导小组、现场工作组和专家组。王立新任组长，赵晋华、雷升祥、秦正刚任副组长，总部有关部门负责人任组员。中国铁建股份有限公司舟山项目建设协调领导小组主要职责：强化与地方政府的沟通协调；贯彻落实股份公司对舟山项目的指示精神，领导、督促、协调所属企业解决好项目建设中的重大问题。领导小组下设现场工作组和专家组。

中国铁建股份有限公司舟山项目现场工作组由秦正刚任组长；华东区域总部分管在建领导，中铁十一局集团有限公司、中国铁建大桥工程局集团有限公司、中铁十四局集团有限公司、中铁二十四局集团有限公司、中国铁建港航局集团有限公司分管舟山项目的集团公司领导任副组长；成员根据需要由中国铁建总部和参建集团公司派出，部分人员可以在两个项目交叉任职。中国铁建股份有限公司舟山项目现场工作组主要职责：履行统筹指导、协调监管、服务保障职能；负责工程项目的日常监管，对工程项目进行督导检查、信用评价、情况通报，协助组织重大方案技术攻关，协调解决实施过程中有关问题。

中国铁建股份有限公司舟山项目专家组主要职责：组建顾问咨询组，选聘有关专业院士、大师建立高端专家库，集中系统内外优势资源，为中国铁建对项目科学决策提供专家支持；组建现场专家组，重点依托参建单位资源，成立专业团队，进行前瞻性、系统性的研究，全过程参与项目建设，为项目上场策划、重大方案制定、重大技术攻关等提供专家保障。 （侯　敏）

【运营管理部（总部集团战备部）】 中国铁建股份有限公司（以下简称公司）工程项目监管与协调、信用评价、分包管理、劳务分包管理、节能减排与环境保护、质量监管、设备物资管理、成本管理、定额管理及二次经营、提质增效等工作及铁路战备综合管理职能部门。主要职责：负责公司工程项目监管与协调、指导工作，及时上报下达工程管控信息；负责信用评价、专业分包、劳务分包管理工作；负责工程项目节能减排和环境保护监管工作；负责工程项目施工质量监管工作，协助处理质量事故；负责设备物资管理工作及设备物资供应商管理工作；负责设备租赁和内部设备调剂管理工作；负责定额管理、二次经营等成本监管工作；负责公司提质增效工作；负责定期组织经济运行情况（成本）分析；负责公司生产进度、完成任务量等生产情况的统计、汇总、分析等；负责工程承包、勘察设计咨询、装备制造、物资物流和新兴产业等业务的生产监督和管理；

承办总部集团管理的国家铁路战备工作；完成公司领导交办的其他工作。定员30人，现员22人，设总经理1人，副总经理3人；下设综合处、生产监管处、节能环保处、质量监督处、设备物资处、成本管理处、经济合同处。（侯　敏）

【工作综述】（1）健全制度体系。一是印发《关于规范本级项目管理的规定》《工程质量缺陷责任追究管理规定》《设备物资管理考核办法》等5项制度办法。二是起草修订《项目群管理指导意见》《工程项目分包管理指导意见》《采购监督管理办法》等10余项制度办法。三是完善责任成本预核算、分包管理、物资集采等业务操作标准。四是持续推进既有制度办法落实落地，提高运营管理体系和能力现代化水平。（2）项目疫情防控。一是针对2022年复杂严峻的疫情防控态势，多次印发通知，召开疫情专班会和项目疫情防控专题会及调度会，部署强调在建项目疫情防控工作。对所有在京项目提级管控，增设防疫总监，通过线上巡检等方式加强疫区项目调度指挥，动态统计项目涉疫信息，印发在京项目疫情防控专报，为疫情防控专班决策提供依据。二是要求全系统注册在京及在京承揽工程的各层级单位明确本单位疫情防控工作第一责任人、分管负责人，指定工程疫情防控责任部门和联络员，进一步健全企业疫情常态化防控工作体系。三是将疫情防控工作纳入项目督察范围，重点督导，及时查找风险漏洞，多次印发关于工地疫情防控的提示函。四是协同安全监督部对在京单位和项目进行安全生产、疫情防控检查，密切跟踪京外疫区项目防疫工作，稳步推进复工复产。五是组织系统内有关单位积极参与吉林、上海等地的抗疫援建工作，彰显央企担当。（3）生产监管。一是统筹推进疫情防控和施工生产。在确保防疫安全的前提下，多措并举稳产值，全年完成企业总产值13645.02亿元，同比增长7.88%。二是推行清单式分级管理。2022年初，明确中国铁建层级40个重点项目并建立月报机制，督促下属各级单位建立重难点项目台账，逐层分工包保，形成上下一体、统分有序的监管网络，确保落实“三保一降”责任。三是强化重点项目督导。聚焦“保开工、保在建、保开通”目标，对川藏铁路、沈白高铁、广花城际、舟山项目、西昆高铁、穗莞深城际前皇段等项目进行针对性现场督导。四是组织召开华南区域施工生产推进会、舟山项目开工动员会、川藏项目工程管理和施工推进会、渝康高铁进点开工动员会等系列会议，研究部署相关工作，确保重点项目平稳推进。五是夯实生产监管基础。印发中国铁建在建项目手册及本级在建项目手册，优化改版《生产监管简报》，建立月度产值通报机制，加强生产信息动态更新和互通交流。（4）项目管理。一是开展项目实施中存在突出问题及制约项目管理提升主要因素书面调研和项目管理现场调研，着力发现问题、研究解决问题，形成系列调研报告成果。二是出版印发中国铁建《工程项目管理手册》（综合篇），指导各单位规范项目管理活动。三是督促各单位深入贯彻落实《关于进一步加强项目管理的若干决定》。四是持续开展内外部信用评价、施工组织设计评比、项目管理评先评优等工作，定期组织经验交流，不断提升整体项目管理水平。2022年上半年和下半年系统内铁路施工企业信用评价分别取得6个A级、5个A级的好成绩。五是全面开展在建督察。派出3个督察组对重点领域、重点项目开展“疫情防控、安全质量、转包和违法分包”等方面综合督察，全面排查施工现场风险隐患，查找项目管理漏洞，督促问题整改，夯实项目管理基础。（5）智慧建造。一是在总结推广前两批智慧工地标杆项目建设经验的基础上，以点带面开展智慧设计、智慧施工、智慧制造等领域试点公司建设，发布中国铁建40家智慧建造试点单位。二是以智能场站为切入点，推进建筑工业化发展，收集汇编全系统智能场站优秀案例，总结可复制、可推广的经验。三是积极参与中国铁建数字化转型实施路径研究，牵头智慧设计、智慧建造、智慧制造、智慧物流等板块课题工作。协同信息化管理部、网信科技，开展智慧工地调研，推进面向多工程类型的智慧工地底层技术平台课题研究。（6）节能环保。一是成立中国铁建股份有限公司“碳达峰、碳中和”工作领导小组，加快编制企业碳达峰行动方案。二是开展碳排放数据质量问题排查整治工作，夯实数据基础。三是督促各单位对照国务院国资委及川藏公司检查发现问题，认真开展自查自纠和整改工作，吸取教训，杜绝类似问题。四是广泛开展节能宣传周和低碳日活动，不断增强全员节能环保意识。五是积极配合中央第二轮第六批生态环保督察工作，未出现负面问题。六是开展环境污染风险专项排查行动，确保党的二十大前后环保领域安全稳定。七是以绿色施工为抓手，督促各单位严格落实“四节一环保”，推广绿色施工典型经验，打造绿色建造典范。（7）质量监管。一是建立质量红线管理常态机制和缺陷责任追究机制，出台质量缺陷追责办法，定期通报质量缺陷问题，推动缺陷追责常态化。二是积极配合国铁集团开展红线督查，做到“问题不回避，隐患不遮掩，问题全销号”。三是组织召开广州地铁18号线缺陷整治和贵广铁路提质达标推进会。四是广泛开展质量月活动、QC攻关、工程创优等工作，引导各单位树牢工匠意识，打造精品工程。QC成果获中施企协一等奖14项、中建协一等奖22项、铁企协一等奖1项、铁建协一等奖88项；优秀质量信得过班组获中施企协一等奖3项、铁企协一等奖1项。在第五届中央企业QC小组成果发表赛中，中铁十六局集团有限公司高原雄鹰QC小组获一等奖，并被推荐为全国QC成果最高奖项——年度全国优秀质量管理小组；中铁十一局集团有限公司科创QC小组获二等奖。2022年，中国铁建获国家优质工程奖47项，其中金奖4项；获中国建设工程鲁班奖15项，创历史新高。组织评选中国铁建优质工程112项、优秀工程勘察15项、优秀工程设计78项、优秀工程建设标准设计8项、优秀工程勘察设计计算机软件26项、优秀工程咨询成果30项。（8）供应链保障。一是开展对标世界一流供应链管理提升研究，推行框架协议采购、战略采购，加大内部设备、物资产品推介力度，全面上线应用铁建云采平台，强化采购监督检查，持续提高物资设备集采质效。全年中国铁建系统工程施工物资采购总额3572亿元，集中采购物资金额3398.71亿元，集采率95.15%，节约资金154.53亿元，节资率4.33%。二是通过“源头采购+共同选商+一体化服务”等模式，积极推进沈白高铁、西昆高铁等重点项目物资集采。三是严格控制新购设备投入，重视设备调剂和闲置资源盘活工作，多次组织召开新上项目主要设备进场协调会，不断提高设备统筹调配能力和周转利用率。四是持续加强“五优”分包商建设和分包管理工作。发布分包商名录，制定《加强工程项目转包、违法分包工作方案》，持续清理小、散、弱队伍，提升下游企业综合实力，降低合作风险。五是积极培育专业化自有作业队伍，避免关键环节受制于人，掌握核心盈利点和施工主动权。（9）经济管理。一是狠抓提质增效工作。逐级制定方案，建立过程推进机制，动态掌握工作进展，编制提质增效季度简报，及时总结经验做法，推动提质增效工作纵深推进。二是狠抓责任成本管理。推行项目群管理模式，优化完善《关于加强项目群建设的指导意见》；定期进行责任成本管理预警分析，狠抓责任成本管理考评，持续开展责任成本管理实验，不断提升成本管理水平；加强收尾项目管理，狠抓确权结算，配合做好“两金”压控，推动项目实现有质量、有效益的增长。截至2022年底，工程项目平均综合收益率7.26%，同期增长0.01%，完成年度计划的100.83%。三是狠抓亏损治理。严格“双预控”管理，督促各单位严格把控经营源头关及合同评审、上场策划、物资采购、财务收支、合同审批、工程进度等关键环节管控关，预防亏损，堵塞漏洞。协同企业管理部组织召开中国铁建亏损企业和亏损项目治理专题会议，明确治亏目标，定期对亏损项目整治情况进行分析，促使过程亏损项目个数和金额持续下降。四是狠抓变更索赔。推行变更索赔目标动态包保，强化铁路概算清理督办，加大对重大项目的协调帮扶，积极与相关方对接，推动改善造价政策。2022年，变更索赔各项指标再创新高。（10）其他综合性工作。一是按照上级要求认真完成交通战备各项任务。二是按期完成铁路审计问题整改工作。三是积极配合其他部门开展合规强化年和综合整治专项行动等工作。四是参与HD专班工作，持续跟踪HD复工复产情况。五是按照分工要求推进安全生产专项整治三年行动，协同安全监督部先后开展北京项目“护航冬奥”安全检查、党的二十大前后安全生产专项督导，为中国铁建安全发展、高质量发展保驾护航。

（侯　敏）

【年度产值完成】 2022年，中国铁建系统完成总产值13645.02亿元，占年度计划13502亿元的101.06%，同比增加996.97亿元、增长7.88%。中铁十二局集团有限公司、中铁十一局集团有限公司、中铁建设集团有限公司、中铁十四局集团有限公司、中铁十八局集团有限公司5家单位总产值完成额超过800亿元。工程承包产业完成产值9905.34亿元，完成年度计划10202.65亿元的97.09%，同比增加621.6亿元、增长6.70%。中国土木工程集团有限公司、中铁十五局集团有限公司、中铁二十三局集团有限公司、中国铁建港航局集团有限公司、中铁十二局集团有限公司、中铁十一局集团有限公司、中铁建设集团有限公司7家单位完成工程承包产业2022年度生产计划。

（齐元新）

【工程项目监管】 （1）坚持系统观念，统筹推进疫情防控和施工生产。面对上半年施工产值同比回落的不利局面，及时建立月度产值通报机制，督促各单位明确目标，看到差距，动态纠偏，提升产值。（2）坚持重点重抓，持续加强在建项目监管。2022年初，中国铁建明确40个国内在建重点项目，以国内施工为主的19家二级单位包保重难点项目562个，所属174家三级工程公司包保重难点项目1332个。（3）坚持服务大局，认真贯彻中国铁建决策部署。一是跟踪统计全系统 HD 项目复工复产情况，每半月上报国务院国资委。动态掌握分析各单位复工复产面临的困难和问题，及时向有关方面反映。二是根据国家发展改革委要求，自 2022 年 9 月起，每月审核上报川藏铁路月报信息。(4)坚持问题导向，不断提升项目管理水平。推进《工程项目管理手册》建筑工程、铁路电气化工程、轨道工程、隧道工程（矿山法）等专业篇编写及评审工作。(5)坚持强基固本，夯实生产监管基础工作。一是结合生产监管处的职责定位和“8 + N”产业分类，优化改版《生产监管简报》，进一步丰富简报内容。每月及时通报各板块产值完成情况及重点工程进展情况，分析存在的问题和风险，为领导决策提供依据。二是按时完成各项产值计划统计工作。三是推进相关信息化工作。“生产计划与产值统计系统”与“项目基本信息系统开发”基本完成。生产指挥中心相关功能进一步优化，疫情防控期间在线上巡检和应急指挥方面发挥较好的作用。（侯　敏）

【在建重点工程】 截至 2022 年底，全系统境内在建、合同金额大于 5000 万元的项目 5576 项，其中铁路工程 618 项、公路工程 751 项、市政工程 1087 项、城市轨道交通工程 608 项、水利水电工程 221 项、房建工程 2064 项、其他工程 227 项。中国铁建国内在建工程重点项目 40 项。其中，铁路工程 14 项：川藏铁路、西昆铁路、西十高铁、成兰铁路、福厦高铁、贵南高铁、渝黔高铁、沈白高铁、郑济城际铁路、重庆铁路枢纽东环线、杭衢高铁、广汕高铁、昌景黄高铁、穗莞深城际铁路。公路工程 5 项：成绵苍巴高速公路、渝湘复线（主城至泗阳段）武隆至道真（重庆段）高速公路、福宜高速（昆明福德立交到宜良）公路、银昆高速（G85）宁夏境太阳山开发区至彭阳（宁甘界）段、眉太高速公路。市政工程 3 项：芜湖城南过江隧道、北京城市副中心东六环（京哈高速至潞苑北大街）改造入地工程、北京城市副中心站综合交通枢纽 01 标项目。城市轨道交通工程 12 项：北京地铁 17 号线、北京大兴国际机场至雄安新区快线、上海轨道交通市域线机场联络线工程、广州东至花都天贵城际、深圳地铁 16 号线、天津地铁 8 号线一期、郑州轨道交通 12 号线一期、太原轨道交通 1 号线一期、重庆轨道交通 18 号线、长春轨道交通 7 号线、成都地铁 17 号线二期及 18 号线三期、武汉轨道交通 12 号线工程。水利、电力工程 4 项：新疆引额供水二期工程、引绰济辽水利工程、小清河复航工程、抽水蓄能电站项目。房建工程 2 项：雄安新区容西片区安置房及配套设施项目、杭州西站枢纽南区站城综合体项目。中国铁建重点关注工程：大瑞铁路、成昆铁路复线、丽香铁路、新建兰州至张掖三四线铁路新乌鞘岭隧道、江苏南沿江城际铁路。

2022 年，中国铁建承建（参建）的崇礼铁路太子城至崇礼段、成昆铁路复线峨眉至米易段、黄黄铁路、和若铁路、北京丰台站、郑万高铁、郑济城际铁路濮郑段、大瑞铁路大保段、重庆市郊铁路跳磴至江津线、乌将铁路扩能、常益长高铁、合杭高铁湖杭段、丽江观光火车一期、广西南宁至崇左高铁、弥勒至蒙自高铁、银兰高铁中卫至兰州段、济莱高铁、重庆铁路枢纽东环线、京唐城际铁路、佳木斯至鹤岗铁路改造、兴泉铁路等铁路工程建成开通。广州地铁 22 号线首通段、绍兴地铁 1 号线、福州地铁 5 号线、杭州地铁 3 号线后通段、昆明地铁 5 号线、金义东市域轨道金义段、杭州机场轨道快线、郑州地铁 6 号线、南通地铁 1 号线、天津地铁 10 号线、青岛地铁 4 号线、深圳地铁 16 号线、南京地铁 7 号线北段、北京地铁 16 号线南段木樨地至榆树庄站段、北京地铁 19 号线景风门站等城市轨道工程建成开通。广佛肇高速公路、福建漳州至武平高速公路南靖段、沪杭高速公路临平段改建工程涉铁段、大广高速南康至龙南段扩容工程、澄城至韦庄高速公路、中江至遂宁高速公路、广西六宾高速公路、昆明岷山至楚雄广通高速公路、陇西至漳县高速公路、海南国道 G360 公路文昌至定安段、重庆合川至璧山至江津高速公路合川城南枢纽至璧山西段等公路工程建成通车。2022 年，杭州亚运会重点保障项目的杭州未来科技城绿汀路、钱塘过江隧道、杭州下沙路与 12 号路提升改造工程，绍兴二环西路智慧快速路一期工程等市政工程建成运营。济南商河通用机场、三峡机场飞行区改扩建及配套空管工程、湛江吴川机场、鄂州花湖机场等机场工程投运。福建南平港延平新城港区码头工程开港运营，山东济南南曹范 LNG 调峰储配站全面建成投产，小清河复航工程博兴港下游 60 千米完成试航，广西北海市跨海第一桥北海西村港跨海大桥项目主体工程完工，全国首条磁浮旅游专线清远磁浮旅游专线全线贯通。贵南高铁九万大山一号隧道、九万大山二号隧道、九万大山四号隧道、独山二号隧道、永兴一号隧道、朝阳隧道、大方山隧道、大瑞铁路杉阳隧道、成兰铁路跃龙门隧道、广汕高铁三凸岭隧道、迎牌山隧道，成都至自贡至宜宾高铁白云山隧道，杭温铁路香山岭隧道、户口隧道，杭衢铁路天池山隧道、昌景黄高铁瑶里隧道、兰张三四线铁路新乌鞘岭隧道、金甬舟铁路千石岩隧道、梅州至龙川高铁梅兴亭隧道、南宁至玉林铁路全线隧道、池州至黄山高铁全线隧道、成绵苍巴高速公路项目神皇垭隧道、陶家山隧道、慈航殿隧道、羊鹿山隧道、银昆高速太阳山至彭阳段马渠隧道、深汕西高速深汕隧道、渝湘复线高速中坝隧道、甘肃渭源至武都高速木寨岭隧道、秦望通道工程过江隧道、引绰济辽水利项目TBM 第一掘进段、引汉济渭秦岭输水隧洞、云南滇中引水工程黄草坝隧洞、向家坝灌区北总干渠一期工程猫儿沱江底隧洞、珠江三角洲水资源配置双线输水隧洞、广州北江引水工程 4 号隧洞等一大批重难点长大隧道工程贯通。新福厦高铁木兰溪特大桥主桥、福厦高铁安海湾特大桥、广汕铁路长沙湾跨海特大桥、杭衢铁路跨金千铁路特大桥、昌景黄高铁信江西支特大桥、金甬铁路新昌江特大桥、长沙磁浮东延线接入 T3 航站楼道岔梁、广州南沙自贸区红莲大桥、南昌市双港大街系杆拱混凝土桥、四川乐山大渡河凤溪大桥、青兰高速扩建工程跨越胶州湾海域女姑口特大桥、巫镇高速东溪河特大桥、金仁桐高速娅石庆特大桥等顺利合龙。南玉高铁上跨湘桂铁路转体桥那舅特大桥、福庆特大桥、渝昆高铁上跨隆黄铁路的寒坡岭特大桥、江西九江永修县万宝路两座矮塔转体斜拉桥、黑龙江省齐齐哈尔民航路跨线桥、武汉至大悟高速公路上跨沪蓉线、麻武线立交桥、107 国道湖北咸宁市赤壁段改扩建工程上跨京广铁路立交桥、潍坊至青岛高速公路上跨胶济客运专线、胶济铁路的转体桥、黎霍高速上跨太焦铁路、国道 G208 及省道 S220 线转体桥、上海漕宝路快速路上跨 7 股道铁路线转体桥、济南绕城高速公路二环线西环段上跨京沪铁路转体桥、宾南高速公路茨坪立交上跨广大铁路转体桥等成功转体。铁建云采平台在中国铁建所属各单位全面上线物资采购业务，中铁磁浮交通投资建设有限公司清远磁浮旅游专线的新一批列车正式下线；中铁十一局集团有限公司和中国铁建重工集团股份有限公司共同研制开发的国内首台 800 大口径钻机成功下线；中铁十八局集团有限公司和中国铁建重工集团股份有限公司共同研制开发的甘肃北山地下实验室斜坡道工程的全球首台大坡度螺旋隧道掘进机下线；中铁十四局集团有限公司川藏铁路伯舒拉岭隧道高原高寒大直径 TBM“高原先锋号”成功下线；中国铁建重工集团股份有限公司、中铁十五局集团有限公司联合打造的我国自主研制的全球最大竖井掘进机“梦想号”下线。（齐元新）

【中国铁建 2022 年度智慧建造试点单位】

中国土木工程集团港澳分公司

中国土木工程集团南方公司

中铁十一局集团四公司

中铁十一局集团六公司

中铁十二局集团一公司

中铁十二局集团四公司

中国铁建大桥工程局集团一公司

中国铁建大桥工程局集团三公司

中铁十四局集团大盾构公司

中铁十四局集团房桥公司

中铁十五局集团城市轨道交通公司

中铁十六局集团五公司

中铁十七局集团四公司

中铁十八局集团五公司

中铁十八局集团市政公司

中铁十九局集团轨道公司

中铁十九局集团矿业公司

中铁二十局集团一公司

中铁二十局集团六公司

中铁二十一局集团二公司

中铁二十二局集团二公司

中铁二十三局集团四公司

中铁二十四局集团路桥公司

中铁二十五局集团大湾区建设公司

中铁建设集团北京公司

中铁建设集团南方公司

中国铁建电气化局集团三公司

中国铁建港航局集团总承包分公司

中铁城建集团一公司

中国铁建国际集团欧亚区域公司

中国铁建国际集团中东区域公司

中铁第一勘察设计院集团桥梁隧道设计院

中铁第四勘察设计院集团桥梁设计研究院

中铁第五勘察设计院集团建筑设计研究院

中铁上海设计院集团工程勘察设计院

中铁物资集团盘古云链（天津）数字科技有限公司

中国铁建重工集团股份有限公司高端地下工程装备智能制造示范工厂

中国铁建投资集团山西高速公司

中国铁建投资集团公路运营公司

中国铁建昆仑投资集团重庆运营管理总部

（侯　敏）

【优秀项目经理】 2022年,中国铁建表彰优秀项目经理74人。

杨利全　王新明　张爱军　侯延强　倪振利
宋　军　颜杜民　白国峰　徐青旺　胡亨良
曾理飞　谭德柱　吴桂刚　宋广明　李　云
高　峰　余　浩　朱智卓　朱国平　张　勇
张生权　任宏茂　杨焕永　秦　松　侯世磊
葛照国　张文东　王海舰　段会成　严凌云
路永龙　田伟权　康　华　范　增　沈贵斌
刘玉兴　刘锦良　王朝辉　田学志　刘晓鹏
高　辉　张利民　马　强　卢　华　陈向军
杜逢春　职小强　张　安　朱　勇　闫国光
刘阳平　陈　峰　邱福祥　张绳忠　马玉伟
牟振涛　黎　林　郎志鹏　王显鹏　黄镇伟
张学哲　徐　英　魏贤华　王世军　石城林
方成林　马高峰　郭　峰　贾世贵　许春尧
史绪堂　杨　勇　杨　祥　朱　伟

(侯　敏)

【项目管理先进单位】

中国土木工程集团港澳分公司
中铁十一局集团第一工程有限公司
中铁十一局集团第五工程有限公司
中铁十二局集团有限公司
中铁十二局集团电气化工程有限公司
中国铁建大桥工程局集团第六工程有限公司
中铁十四局集团第五工程有限公司
中铁十五局集团城市轨道交通工程有限公司
中铁十六局集团路桥工程有限公司
中铁十七局集团上海轨道工程有限公司
中铁十八局集团第五工程有限公司
中铁十九局集团矿业投资有限公司
中铁二十局集团第一工程有限公司
中铁二十一局集团电务电化工程有限公司
中铁二十二局集团第二工程有限公司
中铁二十三局集团第四工程有限公司
中铁二十四局集团路桥分公司
中铁二十五局集团第五工程有限公司
中铁建设集团华东工程有限公司
中铁建设集团南方工程有限公司
中国铁建电气化局集团有限公司
中国铁建港航局集团新能源分公司
中国铁建国际集团北非区域公司
中铁城建集团第一工程有限公司

(侯　敏)

【优秀项目经理部】

华北区域总部天津地铁6号线工程指挥部

中原区域总部济南地铁4号线一期施工总承包指挥部

华中区域总部南京地铁七号线施工总承包D7－TA03标段指挥部

华东区域总部厦门市轨道交通4号线工程土建施工总承包4标段指挥部

华南区域总部北部湾公司桂林至钦州港公路(南宁六景至宾阳段)指挥部

华南区域总部北部湾公司南宁地铁5号线一期工程(那洪至金桥客运站)施工总承包部

中国土木工程集团有限公司尼日利亚拉伊铁路项目经理部

中铁十一局集团有限公司光谷大道南延(三环线至外环线)项目经理部

中铁十一局集团有限公司上海轨道交通14号线22标段封浜车辆段项目经理部

中铁十一局集团有限公司十堰至淅川高速公路(湖北段)SX－4合同段项目经理部

中铁十一局集团有限公司长株潭西环线一期工程总承包2标段项目经理部

中铁十二局集团有限公司宝坪高速公路LJ－12合同段项目经理部

中铁十二局集团有限公司厦门轨道6号线土建施工总承包2标段一工区项目经理部

中铁十二局集团有限公司向家坝灌区北总干渠一段项目经理部

中国铁建大桥工程局集团有限公司广州明珠湾大桥工程项目经理部

中国铁建大桥工程局集团有限公司武穴长江大桥WX－2标段项目经理部

中铁十四局集团有限公司滹沱河生态修复三期工程(正定县)项目经理部

中铁十四局集团有限公司济南市济泺路穿黄隧道项目经理部

中铁十四局集团有限公司济宁快速路工程九标段项目经理部

中铁十五局集团有限公司洛阳东环路向北打通工程至唐寺门立交工程项目经理部

中铁十五局集团有限公司南京地铁9号线TA02

标段土建四工区项目经理部

中铁十六局集团有限公司呼和浩特市轨道交通2号线一期工程机电01标段项目经理部

中铁十六局集团有限公司涞源国家跳台滑雪训练科研基地一期项目经理部

中铁十七局集团有限公司临清高速公路LQTJ2-2合同段项目经理部

中铁十七局集团有限公司苏州市轨道交通5号线工程V-TS-07标段项目经理部

中铁十八局集团有限公司两河口消能雾化工程项目经理部

中铁十八局集团有限公司雄安容西市政工程一期二标段项目经理部

中铁十九局集团有限公司云南墨临公路路面1标段项目经理部

中铁十九局集团有限公司南昌轨道交通3号线工程土建八标项目经理部

中铁二十局集团有限公司G109改扩建项目经理部

中铁二十局集团有限公司天水市秦州至三阳川隧道工程项目经理部

中铁二十局集团有限公司苏州高新区马环连接线施工一标段项目经理部

中铁二十一局集团有限公司新建和田至若羌铁路S5标段项目经理部

中铁二十一局集团有限公司西安地铁16线一期工程土建施工二标段项目经理部

中铁二十二局集团有限公司中国铁建·京南一品印象项目经理部

中铁二十二局集团有限公司叶柏寿至赤峰铁路扩能改造工程Ⅱ标段项目经理部

中铁二十三局集团有限公司河南渑淅高速西淅段XXTJ-2标段项目经理部

中铁二十三局集团有限公司苏州河(真北路至蕰藻浜)堤防改造达标工程2标段项目经理部

中铁二十四局集团有限公司江平西路二期工程(润扬北路互通式立交)项目经理部

中铁二十四局集团有限公司引江济淮3座市政桥梁工程一标段项目经理部

中铁二十五局集团有限公司G327连固线曲阜张阳至任城长沟段改建工程项目经理部

中铁二十五局集团有限公司广西南宁市邕宾路上跨贵南客专立交桥工程项目经理部

中铁建设集团有限公司巴新新爱尔兰省议会大厦工程项目经理部

中铁建设集团有限公司保亿·公元印一期工程项目经理部

中铁建设集团有限公司武汉新力城一期、三期主体及配套工程项目经理部

中国铁建电气化局集团有限公司商合杭铁路四电集成一标段项目经理部

中国铁建电气化局集团有限公司盐通铁路工程指挥部

中国铁建港航局集团有限公司深圳至中山跨江通道特种海洋平台珠江口专用航道一期工程S13标段项目经理部

中铁第一勘察设计院集团有限公司西安市莲湖区“三馆建设”PPP项目经理部

中铁第四勘察设计院集团有限公司常德高铁枢纽站站前南北广场建设项目经理部

中铁第五勘察设计院集团有限公司廊坊市交通中心工程EPC总承包项目经理部

中铁上海设计院集团有限公司海门市府南地块生态长廊EPC总承包项目经理部

中国铁建国际集团有限公司莫斯科地铁第三换乘环线大直径盾构项目经理部

中铁城建集团有限公司谷峰安置小区项目经理部

中铁城建集团有限公司庆盛枢纽区块综合开发项目经理部

中国铁建投资集团有限公司G0611张掖至汶川国家高速公路张掖至扁都口段公路工程总承包部

中国铁建投资集团有限公司珠海B片区一级土地开发工程总承包部

中国铁建昆仑投资集团有限公司成都地铁6号线一、二期工程总承包部

中铁建华南建设有限公司广州市轨道交通十八号线和二十二号线及同步实施场站综合体设计施工总承包部

中铁建华北投资发展有限公司(铁建交运)天津地铁8号线一期PPP项目总承包部

中铁建南方建设投资有限公司深圳市城市轨道交通10号线工程1012标段项目经理部 (侯　敏)

【节能环保】 2022年,中国铁建认真贯彻习近平生态文明思想,成立“碳达峰、碳中和”工作领导小组,进一步落实中央关于碳达峰、碳中和指示要求,积极响应中

共中央、国务院关于打赢蓝天、碧水、净土保卫战号召，做到“守住底线、不碰红线、创造亮点”，稳步推进企业绿色转型高质量发展。公司万元营业收入综合能耗(可比价)为0.0618吨标煤，同期下降2.06%；公司万元营业收入二氧化碳排放(可比价)为0.1422吨二氧化碳当量，同期下降4.11%。践行“绿色施工”理念，协同推进降碳、减污、扩绿、增长，推进生态优先、节约集约、绿色低碳发展。围绕中央生态环境保护督察、砂石开采环境风险和环境污染风险开展系列自查活动，举一反三补齐短板，进一步提高生态环境管理水平。

(汤海洋)

【全国节能宣传周、低碳日活动】 根据国家发展改革委等17个部门《关于开展2022年全国节能宣传周和全国低碳日活动的通知》要求，中国铁建系统组织开展2022年宣传周与低碳日活动。各单位紧密围绕“绿色低碳，节能先行”与“落实‘双碳’行动，共建美丽家园”宣传主题，结合当地疫情防控实际，以线上学习为主、线下活动为辅的方式，平稳、有序、扎实开展系列宣传教育活动。通过活动开展与施工生产相结合，将活动内容融入生产一线，进一步提高现场施工人员节能减排意识，达到促进生产、节约资源、倡导绿色低碳生活、保护环境的目的。活动期间，中国铁建20多万人通过不同形式参加活动。 (汤海洋)

【全国“质量月”活动】 根据国家市场监督管理总局等21个部门《关于开展2022年全国“质量月”活动的通知》及中国质量协会《关于组织开展2022年全国“质量月”活动的通知》精神，中国铁建系统组织开展2022年“质量月”活动。各级单位充分发挥主体作用，结合本单位实际情况，围绕“聚焦工作质量　防范重大风险”主题，开展广泛深入的群众性质量活动，建设质量文化，增强质量意识。各单位把开展全国“质量月”活动和解决现场实际难题有机结合起来，针对关键工序、质量通病，广泛深入地开展质量攻关活动，推广应用先进经验做法，提升工程质量管控水平。各单位大力提倡质量管理思路的提升和材料设备、工艺工法的创新，通过建言献策、“小改小革”等形式推动各项创新举措落地，促使质量管理工作深入持续推进。

(刘　辉　牛　峰)

【全国企业员工全面质量管理知识竞赛活动】 2022年9月1日至11月30日，国务院国资委联合中国质量协会组织开展“中央企业全面质量管理知识竞赛”暨“全国企业员工全面质量管理知识竞赛”活动。此次竞赛全国579万名中央企业员工参与答题，覆盖全国34个省级行政区(包括港澳台)及各主要行业。中国铁建综合得分位列63家表现突出中央企业第4、建筑央企第1，连续4年在竞赛活动中位列央企前5、建筑央企第1。在为期三个月的竞赛过程中，各单位高度重视，充分调动全员积极性，组织发动各级职工参与本次竞赛，广大员工积极响应、踊跃答题，认真学习全面质量管理知识，营造全员重视质量的良好氛围。

(刘　辉　牛　峰)

2022年度中国铁建优秀质量管理小组

序号	企业名称	获奖小组	获奖成果
1	中国土木工程集团有限公司	琴澳QC小组	提高HDPE高分子防水卷材施工验收一次合格率
2	中国土木工程集团有限公司	巴达格瑞高速公路项目部QC小组	提高桥梁大面积支架体系一次性验收合格率
3	中铁十一局集团有限公司	“轨道延长”QC小组	QU100贝氏体钢轨正火设备研制
4	中铁十一局集团有限公司	不懈QC小组	提高全断面富水粉砂岩管片成型质量一次合格率
5	中铁十一局集团第一工程有限公司	技术中心QC小组	研制一种快速组装式斜拉索梁面展索装置
6	中铁十一局集团第四工程有限公司	“质”造精品QC小组	提高铁路隧道二衬混凝土验收合格率

续表

序号	企业名称	获奖小组	获奖成果
7	中铁十一局集团第六工程有限公司	前川王国磊 QC 小组	开发智能工序报验模块
8	中铁十一局集团电务工程有限公司	广州地铁 QC 小组	研制复合材料枕木上移动打孔装置
9	中铁十二局集团第一工程有限公司	架梁一项目 QC 小组	研制 TE900 运梁车小半径曲线运梁辅助系统
10	中铁十二局集团第二工程有限公司	铁航 QC 小组	隧道衬砌质量智能检测装置的研制
11	中铁十二局集团第三工程有限公司	鸿图 QC 小组	隧道二衬同步喷淋养生棚架的研制
12	中铁十二局集团第四工程有限公司	“实干”QC 小组	研制钢筋模块化运输小车装置
13	中铁十二局集团建筑安装工程有限公司	“攻坚克难”QC 小组	研制一种附着式升降脚手架网片连接方式安全验证的试验装置
14	中国铁建大桥工程局集团建筑工程有限公司	中德生态城 QC 小组	提高沥青路路基压实度一次验收合格率
15	中铁建大桥工程局集团南方工程有限公司	逐梦 QC 小组	提高钢桥面板铺装过程中下面层摊铺的平整度
16	中铁十四局集团第一工程发展有限公司	滹沱奔流 QC 小组	提高河道治理中格宾石笼一次验收合格率
17	中铁十四局集团第三工程有限公司	隧道技术攻关 QC 小组	分岔超大变截面可伸缩衬砌台车研制
18	中铁十四局集团第四工程有限公司	质量先锋队 QC 小组	提高体育场馆地下室湿铺防水卷材一次验收合格率
19	中铁十四局集团大盾构工程有限公司	建宁创新 QC 小组	研制预制箱涵节水型自动喷淋养护装置
20	中铁十四局集团建筑工程有限公司	赢牟 QC 小组	研发新型预应力抗浮锚杆
21	中铁十四局集团房桥有限公司	科创 QC 小组	一种轨枕新型模具的研制
22	中铁十五局集团第四工程有限公司	福宜高速公路项目 QC 小组	提高隧道防水板焊接质量一次验收合格率
23	中铁十五局集团第五工程有限公司	皓月 QC 小组	提高水泥土挤密桩压实度合格率
24	中铁十五局集团城市轨道交通工程有限公司	横琴杧洲地连墙施工 QC 小组	降低海相淤泥地下连续墙的充盈系数
25	中铁十五局集团电气化工程有限公司	张家口双代项目 QC 小组	以精细化控制来提高变电站一次电气设备安装精度
26	中铁十六局集团第二工程有限公司	文墨书香 QC 小组	提高钢筋化学分析试验的合格率
27	中铁十六局集团第二工程有限公司	高原雄鹰 QC 小组	提高软岩大变形隧道钢拱架一次安装合格率

续表

序号	企 业 名 称	获 奖 小 组	获 奖 成 果
28	中铁十六局集团第二工程有限公司	边关明珠 QC 小组	简易的隧道侧沟移动模架研制
29	中铁十六局集团铁运工程有限公司	朔黄指重载运输 QC 小组	减少神华号交流机车主压缩机突停故障
30	中铁十六局集团铁运工程有限公司	神朔机车 QC 小组	减少 SS4 型电力机车运行中停车事故
31	中铁十六局集团铁运工程有限公司	新朔分公司机车 QC 小组	提高电力机车一次起车成功率
32	中铁十七局集团第五工程有限公司	质量为先 QC 小组	降低平曲线隧道二次衬砌错台率
33	中铁十七局集团有限公司铺架分公司	通达南北 QC 小组	提高地铁立柱式整体道床散铺一次验收合格率
34	中铁十七局集团建筑工程有限公司	城市之光 QC 小组	提高铝膜工艺 PP－R 给水点位一次施工合格率
35	中铁十七局集团城市建设有限公司	贵安分公司第二 QC 小组	提高装配式防撞墙施工一次合格率
36	中铁十八局集团有限公司	泰达足球场 QC 小组	提高内墙抹灰施工一次验收合格率
37	中铁十八局集团有限公司	首府之窗 QC 小组	提高膨胀加强带一次施工合格率
38	中铁十八局集团第二工程有限公司	杭绍台铁路 QC 小组	提高高速铁路隧道接触网预埋槽道安装一次验收合格率
39	中铁十八局集团第三工程有限公司	极速蜗牛 QC 小组	提高液化土层盾构施工速度
40	中铁十八局集团第四工程有限公司	勇攀高峰 QC 小组	降低软弱围岩隧道二衬缺陷率
41	中铁十八局集团北京工程有限公司	北京门头沟大峪化工厂棚改项目 QC 小组	提高预制剪力墙竖向接缝施工一次验收合格率
42	中铁十八局集团市政工程有限公司	广州市轨道交通十八和二十二号线项目九分部一工区 QC 小组	提高盾构机拆机效率
43	中铁十九局集团第二工程有限公司	沪苏湖铁路工程项目明德 QC 小组	缩短大直径深水钻孔桩一次成桩时间
44	中铁十九局集团第五工程有限公司	青岛城市轨道交通工程 QC 小组	研发地铁隧道下穿软硬结合富水地层的开挖方法
45	中铁十九局集团广州工程有限公司	万顷沙车辆段技术攻关先锋 QC 小组	提高超大型轨道交通车辆段桩基础的Ⅰ类桩占比率
46	中铁十九局集团轨道交通工程有限公司	广州南站衔接工程项目铁兵 QC 小组	研究地铁车站主体结构梁底后植筋施工新方法
47	中铁二十局集团第二工程有限公司	塞外明珠 QC 小组	提高张家口奥体中心速滑馆屋盖钢结构一次焊接质量合格率
48	中铁二十局集团第六工程有限公司	卓越质量 QC 小组	研制一种钢筋称重装置

续表

序号	企 业 名 称	获 奖 小 组	获 奖 成 果
49	中铁二十局集团第六工程有限公司	卓越质量 QC 小组	提高组合结构梁柱节点施工合格率
50	中铁二十局集团电气化工程有限公司	先锋 QC 小组	提高电力迁改项目利润率
51	中铁二十一局集团第四工程有限公司	盛世奋进 QC 小组	提高隐框玻璃幕墙表面平整度合格率
52	中铁二十一局集团第五工程有限公司	职教中心 QC 小组	提高叠合楼板一次安装合格率
53	中铁二十一局集团轨道交通工程有限公司	北京项目 QC 小组	提高地铁暗挖结构混凝土施工质量合格率
54	中铁二十一局集团轨道交通工程有限公司	西安地铁 16 号线项目部秦沣 QC 小组	提高施工缝止水钢板安装合格率
55	中铁二十二局集团第一工程有限公司	新建杭州至温州铁路义乌至温州段工程HWZQ－4 标隧道工区 QC 小组	提高硬岩光面爆破一次验收合格率
56	中铁二十二局集团第二工程有限公司	中铁二十二局集团北京地铁 17 号线轨道项目 QC 小组	提高预制式钢弹簧浮置板铺设一次合格率
57	中铁二十二局集团第四工程有限公司	中铁二十二局天津分公司杭温铁路站前项目部 QC 小组	降低隧道拱墙衬砌背后脱空发生率
58	中铁二十二局集团第四工程有限公司	金义东项目 QC 小组	提高结构钢筋安装一次验收合格率
59	中铁二十三局集团有限公司	精益新 QC 小组	提高桥梁伸缩缝安装一次验收合格率
60	中铁二十三局集团第二工程有限公司	鹤鹤有鸣 QC 小组	万吨级转体桥特殊支架体系的研发
61	中铁二十三局集团轨道交通工程有限公司	开路先锋 QC 小组	提高粉质黏土地层桩基一次成孔合格率
62	中铁二十四局集团上海建设投资有限公司	福铁建筑科兴小创 QC 小组	提高装配式结构预制楼梯安装一次验收合格率
63	中铁二十四局集团上海铁建工程有限公司	彩虹 QC 小组	减少水中基坑 PC 工法桩围堰渗漏量
64	中铁二十四局集团福建铁路建设有限公司	厦门轨道交通盾构管片 QC 小组	提高地铁盾构管片一次验收合格率
65	中铁二十五局集团第三工程有限公司	芸棋 QC 小组	降低隧道拱墙喷射混凝土的超耗率
66	中铁二十五局集团第四工程有限公司	品质南玉 QC 小组	新型菱形挂篮行走系统的研制
67	中铁建大湾区建设有限公司	济阳区仁风镇仁风社区安置项目钢砼楼梯滑动支座研究 QC 小组	钢砼楼梯滑动支座膜片标高与平整度控制创新工艺
68	中铁二十五局集团有限公司盾构工程分公司	深圳地铁 QC 小组	提高城市综合管廊大盾构小半径转弯管片拼装质量合格率

续表

序号	企 业 名 称	获 奖 小 组	获 奖 成 果
69	中铁建设集团有限公司	禁忌之旅 QC 小组	提高砂层地质条件下长螺旋灌注桩成桩一次合格率
70	中铁建设集团有限公司	庐山站项目部 QC 活动小组	研发扩底灌注桩超灌混凝土破除施工方法
71	中铁建设集团有限公司	斗牛 QC 小组	静力压桩应力释放孔施工方法创新
72	中铁建设集团有限公司	启航 QC 小组	提高金属屋面安装一次验收合格率
73	中铁建设集团有限公司西北分公司	中铁建设宝能城项目 QC 小组	提高 ALC 隔墙板安装效率
74	中铁建设集团南方工程有限公司	探索 QC 小组	提高大跨度桁架高空对接一次合格率
75	中铁建设集团南方工程有限公司	金钥匙 QC 小组	研发脚手架连墙构件施工新方法
76	中铁建设集团建筑发展有限公司	砼研有技 QC 小组	提高 PC 构件进场验收合格率
77	中国铁建电气化局集团第二工程有限公司	太原管廊土建 QC 活动小组	提高高水位地区地下综合管廊主体一次验收合格率
78	中国铁建电气化局集团第五工程有限公司	德都高速公路 JDJA2 标段 QC 小组	提高新泽西护栏外观质量一次性合格率
79	中铁建电气化局集团南方工程有限公司	包银惠银四电房建 QC 小组	提高西北地区粉质黏土场坪填筑质量合格率
80	中铁建电气化局集团南方工程有限公司	勇往直前 QC 小组	提高接触轨一次安装合格率
81	中铁建电气化局集团康远新材料有限公司	康远技质 QC 小组	降低熔铸铜镁合金杆坯裂纹不良率
82	中国铁建港航局集团有限公司	真空联合堆载预压 QC 小组	提高海相淤泥地质下真空联合堆载预压真空度稳定性
83	中国铁建港航局集团有限公司	海上风电钢管桩焊接 QC 小组	提高超大直径钢管桩焊缝一次验收合格率
84	中国铁建港航局集团有限公司第四工程分公司	重庆市潼南东升大桥建设项目奋进 QC 小组	研究主墩 Y 构下横梁超高现浇支架预压的新方法
85	中铁第一勘察设计院集团有限公司	动车组高级修工艺创新设计 QC 小组	新型集成化动车组综合落成系统研发
86	中铁第一勘察设计院集团有限公司	审核平台研发 QC 小组	轨道交通远程设计审核平台研发
87	中铁第一勘察设计院集团有限公司	川藏铁路隧道深孔地应力 QC 小组	提高铁路隧道深孔地应力测试分析精度
88	兰州铁道设计院有限公司	兰州院隧道创新 QC 小组	盾构法地铁隧道内圆形支撑结构体系研发
89	中铁第四勘察设计院集团有限公司	“穿江越海”QC 小组	百米水压大直径盾构隧道管片防水密封垫研发
90	中铁第四勘察设计院集团有限公司	桥梁数智化 QC 小组	提高高速铁路斜拉桥健康监测性能诊断效率

续表

序号	企业名称	获奖小组	获奖成果
91	中铁第四勘察设计院集团有限公司	光辉隧越 QC 小组	研发明挖隧道整体装配式结构
92	中铁第四勘察设计院集团有限公司	能工巧匠 QC 小组	提高海洋工况下大跨桥梁下部结构工期计算精度
93	中铁第四勘察设计院集团有限公司	广州南动车所机辆 QC 小组	不落轮镟床智能牵引对位设备研发
94	中铁第五勘察设计院集团有限公司	建筑信息化研究 QC 小组	提高大跨度网架屋面一次安装合格率
95	中铁第五勘察设计院集团有限公司	匠心 QC 小组	提高小学建筑教学区交通空间利用率
96	中铁第五勘察设计院集团有限公司	启明星 QC 小组	低净空全套管灌注桩机取土器研发
97	中铁第五勘察设计院集团有限公司	水生态 QC 小组	降低红黑污染水体处理药剂成本
98	中铁上海设计院集团有限公司	盐宜信号概预算编制提效 QC 小组	提高铁路信号设计工程数量统计及概预算编制效率
99	中铁上海设计院集团有限公司	运输 QC 小组	提升市域铁路车站折返能力计算准确率
100	中铁上海设计院集团有限公司	提高市政工程概预算文件编制质量 QC 小组	提高市政工程概预算文件编制质量
101	中国铁建重工集团股份有限公司	研究设计院流体所 QC 小组	DWL－48 捣固稳定车“液压油切断装置”研发
102	中国铁建重工集团股份有限公司	攻无不克 QC 小组	降低变速箱驱动孔加工不良率
103	中国铁建重工集团股份有限公司	计量理化 QC 小组	提升测量闸片骨架组件“销钉顶部至骨架面高度”尺寸准确度
104	中国铁建重工集团股份有限公司	高锰钢辙叉质量改进 QC 小组	降低高锰钢辙叉耳板裂纹率
105	中国铁建重工集团股份有限公司	追求卓越 QC 小组	提升掘进机前盾主驱动拆解分离效率
106	中国铁建重工集团股份有限公司	计量室 QC 小组	形位误差图形分析系统开发
107	中国铁建国际集团有限公司	卡塔尔卢赛尔体育场项目 QC 小组	提高全站仪测量钢结构的精度和效率
108	中国铁建国际集团有限公司	林查班三期一标疏浚吹填 QC 小组	提高疏浚吹填管道螺栓紧固合格率
109	中国铁建国际集团有限公司	莫喀高速公路项目 QC 小组	提高冬季现浇混凝土施工一次合格率
110	中铁城建集团第一工程有限公司	三晋首邑 QC 小组	研制圆形池体混凝土一次成型的定型化模具
111	中铁城建集团第三工程有限公司	融智 QC 小组	提高框架柱混凝土工程一次验收合格率

续表

序号	企业名称	获奖小组	获奖成果
112	中铁城建集团第三工程有限公司	无名 QC 小组	提高拉森钢板桩施工质量一次验收合格率
113	中铁城建集团第三工程有限公司	淮州之星 QC 小组	提高预制叠合板施工一次验收合格率
114	中铁城建集团北京工程有限公司	钱江新城 QC 小组	提高 PC 叠合板安装一次验收合格率
115	中铁建贵州安紫高速公路有限公司	安紫公司远程温度采集仪使用方法创新 QC 小组	远程温度采集仪使用方法的创新
116	中铁建华南建设有限公司	“轨海劲旅”QC 小组	提高道床伸缩缝一次验收合格率
117	中铁建华南建设(广州)高科技产业有限公司	高科公司 2#QC 小组	提高“铁箭”干拌砂浆存储搅拌设备可靠性 QC 成果报告
118	中铁建网络信息科技有限公司	无限并发 QC 小组	降低建筑项目管理软件的验收测试缺陷密度
119	中铁建黄河投资建设有限公司	青岛地铁 1 号线土建二标项目总部 TBM 攻坚 QC 小组	降低地铁 TBM 区间姿态偏差率

(制表:刘　辉　牛　峰)

1984—2022 年中国铁建优质工程获奖统计

年份	中国建设工程鲁班奖(国家优质工程)	国家优质工程	铁道部(铁路)优质工程	火车头优质工程	有限公司(股份公司)优质工程	中国铁建杯优质工程奖
1984 年		1			1	
1985 年		1	1		7	
1986 年		1	4			
1987 年		1	3			
1988 年			3			
1989 年		2	7			
1990 年	2	2	2			
1991 年	1	2			10	
1992 年			1		12	
1993 年			5		14	
1994 年					9	
1995 年			24		19	
1996 年	3		12		20	
1997 年	4		20		29	
1998 年	2		27		27	
1999 年	2	4	24		54	
2000 年	3	5	13		41	
2001 年	5	1	21		61	

续表

年 份	中国建设工程鲁班奖（国家优质工程）	国家优质工程	铁道部（铁路）优质工程	火车头优质工程	有限公司（股份公司）优质工程	中国铁建杯优质工程奖
2002 年	6	5	9	12	64	
2003 年	9	6	18	28	55	
2004 年	6	10		14	48	
2005 年	4	13		29	78	
2006 年	5	11		56	90	
2007 年	5	23		61	110	
2008 年	8	18		71	99	
2009 年	6	20		63	91	
2010 年	3	17	31	47	143	
2011 年	7	15		54	124	
2012 年	5	24	52			144
2013 年	4	16				98
2014 年	4	16	27			126
2015 年	9	24				133
2016 年	10	34	30			137
2017 年	8	35				123
2018 年	10	46	21			123
2019 年	11	41				105
2020 年	8	50	38			98
2021 年	7	46				105
2022 年	15	47				112
合计	172	537	393	435	1206	1304
总计	709	828	2510			

（制表：刘 辉 牛 峰）

2022 年中国铁建获中国建设工程鲁班奖情况

序号	获 奖 工 程	施 工 单 位
1	北京市 CBD 核心区 Z14 地块商业金融项目	中铁建设集团有限公司
2	北京环球影城主题公园(一期)项目	中铁建设集团有限公司及其北京工程有限公司、机电安装有限公司
3	新建北京至雄安新区城际铁路雄安站房工程	中铁十二局集团有限公司及其建筑安装工程有限公司、中铁二十一局集团有限公司、中国铁建电气化局集团有限公司
4	成都天府国际机场(T1、T2 航站楼,GTC 换乘中心及停车楼,旅客过夜用房)	中铁十四局集团有限公司
5	重庆两江桥隧连接线	中国铁建大桥工程局集团有限公司
6	万开周家坝—浦里快速通道万开隧道工程	中铁十一局集团有限公司及其第五工程有限公司、中铁二十五局集团有限公司

续表

序号	获奖工程	施工单位
7	京哈高铁北京朝阳站站房工程	中铁建设集团有限公司及其机电安装有限公司、北京中铁装饰工程有限公司
8	新建福州至平潭铁路平潭海峡公铁大桥	中国铁建大桥工程局集团有限公司及其第一工程有限公司、第四工程有限公司
9	延庆至崇礼高速公路河北段	中铁二十三局集团有限公司
10	无锡地铁 3 号线一期工程	中铁十四局集团有限公司、中铁十九局集团有限公司及其电务工程有限公司、中铁十一局集团有限公司、中铁十七局集团有限公司、中国铁建电气化局集团有限公司
11	广东省仁化(湘粤界)至博罗公路仁化至新丰段 TJ14 合同段青云山隧道	中铁十二局集团有限公司
12	新建商丘至合肥至杭州铁路亳州特大桥	中铁二十一局集团有限公司及其第五工程有限公司、第六工程有限公司、路桥工程有限公司
13	盐城先锋国际广场三期酒店写字楼工程	中铁建设集团有限公司及其机电安装有限公司、华东工程有限公司
14	港珠澳大桥主体工程岛隧工程	中国铁建电气化局集团有限公司
15	无锡一棉(埃塞俄比亚)纺织有限公司一期工程	中国土木工程集团有限公司、中铁十一局集团电务工程有限公司

(制表:刘 辉 牛 峰)

2022 年中国铁建获国家优质工程奖情况

序号	获奖工程	施工单位
	金质奖	
1	陕西国华锦界电厂三期扩建项目	中铁十九局集团第一工程有限公司
2	云南省牛栏江—滇池补水工程	中铁十六局集团有限公司第五工程有限公司、中铁十四局集团有限公司、中铁十九局集团有限公司
3	宁波市轨道交通 4 号线工程	中铁第四勘察设计院集团有限公司、中铁上海设计院集团有限公司、西安铁一院工程咨询监理有限责任公司、铁四院(湖北)工程监理咨询有限公司、中铁十四局集团有限公司、中铁十六局集团有限公司、中铁建电气化局集团南方工程有限公司、中铁十一局集团电务工程有限公司
4	雅安至康定高速公路	中铁十二局集团有限公司、中铁二十局集团第二工程有限公司
	国优奖	
1	北京大兴国际机场供油工程	中铁十二局集团有限公司
2	中国铁塔广东省分公司深茂高铁江茂段公网覆盖工程	中铁第四勘察设计院集团有限公司
3	广东省仁化(湘粤界)至博罗公路新丰至博罗段	中铁十一局集团有限公司*、中铁十二局集团有限公司、中铁十四局集团有限公司、中铁十一局集团第二工程有限公司
4	大东湖核心区污水传输系统与北湖污水处理厂及其附属工程	中铁第四勘察设计院集团有限公司

续表

序号	获奖工程	施工单位
5	杭州市望江路过江隧道工程	中铁第四勘察设计院集团有限公司、中铁十四局集团有限公司*及其大盾构工程有限公司、房桥有限公司
6	杭州大毛坞—仁和大道供水管道工程	中铁十一局集团有限公司*及其城市轨道工程有限公司
7	杭州湾跨海大桥杭甬高速连接线公路工程(余夫公路至小曹娥互通段)	中铁十六局集团第三工程有限公司*
8	上海市长江路越江隧道工程	中铁二十四局集团有限公司
9	柳州市白沙大桥工程	中铁第一勘察设计院集团有限公司南方工程咨询监理有限公司
10	石家庄市城市轨道交通 3 号线	中国铁建股份有限公司、中国铁建股份有限公司华北区域总部、中铁建华北投资发展有限公司、中铁建雄安投资发展有限公司、中铁十七局集团有限公司*、中铁十八局集团有限公司、中铁二十局集团有限公司、中国铁建大桥工程局集团有限公司、中铁城建集团有限公司、中国铁建电气化局集团有限公司、中铁十一局集团有限公司、中铁二十五局集团有限公司、中铁建设集团有限公司、中铁十五局集团有限公司、中铁十四局集团有限公司、中铁十七局集团有限公司及其建筑工程有限公司、电气化工程有限公司、第一工程有限公司、第三工程有限公司、上海轨道交通工程有限公司,中铁二十局集团第二工程有限公司、中国铁建大桥工程局集团有限公司第六工程有限公司
11	青岛市红岛—胶南城际(井冈山路—大珠山段)轨道交通工程	中铁第一勘察设计院集团有限公司、北京铁城建设监理有限责任公司、中国铁建电气化局集团有限公司
12	青岛市地铁 8 号线工程北段	中铁第一勘察设计院集团有限公司、北京铁城建设监理有限责任公司
13	苏州轨道交通 4 号线支线溪霞路站配套地下空间(苏地 2013－G－65 号地块)	中铁第四勘察设计院集团有限公司
14	郑州市轨道交通 4 号线工程	中铁第四勘察设计院集团有限公司、中铁上海设计院集团有限公司、北京铁研建设监理有限责任公司、中铁十五局集团有限公司、中铁十八局集团有限公司、中铁十一局集团有限公司及其第六工程有限公司、中铁十六局集团有限公司
15	武汉市轨道交通 8 号线二期、三期工程	中铁第四勘察设计院集团有限公司、中铁十一局集团有限公司*及其城市轨道工程有限公司、第三工程有限公司、武汉重型装备有限公司,中铁十九局集团有限公司
16	武汉市轨道交通蔡甸线工程	中铁第四勘察设计院集团有限公司、北京铁城建设监理有限责任公司、中铁十一局集团有限公司
17	长沙市轨道交通 3 号线一期工程龙湘停车场土建工程	中铁第四勘察设计院集团有限公司
18	深圳市城市轨道交通 6 号线工程	西安铁一院工程监理咨询有限责任公司、铁四院(湖北)工程监理咨询有限公司、中国铁建股份有限公司、中铁建南方建设投资有限公司、中铁城建集团有限公司、中国铁建大桥工程局集团有限公司、中铁十一局集团有限公司、中铁二十三局集团有限公司
19	新建珠海市区至珠海机场城际轨道交通工程拱北至横琴段 BT 项目	中铁第四勘察设计院集团有限公司

续表

序号	获奖工程	施工单位
20	新建北京至沈阳铁路客运专线辽宁段	北京铁研建设监理有限责任公司、中铁十九局集团有限公司*、中铁二十二局集团有限公司、中国铁建大桥工程局集团有限公司、中铁十一局集团有限公司、中铁十二局集团有限公司、中铁十六局集团有限公司、中铁十七局集团有限公司
21	新建大同至张家口高速铁路大梁山隧道工程	北京铁研建设监理有限责任公司,北京铁城建设监理有限责任公司,中铁十一局集团有限公司*,中铁十七局集团有限公司及其第四工程有限公司、铺架分公司,中铁二十二局集团第二工程有限公司
22	新建鲁南高铁临沂至曲阜段	西安铁一院工程监理咨询有限责任公司,中铁十四局集团有限公司*及其第四工程有限公司、第五工程有限公司、房桥有限公司、隧道工程有限公司,中铁十九局集团第一工程有限公司,中铁二十一局集团有限公司及其第五工程有限公司、路桥工程有限公司,中国铁建大桥工程局集团有限公司及其第三工程有限公司
23	新建郑州至周口至阜阳铁路周淮特大桥	中铁十八局集团有限公司*及其第二工程有限公司、第一工程有限公司、第四工程有限公司、第五工程有限公司,中国铁建电气化局集团有限公司
24	新建郑州至万州铁路河南段北汝河特大桥	中铁二十局集团有限公司*及其第一工程有限公司、第三工程有限公司、第四工程有限公司、电气化工程有限公司
25	新建盐城至南通铁路站前工程海安特大桥	铁一院南方工程咨询监理有限公司、中铁十一局集团有限公司及其第二工程有限公司、桥梁有限公司
26	新建徐州至淮安至盐城铁路站前工程XYZQ－Ⅲ标徐洪河特大桥	中铁第五勘察设计院集团有限公司,中铁十五局集团有限公司*及其第一工程有限公司、第二工程有限公司、路桥建设有限公司,中铁十一局集团有限公司
27	新建商丘至合肥至杭州铁路SHZQ－16标水阳江特大桥工程	中铁第四勘察设计院集团有限公司
28	新建商丘至合肥至杭州铁路(安徽、浙江段)站前工程淮河特大桥	中铁第四勘察设计院集团有限公司、铁一院南方工程咨询监理有限公司
29	新建银川至西安高速铁路早胜三号隧道	中铁第一勘察设计院集团有限公司、中铁十二局集团有限公司*及其第四工程有限公司
30	新建南昌至赣州铁路CGZQ－9标万安隧道	中铁第四勘察设计院集团有限公司
31	新建蒙西至华中地区铁路煤运通道四电工程MHSD－2标段	中铁第四勘察设计院集团有限公司,中国铁建电气化局集团有限公司*及其第一工程有限公司、第三工程有限公司、南方工程有限公司、第二工程有限公司、第四工程有限公司、北方工程有限公司,中铁十四局集团有限公司电气化工程有限公司
32	新建武汉至十堰铁路孝感至十堰段综合工程	中铁第四勘察设计院集团有限公司,北京铁研建设监理有限责任公司,中铁十一局集团有限公司*及其第一工程有限公司、第二工程有限公司、第三工程有限公司、第四工程有限公司、第六工程有限公司、桥梁工程有限公司、电务工程有限公司、建筑安装工程有限公司,中国铁建大桥工程局集团有限公司,中铁十五局集团有限公司,中铁十二局集团有限公司,中铁十七局集团有限公司,中铁建设集团有限公司,中国铁建电气化局集团有限公司及其南方工程有限公司
33	渝怀铁路涪陵至梅江段增建二线新圆梁山隧道	中铁十一局集团有限公司*及其中铁十一局集团第五工程有限公司

续表

序号	获 奖 工 程	施 工 单 位
34	新建银川至西安铁路陕西段站前工程施工 YXZQ－1 标段咸阳渭河特大桥	中铁第一勘察设计院集团有限公司
35	新建银川至西安铁路彬县隧道	中铁第一勘察设计院集团有限公司，中铁十一局集团有限公司*及其第一工程有限公司、桥梁工程有限公司，中国铁建电气化局集团有限公司
36	北京市冰上项目训练基地综合训练馆	中铁十二局集团建筑安装工程有限公司
37	铁建大厦项目主体工程	珠海铁建大厦置业公司、中铁城建集团有限公司*及其第一工程有限公司、中铁建设集团有限公司、中铁建苏州设计研究院有限公司、北京中铁电梯工程有限公司
38	襄阳东站综合枢纽工程	中铁第四勘察设计院集团有限公司，北京铁研建设监理有限责任公司，中铁十九局集团有限公司，中铁十一局集团有限公司及其电务工程有限公司、第一工程有限公司，中铁二十局集团有限公司
39	新建上海至南通铁路（南通至安亭段）南通西站等 6 座站房、生产生活房屋及相关工程 HTFJ－1 标段南通西站	中铁第四勘察设计院集团有限公司、中铁十四局集团有限公司
40	锦州文化艺术中心建设 PPP 项目	中铁十七局集团有限公司*及其建筑工程有限公司
41	柳东新区文化广场	中铁第四勘察设计院集团有限公司南宁勘察设计院集团有限公司
42	尼日利亚航空部阿布贾航站楼工程	中土集团福州勘察设计研究院有限公司、中国土木工程集团有限公司*、中国铁建大桥工程局集团有限公司、中铁建设集团有限公司、中铁二十四局集团有限公司
43	尼日利亚阿布贾城铁一期工程	中国土木工程集团有限公司*、中国铁建电气化局集团有限公司、中铁二十四局集团有限公司、中铁二十一局集团有限公司

注：*为主申报单位。

（制表：刘 辉 牛 峰）

2022 年中国铁建杯优质工程奖获奖情况

序号	获 奖 工 程	施 工 单 位
1	尼日利亚拉伊铁路工程	中国土木工程集团有限公司、中土集团北方建设有限公司
2	纳米比亚内政与移民部总部大楼工程	中国土木（纳米比亚）有限公司/Oshilongo 公司（联合体）
3	三明市国道 205 茶林尾至荆东段支线台江连接线跨铁路段工程	中土集团福州勘察设计研究院有限公司
4	新建广州南沙港铁路西江特大桥	中铁十一局集团有限公司、中铁十二局集团有限公司、中铁二十五局集团有限公司
5	广东省珠海市洪鹤大桥工程	中铁十一局集团有限公司、保利长大工程有限公司、中国铁建大桥工程局集团有限公司、中交第二航务工程局有限公司
6	光谷大道南延（三环线至外环线）工程	中铁十一局集团有限公司、武汉市市政建设集团有限公司
7	改建铁路成都至昆明线峨眉至米易段扩能工程德昌隧道	中铁十一局集团有限公司及其第五工程有限公司、中铁二局集团有限公司

续表

序号	获　奖　工　程	施　工　单　位
8	广州市轨道交通18号线工程陇枕停车场	中铁十一局集团有限公司及其第三工程有限公司、第六工程有限公司，中铁建华南建设有限公司，中国铁建电气化局集团有限公司北方工程有限公司
9	青岛市平度中心医院(一期)PPP项目	中铁十一局集团有限公司
10	武汉市轨道交通5号线三角路站至南三环站(风、水、电、装修)工程	中铁十一局集团有限公司电务工程有限公司
11	苏州市轨道交通5号线工程土建施工项目V－TS－06标段	中铁十一局集团有限公司
12	徐州市城市轨道交通2号线一期工程	中国铁建股份有限公司、中铁十二局集团有限公司、中铁十九局集团有限公司、中铁十一局集团有限公司、中铁十六局集团有限公司、中铁十四局集团有限公司、中铁二十五局集团有限公司、中铁十五局集团有限公司、中铁城建集团有限公司、中铁建设集团有限公司、中国铁建大桥工程局集团有限公司、中铁二十四局集团有限公司
13	重庆合川至四川安岳(重庆段)高速公路第HATJ01合同段嘉陵江特大桥	中铁十二局集团有限公司
14	重庆合川至四川安岳(重庆段)高速公路第HATJ01合同段渠江特大桥	中铁十二局集团有限公司
15	汕(头)湛(江)高速公路惠州至清远段项目太和洞隧道	中铁十二局集团有限公司、中铁十八局集团有限公司及其第一工程有限公司
16	宝鸡至坪坎高速公路路基桥隧控制性工程秦岭天台山隧道	中铁十二局集团有限公司、中铁一局集团有限公司、中交第二公路工程局有限公司、中铁十一局集团有限公司
17	大(埔)丰(顺)(五)华高速公路丰顺至五华段鸿图特长隧道	中铁十二局集团有限公司、保利长大工程有限公司
18	新建铁路牡丹江至佳木斯客运专线工程麻山隧道	中铁十二局集团有限公司
19	烟台市福山区夹河中学	中铁十二局集团有限公司
20	苏州市轨道交通5号线工程供电系统(含接触网)施工安装项目(SRT5－11－10标)	中铁十二局集团电气化工程有限公司
21	新建黄骅南至大家洼铁路站前工程海兴特大桥	中铁十二局集团有限公司、中铁十九局集团有限公司
22	武穴长江公路大桥WX－2标段	中国铁建大桥工程局集团有限公司
23	湖北省棋盘洲长江公路大桥QPZ－1标段	中国铁建大桥工程局集团有限公司
24	明珠湾大桥工程(不含先行段)设计施工总承包	中国铁建大桥工程局集团有限公司
25	有轨电车蓉2号线及市政改造工程土建1标段	中国铁建大桥工程局集团有限公司
26	滹沱河生态修复三期工程(正定县)	中铁十四局集团有限公司及其第一工程发展有限公司
27	北京丰台站改建工程京广特大桥	中铁十四局集团有限公司及其第二工程有限公司

续表

序号	获 奖 工 程	施 工 单 位
28	济宁市内环高架及连接线项目－施工总承包二、四、六、八、九、十、十二标段	中铁十四局集团第三工程有限公司、中铁十五局集团第四工程有限公司、中铁二十五局集团第五工程有限公司、中铁二十二局集团有限公司、中铁十八局集团有限公司及其市政工程有限公司、中铁十七局集团第四工程有限公司
29	胜利黄河大桥维修改造工程	中铁十四局集团第三工程有限公司
30	新建张家界经吉首至怀化铁路 ZJHZQ－9 标段井家山隧道	中铁十四局集团有限公司及其第四工程有限公司
31	济南市济泺路穿黄隧道工程总承包(EPC)	中铁十四局集团有限公司及其大盾构工程有限公司、第四工程有限公司、房桥有限公司、电气化工程有限公司
32	南京和燕路过江通道南段隧道工程	中铁十四局集团有限公司及其大盾构工程有限公司
33	枣庄科教创新示范园(一期)A－6 地块艺术传媒研究中心及文理公共综合研究中心	中铁十四局集团有限公司及其建筑工程有限公司
34	104 国道瑞安仙降至平阳萧江段改建工程第 7 标段田垄隧道	中铁十五局集团第二工程有限公司
35	济宁市内环高架及连接线项目－任城大道(西外环至宁安大道段)施工总承包－快速路六标段	中铁十五局集团有限公司及其第四工程有限公司
36	临沧临翔至清水河高速公路 LQTJ2－3 合同段马家寨隧道工程	中铁十五局集团有限公司及其第五工程有限公司
37	新疆大学新校区项目建筑工程(核心区)施工图书馆	中铁十五局集团有限公司、新疆城建(集团)股份有限公司
38	浩吉铁路 MHSS－4 标峭山隧道	中铁十六局集团有限公司及其第四工程有限公司、第五工程有限公司
39	柳州市莲花大道工程莲花山隧道	中铁十六局集团有限公司及其第一工程有限公司
40	X352 县道改扩建工程项目(原漕湖大道准快速化工程)	中铁十六局集团有限公司及其第三工程有限公司、中交一公局第二工程有限公司
41	黄黄铁路 HHZQ－1 标段巴河特大桥	中铁十六局集团有限公司及其第五工程有限公司
42	莫斯科地铁第三换乘环线西南段项目	中铁十六局集团有限公司及其北京轨道交通工程建设有限公司
43	新建太原至焦作铁路山西段 TJZF－3 标段晋城东站站房工程	中铁十六局集团有限公司及其电气化工程有限公司
44	电力学院教学与实验楼	中铁十七局集团建筑工程有限公司
45	晋城市文化艺术中心工程	中铁十七局集团有限公司及其建筑工程有限公司
46	滹沱河生态修复工程(中华大街至藁城城区东)PPP 项目一标段	中铁十七局集团第三工程有限公司
47	江苏省南通市江海大道东延(综艺集团东—扬子江路)工程	中铁十七局集团有限公司、南通市港闸市政工程有限公司、江苏南通六建建设集团有限公司、南通四建集团有限公司、南通路桥工程有限公司、江苏省交通工程集团有限公司、通州建总集团有限公司、中建路桥集团有限公司、南通利元市政工程有限公司、南通市江海公路工程有限公司、南通长城建设集团有限公司

续表

序号	获 奖 工 程	施 工 单 位
48	厦门第二西通道(海沧隧道)工程	中铁十八局集团有限公司及其第一工程有限公司、中铁隧道局集团有限公司、中铁一局集团有限公司、中铁十二局集团有限公司、江西省宏发路桥建筑工程有限公司、兰州朗青交通科技有限公司、中铁十二局集团电气化工程有限公司、中铁二十四局集团上海电务电化有限公司、厦门嵩湖环保股份有限公司
49	新建杭州经绍兴至台州铁路东茗隧道	中铁十八局集团有限公司及其第二工程有限公司、第四工程有限公司、第五工程有限公司
50	太原市轨道交通 2 号线土建施工 SGTJ－201 标段	中铁十八局集团有限公司及其第三工程有限公司
51	新建玉溪至磨憨铁路站前工程 YMZQ－12 标段大尖山隧道	中铁十八局集团有限公司及其第五工程有限公司、市政工程有限公司
52	中国商飞江西生产试飞中心	中铁十八局集团有限公司及其建筑安装工程有限公司
53	新建杭州经绍兴至台州铁路嵊州特大桥	中铁十八局集团有限公司及其第二工程有限公司、第五工程有限公司
54	富田城一号院三期、四期、五期项目	中铁十八局集团北京工程有限公司
55	新建玉溪至磨憨铁路先期开工段站前工程 YMZQ－7 标段安定隧道	中铁十九局集团有限公司及其第二工程有限公司、中铁五局集团有限公司
56	新建朝阳至秦沈高铁凌海南站铁路联络线工程 CLTJ－1 标段大凌河特大桥	中铁十九局集团有限公司
57	万科广场项目 1 号楼	中铁十九局集团有限公司及其第五工程有限公司
58	新建川藏铁路拉萨至林芝段米林隧道	中铁十九局集团有限公司及其第六工程有限公司、中铁十七局集团有限公司
59	无锡地铁 4 号线一期站后综合工程机电安装工程	中铁十九局集团电务工程有限公司
60	苏州国际快速物流通道二期工程－春申湖路快速化改造工程五标段(CSH－TJ05)	中铁二十局集团第一工程有限公司、中亿丰建设集团股份有限公司、苏州中亿丰科技有限公司、苏州中恒通路桥股份有限公司、苏州交通工程集团有限公司
61	福州绕城公路东南段 A10 合同段江朱枢纽互通立交	中铁二十局集团第一工程有限公司
62	渝怀铁路梅江至怀化段增建第二线引入怀化枢纽站前工程 GTYHZQ－7 标段怀化西编组站	中铁二十局集团有限公司及其第二工程有限公司
63	北海市博物馆和档案馆工程	中铁二十局集团有限公司及其第三工程有限公司
64	西安地铁 5 号线二期工程[交大创新港至和平村(不含)]土建施工项目 D5－GC－TJ6 标段	中铁二十局集团有限公司及其第五工程有限公司
65	甘肃公航旅金融仓储基地(一期)项目	中铁二十局集团市政工程有限公司
66	新建玉溪至磨憨铁路站前工程 YMZQ－10 标段大金山隧道	中铁二十一局集团有限公司及其第三工程有限公司
67	兰州市城市轨道交通 1 号线一期工程土建Ⅱ标段 TJ－10 工区	中铁二十一局集团轨道交通工程有限公司
68	新建兴国至泉州铁路(兴宁段)XQXN－4 标省界隧道	中铁二十一局集团有限公司及其第四工程有限公司、第五工程有限公司

续表

序号	获奖工程	施工单位
69	新建南昌至赣州铁路客运专线 CGZQ－12 标及 CGZQ－8 标段赣州赣江特大桥站前工程	中铁二十一局集团有限公司、中铁十六局集团有限公司
70	铁建·渝都总承包项目(标段二)	中铁二十二局集团有限公司及其第二工程有限公司
71	新建北京至沈阳铁路客运专线北京段站前工程(不含动车运用所)JSJJSG－9 标段巨各庄隧道	中铁二十二局集团有限公司
72	新建银川至西安铁路客运专线甘宁段站前工程 YX－SG－ZQ2 标段宁县三号隧道	中铁二十二局集团有限公司及其第四工程有限公司
73	新店保障房地铁社区二期工程(A16－18/A32 地块)	中铁二十二局集团第三工程有限公司
74	成都经济区环线高速公路蒲江至都江堰段	中铁二十三局集团有限公司,中国铁建昆仑投资集团有限公司,中铁十一局集团第五工程有限公司,中铁十四局集团第一工程发展有限公司,中铁二十四局集团有限公司,中铁建大桥工程局集团第五工程有限公司,中铁二十三局集团第三工程有限公司,中铁十五局集团有限公司及其第五工程有限公司,中铁十六局集团有限公司及其第三工程有限公司,中铁十八局集团第二工程有限公司,中铁二十二局集团第四工程有限公司,中国铁建港航局集团有限公司,中铁十九局集团第一工程有限公司、第三工程有限公司,中铁城建集团第三工程有限公司/中铁十二局集团电气化工程有限公司(联合体)
75	恩阳城区外环线(一期)义阳大桥	中铁二十三局集团第三工程有限公司
76	内蒙古雅海能源开发有限责任公司 60 万吨液化天然气项目	中铁二十三局集团有限公司及其第四工程有限公司
77	新建连镇铁路工程站前Ⅷ标右线跨沪宁城际特大桥	中铁二十四局集团有限公司
78	新建福州至平潭铁路站前工程 FPZQ－2 标高峰山隧道	中铁二十四局集团有限公司
79	皖赣铁路芜湖至宣城段站房Ⅰ标段－宣城站	中铁二十四局集团有限公司
80	杭州至绍兴城际铁路工程接触网施工安装Ⅰ标	中铁二十四局集团上海电务电化有限公司
81	赣州市迎宾大道(含飞翔路段)及文明大道快速路工程二标段	中铁二十五局集团有限公司及其第一工程有限公司
82	长沙市湘府路(河西段)快速化改造工程	中铁二十五局集团有限公司及其第三工程有限公司
83	长沙市轨道交通 3 号线一期工程土建施工项目 SG－9 标段	中铁二十五局集团有限公司/湖南省第三工程有限公司(联合体)、中铁二十五局集团第五工程有限公司
84	青岛·金色蓝庭 A7 地块项目	中铁二十五局集团第六工程有限公司、第五工程有限公司
85	新建铁路磨丁至万象线万象站站房及相关工程	中铁建设集团有限公司
86	长白山站站房及相关工程	中铁建设集团有限公司
87	新建赣深铁路塘厦至深圳北段光明城站站房及相关工程	中铁建设集团有限公司

续表

序号	获 奖 工 程	施 工 单 位
88	新建赣深铁路 GSSG－15 标段工程－河源东站	中铁建设集团有限公司
89	菏泽东站站房及相关工程	中铁建设集团有限公司
90	盐城市城南新区体育中心体育馆工程	中铁建设集团有限公司
91	江门市档案中心	中铁建设集团有限公司
92	青州市博物馆聚落项目博物馆新馆主楼与办公楼	中铁建设集团有限公司
93	新建太原至焦作铁路山西段“四电”系统集成及相关工程	中国铁建电气化局集团有限公司及其第二工程有限公司、北方工程有限公司
94	新建北京至沈阳铁路客运专线京冀段“四电”系统集成及相关配套工程	中国铁建电气化局集团有限公司及其北方工程有限公司、第三工程有限公司，中铁二十一局集团有限公司
95	新建盐城至南通铁路“四电”系统集成及动车所站后工程	中国铁建电气化局集团有限公司及其第一工程有限公司
96	深圳至中山跨江通道特种海洋平台通航珠江口专用航道一期工程 S13 合同段	中国铁建港航局集团有限公司
97	重庆长寿长江二桥工程	中国铁建港航局集团有限公司
98	珠海市鹤洲至高栏港高速公路一期工程 HGTJ3 标段	中国铁建港航局集团有限公司
99	罗斯福高速公路与南部干道交叉口立交桥及附属工程设计施工项目	中国铁建国际集团有限公司
100	省会文化艺术中心三馆二期项目	中铁城建集团有限公司
101	新建赣深铁路广东段站房工程 GSSG－16 标段(惠州北站)	中铁城建集团有限公司
102	苏州高新区何山路西延工程三标段	中铁城建集团有限公司
103	高唐至东阿高速公路项目	中国铁建投资集团有限公司，中铁建(山东)高东高速公路有限公司，中国铁建大桥工程局集团有限公司，中铁十四局集团有限公司及其第四工程有限公司、电气化工程有限公司，中铁第四勘察设计院集团有限公司，中铁二十三局集团第一工程有限公司，中铁二十二局集团有限公司，中铁十二局集团有限公司
104	G0611 张掖至汶川国家高速公路张掖至扁都口段公路工程	中国铁建投资集团有限公司，中铁建甘肃张扁高速公路有限公司，中铁十五局集团有限公司及其第四工程有限公司，中铁二十局集团有限公司及其第一工程有限公司、市政工程有限公司，中铁二十一局集团有限公司及其第四工程有限公司，中国铁建电气化局集团有限公司，中铁建苏州设计研究院有限公司
105	京新高速(G7)梧桐大泉至木垒公路工程项目	中国铁建投资集团有限公司、中铁建新疆京新高速有限公司、中铁十二局集团有限公司、中铁十五局集团有限公司、中铁十九局集团有限公司、中铁二十一局集团有限公司
106	天津地铁 6 号线梅林路站至咸水沽西站调整工程	中国铁建股份有限公司、中铁建华北投资发展有限公司、中铁十八局集团有限公司、中铁十四局集团有限公司、中国铁建大桥工程局集团有限公司、中铁十二局集团有限公司、中国铁建电气化局集团有限公司

续表

序号	获 奖 工 程	施 工 单 位
107	深圳市城市轨道交通 20 号线一期工程	中国铁建股份有限公司、中铁十一局集团有限公司、中铁十二局集团有限公司、中铁十四局集团有限公司、中铁十五局集团有限公司、中铁十六局集团有限公司、中铁十九局集团有限公司、中铁二十二局集团有限公司、中铁二十五局集团有限公司、中国铁建大桥工程局集团有限公司、中铁城建集团有限公司、中铁建设集团有限公司、中国铁建电气化局集团有限公司
108	洛阳市轨道交通 1 号线正线土建工程 LYGD1－TJ－01 标段 03 工区	中铁十九局集团有限公司
109	厦门市轨道交通 3 号线工程土建施工总承包 3 标段	中国铁建股份有限公司、中铁海峡建设集团有限公司、中铁十六局集团有限公司、中铁十八局集团有限公司、中铁十二局集团有限公司、中铁十四局集团有限公司、中铁二十四局集团有限公司、中铁十七局集团有限公司
110	杭州地铁 8 号线一期工程施工总承包项目	中国铁建股份有限公司、中铁十六局集团有限公司、中铁十九局集团有限公司、中国铁建大桥工程局集团有限公司、中铁十一局集团有限公司、中国铁建电气化局集团有限公司、中铁三局集团有限公司、中铁十七局集团有限公司
111	南宁市轨道交通 2 号线东延工程（玉洞—坛兴村）施工总承包	中国铁建股份有限公司、中铁建北部湾建设投资有限公司、中国铁建大桥工程局集团有限公司、中铁十二局集团有限公司、中铁十八局集团有限公司、中铁十九局集团有限公司、中铁二十五局集团有限公司、中铁二十局集团有限公司、中铁城建集团有限公司、中铁十六局集团有限公司、中国铁建电气化局集团有限公司、中铁二十四局集团有限公司、中铁十一局集团有限公司
112	南宁市轨道交通 5 号线一期工程（那洪—金桥客运站）施工总承包 01 标段	中国铁建股份有限公司、中铁建北部湾建设投资有限公司、中国铁建大桥工程局集团有限公司、中铁十一局集团有限公司、中铁二十局集团有限公司、中铁十六局集团有限公司、中铁十八局集团有限公司、中铁二十一局集团有限公司、中铁二十四局集团有限公司、中国铁建电气化局集团有限公司、中铁建设集团有限公司

（制表：刘　辉　牛　峰）

【主要技术设备】 截至 2022 年底，中国铁建实有设备 142553 台（套），原值 815.69 亿元、净值 307.79 亿元。主要施工设备：盾构机、TBM 615 台，铁路客运专线用 900 吨级运架一体机 29 台、架桥机 207 台、运梁车 278 台、提移梁机 191 台（套），造桥机 10 台；大型施工船舶 33 台，常规铁路架桥机 158 台、铺轨机 280 台；电气化施工设备 975 台（套）；大型机械化整道设备 165 台。（张宏成）

【设备管理专业人员】 中国铁建系统现有设备管理专业技术人员 15771 人。其中，高级工程师 995 人，工程师 3212 人；设备技术工人 18085 人，机械司机 10234 人，汽车驾驶员 9398 人，修理工 3069 人。全年各单位完成专业技术培训 1296 期，培训人员 51693 人。（张宏成）

【2021 年设备购置统计及 2022 年设备固定资产购置计划】 2021 年，实际投入资金 65.7 亿元，新购投入资金 38.7 亿元。2022 年，计划新购设备 28425 台，金额 124.94 亿元，计划投入资金 53.64 亿元。（张宏成）

【设备集中采购】 2022 年，中国铁建采购设备 17586 台，合同金额 74.8 亿元，节约资金 4.45 亿元，集采率 96.28%，节资率 5.62%。（张宏成）

【铁路运输保障任务】 2022 年，承办铁路机车车辆驾驶人员资格理论春季、秋季考试 2 次，在国家铁路局设备监督管理司和广州地区监管局以及铁路机车车辆驾驶人员资格理论考试中心指导下，完成各项报名、培训、考试任务，考试一次通过率 44%。全年办理铁路机车驾驶员实作考试人员报名 145 人次，新获证人员适时填补新老司机交替的空缺，增强企业铁路机车驾驶司机实力。全年办理铁路路用车申请67份，申请使用路用车1930辆，其中路内项目1654辆、路外项目276辆，有力保障现场施工生产顺利进行。（张宏成）

【参加中国国际进口博览会】 2022年11月5—10日，中国国际进口博览会召开。中国铁建交易团汪建平、王立新参加中国国际进口博览会开幕式暨虹桥国际经济论坛主论坛，现场聆听习近平主席"共创开放繁荣的美好未来"主题演讲；王立新、曹保刚参加RCEP与更高水平开放高层论坛及践行全球发展倡议，建设世界一流企业分论坛；高晓东参加新发展格局下的应急管理体系和能力现代化论坛；白云飞参加中国建筑业供应链合作发展联盟成立大会暨建筑央企进口采购联合签约仪式。（张宏成）

【物资管理专业人员】 2022年，中国铁建系统物资管理人员19979人。其中，高级职称665人、中级职称2941人、初级职称6627人，其他管理人员9746人。各单位全年完成业务培训2609期，培训105076人次。（张 玮）

【物资供应】 2022年，中国铁建系统组织采购供应物资3572.15亿元，消耗3658.88亿元。其中，供应钢材2305.17万吨，水泥6138.17万吨，柴油124.81万吨，炸药7.95万吨，满足施工生产物资需求，确保施工生产顺利进行。（张 玮）

【物资集中采购】 2022年，中国铁建系统工程施工物资采购3572亿元，集中采购物资3398.71亿元，集采率95.14%，节约资金154.53亿元，节资率4.34%。全年物资集采稳步推进。一是开展采购标准化建设。组织梳理物资集采各类表单、流程，通过铁建云采平台进行固化；编制《物资采购文件范本》《物资集采内供合同范本》等标准示范文本；建立统一的中国铁建物资编码库及相应的管理体系。二是提高集采外供工作成效。发挥规模优势，以量议价，提高集采效能，区域中心组织实施采购1810批次，采购1284.44亿元，同比增长22.66%。三是推进重点项目集采。组织沈白高铁、西昆高铁项目物资集采实施，两个项目大宗类物资集采48.61亿元，采购钢材59.01万吨、水泥361.73万吨，预期可节约资金约4亿元，其中西昆高铁是首个采用"源头采购+共同选商+一体化服务"模式实施集采供应的铁路项目，得到参建施工单位和业主单位高度认可。四是推进铁建云采平台建设和试点运行。累计开展培训32次，培训13320余人，收集反馈问题、建议746条，实施版本升级迭代16次、功能优化77次，铁建云采平台于2022年12月30日实现物资采购业务全面上线。（张 玮）

【提质增效专项行动】 根据国务院国资委关于开展2022年提质增效专项行动要求，中国铁建在全系统认真组织开展提质增效专项行动。一是年初印发《中国铁建股份有限公司2022年提质增效专项行动方案》，明确10大经营目标、7个方面43项具体工作措施，并将具体措施分解到总部各业务部门。二是召开视频会议对所属单位提质增效专项行动工作进行布置，要求各单位结合工作实际情况，逐级制定2022年度提质增效专项行动方案，方案制定到终端项目部，确保提质增效专项行动在项目基层落地执行。三是根据中国铁建领导与职能部门变动情况，印发《关于调整中国铁建股份有限公司提质增效专项行动领导小组的通知》，及时调整提质增效专项领导小组，进一步加强组织领导。四是根据国务院国资委关于2022年下半年提质增效稳增长工作方案要求，印发《中国铁建股份有限公司2022年下半年提质增效稳增长工作方案》，明确两大方面14项具体工作，进一步优化组织推进机制，确保提质增效工作深入实施、落地见效。五是按季度编写完成中国铁建提质增效专项行动工作完成情况报告并上报国务院国资委，动态掌握各单位提质增效主要指标完成情况及相关工作开展情况。六是及时总结提质增效专项行动中好的经验做法，《深入实施项目精益管理 致力打造品质铁建》在国务院国资委国有企业经济运行动态上发布。（城 云 何 佼）

【中国铁建2022年分包商名录发布】 根据所属各单位2022年分包商评价结果，发布《中国铁建2022年分包商名录》，名录分为工程项目、房地产开发项目和境外工程项目3类。发布优秀分包商147家，不合格分包商1970家，合格分包商名录由各单位编制管理，合计39194家。（城 云 何 佼）

【变更索赔】 2022年,中国铁建持续加强施工合同管理及铁路重点项目包保责任落实等工作。施工板块21家单位全年批复变更索赔额1446.72亿元,同比增加177.7亿元、增长14%,完成年度计划1200亿元的120.56%;变更索赔率13.42%,比上年同期高0.83个百分点,比年度计划指标12%高1.42个百分点;变更索赔收益额155.83亿元,变更索赔收益率10.77%,比上年同期高0.78个百分点。 (周本敏 郝一明)

【重点项目变更索赔包保】 2022年,中国铁建重点项目变更索赔包保项目284个,批复变更索赔金额165.59亿元,完成包保目标的130.55%。284个包保项目中226个完成包保责任目标,占包保项目总数的79.58%。考核兑现项目54个,考核奖励1252人次,兑现奖金2944.5万元,占批复变更索赔总额165.59亿元的0.18%;处罚1人次,处罚金额0.5万元。

(周本敏 郝一明)

【铁路竣工项目概算清理】 2022年初,中国铁建印发《关于加强2022年铁路项目清概工作的通知》,督促各单位制定概算清理工作方案,及时办理结算和计价工作,加大确权工作力度,实现计价回款目标。全年完成铁路项目清概184个标段,批复变更索赔金额408.01亿元,占中标合同额2300.98亿元的17.73%。

(周本敏 郝一明)

【铁路项目审计问题整改落实】 2022年4—6月,针对审计署提出的黔张常、银西铁路等项目333项问题,积极与国铁集团沟通对接,及时报送有关审计问题整改报告、质量安全承诺书、廉政承诺书等资料,督促所属相关单位完成铁路项目转包及违法分包问题的阶段性整改工作,历时70余天,整改工作圆满完成。

(周本敏 郝一明)

【推动铁路行业造价政策的落实和改善】 一是组织对铁路工程预算定额(13册)、编制办法及费用定额等征求意见稿进行专家审查和反馈意见建议,并参加铁路工程综合工费单价动态调整机制及有关造价标准课题研究方案审查。二是督导所属单位参与川藏铁路调价机制研究工作,促进川藏铁路工程设计概预算编制补充规定等铁路造价新标准的实施。三是向国务院国资委、外部董事反映有关铁路工程施工合同及造价问题,沟通汇报川藏铁路工程造价和施工费用问题,积极推动铁路造价政策逐步改善。 (周本敏 郝一明)

【变更索赔案例和文件汇编发布】 中国铁建编印2022年版《工程项目变更索赔案例汇编》《工程项目变更索赔文件汇编》,整理形成144个变更索赔典型案例和159个相关政策文件汇编,对所属各单位印发12693册,为系统内各单位和项目开展变更索赔工作提供参考借鉴依据。

(周本敏 郝一明)

【推进解决重大项目变更费用问题】 一是参与协调解决拉林铁路清概审查核减预设计不良地质施工降效费以及赣深铁路爆破监理服务费问题,促进两项费用变更在行业内取得一定突破。二是推动解决大瑞、杭温、石厦、阳安、广州外绕铁路等重大项目有关施工费用问题,向国铁集团报送《关于大瑞铁路施工有关费用问题的报告》。三是对川藏铁路项目进行现场调研,梳理有关施工合同及造价问题报告,督促参建单位做好前期策划工作。 (周本敏 郝一明)

【完成施工合同风险预控相关工作】 一是强化对合同条款风险的审核把关,完成深圳地铁6号线、南宁市地铁5号线等项目65份补充协议评审及签署。二是参加青岛地铁15号线、西安地铁1号和2号线等44个施工总承包项目投标及合同评审。三是参加23次房地产会议139个项目和地块竞买审议、固定资产及资本运营项目评审。 (周本敏 郝一明)

铁路工程

·川藏铁路·

【工程概况】 新建川藏铁路雅安至林芝段,位于四川省及西藏自治区,线路起自既有成都至雅安铁路雅安站,向西行经雅安、甘孜、昌都、林芝四市州,接入在建拉萨至林芝铁路林芝站。新建正线全长1011千米,其中四川省境内468.51千米,西藏自治区境内542.49千米,全线新建车站24座(不含雅安站、林芝站)。新建桥隧958千米,桥隧占比95%。其中,桥梁89座120千米,占线路全长的12%;隧道72座838千米,占线路全长的83%。铁路等级为Ⅰ级,正线数目为双线,设计时速120~200千米。工程投资3198亿元。雅林段分为"两隧一桥"先期开工段、"两区段"、"中间段"3段。中国铁建所属中铁十一局、中铁十二局、中国铁建大桥局、中铁十四局、中铁十六局、中铁十八局、中铁二十局、中铁二十一局、中铁二十四局集团有限公司参加工程建设。（齐元新）

【参建标段】 川藏铁路雅林段"两隧一桥"先期开工段:中铁十二局集团有限公司承建CZSCZQ-2标段工程 项目部驻四川省康定市,项目负责人白国峰。合同投资286940万元,线路长11.8千米,合同工期2020年11月至2028年5月。主要工程量:康定2号隧道进口10.8千米。

中铁十八局集团有限公司承建CZSCZQ-3标段工程 项目部驻四川省甘孜藏族自治州康定市,项目负责人郭志强。合同投资256418万元,线路长10千米,合同工期2020年11月至2028年5月。主要工程量:康定2号隧道出口9.9千米。

川藏铁路雅林段"两区段":中铁十一局集团有限公司承建CZSCZQ-4标段工程 项目部驻四川省雅安市天全县,项目负责人李岳峰。合同投资959663万元,线路长73.6千米,合同工期2021年4月至2030年11月。主要工程量:路基2.6千米,隧道13.5座65.2千米,桥梁13座5.8千米,涵洞8座,站场3处,无砟道床143.8千米。

中铁十二局集团有限公司承建CZSCZQ-5标段工程 项目部驻四川省甘孜藏族自治州康定市,项目负责人白国峰。合同投资1116950万元,线路长65.2千米,合同工期2021年4月至2030年11月。主要工程量:隧道3.5座63千米,桥梁2座683米,车站2座。

川藏铁路雅林段"中间段":中铁十一局集团有限公司承建四川段CZSCZQ-7标段工程 项目部驻四川省甘孜藏族自治州雅江县,项目负责人董瑞武。合同投资844524万元,线路长36.7千米,合同工期2021年12月至2032年11月。主要工程量:路基643米,隧道2.5座35.4千米,桥梁3座640米,无砟道床73.3千米。

中国铁建大桥工程局集团有限公司承建西藏段CZXZZQ-11标段工程 项目部驻西藏自治区昌都市察雅县,项目负责人林吉兴。合同投资735514万元,线路长24.6千米,合同工期2021年12月至2032年11月。主要工程量:隧道1.3座23.5千米,桥梁1座1.1千米,无砟道床48千米。

中铁十四局集团有限公司承建西藏段CZXZZQ-8标段工程 项目部驻西藏自治区昌都市洛隆县,项目负责人王晓勇。合同投资983465万元,线路长48.8千米,合同工期2021年12月至2032年11月。主要工程量:隧道3座44.4千米,桥梁3座4.2千米,站场1处,铺轨98.5千米。

中铁十六局集团有限公司承建四川段CZSCZQ-8标段工程 项目部驻四川省甘孜藏族自治州雅江县,项目负责人宋青波。合同投资959881万元,线路长41.2千米,合同工期2021年12月至2032年11月。主要工程量:路基171米,隧道4.8座38.5千米,桥梁4座1.4千米,车站1座。

中铁十八局集团有限公司承建西藏段CZXZZQ-15标段工程 项目部驻西藏自治区昌都市,项目负责人周大勇。合同投资916834万元,线路长41.7千米,合同工期2021年12月至2032年11月。主要工程量:路基2千米,隧道3座38.4千米,桥梁3座1.5千米,涵洞3座,站场1处,无砟道床74.9千米。

中铁二十局集团有限公司承建西藏段CZXZZQ-14标段A工程 项目部驻西藏自治区昌都市贡觉县,项目负责人吕鹏涛。合同投资807787万元,线路长35.8千米,合同工期2021年12月至2032年11月。主要工程量:路基2.4千米,桥梁4座1.8千米,隧道2.6座31.5千米,无砟轨道33.5千米,车站1座。

中铁二十一局集团有限公司承建西藏段CZXZDL-1标段工程 项目部驻西藏自治区昌都市察雅县,项目负责人郭静。合同投资44008万元,线路长99.2千米,合同工期:2021年4月至2022年3月。主要工程量:施工道路及施工供电工程。

中铁二十四局集团有限公司承建西藏段CZXZZQ-14标段B工程 项目部驻西藏自治区昌都市察雅县,项目负责人刘声辉。合同投资255853万元,线路长20.8千米,合同工期2021年12月至2032年11月。

主要工程量：路基484米，桥梁7座10.8千米，隧道3.4座9.5千米，无砟轨道20.6千米。（齐元新）

·西昆高速铁路·

【工程概况】 西昆高速铁路是国家《中长期铁路网规划(2030)》中“八纵八横”之“京昆纵线”的重要组成部分，地处西部大开发的核心区域，途经陕西省、四川省、重庆市、贵州省、云南省，正线全长1355千米，设计时速350千米，工程投资2900亿元。全段由原规划的西康高速铁路（全长178千米）、渝康高速铁路（全长479千米）和渝昆高速铁路（全长699千米）3段组成。中国铁建所属中铁十一局、中铁十二局、中国铁建大桥局、中铁十四局、中铁十五局、中铁十六局、中铁十七局、中铁十八局、中铁十九局、中铁二十局、中铁二十四局、中铁建设、中国铁建电气化局集团有限公司参加工程建设。（齐元新）

【参建标段】 西康高速铁路：中铁十一局集团有限公司承建渝昆高速铁路川渝段YKCYZQ－1标段工程 项目部驻重庆市九龙坡区，项目负责人张开顺。合同投资356941万元，线路长39.7千米，合同工期2020年12月至2025年6月。主要工程量：路基挖方304.1万立方米、填方56.3万立方米，桥梁27座21.7千米，隧道5座10.5千米，无砟道床57.3千米。

中铁十二局集团有限公司承建渝昆高速铁路川渝段YKCYZQ－3标段工程 项目部驻四川省泸州市龙马潭区，项目负责人李军保。合同投资293699万元，线路长38.9千米，合同工期2020年12月至2024年12月。主要工程量：路基12.7千米，土石方373.8万立方米，桥梁43座25.5千米，涵洞28座656.2横延米，隧道2座0.7千米，正线无砟道床77.2千米。

中铁十二局集团有限公司承建渝昆高速铁路宜崇段YKYGZQ－6标段工程 项目部驻云南省曲靖市会泽县，项目负责人宋振军。合同投资656211万元，线路长58.3千米，合同工期2021年9月至2027年8月。主要工程量：路基2千米，隧道12座47.5千米，桥梁19座8.6千米，涵洞3座，无砟道床117.4千米，站线铺轨1.6千米。

中国铁建大桥工程局集团有限公司承建渝昆高速铁路宜崇段YKYGZQ－1标段工程 项目部驻云南省昭通市盐津县，项目负责人刘绍石。合同投资489952万元，线路长36.4千米，合同工期2021年9月至2027年8月。主要工程量：路基11米，隧道3.5座50千米，桥梁4座1.4千米，站场1座，无砟道床73.8千米。

中铁十六局集团有限公司承建渝昆高速铁路宜崇段YKYGZQ－8标段工程 项目部驻云南省昆明市嵩明县，项目负责人刘磊。合同投资346626万元，线路长30.4千米，合同工期2021年9月至2027年8月。主要工程量：隧道3座4.6千米，桥梁25座11.5千米，路基14.2千米，铺轨801.6千米。

中铁十八局集团有限公司承建渝昆高速铁路宜崇段YKYGZQ－5标段工程 项目部驻云南省曲靖市会泽县，项目负责人高双涛。合同投资638230万元，线路长63.2千米，合同工期2021年9月至2027年8月。主要工程量：路基1千米，隧道6座58.5千米，桥梁6座3.7千米，涵洞3座45.6横延米，无砟道床127.3千米。

中铁十八局集团有限公司承建渝昆高速铁路崇昆段YKYGZQ(DJ)－2标段工程 项目部驻云南省昆明市官渡区，项目负责人杨长京。合同投资255000万元，线路长12.7千米，合同工期2021年10月至2027年8月。主要工程量：路基560米，特大桥2座2.9千米，隧道1座8.8千米，无砟道床31.9千米。

中铁二十四局集团有限公司承建渝昆高速铁路宜崇段YKYGZQ－3标段工程 项目部驻云南省昆明市呈贡区，项目负责人冯文波。合同投资270870万元，线路长19.4千米，合同工期2021年1月至2027年8月。主要工程量：路基3.6千米，土石方49.8万立方米，桥梁8座12千米，隧道6座9.8千米，无砟道床27.5千米，线路所2处。

中国铁建电气化局集团有限公司承建渝昆高速铁路川渝段YKCYSD－1标段工程 项目部驻重庆市九龙坡区，项目负责人廖小平。合同投资178201万元，线路长292千米，合同工期2022年12月至2027年8月。主要工程量：通信、信号、电力及牵引供电、信息客服、灾害监测、“四电”独立房屋工程等内容。

康渝高速铁路：中铁十一局集团有限公司承建康渝高速铁路XYKYZQ－15标段工程 项目部驻重庆市万州区，项目负责人唐双林。合同投资466773万元,线路长36.9千米,合同工期2022年11月至2028年11月。主要工程量:路基0.9千米,桥梁8座1.6千米,隧道6座31.3千米,正线铺轨73.8千米。

中铁十一局集团有限公司承建康渝高速铁路XYKYSNZQ－1标段工程　项目部驻重庆市北碚区,项目负责人管强。合同投资226385万元,线路长22.8千米,合同工期2022年11月至2028年11月。主要工程量:路基2.3千米,桥梁15座11.8千米,隧道2.5座8.7千米,无砟道床45.6千米。

中铁十二局集团有限公司承建康渝高速铁路XYKYZQ－01标段工程　项目部驻重庆市城口县,项目负责人张斌。合同投资389392万元,线路长25.3千米,合同工期2022年11月至2028年11月。主要工程量:桥梁6座2.5千米,隧道6座22.5千米,站场1处。

中铁十四局集团有限公司承建康渝高速铁路XYKYZQ－12标段工程　项目部驻重庆市合川区,项目负责人陈忠锋。合同投资326987万元,线路长26.7千米,合同工期2022年11月至2028年11月。主要工程量:路基6.3千米,桥梁28座11.7千米,隧道3座8.8千米,站场1处,无砟道床54.3千米,改路87千米。

中铁十四局集团有限公司承建康渝高速铁路KYZQ－3标段工程　项目部驻陕西省安康市,项目负责人袁时富。合同投资282593万元,线路长19.9千米,合同工期2022年12月至2028年11月。主要工程量:路基0.7千米,桥梁5座1.1千米,隧道7座18.1千米,站场1处,无砟道床40.9千米,轨枕场1处。

中铁十五局集团有限公司承建康渝高速铁路XYKYZQ－09标段工程　项目部驻四川省达州市大竹县,项目负责人郭军。合同投资333077万元,线路长31.8千米,合同工期2022年11月至2028年11月。主要工程量:路基8.2千米,桥梁30座11千米,隧道2座12.5千米,涵洞20座。

中铁十七局集团有限公司承建康渝高速铁路XYKYZQ－13标段工程　项目部驻四川省达州市宣汉县,项目负责人刘新福。合同投资287754万元,线路长22.9千米,合同工期2022年11月至2028年11月。主要工程量:桥梁3座0.6千米,隧道3座22.9千米,无砟道床45.9千米。

中铁十九局集团有限公司承建康渝高速铁路KYZQ－1标段工程　项目部驻陕西省安康市汉滨区,项目负责人任宏伟。合同投资191450万元,线路长11.3千米,合同工期2022年12月至2028年11月。主要工程量:路基154米,桥梁3.5千米,隧道2座7.7千米。

中铁二十局集团有限公司承建康渝高速铁路XYKYZQ－03标段工程　项目部驻四川省达州市宣汉县,项目负责人吕志峰。合同投资402376万元,线路长30.0千米,合同工期2022年12月至2028年11月。主要工程量:路基78米,桥梁5座1.3千米,隧道6座28.6千米,无砟道床59.9千米。

中铁二十四局集团有限公司承建康渝高速铁路XYKYZQ－06标段工程　项目部驻四川省达州市通川区,项目负责人范德全。合同投资306735万元,线路长29.0千米,合同工期2022年11月至2028年11月。主要工程量:路基1.9千米,桥梁13座5.5千米,隧道6座21.6千米,无砟道床57.8千米。

中铁二十四局集团有限公司承建康渝高速铁路XYKYSNZQ－2标段工程　项目部驻重庆市北碚区,项目负责人冯文波。合同投资259706万元,线路长24.1千米,合同工期2022年12月至2028年11月。主要工程量:联络线17.6千米,路基6.4千米,桥梁20座5.4千米,隧道10.5座12.3千米,站场4处,铺轨48.9千米。

西康高速铁路:中铁十一局集团有限公司承建西康高速铁路XKZQ－4标段工程　项目部驻陕西省镇安县,项目负责人徐兴国。合同投资274104万元,线路长27.2千米,合同工期2021年6月至2026年7月。主要工程量:桥梁4座2千米,隧道4座24.9千米,站场1处,轨枕预制317.4千米,无砟道床53.3千米。

中铁十二局集团有限公司承建西康高速铁路XKSDJC－1标段工程　项目部驻陕西省镇安县,项目负责人王勇军。合同投资145823万元,线路长170.4千米,合同工期2021年6月至2026年6月。主要工程量:通信、信号、信息、防灾、电力、牵引供电、房屋工程及其他运营生产设备、建筑物等工程。

中铁十九局集团有限公司承建西康高速铁路XKZQ－6标段工程　项目部驻陕西省安康市汉滨区,项目负责人王孝平。合同投资22345万元,线路长23.8千米,合同工期2021年7月至2026年6月。主要工程量:桥梁3座224米,隧道3座23.6千米,无砟道床47.3千米。

中铁建设集团有限公司承建西康高速铁路XKZF-1标段工程　项目部驻陕西省安康市汉滨区,项目负责人何魁。合同投资73997万元,合同工期2021年12月至2026年6月。主要工程量:太河、柞水西、镇安西及安康西新建铁路站房4座以及生产生活房屋46处。

(齐元新)

·西十高速铁路·

【工程概况】　西(安)十(堰)高速铁路是《国家综合立体交通网规划纲要》规划建设的8条通道之一福(州)银(川)高铁西安至武汉高铁重要组成部分,西起陕西省西安市,向东南穿越秦岭山脉,经商洛市,终到湖北省十堰市,在十堰东站与汉十高铁相接,形成西安至武汉又一快速铁路客运通道。项目新建正线全长255.76千米,设计时速350千米。中国铁建所属中铁十一局、中铁十二局、中铁十八局、中铁二十局集团有限公司参加工程建设。(齐元新)

【参建标段】　中铁十一局集团有限公司承建西十高速铁路XSZQ-1标段工程　项目部驻湖北省十堰市郧阳区,项目负责人黎建华。合同投资322051万元,线路长28.1千米,合同工期2021年6月至2025年11月。主要工程量:路基土石方4.1万立方米,桥梁11座4.0千米,隧道9座23.9千米,无砟道床54.8千米。

中铁十一局集团有限公司承建西十高速铁路XSZQ-6标段工程　项目部驻陕西省商洛市山阳县,项目负责人刘汉良。合同投资229250万元,线路长20.7千米,合同工期2021年12月至2026年6月。主要工程量:路基1.5千米,桥梁6座2.0千米,隧道1.5座17.2千米,站场1处,无砟道床41千米,铺轨41千米。

中铁十二局集团有限公司承建西十高速铁路XSZQ-3标段工程　项目部驻湖北省十堰市郧西县,项目负责人吴舜明。合同投资338708万元,线路长29.8千米,合同工期2021年12月至2026年6月。主要工程量:桥梁7座2.0千米,隧道8座27.9千米,无砟道床60千米,轨枕预制26.3万根,铺轨172.2千米。

中铁十八局集团有限公司承建西十高速铁路XSZQ-2标段工程　项目部驻陕西省西安市蓝田县,项目负责人文凯。合同投资382298万元,线路长33.4千米,合同工期2021年12月至2026年6月。主要工程量:路基450米,桥梁4座0.6千米,隧道3.6座32.5千米,无砟道床66.9千米,铺轨66.9千米。

中铁二十局集团有限公司承建西十高速铁路XSZQ-4标段工程　项目部驻陕西省商洛市商州区,项目负责人李宗辉。合同投资197079万元,线路长15.1千米,合同工期2021年12月至2026年6月。主要工程量:路基2千米,桥梁5座1.8千米,隧道3座11.6千米,无砟道床29.6千米。(齐元新)

·成兰铁路·

【工程概况】　成兰铁路起自四川省成都市青白江区,经广汉市、什邡市、绵竹市、安县、茂县、九寨沟县、松潘县,在甘肃省内接兰渝铁路哈达铺站,哈达铺至兰州段与兰渝铁路共线,线路全长780千米,Ⅰ级电气化铁路,设计时速200千米,2012年开工建设,工程投资619亿元。中国铁建所属中铁十二局、中铁十四局、中铁十六局、中铁十七局、中铁十八局、中铁十九局、中铁二十五局集团有限公司参加工程建设。(齐元新)

【参建标段】　中铁十二局集团有限公司承建成兰铁路CLZQ-8标段工程　项目部驻四川省阿坝州茂县,项目负责人石红吉。合同投资158755万元,线路长18.2千米,合同工期2012年12月至2020年12月。主要工程量:桥梁0.2千米,隧道18千米。

中铁十四局集团有限公司承建成兰铁路CLZQ-11标段工程　项目部驻四川省阿坝州松潘县,项目负责人张同晓。合同投资153975万元,线路长24.2千米,合同工期2012年12月至2020年12月。主要工程量:桥梁2.5千米,隧道21.1千米。

中铁十六局集团有限公司承建成兰铁路CLZQ-4标段工程　项目部驻四川省绵阳市安县,项目负责人黄海洪。合同投资125717万元,线路长19.2千米,合同工期2012年12月至2020年12月。主要工程量:土石方 320 万立方米,桥梁 2 座 0.5 千米,隧道 2 座 11.9 千米,铺轨 102 千米。

中铁十六局集团有限公司承建成兰铁路 CLZQ－12 标段工程　项目部驻四川省阿坝州松潘县,项目负责人边林琳。合同投资 134477 万元,线路长 11.8 千米,合同工期 2012 年 12 月至 2022 年 4 月。主要工程量:隧道 1 座 11.8 千米。

中铁十七局集团有限公司承建成兰铁路 CLZQ－7 标段工程　项目部驻四川省阿坝州茂县,项目负责人侯国强。合同投资 108314 万元,线路长 7.3 千米,合同工期 2012 年 12 月至 2021 年 10 月。主要工程量:土石方 105 万立方米,桥梁 1.2 千米,隧道 6 千米,无砟轨道 129.8 千米。

中铁十七局集团有限公司承建成兰铁路引入成都枢纽 DJ 标段站前工程　项目部驻四川省成都市青白江区,项目负责人张德根。合同投资 32280 万元,线路长 13.0 千米,合同工期 2013 年 1 月至 2021 年 12 月。主要工程量:土石方 232 万立方米,桥梁 9 座,站场 4 处,铺轨 30.5 千米。

中铁十八局集团有限公司承建成兰铁路引入成都枢纽 DJ 标段站后工程　项目部驻四川省成都市青白江区,项目负责人郝午飞。合同投资 12937 万元,线路长 49.8 千米,合同工期 2012 年 12 月至 2020 年 12 月。主要工程量:房屋面积 40428 平方米。

中铁十九局集团有限公司承建成兰铁路 CLZQ－5 标段工程　项目部驻四川省绵阳市安县,项目负责人王海亮。合同投资 133078 万元,线路长 18.1 千米,合同工期 2012 年 12 月至 2022 年 5 月。主要工程量:土石方 2.6 万立方米,桥梁 1 座 0.2 千米,隧道 2 座 17.9 千米,站场 1 处。

中铁二十五局集团有限公司承建成兰铁路 CLZQ－13 标段工程　项目部驻四川省阿坝州松潘县,项目负责人庞尔林。合同投资 157087 万元,线路长 22.9 千米,合同工期 2012 年 12 月至 2022 年 10 月。主要工程量:土石方 293 万立方米,桥梁 14 座 6.4 千米,隧道 2 座 11.2 千米,双块式轨枕预制单线长度 102 千米和安装单线 15 千米,车站 2 座。　（齐元新）

·福厦高速铁路·

【工程概况】　福厦高速铁路是连接福建省福州市和厦门市的高铁客运专线,自福州、莆田、泉州至厦门、漳州。线路全长 294 千米,设计时速 350 千米。2017 年 1 月开工建设。中国铁建所属中铁十一局、中铁十二局、中国铁建大桥局、中铁十六局、中铁十七局、中国铁建电气化局集团有限公司参加工程建设。　（齐元新）

【参建标段】　中铁十一局集团有限公司承建福厦高速铁路 FX－4 标段工程　项目部驻福建省莆田市城厢区,项目负责人孙昱。合同投资 239253 万元,线路长 21.5 千米,合同工期 2017 年 9 月至 2022 年 9 月。主要工程量:土石方 257.3 万立方米,桥梁 2 座 18.5 千米,站场 1 处,铺轨 371 千米。

中铁十二局集团有限公司承建福厦高速铁路 FX－2 标段工程　项目部驻福建省福州市福清市,项目负责人黄建国。合同投资 237290 万元,线路长 33.4 千米,合同工期 2017 年 9 月至 2022 年 9 月。主要工程量:路基 2.7 千米,桥梁 9.7 千米,隧道 21 千米,无砟道床 64.9 千米,站场 1 处。

中国铁建大桥工程局集团有限公司承建福厦高速铁路 FX－7 标段工程　项目部驻福建省泉州市晋江市,项目负责人崔淑斌。合同投资 303725 万元,线路长 32.2 千米,合同工期 2017 年 9 月至 2022 年 9 月。主要工程量:土石方 273.3 万立方米,桥梁 9 座 20.3 千米,隧道 2 座 6.0 千米,站场 1 处,无砟道床 66.4 千米。

中铁十六局集团有限公司承建福厦高速铁路 FX－3 标段工程　项目部驻福建省莆田市涵江区,项目负责人王传宗。合同投资 216940 万元,线路长 35.1 千米,合同工期 2017 年 9 月至 2023 年 6 月。主要工程量:路基 1.5 千米,桥梁 5 座 23.7 千米,隧道 3 座 9.9 千米。

中铁十七局集团有限公司承建福厦高速铁路 FX－XX 标段工程　项目部驻福建省漳州市龙海市,项目负责人钟益雄。合同投资 47231 万元,线路长 9.9 千米,合同工期 2017 年 9 月至 2022 年 1 月。主要工程量:路基 1.1 千米,桥梁 5.9 千米,隧道 2.9 千米。

中国铁建电气化局集团有限公司承建福厦高速铁路 FXSD 标段工程　项目部驻福建省福州市福清市,项目负责人刘兴晨。合同投资 181016 万元,线路长 277.4 千米,合同工期 2020 年 7 月至 2023 年 6 月。主要工程量:正线及联络线电力、变电、通信、信号、接触

网及配套设备房屋工程。　(齐元新)

·贵南高速铁路·

【工程概况】 贵南高速铁路是广西壮族自治区第一条设计时速350千米的客运专线。北起贵州省贵阳市,途经都匀、荔波、金城江、都安、马山,南至广西壮族自治区南宁市,线路全长512千米,正线长487千米,工程投资757.6亿元。2017年12月开工建设。中国铁建所属中铁十一局、中铁十二局、中铁十四局、中铁十八局、中铁二十一局集团有限公司参加工程建设。

(齐元新)

【参建标段】 中铁十一局集团有限公司承建贵南高速铁路贵州段GNZQ－4标段工程　项目部驻贵州省黔南布依族苗族自治州独山县,项目负责人陈家勇。合同投资256165万元,线路长30.6千米,合同工期2017年12月至2023年12月。主要工程量:土石方165.7万立方米,隧道21.1千米,桥梁5.4千米,涵洞300横延米,正线无砟道床62.2千米,车站1座。

中铁十一局集团有限公司承建贵南高速铁路广西段GNZQ－6标段工程　项目部驻广西壮族自治区河池市都安县,项目负责人袁中华。合同投资200140万元,线路长32.8千米,合同工期2017年12月至2023年12月。主要工程量:土石方103.3万立方米,桥梁2.1千米,隧道29.5千米,无砟道床66.6千米。

中铁十二局集团有限公司承建贵南高速铁路贵州段GNZQ－XQ标段工程　项目部驻贵州省黔南布依族苗族自治州荔波县,项目负责人祝俊甲。合同投资92940万元,线路长12.7千米,合同工期2016年12月至2021年6月。主要工程量:隧道1座。

中铁十二局集团有限公司承建贵南高速铁路广西段GNZQ－3标段工程　项目部驻广西壮族自治区河池市环江县,项目负责人张建博。合同投资189290万元,线路长27.6千米,合同工期2017年12月至2023年12月。主要工程量:土石方157万立方米,隧道13.9千米,桥梁10.7千米,车站1座。

中铁十四局集团有限公司承建贵南高速铁路贵州段GN－QGLD标段工程　项目部驻贵州省黔南布依族苗族自治州龙里县,项目负责人岳洪光。合同投资18589万元,线路长285.7千米,合同工期2017年11月至2021年12月。主要工程量:迁改通信线路和高低压电力线路222.6千米,水管线路34.4千米。

中铁十四局集团有限公司承建贵南高速铁路广西段GNZQ－4标段工程　项目部驻广西壮族自治区河池市金城江区,项目负责人刘立新。合同投资190251万元,线路长14.3千米,合同工期2017年12月至2023年12月。主要工程量:土石方333万立方米,桥梁3.9千米,隧道10.5千米,铺轨584千米。

中铁十八局集团有限公司承建贵南高速铁路贵州段GNZQ－6标段工程　项目部驻贵州省黔南布依族苗族自治州荔波县,项目负责人李开军。合同投资190129万元,线路长23.9千米,合同工期2018年2月至2024年2月。主要工程量:路基2.1千米,桥梁4.8千米,隧道17.2千米,道床48千米,车站1座。

中铁十八局集团有限公司承建贵南高速铁路广西段GNZQ－2标段工程　项目部驻广西壮族自治区河池市金城江区,项目负责人薛喜平。合同投资153863万元,线路长24.8千米,合同工期2017年12月至2023年12月。主要工程量:桥梁155米,隧道24.4千米,无砟道床49.6千米。

中铁二十一局集团有限公司承建贵南高速铁路广西段GNZQ－8标段工程　项目部驻广西壮族自治区南宁市马山县,项目负责人池平平。合同投资222459万元,线路长28.7千米,合同工期2017年12月至2023年12月。主要工程量:土石方168.8万立方米,桥梁18.3千米,隧道6.9千米,车站1座。(齐元新)

·渝黔高速铁路·

【工程概况】 渝黔高速铁路即渝湘高铁重庆至黔江段,从重庆枢纽重庆站引出,途经重庆市渝中区、南岸区、巴南区、南川区、武隆区、彭水县、黔江区,与黔张常铁路贯通。线路正线全长269.5千米,设车站8座,其中新建6座、改建2座。中国铁建所属中铁十一局、中铁十二局、中铁十四局、中铁十七局、中铁十八局集团有限公司参加工程建设。　(齐元新)

【参建标段】 中铁十一局集团有限公司承建渝黔高速铁路4标段工程　项目部驻重庆市巴南区,项目负责人陈华富。合同投资 234754 万元,线路长 24.3 千米,合同工期 2020 年 2 月至 2025 年 7 月。主要工程量:桥梁 17 座 8.3 千米,隧道 9 座 14.7 千米,铺轨 340.7 千米,车站 1 座。

中铁十一局集团有限公司承建渝黔高速铁路 7 标段工程　项目部驻重庆市武隆区,项目负责人刘志国。合同投资 242910 万元,线路长 24.5 千米,合同工期 2020 年 5 月至 2025 年 10 月。主要工程量:路基 0.2 千米,隧道 2 座 24.4 千米,无砟道床 49 千米。

中铁十二局集团有限公司承建渝黔高速铁路 10 标段工程　项目部驻重庆市彭水县,项目负责人高伟民。合同投资 190513 万元,线路长 20.3 千米,合同工期 2020 年 2 月至 2025 年 10 月。主要工程量:路基 0.1 千米,隧道 2 座 20.2 千米。

中铁十四局集团有限公司承建渝黔高速铁路 2 标段工程　项目部驻重庆市南岸区,项目负责人王子龙。合同投资 239409 万元,线路长 19.2 千米,合同工期 2020 年 2 月至 2025 年 7 月。主要工程量:路基 1.9 千米,隧道 3 座 14.1 千米,桥梁 2 座 3.2 千米。

中铁十七局集团有限公司承建渝黔高速铁路 11 标段工程　项目部驻重庆市彭水县,项目负责人屈振荣。合同投资 251501 万元,线路长 32.5 千米,合同工期 2020 年 2 月至 2025 年 7 月。主要工程量:路基 1.1 千米,桥梁 12 座 3.3 千米,隧道 9 座 28.1 千米,无砟道床 64.9 千米。

中铁十八局集团有限公司承建渝黔高速铁路 5 标段工程　项目部驻重庆市南川区,项目负责人史粮逢。合同投资 224289 万元,线路长 27.2 千米,合同工期 2020 年 2 月至 2025 年 7 月。主要工程量:桥梁 17 座 8.1 千米,隧道 5 座 15 千米,涵洞 4 座,车站 1 座,道床 56.2 千米。

中铁十八局集团有限公司承建渝黔高速铁路 6 标段工程　项目部驻重庆市武隆区,项目负责人杨文华。合同投资 260731 万元,线路长 30.5 千米,合同工期 2020 年 5 月至 2025 年 10 月。主要工程量:桥梁 10 座 4.7 千米,隧道 10 座 23.5 千米,车站 1 座。(齐元新)

·沈白高速铁路·

【工程概况】　沈阳至白河高速铁路是沈阳至佳木斯高速铁路的组成部分,自沈阳北站引出,经辽宁省沈阳市、抚顺市,吉林省通化市、白山市、延边朝鲜族自治州,引入在建敦化至白河铁路长白山站。线路正线全长 430 千米。正线数目为双线,设计时速 350 千米,工程投资 722.91 亿元。中国铁建所属中铁十二局、中铁十四局、中铁十五局、中铁十六局、中铁十七局、中铁十九局、中铁二十局、中铁二十三局、中铁建设、中国铁建电气化局集团有限公司参加工程建设。(齐元新)

【参建标段】　中铁十二局集团有限公司承建沈白高速铁路 SBJL – TJ – 1 标段工程　项目部驻吉林省白山市江源区,项目负责人胥宝华。合同投资 203769 万元,线路长 24.0 千米,合同工期 2020 年 10 月至 2025 年 4 月。主要工程量:路基 283 米,隧道 2 座 23.3 千米,桥梁 1.5 座 398.6 米,无砟道床 48 千米,铺轨 48 千米。

中铁十四局集团有限公司承建沈白高速铁路 SB-JL – ZF – 1 标段工程　项目部驻吉林省通化市东昌区,项目负责人李锋。合同投资 61696 万元,合同工期 2022 年 9 月至 2025 年 9 月。主要工程量:通化西站站房 3 万平方米,生产房屋 1 万平方米,站台雨棚 3.2 万平方米、站台面铺装 3.6 万平方米、地道装修及配套工程。

中铁十五局集团有限公司承建沈白高速铁路 SB-JL – TJ – 4 标段工程　项目部驻吉林省通化市通化县,项目负责人王孝荣。合同投资 256073 万元,线路长 30.7 千米,合同工期 2021 年 7 月至 2025 年 10 月。主要工程量:路基 1.3 千米,桥梁 10 座 4 千米,隧道 10 座 25.3 千米,无砟轨道 61.3 千米,铺轨 233.3 千米。

中铁十六局集团有限公司承建沈白高速铁路 SBLN – TJ – 4 标段工程　项目部驻辽宁省抚顺市新宾县,项目负责人张黎。合同投资 317494 万元,线路长 40.5 千米,合同工期 2021 年 7 月至 2025 年 9 月。主要工程量:路基 1.7 千米,隧道 8 座 33.7 千米,桥梁 12 座 5.1 千米,站场 1 处,无砟轨道 81 千米。

中铁十七局集团有限公司承建沈白高速铁路 SBLN – TJ – 2 标段工程　项目部驻辽宁省抚顺市望花区,项目负责人康艳军。合同投资 358867 万元,线路长 33.0 千米,合同工期 2021 年 7 月至 2025 年 9 月。主要工程量:路基 8.9 千米,桥梁 13 座 19 千米,隧道 3 座 5.2 千米,站场 1 座,铺轨 204.8 千米,信号系统

32.9 千米。

中铁十九局集团有限公司承建沈白高速铁路 SBLN－TJ－1 标段工程　项目部驻辽宁省抚顺市新宾县，项目负责人王永柱。合同投资 74517 万元，线路长 10.3 千米，合同工期 2020 年 10 月至 2025 年 4 月。主要工程量：路基 84 米，桥梁 1 座，隧道 1 座 10.2 千米，无砟轨道 20.6 千米。

中铁二十局集团有限公司承建沈白高速铁路 SBJL－TJ－3 标段工程　项目部驻吉林省通化市通化县，项目负责人杨晓强。合同投资 278805 万元，线路长 28.6 千米，合同工期 2021 年 7 月至 2025 年 9 月。主要工程量：土石方 351 万立方米，隧道 11 座 18.9 千米，桥梁 10 座 4.5 千米，站场 1 处，无砟道床 54.1 千米，房屋建筑 37900 平方米。

中铁二十三局集团有限公司承建沈白高速铁路 SBJL－TJ－6 标段工程　项目部驻吉林省白山市江源区，项目负责人田延巍。合同投资 251651 万元，线路长 30.2 千米，合同工期 2021 年 7 月至 2025 年 9 月。主要工程量：路基 2.6 千米，隧道 5 座 24.9 千米，桥梁 8 座 2.8 千米，站场 1 处，无砟道床 60 千米，房屋建筑 5434 平方米。

中铁建设集团有限公司承建沈白高速铁路 SBJL－ZF－2 标段工程　项目部驻吉林省白山市浑江区，项目负责人张魁杰。合同投资 41944 万元，合同工期 2023 年 2 月至 2025 年 9 月。主要工程量：白山东站站房 2 万平方米，其他房建 6422 平方米，湾沟北站站房 0.4 万平方米，其他房屋 2665 平方米。

中国铁建电气化局集团有限公司承建沈白高速铁路 SBLN－SD－1 标段工程　项目部驻辽宁省沈阳市于洪区，项目负责人张德君。合同投资 144792 万元，合同工期 2022 年 10 月至 2025 年 12 月。主要工程量：正线 171.8 千米和 5 个车站的通信、信号、电力、牵引供电、灾害监测及配套“四电”房屋工程。（齐元新）

·郑济城际铁路·

【工程概况】　郑州至济南城际铁路线路全长 380 千米，设计时速 350 千米，分郑州至濮阳段、濮阳至省界段、山东段 3 段实施。中国铁建所属中铁十四局、中铁十六局、中铁十八局、中铁十九局、中铁建设、中国铁建电气化局集团有限公司参加工程建设。（齐元新）

【参建标段】　中铁十四局集团有限公司承建郑济城际铁路郑濮段 ZPZQ－Ⅲ标段工程　项目部驻河南省安阳市滑县，项目负责人段恩新。合同投资 166200 万元，线路长 31.4 千米，合同工期 2017 年 6 月至 2021 年 5 月。主要工程量：土石方 101.3 万立方米，路基处理桩 51 万延长米，桥梁 29 千米，无砟道床 62.6 千米。

中铁十六局集团有限公司承建郑济城际铁路郑濮段 ZPZQ－Ⅴ标段工程　项目部驻河南省新乡市原阳县，项目负责人刘兵。合同投资 176816 万元，线路长 26.8 千米，合同工期 2017 年 9 月至 2021 年 5 月。主要工程量：路基 2.6 千米，桥梁 2 座 24.3 千米，站场 1 处，无砟轨道 53.1 千米。

中铁十八局集团有限公司承建郑济城际铁路郑濮段 ZPZQ－Ⅱ标段工程　项目部驻河南省濮阳市濮阳县，项目负责人惠武平。合同投资 200506 万元，线路长 44.9 千米，合同工期 2017 年 6 月至 2021 年 5 月。主要工程量：路基 2.1 千米，桥梁 2 座 42.7 千米，站场 1 处，无砟轨道 89.8 千米。

中铁十八局集团有限公司承建郑济城际铁路郑濮段 PJSG－Ⅱ标段站房工程　项目部驻河南省濮阳市南乐县，项目负责人史龙飞。合同投资 10509 万元，合同工期 2021 年 4 月至 2025 年 2 月。主要工程量：南乐站站房 7994 平方米。

中铁十九局集团有限公司承建郑济城际铁路郑濮段 ZPZQ－Ⅳ标段工程　项目部驻河南省新乡市牧野区，项目负责人任宏伟。合同投资 216006 万元，线路长 31.6 千米，合同工期 2017 年 6 月至 2021 年 5 月。主要工程量：土石方 196.6 万立方米，桥梁 14 座 25.8 千米，站场 2 处，无砟道床 61.6 千米。

中铁建设集团有限公司承建郑济城际铁路郑濮段站房工程　项目部驻河南省安阳市滑县，项目负责人王立省。合同投资 39470 万元，合同工期 2020 年 11 月至 2021 年 12 月。主要工程量：站房 3 座，建筑面积分别为 11936 平方米、7995 平方米、15924 平方米。

中国铁建电气化局集团有限公司承建郑济城际铁路濮阳至山东省界段工程　项目部驻河南省濮阳市华龙区，项目负责人孙克炎。合同投资 23261 万元，线路长 39.8 千米，合同工期 2022 年 5 月至 2025 年 12 月。主要工程量：“四电”工程及附属工程。

中国铁建电气化局集团有限公司承建郑济城际铁路山东段工程　项目部驻山东省济南市槐荫区，项目负责人谭向兵。合同投资215358万元，线路长168.4千米，合同工期2021年7月至2023年12月。主要工程量："四电"工程及客服工程。（齐元新）

·重庆铁路枢纽东环线·

【工程概况】　重庆铁路枢纽东环线串联重庆东、重庆西、重庆北、江北国际机场等综合交通枢纽，起于重庆江津区，经珞璜、南彭、茶园、东港、龙盛、统景、木耳、水土，终点接轨于襄渝铁路磨心坡站，线路全长155.5千米。其中，新建车站8座，同步建设机场支线和黄茅坪支线。2015年12月26日开工建设。中国铁建所属中铁十五局、中铁十九局、中铁二十局、中铁二十四局集团有限公司参加工程建设。（齐元新）

【参建标段】　中铁十五局集团有限公司承建重庆铁路枢纽东环线DHZQ－1标段工程　项目部驻重庆市江津区，项目负责人邢琳斌。合同投资195808万元，线路长19.4千米，合同工期2017年4月至2021年4月。主要工程量：路基7.5千米，桥梁10座7千米，隧道10座8.5千米，铺轨186.5千米。

中铁十九局集团有限公司承建重庆铁路枢纽东环线DHZQ－6标段工程　项目部驻重庆市渝北区，项目负责人张振忠。合同投资219995万元，线路长36.0千米，合同工期2017年4月至2021年4月。主要工程量：土石方346万立方米，桥梁34座11.5千米，隧洞14座14.3千米，车站1座。

中铁二十局集团有限公司承建重庆铁路枢纽东环线DHZQ－2标段工程　项目部驻重庆市巴南区，项目负责人赵登科。合同投资187380万元，线路长26.1千米，合同工期2017年4月至2021年4月。主要工程量：土石方1287.6万立方米，桥梁16座7.1千米，隧道4座16.2千米。

中铁二十四局集团有限公司承建重庆铁路枢纽东环线DHZQ－9标段工程　项目部驻重庆市渝北区，项目负责人冯文波。合同投资283863万元，线路长28.5千米，合同工期2017年4月至2021年4月。主要工程量：土石方762万立方米，桥梁9座7883米，隧道10座13.7千米，无砟轨道17.3千米。（齐元新）

·杭衢高速铁路·

【工程概况】　杭衢高速铁路是浙江省内沟通杭州市与衢州市的一条快捷高铁通道，同时是长江三角洲地区城际轨道交通网络的重要组成部分，承担衢九铁路和杭黄高铁之间的联络线功能。2019年3月28日开工建设。中国铁建所属中铁十一局、中铁十二局、中国铁建大桥工程局集团有限公司参加工程建设。

（齐元新）

【参建标段】　中铁十一局集团有限公司承建杭衢高速铁路HQZQ－2标段工程　项目部驻浙江省杭州市建德市，项目负责人刘鹏。合同投资225256万元，线路长37.2千米，合同工期2020年5月至2023年11月。主要工程量：土石方112.3万立方米，桥梁26座18.8千米，隧道7座11.1千米。

中铁十二局集团有限公司承建杭衢高速铁路HQZQ－3标段工程　项目部驻浙江省衢州市柯城区，项目负责人卢红涛。合同投资173645万元，线路长28.8千米，合同工期2020年1月至2023年7月。主要工程量：路基8.8千米，桥梁11座20千米，无砟道床58.3千米。

中国铁建大桥工程局集团有限公司承建杭衢高速铁路HQZQ－1标段工程　项目部驻浙江省杭州市建德市，项目负责人赵艳龙。合同投资154000万元，线路长20.7千米，合同工期2020年5月至2023年11月。主要工程量：路基2千米，桥梁28座7千米，隧道20座11.7千米。（齐元新）

·广汕高速铁路·

【工程概况】　广州至汕尾铁路自广深铁路新塘站引出，向东经广州市所辖增城区、惠州市至厦深铁路汕尾站。线路全长241.54千米，设计时速350千米，车站13座。中国铁建所属中铁十一局、中铁十二局、中铁十七局、中国铁建电气化局集团有限公司参加工程建设。（齐元新）

【参建标段】 中铁十一局集团有限公司承建广汕高速铁路 GSSG6 标段工程 项目部驻广东省惠州市惠东县，项目负责人王更峰。合同投资 299600 万元，线路长 45.1 千米，合同工期 2019 年 3 月至 2023 年 3 月。主要工程量：路基 7.1 千米，桥梁 10 座 10 千米，隧道 10 座 27.9 千米，站场 2 处，无砟道床 90.2 千米。

中铁十二局集团有限公司承建广汕高速铁路 GSSG7 标段工程 项目部驻广东省汕尾市城区，项目负责人张学文。合同投资 284581 万元，线路长 28.7 千米，合同工期 2019 年 3 月至 2023 年 3 月。主要工程量：路基 3.8 千米，桥梁 13 座 23.7 千米，隧道 6 座 5.4 千米，车站扩改 1 座（汕尾站），无砟道床 58.2 千米、无砟道岔 16 组，梁场 2 座，箱梁 673 孔，有砟轨道 4.1 千米，有砟道岔 20 组。

中铁十七局集团有限公司承建广汕高速铁路 GSSG12 标段工程 项目部驻广东省惠州市惠阳区，项目负责人李卫国。合同投资 64000 万元，合同工期 2021 年 6 月至 2022 年 12 月。主要工程量：车站 4 座，惠城南站、惠东南站站房及配套，深汕站、汕尾站配套设施。

中国铁建电气化局集团有限公司承建广汕高速铁路 GSSG8 标段工程 项目部驻广东省惠州市惠城区，项目负责人袁玉红。合同投资 87777 万元，线路长 202.8 千米，合同工期 2021 年 6 月至 2023 年 6 月。主要工程量：全线的强电系统集成工程，含电力专业、接触网专业、变电专业以及房建专业。 （齐元新）

·昌景黄高速铁路·

【工程概况】 昌景黄高速铁路连接江西省南昌市、景德镇市与安徽省黄山市，是杭昌高速铁路中的一段。线路全长 289.8 千米，车站 10 座，设计时速 350 千米。2018 年 12 月 25 日开工建设。中国铁建所属中国铁建大桥局、中铁十四局、中铁十七局、中铁十八局、中铁二十五局、中国铁建电气化局集团有限公司参加工程建设。 （齐元新）

【参建标段】 中国铁建大桥工程局集团有限公司承建昌景黄高速铁路 CJHZQJX－3 标段工程 项目部驻江西省上饶市鄱阳县，项目负责人李春江。合同投资 232637 万元，线路长 36.8 千米，合同工期 2019 年 9 月至 2023 年 4 月。主要工程量：土石方 261 万立方米，桥梁 17 座 29.1 千米，车站 2 座，无砟道床 76.8 千米。

中铁十四局集团有限公司承建昌景黄高速铁路 CJHZQJX－6 标段工程 项目部驻江西省南昌市南昌县，项目负责人袁树成。合同投资 212588 万元，线路长 29.2 千米，合同工期 2019 年 9 月至 2023 年 4 月。主要工程量：土石方 85 万立方米，桥梁 4 座 32 千米，无砟道床 51.3 千米，铺轨 510 千米。

中铁十七局集团有限公司承建昌景黄高速铁路 CJHFJJX－4 标段工程 项目部驻江西省景德镇市珠山区，项目负责人王赓。合同投资 38295 万元，合同工期 2022 年 2 月至 2023 年 12 月。主要工程量：瑶里站、景德镇北站站房及生产生活房屋。

中铁十八局集团有限公司承建昌景黄高速铁路 CJHZQJX－1 标段工程 项目部驻江西省景德镇市浮梁县，项目负责人高福忠。合同投资 228862 万元，线路长 37.0 千米，合同工期 2018 年 12 月至 2023 年 4 月。主要工程量：路基 6.8 千米，桥梁 24 座 14.5 千米，隧道 9 座 14.7 千米，站场 1 处，无砟道床 70.8 千米。

中铁二十五局集团有限公司承建昌景黄高速铁路 CJHZQJX－5 标段工程 项目部驻江西省上饶市余干县，项目负责人张永恒。合同投资 234034 万元，线路长 34.1 千米，合同工期 2019 年 9 月至 2023 年 4 月。主要工程量：路基 2.2 千米，桥梁 3 座 31.9 千米，站场 1 处，无砟道床 67.2 千米，制架梁 1100 榀。

中国铁建电气化局集团有限公司承建昌景黄高速铁路安徽段工程 项目部驻安徽省黄山市屯溪区，项目负责人杨维平。合同投资 75524 万元，线路长 89.5 千米，合同工期 2021 年 4 月至 2023 年 4 月。主要工程量："四电"系统集成及相关工程。

中国铁建电气化局集团有限公司承建昌景黄高速铁路 CJHSDJX 标段（江西段）工程 项目部驻江西省景德镇市昌江区，项目负责人冯大立。合同投资 123618 万元，线路长 200.3 千米，合同工期 2022 年 3 月至 2023 年 12 月。主要工程量："四电"系统集成及相关工程。 （齐元新）

·穗莞深城际铁路·

【工程概况】 穗莞深城际铁路项目连接广州市、东莞市和深圳市。2019年12月15日,穗深城际铁路广州东站至深圳机场站段正式开通运营。深圳机场至前海段、前海至皇岗口岸段正在建设,中铁建南方建设投资有限公司为实施主体。深圳机场至前海段工程Ⅰ标,土建7千米,轨道及"四电"15.2千米,合同投资34.92亿元。前海至皇岗口岸段正线全长14.5千米,动走线3.2千米,合同投资87.50亿元。中国铁建所属中铁十一局、中铁十四局、中铁十五局、中铁十六局、中铁十九局、中铁二十局、中铁二十二局、中国铁建电气化局集团有限公司参加工程建设。 (齐元新)

【参建标段】 机前段:中铁十四局集团有限公司承建穗莞深城际铁路机前段1工区工程 项目部驻广东省深圳市宝安区,项目负责人冯国伟。合同投资106314万元,线路长4.4千米,合同工期2020年6月至2024年12月。主要工程量:1区间1竖井。

中铁十九局集团有限公司承建穗莞深城际铁路机前段2工区工程 项目部驻广东省深圳市宝安区,项目负责人宋世攻。合同投资178896万元,线路长2.6千米,合同工期2020年6月至2025年9月。主要工程量:1区间1车站。

中铁十九局集团有限公司承建穗莞深城际铁路机前段3工区工程 项目驻地未确定,项目负责人马玖师。合同投资15500万元,线路长15.2千米,合同工期2023年1月至2024年12月。主要工程量:铺轨工程。

中国铁建电气化局集团有限公司承建穗莞深城际铁路机前段4工区工程 项目部驻广东省深圳市,项目负责人甘海洋。合同投资46714万元,线路长15.1千米,合同工期2020年6月至2024年12月。主要工程量:四电工程。

前皇段:中铁十一局集团有限公司承建穗莞深城际铁路前皇段5工区工程 项目部驻广东省深圳市福田区,项目负责人薛凯斌。合同投资153600万元,线路长3.1千米,合同工期2021年11月至2025年3月。主要工程量:1区间1存车场。

中铁十五局集团有限公司承建穗莞深城际铁路前皇段6工区工程 项目驻地未确定,项目负责人郭英超。合同投资26700万元,合同工期2025年8月至2026年1月。主要工程量:轨道工程。

中铁十六局集团有限公司承建穗莞深城际铁路前皇段2工区工程 项目部驻广东省深圳市前海区,项目负责人刘志峰。合同投资129900万元,线路长4.5千米,合同工期2021年11月至2026年11月。主要工程量:2区间1车站1竖井。

中铁十九局集团有限公司承建穗莞深城际铁路前皇段4工区工程 项目部驻广东省深圳市福田区,项目负责人李建学。合同投资282825万元,线路长1.1千米,合同工期2021年11月至2026年11月。主要工程量:1车站。

中铁二十局集团有限公司承建穗莞深城际铁路前皇段1工区工程 项目部驻广东省深圳市南山区,项目负责人王忠诚。合同投资151789万元,线路长5.6千米,合同工期2021年11月至2026年11月。主要工程量:工作井3个,1区间。

中铁二十二局集团有限公司承建穗莞深城际铁路前皇段3工区工程 项目部驻广东省深圳市南山区,项目负责人王亚维。合同投资88000万元,线路长3.7千米,合同工期2022年5月至2025年7月。主要工程量:1区间。

中国铁建电气化局集团有限公司承建穗莞深城际铁路前皇段7工区工程 项目驻地未确定,项目负责人甘海洋。合同投资42500万元,合同工期2026年3月至2026年6月。主要工程量:"四电"工程。

(齐元新)

公路工程

·成绵苍巴高速公路·

【工程概况】 成绵苍巴高速公路为施工总承包项目,由成绵扩容、绵苍、苍巴项目组成,里程320.7千米,总投资594.9亿元,中国铁建昆仑投资集团有限公司为实施主体。其中,成绵扩容项目全长127.7千米,投资

333.2 亿元，按双向八车道标准建设。桥梁 177 座 61.8 千米，占路线总长的 48.5%；互通式立体交叉 19 处(其中枢纽 6 处)，分离式立体交叉 16 处，人行天桥 10 处，连接线长 37.4 千米。绵苍高速公路项目全长 100.8 千米，投资 133.4 亿元，按双向四车道标准建设。全线桥梁 87 座 33.5 千米，占路线总长的 33.2%；隧道 27 座 29.1 千米，占路线总长的 28.9%；互通式立体交叉 10 座，分离式立体交叉 22 处；收费站 7 处，服务区 2 处，停车区 3 处。苍巴高速公路项目全长 91.9 千米，投资约 128 亿元，按双向四车道标准建设。桥梁 81 座 25.3 千米，占路线总长的 27.5%；隧道 25 座 29.6 千米，占路线总长的 32.2%；全线桥隧比例 59.7%。 (齐元新)

【承建单位】 中铁二十三局集团有限公司承担成绵苍巴高速公路施工任务，分 17 个分部实施，计划 2023 年底完工。 (齐元新)

·渝湘复线(主城至酉阳段)武隆至道真(重庆段)高速公路·

【工程概况】 中国铁建等 30 家单位组成联合体中标渝湘复线(主城至酉阳段)、武隆至道真(重庆段)高速公路 PPP 项目社会资本，本项目由巴南至彭水、彭水至酉阳和武隆至道真 3 段组成，线路全长 285.03 千米，其中桥隧占比 80%，总投资 645.77 亿元。中国铁建投资(实施)主体为中铁建重庆投资有限公司，投资 218 亿元。中国铁建所属中铁十一局、中铁十二局、中国铁建大桥局、中铁十五局、中铁十七局、中铁二十局、中铁二十一局、中铁二十四局、中铁二十五局、中国铁建港航局集团有限公司参加工程建设。 (齐元新)

【参建标段】 中铁十一局集团有限公司承建 SG 标段工程　项目部驻重庆市巴南区，项目负责人文玉斌。合同投资 39087 万元，线路长 0.7 千米，合同工期 2019 年 11 月至 2022 年 11 月。主要工程量：五布河特大桥 730 米。

中铁十一局集团有限公司承建彭酉路 1 标段工程　项目部驻重庆市彭水县，项目负责人郭延军。合同投资 234492 万元，线路长 23.3 千米，合同工期 2021 年 1 月至 2024 年 7 月。主要工程量：隧道 6 座 15.5 千米，桥梁 14 座 2 千米，涵洞 15 座，互通 3 处，服务区 1 处，路基土石方挖方 669.6 万立方米，填方 469.4 万立方米。

中铁十二局集团有限公司承建巴彭路 14 标段工程　项目部驻重庆市彭水县，项目负责人李兴春。合同投资 142866 万元，线路长 11.9 千米，合同工期 2021 年 1 月至 2026 年 1 月。主要工程量：隧道 2 座 11.1 千米，路基挖方 12.6 万立方米、填方 34.4 万立方米，涵洞 5 座。

中国铁建大桥工程局集团有限公司承建彭酉路 6 标段工程　项目部驻重庆市酉阳县，项目负责人李迎利。合同投资 252761 万元，线路长 27.8 千米，合同工期 2021 年 1 月至 2024 年 7 月。主要工程量：隧道 9 座 16.2 千米，桥梁 7 座 2.9 千米，涵洞 28 座，互通 2 处，服务区 1 处，路基挖方 529.3 万立方米、填方 268.3 万立方米。

中铁十五局集团有限公司承建巴彭路 13 标段工程　项目部驻重庆市武隆区，项目负责人王佳良。合同投资 92800 万元，线路长 6.4 千米，合同工期 2021 年 1 月至 2024 年 7 月。主要工程量：隧道 2 座 4.4 千米，桥梁 1 座 1.7 千米，涵洞 1 座，路基挖方 20.5 万立方米、填方 1.5 万立方米。

中铁十七局集团有限公司承建巴彭路 6 标段工程　项目部驻重庆市南川区，项目负责人刘玉。合同投资 127528 万元，线路长 7.7 千米，合同工期 2021 年 1 月至 2024 年 9 月。主要工程量：隧道 2 座 6.9 千米，桥梁 1 座 244 米，涵洞 4 座，路基挖方 13.7 万立方米、填方 11.5 万立方米。

中铁二十局集团有限公司承建彭酉路 5 标段工程　项目部驻重庆市酉阳县，项目负责人马军山。合同投资 132780 万元，线路长 12.8 千米，合同工期 2021 年 1 月至 2024 年 1 月。主要工程量：隧道 3 座 8 千米，桥梁 5 座 1.9 千米，涵洞 7 座，互通 1 处，挖方 287.9 万立方米、填方 217.8 万立方米。

中铁二十一局集团有限公司承建武道路 1 标段工程　项目部驻重庆市武隆区，项目负责人杨斌。合同投资 111239 万元，线路长 6.5 千米，合同工期 2021 年 1 月至 2024 年 1 月。主要工程量：隧道 3 座 3.4 千米，桥梁 3 座 2.1 千米，涵洞 4 座，互通 2 处，路基挖方 171.6 万立方米、填方 12.7 万立方米。

中铁二十四局集团有限公司承建彭酉路 3 标段工程　项目部驻重庆市彭水县，项目负责人刘声辉。合同投资 124530 万元，线路长 13.2 千米，合同工期 2021 年 1 月至 2024 年 7 月。主要工程量：隧道 6 座 8.1 千米，桥梁 6 座 1.8 千米，涵洞 9 座，路基挖方 238.2 万立方米、填方 127.1 万立方米。

中铁二十五局集团有限公司承建彭酉路 4 标段工程　项目部驻重庆市酉阳县，项目负责人王斌。合同投资 123014 万元，线路长 13.7 千米，合同工期 2020 年 5 月至 2024 年 6 月。主要工程量：隧道 4 座 5.7 千米，桥梁 12 座 4.9 千米，涵洞 11 座 608.5 横延米，路基土石方 357 万立方米，互通 1 处，服务区 1 处。

中国铁建港航局集团有限公司承建彭酉路 2 标段工程　项目部驻重庆市彭水县，项目负责人朱石成。合同投资 44108 万元，线路长 0.7 千米，合同工期 2021 年 1 月至 2024 年 12 月。主要工程量：磨寨乌江特大桥 706 米。（齐元新）

·昆明（福德立交）至宜良高速公路·

【工程概况】 昆明（福德立交）至宜良高速公路（昆石复线）为施工总承包项目，中国铁建昆仑投资集团有限公司为实施主体。项目位于云南省昆明市、玉溪市境内，是昆明连接呈贡、宜良的主要通道，也是昆明至石林高速公路复线的一部分。线路全长 53.3 千米，其中昆明主城至呈贡段 31 千米，呈贡至宜良段约 22.3 千米。工程投资 235.23 亿元。中国铁建所属中铁十一局、中铁十五局、中铁十六局、中铁十九局、中铁二十四局集团有限公司参加工程建设。（齐元新）

【参建标段】 中铁十一局集团有限公司承建福宜高速 1 标段工程　项目部驻云南省昆明市官渡区，项目负责人汤尚茂。合同投资 179600 万元，线路长 7.3 千米，合同工期 2020 年 7 月至 2024 年 7 月。主要工程量：珥琮特大桥、昆玉互通。

中铁十五局集团有限公司承建福宜高速 4 标段工程　项目部驻云南省玉溪市澄江县，项目负责人尉永军。合同投资 180300 万元，线路长 11.3 千米，合同工期 2020 年 7 月至 2024 年 7 月。主要工程量：小屯特大桥、东山 1 号大桥、东山 2 号大桥、柏枝 1 号大桥、柏枝 2 号大桥、阳宗互通、梁王山隧道。

中铁十六局集团有限公司承建福宜高速 2 标段工程　项目部驻云南省昆明市呈贡区，项目负责人朱斌。合同投资 177872 万元，线路长 9.7 千米，合同工期 2020 年 7 月至 2024 年 7 月。主要工程量：路基 3.7 千米，桥梁 6 座 4.6 千米，互通 1 处，主线收费站 1 处。

中铁十九局集团有限公司承建福宜高速 5 标段工程　项目部驻云南省玉溪市澄江县，项目负责人刘文刚。合同投资 318630 万元，线路长 11.8 千米，合同工期 2020 年 7 月至 2024 年 7 月。主要工程量：黄家庄大桥、葡萄村大桥、东南绕互通、阳宗隧道、徐家庄隧道。

中铁二十四局集团有限公司承建福宜高速 3 标段工程　项目部驻云南省昆明市呈贡区，项目负责人何卫东。合同投资 150800 万元，线路长 10.1 千米，合同工期 2020 年 7 月至 2024 年 7 月。主要工程量：郎家营特大桥、梁王山特大桥、主线收费站、万溪互通。（齐元新）

·银昆高速公路（G85）宁夏境太阳山开发区至彭阳（宁甘界）段高速公路·

【工程概况】 银昆高速公路（G85）宁夏镜太阳山开发区至彭阳（宁甘界）段高速公路为 PPP 项目，中国铁建投资集团有限公司为投资主体。线路全长 236.9 千米，工程投资 276.6 亿元，按双向四车道高速公路标准建设，设计时速 100 千米，路基宽 26 米，桥隧占比 28.11%。计划 2024 年 8 月 17 日建成通车。中国铁建所属中国铁建大桥局、中铁十四局、中铁十五局、中铁十八局、中铁二十局、中铁二十一局集团有限公司参加工程建设。（齐元新）

【参建标段】 中国铁建大桥工程局集团有限公司承建 LJ07－1 标段工程　项目部驻宁夏回族自治区吴忠市同心县，项目负责人杨焕永。合同投资 116824 万元，线路长 15.6 千米，合同工期 2020 年 8 月至 2023 年 10 月。主要工程量：路基 11.1 千米，挖方 337.3 万立方米、填方 88.6 万立方米，桥梁 14 座 6.8 千米，隧道1座0.8千米。

中国铁建大桥工程局集团有限公司承建LJ07－2标段工程　项目部驻宁夏回族自治区吴忠市同心县，项目负责人由维健。合同投资100650万元，线路长16.1千米，合同工期2020年8月至2024年8月。主要工程量：路基12.4千米，挖方251.2万立方米、填方152.5万立方米，桥梁18座2.85千米。

中铁十四局集团有限公司承建LJ10标段工程　项目部驻宁夏回族自治区固原市彭阳县，项目负责人王保军。合同投资95582万元，线路长17.6千米，合同工期2020年8月至2023年10月。主要工程量：路基12.8千米，挖方575.9万立方米、填方124.8万立方米，桥梁9座4.8千米。

中铁十五局集团有限公司承建LJ11－1标段工程　项目部驻宁夏回族自治区固原市彭阳县，项目负责人郭建周。合同投资66153万元，线路长14.0千米，合同工期2020年8月至2023年10月。主要工程量：路基11.2千米，挖方426万立方米、填方77万立方米，桥梁12座2.7千米。

中铁十五局集团有限公司承建LJ11－2标段工程　项目部驻宁夏回族自治区固原市彭阳县，项目负责人张俊杰。合同投资53864万元，线路长9.6千米，合同工期2020年8月至2023年10月。主要工程量：路基6.8千米，挖方308万立方米、填方61.2万立方米，大桥12座2.5千米。

中铁十八局集团有限公司承建LJ08－1标段工程　项目部驻宁夏回族自治区中卫市海原县，项目负责人张立泉。合同投资51559万元，线路长3.4千米，合同工期2020年8月至2023年10月。主要工程量：路基0.8千米，挖方206万立方米、填方6万立方米，桥梁3座1.4千米，隧道1座1.1千米。

中铁十八局集团有限公司承建LJ08－2标段工程　项目部驻宁夏回族自治区中卫市海原县，项目负责人王春晓。合同投资70173万元，线路长6.9千米，合同工期2020年8月至2023年10月。主要工程量：路基2.8千米，挖方174.5万立方米、填方17.2万立方米，桥梁2座2.3千米，隧道0.9千米。

中铁十八局集团有限公司承建LJ08－3标段工程　项目部驻宁夏回族自治区固原市原州区，项目负责人陈国胜。合同投资87163万元，线路长10.1千米，合同工期2020年8月至2023年10月。主要工程量：路基5.3千米，挖方221.2万立方米、填方220.2万立方米，桥梁8座3.3千米，隧道1.5千米。

中铁二十局集团有限公司承建LJ09－1标段工程　项目部驻宁夏回族自治区固原市原州区，项目负责人朱四海。合同投资60841万元，线路长5.7千米，合同工期2020年8月至2023年10月。主要工程量：路基2.9千米，挖方476.5万立方米、填方7.2万立方米，桥梁14座5.5千米。

中铁二十局集团有限公司承建LJ09－2标段工程　项目部驻宁夏回族自治区固原市原州区，项目负责人杨明。合同投资83045万元，线路长6.2千米，合同工期2020年8月至2024年8月。主要工程量：路基2.2千米，挖方252万立方米、填方53万立方米，桥梁11座3.1千米，隧道0.9千米。

中铁二十局集团有限公司承建LJ09－3标段工程　项目部驻宁夏回族自治区固原市原州区，项目负责人王永杰。合同投资100611万元，线路长12.5千米，合同工期2020年10月至2023年10月。主要工程量：路基7.5千米，挖方344万立方米、填方121万立方米，大桥14座4.0千米，隧道0.9千米。

中铁二十一局集团有限公司承建LJ12－1标段工程　项目部驻宁夏回族自治区固原市彭阳县，项目负责人汤纯祥。合同投资45535万元，线路长3.3千米，合同工期2020年8月至2023年10月。主要工程量：路基0.9千米，挖方202万立方米、填方17万立方米，桥梁6座2.7千米。

中铁二十一局集团有限公司承建LJ12－2标段工程　项目部驻宁夏回族自治区固原市彭阳县，项目负责人惠兵。合同投资105517万元，线路长9.9千米，合同工期2020年8月至2023年10月。主要工程量：路基5.6千米，挖方405万立方米、填方18.9万立方米，桥梁11座3.8千米。（齐元新）

·眉太高速公路·

【工程概况】　眉太高速公路为PPP项目，中国铁建投资集团有限公司为实施主体，是陕西省“交通＋旅游”融合发展的示范项目，是关中及我国中东部地区通往陇南及九寨沟方向便捷旅游通道的重要组成路段。线路全长75.4千米，路线起于宝鸡市扶风县，经眉县，终点位于太白县城西，与在建凤太高速公路对接。主线起点至红河谷段设计时速 100 千米，红河谷至终点段设计时速 80 千米，按双向四车道高速公路标准建设，项目总投资 122.95 亿元。中国铁建所属中铁十一局、中铁十二局、中铁二十局、中铁二十一局集团有限公司参加工程建设。（齐元新）

【参建标段】 中铁十一局集团有限公司承建眉太高速公路 4 标段工程　项目部驻陕西省宝鸡市太白县，项目负责人赵发明。合同投资 89225 万元，线路长 11.7 千米，合同工期 2020 年 10 月至 2023 年 12 月。主要工程量：路基挖方 330 万立方米、填方 134 万立方米，桥梁 8 座 2.57 千米，隧道 1 座 1380 米。

中铁十一局集团有限公司承建眉太高速公路 5 标段工程　项目部驻陕西省宝鸡市太白县，项目负责人龚磊。合同投资 108322 万元，线路长 8.7 千米，合同工期 2020 年 10 月至 2024 年 12 月。主要工程量：路基 2.2 千米，桥梁 3 座 1.3 千米，隧道 1 座 4.4 千米。

中铁十二局集团有限公司承建眉太高速公路 3 标段工程　项目部驻陕西省宝鸡市太白县，项目负责人杨守培。合同投资 141856 万元，线路长 10.3 千米，合同工期 2020 年 10 月至 2024 年 8 月。主要工程量：路基 0.9 千米，桥梁 5 座 3.4 千米，隧道 4.5 座 5.6 千米。

中铁二十局集团有限公司承建眉太高速公路 2 标段工程　项目部驻陕西省宝鸡市眉县，项目负责人潘太宗。合同投资 102998 万元，线路长 9.0 千米，合同工期 2022 年 9 月至 2024 年 8 月。主要工程量：桥梁 7 座 2.8 千米，隧道 1 座 2.9 千米。

中铁二十局集团有限公司承建眉太高速公路 6 标段工程　项目部驻陕西省宝鸡市太白县，项目负责人赵凯。合同投资 132193 万元，线路长 18.6 千米，合同工期 2020 年 10 月至 2024 年 12 月。主要工程量：路基 10.1 千米，桥梁 12 座 2.4 千米，隧道 1.5 座 6.9 千米，斜井 1 座 1023 米，竖井 1 座 141 米，涵洞 39 道，通道 12 座，互通立交 2 座，服务区 1 处。

中铁二十一局集团有限公司承建眉太高速公路 1 标段工程　项目部驻陕西省宝鸡市眉县，项目负责人陈伟。合同投资 80117 万元，线路长 18.2 千米，合同工期 2020 年 10 月至 2023 年 12 月。主要工程量：路基填方 294 万立方米，桥梁 28 座 4.9 千米，涵洞 48 道，通道 19 座。（齐元新）

城市轨道交通工程

·北京地铁 17 号线·

【工程概况】 北京地铁 17 号线南起亦庄新城，北至未来科技城北区，呈南北走向，线路串联通州、东城、朝阳、昌平 4 个行政区。线路全长 49.7 千米，设车站 20 座，其中换乘站 10 座，分段开通运营。中国铁建所属中铁十二局、中国铁建大桥局、中铁十四局、中铁十六局、中铁十八局、中铁十九局、中铁二十局、中铁二十一局、中铁二十二局集团有限公司参加工程建设。

（齐元新）

【参建标段】 中铁十二局集团有限公司承建 15 标段工程　项目部驻北京市朝阳区，项目负责人谢卫林。合同投资 57624 万元，线路长 3.9 千米，合同工期 2016 年 11 月至 2020 年 12 月。主要工程量：1 站 1 区间。

中铁十二局集团有限公司承建 22 标段工程　项目部驻北京市朝阳区，项目负责人常鑫。合同投资 23404 万元，合同工期 2018 年 7 月至 2020 年 12 月。主要工程量：明挖车站 1 座。

中国铁建大桥工程局集团有限公司承建 9 标段工程　项目部驻北京市东城区，项目负责人蒙秀林。合同投资 58974 万元，线路长 2.3 千米，合同工期 2016 年 9 月至 2023 年 12 月。主要工程量：1 站 1 区间。

中铁十四局集团有限公司承建 12 标段工程　项目部驻北京市朝阳区，项目负责人温盛科。合同投资 70689 万元，线路长 2 千米，合同工期 2016 年 11 月至 2020 年 12 月。主要工程量：1 站 1 区间。

中铁十六局集团有限公司承建 1 标段工程　项目部驻北京市昌平区，项目负责人王兵。合同投资 71907 万元，线路长 2.9 千米，合同工期 2015 年 12 月至 2020 年 12 月。主要工程量：2 站 3 区间。

中铁十六局集团有限公司承建 10 标段工程　项目部驻北京市朝阳区，项目负责人任晨。合同投资 82074 万元，线路长 1.2 千米，合同工期 2016 年 9 月至 2020 年 12 月。主要工程量：1 站 1 区间。

中铁十八局集团有限公司承建 13 标段工程　项目部驻北京市朝阳区，项目负责人许杨平。合同投资

82185 万元,线路长 3.3 千米,合同工期 2016 年 11 月至 2020 年 12 月。主要工程量:1 站 2 区间。

中铁十九局集团有限公司承建 11 标段工程　项目部驻北京市朝阳区,项目负责人李刚。合同投资 58397 万元,线路长 1.4 千米,合同工期 2016 年 9 月至 2024 年 12 月。主要工程量:1 站 1 区间。

中铁二十局集团有限公司承建 4 标段工程　项目部驻北京市朝阳区,项目负责人艾鹏。合同投资 50021 万元,线路长 3.4 千米,合同工期 2016 年 9 月至 2020 年 12 月。主要工程量:1 站 2 区间。

中铁二十一局集团有限公司承建 8 标段工程　项目部驻北京市朝阳区,项目负责人谭章涛。合同投资 52814 万元,线路长 2.4 千米,合同工期 2016 年 9 月至 2020 年 12 月。主要工程量:1 站 1 区间。

中铁二十二局集团有限公司承建 6 标段工程　项目部驻北京市朝阳区,项目负责人王鑫平。合同投资 66800 万元,线路长 2.5 千米,合同工期 2016 年 9 月至 2020 年 12 月。主要工程量:1 站 1 区间。　(齐元新)

·北京大兴国际机场至雄安新区快线·

【工程概况】　北京大兴国际机场至雄安新区快线项目(以下简称 R1 线)四标段为工程总承包项目,中国铁建股份有限公司华北区域总部为实施主体。线路全长 19.18 千米,为永清站(不含)至北京大兴机场站(不含)区间工程,其中高架段 9.47 千米,过渡段 0.118 千米,U 型槽 0.38 千米,明挖段 2.27 千米,盾构段 6.94 千米。项目总投资 26.96 亿元。中国铁建所属中铁十二局、中铁十六局、中铁十七局、中铁十八局集团有限公司参加工程建设。　(齐元新)

【参建标段】　中铁十二局集团有限公司承建 3 分部工程　项目部驻北京市大兴区,项目负责人王利波。合同投资 71685 万元,线路长 4.2 千米,合同工期 2021 年 3 月至 2023 年 12 月。主要工程量:南岔区明挖段至区间风井盾构区间,区间风井,区间风井至北岔区明挖段盾构区间。

中铁十六局集团有限公司承建 2 分部工程　项目部驻河北省永清县,项目负责人郭明华。合同投资 64046 万元,线路长 3.9 千米,合同工期 2021 年 3 月至 2023 年 12 月。主要工程量:入地明挖段至南岔区明挖段盾构区间,南岔区明挖段。

中铁十七局集团有限公司承建 1 分部工程　项目部驻河北省固安县,项目负责人李临燕。合同投资 83126 万元,线路长 10.2 千米,合同工期 2021 年 3 月至 2023 年 12 月。主要工程量:9.47 千米高架区间(包含梁场建设)、过渡段及 U 型槽施工,入地明挖段等。

中铁十八局集团有限公司承建 4 分部工程　项目部驻北京市大兴区,项目负责人韩志宾。合同投资 46498 万元,线路长 1.6 千米,合同工期 2021 年 3 月至 2023 年 12 月。主要工程量:北岔区明挖段。

(齐元新)

·上海轨道交通市域线机场联络线·

【工程概况】　上海轨道交通市域线机场联络线自虹桥枢纽至上海东站,是一条外环以外的近郊线路,线路全长 68.6 千米,设车站 9 座,工程投资 480.54 亿元,建设工期 6 年。2019 年 6 月 28 日,连接浦东、虹桥两大交通枢纽的轨交线开建。中国铁建所属中铁十二局、中铁十四局、中铁二十四局集团有限公司参加工程建设。　(齐元新)

【参建标段】　中铁十二局集团有限公司承建虹桥枢纽工程　项目部驻上海市闵行区,项目负责人万里明。合同投资 81434 万元,线路长 2.9 千米,合同工期 2021 年 5 月至 2023 年 12 月。主要工程量:明挖隧道工程 2 段 1 千米,站场路基工程 2 段 1.3 千米,区间路基工程 1 段,跨申昆路、南虹港桥 2 段,虹桥站改造工程施工。

中铁十四局集团有限公司承建 JCXSG－2 标段工程　项目部驻上海市闵行区,项目负责人葛照国。合同投资 128889 万元,线路长 5 千米,合同工期 2019 年 9 月至 2023 年 11 月。主要工程量:1 号风井至 2 号风井(含)区间 4.9 千米盾构隧道施工,以及站后接口工程施工。

中铁二十四局集团有限公司承建 JCXSG－1 标段工程　项目部驻上海市闵行区,项目负责人赵喜科。合同投资 175025 万元,线路长 10.2 千米,合同工期 2019 年 11 月至 2023 年 11 月。主要工程量:跨沪渝特大桥3.3千米，路基3处1千米，车站1座、总建筑面积15036.8平方米，1号风井及明挖结构风井施工，沪杭并行段加固施工。 （齐元新）

·广州东至花都天贵城际·

【工程概况】 广州东至花都天贵城际（18号线北延）线路为施工总承包项目，中铁建华南建设有限公司为实施主体，起于广州东站（不含），止于花城街站，线路全长39.6千米，全地下敷设。新建车站7座，车辆段1座，主变1座，与芳村至白云机场城际工程共用，全线接入既有陇枕控制中心。线路采用8辆编组市域D型车，快慢线运营，设计时速160千米，与芳村至白云机场城际跨线运营。合同投资207.27亿元。中国铁建所属中铁十一局、中铁十二局、中铁十五局、中铁十六局、中铁十八局、中铁十九局、中铁二十一局、中铁二十五局集团有限公司参加工程建设。 （齐元新）

【参建标段】 中铁十一局集团有限公司承建4工区工程 项目部驻广东省广州市白云区，项目负责人张锐。合同投资182659万元，合同工期2021年9月至2026年6月。主要工程量：1站1区间。

中铁十一局集团有限公司承建5工区工程 项目部驻广东省广州市白云区，项目负责人熊可。合同投资148754万元，合同工期2021年9月至2026年6月。主要工程量：2区间、车辆段部分土建。

中铁十二局集团有限公司承建3工区工程 项目部驻广东省广州市白云区，项目负责人沈海瑞。合同投资217507万元，线路长4.9千米，合同工期2021年9月至2026年6月。主要工程量：1站1区间。

中铁十五局集团有限公司承建2工区工程 项目部驻广东省广州市白云区，项目负责人李新龙。合同投资207764万元，线路长8.6千米，合同工期2021年9月至2026年6月。主要工程量：1区间。

中铁十六局集团有限公司承建7工区工程 项目部驻广东省广州市花都区，项目负责人臧马立。合同投资176109万元，线路长4.6千米，合同工期2021年9月至2026年6月。主要工程量：1站1区间。

中铁十六局集团有限公司承建12工区工程 项目部驻广东省广州市白云区，项目负责人崔金汉。合同投资144557万元，合同工期2021年9月至2026年6月。主要工程量：车辆段部分土建施工。

中铁十八局集团有限公司承建1工区工程 项目部驻广东省广州市白云区，项目负责人刘洪亮。合同投资139824万元，线路长3千米，合同工期2021年9月至2026年6月。主要工程量：1站1区间。

中铁十八局集团有限公司承建6工区工程 项目部驻广东省广州市白云区，项目负责人李铁绪。合同投资172157万元，线路长6.1千米，合同工期2021年9月至2026年6月。主要工程量：3区间、线路所1座。

中铁十九局集团有限公司承建10工区工程 项目部驻广东省广州市白云区，项目负责人杨文显。合同投资173699万元，合同工期2021年9月至2026年6月。主要工程量：车辆段部分土建施工。

中铁二十一局集团有限公司承建9工区工程 项目部驻广东省广州市花都区，项目负责人李哲民。合同投资148920万元，线路长0.7千米，合同工期2021年9月至2026年6月。主要工程量：车站1座。

中铁二十五局集团有限公司承建11工区工程 项目部驻广东省广州市白云区，项目负责人欧阳文。合同投资158133万元，合同工期2021年9月至2026年6月。主要工程量：车辆段部分土建施工。

（齐元新）

·深圳地铁16号线·

【工程概况】 深圳地铁16号线位于深圳市龙岗区和坪山新区，从大运站（不含）起至田心车辆段止，线路全部采用地下敷设方式，设车站23座，区间25段，车辆段1处，停车场1处。该项目为施工总承包项目，实施主体为中铁建南方建设投资有限公司。正线全长29.2千米，合同投资184.3亿元，合同竣工日期2023年7月28日。中国铁建所属中铁十一局、中铁十二局、中国铁建大桥局、中铁十四局、中铁十六局、中铁十九局、中铁二十二局、中铁二十四局、中铁二十五局、中国铁建电气化局集团有限公司参加工程建设。

（齐元新）

【参建标段】 中铁十一局集团有限公司承担4工区工程 项目部驻广东省深圳市龙岗区，项目负责人薛楷斌。合同投资191012万元，线路长5.9千米，合同工期 2017 年 12 月至 2023 年 7 月。主要工程量:盾构区间 9901.6 米,车站 3 座、建筑面积 55116.4 平方米。

中铁十二局集团有限公司承担 7 工区工程　项目部驻广东省深圳市坪山区,项目负责人王毅军。合同投资 197108 万元,线路长 5.9 千米,合同工期 2017 年 12 月至 2023 年 7 月。主要工程量:盾构区间 9210.8 米(单线延米),车站 5 座、建筑面积 71789.1 平方米。

中国铁建大桥工程局集团有限公司承担 3 工区工程　项目部驻广东省深圳市龙岗区,项目负责人孙福君。合同投资 204740 万元,线路长 4.6 千米,合同工期 2017 年 12 月至 2023 年 7 月。主要工程量:盾构区间 6750 米(单线延米),车站 5 座、建筑面积 102420 平方米。

中铁十四局集团有限公司承担 8 工区工程　项目部驻广东省深圳市坪山区,项目负责人厉铁军。合同投资 231952 万元,线路长 2.2 千米,合同工期 2017 年 12 月至 2023 年 7 月。主要工程量:车辆段建筑面积 173587 平方米,出入段线总长 2216.3 米,其中盾构段 1355.2 米。

中铁十六局集团有限公司承担 2 工区工程　项目部驻广东省深圳市龙岗区,项目负责人郑中刚。合同投资 65156 万元,线路长 3.2 千米,合同工期 2021 年 9 月至 2023 年 10 月。主要工程量:4 井 1 区间,盾构区间 3076 米。

中铁十九局集团有限公司承担 5 工区工程　项目部驻广东省深圳市坪山区,项目负责人李健学。合同投资 120680 万元,线路长 2.6 千米,合同工期 2017 年 12 月至 2023 年 7 月。主要工程量:3 站 3 区间,盾构区间 3360 米(单线延米),车站 3 座、建筑面积 44346 平方米。

中铁二十二局集团有限公司承担 6 工区工程　项目部驻广东省深圳市坪山区,项目负责人杨成宁。合同投资 227650 万元,线路长 2.9 千米,合同工期 2017 年 12 月至 2023 年 7 月。主要工程量:盾构区间 3541 米(单线延米),车站 4 座、建筑面积 98479.7 平方米。

中铁二十四局集团有限公司承担 9 工区工程　项目部驻广东省深圳市龙岗区,项目负责人倪峰。合同投资 77883 万元,线路长 1.5 千米,合同工期 2017 年 12 月至 2023 年 7 月。主要工程量:双洞单线盾构区间 1247.8 米,单洞双线暗挖区间 107.3 米、明挖区间 35 米,停车场 1 座、72422 平方米。

中铁二十五局集团有限公司承担 1 工区工程　项目部驻广东省深圳市龙岗区,项目负责人姜智彬。合同投资 95291 万元,线路长 2.3 千米,合同工期 2017 年 12 月至 2023 年 7 月。主要工程量:盾构区间 3580.7 米(单线延米),车站 2 座、建筑面积 38511.3 平方米。

中国铁建电气化局集团有限公司承担系统设备安装工程　项目部驻广东省深圳市龙岗区,项目负责人陈泓侣。合同金额 98843 万元,线路长度 29.2 千米,合同工期 2019 年 8 月至 2023 年 7 月。主要工程量:供电、接触网、通信、信号、主变电站、综合运行管理平台系统设备安装。

(齐元新)

·天津地铁 8 号线·

【工程概况】　天津地铁 8 号线一期工程为 PPP 项目,采用“建设—运营—移交”(BOT)运作方式实施。投资(实施)主体为中铁建华北投资发展有限公司。线路正线长 18.6 千米,设车站 17 座,均为地下站,工程投资 246.24 亿元,其中工程费用总额 122.97 亿元,降造后 114.36 亿元。中国铁建所属中铁十一局、中国铁建大桥局、中铁十六局、中铁十八局、中铁二十局、中铁二十二局、中铁二十四局集团有限公司参加工程建设。

(齐元新)

【参建标段】　中铁十一局集团有限公司承担 2 标段工程　项目部驻天津市南开区,项目负责人邱拥军。合同投资 81564 万元,线路长 1.7 千米,合同工期 2020 年 9 月至 2024 年 12 月。主要工程量:2 站 2 区间。

中国铁建大桥工程局集团有限公司承担 5 标段工程　项目部驻天津市河西区,项目负责人曲建生。合同投资 281629 万元,线路长 5.3 千米,合同工期 2020 年 9 月至 2024 年 12 月。主要工程量:4 站 5 区间。

中铁十六局集团有限公司承担 3 标段工程　项目部驻天津市南开区,项目负责人汪俊。合同投资 136326 万元,线路长 3.2 千米,合同工期 2020 年 9 月至 2024 年 12 月。主要工程量:3 站 3 区间。

中铁十八局集团有限公司承担 4 标段工程　项目部驻天津市河西区,项目负责人王昌。合同投资 305721 万元,线路长 4.7 千米,合同工期 2020 年 9 月至 2024 年 12 月。主要工程量:5 站 5 区间。

中铁二十局集团有限公司承担 7 标段工程　项目

部驻天津市河西区,项目负责人吴阿力坦巴雅尔。合同投资 73824 万元,线路长 2.7 千米,合同工期 2020 年 1 月至 2024 年 12 月。主要工程量:1 站 2 区间。

中铁二十二局集团有限公司承担 1 标段工程　项目部驻天津市南开区,项目负责人朱博。合同投资 83814 万元,线路长 0.5 千米,合同工期 2020 年 9 月至 2024 年 12 月。主要工程量:1 站及区间铺轨工程。

中铁二十四局集团有限公司承担 6 标段工程　项目部驻天津市河西区,项目负责人张海川。合同投资 64387 万元,线路长 0.5 千米,合同工期 2020 年 9 月至 2024 年 12 月。主要工程量:1 站及区间铺轨工程。

(齐元新)

·郑州轨道交通 12 号线·

【工程概况】 郑州轨道交通 12 号线一期工程沿郑州市经开第三大街、黄河南路及平安大道敷设,线路全长 17 千米,包括 1 个车辆段、12 座车站及 12 个区间的盾构隧道。合同投资 60.04 亿元。项目实施主体为中国铁建中原区域总部。中国铁建所属中铁十一局、中铁十二局、中铁十四局、中铁十五局、中铁十六局、中铁十七局集团有限公司参加工程建设。(齐元新)

【参建标段】 中铁十一局集团有限公司承担 3 工区工程　项目部驻河南省郑州市经开区,项目负责人叶青。合同投资 54945 万元,线路长 1.1 千米,合同工期 2020 年 4 月至 2023 年 5 月。主要工程量:2 站 1 区间。

中铁十一局集团有限公司承担 7 工区工程　项目部驻河南省郑州市经开区,项目负责人聂承庆。合同投资 93129 万元,线路长 2.1 千米,合同工期 2020 年 4 月至 2023 年 5 月。主要工程量:2 站 1 区间。

中铁十二局集团有限公司承担 2 工区工程　项目部驻河南省郑州市经开区,项目负责人杨培仕。合同投资 63300 万元,线路长 1.9 千米,合同工期 2020 年 4 月至 2023 年 5 月。主要工程量:1 站 1 区间。

中铁十四局集团有限公司承担 6 工区工程　项目部驻河南省郑州市经开区,项目负责人孙立军。合同投资 98929 万元,线路长 4.6 千米,合同工期 2020 年 4 月至 2023 年 5 月。主要工程量:2 站 3 区间。

中铁十五局集团有限公司承担 4 工区工程　项目部驻河南省郑州市经开区,项目负责人赵世永。合同投资 62844 万元,线路长 2.8 千米,合同工期 2020 年 4 月至 2023 年 5 月。主要工程量:1 站 2 区间。

中铁十六局集团有限公司承担 5 工区工程　项目部驻河南省郑州市经开区,项目负责人孟凡立。合同投资 68868 万元,线路长 1.8 千米,合同工期 2020 年 4 月至 2023 年 12 月。主要工程量:2 站 1 区间。

中铁十六局集团有限公司承担 8 工区工程　项目部驻河南省郑州市金水区,项目负责人于兴国。合同投资 84649 万元,线路长 3 千米,合同工期 2020 年 4 月至 2023 年 12 月。主要工程量:2 站 2 区间,郑信路主变电站及外部电源土建施工。

中铁十七局集团有限公司承担 1 工区工程　项目部驻河南省郑州市管城区,项目负责人任维锋。合同投资 73712 万元,线路长 1.6 千米,合同工期 2020 年 4 月至 2023 年 5 月。主要工程量:车辆段工程。

(齐元新)

·太原轨道交通 1 号线·

【工程概况】 太原轨道交通 1 号线一期为 PPP 项目,中国铁建投资集团有限公司为投资主体。线路全长 33.6 千米,设车站 28 座,其中换乘车站 9 座。一期工程全长 28.7 千米,设车站 24 座,均为地下站,其中换乘站 7 座,西端设停车场 1 座、南端设车辆基地 1 座;全线设主变电所 2 座,控制中心 1 座。合同投资 209.36 亿元。中国铁建所属中铁十一局、中铁十二局、中铁十四局、中铁十五局、中铁十六局、中铁十七局、中铁十八局、中铁二十二局、中铁二十三局、中铁城建、中国铁建电气化局集团有限公司参加工程建设。

(齐元新)

【参建标段】 中铁十一局集团有限公司承担土建 4 标段工程　项目部驻太原市迎泽区,项目负责人陈建。合同投资 97640 万元,线路长 3.2 千米,合同工期 2021 年 1 月至 2024 年 12 月。主要工程量:3 站 5 区间。

中铁十一局集团有限公司承担轨道 1 标段工程　项目部驻太原市万柏林区,项目负责人王华春。合同投资 22284 万元,线路长 15.6 千米,合同工期 2022 年 9 月至 2024 年 12 月。主要工程量:14 站 13 区间,停车场及出入段线。

中铁十二局集团有限公司承担土建2标段工程　项目部驻太原市万柏林区,项目负责人余浩。合同投资145911万元,线路长4.8千米,合同工期2021年1月至2024年12月。主要工程量:3站4区间、车辆段。

中铁十二局集团有限公司承担机电5标段工程　项目部驻太原市小店区,项目负责人韩悌斌。合同投资13378万元,合同工期2022年9月至2024年12月。主要工程量:车辆段安装工程。

中铁十二局集团有限公司承担系统1标段工程　项目部驻太原市万柏林区,项目负责人张宏毅。合同投资32830万元,合同工期2022年3月至2024年12月。主要工程量:9站9区间,停车场出入场线,马练营车辆段,主变电所1座。

中铁十四局集团有限公司承担土建3标段工程　项目部驻太原市万柏林区,项目负责人荆永波。合同投资145429万元,线路长4.3千米,合同工期2021年1月至2024年12月。主要工程量:3站3区间。

中铁十五局集团有限公司承担土建6标段工程　项目部驻太原市迎泽区,项目负责人夏金春。合同投资64901万元,线路长3.2千米,合同工期2021年1月至2024年12月。主要工程量:2站3区间。

中铁十六局集团有限公司承担土建1标段工程　项目部驻太原市万柏林区,项目负责人李严。合同投资64012万元,线路长2.6千米,合同工期2021年1月至2024年12月。主要工程量:2站2区间。

中铁十七局集团有限公司承担土建8标段工程　项目部驻太原市小店区,项目负责人狄明世。合同投资109602万元,线路长5千米,合同工期2021年1月至2024年12月。主要工程量:2站3区间。

中铁十七局集团有限公司承担机电2标段工程　项目部驻太原市迎泽区,项目负责人王章。合同投资51965.21万元,合同工期2022年9月至2024年12月。主要工程量:11站13区间,车辆段出入段线范围。

中铁十七局集团有限公司承担轨道2标段工程　项目部驻太原市迎泽区,项目负责人饶占江。合同投资29068万元,线路长14.6千米,合同工期2022年9月至2024年12月。主要工程量:10站10区间,车辆段及出入段线。

中铁十八局集团有限公司承担土建5标段工程　项目部驻太原市迎泽区,项目负责人张旭。合同投资87148万元,线路长2.9千米,合同工期2021年1月至2024年12月。主要工程量:3站2区间。

中铁十八局集团有限公司承担机电3标段工程　项目部驻太原市迎泽区,项目负责人刘京瑞。合同投资12507.68万元,线路长2.9千米,合同工期2022年9月至2024年12月。主要工程量:3站2区间。

中铁二十二局集团有限公司承担土建7标段工程　项目部驻太原市小店区,项目负责人李聪。合同投资99154万元,线路长3.2千米,合同工期2021年1月至2024年12月。主要工程量:3站3区间。

中铁二十三局集团有限公司承担机电4标段工程　项目部驻太原市小店区,项目负责人邢海超。合同投资17598.67万元,合同工期2022年9月至2024年12月。主要工程量:6站6区间。

中铁城建集团有限公司承担土建9标段工程　项目部驻太原市万柏林区,项目负责人王羽生。合同投资21100万元,合同工期2021年1月至2024年12月。主要工程量:运用库建筑面积2.8万平方米,综合楼建筑面积0.7万平方米,变电所1座。

中铁城建集团有限公司承担机电1标段工程　项目部驻太原市万柏林区,项目负责人刘彦生。合同投资10807万元,合同工期2022年9月至2024年12月。主要工程量:2站3区间,停车场。

中国铁建电气化局集团有限公司承担系统2标段工程　项目部驻太原市迎泽区,项目负责人王钦。合同投资44937万元,合同工期2022年3月至2024年12月。主要工程量:15站15区间,车辆段出入段线,西山停车场,主变电所1座。（齐元新）

·重庆轨道交通18号线·

【工程概况】　重庆轨道交通18号线为PPP项目,中铁建重庆投资有限公司为投资主体,起于小什字站,终于跳磴南站,设车站27座,其中地上站7座、地下站20座。线路全长39.56千米,由重庆轨道交通18号线一期(富华路至跳磴南)和北延工程(富华路站至小什字站)两段组成。其中,重庆轨道交通18号线一期长29.01千米,起于富华路站,终于跳磴南站,敷设方式为地下线与高架线。合同投资217.65亿元。中国铁建所属中铁十一局、中铁十二局、中国铁建大桥局、中铁十四局、中铁十五局、中铁十六局、中铁十七局、中铁十八局、中铁十九局、中铁二十二局、中铁二十三局、中

铁二十四局、中铁二十五局、中国铁建电气化局集团有限公司参加工程建设。（齐元新）

【参建标段】 中铁十一局集团有限公司承建2标段工程 项目部驻重庆市高新区九龙坡区，项目负责人肖明华。合同投资144732万元，线路长5.4千米，合同工期2019年8月至2022年3月。主要工程量:3站4区间。

中铁十二局集团有限公司承建8标段工程 项目部驻重庆市大渡口区，项目负责人李峰。合同投资55795万元，线路长2.1千米，合同工期2019年8月至2021年11月。主要工程量:2站2区间。

中国铁建大桥工程局集团有限公司承建5标段工程 项目部驻重庆市巴南区，项目负责人游聪。合同投资130546万元，线路长1.5千米，合同工期2019年8月至2022年4月。主要工程量:李家沱长江大桥复线桥和长江二桥车站。

中铁十四局集团有限公司承建4标段工程 项目部驻重庆市九龙坡区，项目负责人丁传逵。合同投资75151万元，线路长2.5千米，合同工期2019年8月至2022年3月。主要工程量:2站3区间。

中铁十五局集团有限公司承建1标段工程 项目部驻重庆市渝中区高新区，项目负责人肖清安。合同投资104000万元，线路长2.6千米，合同工期2019年8月至2022年8月。主要工程量:歇台子站、富华路站至歇台子站区间(含9个联络通道)、富华路停车场、富华路停车场出入线。

中铁十六局集团有限公司承建7标段工程 项目部驻重庆市巴南区，项目负责人郭磊磊。合同投资84010万元，线路长3.7千米，合同工期2019年8月至2022年4月。主要工程量:2站3区间。

中铁十七局集团有限公司承建3标段工程 项目部驻重庆市九龙坡区，项目负责人韩建碧。合同投资66706万元，线路长1.3千米，合同工期2019年8月至2022年3月。主要工程量:2站1区间。

中铁十八局集团有限公司承建6标段工程 项目部驻重庆市巴南区，项目负责人宋佳杰。合同投资53644万元，线路长1.2千米，合同工期2019年8月至2021年3月。主要工程量:1站1区间。

中铁十九局集团有限公司承建9标段工程 项目部驻重庆市大渡口区，项目负责人陈峰。合同投资89181万元，线路长6.5千米，合同工期2019年8月至2021年10月。主要工程量:3站4区间。

中铁二十二局集团有限公司承建10标段工程 项目部驻重庆市大渡口区，项目负责人周兵役。合同投资83631万元，合同工期2019年8月至2021年8月。主要工程量:1车辆段(金鳌寺车辆段)1出入线。

中铁二十三局集团有限公司承建站后2标段工程 项目部驻重庆市大渡口区，项目负责人王建富。合同投资61157万元，合同工期2021年9月至2023年8月。主要工程量:10站10区间的装饰装修、导向标识、车站附属设施、动力照明、给排水及消防、通风空调系统，以及金鳌寺车辆段动力照明、给排水及消防、通风空调系统等工程。

中铁二十四局集团有限公司承建站后1标段工程 项目部驻重庆市，项目负责人潘磊。合同投资65592万元，合同工期2021年10月至2023年4月。主要工程量:9站及区间、富华路出入线区间装饰装修、导向标识、附属设施、给排水及消防系统、自动灭火系统、通风空调系统、动力照明系统工程。

中铁二十五局集团有限公司承建轨道标段工程 项目部驻重庆市九龙坡区，项目负责人王兴。合同投资62995万元，合同工期2022年10月至2023年3月。主要工程量:全线铺轨工程。

中国铁建电气化局集团有限公司承建系统设备工程2标段建设工程 项目部驻重庆市，项目负责人金玉龙。合同投资144407万元，合同工期2021年7月至2023年4月。主要工程量:电厂站(不含)至跳蹬南站、金鳌寺车辆段的通信、信号、供电系统、综合监控、FAS/BAS、安防与门禁系统、AFC、站内客运设备、站台门、疏散平台、声屏障、人防等工程。

中国铁建电气化局集团有限公司承建主变电所及外线路工程 项目部驻重庆市，项目负责人金玉龙。合同投资11445万元，合同工期2021年8月至2023年4月。主要工程量:电厂站主变电所工程、白居寺主变电所改扩容工程、外线路工程。（齐元新）

·长春轨道交通7号线·

【工程概况】 长春轨道交通7号线一期工程是长春市东北至西南向加密线，南起汽车公园站，北至东环城路站，运营于长春市绿园区、朝阳区、南关区、二道区。项目为施工总承包模式，实施主体为中国铁建东北区域总部。线路全长23.2千米,设车站19座、车辆段1座。暂定工程建安费108.54亿元,管线改迁费3.29亿元。中国铁建所属中铁十二局、中国铁建大桥局、中铁十四局、中铁十六局、中铁十七局、中铁十八局、中铁十九局、中铁二十局、中铁二十二局、中铁二十五局、中铁建设集团有限公司参加工程建设。 (齐元新)

【参建标段】 中铁十二局集团有限公司承建5工区工程　项目部驻长春市南关区,项目负责人石中华。合同投资84653万元,线路长2.8千米,合同工期2020年5月至2024年6月。主要工程量:1站2区间。

中国铁建大桥工程局集团有限公司承建2工区工程　项目部驻长春市绿园区,项目负责人陈久恒。合同投资238916万元,线路长8.2千米,合同工期2020年5月至2025年4月。主要工程量:5站5区间,出入段线1条,联络线1条。

中国铁建大桥工程局集团有限公司承建11工区工程　项目部驻长春市绿园区,项目负责人潘大勇。合同投资122213万元,合同工期2023年5月至2025年4月。主要工程量:14站14区间机电设备安装。

中铁十四局集团有限公司承建6工区工程　项目部驻长春市南关区,项目负责人周松。合同投资76168万元,线路长2千米,合同工期2020年5月至2023年9月。主要工程量:2站2区间。

中铁十六局集团有限公司承建4工区工程　项目部驻长春市朝阳区,项目负责人范慧峰。合同投资126885万元,线路长2.3千米,合同工期2020年5月至2025年4月。主要工程量:3站2区间。

中铁十七局集团有限公司承建9工区工程　项目部驻长春市二道区,项目负责人姚继斌。合同投资71182万元,线路长2.3千米,合同工期:2020年5月至2025年4月。主要工程量:2站3区间(含1座区间风井)。

中铁十八局集团有限公司承建7工区工程　项目部驻长春市南关区,项目负责人崔广振。合同投资84172万元,合同工期2020年5月至2023年12月。主要工程量:2站1区间。

中铁十九局集团有限公司承建12工区工程　项目驻地未确定,项目负责人陈良。合同投资38277万元,合同工期2023年5月至2025年4月。主要工程量:5站5区间机电、供电及接触网设备安装工程。

中铁二十局集团有限公司承建1工区工程　项目部驻长春市绿园区,项目负责人王海波。合同投资63715万元,线路长1.1千米,合同工期2020年5月至2025年4月。主要工程量:靠山屯车辆段,包含建筑物16个,总建筑面积8.7万平方米。

中铁二十二局集团有限公司承建3工区工程　项目部驻长春市朝阳区,项目负责人王强强。合同投资79759万元,线路长2.9千米,合同工期2020年5月至2025年4月。主要工程量:2站2区间。

中铁二十五局集团有限公司承建8工区工程　项目部驻长春市二道区,项目负责人周晓磊。合同投资67141万元,线路长3千米,合同工期2020年5月至2023年9月。主要工程量:2站2区间。

中铁建设集团有限公司承建10工区工程　项目部驻地未确定,项目负责人杨春光。合同投资36333万元,合同工期2023年5月至2025年4月。主要工程量:全线装修工程。 (齐元新)

·成都地铁17号线及18号线·

【工程概况】 成都地铁17号线及18号线项目为施工总承包项目,实施主体为中国铁建昆仑投资集团有限公司。成都地铁17号线二期工程起于机投桥站(不含),止于高洪村站(含),线路全长24.76千米,均为地下线,设车站18座,其中换乘站12座,车辆段1座,主变电所2座。工程投资135.8亿元。成都地铁18号线三期工程是既有一、二期工程的延伸段,北段自火车南站(不含)至火车北站,机场延伸段自天府机场1号、2号航站楼站(不含)至官堰站,线路全长15.3千米,盾构区间22.2千米,全线含车站4座(含10号线三期骡马市站)、区间风井3处、停车场1座,工程投资86.4亿元。中国铁建所属中铁十一局、中铁十二局、中国铁建大桥局、中铁十五局、中铁十六局、中铁十七局、中铁十八局、中铁十九局、中铁二十局、中铁二十二局、中铁二十四局、中铁城建集团有限公司参加工程建设。 (齐元新)

【参建标段】 中铁十一局集团有限公司承建成都地铁17号线二期5工区工程　项目部驻成都市金牛区,项目负责人杨华。合同投资110410万元,线路长2.7千米,合同工期2019年10月至2024年8月。主要工程量:2站3区间。

中铁十二局集团有限公司承建成都地铁 17 号线二期 8 工区工程　项目部驻成都市成华区,项目负责人李江峰。合同投资 189116 万元,线路长 3.6 千米,合同工期 2019 年 10 月至 2024 年 8 月。主要工程量:3 站 2 区间。

中铁十二局集团有限公司承建成都地铁 17 号线二期轨道 2 工区工程　项目部驻成都市成华区,项目负责人张华。合同投资 40690 万元,线路长 27.5 千米,合同工期 2019 年 10 月至 2024 年 8 月。主要工程量:10 站 9 区间轨道工程及相关附属工程。

中国铁建大桥工程局集团有限公司承建成都地铁 17 号线二期 4 工区工程　项目部驻成都市金牛区,项目负责人宗言海。合同投资 134280 万元,线路长 2.98 千米,合同工期 2019 年 10 月至 2024 年 8 月。主要工程量:2 站 2 区间。

中铁十六局集团有限公司承建成都地铁 17 号线二期 7 工区工程　项目部驻成都市成华区,项目负责人刘成宝。合同投资 140640 万元,线路长 4.2 千米,合同工期 2019 年 10 月至 2024 年 8 月。主要工程量:2 站 3 区间。

中铁十七局集团有限公司承建成都地铁 17 号线二期 3 工区工程　项目部驻成都市武侯区,项目负责人冯亮。合同投资 63435 万元,线路长 2.4 千米,合同工期 2020 年 5 月至 2024 年 6 月。主要工程量:1 站 3 区间。

中铁十九局集团有限公司承建成都地铁 17 号线二期 1 工区工程　项目部驻成都市武侯区,项目负责人王威。合同投资 128381 万元,线路长 2.7 千米,合同工期 2020 年 5 月至 2024 年 4 月。主要工程量:2 站 2 区间。

中铁二十局集团有限公司承建成都地铁 17 号线二期 6 工区工程　项目部驻成都市成华区,项目负责人郭李刚。合同投资 100976 万元,线路长 2.4 千米,合同工期 2019 年 10 月至 2024 年 8 月。主要工程量:2 站 1 区间。

中铁二十四局集团有限公司承建成都地铁 17 号线二期 2 工区工程　项目部驻成都市武侯区,项目负责人吴庆润。合同投资 107783 万元,线路长 2.1 千米,合同工期 2020 年 5 月至 2024 年 6 月。主要工程量:2 站 2 区间。

中铁十五局集团有限公司承建成都地铁 18 号线三期 2 工区工程　项目部驻成都市武侯区,项目负责人辛松鹤。合同投资 127303 万元,线路长 3.9 千米,合同工期 2019 年 10 月至 2023 年 12 月。主要工程量:1 站 3 区间。

中铁十八局集团有限公司承建成都地铁 18 号线三期 1 工区工程　项目部驻成都市吉羊区,项目负责人邱青春。合同投资 220910 万元,线路长 5.6 千米,合同工期 2019 年 10 月至 2024 年 3 月。主要工程量:2 站 3 区间。

中铁二十二局集团有限公司承建成都地铁 18 号线三期 3 工区工程　项目部驻成都市简阳市,项目负责人刘观元。合同投资 87386 万元,线路长 3.7 千米,合同工期 2019 年 10 月至 2024 年 3 月。主要工程量:1 站 2 区间。

中铁城建集团有限公司承建成都地铁 18 号线三期车辆段工程　项目部驻成都市温江区,项目负责人张蒙。合同投资 238629 万元,合同工期 2019 年 10 月至 2024 年 3 月。主要工程量:临江停车场和出入场线。 (齐元新)

·武汉轨道交通 12 号线·

【工程概况】 武汉市轨道交通 12 号线为 PPP 项目,投资主体为中国铁建投资集团有限公司。项目是起、终点均为武昌火车站的环线,线路全长 59.9 千米,均为地下线路,设 37 站 37 区间,车辆段 1 座,停车场 2 座,主变电所 2 座,项目概算金额 298.8 亿元,其中工程费用 218.2 亿元。江北段为铁建管段,长 16.98 千米,设 8 站 11 区间,合同投资 71.01 亿元,其中工程费用 68.56 亿元。中国铁建所属中铁十一局、中铁十二局、中国铁建大桥局、中铁十四局、中铁二十一局集团有限公司参加工程建设。 (齐元新)

【参建标段】 中铁十一局集团有限公司承建武昌段 5 标段工程　项目部驻武汉市武昌区,项目负责人王磊。合同投资 175533 万元,线路长 6.5 千米,合同工期 2019 年 8 月至 2022 年 8 月。主要工程量:4 站 4 区间,1 条出入场线。

中铁二十一局集团有限公司承建武昌段 7 标段工程　项目部驻武汉市洪山区,项目负责人张东阳。合同投资 64370 万元,线路长 0.5 千米,合同工期 2019 年 8 月至 2022 年 3 月。主要工程量:车站 1 座和换乘楼1处。

中铁十一局集团有限公司承建江北段7标段工程 项目部驻武汉市江岸区,项目负责人陈伟。合同投资236094万元,线路长6.1千米。主要工程量:4站4区间。

中铁十二局集团有限公司承建江北段8标段工程 项目部驻武汉市硚口区,项目负责人江良雄。合同投资138136万元,线路长6.3千米。主要工程量:2站4区间。

中国铁建大桥工程局集团有限公司承建江北段6标段工程 项目部驻武汉市江岸区,项目负责人邓勇。合同投资132479万元,线路长3.1千米。主要工程量:2站2区间。

中铁十四局集团有限公司承建江北段5标工程 项目部驻武汉市青山区,项目负责人闫峰。合同投资180951万元,线路长4.0千米。主要工程量:1区间以及江北段铺轨施工。 (齐元新)

市政工程

·芜湖城南过江隧道项目·

【工程概况】 芜湖城南过江隧道项目为PPP项目,中铁十四局集团有限公司为投资主体。线路全长5.96千米,按双向六车道城市快速通道建设,自芜湖市鸠江区二坝镇纬一路至江南主城大工山路,设计时速80千米。隧道采用盾构法和明挖法施工,隧道段长4.94千米,其中盾构段3.95千米,盾构外径14.5米。主要施工内容包括隧道、接线、附属等土建工程和机电设备安装工程。中国铁建所属中铁十四局集团有限公司参加工程建设。 (齐元新)

【参建单位】 中铁十四局集团有限公司参加工程建设 项目部驻安徽省芜湖市鸠江区,项目负责人李东升。合同投资361729万元,线路长5.9千米,合同工期2017年9月至2022年8月。主要工程量:混凝土64万立方米,钢筋10万吨,明挖段挖方51万立方米,盾构掘进7913米,水泥土加固30万立方米,钢支撑9048吨。 (齐元新)

·北京城市副中心东六环改造入地工程·

【工程概况】 北京城市副中心东六环(京哈高速至潞苑北大街)改造入地工程南起京哈高速施园桥,北至潞苑北大街疃里桥,将现状双向四车道拓宽改造为双向六车道,线路全长16千米。其中,万盛南街至潞苑二街段9.2千米的高速公路将入地,不设出入口。2020年5月正式施工。中国铁建所属中铁十四局集团有限公司参加工程建设。 (齐元新)

【参建单位】 中铁十四局集团有限公司参加工程建设 项目部驻北京市通州区,项目负责人陈鹏。合同投资286935万元,线路长7.4千米,合同工期2019年12月至2023年12月。主要工程量:围护地连墙97幅,基坑内钻孔灌注桩185根,降水井74口,基坑土方23.8万立方米;主体结构包含钢筋1.6万吨、混凝土6.4万立方米;盾构隧道7.4千米。 (齐元新)

·北京城市副中心站综合交通枢纽01标段项目·

【工程概况】 北京城市副中心站综合交通枢纽01标段项目地处北京城市副中心腹地,在大运河与运潮减河之间,以交通枢纽功能为主,兼有商务服务、综合服务等功能,设计打造站城一体的门户型交通枢纽典范。总建筑面积32.45万平方米,工程投资96.13亿元。施工内容包括地基与基础、主体结构、建筑装饰装修、屋面工程、建筑给水、排水及采暖、通风与空调、建筑电气、建筑智能化、建筑节能、消防、电梯以及室外工程等。中国铁建所属中铁十六局、中铁建设集团有限公司组建联合体中标该项目。 (齐元新)

【参建单位】 中铁十六局集团有限公司参加工程建设 项目部驻北京市通州区,项目负责人夏源。合同投资180000万元,合同工期2020年8月至2024年10月。主要工程量:标段范围内围护结构、桩基工程、区域内降水、明挖和暗挖主体结构,部分建筑工程及装饰工程,机电工程中的供配电及动力照明系统(含变配电站),室内外给排水及消防系统,室内部分采暖通风空调系统,电梯工程等。

中铁建设集团有限公司参加工程建设　项目部驻北京市通州区,项目负责人孟啸。合同投资727753万元,合同工期2020年8月至2024年10月。主要工程量:车站1座。　(齐元新)

水利工程

·新疆引额供水二期工程·

【工程概况】　新疆引额供水二期工程建设分两步完成,第一步是调水到乌鲁木齐,第二步在额尔齐斯河上游修一个调节水库,分西水东引、喀双隧洞、双三(双井子到三塘湖)段3部分。二期输水工程KS隧洞长283.4千米,起自新疆维吾尔自治区北屯市,终点至奇台县,工程投资560亿元。中国铁建所属中铁十一局、中铁十二局、中国铁建大桥局、中铁十四局、中铁十六局、中铁十七局、中铁十八局、中铁十九局集团有限公司参加工程建设。　(齐元新)

【参建标段】　中铁十一局集团有限公司承建喀双段Ⅵ标段工程　项目部驻新疆维吾尔自治区阿勒泰市富蕴县,项目负责人王明华。合同投资53704万元,线路长19.8千米,合同工期2017年8月至2022年12月。主要工程量:钻爆开挖支护施工隧洞2.2千米,TBM施工隧洞17.7千米,整洞的混凝土铺底及衬砌施工。

中铁十二局集团有限公司承建额双段S2－1标段工程　项目部驻新疆维吾尔自治区阿勒泰市青河县,项目负责人陶新杰。合同投资17330万元,线路长3.2千米,合同工期2020年10月至2024年6月。主要工程量:竖井694米,主洞3.2千米。

中国铁建大桥工程局集团有限公司承建西水东引Ⅱ标段工程　项目部驻新疆维吾尔自治区阿勒泰市布尔津县,项目负责人王隆江。合同投资85089万元,线路长26.8千米,合同工期2017年3月至2023年7月。主要工程量:钻爆开挖支护施工隧洞1.7千米,TBM施工隧洞1.7千米,整洞的混凝土铺底及衬砌施工。

中铁十四局集团有限公司承建双三段Ⅳ标段工程　项目部驻新疆维吾尔自治区昌吉州木垒县,项目负责人吴遁。合同投资142960万元,线路长37.4千米,合同工期2017年12月至2022年12月。主要工程量:主洞总长37.4千米,其中钻爆开挖支护施工17.9千米、盾构施工18.9千米;整洞的混凝土铺底及衬砌施工。

中铁十六局集团有限公司承建喀双段Ⅹ标段工程　项目部驻新疆维吾尔自治区昌吉州奇台县,项目负责人牛超良。合同投资33925万元,线路长9.1千米,合同工期2017年7月至2024年12月。主要工程量:钻爆开挖支护施工隧洞9.1千米,整洞的混凝土铺底及衬砌施工。

中铁十六局集团有限公司承建西水东引Ⅷ标段工程　项目部驻新疆维吾尔自治区阿勒泰市,项目负责人张立龙。合同投资133216万元,线路长34.7千米,合同工期2017年2月至2022年12月。主要工程量:隧洞34.7千米,永久施工道路32.1千米,供水管线12千米。

中铁十六局集团有限公司承建西水东引Ⅳ标段工程　项目部驻新疆维吾尔自治区阿勒泰市福海县,项目负责人张立龙。合同投资40603万元,线路长6.6千米,合同工期2018年12月至2022年12月。主要工程量:倒虹吸3座。

中铁十七局集团有限公司承建额双段S5标段工程　项目部驻新疆维吾尔自治区阿勒泰市富蕴县,项目负责人董斌。合同投资10459万元,线路长1.3千米,合同工期2021年7月至2024年6月。主要工程量:竖井187米,主洞1.3千米。

中铁十八局集团有限公司承建西水东引Ⅲ标段工程　项目部驻新疆维吾尔自治区阿勒泰市,项目负责人齐建锋。合同投资133828万元,线路长43.7千米,合同工期2017年3月至2022年12月。主要工程量:隧洞43.8千米,其中钻爆开挖支护施工5.1千米,TBM施工38.7千米;整洞的混凝土铺底及衬砌施工。

中铁十八局集团有限公司承建双三段Ⅱ标段工程　项目部驻新疆维吾尔自治区昌吉州奇台县,项目负责人罗春灵。合同投资43597万元,线路长22.7千米,合同工期2016年12月至2021年12月。主要工程量:隧洞17千米,永久施工道路14千米。

中铁十八局集团有限公司承建额双段18标段工程　项目部驻新疆维吾尔自治区阿勒泰市青河县,项目负责人赵映旺。合同投资38199万元,线路长6千米,合同工期2020年11月至2024年6月。主要工程量:S1-1竖井553米;S1-2竖井642米;主洞2段5.9千米,含TBM拆卸洞2个。

中铁十九局集团有限公司承建喀双段KS2标段工程　项目部驻新疆维吾尔自治区阿勒泰市富蕴县,项目负责人何宁。合同投资14647万元,线路长8.5千米,合同工期2016年4月至2024年12月。主要工程量:主洞7.0千米,支洞1.5千米,钻爆法施工。

中铁十九局集团有限公司承建喀双段Ⅳ标段工程　项目部驻新疆维吾尔自治区阿勒泰市富蕴县,项目负责人王家海。合同投资174669万元,线路长46.2千米,合同工期2017年2月至2024年12月。主要工程量:钻爆开挖支护施工隧洞1.6千米,TBM施工隧洞44.6千米,整洞的混凝土铺底及衬砌施工。

(齐元新)

·引绰济辽水利工程·

【工程概况】　引绰济辽工程是一项从嫩江支流绰尔河引水到西辽河,向沿线城市及工业园区供水的大型引水工程。由文得根水利枢纽和输水工程两部分组成。文得根水利枢纽总库容19.64亿立方米,电站装机容量36兆瓦,输水线路总长390.3千米,其中输水隧洞段183千米,工程投资252.16亿元。中国铁建所属中铁十八局、中铁十九局集团有限公司参加工程建设。(齐元新)

【参建标段】　中铁十八局集团有限公司承建引绰济辽隧洞段5标段工程　项目部驻内蒙古自治区兴安盟突泉县,项目负责人陈立和。合同投资145342.8万元,线路长46.5千米,合同工期2018年9月至2023年4月。主要工程量:土方明挖1.9万立方米、石方开挖118.2万立方米,衬砌混凝土21.6万立方米,钢筋33540吨。

中铁十八局集团有限公司承建引绰济辽PCCP管线段1标段工程　项目部驻内蒙古自治区兴安盟突泉县,项目负责人李广臣。合同投资14874.45万元,线路长14.6千米,合同工期2020年4月至2022年12月。主要工程量:PCCP管道铺设27.5千米,钢管安装1539.4米,土石方250.5万立方米。

中铁十九局集团有限公司承建引绰济辽PCCP管线段10标段工程　项目部驻内蒙古自治区通辽市科尔沁区,项目负责人连凯。合同投资17517万元,线路长22.5千米,合同工期2020年5月至2023年10月。线路主管道为一根DN3200的PCCP管。线路沿线穿越铁路1处、大坝1处、国道1处、县道2处。

(齐元新)

·小清河复航工程·

【工程概况】　小清河复航工程为PPP项目,投资主体为中国铁建投资集团有限公司。项目起点为济南市荷花路跨小清河桥下200米处,终点为潍坊港西港区羊口作业区,全长169.2千米,按Ⅲ级航道标准建设,项目总投资133.02亿元。中国铁建所属中国铁建大桥局、中铁十四局、中铁二十五局、中国铁建港航局集团有限公司参加工程建设。(齐元新)

【参建标段】　中国铁建大桥工程局集团有限公司承建3标段工程　项目部驻山东省淄博市桓台县,项目负责人闫云峰。合同投资153031万元,线路长30.8千米,合同工期2020年6月至2023年5月。主要工程量:设计干挖土方423万立方米,水下疏浚137万立方米,新建船闸1座,改建桥梁7座。

中铁十四局集团有限公司承建2标段工程　项目部驻山东省滨州市邹平市,项目负责人冯立志。合同投资137559万元,线路长26.7千米,合同工期2020年7月至2023年6月。主要工程量:设计干挖土方904万立方米,水下疏浚165万立方米,改建船闸1座,新建航道维护基地及公共锚地1处,改建桥梁4座,倒虹吸3座,提灌站21座,支流控制闸(涵闸)37座。

中铁二十五局集团有限公司承建1标段工程　项目部驻山东省济南市章丘区,项目负责人杨志文。合同投资161048万元,线路长29.3千米,合同工期2020年7月至2023年6月。主要工程量:设计干挖土方1184万立方米,水下疏浚41万立方米,改建节制闸1座,新建航道维护基地及公共锚地1处,改建桥梁13座。

中国铁建港航局集团有限公司承建4标段工程　项目部驻山东省东营市广饶县,项目负责人魏贤华。合同投资325808万元,线路长82.3千米,合同工期2020年7月至2023年6月。主要工程量:疏浚土方

1202 万立方米，护岸长度 43.6 千米，改建船闸 2 座，改建桥梁 13 座。（齐元新）

·抽水蓄能电站项目·

【工程概况】 抽水蓄能电站项目由国家电网有限公司抽水蓄能和新能源事业部投资建设。工程主要承建单位上级集团公司总部针对抽水蓄能工程建设联合开展的“查业主、查施工、查设计和监理，共同防范建设风险”即“三查一联防”活动涉及的项目。中国铁建所属中铁十四局、中铁十七局、中铁十八局、中铁二十局集团有限公司参加工程建设。（齐元新）

【参建标段】 中铁十四局集团有限公司承建山东文登电站工程　项目部驻山东省威海市文登区，项目负责人刘永奎。合同投资 92595 万元，合同工期 2017 年 7 月至 2022 年 8 月。主要工程量：土石方 95 万立方米，水道系统、厂房系统隧道挖方 128 万立方米，支护等。

中铁十四局集团有限公司承建山东潍坊电站工程　项目部驻山东省潍坊市临朐县，项目负责人李龙。合同投资 89691 万元，合同工期 2021 年 9 月至 2027 年 12 月。主要工程量：土石方 246 万立方米，混凝土 24.7 万立方米，锚杆 96.3 万根，喷射混凝土 2.9 万立方米。

中铁十四局集团有限公司承建新疆哈密电站工程　项目部驻新疆维吾尔自治区哈密市，项目负责人宋辉星。合同投资 95823 万元，合同工期 2022 年 7 月至 2028 年 6 月。主要工程量：土石方 126 万立方米，混凝土 30 万立方米，锚杆 17.9 万根，喷射混凝土 5 万立方米。

中铁十四局集团有限公司承建山西浑源电站水库工程　项目部驻山西省大同市浑源县，项目负责人李鑫。合同投资 105880 万元，合同工期 2023 年 2 月至 2029 年 3 月。主要工程量：上水库工程，下水库工程，部分输水系统工程，场内交通工程，生产及生活建筑物工程，渣场挡护及排水工程，金属结构安装工程等。

中铁十七局集团有限公司承建黑龙江尚志电站工程　项目部驻黑龙江省哈尔滨市尚志市，项目负责人冯乐平。合同投资 25412 万元，合同工期 2022 年 9 月至 2024 年 5 月。主要工程量：通风兼安全洞、进厂交通洞及其交叉段 2.7 千米，永久 Y1 公路，临时 L6、L7 号公路，施工场地平整及挡排工程等。

中铁十八局集团有限公司承建山西浑源电站道路工程　项目部驻山西省大同市浑源县，项目负责人潘雪龙。合同投资 79132 万元，合同工期 2022 年 3 月至 2024 年 12 月。主要工程量：路基 12 千米，桥梁 8 座 455 米，隧道 14 座 8.4 千米，涵洞 57 座，混凝土路面 9.67 万平方米，上库施工叉洞、交通洞、通风及安全洞等。

中铁二十局集团有限公司承建吉林蛟河电站工程　项目部驻吉林省吉林市蛟河市，项目负责人任其震。合同投资 40816 万元，合同工期 2022 年 8 月至 2025 年 12 月。主要工程量：洞室工程 3.2 千米、上下库连接道路 14.4 千米及生产生活营地工程 1.7 万平方米。（齐元新）

房 建 工 程

·雄安新区容西片区安置房及配套设施项目·

【工程概况】 雄安新区容西片区安置房及配套设施项目容西片区规划面积 7.8 平方千米，分为 5 个单元（A、B、C、D、E 单元），总建筑面积 635 万平方米，包含 738 栋楼，其中安置房 624 栋，是容城组团的重要组成部分。中国铁建所属中铁十一局、中铁十二局、中铁十五局、中铁十六局、中铁十八局、中铁建设、中国铁建电气化局集团有限公司参加工程建设。（齐元新）

【参建单位】 中铁十一局集团有限公司承建容西片区市政一期 4 标段工程　项目部驻河北省容城县，项目负责人李中平。合同投资 79189 万元，合同工期 2020 年 12 月至 2022 年 5 月。主要工程量：市政道路主次干路 6 条，桥梁 6 座，地下通道 2 座，综合管廊 2 条，给排水工程，绿化工程等。

中铁十二局集团有限公司承建容西片区市政一期 1 标段工程　项目部驻河北省容城县，项目负责人杜世文。合同投资 65180 万元，合同工期 2020 年 12 月至 2022 年 5 月。主要工程量：市政道路 6 条，桥梁 2

座,综合管廊等。

中铁十二局集团有限公司承建容西片区安置房C1标段工程　项目部驻河北省容城县,项目负责人鲁兵。合同投资301613万元,合同工期2020年12月至2022年6月。主要工程量:总建筑面积660475平方米,住宅楼75栋,幼儿园1所,小学及社区配套邻里中心1所,市政支路4条,管道工程等。

中铁十五局集团有限公司承建容西片区安置房C1标段工程　项目部驻河北省容城县,项目负责人王云山。合同投资60600万元,合同工期2020年12月至2022年6月。主要工程量:中铁十二局为联合体牵头方,工程量见中铁十二局内容。

中铁十六局集团有限公司承建容西片区G单元安置房及配套设施项目、市政基础设施施工项目施工总承包　项目部驻雄安新区,项目负责人梁怀刚。合同投资185724万元,合同工期2022年11月至2024年7月。主要工程量:住宅楼48栋,配建楼6栋,开闭站2栋。

中铁十八局集团有限公司承建容西片区市政一期2标段工程　项目部驻河北省容城县,项目负责人郭建文。合同投资98377万元,合同工期2020年12月至2022年5月。主要工程量:土方356.2万立方米,路面工程、综合管廊等。

中铁建设集团有限公司承建容西片区安置房C3-1标段工程　项目部驻河北省容城县,项目负责人王广为。合同投资198549万元,合同工期2020年12月至2022年6月。主要工程量:总建筑面积40.97万平方米。

中铁建设集团有限公司承建容西片区安置房C3-2标段工程　项目部驻河北省容城县,项目负责人姚士军。合同投资100000万元,合同工期2020年12月至2022年6月。主要工程量:总建筑面积24.8万平方米。

中铁建设集团有限公司承建容西片区安置房C3-3标段工程　项目部驻河北省容城县,项目负责人杨卫东。合同投资2438万元,合同工期2020年12月至2022年6月。主要工程量:C3安置房地块范围内的5条支路及配套管道、管线、标志、绿化等工程。

中国铁建电气化局集团有限公司承建容西片区输变电4标段工程　项目部驻河北省保定市,项目负责人赵连浩。合同投资13960万元,合同工期2021年8月至2022年6月。主要工程量:安置房及配套设施项目输变电工程设计施工。　(齐元新)

·杭州西站枢纽南区站城综合体·

【工程概况】　杭州西站枢纽南区站城综合体位于杭州市余杭区高铁枢纽中心南侧,紧临站房,建筑业态涉及酒店、写字楼、公寓及配套商业等,占地面积9.93万平方米,总建筑面积946980平方米,地上建筑面积705030平方米,地下建筑面积263062平方米。中国铁建所属中铁建设集团有限公司参加工程建设。

(齐元新)

【参建单位】　中铁建设集团有限公司承建工程　项目部驻浙江省杭州市余杭区,项目负责人刘传林。合同投资789119万元,合同工期2021年7月至2026年12月。主要工程量:占地面积9.93万平方米,东区A、D塔楼,西区B、C塔楼高度分别为320米、200米、290米、200米,云门高度80米。　(齐元新)

安全生产

【中国铁建股份有限公司安全生产委员会】　2007年成立。中国铁建董事长、总裁任主任委员,分管领导及其他副职领导任副主任委员,部门以上领导及总部有关部门负责人为委员。中国铁建股份有限公司安全生产委员会(以下简称安委会)办公室设在安全监督部,安全监督部总经理担任办公室主任,日常工作由业务部门具体承办。安委会主要职责:规划、监督、指导全系统安全生产工作;审议安全生产规章制度;评估安全生产状况,提出强化监管举措;对安全生产重大问题提出决策性意见;实施安全生产奖惩;对安全生产事故提出处理意见。2022年1月11日,安委会召开会议,研究审议2021年安全生产工作评价考核结果以及中国铁建拟与各区域总部、所属各单位签订的《2022年安全包保责任书》内容,分析安全生产形势,部署安全生产工作。　(袁邦民　周　江)

【安全监督部】 主要职责：负责建立健全中国铁建股份有限公司（以下简称公司）安全监督管理体系，包括安全生产的组织、制度、目标及责任、标准、教育、文化、风险控制、应急管理、监督保障和评价体系；负责贯彻国家及有关部委安全生产、应急管理工作法律法规，制定公司有关安全生产、应急管理规章制度；负责建立健全安全生产责任制，包括安全生产领导责任制、岗位责任制，落实安全生产包保和有关奖惩制度；负责组织推动安全标准化建设，组织或参与制定企业安全技术标准、防护标准、操作规程等相关安全标准、规范、规程；负责组织或参与公司本级安全生产教育和培训活动，监督、指导所属单位安全生产教育培训工作；负责检查、督导、考核所属单位、本级项目的安全生产状况，提出改进安全生产管理的工作建议，并督促安全生产整改措施的落实；负责开展安全风险管控、隐患排查治理双重预防机制建设，推动安全生产高新技术应用及信息化工作；负责编制完善本级生产安全事故应急预案，按要求组织开展应急救援演练；负责向国家有关部门申报安全生产预防和应急专项资金，对国家级和系统各级应急救援队、救援培训基地建设进行业务指导；负责生产安全事故及灾害的统计、上报、应急救援和调查处理等工作；配合政府部门对本级安全生产条件的核查和安全生产许可证延期办理等工作；负责注册安全工程师的注册管理、继续教育等工作；负责本级各行业安全三类人员证书管理相关工作；负责与国家应急部、住房城乡建设部、交通运输部、国务院国资委等相关部门及有关协会建立沟通联系机制；负责公司安全生产委员会日常工作。下设基础建设处、监督管理处、应急管理处。其中，基础建设处定员 2 人，设经理 1 人，职员 1 人；监督管理处定员 4 人，设经理 1 人，职员 3 人；应急管理处定员 2 人，设经理 1 人，职员 1 人。

（郭　宏　袁邦民）

【工作综述】 2022 年，安全监督部深入学习贯彻习近平总书记关于安全生产重要论述，按照年初公司工作会议部署，坚持“实事求是、守正创新、行稳致远”工作方针，落实公司“生命至上、预防为主”安全理念和各项工作部署要求，以安全生产“双零”目标为指引，扎实细致开展安全生产各项工作。总体上，公司安全生产形势保持基本稳定。

全力做好特殊重点时期安全生产保障。紧紧围绕“防风险、保安全、迎二十大”主线，深入落实各项安全防范责任措施，坚决防范遏制各类事故。强化特殊时期安全生产应急机制保障，深入落实国务院国资委工作部署要求，根据中国铁建《生产安全及灾害事故（事件）应急预案》，结合实际，9 月起至党的二十大闭幕，实行特殊时期安全生产应急机制。根据险情或事故等级，分别由中国铁建主管、分管领导指挥协调先期处置工作。各生产经营单位（项目部、工程公司以及经营场所）实行 24 小时值班制度；全天作业单位由项目部领导 24 小时轮班值守。强化安全生产专项督导检查保障，制定印发《安全生产专项督导方案》，编发《安全生产专项督导工作周报》7 期，提交《安全生产专项督导总结报告》，及时向公司领导报告安全生产专项督导检查中发现的问题隐患，督促有关单位及时予以整改落实。总部派出 8 个安全生产专项督导组，在疫情持续的不利情况下，克服重重困难，深入基层一线，累计督导检查项目 233 个，督促排查整治问题隐患 1373 个，所属各单位实行分片包保、循环检查、驻点帮扶等措施，层层压实责任，扎实做好安全生产工作，有力保障特殊重点时期全系统安全生产形势稳定。

持续推进安全生产基础建设。深入总结 2021 年北京片区安全生产专项整治成果，制定印发《关于加强北京片区工程项目安全管理规定》，从 10 个方面加强北京片区工程项目安全管理，提升北京片区工程项目安全生产能力。持续推进安全生产标准化建设，组织编写印发《现场安全标准化指导手册》（房建分册与城轨分册），在全系统进行推广应用，促进安全生产规范化管理，提高本质安全水平。规范和加强工程项目施工安全风险管控，依据中国铁建《生产安全风险分级管控规定》，修订印发《工程项目施工安全风险管控规程（2022 年版）》，进一步明确工程项目施工安全风险管控流程及各层级风险管控责任，从源头上防范化解重大安全风险。

部署开展安全生产提升年行动。按照国务院国资委《关于开展中央企业安全生产提升年行动的通知》部署，结合实际，制定印发中国铁建《安全生产提升年行动实施方案》，贯彻“理直气壮、标本兼治、从严从实、责任到人、守住底线”安全生产总体目标要求，结合中国铁建《安全生产专项整治三年行动实施方案》，坚持边深化、边巩固、边提升，进一步推进思想认识、责任落实、专项整治行动、重点管控能力再提升，促进企业安全发展。

加强安全生产重点督查检查。部署开展安全大检查活动，全面排查在安全发展思想认识、安全管理链条、安全保障能力、全员安全责任落实等方面存在的不足，以及是否存在违法分包、转包和挂靠资质等违法违规行为，坚决排除影响企业安全发展的重大风险隐患和突出问题，守住不发生生产安全事故的底线。制定印发中国铁建《安全生产大检查实施方案》，成立12个检查组，通过查思想、查管理与查现场相结合，对所属二级单位和中国铁建本级项目进行全覆盖安全检查。多次组织开展重点项目复工复产安全督导检查，以及在京项目和重点项目安全生产视频巡检等。在“五一”劳动节期间，组成4个检查组，对在京重点项目进行全面安全督导检查，检查项目28个，发现现场及安全管理方面隐患84条，督促责任单位及时予以整改，保证在京项目的安全稳定。落实中国铁建与国家电网工作对接要求，对所属各单位承建的国家电网抽水蓄能建设项目持续开展安全生产“三查一联防”督查检查，督促相关单位及时整改消除安全隐患。组织召开重庆片区安全生产专项整治部署会，部署开展安全生产专项整治，深入排查治理风险隐患，坚决遏制事故上升势头，获得地方政府有关部门和业主单位的认可。深刻吸取“8·15”事故教训，部署开展以防火灾、防坍塌、防爆炸、防突泥涌水、防中毒（窒息）、防地质灾害、防高坠等为重点内容的铁路工程施工安全生产专项整治。

加强中国铁建本级项目安全监管。加强区域总部安全监管力量，联合党委组织部（人力资源部），下发《关于加强区域总部安全总监配备管理有关事项的通知》，进一步明确区域总部安全总监任职条件、选任程序和管理要求，督促各区域总部按照要求配备安全总监，切实加强中国铁建本级项目安全监管。加强中国铁建本级项目安全督察，按照中国铁建在建项目督察工作统一部署，选派部门人员3人参加在建项目督察，加强对中国铁建本级项目的安全检查指导。

扎实做好防灾减灾救灾工作。按照国务院国资委、应急管理部部署要求，立足防大汛、抗大洪、救大灾要求，及时部署加强防汛减灾救灾工作，督促各方落实责任，扎实做好应急准备，全力备战汛期应急抢险救援工作，坚决防范各类灾害风险，严防各类灾害引发生产安全事故。及时调度所属单位和国家隧道应急救援中铁十七局集团有限公司太原队参加汛期抗洪抢险、芦山6.1级地震、泸定6.9级地震、贵广铁路榕江站动车碰撞滑塌泥石流脱线、辽宁省盘锦市抗汛排涝等抢险救援，积极履行央企社会责任。积极开展国际减灾日活动，按照国家减灾委员会办公室关于做好2022年国际减灾日有关工作的通知要求，围绕“早预警、早行动”主题，积极开展减灾活动。同时，结合第四季度秋冬季节特点，针对华南沿海地区可能出现灾害性台风，西北、西南等局地强降水可能引发山洪灾害，以及部分地区森林火险等级高等情况，要求各单位严密防范隧道坍塌、桥梁垮塌、火灾、营区被埋等灾害事故，有针对性地做好防灾减灾与安全生产各项工作。及时接收气象、地质灾害等相关预警信息，编发《安全警示》21期，提前做好气象、地质等灾害风险防范。

加强与北京市住建委和考评机构的沟通联系，顺利通过安全生产标准化现场考评和线上审核，圆满完成安全生产许可证延期工作。

利用信息化手段规范分包安全管理。8月底，正式上线分包商安全评价信息平台，实现中国铁建总部、产业集团、工程公司与基层项目部之间分包商安全评价信息的互通共享，为各单位选用分包商提供重要参考。

按照国铁集团与六大央企对接协调专题会议要求，组织有关单位完成“铁路建设安全管理”专题报告与“施工队伍教育和职业化专业化研究”课题研究工作。按照国务院国资委工作要求，报送中铁十一局集团有限公司安全管理专题报告。（袁邦民）

【安全生产工作会议】 2022年1月14日，中国铁建召开年度安全生产工作会议，深入学习习近平总书记关于安全生产重要论述，贯彻落实《中华人民共和国安全生产法》新要求，总结2021年工作，分析安全生产形势及存在的薄弱环节，安排部署2022年重点工作。1月19日、3月17日，2次召开安全生产工作视频会议，传达贯彻全国安全生产电视电话会议和中央企业安全生产工作视频会议精神，部署相关工作。4月6日，召开安全生产工作视频会议，深入贯彻全国安全生产电视电话会议精神，落实国务院安委会“十五条”硬措施和国务院国资委“五个必须”要求，结合企业实际，部署加强安全生产工作“十个坚决”具体措施。8月19日，召开安全生产紧急视频会，深刻吸取事故教训，部署开展安全生产大检查。9月16日，召开安全生产工作视频会议,传达中央建筑施工企业安全生产督导会议精神,部署加强特殊时期安全生产工作。

(周　江)

【安全包保责任状】 2022年初,中国铁建与所属50家单位主要负责人分级分类签订《2022年度安全包保责任书》,逐级落实安全生产主体责任,依据与各单位签订的《2021年度安全包保责任书》,对相关单位和领导兑现奖罚。(高维权)

【安全生产应急管理】 2022年,中国铁建各单位加强各类自然灾害预警,落实防范措施,提升先期应急处置能力,全年未发生因自然灾害导致人员伤亡的事件。加强工程抢险应急力量预置,从全系统选定122个工程项目、2万余人、3600多台(套)设备加入工程抢险央企预置力量。督促指导国家隧道应急救援中铁十七局集团有限公司太原队积极开展隧道应急救援技术研究,研发隧道塌方自进式救援通道成套救援装备及技术,并完成全部试验,同时申报专利。根据需要,积极与国家安全生产应急救援中心沟通联系,并通过四川省应急厅申请,组建国家隧道应急救援队伍,增强专业救援力量。10月26日,国家安全生产应急救援中心正式批准组建国家隧道应急救援中铁十一局集团有限公司四川队。参加国务院国资委中央企业应急救援体系建设,按照国务院国资委有关精神,与中国安能建立工作联络机制。开展救援队年度考核,组织对国家隧道应急救援中铁十七局集团有限公司太原队2021年度基础建设、预案管理、培训与演练、救援保障、应急响应与处置情况进行现场考核。8月1—3日,在四川省雅江县举办生产安全事故应急处置CZTL专题培训班,提升CZTL项目管理干部和应急救援队员生产安全事故应急处置能力和水平。做好事故跟进处理,针对2022年以来发生的各类安全事故,及时督促有关单位积极跟进地方政府事故调查进展,最大限度减少企业损失,维护企业利益。(郭　宏　孙胜考)

【全国"安全生产月"活动】 中国铁建紧扣2022年"安全生产月""遵守安全生产法,当好第一责任人"活动主题,部署开展全系统安全生产月活动,下发《关于开展2022年"安全生产月"活动的通知》,督促各单位深入开展安全生产宣传教育培训活动,树牢安全发展理念,落实全员安全生产责任,扎实开展风险隐患排查整治,全力抓好安全防范工作,坚决稳控安全生产形势。活动期间,积极组织所属各单位参加由全国安全生产月组织委员会办公室主办的"新安法知多少"网络知识竞赛活动,做好安全普法和安全生产知识宣传工作,中国铁建积分成绩在中央企业(含中央直接管理的企业和其他部委管理的中央企业)中位列第7。

(袁邦民)

【中国铁建安全生产标准工地】 2022年,按照《中国铁建股份有限公司安全质量标准工地(车间)评价办法》,根据各单位推荐,经审核,112个项目被评为安全标准工地(车间)。

中国土木工程集团有限公司澳门轻轨延伸横琴线项目

中铁十一局集团有限公司襄阳市环线提速改造(内环)工程项目

中铁十一局集团有限公司新建福厦铁路4标段项目经理部4工区项目部

中铁十一局集团有限公司新建重庆至昆明高速铁路川渝段站前1标段

中铁十一局集团有限公司SURT1－11－7标段项目经理部

中铁十一局集团有限公司北京地铁3号线5标段

中铁十一局集团有限公司汉江重工装备制造厂

中铁十一局集团有限公司CZSCZQ－4标段新房子隧道

中铁十二局集团有限公司广湛铁路站前4标段

中铁十二局集团有限公司梅龙铁路MLSG－2标段1项目部

中铁十二局集团有限公司雄安创新研究院科技园区项目

中铁十二局集团有限公司福州市轨道交通6号线工程土建施工总承包第1标段5工区

中铁十二局集团有限公司南沿江城际铁路6标段项目3分部

中铁十二局集团有限公司中铁建江门总部基地项目

中铁十二局集团有限公司CZ铁路康定1号隧道进口

中国铁建大桥工程局集团有限公司临猗黄河大桥

LY－02 标段

中国铁建大桥工程局集团有限公司中韩（长春）国际合作示范区冷链物流产业园项目

中国铁建大桥工程局集团有限公司银昆高速公路 LJ07 标段

中国铁建大桥工程局集团有限公司青兰国家高速公路长治至延安联络线（G2211）山西境黎城至霍州段

中国铁建大桥工程局集团有限公司新建 CZ 铁路雅安至林芝段 CZXZZQ－11 标段

中铁十四局集团有限公司 CZ 铁路 8 标段项目经理部

中铁十四局集团有限公司昌景黄铁路 6 标段项目经理部

中铁十四局集团有限公司贵南高铁 4 标段项目经理部

中铁十四局集团有限公司杭州艮山东路过江隧道项目部

中铁十四局集团有限公司济莱高铁四电项目经理部

中铁十四局集团有限公司中国铁建・龙沐湾 1 号项目部

中铁十五局集团有限公司乐西高速马边至昭觉段 K3 标段项目

中铁十五局集团有限公司 G228 公路（海湾路以东—南芦公路）新建工程 FXII－1 标段

中铁十五局集团有限公司兰张三四线铁路兰武段 XQ1 标段

中铁十五局集团有限公司郑州轨道 12 号线一期土建施工 04 工区

中铁十五局集团有限公司云县至临沧高速公路项目

中铁十六局集团有限公司天庄高速 TZZB7 标段

中铁十六局集团有限公司杭甬复线宁波一期 S1 合同段整孔箱梁预制场

中铁十六局集团有限公司贵阳市轨道交通 S1 线一期工程土建 04 标段

中铁十六局集团有限公司昆楚高速公路综合标项目经理部

中铁十六局集团有限公司深圳市城市轨道交通 3 号线四期工程施工总承包四工区

中铁十七局集团有限公司泉州市二重环湾快速路（晋江段）新建工程一期工程 A2 标段

中铁十七局集团有限公司赣州中心城区快速路及管廊工程—黄金大道（筱坝大桥南侧至金凤西路北侧段）

中铁十七局集团有限公司中国铁建・花语堂房建项目

中铁十七局集团有限公司毕节西派・澜岸房建项目

中铁十七局集团有限公司南通城市轨道交通 2 号线幸福车辆段及平台建设工程 02 标段

中铁十八局集团有限公司沈阳至海口国家高速公路汕尾陆丰至深圳龙岗段改扩建项目

中铁十八局集团有限公司渝昆高铁云贵段站前 5 标段 3 分部

中铁十八局集团有限公司苏州市轨道交通 8 号线Ⅷ－TS－10 标段

中铁十八局集团有限公司东六环（京哈高速—潞苑北大街）改造工程 1 标段

中铁十八局集团有限公司 CZ 铁路 15 标段 2 工区

中铁十八局集团有限公司成都轨道交通 18 号线三期土建 1 工区

中铁十九局集团有限公司成都轨道交通 17 号线二期工程施工总承包项目土建 1 工区

中铁十九局集团有限公司沪苏湖铁路工程站前Ⅲ标段项目部 HSHZQ－3 标段

中铁十九局集团有限公司章丘区埠村街道办事处埠东村改善农村人居项目

中铁十九局集团有限公司新建集宁经大同至原平铁路（内蒙段）站前工程 JDYZQ－1 标段

中铁十九局集团有限公司珠海西部中心城区基础设施建设项目首期开发区域 A 片区平华大道综合管廊

中铁二十局集团有限公司重庆巴南界石组团 N05 地块项目

中铁二十局集团有限公司大唐阿拉善光伏治矿项目

中铁二十局集团有限公司西安地铁 8 号线工程施工总承包 2 标段

中铁二十局集团有限公司贵阳轨道交通 S1 线 02 标段

中铁二十局集团有限公司 CZ 铁路 14A 标段贡觉

隧道2#斜井

中铁二十一局集团有限公司渭武土建第七合同段

中铁二十一局集团有限公司银昆高速公路LJ12－2标段任湾茹河特大桥

中铁二十一局集团有限公司武道路1标段观音庙乌江特大桥

中铁二十一局集团有限公司福州轨道交通5号线一期3标段机电工区项目

中铁二十二局集团有限公司杭州市富阳区秦望通道工程QWI标段

中铁二十二局集团有限公司新建江苏南沿江城际铁路站前7标一分部

中铁二十二局集团有限公司达利东海总部工程

中铁二十二局集团有限公司杭温铁路站前工程四标项目部1分部

中铁二十三局集团有限公司碧江区2019年东关片区(城中村)棚户区改造项目EPC总承包

中铁二十三局集团有限公司大洋湾新城1－41号楼

中铁二十三局集团有限公司G5京昆高速公路绵阳至成都段扩容TJ10标项目经理部三分部－预制梁厂

中铁二十三局集团有限公司高速公路TJ2标项目经理部14分部——嘉陵江特大桥

中铁二十四局集团有限公司南通港洋口港区至吕四港区铁路联络线工程1标段

中铁二十四局集团有限公司六安市南华路上跨沪蓉、宁西铁路及连接线工程

中铁二十四局集团有限公司南沿江城际铁路NYJZF－1标段

中铁二十四局集团有限公司龙龙铁路龙岩至武平段LLZQ－2标段项目经理部4分部

中铁二十四局集团有限公司新建CZ铁路雅安至林芝段CZXZZQ－14B标段项目经理部1分部

中铁二十五局集团有限公司东莞至番禺高速公路桥头至沙田第7A合同段项目

中铁二十五局集团有限公司长春市城市轨道交通7号线一期工程8工区

中铁二十五局集团有限公司贵州省桐梓至新蒲高速公路PPP项目1标段2分部

中铁二十五局集团有限公司清华珠三角研究院粤港澳大湾区创新基地工程项目

中铁建设集团有限公司新建福厦铁路厦门北站房屋建筑及配套工程FXFJ－4标段

中铁建设集团有限公司中国铁建黑龙江总部基地项目

中铁建设集团有限公司金华信息经济产业园(二期)

中铁建设集团有限公司石景山区政务服务中心和档案馆新建工程

中国铁建电气化局集团有限公司兴泉铁路宁泉段四电系统集成项目经理部

中国铁建电气化局集团有限公司京唐铁路四电1标段项目经理部

中国铁建电气化局集团有限公司常益长铁路项目经理部

中国铁建电气化局集团有限公司新建南昌经景德镇至黄山铁路(安徽段)“四电”系统集成及相关工程CHSD标段项目经理部

中国铁建港航局集团有限公司小清河复航工程施工4标段项目

中国铁建港航局集团有限公司重庆潼南区东升大桥建设项目

中国铁建港航局集团有限公司山东能源渤中海上风电B场址工程项目

中国铁建港航局集团有限公司北海港铁山港西港区北暮作业区南7号至南10号泊位工程及9号、10号泊位后方陆域围堰工程项目

中铁城建集团有限公司智能高端装备产业园区基础设施建设及厂房配套项目加工装配联合厂房、涂装中心生产辅房、梯台栏杆涂装车间工程

中铁城建集团有限公司福山区党校、人防工程

中铁城建集团有限公司柬埔寨金边The Peak酒店项目部

中铁城建集团有限公司舒城县“三馆一院”建设项目

中国铁建投资集团有限公司九龙湖过江大桥工程PPP项目

中国铁建投资集团有限公司东铁营棚户区改造回迁安置房及配套设施项目

中国铁建昆仑投资集团有限公司成都轨道交通资阳线工程

中国铁建昆仑投资集团有限公司贵州剑黎高速公路项目

中国铁建房地产集团有限公司中铁建江门总部基地项目

中铁第一勘察设计院集团有限公司西安市莲湖区三馆建设 EPC 项目部

中铁第四勘察设计院集团有限公司广深港高铁虎门站站房改扩建及配套工程总承包项目部

中铁第五勘察设计院集团有限公司齐齐哈尔市老工业区铁锋区炮台片区基础设施一期建设项目——民航路跨线桥、民航东路道路桥梁工程

中铁上海设计院集团有限公司昭通高速凤凰广场建设项目工程(住宅区)

中铁建华南建设有限公司广州高科技产业有限公司盾构产业车间

中铁建华南建设有限公司广州东至花都天贵城际总承包项目

中铁物资集团有限公司东北公司智慧物流园

中国铁建重工集团股份有限公司特种装备总厂生产部总装工段

中国铁建国际集团有限公司 NEOM 隧道支洞项目

中铁建发展集团有限公司新疆 YEGS 二期工程

中铁建华北投资发展有限公司天津一号线轨道交通运营有限公司车辆中心 1 号线检修分中心

中铁建南方建设投资有限公司深圳市城市轨道交通 3 号线四期工程 3141 标段

中铁建南方建设投资有限公司深圳市城市轨道交通 16 号线二期工程主体工程 16111 标段 （高维权）

【全国安全生产标准化工地】 2022 年，按照中建协建安分会通知，中国铁建推荐 11 个项目参加 2022 年建设工程项目施工工地安全生产标准化建设学习交流活动。

中铁十一局集团有限公司武汉市轨道交通 7 号线工程秦园路风塔配套综合开发建设项目

中铁十二局集团有限公司河南省直青年人才公寓广惠苑项目

中铁十六局集团有限公司北京安贞东方医院项目

中铁十八局集团有限公司珠江三角洲水资源配置工程土建施工 A5 标段

中铁十九局集团有限公司深圳市城市轨道交通 16 号线工程施工总承包五工区

中铁二十局集团有限公司连云港至宿迁高速公路沭阳至宿豫段 LS－SQ1 标段

中铁二十三局集团有限公司大洋湾新城

中铁二十五局集团有限公司庆盛枢纽区块综合开发项目(庆盛人工智能产业园及安置配套工程)安置房工程 A 地块东区

中铁建设集团有限公司中铁建临港大厦(K04－01、K07－01 地块)

中铁城建集团有限公司衡阳国家级高新技术产业开发区总部基地项目

中铁城建集团有限公司兰草坝 02 号地块项目(城市综合体)2 标段 （高维权）

2022 年中国铁建生产安全事故情况

事故类别	总计(起)	死亡人数(人)	重伤人数(人)	直接经济损失(万元)	备注
一般事故	10	13			
较大事故	2	12	0		含参与救援人员 4 人
重大事故	0	0	0		
特别重大事故	0	0	0		
其他					
合计	12	25			

（制表：郭 宏）

中国铁建兵改工以来职工因工死亡人数逐月统计

年份	一月	二月	三月	四月	五月	六月	七月	八月	九月	十月	十一月	十二月	全年合计		
													职工人数（人）	死亡人数（人）	千人死亡率（‰）
1984年	1	4	1	1	3	1	3	2	3	1	4	3	150549	27	0.179
1985年		1	3	1	2	10	4	2	4	6	2	1	153134	36	0.235
1986年	4	1	1	5	3	3	7	5	6	5	3	1	151620	44	0.290
1987年			4	12	2		9	8	3	4	2	1	151428	45	0.297
1988年			4	1	5	1	2		3		2	3	146855	21	0.143
1989年	3		4	2	3		3	1	1	3			150962	20	0.132
1990年	1				1		3		1		2		153288	8	0.052
1991年			1	1	1		3		5	9	4		158588	24	0.151
1992年	1					1	1	2	1	1	2	6	160379	15	0.094
1993年	1	2	1		1	3	1	2	1	6	1		145876	19	0.130
1994年		3		2			5		1	1		2	145368	14	0.096
1995年		3		5		1		1		1	1	2	145608	14	0.096
1996年	1	1			1	1				1	1		146871	6	0.041
1997年	1	9		3	4	1	1	3	4		2		141327	28	0.198
1998年			2								2		139731	4	0.029
1999年			1	7	2	2	1	5	3	1		10	171445	32	0.187
2000年	6		4				1	5	1	1	1	1	200850	20	0.100
2001年	2				2		2	2	6		7	3	186680	24	0.129
2002年											1		186000	1	0.005
2003年			2			1	1						176000	4	0.023
2004年	1				1		2	1	1		1	4	227650	11	0.048

续表

年份	一月	二月	三月	四月	五月	六月	七月	八月	九月	十月	十一月	十二月	全年合计		
													职工人数（人）	死亡人数（人）	千人死亡率（‰）
2005 年		7	4		1			2	7			12	230533	33	0. 143
2006 年	1	8		1						4		6	237232	20	0. 084
2007 年	4		6	4	1	4			3				242168	22	0. 091
2008 年			5		3			2					184868	10	0. 054
2009 年			5					3		6		6	209103	20	0. 096
2010 年		2	12	4	3		10	1	2	1	7		228004	42	0. 184
2011 年	3		6		7			5	1	25		2	240660	49	0. 204
2012 年					3	3	1			13	4		287568	24	0. 083
2013 年	3			3	3		3					3	287341	15	0. 052
2014 年	3								5	3	7	5	296983	23	0. 077
2015 年													298424		
2016 年	1		1	2		6	1	2	2	2		6	350964	23	0. 066
2017 年		3			12	3		3					364964	21	0. 058
2018 年	5	4		3	2			3			1	4	362648	22	0. 061
2019 年			1	7		3	1		2	2	4		352168	20	0. 057
2020 年			2	2	3	1		1					335901	9	0. 027
2021 年			4	2	3	6	1	5					324534	21	0. 065
2022 年			5	3	3	1	1	9		2	1		312130	25	0. 080
合计	42	48	79	71	75	52	67	75	66	98	62	81	8536402	816	0. 096

（制表：郭　宏）

原铁道兵部队和中国铁建逐年事故死亡人数统计

年　份	死亡人数(人)	千人死亡率(%)	年　份	死亡人数(人)	千人死亡率(%)
1948 年	21		1984 年	27	0.179
1949 年	96		1985 年	36	0.235
1950 年	36		1986 年	44	0.290
1951 年	365		1987 年	45	0.297
1952 年	521		1988 年	21	0.143
1953 年	448		1989 年	20	0.132
1954 年	33		1990 年	8	0.053
1955 年	157	1.55	1991 年	24	0.151
1956 年	144	1.26	1992 年	15	0.094
1957 年	60	0.58	1993 年	19	0.130
1958 年	125	1.24	1994 年	14	0.096
1959 年	235	1.53	1995 年	14	0.096
1960 年	249	1.77	1996 年	6	0.041
1961 年	151	1.17	1997 年	28	0.198
1962 年	63	0.64	1998 年	4	0.029
1963 年	137	0.68	1999 年	32	0.187
1964 年	106	0.51	2000 年	20	0.100
1965 年	336	1.63	2001 年	24	0.129
1966 年	436	1.00	2002 年	1	0.005
1967 年	351	1.00	2003 年	4	0.023
1968 年	263	0.60	2004 年	11	0.048
1969 年	373	0.58	2005 年	33	0.143
1970 年	404	0.70	2006 年	20	0.084
1971 年	536	1.30	2007 年	22	0.091
1972 年	371	0.71	2008 年	10	0.054
1973 年	254	0.61	2009 年	20	0.096
1974 年	291	0.67	2010 年	42	0.184
1975 年	263	0.56	2011 年	49	0.204
1976 年	257	0.74	2012 年	24	0.084
1977 年	216	0.64	2013 年	15	0.052
1978 年	193	0.58	2014 年	23	0.077
1979 年	192	0.51	2015 年	0	0
1980 年	177	0.58	2016 年	23	0.066
1981 年	116	0.52	2017 年	21	0.058
1982 年	121	0.62	2018 年	22	0.061
1983 年	76	0.47	2019 年	20	0.059
			2020 年	9	0.027
			2021 年	21	0.065
			2022 年	25	0.080
铁道兵合计	8173	0.88	中国铁建合计	816	0.096

（制表：郭　宏）

中国铁建兵改工以来伤亡事故统计

年份	合计				职工因工伤亡事故				职工在国有公路上发生交通事故				职工非因工事故				中国铁建主要责任造成群众伤亡事故				外部劳务伤亡事故			
	起数（起）	轻伤（人）	重伤（人）	死亡（人）	起数（起）	轻伤（人）	重伤（人）	死亡（人）	起数（起）	轻伤（人）	重伤（人）	死亡（人）	起数（起）	轻伤（人）	重伤（人）	死亡（人）	起数（起）	轻伤（人）	重伤（人）	死亡（人）	起数（起）	轻伤（人）	重伤（人）	死亡（人）
1984 年	312	187	107	79	219	162	69	27					36	7	9	24	57	18	29	28				
1985 年	241	168	58	52	215	157	51	36					17	3	4	10	9	8	3	6				
1986 年	259	160	61	77	217	156	47	44					26	3	6	19	16	1	8	14				
1987 年	166	99	38	63	145	92	36	45					13	5	2	11	8	2		7				
1988 年	117	64	23	45	92	60	21	21	4		1	3	15		1	15	6	4		6				
1989 年	111	76	26	33	87	56	19	20	14	20	5	5	10		2	8								
1990 年	113	89	18	31	86	69	15	8	12	17	3	8	12	3		12	3			3				
1991 年	128	99	24	38	107	84	21	24	7	9	4		11			11	3	6		3				
1992 年	144	113	15	28	130	112	13	15	6	1	2	4	6			7	2			2				
1993 年	144	131	28	32	129	119	21	19	10	9	6	11	3	1		2	2	2	1		11			20
1994 年	107	97	8	21	99	94	6	14	3	3	2	2	5			5	1	2		4	9	10	6	33
1995 年	92	85	15	14	92	85	15	14													4	3		6
1996 年	72	62	9	8	70	62	9	6					2			2					3			9
1997 年	87	72	11	36	85	72	11	28					2			8					4	5		7
1998 年	66	59	7	6	64	59	7	4					2			2					4	2	1	9
1999 年	103	86	9	37	98	86	9	32					5			5					2			4
2000 年	66	74	13	21	65	74	13	20					1			1					3	1	1	5
2001 年	66	80	14	30	62	80	14	24					4			6					1			1
2002 年	79	70	7	2	78	70	7	1					1			1					2	1	2	4
2003 年	72	67	10	4	72	67	10	4													2	1		4

续表

年份	合计				职工因工伤亡事故				职工在国有公路上发生交通事故				职工非因工事故				中国铁建主要责任造成群众伤亡事故				外部劳务伤亡事故			
	起数（起）	轻伤（人）	重伤（人）	死亡（人）	起数（起）	轻伤（人）	重伤（人）	死亡（人）	起数（起）	轻伤（人）	重伤（人）	死亡（人）	起数（起）	轻伤（人）	重伤（人）	死亡（人）	起数（起）	轻伤（人）	重伤（人）	死亡（人）	起数（起）	轻伤（人）	重伤（人）	死亡（人）
2004 年	76	79	7	12	75	79	7	11					1			1								
2005 年	57	63	10	33	57	63	10	33													3			3
2006 年	60	60	11	20	60	60	11	20													1	3		3
2007 年	67	70	14	22	67	70	14	22													3			4
2008 年	4	2	2	10	1			4													3	2	2	6
2009 年	8			20	6			15													2			5
2010 年	10	3	0	42	1	3	0	7													9			35
2011 年	11	0	0	49	0	0	0	0													11			49
2012 年	6	22	7	24	0	0	0	0													6	22	7	24
2013 年	5	0	0	15	0	0	0	0													5	0	0	15
2014 年	5	0	0	23	0	0	0	0													5	0	0	23
2015 年	0	0	0	0	0	0	0	0													0	0	0	0
2016 年	0	0	0	0	0	0	0	0													0	0	0	23
2017 年	4			21																	4			21
2018 年	11			22																	11			22
2019 年	7			20																	7			22
2020 年	5			9																	5			9
2021 年	12			21																	12			21
2022 年	12			25																	12			25
合计	2905	2237	552	1045	2479	2091	456	518	56	59	23	33	172	22	24	150	107	43	41	73	144	50	19	412

（制表：郭　宏）

中国铁建兵改工以来各单位逐年职工因工死亡人数统计

单位:人

单位	一九八四年	一九八五年	一九八六年	一九八七年	一九八八年	一九八九年	一九九〇年	一九九一年	一九九二年	一九九三年	一九九四年	一九九五年	一九九六年	一九九七年	一九九八年	一九九九年	二〇〇〇年	二〇〇一年	二〇〇二年	二〇〇三年	二〇〇四年	二〇〇五年	二〇〇六年	二〇〇七年	二〇〇八年	二〇〇九年	二〇一〇年	二〇一一年	二〇一二年	二〇一三年	二〇一四年	二〇一五年	二〇一六年	二〇一七年	二〇一八年	二〇一九年	二〇二〇年	二〇二一年	二〇二二年	合计
中国土木工程集团有限公司																																								
中铁十一局集团有限公司	2	7	6	4	2	2	1	1	7	1	5						2	2		2		1	4				2			3			1		3	2	2	4		66
中铁十二局集团有限公司	2	1	1	2	4										2	2		14					2	9		2	10				3		1		3	1		2	1	62
中国铁建大桥工程局集团有限公司	1	2		2	4	3		1	1	1			1			4				1			1	1			7			3	7				2			6	2	50
中铁十四局集团有限公司	1	3	1	6	1	1	1	4	2				1	1		1	1					6				6		3		3			5	3	3	4			2	59
中铁十五局集团有限公司	3	2		2	2	4		6	2	3	4			1		8	6	1					1	3	1			5					1	12	1			2		70
中铁十六局集团有限公司	6	8	11	4	1	2	1	2	2	3	1	2	1	20				1			1	8		3		5	2								4				15	103
中铁十七局集团有限公司	1		2	3		1	1	1			3												9	4	4	1	2	2		3									1	38
中铁十八局集团有限公司	5	4	9	16	3		2	1		3		6	1			2	2	1						1	5	3	10	1	13		3		1		1			1		94
中铁十九局集团有限公司	1		4	1	1	3		3		5		1		1	1	10	8				1	12		1				24			5		1			8		2		93
中铁二十局集团有限公司	1	6	7	5	3	4	1	1	1							4		2			2		3					11												51
中铁二十一局集团有限公司																													7	3							1			11
中铁二十二局集团有限公司																						3					1		1				3	3	4	3				18
中铁二十三局集团有限公司																												1	3		5		4							13
中铁二十四局集团有限公司																					4					2	7						1		1		5	1		21
中铁二十五局集团有限公司																										1	1										1			3
中铁建设集团有限公司		1	1																									2					2					2	1	9
中国铁建电气化局集团有限公司																																		3		2				5
中国铁建港航局集团有限公司																																								
中国铁建房地产集团有限公司																																								
中铁第一勘察设计院集团有限公司																																								
中铁第四勘察设计院集团有限公司																					1												3							4
中铁第五勘察设计院集团有限公司																			1																					1
中铁上海设计研究院集团有限公司																																								
中铁物资集团有限公司			1										1																											2
中国铁建重工集团有限公司																				1																		1	1	3
中铁城建集团有限公司																																							2	2
中铁建商务管理有限公司																					1	3																		4
中国铁建直属单位	4	2	1				1	4		3	1	5	1	5	1	1	1	3		1																				34
合计	27	36	44	45	21	20	8	24	15	19	14	14	6	28	4	32	20	24	1	4	11	33	20	22	10	20	42	49	24	15	23	0	23	21	22	20	9	21	25	816

注:中国铁建直属单位包括原工厂局、国内工程公司、铁路运输处、铁道战备舟桥处。

(制表:郭　宏)

2022年3月25日，中国铁建召开2022年海外工作会。 （沈正华 摄）

海外业务

附录 | 文献辑要 | 统计资料 | 人物 | 所属单位 | 区域总部 | 工会工作 | 党的工作 | 科技创新 | 综合管理 | 经营工作 | 海外业务 | 工程施工 | 董事会工作 | 概况 | 大事记 | 特载

海 外 经 营

【海外业务部(总部集团外事办公室)】 主要职责:负责中国铁建股份有限公司(以下简称公司)海外业务的统筹和协调;负责海外在建项目的监督与指导,协助总部职能部门履行海外项目管控职责;负责海外项目风险防控;负责海外发展战略及海外中长期规划的研究制定、阶段性评估、调整、完善以及贯彻执行;制定和完善外经、外事管理制度和办法;负责海外合规业务的具体管理,协助总部职能部门履行海外合规管理职责;负责牵头统筹与国家外交、外经主管部门,国内、国际工程承包行业有关的商协会,金融和保险机构、全球大型跨国公司,驻外使领馆、经参处、驻华使领馆的沟通联络;负责境外投融资业务的统筹管理,履行统筹、协调、监督等职责,协助总部职能部门履行境外投融资管理职责;负责海外业务年终考核工作;负责下达全系统海外业务年度生产经营计划以及对海外生产经营数据进行统计分析;牵头负责以公司名义承揽项目的评审、审批、项目备案办理和相关证照提供,牵头负责其他以二级单位名义承揽的重大项目的评审和审批;牵头负责境外突发事件应急预案的制定及突发事件应急联络、善后处置等工作,协助总部职能部门履行海外应急管理职责;负责因公出国(境)审批及相关证照的办理、换发及管理,负责邀请外国人来华的审核报批;参与商务部、国务院国资委、国家外汇管理局组织的境外投资联合年检和综合绩效评价工作;负责国际政治、经济形势研究,行业境外业务对标分析以及与国内外高端智库的交流对接;负责海外专家委员会的日常工作;负责《工程新闻记录》(ENR)参评资料准备及报送工作;负责海外工程项目中标信息、重大信息的汇总、报送;协助总部职能部门履行海外人力资源管理、舆情管控、企业文化建设、社会责任、资产监管、财务管理、党建纪检、海外利益保护等管理职责;承办总部集团外事办公室相关工作;完成公司领导交办的其他工作。定员45人,设总经理1人,执行总经理2人,副总经理4人。下设综合处,定员6人,设经理1人,职员5人;外事处,定员5人,设经理1人,职员4人;对外联络处,定员4人,设经理1人,职员3人;合规管理处,定员4人,设经理1人,职员3人;项目监管处,定员6人,设经理1人,职员5人;境外投融资处,定员4人,设经理1人,职员3人;非洲市场处,定员3人,设经理1人,职员2人;亚大市场处,定员3人,设经理1人,职员2人;欧美市场处,定员3人,设经理1人,职员2人。

(张　静)

【中国铁建股份有限公司海外专家委员会】 2022年,组织海外项目专家委评审12次,为境外项目投标决策和做好风险防控工作提供专家指导意见。2月、9月,组织专家赴澳门澳氹四桥检查、指导工作;10月,组织专家赴沙特阿拉伯对未来城(NEOM)隧道支洞项目进行技术指导,为项目实施提供专家智慧和技术支持。

(张军辉)

【全球最大250家国际承包商排名】 按照中国对外承包工程商会《关于开展2022年度ENR全球最大250家国际承包商申报及行业排名工作的通知》要求,完成美国《国际工程新闻纪录》(ENR)组织的2022年度全球最大250家国际承包商评选活动资料报送工作。2022年,中国铁建在ENR"最大250家全球承包商"排名第3,在ENR"全球最大250家国际承包商"排名第10。

(张　静)

2022年中国铁建海外新签合同额情况

序号	单　位	新签合同额(万美元)	占海外合同总额比例(%)
1	中国土木工程集团有限公司	1712507	38.18
2	中铁十一局集团有限公司	139839	3.12
3	中铁十二局集团有限公司	10763	0.24
4	中国铁建大桥工程局集团有限公司	8295	0.18
5	中铁十四局集团有限公司	134911	3.01
6	中铁十五局集团有限公司	17878	0.40
7	中铁十六局集团有限公司	153896	3.43
8	中铁十七局集团有限公司	132426	2.95
9	中铁十八局集团有限公司	173919	3.88
10	中铁十九局集团有限公司	99144	2.21
11	中铁二十局集团有限公司	143424	3.20
12	中铁二十一局集团有限公司	10272	0.23
13	中铁二十二局集团有限公司	407	0.01

续表

序号	单　位	新签合同额(万美元)	占海外合同总额比例(%)
14	中铁二十三局集团有限公司		
15	中铁二十四局集团有限公司	44740	1.00
16	中铁二十五局集团有限公司	6482	0.14
17	中铁建设集团有限公司	107248	2.39
18	中国铁建电气化局集团有限公司	2471	0.06
19	中国铁建港航局集团有限公司	61196	1.36
20	中铁第一勘察设计院集团有限公司	3250	0.07
21	中铁第四勘察设计院集团有限公司	4906	0.11
22	中铁第五勘察设计院集团有限公司	4487	0.10
23	中铁上海设计院集团有限公司	1031	0.02
24	中铁物资集团有限公司	37237	0.83
25	中国铁建重工集团股份有限公司	18161	0.40
26	中国铁建国际集团有限公司	1312412	29.26
27	中铁城建集团有限公司	26065	0.58
28	中铁建资本控股集团有限公司	245	0.01
29	中铁建国际投资有限公司	117829	2.63
	总计	4485441	100.00

(制表:张　静)

2022 年中国铁建海外完成营业额情况

序号	单　位	完成营业额(万美元)	占海外营业总额比例(%)
1	中国土木工程集团有限公司	345193	33.37
2	中铁十一局集团有限公司	21927	2.12
3	中铁十二局集团有限公司	15142	1.46
4	中国铁建大桥工程局集团有限公司	8405	0.81
5	中铁十四局集团有限公司	28370	2.74
6	中铁十五局集团有限公司	14012	1.35
7	中铁十六局集团有限公司	73837	7.14
8	中铁十七局集团有限公司	26109	2.52
9	中铁十八局集团有限公司	74856	7.24
10	中铁十九局集团有限公司	24100	2.33
11	中铁二十局集团有限公司	27549	2.66
12	中铁二十一局集团有限公司	8821	0.85
13	中铁二十二局集团有限公司	841	0.08
14	中铁二十三局集团有限公司	4351	0.42
15	中铁二十四局集团有限公司	9605	0.93
16	中铁二十五局集团有限公司	3800	0.37
17	中铁建设集团有限公司	19340	1.87
18	中国铁建电气化局集团有限公司	6314	0.61
19	中国铁建港航局集团有限公司	10590	1.02
20	中铁第一勘察设计院集团有限公司	2056	0.20
21	中铁第四勘察设计院集团有限公司	1852	0.18
22	中铁第五勘察设计院集团有限公司	874	0.08
23	中铁上海设计院集团有限公司	172	0.02
24	中铁物资集团有限公司	19700	1.90
25	中国铁建重工集团股份有限公司	18920	1.83
26	中国铁建国际集团有限公司	200375	19.37
27	中铁城建集团有限公司	14665	1.42
28	中铁建资本控股集团有限公司	181	0.02
29	中铁建国际投资有限公司	52417	5.07
	总计	1034374	100.00

(制表:张　静)

【外事工作】 2022年,中国铁建切实提高政治站位,加强党对外事工作集中统一领导,服务总体外交大局,统筹推进疫情防控与对外交流合作相结合,妥善应对涉外安全风险和挑战,外事工作整体平稳有序。一是外事管理体制机制不断完善。各单位积极贯彻落实总部集团外事工作管理办法和实施细则,完成本级外事工作管理办法和细则修订。二是宣贯外事制度,有效防范风险。重视日常工作中对外事规章制度的宣贯,提高员工和外事干部队伍外事纪律意识和工作能力。三是严格外事审批,加强监督检查。加强因公临时出国事中、事后监督管理,规范管理因公赴统办国家签证送取、邀请外国人来华和参加线上外事活动。四是服务和保障境外员工有序轮换。统筹推进人员接返和轮换工作,全年全系统出国(境)4620人次,入境8507人次。五是不断加强员工健康管理。严格要求外派人员派出前完成新冠疫苗接种、健康体检与评估,加强外派员工新冠高风险性基础疾病筛查。截至2022年5月,全系统境外中方员工新冠疫苗接种率100%。六是服务和保障境外生产经营。全年全系统审批因公出国(境)团组4217个、10431人次,办理各类因公证件2736本,自办签证2998人次,为系统内员工申请在境外换发公务普通护照370本,有效服务和保障境外生产经营工作。 (李 亮)

【交流对接】 2022年,中国铁建创新与国家部委、国际组织、商协会等机构的对接交流形式,积极参与国际多双边重大活动。以学习贯彻党的二十大精神为契机,利用铁道兵纪念馆平台,积极与有关机构开展主题党日活动,以党建交流促进业务对接。年内,公司先后受邀参加第19届中国－东盟博览会、金砖国家工商论坛、第13届国际基础设施投资与建设高峰论坛等重大活动,在国际舞台展示铁建形象、发出铁建声音;与住房和城乡建设部、交通运输部人事教育司、外交学院等部门就海外业务与人才培养等课题进行交流;与国务院国资委国际合作局、中国国际商会等机构开展党建、团建交流活动,品牌影响力进一步增强。 (杨 晨)

【海外发展战略及规划】 中国铁建"十四五"海外发展规划总体发展战略:胸怀中华民族伟大复兴战略全局和世界百年未有之大变局,担当构建新发展格局的可靠引领力量、国民经济和社会发展的基础支撑力量、引领行业高质量发展的关键核心力量、维护产业链供应链安全稳定的重要保障力量,成为凸显我国综合国力和国际竞争力的国家队、实现高质量发展的主力军、促进经济社会稳定运行的压舱石。总体发展战略:坚持建筑为本、相关多元、价值引领、品质卓越,发展成为最值得信赖的世界一流综合建设产业集团。大力实施"海外优先"战略,积极参与"一带一路"建设和国际产能合作,融入"双循环"新发展格局。培育新形势下参与国际竞争与合作的新优势。不断优化"3+5+N"海外经营发展体系和管理架构,发挥各方优势,带动各板块协同出海,形成发展合力。强化商业模式和产业模式创新,不断提升海外经营质量和效率。做强做优做大海外业务,实现海外高质量可持续发展。产业发展格局在巩固海外铁路、公路、城市轨道交通、市政、房建等传统业务优势的基础上,不断向港口、电力、机场、能源、矿产、水工、水务、环保等新型业务领域拓展;以工程承包为主,积极推进海外规划设计咨询、投资运营、产业园区和房地产开发、工业制造、物资物流、绿色环保、城市运营等多元化经营。中国铁建海外发展规划远景目标:到2035年,全面建成世界一流企业;在《工程新闻记录》(ENR)"最大250家国际承包商"中的排名力争进入前10。"十四五"规划目标:"十四五"是中国铁建实现高质量发展的关键阶段,海外业务向五个方面不断迈进。一是规模与效益更加凸显。海外新签合同额逐年增长的同时,提升合同质量和转化率,营收和利润增幅高于合同额增幅,不断提升整体贡献度。二是业务结构更加合理。非工程承包板块海外业务占比不断提升。三是市场布局与资源配置更加优化。紧密贴合国家战略及各国发展需求筛选市场,优质资源向核心、支柱市场,周边市场、热点国别聚集。四是商业模式更加多元。现汇、投资、政府间合作、援外等项目结构更加优化,两优、项目融资、商贷等融资手段更加丰富。五是管理体系更加科学。不断完善"3+5+N"海外经营体系和管理架构,全面建立境内外一体的产业协同体系、项目管理体系、风险防控体系、绩效考核体系、审计监督体系和人才培养体系。 (张 静)

【境外投融资业务管理】 中国铁建海外业务部牵头对接各国家部委及金融机构,动态掌握项目推动进度,适时指导、协助各合同主体单位推进,并对重点融资项目建立独立工作小组,督导项目融资推动工作。2022年,公司对海外投融资项目的开展保持积极审慎的稳健推进策略,海外主要指标保持稳定,境外投融资项目总体保持有序可控。新签智利5号公路奇廉至科伊普伊段项目(合同金额8.85亿美元)、智利科金博医院项目(合同金额6.53亿美元)、智利国家神经外科医院项目(合同金额6.45亿美元)和加纳纳米迪尼金矿项目(我方出资0.95亿美元)4个境外投资项目。年内,柬埔寨西哈努克至香港海底光缆项目(合同金额11.61亿元人民币)实现融资关闭,其他重点融资项目积极推进中。 (陈永龙)

【海外工程项目管理及风险防控】 强化总部对海外项目的监管能力。持续做好境外项目标前评审工作，2022年，对系统内68个重大项目进行分级评审；编制《海外重点关注和重大项目简报》12期；每周整理研究各单位周报，推动解决项目实施过程中存在的问题；持续深化海外业务信息服务系统2.0应用，提升系统填报水平和质量，运用信息系统不断提升海外业务管理能力。强化境外项目安全管理。印发《关于做好汤加员工生活保障和思想稳定工作的通知》《关于做好境外项目安全管理工作的通知》《关于做好农民工工资发放工作的通知》；积极开展安全生产大检查，对中国土木工程集团有限公司、中国铁建国际集团有限公司、中铁建国际投资有限公司三家外经单位开展安全生产大检查全方位督导，确保境外项目安全生产。提升对境外项目管控能力。每季度开展海外生产情况自查，督促各单位梳理海外项目管理存在的短板、问题，及时采取处置措施。强化境外项目风险防范。督促各单位深入开展疫情、安全、营商环境、债务等九大境外重点领域风险防范工作；密切跟踪、妥善处置俄乌冲突、博茨瓦纳森林山供水项目及多米尼克驻地遭抢劫、莫角物流中心扩建项目遭遇袭击等风险事件。加强重点项目监管。紧盯埃塞俄比亚援非盟疾控中心、阿联酋铁路项目二期、澳门澳氹四桥、坦桑尼亚马古富力大桥、沙特未来城（NEOM）隧道支洞、俄罗斯莫喀高速公路、阿联酋蓝天大酒店、玻利维亚鲁雷公路等关键项目。组织或参加境外疫情防控巡检75场，涉及21个国别和159个在建项目。 （张军辉）

【合规管理】 2022年，中国铁建有效加强境外项目合规管理，落实合规管理制度要求，强化中国铁建层级标前评审海外项目的合规资料审核，强化所属单位参与国际多边金融机构出资项目的合规提级管理。完成外经系统V2.0合规管理模块建设。加大境外业务合规培训信息和资料传递，提升所属单位境外经营合规意识和合规能力。 （巴 全）

境 外 工 程

【尼日利亚铁路现代化项目拉各斯至伊巴丹段工程】 尼日利亚铁路现代化项目拉各斯至伊巴丹段为双线标准轨铁路，全立交、全封闭、全自动闭塞微机联锁，全线电力贯通，采用中国技术标准进行设计、施工，开创中国技术标准输出先河。线路全长156.65千米，设车站8座，合同投资28.01亿美元。截至2022年底，完成营业额20.13亿美元。 （张军辉）

【沙特内政部安全总部发展项目第五期合同第1、第3、第5号承包项目】 第1号承包项目：利雅得地块，合同投资4094098682.66沙特里亚尔（约合10.92亿美元）。第3号承包项目：麦加地块，合同投资1262498195.18沙特里亚尔（约合3.37亿美元）。第5号承包项目：东部地块，合同投资2066711099.95沙特里亚尔（约合5.51亿美元）。项目为设计施工总承包模式，合同总工期1440天，不同建筑群工期720～1080天不等，合同投资26亿美元。截至2022年底，完成营业额4.32亿美元。 （张军辉）

【阿联酋铁路二期B、C、D标段工程】 阿联酋联邦铁路项目业主为阿联酋联邦铁路公司，阿联酋联邦财政部、阿布扎比财政局和联邦铁路公司共同提供融资。阿联酋联邦铁路项目二期B、C、D标段工程是阿联酋铁路网的重要组成部分，项目建成通车后，将成为一条横贯阿联酋东西的交通运输大通道。项目为工程总承包（EPC）合同，合同总投资19.5亿美元，其中B标段合同投资7.23亿美元，变更后为6.73亿美元，线路全长221.53千米，正线工期1110天、支线工期1188天；C标段合同投资5.42亿美元，变更后为5.13亿美元，线路全长94.83千米，正线工期959天、支线工期1136天；D标段合同投资13.2亿美元，变更后为7.63亿美元，线路全长146.18千米，其中单线108.17千米、双线38.01千米，项目工期952天。截至2022年底，完成营业额18.45亿美元。 （张军辉）

【坦桑尼亚中央线标轨铁路姆万扎至伊萨卡段工程】 新建坦桑尼亚电气化标准轨铁路项目连接坦桑尼亚北部重镇伊萨卡至第二大城市姆万扎，是该国标准轨距铁路的重要组成部分，与世界第二大淡水湖维多利亚湖水运相连通，实现“水陆联运”。项目内容包括土石方、桥涵、轨道、“四电”、站台、房建、防护栅栏、线路标志及标牌的设计与建造。姆万扎至伊萨卡段正线249千米、侧线92千米，合同投资13.26亿美元。截至2022年底，完成营业额1.90亿美元。 （张军辉）

【马来西亚金马士至新山双线电气化铁路工程】 马来西亚金马士至新山双线电气化铁路工程于2016年10月由中国铁建、中国中铁、中国交建组成联合体签约，位于马来西亚金马士与新山之间，为双线电气化升级改造米轨铁路，正线全长191.14千米，设计客运时速160千米、货运时速90千米。项目工期48个月，合同投资89亿马来西亚林吉特。在联合体中,中国铁建在建设部分所占比例为40%,35.60亿马来西亚林吉特约折合8.09亿美元。截至2022年底,完成营业额7.46亿美元。（张军辉）

【新加坡裕廊区域线登加车辆段与综合基地J101标段工程】 位于新加坡城市西部登加镇原始森林区域,为综合型车场项目,合同投资5.43亿美元,总用地面积44.5万平方米,包含地铁车辆段1座、巴士停车场1个和宿舍楼1座等各类功能建筑物33座,总建筑面积48.6万平方米。主要工程量:土方开挖28.8万立方米,混凝土62万立方米,钢筋7.85万吨,其中包括钻孔灌注桩2046根(85742延米),预制桩2278根(43794延米),各型预制梁7598片,钢结构4500吨。截至2022年底,完成营业额1.34亿美元。（张军辉）

【澳门澳氹第四条跨海大桥项目】 起自澳门新城填海A区东侧,与港珠澳大桥口岸人工岛连接,跨越外港航道、内港航道至澳门新城填海E1区,并预留与大潭山隧道对接高架桥。大桥主线全长3.1千米,其中跨海段长2.9千米,设置通航孔桥2座,跨度280米。大桥主线设计车道数为双向八车道,中间两车道为电单车专用道。项目采用工程总承包(EPC)模式,合同投资52.7亿澳门元,由中国土木工程集团有限公司、中国铁建大桥工程局集团有限公司、澳马建筑工程有限公司组成联营体项目部共同实施,其中中国铁建部分合同金额47.43亿澳门元(约合5.87亿美元),合同工期45个月,变更后工期46个月,竣工日期延长至2024年1月31日。2020年3月26日开工建设。截至2022年底,完成营业额2.96亿美元。（张军辉）

【阿联酋迪拜蓝天酒店项目】 位于迪拜玛瑞纳地区,占地面积3662平方米,建筑面积10.19万平方米,建筑檐高373.5米,含地下室1层、地面层1层、裙楼11层(停车场)、塔楼70层。合同工期38个月,合同投资6.39亿迪拉姆(折合1.76亿美元),由中铁十八局集团有限公司实施,2020年4月30日开工建设。截至2022年底,完成营业额1.06亿美元。（张军辉）

【卡塔尔卢塞尔体育场项目】 位于卡塔尔多哈,业主为卡塔尔最高遗产和传承委员会。合同投资7.69亿美元,内容包括MEP、结构、顶棚、场地、房间、区域、设施。2016年11月21日开工建设,延展后工期56个月。项目已交付使用,卡塔尔政府于2022年成功举办卡塔尔世界杯足球赛。（张军辉）

【俄罗斯莫喀高速公路项目】 项目内容包括地质勘探、各阶段设计、高速公路路基、路堤、路面、沿线涵洞、桥梁等结构的施工以及收费站、加油站等配套服务区建设。合同投资18.58亿美元。截至2022年底,完成营业额6.23亿美元。（张军辉）

【鲁雷纳瓦克至里韦拉尔塔公路项目】 位于玻利维亚西北部贝尼省,由政府所在地拉巴斯延伸到位于巴西边境的瓜亚拉梅林,合同投资5.79亿美元,线路全长508.07千米,设计为双向两车道,为超过国家地理区域1/3的地区提供交通服务。项目建成后为玻利维亚农林、农牧和旅游等产业发展提供有力支持;作为国际贸易线路,对巴西商品经由智利、秘鲁的太平洋港口发往亚洲具有重要意义。该项目是玻利维亚历史上签署单笔金额最大的合同项目、首笔使用拉美地区100亿美元优惠性质贷款额度的项目,是中国企业在玻利维亚承建的最大项目以及中国铁建在拉美地区收获的首个“工程总承包+融资”项目。截至2022年底,完成营业额4.61亿美元。（张军辉）

2022 年 1 月 17 日，中国铁建召开 2022 年国内经营工作动员会。（张婕 摄）

经营工作

特载 | 大事记 | 概况 | 董事会工作 | 工程施工 | 海外业务 | 经营工作 | 综合管理 | 科技创新 | 党的工作 | 工会工作 | 区域总部 | 所属单位 | 人物 | 统计资料 | 文献辑要 | 附录

改革发展

【发展规划部】 主要职责：负责研究制定中国铁建股份有限公司（以下简称公司）总体发展战略、中长期发展规划、滚动规划，牵头组织拟定各产业板块发展规划；负责对规划实施情况进行检查、评估、考核；负责产业结构的调整、优化及战略性新兴产业的研究；负责公司深化改革、改制重组等工作；负责公司境内并购相关工作；负责公司资源配置、整合重组等相关工作；负责公司总部组织架构、机构编制管理工作；负责二级单位的设立、撤销及其总部编制定员和领导职数、职位、职名的管理工作；负责公司"压减"相关工作等。定员11人，设总经理1人，副总经理2人；下设战略规划处、改革处、编制处。 （楼 翱）

【工作综述】 一是坚持战略引领，着力推动"十四五"规划落地。持续完善战略规划管理体系。扎实开展子公司规划审核，确保各子公司全面融入中国铁建发展全局，牢记战略定位、把握发展方向、加快高质量发展；扎实开展"十四五"规划自评。对公司"十四五"规划的研究、编制、论证、审批过程以及公司"十四五"时期的发展定位与目标、国有资本布局情况、重点发展任务、重大工程和重点项目等内容进行全面梳理；全面加强战略规划宣贯。举办2场规划发展专题培训，在国务院国资委《国资报告》杂志刊发《中国铁建：以"十四五"规划开启高质量发展新征程》主题文章，在全社会范围广泛宣传公司"十四五"规划的重点、特点、亮点、创新点。二是聚焦转型升级，全面推动布局优化和结构调整。组织开展公司布局优化和结构调整方案研究。编制《适应全面加强基础设施建设新形势，公司布局优化和结构调整方案研究（大纲）》；加强新兴产业、新兴业务培育。在《子公司负责人2021年度绩效考核实施方案》中，专门增设"鼓励发展类业务"考核加分指标，鼓励和引导所属单位发展新兴产业、新兴业务；初步构建"中国铁建高质量发展评价体系"，涵盖32项指标，其中定量指标15项、定性指标17项，指导和引领全系统各级企业加快高质量发展步伐。三是攻坚克难，高质量完成改革三年行动。聚焦"一个目标"。紧紧扭住国企改革三年行动中心任务，按照"可衡量、可考核、可检验、要办事"的要求，坚持"在真落实上下功夫、在真效果上得求证、在可持续上做完善"，截至2022年底，公司改革三年行动任务台账71项改革任务全部完成。建立工作机制。构建专题会议推进、培训宣贯交流、过程动态监测、改革典型引路、检查考核督导"五大机制"，确保改革任务落实落地，通过改革三年行动，中国特色现代企业制度更加健全完善，公司治理体系和治理能力显著提升，主责主业更加明确清晰，高质量发展态势更加明显，企业价值创造能力显著提升。四是强化机构管控，持续优化企业资源配置。推动资源整合，对轨道运营板块进行专业化重组。中铁建华北投资发展有限公司实体化运作，组建中铁建交通运营集团有限公司，调整中铁建南方建设投资有限公司管理模式，组建中国铁建股份有限公司新兴业务总部，以中铁海峡建设集团有限公司、中铁建东南投资建设有限公司为基础，整合形成区域总部企业；加强机构管控，全年批复设立各类机构33户，其中法人单位25户、非法人单位8户，备案各类功能性子公司183户，完成境外机构商务部新设、变更、注销备案工作28户以及境外机构发展改革委新设备案工作13户，推进压减工作，全年完成压减22户；落实专项工作，完成国务院国资委"控股不控权"问题专项整治工作，排查系统内控股企业1453家，9月底全部完成整改；开展打击假冒国企专项行动，设置举报电话和举报信箱。 （何燕军）

【企业战略规划】 中国铁建总体发展战略：建筑为本、相关多元、价值引领、品质卓越，发展成为最值得信赖的世界一流综合建设产业集团。

"建筑为本"是发展的立足点。坚持以建筑业为立身之本、成事之基。积极融入新发展格局，抓牢用好国内外建筑业快速发展的重要战略机遇，全面贯彻"一带一路"倡议和京津冀协同发展、长江经济带发展、长江三角洲区域一体化发展、粤港澳大湾区建设、黄河流域生态保护和高质量发展、推进海南全面深化改革开放等区域重大战略，统筹布局国内外建筑市场，持续提升核心竞争力，为培育最值得信赖的世界一流综合建设产业集团固本强基、厚植优势。

"相关多元"是发展的着力点。坚持构建多元协同的产业格局。科学把握新发展阶段，结合全面建设社会主义现代化国家的目标要求和人民日益增长的美好生活需要，立足传统领域的核心优势，在更大范围、更深层次、更多领域主动作为、寻求突破。大力发展与建筑业产业链相关联、与主业发展相协同、与企业资源禀赋相匹配的重点产业，积极培育符合国家战略方向、契合市场未来需求、具有广阔发展前景的新兴产业，形成定位清晰、布局合理、功能科学、协同高效的多元产业格局，为培育最值得信赖的世界一流综合建设产业集团立柱架梁、积厚成势。

“价值引领”是发展的关键点。坚持“质量第一、效益优先”的价值导向。坚决贯彻新发展理念，破除重规模、轻效益的粗放式发展观念，将“是否有利于提高质量、是否有利于创造效益”作为主要评价标准，按照价值管理、价值创造、价值挖掘、价值评价、价值分配的原则，推动企业转变发展方式、优化产业结构、转换增长动力，奋力开启高质量发展新征程，为培育最值得信赖的世界一流综合建设产业集团推宗明本、谋篇布局。

“品质卓越”是发展的落脚点。坚持立足本质属性，全方位打造“品质铁建”。以推动高质量发展为主题，更好地传承和发扬铁道兵“红色基因”，打造“最讲政治、最强使命、最有担当、最能奉献”的品质卓越中央企业；更好地服务国内外市场和客户，打造“创新型、科技型、管理型、国际化”的品质卓越建设集团；更好地回馈广大股东和社会，打造“资产优良、业绩优秀、资源优质、管理先进”的品质卓越公众公司，为培育最值得信赖的世界一流综合建设产业集团举旗定向、掌舵领航。

“最值得信赖”包括五个层面：“党和国家信赖”——作为中央企业，要积极主动作为、践行使命担当，成为党和国家最可信赖的依靠力量。“社会信赖”——作为社会组织，要全面履行社会责任、与利益相关方互利共赢，取得全社会信赖。“客户信赖”——作为综合建设集团，要持续夯实竞争优势、提高服务能力和水平，取得各类客户信赖。“股东信赖”——作为上市公众公司，要不断提升质量效益、加强市值管理，取得广大股东信赖。“员工信赖”——作为拥有近三十万员工的特大型企业，要着力保障员工权益、让员工共享发展成果，取得员工信赖。

“十四五”时期总体规划目标是：遵循“实事求是、守正创新、行稳致远”的工作方针，以推动高质量发展、打造“品质铁建”为中心，力争迈上“四个台阶”，按照“创新型、科技型、管理型、国际化”的方式，发展成为以工程建设为主、相关产业协同发展，资产优良、业绩优秀、资源优质、管理先进、品牌力强、美誉度高、广受尊敬、可持续发展的综合建设产业集团，基本建成世界一流企业。“四个台阶”作为力争指标，是指到2025年，在利润总额、人均营业收入、全员劳动生产率、职工人均年收入四个方面迈上新的台阶。 （李　江）

【改革重组】 一是强化顶层设计，完善现代企业制度建设。在推动纳入应建董事会子企业实现董事会“应建尽建”和“配齐配强”的基础上，制定外部董事履职保障配套制度，提供制度保障。严格落实董事会授权管理制度，将机构编制、对外投资、并购转让、关联交易、对外捐赠等经营事项向经理层充分授权，促进经理层依法行权履职，保障董事会规范授权。开展对标世界一流企业提升管理行动。二是强化价值引领，优化产业布局和结构调整。加快结构调整，确定“8+N”产业发展新格局。调整投资结构，大力发展水环境治理、建筑垃圾资源化、海绵城市、抽水蓄能、双碳产业等绿色环保类投资业务，加快拓展水利、新能源等新兴领域投资业务。推动规划设计咨询产业集约化发展，打造工业制造产业领军企业，争当产业链“链长”。三是坚持科技赋能，提升企业自主创新能力。不断完善科技制度体系，大力推进创新平台建设，依托工程实验室建设，构建“(3+20)国家级+122省部级+7公司级”链条完备、结构合理的科技创新平台体系。加快破解“卡脖子”难题，实现国产大型掘进机控制系统自主可控，自主研制出以国产最大直径盾构机“京华号”为代表的系列超大直径盾构机，自主研发设计制造的世界首台千吨架桥一体机“昆仑号”成功入选2021年度国务院国资委央企十大国之重器。2022年，获发明专利1042件，授权量增长44%。四是加强集中攻坚，健全市场化经营机制。全面推动各级子企业实施经理层任期制和契约化管理，纳入国企改革三年行动的各级子企业，2654名经理层成员完成2022年度和2022—2024年任职契约签订工作。完善子企业负责人经营业绩考核指标体系，构建差异化的绩效考核机制并刚性兑现，大力推动“管理人员能上能下、员工能进能出、收入能增能减”经营机制落实落地，全面规范所属国有未上市科技型企业项目收益分红激励机制。

（何燕军）

【资源配置】 2022年，中国铁建贯彻落实中央财经委第十一次会议精神，抢抓市场机遇，部署开展布局优化和结构调整方案研究工作，经过8个月深入研究，制定《中国铁建优化区域布局专项工作方案》《中国铁建优化经营布局专项工作方案》《中国铁建优化投资布局和结构调整专项工作方案》《中国铁建优化资产布局和结构调整专项工作方案》《中国铁建优化规划设计咨询产业布局和结构调整专项工作方案》《中国铁建优化工业制造布局和结构调整专项工作方案》《中国铁建优化股份公司中标项目管理、规范项目分包专项工作方案》，并在此基础上制定《中国铁建关于加快布局优化和结构调整全面推动高质量发展的指导意见》，部署加快布局优化和结构调整、优化资源配置的重点任务36项和保障措施6项。 （李　江）

【压减工作】 截至2022年底，中国铁建完成压减法人单位33户，新增法人单位241户；所属法人单位最长管理层级保持在4级，实现国务院国资委关于法人户数压减和法人管理层级管控目标。在完成压减的33户法人单位中，工商注销23户、吸收合并2户、控股权让渡8户。压减户数比2022年初上报国务院国资委的计划23户多完成10户，年度任务完成率143%。 （陈向阳）

企业管理

【企业管理部】 主要职责：负责中国铁建股份有限公司（以下简称公司）工商注册、商标注册登记、资质管理、子公司注册资本金调整审批等企业基础管理工作；负责三级公司建设、亏损治理等工作；负责企业贯标管理、中介咨询服务机构归口管理工作；负责企业管理协会日常工作；负责全系统年度计划指标下达、统计与考核工作；负责企业各类管理数据的汇总、分析和使用；负责建立健全对系统内各级单位的业绩考核体系；负责国务院国资委对总部集团考核指标的分解与落实；负责董事会对总裁及股份公司对子公司负责人的绩效考核，指导、监督集团公司对所属单位及工程公司对工程项目部的绩效考核工作；负责建立健全对所属企业的评价体系，对子企业发展状况实施评价，督导企业提升管理水平；承办中国铁道建筑集团有限公司企业管理相关工作。定员10人，设总经理1人，副总经理1人；下设综合管理处、计划统计处、考核评价处。

（杨　玲）

【工作综述】 考核评价。一是完成国务院国资委对总部集团业绩考核、董事会对总裁绩效考核、股份公司对子公司负责人绩效考核。二是组织开展“价值引领”导向的企业绩效评价体系研究，为助力股份公司高质量发展奠定理论基础。

计划管理。一是计划编制圆满完成。2022年计划编制是企业管理部成立后首次全面组织各项计划编制工作。二是完成2023年度各项计划编制、下达工作。2023年，中国铁建新签合同总额计划33100亿元，其中，一次经营计划30034亿元、二次经营计划1358亿元；按经营类型划分，生产经营计划25392亿元、资本经营计划6000亿元；按地域类型划分，境内计划28798亿元、境外计划2594亿元。2023年，中国铁建企业总产值计划14576亿元，其中，境内产值计划13828亿元，境外产值计划748亿元。2023年，中国铁建总投资计划2023亿元，其中，企业自有资金投入708亿元、银行贷款投入400亿元、其他资金投入915亿元。

统计管理。一是统计机制持续完善。根据2022年中国铁建重点督办事项工作要求，持续完善“8 + N”产业、“5 + 4”业务、“34 + 138”区域管理数据统计机制，增强经营、生产、财务等各类数据穿透性和真实性。通过多部门协调合作，完成项目基本信息管理系统预研发，基本解决系统存在的建设难点并部署至企业门户。将旧版产值管理系统历史项目信息迁移至项目基本信息管理系统，并实现按日数据同步工作，形成标准统一的项目主数据，为中国铁建数字化转型奠定基础。二是管理数据统计分析工作。利用企业综合数据管理分析系统收集的各类管理数据，逐月对中国铁建各项经济运行管理活动进行分析，总结经济运行特点、存在的困难等，结合对外部形势政策研究分析，提出相关意见和建议，完成各月度经济运行管理动态报告编写工作，为领导及时准确掌握中国铁建整体经济运行情况和决策提供参考资料。三是管理数据共享工作。发挥综合数据管理优势，定期为相关部门各类会议、业务分析提供综合数据；探索数据共享新模式，通过系统间互联互通的方式，由综合数据管理分析系统定期为中国铁建生产指挥大屏共享最新数据。四是对外报表填报工作。牵头组织完成2022年国家统计局、北京市统计局和北京市住建委等行政管理部门和有关单位的月报、季报和年报上报工作。五是季度经营数据公告、定期报告工作。按照中国铁建“十四五”期间统计分类标准，收集、分析相关部门“8 + N”产业、业务新签合同数据，及时调整公告及报告中经营情况内容结构，完成各季度经营数据公告以及定期报告相关工作。六是统计信息化建设工作。年内完成企业综合数据管理分析系统一期开发建设和验收，并在一体化平台部署上线运行。针对运行过程存在的问题，及时进行系统更新和维护。该系统初步具备定期自动派发报表、收集各类管理数据、数据可视化和数据共享服务等功能。七是统计业务培训工作。不断提高各单位统计业务人员职业素质和个人能力，充分发挥统计在企业管理工作中的作用，完成培训方案制定、课程设定、教师选定、课程录制等工作。培训内容涉及全面深化统计改革、统计工具应用、统计分析以及大数据融合与协调应用等。

国务院国资委专项行动。一是对标提升行动。中国铁建清单任务完成率100%。二是“两非”剥离专项治理。按照国务院国资委对“两非”剥离专项治理工作推进部署安排，6月，中国铁建纳入“两非”剥离范围的14户标的企业全部完成基本出清工作。

三级公司建设。中国铁建围绕三级公司建设“3

个30”和“六有”奋斗目标，按照“五化”建设发展要求，抓实抓细三级公司建设各项工作，巩固三级公司建设成果。一是健全体系。把三级公司建设与“专精特新”企业、绩效考核等管理工作深度结合，制定《“专精特新”企业评定管理办法》《三级公司绩效考核指导意见》等政策性指导文件，夯实筑牢三级公司建设基础。二是选树标杆。评选发布三级公司20强“六大榜单”和专精特新企业名单，树立三级公司标杆。三是对标对表。按季度对三级公司主要经济指标进行通报。四是纾难解困。梳理形成2022年度三级公司亟待解决问题清单，年内征集三级公司亟待解决问题43项，问题处理答复率100%，问题落实解决率95.35%。

亏损企业治理。一是组织召开股份公司亏损企业和亏损项目治理专题会，对近三年亏损治理工作进行全面总结，明确下一步亏损治理工作目标。二是建立亏损企业情况定期分析工作机制，对全部并表法人单位亏损情况按季度进行分析。

资质管理。2022年，中国铁建督导组织所属三级公司加快资质申报进度，9家三级公司新取得特级资质，其中，公路专业7家、建筑专业1家、矿山专业1家。系统内特级资质95项，其中，取得特级资质三级公司31家。

中介机构管理。持续强化中国铁建全系统对第三方服务机构合作业务规范管理。按照第三方服务机构常态化信息数据报送机制，落实各单位第三方服务机构及相关联数据系统日常填报，做好已填报数据的筛查、把关以及向国务院国资委系统报送工作。2022年，全系统新增合作第三方服务机构81家，形成合作协议或相关合同79项，累计金额4852.79万元。依据《中介机构选聘管理实施细则》规定，牵头总部有关部门开展中介服务机构选聘工作，2022年以来总部选聘中介服务机构43家。启动股份公司第三方服务机构管理系统二期建设开发工作。对股份公司中介机构管理业务重新进行全面梳理，拟定业务管理标准，优化业务管理流程，全面提升股份公司第三方服务机构管理系统使用效率，充分发挥信息化系统辅助管理作用。第三方服务机构管理系统二期基本模型搭建完成，待业务需求方案修订完善后，完成系统二期开发建设立项审批工作。

贯标管理。中国铁建2022年度质量、环境和职业健康安全管理体系审查为延续性保持认证注册资格审查。股份公司联合中铁二十二局集团有限公司采取线上远程方式开展年度贯标审查工作，抽选中国铁建港航局集团有限公司所属勘察设计院以及珠三角城际广清北延线项目、重庆轨道交通18号线项目、云南三清高速公路等项目贯标审查工作。6月，圆满完成贯标年度审查工作。

协会管理。一是做好股份公司领导在协会兼任职务的变更备案、行业协会走访调研。二是参与《财富》2022年度“世界500强”和“中国企业500强”评选活动，中国铁建位列2022年度“世界500强”第39、“中国企业500强”第11。三是组织有需要的单位参加AAA级信用评价等各项工作。（杨　玲）

【经营承揽指标】 2022年，中国铁建新签合同总额32450.0亿元，完成年度计划的112.8%，同比增长15.1%。其中，境内业务新签合同额29389.5亿元，占新签合同总额的90.6%，同比增长14.7%；境外业务新签合同额3060.5亿元，占新签合同总额的9.4%，同比增长18.9%。截至2022年底，中国铁建未完合同额63627.3亿元，同比增长31.1%。其中，境内业务未完合同额51799.8亿元，占未完合同总额的81.4%；境外业务未完合同额11827.5亿元，占未完合同总额的18.6%。（包　辉）

2022年中国铁建新签合同额统计

序号	产业类型	2022年新签合同额(亿元)	同比增减比率(%)
1	工程承包	18625.875	11.23
2	投资运营	7513.019	22.72
3	绿色环保	1906.582	50.39
4	规划设计咨询	294.552	10.92
5	工业制造	373.203	9.50
6	房地产开发	1313.155	-9.24
7	物资物流	2249.085	23.61
8	产业金融	114.068	-11.18
9	新兴产业	60.472	1.45
合计		32450.011	15.09

（制表：包　辉）

2022 年中国铁建基础设施建设项目新签合同额统计

序号	业务类型	2022 年新签合同额(亿元)	同比增减比率(%)
1	铁路工程	4902. 017	30. 20
2	公路工程	4176. 399	52. 29
3	城市轨道工程	1283. 312	-24. 33
4	房建工程	9416. 676	-3. 65
5	市政工程	4156. 435	-4. 84
6	矿山开采工程	1077. 093	75. 14
7	水利水运工程	828. 935	95. 27
8	机场工程	60. 468	77. 34
9	电力工程	1206. 039	290. 73
10	其他工程	938. 102	129. 56
合计		28045. 476	16. 20

(制表:包　辉)

【企业总产值指标】 2022 年,中国铁建完成企业总产值 13645. 0 亿元,完成年度计划目标 13502 亿元的 101. 1%,同比增长 7. 9%。其中,境内完成产值 12946. 1 亿元,占总产值的 94. 9%,同比增长 7. 0%;境外完成产值 698. 9 亿元,占总产值的 5. 2%,同比增长 26. 7%。

(包　辉)

【企业投资指标】 2022 年,中国铁建完成投资 1447. 5 亿元,完成年度投资计划 1908. 6 亿元的 75. 8%,同比下降 16. 2%。其中,资本运营项目投入资金 450. 5 亿元,完成年度计划 596. 0 亿元的 75. 6%,同比下降 13. 4%;房地产项目完成投资 912. 8 亿元,完成年度计划 1181. 5 亿元的 77. 3%,同比下降 17. 5%;固定资产建设项目完成投资 16. 3 亿元,完成年度计划 35. 8 亿元的 45. 5%,同比下降 46. 4%;设备购置完成投资 61. 6 亿元,完成年度计划 86. 2 亿元的 71. 5%,同比下降 6. 2%;信息化建设项目完成投资 6. 3 亿元,完成年度计划 9. 2 亿元的 68. 5%,同比增长 30. 5%。

(包　辉)

【绩效考核】 国务院国资委对集团公司业绩考核。对 2021 年度及 2019—2021 年任期集团公司业绩考核目标完成情况进行测算并形成报告上报国务院国资委。集团公司 2021 年度及 2010—2021 年任期均被评为业绩考核 A 级单位,并获得 2019—2021 年度“业绩优秀企业”称号。根据国务院国资委考核办法及集团公司 2022 年预算目标,对 2022 年度相关指标进行测算,拟定年度目标值形成报告上报国务院国资委。董事会对总裁绩效考核。组织董事会对总裁管理指标考核打分,确定董事会对总裁 2021 年度及 2019—2021 年任期考核结果为 A 级。制定董事会对总裁 2022 年度绩效考核方案。子公司负责人绩效考核。1 月,制定子公司负责人 2022 年度绩效考核主要指标方案,在股份公司 2022 年度工作会上,由总裁代表股份公司与各子公司董事长签订 2022 年度绩效合约书。对包含锦鲤公司在内的 46 家二级单位开展绩效考核。确定 A 级单位 8 家,B 级单位 25 家,C 级单位 13 家;评选出领军企业奖 1 家,管理进步企业奖 3 家。考核结果基本体现各单位的生产经营情况,符合“业绩升绩效升”考核导向。2021 年,纳入考核范围的 46 家单位平均得分 417. 73 分。制定印发《子公司负责人 2022 年度绩效考核实施方案》。该实施方案进一步强化分类考核、差异化考核,加大对“两利四率”的考核引领,更加突出“效益优先、高质量发展”导向,着重加强效益考核引领。

(张超群)

经 营 管 理

【经营部】 主要职责:负责中国铁建股份有限公司(以下简称公司)经营管理体系机制、规章制度、发展战略以及经营规划的制定工作;负责公司新签计划指标下达、统计与考核以及经营先进单位和先进个人的评选表彰工作;负责公司国内项目经营以及全系统各产业经营统筹协调和经营协同工作,重点做好与国家相关部委、省市、大型企业、建设单位等高层领导的沟通联络工作;负责国内建筑央企合作机制建立以及全系统重点项目的经营组织工作;负责区域总部、工程总承包部、新兴业务总部市场开发的统筹协调、业务管理以及规章制度的建设工作;负责以股份公司名义承揽工程总承包项目的标前审核、合同评审、任务分配以及收费标准制定工作;负责国内经营需要股份公司配合的备案、资审、授权、资质证书借用、注册人员管理、工程业绩提供等投标手续办理工作;负责收集国内建设项目和招标信息,搭建企业信息服务平台并定期发布项目信息;负责经营会议组织、业务培训及信息化建设工作;负责公司经营行为规范及经营风险防范制度制定工作。定员 15 人,现员 10 人,设总经理 1 人,副总经理 3 人;下设市场开发处、投标管理处、经营管理处、综合处。 (张殿方)

【工作综述】 经营承揽规模跨上新台阶。2022 年,中国铁建新签合同额 32450 亿元,首次跨过 3 万亿元大关,新签规模位列建筑央企第 2。

产业协同发展取得新成效。2022 年,中国铁建境内工程承包板块新签合同额 25072.5 亿元,同比增长 16%,其中,水利电力、机场港口新签合同额保持 3 位数增长,铁路、公路新签合同额保持 2 位数增长;非工程承包板块新签 4317 亿元,同比增长 14.7%,其中物资物流、规划设计咨询、工业制造板块新签合同额同比分别增长 16.2%、9.5%、9.4%。

政策市场研判水平明显提升。编制《中国铁建经营布局优化专项工作方案》《“十四五”中后期至“十六五”(2023—2035)建筑市场形势分析及相关对策研究》《高端经营重大项目进展报告》,印发 8 个区域总部《2021 年新签业务占比问题分析的通知》和 33 个产业集团《近三年新签情况分析及意见建议》,研判竞争态势,提升竞争能力。

经营部署落地执行力度加大。组织召开 2022 年国内经营工作动员会和经营工作会议,编制公司 2022 年境内经营计划,印发《关于进一步抢抓市场经营机遇的通知》《2022 年经营工作要点》,推动重点经营任务部署落实。印发《关于进一步加强铁路市场经营工作的通知》,召开铁路经营工作督导专题会。按照股份公司开展抽蓄和海上风电专项经营部署,指导新兴业务总部开展前期筹建工作,汇总落实重大新兴业务跟踪项目。

高端经营对接开启新局面。积极主动开展高端经营 135 次,涉及重大项目 123 个,对接金额 2.98 万亿元;与山东、河南等省人民政府及中信集团、国家电投等中央企业签订战略协议 21 个,营造良好经营生态。

经营考核和政策激励作用显著。修订并下发中国铁建《国内经营工作考核管理办法》,突出经营质量考核。不断深化细化经营考核和评先工作,完成首次区域总部过程考核评价和 2021 年区域总部经营考核及对标考核、2022 年上半年区域总部过程考核、2021 年各子公司一次经营考核,评选 2021 年经营工作先进单位和经营工作先进个人,配合完成 2021 年各单位内控专项考核评价、信息化工作考核等工作。抢抓上半年基建市场机遇,制定下发上半年经营考核激励办法,开展半年经营总结评比,公布 2022 年上半年经营考核激励结果,充分调动经营人员积极性。

重大项目经营顺利推进。组织 165 个大中型铁路项目 443 个标段投标,合计金额 8734 亿元;组织 1225 个军民融合项目投标,中标 387 个,合计金额 288.5 亿元。下发《关于加强与投资咨询评估机构联络强化经营工作的通知》《关于加强国家区域医疗中心建设项目经营工作的通知》,指导各单位跟踪重大项目,提前介入,抢占市场先机。

经营基础管理进一步加强。举办中高级经营人员实战培训班,全系统 7000 余人参加培训,取得较好效果。组织对以股份公司名义投标项目进行投标前评审、签订合同前评审,防控经营承揽风险。下发防范房地产企业经营风险提示,强化风险防控。 (张殿方)

【高端对接与战略合作管理】 2022 年,编制《年度高端经营计划》《高端对接工作实施细则》,协调、陪同股份公司领导拜访国家部委、各省市政府相关领导、各大央企;接待政府、央企客户来访;与山东省政府、福建省政府、泉州市政府、北京科技大学、上海申通地铁集团、上海地产集团等单位签订战略合作协议,推动经营成果落地。 (张殿方)

【市场开发与管理】 2022 年,针对建筑央企跨界竞争加剧的严峻形势,中国铁建超前研判市场变化,加强对市场开发工作的统筹管理,市场经营取得新突破。京津冀、长三角、粤港澳大湾区等国家战略区域新签合同额 10190.5 亿元,同比增长 16.2%;绿色环保产业新签合同额 1906.6 亿元,同比增长 50.4%;各类乡村建设项目新签合同额 478.2 亿元,同比增长 183.9%。 (张殿方)

【经营统筹协调和协同工作】 2022 年,中国铁建强化重大项目经营统筹和经营协同,主动参与深圳机荷高速公路荷坳隧道、舟山港六横公路大桥、宁安城际铁路等重大项目投标策划与组织工作,积极直面市场,参与市场竞争,取得良好成效。中标的浙江宁波六横大桥,主跨 1768 米,跨度位居中国第一、世界第三,将中国铁建悬索桥业绩跨度从 1000 米提升到 1700 米,进入世界跨海大桥建设第一梯队,取得历史性突破,得到股份

公司领导和总部相关部门广泛好评。（张殿方）

【**区域总部经营工作**】 2022 年，中国铁建党委常委、副总裁倪真带队督导各区域总部，指导调整经营战略，落实“去两化”要求，聚焦经营主责主业，深入研究市场，经营能力稳步提升。8 个区域总部均完成年度计划，其中，4 个区域总部完成年度计划率超过 120%，5 个区域总部新签合同额超过 3000 亿元，7 个区域总部新签合同额实现同比增长。其中，东北区域总部着力打造高端经营平台，统筹服务重大项目，引领新兴市场开发，新签合同额 1588.2 亿元，完成年度计划的 125.1%，同比增长 23.4%。华北区域总部强化高端经营对接，研判梳理所辖省市市场特点，明确针对性市场开发举措，匹配优势资源，确保重点市场占有率，新签合同额 2727.3 亿元，完成年度计划的 101%。中原区域总部精准把握股份公司明确的区域总部定位，坚守区域经营初心使命，注重营造良好市场环境，深耕地市区县经营，补齐经营盲点和漏洞，新签合同额 4949.8 亿元，完成年度计划的 125%，同比增长 7.6%。华中区域总部深挖经营潜力，新签合同额 4619 亿元，完成年度计划的 135.9%，同比增长 48.7%，完成年度计划率和增速居区域总部之首，协助承揽公司国内单体合同额最大公路工程京广高速公路湖南段，总投资 413 亿元。华东区域总部积极谋划突破性项目，强化大项目统筹经营，协助承揽宁波六横大桥、甬舟铁路金塘海底隧道等具有战略性意义项目，新签合同额 3553.3 亿元，完成年度计划的 118.5%，同比增长 34%。华南区域总部下半年集中发力，新签合同额 3678.8 亿元，完成年度计划的 102.2%，同比增长 7.1%。西南区域总部注重高端对接、高效统筹和“两新”业务，新签合同额 5379.2 亿元，完成年度计划的 119.5%，同比增长 2.2%，新签合同额规模居各区域总部之首。西北区域总部加密经营网络，推动经营力量下沉，扩充人员到经营一线，促进区域经营工作顺利开展，新签合同额 2870 亿元，完成年度计划的 121%，同比增长 4%。工程总承包部强化竞争意识，新签合同额 288 亿元，完成年度计划的 144.1%，市场份额位居央企第 1。集团公司区域指挥部扎根属地，持续深耕，区域指挥部自揽新签合同额超过 300 亿元 8 个，200 亿 ~300 亿元 19 个，同比各增加 1 个。自揽新签合同额前 5 名：中铁十四局集团山东区域总部 548 亿元、中铁十五局集团中原区域总部 413 亿元、中铁十一局集团华东指挥部 373 亿元、中铁二十四局集团华东指挥部 370 亿元、中铁建设集团华南指挥部 362 亿元。（张殿方）

【**集团公司经营工作**】 2022 年，在中国铁建下达计划的 38 家二级单位中，33 家完成年度计划指标，同期增加 10 家；28 家新签合同额同比增长，同期增加 1 家；15 家自揽新签合同额超过 1000 亿元，同期增加 2 家，其中 10 家超过 1500 亿元，同期增加 4 家。投资带动。承揽资本运营项目 145 个，总合同额 7525 亿元，同比增长 15.1%；拉动施工合同额 5336.3 亿元，同比增长 22%。宁波舟山铁路 PPP 项目、盐城黄沙港国家中心渔港项目等投资工程带动战略性和新兴业务承揽。工程承包。工程局自揽新签合同额前 5 名：中铁十四局集团有限公司 2160 亿元、中铁十一局集团有限公司 1927 亿元、中铁十八局集团有限公司 1888 亿元、中铁二十局集团有限公司 1789 亿元、中铁十五局集团有限公司 1765 亿元。工程局新签合同额增速前 5 名：中铁二十一局集团有限公司 71.2%、中铁二十三局集团有限公司 64.2%、中国铁建港航局集团有限公司 58.9%、中铁十五局集团有限公司 50.1%、中国铁建电气化局集团有限公司 44.4%。铁路业务承揽合同额前 3 名：中铁十四局集团有限公司、中铁十二局集团有限公司、中铁十一局集团有限公司。公路业务承揽合同额前 3 名：中国铁建大桥局集团有限公司、中铁十八局集团有限公司、中铁二十局集团有限公司。城轨业务承揽合同额前 3 名：中国铁建电气化局集团有限公司、中铁十一局集团有限公司、中铁十二局集团有限公司。房建业务承揽合同额前 3 名：中铁建设集团有限公司、中铁十八局集团有限公司、中铁二十局集团有限公司。市政业务承揽合同额前 3 名：中铁十一局集团有限公司、中铁十八局集团有限公司、中铁十五局集团有限公司。水利水运业务承揽合同额前 3 名：中国铁建港航局集团有限公司、中铁十八局集团有限公司、中铁十五局集团有限公司，其中抽水蓄能承揽合同额 348.9 亿元，同比增长 18.5 倍。中铁十一局集团有限公司大力拓展新兴业务，积极与能源类头部企业高层对接，“两新”业务新签合同额 663 亿元，占比提高 15%。中铁十四局集团有限公司提升大盾构核心竞争力，承揽大盾构工程 12 项，合同总额 344.7 亿元，创造历史最好水平。中铁第一勘察设计院集团有限公司、中铁第四勘察设计院集团有限公司入选国家发展改革委城轨、铁路两大专业类别投资咨询评估机构名单，为拓展公司全产业链经营奠定坚实基础。中国铁建重工集团股份有限公司研制的全球最大竖井掘进机“梦想号”，入选央企“十大国之重器”。中国铁建昆仑投资集团有限公司新签合同额 2208 亿元，同比增长 102%，实现历史性突破。（张殿方）

【**项目招投标**】 2022 年，牵头组织以股份公司名义承揽重大项目投标,对重庆轨道交通6号线东延(重庆东站至刘家坪站)工程施工总承包,青岛市地铁15号线、9号线一期工程土建施工,西安市地铁1号线三期工程施工总承包,粤东城际铁路“一环一射线”项目施工总承包,徐州市城市轨道交通4号线一期工程土建安装施工总承包,厦门市轨道交通6号线集美至同安段工程土建施工总承包,厦门市轨道交通6号线一期工程涉铁段土建工程(后吴站至西湖村站盾构区间下穿福厦铁路、杭深线西溪河特大桥段工程),厦门市轨道交通3、4号线机场西站和前后明挖区间及厦门新机场中央地块桩基预留工程,厦门市轨道交通4号线(后溪至翔安机场段)工程—彭厝北站新增换乘节点及过街通道工程,福州市轨道交通6号线东调段工程土建施工总承包,沈阳至海口国家高速公路荷坳至深圳机场段改扩建项目主体工程,珠三角城际轨道交通广佛环线佛山西站至广州北站段等21个项目进行投标前评审,防控经营风险,提升经营质量。 (张殿方)

【新兴业务】 2022年,指导新成立的新兴业务总部,抢抓新兴业务、新兴产业发展机遇,通过产业布局研究、规划完善、专业化发展、延链补短板、资源协调整合、支撑服务等举措,实现全系统业务结构有效改善和新兴业务高质量发展。全年完成“两新”业务新签合同额16257.4亿元,占全部新签合同额50.1%,经营规模增长24.1%,占比提升3.7%。 (张殿方)

【基础数据统计】 2022年,依据所属各单位逐月上报的经营数据,经审核、校验后编辑完成中国铁建全系统经营情况统计月快报资料,编制完成企业《统计信息》月刊,为企业管理和领导决策提供重要依据。按照总部部门业务分工,及时提供上市公司披露的年度报告、季度报告、企业社会责任报告、报送国务院国资委的企业年度工作报告、《中国铁建年鉴》所需求相关统计资料。 (张殿方)

【中国铁建经营工作会】 2022年4月6日在北京召开。会议强调,准确把握经营重点,全力稳住承包工程规模,坚决做大创效板块规模。增强区域经营优势,积极探索内部上下游产业单位股权合作,坚持市场化运作、规范公司治理,坚持内外有别、加大政策支持,打造区域产业链链长;持续优化经营布局、加强高端经营、深耕属地市场,提升城市经营效率;干好在建项目、顺应客户新需求、帮助客户排忧解难,提供高水平综合服务。推动经营质量提升,加强协同,全面发力;摸透规则,抢占先机;优选项目,提升质量,着力提高生产经营效能。资本经营要投向经济有活力的区域、优质资产和轻资产业务、专精特新领域,持续优化资本经营结构。健全完善经营质量考核体系,加快补齐经营后评价管理短板,有效发挥考核指挥棒作用。夯实经营管理基础,筑牢经营风险防线,维护优良经营资信,锻造过硬经营队伍,培育先进经营文化,全面夯实经营高质量发展根基。会议要求做到“十个坚持”,即坚持宏观环境分析,强化战略提升;坚持提升经营效能,优化资源布局;坚持抢抓市场机遇,稳定承揽规模;坚持加强高端经营,稳固经营渠道;坚持完善经营要素,扎稳经营根基;坚持高质量经营,提升经营质量;坚持以客户为中心,提升服务能力;坚持理顺内部关系,提升经营合力;坚持数字化建设,提升经营效率;坚持防范经营风险,提升防控水平。 (张殿方)

投资管理

【投资开发部】 主要职责:负责中国铁建股份有限公司(以下简称公司)资本运营投资(不含金融类投资)、房地产投资、固定资产建设项目投资、其他股权类投资业务的规划、计划的编报、执行、投资统计等宏观管理;负责组织公司重大资本运营投资(不含金融类投资)项目、房地产投资项目、固定资产建设项目、其他股权类投资项目的投资计划、立项审核、评估论证、投资批复、投资管理工作;负责对限额以下投资项目实施备案管理工作;负责重大投资项目的设计审核工作;负责对限额以下投资项目的设计审核实施备案管理;负责投资项目的投资监控及投资评价工作;负责参股境内外独立法人实体的审批和管理工作;负责全系统参股企业以及资本运营、房地产开发、固定资产建设项目公司的股权变动管理工作;负责国有资产和资本投资项目的产权管理和实施过程的监管;负责建立健全实物资产的全生命周期管理体系,包括资产新增、资产重组、资产处置和转让事项等;负责“三供一业”分离移交管理工作;负责投资项目运营管理工作;承办总部集团的资产管理、处置工作。定员23人,设总经理1人,副总经理3人。 (刘青林)

【工作综述】 2022年,中国铁建系统中标投融资项目145个,中标金额7525.16亿元,占年度总计划6000亿元的125.42%。投资平台类公司中标4806.39亿元,投资专业化和集约化水平不断提高。

2022年，完成投资450.49亿元，占年度计划596亿元的75.59%；实现营业收入1776.11亿元，占年度计划1687.67亿元的105.24%；实现效益219.78亿元，占年度计划231.34亿元的95.00%；投资拉动1868.51亿元，占年度计划1711.97亿元的109.14%。其中，拉动工程承包1835.00亿元，拉动设计咨询9.7亿元，其他拉动23.81亿元。45个BT类项目实现回款金额122.19亿元，完成年度计划102.33亿元的119.41%。105个具有运营性质的BOT和PPP项目进入运营期（或试运营）。其中，经营性公路项目运营里程3805千米，国内里程3364千米、海外里程441千米。

2022年，房地产项目实现销售金额1295.72亿元，其中，权益金额954.2亿元，权益占比73.64%，行业排名第15，同期上升11名，同比下降9.53%，完成年度计划1451亿元的89.30%；销售面积834万平方米，同比下降15.83%，完成年度计划917万平方米的90.95%。房地产板块实现营业收入622.54亿元，同比增长22.8%，完成年度计划567.79亿元的109.64%；实现净利润25.31亿元，同比下降51.21%，完成年度计划33.89亿元的74.68%。全年房地产板块完成资金投入913亿元，同比增长17.52%，完成年度计划1181亿元的77.3%；房地产项目新开工面积1184.99万平方米，同期降低4.62%；实现竣工面积1346.84万平方米，同比增长57.52%。全年组织召开23次房地产领导小组会议，对北京、上海、广州、杭州、成都、西安等27个城市106个项目进行研究和审议。审议项目总建设用地面积809万平方米，计容建筑面积1808.74万平方米，会议授权总价款1896.19亿元，同比下降28.87%；对西安、成都、福州、宁波等17个城市38个项目进行备案。备案项目总建设用地面积150.62万平方米，计容建筑面积372.85万平方米，备案授权总价款139.8亿元。全年股份公司在北京、上海、广州、成都、杭州等25个城市获取土地56宗，总建设用地面积316.12万平方米，计容建筑面积734.23万平方米，总土地价款537.6亿元，同比下降28.87%，其中，权益土地价款421.57亿元。

固定资产管理。2022年，中国铁建全系统在投固定资产项目157个，总投资额154.75亿元，完成投资额89.84亿元。全年投资计划35.76亿元，完成投资（年开工累计到位资金）16.31亿元，完成年度计划的45.61%。全年完成产值14.61亿元，其中，新开工建设项目完成投资2.95亿元，占全部投资的20.19%；续建项目计划完成投资11.66亿元，占全部投资的79.81%。2022年全部为主业投资，其中，境内项目完成投资14.27亿元，占全部投资的97.74%；境外项目完成投资0.33亿元，占全部投资的2.26%。

（刘建光　张选虎　荀照杰）

【投资评估工作】 2022年，中国铁建规范资本运营项目运作，明确投资业务发展方向、重点任务和发展目标，编制《中国铁建投资业务布局优化和结构调整专项工作实施方案》，全力推动投资业务布局优化和结构调整适应性发展，适应市场形势和环境变化，抢抓发展机遇。下发《关于进一步明确投资项目上报时限及确保文件质量的通知》，规范投资项目决策论证，强化项目投资风险控制，为股份公司决策预留最基本流程时间。下发《关于对〈中国铁建股份有限公司资本运营项目投资管理暂行办法〉中投资项目上报材料进行修订的通知》，支持二级公司董事会建设，规范二级公司建立契合本企业实际的董事会授权管理工作机制，简化向股份公司上报投资项目审批的相关附件资料。

（王　阳）

【资本运营项目评审会】 2022年，中国铁建召开38次资本运营项目审查会，审查项目215个，总规模12263.47亿元；组织参与25次资本运营项目评审会，评审项目169个，总规模9245.89亿元。通过评审项目162个，总规模8826.03亿元。按照备案程序管理项目82个，总规模1296.91亿元。（王　阳）

【跟踪项目简报】 2022年，联系跟踪投资项目207项，估算总规模25394.84亿元。注重加强实时动态信息跟踪管理，实行半月报简报制度，对重点项目进行实时动态跟踪，完成重点跟踪项目简报24期。

（王　阳）

【重大项目现场调研】 2022年，现场调研宜昌、武汉、沧州等多个地区重点项目，加强对项目风险信息甄别和提示建议。认真做好重点项目评审决策，系统了解项目现场真实信息，全面提高咨询评估科学性，防控投资项目重大风险。（王　阳）

【投资评估基础业务办理】 2022年，为满足重大资本运营项目前期接洽、跟踪、投标、谈判的需要，保障和服务资本运营项目市场经营和管理，办理各类授权书、洽谈函、拜访函、投标文件等手续36项，切实提升资本运营项目市场经营和管理效率。（王　阳）

【投资项目过程管控】 2022年，严格执行投资管理制度，以《资本运营项目建设管理暂行办法》为依据，加强建设期、运营期、回收期全过程管控，有效防范投资风险。印发《关于加强资本运营项目实施条件变化管理的通知》，要求各单位规范投资运作，围绕可研批复条件，关注项目实施条件变化情况，加强闭合管理，有效防范投资风险；印发《关于进一步加强存量资本运营项目资金回收工作的通知》，强调资本运营项目资金回收工作重要性，并对当前存在逾期风险的项目进行点名要求重点督办。（罗　芳）

【投资专项排查】 2022年，为落实国务院国资委《关于开展中央企业投资问题自查自纠工作的通知》要求，按照中国铁建综合治理专项行动工作方案有关部署，制定《中国铁道建筑集团有限公司暨中国铁建股份有限公司投资问题专项治理工作方案》，在全系统范围内开展投资问题专项治理工作，结合投资管理体系、具体项目进展和历史问题整改情况，全面开展投资管理自查自纠工作。针对自查发现的问题，分门别类、建立台账，认真分析问题产生原因、研究整改措施、明确整改主体、落实整改责任，对风险问题做到早发现、早预警、早处置，切实防范化解各类投资风险。对存在风险和问题的重点单位和重点项目进行督导整改，通过现场调研、召开视频专题会、印发风险提示函和督办函等方式，要求相关责任单位对整改事项加强督导、狠抓落实。全年下发风险提示函3份、督办函2份；组织召开甘肃公航旅项目、铜仁“五馆三中心”项目、莱基自贸区项目监督工作推进会3次；通过视频或现场调研方式对西北区域总部、华东区域总部、中铁十一局集团有限公司、中国铁建大桥工程局集团有限公司、中铁十四局集团有限公司、中铁十五局集团有限公司、中铁二十局集团有限公司、中铁第四勘察设计院集团有限公司、中国铁建投资集团有限公司等有关单位进行督导；开展中国铁建投资集团有限公司和中铁二十局集团有限公司关于黄蒲公路运营移交协调工作，顺利完成黄蒲公路运营移交。（罗　芳）

【持有性运营项目管理】 2022年，中国铁建新开通昆楚、澄韦、德遂、黔江过境、兰原、合璧津、楚大（参股）、陇漳（参股）8条由公司投资建设运营的经营性公路，对于以使用者付费为主要回报来源的经营性公路项目，全年实行日报监管制度。（罗　芳　郭星义）

【对外参股经营投资管理】 2022年，按照国务院国资委关于加强中央企业参股管理的系列文件和会议精神，对外参股经营投资纳入常态化管理，按照“整改存量、规范增量”工作原则，规范日常管理，逐步化解存量问题。整改退出参股企业23项，收回资金37.52亿元（含分期暂未支付金额）。其中，退出低效无效、无法掌握经营情况的参股股权13个，退出由于项目实施模式变更或按照约定达到退出条件的参股股权10个。（罗　芳　郭星义）

【专项整治】 2022年，配合财政部审计组开展PPP专项审计工作，介绍公司PPP项目存在的主要风险和问题，提出企业诉求，提请国家部委给予有关政策支持；配合审计署企业审计八局开展PPP项目涉及地方政府财政支出责任情况调查工作；按照国务院国资委要求，从PPP业务管控、合规经营、经济效益、风险管控、监督检查整改情况等方面对PPP业务开展全面排查工作；印发《中国铁建股份有限公司境外“违规投资经营”专项整治工作方案》，开展境外违规投资经营专项整治工作；印发《关于深入做好民企挂靠国资问题综合整治有关事项的通知》，坚持“清理存量、遏制增量、依法治理、标本兼治”工作原则，按照国务院国资委工作要求，以“2022年上半年完成综合整治主体工作，有效隔离风险隐患”为工作目标，推进存量问题整改工作，积极落实民企挂靠国资问题综合治理各项要求。（罗　芳　郭星义）

【投资管理基础业务工作】 2022年，办理各类合同、协议（补充协议）审批及签署手续57件，股东会议、授权书等手续50件，大额资金审批手续31件，配合整理各地出访、来访材料40余份；配合董事会办公室、审计监事部提供披露材料、企业年度报告等材料，按时完成国务院国资委、股份公司月报和季报等计划统计工作；对中国铁建资本运营管理信息系统完善、升级。（罗　芳）

【设计审查】 2022年,严格执行《资本运营项目建设管理暂行办法》《投资项目设计审查和备案管理实施细则》有关要求,认真履行设计审查和备案管理程序。组织对鹿寨至钦州高速公路、梧州至乐业高速公路等10个项目初步设计,天津地铁8号线一期工程PPP项目澧水道站及两侧区间变更设计,对跳磴至江津线中梁山隧道动力照明变更设计等6项进行重大设计变更,对潼南至荣昌高速公路、黄龙至蒲城高速公路等5个项目清理概算进行审查,涉及投资规模1124.62亿元,其中已批复项目13项,涉及投资规模668.6亿元,减少投资9.33亿元;完成初步设计、施工图及设计变更等备案项目14项,涉及投资规模511.01亿元,减少投资14.56亿元。针对部分单位存在违反投资项目设计审查与备案管理程序的情况,下发《关于进一步加强投资项目设计管理工作的通知》,从设计审查和备案的范围及程序、审查请示或备案文件的报送内容、投资主体单位内部评审责任、落实股份公司审查批复和备案意见的要求等方面,规范设计管理工作。不断规范系统内投融资项目施工招标管理,严格履行投资项目施工招标方案审批程序,贯彻股份公司分包差收取要求,合理确定招标控制价,降低管理成本,根据《投融资项目施工招标方案审批管理的通知》要求,完成29个项目的标段划分和招标方案审核。从施工招标的基本条件、标段划分、招标控制价、审批程序等方面规范施工招标方案审核,合理确定开工时机及招标控制价,依法合规招标,提高企业投融资项目管理水平,促进投资业务持续健康发展。在总结前期工作经验基础上,制定《投资项目后评价管理办法》,从职责分工、范围与条件、内容及方式方法、工作程序、成果应用、监督管理等方面规范投资项目后评价工作。全年组织各单位对124个项目开展后评价工作,计划在年底前完成后评价报告审核及总结工作。重点关注项目后评价中反映出的问题,总结成熟经验推广到其他类似项目,有效改进并提高项目管理水平。按照中国铁建管理研究院年度工作计划,组织相关单位开展中国铁建投资布局与持有资产运营管理研究。通过围绕当前市场环境、现行政策、技术要素,结合企业投资运营产业发展战略,积极探索中国铁建投资布局与持有资产运营管理研究目标和实施路径。 (刘清文)

【房地产管理】 2022年,中国铁建房地产板块坚持以销售与去库存工作为核心,进行系统策划,全力稳住经营态势,全年销售业绩同比下降9.5%,低于Top100平均降幅32%,行业排名逆市回升,房企中排第15位,同期上升11位。全年在上海、北京、广州、杭州等25个城市获取土地56宗,平均楼面地价7322元/米^2,平均溢价率3.26%。其中,通过内外部协同获取开发用地22宗,占比35%,为保持房地产板块稳健发展奠定良好基础。全年公司在未来社区、TOD项目、回购房业务领域取得突破,中铁建城市开发有限公司获取未来社区项目用地3宗,中国铁建昆仑投资集团有限公司在重庆和成都获取TOD类项目2个,其中重庆四公里项目,定位为地铁上盖的住宅商业综合类TOD项目,对公司开展创新型业务具有较强示范意义。全年在温州、漳州、福州等6个城市获取11个政府回购型商品房开发项目,平均净利润率4.96%。对房地产业务集约化发展进行专题研究,开展主业单位发展情况综合评估,对现有主业单位进行调整,修订《中国铁建房地产业务主业管理办法》,将房地产主业单位个数由12家压减至8家,推进房地产业务集约化发展。制定印发《中国铁建股份有限公司房地产项目实施风险抵押金制度的指导意见》,在全系统推行风险抵押金制度,对房地产项目主要节点和利润指标进行考核,将风险与收益相结合,对项目核心管理团队进行有效激励,充分调动项目核心管理人员积极性和主动性,强化责任意识和风险意识,提升房地产项目运营管控能力。成立持有经营物业管理提升与信息化建设工作组,同步推进业务管理体系梳理与信息应用系统建设工作,不断提升房地产持有经营性物业运营管理能力,推动业务向规范化、专业化和信息化迈进,稳健发育优质自持资产,持有经营性物业系统搭建完成并上线运行,初步实现房地产持有资产的盘点、登记以及资产核心运营数据可视化的基本功能,助力打造"美好生活服务商"地产品牌。 (傅志跃)

【固定资产管理】 2022年,中国铁建召开固定资产建设项目投资评审会12次,批复项目19个,总投资额22.44亿元。不断规范非生产性固定资产建设项目投资管理和企业租赁办公用房管理工作,遵循"厉行节约、经济适用"的原则,严格选址、深入论证、责任到人,优先系统内部资源统筹,严格审核程序,合理保障需求。全年办理企业租赁办公用房审批备案16项,涉及租赁面积3.58万平方米,年租金2699万元。全年经审批的投资新(购)建生产办公用房事宜10项,总投资额 14.29 亿元，其中，购置系统外生产办公用房 3 项，总投资 3.15 亿元，购置系统外资产占比 22%，同期下降 25%，内部协同政策得到有效响应，满足相关单位生产办公用房实际需要，促进系统内存量资源有效利用与盘活，保障公司利益最大化。（穆恒昌）

【产权资产业务工作】 2022 年，审核 OA 各单位上报产权登记报告 357 份，办理各类法人产权登记 721 项，有限合伙企业国有权益登记 10 项。截至 2022 年底，全系统产权登记企业户数 1879 户，较 2021 年底增加 253 户，占累计登记企业 1626 户的 15.56%，产权登记完整性 90.87%。审核资产评估报告 96 份，完成资产评估备案 71 项，评估资产总规模 2476.68 亿元，净资产评估值 618.12 亿元，综合增值率 37.45%。新增挂牌项目 39 个，挂牌金额 93.49 亿元，获北京产权交易所金交易奖和上海联合产权交易所资本运营金奖。向国务院国资委备案股份公司对中国铁建重工集团股份有限公司 A 股上市后的合理持股比例。协助相关部门开展基础设施 REITs 项目、再融资项目机构选聘、资产评估、产权登记、非公开协议转让等工作。按要求组织开展全系统国有产权管理问题专项治理工作。年内作为 5 家央企之一，被国务院国资委产权局选作国有企业存量土地盘活利用工作调研企业，4 次参加由国务院国有企业改革领导小组办公室牵头，自然资源部自然资源所有者权益司、国务院国资委产权局参与的相关座谈专题会，同步组织开展企业存量土地瑕疵权证情况核查，并向国务院国资委等相关单位提交相关报告和意见建议。通过此次调研，11 月 24 日，自然资源部、国务院国资委联合印发《关于推进国有企业盘活利用存量土地有关问题的通知》。盘活利用存量土地 9 项，涉及土地 40.22 万平方米，盘活处置金额 14.68 亿元，盘活处置收益 4.46 亿元，可带动开发收益 2.18 亿元。其中，中铁十七局集团有限公司太原市紫竹苑小区资产处置，有效改善职工群众居住环境，开发收益 2.18 亿元。推动中铁建锦鲤资产管理有限公司开展上海铁城等遗留问题处理工作，组织召开中国铁建非上市资产管理工作推进会，对《非上市资产管理工作实施细则》重点宣贯，明确“委托管理为主、直接管理为辅”非上市资产管理模式，要求锦鲤公司和各集团公司加强沟通、增强互信、团结协作，尽快签订《委托管理服务协议》，按照“谁使用、谁管理、谁担责”原则，明确资产管理关系和压实管理责任，履行好资产日常管理与使用职责，实现中国铁建整体效益最大化。落实 2022 年服务业小微企业和个体工商户房租减免工作。全年中国铁建涉及房屋租赁二级单位 32 家，对外租赁房屋面积 213.48 万平方米（含企业自有房产、房地产项目自持物业），年租金收入 7.81 亿元，应减免租金 1.76 亿元，已减免租金 1.73 亿元、惠及 3404 户，其中，减免服务业小微企业 1.23 亿元、惠及 1215 户，减免个体工商户租金 0.5 亿元、惠及 2189 户。产权管理工作体系不断完善，印发和修订《中国铁道建筑集团有限公司产权登记管理办法》《中国铁道建筑集团有限公司有限合伙企业国有权益登记暂行规定》《关于中国铁道建筑集团有限公司国有资产交易流转有关事项的通知》《关于中国铁建股份有限公司产业基金产权有关登记要求的通知》《中国铁道建筑集团有限公司关于进一步加强境外国有产权管理工作的通知》等规章制度。印发《中国铁道建筑集团有限公司非上市资产管理工作实施细则》，明确非上市资产的管理责任，厘清管理关系，推进非上市资产管理工作制度化、规范化、流程化。印发《关于进一步加强实物资产运管系统信息填报工作的通知》，努力提升实物资产管理水平和监管质量。补足非上市资产管理制度的缺失，标志实物资产全生命周期管控体系基本搭建，相关规章制度基本建立健全。（穆恒昌）

财务管理

【财务资金部】 负责中国铁建股份有限公司（以下简称公司）财务管理、会计核算、资金管理、全面预算管理、税务管理、财务信息化建设、会计监督、财会队伍建设等工作的综合职能部门。主要职责：制定和实施财务内控制度，推动国家财经法律法规贯彻执行；组织制定和实施财务发展战略；建立健全全面预算管理体系，组织全面预算编审及执行评价；按照会计准则规定，制定公司统一的会计政策，并组织实施；负责资金管理及融资信贷管理；依法编制财务会计报告，组织开展财务分析及对标分析；负责财务信息化规划编制、顶层设计、方案论证等工作，做好实施指导与监督；负责全系统税务管理及总部各项纳税申报及税务筹划等工作；负责全系统产业融资业务审批及工作指导；组织建立财务风险防范预警与防控机制；负责内部财务监督检查工作；负责全系统财会队伍建设及会计人员培训工作；负责总部集团及战备资产、基建财务管理与核算；协助做好上市公司信息披露相关工作；参与公司总体发展战略及中长期规划的研究制定，参与全面风险管理、投资并购与重组等论证工作；参与投资项目后评价工作。定员 34 人，现员 22 人，设总经理 1 人、副总经理 2 人；下设财务处、会计处、总部财务处、预算管理处、资金管理处、产融管理处、税务管理处。（王　磊）

【工作综述】 2022 年，中国铁建财务工作紧紧围绕年度工作目标，精准施策，综合发力，积极推动各项财务管理工作取得新成效，各项工作有序推进。一是持续抓好“稳杠杆”工作，严格实施刚性管控。紧盯资产端盘活和存量、负债端压控增量、权益端创新举措。二是强力夯实“两金”压控工作，抓源头管理，开展督导帮扶，强化清收清欠，持续降低“两金”规模，狠抓重点债权管控。三是开展综合治理行动。四是多方发力强化资金管理，制定司库体系建设工作方案，加强资金集中管理，严格资金集中度、上存度过程监督，强化信贷融资管理，严格外部融资审批，强化重点业务管控。五是强化产融创新工作。六是完善全面预算管理，坚持目标导向，合理分解年度预算目标，加强预算审核，严格预算批复。七是提升税务管理价值效用，做好政策研究，举办高级研修班，夯实境外税务管理，科学税务筹划，积极化解税务风险，建立税管长效机制。八是深化会计基础管理。九是统筹财务信息化建设，持续更新迭代，司库系统搭建稳步推进，财务信息系统安全平稳运行。十是夯实人才队伍建设，强化职业道德建设，组织开展交流学习，持续优化人才结构，强化人才梯队建设。（高继红）

【会计信息披露和配合审计工作】 2022 年，中国铁建在上海证券交易所和香港联合证券交易所及时、准确、完整地披露公司季度报告、半年度报告及年度报告等各项会计信息，完成国务院国资委、财政部财务决算报告编制和报送。配合公司董事会完成财务信息披露、资料整理、路演数据本制作。完成主要会计数据计算摘录，每股收益计算，非经常性损益分析认定，业务板块划分及毛利率分析计算，主要经济指标大幅增减变动原因的分析、解释，担保、兼并等重要事项的确认，整理、更新路演数据资料。中国铁建系统财务决算审计机构 3 家，年内审计法人单位 1177 户。（丁亚杰）

【财务制度建设】 2022 年，修订印发《中国铁建股份有限公司对外捐赠管理办法》，规范公司对外捐赠行为。制定《中国铁道建筑集团有限公司暨中国铁建股份有限公司司库体系建设工作方案》，推动全系统各级单位加强资金管理，提高资金运营效率，降低资金成本，防控资金风险。制定《中国铁建股份有限公司财务专家管理（暂行）办法》，加强财务管理人才队伍建设，提升财务管理水平。制定《中国铁建股份有限公司公司债券信息披露管理办法》《中国铁建股份有限公司债务融资工具信息披露事务管理办法》，完善公司信息披露制度，规范公司债券和债务融资工具的信息披露行为，加强信息披露制度管理。制定《关于进一步加强票据票证管理工作的通知》，加强银票、财票、商票、供票、供应链债务等各类票证、票据管理，有效防范风险。（高继红）

【综合治理专项行动】 2022 年，中国铁建全面贯彻落实国务院国资委“严肃财经纪律、依法合规经营”综合治理专项行动决策部署，2 月 28 日，召开综合治理专项行动部署会。3 月 7 日，下发《中国铁建股份有限公司综合治理专项行动工作方案》，成立领导工作小组，进行责任分工，制定工作目标，明确时间安排，排查整治范围，建立专项行动周报、按时间节点上报进展报告等制度，及时了解各单位综合治理专项行动工作进展情况。7 月至 10 月，在全系统范围内组织开展财务专项抽查验收工作，夯实专项行动工作成效。由专项领导小组牵头，深入各二级单位总部督导指导，巩固自查阶段工作成效，深化综合治理专项行动。中国铁建以本次综合治理为契机，坚持“照镜子、正衣冠、洗洗澡、治治病”，多元发力，靶向聚焦，深查实纠整改，找出病症，找准病灶，对症下药。“照镜子”找不足，认真检视查摆问题；“正衣冠”抓实改，分类推进限期销号；“洗洗澡”抓长效，切实形成长效机制；“治治病”严问责，始终保持对违法违规行为高压严处，坚持把依法合规摆在管企治企首要位置，坚持在机制建设上变“补”为“谋”，坚持把交叉检查作为验成效促提升的重要手段，坚持变“问题清单”为“行动指南”。（韩　斌）

【中国铁建 2022 年度财务工作会议】 2022 年 12 月 2 日在北京以视频会议形式召开。会议指出,2022 年全系统深入学习贯彻习近平总书记“疫情要防住、经济要稳住、发展要安全”的重要指示精神,聚焦高质量发展主题,坚持稳字当头、稳中求进,有效应对各方面困难和挑战,公司主要经济指标符合预期,发展态势良好。会议要求各单位对标高质量发展要求,对标世界一流财务管理体系,对标建筑业同行,加快世界一流财务管理体系建设。会议明确 2023 年财务工作的基本思路,要求以习近平新时代中国特色社会主义思想为指导,全面学习贯彻党的二十大精神,紧紧围绕股份公司“十四五”发展战略规划和建设世界一流财务管理体系要求,坚持稳中求进工作总基调,以问题为导向,以“稳增长、提质量、防风险”为目标,以建设司库体系、强化资金管理为中心,以“稳杠杆、压两金”为重点,以财务信息化建设为抓手,努力推动四个变革,强化五项职能,完善五大体系,奋发进取,攻坚克难,为打造世界一流综合建设产业集团贡献财务智慧。中国铁建党委常委、总会计师王秀明出席会议并做题为《扬帆再起航,奋进新征程,向世界一流财务管理体系目标迈进》的工作报告。 (韩　斌)

【税务管理】 2022 年,中国铁建做好政策研究学习,充分享受政策红利。下发《关于加快推进增值税留抵退税工作的通知》,对全系统留抵退税工作从政策研究、风险防范、资金效能等方面进行指导,全年表内外单位留抵退税 244.57 亿元,持续提高税务筹划意识,积极享受高新技术企业、西部大开发、研发费用加计扣除等优惠政策,节约税收成本 61.08 亿元。加强税务信息化建设,提高税务数据、税收风险过程分析预警能力,逐步建立增值税开票直连、申报表自动生成等工作,提高工作效率,以中铁十八局集团有限公司为试点,逐步推动税务信息化管理模块建设。深入开展依法纳税自查自纠专项行动,全面规范税务管理。组织总部集团本级及所属全部层级境内全资子公司、控股子公司、分支机构,对 2016 年起外部审计、税务稽查、内部监督等方面发现的问题是否整改落实到位进行自查自纠,促进全系统税务管理理念再提升、风险再压降、税务筹划再规范。以人为本,强化税务管理人才队伍建设。8 月,举办建筑企业税务管理提示高级研修班,组织全系统 100 余名税务骨干进行集中培训、学习,有效提升税务人才队伍管理水平,防范税务风险,助力企业发展。 (陈　晓)

【“两金”管理】 细化责任,明确任务。下发《关于持续做好 2022 年度“两金”压控工作的通知》,明确“两不得、两清零、四下降”年度压控目标,要求各单位从严从实抓好源头治理,用好用活国家各项有利政策,狠抓重难点项目“两金”压控工作,切实提升压控效果,充分发挥考核导向引领作用,积极传导考核压力,转换工作思路,提高“两金”压控工作积极性。2022 年,中国铁建整体“两金”增幅低于收入增幅 6.14%,“两金”过快增长势头得到遏制。落实监管责任,加大督导帮扶力度。对“两金”增长快、占比高、清收清欠完成效果不佳的 10 家产业集团单位下发书面督导通知,指出问题,明确改进方向和工作任务。筛选 970 个重点项目由集团层面重点监管,明确清理目标,持续跟踪督办,截至 2022 年底,重点督办项目应收款项余额较年初下降 390.63 亿元,压降效果明显。结合 2022 年度安全大检查,制定年度“两金”督导工作方案,由中国铁建领导带队对 7 家产业集团进行重点督导。建立房地产债权专项督办机制,积极化解涉及民营房地产企业重点债权风险,组织专题督导会,建立信息定期上报机制,动态掌握清理工作进展。积极清理内部债权,优化内部营商环境。下发《关于做好中铁物资和铁建重工逾期账款清理的通知》《关于内部逾期债权清理情况的通报》,对清理方式、时限提出要求,明确逾期未付的惩罚措施。及时跟踪款项清理进展,确保清理效果,据统计,纳入清理范围的内部逾期款项清理率 87.86%,有效缓解内部资金占用压力。 (陈　晓)

【融资信贷管理】 2022 年,中国铁建以“稳杠杆”为中心加强融资信贷管控,多措并举,较好地完成带息融资预算。加强融资信贷预算管控。为控制全系统信贷业务规模,加强信贷业务风险管控,在年初董事会审议全系统 2022 年度信贷规模预算时,将各单位有息负债、权益融资、票据融资、供应链代付工具及 ABS 等业务纳入预算管控,严控各单位融资规模。加强权益融资管理。持续加强全系统权益融资管理管控,要求各单位新增、置换权益融资类业务一律上报股份公司一事一批。根据资产负债率压控目标完成进度情况,持续跟踪统计全系统权益融资落地执行情况,及时测算分析权益资金缺口，制定权益融资方案计划，保障完成年末降杠杆目标。加强债务风险监测。按照国务院国资委债务风险监测管控最新要求，结合公司实际，做好相关指标统计、监测和分析工作，按时报送债务监测报表报告。持续优化信贷支持政策。为做好“稳增长、防风险”工作，制定下发《关于做好金融支持“稳增长”严控资金风险“保安全”相关工作的通知》，组织会议宣贯和培训，在充分吸取有关单位意见、建议基础上，结合实际细化带息融资规模压控措施，优化资金信贷管控措施，加大内部金融支持力度，加强以财务公司融资置换外部有息负债工作，严格执行权益融资和外部借款逐笔报股份公司审批要求，持续做好资金集中管理，提高资金使用效率，强力增收、合理开支，避免年末出现存贷双高情况。加强票据票证管理。根据票交所披露系统内单位出现票据持续逾期、未注册、延迟披露等问题，组织核实和风险排查，下发《关于进一步加强票据票证管理工作的通知》，将票据管理问题纳入年内债务风险问题专项治理范围，明确内控、平台管理要求，规范票据票证业务行为，加强业务风险防范。积极响应国家战略部署和监管产品创新，发行计入权益的可持续发展挂钩债券和科技创新债券，降低融资成本，优化资产负债率。中国铁建获得上海证券交易所2022年度公司债券优秀发行人奖、科技创新债券优秀发行人奖，资产公司获资产证券化业务优秀发起人奖、资本集团获资产证券化盘活存量资产推进特色发起人奖、中国铁建昆仑投资集团有限公司获优秀基础设施公募REITs参与人奖。 （陈　匀）

【资金管理】 截至2022年底，中国铁建全口径资金集中度84.3%，保持较好水平。制定下发《关于下达2022年度资金集中管理预算指标的通知》，对所属单位资金集中工作提出严格要求，按季度通报各单位资金集中度和上存度完成情况，继续将上存度纳入各单位负责人2022年度绩效考核指标体系中，通过建立考核引导和约束机制，促进各单位资金集中意识提升和工作成效。持续发挥财务公司内部银行作用，加强运营情况监测，对财务公司内部放贷规模未达预期情况及时提出意见，要求财务公司完善对内政策，提高吸存规模，加大对内防控调剂力度，提升资金集中管控水平。下发《关于进一步加强现金流管理工作的通知》，持续加强各类资金收支管理，开源节流，采取措施扭转经营性现金流净流出局面，严格融资和流动性管控，确保资金链安全。下发《关于进一步加强资金管控　确保资金安全的通知》，对资金安全风险防范工作再强调、再部署，开展“3个一次”活动，避免出现资金安全风险情况。全面推进司库体系建设，印发《中国铁道建筑集团有限公司暨中国铁建股份有限公司司库体系建设工作方案》，对全系统司库体系建设明确目标，提出要求，规划路径。成立司库体系建设领导小组，全面负责组织领导司库体系建设和推进，成立司库管理信息系统项目建设管理组织，负责组织和领导司库管理信息系统建设工作。推进司库信息系统建设，初步建成包括账户管理、资金结算、资金集中、境外财资中心、信贷管理、调剂管理、票证管理等业务模块的司库系统。 （东润宁）

【信用评级】 2022年，中国铁建整体经营情况保持良好发展态势，财务状况稳定，信用评级未发生变化。国际评级机构标准普尔和穆迪分别对公司给予A-和A3的信用评级，展望为稳定；国内评级机构中诚信国际信用评级有限责任公司在银行间市场和证券市场继续保持对公司AAA的信用评级。 （陈　匀）

【担保管理】 2022年，中国铁建认真执行国务院国资委关于担保管理有关要求，结合上市公司监管要求，全面规范和加强公司全系统担保业务管理。下发《关于进一步加强担保业务管理的通知》，完成年度担保预算审批与执行情况分析，优化业务报表填报，完善担保日常管理，切实防范业务风险。 （东润宁）

【全面预算管理】 1月，中国铁建组织所属单位对2022年度全面预算在线汇审，完成全面预算报告，提交董事会审议并通过。2月，向国务院国资委上报中国铁建2022年度预算报告。3月，根据国务院国资委预算批复要求，结合公司管理重点，对所属子公司2022年度全面预算进行批复，提出需要重点关注的事项。4月，根据2021年度决算数据及业务部门统计数据，通报各单位2021年度预算执行情况。5月，通报所属单位2022年第一季度预算执行情况。6月，收集整理境内外建筑板块上市公司2021年年报数据，完成《2021年行业对标分析报告》。7月，参与起草2022年度子公司考核方案财务指标相关内容。8月，研究区域经营机构经费预算管理模式。9月，通报所属单位2022年上半年预算执行情况，参加国务院国资委2023年预算座谈会，汇报相关情况。10月，通报所属单位2021年第一季度至第三季度预算执行情况，收集子公司2023年预算预报表，下发《关于规范区域经营机构经费管理的通知》。11月，参加国务院国资委预算报表讲解会议，按照国务院国资委要求对预算报表体系进行修订。12月，召开公司2023年度预算报表讲解视频会议，根据所属单位上报的2022年度主要经济指标预计完成情况，结合对建筑行业形势的研判，向国务院国资委上报集团公司2023年度预算预报表，下发2023年度全面预算编报通知和预算指导数，对2023年全面预算管理工作进行布置。（冯文钊）

【中国铁建总部财务管理】 不断优化改进总部财务核算系统，预算管理、报账管理、影像管理、资产管理、支付管理、核算管理等功能模块趋于完善，提高效率。合理安排总部经费开支，强化预算支出日常监管，按季对预算执行情况进行通报，总部运行成本得到有效控制。扎实做好总部资金保障工作，及时完成财政部年度中央企业部门预算报送及财政批复预算项目的请款、拨付、收支报表编制、绩效监控及年度绩效评价工作。保质保量完成总部日常工作，完成集团公司总部、股份公司总部、外派机构、基建办等核算单位的日常报销、账务处理、预决算报表的编制与分析、固定资产管理、会计档案等工作。及时发放在岗职工、退休职工工资奖金和下属单位离退休人员统筹外费用。协调处理完成总部部门及中铁建商务管理有限公司所属各服务单位相关事务性工作及各项检查、审计、临时查账等工作。（李　鲲）

【财务共享建设】 2022年，组织中国土木工程集团有限公司、中国铁建国际集团有限公司等单位开展境外财务共享系统建设，积极探索建设路径，规划10个系统模块9类业务76个单据，完成国内总部全业务上线和境外项目核算总账切换。截至2022年底，建成22家共享中心，覆盖五大板块，服务39家二级单位。不断完善3.0应收管理模块。建立应收全过程管理流程，基本完成各工程局应收模块、合同分析功能及账龄模块上线，应收预警功能完成测试。初步搭建应收客户评价体系分析模型，为“两金”管控提供数据平台支撑。优化税务管理系统。实现跨区域涉税事项管理、增值税全流程管理、涉税内部台账管理，在中铁十八局集团有限公司扩大试点范围；确定印花税管理实施方案；完善税务管理系统数据统计查询的精准度，为实现系统税务分析、风险预警功能奠定基础。推进资金日常工作自动化。截至2022年10月，上线财企直联账户10599个，基本实现财务公司账户全覆盖，累计支付252万笔，合计金额2890亿元；在股份公司总部、中铁第一勘察设计院集团有限公司部署财企直联电子回单接口，实现电子回单归档自动化；开发银企自动对账功能，实现银行交易流水、支付指令单、企业总账三方精准、快速、自动对账，在中铁十七局集团有限公司完成测试。业财系统融合逐步深入。完成21家共享中心与股份公司一体化平台的对接；各单位积极推进共享系统与业务管理系统的互联互通工作，实现12个二级单位15个业务系统数据同源、信息共享。搭建财务主数据平台。以财务主数据生命周期管理为目标，围绕数据标准化和一致性，致力于提升数据质量，搭建主数据管理平台，提供数据接口服务。主要包括数据内容管理、数据模型管理、数据流程管理、数据质量管理、数据集成管理等模块，实现数据建模、采集、清洗、维护、分发等功能集中管理。开展数据治理工作。对共享平台90万家企业和个体工商户开展数据清洗工作，审慎评估缺失数据填补方案，编写《中国铁建客商主数据信息更新方案》，使用拥有铁建自主知识产权的“客商数据自动更新”RPA程序自动获取客商数据信息，完善数据采集渠道，为提升客商数据准确性、完整性提供可靠数据来源。深化数据资产应用。搭建综合查询平台，实现数据统一抽取备份、跨系统综合分析，发挥数据支持决策作用。实现跨法人、跨期间、字段要素灵活自由组合。截至2022年底，完成经济业务和运营管理指标梳理183个，实现应收客商往来数据分析主题的自主查询。不断拓展智能成果应用。通过OCR、NLP、AI等技术，实现合同智能审核，协助企业从源头管控经济业务风险；中铁上海设计院集团有限公司开发标准单，实现员工便捷填单、报账柜智能审单、自动生成凭证、RPA自动支付、款项即时到账，全流程无人值守，取得显著成效；中铁十二局集团有限公司以资金支付结算为切入口，自主研发中国铁建第一个全部由财务机器人组成的“数字员工办公室”，实现支付业务全流程自动化处理；中国铁建大桥工程局集团有限公司自主研发财企直联自动审核机器人、成本对象辅助自动添加机器人、分单机器人三款 RPA 财务机器人并投入使用,释放、共享员工人力,提高运营效率。

（韩　斌）

【产业基金投资管理】 2022 年,完成重庆渝遂公募房地产投资信托基金(REITs)发行。中国铁建积极响应国家基础设施公募 REITs 政策,有效盘活存量资产。6 月,首单暨国内西部地区首单基础设施 REITs——国金铁建重庆渝遂高速公路封闭式基础设施证券投资基金完成发售,募集资金 47.96 亿元。作为金融供给侧结构性改革和支持实体经济的成功尝试,实现公司金融板块发展重大突破,标志中国铁建基础设施产业优化升级、产融结合深度和广度进入新阶段,对公司完成"交通强国"试点任务,推动交通基础设施投融资模式创新具有重要意义。积极申请政策性开发性金融工具,根据国家发展改革委有关通知,积极梳理投融资项目,申报政策性开发性金融工具支持。全年组织完成 4 批备选项目申报,上报项目 56 个,总投资金额 5776 亿元,其中,项目资本金 1277 亿元,申请专项基金金额 431 亿元。经国家发展改革委审批通过项目 7 个,其中地方发展改革委申报 1 个,总投资金额 404.8 亿元。其中,项目资本金 84.6 亿元,申请基金金额 42.2 亿元,已投放到位金额 19.1 亿元。持续推进国寿铁建基础设施投资基金落地,2022 年,中国铁建资本控股集团有限公司和铁建基金与中国人寿及其所属投资平台国寿投资联合设立的总额 280.1 亿元的国寿铁建基础设施投资基金成功落地中国铁建投资集团有限公司太原地铁 PPP 项目,引入资本金 10 亿元。（陈　匀）

【财会队伍】 截至 2022 年底,中国铁建系统财务人员 21819 人。其中,本科及以上学历 19384 人,占比 88.84%;中高级职称及以上人员 6557 人,占比 30%;财政部高端人才(财政部原会计领军人才)4 人,省级高端人才(原省级会计领军人才)10 人,入选全国大中型企事业单位总会计师培养(高端班)3 人。

（王旭琴）

【会计人员继续教育】 2022 年,根据财政部会计人员继续教育规定,中国铁建组织驻京单位具有高级会计师职称的会计人员参加高级会计人员继续教育培训(含面授、网络),北京培训中心因疫情未组织中、初级人员继续教育培训。京外单位按照当地财政部门的要求完成继续教育培训。（王旭琴）

【财会学会】 2022 年,中国铁建积极组织参加中施企协建筑财税管理典型案例和优秀论文评选,入围特等奖论文 10 篇,占入围总数的 1/4,入围最佳案例 5 篇,占入围总数的 1/3,位居参评单位第 1。组织参加铁道财会论文评审,获得三等奖 2 篇。（闫　宇）

【基建财务管理与核算】 2022 年,总部基建办按照会计准则要求,在做好日常账务处理的基础上,完成月度、季度和年度报表的编制上报,确保信息的完整性和可追溯性,总部大院基建指挥部财务负责大院住宅楼的财务核算、报表上报等工作。（王旭琴）

审 计 监 事

【审计监事部】 负责中国铁建股份有限公司(以下简称公司)监事会、董事会审计与风险管理委员会、"大监督"及责任追究相关工作,对各项经济活动的真实性、合法性和效益性进行审计监督的职能部门。主要职责:贯彻落实党和国家内部审计的方针、政策、法律法规以及规章制度,全面完成审计目标和任务;研究制定内部审计发展规划、年度计划、工作重点,建立完善内部审计各项制度规定;指导、监督和管理审计中心及所属单位的内部审计工作;对公司及所属单位贯彻落实国家重大政策措施情况、发展规划、内部控制、企业领导人员履行经济责任情况、境外经济活动等进行审计;督促落实审计发现问题的整改工作;创新审计工作,组织审计课题研究,推进审计信息化、数智化建设,推广应用审计新技术、新方法,总结、交流审计工作经验;负责审计队伍建设,组织开展审计职业道德教育、业务培训,积极推进、完善总审计师和审计机构负责人有关工作;向审计委员会、"大监督"工作委员会、违规经营投资责任追究工作管理委员会、审计与风险管理委员会、监事会报告工作,并负责承办日常工作;负责"大监督"有关工作;组织开展违规经营投资责任追究工作;负责与审计署、国务院国资委等上级单位以及中国内部审计协会等组织的沟通、协调与配合工作;落实安全生产相关责任，承办总部集团内部审计工作。定员13人，现员9人；下设长沙、西安审计中心，定员40人，现员34人。

2022年，审计监事部党总支召开支委会12次，党员大会6次，支部领导讲党课4次，组织生活会1次，党日主题活动1次。截至2022年底，党员35人，其中审计监事部党支部7人，西安中心党支部17人，长沙中心党支部11人。（刘正昶）

·审计工作·

【工作综述】 2022年，中国铁建全系统完成审计项目3509项，完成计划3021项的116.15%；其中贯彻国家重大决策部署及国资监管任务审计31项、经济责任审计868项、财务收支审计516项、专项业务审计94项、内部控制审计450项、境外审计60项、其他审计1490项。深入推进审计整改工作，对所属单位2021年审计发现问题整改落实情况进行考核，对整改不到位单位提出绩效扣分建议，发现问题整改率85.06%，促进挽回损失11.86亿元，追责问责397人次。全年审计监事部完成审计项目69项，完成计划66项的104.55%，其中经济责任审计及绩效复核审计30项，划转、管理模式调整及科技经费专项审计20项、固定资产建设项目审计18项、北京冬奥会项目专项审计1项。扎实推进“审计制度落实年”各项工作，4月，组织“宣贯《审计法》暨中国铁建‘审计制度落实年’知识竞答”活动，1639人参与竞赛；11月，召开中国铁建审计机构成立35周年会议，全面展现中国铁建审计的发展变化和取得成绩，审计署企业审计八局、国务院国资委综合监督局、中国内审协会等上级单位相关领导参加会议并对公司审计工作给予肯定；年内，内部审计工作质量评估领导小组扎实推动质量提升工作，2021年公司被国务院国资委评估为内部审计工作质量A级企业。

（贾必洪　谢文辉）

【中国铁建审计委员会】 2022年，召开审计委员会会议4次，审议重要审计报告、整改落实、专项审计情况并提出相关处理决定和意见。（沈晓霞）

【审计机构和人员】 2022年，中国铁建持续推进总审计师制度建设，新增总审计师5人，全系统总审计师增加至81人。截至2022年底，全系统设立审计机构242个，专职审计人员1092人，占职工总人数比例超过3‰，其中高级职称374人，中级职称449人，初级职称及以下269人。（谢文辉）

【审计制度建设】 2022年，下发《中国铁道建筑集团有限公司暨中国铁建股份有限公司内部审计工作评估管理暂行办法》《中国铁建股份有限公司关于开展研究型审计工作的指导意见》，为质量评估、研究型审计工作提供制度保障；组织编写《金融板块内部审计指南》《勘察设计咨询板块内部审计指南》，不断丰富完善公司审计指南系列丛书，持续深入总结中国铁建审计实践，推进内部审计事业高质量发展。（沈晓霞）

【审计论坛】 2022年1月19日，中国铁建党委书记、董事长汪建平接受《中国审计》杂志采访，《中国审计》2022年第4期刊发《夯实“压舱石”锚定“航向标”——访中国铁道建筑集团有限公司党委书记、董事长汪建平》专题报道。年内，总审计师刘正昶接受《中国审计》杂志及《中国审计报》访谈，刊发《内部审计赋能“品质铁建”高质量发展》及《内部审计助力中国铁建高质量发展》专访。3月，总审计师刘正昶代表公司参加审计署金融司组织的PPP项目投资情况专题会；7月，总审计师刘正昶参加中国内部审计协会举办的经济责任审计准则和指南在审计实务中运用情况专题会，并做题为《完善运行机制，强化成果运用》专题发言。（贾必洪）

【交流培训】 2022年，中国铁建以“研究型审计”为有效途径常态化开展质量提升工作，向审计署内审司上报《中国铁建常态化开展研究型审计——助力内审工作质量的全面提升》交流材料，西安审计中心与北京城建集团合作完成《构建审计评价模型　研究创新审计方法——塔式起重机租购经济性审计评价的研究》，中铁建设集团有限公司《无人机等技术在周转材料管理审计中的应用研究》、中铁二十局集团有限公司《强化理论研究与审计实践相融合促进审计质量与境外项目管理双提升——中铁二十局集团有限公司开展巴基斯坦卡拉公路项目研究型审计》案例被中国内部审计协会评为内部审计探索研究型审计典型实践案例。年内，中国移动等央企到公司进行审计业务交流。全年举办专职审计人员线上培训班2期，实现审计人

员培训全覆盖。 （沈晓霞）

【**审计信息化建设**】 2022年，中国铁建继续梳理审计集中管理方式，坚持审计信息系统运维保障及审计动态审核，完善审计督导模块，督促所属单位及时应用审计管理系统，保证“应上尽上，应核尽核”，深化审计信息化二期建设成果，落实《关于进一步推进审计信息化工作的通知》要求。“OCR技术在审计作业中的应用研究”课题完成课题审计项目现场数据测试，并优化课题数据分析结果自动转化衔接方案。 （刘飞羽）

【**审计监事部长沙中心**】 2022年，中国铁建审计监事部长沙中心完成审计项目20项，其中开展中国土木工程集团有限公司、中铁磁浮交通投资建设有限公司、中铁二十三局集团有限公司、中铁二十五局集团有限公司、中国铁建华中区域总部离任经济责任审计5项，中铁建华南建设有限公司、中国铁建电气化局集团有限公司任中经济责任审计2项，绩效复核审计7项，锦鲤资产审计4项，科研项目和南方建设管理模式调整专项审计2项。出具审计报告20份，提出审计建议46条。深入开展“审计制度落实年”活动，全面执行总部“规定+办法+审计指南”制度体系，推动审计规章制度落实落地。在中铁二十三局集团有限公司和中铁磁浮交通投资建设有限公司审计过程中选题开展研究型审计，形成“国有施工企业股权多元化和混合所有制改革”和“基于企业经济责任审计项目的研究型审计探索”两项研究成果。 （赵　鹏）

【**审计监事部西安中心**】 2022年，中国铁建审计监事部西安中心完成审计项目13项，其中开展中铁城建集团有限公司、中铁建发展集团有限公司、中铁二十一局集团有限公司、中铁二十四局集团有限公司、中国铁建大桥工程局集团有限公司、中国铁建西北区域总部离任经济责任审计6项及绩效复核审计6项，中国铁建华北区域总部与中铁建华北投资发展有限公司项目划转移交审计1项，出具审计报告13份，提出审计处理意见34条、审计建议27条。2022年，西安中心严格遵循中国铁建年度审计工作思路及计划，全面履行审计“监督、服务、增值、追责”职责，创新贯彻“14455+”审计理念，坚持“业审结合”“审审结合”“审改结合”“审技结合”基本指引，以“审计制度落实年”活动为抓手，积极推动审计规章制度落实落地，克服疫情干扰，保质保量完成各项工作任务。 （刘　飞）

【**“大监督”工作**】 2022年，中国铁建坚持系统谋划、统筹推进工作原则，健全完善审计牵头的“大监督”工作体系建设，有序推动“大监督”工作。7月27日，印发《中国铁建股份有限公司经济“大监督”考核方案》，将“大监督”工作开展情况纳入子公司负责人年度绩效考核；年内，召开“大监督”委员会工作例会2次，总结工作开展情况，聚焦解决问题；9月27日，国务院国资委监督追责局对公司“大监督”工作开展专题调研，评价公司“大监督”工作“有力度、有亮点、有特色”“思路清、措施实、效果好”，充分肯定公司“大监督”工作。 （刘召全）

【**违规经营投资责任追究工作**】 2022年，印发《中国铁道建筑集团有限公司暨中国铁建股份有限公司违规经营投资责任追究问题线索查处工作指引（试行）》《中国铁道建筑集团有限公司暨中国铁建股份有限公司违规经营投资责任追究问题线索督办管理办法（试行）》《关于进一步加强违规经营投资责任追究工作的指导意见》。4月，公司监督追责工作信息系统正式上线使用；7月，建立中国铁建审计项目发现问题线索移交机制，全年累计向所属单位移交问题线索50项。 （刘召全）

·监事会工作·

【**中国铁建股份有限公司监事会**】 由3名监事组成，其中股东代表监事2名、职工代表监事1名，股东代表担任的监事由股东大会选举和罢免，职工代表担任的监事由公司职工代表大会民主选举和罢免。第五届监事会股东代表监事赵伟、刘正昶，职工代表监事康福祥；赵伟担任第五届监事会主席。2022年，召开会议5次，审议表决通过21项议案。 （陈　秋）

【**中国铁建股份有限公司第五届监事会第2次会议**】 2022年1月12日在中国铁建大厦14层第2会议室以现场会议方式召开。会议审议通过《关于公司2022年度审计工作思路及审计工作计划的议案》议案。 （陈　秋）

【中国铁建股份有限公司第五届监事会第3次会议】 2022年3月30日在中国铁建大厦14层第2会议室以现场会议方式召开。会议审议通过《关于公司2021年度财务决算报告》《关于公司2021年年报及其摘要》《关于公司2021年度利润分配方案》《关于公司2021年度计提减值准备方案》《关于在中国铁建财务有限公司开展存贷款等金融业务的风险处置预案》《关于公司对中国铁建财务有限公司的风险持续评估报告》《关于公司2021年度社会责任报告》《关于公司2021年度内部控制评价报告及内部控制体系工作报告》《关于支付2021年度审计服务费用及选聘2022年审计中介服务机构》《关于2021年度董事、监事薪酬》《关于公司2021年度监事会工作报告》《关于〈中国铁建股份有限公司监事会2022年工作要点〉》议案。（陈 秋）

【中国铁建股份有限公司第五届监事会第4次会议】 2022年4月29日在中国铁建大厦14层第2会议室以现场会议方式召开。会议审议通过《关于公司2022年第一季度报告》《关于修订〈中国铁建股份有限公司章程〉》《关于修订〈中国铁建股份有限公司股东大会议事规则〉》议案。（陈 秋）

【中国铁建股份有限公司第五届监事会第5次会议】 2022年8月30日在中国铁建大厦14层第2会议室以现场会议方式召开。会议审议通过《关于公司2022年半年报及其摘要》《关于〈中国铁建股份有限公司关于中国铁建财务有限公司风险持续评估的报告〉》议案。（陈 秋）

【中国铁建股份有限公司第五届监事会第6次会议】 2022年10月28日在中国铁建大厦14层第2会议室以现场会议方式召开。会议审议通过《关于公司2022年第三季度报告》《关于续签2023年度〈房屋租赁框架协议〉和拟定2023年度持续关联（连）交易上限》《关于公司2022年度内部控制评价及考核工作实施方案》议案。（陈 秋）

【监事会程序监督】 2022年，监事会成员积极出席或列席公司股东大会、董事会、总裁办公会等会议，监督“三重一大”决策程序科学性、合规性、有效性。按时参加公司年度（中）工作会议、职工代表大会、党建考核评议和党风廉政建设专题会议以及财务、审计、经营、投资等重要专题会议，及时掌握公司主要经济指标完成情况和重大经营管理事项，依法监督公司董事和高级管理人员履职情况。（邹 兵）

【监事会财务监督】 2022年，监事会定期听取公司财务负责人专项汇报、审核公司年（季）度财务报告，抽查和监督公司财务运作情况和报告编制审核披露程序，按规定对公司定期报告签署确认意见，有效保证会计信息真实、准确和完整。按照上市公司监管要求，发表对公司利润分配方案、资产信用减值准备的计提、股东回报等财务事项的独立审核意见。（邹 兵）

【监事会整改监督】 2022年，监事会会同公司职能部门、监督部门多次组织开展问题整改督导工作，要求在审计署、国务院国资委、中介机构等各项审计巡视检查的基础上，结合公司监事会、内部审计、内控评价、财务检查、综合治理发现的问题，对整改落实工作再审视和再梳理，深挖问题根源，举一反三，标本兼治，认真检验整改效果，提升企业管理水平。（邹 兵）

【监事调研检查】 2022年，监事会组织开展针对性调研检查。一是对部分单位开展绩效考核体系调研工作，研究分析不同类型、层级单位绩效考核体系建立健全和执行落实情况；二是结合公司年度审计工作计划，对部分重点工程项目、投资项目开展专项审计，督促相关单位堵塞漏洞，提升管理，完善风险防范体系；三是对维护职工权益情况开展专项检查，会同公司职能部门，检查企业（项目）工资总额管理、薪酬发放及“五险二金”缴纳等情况，对发现的问题提出整改要求和改进建议。（邹 兵）

【监事培训交流】 2022年，监事及监事会办公室工作人员按规定参加中国证监会、北京证监局、上市地交易所、上市公司协会等单位组织的专项培训交流活动及培训班，认真学习《中华人民共和国证券法》及上市公司治理相关规则，加强上市公司监事会工作交流，监事会履职能力不断提高，工作流程更加规范。（邹 兵）

·审计与风险管理·

【中国铁建股份有限公司审计与风险管理委员会】 第

五届董事会审计与风险管理委员会由非执行董事部烈阳，独立非执行董事马传景、赵立新、解国光、钱伟伦5人组成，主任委员由解国光担任。报告期内，全体委员根据《上海证券交易所上市公司自律监管指引第1号—规范运作》《中国铁建股份有限公司董事会审计与风险管理委员会工作细则》规定，认真行使职权，全面关注公司发展状况，按时出席公司召开的董事会审计与风险管理委员会会议，对审议的相关事项基于独立立场发表独立客观的意见，充分发挥独立董事及专业委员会委员作用。2022年，召开审计与风险管理委员会会议7次，审议议题16项，均经审议通过；听取专项汇报7项；与德勤华永会计师事务所沟通公司2022年上半年财务报告审阅情况1项。（张　波）

【中国铁建股份有限公司第五届董事会第2次审计与风险管理委员会会议】 2022年1月11日召开。会议审议通过《关于公司2022年度审计工作思路及审计工作计划》议案及关于修订《中国铁建股份有限公司董事会审计与风险管理委员会工作细则》议案，听取德勤华永会计师事务所关于2021年财务年报审计情况的汇报。（张　波）

【中国铁建股份有限公司第五届董事会第3次审计与风险管理委员会会议】 2022年3月10日召开。会议听取德勤华永会计师事务所《关于公司2021年度年报审计情况》汇报。（张　波）

【中国铁建股份有限公司第五届董事会第4次审计与风险管理委员会会议】 2022年3月28日召开。会议审议通过《关于公司2021年度财务决算报告》《关于公司2021年年报及其摘要》《关于公司2021年度计提减值准备方案》《关于在中国铁建财务有限公司开展存贷款等金融业务的风险处置预案》《关于公司对中国铁建财务有限公司的风险持续评估报告》《关于公司2021年度内部控制评价报告及内部控制体系工作报告》《关于公司2021年度ESG报告》《关于支付2021年度审计服务费用及选聘2022年审计中介服务机构》议案。听取德勤华永会计师事务所《关于公司2021年度年报审计情况》汇报。（张　波）

【中国铁建股份有限公司第五届董事会第5次审计与风险管理委员会会议】 2022年4月28日召开。会议听取《关于公司2022年一季度财务决算情况》汇报；审议通过《关于公司2022年第一季度报告》议案。（张　波）

【中国铁建股份有限公司第五届董事会第6次审计与风险管理委员会会议】 2022年8月29日召开。会议审议通过《关于公司2022年半年报及其摘要》《中国铁建股份有限公司关于中国铁建财务有限公司风险持续评估的报告》议案。听取《关于公司2022年上半年财务决算情况》汇报，与德勤华永会计师事务所沟通公司2022年上半年财务报告审阅情况。（张　波）

【中国铁建股份有限公司第五届董事会第7次审计与风险管理委员会会议】 2022年10月27日召开。会议听取《关于公司2022年三季度财务决算情况》汇报；审议通过《关于公司2022年第三季度报告》《续签2023年度〈房屋租赁框架协议〉》《拟定2023年度持续关联（连）交易上限以及公司2022年度内部控制评价及考核工作实施方案》议案。（张　波）

【中国铁建股份有限公司第五届董事会第8次审计与风险管理委员会会议】 2022年12月26日召开。会议以通讯方式听取德勤华永会计师事务所《关于2022年财务年报审计情况》汇报。（张　波）

2022 年 6 月 9 日，中国铁建党委召开学习贯彻习近平总书记在庆祝中国共产主义青年团成立 100 周年大会上重要讲话精神暨青年精神素养提升工程动员部署会议。（崔永建 摄）

综合管理

总部政务　行政事务

【秘书工作】 2022年，针对企业发展的重点方向、领导关注的重点课题，起草公司领导在各大会议上的讲话以及各类文字材料100余万字。陪同公司领导赴基层单位开展专题调研，深入一线走访，组织现场座谈，掌握第一手资料，形成一批重要研究成果及课题资料。高水平做好高端对接服务工作。加强公司领导高端对接统筹，严谨细致做好对接协调、资料整理、行程安排、会务组织等工作，协调安排主管领导拜访、接待有关地方政府领导、央企总部、地方企业领导来访等高端对接活动86场次，确保活动安排顺畅。高效率开展督查督办工作。认真抓好年度工作会、年中工作会和各类专题会议安排部署以及公司领导指示批示要求的督促落实工作，明确各项重点工作的责任领导、责任部门、责任人和完成时限，按季度集中催办和督办，印发《督查督办情况通报》4期。及时收集整理总部行政部门月度工作计划，汇总、校对和编印总部业务部门月度工作计划12期、通报计划完成情况4期。高标准做好重要会议承办工作。做好党委常委会、总裁办公会、总经理办公会等会议召集、记录和纪要撰写、印发等工作，做到会务安排零差错及记录、纪要高效、高质量完成。全年承办党委常委会27次，研究议题223项；总裁办公会29次、总经理办公会14次，研究议题210项；领导班子碰头会39次。 （雷　勇）

【公文管理】 2022年，处理各类文件13269份，排版文件1648份，复印、胶印文件13870份，制版3346张，彩打6230份，扫描文件2010份；完成机要交换文件144次，领取急件25次，上报机要文件240份，寄送涉密文件37次1000余件。全年销毁普通文件221袋，中央文件39袋；移交非涉密归档文件245件，中央文件123件，涉密文件4件。 （郝慧晶）

【用印管理】 2022年，接待用印3001人次，盖章193900次，全年投标盖章98865次，投标用印7次；加强对总部行政部门及直管项目印章管理，刻制印章25枚；依托印章物联网管理平台规范和优化印章管理，对印章物联网管理平台升级优化，解决使用问题6个，降低印章管控风险，提高用印效率。 （郝慧晶）

【OA系统优化】 2022年，新增、撤销、变更OA账户48个。加强OA系统优化，注重日常使用问题的收集汇总，主动向技术支持部门反馈需求并跟踪解决，解决用印台账、行政印章使用等优化需求及问题35条。 （郝慧晶）

【政务信息】 2022年，中国铁建围绕大局反映情况、报送信息，连续9年被国务院国资委评为中央企业信息工作先进单位，3人被评为中央企业信息工作优秀个人，《避免"千城一面，万楼一貌"科学推进历史文化街区改造》等4篇信息被中办、国办采用并获得中央领导批示。定期汇总归纳基层一线创新举措和典型案例，编辑出刊《铁建信息》60期，刊发各类信息1881条（篇）。 （卜　楠）

【乡村振兴】 2022年，中国铁建积极履行央企责任，投入帮扶资金7616.38万元，引进帮扶资金（含招商引资）2461万元，帮助销售脱贫地区农产品1077.9万元，派驻挂职干部50人、工作队16个，打造乡村振兴示范村5个。配合公司领导到河北省万全区及尚义县、青海省甘德县进行乡村振兴工作调研，形成调研手册、报告及报道等资料；向国家乡村振兴局、国务院国资委、国家发展改革委等部门报送文件10余份；实时做好全国防止返贫监测和衔接推进乡村振兴信息系统数据填报工作。 （杜　娟）

【援疆援藏】 选派援藏干部，完成对西藏自治区昌都市江达县对口支援交接工作；持续开展"工装援疆"，国务院国资委工装采购任务落实到位；制定江达县援助资金规模、援助项目及人才培训等"十四五"规划，拨付2022年援藏资金756万元；关注西藏自治区疫情暴发期间受援县民生情况，援助抗疫物资60万元。 （杜　娟）

【疫情防控】 2022年，中国铁建按照国务院国资委，北京市委、市政府相关部署，贯彻落实疫情防控各项工作。及时处置中铁十一局集团有限公司三公司房山地铁疫情事件，督导各级单位建立疫情防控工作专班沟通会商机制，全年召开专班会议13次；召开全系统疫情防控工作视频会议2次；印发疫情防控工作专项通知20余份；适时对总部及所属单位疫情防控工作进行现场督导检查，并将检查情况向全系统进行通报，督促有关单位对相关问题及时进行整改；结合上级要求，切实做好疫情防控期间值班值守工作，严格落实疫情防控日报告、零报告制度。 （冯 伟）

【建章立制】 根据国务院国资委有关要求，印发《中国铁建总部节假日值班工作规定（暂行）》，明确节假日期间总部实行公司领导、部门负责人及部门人员三级值班带班、轮流值班制度。为规范总部职工防暑降温费发放，印发《中国铁建总部职工防暑降温费管理办法》。 （冯 伟）

【会议接待服务】 2022年，完成年初工作会系列会议、年中工作会等大型会议的会务工作以及国务院办公厅、国务院国资委等上级单位、国内政府机构、业主单位的来访接待。全年接待来宾来访47次1080人，协调会议室、接待室70余次，完成会议室、接待室服务近2260次28380人，收集汇总2022年召开大型综合会议和业务专题会议33个，报批2023年计划召开会议38个。 （冯 伟）

【办公保障】 2022年，为中国铁建大厦A座12层总部活动区购置、更新沙发6套；更换办公区开水器3台。完成办公类固定资产审核报批及清查盘点工作，全年盘点总部办公类固定资产945台（套），其中申请报废资产127台（套）。 （冯 伟）

【基本建设】 2022年，协同推进中国铁建大厦A座各项基本建设工作。完成3层第九会议室地面翻新工作；完成3层程控机房空调及程控系统改造工程；完成15层第一会议室保密设备设施配备工作；结合总部人员调整，完成部分办公室调整及局部装修工作。

（冯 伟）

【总部服务】 2022年，更新签订《房屋租赁合同》《物业服务合同》，督促中铁建商务管理有限公司完成合同履约，不断提升服务质量。督导总部有关服务单位落实疫情防控各项措施，严格总部办公区域出入管理，加强会服、保安、保洁、司机、餐厨及工程维修人员排查与管控，强化餐厅管理、办公楼通风及公共区域消毒清洁等工作。及时调整总部疫情防控措施，为总部公共区域购置空气消毒机，为总部员工采购发放N95口罩4万只，一次性医用口罩1万只，酒精3000毫升，抗原检测试剂盒18000份，安排因公出差人员核酸检测3561人次。更新编印总部办公电话号码表2次，审核办理电话新装业务10部，移机业务33部，更换办公室门牌36块，审核发放临时接待用餐券11114张。根据国务院办公厅《关于2022年部分节假日安排的通知》，对总部全年值班工作进行排班，安排节假日值班7次、专项值班1次，为值班人员创造良好值班环境。完成报纸杂志订阅、门禁卡及车证审核办理等事务。

（冯 伟）

【安全保卫】 2022年，按照辖区公安机关要求，更新总部安全保卫相关档案。完成全国两会、冬奥会和冬残奥会、国庆以及党的二十大等重大活动、重要会议期间总部安保工作。印制总部疫情防控期间通行证，严格落实访客来访登记报备制度，全年外部来访登记10986人次。为总部安保人员配发灭火毯、防暴叉、警用围挡等防暴设施设备，邀请属地公安机关对总部安保人员进行系统培训，组织中铁建商务管理有限公司及大厦服务中心开展突发事件处置应急演练，督促提升总部安保人员突发事件应急处置能力，组织消防演练2次，防汛演练1次，消防月检及消电检13次，灭火器年检1482具。全年配合地方公安机关案件调查取证5件，配合处置信访事件308次886人次。

（冯 伟）

【复兴路40号社区居委会移交】 根据国务院及北京市政府相关要求，复兴路40号社区完成“三供一业”改革，应移交属地实施社会化管理。2022年，中国铁道建筑集团有限公司将复兴路40号社区所辖的复兴路40号、玉泉路65号小区移交海淀区永定路街道进行社会化管理，并与海淀区永定路街道办事处签订《复兴路40号社区结束过渡期协议书》。协议明确原中国铁建派驻复兴路40号社区居委会的人员工作至2022年11月30日，工作期满后，中国铁建停止为该类人员计发工资及其他相关待遇；复兴路40号社区居委会移交属地后，继续无偿使用产权归属中国铁建的复兴路40号院75

号楼6层西侧区域作为其办公活动用房。（冯 伟）

【受理来信来访】 2022年，中国铁建系统受理来信来访2469件次。其中，各类申诉109件次、集体经济96件次、揭发检举77件次、工资福利178件次、劳动就业90件次、医改医疗38件次、伤病残亡待遇94件次、工程款拖欠1007件次、征地拆迁65件次、职工生活121件次、工程质量27件次、精简下放103件次、遗留问题203件次、各类建议23件次、环境保护27件次、其他212件次。（章月娅）

【信访立案】 2022年，中国铁建系统信访立案270件次。其中，上级交办260件次、本级立案10件次。结案270件次，结案率100%。（章月娅）

【领导重视信访工作情况】 2022年，中国铁建系统各级领导接待职工群众来访182件次，接待职工群众来访382人次，占来访总数的14%。各级领导接待群体性上访111批次233人次。（章月娅）

【重要时期信访安全保障情况】 2022年北京冬奥会、全国两会、北戴河暑期会议及党的二十大会议期间，为营造安全、稳定、和谐的社会及企业环境，中国铁建下发《关于做好2022年全国两会期间信访维稳保障工作的通知》《做好党的二十大期间信访安全保障工作的通知》，转发《2022年北戴河暑期中央企业信访保障工作方案的通知》，向国务院国资委和北京市治安总队报送风险隐患排查台账。对国家重要会议及重大活动期间企业信访稳定工作进行部署。一是细致排查信访矛盾隐患。针对信访隐患进行全面“体检”，督促部分重点单位调剂专项资金，开展多地区、多项目账款支付行动。二是坚持每日报告信访情况。严格落实国务院国资委安排部署，坚持“零报告”“日报告”制度，从9月15日至党的二十大闭幕日期间每日向国务院国资委报送重要信访信息。三是开展重点案件风险化解，各级信访工作部门联合组成工作专班进驻现场进行督导帮扶，通过加大资金专项支持、加快问题矛盾梳理排查、加强和完善三道防线等强力措施化解风险。（章月娅）

【信访专项工作】 截至2022年底，中国铁建化解信访积案48件，化解率100%，完成国务院国资委《关于开展集中治理重复信访、化解信访积案专项工作的通知》中第二阶段工作既定化解目标。全年多次召开专题会议约谈有关单位负责人，落实领导包案责任制，成立信访积案工作专班，重点对信访积案进行集中化解处置，深入分析信访积案特点，查明原因，找准痛点，对症下药。对于采取稳控措施结案的信访积案，着重加大案件回访力度，每月进行案件回访调查；针对可能形成重复上访、信访积案的信访问题，制定“小事不出项目部、大事不出工程公司”要求，细化解决方案，注重源头预控。集中治理化解专项工作小组对相关单位分管领导进行约谈，明确责任，限期督办。（章月娅）

【信访体系建设及制度完善】 集团公司及所属各单位成立以主管领导为组长的信访工作领导小组，明确小组成员职责，设有信访办公室，设置单独的信访接待室并配备专（兼）职信访干部。结合《信访工作条例》，全年制定、修订《中国铁建股份有限公司信访工作办法》《中国铁建股份有限公司突发性群体访事件处置办法》《中国铁建股份有限公司子公司负责人信访工作考核评分方案》等信访制度19项。完善“自上而下、上下结合”的信访工作网络，逐级负责，明确责任，要求各单位领导统一思想，提高认识，对重大信访事件、群体性事件以及可能造成较大影响的事件直接协调处理，分管领导主动掌握信访情况。（章月娅）

【通报接待职工群众来访情况】 2022年，中国铁建信访工作总体保持平稳，未发生影响企业安全稳定的信访事件，未发生因信访问题引发的群体性事件和极端事件，未发生有负面影响的进京上访事件。全年信访工作受疫情影响，集团总部以及各单位信访接待呈现“一降两增”态势，即走访量大幅减少，网上信访和电话访明显增多。（章月娅）

【学习贯彻习近平总书记对档案工作重要批示精神】 紧紧围绕习近平总书记强调的四个“好”的目标要求，理顺档案管理体制和运行机制。加强档案工作机构和基层队伍建设，不断提高档案人员的政治判断力、政治领悟力、政治执行力。根据《国家档案局办公室关于报送学习贯彻习近平总书记重要批示精神有关情况的通知》要求，按期上报有关学习情况。档案馆积极挖掘、保护、开发和利用自有红色档案资源，尤其是在弘扬铁道兵精神、赓续红色血脉方面强势发力，充分发挥档案在高铁、公路、桥梁、港口、机场等基础设施建设方面的服务使命，做好建设项目档案管理，推动档案信息化建设，全面融入"雄安新区""粤港澳大湾区""长江经济带""一带一路"等国家发展大局，贡献档案力量，展现档案作为。进一步强化党对档案工作的领导，担好"为党管档、为国守史、为民服务"的职责使命。全系统主动发掘档案信息资源开发利用案例，总结推广各类成熟经验和做法，破解当前档案工作中的难点热点问题，积极探索境外项目档案管理模式，以实际行动贯彻落实习近平总书记重要指示批示精神。（戴　红）

【档案宣传服务党的二十大】　以"6·9"国际档案日为契机，在全系统开展"宝葫芦"杯国际档案日"喜迎二十大·档案颂辉煌"主题征文活动，收到征文75篇。其中，中国铁建在此次全国性活动中获国家档案局颁发的"优秀组织奖"，中铁十四局五公司刘杰撰写的《归存档案记忆，照亮复兴未来》被国家档案局评为"优秀奖"。组织收看国家档案局举办的专题讲座，利用档案文创宣传产品及公司微信公众号、企业档案主题展览、档案知识竞赛等形式，扩大档案工作影响力。（戴　红）

【档案管理制度建设】　按照国家档案局对中央企业"十四五"期间档案工作的总体部署，根据《"十四五"全国档案事业发展规划》要求，印发《中国铁建"十四五"档案工作发展规划》；按照统一领导、统一管理、统一制度的原则，进一步健全企业档案管理体制机制，印发《中国铁建重大活动和突发事件档案管理办法》《中国铁建电子文件归档和电子档案管理办法》等规范性文件。（戴　红）

【档案安全工作】　根据国家档案局《关于进一步加强档案安全工作的通知》要求，认真贯彻落实习近平总书记对安全生产重要指示精神和全国安全生产电视电话会议部署，要求所属各级档案部门切实加强档案安全工作，坚决杜绝档案安全事故，确保档案实体和信息绝对安全。（戴　红）

【档案库安防系统改造】　档案馆安防系统改造工程经股份公司总裁办公会审议批准，列入2022年本级基本建设项目投资计划，9月按计划完成改造工程。（戴　红）

【加强立项档案科技项目管理】　高度重视国家档案局科技项目立项申报工作，中国土木"中央企业境外'投建营一体化'项目档案全过程管理研究"与铁四院"基于智能勘察设计全流程管理前景的铁路项目电子档案单套管理策略研究"两个科技项目，被列入《2021年度国家档案局科技项目计划》。持续推进两个立项档案科技项目的研究工作。2022年6月28日，档案馆召开档案科技项目进展情况汇报会，中国铁建副总裁赵佃龙出席会议并讲话，对下一步工作作出安排和部署，积极推进两个项目按期完成结题验收，确保取得价值和实效。（戴　红）

【1个项目获批国家档案局第三批建设项目电子文件归档和电子档案管理试点】　2022年3月，国家档案局下发《国家档案局关于确定第三批建设项目电子文件归档和电子档案管理试点项目的通知》（档函〔2022〕34号），中铁二十三局绵苍高速公路项目被确定为第三批试点项目。（戴　红）

【2部作品入选国家档案局建设项目档案微课榜单】　组织各单位参加国家档案局开展的建设项目档案微课征集活动，全系统征集建设项目档案微课作品28部。其中，中铁建设《多点站房档案管理"345"工作法》获选二类作品；铁建国际《混凝土灌注桩执行文件编制流程》获选入围作品。（戴　红）

【档案文献遗产保护传承】　为深入贯彻落实习近平总书记关于做好新时代档案工作重要指示批示精神，进一步加强档案文献遗产的保护传承工作，深入挖掘中国铁建档案文献资源，更好地发挥档案工作存史、资政、育人作用，根据国家档案局开展第五批《中国档案文献遗产名录》申报工作通知要求，在全系统组织开展申报工作。其中铁一院编纂的《宝成铁路修建史——记民国时期宝成、天成铁路勘测设计档案》文献经档案馆审核，推荐申报。（戴　红）

【档案人才队伍建设】　根据《国家档案局关于做好

国家级档案专家、全国档案工匠型人才和全国青年档案业务骨干选拔工作的通知》(档发〔2022〕3号)精神和《关于中央企业“三支人才队伍”选拔推荐工作的几点注意事项》要求,中国铁建推荐11人为“三支人才队伍”推荐人选。 (戴 红)

【档案统计调查】 根据国家档案局《关于开展2021年度全国档案事业统计调查工作的通知》和《中国铁建档案工作综合统计年报填报制度》文件精神,档案馆协同所属单位,通过档案资源管理系统,完成数据上报工作。经统计,截至2021年底,中国铁建系统立档单位333个,专职档案人员505人;馆存档案898万卷、394万件。其中,科技档案564万卷,会计档案322万卷,专门档案11万卷,管理类档案375万件,底图898万张,电子档案23048GB。全年档案提供利用3.53万人次、21.08万卷(件)次,为领导决策、企业管理、资质申报、科技咨询、权益维护等提供翔实的资料,取得良好的社会效益。 (戴 红)

【总部各门类档案接收、整理与借阅利用】 2022年,完成总部25个部门2021年度文件材料的归档工作,接收管理类档案2919件190510页,涉密档案225件,电子文件10825件,公安档案刑侦卷宗186卷1896件,文件材料审阅20500余份,文书单册资料280册(本)。接收会计档案125卷。其中接收2018年度股份公司机关105卷、外派机构18卷,2016、2017年度股份公司2卷。积极开发档案借阅利用,全年利用管理类档案20人次,借阅文件65卷476件,复印84页。科技档案3人次15卷9件、图纸89张,复印48页。会计档案7人次53卷53件,复印102页。 (戴 红)

【编修大事记】 完成《中国铁建大事记(1948—2021)》编修工作,按不同发展时期,分为1948—1983、1984—1999、2000—2007、2008—2016、2017—2021共5册。 (戴 红)

【编修组织机构沿革概览】 完成《铁道纵队、铁道兵团、志愿军铁道兵团与新建铁路指挥局、铁工指、总公司组织机构沿革概览(1948—1995)》《中国铁道建筑总公司(1996—2007)组织机构沿革概览》《中国铁道建筑总公司暨中国铁建股份有限公司(2008—2016)组织机构沿革概览》《中国铁道建筑集团有限公司暨中国铁建股份有限公司(2017—2020)组织机构沿革概览》编修工作。 (戴 红)

【《中国铁建年鉴(2021)》出版发行】 2022年3月,《中国铁建年鉴(2022)》由中国经济出版社出版发行,全书设类目17个、分目75个、次分目45个、条目1668条、表格62份、文章12篇。 (戴 红 樊美麟)

【《中国铁建年鉴(2022)》编辑方案印发】 2022年3月,印发《中国铁建年鉴(2022)》供稿编辑方案通知,包括框架设计与编写分工内容及人物、图片等资料征集。 (戴 红 樊美麟)

【向国家有关部委提供年鉴资料】 2022年9月,向《中国国有资产监督管理年鉴》《中国建筑业年鉴》提供中国铁建2021年度企业基本概况、主要指标、公司治理、改革发展、产业发展、科技创新、市场经营、重大项目、安全生产、风险防控、工程创优、走向海外、党建工作、环境保护、履行社会责任15个条目1.1万余字的内容。 (戴 红 樊美麟)

【《国资年鉴》征订】 根据《中国国有资产监督管理年鉴》(2021)征订通知要求,2022年在中国铁建系统39家单位征订《中国国有资产监督管理年鉴》134册。

(戴 红 樊美麟)

·总部房地产管理·

【总部房地产管理中心】 负责总部建设和总部房地产管理的机构。主要职责:负责总部集团房屋、基础设施建设和房地产管理工作;代表总部集团行使业主的权利;负责总部集团新增、更新改造基建项目的申报、审批手续办理,建设管理,竣工决算等工作;受中铁建锦鲤资产管理有限公司委托,管理总部集团纳入锦鲤资产中心的资产;负责总部集团及所属驻京单位的人民防空工程管理、地下空间安全、防汛等工作;传达学习国管局有关职工住房管理工作的相关文件精神,及时了解和掌握相关政策规定;协调所属在京单位依据相关规定向国管局申报建设职工住房的相关事宜;协调对所属在京单位职工住宅档案信息系统的管理和信息的共享;协调办理职工住房上市交易的相关业务工作;组织所属在京单位职工住房管理人员参加国管局召集的相关会议及业务培训;协调处理并完成国管局不定期下达的其他各项工作;负责总部集团及所属驻京单位的自用土地计划和使用情况核查;负责统计、上报京外所属单位自用土地年度现状数据;负责总部集团社会事务管理(包括联系地方政府、交通安全、消防安全、爱国卫生、绿化美化、防疫防治、防洪防汛、"门前三包"、避雷针检测、集体户口管理等)工作;负责委托中铁建商务管理有限公司管理总部集团部分公共用房、租赁用房、地下车库、社会事务工作。定员7人,现员5人,设主任1人(兼任总部集团机关人防委副主任)、副主任1人;下设基建处(人防办公室)、房地产管理处。　(樊祐修)

【军地协调共建】　在军地共建工作上,指挥部始终用活规划政策,坚持资源共享,积极推进双方协调新发展,打造培育合作新优势。2021年12月30日,在军方见证、参与下,完成西区3号楼与7号楼南侧平房拆除施工。2022年1月13日,为保障西区施工1号塔吊顺利安装取证,军方同意公司临时使用7号楼上空区域。1月15日,军方协调办理完成西区7号楼燃气销户手续。9月9日,本着军企双方互相管理、互不影响、相得益彰的原则,公司经营部与房地产管理中心、指挥部成立总部住宅建设军企共建协调小组,就军地配套设施建设和管理协调问题进行多次友好协商与交流。

(童联合)

【竣工资料准备及办理】　高度重视工程档案管理工作,不断夯实档案基础建设,加大档案管理工作力度,有效发挥档案的信息功能,对所有档案实施规范化管理,对所有工程档案资料实施纸质、电子分开归档与录入,使各参建单位对文件材料的形成、积累、收集、整理有据可依。10月21日,指挥部(建设单位)档案资料一次性通过北京市城建档案馆的预验收审核。

(童联合)

【东区、西区拆除回迁】　一是夯实法律基础数据。认真贯彻落实股份公司党委常委会会议精神,全面落实总部住宅建设领导小组对总部住宅建设项目总体要求,把档案建设工作贯穿始终,进一步压实拆迁主体责任,对东区、西区旧楼腾退住户资料、拆迁协议、政策依据等资料档案全方位梳理归档,建立清单、目录、台账。3月24日,北京京师律师事务所针对西区拆迁行为按照一户一书出具20份法律意见书。二是整理总部住宅影视建设资料。按照工作重大节点目标,编制《中国铁道建筑集团有限公司总部住宅建设重大事记图册》。聘请专业机构对待拆除楼宇、建筑物及内部情况全方位录像、照相。根据总部住宅建设进程,录制《总部住宅建设纪实》《总部住宅建设掠影》等短片,记述总部住宅建设的过程和珍贵资料。开展西区26号楼封顶视频短片制作,撰写相关材料。三是强化维稳防控机制。切实做好党的二十大期间维稳工作,提高保障和处置能力,加强应急管理,有效预防个人事件与突发事件,专门制定信访维稳工作方案,成立信访维稳工作领导小组,负责信访维稳问题的排查化解、接待处理等工作。由机关建设指挥部、滞留户所涉及的相关单位即中铁建设集团有限公司、中铁建商务管理有限公司成立两个维稳防控工作组,工作组由机关建设指挥部总协调。严格落实维护稳定各项工作要求,平稳有序推进项目工程建设,以畅通反馈渠道、规范信访秩序、解决职工合理诉求为出发点,以排查化解矛盾纠纷、群体性矛盾隐患、群体访、越级访等问题为工作重点,切实加强组织领导。建立维稳专班机制。四是保障回迁居民生活稳定。提前考虑西区26号楼建成交付使用。6月,对西区过渡安置费全面梳理,对不同时期搬迁居民所发放的安置费用一律按照2022年底核算与统计,完成第五次西区搬迁安置费用发放,向居民做好政策与解释工作,得到居民理解与支持。

(童联合)

【工程建设】　现场施工。东区于2022年10月20日完成外立面装修施工,累计完成18561平方米;10月30日,完成全部室外回填土施工,累计回填9000立方米;11月5日,完成屋面全部施工,累计完成2154平方米;12月15日,完成全部室内装修,二次结构累计完成4200立方米,腻子涂料累计使用324吨,室内防水施工完成9222平方米,防火门、户门、人防门累计安装895扇,窗户累计安装875樘,太阳能热水器累计安装159套。西区于2022年6月21日完成基坑支护工程,基坑围护桩累计完成5160米,基坑土方清运约9.1万立方米;9 月 20 日,完成样板间验收;9 月 26 日,全部完成主体结构施工,钢筋用量累计约 6100 吨,混凝土累计浇筑 3.2 万立方米;截至 2022 年底,二次结构累计完成 90%,砌筑累计 1600 立方米;外立面累计完成 60%,外保温安装 12000 平方米。安全管理。截至 2022 年底,指挥部组织召开安全生产大会 1 次、安全生产专题会 3 次,下发安全管理通知等文件 21 份,查处、整改施工作业不规范、安全带配而不用、临边防护不到位、用电不规范、消防防火、深基坑、高支模、起重吊装、各类脚手架、疫情防控等安全问题 180 余项。技术管理。3 月 9 日,组织召开西区图纸会审,审查并处理图纸问题 210 条。2022 年,东区高危方案组织专家论证会 1 次,西区高危方案组织专家论证会 3 次。计划财务管理。一是根据指挥部对总部住宅建设管理需要,成立指挥部造价管理领导小组,明确领导机构、职责分工、审核流程、程序环节,加强指挥部计划财务管理工作过程管理,保障验工计价程序依法合规。二是完成西区土方及护坡工程、门窗工程、电梯工程施工图预算审核与核减。三是依据施工总承包合同约定,按月开展现场已完工程数量验工计价工作,全年完成东区 10～15 期和西区 1～5 期验工计价工作,计价产值分别为 9586.72 万元和 10704.45 万元。四是完成东区电梯、太阳能、天然气和门窗工程招标控制价编制工作和开、评标工作。五是为全面管控建设成本,加强建设过程中合同、计价、财务支付、农民工工资支付的过程管理,掌握总包单位履约情况,对总包单位计财工作进行现场检查,加强合同实施过程中监督与控制。六是年内完成预算审核 12 份,主要包含消防、弱电、变配电、西区施工图预算等工程。完成项目结算审核 2 项,包含天然气设计费用结算、24 号楼燃气切线工程结算审核。完成询价工作 6 项,其中东区、西区各 3 项,主要包含开关及插座、无负压设备、东区墙地砖及遮阳帘、铝合金门窗、防火门等项目询价。完成招标控制价编制 2 项,包含土方及护坡、消防工程,预算金额 3117 万元。七是完成《自来水和雨污水管线设计方案咨询合同》《西区监理合同》《西区勘察补充协议》《西区第三方沉降观测委托合同》《履约担保三方扣款协议》和东区、西区《规划测量合同》等 7 项经济合同起草、评审、签订和款项支付工作。八是累计支付西区腾退住户腾退金 3813 万元,费用支付日期至 2022 年底。退还总包单位现金交纳的 4000 万元履约保证金。以集团公司与中铁建设集团有限公司、中国铁建财务有限公司签订《三方资金扣款协议》形式,完善后期履约保证合同手续。

(童联合)

【小型、大修项目及设备改造更新】 经 2022 年第 5 次总经理办公会和第 10 次总裁办公会审议批准,下发《关于下达 2022 年总部集团本级基本建设项目投资计划的通知》《关于下达 2022 年股份公司本级基本建设项目投资计划的通知》。2022 年,总部本级大、小修建设项目计划 12 项,项目建设和更新改造鼓励系统内部合作,凡涉及设计、施工、物资供应和设备制造等业务,优先选择系统内部有能力的相关单位依法合规实施。截至 2022 年底,院区锅炉房供电电缆更换大修项目合同金额 231804.46 元、75 号楼楼前路面抢修工程合同金额 89986 元、院区高压总配电室 4 号变压器铁芯绝缘大修项目合同金额 40500 元,均已完成合同签订、现场施工、竣工验收和结算审核工作,处于结算付款阶段。中国铁建大厦至大院消防室外管线大修工程合同金额 578906.08 元,已完成项目招评标、合同签订、现场施工、竣工验收工作,处于结算审核阶段。锅炉房锅炉燃气调压箱更换维修工程预算金额 127264 元、75 号楼电梯更换曳引绳维修工程预算金额 59270 元,均已完成招标比价工作,处于合同签订阶段。中国铁建大厦 A 座 5 号电梯更换曳引机轴承和油封项目合同金额 23538 元,中国铁建大厦 A 座更换火灾报警联动一体机项目合同金额 140233 元,中国铁建大厦 A 座北入口雨棚漏水维修项目合同金额 78869.06 元,中国铁建大厦 A、B 座生活给水泵房装修改造项目合同金额 273713.17 元,中国铁建大厦 A 座地面洞石维修项目合同金额 97260 元,中国铁建大厦 A 车库坡道地面及墙面维修项目合同金额 405910.70 元,均已完成招标比价和合同签订工作,处于现场施工阶段。实施计划外大修施工内容 6 项。中国铁建大厦 A 座电梯改造工程经重新论证,最终实施方案确定为 A 座中央 4 部电梯改造和东西两侧消防电梯更新,2021 年 6 月 17 日签订《装饰装修施工合同》和《设备采购安装合同》,合同金额分别为 919260.78 元和 1571491 元,施工单位北京中铁装饰工程有限公司和北京中铁电梯工程有限公司,A 座中央 4 部电梯和东西侧消防梯完成设备改造、装饰装修施工和竣工验收工作,处于结算审核阶段。中国铁建大厦 A 座一层东侧改造装修工程项目总投资6332070元,施工单位北京中铁装饰工程有限公司,完成现场施工、设备调试、竣工验收和试运行工作,11月18日正式投入使用,处于结算审核阶段。中国铁建大厦A座三层程控机房更新改造工程于2022年4月20日签订施工合同,合同金额490300元,施工单位中铁建设集团机电安装有限公司,完成项目招评标、合同签订、现场施工、竣工验收和结算付款工作。中国铁建大厦B座8层档案馆安防系统改造工程总造价745700元,3月23日完成项目招评标工作,中标单位中铁建设集团机电安装有限公司,完成项目招评标、合同签订、现场施工、竣工验收工作,处于结算审核阶段。院区普通地下室改造项目预算金额5611061元,完成施工图设计和项目招评标工作,处于合同签订阶段。　(白立国)

【总部集团人民防空委员会及办公室】　中国铁道建筑集团有限公司人民防空委员会由总部集团在京11个单位组成,委员会主任由总部集团分管总部领导担任,委员由在京单位分管总部领导、总部房地产管理中心主任组成。总部集团人民防空委员会下设总部集团人民防空委员会办公室(以下简称人防办公室),人防办公室设在总部集团房地产管理中心基建处。在京人防单位11个,地下空间94处239025平方米,其中人防工程总面积91895平方米,普通地下室面积144130平方米,包括办公区4193平方米,宿舍区8088平方米,娱乐健身区650平方米,餐饮区4417平方米,仓库区2392平方米,汽车库48802平方米,闲置数22692平方米。2022年,总部集团与在京11家人防工程单位签订安全管理责任书,签约率100%。围绕“平战结合”方针,加强地下空间综合管理。清理整治人防工程、普通地下室安全管理工作,落实地下空间安全管理责任制,严格执行地下空间使用管理标准和安全检查制度,及时发现和排除隐患,督促落实整改措施。9月21日,下发《关于做好国庆节和党的二十大期间在京单位地下空间安全管理工作的通知》,要求在京11家单位加强地下空间安全管理工作的领导和监管。各单位根据实际情况对所属地下空间安全隐患进行排查,消除安全管理工作思想盲区、管理盲区和执行盲区。对于检查中发现的安全标识破损模糊、安全出口缺少应急灯、安全通道电线混乱、疏散通道堆放杂物、无疏散标识、违规用电、员工宿舍住宿人数超标等安全隐患立即整改,对不能立行立改的安全隐患限期整改。按照国管局人防办公室《关于做好人防工程和普通地下室标识标牌安装工作有关事宜的通知》的要求,要求所属在京单位责任到人,全面开展人防工程和普通地下室普查、统计工作,按要求做好本单位标识标牌报表填报工作,清查在京单位11家,地下空间94处总面积239025平方米,其中人防工程总面积91895平方米、普通地下室面积144130平方米。下发2022年在京单位地下空间防汛工作的通知,对在京各单位防汛责任者、防汛预案、防汛值班制度、防汛物资储备、抢险队伍建设等情况逐一进行落实,对检查中发现的突出问题和安全隐患提出整改意见和要求,对防汛工作及时、全面安排部署。进行防汛安全检查,全面彻查安全隐患。重点对地下空间、地下车库、排水泵、雨水管等工程设施保养维护;储备必要的抢险救灾的物资、器材;落实防汛值班责任制和领导带班责任制,地下空间未发生安全责任事故。　(白立国)

【房地产管理】　总部房地产管理中心管理海淀区复兴路40号院、石景山区玉泉路65号院、丰台区小屯路东里2号院、西城区鼓楼西大街146号、东城区前圆恩寺胡同12号、东城区石雀胡同33号、朝阳区新源里东5楼7处房地产,总建筑面积400685.31平方米,其中,住宅面积261151.61平方米,办公面积139533.7平方米,总用地面积118187.39平方米。针对接收的历史遗留16户人员,2022年度办理取得房产证12户,涉及丰台区3户、石景山区3户、海淀区6户,国管局新批复1户,已提交不动产登记事务中心。年内基本完成原历史遗留房屋产权证办理工作。按照北京市相关规定和要求,向指定保险机构进行新建住宅工程质量潜在缺陷责任险的投保工作。该保险实行1.25%固定保险费率。为切实落实股份公司降控总部住宅建设成本的要求,询价保险公司,努力压低保费金额,优化保险费方案。经过多次洽商,已基本选定合适保险机构进行投保,保险费合同金额250万元,合同处于用印阶段。支付2022年度总部水费22306元、电费256738元、物业服务费699347元、供暖费243032元。75号楼及附属设施物业服务费264004元。科研大厦5、6层纪念馆2022年下半年物业服务费710938元,第二、第三季度制冷费216028元。中国铁建大厦A座、B座及75号楼保险费381879元,其中,财产一切险181300

元、机器损坏险46089元、公共责任险154490元。根据公司党委对总部房屋配售工作的布置和安排、分工，开展起草配售方案，提供房源等基础性工作。2022年，审核房屋交易上市23户，变更22户，开具相关房产证明资料15份。根据公司领导指示和总部大院实际需求，积极推进总部大院康老项目建设，进行可行性研究。已经商讨商务公司对总部大院进行总体布置和研究，提出初步建设方案。（朱光耀）

【委托管理事项】 委托中铁建商务管理有限公司管理公共用房，包括75号楼、64号楼(西二层)、中国铁建大厦A座一层西南角机关汽车队办公用房、23号楼(锅炉房)、铁建三招、机关食堂餐厅及操作间、游泳馆游泳池及更衣室、住宅地下空间、设备房及电梯间等，合计19122.28平方米。与总部职工住宅建需要的临时安置过渡房屋为临时用房，包括64号楼、29号楼地下二层部分房屋，25间合计3300平方米。由集团公司、商务公司与租赁单位签订三方租赁合同，商务公司负责租赁房屋的使用管理，催收房租费用，并从中提取10%的管理服务费，总部房地产管理中心负责监督房租费收缴情况，其中，中国铁建大厦A座36885.19平方米，中国铁建大厦B座35846.28平方米。管理中国铁建大厦A座地下车库车位293个，中国铁建大厦B座地下车库车位179个，总部院区车库车位1062个，包括68号楼车库车位794个，58楼车库车位160个，78楼车库车位108个。委托、监督中铁建商务管理有限公司管理2022年度集团有限公司(股份公司)直属机关的部分公共社会事务管理工作。（朱光耀）

法律风控

【中国铁建风险管理委员会】 2021年9月成立。下辖办公室设在法律合规部。办公室主任由法律合规部总经理兼任，各部门负责人为办公室成员，部门副职或业务骨干兼任风险内控专员，对接配合开展相关工作。中国铁建风险管理委员会主要职责：负责贯彻落实党和国家防范化解重大风险决策部署和国务院国资委关于风险管理工作要求，建立完善“大风控”工作机制；负责落实风险管控全员、全面、全过程要求，全方位及时掌握公司可能面临的重大风险和发生的重大风险事件；统筹协调总部部门之间、总部与所属单位之间的工作沟通与信息传递，推进各类风险信息、事件全面及时收集，分析、研判可能面临的风险状况，有效应对重大风险；负责建立定期会商、重点会商工作机制，听取相关部门、单位重大风险管控和重大风险事件情况汇报，研究解决重大风险、系统性风险问题；对于涉及面广、重大复杂的风险事项，指定主责部门和单位，明确管控要求，实施跨部门、跨单位风险管控；坚持问题导向，研究分析公司内部审计、纪检、巡视等部门提交的问题、缺陷、案例等，实现信息互通、资源共享，发挥管理合力，提升管控效果。（白懿琪）

【法律合规部】 主要职责：负责中国铁建股份有限公司(以下简称公司)规章制度、经济合同、重要决策、授权委托书的法律合规审核；负责项目运作(资本运营、房地产开发、工程承包、金融、设备物资采购等经济活动)的法律服务和监管；负责公司法律纠纷案件管理及内部法律纠纷协调处理；负责商业秘密、知识产权的法律保护工作；负责公司外聘法律服务机构的选择、联络、监督和评价等管理工作；负责外部单位和个人侵犯本企业涉嫌经侦犯罪行为的报案和调查工作；负责公司合规管理，组织拟定公司合规政策；负责公司规章制度体系建设，定期对本级规章制度进行梳理；负责合规风险评估处置工作；负责合规审查、考核、评价工作；协助首席合规官组织应对外部合规质询、检查、调查，督促指导整改工作；负责合规咨询、举报与投诉的受理与调查工作；负责公司普法宣传工作；负责公司内外部诚信体系建设，制定并颁布公司合作方警示名录；负责指导、监督所属单位的法律合规工作；负责贯彻落实国家有关内控、风险管理等法律、法规与政策，组织、指导各职能部门、所属单位完善相关组织架构、规章制度和办法；推进公司“大风控”体系建设，健全重大风险防控机制，完善全系统全面风险管理体制；负责企业管理流程文件的梳理、汇总、调整、发布、废止等工作；负责公司风险信息的统计、收集与应用，定期组织开展风险分析、评估工作，组织、协调重大、重要风险管控与预警管理，建立健全风险管理数据库；负责内控评价、审计与考核工作，组织、监督内控缺陷整改。定员11人，设总经理1人，副总经理2人；下设法律处、合规处、风险内

控处。（白懿琪）

【法律事务工作】 一是以“四项审核”为切入点，抓事前防范，建立推广和全面落实重要会议议题法律合规审核前置程序。二是以重大项目为着力点，抓事中控制，印发 HD 项目风险处置专项工作通知，组织对 HD 项目债权债务及涉诉情况进行统计、分析，全程参与指导 HD 项目债权、股权及股息担保等事项进展，促进化解 HD 项目重大风险。三是以案件处置为落脚点，抓事后救济，为进一步落实连带股份公司被诉案件发生单位主体责任，强化案件处置及风险化解能力，坚决防止股份公司被强制执行，杜绝“限高失信”等严重情形，印发专项通知，明确 12 项考核指标，建立股份公司涉诉案件考评机制。（马　勇）

【合规事务工作】 世界银行制裁危机事件圆满化解。2022 年 3 月 2 日，中国铁建收到世界银行提前通知，对公司在合规整改方面付出的巨大努力及取得的显著成绩深表赞赏，明确自 2022 年 3 月 4 日起，世界银行解除对公司全系统的制裁，并将公司 1038 家单位从世界银行制裁名单中移除。2022 年，中国铁建坚持以习近平法治思想为指导，根据国务院国资委《关于开展中央企业“合规管理强化年”工作的通知》要求，制定《中国铁建股份有限公司“合规管理强化年”实施方案》，扎实推进各项工作，不断推动全系统依法合规治企能力提升，为公司高质量发展保驾护航。一是高层引领持续发力。公司高层领导高度重视合规工作。汪建平董事长强调“坚持底线思维，树牢合规意识，增强风险意识”；庄尚标总裁提出“要做到依法合规经营，只有依法合规才能行稳致远”。多位公司领导在各类重要会议和场合高频次强调合规管理重要性。二是不断夯实组织基础。中国铁建所属 47 家二级单位全部设立合规委员会、合规管理机构。其中，323 家三级单位设立合规委员会，15 家综合性、大规模的三级境外子企业设立合规委员会。全系统各级子企业（含项目部）任命合规官 10650 人，同期增加 403 人，其中，专职合规官 1026 人，兼职合规官 9624 人。公司合规管理机构和队伍建设延伸覆盖各层级机构，呈现不断发展壮大趋势，有力推动各级各项合规工作具体落实。三是持续加强制度建设。年初结合 2020 年合规风险评估结果以及 2021 年合规审查结果，公司对合规管理制度进行修订，将原合规制度中《中国铁建股份有限公司第三方合规尽职调查实施细则》《中国铁建股份有限公司采购合规管理实施细则》合并，形成《中国铁建股份有限公司第三方合规尽职调查实施细则》，简单易懂、便于操作。最终形成以《中国铁建股份有限公司合规管理工作总则》为总领，八个细则为基础的合规管理制度体系，将新修订的合规管理制度翻译成 6 种外语版本，适用于公司全球业务，增强公司合规管理能力。四是不断完善合规运行机制。不断发挥合规委员会和首席合规官的全面组织协调作用，持续完善合规会议、培训宣贯、合规报告和咨询举报等“四项”工作机制。召开首席合规官主持、多名副总裁级别领导参加的合规管理会议 2 次，部署推进合规管理重点工作。全年组织完成法律合规暨合规官专题培训 2 次，全系统专兼职法律合规人员 16514 人次参加培训。各级子企业积极组织开展合规专题培训 200 多次 31059 人次，员工合规意识不断提升，合规文化培育机制更加成熟。公司通过合规风险评估工作报告、合规审查工作报告、10 份合规工作月报和季报，深入分析 54 项基础数据和样例，全面把握全系统合规管理工作情况。全年受理并回复合规咨询 50 余次，举报 1 起。组织开展 2022 年合规风险评估工作，将其列为合规工作重点。6 月，公司下发《关于开展 2022 年度合规风险评估工作的通知》，在全系统范围内开展合规风险评估工作。所属 47 家二级子企业按照公司统一部署，完成自评和对下评估工作，并对公司“合规风险清单”提出完善和修改建议，形成 7 大类一级风险、18 类二级风险、37 小类三级风险的合规风险清单。公司通过书面审阅形式完成对所有二级单位合规风险评估，通过线上视频访谈形式，完成对 8 家被评估单位的合规风险评估工作，并出具对 8 家单位的合规风险评估报告和全系统合规风险评估报告，指出全系统存在的合规风险问题，对相关问题进行整改，有效防范合规风险。（孙建荣）

【法律纠纷案件管理】 2022 年，中国铁建持续强化法律纠纷案件管控。一是持续推进案件降控。按照“抓重点、补短板、强管理、筑根基”总体思路，明确降控目标和重点任务，力争实现案件“双降双升、三杜绝”目标。二是稳妥处置本级案件。全年办理股份公司涉诉案件 82 起，标的额 4. 7 亿元，全年已办结案件 52 起，避免损失 3. 25 亿元。三是采取现场或线上等形式，督办所属单位重大案件，连续取得胜诉或调解、和解结案。四是稳步开展内部纠纷调处工作，不断发挥内部协调机制作用。五是完成案件统计、分析。汇总分析2021年及2022年上半年全系统法律纠纷案件情况，形成分析报告及相关表格，报送国务院国资委和公司相关部门。六是更新2022年度合作方警示名录，对恶意诉讼、非法维权、无意合作的1638户法人及其他经济组织、485名自然人，明确要求各级子分企业禁止与其合作，持续发挥风险警示和惩戒威慑作用。

（马　勇）

【普法宣传】 结合法律合规和风险内控专项工作，通过制定印发“八五”普法宣教规划、组织宪法宣传、开展习近平法治思想主题教育、“大风控”理念宣贯等活动，加大宣传力度，营造浓厚的法治风控氛围。积极组织专项业务培训，全面提升法治风控意识和工作能力。一是积极开展普法宣传教育。组织各单位开展宪法宣传周、“4·15”全民国家安全教育日等普法宣传活动；专项制作《中央企业合规管理办法》展览板并印刷100本宣传手册；与工会联合举办“学法向未来”普法知识竞赛，所属47家单位173940人通过线上初赛，6家单位18名员工参加决赛，11.22万人次观看决赛线上直播，激发广大职工学法热情，为全体员工搭建学法用法、依法履职良好交流平台。二是广泛组织法律合规风控专题培训。根据“大风控”工作进展和遇到的问题，有针对性专题举办全面风险评估基础知识和辅助工具传授、培训20余次；开展为期2天的法律合规暨合规官专题培训，邀请中国对外承包商会为公司量身定制培训课程，聘请原最高人民法院审判长等国内知名人士为全系统授课，11514人参加培训；积极组织全系统员工参加6期国务院国资委“法治讲堂”、司法部2022年度涉外法律服务人才培训、11次外部单位和律所举办的合规培训、2022年“加快建设世界一流企业”——风险防控专题网络培训班。三是组织专班创办《大风控工作简报》，宣传系统内各单位风险防控工作中优秀经验和做法，助推风险管理提升。（马　勇）

【法律合规审核】 建立健全法律风险防控机制，严格执行“四项法律合规审核”，2022年，审核规章制度79件、重要决策530项、经济合同1062份、授权委托书342份。服务保障重大项目，参与10个总承包项目、15个新设机构及兼并重组项目、18个固定资产项目、100个地产开发项目、161个资本运营项目、218个融合项目合同评审。

（马　勇）

【法律服务和监管】 2022年，贯彻落实各类决策会议议题法律合规前置审核机制，依法保障165次董事会、董事长专题会、总裁办公会、资本运营项目评审会、房地产项目领导小组会等各类决策会议。持续开展知识产权法律保护日常工作，全面动态排查商标注册使用情况，针对“中铁建五工程集团”“中商铁建”“铁建重投”“中铁国投”等18件涉嫌侵权商标及图提起异议，检索商标侵权并持续发出律师函件，形成知识产权法律保护长期机制。有效应对侵权指控。应对字体、软件等权利人提出的侵权指控，处理名称权益保护相关事件。

（马　勇）

【境外合规管理】 一是涉外法治工作部署全面加强。根据国务院国资委关于全面加强涉外法治工作的决策部署，制定涵盖4大项22小项的《全面加强涉外法治工作 促进境外依法合规经营工作方案》，为公司“十四五”时期健全涉外法治工作布局提供指南。二是境外合规管理机构不断完善。全系统各级境外子企业（含项目部）任命专职、兼职合规官627人，同期增加112人。三是境外项目法律人员全程参与机制趋于成熟。不断推动完善重大项目法律合规人员全程参与机制。一个月内，全系统法律合规人员全程参与境外重大项目56个。通过不断完善事前、事中、事后参与机制，强化合规审核工作，防范化解项目风险。四是2022年境外合规风险排查全面展开。公司组织全系统开展境外法律合规风险排查工作，全系统各单位按照通知要求，积极开展排查工作，对境外风险进行摸底，并针对排查出来的风险，积极应对，以防范海外风险。（孙建荣）

【制度“立改废”】 2022年，公司继续推进规章制度“立改废”工作，先后下发专项工作通知，组织有关制度专题研讨会，广泛征集各部门对制度“立改废”工作的意见建议，形成《中国铁建规章制度清单（2022年版）》《中国铁建废止规章制度清单（2022年版）》，现行有效规章制度897件，废止78件。连续7年组织公司本级规章制度全面梳理工作并编制印发现行有效规章制度清单和废止规章制度清单，汇编成册。

（孙建荣）

【风险管理和内控工作】 中国铁建遵循“实事求是、守正创新、行稳致远”工作方针，依照“统一领导、分级负责，全面防范、重点控制”管理要求，牢牢守住不发生重大风险底线，有效防范化解各类风险，以资源最佳整合、信息充分共享、风险同防共治为核心，统一对风险的认识、重新对风险按照损失和威胁进行分类、强化重大风险识别评估和红线管理，通过监督评价和考核压实各级领导人员以及全员责任，强调风险管控的提前预见、提前发现、提前管控、总结提升要求，基本建立起以法律合规管控为主，各单位、各部门全员、全面、全过程参与的“大风控”体系。中国铁建制定完善的风险评估规范，针对战略目标、经营目标、合规目标和资产安全目标，分别确认风险评估的范围并进行初始信息的收集和识别。针对识别出的风险，每年年初综合运用定性和定量的方法，对风险发生的可能性和影响程度进行分析、评价，依据风险分析结果确定风险重要性水平，以识别公司重大风险，确定风险管理优先顺序。在风险分析评价完成后，确定重大风险应对方案，并将方案分解付诸实施。实施过程中，公司管理层对重大风险进行动态监测管理，定期或不定期分析内外部各种不确定因素，并采取相应措施加强管控。公司董事会对内部控制与风险管理有效性负责，董事会下设审计与风险管理委员会，代表董事会行使对公司内部控制与风险管理流程和制度体系建立以及重大风险管理策略、管控措施制定及执行情况的监督检查职能。审计与风险管理委员会代表董事会持续监督公司的风险管理及内部控制系统，并确保至少每年一次对公司及所属各单位的风险管理及内部控制系统的有效性进行审核，审核事项涵盖所有重要的风险管理及内部控制方面，包括财务监控、运作监控及合规监控。董事会、审计与风险管理委员会和监事会根据国内外适用规则，检查公司的营运、财务及会计政策是否遵循法律法规，同时与管理层和内、外部审计师协调并通过年度内部控制审计、评价等工作，共同审核公司内部监控与风险管理的充分性和效果，重点关注存在的重要缺陷及其整改情况，保证其在公司内部控制与风险管理中能够充分发挥作用。董事会对以上职责的切实履行，使公司内部控制与风险管理体系实现一体化并得到有效运行。公司内控工作有序开展。2022年度，子企业开展自我评价49户，100%全覆盖，选取所属18家单位开展监督评价，占全部二级子企业比例37%，基本完成“三年全覆盖”监督评价目标和任务。全年公司内控审计、内控自我评价、内控监督评价未发现重大、重要缺陷，认定部分一般缺陷，内部控制有效。通过年中检查、内控审计、评价考核等多种手段，公司及所属单位风险内控体系日益健全，全员风险意识和风险防范自觉性提升，规章制度、业务流程持续更新完善，工作效果逐步显现。

（白懿琪）

【“大风控”体系建设】 中国铁建（以下简称公司）坚持从健全风险管控机制、提升风险防控意识、切实落实风险防控责任、坚决防控重大风险、加快推进风险内控信息化建设等方面持续做好“大风控”体系建设和年度风险内控工作。一是优化组织机构建设，风控体系建立健全。为保障“大风控”体系的有效运行，公司从强化顶层设计入手，全面整合资源，协同发力，自上而下建立党委把关定向、董事会统筹领导、经理层组织实施纵向四道防火墙、横向三道防线的“纵横结合、协同监督”的风险内控组织架构。二是持续深化制度建设，健全“大风控”工作机制。公司高度重视内部控制制度体系建设和实施，按照《企业内部控制基本规范》相关要求，建立健全贯穿公司经营活动各层面和各环节的内部控制制度，整体运行良好。2022年，公司结合综合专项治理行动，通过复盘近五年以来审计、巡视以及各类检查发现的问题和暴露的薄弱环节，突出问题导向，围绕“易发多发”问题和“关键薄弱”环节，快速堵塞问题和风险漏洞，出台新制度新举措，强化源头治理。其中，总部制定、修订制度办法83项，所属各级单位制定完善制度1764项。三是开展全面风险评估，强化重大风险红线管理。在完成年度重大风险评估并编制《2022年度重大风险评估报告》基础上，为全面、彻底识别公司可能存在的风险点（源），组织公司各层级员工基于自身岗位职责和业务开展情况，对可能存在的风险进行识别、评估、排序，逐层对比、遴选、汇总形成重大及以上风险清单，纳入红线管理范围，有针对性制定管控措施并严格遵照实施。

（白懿琪）

【中国铁建云风控监测中心】 为加强数据赋能，实现风险管理信息化、智能化，中国铁建着力打造运行中国铁建云风控监测中心。中国铁建云风控监测中心以各类风险信息大数据为基础，以“简单有效、智能分析、实时响应、真实可靠”为建设目标，融合内部信息收集、外部信息获取、风险监测、风险预警、统计分析、报告输出等多项核心功能。根据不同管理层级、不同业务板块、不同岗位人员设置权限，公司系统内各级、各业务均可在权限范围内实时查找、分析、利用风险信息，大幅提升风险信息的收集、统计、分析、发布、预警、震慑作用，有效解决风险信息不共享、预警预控难实现、责任落实不到位等问题，切实推动“大风控”体系建设与规范实施，实现风险评估信息的翻涌和风险事件信息的迭出，截至2022年底，收集、统计风险评估信息29万余条、风险事件信息7000余条，全员岗位职责风险意识得到增强，他山之石预警震慑作用凸显。

（白懿琪）

信息化建设

【信息化管理部】 主要职责：贯彻落实国家和有关部委信息化战略、方针和政策以及工作要求，研究制定中国铁建股份有限公司（以下简称公司）信息化战略，组织建立和完善信息化组织管理、架构管理、标准体系、制度办法等在内的IT治理体系；组织建设核心业务信息系统与集成共享；承担网络安全和信息化领导小组办公室工作职能，负责信息化工作考核；制定和滚动修订公司信息化发展规划，审核所属单位信息化规划和年度建设计划并监督实施；负责组织全系统统建信息化项目建设和管理，支持和指导各业务部门和所属单位的信息化建设工作；负责公司总部信息技术支持和保障管理，建立和维护信息系统运维管理体系；负责全系统软件资产管理工作；负责信息系统风险管理和内控工作；负责推动、改进与完善信息技术应用与管理；负责全系统信息化业务培训；承担国家有关部委、公司下达的信息系统科技攻关任务。定员12人，设总经理1人，副总经理1人；下设设计规划处、项目管理处、基础平台处、安全运维处。（张一鸣）

【强化规划引领，优化制度体系】 贯彻落实国务院国资委关于加快推进国有企业数字化转型专项工作部署和国资监管信息化建设有关要求，紧密结合公司“1236”数字化转型思路，成立工作专班，统筹公司总部10个部门和15个典型产业集团，坚持问题导向，突出务实管用，编制形成“中国铁建数字化转型行动计划专项实施方案”等系列工作成果；开展“中国铁建数字化转型实施路径研究”重点课题研究工作，完成26万余字课题初稿，指导各组编制中期汇报材料；贯彻落实网络强国重要思想和数据安全工作重要指示批示精神，组织股份公司13个部门完成中国铁建数据分类分级专项工作；组织开展公司智慧工地标杆项目工作调研，以“面向多工程类型的智慧工地底层技术平台”课题研究为抓手，协同做好重点领域产业数字化转型实施工作；参与国务院国资委建筑央企数字化协同创新平台筹备工作，组织典型产业集团梳理创新场景。

（张一鸣）

【一体化技术平台】 在实现全系统466个自建系统接入一体化技术平台的基础上，全力开展中国铁建一体化技术平台和“铁建通”的实施和迭代升级工作，促进系统互联互通，强化信息化数据治理能力，技术复用能力不断提升，为各级单位实施“畅通工程”“升级工程”提供落地支撑和技术保障。2022年，平台日均用户认证超过60万人次。积极启动平台核心组件迭代项目需求设计工作，完成企业门户、信息发布、应用注册中心、单点登录等核心组件项目需求说明书编制及确定工作。结合保护商业秘密宣贯工作，大力推广“铁建通”实施应用，实现各级员工在移动端一站式访问各类信息系统群的需求，目前激活率超过全系统在岗职工85%。成功举办中国铁建技术验证系统检查现场培训和线上培训，为平台对接提供及时有效的技术支持。坚持统筹共建，基于一体化技术平台有效整合各方研发成果，积极打造智慧建造标准化平台和成熟、可靠、管用的功能模块。（方　宸）

【信息系统建设】 强化项目归口管理和建设全流程精细化管理，持续推动系统间互联互通、信息共享和业务协同，扎实开展各类信息系统项目开发建设、上线运行和迭代升级等工作。聚焦核心业务系统滚动建设、迭代开发，不断强化和完善“人力资源管理信息系统群”“财务资金管理信息系统群”“经济管理信息系统群”“其他管理信息系统（群）”中的核心应用，持续提

升可复用的业务能力。 （焦英伟）

【中国铁建信息化技术标准体系】 在线发布一体化技术平台对接指南，对各级单位的信息系统开发提供规范和标准。形成测试环境运维体系，各单位提供开发所需要的基本服务支持和数据支持。形成信息化技术对接验证体系，便于开发团队熟悉和掌握对接标准，节约沟通成本和开发建设成本，完成49个开发团队的验证。实现开发者中心和信息化供应商系统上线运行，2802家开发单位的4000余人完成注册。 （方 宸）

【数字赋能助力疫情防控】 贯彻落实中国铁建"稳增长、防疫情"决策部署，坚持数字赋能。7天内完成疫情防控系统第一版的开发建设和上线运行，完成中国铁建全球超过115万名员工和服务人员疫情防控信息登记工作，有效覆盖公司全体职工和各类外部人员。完成超过13000家机构和基层生产单元登记工作，为摸清疫情防控底数、建立健全应急处置机制提供科学助力。充分发挥铁建通信息平台能效，为各级单位在复杂疫情防控条件下的信息通畅提供安全可控手段，避免"微信"泄密等情况发生。积极发挥疫情防控期间"云会议"保障能力，支持保障公司各类视频会议330场次、"在线云会议"3800余场次、直播160余场次、生产指挥中心应急指挥调度380余场，切实保障中国铁建境外高风险地区项目安全评估及应急演练视频巡检会、"党建大讲堂"、疫情防控工作专班沟通会等系列重要会议顺利召开。 （李 栋）

【运维服务能力与运营服务体系】 完成一体化技术平台、人力资源管理系统群等40余个信息系统的技术运维工作。完成公司总部机房配套设施升级改造、信息化基础设施智能运维管理平台等项目建设。完成公司统一数据库集群、灾备系统、堡垒机、数据库审计系统、主机安全系统、VPN、虚拟化平台、防病毒系统和700多台服务器主机的运维管理。全年处理各类信息系统咨询8000余例。保障公司对接国务院国资委、各级单位视频会议系统，截至11月底召开国务院国资委商密系统视频会议60场次，国务院国资委涉密视频会议42场次，股份公司视频会议133场次，各类软件视频会议125场次。全年监测发现安全威胁事件406起，完成16个新上线业务系统安全检查，监测封禁有害IP地址7285个。 （李 栋）

【网络安全管理】 切实提高政治站位，落实各项法律、法规、制度要求，科学制定工作方案，建立健全网络安全体系和高效应急反应机制，完成2022年"两节"、"两奥"、全国两会、国家级攻防演练和党的二十大期间网络安全保障工作，在国家级攻防演练中取得较好成绩。迎接公安部2022年度网络安全执法检查并获得较高评价。按照国务院国资委要求，开展国企网络与信息安全在线监管平台升级改造工作，完成3家试点单位部署并投入使用。完成全系统网络安全统一态势感知平台的接入试点工作并开展推广。开展数据恢复和网络安全应急预案演练。通过谈判选聘3家网络安全等保测评服务机构和2家信息系统安全检查服务机构，降低安全检查服务费用。贯彻落实国家发展改革委、国务院国资委工作部署，全力开展"挖矿"专项整治工作，检查办公电脑13000余台、服务器2400余台，妥善处理个别下属单位"挖矿"事件。积极开展"网络安全宣传周"和"打击治理电信网络诈骗犯罪集中宣传月"宣传教育活动，通过展板、宣传册、海报、视频等方式展开全方位的网络安全意识和反电信诈骗意识教育，提升广大员工网络安全、反诈认识和技能水平。组织数据安全技能培训，参加2022年全国行业职业技能竞赛——全国数据安全职业技能竞赛并取得较好成绩。 （李 栋）

【"三地三中心"建设】 积极贯彻中国铁建信息化"大集中、大统一"方针，克服疫情对项目建设的不利影响，加快推动贵阳云数据中心、平遥灾备中心和北京管控中心建设。完成贵州云数据中心主体结构验收和机房工艺配套项目各项招采工作，开展配套设施施工和设备安装；完成平遥灾备中心房建和机电设备安装，进行单机调试和系统联调，为公司各级单位提供可复用的运算、存储、网络、灾备、安全等能力。 （李 栋）

【信息化基础设施建设】 为保障云数据中心顺利投产，确定云数据中心未来发展战略，组织开展中国铁建云数据中心信息化建设咨询项目，整体设计方案已通过专家评审。贯彻落实国务院国资委工作部署，按照中国铁建"16336工程"中"一张网"整体规划，积极通过专线替代互联网，构建扁平化、安全稳定的企业广域专网方式,组织开展"中国铁建互联网出入口收敛(一期)项目"实施工作,完成公司总部网络升级和在京18家二级单位网络接入,减少暴露面和风险点。立项开展人工智能基础设施建设项目,打造中国铁建统一的、符合国家自主可控要求的"人工智能算力平台",在内部开放使用并向建筑行业推广应用,解决生产领域智能化算力底座问题。持续开展信息化基础资源交付、系统资源配置基线管理、域名统一管理、铁建邮箱云平台运维、数据库统一服务、员工终端设备保密检查、系统上线及其网络安全检查等工作。（李　栋）

【信息化领域创新】 坚持网络强国、数字强国战略目标,不断强化企业创新主体作用和原始创新能力,着力培育中铁建网信科技、中铁十二局数字土木研究院、中铁十九局矿业投资有限公司北京信息技术分公司等信息科技产业公司的咨询规划、软件研发、施工生产协作、数智工程、系统集成、安全服务、运维运营等能力。网信科技获评北京市"专精特新"中小企业和中国铁建"专精特新"企业,自主可控能力不断提升。组织开展中国铁建信息化领域自主可控应用试点工作,总结自主可控实践经验。积极做好股份公司接入国资监管网和普通密码传输网计算机终端和软件的国产化自主可控工作,统筹实施国产操作系统部署及应用测试等工作。积极完成国资监管统一数据采集交换平台的调试、上线等工作。（李　栋）

【软件资产管理】 全面贯彻落实国家版权局、国务院国资委关于做好推进使用正版软件工作的有关通知精神,完善使用正版软件长效机制,修改软资管理办法、完善软资采购细则。改版升级并推广使用软资管理系统,基本实现软资管理工作数字化转型。为全系统提供实时化软资采购服务26982套1522万元;实现软件资产登记136738套19647万元;举办软件管理与应用培训1227人次,软件资产管理保持常态化,未出现因软件使用引发的合规风险。（李　栋）

2022 年 11 月 21 日，中铁上海设计院集团承办的铁路大跨度混凝土桥梁建造技术交流会在安徽召开，约 150 名来自主管部门、高校、企事业单位等的院士、专家、学者和代表汇聚一堂，共谋铁路桥梁工程科技进步和高质量发展。

（马凤军　提供）

科技创新

【科技创新部(技术中心办公室)】 主要职责:负责贯彻国家及有关部委科技工作方针、政策、法律法规;负责中国铁建股份有限公司(以下简称公司)科技创新体系建设和管理,包括创新平台、组织体系、制度体系、考核及保障体系等;负责公司“双创”管理工作;负责研究制定公司科技创新发展战略,提出前瞻性和全局性科技研发规划,开展前沿技术和新技术的信息追踪及前期培育;负责编制公司年度科技研发项目(含企业技术标准)计划、资助经费计划并组织实施;负责科研项目立项、过程管理和结题验收工作,归口对国家级、省部级项目(课题)协同管理;负责科技成果鉴定(评审)及转化工作;负责公司技术管理工作,包括技术推广、技术交流、技术培训,对特殊工程项目技术方案进行业务指导和管理;负责公司技术标准管理工作,组织企业技术标准体系建设,指导全系统参加国家、行业和社团标准建设工作;负责工程建设工法管理工作,组织公司优秀工法评审,推荐(申报)国家和省部级工法;负责专利管理工作,指导中国铁建知识产权中心建设;负责科技奖励工作,组织中铁建科学技术奖评审,组织国家科学技术奖、省级(行业)科学技术奖及其他科技奖励的提名、推荐和申报;负责中国铁道学会轨道交通工程分会及其他有关科技社团的日常联系工作。定员18人,现员14人;设总经理(技术中心办公室主任)1人、副总经理(技术中心办公室副主任)1人、经理5人、职员4人、挂职3人;正高级工程师12人、高级工程师1人、高级会计师1人;下设创新建设处、科研处、技术处、学会处、专利管理处。 (代敬辉)

【工作综述】 2022年,中国铁建牵头1个全国重点实验室通过科技部认定;新增铁路行业科技创新基地2个;获省部级科学技术奖163项;国际电工委员会轨道交通电气设备与系统标准化技术委员会通过《轨道交通列车过分相系统匹配技术准则》提案,实现中国铁建主导IEC国际标准“零”的突破;发布中国铁建企业技术标准10项。拥有有效专利31479件,年度授权专利7931件;获得第49届日内瓦国际发明展金奖1项、银奖2项,第23届中国专利奖银奖2项、优秀奖5项,中施企协第2届高推广价值专利大赛特等奖5项,评选中国铁建专利奖42项。 (代敬辉 徐惠纯)

【中国铁建工程实验室(研发中心)】 2022年,中国铁建组织对水下隧道、电气化、城市地下空间、海洋基础4个工程实验室(研发中心)验收评审,经公司批准,4个工程实验室通过验收认定。8月11日,在武汉召开中国铁建工程实验室(研发中心)授牌大会,对4个工程实验室授牌,并对牵头单位给予100万元建设资助。 (徐惠纯 马金伟)

【专利数量和质量】 2022年,授权专利7931件,其中发明专利1217件,PCT和巴黎公约专利54件,年度发明专利授权量首次突破1000件;截至2022年底,中国铁建拥有有效专利31479件,其中发明专利4931件,PCT和巴黎公约专利99件。 (孙嘉良 余 博)

【7项成果获中国专利奖】 2022年,中铁第五勘察设计院集团有限公司“路基监测装置”、中国铁建重工集团股份有限公司和中铁第一勘察设计院集团有限公司“凿岩台车”2件专利获中国专利银奖,“高寒地区隧道抗冻融灾害的处理方法”等5件专利获中国专利优秀奖,获奖数量居建筑类中央企业首位。

(孙嘉良 余 博)

【5项成果获中施企协高推广价值专利大赛特等奖】 在中国施工企业管理协会第2届高推广价值专利大赛中,中国铁建获特等奖5项、一等奖13项、二等奖22项、优胜奖54项。 (孙嘉良 余 博)

【首获日内瓦国际发明展金奖】 在第49届日内瓦国际发明展中,中铁第五勘察设计院集团有限公司“全套管全回转钻机设备”获金奖,中国铁建重工集团股份有限公司“盾构机”“基于智能装备的隧道智能建造系统”获银奖。 (孙嘉良 余 博)

【42项成果获中国铁建专利奖】 2022年,评选中国铁建专利奖42项,其中金奖3项、发明专利优秀奖15项、实用新型专利优秀奖24项。 (孙嘉良 余 博)

【国家知识产权优势/示范企业】 在2022年度国家知识产权优势/示范企业评选中,中铁十一局集团有限公司、中铁十二局集团有限公司三公司、中铁第五勘察设计院集团有限公司被评为国家知识产权示范企业，中铁二十局集团有限公司等13家单位被评为国家知识产权优势企业。截至2022年底，全系统有国家知识产权示范企业7家，国家知识产权优势企业14家。

（孙嘉良　余　博）

【知识产权课题和转化】　2022年，中国铁建承担北京市专利转化项目“供给侧专利培育与转化促进专项”，开展专利分级试点，从技术、法律、市场维度对专利进行评价，分级专利9200件，为开展专利转化奠定基础。稳步推进转化工作，“一种高速铁路桥梁用球型支座”等154件专利实现对外许可，新签合同额1.47亿元。

（孙嘉良　余　博）

【科技创新平台建设】　2022年，中国铁建全系统拥有国家级科技创新平台23个。其中，全国重点实验室1个、国家工程技术研究中心1个、国家地方联合工程研究中心1个、国家企业技术中心20个；拥有6个行业和143个省级创新平台，中国铁建工程实验室（研发中心）11个。（徐惠纯　马金伟）

【铁路行业科技创新基地建设】　2022年，中国铁建积极参与国家铁路局组织的铁路行业科技创新基地建设。12月2日，中铁第四勘察设计院集团有限公司“数智化勘察设计系统铁路行业工程研究中心”、中铁第五勘察设计院集团有限公司“基础设施智能维养与抢修系统装备铁路行业工程研究中心”通过第二批认定。截至2022年底，中国铁建拥有依托建设的铁路行业工程研究中心4个，5家二级单位参与共建铁路行业重点实验室7个，铁路行业工程研究中心2个。

（徐惠纯　马金伟）

【中国铁建技术中心网站】　2022年，中国铁建技术中心网站发布科技动态、行业资讯等信息1216篇，《科技信息》6期，《轨道建筑》6期，企业标准8项。截至2022年底，累计发布科技动态、行业资讯等信息7000余篇，《科技信息》114期，《轨道建筑》30期，《铁道建筑技术》刊发论文文献3次，企业标准32项；共享科技政策、科技成果信息、科技重大专项情况等各类信息12383项，订阅万方数据期刊2900种；新增学术会议数据库3万余篇、学位论文数据库8.5万篇，新增全库的法律法规及科技成果数据库；学术期刊、学位论文、会议论文、中外标准、科技成果及政策法规等2137万篇，所有数据均按时更新。年度数据检索及下载量64万余篇，为广大技术人员提供有力的技术信息服务。

（徐惠纯　马金伟）

【中国铁建技术社区】　2022年，中国铁建技术社区完善页面功能，提高用户体验。累计发帖、回复及浏览数量44350个，其中，发帖数量494个，回复数量1733个，浏览数量42123个。（徐惠纯　马金伟）

【国家级科研项目】　2022年，中国铁建新增牵头组织国家重点研发计划项目2项，新增主持国家级课题14项，参与国家级课题28项，获国家财政资金9362.5万元。（丁正全　郑筱彦）

【省部级科研项目】　2022年，中国铁建新增主持省部级课题27项，参与省部级课题35项。

（丁正全　郑筱彦）

【中国铁建科研项目】　2022年，中国铁建科研项目新立项112项，其中，A类课题（重大专项）2项、B类课题26项、C类课题65项，增加管理类课题12项。计划资助12263.04万元，其中，A类课题资助9423.04万元、B类课题资助2600万元、管理类课题资助240万元。科研经费拨付6980.56万元，其中，2022年科技重大专项合同首款2690万元，B类课题合同首款1250万元，管理类课题合同款240万元；在研科技重大专项中期款1500.71万元、B类课题中期款1200万元；2020年结题尾款99.85万元。（丁正全　郑筱彦）

【科技成果评价与评审】　2022年，中国铁建组织科技成果评审200项。其中，国际领先水平37项、国际先进水平116项、国内领先水平42项、国内先进水平4项、行业领先水平1项。（丁正全　郑筱彦）

【64 项成果获省级科学技术奖】 2022 年，中国铁建获各省（自治区、直辖市）科学技术奖 64 项，其中自然科学奖三等奖 1 项；技术发明奖 4 项，其中一等奖 2 项、三等奖 2 项；科技进步奖 59 项，其中一等奖 15 项、二等奖 24 项、三等奖 20 项。 （程博华）

【55 项成果获中国铁道学会科学技术奖】 2022 年，中国铁建获中国铁道学会科学技术奖 55 项，其中特等奖 3 项、一等奖 12 项、二等奖 18 项、三等奖 22 项。一等奖及以上获奖数量占总数 27%，创历史最佳成绩。

（李小和　程博华）

【31 项成果获中国公路学会科学技术奖】 2022 年，中国铁建获中国公路学会科学技术奖 31 项，其中一等奖 7 项、二等奖 14 项、三等奖 10 项。 （程博华）

【14 项成果获行业社会科学技术奖】 2022 年，中国铁建获华夏建设科学技术奖 7 项，其中一等奖 1 项、二等奖 1 项、三等奖 5 项；获中国水运建设行业协会科学技术奖 2 项；获中国机械工业科学技术奖 5 项，其中一等奖 3 项、二等奖 2 项。 （程博华）

【61 项成果获工程建设科学技术奖】 2022 年，中国铁建获中国施工企业管理协会工程建设科学技术奖 61 项，其中技术发明一等奖 1 项，科技进步一等奖 13 项、二等奖 47 项，一等奖数量占总数 23%。（程博华）

【97 项成果获中铁建科学技术奖】 2022 年，根据《中铁建科学技术奖奖励办法》规定和要求，评选中铁建科学技术奖 97 项，其中特等奖 4 项、一等奖 34 项、二等奖 59 项。 （李小和　程博华）

【23 项成果入选交通运输部交通运输重大科技创新成果库】 2022 年，中国铁建 23 项成果入选交通运输部交通运输重大科技创新成果库，其中入库项目 9 项、专利 11 件、论文 2 篇、专著 1 部。

（李小和　孙嘉良　程博华）

【67 项成果入选国家铁路局铁路重大科技创新成果库】 2022 年，中国铁建 67 项成果入选国家铁路局铁路重大科技创新成果库，其中入库项目 9 项、专利 16 件、标准 6 项、论文 36 篇。

（张立青　李小和　孙嘉良）

【3 个项目入选中国建筑业协会年度十大技术创新项目】 2022 年，中国铁建“高原高地应力岩爆隧道施工关键技术”“复杂海洋环境公铁两用大桥建造关键技术”“时速 160km 交通建造技术全自动城市轨道”入选中国建筑业协会年度十大技术创新项目。

（张立青　程博华）

【3 项技术入选中国施工企业管理协会工程建设十大新技术】 2022 年，中国铁建“城市地下空间网络化拓建技术”“大跨度自锚式悬索桥先斜拉后悬索施工关键技术”“超高水压沼气地层盾构法特高压 GIL 越江隧道修建技术”入选中国施工企业管理协会工程建设十大新技术。 （程博华）

【1 项产业技术问题入选铁道行业产业技术问题】 2022 年，中国铁建认真组织各单位推荐铁道行业 2022 重大科学问题、工程技术难题和产业技术问题，中铁第四勘察设计院集团有限公司提出的“如何打造绿色低碳的大型综合交通枢纽”问题入选 2022 年产业技术问题。 （李小和）

【1 项获第九届全国科普讲解大赛优秀奖】 中国铁建国际集团有限公司黄韬睿讲解的“卡塔尔世界杯主体育场的轮辐式屋面结构”，被国务院国资委选中推荐参加第 9 届全国科普讲解大赛并获优秀奖。

（程博华）

【国家级项目管理】 持续推进国家重点研发计划“城市地下大空间安全施工关键技术研究”项目研究及成果转化工作，得到 21 世纪中心的肯定，被选为科技部等 10 部委组织开展的科技成课评价改革试点第一批项目；项目研发的空间网架结构和安全可视化监控两项成果入选科技部推广国家科技计划成果目录；项目成果获北京市科学技术进步一等奖。

（丁正全　邹春华）

【科研项目结题验收专项审计】 2022年，根据《中国铁建股份有限公司科技经费管理办法》，开展中国铁建科技研发项目结题验收32项，其中，2018年及以后A、B类课题19项结题前完成经费专项审计。

（丁正全　郑筱彦）

【施工技术方案管理】 2022年，工程项目技术方案管理及科技创新方案策划书在中国铁建本级技术重难工程项目全面落地，中国铁建对以新加坡轻轨裕廊区域线J112标段等为代表的25项本级技术重难工程项目技术方案和项目技术创新进行过程管控；修订《中国铁建股份有限公司工程项目施工技术方案管理办法》。

（张立青　李凤伟）

【技术重难工程项目示范】 2022年，确立中国铁建技术重难工程项目25项，其中，新立“新加坡轻轨裕廊区域线J112标段”等11个项目，延续“南京江北新区中心区地下空间二期PPP工程”等14个项目。加强技术重难工程项目的信息掌握，编制技术重难工程项目定期报告4期。

（贾志武　张立青　李凤伟）

【企业技术标准体系建设】 2022年，中国铁建持续完善企业技术标准建设，在绿色矿山、农村公路及建筑垃圾再生等领域新立企业标准6项，发布企业标准10项，填补国家和行业标准空白，为企业高质量发展提供标准支撑。《TBM施工手册》《交通土建工程施工计算手册》进入出版流程。

（贾志武　张立青　李凤伟）

【国际标准建设】 国际标准化组织铁路应用技术委员会（ISO/TC269）通过《ATO引入干线铁路运营规则制定导则》提案，是中国铁建首次主导ISO国际标准。

（代敬辉　张立青　李凤伟）

【技术标准申报和编制】 2022年，中国铁建积极参加国家、行业、地方和团体标准的制定和修订工作，组织对国家铁路局、中国国家铁路集团有限公司、中国铁道学会、中国建筑业协会、中国公路学会等高层次技术标准立项申报。全年发布国家标准17项、行业标准17项、地方标准75项、团体标准59项。

（张立青　李凤伟）

【工法、标准培训活动】 2022年，举办中国铁建工法、标准体系建设网络培训班，全系统800余人参加培训，为项目管理和标准体系建设提供支持。

（张立青　李凤伟）

【省部级行业工法开发】 2022年，中国铁建保持工法开发、培育力度，积极推动成熟先进的企业工法升级成为省部级行业工法，全年获省部级工法506项，创历史新高。

（张立青　李凤伟）

【13项工程获中国土木工程詹天佑奖】 2022年，组织召开第19届中国土木工程詹天佑奖推荐项目材料审查会，青连铁路青岛西站站房及相关工程等13项工程入选第19届中国土木工程詹天佑奖，单届获奖数量创历史新高。

（代敬辉　张立青　李凤伟）

【专有技术开发】 在国务院国资委首届BIM成果应用大会上，中国铁建研发的“BIM+管理平台”入选十大国产BIM软件。获中建协绿色建造竞赛一等成果3项，其中，“济南市济泺路穿黄隧道工程”获绿色建造一等成果。获第7届中国工程建设BIM大赛奖22项。

（贾志武　张立青　李凤伟）

【轨道交通工程分会一届五次委员会】 2022年1月14—28日，中国铁道学会轨道交通工程分会以通讯方式召开一届五次委员会会议，会议研究审议年度工作报告和调整、增补委员等事项。

（李小和）

【轨道交通工程分会获评优秀分支机构】 2022年，在中国铁道学会开展的第三次分支机构评估考核中，轨道交通工程分会获评优秀等级，贾志武、李小和、程博华被评为先进工作者。

（李小和）

【中国铁建优秀科普作品征选】 科技创新部联合党委工作部、新闻中心，响应中国科协等18个部门关于举办2022年全国科普日活动的通知要求，首次开展2022年度中国铁建优秀科普作品征选活动，在中国铁建公众号宣传展示科普微视频5个和科普图书3套。

（李小和　程博华）

【全国科技工作者日活动】 2022 年 5 月 30 日，结合第 6 个“全国科技工作者日”，中国铁建组织和倡导所属单位开展活动，中铁十一局集团有限公司、中铁十二局集团有限公司、中铁二十二局集团有限公司、中铁上海设计院集团有限公司和中铁城建集团有限公司等单位高度重视，认真进行活动策划，开展形式多样、内容丰富的科技活动。（李小和）

【《铁道建筑技术》编辑出版】 2022 年，《铁道建筑技术》作为国家 A 类学术期刊、RCCSE 中国核心学术期刊，持续开展品质提升工作。改版期刊微信公众号及杂志社官网，丰富推送内容，适时开展线上线下活动；加入中国期刊协会发起成立的学术出版新技术应用与公共服务实验室平台；与中国铁道学会桥隧委员会联合征文并刊载专题论文，扩大期刊影响力。（李小和）

【《轨道建筑》编辑出版】 2022 年，编辑印发《轨道建筑》10 卷 6 期，刊发论文 103 篇，继续保持较高质量。根据人员岗位变化，及时调整主编和编委。顺利通过年审，申领内部资料性出版物准印证。（李小和）

中国铁建获第 19 届中国土木工程詹天佑奖情况

序号	工程名称	获奖单位
1	青连铁路青岛西站站房及相关工程	中铁第五勘察设计院北京铁城建设监理有限责任公司
2	太古供热项目（古交兴能电厂至太原供热主管线及中继能源站工程）	中铁十二局集团有限公司
3	柳州市官塘大桥工程	中铁一院集团南方工程咨询监理有限公司
4	重庆江津几江长江大桥	中铁第四勘察设计院集团有限公司
5	新建北京至沈阳铁路客运专线辽宁段	中铁十二局集团有限公司、中铁十七局集团有限公司、中铁二十二局集团有限公司、中铁十一局集团有限公司
6	山西中南部铁路通道	中铁十二局集团有限公司、中铁二十一局集团有限公司、中铁二十局集团有限公司
7	兰渝铁路西秦岭隧道工程	中铁十八局集团有限公司、中国铁建电气化局集团有限公司、中铁第一勘察设计院集团有限公司
8	新建向莆铁路青云山隧道	中铁二十三局集团有限公司、中铁第四勘察设计院集团有限公司、西安铁一院工程咨询监理有限责任公司
9	贵阳龙洞堡机场地下综合交通枢纽隧道工程	中铁二十一局集团有限公司、中铁第五勘察设计院北京铁研建设监理有限责任公司
10	巴基斯坦 PKM 项目（苏库尔至木尔坦段）	中国土木工程集团有限公司
11	西安市地铁 4 号线工程	中铁第一勘察设计院集团有限公司、中铁二十局集团有限公司、中铁十八局集团有限公司
12	苏州市轨道交通 2 号线及延伸线工程	中铁十七局集团有限公司、中铁第四勘察设计院集团有限公司、中铁十二局集团有限公司、中国铁建大桥工程局集团有限公司、中铁十八局集团有限公司、中铁十九局集团有限公司
13	宁波市轨道交通 3 号线一期工程	中铁十六局集团有限公司、中铁十四局集团有限公司

（制表：张立青　李凤伟）

中国铁建获第7届中国工程建设BIM大赛奖情况

序号	成果名称	完成单位	获奖等级
综合奖			
1	打造新时代智慧水利——超深输水盾构隧道BIM应用	中铁十八局集团有限公司及其第五工程有限公司、广东粤海珠三角供水有限公司	一类成果
2	广州市轨道交通十八号线首通段数字化建造示范工程应用	中铁建华南建设有限公司、中国铁建电气化局集团第四工程有限公司、广州地铁集团有限公司	一类成果
3	莆田站基于BIM技术的复杂钢结构施工综合应用	中铁十二局集团有限公司及其建筑安装工程有限公司	一类成果
4	BIM技术在牡丹江动车所建设管理中的综合应用	中铁城建集团有限公司及其第三工程有限公司	一类成果
5	BIM技术在弥蒙铁路站房工程项目施工阶段打造“一站一景”铁路客站中的应用	中铁城建集团有限公司及其第一工程有限公司	一类成果
6	温州未来社区C-02-02中学地块BIM+智慧工地综合应用	中铁建设集团有限公司及其华东工程有限公司	二类成果
7	石景山区政务服务中心和档案馆新建工程全周期BIM应用	中铁建设集团有限公司及其北京工程有限公司	二类成果
8	基于BIM的管理技术在省直青年人才公寓广惠苑项目实施中的应用	中铁十二局集团有限公司及其建筑安装工程有限公司	二类成果
9	BIM技术助力国产大飞机试飞交付中心数字化建造	中铁十八局集团有限公司及其建筑安装工程有限公司	二类成果
10	澳门轻轨延伸横琴线项目智能建造	中国土木工程集团有限公司	三类成果
11	衡阳市最大单体建筑基于BIM技术的智慧建造	中铁城建集团有限公司及其总承包分公司	三类成果
12	廊坊市交通中心工程EPC总承包项目全过程BIM及“BIM+”应用	廊坊市市政设施管理中心、中铁第五勘察设计院集团有限公司、中铁六局集团北京铁路建设有限公司	三类成果
13	BIM技术在青岛大学城公共场馆一期(图书馆、文化馆)工程施工管理中的综合应用	中铁建设集团有限公司	三类成果
14	西安曲江文创中心超高层项目基于BIM技术的智慧建造及施工管理应用	中铁城建集团有限公司及其第一工程有限公司	三类成果
15	新建厦门北站施工阶段BIM技术应用	中铁建设集团南方工程有限公司	三类成果
16	舒城县“三馆一院”建设项目在双碳目标下基于BIM的智慧建造	中铁城建集团有限公司及其总承包分公司	三类成果
17	BIM技术在昆明轨道交通5号线世博车辆段工程施工中数字建造应用	中铁十四局集团建筑工程有限公司	三类成果
单项奖			
18	基于BIM技术的西安至十堰高速铁路工程设计及应用	中铁第一勘察设计院集团有限公司	一类成果
19	清远磁浮轨道交通施工BIM技术应用	中铁十一局集团第三工程有限公司	二类成果
20	基于数字孪生的西土城地铁改扩建工程智能施工关键技术研发及创新应用	中铁二十二局集团有限公司	二类成果

续表

序号	成果名称	完成单位	获奖等级
21	BIM 技术在深圳市 16 号线共建管廊项目的研究与应用	中铁建大桥工程局集团第二工程有限公司、陕西铁路工程职业技术学院	二类成果
22	京雄城际铁路四电 BIM 云族库的研究与应用	中铁二十一局集团电务电化工程有限公司	三类成果

（制表:张立青　李凤伟）

中国铁建获第 23 届中国专利奖情况

序号	专利名称	专利号	权属单位	奖励等级
1	路基监测装置	ZL201921023208. X	中铁第五勘察设计院集团有限公司	银奖
2	凿岩台车	ZL201910228129. 0	中国铁建重工集团股份有限公司、中铁第一勘察设计院集团有限公司	银奖
3	高寒地区隧道抗冻融灾害的处理方法	ZL201811387172. 3	中铁十一局集团有限公司及其第五工程有限公司	优秀奖
4	盾构刀具更换装置	ZL201410667472. 2	中国铁建重工集团股份有限公司	优秀奖
5	一种露天采坑回填治理方法	ZL201910827811. 1	中铁十九局集团矿业投资有限公司	优秀奖
6	基于车 LiDAR 技术的铁路线路运营维护测量方法	ZL201610336069. 0	中铁第一勘察设计院集团有限公司	优秀奖
7	预防地下管廊产生差异沉降的施工方法	ZL201810426801. 2	中铁十七局集团有限公司及其第三工程有限公司	优秀奖

（制表:孙嘉良　余　博）

中国铁建获 2022 年度省级科学技术奖情况

序号	项目名称	奖励等级	授奖省份	获奖单位
1	城市地下大空间网络化安全拓建关键技术与应用	一等奖	北京市	中国铁建、铁一院、中铁十一局、铁四院、中铁十六局、中铁十四局、中铁十八局
2	极高风险隧道灾变精准控制与全作业线高效智能化建造技术及装备	一等奖	湖北省	中铁十一局、铁四院、中铁十八局
3	富水复合地层盾构法隧道施工及其装备优化关键技术与应用	一等奖	福建省	中铁十一局、中铁十八局
4	隧道重大地质灾害源探测评估关键技术创新与应用	一等奖	湖北省	中铁十一局
5	绿色高耐久预制构件高效生产关键技术及应用	一等奖	湖北省	中铁十一局
6	城市轨道交通盾构高效智能掘进与运营保障成套材料及工程应用	发明一等奖	山东省	中铁十四局
7	京张高铁复杂环境地下站隧智能化关键技术与应用	一等奖	北京市	中铁十四局
8	地质灾害频发区隧道建设关键技术及工程应用	一等奖	贵州省	中铁十七局、中铁十一局

续表

序号	项目名称	奖励等级	授奖省份	获奖单位
9	钢桥新结构设计理论及建造关键技术	一等奖	甘肃省	中铁二十一局
10	长大桥梁强/台风效应感知、预测与协同控制关键技术及应用	一等奖	江苏省	中铁二十四局
11	地下结构浮力计算方法与抗浮关键技术	发明一等奖	广西壮族自治区	中铁建设
12	液化场地高桩码头震害防控与韧性提升关键技术	一等奖	山东省	中国铁建港航局、中铁十七局
13	市域铁路车辆安全运维关键技术及工程应用	一等奖	湖北省	铁四院
14	轨道桥梁车致振动与噪声精细化分析理论及控制技术应用	一等奖	江西省	铁四院
15	桩承式路基沉降分析理论与控制关键技术	一等奖	湖北省	铁四院
16	复杂地层大型掘进机高性能刀盘刀具材料与工艺关键技术	一等奖	四川省	铁建重工
17	装备制造业信息化创新集成开发与应用	一等奖	云南省	铁建重工
18	超强富水软弱地质隧道灾变高精度三维探控与机械化建造关键技术	二等奖	河南省	中铁十一局
19	高速铁路无缝线路钢轨闪光焊成套技术与装备及应用	二等奖	四川省	中铁十一局
20	敏感环境下岩溶地层地铁车站及区间隧道洞室群钻爆施工综合控制技术	二等奖	山西省	中铁十二局
21	砂卵石地层大直径盾构隧道安全快速建造关键技术及应用	二等奖	山西省	中铁十二局
22	高原高地应力岩爆隧道施工关键技术	二等奖	山西省	中铁十二局
23	软土地区地下工程施工中承压水引发的环境影响及渗漏灾害控制技术	二等奖	天津市	中铁十二局
24	邻近既有线的隧道爆破开挖振动控制技术与工程应用	二等奖	陕西省	中铁十二局
25	山岭短隧道群智能建造关键技术研究及应用	二等奖	吉林省	中国铁建大桥局
26	西南地区大断面富煤偏压软岩隧道修建关键技术及应用研究	二等奖	陕西省	中国铁建大桥局
27	砂卵石地层土压平衡盾构长距离高效安全掘进技术及应用	二等奖	北京市	中铁十四局
28	城市轨道交通隧道机械化暗挖技术研究与应用	二等奖	北京市	中铁十六局
29	综合管廊绿色智能建设运维成套关键技术及工程应用	二等奖	北京市	中铁十八局
30	海上地锚式悬索桥设计与施工关键技术	二等奖	辽宁省	中铁十九局
31	滑坡关键因子天空地一体化获取技术及其应用	二等奖	广西壮族自治区	中铁二十二局

续表

序号	项目名称	奖励等级	授奖省份	获奖单位
32	特长隧道受地质灾害冲击的致灾机理及防灾减灾关键技术	二等奖	河南省	中铁二十四局
33	富水弱胶结地层盾构隧道下穿敏感构筑物施工关键技术与应用	二等奖	山东省	中铁二十五局
34	滨海严酷地质条件地下结构高耐久抗浮关键技术应用	二等奖	山东省	中铁建设
35	高速铁路动车组检修关键技术及应用	二等奖	陕西省	铁一院
36	混凝土结构强震灾变机理及性能改善与提成技术	二等奖	陕西省	铁一院
37	一隧多站式城市铁路隧道设计建造关键技术及应用	二等奖	湖北省	铁四院、中铁十五局、中铁十四局
38	高速铁路大跨度高平顺性梁拱组合桥结构体系创新及工程应用	二等奖	湖北省	铁四院
39	内河桥梁水域通航安全多维防船撞关键技术装备及应用	二等奖	湖北省	铁四院
40	三峡—葛洲坝梯级枢纽急流险滩通航关键技术研究及应用	二等奖	湖北省	铁四院
41	隧道连续出渣带式输送机关键技术研究及应用	二等奖	湖南省	铁建重工
42	高危多变地质隧道精细探治与安全高效建造关键技术及工程应用	三等奖	安徽省	中铁十一局、中铁十八局
43	高压动水破碎隧道灾变高精度探控与智能机械化高效施工关键技术	三等奖	福建省	中铁十一局、中铁十八局
44	桥梁多点支撑水平转体建造成套技术研究及应用	三等奖	湖北省	中铁十一局
45	高速铁路超大跨连续梁——拱组合桥梁施工关键技术	三等奖	山西省	中铁十二局
46	一种利用振搅式自行滑模连续浇筑路基边沟的施工方法	发明三等奖	山西省	中铁十二局
47	复杂地质环境下单线铁路隧道快速施工技术	三等奖	山西省	中铁十二局
48	复杂条件引水隧洞长距离施工关键技术	三等奖	山西省	中铁十二局
49	复杂岩溶地层精细探查与盾构安全掘进关键技术	三等奖	山西省	中铁十二局
50	900吨高铁双线箱梁运架设备限制条件下调头、拼装及信息化应用技术研究	三等奖	山西省	中铁十二局
51	长大隧道钻爆法机械化施工成套装备关键技术研究	三等奖	山西省	中铁十二局
52	高速铁路双幅小净距多线桥移动模架施工关键技术研究	三等奖	山西省	中铁十二局
53	复杂环境深水桩基础及现浇混凝土桥梁建造关键技术与应用	三等奖	湖北省	中铁十六局

续表

序号	项目名称	奖励等级	授奖省份	获奖单位
54	基于机器视觉的预制梁精准施工关键技术研究与应用	三等奖	山西省	中铁十七局
55	地震多发区隧道穿越断层破碎带施工任务	三等奖	辽宁省	中铁十九局
56	复杂空间曲面钢－型钢混凝土组合结构施工关键技术及应用	三等奖	陕西省	中铁二十局
57	隧道初级支护稳定性三维数字信息化预警技术	三等奖	甘肃省	中铁二十一局
58	高速列车疲劳荷载作用下无砟轨道伤损机理研究	自然 三等奖	贵州省	中铁二十四局
59	铁路航空综合交通电磁兼容关键技术及应用	三等奖	陕西省	铁一院
60	多模式多车型站台智能安全防护关键技术及应用	发明 三等奖	湖北省	铁四院
61	果蔬铁路冷链物流全链路智慧化技术创新与运用	三等奖	湖北省	铁四院
62	铁路牵引供电智能调度系统关键技术研究及装备研制	三等奖	湖北省	铁四院
63	环保型表面处理与长效防腐防污多功能涂层的关键技术研究及应用	三等奖	湖北省	铁四院
64	不均匀地层隧道环境响应分析理论及建造关键技术	三等奖	江西省	上海院

（制表：程博华）

中国铁建获2022年度中国公路学会科学技术奖情况

序号	项目名称	奖励等级	授奖机构	获奖单位
1	含硬石膏碳酸盐岩隧道灾害机理与防治关键技术	一等奖	中国公路学会	中铁十一局
2	黄河下游高黏粒钙质结核地层超大直径泥水盾构穿越悬河关键技术	一等奖	中国公路学会	中铁十四局
3	寒区公路隧道冻害机制与高效诊治关键技术	一等奖	中国公路学会	中铁十六局
4	长大桥梁振动控制新理论与新技术	一等奖	中国公路学会	铁四院
5	隧道等效照明光环境安全节能关键技术研究与应用	一等奖	中国公路学会	铁四院
6	复杂气象条件下大跨桥梁行车安全协同防控关键技术及应用	一等奖	中国公路学会	铁四院
7	轨道交通隧道服役期结构渗漏协同治理关键技术研究及应用	一等奖	中国公路学会	铁五院
8	动水破碎软弱围岩耦合灾变隧道综合施工关键技术与装备	二等奖	中国公路学会	中铁十一局、 中铁十八局

续表

序号	项目名称	奖励等级	授奖机构	获奖单位
9	单洞四车道公路隧道全工序机械化建造关键技术	二等奖	中国公路学会	中铁十一局
10	基于多元数据驱动的桥梁智能预制安装和运维状态感知关键技术	二等奖	中国公路学会	中铁十一局
11	滨海环境下钢与混凝土结构表面石墨烯基重防腐涂料关键技术	二等奖	中国公路学会	中铁十一局
12	软弱围岩隧道待挖体稳定性及全断面预加固技术研究	二等奖	中国公路学会	中铁十二局
13	高速公路施工碳排放控制关键技术	二等奖	中国公路学会	中铁十二局
14	软弱破碎围岩隧道聚能水压光面控制爆破关键技术	二等奖	中国公路学会	中铁十四局
15	高水压强透水土岩复合地层大直径盾构长距离施工关键技术研究	二等奖	中国公路学会	中铁十四局
16	高水压复杂地质大直径盾构隧道安全高效掘进技术及工程应用	二等奖	中国公路学会	中铁十四局
17	装配式预应力箱梁桥全寿命精细分析、智能评估关键技术及工程应用	二等奖	中国公路学会	中铁十四局
18	大断面特长隧道瓦斯防治关键技术	二等奖	中国公路学会	中铁十六局、中铁十八局、中铁十九局、中铁十六局
19	复杂环境运营地铁车站接驳拓建关键技术研究	二等奖	中国公路学会	中铁十八局
20	黄土隧道轻型支护体系及建造关键技术	二等奖	中国公路学会	中铁二十局
21	公路下穿高铁运营安全关键技术及应用	二等奖	中国公路学会	铁五院
22	复杂环境下穿越富水断裂带浅埋大跨地铁车站综合施工技术研究	三等奖	中国公路学会	中铁十二局
23	公路工程创面生态防护关键技术	三等奖	中国公路学会	中铁十六局
24	高速公路隧道下穿采空区灾变机理及控制关键技术研究	三等奖	中国公路学会	中铁十六局
25	海域公路大跨度下承式钢－混叠合梁简支钢拱桥综合施工技术研究	三等奖	中国公路学会	中铁十六局
26	高速公路长大泥质砂岩隧道综合施工技术研究	三等奖	中国公路学会	中铁十七局
27	厦门海沧海底隧道工程建造关键技术	三等奖	中国公路学会	中铁十八局
28	隧道弱振动控制爆破技术研究	三等奖	中国公路学会	中铁二十一局
29	全预制拼装桥梁高质量建造及智慧管控关键技术研究与应用	三等奖	中国公路学会	中铁二十四局
30	幅高重心曲线转体桥梁体系转换及实时监控关键技术	三等奖	中国公路学会	铁四院
31	地铁隧道开挖引起邻近受荷桩基附加响应与控制措施研究	三等奖	中国公路学会	铁四院

（制表：程博华）

中国铁建获2022年度中国铁道学会科学技术奖情况

序号	项目名称	奖励等级	授奖机构	获奖单位
1	穿越城市中心跨境地下高速铁路关键技术及应用	特等奖	中国铁道学会	铁四院、中铁十五局
2	高速铁路软土路基小变形控制理论与技术	特等奖	中国铁道学会	铁四院、中铁二十四局、上海院
3	耐候型高铁轨道－沥青混凝土面路基结构关键技术及应用	特等奖	中国铁道学会	铁四院
4	高发耦合风险隧道灾变智能高效探治技术及装备	一等奖	中国铁道学会	中铁十一局、铁四院、中铁十八局
5	高铁大直径泥水盾构穿越城市核心区施工关键技术	一等奖	中国铁道学会	中铁十四局
6	铁路隧道结构隐蔽病害早期诊断与高效整治关键技术及工程应用	一等奖	中国铁道学会	中铁十六局
7	复杂地质富水铁路隧道灾害源预测预报方法与防控关键技术及应用	一等奖	中国铁道学会	中铁十九局、中铁十二局
8	基于BIM＋GIS的铁路移动通信高精度智能网络规划及优化技术	一等奖	中国铁道学会	中铁建电气化局
9	高度自律运行的新型牵引供电系统关键技术与装备	一等奖	中国铁道学会	铁一院、铁四院
10	高速铁路接触网智能建造系统与关键装备技术及应用	一等奖	中国铁道学会	铁四院、中铁建电气化局、中铁十一局
11	车辆荷载作用下桥上轨道非线性振动关键技术与应用研究	一等奖	中国铁道学会	铁四院、中铁二十四局
12	城际铁路成套关键技术研究及应用	一等奖	中国铁道学会	铁四院
13	铁路隧道结构防排水关键技术及工程应用	一等奖	中国铁道学会	铁四院、铁一院、铁五院、中铁十二局、中铁十六局
14	高速列车运行动态模拟关键技术及装备	一等奖	中国铁道学会	铁四院
15	高速铁路地基处理智能微变形控制技术与应用	一等奖	中国铁道学会	铁五院、中铁十六局
16	富水地层地铁盾构受限始发与超近距下穿既有线安全控制关键技术	二等奖	中国铁道学会	中铁十一局
17	近邻既有线高压富水充填粉细砂大型溶洞群隧道修建技术	二等奖	中国铁道学会	中铁十一局
18	铁路山岭隧道精益建造技术研究及应用	二等奖	中国铁道学会	中铁十一局
19	高墩长联重载公铁两用钢桁结合梁桥建造技术	二等奖	中国铁道学会	中国铁建大桥局
20	富水软土层市域铁路地下工程变形控制及渣土再利用关键技术	二等奖	中国铁道学会	中铁十六局、中铁十二局、上海院、中铁十九局
21	高速铁路全焊接钢管混凝土拱桥建造关键技术	二等奖	中国铁道学会	中铁十八局
22	闽江特大桥216米大跨度刚构连续梁悬臂施工综合技术研究	二等奖	中国铁道学会	中铁二十局

续表

序号	项目名称	奖励等级	授奖机构	获奖单位
23	铁路预应力混凝土矮塔斜拉桥建造关键技术及工程应用	二等奖	中国铁道学会	中铁二十三局
24	基于GIS和光纤传感监测的海绵城市智慧雨水系统研究与应用	二等奖	中国铁道学会	中铁建设、铁四院
25	大风环境下接触网系统及装备服役能力评估与保持技术	二等奖	中国铁道学会	铁一院
26	高速铁路车致环境振动传递机理与控制关键技术	二等奖	中国铁道学会	铁一院、上海院
27	高原铁路牵引供电系统接地回流安全评价关键技术及应用	二等奖	中国铁道学会	铁一院
28	高速铁路300米级超大跨度混凝土梁拱组合桥关键技术及应用	二等奖	中国铁道学会	铁四院
29	铁路牵引变电工程标准设计的关键技术及工程应用	二等奖	中国铁道学会	铁四院、铁一院、铁五院
30	高铁隧道压力波系变截面缓解技术	二等奖	中国铁道学会	铁四院
31	《铁路自然灾害及异物侵限监测系统工程技术规范》制定及应用	二等奖	中国铁道学会	铁四院
32	软土地区高铁不停运接轨工程关键技术与装备	二等奖	中国铁道学会	上海院、中铁二十四局
33	新型钢结构连接设计分析理论及数字化建造技术	二等奖	中国铁道学会	上海院
34	广佛环城际铁路东平水道特大桥设计与施工关键技术研究	三等奖	中国铁道学会	中铁十二局、铁一院
35	有轨电车轨道工程关键技术研发与应用	三等奖	中国铁道学会	中铁十四局
36	铁路高填土隧洞结构减载及衬砌结构性能优化关键技术与工程应用	三等奖	中国铁道学会	中铁十四局
37	深水裸岩条件下高速铁路无砟轨道桥梁施工综合技术	三等奖	中国铁道学会	中铁十六局
38	毛乌素沙漠与黄土高原过渡区重载铁路隧道综合施工技术	三等奖	中国铁道学会	中铁十七局
39	高温干燥环境有砟轨道高速铁路超宽预应力连续箱梁设计施工技术	三等奖	中国铁道学会	中铁十八局
40	重载铁路大断面隧道穿越风积沙及黄土混合地层施工关键技术研究	三等奖	中国铁道学会	中铁十八局
41	124米超高边坡稳定与变形控制防灾关键技术	三等奖	中国铁道学会	中铁二十局
42	XDC65电机车组	三等奖	中国铁道学会	中铁二十局
43	高速铁路大跨度连续刚构－钢管拱组合桥梁建造关键技术	三等奖	中国铁道学会	中铁二十一局
44	紧邻高铁营业线桥梁微扰动施工关键技术及应用	三等奖	中国铁道学会	中铁二十四局

续表

序号	项目名称	奖励等级	授奖机构	获奖单位
45	基于多模组合技术的铁路信号可重构模拟试验设备研制及应用	三等奖	中国铁道学会	中铁建电气化局
46	高速列车越站空气动力学安全保障关键技术及应用	三等奖	中国铁道学会	铁四院
47	既有铁路 GSM－R 通信系统改造关键技术研究	三等奖	中国铁道学会	铁四院
48	高铁物流发展规划与关键技术研究	三等奖	中国铁道学会	铁四院
49	峡谷地区重载铁路大跨度上承式钢管混凝土拱桥关键技术	三等奖	中国铁道学会	铁四院
50	铁路工程地质遥感技术规程	三等奖	中国铁道学会	铁四院
51	铁路隧道仰拱开挖安全预警系统研究	三等奖	中国铁道学会	铁四院
52	连盐铁路灌河特大桥（120＋228＋120）米连续钢桁－柔性拱建造关键技术	三等奖	中国铁道学会	铁五院
53	城市轨道交通 U 型梁整体道床施工技术及设备	三等奖	中国铁道学会	铁五院
54	轨道结构宽频域振动分析理论及应用技术	三等奖	中国铁道学会	铁五院、上海院
55	《铁路工程设计防火规范》TB10063—2016	三等奖	中国铁道学会	上海院

（制表：李小和　程博华）

中国铁建获 2022 年度省部级工法目录

序号	工法名称	编写单位	认定机构
1	基于三维激光扫描点云隧道钢架钢筋质量自动判别施工工法	中铁十一局	中国公路建设行业协会
2	超大跨度双向八车道公路隧道二衬双泵快速浇筑施工工法	中铁十一局	中国公路建设行业协会
3	超大跨度双向八车道公路隧道三台阶法机械化快速开挖支护施工工法	中铁十一局	中国公路建设行业协会
4	多跨连续刚构桥大偏位大吨位顶推合龙施工工法	中铁十一局	中国公路建设行业协会
5	桥梁空心墩横隔板无支架支撑体系快速施工工法	中铁十一局	中国公路建设行业协会
6	高边坡框格梁固定开窗浇筑及生态植生袋绿化施工工法	中铁十一局	中国公路建设行业协会
7	暗挖隧道有限空间内盾构快速始发施工工法	中铁十一局	河南省建筑业协会
8	盾构近距离侧穿建筑物施工工法	中铁十一局	河南省建筑业协会
9	地铁车站围护桩缺失部位逆做封堵施工工法	中铁十一局	河南省建筑业协会
10	盾构掘进突遇未处理溶洞或裂隙施工工法	中铁十一局	河南省建筑业协会
11	地铁区间洞门环梁防渗处理施工工法	中铁十一局	河南省建筑业协会

续表

序号	工法名称	编写单位	认定机构
12	盾构连续下穿大直径输水管线施工工法	中铁十一局	河南省建筑业协会
13	地铁主体结构预留孔洞封闭施工工法	中铁十一局	河南省建筑业协会
14	地铁盖挖法钢管柱垂直度控制施工工法	中铁十一局	河南省建筑业协会
15	新型铝镁锰板通风降噪屋面施工工法	中铁十一局	湖北省住建厅
16	装配式构造柱施工工法	中铁十一局	湖北省住建厅
17	钢结构外墙 ALC 超长竖板外挂安装施工工法	中铁十一局	湖北省住建厅
18	整体式成套卫浴施工工法	中铁十一局	湖北省住建厅
19	非自重湿陷性黄土地区螺杆桩施工工法	中铁十一局	湖北省住建厅
20	五恒系统之柔和式天棚辐射盘管施工工法	中铁十一局	湖北省住建厅
21	桥梁空心墩横隔板无支架支撑体系快速施工工法	中铁十一局	湖北省住建厅
22	预制钢纤维混凝土隐形接缝路面板拼装及拆卸施工工法	中铁十一局	湖北省住建厅
23	隧道仰拱作业区安全快速施工工法	中铁十一局	湖北省住建厅
24	复杂地段中低速磁浮轨道高效铺设施工工法	中铁十一局	湖北省住建厅
25	长大空间直线高精度火箭橇滑轨铺设施工工法	中铁十一局	湖北省住建厅
26	上跨既有线空间刚构一体式移动台车施工工法	中铁十一局	湖北省住建厅
27	钢轨伸缩调节器及梁端伸缩装置一体化铺设施工工法	中铁十一局	湖北省住建厅
28	铁路工程本邻两线长钢轨铺设施工工法	中铁十一局	湖北省住建厅
29	跨匝道预制弧形钢箱梁悬臂拼接施工工法	中铁十一局	湖北省住建厅
30	既有承台支承预制小箱梁式隐盖梁组合式支架施工工法	中铁十一局	湖北省住建厅
31	地铁停车场大面积盖体装配式施工工法	中铁十一局	湖北省住建厅
32	500 吨提梁机配合 1000 吨运架一体机装梁施工工法	中铁十一局	湖北省住建厅
33	大跨度曲面造型铝镁锰板施工工法	中铁十一局	湖北省住建厅
34	1000 吨/40 米低位运梁车与发梁台车协同装梁施工工法	中铁十一局	湖北省住建厅
35	千吨级 40 米简支箱梁转向移动施工工法	中铁十一局	湖北省住建厅
36	新建地铁刚性接触网无轨测量及安装施工工法	中铁十一局	湖北省住建厅
37	中低速磁浮接触轨安装调整施工工法	中铁十一局	湖北省住建厅
38	高速铁路棘轮及弹性吊索一次到位安装施工工法	中铁十一局	湖北省住建厅
39	高速铁路接触网吊弦自动化预配施工工法	中铁十一局	湖北省住建厅
40	长距离桥桩段大直径 TBM 空推过站施工工法	中铁十一局	湖北省住建厅

续表

序号	工法名称	编写单位	认定机构
41	大直径泥水盾构接收及拆解施工工法	中铁十一局	湖北省住建厅
42	长江漫滩地区短套筒盾构始发施工工法	中铁十一局	湖北省住建厅
43	小箱梁 UHPC 横向湿接缝钢筋无焊连接施工工法	中铁十一局	湖北省住建厅
44	临江工程渣土管道 + 水运施工工法	中铁十一局	湖北省住建厅
45	既有线道岔连续梁横向顶推施工工法	中铁十一局	湖北省住建厅
46	城市装配式桥梁混凝土立柱及盖梁安装施工工法	中铁十一局	湖北省住建厅
47	超大跨度双向八车道公路隧道双侧壁导坑法机械化快速施工工法	中铁十一局	湖北省住建厅
48	基于 BIM + GIS 技术的深“V”河谷 6 级岩质高边坡施工工法	中铁十一局	湖北省住建厅
49	大跨度连续刚构拱液压提升拼装施工工法	中铁十一局	湖北省住建厅
50	超高索塔建造施工工法	中铁十一局	湖北省住建厅
51	钢管混凝土永久立柱桩施工技术	中铁十一局	湖北省住建厅
52	矮塔斜拉桥快速挂索施工工法	中铁十一局	湖北省住建厅
53	矮塔斜拉桥索鞍快速定位施工工法	中铁十一局	湖北省住建厅
54	矮塔斜拉桥索梁锚固块快速施工工法	中铁十一局	湖北省住建厅
55	跨高铁线路分段拼装及步履式顶推施工工法	中铁十一局	湖北省住建厅
56	预制装配式斜坡屋面安装施工工法	中铁十二局	河南省建筑业协会
57	地下混凝土结构新老驳接施工工法	中铁十二局	中国公路建设行业协会
58	水泥土螺旋基础复合桩施工工法	中铁十二局	山东省住建厅
59	悬灌连续梁节段悬吊加劲支架施工工法	中铁十二局	山东省住建厅
60	时速 160 千米刚性接触网汇流排架设施工工法	中铁十二局	天津市住建委
61	混凝土结构中钢筋机械锚固施工工法	中铁十二局	山东省住建厅
62	装配式建筑环筋扣合后浇梁混凝土施工工法	中铁十二局	河南省建筑业协会
63	超大变截面隧道二次衬砌施工工法	中铁十二局	中国公路建设行业协会
64	深 V 形峡谷桥梁临时工作索安装、运输施工工法	中铁十二局	中国公路建设行业协会
65	岩质超大跨隧道双侧壁导坑台阶法仰拱一次成型施工工法	中铁十二局	中国公路建设行业协会
66	利用智能化工装提高隧道二衬质量的施工工法	中铁十二局	陕西省住建厅
67	旋挖钻孔 + 控制爆破竖井施工工法	中铁十二局	中国公路建设行业协会
68	隧道削竹式洞门快速施工工法	中铁十二局	中国公路建设行业协会
69	利用悬吊式底模托架浇筑悬空承台施工工法	中铁十二局	中国公路建设行业协会
70	三维激光扫描检测隧道轮廓测量工法	中铁十二局	中国公路建设行业协会

续表

序号	工法名称	编写单位	认定机构
71	斜拉桥牵索挂篮前支点拉索安装施工工法	中铁十二局	陕西省住建厅
72	900 吨运梁车桥面垂直提升会车施工工法	中铁十二局	陕西省住建厅
73	预制梁移动式台座工厂化流水线施工工法	中铁十二局	中国公路建设行业协会
74	大跨悬索桥深路堑超大倾角隧道锚施工工法	中国铁建大桥局	中国公路建设行业协会
75	活动地板架联合设计技术施工工法	中国铁建大桥局	中国公路建设行业协会
76	高墩大跨超长联钢梁无塔架多点同步顶推施工工法	中国铁建大桥局	天津市住建委
77	深水基础浅覆盖层锁扣钢管桩围堰施工工法	中国铁建大桥局	天津市住建委
78	钢箱拱肋三阶段扣挂法施工工法	中国铁建大桥局	天津市住建委
79	大跨径协作体系斜拉桥钢板组合梁施工工法	中国铁建大桥局	天津市住建委
80	等跨连续梁边直线段钢管支架 + 挂篮组合现浇施工工法	中国铁建大桥局	辽宁省住建厅
81	大跨度地锚式悬索桥索塔施工工法	中国铁建大桥局	辽宁省住建厅
82	悬索桥非通航区钢箱梁架设施工工法	中国铁建大桥局	辽宁省住建厅
83	大倾角变曲率无下横梁斜拉桥索塔施工工法	中国铁建大桥局	辽宁省住建厅
84	山区陡坎复杂地形桥梁基础作业平台施工工法	中国铁建大桥局	辽宁省住建厅
85	基于硬岩厚度识别的复合地层盾构掘进施工工法	中国铁建大桥局	辽宁省住建厅
86	高压气冲法湿桩桩头快速清理施工工法	中国铁建大桥局	辽宁省住建厅
87	连续刚构 0 号、1 号块三角托架与挂篮一体化施工工法	中国铁建大桥局	辽宁省住建厅
88	山区地锚式悬索桥隧道式锚碇大体积混凝土智能温控施工工法	中国铁建大桥局	辽宁省住建厅
89	大跨悬索桥超大倾斜式隧道锚预应力系统精准定位施工工法	中国铁建大桥局	辽宁省住建厅
90	山区大跨悬索桥深路堑超大倾角复杂曲面隧道锚开挖施工工法	中国铁建大桥局	辽宁省住建厅
91	大跨悬索桥深路堑超大倾角隧道锚施工工法	中国铁建大桥局	中国公路建设行业协会
92	基于溶腔位置的超前导洞施工工法	中国铁建大桥局	辽宁省住建厅
93	隧道光面爆破 T 型连接施工工法	中国铁建大桥局	辽宁省住建厅
94	复杂地质超大涌水段综合处治施工工法	中国铁建大桥局	辽宁省住建厅
95	浙江地区凝灰岩地质长大隧道高地应力热害区Ⅱ级围岩衬砌防裂施工工法	中国铁建大桥局	辽宁省住建厅
96	暗河段高大溶洞明洞施工工法	中国铁建大桥局	辽宁省住建厅
97	新型 PC 组合箱梁波形钢腹板式全断面 0#块施工工法	中国铁建大桥局	辽宁省住建厅
98	接近既有旧桥的竖曲线钢箱梁桥顶推施工工法	中国铁建大桥局	辽宁省住建厅

续表

序号	工法名称	编写单位	认定机构
99	高速铁路曲弦钢桁架无支架吊装施工工法	中国铁建大桥局	辽宁省住建厅
100	市政下穿通道基坑钢支撑伺服系统支护施工工法	中国铁建大桥局	辽宁省住建厅
101	城市轨道穿越居民密集区地面小孔径水井回填工法	中国铁建大桥局	辽宁省住建厅
102	大型双壁钢吊箱围堰长距离浮运实时测控精准定位施工工法	中国铁建大桥局	黑龙江省住建厅
103	三主桁双层钢桁拱桥边跨合龙施工工法	中国铁建大桥局	黑龙江省住建厅
104	大跨度三主桁钢桁拱桥斜拉扣挂法大悬臂拼装施工工法	中国铁建大桥局	黑龙江省住建厅
105	三主桁双层钢桁拱桥吊索塔架施工工法	中国铁建大桥局	黑龙江省住建厅
106	三主桁钢桁拱桥多点同步合龙快速施工工法	中国铁建大桥局	黑龙江省住建厅
107	大跨度三主桁钢桁拱桥大悬臂拼装用墩旁托架施工工法	中国铁建大桥局	黑龙江省住建厅
108	大体积混凝土智能温度监测与控制系统施工工法	中国铁建大桥局	黑龙江省住建厅
109	大跨度加强型新型大桥组合杆件拆分吊装施工工法	中国铁建大桥局	黑龙江省住建厅
110	多跨非对称预应力混凝土现浇连续刚构箱梁分段施工工法	中国铁建大桥局	黑龙江省住建厅
111	复杂环境条件下市政工程拖拉管施工工法	中国铁建大桥局	黑龙江省住建厅
112	大跨度连续预应力钢混组合梁施工工法	中国铁建大桥局	黑龙江省住建厅
113	BIM 技术智能化钢箱梁加工施工工法	中国铁建大桥局	黑龙江省住建厅
114	漫滩地质深基坑整体井点降水施工工法	中国铁建大桥局	黑龙江省住建厅
115	寒区预应力盖梁张拉槽口采用深埋套筒施工工法	中国铁建大桥局	黑龙江省住建厅
116	波纹管内预应力穿束监测施工工法	中国铁建大桥局	黑龙江省住建厅
117	长盖梁分段单端固定预应力施工工法	中国铁建大桥局	黑龙江省住建厅
118	H 型钢桩 + 混凝土预制板基坑支护施工工法	中国铁建大桥局	黑龙江省住建厅
119	跨既有高速公路现浇简支箱梁门洞支架施工工法	中国铁建大桥局	黑龙江省住建厅
120	城市桥梁的预应力钢板桩式挡土墙施工工法	中国铁建大桥局	黑龙江省住建厅
121	强岩爆隧洞微震监测与应力解除施工工法	中国铁建大桥局	四川省住建厅
122	水电站溢洪道洞室四台阶分步开挖支护施工工法	中国铁建大桥局	四川省住建厅
123	基于原位支架跨江钢箱梁结构安装的施工工法	中国铁建大桥局	四川省住建厅
124	三主桁钢桁拱桥多点同步合龙快速施工工法	中国铁建大桥局	黑龙江省住建厅

续表

序号	工法名称	编写单位	认定机构
125	大型双壁钢吊箱围堰长距离浮运实时测控精准定位施工工法	中国铁建大桥局	黑龙江省住建厅
126	大跨度三主桁钢桁拱桥大悬臂拼装用墩旁托架施工工法	中国铁建大桥局	黑龙江省住建厅
127	三主桁双层钢桁拱桥吊索塔架施工工法	中国铁建大桥局	黑龙江省住建厅
128	三主桁双层钢桁拱桥边跨合龙施工工法	中国铁建大桥局	黑龙江省住建厅
129	大跨度三主桁钢桁拱桥斜拉扣挂法大悬臂拼装施工工法	中国铁建大桥局	黑龙江省住建厅
130	公路土路肩机械成形施工工法	中国铁建大桥局	宁夏回族自治区住建厅
131	多层煤层采空区钻孔注浆治理施工工法	中铁十四局	山东省住建厅
132	岩溶地区钻孔灌注桩施工工法	中铁十四局	山东省住建厅
133	“深中浅”精细化多重复合防水处置工法	中铁十四局	山东省住建厅
134	管幕围护结构三角区加固及管间切割施工工法	中铁十四局	山东省住建厅
135	富水浅埋大断面矩形顶管土压平衡顶进施工工法	中铁十四局	山东省住建厅
136	管幕结构法浅埋隧道下穿既有建(构)筑物施工工法	中铁十四局	中国公路行业建设协会
137	大跨度钢斜拉桥 UHPC 桥面铺装施工工法	中铁十四局	中国公路建设行业协会
138	超长服役期钢斜拉桥斜拉索全桥更换工法	中铁十四局	中国公路建设行业协会
139	大跨度钢斜拉桥 UHPC 桥面铺装施工工法	中铁十四局	山东省住建厅
140	受限低净空地连墙施工工法	中铁十四局	中国公路建设行业协会
141	临近既有营业线地铁深基坑变形控制施工工法	中铁十四局	中国公路建设行业协会
142	大跨度连续刚构桥 0#块装配式托架施工工法	中铁十四局	中国公路建设行业协会
143	大跨度连续刚构桥 0#块装配式托架施工工法	中铁十四局	山东省住建厅
144	受限低净空地连墙施工工法	中铁十四局	山东省住建厅
145	大跨径钢桁梁长距离顶推施工工法	中铁十四局	山东省住建厅
146	利用无人测量船指导水下施工工法	中铁十四局	山东省住建厅
147	邻近铁路高墩支架大吨位吊装钢箱梁施工工法	中铁十四局	山东省住建厅
148	模块化装修龙骨与综合支吊架施工工法	中铁十四局	山东省住建厅
149	公轨合建隧道装配式内部结构施工工法	中铁十四局	中国公路建设行业协会
150	盾构隧道带压进仓二次辅助减压施工工法	中铁十四局	中国公路建设行业协会
151	超大直径盾构隧道同步双液注浆快速施工工法	中铁十四局	中国公路建设行业协会
152	超大直径盾构泥水循环管路堵塞防治施工工法	中铁十四局	中国公路建设行业协会
153	超大直径盾构泥水干接收施工工法	中铁十四局	中国公路建设行业协会
154	超大直径泥水盾构干接收施工工法	中铁十四局	山东省住建厅

续表

序号	工法名称	编写单位	认定机构
155	盾构隧道带压进仓二次辅助减压施工工法	中铁十四局	山东省住建厅
156	长距离大坡度小断面盾构物料运输技术	中铁十四局	山东省住建厅
157	既有车站下部增层拓建施工工法	中铁十四局	山东省住建厅
158	既有车站上盖增层明挖拓建安全施工工法	中铁十四局	山东省住建厅
159	暗挖车站密贴下穿既有车站单双层段主动顶升控制施工工法	中铁十四局	山东省住建厅
160	大跨径地下洞室机械切割开挖施工工法	中铁十四局	中国水利工程行业协会
161	复杂地层大直径盾构隧道穿越高铁既有线施工工法	中铁十四局	江苏省住建厅
162	复杂地层超浅覆土大直径盾构隧道下穿河流管片抗浮施工工法	中铁十四局	江苏省住建厅
163	大直径盾构隧道超前地质预报工法	中铁十四局	江苏省住建厅
164	泥水盾构废弃泥浆－筛分渣土制备同步砂浆施工工法	中铁十四局	江苏省住建厅
165	泥水盾构废弃泥浆快速沉淀－板框压滤一体化工法	中铁十四局	江苏省住建厅
166	双曲线段桥梁梁体整孔更换施工工法	中铁十四局	中国公路建设行业协会
167	顶部外扩对拉自稳支架施工工法	中铁十五局	中国公路建设行业协会
168	连续刚构边跨整体式合龙装置施工工法	中铁十五局	中国公路建设行业协会
169	铁路道岔连续梁悬臂挂篮施工工法	中铁十五局	河南省建筑业协会
170	狭小空间下深基坑组合系统换撑施工工法	中铁十五局	河南省工程建设协会
171	蔽障变线顶管施工工法	中铁十五局	河南省工程建设协会
172	无接收井顶管施工工法	中铁十五局	河南省建筑业协会
173	高水压高渗透地层盾构地表深井动态降水施工工法	中铁十五局	中国水利工程协会
174	市政沥青道路井圈卸荷板加固施工	中铁十六局	内蒙古自治区建筑业协会
175	曲面悬挑网架檐口弧形铝单板封边施工工法	中铁十六局	内蒙古自治区建筑业协会
176	松散地层超大跨度隧道扩建施工工法	中铁十六局	中国煤炭建设协会
177	三代新型聚能管光面爆破结合爆破全过程模拟施工工法	中铁十六局	中国煤炭建设协会
178	有限空间大直径桩破除桩芯截桩施工工法	中铁十六局	中国公路建设行业协会
179	盾构机站内快速过站施工工法	中铁十六局	中国公路建设行业协会
180	预制梁埋入式伸缩旋转自动喷淋养生系统施工工法	中铁十六局	中国公路建设行业协会
181	波形钢腹板 PC 组合梁异节段同步快速施工工法	中铁十六局	中国公路建设行业协会
182	高速公路活化橡胶沥青碎石封层施工工法	中铁十六局	中国公路建设行业协会

续表

序号	工法名称	编写单位	认定机构
183	树枝捆垛边坡防护结构及施工工法	中铁十六局	中国公路建设行业协会
184	穿越密集民房群高填方路基的减震沟施工工法	中铁十六局	中国公路建设行业协会
185	隧道侧壁采用可折叠式滑轨平台线缆安装施工工法	中铁十六局	内蒙古自治区建筑业协会
186	快速拆除跨高速公路既有预应力连续箱梁施工工法	中铁十六局	河南省工程建设协会
187	盾构破损管片修补加固施工工法	中铁十六局	河南省土木建筑学会
188	市政沥青道路井圈卸荷板加固施工	中铁十六局	内蒙古自治区建筑业协会
189	曲面悬挑网架檐口弧形铝单板封边施工工法	中铁十六局	内蒙古自治区建筑业协会
190	松散地层超大跨度隧道扩建施工工法	中铁十六局	中国煤炭建设协会
191	三代新型聚能管光面爆破结合爆破全过程模拟施工工法	中铁十六局	中国煤炭建设协会
192	有限空间大直径桩破除桩芯截桩施工工法	中铁十六局	中国公路建设行业协会
193	盾构机站内快速过站施工工法	中铁十六局	中国公路建设行业协会
194	预制梁埋入式伸缩旋转自动喷淋养生系统施工工法	中铁十六局	中国公路建设行业协会
195	波形钢腹板 PC 组合梁异节段同步快速施工工法	中铁十六局	中国公路建设行业协会
196	高速公路活化橡胶沥青碎石封层施工工法	中铁十六局	中国公路建设行业协会
197	树枝捆垛边坡防护结构及施工工法	中铁十六局	中国公路建设行业协会
198	穿越密集民房群高填方路基的减震沟施工工法	中铁十六局	中国公路建设行业协会
199	黄土地质洛阳铲施工桩基快速成孔施工工法	中铁十七局	中国公路建设行业协会
200	上跨运营高速公路小半径曲线窄幅钢箱梁顶推施工工法	中铁十七局	中国公路建设行业协会
201	超大超深隧道通风竖井二衬及十字隔墙一体化液压模板施工工法	中铁十七局	中国公路建设行业协会
202	0#块托架反力架等效预压施工工法	中铁十七局	中国公路建设行业协会
203	边坡预制块快速运输及胎模法施工工法	中铁十七局	中国公路建设行业协会
204	现浇梁装配式梁式支架施工工法	中铁十七局	中国公路建设行业协会
205	黄河湿地超长护筒跟进循环使用施工工法	中铁十七局	中国公路建设行业协会
206	集束微管密闭性的快速测试装置施工工法	中铁十七局	中国公路建设行业协会
207	EME－14 改性复合高模量沥青路面智能压实施工工法	中铁十七局	浙江省住建厅
208	小断面硬岩地层中隧道横通道机械施工工法	中铁十八局	山东省住建厅
209	探地雷达检测水泥稳定碎石基层厚度工法	中铁十八局	山东省住建厅
210	局部树脂固化修复城市排水管道施工工法	中铁十八局	天津市住建委
211	高原铁路隧道仰拱滑模施工工法	中铁十八局	天津市住建委

续表

序号	工法名称	编写单位	认定机构
212	RJP 桩端头加固结合外置钢箱加双道帘布盾构始发施工工法	中铁十八局	天津市住建委
213	超深斜交换乘地铁车站基坑开挖施工工法	中铁十八局	天津市住建委
214	河底淤泥修复整治的蜂巢格室施工工法	中铁十八局	天津市住建委
215	CRTSI 型双块式无砟轨道智能化工装创新施工工法	中铁十八局	天津市住建委
216	复杂水文地质条件下超深大直径工作井施工工法	中铁十八局	天津市住建委
217	钢桥塔大角度液压同步竖向转体施工工法	中铁十八局	天津市住建委
218	空气源热泵用于钢筋混凝土管片初期养护的施工工法	中铁十八局	中国公路建设行业协会
219	敞开式 TBM“一洞双机”组装施工工法	中铁十八局	中国公路建设行业协会
220	敞开式 TBM 不良地质洞段管棚施工工法	中铁十八局	中国公路建设行业协会
221	城市敏感环境下邻近建筑物低振动隧道精细化爆破开挖施工工法	中铁十八局	中国公路建设行业协会
222	大直径盾构上软下硬地层下穿密集城市建筑群施工工法	中铁十八局	中国公路建设行业协会
223	复杂水文地质条件下超深大直径工作井施工工法	中铁十八局	中国公路建设行业协会
224	全断面岩层裂隙水发育区盾构填仓注浆换刀施工工法	中铁十八局	中国公路建设行业协会
225	钢桥塔大角度液压同步竖向转体施工工法	中铁十八局	中国公路建设行业协会
226	隧道废弃玄武岩机制砂混凝土 T 形预制构件施工工法	中铁十八局	中国公路建设行业协会
227	全预制拼装式桥梁下部结构预制拼装施工工法	中铁十八局	中国公路建设行业协会
228	空心薄壁高墩滑模快速施工工法	中铁十八局	中国公路建设行业协会
229	局部树脂固化修复城市排水管道施工工法	中铁十八局	中国公路建设行业协会
230	局部树脂固化修复城市排水管道施工工法	中铁十八局	中国水利工程协会
231	河底淤泥修复整治的蜂巢格室施工工法	中铁十八局	中国水利工程协会
232	封闭湖水水体生态自净化循环系统施工工法	中铁十八局	中国水利工程协会
233	上穿地铁区间人工顶管施工工法	中铁十八局	中国水利工程协会
234	敞开式 TBM“一洞双机”组装施工工法	中铁十八局	中国水利工程协会
235	敞开式 TBM 不良地质洞段管棚施工工法	中铁十八局	中国水利工程协会
236	上穿地铁区间人工顶管施工工法	中铁十八局	中国公路建设行业协会
237	梯形排水沟滑模施工工法	中铁十九局	中国公路建设行业协会
238	地铁风道 CRD 法临时支撑拆除施工工法	中铁十九局	中国煤炭建设协会

续表

序号	工法名称	编写单位	认定机构
239	城市地铁轨顶风道结构及TBM掘进同步施工工法	中铁十九局	中国煤炭建设协会
240	隧道二次衬砌可变跨度衬砌台车施工工法	中铁十九局	中国煤炭建设协会
241	无砟轨道沉降抬升处理施工工法	中铁十九局	辽宁省住建厅
242	跨营业线高位U型梁“现浇落梁”施工工法	中铁十九局	辽宁省住建厅
243	地铁车站轨顶风道采用移动式门架同步施工工法	中铁十九局	辽宁省住建厅
244	大断面隧道端墙支架法一次性浇筑施工工法	中铁十九局	辽宁省住建厅
245	大断面差喇叭口处隧道施工工法	中铁十九局	辽宁省住建厅
246	变断面隧道二次衬砌可调节模板结构施工工法	中铁十九局	辽宁省住建厅
247	衬砌端头纵向浇筑混凝土施工工法	中铁十九局	辽宁省住建厅
248	(72+128+72)米连续梁挂篮悬臂现浇反向单端张拉工法	中铁十九局	中国公路建设行业协会
249	隧道软岩段TBM卡机“管棚注浆+导洞侧挖”综合处理施工工法	中铁十九局	辽宁省住建厅
250	跨越繁忙高速公路大跨度钢箱梁施工工法	中铁十九局	辽宁省住建厅
251	大跨度连续梁下滑道墩顶转体施工工法	中铁十九局	辽宁省住建厅
252	半刚性基层水泥稳定砂砾一次性超厚摊铺施工工法	中铁十九局	中国公路建设行业协会
253	海域浅滩钻孔灌注桩桩头浮浆处理工法	中铁十九局	辽宁省住建厅
254	CRTS型双块式无砟轨道新型嵌套式轨排施工工法	中铁十九局	辽宁省住建厅
255	涌水涌泥岩溶互层隧道多方式互助处理施工工法	中铁十九局	辽宁省住建厅
256	煤系瓦斯地层隧道揭煤施工工法	中铁十九局	辽宁省住建厅
257	煤与瓦斯突出隧道防突施工工法	中铁十九局	辽宁省住建厅
258	大断面软岩隧道三台阶带仰拱同步开挖施工工法	中铁十九局	辽宁省住建厅
259	隧道衬砌减压排水四步施工工法	中铁十九局	中国公路建设行业协会
260	滇北地区隧道曲线超高段旋转衬砌施工工法	中铁十九局	中国公路建设行业协会
261	大跨度双连拱隧道五导洞快速开挖施工工法	中铁十九局	中国公路建设行业协会
262	高速铁路路基线间防水超薄干塑混凝土成套施工工法	中铁十九局	中国公路建设行业协会
263	高寒地区膨胀岩隧道隧底抗变形施工工法	中铁十九局	辽宁省住建厅
264	TSSF-K型双腔挤压式桥梁伸缩缝快速循环施工工法	中铁十九局	辽宁省住建厅
265	高速公路超薄磨耗层预防性养护罩面施工工法	中铁十九局	辽宁省住建厅

续表

序号	工法名称	编写单位	认定机构
266	大跨度双连拱隧道五导洞快速开挖技术	中铁十九局	辽宁省住建厅
267	湿陷性黄土隧道软弱围岩的锁脚加固与施工工法	中铁十九局	辽宁省住建厅
268	冲洪积形成的堆积体中软弱围岩富水隧道仰拱开裂处治施工工法	中铁十九局	辽宁省住建厅
269	滇北地区隧道曲线超高段旋转衬砌施工工法	中铁十九局	辽宁省住建厅
270	钢桥面浇筑式沥青混凝土施工工法	中铁十九局	辽宁省住建厅
271	天然沥青高模量混合料表面层(BBME－13)施工工法	中铁十九局	辽宁省住建厅
272	高速铁路路基线间防水超薄干塑混凝土数控技术施工工法	中铁十九局	辽宁省住建厅
273	关山隧道高地应力硬质碎裂围岩大变形控制施工工法	中铁十九局	江苏省住建厅
274	客专高架站单线并为双线过渡跨及双线分为单线过渡跨桥梁架梁工法	中铁十九局	江苏省住建厅
275	高原风积砂地层隧道洞口段水平旋喷咬合桩预支护加固施工工法	中铁十九局	江苏省住建厅
276	边跨处单(双)线简支箱梁架设施工工法	中铁十九局	辽宁省住建厅
277	全套管全回转钻机大直径超长桩基施工工法	中铁十九局	辽宁省住建厅
278	关山隧道高地应力硬质碎裂围岩大变形控制施工工法	中铁十九局	辽宁省住建厅
279	TLJ900 架桥机整体抬升安装工法	中铁十九局	辽宁省住建厅
280	JQJ180T 梁架桥机大坡度、小曲线架梁工法	中铁十九局	辽宁省住建厅
281	表层杂土硬壳层塑料排水板施工堆载预压沉降控制施工工法	中铁十九局	辽宁省住建厅
282	联络通道盾构法施工工法	中铁十九局	中国煤炭建设协会
283	单护盾 EPB + TBM 双模盾构机模式转换施工工法	中铁十九局	中国煤炭建设协会
284	SWSD 双动力(集束锤)强力多功能钻机 + 旋挖钻机在复合硬岩地层中钻孔灌注桩复合工艺施工工法	中铁十九局	中国煤炭建设协会
285	围护结构旋挖钻孔桩全护筒跟进施工工法	中铁十九局	中国煤炭建设协会
286	单护盾 EPB + TBM 双模盾构在 TBM 模式下穿越破碎带掘进施工工法	中铁十九局	中国公路建设行业协会
287	沼气静压排气施工工法	中铁十九局	中国公路建设行业协会
288	新型抗裂防渗混凝土施工工法	中铁十九局	辽宁省住建厅
289	深埋富水复合地层盾构接收施工工法	中铁十九局	辽宁省住建厅
290	跨越地铁基坑排水管线临时切换施工工法	中铁十九局	辽宁省住建厅
291	地铁沿线减震降噪用泡沫混凝土回填施工工法	中铁十九局	辽宁省住建厅

续表

序号	工法名称	编写单位	认定机构
292	基于BIM机电管线装配式施工工法	中铁十九局	辽宁省住建厅
293	切缝药包聚能定向爆破施工工艺工法	中铁十九局	辽宁省住建厅
294	基于裂纹观测与数值分析的边坡爆破影响区识别工法	中铁十九局	辽宁省住建厅
295	跨道路处预制钢箱梁悬臂拼接施工工法	中铁二十局	中国公路建设协会
296	土压平衡盾构渣土环保处理施工工法	中铁二十局	中国公路建设协会
297	特殊环境超深地下连续墙施工工法	中铁二十局	中国公路建设协会
298	高寒地区悬浇梁自加热外保温施工工法	中铁二十局	中国公路建设协会
299	复杂条件下铁路超高边坡石方深孔台阶爆破施工工法	中铁二十局	陕西省住建厅
300	铁路超高边坡稳定性控制及变形监测施工工法	中铁二十局	陕西省住建厅
301	小净距浅埋软岩隧道牛腿刚腰带施工工法	中铁二十局	陕西省住建厅
302	高寒地区悬浇梁自加热外保温施工工法	中铁二十局	陕西省住建厅
303	发电厂房灯泡贯流式机组复杂异形渐变式流道施工工法	中铁二十局	陕西省住建厅
304	超高层地下室坑中坑预铺高分子自粘胶膜防水卷材施工工法	中铁二十局	陕西省住建厅
305	陡壁高空连续梁大体积超长边跨现浇段施工工法	中铁二十局	陕西省住建厅
306	悬拼可调曲率钢支架现浇拱桥施工工法	中铁二十局	陕西省住建厅
307	盾构长距离下穿特殊地段风险源控制施工工法	中铁二十局	陕西省住建厅
308	土压平衡盾构渣土环保处理施工工法	中铁二十局	陕西省住建厅
309	大跨度刚构连续梁61米超高空大体积边跨现浇段施工工法	中铁二十局	陕西省住建厅
310	“退行低拼+大节段提升”的铁路桥梁拱肋架设施工工法	中铁二十局	陕西省住建厅
311	大跨径钢管砼系杆拱桥整体顶升施工工法	中铁二十局	陕西省住建厅
312	高速铁路既有线隧道钢筋混凝土套衬施工工法	中铁二十局	陕西省住建厅
313	转体桥梁钢壳合龙及混凝土冬季施工工法	中铁二十局	陕西省住建厅
314	大断面公路隧道穿越断层破碎带施工工法	中铁二十局	陕西省住建厅
315	异形钢结构玻璃幕墙施工工法	中铁二十局	陕西省住建厅
316	西北复杂地质条件下的城市综合管廊施工工法	中铁二十一局	中国公路建设行业协会
317	装配式桥梁门式起重机快速拼装施工工法	中铁二十一局	中国公路建设行业协会
318	高速铁路路基连续式板桩结构施工工法	中铁二十一局	青海省住建厅
319	大跨度缓粘结预应力空心楼盖芯模施工工法	中铁二十一局	青海省住建厅

续表

序号	工法名称	编写单位	认定机构
320	高陡边坡可回收快锚扩体锚索支护体系施工工法	中铁二十一局	甘肃省住建厅
321	调度所主系统不间断运营倒接技术施工工法	中铁二十一局	甘肃省住建厅
322	有砟高铁长钢轨顶推拖拉法施工工法	中铁二十一局	甘肃省住建厅
323	配有悬挂构建的装配式建筑混凝土结构安装施工工法	中铁二十一局	甘肃省住建厅
324	高地应力软岩大变形隧道 NPR 锚索施工工法	中铁二十一局	甘肃省住建厅
325	市域通航大跨度系杆拱桥主梁水上拆除施工工法	中铁二十二局	中国公路建设行业协会
326	智慧快速路桥梁预制立柱拼装施工工法	中铁二十二局	中国公路建设行业协会
327	预埋注浆袖阀管微扰动全方位超高压水泥搅拌桩地基加固施工工法	中铁二十二局	中国公路建筑行业协会
328	复杂施工空间受限密布钢支撑异形深基坑施工工法	中铁二十二局	中国公路建筑行业协会
329	复杂软土地质全回转钻机组合拔除钻孔灌注桩施工工法	中铁二十二局	中国公路建筑行业协会
330	跨铁路咽喉区钢箱梁步履式顶推施工工法	中铁二十二局	黑龙江省住建厅
331	斜拉桥主塔钢横梁整体同步提升滑移施工工法	中铁二十二局	黑龙江省住建厅
332	高寒地区大跨度转体斜拉桥不平衡转体施工工法	中铁二十二局	黑龙江省住建厅
333	工字钢结合锚杆大型深基坑支护工程施工工法	中铁二十二局	黑龙江省住建厅
334	大直径土压盾构全断面高水压富水粉细砂水下接收工法	中铁二十二局	中国公路建设行业协会
335	基于 BIM 技术的深水超高大型双壁钢围堰快速精准定位下沉施工工法	中铁二十二局	中国公路建设行业协会
336	钻孔灌注桩泥浆处理施工工法	中铁二十二局	河南省建筑业协会
337	预埋注浆管 + 疏水板堵疏结合地下室防水施工工法	中铁二十二局	河南省建筑业协会
338	可周转式构造柱投料口施工工法	中铁二十三局	黑龙江省住建厅
339	可移动平台式碳纤维板加固跨铁桥梁施工工法	中铁二十三局	黑龙江省住建厅
340	花瓣形大跨度双曲钢梁施工工法	中铁二十三局	黑龙江省住建厅
341	预制 T 梁自行式整体液压模板施工工法	中铁二十三局	山东省住建厅
342	软岩大变形隧道微台阶开挖施工工法	中铁二十三局	山东省住建厅
343	基于“智慧工地”系统高速公路混凝土施工工法	中铁二十三局	山东省住建厅
344	超宽变截面拱形跨海大桥三主梁协同受力移动模架施工工法	中铁二十三局	山东省住建厅
345	斜拉桥塔梁同步施工条件下斜拉索安装工法	中铁二十三局	中国公路建设行业协会

续表

序号	工法名称	编写单位	认定机构
346	桥梁施工阶段采用移动吊篮检修和清洁斜拉索外套管施工工法	中铁二十三局	中国公路建设行业协会
347	预制T梁自行式整体液压模板施工工法	中铁二十三局	中国公路建设行业协会
348	超宽变截面拱形跨海大桥三主梁协同受力移动模架施工工法	中铁二十三局	中国公路建设行业协会
349	移动模架内模“场外分节拼装+场内整体组装”施工工法	中铁二十三局	中国公路建设行业协会
350	水泥稳定碎石基层Y型切缝施工工法	中铁二十三局	中国公路建设行业协会
351	中低速磁浮轨道梁的梁上运梁施工工法	中铁二十三局	四川省住建厅
352	地铁盾构管片转运修补输送系统施工工法	中铁二十三局	四川省住建厅
353	城市轨道交通空调系统施工调试工法	中铁二十三局	四川省住建厅
354	砂卵石地层中长大管幕施工精度控制工法	中铁二十三局	四川省住建厅
355	装配式房屋建筑叠合板安装施工工法	中铁二十三局	四川省住建厅
356	波形钢腹板连续箱梁三阶段流水悬臂施工工法	中铁二十三局	四川省住建厅
357	电站下游深水急流状态下锁扣钢管桩围堰施工工法	中铁二十三局	四川省住建厅
358	高墩钢腹板桥梁挂篮组合托架边跨现浇施工工法	中铁二十三局	四川省住建厅
359	隧道防水板及二衬钢筋自动化安装工法	中铁二十三局	四川省住建厅
360	超宽混凝土桥面全自动三维激光摊铺机铺装施工工法	中铁二十三局	四川省住建厅
361	基于“智慧工地”系统高速公路混凝土施工工法	中铁二十三局	四川省住建厅
362	移动模架内模“场外分节拼装+场内整体组装”施工工法	中铁二十三局	四川省住建厅
363	多孔箱涵依次顶进便梁悬空纵移施工工法	中铁二十四局	上海市住建委
364	重载铁路岩溶隧道底板隐伏溶洞处治施工工法	中铁二十四局	江西省住建厅
365	基于三维空间坐标定位的高耸混凝土塔柱精确化爬模施工工法	中铁二十四局	安徽省住建厅
366	采用倾斜度测量仪定位监控高桥墩模板施工工法	中铁二十四局	江西省住建厅
367	钢桥面树脂沥青组合体系(ERS)铺装施工工法	中铁二十四局	中国公路建设行业协会
368	长悬臂大宽度箱梁四榀桁架同步走行挂篮悬浇施工工法	中铁二十四局	中国公路建设行业协会
369	山区钢板组合梁桥同机一体、循环架设施工工法	中铁二十四局	中国公路建设行业协会
370	“X”型三维曲面构造钢箱结构风撑制造及高空拼装施工工法	中铁二十四局	中国公路建设行业协会
371	飞燕式梁拱组合拱桥整束挤压式吊杆安装及张拉施工工法	中铁二十四局	中国公路建设行业协会

续表

序号	工法名称	编写单位	认定机构
372	V 型构墩高强度大体积混凝土温控施工工法	中铁二十四局	中国公路建设行业协会
373	装配式桥梁预制立柱快速安装施工工法	中铁二十四局	中国公路建设行业协会
374	装配式桥梁大悬臂盖梁安装施工工法	中铁二十四局	中国公路建设行业协会
375	单线铁路钢桁梁拖拉法安装工法	中铁二十四局	浙江省住建厅
376	112 米钢桁梁跨河架设两阶段拖拉法工法	中铁二十五局	中国公路建设行业协会
377	提高钢箱桥梁中厚板全熔透 T 型焊缝焊接技术工法	中铁二十五局	山东省土木建筑学会
378	基于临时梁拱组合的钢析架拱桥整体顶推施工工法	中铁二十五局	中国公路建设行业协会
379	浅埋偏压破碎地层小净距双隧道进、出洞施工工法	中铁二十五局	中国公路建设行业协会
380	曲线段和变截面框架移动式满堂支架施工工法	中铁二十五局	广西壮族自治区建筑业联合会
381	管廊结构钢筋骨架网片模块化施工工法	中铁二十五局	广西壮族自治区建筑业联合会
382	既有线铁路隧道病害整治套衬施工工法	中铁二十五局	广西壮族自治区建筑业联合会
383	高墩线型设计复杂现浇梁支架搭拆施工工法	中铁二十五局	广西壮族自治区建筑业联合会
384	城市轨道交通电力电缆自动化敷设工法	中铁建电气化局	河南省土木建筑学会
385	自制铁路信号智能模拟试验系统的信号模拟试验工法	中铁建电气化局	河南省土木建筑学会
386	悬挂式单轨交通箱梁内 C 型接触轨施工工法	中铁建电气化局	河南省土木建筑学会
387	特殊地段自制装配式模具的接触网基础施工工法	中铁建电气化局	河南省土木建筑学会
388	自制铁路放缆车放缆施工工法	中铁建电气化局	河南省土木建筑学会
389	既有车站软横跨缩短施工工法	中铁建电气化局	河南省土木建筑学会
390	自制牵引装置的附加线机械架设工法	中铁建电气化局	河南省土木建筑学会
391	无轨状态下承力索恒张力施工工法	中铁建电气化局	河南省土木建筑学会
392	铁路汇流排三同协作施工工法	中铁建电气化局	河南省土木建筑学会
393	250km/h 高铁接触线固定式恒张力架设工法	中铁建电气化局	四川省住建厅
394	基于机房布线优化平台的地铁信号机房线缆敷设施工工法	中铁建电气化局	四川省住建厅
395	三峡库区长江主航道高落差水位特大型悬索桥钢箱梁吊装工法	中国铁建港航局	中国公路建设行业协会
396	三峡库区浅滩水域大跨径悬索桥猫道设计及施工工法	中国铁建港航局	中国公路建设行业协会
397	高速公路箱梁创新预制施工工法	中国铁建港航局	中国公路建设行业协会
398	长江三峡库区大跨径悬索桥主缆架设施工工法	中国铁建港航局	中国公路建设行业协会
399	乌江陡峭山区超高墩大截面重型液压爬模施工工法	中国铁建港航局	中国公路建设行业协会

续表

序号	工法名称	编写单位	认定机构
400	临近地铁桥梁桩基复合式防护施工工法	中国铁建港航局	中国公路建设行业协会
401	深厚淤泥地区管桩后压浆施工工法	中国铁建港航局	中国公路建设行业协会
402	集成化装配式外装保温装修单元式维护墙现场安装施工工法	中铁建设	海南省住建厅
403	低温冷库板安装及细部处理施工工法	中铁建设	广西壮族自治区建筑业联合会
404	超低温冷库乙二醇地坪加热防冻胀施工工法	中铁建设	广西壮族自治区建筑业联合会
405	基坑工具式悬挂马道施工工法	中铁建设	河南省建筑业协会
406	复杂单元式幕墙体系双环轨吊装施工工法	中铁建设	河南省建筑业协会
407	可调节高度的装配式叠合楼板施工工法	中铁建设	河南省建筑业协会
408	预制化机房施工工法	中铁建设	河南省建筑业协会
409	预制装配式高架铁路站台施工工法	中铁建设	河南省建筑业协会
410	手术室电解钢板模块化安装施工工法	中铁建设	河南省建筑业协会
411	分片式装配楼梯施工工法	中铁建设	河南省建筑业协会
412	预拌流态固化土施工工法	中铁建设	河南省建筑业协会
413	无磁无感木屋井干式榫卯结构施工工法	中铁建设	河南省建筑业协会
414	双层可变空间电梯井操作平台施工工法	中铁建设	河南省建筑业协会
415	大体积混凝土钢筋支架兼做循环水冷却管施工工法	中铁建设	北京市住建委
416	新型附着式升降脚手架导向座施工工法	中铁建设	天津市住建委
417	制冷机房 BIM + 工厂预制装配式施工工法	中铁建设	河南省建筑业协会
418	竖井预留式洞口双层加强型防火封堵施工工法	中铁建设	河南省建筑业协会
419	采用码灰槽砌筑墙体施工工法	中铁建设	河南省建筑业协会
420	滑模机施工混凝土防撞护栏工法	中铁建设	河南省建筑业协会
421	地下车库智慧照明施工工法	中铁建设	河南省建筑业协会
422	混凝土收面防止出现脚印特制铁鞋创新施工工法	中铁建设	河南省建筑业协会
423	用于环形墙体的带肋钢模板施工工法	中铁建设	河南省建筑业协会
424	组合结构平行四边形斜窗综合施工工法	中铁建设	河南省建筑土木工程学会
425	二次结构构件采用 U 型模壳砌块免支模施工工法	中铁建设	河南省建筑土木工程学会
426	地下结构外墙喷涂发泡胶保护层施工	中铁建设	河南省建筑土木工程学会
427	非标屋面层异形结构使用标准层铝模施工工法	中铁建设	河南省建筑土木工程学会
428	桥架敷设电缆使用可调节支撑滑轮装置施工工法	中铁建设	河南省建筑土木工程学会
429	剪力墙内配电箱现浇一次成型施工工法	中铁建设	河南省建筑土木工程学会

续表

序号	工法名称	编写单位	认定机构
430	地基处理之强夯施工工法	中铁建设	河南省建筑土木工程学会
431	楼承板在双层空调板的应用施工工法	中铁建设	河南省建筑土木工程学会
432	新型模板加固体系施工工法	中铁建设	河南省建筑土木工程学会
433	胶粉聚苯颗粒复合 JPRS 保温防火体系施工工法	中铁建设	河南省建筑土木工程学会
434	滑模机施工混凝土防撞护栏	中铁建设	河南省建筑土木工程学会
435	骑马架式吊篮施工工法	中铁建设	河南省建筑土木工程学会
436	利用 BIM 技术实现预制化机房施工工法	中铁建设	河南省建筑土木工程学会
437	后浇带提前封闭预制盖板的施工工艺	中铁建设	河南省建筑土木工程学会
438	医院病房装配式 ALC 隔墙板材应用施工工法	中铁建设	河南省建筑土木工程学会
439	地下停车场环境监测与智慧通风控制施工工法	中铁建设	河南省建筑土木工程学会
440	现浇钢筋混凝土施工缝后期免剔凿施工工法	中铁建设	河南省建筑土木工程学会
441	高层建筑施工用水、电永临结合施工工法	中铁建设	河南省建筑土木工程学会
442	CL 建筑保温体系一体化施工工法	中铁建设	河南省建筑土木工程学会
443	型钢柱与基础钢筋锚栓式固定施工工法	中铁建设	河南省建筑土木工程学会
444	楼梯踏步模板快速安拆体系的施工工法	中铁建设	河南省建筑土木工程学会
445	插接组合式楼梯模板支设施工工法	中铁建设	河南省建筑土木工程学会
446	模块式楼梯踏步模板加固施工工法	中铁建设	河南省建筑土木工程学会
447	构造柱免剔凿簸箕口施工工法	中铁建设	河南省建筑土木工程学会
448	分段嵌入式预制混凝土窗台压顶施工工法	中铁建设	河南省建筑土木工程学会
449	电气并线工具施工工法	中铁建设	河南省建筑土木工程学会
450	处理地基湿陷性的液压快速夯施工工法	中铁建设	河南省建筑土木工程学会
451	无机纤维喷涂施工工法	中铁建设	河南省建筑土木工程学会
452	栏杆门窗防雷接地预埋一次成型施工工法	中铁建设	河南省建筑土木工程学会
453	TPZ 分子粘高分子防水卷材施工工法	中铁建设	河南省建筑土木工程学会
454	砌体墙强弱电箱先安装后砌筑施工工法	中铁建设	湖南省建设科技与建筑节能协会
455	雨水收集与临时供水自动一体化设计与施工工法	中铁建设	湖南省建设科技与建筑节能协会
456	旋挖成孔植入预制管桩施工工法	中铁建设	湖南省建设科技与建筑节能协会
457	三明治墙板安装施工工法	中铁建设	湖南省建设科技与建筑节能协会
458	装配式 PC 剪力墙转换层预埋插筋 + 线管一体定位施工工法	中铁建设	湖南省建设科技与建筑节能协会
459	仿古建筑斗拱 PC 构件的装配式施工工法	中铁建设	江西省住建厅
460	大空间屋面地砖铺贴快速粘砖施工工法	中铁建设	湖南省绿色建筑与钢结构行业协会

续表

序号	工法名称	编写单位	认定机构
461	仿古建筑斗拱PC构件的装配式施工工法	中铁建设	湖南省绿色建筑与钢结构行业协会
462	两孔组合箱梁运梁通道高位多向平移施工工法	中铁建设	中国公路建设行业协会
463	装配化桩承式拉锚挡墙施工工法	中铁建设	中国公路建设行业协会
464	大型钢桁架双向高空累积滑移施工工法	中铁建设	江西省住建厅
465	超大跨度“W”型管桁架钢结构施工工法	中铁建设	江西省住建厅
466	地下结构外墙喷涂发泡胶保护层施工	中铁建设	河南省建筑业协会
467	新型模板加固体系施工工法	中铁建设	河南省建筑业协会
468	胶粉聚苯颗粒复合JPRS保温防火体系施工工法	中铁建设	河南省建筑业协会
469	楼承板在双层空调板的应用施工工法	中铁建设	河南省建筑业协会
470	非标屋面层异形结构使用标准层铝模施工工法	中铁建设	河南省建筑业协会
471	剪力墙内配电箱现浇一次成型施工工法	中铁建设	河南省建筑业协会
472	超厚筏板钢筋支架施工工法	中铁建设	江苏省住建厅
473	齿形板施工外墙保温粘接砂浆施工工法	中铁建设	江苏省住建厅
474	高铁站台雨棚变形缝盖板安装及既有线路上的高铁站台雨棚变形缝盖板加固施工工法	中铁建设	江苏省住建厅
475	浮力消除型底板泄压孔施工工法	中铁建设	江苏省住建厅
476	铝合金模板板厚控制施工工法	中铁建设	江苏省住建厅
477	深基坑内集水井钢板桩混凝土围壁支护施工工法	中铁建设	江西省住建厅
478	装配式建筑转换层预埋插筋+线管一体定位施工工法	中铁建设	江西省住建厅
479	大跨度人型钢网架定位安装、提升合拢施工工法	中铁城建	湖南省建设科技与建筑节能协会
480	站台曲线段超前铺贴施工工法	中铁城建	湖南省建设科技与建筑节能协会
481	藏式现代建筑保温自洁净大斜率墙体文化板幕墙施工工法	中铁城建	湖南省建设科技与建筑节能协会
482	超厚砂砾层化学聚合物泥浆护壁成孔施工工法	中铁城建	湖南省建设科技与建筑节能协会
483	超大厂房劲钢混凝土柱自加固、整体浇筑施工工法	中铁城建	湖南省建设科技与建筑节能协会
484	超高层内收截面外框液压爬架下挂防护板施工工法	中铁城建	湖南省建设科技与建筑节能协会
485	超高层型钢混凝土大体积斜柱施工工法	中铁城建	湖南省建设科技与建筑节能协会
486	新型大面积、复杂地形土方工程量测量施工工法	中铁城建	湖南省建设科技与建筑节能协会
487	既有铁路桥简支双T梁横向加固施工工法	中铁城建	湖南省建设科技与建筑节能协会
488	混凝土灌注桩快速截桩施工工法	中铁城建	湖南省建设科技与建筑节能协会
489	静压直斜双排PRC管桩深基坑支护施工工法	中铁城建	湖南省建设科技与建筑节能协会

续表

序号	工法名称	编写单位	认定机构
490	大跨度人型钢网架定位安装、提升合拢施工工法	中铁城建	湖北省住建厅
491	超高层钢管柱内拉筋自动焊接施工工法	中铁城建	湖北省住建厅
492	双曲面大跨度超长悬挑钢网架液压同步整体提升施工工法	中铁城建	云南省住建厅
493	仿清水混凝土异型结构站台雨棚施工工法	中铁城建	湖南省建设科技与建筑节能协会
494	围护桩锚喷支护下单面支模外墙涂膜外防水施工工法	中铁城建	湖南省建设科技与建筑节能协会
495	大体积弧形斗拱玻璃幕墙高精度安装施工工法	中铁城建	湖南省建设科技与建筑节能协会
496	大跨度空间钢网架整体顶升施工工法	中铁城建	湖南省建设科技与建筑节能协会
497	塔吊格构柱组合式基础施工工法	中铁城建	湖南省建设科技与建筑节能协会
498	等厚度水泥加固土地下连续墙施工工法	中铁城建	湖南省建设科技与建筑节能协会
499	装配式箱模现浇钢筋混凝土空心楼盖施工工法	中铁城建	湖南省建设科技与建筑节能协会
500	双对式脚控升降式脚手架施工工法	中铁城建	湖南省建设科技与建筑节能协会
501	曲线形钢结构桥梁转体施工工法	中铁城建	湖南省建设科技与建筑节能协会
502	紧临高层建筑的超期服役深基坑再开挖施工工法	中铁城建	湖南省建设科技与建筑节能协会
503	框架式玻璃幕墙闭口横梁组合式预制预装施工工法	中铁城建	湖南省建设科技与建筑节能协会
504	竖向管道立管倒装施工工法	中铁城建	湖南省建设科技与建筑节能协会
505	装饰遮阳一体化玻璃幕墙装饰条设计及施工工法	中铁城建	湖南省建设科技与建筑节能协会
506	超高层建筑承插型烟道施工工法	中铁城建	湖南省建设科技与建筑节能协会

（制表:张立青　李凤伟）

中国铁建获 2022 年度发明专利授权目录

序号	专利名称	专利号	权属单位
1	一种铁路钢轨矫正设备	ZL202210195355. 5	中国土木
2	一种桥梁通信天线	ZL202210261449. 8	中国土木
3	大吨位转体支座的制作方法及安装方法	ZL201910771080. 3	中国土木
4	一种港区货场铁路整体式道床岔区排水结构的施工方法	ZL202111244583. 9	中国土木
5	一种一体式水下承台柔性止水结构的施工方法	ZL202210069012. 4	中国土木
6	一种实现拼装式转体支座下球铰装置	ZL202111242785. X	中国土木
7	用于铁路隧道内的 5G 贴壁天线	ZL202111495286. 1	中国土木
8	一种循环式水下承台柔性止水结构的施工方法	ZL202210069009. 2	中国土木
9	一种邻近既有建筑物的松散地层区铁路深路堑的施工方法	ZL202110820573. 9	中国土木

续表

序号	专利名称	专利号	权属单位
10	自动调整偏转角的运载平台	ZL202110715882. X	中铁十一局
11	长轨铺设应力放散与锁定方法	ZL202110564864. 6	中铁十一局
12	重力平衡式数显超高检测装置	ZL202210062450. 8	中铁十一局
13	用于盾构始发的洞门密封装置及密封方法	ZL202010707049. 6	中铁十一局
14	一种工程测量智慧管理控制平台	ZL202110588807. 1	中铁十一局
15	一种多源数据融合传感三维隧道不良地质探测方法	ZL202210776085. 7	中铁十一局
16	管廊掘进机移动支撑装置及管廊掘进机	ZL202110466759. 9	中铁十一局
17	一种轨道板脱模吊装机及轨道板预制系统	ZL201710048118. 5	中铁十一局
18	一种地铁接触网全参数无轨测量施工方法	ZL202111432009. 6	中铁十一局
19	一种锚垫板喇叭口的清理方法	ZL202011004439. 3	中铁十一局
20	一种软硬互层围岩隧道初支侵限换拱方法	ZL202011173112. 9	中铁十一局
21	一种管道校准装置	ZL202110232722. X	中铁十一局
22	一种工程测量智慧管理平台	ZL202110588711. 5	中铁十一局
23	一种隧道综合开挖台车	ZL202110712478. 7	中铁十一局
24	一种隧道掘进爆破合理微差时间控制方法	ZL202210882101. 0	中铁十一局
25	一种基于遗传神经网络的动水地质渗流实时预警方法	ZL202210936100. X	中铁十一局
26	软土地区考虑基坑开挖全过程的坑外地表沉降预测方法	ZL202110040831. 1	中铁十一局
27	一种隧道衬砌高效拆除方法	ZL202010135876. 2	中铁十一局
28	一种混凝土及其制备方法以及轨枕	ZL202111046970. 1	中铁十一局
29	一种蠕动式滑模装置	ZL201710144237. 0	中铁十一局
30	一种轨道接触网参数测量系统	ZL202011327554. 4	中铁十一局
31	一种高速磁浮以梁为分段的定子绕组安装方法	ZL202110627033. 9	中铁十一局
32	一种隧道掘进过程中的水底沉降变形监测系统及方法	ZL202011231614. 2	中铁十一局
33	一种用于箱梁预应力孔道施工的穿拔管台车及其穿拔管方法	ZL202110230204. 4	中铁十一局
34	一种土压平衡盾构隧道防跑偏皮带传送机	ZL202011318694. 5	中铁十一局
35	一种隧道平面控制测量方法	ZL202110707841. 6	中铁十一局
36	一种高速磁浮高架段的施工作业平台	ZL202110627020. 1	中铁十一局
37	一种基于调节式托架的矮塔斜拉桥索梁锚固块施工工艺	ZL202110290504. 1	中铁十一局
38	一种基于隧道开挖支护一体式台车的全断面法施工工艺	ZL202110714087. 9	中铁十一局
39	一种无碱液体速凝剂及其制备方法	ZL202111077341. 5	中铁十一局
40	一种基于隧道开挖支护一体式台车的三台阶法施工工艺	ZL202110714069. 0	中铁十一局
41	一种用于风积沙地层的地基处理振密装置及振密方法	ZL202110360179. 1	中铁十一局

续表

序号	专利名称	专利号	权属单位
42	一种地铁疏散平台无轨测量施工方法	ZL202110906278.5	中铁十一局
43	一种角度可调且横向可调的移动栈桥	ZL202010520314.X	中铁十一局
44	一种可监测浮置板轨道位移的监测系统	ZL202011289987.5	中铁十一局
45	基于既有管廊的挂轨巡检机器人轨道系统	ZL202110886766.4	中铁十一局
46	一种悬灌梁挂篮端头临边防护施工方法及装置	ZL202010644126.8	中铁十一局
47	一种连续梁零号块组合式支架安装工法及支架	ZL202010914209.4	中铁十一局
48	一种智能振捣台车	ZL202011302579.9	中铁十一局
49	一种基于多模板式二衬台车的隧道二衬连续施工工艺	ZL202110752688.9	中铁十一局
50	用于隧道施工的多模板式二衬台车	ZL202110752713.3	中铁十一局
51	一种用于电缆导体检测的误差修正方法及系统	ZL201911072727.X	中铁十一局
52	适用于高寒地区的隧道衬砌双台车养护施工方法	ZL202111495067.3	中铁十一局
53	用于预制箱梁模型的自动清理喷涂装置	ZL202011305574.1	中铁十一局
54	一种盖挖逆作法永久钢管柱定位装置及施工方法	ZL202110530874.8	中铁十一局
55	一种隧道排水边沟混凝土浇筑滑模及其施工方法	ZL201911218944.5	中铁十一局
56	一种预制箱梁底板主筋穿行导向装置	ZL202010369156.2	中铁十一局
57	一种无副坑电梯排水装置	ZL201710489727.4	中铁十一局
58	隧道浅埋软弱围岩高压旋喷桩法地表加固的桩长确定方法	ZL202111236002.7	中铁十一局
59	一种轨道粗调方法	ZL202110178731.5	中铁十一局
60	盾构小半径隧洞针梁式旋模全圆衬砌台车及其旋模方法	ZL202110647452.9	中铁十二局
61	盾构小半径隧洞衬砌施工方法	ZL202110647443.X	中铁十二局
62	公路特长隧道200~600米通风竖井“反井法”施工方法	ZL202011393694.1	中铁十二局
63	高速公路避险车道车辆前后轮阻力逆转结构	ZL202011546953.X	中铁十二局
64	连续梁悬臂浇筑二级实时配重系统及施工方法	ZL202110165462.9	中铁十二局
65	一种基于可调节沟槽成型模具的梯形排水沟浇筑成型方法	ZL201710043370.7	中铁十二局
66	一种铁路信号室内施工方法	ZL202010673147.2	中铁十二局
67	时速160千米刚性接触网人防门处中心锚结安装结构及方法	ZL202011287067.X	中铁十二局
68	简支箱梁智能对位系统及方法	ZL202110959008.0	中铁十二局
69	一种超高层钢结构悬挑转换施工方法	ZL202110330209.4	中铁十二局
70	基于激光位姿靶和机器视觉的特定空间测量方法及系统	ZL202110144309.8	中铁十二局
71	连续梁合龙钢壳就位施工装置及施工方法	ZL201710538481.5	中铁十二局
72	一种拱架连接板角度定位装置及角度定位方法	ZL202010505456.9	中铁十二局
73	一种检测喷射混凝土与围岩间粘结强度的试验方法	ZL202110396685.6	中铁十二局

续表

序号	专利名称	专利号	权属单位
74	控制多跨长联曲线连续刚构桥纵向变形的弹性连接装置	ZL202011513910.1	中铁十二局
75	一种超大断面隧道变形控制装置及使用方法	ZL202011378071.7	中铁十二局
76	一种桥梁悬浇挂篮箱室液压内模异步走行系统及走行方法	ZL202110597608.7	中铁十二局
77	一种 U 型钢筋吊具	ZL202111014154.2	中铁十二局
78	城市地铁复杂环境控制爆破施工方法	ZL201910556167.9	中铁十二局
79	土压平衡盾构长距离下穿河流施工方法	ZL201911274555.4	中铁十二局
80	一种隧道工程空陆两栖攀爬检测机器人	ZL202110718707.6	中铁十二局
81	一种锚固土钉及其支护结构的施工方法	ZL202111100862.8	中铁十二局
82	一种用于超大断面隧道变形控制支护结构	ZL202011380770.5	中铁十二局
83	软岩隧道衬砌拱顶防脱空主动监测施工工法	ZL202011387778.4	中铁十二局
84	局部富水砂层暗挖车站双支道施工方法	ZL202010357786.8	中铁十二局
85	一种刚性接触网隧道吊柱底板角度无轨测量方法	ZL202011289295.0	中铁十二局
86	一种地铁隧道区间疏散平台无轨测量方法	ZL202011287072.0	中铁十二局
87	隧道二衬拱顶混凝土纵向连续灌注施工方法	ZL201910759507.8	中铁十二局
88	一种地铁导轨铺设用矫正辅助装置	ZL202110800518.3	中铁十二局
89	自动步道的端头井施工方法	ZL202010690451.8	中铁十二局
90	小型预制构件自动化生产线	ZL202011415453.2	中铁十二局
91	一种盾构注浆材料及其制备方法和盾构注浆材料智能配制装置	ZL202110012131.1	中铁十二局
92	砂卵石地质条件下顶管施工方法	ZL202010280645.0	中铁十二局
93	一种既有电气化铁路电缆投运施工方法	ZL202011525213.8	中铁十二局
94	超大始发井顶管施工方法	ZL202010690717.9	中铁十二局
95	一种钢结构厚涂型非膨胀防火涂料冬季施工方法	ZL202110652257.5	中铁十二局
96	富水软土地层中间风井钢套筒密闭过站施工方法	ZL201810124035.4	中铁十二局
97	一种隧道衬砌检测攀爬机器人整面回形巡检方法	ZL202210164770.4	中铁十二局
98	一种集中送排风系统机组安装施工方法	ZL202010393619.9	中铁十二局
99	一种铁路交通信号监控装置及其监控方法	ZL202110642165.9	中铁十二局
100	一种用于连拱隧道中隔墙混凝土浇筑的模型	ZL202011163848.8	中铁十二局
101	一种隧道内攀爬机器人巡检路径规划方法	ZL202110718693.8	中铁十二局
102	复杂环境下盾构钢套筒综合接收施工工法	ZL202010235728.8	中铁十二局
103	一种 CRD 法向双侧壁导坑法快速扩挖及转换的施工方法	ZL202110872217.1	中铁十二局
104	一种桥面铺装用多元胶凝体系 STC 超高韧性混凝土材料	ZL202111326673.2	中铁十二局
105	时速 160 千米刚性接触网吊柱限界测量工具及测量方法	ZL202011287042.X	中铁十二局

续表

序号	专利名称	专利号	权属单位
106	一种圆形隧道中心点标定尺及其使用方法	ZL202010156481.0	中铁十二局
107	一种隧道检测机器人及隧道检测方法	ZL202110273126.6	中铁十二局
108	一种高强节能混凝土减水剂的掺合装置	ZL202010620460.X	中铁十二局
109	一种基于空陆两栖机器人的隧道施工岩爆预警系统	ZL202210171938.4	中铁十二局
110	一种指数分布型产品可靠性评估方法	ZL202011474704.4	中铁十二局
111	一种洞内采用手拉葫芦拆除盾构机推进千斤顶施工方法	ZL202010562663.8	中铁十二局
112	一种盾构隧道内无轨测量吊柱长度及角度的计算方法	ZL202011524415.0	中铁十二局
113	一种盾构隧道负环管片再利用堵孔修复材料及方法	ZL202110802731.8	中铁十二局
114	一种用于地铁盾构隧道施工的管片输送装置	ZL202010861257.1	中国铁建大桥局
115	一种穿越蠕滑活动断层的隧道结构	ZL202011149455.1	中国铁建大桥局
116	一种土－岩复合地层类马蹄形盾构隧道设计方法	ZL202110889728.4	中国铁建大桥局
117	一种悬索桥高低位移梁栈桥吊装钢梁设施及其施工方法	ZL202110296169.6	中国铁建大桥局
118	一种盾构下穿建筑物地面的加固方法	ZL202010462617.0	中国铁建大桥局
119	一种钢筋混凝土拱桥拱圈节段整体预制拼装施工方法	ZL202010476121.9	中国铁建大桥局
120	一种顶推装置及钢箱梁顶推方法	ZL202011303241.5	中国铁建大桥局
121	一种顶推设备及基于顶推设备的钢箱梁顶推方法	ZL202011303242.X	中国铁建大桥局
122	一种钢桁拱桥斜拉扣挂法施工用吊索塔架拼装控制方法	ZL202110458025.6	中国铁建大桥局
123	一种装配式箱型拱梁结构护坡模具	ZL202110159055.7	中国铁建大桥局
124	一种基于 BIM 的桩基内力可视化自动监测系统	ZL201910301353.8	中国铁建大桥局
125	一种地铁施工用安全吊物装置	ZL202010735853.5	中国铁建大桥局
126	一种防翻松脱落盾构刮刀	ZL202110831754.1	中国铁建大桥局
127	一种盾构滚刀	ZL202210126694.8	中国铁建大桥局
128	一种反向倒插构件安装的吊装方法	ZL202111042530.9	中国铁建大桥局
129	一种预制构件拼接专用设备	ZL201710364605.2	中国铁建大桥局
130	一种盾构隧道管片设计参数优化方法	ZL201911109969.1	中国铁建大桥局
131	一种钢吊箱壁板间隙封堵方法	ZL201911132070.1	中国铁建大桥局
132	基于模拟接头模型的盾构隧道内力计算方法	ZL201911138713.3	中国铁建大桥局
133	一种地铁车辆段柔性接触网无轨道施工方法	ZL201910270576.2	中国铁建大桥局
134	一种公路机电工程用设备安装底座	ZL202110199336.5	中国铁建大桥局
135	一种用于海绵城市的巡检车	ZL201910220284.8	中国铁建大桥局
136	一种市政桥梁建筑支撑架	ZL202011373808.6	中国铁建大桥局
137	一种桥梁建筑施工用预应力锚具	ZL202011377276.3	中国铁建大桥局

续表

序号	专利名称	专利号	权属单位
138	一种土木工程用桥梁建筑模板连接架	ZL202011377311.1	中国铁建大桥局
139	一种全断面隧道快速排水排渣系统及施工方法	ZL202011394731.0	中国铁建大桥局
140	基于碴片形貌的盾构滚刀磨耗监测装置及方法	ZL202110685830.2	中铁十四局
141	一种预制构件模具辅助组装装置	ZL202110887197.5	中铁十四局
142	一种预制构件振动拉毛装置	ZL202110887503.5	中铁十四局
143	管幕预筑结构偏压构件的设计方法	ZL202110731035.2	中铁十四局
144	仰拱预制片的安装处理方法和装置、处理器以及存储器	ZL201811648643.1	中铁十四局
145	一种装配式幕墙整体提升安装施工专用装置及使用方法	ZL202011157583.0	中铁十四局
146	盾构施工系统	ZL201911260496.5	中铁十四局
147	一种盾构隧道管片智能化生产线及其使用方法	ZL202110539302.6	中铁十四局
148	一种横向变轨行走的起重设备	ZL202110036697.8	中铁十四局
149	一种挂扣式横明竖隐框架玻璃幕墙	ZL202011320132.4	中铁十四局
150	光纤导光混凝土制备工艺及光纤穿导设备	ZL202110935733.4	中铁十四局
151	一种盾构隧道管片接缝渗漏水实时监测系统及方法	ZL202011110852.8	中铁十四局
152	一种组合式捞渣器及其使用方法	ZL202111014292.0	中铁十四局
153	一种智能改性沥青延度检测装置	ZL202011564727.4	中铁十四局
154	一种预应力钢绞线临时拉索夹片防松动整体拆卸装置	ZL202110773727.3	中铁十四局
155	盾构工作井模板支架施工方法	ZL202010486627.8	中铁十四局
156	轨下结构的接缝注浆施工方法	ZL202010491611.6	中铁十四局
157	一种盾构机作业状态监控系统	ZL202010599947.4	中铁十四局
158	隧道的防水方法及隧道的防水结构	ZL202110395659.1	中铁十四局
159	一种可改变隧道埋深的隧道模型试验装置及方法	ZL202110803790.7	中铁十四局
160	盾构机的刀盘和盾构机	ZL201911260469.8	中铁十四局
161	一种墙砖固定装置及安装墙砖的施工方法	ZL202010397012.8	中铁十四局
162	浅埋暗挖大跨度隧道的施工方法及永久支护体系	ZL202010921950.3	中铁十四局
163	一种盾构隧道复合衬砌结构及方法	ZL202011110655.6	中铁十四局
164	一种工程施工用道路破碎锤	ZL202011562980.6	中铁十四局
165	一种地铁车站与区间的构造布局及其机械化快速施工方法	ZL202110265915.5	中铁十四局
166	在单一断面内融合地铁车站与区间的布局及机械化快速施工方法	ZL202110266641.1	中铁十四局
167	一种钢筋捆扎结构以及捆扎方法	ZL202010436866.2	中铁十四局
168	一种插接阶梯式幕墙及其组装方法	ZL202011294743.6	中铁十四局
169	一种模拟盾构隧道施工过程管片上浮模型试验装置及方法	ZL202110327142.9	中铁十四局

续表

序号	专利名称	专利号	权属单位
170	一种基于盾构刀盘刀具分区切削性能的盾构推进距离预测方法	ZL201810922948.0	中铁十四局
171	一种深大竖井反向钻孔坍塌处理的方法	ZL202110099884.0	中铁十四局
172	一种分岔隧道用施工方法	ZL202110874171.7	中铁十四局
173	一种再生混凝土强度检测装置	ZL201911318301.8	中铁十四局
174	一种大跨径地下洞室无爆破切割开挖施工方法	ZL202011254738.2	中铁十四局
175	一种高速铁路大直径盾构隧道接触网槽道施工方法	ZL202010872776.8	中铁十四局
176	一种建筑施工用打夯机	ZL202011381103.9	中铁十四局
177	一种地下侧墙结构混凝土抗裂防水施工方法	ZL202010989145.4	中铁十四局
178	一种适用于隧道穿越巨型溶洞的连续梁桥及其施工技术方法	ZL202011502291.6	中铁十四局
179	预应力钢绞线临时拉索整体卸锚装置及其施工工艺	ZL202110773722.0	中铁十四局
180	一种适用于隧道穿越巨型溶洞的T形刚构桥及其施工技术	ZL202011496279.9	中铁十四局
181	一种用于管幕顶进遇阻时的内衬套管增长补强装置及方法	ZL202210092463.X	中铁十四局
182	抽水蓄能电站大跨径地下洞室爆破切割结合开挖施工方法	ZL202011254717.0	中铁十四局
183	一种便携式道岔操作装置及道岔操作方法	ZL202111565218.8	中铁十四局
184	一种道路地基面裂缝深度检测方法	ZL202110135188.0	中铁十四局
185	顶板与侧墙的抗裂配合结构及顶板结构的抗裂施工方法	ZL202010984381.7	中铁十四局
186	一种可测量隧道围岩内部变形的岩石锚杆及工作方法	ZL202010530033.2	中铁十四局
187	一种配合隧道联络通道施工的伸缩钢管片及安装方法	ZL202011145749.7	中铁十四局
188	一种模拟泥水盾构泥浆渗透成膜的变截面试验装置及方法	ZL202110350607.2	中铁十四局
189	建筑工程顶板模板支撑组件	ZL202110108042.7	中铁十四局
190	一种钢桥沥青路面剪切疲劳度检测设备	ZL202011036724.3	中铁十四局
191	一种公路施工滚压成型设备	ZL202110873140.X	中铁十四局
192	一种基坑侧壁用支撑装置及其支撑方法	ZL202111411903.5	中铁十四局
193	一种新型高速钢挠度检测设备	ZL202110910086.1	中铁十四局
194	一种导墙基坑开凿装置	ZL202011338878.8	中铁十四局
195	大直径盾构隧道钢结构始发基座施工方法	ZL202110527657.3	中铁十四局
196	一种现浇支架应变监测系统及方法	ZL201911168777.8	中铁十四局
197	一种桥梁工程用防撞型缓冲护栏结构	ZL202110150527.2	中铁十四局
198	一种测量土壤与固体界面切向粘附力的试验装置及测定方法	ZL202011566364.8	中铁十四局
199	一种建筑墙体水平系梁浇筑方法	ZL202010361733.3	中铁十四局
200	掘进机刀具紧固状态实时监测方法	ZL202010996302.4	中铁十四局
201	一种用于钢材内切割及焊缝过程监控系统	ZL202110449479.7	中铁十四局

续表

序号	专利名称	专利号	权属单位
202	盾构机的盾尾的安装方法	ZL202010628139.6	中铁十四局
203	盾构隧道的箱涵模具	ZL202010628956.1	中铁十四局
204	用于管桩施工定位控制的通用性改进装置及其工作方法	ZL202110987058.X	中铁十五局
205	一种隧道内弧形底面的浮渣清扫系统	ZL202210197471.0	中铁十五局
206	一种线路铁塔基础的施工方法及其装置	ZL202111034819.6	中铁十五局
207	一种线路铁塔分段结构的施工方法及其装置	ZL202111034820.9	中铁十五局
208	用于管桩施工定位的控制装置及其工作方法	ZL202110986840.X	中铁十五局
209	一种盾构隧道接缝受力原型试验系统	ZL202010069982.5	中铁十五局
210	一种管幕法支护结构的施工方法	ZL202010486814.6	中铁十五局
211	基于道岔插铺位置精准定位的电气化铁路营业线铺设方法	ZL202011100850.0	中铁十六局
212	一种用于盾构重叠隧道施工中的可视化自动支撑行走台车及施工方法	ZL202010638532.3	中铁十六局
213	长距离隧道用分段式通风系统及其实施方法	ZL202010916325.X	中铁十六局
214	一种全装配式预应力框架索系组合结构	ZL202110460804.X	中铁十六局
215	一种盾构隧道下穿水道确定施工掘进参数的方法	ZL201810525272.1	中铁十六局
216	一种隧道二衬大面积脱空结构及施工方式	ZL202011133799.3	中铁十六局
217	一种会议中心外墙外保温结构及其施工工艺	ZL202110168206.5	中铁十六局
218	特大吨位预制箱梁端模板及安装方法	ZL202110556659.5	中铁十六局
219	一种防治隧道突涌水迂回导坑施工方法	ZL202010896534.2	中铁十六局
220	一种节段梁制造用混凝土搅拌设备	ZL202110111549.8	中铁十六局
221	一种波形钢腹板钢混组合预应力箱梁施工工法	ZL202110414561.6	中铁十六局
222	一种隧道施工用渣土运输装置	ZL202110547958.2	中铁十六局
223	一种混凝土输送设备	ZL202111644374.3	中铁十六局
224	用于吸附掌子面溢出瓦斯的复合材料及其施工方法	ZL202010917650.8	中铁十六局
225	一种隧道衬砌养护轨道喷淋装置	ZL202110390768.4	中铁十六局
226	一种高性能玻化微珠保温砂浆及其制备方法	ZL202111177883.X	中铁十六局
227	用于铁轨的人字型复轨器	ZL201910802446.9	中铁十六局
228	电涡流缓速器热能快速扩散及能源再利用系统	ZL201910832406.9	中铁十六局
229	一种垃圾土稳定剂及稳定垃圾土路基施工方法	ZL202010959762.X	中铁十六局
230	一种用于三合土地基的连续墙体智能纠偏装置及纠偏方法	ZL202110161075.8	中铁十六局
231	一种水稳层快速摊铺成型施工装置及施工方法	ZL202110174034.2	中铁十六局
232	一种适用于渣土回收利用的砂石分离清洗设备及施工方法	ZL202110258737.3	中铁十六局
233	一种土方回填压实度检测装置	ZL202211140343.9	中铁十六局

续表

序号	专利名称	专利号	权属单位
234	一种基于 BIM 技术的钢桁梁支架法拼装施工模拟方法	ZL201910276917.7	中铁十六局
235	隧道爆破开挖围岩损伤深度计算方法、装置及存储介质	ZL202110434158.X	中铁十六局
236	钢筋混凝土灌注桩桩头预埋管和绳锯切割绿色拆除方法	ZL202111014058.8	中铁十六局
237	一种加深炮孔超前探测机构及其预报方法	ZL201910162091.1	中铁十六局
238	一种屋面防水结构及铺装工艺	ZL202110168204.6	中铁十六局
239	一种隧道支护结构及施工方法	ZL202211043810.6	中铁十六局
240	一种可移动的泥浆－颗粒分离循环设备及其施工方法	ZL202110326126.8	中铁十六局
241	一种基坑开挖挡土装置	ZL202110506037.1	中铁十六局
242	一种跨导热断层段隧道热－震共同作用模拟系统	ZL202111540704.4	中铁十六局
243	使用千斤顶的岩石地基爆破开挖沉井及井筒施工的方法	ZL202110837374.9	中铁十六局
244	贝雷支架三角托架操作平台	ZL202110309644.9	中铁十六局
245	一种钢套箱及其围堰方法	ZL201710374999.X	中铁十六局
246	机车用热能循环系统	ZL201910833019.7	中铁十六局
247	一种基于遥感技术的隧道岩层多点位移同步监测的方法	ZL202010278431.X	中铁十六局
248	一种大体积混凝土的快速浇筑及温控方法	ZL202011300252.8	中铁十六局
249	一种应用于多端柔性直流输电系统的自适应下垂控制策略	ZL202110580121.8	中铁十六局
250	散粒体边坡生态护坡结构与施工方法	ZL202110795970.5	中铁十六局
251	一种隧道盾构施工控温装置及其使用方法	ZL202011084913.8	中铁十六局
252	一种废弃护壁泥浆的净化处理方法	ZL202110319113.8	中铁十六局
253	一种破除既有桩基的施工方法	ZL202110718891.4	中铁十六局
254	一种新、老桥预应力拼宽缝的施工方法	ZL202011489653.2	中铁十六局
255	一种基坑开挖用管线保护装置	ZL202110507281.X	中铁十六局
256	一种节段梁用可校正的吊具	ZL202010328582.1	中铁十六局
257	一种能够补偿富水砂层预应力损失的微调锚具以及方法	ZL202010561838.3	中铁十六局
258	一种混凝土外墙穿墙螺栓孔的高效封堵装置	ZL202010950372.6	中铁十六局
259	适用于岩石破碎机理研究的室内模型测试装置	ZL202011503806.4	中铁十六局
260	一种便于快速装配的贝雷支架及其施工应用	ZL202110292360.3	中铁十六局
261	一种桥梁钢结构用切割装置	ZL202010744593.8	中铁十六局
262	一种深基坑施工安全防护装置	ZL202110156936.3	中铁十六局
263	一种 TBM 隧道塌腔回填及超前管棚施工方法	ZL202110521151.1	中铁十六局
264	一种铁路桥涵施工物料自动输送装置	ZL202111155967.3	中铁十六局
265	一种锁脚锚管施工固定装置及其施工方法	ZL202110017915.3	中铁十六局

续表

序号	专利名称	专利号	权属单位
266	一种用于地下连续墙的环保型护壁泥浆及其制备方法	ZL202110325758.2	中铁十六局
267	防隧道二次衬砌混凝土浇筑不饱满装置及检测方法	ZL201910542644.6	中铁十六局
268	一种节段梁吊具	ZL202010347574.1	中铁十六局
269	一种钢箱梁运输装置及方法	ZL202110760026.6	中铁十六局
270	一种隧道施工用照明装置	ZL202110547966.7	中铁十六局
271	一种火药引燃式焊接预制桩及其焊接方法	ZL202110045025.3	中铁十六局
272	一种浮置板与隧道上拱间隙异物的探测清理仪器及方法	ZL202011289583.6	中铁十七局
273	一种用于搭建圆形建筑的施工装置	ZL202210293936.2	中铁十七局
274	公路架桥机安装与拆卸方法	ZL201911367390.5	中铁十七局
275	一种具有防火、防辐射及防烟尘功能的电焊枪	ZL202210488915.6	中铁十七局
276	建筑垃圾破碎筛选系统	ZL202110627273.9	中铁十七局
277	一种钢筋混凝土拱桥主拱圈悬臂浇筑施工方法	ZL202211087686.3	中铁十七局
278	拼装式隧道用台车	ZL202010751287.7	中铁十七局
279	一种利用建筑垃圾制备地铁施工回填料的装置和制备方法	ZL202110651480.8	中铁十七局
280	一种设有外挂装饰板的铝方通安装结构	ZL202110139407.2	中铁十七局
281	一种现浇混凝土支架结构的支点设置方法	ZL202111400119.4	中铁十七局
282	管节安装装置及方法	ZL202010597672.0	中铁十七局
283	一种降低带肋锚杆挡墙逆作法安全风险的施工方法	ZL202011388085.7	中铁十七局
284	拼装式隧道用台车以及拼装方法	ZL202010750103.5	中铁十七局
285	一种箱梁低位纵移方法	ZL202010449013.2	中铁十七局
286	一种快速省力的安全救援方法	ZL202210019412.4	中铁十七局
287	一种用于路基填筑二次翻拌的平地机设备	ZL202110717335.5	中铁十七局
288	一种利用 Dynamo 快速精准创建网架 BIM 模型的方法	ZL201811282024.5	中铁十七局
289	一种提高螺纹钢筋锚杆抗拔性能的施工方法	ZL202011367354.1	中铁十七局
290	高寒区边坡多重传感信息融合与智能监测系统及监测方法	ZL202110573231.1	中铁十七局
291	一种可调土压－矿山法双模式盾构机及其施工方法	ZL202110887587.2	中铁十七局
292	可自动判别天然矿物颗粒级配状态的筛分和循环研磨装置	ZL202210039475.6	中铁十七局
293	一种侧面带凹槽的钢管混凝土轨枕的制造方法	ZL202110047405.0	中铁十七局
294	一种预活化粘土－氟铝酸盐水泥基注浆材料及制备方法	ZL202210050670.9	中铁十七局
295	一种含 MOFs 的环氧树脂/聚氨酯 IPNs 注浆材料的制备方法	ZL202110832265.8	中铁十七局
296	一种隧道正上方超前钻管的箱式加固方法	ZL202110797109.2	中铁十七局
297	一种建筑风机生产用转筒型定转子分离装置	ZL202210924302.2	中铁十八局

续表

序号	专利名称	专利号	权属单位
298	一种隧道裂隙岩体注浆堵水装置及方法	ZL202111463063.7	中铁十八局
299	一种盾构近距离下穿大断面桥涵的加固结构及施工方法	ZL202110430041.4	中铁十八局
300	隧道中硬岩综合破瓜式深孔掏槽爆破方法	ZL201910154217.0	中铁十八局
301	一种隧道辅助导坑进入正洞方法	ZL202010636123.X	中铁十八局
302	一种复合式微型 TBM 施工方法及微型 TBM	ZL202011392103.9	中铁十八局
303	一种再生混凝土用配料系统	ZL202111529739.8	中铁十八局
304	一种脉冲交互式降尘降噪风机	ZL202210924317.9	中铁十八局
305	一种基于惯性滑动型风机能效提升设备	ZL202210958633.8	中铁十八局
306	一种用于提高隧道光面爆破效果的聚能缓冲装置及其方法	ZL202110247070.7	中铁十八局
307	一种裂隙岩体高水压渗透性测试装置及方法	ZL202210031736.X	中铁十八局
308	一种深基坑开挖施工中渣土转移用全自动吊斗及使用方法	ZL202011482682.6	中铁十八局
309	一种地铁车站基坑开挖施工用组合式支护体系	ZL202010365841.8	中铁十八局
310	在建地铁车站井口可快速安拆模块化封闭方法与装置	ZL202111399674.X	中铁十八局
311	一种不同直径盾构机始发与接收基座的锚定装置	ZL202210131584.0	中铁十八局
312	一种 JPCCP 管的现场修复方法	ZL202011000039.5	中铁十八局
313	一种复合式微型 TBM	ZL202011392091.X	中铁十八局
314	一种小断面水利隧洞 TBM 掘进沉降和涌水段处理方法	ZL202111144228.4	中铁十八局
315	一种高速铁路双线隧道穿过垂直涌泥溶洞时的施工方法	ZL202111008594.7	中铁十八局
316	一种用于海底隧道的岩体防渗处理结构	ZL202011380789.X	中铁十八局
317	高效预应力钢绞线束牵引头	ZL202110671164.7	中铁十八局
318	超长距离硬岩顶管施工方法	ZL202010859795.7	中铁十八局
319	一种隧道通风软管清洗整理机构	ZL201910828294.X	中铁十八局
320	一种岩石顶管机洞内回退方法	ZL202010305102.X	中铁十八局
321	一种 TBM 刀盘无扩大洞室洞内更换方法	ZL202010638676.9	中铁十八局
322	一种敞开式 TBM 扩挖防栽头方法	ZL202110672432.7	中铁十八局
323	成型盾构隧道管片内力检测方法	ZL201811515637.9	中铁十八局
324	一种应用于临空状态下的盾构机接收平台及施工工艺	ZL201910681019.X	中铁十八局
325	上软下硬地层下穿既有隧道的盾构隧道施工及加固方法	ZL202011118892.7	中铁十八局
326	一种隧道供电用移动式变电站及长大隧道内高压送电方法	ZL202110771304.8	中铁十八局
327	一种混凝土抗分散剂及其在混凝土中的应用	ZL202210250645.5	中铁十八局
328	一种 TBM 施工预制块铺设支撑定位装置	ZL201910827731.6	中铁十八局
329	一种基于 GWO – FW – MKL – SVR 算法的 TBM 掘进速率预测方法	ZL202110577145.8	中铁十八局

续表

序号	专利名称	专利号	权属单位
330	一种隧道中硬岩上台阶多阶超深孔抛碴控振自稳爆破方法	ZL201911280109. 4	中铁十八局
331	一种铁路隧道仰拱下方水库爆顶透水窟窿修补方法	ZL202010391518. 8	中铁十八局
332	一种用于风机加工的设备	ZL202210919830. 9	中铁十八局
333	一种深基坑用混凝土板捣平用锚定装置	ZL202210057461. 7	中铁十八局
334	基于无线网络通信的场地内施工设备主动安全管控系统	ZL202210063807. 4	中铁十八局
335	大直径盾构施工遇地层漏斗控制地表沉降的快速处理方法	ZL202010680225. 1	中铁十八局
336	一种 TBM 法隧洞施工的管片与围岩间大规模补充灌浆方法	ZL202010012628. 9	中铁十八局
337	一种适用于底鼓变形控制的隧道仰拱结构及方法	ZL202010223023. 4	中铁十八局
338	深基坑自流消能混凝土浇筑方法及混凝土自流消能结构	ZL202111125735. 3	中铁十八局
339	一种管身设有密封环且中灌填充物的复式炮孔堵塞装置	ZL201911212167. 3	中铁十八局
340	一种复式周边眼及隧道高效减振、光面光底爆破方法	ZL202010133437. 8	中铁十八局
341	一种城市敏感环境下降低隧道爆破开挖振动速度的方法	ZL202011386818. 3	中铁十八局
342	一种楼梯浇筑施工用组合旋转铝模	ZL202010776802. 7	中铁十八局
343	一种根据覆土量改变深基坑钢骨架支撑力的承重装置	ZL202210135225. 2	中铁十八局
344	一种深基坑模组筑侧墙用混凝土振捣定型用锚定装置	ZL202210081459. 3	中铁十八局
345	一种移动工棚的智能化控制系统及方法	ZL202010613609. 1	中铁十八局
346	一种高水压裂隙岩体渗流试验平台	ZL202111462946. 6	中铁十八局
347	一种隧道中软岩单阶深孔掏槽减振平底光爆结构	ZL201911212157. X	中铁十八局
348	一种高水压隧道突水监控系统	ZL202111085083. 5	中铁十八局
349	一种沉管管节工厂化预制施工方法	ZL202111207191. 5	中铁十八局
350	一种混凝土强度测试装置及方法	ZL202210801190. 1	中铁十八局
351	隧道软岩全断面多阶超深孔双头炮塞炮泥封堵高效爆破法	ZL201911280452. 9	中铁十八局
352	一种新旧地铁车站侧墙多个接驳部位同时破除的方法	ZL202010378246. 8	中铁十八局
353	一种新建换乘厅与既有隧道连通的接驳侧墙破除方法	ZL202010378706. 7	中铁十八局
354	一种用于地铁车站封闭施工的快速拆卸装配式隔音围挡结构	ZL202010378980. 4	中铁十八局
355	一种隧道极软岩层收缩拱架初支方法	ZL202010391679. 7	中铁十八局
356	一种处治大断面隧道初支侧顶塌方的简便施工方法	ZL202011408173. 9	中铁十八局
357	双连拱隧道与小净距隧道在地下横通道内转换的施工方法	ZL202011374811. X	中铁十八局
358	一种隧道管片用多向调节的拼装检测试验台	ZL201911307207. 2	中铁十八局
359	一种钢筋标距装置及使用方法	ZL202210587534. 3	中铁十八局
360	超大吨位转体桥多点联合称重梁端起顶力自动补偿装置	ZL202010248009. X	中铁十八局
361	一种使隧道安全通过浅埋河沟软弱围岩的方法	ZL202010411526. 4	中铁十八局

续表

序号	专利名称	专利号	权属单位
362	盾构施工水平运输中电瓶车组安全行驶自动控制系统	ZL202110577028. 1	中铁十八局
363	一种节理裂隙围岩光面爆破方法	ZL202110653000. 1	中铁十八局
364	PCCP 管抢修用高粘接性修复混凝土及其制备方法	ZL202210327807. 0	中铁十八局
365	一种 pH 指示剂的制备和应用	ZL202110276450. 3	中铁十八局
366	一种隧道极软岩深孔掏槽周边隔眼气柱装药缓冲爆破方法	ZL201911212255. 3	中铁十八局
367	新增暗挖通道与既有站厅层连通接驳施工结构	ZL202010379009. 3	中铁十八局
368	一种高水压隧道衬砌局部损毁快速修复装置及方法	ZL202111085225. 8	中铁十八局
369	一种复杂周边环境下超前深孔注浆钻孔孔距的确定方法	ZL202010378234. 5	中铁十八局
370	基于组合赋权－改进灰色关联法的架桥机配置评价方法	ZL201811576355. X	中铁十八局
371	一种减小钻孔外插角的隧道开挖轮廓面爆破成形方法	ZL202110163369. 4	中铁十八局
372	一种隧道防排水边墙处纵向盲管上无砂混凝土预制块模具	ZL202011460956. 1	中铁十八局
373	一种基于支护桩和贝雷架防护的地下管道挖掘施工方法	ZL201810593537. 1	中铁十八局
374	一种穿越富水断层隧洞注浆加固方法	ZL202010859070. 8	中铁十八局
375	一种长距离岩石顶管穿越富水断层施工方法	ZL202010859071. 2	中铁十八局
376	隧洞掘进施工用同步作业台架及同步施工方法	ZL202010993643. 6	中铁十八局
377	一种盾构隧道施工注浆装置	ZL202110630025. X	中铁十九局
378	波纹板挡土墙结构及其施工方法	ZL202110581511. 7	中铁十九局
379	连接装置	ZL202110608984. 1	中铁十九局
380	用于路基的修复装置	ZL202110609418. 2	中铁十九局
381	路基加固防护装置及铁路路基结构	ZL202110772762. 3	中铁十九局
382	涵洞变形缝渗漏水引排结构及对变形缝进行修复的方法	ZL202110886960. 2	中铁十九局
383	语音警示安全帽	ZL201610815682. 0	中铁十九局
384	双护筒钻孔灌注桩的施工方法	ZL202110417169. 7	中铁十九局
385	一种快凝干硬性混凝土及其制备方法和应用	ZL202110739300. 1	中铁十九局
386	一种膜袋砂围堰施工方法	ZL202110256873. 9	中铁十九局
387	高真空系统联合击密法地基处理方法及装置	ZL202110581538. 6	中铁十九局
388	既有桥梁桩基桩间土的防泄流施工方法	ZL202110687926. 2	中铁十九局
389	涵洞沉降缝渗水修复结构及对沉降缝进行修复的方法	ZL202110888348. 9	中铁十九局
390	组合式围堰及其施工方法	ZL201710103674. 8	中铁十九局
391	上软下硬地层的隧道开挖方法	ZL202011125816. 9	中铁十九局
392	自行式仰拱栈桥	ZL201911414490. 9	中铁十九局
393	转移装置、物体转移方法、贴砖设备	ZL202110609981. X	中铁十九局

续表

序号	专利名称	专利号	权属单位
394	用于土体固化的抽水装置和抽水系统	ZL202110204308.8	中铁十九局
395	一种适用于隧道揭露粉末状煤层的塌方加固方法	ZL202011430933.6	中铁十九局
396	叠合墙结构和叠合墙结构的施工方法	ZL202110203531.0	中铁十九局
397	一种道路工程用路面沥青施工装置及施工方法	ZL202111051187.4	中铁十九局
398	一种盾构机钢管安装举升装置	ZL202110225221.9	中铁十九局
399	盾构机溜渣装置和盾构机	ZL202110204742.6	中铁十九局
400	一种基于北斗卫星采空区井下安全监控装置及监控方法	ZL202110143546.2	中铁十九局
401	定位装置	ZL202110610781.6	中铁十九局
402	双连拱隧道五洞开挖方法	ZL202010052492.4	中铁十九局
403	一种盾构用负环管片运输固定装置	ZL202010731260.1	中铁十九局
404	T 梁混凝土浇筑的施工方法	ZL202110711204.6	中铁十九局
405	一种石灰 - 碱渣改良土有效 CaO 及碱渣含量测算方法	ZL202011209891.3	中铁十九局
406	仰拱模板的牵引固定方法	ZL201911421632.4	中铁十九局
407	一种土体松动机构及螺旋输送机	ZL202110008378.6	中铁十九局
408	一种装配式抗剪钢混结构综合管廊及其施工方法	ZL202110495237.1	中铁十九局
409	淤泥地基砂肋排管袋围堰系统	ZL202110875652.X	中铁十九局
410	一种沥青路面用防粘接修补设备	ZL202111049874.2	中铁十九局
411	一种矿山爆破碎石防护装置	ZL202010579708.2	中铁十九局
412	一种穿越活动断层的隧道及其设防延伸段长度的计算方法	ZL202111023070.5	中铁十九局
413	一种基于矿山爆破无人机装置	ZL202110758361.2	中铁十九局
414	深埋隧道局部区域差异定向断裂控制爆破方法	ZL202111569699.X	中铁十九局
415	一种车辆行驶行为确定方法、装置、设备及介质	ZL202111452465.7	中铁十九局
416	一种用于钻孔摄像孔口固定装置及安装方法	ZL201911166310.X	中铁十九局
417	一种爆破用防堵塞装药设备	ZL202010621222.0	中铁十九局
418	露天矿山采场取土作业扬尘治理装置	ZL202010834392.7	中铁十九局
419	一种地下工程应用水泥注浆施工方法	ZL202011531866.7	中铁十九局
420	测量衬砌填充材料压缩剪切性能及孔隙率变化的试验方法	ZL202010109770.5	中铁十九局
421	隧道Ⅳ、Ⅴ级软弱围岩全断面及微台阶机械化配套施工方法	ZL202010823794.7	中铁十九局
422	隧道通风模拟试验模型参数及摩阻力系数确定方法及系统	ZL202011487321.0	中铁十九局
423	隧道浅埋段监控量测方法	ZL202010824273.3	中铁十九局
424	喷混系统混凝土管路反洗法	ZL202011408138.7	中铁十九局
425	铁路营业线沉降、位移监测方法	ZL201911406726.4	中铁十九局

续表

序号	专利名称	专利号	权属单位
426	一种煤与瓦斯突出隧道防突施工方法	ZL202011347651. X	中铁十九局
427	一种露天矿山运输系统的矿用卡车卸料装置及其卸料方法	ZL202011401283. 2	中铁十九局
428	一种城市管廊一体化浇注装置	ZL202110609727. X	中铁十九局
429	一种基于钢拱架的上承式拱桥施工方法	ZL201910780332. 9	中铁二十局
430	一种上承式箱型拱桥改造施工方法	ZL201910780833. 7	中铁二十局
431	一种富水砂层盾构隧道下穿高架桥用隔离加固结构及方法	ZL202011377583. 1	中铁二十局
432	一种下穿式湖域段隧道主体结构的施工方法	ZL202111015939. 1	中铁二十局
433	一种几字形跨海临时钢栈桥	ZL202011475057. 9	中铁二十局
434	一种几字形跨海临时钢栈桥的施工方法	ZL202011475244. 7	中铁二十局
435	一种套衬模筑施工的隧道二衬整治方法	ZL201911235936. 1	中铁二十局
436	一种中承式空间 Y 型钢箱拱桥缆索吊装方法	ZL202011427889. 3	中铁二十局
437	填海区基坑对撑角撑混凝土水平支护结构施工方法	ZL202011432296. 6	中铁二十局
438	一种智能化箱梁预制方法	ZL202110261124. 5	中铁二十局
439	箱涵顶进装置及方法	ZL202010735251. X	中铁二十局
440	一种护栏台车模板组件控制系统	ZL202011517652. 4	中铁二十局
441	中承式空间 Y 型钢箱拱桥缆索吊装系统拆除方法	ZL202011428387. 2	中铁二十局
442	超高大跨度焊接球节点网架施工的信息传输方法及系统	ZL201911145051. 2	中铁二十局
443	干式除尘车智能化控制系统及控制方法	ZL202210275490. 0	中铁二十局
444	一种基于阶梯式花园的雨水处理方法	ZL202011507897. 9	中铁二十局
445	一种盾构机小半径转弯并下穿建筑物的掘进方法	ZL202010894111. 7	中铁二十局
446	一种钢网架结构分段吊装施工方法	ZL202011231491. 2	中铁二十局
447	一种钢板桩、钢板桩围堰及钢板桩围堰的施工方法	ZL202011368922. X	中铁二十局
448	一种复合地层中盾构机滚刀换刀控制方法	ZL202010477175. 7	中铁二十局
449	一种公路中大直径双孔钢波纹管涵施工方法	ZL202111440511. 1	中铁二十局
450	一种冷热数据分类的方法、装置、设备及可读存储介质	ZL202210740213. 2	中铁二十局
451	一种水循环式地连墙工字钢接头刷壁系统及方法	ZL202011447177. 8	中铁二十局
452	防止暗挖隧道二衬拱顶混凝土脱空的树杈式泵送施工方法	ZL202110543742. 9	中铁二十局
453	一种水泥 - 苯丙乳液加水性环氧树脂注浆材料	ZL202111171324. 8	中铁二十局
454	一种用于博物馆超高大跨度焊接球节点网架施工的监测信息传输方法及系统	ZL201911145046. 1	中铁二十局
455	穿越土石分界地层的隧道施工方法	ZL201911168709. 1	中铁二十局
456	防止隧道突水涌泥设施及施工方法	ZL202011029224. 7	中铁二十局
457	衬砌台车及其支模装置	ZL201811611734. 8	中铁二十局

续表

序号	专利名称	专利号	权属单位
458	隧道泄水降压结构及施工方法	ZL202011015884. X	中铁二十局
459	一种上承式箱型拱桥拱肋施工方法	ZL201910780297. 0	中铁二十局
460	轨道复测方法	ZL202011132486. 6	中铁二十局
461	一种大深基防护锁扣钢管桩围堰结构及其施工方法	ZL202110657181. 5	中铁二十局
462	监控装置	ZL202110992964. 9	中铁二十局
463	一种跨海桥建造过程的钢围堰堵缝处理方法	ZL202110657189. 1	中铁二十局
464	停车场异常行为监控方法、装置及停车场监控系统	ZL202111000909. 3	中铁二十局
465	监控报警器和城市综合管廊智能监控报警装置	ZL202111125465. 6	中铁二十局
466	污水处理装置	ZL202110992962. X	中铁二十局
467	铁路冷链货物安全运输方法、电子设备及存储介质	ZL202111119302. 7	中铁二十局
468	一种可转动仰拱模板	ZL202010655223. 7	中铁二十局
469	无砟轨道通用模板系统及其施工方法	ZL202010834301. X	中铁二十局
470	一种隧道二次衬砌环向钢筋自动安装定位台车装置及方法	ZL202110627429. 3	中铁二十局
471	防溜铁鞋装置	ZL202111062191. 0	中铁二十局
472	保护罩和运行管理用综合管廊配电箱	ZL202111118244. 6	中铁二十局
473	一种基于 MIC 的盾构施工地表变形影响因素的确定方法	ZL202011269480. 3	中铁二十局
474	隧道开挖突涌水模拟装置及模拟方法	ZL202010847312. 1	中铁二十局
475	钢轨伸缩调节器施工支撑装置以及施工系统	ZL202011135182. 5	中铁二十局
476	连续梁拱组合桥梁无砟轨道施工方法及装置	ZL202011136362. 5	中铁二十局
477	一种在中台阶旋喷桩加固粉质黏土隧道的施工方法	ZL202110777135. 9	中铁二十局
478	仰拱模板	ZL202010655424. 7	中铁二十局
479	耐磨滚刀刀体制作方法	ZL202010901976. 1	中铁二十局
480	盾构数据采集方法、装置及计算机存储介质	ZL202010645053. 4	中铁二十局
481	一种低承载力软岩隧道的施工方法	ZL202110777153. 7	中铁二十局
482	污水监测系统、方法、装置及计算机可读存储介质	ZL202111000029. 6	中铁二十局
483	喀斯特地貌水利特小断面改扩建隧洞分段爆破洞挖施工工法	ZL202010349670. X	中铁二十局
484	高地下水位区邻近既有建筑预防地连墙塌槽的方法	ZL202010794582. 0	中铁二十局
485	一种基于物联网的智能停车系统及方法	ZL202111000124. 6	中铁二十局
486	高程泵送高性能沙漠砂混凝土及其制备方法	ZL202011317566. 9	中铁二十局
487	龙门吊行走钢轨固定装置及龙门吊	ZL202010883671. 2	中铁二十局
488	低成本喷射混凝土及其制备方法	ZL202011316815. 2	中铁二十局
489	一种用于地下室的整体下沉施工方法及其施工装置	ZL202010757012. 4	中铁二十一局

续表

序号	专利名称	专利号	权属单位
490	用于复合地基中现浇素混凝土桩的传感器安装组件、方法	ZL202110249633. 6	中铁二十一局
491	一种盾构下穿既有管线的施工模拟试验装置及方法	ZL202111077110. 4	中铁二十一局
492	一种电力安全物联绝缘遮蔽罩	ZL202110146572. 0	中铁二十一局
493	一种建筑施工用废旧钢管材料除锈装置	ZL202110959645. 8	中铁二十一局
494	一种基于 BIM 的腕臂预配动态模拟方法	ZL202111522083. 7	中铁二十一局
495	一种基于红外图像的铁路轨道状态监测方法及装置	ZL202110831116. X	中铁二十一局
496	一种聚羧酸减水剂生产定量投料装置以及定量投料方法	ZL202211147263. 6	中铁二十一局
497	一种钢结构的快速连接组件及其钢结构建筑	ZL202111206581. 0	中铁二十一局
498	一种建筑材料钢筋用可调节弯曲装置	ZL202010856941. 0	中铁二十一局
499	一种用于桥梁底部的检查设备	ZL202110106985. 6	中铁二十一局
500	一种基于建筑室内施工的破损瓷砖更换用起砖装置	ZL202010631941. 0	中铁二十一局
501	一种隧道支护结构	ZL202010943976. 8	中铁二十一局
502	一种土压平衡盾构加气排水掘进施工方法	ZL202110123992. 7	中铁二十一局
503	一种桥梁伸缩缝安装施工方法	ZL202110203055. 2	中铁二十一局
504	一种建筑板材切割工艺	ZL202010961157. 6	中铁二十一局
505	建筑施工密集区控制点用 GPS 定位测量方法	ZL201810506377. 2	中铁二十一局
506	一种基于 Dynamo 的电缆自动化布置方法	ZL202210124961. 8	中铁二十一局
507	一种注浆成型薄壁管桩的施工设备	ZL202110486785. 8	中铁二十一局
508	一种装修用手摇式起吊设备	ZL202110037516. 3	中铁二十二局
509	一种采用模块化接线系统的 5G 光缆接线柜及其使用方法	ZL202110304407. 3	中铁二十二局
510	一种用于隧道的渣土输送系统及方法	ZL202010880451. 4	中铁二十二局
511	一种建筑装修用适用于不同高度吊顶的钉眼修补台	ZL202111293405. 5	中铁二十二局
512	一种建筑工程用泥浆处理装置	ZL202110813136. 4	中铁二十二局
513	一种建筑工程用建筑垃圾破碎装置	ZL202110497896. 9	中铁二十二局
514	一种装配式建筑结构及其使用方法	ZL202210838412. 7	中铁二十二局
515	一种建立轨道板外观检测尺寸检测特征的方法	ZL201810109857. 5	中铁二十二局
516	ALC 轻质隔墙板的安装方法	ZL202111107147. 7	中铁二十二局
517	一种桥梁施工用桥墩围堰结构	ZL202111187606. 7	中铁二十二局
518	一种碳纤维布加固工艺自动操作装置	ZL202210668521. 9	中铁二十二局
519	一种 Y 字型的隧道注浆结构及配套的注浆方法	ZL202110410489. X	中铁二十二局
520	一种高效泥浆处理设备	ZL202110855182. 0	中铁二十二局
521	一种明挖隧道邻近建筑物保护装置	ZL202110812924. 1	中铁二十二局

续表

序号	专利名称	专利号	权属单位
522	用于圆形人工挖孔桩施工的安全防护设施及使用方法	ZL201910686396.2	中铁二十二局
523	一种铁路路基建设施工设备及施工方法	ZL202110812923.7	中铁二十二局
524	一种有效降低失速事故发生概率的铁路轨道吊装装置	ZL202110105906.X	中铁二十二局
525	一种电力通讯管道铺设设备	ZL202110608062.0	中铁二十二局
526	一种富水岩溶隧道均质渗流监测系统	ZL202210076974.2	中铁二十二局
527	一种深水急流江中双壁钢围堰精准下沉限位装置及方法	ZL202110780316.7	中铁二十二局
528	一种用于建筑建设工程的破碎设备	ZL202010658953.2	中铁二十二局
529	一种家庭装修花纹转印的设备	ZL202011007452.4	中铁二十二局
530	一种装修用连廊廊木加工装置	ZL202011155442.5	中铁二十二局
531	一种土钉墙成孔装置	ZL201911410411.7	中铁二十二局
532	建筑材料用检测装置	ZL201911102564.5	中铁二十二局
533	一种混凝土可泵性的检测装置及方法	ZL202010396846.7	中铁二十二局
534	一种隧道施工使用的瓦斯智能探测电钻	ZL202110802302.0	中铁二十三局
535	隧道管片接缝防水试验装置	ZL202010871184.4	中铁二十三局
536	高速公路通信管道集束管敷设结构及施工方法	ZL202210481513.3	中铁二十三局
537	一种用于构件预制的钢筋绑扎胎架	ZL202110232417.0	中铁二十三局
538	一种桥梁预应力施工系统及后张施工方法	ZL202210659805.1	中铁二十三局
539	一种桥面铺装防水粘结层及其施工方法	ZL202110737601.0	中铁二十三局
540	一种曲面梁组合式胎架及拼装方法	ZL202111154808.1	中铁二十三局
541	用于隧道支护的注浆小导管	ZL202010870119.X	中铁二十三局
542	不对称斜拉桥压重混凝土施工方法	ZL202010575328.1	中铁二十三局
543	一种钢筋混凝土套管内置钢管施工方法	ZL202110330677.1	中铁二十三局
544	一种波形钢腹板现浇悬臂箱梁异步挂篮施工方法	ZL202010969711.5	中铁二十三局
545	一种用于市政桥梁工程的桥梁裂缝测量装置	ZL202110109861.3	中铁二十三局
546	一种高液限粘土地面的路基基底及其施工方法	ZL202110500502.0	中铁二十三局
547	一种辅助大型挂篮行走的托轮	ZL202011437824.7	中铁二十三局
548	用于道路标线反光或蓄光颗粒的压实装置	ZL202110109856.2	中铁二十三局
549	软土路基与正常路基交界处防沉降结构	ZL202110094359.X	中铁二十三局
550	一种用于 TBM 前端施工环境安全性的监测装置及其使用方法	ZL202110367438.3	中铁二十三局
551	螺杆桩机	ZL202010665665.X	中铁二十四局
552	一种铁路扣轨加固设备	ZL202210745665.X	中铁二十四局
553	一种泡沫轻质土现浇路基用快速拆装模板	ZL202010290270.6	中铁二十四局

续表

序号	专利名称	专利号	权属单位
554	一种隧道工程爆破施工一体化炮泥机装置	ZL202110691980.4	中铁二十四局
555	一种道路下穿铁路接触网横跨支撑安装装置及其使用方法	ZL202110198370.0	中铁二十四局
556	一种道岔梁更换施工方法	ZL202010697952.9	中铁二十四局
557	一种大型钢结构桥梁落梁用临时支撑装置	ZL202110380357.7	中铁二十四局
558	一种隧道爆破施工拔出凿岩机钻杆卡孔装置	ZL202110887781.0	中铁二十四局
559	一种基于工作性能和造价的混凝土配合比优化方法	ZL202111133930.0	中铁二十四局
560	一种建筑施工钢筋笼吊装加固结构	ZL202110791763.2	中铁二十四局
561	一种全断面放射型注浆工艺及设备	ZL202110530148.6	中铁二十四局
562	可自动实时纠偏的沉井下沉装置及施工方法	ZL202110398579.1	中铁二十四局
563	一种环筋扣合连接构件的制造方法	ZL202110613030.X	中铁二十四局
564	一种水利水电工程用自动埋线装置	ZL202110185574.0	中铁二十四局
565	基于三维空间定位的高耸混凝土塔柱定位系统及定位方法	ZL202111369948.0	中铁二十四局
566	一种抗震效果好的房建框架结构	ZL201910641603.2	中铁二十四局
567	一种滑坡位移测量装置及其测量方法	ZL202010998733.4	中铁二十四局
568	一种基于超声波的滑坡位移滑监测系统及其测量方法	ZL202010999120.2	中铁二十四局
569	用于桥梁施工过程的安全监控装置	ZL202010665686.1	中铁二十四局
570	一种隧道静态破碎下置换初期支护的方法及装置	ZL202110785651.6	中铁二十四局
571	一种桥梁动态变形测量方法	ZL202010641057.5	中铁二十四局
572	一种 CTCS-2 列控系统调试方法	ZL201911250007.8	中铁二十四局
573	具有台风监测功能的铁路施工安全用预警装置	ZL202010665677.2	中铁二十四局
574	一种桥梁支座更换辅助装置及其更换方法	ZL202110042938.X	中铁二十四局
575	一种金属焊接用固定装置	ZL202011266014.X	中铁二十四局
576	一种用于隧道作业的轨道平台车	ZL202110954089.5	中铁二十五局
577	一种建筑施工用砌砖机的顶砖结构及其使用方法	ZL202110702660.4	中铁二十五局
578	一种绿色建筑用板材裁取装置	ZL202011477616.X	中铁二十五局
579	一种隧道病态检测装置	ZL202011487281.X	中铁二十五局
580	一种拱顶预制构件	ZL202111260975.4	中铁二十五局
581	一种桥梁施工桥面渣滓清理剔除设备	ZL202011450164.6	中铁二十五局
582	大跨径钢箱梁架设拼装用支撑结构体系	ZL202111558537.6	中铁二十五局
583	一种水平拼接桥梁	ZL202110049017.6	中铁二十五局
584	一种盾构管片拆装施工方法	ZL202011605370.X	中铁二十五局
585	一种先支后装定型早拆模板体系及其施工方法	ZL202111180504.2	中铁二十五局

续表

序号	专利名称	专利号	权属单位
586	一种建筑施工保护用高效除尘装置	ZL202110627958.3	中铁二十五局
587	楼承板用材料及其制备方法	ZL202211061054.X	中铁建设
588	可拆卸式冷弯型钢与轻质填充料剪力墙及制造方法	ZL202110931456.X	中铁建设
589	一种地下管廊模板安装结构及安装方法	ZL202111381925.1	中铁建设
590	一种地下管廊施工支撑模板结构	ZL202111179441.9	中铁建设
591	一种装配式钢结构梁柱节点的装配方法	ZL202110595814.4	中铁建设
592	一种在钢筋混凝土空间节点上加设悬挑结构的构造及施工方法	ZL202111367065.6	中铁建设
593	一种可变送风形式的散流器风口	ZL202010292543.0	中铁建设
594	一种铁路客站用行李智能托运系统及托运方法	ZL202011576151.3	中铁建设
595	一种智能客站用光强自跟踪式太阳能板系统	ZL202011621837.X	中铁建设
596	一种防渗地铁隧道管片	ZL202210560383.2	中铁建设
597	一种基坑冻土挡墙装置	ZL202011397000.1	中铁建设
598	基于3D扫描的大直径市政管道模拟拼装装置及拼装方法	ZL201910046553.3	中铁建设
599	一种地下管廊用线管支撑装置及其安装方法	ZL202210560365.4	中铁建设
600	排风、空调和热泵热水设备能量梯级利用系统与方法	ZL201710322834.8	中铁建设
601	一种自密实轻质利废混凝土及其制备方法	ZL202110925592.8	中铁建设
602	一种用于景观道的一体化导水槽及其施工方法	ZL202211099741.0	中铁建设
603	一种装配式组合模壳梁构件的制作方法	ZL202211081032.X	中铁建设
604	一种装配式地下管廊结构及其施工方法	ZL202111179444.2	中铁建设
605	一种高海拔大温差环境下屋面隔热保温系统及施工方法	ZL202011620898.4	中铁建设
606	一种利用铜尾矿砂制备高强烧结透水砖的方法	ZL202110925598.5	中铁建设
607	一种基于钢铁尘泥和赤泥的改性钢渣及其制备方法和应用	ZL202111586730.0	中铁建设
608	一种应用于低温缺氧环境下的钢结构焊接工艺	ZL202011576140.5	中铁建设
609	一种含垃圾焚烧飞灰的全固废钢管混凝土制备方法	ZL202111584177.7	中铁建设
610	一种机场混凝土道面裂缝修补方法	ZL202011546476.7	中铁建设
611	一种在既有钢筋混凝土梁上加设悬挑结构的构造及施工方法	ZL202111367111.2	中铁建设
612	一种基于流体力学模拟数字孪生的数据机房智能环境控制系统	ZL202111389988.1	中铁建设
613	一种主题公园机电工程调试系统	ZL202210440184.8	中铁建设
614	一种大跨度管桁架钢结构及施工方法	ZL202011546470.X	中铁建设
615	一种冻土静力切割台	ZL202011396999.8	中铁建设
616	一种适用于寒冷地区沥青路面抗温缩裂缝的方法	ZL202011546458.9	中铁建设
617	一种三管综合管线侧向支架	ZL202110632614.1	中铁建设

续表

序号	专利名称	专利号	权属单位
618	一种用于装配式房屋墙角处的连接机构及其施工工艺	ZL202110595813. X	中铁建设
619	一种耐高温缓粘结预应力筋以及制备方法	ZL202111067844. 4	中铁建设
620	一种可调节高度的装配式叠合楼板施工工法	ZL202111499460. X	中铁建设
621	一种多截面形式预制箱梁运输及液压安装设备	ZL201911310480. 0	中铁建设
622	一种工程施工安全风险预警系统及方法	ZL202011640331. 3	中铁建设
623	一种承轨层箱梁施工方法	ZL202110153792. 6	中铁建设
624	利用地磅称重系统进行 BIM 平台进度数据自动采集的方法	ZL201910849009. 2	中铁建设
625	一种用于接线焊接的机器人及其焊接方法	ZL202110778915. 5	中铁建电气化局
626	自动吊弦标定系统和方法	ZL202110389816. 8	中铁建电气化局
627	移动接触网联动闭锁装置	ZL202210234800. 4	中铁建电气化局
628	一种接触网中接触线的异常检测方法及装置	ZL202111528167. 1	中铁建电气化局
629	显示屏安装装置及显示屏安装的方法	ZL202111536071. X	中铁建电气化局
630	一种玻璃幕墙通风系统及其施工方法	ZL202111540736. 4	中铁建电气化局
631	复合材料定位器模具及定位器的制作方法	ZL201710358040. 7	中铁建电气化局
632	一种信号机房智能焊线机器人以及控制方法	ZL202011385680. 5	中铁建电气化局
633	腕臂喷码方法和装置	ZL201910608277. 5	中铁建电气化局
634	一种轨道交通限界检测装置以及检测方法	ZL202110001320. 9	中铁建电气化局
635	一种用石墨作为接地体的地线装置	ZL202110082868. 0	中铁建电气化局
636	一种地铁刷卡闸机	ZL202110627783. 6	中铁建电气化局
637	一种轨旁设备限界快速自动测量的装置及方法	ZL202110421963. 9	中铁建电气化局
638	一种多功能手握推行松手制动的轨道小平板车	ZL202111294075. 1	中铁建电气化局
639	一种弱信噪比单频正弦信号的参数估计方法及装置	ZL202111382381. 0	中铁建电气化局
640	高铁 5G 无线通信网络覆盖规划方法、装置、设备和介质	ZL202210994266. 7	中铁建电气化局
641	一种过轨管内杂污清理抽吸机及其工作方法	ZL202110053387. 7	中铁建电气化局
642	一种单线隧道内接触网 Y 型吊柱倾角测量计算的方法	ZL202010911568. 4	中铁建电气化局
643	一种接触网斜率激光测量装置和方法	ZL202111180260. 8	中铁建电气化局
644	一种吊弦铜绞线插入接线端子深度检验方法与装置	ZL202011297620. 8	中铁建电气化局
645	信号道岔原位换装参数预调施工方法	ZL202210244146. 5	中铁建电气化局
646	一种地铁刚性接触网同相供电装置及其供电方法	ZL202110376654. 4	中铁建电气化局
647	一种基于人脸识别的无感支付闸机	ZL202011049100. 5	中铁建电气化局
648	上下型高强高导耐磨铜钢复合接触线的生产设备及其方法	ZL202110583151. 4	中铁建电气化局
649	硅青铜锻件及其无内应力一体式锻压及热处理方法	ZL202210652056. X	中铁建电气化局

续表

序号	专利名称	专利号	权属单位
650	一种 350km/h 高铁接触网整锚段更换整体吊弦的方法	ZL202011202860.5	中铁建电气化局
651	一种既有双线路同时拨接接触网的支架结构及施工方法	ZL202110669245.3	中铁建电气化局
652	内外型高强高导耐磨铜钢复合接触线的生产设备及其方法	ZL202110582969.4	中铁建电气化局
653	燕尾型高强高导耐磨铜钢复合接触线的生产设备及其方法	ZL202110583147.8	中铁建电气化局
654	具有可调节承重及自动刹车功能的轨道平板车	ZL202111273145.5	中铁建电气化局
655	一种原位土壤取样电阻率测量装置	ZL202110084249.5	中铁建电气化局
656	一种免高温烧结制备高微生物负载性能陶粒的方法及用途	ZL202110236955.7	中铁建电气化局
657	一种高强度高导电铜银合金接触线及其制备方法	ZL202011081575.2	中铁建电气化局
658	一种自动装调平垫片装置	ZL202110618526.6	中铁建电气化局
659	一种集成式数据综合测试仪及其使用方法	ZL202011094125.7	中铁建电气化局
660	一种用于刚性接触网的绝缘子清洁小车	ZL202111136931.0	中铁建电气化局
661	线夹本体一次性成型模具	ZL202111310802.9	中铁建电气化局
662	一种隧道接触网吊柱安装多关节机器人	ZL202110573221.8	中铁建电气化局
663	一种多种类传输线的测试装置及测试方法	ZL202111522684.8	中铁建电气化局
664	一种交通工程施工进度的管理系统	ZL201711065091.7	中铁建电气化局
665	一种线夹冲压级进模	ZL202111279258.6	中铁建电气化局
666	一种自动多节水平升降伸缩操作平台	ZL202110572645.2	中铁建电气化局
667	地铁隧内接触网悬挂点位置无轨化精测方法	ZL202011617952.X	中铁建电气化局
668	一种高铁接触网 250km/h 通用无交叉线岔适应 350km/h 提速改造方法	ZL202110778421.7	中铁建电气化局
669	基于 DBSCAN 聚类的点云图螺栓分割和高度测量方法	ZL202110137294.2	中铁建电气化局
670	水下支撑装置、海上设备及水下支撑装置的安装方法	ZL201910761916.1	中国铁建港航局
671	一种海上钢管桩起吊方法	ZL202110515639.3	中国铁建港航局
672	圈梁煨弯工艺	ZL202110615302.X	中国铁建港航局
673	模拟双圆盾构隧道施工引起地层位移的试验装置及方法	ZL202011092899.6	中国铁建港航局
674	海上灌浆辅助装置及施工方法	ZL202111204220.2	中国铁建港航局
675	防砰击装置	ZL202110093044.3	中国铁建港航局
676	海上钢结构防腐蚀装置及其控制方法	ZL202111304429.6	中国铁建港航局
677	钢管桩起吊翻桩装置及方法	ZL202110498231.X	中国铁建港航局
678	一种建筑垃圾制成软土地基土壤改良用胶凝材料	ZL202111411719.0	中国铁建港航局
679	动水 - 应力耦合作用下的岩石劣化试验装置及其试验方法	ZL202011092897.7	中国铁建港航局
680	一种吊环滑轮式横剖管沉降测量方法	ZL202011300765.9	中国铁建港航局
681	一种基于集成算法的混凝土配合比设计方法	ZL202111565022.9	中国铁建港航局

续表

序号	专利名称	专利号	权属单位
682	隧道矩形洞口段减少冷风侵入量用自空气幕系统	ZL202010607416.5	铁一院
683	强研磨性硬地层钻进用的孕镶金刚石钻头及其制造方法	ZL202010574923.3	铁一院
684	用于隧道洞口棚洞钢架的限位顶升装置及其施工方法	ZL202010678249.3	铁一院
685	折叠门限位装置	ZL202110299673.1	铁一院
686	尖顶方底隧道减少室外空气侵入量用自空气幕系统	ZL202010608154.4	铁一院
687	软土富水大断面隧道群下穿构筑物的加固结构及方法	ZL201810721619.X	铁一院
688	隧道内无轨道电路下的牵引供电接地回流系统及监测方法	ZL202010599222.5	铁一院
689	一种挤压性围岩隧道结构的设计方法	ZL201911389201.4	铁一院
690	基于无线物联网技术的铁路隧道照明灯具分布式控制方法	ZL201911392711.7	铁一院
691	基于 IDM 流程的铁路四电工程 BIM 信息模型创建方法	ZL202010363493.0	铁一院
692	工程项目快速运动碰撞检查方法	ZL202010598322.6	铁一院
693	电气化铁路 Vx 牵引变电所潮流控制系统	ZL202010598576.8	铁一院
694	刚性基础可调式有砟轨道及其轨枕	ZL202010917222.5	铁一院
695	地铁区间盾构隧道建筑限界的核查方法	ZL202011123900.7	铁一院
696	三路电源的牵引变电所供电系统	ZL202010597592.5	铁一院
697	无源自发电照明控制开关及其电路	ZL202010615174.4	铁一院
698	基于天空地勘察技术的复杂山区长大深埋隧道勘察方法	ZL202010765311.2	铁一院
699	隧道穿越活动断层的连接结构	ZL202010596269.6	铁一院
700	棚洞施工方法	ZL202010608405.9	铁一院
701	混凝土梁斜拉桥的斜拉索锚固方法	ZL202010608432.6	铁一院
702	用于混凝土梁斜拉桥的锚拉板	ZL202010608710.8	铁一院
703	适用于大跨中承式钢桁拱桥的棚洞	ZL202010609341.4	铁一院
704	采用预制仰拱模块的隧道施工方法	ZL202010609499.1	铁一院
705	铁路隧道深孔水压致裂法地应力测点布置方法	ZL202011471220.4	铁一院
706	基于铁路北斗/GNSS 连续运行基准站的控制测量方法	ZL202110096323.5	铁一院
707	用于严寒地区隧道洞口深埋中心水沟长度的计算方法	ZL201811108326.0	铁一院
708	结构监测数据预测方法、装置及存储介质	ZL202111464943.6	铁一院
709	一种空－地－深一体可视化边坡自动监测监控系统及方法	ZL202210058178.6	铁一院
710	一种地下大空间关键指标阈值确定方法及系统	ZL202010247594.1	铁一院
711	高速列车穿越隧道的微气压波消散系统及方法	ZL202011301529.9	铁一院
712	高地应力硬岩隧道防岩爆支护结构的施工方法	ZL201911172316.8	铁一院
713	铁路信号车地信息查询显示方法	ZL202010601385.2	铁一院

续表

序号	专利名称	专利号	权属单位
714	超长电气化铁路自然通风的通风系统与通风方法	ZL202010611354.5	铁一院
715	全自动驾驶车辆基地库内自动化分区防护装置及方法	ZL202110188454.6	铁一院
716	基于磁致伸缩材料的智能发电轨道板	ZL201911221176.9	铁一院
717	隧道结构的施工方法	ZL202010606810.7	铁一院
718	隧道结构的建造方法	ZL202010606862.4	铁一院
719	采用预制仰拱模块的隧道	ZL202010608408.2	铁一院
720	一种快速装配式隧道通风隔板结构	ZL202010608437.9	铁一院
721	跨越地理分带的铁路 BIM 模型处理方法	ZL202011230108.1	铁一院
722	自动绘制铁路车站信号平面布置图的方法	ZL202010412628.8	铁一院
723	基于二维码修正机器人系统的位姿估计方法	ZL202110410121.3	铁一院
724	四抱箍预制式垂直电缆支架	ZL202110972825.X	铁一院
725	T 字型钢板承插固定的装配式预制外挂墙板拼接件	ZL202011170700.7	铁一院
726	一种软岩隧道围岩压力的计算方法	ZL201811607854.0	铁一院
727	接触网下锚坠砣补偿限制装置	ZL202010608708.0	铁一院
728	隧道的智能辅助决策支护措施的方法及装置	ZL202010610918.3	铁一院
729	隧道结构	ZL202010607919.2	铁一院
730	电气化铁路牵引供电系统的分区所简易主接线	ZL202010633611.5	铁一院
731	与行车信号系统、门禁系统联控的 SPKS 开关箱	ZL202011328411.5	铁一院
732	基于 BIM 模型的工程概预算编制方法	ZL201811153995.X	铁一院
733	一种多应变计联合测量方法及其系统	ZL202010192479.9	铁一院
734	导风建筑结构	ZL202010599667.3	铁一院
735	电气化铁路牵引供电系统的分区所主接线	ZL202010634396.0	铁一院
736	基于 BIM 技术的管理平台中快速生成结构目录树的方法	ZL201811154228.0	铁一院
737	高原复杂艰险山区地热异常隧道工程地温测试及预测方法	ZL202010577662.0	铁一院
738	桥隧一体化消能防护结构	ZL202010607431.X	铁一院
739	面向故障仿真的接触网三维可视化模型构建方法及系统	ZL202210463529.1	铁一院
740	一种直接蒸发冷却地铁通风降温系统运行控制方法	ZL202111111543.7	铁一院
741	抗震隧道结构	ZL202010596898.9	铁一院
742	一种铁路桥涵接长侧路基加固方法	ZL202110615361.7	铁一院
743	基于视觉引导的地铁列检机器人路径规划系统及方法	ZL201910757487.0	铁一院
744	一种基于 EMD - SVR - WNN 的结构沉降变形预测方法	ZL201910893924.1	铁一院
745	基于标准创建轨道交通工程精确模型的方法	ZL202010362825.3	铁一院

续表

序号	专利名称	专利号	权属单位
746	具有平台的马蹄形隧道减少空气侵入量用自空气幕系统	ZL202010608304.1	铁一院
747	位置校正方法及装置、电子设备及存储介质	ZL202110358325.7	铁四院
748	轨道交通基础设施动静一体化检测机器人及其作业方法	ZL202110713756.0	铁四院
749	基于图像处理的水射流钢轨打磨车吹吸污方法及系统	ZL202210382044.X	铁四院
750	地基处理方法和装置	ZL202010526404.X	铁四院
751	一种封闭层的整平设备	ZL202110216697.6	铁四院
752	滤波方法、装置、设备和存储介质	ZL202110518951.8	铁四院
753	一种适用于接触网系统的自动化标定方法	ZL202011453667.9	铁四院
754	一种基于多轴驱动控制的磨料水射流打磨系统及方法	ZL202210438355.3	铁四院
755	一种隧道断面面积优化方法、装置及设备	ZL202010627761.5	铁四院
756	一种地质勘探岩芯的识别方法、装置和存储介质	ZL201911222708.0	铁四院
757	地基处理方法及地基	ZL202010374386.8	铁四院
758	一种隧道钢架的设计方法、装置、设备和存储介质	ZL202010076360.5	铁四院
759	桥梁形变周期振幅确定方法、装置、电子设备和存储介质	ZL202010896279.1	铁四院
760	一种加密方法、装置、设备和存储介质	ZL202011335170.7	铁四院
761	一种测量方法、装置、设备和存储介质	ZL202110440504.5	铁四院
762	一种地面沉降检测方法、装置、设备和存储介质	ZL202110736051.0	铁四院
763	一种异常行为检测方法和装置	ZL202010496820.X	铁四院
764	一种钢轨扣件松脱检测机器人及其检测方法	ZL202110719020.4	铁四院
765	一种槽箱混合梁及其应用	ZL202111001869.4	铁四院
766	一种高压水射流钢轨打磨铁屑分离系统及方法	ZL202210053811.2	铁四院
767	基于铰接模块姿态约束的轨道车辆限界确定方法及系统	ZL202210613887.6	铁四院
768	一种隧道支护系统的设计方法、装置、设备和存储介质	ZL202010228180.4	铁四院
769	一种铁路通信铁塔设计高度快速优化确定方法及系统	ZL202210596890.1	铁四院
770	一种应用于转体斜拉桥下承台大体积混凝土的温控系统	ZL202111246355.5	铁四院
771	基于健康度模型的自动扶梯预防性维修策略生成方法	ZL202011452514.2	铁四院
772	一种轨道交通机器人检测模块的快速存取系统	ZL202110713757.5	铁四院
773	一种海相软土的原位预拌水泥土灌注桩施工工艺	ZL202010580825.0	铁四院
774	一种高压磨料水射流钢轨打磨磨料分离循环利用系统	ZL202210046620.3	铁四院
775	铁路配电系统用的三相有源滤波器及非量化滞环控制方法	ZL202111585477.7	铁四院
776	锚栓抗拔承载力的测试方法及测试装置	ZL202010199272.4	铁四院
777	一种地震噪音成像勘探方法、装置和存储介质	ZL201910710767.6	铁四院

续表

序号	专利名称	专利号	权属单位
778	一种地层速度结构的探测方法、装置以及存储介质	ZL202010997374.0	铁四院
779	一种隧道隔震结构及施工工艺	ZL202010701983.7	铁四院
780	一种坐标时间序列处理方法及装置	ZL201911102015.8	铁四院
781	一种高速铁路车站最高聚集人数估计方法	ZL202110447740.X	铁四院
782	一种轨道交通空鼓智能检测机器人	ZL202110753434.9	铁四院
783	一种多源数据反演方法、装置、设备和存储介质	ZL202011241805.7	铁四院
784	加筋垫层刚性桩复合地基的稳定性确定方法及装置	ZL202110359741.9	铁四院
785	一种分岔段隧道的施工方法	ZL201911409948.1	铁四院
786	一种地下建筑物的抗浮防水结构及施工方法	ZL201710530333.9	铁四院
787	一种既有高架桥下地基加固方法	ZL202111221475.X	铁四院
788	一种大跨度高速磁浮桥梁的梁缝分散结构	ZL202110741098.6	铁四院
789	一种城市轨道交通自愈供电系统	ZL202011178163.0	铁四院
790	一种有轨电车智能淋雨试验装置	ZL201810380462.9	铁四院
791	一种基于预存的集装箱整列同步装卸方法及系统	ZL202010420771.1	铁四院
792	一种轨道交通车辆部件的流水检修车间结构	ZL202111203180.X	铁四院
793	一种超长屋顶面板的断板搭接结构	ZL202110326336.7	铁四院
794	路基和桥梁过渡段的无砟轨道及其实施方法	ZL202010121029.0	铁四院
795	一种用于紧急疏散自动门的限位装置	ZL202111141387.9	铁四院
796	一种多孔空间小净距隧道设计方法	ZL202110286241.7	铁四院
797	一种基于 LTE + WLAN 双模制式的数据调度系统	ZL201810681941.4	铁四院
798	区间轨道电路分割方法及装置	ZL201910941467.9	铁四院
799	一种模拟混凝土应力状态的模型及试验方法	ZL201911421065.2	铁四院
800	一种高铁动车组关键部件图像识别检测方法及系统	ZL202210627624.0	铁四院
801	一种采空区的探测方法	ZL202010591900.3	铁四院
802	一种路基工程的设计方法、装置、设备和存储介质	ZL202011458470.4	铁四院
803	一种孔内数据联合误差损失的地层划分方法、装置、设备和存储介质	ZL202110339981.2	铁四院
804	刚性桩复合地基的稳定性确定方法及装置	ZL202110359836.0	铁四院
805	一种明挖整体装配无柱地下结构施工方法	ZL202110308219.8	铁四院
806	一种盾构隧道管片接触面的动力特性确定方法、装置及存储介质	ZL202010005547.6	铁四院
807	移梁监测方法、监测装置、监测系统及存储介质	ZL201910744464.6	铁四院
808	黄土地层隧道塌方状态的探测方法及塌方后的处治方法	ZL202010576261.3	铁四院

续表

序号	专利名称	专利号	权属单位
809	用于整治隧道变形的方法	ZL202010894806.5	铁四院
810	一种可视化地铁隧道安全综合监测及智能应急系统	ZL202011369455.2	铁四院
811	一种接触网的憎污防腐型钢腕臂定位装置及加工方法	ZL202110393233.2	铁四院
812	一种无柱地铁车站结构及轨排施工方法	ZL202111106640.7	铁四院
813	一种基于智能主动排水的软土地基加固装置	ZL202111227998.5	铁四院
814	基于斜拉索索力影响面加载动态识别车辆轴重方法和系统	ZL202010993788.6	铁四院
815	基于竖向位移影响面加载动态识别车辆轴重方法和系统	ZL202010994176.9	铁四院
816	一种钢轨修复后处理策略制定方法	ZL202111652109.X	铁四院
817	包括多荷载作用下二次衬砌的隧道复合式衬砌设计方法	ZL201910099597.2	铁四院
818	一种适用于穿越复合地层隧道的基底荷载计算方法	ZL201910244842.4	铁四院
819	一种双道密封垫防水能力获取方法	ZL202010588113.3	铁四院
820	深埋等压圆形复合式衬砌隧道力学响应的测试方法及装置	ZL202110097766.6	铁四院
821	一种悬挂式单轨列车三月检工艺流程方法	ZL202010914625.4	铁四院
822	一种钢轨扣件螺栓应力检测机器人	ZL202111010884.5	铁四院
823	一种控制隧道大变形的装配式地层应力补偿伺服钢架系统	ZL202111412735.1	铁四院
824	斜拉索桥梁及其锚固优化方法	ZL202011458468.7	铁四院
825	一种面向智能建造的接触网工地管理系统	ZL202010665195.7	铁四院
826	直流牵引供电系统接触网故障测距方法及系统	ZL202110701400.5	铁四院
827	一种基于图像识别的隧道防护门状态检测方法	ZL202110720232.4	铁四院
828	一种车辆服役周期内限界动态演变预测方法及系统	ZL202210415423.4	铁四院
829	一种轮对检测设备的故障自诊断方法及系统	ZL202210668081.7	铁四院
830	一种列车车轮运行异常监测方法及系统	ZL202210708800.3	铁四院
831	轨道振动噪声与动态变形监测数据现场处理系统及方法	ZL202011626245.7	铁四院
832	一种地质勘探钻孔质量检测方法	ZL202010115638.5	铁四院
833	断层承压水桥梁墩台的勘察方法及桥梁墩台架设方法	ZL202010374333.6	铁四院
834	基坑装配式支撑结构以及支撑施工方法	ZL202010116141.5	铁四院
835	一种缩短渡线的建模方法、系统、计算机设备及可读介质	ZL202011491417.4	铁四院
836	一种交叉渡线的建模方法、系统、计算机设备及可读介质	ZL202011491439.0	铁四院
837	一种接缝密封垫孔型的设计方法、装置、设备及计算机可读存储介质	ZL202010801972.6	铁四院
838	一种剩余电流式电气火灾智能监测的分析方法及装置	ZL201911038485.2	铁四院
839	一种基于直流通路模型的高铁隧道区段仿真检测方法	ZL202110287359.1	铁四院
840	地铁车站围护结构 BIM 模型的建立方法、装置及存储介质	ZL201911066894.3	铁四院

续表

序号	专利名称	专利号	权属单位
841	一种轨道交通既有车站续接车站的施工方法	ZL202111101148.0	铁四院
842	一种用于提高盾构隧道中管片接缝防水性能的方法	ZL202110539431.5	铁四院
843	中继站的选址方法、装置、电子设备和存储介质	ZL202010955508.2	铁四院
844	一种集成式的城市轨道交通周界入侵告警系统和方法	ZL202011602482.X	铁四院
845	涂有憎污复合涂层的接触网钢腕臂定位装置及加工方法	ZL202110301468.4	铁四院
846	一种基于线性排序的道路中心线确定方法	ZL201910139053.4	铁四院
847	一种适用于软土地区的土压力盒埋设装置及方法	ZL202110680339.0	铁四院
848	基于隧道衬砌病害检测的波纹钢板内衬加固参数优化设计方法及结构	ZL201911176657.2	铁四院
849	一种盾构隧道管片接缝密封垫截面优化方法及系统	ZL202110673139.2	铁四院
850	一种基于 AutoCAD 的绘制二维码方法及系统	ZL201911244355.4	铁四院
851	一种基于列车进路特征预置的控车码序生成方法	ZL202011327040.9	铁四院
852	一种基于视频信息联动的公共区照明控制方法	ZL202210308660.0	铁四院
853	一种地铁牵引能耗智能检测控制方法、系统及电子设备	ZL202110412596.6	铁四院
854	一种适用于隧道防护门的冲击疲劳试验装置	ZL201711331268.3	铁四院
855	一种高铁动车组走行部故障机器视觉测量方法	ZL202210886897.7	铁四院
856	一种定量计算铁路路基堆载预压后所产生沉降量的方法	ZL201811101489.6	铁四院
857	一种基于深度学习和视觉定位的非接触式钢轨轨枕相对位移实时测量方法	ZL202110226886.1	铁四院
858	一种列车装载的优化方法、装置、设备及可读存储介质	ZL202210851160.1	铁四院
859	一种盾构穿越竖井的方法	ZL202010711673.3	铁四院
860	一种基于二次衬砌后浇筑的多孔空间小净距隧道设计方法	ZL202110286280.7	铁四院
861	一种监测箱梁与桥墩相对位移的方法	ZL201910785463.6	铁四院
862	隧道波纹板加固结构用砂浆	ZL202010732291.9	铁四院
863	调整岩溶区桥梁的墩台的方法	ZL202010550698.X	铁四院
864	一种无砟轨道路基上拱的整治方法	ZL202010495661.1	铁四院
865	一种地形断面数据的抽稀方法、装置及设备	ZL202011526627.2	铁四院
866	旅客提升设备的全寿命周期正向指导和反馈优化管理方法	ZL202010408579.0	铁四院
867	一种动车组轮对管理系统	ZL202011178165.X	铁四院
868	一种软土路基工后沉降计算方法	ZL201810517498.7	铁四院
869	基于强度 - 刚度双控的铁路隧道膨胀岩隧道结构设计方法	ZL202110083049.8	铁四院
870	一种地下结构的逆作法施工工法	ZL202110064017.3	铁四院
871	一种基于机器视觉定位识别桥梁动态荷载方法和系统	ZL202010993811.1	铁四院

续表

序号	专利名称	专利号	权属单位
872	基于拱桥吊杆力影响面加载动态识别车辆轴重方法和系统	ZL202010994177.3	铁四院
873	一种应用于智能接触网工地的任务分配方法及系统	ZL202010665188.7	铁四院
874	地下空间品质评价及其可视化呈现方法及系统	ZL202010386869.X	铁四院
875	一种铁路电气化偏磁抑制系统及方法	ZL202110289810.3	铁四院
876	一种接触网组件用防腐蚀导电憎污涂料	ZL202110301027.4	铁四院
877	一种铁路冷链集装器智能管理系统	ZL201810462677.5	铁四院
878	一种监测自动扶梯主驱动电机是否稳定的系统及方法	ZL202011352290.8	铁四院
879	一种高速铁路落石实时检测方法	ZL202110226904.6	铁四院
880	一种 UHPC－NC 叠合桥面钢混组合梁负弯矩区截面验算方法	ZL202110529370.4	铁四院
881	一种基于 Faster R－CNN 的非接触式铁轨伸缩位移实时测量方法	ZL202110226890.8	铁四院
882	一种岩石地层盾构法隧道围岩压力计算方法	ZL201910451220.9	铁四院
883	一种 TBM 护盾后方洞壁围岩塌方检测方法	ZL202110245177.8	铁四院
884	一种铁路区间信号设备室外电缆芯数设计方法	ZL201911211696.1	铁四院
885	一种能自适应道砟电阻的轨道电路及其调整方法	ZL202010837994.8	铁四院
886	一种基于 GOOSE 通信的直流联跳系统及监控方法	ZL202110384284.9	铁四院
887	一种动车组一级修智能化综合检测系统	ZL202011181052.5	铁四院
888	一种 GNSS 与惯导组合导航位置输出的滤波校正方法	ZL202010584388.X	铁四院
889	一种基于深度学习和透视变换的非接触式钢轨轨枕相对位移实时测量方法	ZL202110226200.9	铁四院
890	一种基于视频的非接触式钢轨轨枕相对位移实时测量方法	ZL202110226849.0	铁四院
891	互联综合接地系统的铁路牵引变电所雷击安全性评价方法	ZL201910140909.X	铁四院
892	一种腕臂预配套料方法、加工装置及终端设备	ZL202010556218.0	铁四院
893	一种应用于接触网预配车间的信息管理平台及方法	ZL202010664542.4	铁四院
894	一种沿地铁轨道移动机器人的高精度定位方法	ZL201910669662.0	铁四院
895	一种顾及植被郁闭度的机载激光雷达设计方法	ZL202010403637.0	铁四院
896	一种轨道交通列车运行速度智能计算方法和系统	ZL202010649459.X	铁四院
897	一种设备的多维度状态在线监测方法及系统	ZL202010408591.1	铁四院
898	排水与铺装的一体化结构	ZL202110736220.0	铁四院
899	一种基于多源数据融合的交通分布模型参数快速校核方法	ZL201811556720.0	铁四院
900	地铁车站主体与大跨附属底板并梁连接结构	ZL201710719038.8	铁四院
901	一种铁路信号电路组合架侧面端子配线方法	ZL201811572425.4	铁四院
902	三维线路模型漫游的两翼全息投影沙盘装置及投影方法	ZL201710476323.1	铁四院
903	一种 LTE－R 与无线列调通信系统干扰协调方法及装置	ZL201910532673.4	铁四院

续表

序号	专利名称	专利号	权属单位
904	一种高速磁浮交通的双边串联供电系统及方法	ZL202110853983.3	铁四院
905	一种明挖暗做整体衬砌的施工方法	ZL201811168614.5	铁四院
906	一种基于直流通路模型的高铁桥梁区段仿真检测方法	ZL202110290718.9	铁四院
907	一种自动扶梯的健康状态实时在线监控系统	ZL202010409436.1	铁四院
908	下穿工程的施工方法	ZL202011330776.1	铁四院
909	一种三维探测方法、装置、设备和存储介质	ZL202110088827.2	铁四院
910	一种针对铁路环境下无线信号传播自适应预测方法	ZL202210329726.4	铁四院
911	一种隧道排烟系统及隧道排烟控制方法	ZL202010522522.3	铁五院
912	一种低净空全套管桩机系统及低净空全套管桩机装置	ZL202210811855.7	铁五院
913	植物种植箱温度控制系统及控制方法	ZL202010250749.7	铁五院
914	一种拆建合一的桥梁施工方法	ZL202010388210.8	铁五院
915	全套管全回转钻机装置	ZL202110616772.8	铁五院
916	板柱结构及建筑物	ZL202110571170.5	铁五院
917	一种桥梁建筑信息模型数据搭建方法	ZL202211075882.9	铁五院
918	一种混凝土脱模盒	ZL202011563587.9	铁五院
919	钻杆清洗装置	ZL202110001729.0	铁五院
920	一种隧道突水突泥模型试验装置及方法	ZL202111334771.0	铁五院
921	一种既有铁路车站股道线位重构方法及系统	ZL202111517723.5	铁五院
922	具有可折叠换梁机的换梁方法	ZL202011215278.2	铁五院
923	一种隧道安全系统	ZL202110386646.8	铁五院
924	隧道系统、火灾送风控制方法及控制系统	ZL202110747143.9	铁五院
925	一种基于预制工件的施工方法	ZL201710253960.2	铁五院
926	隧道系统及隧道排烟控制方法	ZL202110434909.8	铁五院
927	破除既有灌注桩的方法	ZL202010320322.X	铁五院
928	预制拼接桥梁的临时连接结构及预制梁段	ZL202110774649.9	铁五院
929	预制拼接桥梁的临时连接结构及预制梁段	ZL202110775736.6	铁五院
930	基于 GNSS 的桥梁转体姿态实时监测方法及系统	ZL202210182817.X	铁五院
931	一种高地应力互层隧道控制大变形联合支护结构	ZL202210338966.0	铁五院
932	一种测斜管及其装设方法	ZL202111264431.5	铁五院
933	桥墩防撞装置及桥梁	ZL202110984389.8	铁五院
934	一种生态友好型盾尾密封油脂及其制备方法和应用	ZL202111250622.6	铁五院
935	一种混凝土养护箱	ZL202011495253.2	铁五院

续表

序号	专利名称	专利号	权属单位
936	一种隧道安全疏散通道的加压送风系统	ZL202110747356.1	铁五院
937	一种阻燃性手涂型盾尾密封油脂及其制备方法	ZL202110711300.0	铁五院
938	用于铁路行车安全及施工安全防护的预警监控显示方法	ZL202110440738.X	铁五院
939	一种动水条件下岩溶建筑地基复合加固方法	ZL202110500098.7	上海院
940	一种用于软土区的预制桩施工方法	ZL202110563925.7	上海院
941	依据沉降速率的不同时序差分干涉地面沉降测量融合方法	ZL202110347019.3	上海院
942	一种用于长大线铁路地形航测的无人机动力装置	ZL202011108637.4	上海院
943	一种高铁直线段多模AI精测机器人	ZL202011109683.6	上海院
944	一种岛式车站喇叭口地段运梁通道的构建方法	ZL201811473866.9	上海院
945	一种顾及温度误差对铁路监测高程波动的计算方法	ZL202110082750.8	上海院
946	一种大体积混凝土装配模板施工装置及施工方法	ZL202110781262.6	上海院
947	机器人模型参数误差补偿方法、装置、电子设备及介质	ZL202110012773.1	铁建重工
948	刀盘和冲击排钻与滚刀破岩的全断面掘进机及破岩方法	ZL202110857516.8	铁建重工
949	一种隧道掘进机及其自动锚杆钻机系统	ZL202110406401.7	铁建重工
950	一种基于多传感器融合的导向系统及导向方法	ZL202011622543.9	铁建重工
951	支撑装置和盾构设备	ZL202010605296.5	铁建重工
952	一种盾构机及其换刀装置	ZL202010614613.X	铁建重工
953	压力环境模拟系统和压力环境模拟方法	ZL202010687013.6	铁建重工
954	一种青贮收获机用切碎装置及青贮收获机	ZL202110056312.4	铁建重工
955	一种联络通道掘进机及一种联络通道施工方法	ZL202110982886.4	铁建重工
956	土压平衡盾构机及其推进速度预测方法、装置、介质	ZL202110814186.4	铁建重工
957	筒体吊装设备	ZL201911143689.2	铁建重工
958	一种消除铁路轨枕上拱病害的铣磨装置	ZL202010661105.7	铁建重工
959	一种消除铁路轨枕上拱病害的方法	ZL202010661510.9	铁建重工
960	液压缸、对中夹持液压系统、夹持装置和凿岩台车	ZL202010688038.8	铁建重工
961	一种凿岩台车装配线	ZL202011279563.0	铁建重工
962	一种基于TBM掘进参数的地质风险预警方法、系统及装置	ZL202011401512.0	铁建重工
963	轨道道岔	ZL202110282480.5	铁建重工
964	土压平衡盾构机导向控制方法、装置及可读存储介质	ZL202110856474.6	铁建重工
965	密封压缩量的控制装置、控制方法和可读存储介质	ZL202010227334.8	铁建重工
966	TBM自动撑靴控制方法、控制装置及TBM	ZL202010774975.5	铁建重工
967	一种新型TBM钢拱架自动拼装作业装置及作业方法	ZL202110071321.0	铁建重工

续表

序号	专利名称	专利号	权属单位
968	刀盘和工程设备	ZL202010390654. 5	铁建重工
969	掘进机主动铰接液压控制系统及掘进机	ZL202010770974. 3	铁建重工
970	尖轨转换装置和道岔	ZL202010795353. 0	铁建重工
971	一种盾构机被动铰接液压控制系统及控制方法	ZL202010928895. 0	铁建重工
972	一种扣件操作机器人的控制方法和控制装置	ZL202110008474. 0	铁建重工
973	一种采棉打包机打包系统装配工装及其使用方法	ZL202110442170. 5	铁建重工
974	一种管路延伸设备及泥水盾构用泥浆环流系统	ZL202110632809. 6	铁建重工
975	测试装置	ZL201910952442. 9	铁建重工
976	焊接平台	ZL201911142318. 2	铁建重工
977	矩形顶管机开挖盲区的处理方法	ZL202010602452. 2	铁建重工
978	一种曲面件切割设备	ZL202010783280. 3	铁建重工
979	棉花打包管理系统、控制方法、棉花打包机和存储介质	ZL202010794228. 8	铁建重工
980	一种竖井掘进设备、掘进动力系统及控制方法	ZL202011423931. 4	铁建重工
981	一种护盾式 TBM 换步方法	ZL202110172801. 6	铁建重工
982	锚杆钻车及其运动控制系统和运动控制方法	ZL202110182378. 8	铁建重工
983	道岔组件	ZL202110280510. 9	铁建重工
984	一种钢轨除锈机器人	ZL202110355565. 1	铁建重工
985	一种盾构机	ZL202110504595. 4	铁建重工
986	凿岩台车伸缩臂极限工况计算方法	ZL202110679446. 1	铁建重工
987	一种适用于竖井掘进的钢管片同步跟进施工方法	ZL202111329613. 6	铁建重工
988	一种盾构机主轴承及其外圈	ZL202010630648. 2	铁建重工
989	TBM 刀盘及斜井施工方法	ZL202011066183. 9	铁建重工
990	一种掘进机及其磨料射流辅助破岩装置	ZL202011070045. 8	铁建重工
991	一种锚杆支护组件及锚杆钻车	ZL202011279010. 5	铁建重工
992	岔枕的生产方法和岔枕	ZL202011355687. 2	铁建重工
993	一种盾构机及其管片整圆器同步平移机构	ZL202110013814. 9	铁建重工
994	一种土压 TBM 双模双支护掘进机及施工方法	ZL202110065918. 4	铁建重工
995	一种蒸汽式养护台车及施工方法	ZL202110167370. 4	铁建重工
996	一种撑靴装置及具有该撑靴装置的 TBM	ZL202110286701. 6	铁建重工
997	一种隧道掘进机及其高能颗粒冲击辅助破岩的刀盘	ZL202110355460. 6	铁建重工
998	一种锚杆台车及其锚杆机构	ZL202110355583. X	铁建重工
999	一种隧道环境机械臂实时碰撞预警系统及方法	ZL202110378052. 2	铁建重工

续表

序号	专利名称	专利号	权属单位
1000	一种高压水射流切割剥离装置及其使用方法	ZL202110703135.4	铁建重工
1001	一种水射流辅助掘锚机及掘进方法	ZL202110704368.6	铁建重工
1002	一种起爆弹自动运输装填机构及其施工方法	ZL202110772173.5	铁建重工
1003	掘进机的液压系统和掘进机	ZL202010453191.2	铁建重工
1004	一种用于更换盾构机滚刀的换刀装置	ZL202010614557.X	铁建重工
1005	一种用于拱架作业台车的液压控制系统	ZL202010662019.8	铁建重工
1006	掘进机	ZL202010786616.1	铁建重工
1007	TBM 及组合隧道的 TBM 施工方法	ZL202011062889.8	铁建重工
1008	一种掘进机刀盘自动定位方法	ZL202011079172.4	铁建重工
1009	一种定向取芯工具	ZL202011083454.1	铁建重工
1010	一种超前钻机控制系统	ZL202011560539.4	铁建重工
1011	一种铁路轨道移动维修车间	ZL202110011959.5	铁建重工
1012	一种自动润滑系统	ZL202110012735.6	铁建重工
1013	装配小车	ZL202110104489.7	铁建重工
1014	锚杆台车控制系统	ZL202110171742.0	铁建重工
1015	一种智能型悬臂式掘进机	ZL202110189458.6	铁建重工
1016	一种摆动式齿轨单开道岔	ZL202110360804.2	铁建重工
1017	一种小直径盾构管片快速卸载装置	ZL202110436799.9	铁建重工
1018	一种超长高锰钢辙叉铸造砂型的制作方法	ZL202110522143.9	铁建重工
1019	一种出渣装置	ZL202110846137.9	铁建重工
1020	一种长直型工件焊接工装	ZL202110846163.1	铁建重工
1021	一种适应非匀质地层竖井掘进机刀盘	ZL202111021978.2	铁建重工
1022	一种轨道导向装置以及 APM 轨道检测装置	ZL202111304998.0	铁建重工
1023	夹管器	ZL201911238485.7	铁建重工
1024	轨道系统	ZL202010316306.3	铁建重工
1025	一种竖井管片吊装设备及其控制方法	ZL202010430467.5	铁建重工
1026	跨座式单轨养护装备的试验平台	ZL202010540545.7	铁建重工
1027	一种盾构机、刀盘冲击扩挖执行装置、冲击机构	ZL202011374019.4	铁建重工
1028	掌子面地质检测方法	ZL202110171753.9	铁建重工
1029	道岔组件	ZL202110282483.9	铁建重工
1030	一种土压动态特性建模方法、盾构机控制系统及盾构机	ZL202110846156.1	铁建重工
1031	一种带中位锁定的转向缸及控制系统	ZL202110885100.7	铁建重工

续表

序号	专利名称	专利号	权属单位
1032	基于凿岩台车随钻参数的围岩分析方法及系统	ZL201811517225. 9	铁建重工
1033	一种隧道掘进机及其冲击破岩刀盘结构	ZL202011034042. 9	铁建重工
1034	一种隧道钻孔机器人系统及其控制方法、隧道掘进机	ZL202011084426. 1	铁建重工
1035	一种破岩设备及其冲击装置	ZL202011239773. 7	铁建重工
1036	一种盾构机及其换刀装置	ZL202011434821. 8	铁建重工
1037	一种常压刀盘及其防松防脱落保护装置	ZL202011473153. X	铁建重工
1038	一种用于刀盘上刀具更换的扩挖装置及刀具更换方法	ZL202011477177. 2	铁建重工
1039	一种取芯机构及取芯方法	ZL202110193642. 8	铁建重工
1040	一种随钻跟进管棚施工装置及施工方法	ZL202111316611. 3	铁建重工
1041	一种盾构机及其盾尾机构	ZL201911191693. 6	铁建重工
1042	一种实现能量回收利用的液压凿岩机	ZL202010662011. 1	铁建重工
1043	一种掘进设备	ZL202010783932. 3	铁建重工
1044	一种多孔排钻	ZL202010786575. 6	铁建重工
1045	一种锚网铺设装置	ZL202011362001. 2	铁建重工
1046	一种冲击式刀盘装置的控制系统及方法	ZL202011374409. 1	铁建重工
1047	一种可折叠式道岔用多功能测量尺	ZL202011447247. X	铁建重工
1048	一种多工位锚杆系统	ZL202110193877. 7	铁建重工
1049	一种用于水平钻机的地质探测系统	ZL202110193932. 2	铁建重工
1050	混合 GBDT 和随机森林算法的土压平衡盾构机渣土改良方法	ZL202110297054. 9	铁建重工
1051	一种竖井非爆开挖与取芯装置	ZL202110361616. 1	铁建重工
1052	一种盾构机用水射流回转接头	ZL202110602913. 0	铁建重工
1053	一种掘进机用支撑系统、掘进机及掘进方法	ZL202110749511. 3	铁建重工
1054	一种拱架预拼装的拱架安装装置及其使用方法	ZL202110774565. 5	铁建重工
1055	一种盾构机及其土仓搅拌装置	ZL202110829926. 1	铁建重工
1056	一种立式热解焚烧炉及其温度稳定控制方法	ZL202110857117. 1	铁建重工
1057	一种凿岩机	ZL201910942579. 6	铁建重工
1058	一种断裂螺栓取出装置及断裂螺栓取出方法	ZL201911046590. 0	铁建重工
1059	悬浮架试验台	ZL202010207679. 7	铁建重工
1060	一种掘进机低温防灾害系统、液体回收方法、防冻设备	ZL202010567706. 1	铁建重工
1061	一种用于超大断面隧道施工的立体式多级渣土运输设备	ZL202010627589. 3	铁建重工
1062	无砟轨道轨枕承轨台处理方法	ZL202011095336. 2	铁建重工
1063	一种斜向运输安全装置	ZL202110113694. X	铁建重工

续表

序号	专利名称	专利号	权属单位
1064	一种硬岩掘进机的作业方法	ZL202110171734.6	铁建重工
1065	多榀拱架安装作业台车	ZL202110171750.5	铁建重工
1066	工业装备远程数据的传输方法	ZL201910124435.X	铁建重工
1067	一种管片拼装机避障路径规划方法及装置	ZL201910299712.0	铁建重工
1068	一种顶管机及其中继间	ZL202010783931.9	铁建重工
1069	一种掘进设备及其冲击装置	ZL202011239742.1	铁建重工
1070	一种竖井掘进机及其用于竖井刀盘的刮渣板组件	ZL202011398167.X	铁建重工
1071	一种行走底盘及工程机械	ZL202110013840.1	铁建重工
1072	大直径薄壁环件热处理和表面光整一体加工装置及方法	ZL202110203485.4	铁建重工
1073	一种盾构机及其护盾	ZL202110286583.9	铁建重工
1074	一种用于大深度竖井掘进机泥浆环流系统及其减压装置	ZL202110631296.7	铁建重工
1075	一种掘锚机及其双顶锚杆机构	ZL202110717082.1	铁建重工
1076	一种盾构机智能掘进方法	ZL202110160190.3	铁建重工
1077	一种隧道自移多级降尘装置	ZL201911337476.3	铁建重工
1078	一种压力补偿系统	ZL202010469720.8	铁建重工
1079	一种掘进机后支腿系统的控制方法及控制系统	ZL202010476905.1	铁建重工
1080	测量尺和道岔支距测量方法	ZL202010604846.1	铁建重工
1081	一种膜料输送机构	ZL202011285098.1	铁建重工
1082	一种运料装置	ZL202110111190.4	铁建重工
1083	一种采棉机摘锭座管测量装置	ZL202110171724.2	铁建重工
1084	一种超大异形断面施工方法	ZL202110286590.9	铁建重工
1085	一种链臂锯式切顶泄压设备	ZL202110360865.9	铁建重工
1086	隧道掘进机	ZL202110440995.3	铁建重工
1087	一种环状工件同步撑圆装置	ZL202110453753.8	铁建重工
1088	一种边坡支护施工设备	ZL202110459604.2	铁建重工
1089	一种连续皮带机延伸隧道支架安装方法及工装	ZL202110643528.0	铁建重工
1090	一种适用软岩地质的掘进机及掘进方法	ZL202110754830.3	铁建重工
1091	一种适应于强岩爆地层的敞开式 TBM	ZL202110784576.1	铁建重工
1092	一种轴承套圈组件加工方法	ZL202111490328.2	铁建重工
1093	一种掘进机主轴承装配方法及装配工装	ZL202111497733.7	铁建重工
1094	一种注浆方法、系统、装置及介质	ZL202110535479.9	铁建重工
1095	一种用于 TBM 刀座焊接预热装置及预热方法	ZL202010646771.3	铁建重工

续表

序号	专利名称	专利号	权属单位
1096	辙叉打磨系统	ZL202010701181.6	铁建重工
1097	一种盾构机及其扭矩梁铰接装置	ZL202110286540.0	铁建重工
1098	一种采集头转速控制方法、系统、装置及介质	ZL202110361684.8	铁建重工
1099	一种凿岩机功率控制方法、系统、设备及存储介质	ZL202110441347.X	铁建重工
1100	一种液压捣固装置	ZL202010598397.4	铁建重工
1101	一种竖井掘进机及其出渣装置	ZL202011009023.0	铁建重工
1102	一种跨座式单轨四线交叉道岔	ZL202011447233.8	铁建重工
1103	一种顶管机及其管节间距测量装置	ZL202110182656.X	铁建重工
1104	一种以压缩空气为输送介质、冲刷介质的取芯钻具	ZL202110194467.4	铁建重工
1105	一种齿轨道岔摆动装置	ZL202110361641.X	铁建重工
1106	掘锚机的作业安全监测系统、方法、装置	ZL202110448899.3	铁建重工
1107	地下工程施工设备及其驾驶舱环境的自动调节系统	ZL202110858978.1	铁建重工
1108	一种可旋转的硬岩超前切割系统	ZL202110761583.X	铁建重工
1109	一种地铁铣轨车用铁屑仓	ZL201610994935.5	铁建重工
1110	一种用于钻削盾构机盾尾的车床	ZL202010344763.3	铁建重工
1111	竖井锁口结构施工方法及竖井锁口结构	ZL202010699260.8	铁建重工
1112	一种可用于硬岩地层的异形全断面掘进机	ZL202011011344.4	铁建重工
1113	双模式掘进机	ZL202110171775.5	铁建重工
1114	一种护盾式 TBM 循迹控制方法、系统	ZL202110181993.7	铁建重工
1115	半监督的盾构隧道掌子面地质类型预估方法及系统	ZL202110552727.0	铁建重工
1116	一种用于磁浮线路养护车辆的单轴转向架	ZL202110865889.X	铁建重工
1117	一种盾构机及其盾尾刷动态密封性能监测控制方法	ZL202110886191.6	铁建重工
1118	基于高斯过程大核注意力装置引导的曲面测量方法及装置	ZL202210764209.X	铁建重工
1119	一种立轴式冲击破碎机及破碎方法	ZL201610209347.6	铁建重工
1120	一种可退回掘进机及其退回方法	ZL201910750103.2	铁建重工
1121	一种竖井垂直度测量方法、竖井姿态检测设备及存储介质	ZL202010144522.4	铁建重工
1122	一种混凝土喷射系统及其控制方法	ZL202010717591.X	铁建重工
1123	辙叉模具、辙叉浇注方法和辙叉铸件	ZL202010787154.5	铁建重工
1124	一种跨座式单轨同步换梁型道岔	ZL202011449068.X	铁建重工
1125	一种跨座式单轨轮胎检测装置	ZL202110711595.1	铁建重工
1126	一种 TBM 钢拱架自动封口安装作业装置及作业方法	ZL202110777482.1	铁建重工
1127	适用于盾构的换刀机器人执行机构	ZL202010298611.4	铁建重工

续表

序号	专利名称	专利号	权属单位
1128	环件加工系统和环件的加工方法	ZL202011003678.7	铁建重工
1129	一种凿岩钻孔装置	ZL202110437690.7	铁建重工
1130	一种 TBM 同步拼装系统	ZL202110731996.3	铁建重工
1131	一种凿岩机自动加卸杆方法及控制系统	ZL202110844505.6	铁建重工
1132	一种自动对行方法、装置、介质及系统	ZL202110360742.5	铁建重工
1133	一种破岩用刀盘和一种隧道掘进机及其使用方法	ZL202110857508.3	铁建重工
1134	车辆防滑控制方法及系统	ZL202110892323.6	铁建重工
1135	一种矿用混凝土喷射台车	ZL201710040758.1	铁建重工
1136	TBM 刀盘及 TBM	ZL202011066165.0	铁建重工
1137	一种锚杆台车用注浆机构	ZL202011124267.3	铁建重工
1138	基于卷积神经网络可微分结构搜寻的机器人智能抓取方法	ZL202110802383.4	铁建重工
1139	一种机制砂含水量控制系统及制砂设备	ZL201610210155.7	铁建重工
1140	一种 TBM 支护件的拼装装置及设备	ZL201910119882.6	铁建重工
1141	一种压力补偿器	ZL202010349552.9	铁建重工
1142	一种磨料射流辅助机械破岩系统及方法	ZL202011069014.0	铁建重工
1143	大螺栓垂直提升机构	ZL202011302492.1	铁建重工
1144	TBM 刀盘、TBM 及硬岩致裂 TBM 掘进方法	ZL202110279806.9	铁建重工
1145	硬岩钻劈掘进方法及装置	ZL202110281403.8	铁建重工
1146	一种刀盘和基于钻爆施工的全断面硬岩掘进机及破岩方法	ZL202110433497.6	铁建重工
1147	一种适用于软岩大变形地下空间的让压锚杆及支护方法	ZL202010500231.4	铁建重工
1148	一种多传感器融合的巷道掘进装备实时定位系统和方法	ZL202010796825.4	铁建重工
1149	一种掘进机主轴承及其轴向保持架和径向保持架	ZL202110643804.3	铁建重工
1150	一种钻劈开挖施工方法	ZL202010658148.X	铁建重工
1151	一种应用随钻参数来自动识别围岩级别的方法和系统	ZL201811547294.4	铁建重工
1152	矿用复合中空树脂锚杆组件及其安装方法	ZL202011216191.7	铁建重工
1153	一种用于凿岩机推进机构的钻孔诱导装置及方法	ZL202110920430.5	铁建重工
1154	一种锌层表面无铬环保钝化处理液及其制备方法与用途	ZL202010177001.9	铁建重工
1155	一种粉末冶金闸片摩擦体压制的送料装置及方法	ZL202010504937.8	铁建重工
1156	复合中空锚杆组件及其安装方法	ZL202011020837.4	铁建重工
1157	一种钢轨主动打磨砂轮静不平衡量测量用平衡轴	ZL202110028726.6	铁建重工
1158	防锚固剂回退活塞、锚杆及方法	ZL202110801094.2	铁建重工
1159	一种钢轨铣磨车砂轮不平衡量调节灌孔胶及其使用方法	ZL202110028521.8	铁建重工

续表

序号	专利名称	专利号	权属单位
1160	一种竖井掘进机及其刀盘	ZL201911077146. 5	铁建重工
1161	一种粉末冶金闸片摩擦块压制模具及方法	ZL202010052698. 7	铁建重工
1162	一种基于磁阻传感器的灌注密实度检测方法	ZL202010322420. 7	铁建重工
1163	一种处理隧道欠挖的施工方法	ZL202011278012. 2	铁建重工
1164	基于 VR 的盾构管片虚拟拼装方法、系统及数据处理终端	ZL202110668411. 8	铁建重工
1165	融合复杂地质环境的掘锚一体机数值耦合仿真方法	ZL202210792011. 2	铁建重工
1166	翻转设备和包含该设备的着色探伤检测系统及检测方法	ZL202210119594. 2	铁建重工
1167	一种双模式掘进机及其盾体密封结构	ZL202010796413. 0	铁建重工
1168	铺网装置和掘锚一体机组	ZL202010364002. 4	铁建重工
1169	一种盾构机刀具的制备方法	ZL202010605027. 9	铁建重工
1170	一种钢拱架区域的 TBM 喷混系统作业轨迹规划方法	ZL202110083129. 3	铁建重工
1171	一种索网组件、建筑物及建筑物施工方法	ZL202110264940. 1	铁建国际
1172	一种基于三维扫描技术的钢结构施工的监测方法及系统	ZL202110242766. 0	铁建国际
1173	一种附着式升降脚手架层间附着系统及其施工方法	ZL202211154534. 0	中铁城建
1174	一种焊接球网架及其自适应提升方法	ZL202211146633. 4	中铁城建
1175	一种钢管内自动焊接设备	ZL202210637421. X	中铁城建
1176	附着式升降脚手架系统	ZL202210631981. 4	中铁城建
1177	一种建筑垃圾制备混凝土的装置及制备方法	ZL202110910877. 4	中铁城建
1178	悬挂式挡墙支护下的基坑二维稳态渗流场计算方法及系统	ZL202210433348. 4	中铁城建
1179	一种建筑垃圾混凝土破碎装置及方法	ZL202110906385. 8	中铁城建
1180	一种建筑垃圾资源化利用前期处理生产线	ZL202010776327. 3	中铁城建
1181	一种便于安装组合的建筑模板	ZL202110881364. 5	中铁城建
1182	一种超期服役基坑桩锚式支护性能评估方法及系统	ZL202210316702. 5	中铁城建
1183	一种预防隧道结构底板渗漏水上反的排水系统的施工方法	ZL202110279746. 0	中铁城建
1184	一种用于钢结构中的安全型天窗及其施工工艺	ZL201710173328. 7	中铁城建
1185	基于探地雷达扫描的复杂钢板剪力墙节点质量检测方法	ZL201910977151. 5	中铁城建
1186	便于隧道运载的隧道降温车	ZL202010512941. 9	铁建投资
1187	一种便于热空气采集的隧道降温车	ZL202010480497. 7	铁建投资
1188	一种便于射流方向智能调节的隧道降温车	ZL202010512071. 5	铁建投资
1189	一种斜拉索的放松拆除方法	ZL202011011228. 2	铁建投资
1190	自锚式悬索桥主缆紧缆预紧装置及方法	ZL202011008755. 8	铁建投资
1191	一种道床浇筑前的预处理工艺	ZL202011186472. 2	铁建投资

续表

序号	专利名称	专利号	权属单位
1192	一种青砖墙体加固设备及其施工方法	ZL202110130814.7	铁建投资
1193	一种青砖墙体扶正设备及其施工方法	ZL202110320261.1	铁建投资
1194	一种基于磁通量测试的螺纹钢筋预应力检测装置及方法	ZL202010762763.5	铁建投资
1195	隔离式减震垫的铺设方法	ZL202011186455.9	铁建投资
1196	一种消除隧道入口黑洞现象的方法	ZL202010196481.3	铁建投资
1197	避免养护膜卷边的高速公路表面混凝土层整平设备及方法	ZL202011591995.5	昆仑投资
1198	一种具有缓冲功能的道路桥梁交通安防用防护装置	ZL202110810972.7	昆仑投资
1199	一种多层次高效处理污水曝气装置	ZL202110203928.X	铁建发展
1200	一种协同工地监控管理方法及系统、协同式的安全帽	ZL201910490772.0	铁建发展
1201	一种智能防拆物联网安防装置	ZL202011067808.3	铁建发展
1202	一种智慧交通调度方法、装置及调度中心	ZL202011432228.X	铁建发展
1203	一种具有多角度调节的智慧消防机器人	ZL202011596868.4	铁建发展
1204	一种基于大数据的建筑工地用电缆仓储系统	ZL202110589392.X	铁建发展
1205	一种基于远程视频监控分析技术的建筑施工现场安全生产实时监测预警方法	ZL202110783843.3	铁建发展
1206	基于熵值模型的基坑风险评估方法、装置、设备和介质	ZL202110187360.7	华南建设
1207	隧道横断面特征提取方法、装置、设备和存储介质	ZL202111675567.5	华南建设
1208	盾构管片外径边线绘制方法、装置和计算机设备	ZL202110317695.6	华南建设
1209	水基盾尾密封脂及其制备方法和应用	ZL202111276623.8	华南建设
1210	一种三台阶法向 CRD 法直接转换快速施工方法	ZL202210465561.3	华南建设
1211	基于 BIM 三维地质隧道模型切片分析系统及方法	ZL202110564287.0	华南建设
1212	一种 PHC 管桩快速化低扰动托换施工方法	ZL202210672595.X	华南建设
1213	一种竖井掘进机	ZL202110819073.3	中国铁建
1214	一种隧道仰拱垫层铺设用料斗装置及施工方法	ZL202011267555.4	中国铁建
1215	一种隧道仰拱垫层铺设用料斗结构及施工方法	ZL202011267876.4	中国铁建
1216	一种电致变色混凝土砖及其生产工艺与制造设备	ZL202011153568.9	中国铁建
1217	一种超深基坑施工风险评估方法	ZL202010771828.2	中国铁建

（制表：孙嘉良　余　博）

2022 年度中国铁建专利奖项目目录

序号	专利名称	专利号	权属单位	奖项类别
1	一种可适应软弱围岩的敞开式 TBM	ZL201910749390.5	铁建重工	发明专利金奖
2	一种攀爬式检测机器人	ZL202120526099.4	中铁十二局	实用新型专利金奖

续表

序号	专利名称	专利号	权属单位	奖项类别
3	架桥机及其后支腿	ZL201921815511. 3	铁五院	实用新型专利金奖
4	一种低位运梁车	ZL202011310451. 7	中铁十一局	发明专利优秀奖
5	一种本邻线路铺轨设备及本邻线路铺轨施工方法	ZL201910290876. 7	中铁十一局	发明专利优秀奖
6	一种长曝光倾斜摄影隧道全息测量方法	ZL201911037291. 0	中铁十二局	发明专利优秀奖
7	一种石墨烯基钢材防腐涂层的制备方法	ZL201910232830. X	中国铁建大桥局	发明专利优秀奖
8	一种地铁交叉线单向循环快速换乘结构	ZL202010378215. 2	中铁十八局	发明专利优秀奖
9	一种岩石河床钢围堰封底堵漏及防排水施工方法	ZL201710891394. 8	中铁二十局	发明专利优秀奖
10	灯泡贯流式水轮发电机组的灯泡头和锥体吊装方法	ZL202010206636. 7	中铁二十局	发明专利优秀奖
11	地面变形缝修补的施工方法	ZL201811372381. 0	中铁二十三局	发明专利优秀奖
12	一种高速铁路接触线用铜基非晶合金及其制备工艺	ZL201711371865. 9	中铁建电气化局	发明专利优秀奖
13	一种基于总安全系数法的隧道复合式衬砌设计方法	ZL201811496389. 8	铁四院	发明专利优秀奖
14	沉降偏移无砟轨道的纠偏方法	ZL201711405245. 2	铁四院	发明专利优秀奖
15	一种横断面为矩形的隧道结构	ZL202010521601. 2	铁五院	发明专利优秀奖
16	全套管全回转钻机设备	ZL202011306083. 9	铁五院	发明专利优秀奖
17	一种兼作永久地下结构的基坑围护结构的施工方法	ZL201910520021. 9	上海院	发明专利优秀奖
18	检测设备	ZL201911293452. 2	铁建重工	发明专利优秀奖
19	一种复杂地段磁浮轨排铺设系统	ZL201921316024. 2	中铁十一局	实用新型专利优秀奖
20	一种土压平衡盾构渣土环保处理系统	ZL202121049563. 1	中铁十二局	实用新型专利优秀奖
21	一种轨道底座板自动喷淋养护装置	ZL202021980921. 6	中铁十四局	实用新型专利优秀奖
22	新型移梁小车	ZL202120131926. X	中铁十四局	实用新型专利优秀奖
23	一种小曲率半径喂梁施工用转向轨道车	ZL202020798608. 4	中铁十八局	实用新型专利优秀奖
24	适用于连拱隧道曲中墙施工用的模架	ZL201920828243. 2	中铁十八局	实用新型专利优秀奖
25	一种悬浇梁外保温结构	ZL202120508457. 9	中铁二十局	实用新型专利优秀奖
26	一种可往返的上行式移动模架造桥机	ZL202022551064. 4	中铁二十二局	实用新型专利优秀奖
27	一种用于箱涵预制的内模系统	ZL201922492034. 8	中铁二十三局	实用新型专利优秀奖
28	绝缘支撑装置	ZL202020912533. 8	中铁建电气化局	实用新型专利优秀奖
29	一种城市轨道交通车辆出入库列位外声光警示系统	ZL201921651551. 9	铁一院	实用新型专利优秀奖
30	一种用于铁路轨道的预埋式扣件	ZL202022051790. X	铁一院	实用新型专利优秀奖
31	一种齿轨铁路桥上连续型无砟轨道结构	ZL201920606520. 5	铁一院	实用新型专利优秀奖

续表

序号	专利名称	专利号	权属单位	奖项类别
32	一种全高站台门制式地铁车站轨顶风道协同站台排烟系统	ZL201921056803.3	铁四院	实用新型专利优秀奖
33	无砟轨道路基的防排水结构	ZL201921768061.7	铁四院	实用新型专利优秀奖
34	一种自动分枕平台	ZL201920765025.9	铁五院	实用新型专利优秀奖
35	过街通道和地下区间隧道的合建结构	ZL202021808968.4	铁五院	实用新型专利优秀奖
36	一种涉铁自动化监测分布式工控机监测装置	ZL202120165852.1	上海院	实用新型专利优秀奖
37	一种铁路隧道施工期生产废水处理及回用系统	ZL202120467997.7	上海院	实用新型专利优秀奖
38	一种可以调整铣削头角度的钢轨在线铣削加工装置	ZL201921841422.6	铁建装备	实用新型专利优秀奖
39	推管机及掘进设备	ZL201922164370.X	铁建重工	实用新型专利优秀奖
40	一种定位装置、定位单元及定位组件	ZL202120496851.5	铁建国际	实用新型专利优秀奖
41	一种拱杆组件及建筑物	ZL202022763616.8	铁建国际	实用新型专利优秀奖
42	一种钢箱梁拼装顶推滑移限位装置	ZL202120759358.8	中铁城建	实用新型专利优秀奖

（制表：孙嘉良　余　博）

2022 年度中国铁建科技成果评审项目目录

序号	项目名称	完成单位	成果评价
1	铁路组合/混合梁斜拉桥集成创新及示范应用	铁四院	国际领先
2	高速铁路 300 米级超大跨度混凝土梁拱组合桥	铁四院	国际领先
3	大跨度系杆拱连续梁关键技术及应用	铁四院	国际领先
4	高速铁路大跨度非对称上承式拱桥关键技术研究	铁四院	国际领先
5	复杂环境下大吨位长悬臂转体施工独塔钢箱梁斜拉桥关键技术及应用	铁四院	国际领先
6	复杂城市环境多源频率域地震勘探新技术与装备	铁四院	国际领先
7	福厦高铁湄洲湾跨海大桥施工关键技术	中铁十一局	国际领先
8	强台风腐蚀环境跨海公铁两用大桥施工关键技术研究	中国铁建大桥局	国际领先
9	铁路轨枕板式轨道关键技术研究与应用	铁四院	国际领先
10	地铁站公共区柱壁贴附射流送风关键技术	铁四院	国际领先
11	城市浅埋暗挖快速装配支护技术研发与示范应用	中铁十一局	国际领先
12	邻近既有线穿越高水压大型溶洞群隧道扩挖修建技术	中铁十一局	国际领先
13	高原地区预应力混凝土箱梁桥施工及检测关键技术	中铁十二局	国际领先
14	隧道二次衬砌台车研制及工程应用	中铁二十局	国际领先
15	有限空间超低温宽幅曲线悬浇转体桥施工关键技术	中铁二十局	国际领先

续表

序号	项目名称	完成单位	成果评价
16	沙漠砂与机制砂混合配制高性能混凝土施工技术研究	中铁二十局	国际领先
17	板式轨道充填层自密实混凝土环境敏感研究及施工稳定性调控关键技术	中铁二十一局	国际领先
18	城市道路宽幅等截面箱梁桥节段拼装关键技术研究	中铁二十一局	国际领先
19	银西线渭河特大桥钢腹杆组合箱梁关键技术研究	铁一院	国际领先
20	和田至若羌铁路桥梁下部结构预制装配技术应用研究	铁一院	国际领先
21	库格铁路防风沙技术研究	铁一院	国际领先
22	全自动驾驶车辆基地自动驾驶区综合管理系统应用研究	铁一院	国际领先
23	动车段智能物流节拍式、量份式配送技术	铁一院	国际领先
24	垂直冻结在大埋深山岭铁路隧道中应用的技术研究	铁一院	国际领先
25	川藏铁路运输组织模式及车站分布研究	铁一院	国际领先
26	川藏铁路线路限制坡度研究	铁一院	国际领先
27	青藏铁路格拉段电气化牵引供电总体技术方案研究	铁一院	国际领先
28	轨道交通大跨度矮塔斜拉桥关键技术研究	上海院	国际领先
29	超宽大吨位 V 构梁上跨高铁转体施工及监控关键技术研究	中铁二十四局	国际领先
30	复合地层小半径曲线段地铁隧道施工技术与智能控制方法研究	中铁二十四局	国际领先
31	交通工程小型预制构件智能生产及智慧管理关键技术研究	中铁十二局	国际领先
32	大型 LNG 不锈钢全容储罐施工关键技术	中铁十八局	国际领先
33	特长型隧道穿越龙门山地震带施工关键技术研究	中铁十九局	国际领先
34	城市交通干道既有桥梁拆除重建综合技术研究	中铁二十二局	国际领先
35	基于分布式光纤技术的岩溶区灌注桩静载试验	中铁二十二局	国际领先
36	城市临海建筑地下空间绿色建造技术研究	中铁建设	国际领先
37	大型建筑与交通工程中刚性桩加固地基关键技术研究	中铁建设	国际领先
38	宽幅大悬臂单索面塔梁固结体系部分斜拉桥关键技术及应用	铁四院	国际先进
39	铁路大跨度连续钢构拱桥液压提升施工关键技术	中铁十一局	国际先进
40	大跨径钢板组合梁协作体系斜拉桥建造技术	中国铁建大桥局	国际先进
41	“V”型无背索混合梁斜拉桥斜塔施工关键技术	中国铁建大桥局	国际先进
42	城市轨道交通隧道病害检测关键技术与应用研究	铁四院	国际先进
43	高铁站区域路网交通系统规划设计关键技术与应用	铁四院	国际先进
44	基于 BIM 铁路站房视场仿真优化技术的研究	铁四院	国际先进
45	铁路冷链物流关键装备集成化创新与应用	铁四院	国际先进
46	高速铁路无砟轨道服役状态保持及韧性提升技术研究与应用	铁四院	国际先进

续表

序号	项目名称	完成单位	成果评价
47	运营高速铁路无砟轨道路基线间狭窄空间微型顶管排水关键技术研究与应用	铁四院	国际先进
48	隧道衬砌质量提升高效施工技术	中铁十一局	国际先进
49	富水地层地铁盾构受限始发与超近距下穿既有线安全控制关键技术	中铁十一局	国际先进
50	隧道工程快速施工协同能力及机械装备提升关键技术	中铁十一局	国际先进
51	软弱围岩条件下超大跨径多连拱隧道施工技术研究	中铁二十五局	国际先进
52	BLCP500 型本邻两线长钢轨铺设机组及成套施工技术	中铁十一局	国际先进
53	复杂地段中低速磁浮轨道高效施工技术	中铁十一局	国际先进
54	国产掘进机控制系统研发与应用	铁建重工	国际先进
55	中低速磁浮轨排智能化生产线研究与应用	铁建重工	国际先进
56	重载铁路隧道建造关键技术	铁四院	国际先进
57	沅江隧道修建技术	铁四院	国际先进
58	土压平衡盾构长距离下穿京杭运河施工控制原理及控制关键技术研究	中铁十二局	国际先进
59	复杂环境下穿越富水断裂带浅埋大跨地铁车站综合施工技术	中铁十二局	国际先进
60	高瓦斯煤系地层长大隧道施工技术研究	中铁十二局	国际先进
61	高地应力构造破碎带隧道大变形灾变机制及防控技术研究	中铁十二局	国际先进
62	高速铁路薄层极软岩隧道大变形控制快速施工关键技术	中铁十二局	国际先进
63	大型共构综合管廊绿色施工及快速建造技术研究	中铁十二局	国际先进
64	热带多雨地区路基高液限土改良填筑施工技术研究	中铁十七局	国际先进
65	单塔单索面斜拉桥复合式挂篮设计与施工技术研究	中铁十七局	国际先进
66	城市河道清淤再利用及水利工程生态治理技术研究	中铁十七局	国际先进
67	高速铁路千米级悬索桥轨道线形控制技术研究	中铁十七局	国际先进
68	海绵城市下渗滞蓄生态景观明渠关键技术研究	中铁十七局	国际先进
69	滇西南不良地质条件下单线铁路隧道综合施工技术研究	中铁十七局	国际先进
70	高速公路长大泥质砂岩隧道综合施工技术研究	中铁十七局	国际先进
71	高水位超宽叠型下穿阳澄西湖隧道综合施工技术研究	中铁二十局	国际先进
72	高原隧道纯电动“挖、装、运”施工机械研制及工程应用	中铁二十局	国际先进
73	64 米节段预制胶接拼装简支箱梁施工关键技术研究	中铁二十局	国际先进
74	异形免涂装连续管翼缘组合桥梁施工技术综合研究与应用	中铁二十局	国际先进
75	大跨度钢结构网架屋盖施工技术研究	中铁二十局	国际先进
76	填海地质复杂区地基与基础施工关键技术研究	中铁二十局	国际先进
77	回填土超大深基坑桩锚支护作用机理与施工控制技术研究	中铁二十局	国际先进

续表

序号	项目名称	完成单位	成果评价
78	可调式框架板无砟道床施工技术研究	中铁二十局	国际先进
79	124 米超高边坡稳定与变形控制监测技术研究	中铁二十局	国际先进
80	高速铁路湿陷性黄土复合地基的变形规律与施工技术研究	中铁二十一局	国际先进
81	深基坑远程智能监测及三维数字安全预警技术研究	中铁二十一局	国际先进
82	低塔柔性体系斜拉桥施工关键技术研究	中铁二十一局	国际先进
83	断层破碎带隧道施工力学行为及安全施工技术研究	中铁二十一局	国际先进
84	宽桥面风帆式主塔单索面不对称斜拉桥施工技术研究	中铁二十三局	国际先进
85	攀西地区“三高”特长单线隧道安全建造技术及应用研究	中铁二十三局	国际先进
86	海相沉积平原区城市配水工程引水管道顶管施工技术研究	中铁二十三局	国际先进
87	城市地下大空间安全施工关键技术专利分析与布局	铁一院	国际先进
88	缆－桁加劲联合体系悬索桥关键技术研究	铁一院	国际先进
89	高原艰险山区多角度钻探和孔内综合测试关键技术与应用示范	铁一院	国际先进
90	黔张常铁路危岩落石防护棚洞－拦石墙关键技术研究	铁一院	国际先进
91	兰州地铁烂泥沟桥、鱼儿沟桥桩基托换技术研究	铁一院	国际先进
92	铁路基础网络图形构建及路径搜索系统	铁一院	国际先进
93	关中城市群城际铁路网旅客列车开行方案研究	铁一院	国际先进
94	严寒地区富水砂土地层地铁站明挖基坑支护设计关键技术研究	铁一院	国际先进
95	兰州地铁 1 号线直接蒸发冷却通风降温系统运行实测研究	铁一院	国际先进
96	电气化铁路牵引网 PW 线落地方案及其对信号系统的影响研究	铁一院	国际先进
97	川藏铁路控制测量技术研究	铁一院	国际先进
98	车载三维激光扫描技术在既有公路测量中的应用研究	铁一院	国际先进
99	城市繁忙干道上跨铁路咽喉区单跨系杆拱桥顶推关键技术研究	上海院	国际先进
100	跨既有铁路桥梁大型连续梁转体施工关键技术研发	中铁十五局	国际先进
101	三阳站特大桥不等跨变截面连续梁施工技术	中铁十五局	国际先进
102	浅埋隧道穿越公路大管幕施工关键技术研发	中铁十五局	国际先进
103	具有断层破碎带涌水突泥及溶洞等复杂条件的隧道施工技术研究	中铁十五局	国际先进
104	主跨 168 米飞燕式四肋蝴蝶型钢箱拱肋系杆拱桥结构体系及成桥技术研究	中铁二十四局	国际先进
105	上跨铁路咽喉区单跨横向不对称单系杆拱顶推施工技术研究	中铁二十四局	国际先进
106	营业线桥梁施工风险智能化感知和管控关键技术及应用	中铁二十四局	国际先进
107	上飞燕式梁拱组合桥少支架法建造成套技术研究	中铁二十四局	国际先进
108	高速铁路节段预制胶拼(48＋80＋48)米连续梁施工关键技术研究	中铁二十四局	国际先进
109	新建连镇铁路镇江站接轨工程关键技术研究	中铁二十四局	国际先进

续表

序号	项目名称	完成单位	成果评价
110	框架桥群下穿运营高速铁路桥梁桥墩变形控制技术研究	铁五院	国际先进
111	有轨电车扣件系统研发	铁五院	国际先进
112	主跨350米双塔双索面预应力混凝土斜拉桥施工关键技术研究	中铁十二局	国际先进
113	超高韧性混凝土STC配制技术及施工技术研究	中铁十二局	国际先进
114	富水断层炭质页岩隧道经时损伤大变形控制关键技术	中铁十二局	国际先进
115	复杂环境下高位宽幅钢箱梁230米双T构转体桥施工技术研究	中铁十四局	国际先进
116	隧道盾构管片尺寸快速智能检测系统	中铁十四局	国际先进
117	富水长距离穿越基岩及孤石盾构施工关键技术	中铁十六局	国际先进
118	昆明官渡医院绿色施工和智慧建造关键技术	中铁十六局	国际先进
119	城市轨道交通U箱装配式连续梁节段精准预制施工技术研究	中铁十八局	国际先进
120	全预制拼装式桥梁下部结构预制拼装施工技术	中铁十八局	国际先进
121	河道和航道底泥形成规律及处理技术	中铁十八局	国际先进
122	CRTSI型双块式无砟轨道智能化工装创新施工技术研究	中铁十八局	国际先进
123	城区临江盖挖地铁车站与运营车站结构对接关键技术研究	中铁十八局	国际先进
124	复杂环境下盾构下穿既有隧道施工优化方法及变形控制措施研究	中铁十八局	国际先进
125	超长大埋深引水隧洞TBM穿越蚀变岩等不良地质综合技术研究	中铁十八局	国际先进
126	超长隧洞“一洞双机”TBM施工综合技术研究	中铁十八局	国际先进
127	工程弃渣制备骨料及其混凝土改性剂研究与应用	中铁十八局	国际先进
128	隧道废弃玄武岩制备机制砂及其在混凝土中的应用关键技术研究	中铁十八局	国际先进
129	山区峡谷风作用下高墩大跨度连续刚构梁施工关键技术	中铁十九局	国际先进
130	双机共享施工支洞TBM掘进超长隧洞关键技术研究与应用	中铁十九局	国际先进
131	突出煤层群特长公路隧道安全揭煤关键技术研究	中铁十九局	国际先进
132	微承压水土层盾构始发近距离穿越重大风险源关键技术研究	中铁十九局	国际先进
133	大跨径钢筋混凝土箱型拱桥节段预制拼装施工与控制技术研究	中国铁建大桥局	国际先进
134	滇中红层地质公路三车道大断面隧道施工关键技术及应用研究	中国铁建大桥局	国际先进
135	严寒地区超大吨位极不平衡水平转体斜拉桥施工智能控制技术	中铁二十二局	国际先进
136	黄土隧道湿喷机械手喷砼回弹量的影响因素及对策	中铁二十二局	国际先进
137	繁华城区地铁盾构侧向始发关键技术研究	中铁二十二局	国际先进
138	基于数字孪生的西土城地铁新改扩建工程智能化施工关键技术研发及创新应用	中铁二十二局	国际先进
139	明暗挖结合地铁车站小距离侧穿运营轻轨基础爆破控制技术	中铁二十二局	国际先进
140	高灵敏性软土条件下建筑深基坑施工对邻近复杂环境设施影响全过程模拟及基坑受力特性分析	中铁建设	国际先进

续表

序号	项目名称	完成单位	成果评价
141	基于绿色环保理念的土钉墙组合支护新技术、设计新理念与工程示范	中铁建设	国际先进
142	城市地下综合管廊全寿命灾变规律及预警技术	中铁建设	国际先进
143	多截面形式预制箱梁运输及液压安装系统设计及优化	中铁建设	国际先进
144	大型场馆建筑超大跨结构施工方法及其关键技术研究与应用	中铁建设	国际先进
145	新型模块化低层冷薄壁型钢建筑体系关键技术研发与应用	中铁建设	国际先进
146	石材固废制备再生骨料综合技术研究	中铁建设	国际先进
147	北京环球影城主题公园综合施工技术研究	中铁建设	国际先进
148	铝合金模板非标体系研究	中铁建设	国际先进
149	铝合金模板高附着力不沾灰隔离膜研发	中铁建设	国际先进
150	基于热环境智能调节的可变建筑表皮研究	中铁建设	国际先进
151	养老化建筑装修 EPC 项目适老化综合技术研究	北京中铁装饰工程有限公司	国际先进
152	BIM 技术在新时代轨道交通车站装饰工程的应用研究	北京中铁装饰工程有限公司	国际先进
153	高速铁路 40 米箱梁智能化成套装备及应用	铁五院	国际先进
154	深埋隧道复合硬岩长距离盾构掘进施工关键技术	中铁十二局	国内领先
155	上跨繁忙高速公路小半径曲线钢混组合梁施工技术研究	中铁十七局	国内领先
156	花瓣造型艺术中心关键建造技术研究	中铁十七局	国内领先
157	公路隧道智能照明系统开发及应用技术研究	中铁二十局	国内领先
158	异形钢结构玻璃幕墙施工技术	中铁二十局	国内领先
159	高层装配式建筑施工技术研究	中铁二十局	国内领先
160	铁路四电 BIM 族库建设与应用研究	中铁二十一局	国内领先
161	基于云计算的 BIM5D 在轨道交通机电安装工程中的应用研究	中铁二十一局	国内领先
162	花瓣形大跨度多跨双曲梁屋面施工技术研究	中铁二十三局	国内领先
163	新建铁路银川至西安线银川站南咽喉区噪声治理措施方案研究	铁一院	国内领先
164	装配式综合管廊在车辆基地中的应用研究	铁一院	国内领先
165	综合监控与信号 ATS 融合方案研究	铁一院	国内领先
166	电务应急维护及查询装置 V3.0	铁一院	国内领先
167	基于不同投融资模式的财务效益分析	铁一院	国内领先
168	铺设无缝道岔及伸缩调节器坡度限值及加强措施研究	铁一院	国内领先
169	高速铁路开行轻快货物列车技术研究	铁一院	国内领先
170	轨道交通大断面配线区分隔形式及大断面区域烟控措施关键技术研究	铁一院	国内领先

续表

序号	项目名称	完成单位	成果评价
171	大温差复叠式供冷系统在轨道交通工程中的应用研究	铁一院	国内领先
172	斜坡面重型齿轨铁路接触网技术研究	铁一院	国内领先
173	InSAR 技术在川藏铁路沿线滑坡灾害调查及监测中的应用	铁一院	国内领先
174	铁路勘察设计基础地理信息数据库建设	铁一院	国内领先
175	Lidar 点云与倾斜影像数据融合技术研究	铁一院	国内领先
176	站城协同发展视角下的铁路土地综合开发研究	上海院	国内领先
177	高架轨道交通减振降噪综合预测模型研究	上海院	国内领先
178	复杂山区高墩连续刚构群关键施工技术与智能化数据平台研发	中铁十五局	国内领先
179	小半径大坡度钢箱梁步履式顶推施工安全控制技术研究	中铁十五局	国内领先
180	面向降雨入渗层状连拱隧道流固耦合时空效应及开挖支护优化研究	中铁十五局	国内领先
181	合肥地铁钢弹簧减振道岔综合施工技术研究	中铁十五局	国内领先
182	大吨位宽幅现浇预应力混凝土箱梁转体桥施工关键技术研究	中铁十二局	国内领先
183	群布叠层采空区影响下露天铁矿最终边坡稳定性研究及应用	中铁十九局	国内领先
184	基于遥感的矿区生态修复监测关键技术研究	中铁十九局	国内领先
185	大型露天矿钻孔摄像精细爆破技术研究	中铁十九局	国内领先
186	双洞互补式(瓦斯)隧道通风及防灾救援技术研究	中铁十九局	国内领先
187	玉磨铁路超长软岩隧道轮廓控制关键技术	中铁十九局	国内领先
188	盾构隧道全区间下穿杭州富水砂性土层及人工湖施工技术研究	中铁十九局	国内领先
189	城市复杂环境下新建高速铁路临近既有线施工及稳定性控制技术	中铁二十二局	国内领先
190	严寒地区高速铁路(新建牡丹江至佳木斯铁路)智慧建造关键技术	中铁二十二局	国内领先
191	基于 EPC 模式下的茅台酒厂群体性建筑绿色施工综合技术及应用	中铁二十二局	国内领先
192	台风影响区城际铁路高架车站(建筑结构)施工综合技术	中铁二十二局	国内领先
193	全球化背景下国际铁路项目设计咨询关键技术研究	铁建国际	国内领先
194	自铆式预制构件现浇节点连接体系	中铁建设	国内领先
195	城市级智慧工地一体化综合监测平台系统研究	中铁建设	国内领先
196	超长桩基气举反循环清孔施工技术研究	中铁二十五局	国内先进
197	铁路线间双幅框构桥顶进施工优化研究	中铁二十三局	国内先进
198	城市轨道交通云技术应用关键问题研究	铁一院	国内先进
199	黄土地区止水帷幕(旋喷桩、搅拌桩)施工工艺参数和标准、黄土地区悬挂式止水帷幕质量控制技术与应用效果评价报告	铁一院	国内先进
200	野外低温环境下生产用水泵送防冻研究、野外工程地质勘探钻井冲洗液低温防冻研究	铁一院	行业领先

(制表:丁正全　郑筱彦)

2022 年度中铁建科学技术奖项目目录

序号	项目名称	完成单位	获奖等级
1	装配式工程竖井智慧建造理论与关键技术	中铁十五局集团有限公司、中国地质大学（北京）、北京中地盾构工程技术研究院有限公司	特等奖
2	钢管混凝土枕式无砟轨道系统技术及应用	中铁第四勘察设计院集团有限公司、中铁十一局集团有限公司	特等奖
3	铁路组合/混合梁斜拉桥集成创新及示范应用	中铁第四勘察设计院集团有限公司、中国铁建股份有限公司华中区域总部、中铁十一局集团有限公司、中铁十六局集团有限公司	特等奖
4	高速铁路40米简支箱梁智能化成套装备及应用	中铁第五勘察设计院集团有限公司、中铁十一局集团有限公司、石家庄铁道大学、中铁二十二局集团有限公司、中铁十四局集团有限公司、中铁十二局集团有限公司、中铁十五局集团有限公司	特等奖
5	福厦高铁湄洲湾跨海大桥施工关键技术	中铁十一局集团有限公司及其第一工程有限公司	一等奖
6	极高风险隧道钻爆法安全高效修建技术与装备	中铁十一局集团有限公司、武九铁路客运专线湖北有限责任公司、中国科学院武汉岩土力学研究所、石家庄铁道大学、中铁十八局集团有限公司	一等奖
7	富水断层炭质页岩隧道经时损伤大变形控制关键技术	中铁十二局集团有限公司及其第七工程有限公司、中南大学、北京瑞威铁道工程技术有限公司	一等奖
8	大跨度非对称混合梁斜拉桥建造关键技术	中国铁建大桥工程局集团有限公司及其第一工程有限公司、湖北武穴长江公路大桥有限公司、中交第一公路勘察设计研究院有限公司、湖北省交通规划设计院股份有限公司	一等奖
9	强台风跨海峡公铁大桥混凝土桥梁建造关键技术	中国铁建大桥工程局集团有限公司及其第一工程有限公司、第四工程有限公司，东北林业大学，哈尔滨工业大学	一等奖
10	高铁大直径泥水盾构穿越城市核心区施工关键技术	中铁十四局集团有限公司及其大盾构工程有限公司、西南交通大学、北京交通大学、河海大学	一等奖
11	大断面特长铁路隧道瓦斯防治关键技术	中铁十六局集团有限公司及其第四工程有限公司、中铁十八局集团有限公司、中国矿业大学、中铁十九局集团有限公司	一等奖
12	复杂环境运营地铁车站接驳拓建关键技术研究	中铁十八局集团有限公司及其市政工程有限公司	一等奖
13	大型LNG不锈钢全容储罐施工关键技术	中铁十八局集团有限公司及其建筑安装工程有限公司、天津大学、苏州杜尔气体化工装备有限公司	一等奖
14	大埋深长距离复杂岩层盾构隧道综合修建技术	中铁十九局集团有限公司及其轨道交通工程有限公司、西南交通大学	一等奖
15	特长型隧道穿越龙门山地震带施工关键技术研究	中铁十九局集团有限公司及其第六工程有限公司、中铁二院工程集团有限责任公司、西南交通大学	一等奖
16	沙漠砂与机制砂混合配制高性能混凝土技术研究	中铁二十局集团有限公司、中铁二十四局集团有限公司、哈尔滨工业大学、西安科技大学	一等奖
17	蒙华铁路黄土隧道轻型支护体系及建造关键技术	中铁二十局集团有限公司及其第二工程有限公司、第四工程有限公司、第六工程有限公司，西南交通大学	一等奖
18	板式轨道充填层自密实混凝土施工环境敏感性研究及稳定性调控关键技术	中铁二十一局集团有限公司及其第六工程有限公司、中南大学	一等奖

续表

序号	项目名称	完成单位	获奖等级
19	严寒地区超大吨位极不平衡水平转体斜拉桥施工智能控制技术	中铁二十二局集团有限公司及其第一工程有限公司、哈尔滨工业大学	一等奖
20	软土地区接入运营无砟轨道高铁成套关键技术及应用	中铁二十四局集团有限公司及其上海铁建工程有限公司、中铁上海设计院集团有限公司、同济大学、南京路鼎搅拌桩特种技术有限公司	一等奖
21	新型模块化低层冷弯薄壁型钢建筑体系关键技术研发与应用	中铁建设集团有限公司、北京建筑大学、江苏保力装配式住宅工业有限公司、石家庄铁道大学、北京工业大学	一等奖
22	刚性桩复合地基荷载传递与变形协调机制关键技术研究	中铁建设集团有限公司、武汉理工大学	一等奖
23	澳门地区临海建筑工程逆作法施工关键技术	中铁建设集团有限公司、中国土木工程集团有限公司	一等奖
24	超大建筑空间环控系统关键技术及工程应用	中国铁建电气化局集团有限公司及其第一工程有限公司、中铁第四勘察设计院集团有限公司、成都四为电子信息股份有限公司	一等奖
25	高速铁路接触网H型钢柱组立机械化装备研制及应用	中国铁建电气化局集团有限公司及其第三工程有限公司、中船重工海为郑州高科技有限公司	一等奖
26	南宁市邕宁水利枢纽工程2000吨级航道建设关键技术研究与应用	中国铁建港航局集团有限公司、中铁二十局集团有限公司及其第六工程有限公司	一等奖
27	高速铁路等跨连续钢桁柔性拱桥建造技术研究	中铁第一勘察设计院集团有限公司、中国铁建大桥工程局集团有限公司	一等奖
28	全自动驾驶车辆基地自动驾驶区作业安全管控技术及应用	中铁第一勘察设计院集团有限公司、北京铁道工程机电技术研究所股份有限公司	一等奖
29	青藏铁路格拉段牵引供电总体技术方案研究	中铁第一勘察设计院集团有限公司	一等奖
30	引汉济渭超长深埋秦岭隧洞施工关键技术及应用	中铁第一勘察设计院集团有限公司、中铁十八局集团有限公司、中铁十七局集团有限公司	一等奖
31	高速铁路区间自动闭塞与列控系统集成设计系统	中铁第四勘察设计院集团有限公司	一等奖
32	地铁站公共区柱壁贴附射流送风关键技术	中铁第四勘察设计院集团有限公司、西安建筑科技大学	一等奖
33	铁路大跨度混凝土斜拉桥关键技术及应用	中铁第四勘察设计院集团有限公司、浙江省交通投资集团有限公司、浙江乐清湾铁路有限公司、中铁大桥局集团有限公司、浙大宁波理工学院	一等奖
34	城际轨道交通搭载高铁大跨度钢桥过江综合关键技术及应用	中铁上海设计院集团有限公司、中铁电气化勘测设计研究院有限公司、中铁大桥勘测设计院集团有限公司、北京交通大学	一等奖
35	城市轨道交通高精度装配式轨道技术研究	中铁上海设计院集团有限公司、上海申通地铁集团有限公司技术中心、同济大学、中铁十一局集团有限公司、安徽兴宇轨道装备有限公司	一等奖
36	智能型大断面巷道快速掘锚成套装备关键技术研究及应用	中国铁建重工集团股份有限公司	一等奖
37	国产掘进机控制系统研发与应用	中国铁建重工集团股份有限公司、浙江中控研究院有限公司、中铁十四局集团有限公司、中铁十六局集团有限公司	一等奖

续表

序号	项目名称	完成单位	获奖等级
38	钢－混凝土组合结构体系关键技术研究与应用	中铁城建集团有限公司及其第一工程有限公司、北京工程有限公司，中南大学	一等奖
39	近邻既有线高压富水充填粉细砂大型溶洞群隧道修建技术	中铁十一局集团有限公司及其第五工程有限公司、中铁二院工程集团有限责任公司	二等奖
40	隧道工程快速施工协同能力及机械装备提升关键技术	中铁十一局集团有限公司及其第五工程有限公司、汉江重工有限公司	二等奖
41	城市浅埋暗挖快速装配支护技术	中铁十一局集团有限公司及其第四工程有限公司、北京交通大学	二等奖
42	时速160千米快速轨道交通架空刚性接触网关键技术研究与应用	中铁十二局集团有限公司及其电气化工程有限公司、天津中铁电气化设计研究院有限公司	二等奖
43	跨多条运营线路高位宽幅大跨钢箱梁双T构转体桥综合建造技术	中铁十四局集团有限公司及其第一工程发展有限公司	二等奖
44	有轨电车轨道工程关键技术研发与应用	中铁十四局集团有限公司及其第五工程有限公司、中南大学	二等奖
45	聚能水压光面控制爆破施工关键技术	中铁十四局集团有限公司及其第四工程有限公司、山东科技大学	二等奖
46	管幕结构法超浅埋隧道下穿特级火车站施工关键技术研究	中铁十四局集团有限公司及其第二工程有限公司	二等奖
47	高水压复杂地质大直径盾构隧道安全高效掘进技术及工程应用	中铁十四局集团有限公司及其大盾构工程有限公司、西南交通大学	二等奖
48	汉江260米跨双索面钢混梁半漂浮体系铁路独塔斜拉桥施工技术研究	中铁十五局集团有限公司及其第一工程有限公司、武汉理工大学	二等奖
49	海域公路大跨度下承式钢－混叠合梁简支钢拱桥综合施工技术研究	中铁十六局集团有限公司及其第五工程有限公司、石家庄铁路职业技术学院	二等奖
50	厦门海沧海底隧道工程建造关键技术	中铁十八局集团有限公司、厦门路桥建设集团有限公司、中交第二公路勘察设计研究院有限公司	二等奖
51	高铁隧道穿越炭质页岩地层隧底稳定性动力响应及对策研究	中铁十八局集团有限公司、山东大学	二等奖
52	河道和航道底泥形成规律及处理技术	中铁十八局集团有限公司及其第四工程有限公司、天津大学	二等奖
53	高温干燥环境有砟轨道高速铁路超宽预应力连续箱梁设计施工技术	中铁十八局集团有限公司、石家庄铁道大学	二等奖
54	隧道二次衬砌台车研制及工程应用	中铁二十局集团有限公司、中铁长安重工有限公司	二等奖
55	有限空间超低温宽幅曲线悬浇转体桥施工关键技术	中铁二十局集团有限公司及其第六工程有限公司	二等奖
56	124米超高边坡稳定与变形控制防灾监测关键技术	中铁二十局集团有限公司及其第二工程有限公司	二等奖
57	高速铁路湿陷性黄土复合地基关键技术研究与应用	中铁二十一局集团有限公司及其第五工程有限公司、第六工程有限公司	二等奖

续表

序号	项目名称	完成单位	获奖等级
58	大直径盾构穿越城市敏感复杂地层施工技术研究	中铁二十二局集团有限公司及其轨道工程有限公司	二等奖
59	盾构隧道下穿既有杭深铁路正线技术研究	中铁二十二局集团有限公司及其第三工程有限公司	二等奖
60	敏感城区盾构异形钢环补偿法侧向始发关键技术研究	中铁二十二局集团有限公司及其轨道工程有限公司、北京交通大学	二等奖
61	攀西地区复杂地质高风险施工环境下隧道群安全建造技术	中铁二十三局集团有限公司及其第三工程有限公司、中铁二院工程集团有限责任公司	二等奖
62	宽桥面风帆式主塔单索面不对称斜拉桥施工关键技术研究	中铁二十三局集团有限公司及其第一工程有限公司	二等奖
63	北京环球影城主题公园项目综合施工技术研究	中铁建设集团有限公司及其北京工程有限公司、机电安装有限公司	二等奖
64	地下空间板柱结构防连续倒塌建造技术研究	中铁建设集团有限公司、北京工业大学	二等奖
65	城市地下综合管廊全寿命灾变规律及预警技术	中铁建设集团有限公司、北京工业大学、北京交通大学	二等奖
66	基于多模组合技术的铁路信号可重构模拟试验设备研制及应用	中国铁建电气化局集团有限公司及其第二工程有限公司、西南交通大学	二等奖
67	高速铁路简统化接触网装备制备关键技术研究	中国铁建电气化局集团有限公司及其轨道交通器材有限公司	二等奖
68	铁路通信配线通用检测平台的研制及运用	中国铁建电气化局集团有限公司及其第二工程有限公司、第三工程有限公司	二等奖
69	高原高寒干旱区铁路防风沙技术研究	中铁第一勘察设计院集团有限公司	二等奖
70	基于网状无线物联网技术的铁路隧道照明系统	中铁第一勘察设计院集团有限公司	二等奖
71	极复杂高原山区铁路控制测量技术研究	中铁第一勘察设计院集团有限公司	二等奖
72	桥梁转体施工 RPC 球铰试验研究	中铁第一勘察设计院集团有限公司	二等奖
73	川藏铁路线路限制坡度研究	中铁第一勘察设计院集团有限公司	二等奖
74	铁路基础网络图形构建及路径搜索系统	中铁第一勘察设计院集团有限公司	二等奖
75	富水软土盾构隧道长距离小净距下穿裂损地下商城控制技术研究	中铁第一勘察设计院集团有限公司、西南交通大学、常州地铁集团有限公司	二等奖
76	氯盐与硫酸盐强腐蚀环境下地铁结构混凝土耐久性设计研究	中铁第一勘察设计院集团有限公司	二等奖
77	高速铁路大跨度混凝土连续刚构组合结构桥梁关键技术研究	中铁第一勘察设计院集团有限公司	二等奖
78	高速铁路纵连板式无砟轨道服役状态保持及韧性提升技术研究与应用	中铁第四勘察设计院集团有限公司	二等奖

续表

序号	项目名称	完成单位	获奖等级
79	复杂环境下大吨位长悬臂转体施工独塔钢箱梁斜拉桥关键技术及应用	中铁第四勘察设计院集团有限公司、福建省龙岩市城市建设投资发展有限公司、中国建筑第六工程局有限公司	二等奖
80	城市地下综合管廊非开挖顶进关键技术研究及应用	中铁第四勘察设计院集团有限公司、中国地质大学（武汉）	二等奖
81	铁路站房预制现装集成能源站设计技术与应用	中铁第四勘察设计院集团有限公司	二等奖
82	重载铁路隧道建造关键技术	中铁第四勘察设计院集团有限公司、中国铁路经济规划研究院有限公司、浩吉铁路股份有限公司	二等奖
83	沅江隧道修建技术	中铁第四勘察设计院集团有限公司、中铁十四局集团大盾构工程有限公司、中国铁建重工集团股份有限公司	二等奖
84	复杂敏感环境城市铁路隧道建造安全控制技术	中铁第四勘察设计院集团有限公司、中铁十四局集团有限公司、中铁十五局集团有限公司	二等奖
85	复杂城市环境多源频率域地震勘探新技术与装备	中铁第四勘察设计院集团有限公司、中国科学院地质与地球物理研究所	二等奖
86	大跨度系杆拱连续梁关键技术及应用	中铁第四勘察设计院集团有限公司、中铁北京工程局集团有限公司	二等奖
87	框架桥群下穿运营高速铁路桥梁桥墩变形控制技术研究	中铁第五勘察设计院集团有限公司、中铁六局集团有限公司	二等奖
88	跨越郯庐断裂带高速铁路勘察设计关键技术	中铁第五勘察设计院集团有限公司、中铁十五局集团第一工程有限公司	二等奖
89	铁路桥梁大直径管桩应用关键技术研究	中铁上海设计院集团有限公司、建华建材（中国）有限公司、中国铁道科学研究院集团有限公司	二等奖
90	中低速磁浮轨排智能化生产线研制	中国铁建重工集团股份有限公司、中铁磁浮交通投资建设有限公司、中铁十一局集团有限公司	二等奖
91	建筑装饰遮阳一体化玻璃幕墙绿色建造关键技术及应用	中铁城建集团有限公司、湖南固尔邦幕墙装饰股份有限公司	二等奖
92	新建赣深铁路惠州北站综合施工技术研究	中铁城建集团有限公司及其第二工程有限公司、华南理工大学	二等奖
93	超期服役桩锚式支护体系深基坑性能评估方法及应用	中铁城建集团有限公司、中南大学、中国有色金属长沙勘察设计研究院有限公司	二等奖
94	建筑固废资源化利用成套技术研究	中铁城建集团有限公司、湖南云中再生科技股份有限公司、中南大学	二等奖
95	西北地区超高层建筑关键施工技术研究与应用	中铁城建集团有限公司及其北京工程有限公司、北京交通大学	二等奖
96	大斜率非均匀内倾式超高层建筑施工关键技术研究	中铁城建集团有限公司及其第一工程有限公司、山东大学	二等奖
97	系列新型功能混凝土砂浆研制与应用技术研究	中铁城建集团有限公司及其第一工程有限公司、清华大学	二等奖

（制表：李小和　程博华）

2022 年 1 月 14 日,中国铁建党委召开党史学习教育总结会议。（肖永顺 提供）

党的工作

附录	文献辑要	统计资料	人物	所属单位	区域总部	工会工作	党的工作	科技创新	综合管理	经营工作	海外业务	工程施工	董事会工作	概况	大事记	特载

综 合 工 作

【中国铁道建筑集团有限公司党委】 中国共产党中国铁道建筑集团有限公司委员会(以下简称集团公司党委)是国务院国有资产监督管理委员会党委领导的对下属单位党组织实行统一领导的党组织。集团公司党委在企业中发挥领导作用,主要负责统一领导并组织实施集团公司党的建设和思想政治工作,担负党风廉政建设主体责任。集团公司党委常委由汪建平、庄尚标、陈大洋、刘汝臣、王秀明、李春德、李宁、汪文忠、刘成军、王立新、倪真、赵佃龙等同志组成。汪建平任党委书记,庄尚标、陈大洋任党委副书记。集团公司党委职能机构设办公室(党委办公室)、党委组织部(人力资源部)、党委工作部(党委宣传部、团委、企业文化部)、党委巡视办。集团公司纪委是集团公司党委和国务院国有资产监督管理委员会纪委领导下的纪检监察机关,履行党的纪律检查和行政监察两种职能,担负党风廉政建设监督责任,李春德任纪委书记。集团公司工会接受集团公司党委和中华全国铁路总工会的领导,史道泉任工会主席。 (沈玉泉)

【中国铁建股份有限公司党委】 中国共产党中国铁建股份有限公司委员会(以下简称公司党委)是中国铁道建筑集团有限公司党委领导下的对下属单位党组织实行统一领导的党组织。公司党委在企业中发挥领导作用,主要负责统一领导并组织实施公司党的建设和思想政治工作,担负党风廉政建设主体责任。公司党委常委由汪建平、庄尚标、陈大洋、刘汝臣、王秀明、李春德、李宁、汪文忠、刘成军、王立新、倪真、赵佃龙等同志组成。汪建平任党委书记,庄尚标、陈大洋任党委副书记。公司党委职能机构设党委办公室(党委办公室)、党委组织部(人力资源部)、党委工作部(党委宣传部、团委、企业文化部)、党委巡视办。李春德任纪委书记,史道泉任工会主席。集团公司党委委员、纪委委员、工会委员、团委委员同为公司党委委员、纪委委员、工会委员、团委委员。

根据中组部和原中央企业工委及国资委党委批复和指示精神,基于集团公司主营业务整体上市和局集团公司均为公司全资控股子公司,公司分布在全国各地的下属单位,党的领导关系由公司党委和所在省、自治区、直辖市党委双重领导,以公司党委垂直领导为主。所属二级单位中19家与地方党委建立双重领导关系。 (沈玉泉)

【办公室(党委办公室)】 办公室(党委办公室)是集团公司党委和公司党委的综合职能部门,是协助党委领导处理日常工作的机构。办公室(党委办公室)定员34人,设主任1人,副主任4人(其中1人兼任保密办公室专职主任,空缺2人),下设秘书一处、秘书二处、文书处、信息调研处、行政保卫处、信访处、档案馆和党务处。秘书一处定员3人,设处长1人,正处级秘书1人,职员1人;秘书二处定员6人,设处长1人,副处级秘书1人,职员4人(空缺2人);文书处定员6人,设处长1人,职员5人(空缺3人);信息调研处定员2人,设处长1人(空缺),职员1人;行政保卫处定员2人,设处长1人,职员1人(空缺);信访处定员2人,设副处长1人,职员1人(空缺);档案馆定员4人,设馆长1人,副馆长1人,职员2人;党务处定员4人,设处长1人,职员3人(空缺2人)。办公室(党委办公室)的主要职责是:牵头贯彻落实习总书记重要指示批示精神,落实党组织"第一议题"学习制度,对接上级党组织,及时传达、学习、贯彻上级党组织指示精神;安排部署及督促各二级单位党委贯彻落实股份公司党委各项决定和决议;负责公司领导日常工作的统筹服务,当好领导的参谋助手;负责统筹公司领导高端对接工作、秘书服务工作、领导的文电收发运转;负责传达公司领导的有关决定、指示,编制公司月度重点工作计划,督查督办重点工作;组织筹备公司综合性会议,承办党委常委会、总裁办公会;负责组织起草综合性文件、报告,撰写综合性会议领导讲话材料;负责相关对内对外沟通协调与服务工作;组织开展调查研究,参与政策研究与制定,制定相关工作制度;负责股份公司国家安全人民防线建设领导小组、维护稳定工作领导小组、保密委员会的日常工作;负责股份公司"三重一大"制度修订、实施,系统建设、运维及日常管理工作;负责股份公司机关党委和机关纪委的日常工作;负责援疆援藏援青及乡村振兴相关工作;负责公司印信管理、机要文件、公文处理、OA管理、文件核稿排版印刷和文件销毁等工作;负责公司政工情况、政务信息收集、编发与国务院国资委信息报送工作;负责公司总部事务、安全保卫与后勤保障服务工作,指导所属单位开展内保工作;负责公司北京地区机动车辆交通安全工作;负责公司信访管理工作;负责公司档案管理工作;负责《中国铁建年鉴》和各类史、志的编写工作;指导总部房地产管理中心工作;完成公司领导交办的其他工作。 (胡 勇)

【保密工作】 认真贯彻落实党中央关于保密工作的方针政策和习近平总书记重要指示批示精神,努力研究解决保密工作面临的新情况新挑战,建立完善保密委会议沟通机制,全年共召开5次保密工作会议。修订印发《保密工作管理办法(试行)》《商业秘密事项清单》等11项保密制度,持续完善保密管理“1+N”制度体系。建立涉密人员管理档案,规范开展全流程保密管理,组织涉密岗位工作人员签订保密承诺书,组织开展微信泄密专项整顿行动“回头看”工作,扎实开展军民融合保密工作专项整治工作,进一步规范涉密人员社交媒体使用管理并开展自查自纠,对重点领域保密工作全面摸底、整改提升。依托“保密观”App和中国保密在线网站开展全员保密教育线上培训活动,实现保密培训全覆盖,切实强化“有密必保、保密必慎、泄密必究”的保密意识,营造“人人学保密”的文化氛围。

(胡　勇)

【文印管理】 按照公司党委对文件、公章的管理规定,党委办公室(党委统战部、团委)负责对上级、公司本级文件和所属各集团公司文件的接收、分发、传阅、归档和销毁工作。全年审核股份公司党委、总部集团公司党委、直属机关党委公文、公函185件。收发上级文件689件,党委领导批示流转督办文件156件,党委传阅文件258件。加盖股份公司党委、总部集团公司党委印章5435枚。 (胡　勇)

·总部党务·

【直属机关党委】 直属机关党委是股份公司党委领导下对公司总部实行统一领导的党组织。直属机关党委由沈玉泉、陈建宏、马吉财(退休)、史昌盛、乔国英(退休)、刘树山、李睿、赵玉林、康福祥、靖菁、戴开扬(退休)等11名委员组成,沈玉泉任党委书记。直属机关党委主要负责统一领导并组织实施总部党的建设和思想政治工作。主要职责是:组织总部党员认真学习习近平新时代中国特色社会主义思想、党的二十大和二十届二中全会精神;学习和宣传党的路线、方针、政策,按照国资委党委、股份公司党委的部署及指示精神,结合总部实际情况,及时提出贯彻落实意见;对党员进行教育、培训、考评、管理和监督;负责表彰党内先进;培养入党积极分子和发展党员;指导所属党总支、党支部的换届选举;负责党费的收缴、管理和使用;负责党内统计和党员组织关系的接转;做好股份公司直属机关党委民主生活会的组织协调;指导监督所属支部开好专题组织生活会;做好思想政治工作,推动转变工作作风,充分发挥党组织的战斗堡垒作用和党员的先锋模范作用,努力建设“忠诚、务实、高效、廉洁”的公司总部。 (耿仁胜)

【摸排出席中国共产党中国铁道建筑集团有限公司党员代表大会代表情况】 直属机关党委根据股份公司2022年3月24日《关于做好中共中国铁道建筑集团有限公司党员代表大会代表摸排工作的通知》要求,对出席党代会代表进行全面摸排。经摸排,35名代表中:因疫情限制进返京7名,最终确定28人出席中国共产党中国铁道建筑集团有限公司党员代表大会。

(耿仁胜)

【党的十九届六中全会精神在线教育培训】 为深入学习贯彻党的十九届六中全会精神,根据中国铁建党委《关于深入开展党的十九届六中全会精神教育培训的通知》要求,结合总部机关实际,总部机关党委按照分类分级、应训尽训原则,灵活采取集中培训、专题研讨、辅导讲座、在线学习等多种形式进行全会精神的教育培训,股份公司部门以上领导、总部部门主要负责人以集中培训、专题研讨为主,其他党员干部以在线学习为主。全体党员以此次培训为契机,认真学习全会精神,深刻领悟“两个确立”的决定性意义,树牢“四个意识”,坚定“四个自信”,做到“两个维护”;坚持学思用贯通、知信行合一,以全会精神引领中国铁建高质量发展。 (耿仁胜)

【参加中国铁建党支部书记培训班】 为进一步提升党支部书记履职尽责能力,更好地发挥党支部战斗堡垒作用,根据年度培训计划,选派4名党支部书记参加在西安举办的中国铁建2022年党支部书记培训示范班。通过培训,使党支部书记进一步坚定理想信念、增强党性观念、强化责任担当意识、发扬优良作风,切实提高理论政策水平和履职能力,带领党支部更好发挥教育管理党员和团结凝聚群众的主体作用,将党支部打造成为服务生产经营和推动企业改革发展的坚强战斗堡垒,以优异成绩迎接党的二十大胜利召开。

(耿仁胜)

【组织召开党史学习教育专题民主生活会】 根据国务院国资委、股份公司党委有关文件精神,结合总部实际,直属机关党委于2022年1月27日组织召开党史学习教育专题民主生活会。此次民主生活会的主题是:大力弘扬伟大建党精神,坚持和发展党的百年奋斗历史经验,坚定历史自信,践行时代使命,厚植为民情怀,勇于担当作为,充分发挥总部部门职能作用,助力企业高质量发展。 (耿仁胜)

【组织开展党支部换届选举工作】 根据《中国共产党章程》《中国共产党支部工作条例(试行)》要求,结合总部机关，指导董事会办公室、发展规划部、科技创新部、运营管理部、安全监督部、投资开发部、财务资金部、审计监事部、法律合规部、信息化管理部、海外业务部、党委组织部、党委工作部、党委巡 视办、纪委、工会工作部、总部房地产管理中心、离退休职工管理中心、中国铁建新闻中心等 19 个党支部进行按期换届，为加强直属机关党的建设工作，打造“五型”公司总部奠定坚实的组织基础。（耿仁胜）

【组织总部党员参观“奋进新时代”主题成就展】 根据中宣部和国务院国资委党委统一部署，按照股份公司党委具体安排，克服疫情困难，在时间紧、任务重的情况下，先后分两批组织参观“奋进新时代”主题成就展。通过参观，全体党员重温中国共产党成立一百周年来为人民谋幸福、为民族谋复兴的奋斗历程，进一步深刻认识中国共产党为什么能、马克思主义为什么行、中国特色社会主义为什么好，为弘扬铁道兵精神，深化全体员工爱党爱国爱企之情奠定坚实基础。

（耿仁胜）

【召开年度总部党支部组织生活会和开展民主评议党员工作】 为深入学习贯彻党的十九届六中全会精神，不断推进党的建设新的伟大工程，根据国资委党委和股份公司党委相关要求，结合实际，组织召开年度总部党支部组织生活会和开展民主评议党员工作。各党支部严格执行党的组织生活制度，认真学习党的十九届六中全会精神特别是《中共中央关于党的百年奋斗重大成就和历史经验的决议》等中央全会文件和辅导材料，学习《党章》和《中国共产党组织工作条例》等党内法规，深入查摆问题，严肃开展批评与自我批评，客观公正运用民主测评结果，抓好查摆问题整改落实。

（耿仁胜）

【走访慰问老党员和生活困难党员】 按照股份公司党委做好春节、“七一”等节日慰问老党员和生活困难党员的通知精神，直属机关党委对离退休和机关各党支部生活困难的 30 多名党员进行走访慰问，切实关心他们的切实利益和实际困难。（耿仁胜）

组织 人力资源

【党组织和党员队伍状况】 截至 2022 年 12 月 31 日，全系统党组织 9873 个，其中党委 885 个、党总支 145 个、党支部 8843 个。党员 125598 人。其中，在职党员 115448 人，离退休党员 10085 人；正式党员 121516 人，预备党员 4082 人；女党员 22638 人，少数民族党员 4877 人；企业管理人员和专业技术人员党员 108049 人，工勤技能人员党员 7399 人。

党员队伍年龄结构：35 岁及以下 43085 人，占党员总数的 34.30%；36 ~ 45 岁 42694 人，占党员总数 33.99%；46 ~ 55 岁 23845 人，占党员总数的 18.99%；56 ~ 60 岁 8034 人，占党员总数的 6.40%；61 岁及以上 7940 人，占党员总数的 6.32%。

党员队伍学历结构：研究生学历 10230 人，占党员总数的 8.15%；大学本科学历 75990 人，占党员总数的 60.5%；大学专科学历 21602 人，占党员总数的 17.2%；中专及以下 17776 人，占党员总数的 14.15%。

（邹光剑　王重琦）

【党组织成立情况】 为坚持党的领导，加强企业党的建设，根据党章和上级有关规定，股份公司党委成立中国铁建 · 中铁二十三局 · 中铁四院联合体多态耦合轨道交通动模试验平台项 EPC 总承包部党工委，并对中铁建华北投资发展有限公司和中铁建南方建设投资有限公司两家单位党委隶属关系进行调整。

（刘　留　高　磊）

【开展党委书记抓党建工作述职评议】 根据中央和国务院国资委党委部署要求，股份公司党委于 1 月 14 日，组织召开中国铁建 2021 年度二级单位党委书记抓基层党建述职评议大会，8 家二级单位党委书记进行现场述职，其余单位的党委书记进行书面述职。同时，为进一步压实党建工作责任，股份公司党委与所属二级单位党委书记签订 2022 年度党建工作责任书，以任务清单的方式列出履行党建工作第一责任人职责所必须完成的党建重点工作和目标要求。

（刘　留　高　磊）

【组织召开领导班子民主生活会】 按照中组部、国务院国资委党委要求，围绕会议主题，股份公司党委分别于 1 月 25 日、3 月 2 日组织召开党史学习教育专题民主生活会、境外项目佣金管理问题专题民主生活会。

（刘　留　高　磊）

【落实领导班子成员联系点工作】 每位股份公司领导班子成员确定 1 个二级或三级单位作为自己的工作联系点暨党建联系点，带头深入基层，指导和帮助基层单位解决生产经营、改革发展和党建工作等方面存在的突出问题,促进党建任务在基层得到有效落实。

(刘 留 高 磊)

【开展党建工作责任制考核评价】 牵头组织总部相关部门及所属二级单位,做好迎接国务院国资委党建工作责任制考核评价工作,获国务院国资委党建考核A级评价等级。结合公司党建工作实际,研究制定所属二级单位党建分类考评工作方案。综合运用党建工作满意度测评、党委书记抓基层党建述职评议、总部党群部分打分结果,对所属38家二级单位(不含区域总部)党委履行党建工作责任制情况进行考核评价。其中,考评等级为"优秀"的单位9家,A类:中铁十一局、中铁十二局、中铁十四局、中铁十八局;B类:中国土木、铁一院、铁四院、铁建重工;C类:铁建发展。考评等级为"良好"的单位27家,A类:中国铁建大桥局、中铁十五局、中铁十六局、中铁十七局、中铁十九局、中铁二十局、中铁二十一局、中铁二十二局、中铁二十三局、中铁二十四局、中铁二十五局;B类:中铁建设、中铁建电气化局、中铁地产、铁五院、上海院、中铁物资、铁建国际、中铁城建、铁建投资、昆仑集团;C类:资本集团、中铁商务、华南建设、铁建国投、锦鲤公司、党校。考评等级为"一般"的单位2家,A类:无;B类:中国铁建港航局;C类:中铁磁浮。 (刘 留 高 磊)

【做好所属单位换届选举工作】 2022年,指导6家单位完成换届选举工作,分别是中铁十六局、中铁十九局、中国铁建电气化局、中铁物资、铁建投资和铁建财务。 (刘 留 高 磊)

【评比表彰"四好"领导班子】2022年9月10日,股份公司党委、股份公司作出决定,批准中国土木、中铁十二局、中铁十四局、中铁十八局、中铁建设、电气化局、铁一院、铁四院、铁五院、铁建重工、铁建投资等11家单位领导班子为股份公司2021年度"四好"领导班子。 (刘 留 高 磊)

【做好党的二十大代表推选工作】 按照中组部、国务院国资委党委要求,扎实做好中央企业系统(在京)党的二十大代表推荐有关工作。组织召开公司党员代表大会,选举7名出席中央企业系统(在京)党代表会议代表,中铁十九局三公司李绍杰作为生产和工作一线代表,成功当选中央企业系统(在京)二十大代表。

(刘 留 高 磊)

【开展清查整治突出问题专项工作】 根据中组部、国务院国资委党委有关工作安排,在全系统范围内开展清查整治突出问题规范党务工作专项工作,并成立抽查工作小组,对中铁十二局等16家单位开展专项抽查,督促各单位找准问题,抓实整改规范工作。

(刘 留 高 磊)

【发展党员】 2022年,中国铁建党委按照"控制总量、优化结构、提高质量、发挥作用"总要求,坚持把政治标准放在首位,通过加强培养培训,严格发展党员程序,有计划有步骤地开展发展党员工作,为党的肌体注入新鲜血液,为企业高质量发展充实党员骨干队伍。年初,下达发展党员指导性计划2920个,下半年新增发展计划235个,合计3155个。全年,实际发展党员3155人,保质保量地完成全年指标。圆满完成国务院国资委党委下达的全年发展任务。同时,按照规定程序,9222名预备党员转正。 (邹光剑 王重琦)

【党费管理工作】 2022年,中国铁建党委本级党费收入28241098.63元;党费支出20859599.08元;结存7381499.55元,年末累计结存党费58361451.96元。

党费收入情况。下级党组织上交党费收入25871808.30元;上级党组织下拨党费收入2312000元;党费利息收入57290.33元。

党费支出情况。按规定比例向国务院国资委党委上缴党费12935905元。下拨下级党委4347000元。培训党员费用1083196元。订阅或购买用于开展党员教育的报刊、资料、音像制品和设备991660.54元。表彰先进基层党组织、优秀共产党员和优秀党务工作者166000元。其他支出1335837.54元,主要用于股份公司总部党员活动室建设;搭建喜迎、贯彻落实党的二十大文化墙;采购党旗、跨行手续费、工本费等。

(邹光剑 王重琦)

【党务干部和党员教育培训】 根据2022年党员教育培训计划,创新学习形式,加强教育培训,进一步推动基层党组织书记、党务工作者和广大党员坚定自觉捍卫"两个确立",做到理论武装入脑入心、政治忠诚见行见效、红色基因传承赓续。先后举办2期中国铁建党支部书记培训示范班,365人参训;举办为期1个月的中国铁建2022年党员发展党员网络培训示范班,全系统631人发展对象参加,所有学员按要求完成课程学习,学习完成率100%;联合党校每月第三周周五定期为全系统党建工作人员举办"党建大讲堂",邀请系统内外党建专家学者、资深从业人员,围绕党建工作政策、制度、实操三个维度进行解读研讨和答疑,每期参学人员在10000人左右,切实提高党建干部的政治思想素质和工作履职能力。与中国铁道建筑报社联合打造“新党员新风采”“优秀党员在身边”栏目，通过展示奋战在基层一线的8名优秀新党员和15名优秀共产党员的先进事迹，用榜样的力量激励广大党员职工爱党信党跟党走，为党的事业和企业改革发展贡献力量。

（邹光剑　王重琦）

【组织生活会】 2022年度组织生活会，全面贯彻习近平新时代中国特色社会主义思想，紧紧围绕深入学习贯彻党的二十大精神，深刻领悟“两个确立”的决定性意义，增强“四个意识”、坚定“四个自信”、做到“两个维护”，弘扬伟大建党精神，坚持自我革命，增强党组织政治功能和组织功能来进行。所属基层党支部和全体党员按照组织学习、查摆问题、开展批评和自我批评、整改落实的程序，认真组织开展。同时进行民主评议党员。

（邹光剑　王重琦）

【党建课题研究】 为探究党建工作的本质和规律，寻求党建工作与生产经营有效融合的途径和方法，5月启动2021—2022年度中国铁建党建研究课题成果评审工作，对全系统32家二级单位报送的78个党建研究课题成果进行结项，评选出2021—2022年度党建课题优秀研究成果23项，其中一等奖3项，二等奖5项，三等奖5项，优秀奖10项。

（邹光剑　王重琦）

2021—2022年度中国铁建党建课题优秀研究成果名单

序号	获奖等次	成果名称	完成单位	主要参与人
1	一等奖	新时代国有企业治理的前沿问题研究——中国特色国有企业控制权的探索与实践	中铁十七局	陈宏伟 武宝君 王　君 等
2	一等奖	优化党建工作责任制考核评价体系研究	中铁十六局	谢　挺
3	一等奖	以“大党建”推动“大融入”促进混合所有制企业高质量发展	铁五院	赵忻英 刘　强 靖　良 等
4	二等奖	着力提升国有交通设计企业基层党组织的组织力研究	铁一院	吴亚飞
5	二等奖	优化境外央企党建工作责任制考核评价体系研究	中国土木	吴　蔚 杨源源 柴程玉 等
6	二等奖	工程项目党建工作与生产经营深度融合的实施路径	中铁十六局	张媛媛 吴巧玲
7	二等奖	全面提升海外企业选人用人质量研究	铁建国际	王松锋
8	二等奖	创新基层党支部书记培训工作研究——支部书记“四维立体培训机制”的探索与实践	中铁十二局	胡　建 吴玉龙 李晓明 等
9	三等奖	施工企业项目党建与中心工作深度融合工作探索	大桥局	孙开才
10	三等奖	国有企业境外基层党组织标准化规范化建设研究	铁建国际	章海建
11	三等奖	离散型党支部党建工作机制及平台研究	铁五院	周丁恒 何明华 罗章波 等
12	三等奖	“党建+”融入项目施工生产促进高质量发展初探	中铁二十三局	武应军
13	三等奖	优化境外央企人才工作体制机制研究	中国土木	顾拥武 张鹏旭 穆　伟 等

续表

序号	获奖等次	成果名称	完成单位	主要参与人
14	优秀奖	现代企业管理环境下的党建培根行动探讨	铁建重工	汪菲娜 梁　靖
15	优秀奖	中国铁建党建品牌建设研究	中铁十八局	曹新辉 冯　武 崔　凯 等
16	优秀奖	基层党务工作者队伍建设机制研究	昆仑投资	李　刚 鞠义军
17	优秀奖	加强总承包管理模式下党建工作引领施工生产的路径探索	华南建设	王丽娟
18	优秀奖	新时代背景下国有企业境外党建工作实践与思考	中铁十四局	李军强 冉　超 张记力 等
19	优秀奖	全面提升企业巡察工作质量	中铁十二局	闫志鹏 杨庆辉
20	优秀奖	论如何提升中央企业党员教育培训有效性	中铁物资	何晓军 兰　旭 余良激 等
21	优秀奖	新形势下对加强企业年轻政工人才队伍培养和选拔的思考	港航局	邓秀军 张　赟 郭新璞 等
22	优秀奖	完善党建工作与生产经营深度融合，推动企业高质量发展研究	铁建重工	富建强 周显玉 徐林玲 等
23	优秀奖	投融资企业打造“协同党建”特色品牌的实践与研究	昆仑投资	王玉林

【党支部建设】　按照关于选树第三批中国铁建示范党支部工作部署，在党支部自评、各级党委逐级推荐、现场考核、公示的基础上，经股份公司党委常委会（第147次）研究，确定15个基层党支部为“中国铁建示范党支部”，并予以授牌。

第三批中国铁建示范党支部

中铁十一局集团第四工程有限公司武昌滨江核心区地下环路二期EPC二标项目党支部

中铁十二局集团第四工程有限公司高原铁路2标二工区党支部

中国铁建大桥工程局集团有限公司武松高速江陵至松滋段JSTJ－2标项目党支部

中铁十四局集团第一工程发展有限公司日照岚山疏港铁路项目部党支部

中铁十五局集团城轨公司横琴杧洲隧道工程项目经理部党支部

中铁十八局集团第四工程有限公司江东大道提升改造工程项目部党支部

中铁十九局集团广州工程有限公司万顷沙项目党支部

中铁二十局集团第三工程有限公司西村港跨海大桥项目经理部党支部

中铁二十五局集团第五工程有限公司济南市章丘区双山街道三涧溪安置房工程项目党支部

中铁建设集团有限公司总承包分公司第五项目党支部

中国铁建电气化局集团第五工程有限公司成都地铁维管段项目部联合党支部

中铁第一勘察设计院集团有限公司桥梁隧道设计院新技术研发中心党支部

中铁第四勘察设计院集团有限公司线站院轨道所党支部

中国铁建重工集团股份有限公司直属单位第一党支部

中国铁建投资集团中铁建投山东小清河开发有限公司第一党支部

（邹光剑　王重琦）

【集团公司暨股份公司领导班子建设】 2022年，协助国务院国资委企干二局组织公司领导班子和领导人员2022年度综合考核评价、董事会及董事年度考核评价、选人用人工作“一报告两评议”；完成公司高管绩效合约签订及年度考核等工作。（王 炽）

【领导人员任免】 2022年，公司党委书记碰头会研究二级单位班子建设和领导人员配备事项10次，党委常委会研究、审议干部选拔任用相关议题11次。选拔、调整领导人员214人次；选拔99人中，正职27人，副职52人，进一步使用19人，从系统外单位调入二级单位领导正职级1人。另外，有7人免职，其中正职2人、正职调出2人，副职1人、副职调出2人。（王 炽）

【干部管理工作】 一是始终把政治建设摆在首位，坚持正确选人用人导向。公司党委注重把各级领导班子建设成为忠实践行习近平新时代中国特色社会主义思想的坚强领导集体。坚持政治标准，对政治上有问题的一票否决；坚持德才兼备、以德为先，突出实干实绩和担当作为；坚持事业为上，以实绩论英雄、凭实绩用干部，把敢不敢扛事、愿不愿做事、能不能干事作为选拔干部的重要标准，优先选拔任用在深化改革、扭亏脱困、疫情防控中知重负重、坚持原则、敢抓善管的干部，在关键核心技术攻关、承担重大专项任务中作出突出贡献、取得突出成绩的干部。加大对不胜任岗位人员调整力度，对违反党风党纪、发生安全事故负有领导责任、年度综合绩效考评连续排名靠后等有关领导人员，按照相关规定果断作出组织调整。

二是着力选好干部配齐配强班子，不断优化领导人员队伍结构。聚焦企业高质量发展，公司党委根据不同单位改革发展不同阶段、目标任务需要，综合研判班子建设实际和干部队伍情况，注重补充创新意识、市场意识、竞争意识强的干部和具有国际视野的干部，特别是选优配强正职。通过民主推荐、差额推荐、竞争上岗等方式，在缺员单位选拔一批素质好、能力强、业绩突出、员工认可的干部进入领导班子，全年选拔所属单位领导班子正职21人，平均年龄49.4周岁。着眼优化干部队伍结构，有计划做好交流轮岗。全年共交流使用领导干部69人，其中正职39人、副职30人，占全年调整干部总人数的32.2%，其中6人（正职3人、副职3人）从总部交流到二级单位，5人从二级单位交流到总部任职，其中4名担任总部部门正职，平均年龄48周岁，为近年来干部交流力度最大的一年。截至2022年底，公司党委管理的51个二级单位领导班子成员433人，平均年龄51岁，全部为大学本科以上学历；正高级专业职务204人，占47.1%。另外，注重高层次人才选拔，不断畅通专业技术人才职业发展通道，组织开展公司第二届技术专家评。

三是加强领导人员梯队建设，大力培养选拔优秀年轻干部。制定专项实施方案。将加强优秀年轻干部队伍建设纳入公司《“十四”五人力资源规划》，年初制定《关于“十四五”时期加强优秀年轻领导人员队伍建设的实施方案》。建立持续长效发现机制。注重将发现培养和使用优秀年轻干部融入日常、抓在经常；坚持基层和实践导向，注重在生产经营一线、急难险重任务实践和在日常考核、任职考察、专项任务等方面中发现识别，统筹从各类别干部中遴选优秀年轻干部；年初，组织二级单位推荐领导人员初步人选时，要求最少推荐1名“80后”优秀年轻干部；动态管理，备用结合，扩大选人视野，拓宽人才来源渠道。注重素质和实践培养锻炼。公司党委在中国大连高级经理学院举办青年干部战略思维与领导能力培训班、优秀年轻干部能力素质提升培训班，分别选调52名45周岁以下三级单位主要负责人和48名40周岁以下二级单位优秀中层管理人员参训，遴选1500名35周岁以下优秀年轻干部参加公司两级“青年英才暨青马工程班”。有计划地把优秀年轻干部放在市场前沿、基层一线、条件艰苦、困难企业等重难点工程项目、重大专项等吃劲负重、关键岗位培养锻炼，选派到纪检、巡视等岗位承担专项工作，切实提高解决实际问题、处理复杂矛盾的能力。加大选拔使用力度。公司党委积极破除论资排辈观念，敢于打破隐性台阶，树立大胆使用优秀年轻干部的导向。2022年选拔4名“80后”优秀年轻干部到中层正职岗位上，其中3名选拔到困难二级单位总经理岗位任职，1名提拔为公司总部部门正职，有2名为博士研究生学历，最年轻为1984年11月出生；另外，从公司总部选派1名“80后”到二级单位任职。

四是聚焦国企改革三年行动任务，深入推进市场化选人用人落地落实。选优配强二级公司外部董事。坚持专业经验多元和能力结构互补，建立外部董事人才库，配齐配强外部董事，二级公司全部实现外部董事占多数。落实子企业董事会对经理层成员选聘权。坚持党管干部、党管人才原则与董事会依法选择经营管理者相结合，建立适应现代企业制度要求和市场竞争需要的选人用人机制，公司党委制定《二级公司董事会选聘及考核经理层副职实施办法》。全面落实经理层成员任期制和契约化管理。紧盯经理层契约目标科学性挑战性、考核奖惩刚性兑现和不胜任退出管理等要求，确保高质量推进任期制和契约化管理。2022年，列入国企改革三年行动的484户各级子企业（不含总部集团和股份公司本级），经理层成员2717人，全部完成2022年度和2022—2024年任期契约签订工作，完成率100%。大力推行公开招聘、强化干部能上能下。面向全系统公开招聘二级单位总会计师人选,从72名报名人员中,通过组织笔试、履历分析和专业面试,遴选15人进入综合面试;继续在全系统公开招聘公司总部工作人员,从97名进入面试的人员中遴选36人,其中硕士研究生及以上学历27人,占75%。2022年度全系统新进员工全部通过公开招聘方式录用,通过竞争上岗方式聘任管理人员、末等调整或不胜任退出管理人员人数占比较2021年增长幅度明显。

五是坚持严的基调不动摇,从严从实加强干部管理监督。强化对"关键少数"、重点领域的监督。加强对"一把手"和和领导班子落实全面从严治党主体责任、执行民主集中制、依法依规履职用权等方面的监督,强化对权力集中、资金密集、资源富集、资产聚集的重点部门和岗位干部的监管,对领导身边工作人员提拔、从主要领导原单位调入人员进行从严管理;严格执行领导干部个人有关事项报告制度,全年对239名干部开展个人有关事项查核,及时对漏报情节较重、瞒报的3人给予诫勉处理,对漏报情节较轻的25人进行批评教育处理,其中1人终止考察处理。从严开展专项监督。公司党委修订印发《规范领导干部配偶、子女及其配偶经商办企业行为的规定(试行)》,进一步规范领导干部亲属经商办企业;扎实开展违规获取境外身份专项整治,对"裸官"果断进行清理;认真开展领导干部在所属单位兼职专项工作,清理兼职人员25人,清理兼职职务32个;严格领导人员因私出国(境)管理,做到应备尽备;落实干部人事档案"凡提必审""凡转必审""凡进必审"要求,全面完成档案专项审核工作;积极开展集中化解涉组涉干信访积案工作,推动涉组涉干信访案件全部顺利化解。加强选人用人工作监督和巡视问题整改。对所属9家单位开展选人用人专项检查,落实整改主体责任,确保问题整改到位;组织对48家二级单位干部选拔任用"一报告两评议",对2054名新提拔调整人员进行满意度测评;注重把从严管理监督贯穿干部选育管用全过程,抓早抓小、防微杜渐。落实纪委对选人用人全过程监督,纪委书记参与选人用人动议酝酿,纪委派专人参加考察组,对提任干部人选出具廉洁从业结论性评价书面意见;落实提醒函询诫勉制度,充分运用纪检监察、巡视巡察、审计、信访等工作成果,始终把干部置于党组织管理监督之中;健全年度考核、专项考核、任职考察与平时解相结合的跟踪考核机制,准确掌握干部德才表现、工作实绩、廉洁自律等情况,对苗头性倾向性问题,做到早提醒、早纠正。

六是不断强化党性锻炼和专业训练,着力提升干部政治素质和专业能力。1名公司领导参加国资委党委调训,推荐2名二级单位班子成员参加国资委干教中心组织的进修班培训;按照分类培训、应训尽训原则,采取线上线下相结合方式,组织开展贯彻落实党的十九届六中全会精神教育培训,全系统10万余人次参加培训,其中公司党委管理的干部635人;组织公司党委管理干部参加中国干部网络学院举办的做好碳达峰碳中和工作推进企业高质量发展专题班和学习贯彻党的二十大精神专题班在线学习,647人按时参加培训。在中国井冈山干部学院举办领导人员党性教育培训班,精准调训近年来新提任领导职务34人。全年各级领导人员培训25894人次,通过分层分类开展精准化、专业化培训,提高党性修养,增强战略思维、创新思维,丰富专业知识、提升专业能力和专业精神,造就高素质专业化的干部队伍。

(王 炽)

【总部部门副职及以上人员调整】 1月10日,免去王云飞中国铁建股份有限公司纪委副书记职务,调出。1月25日,邵长亮免职退休。3月18日,白云飞任运营管理部副总经理,免去发展规划部副总经理职务;刘青林任经营部总经理;王磊任财务资金部执行总经理;免去党海军的经营部总经理职务,另有任用;免去刘树山的党委工作部(党委宣传部、团委、企业文化部)部长(总经理)职务;免去郭双来的财务资金部副总经理职务,另有任用;免去朱勇的海外业务部副总经理、外事办公室副主任职务,另有任用。3月31日,免去乔国英的财务资金部总经理职务,退休。4月14日,王磊任财务资金部总经理;代敬辉任科技创新部(技术中心办公室)总经理(主任);张育红任运营管理部二级咨询,免去科技创新部(技术中心办公室)副总经理(副主任)职务;免去许和平的科技创新部(技术中心办公室)总经理(主任)职务,另有任用。5月31日,免去杜军的信访审理室副主任职务,退休。6月17日,孙湘春任海外业务部(总部集团外事办公室)副总经理(副主任);李法胜任总部集团外事办公室副主任;免去梁树峰的办公室(党委办公室)副主任、保密办公室主任职务,另有任用。8月11日,刘汝臣不再兼任总法律顾问、首席合规官职务;秦正刚任在建项目督察组组长,免去安全监督部总经理职务。8月30日,曹军免职退休。9月7日,王甲国任总法律顾问、首席合规官;魏向阳任安全监督部总经理;钱东锋任党委工作部(党委宣传部、团委、企业文化部)部长(总经理)。10月14日,程永亮任副总工程师兼信息化管理部总经理;曾宗根任在建项目督察组组长,免去信息化管理部总经理职务。10月31日,吕向东免职退休。11月29日,刘青林任投资开发部总经理,免去经营部总经理职务;免去陈梦月的投资开发部总经理职务,退休;

免去王庆的经营部副总经理职务。12 月 30 日，杨生荣、文荣周免职退休。（王 炽）

【股份公司二级公司外部董事】 3 月 18 日，朱赤任中国铁建股份有限公司二级公司外部董事。4 月 14 日，许和平、成志宏、陆晓辉等 3 人任中国铁建股份有限公司二级公司外部董事。6 月 17 日，卢永堂、喻丕金、莫文贺等 3 人任中国铁建股份有限公司二级公司外部董事。8 月 11 日，铁建伟、谢维鎏任中国铁建股份有限公司二级公司外部董事。9 月 7 日，免去卢朋的中国铁建股份有限公司二级公司外部董事职务，调离。11 月 29 日，免去李永利的中国铁建股份有限公司二级公司外部董事职务，退休。（王 炽）

【股份公司党委巡视组副组长】 11 月 29 日，李少亮、耿庆宇任中国铁建股份有限公司党委巡视组副组长（原职级不变，实力等参照外部董事管理）。（王 炽）

【所属单位领导人员调整】 东北区域总部：10 月 14 日，田大鹏任副总经理。

华北区域总部：3 月 18 日，免去王祖春的党委委员、副总经理、总会计师职务，另有任用。6 月 17 日，免去卢永堂的党委委员、执行总经理职务，另有任用。8 月 11 日，赵向东任党委委员、执行总经理；免去鞠小华的党委委员、副总经理职务，另有任用。11 月 29 日，免去李少亮的党委委员、纪委书记、工会主席职务，另有任用。

中原区域总部：4 月 25 日，闫宇任执行总经理；张正雪任党委委员、副总经理。11 月 29 日，张正雪任纪委书记、工会主席；免去崔连友的纪委书记、工会主席职务。12 月 30 日，免去贾筱煜的党委委员、副总经理职务，另有任用。

中铁建黄河投资建设有限公司：4 月 11 日，闫宇为总经理人选；冯复兴不再担任总经理职务。9 月 28 日，谢维鎏任外部董事；免去吕向东的外部董事职务。

华中区域总部：3 月 18 日，张国峰任党委副书记、执行总经理；免去刘青林的党委副书记、委员、执行总经理职务，另有任用。4 月 29 日，李小林任二级咨询，免去党委委员、副总经理职务。6 月 17 日，张树海任党委书记、总经理；免去张挺军的党委书记、委员、总经理职务，另有任用。11 月 29 日，免去刘方治的党委委员、副总经理职务，另有任用；免去胡晓兵的党委委员、纪委书记、工会主席职务，另有任用。

中铁建城市建设投资有限公司：4 月 11 日，张国峰任董事，为总经理人选；免去刘青林的党委副书记、委员、董事职务，不再担任总经理职务。6 月 30 日，张树海任董事长；朱赤任外部董事，为外部董事召集人；免去张挺军的董事长、董事职务；免去卢朋的外部董事职务，不再担任外部董事召集人。9 月 28 日，谢维鎏任外部董事；免去吕向东的外部董事职务。

中铁建华中投资建设有限公司：4 月 11 日，张国峰任董事，为总经理人选；免去刘青林的董事职务，不再担任总经理职务。11 月 30 日，张树海任董事长；免去张挺军的董事长、董事职务。

中铁建长江投资有限公司：4 月 14 日，张国峰任董事，为总经理人选；免去刘青林的董事职务，不再担任总经理职务。11 月 30 日，张树海任董事长；免去张挺军的董事长、董事职务。

华东区域总部：3 月 18 日，李少先任党委委员、副总经理。11 月 29 日，免去耿庆宇的华东区域总部党委委员、纪委书记、工会主席职务，另有任用。

中铁建华东建设发展有限公司：1 月 18 日，马建军任董事，为总经理人选；尹华不再担任总经理职务。

中铁建东方投资建设有限公司：1 月 18 日，尹华为总经理人选。

中铁海峡建设集团有限公司：1 月 18 日，马建军任董事。

中铁建东南投资建设有限公司：1 月 18 日，马建军任董事。中铁建城市开发运营有限公司：11 月 29 日，倪志宇、罗敏为副总经理人选。

华南区域总部：3 月 18 日，免去谢晋水的党委委员、副总经理职务，另有任用；刘广钧任中国铁建股份有限公司一级项目经理。6 月 17 日，免去周光成的党委委员、纪委书记职务，不再担任工会主席职务，另有任用。10 月 14 日，李寿福任党委委员、副总经理。11 月 29 日，李健任二级咨询，免去党委委员、副总经理、总会计师职务。

西南区域总部：3 月 18 日，姜子良任党委委员、副总经理。5 月 31 日，免去王继红的一级咨询职务，退休。6 月 17 日，免去申继辉的党委委员、纪委书记职务，不再担任工会主席职务，另有任用。8 月 11 日，陆强任党委委员、执行总经理。

中铁建西南投资有限公司：6 月 13 日，王中岐为执行总经理人选；姜子良为副总经理人选。

西北区域总部：4 月 14 日，赵彦旭任党委委员、执行总经理；免去陆晓辉的党委委员、执行总经理职务，另有任用。7 月 28 日，朱仰存免职退休。8 月 11 日，王广建任党委委员、执行总经理。10 月 14 日，张超民任副总经理。

中铁建西北投资建设有限公司：6 月 13 日，赵彦旭任董事，为总经理人选；赵刚为副总经理人选；免去陆晓辉的董事职务，不再担任总经理职务。

工程总承包部:3 月 18 日,王庆任常务副总经理(职级不变)。4 月 14 日,免去崔跃华的党委委员、副总经理职务,另有任用。11 月 29 日,冯来刚任党委书记、副总经理;王庆任总经理、党委副书记;杨国强任党委副书记、纪委书记,为工会主席人选;李义军任党委委员、副总经理、一级咨询;张建升任党委委员、副总经理;免去孙公新的总经理职务;免去雷升祥的党委书记、委员职务。

新兴业务总部:10 月 14 日,贾洪任党委书记、总经理。

中国土木工程集团有限公司:6 月 17 日,免去孙湘春的党委委员职务,不再担任副总经理职务,另有任用。6 月 30 日,卢永堂任外部董事,免去朱勇的外部董事职务。7 月 28 日,王文举免职退休。9 月 28 日,王国栋任二级咨询,免去党委常委、委员、纪委书记、监事会主席职务;铁建伟任外部董事;免去卢永堂的外部董事职务。11 月 29 日,徐度斌任党委常委、纪委书记、监事会主席。12 月 29 日,严学斌任二级咨询,免去党委副书记、常委、委员职务,不再担任职工董事、工会主席职务。12 月 30 日,免去文荣周的外部董事职务。

中铁十一局集团有限公司:4 月 14 日,免去王鹏的党委委员职务,不再担任副总经理、总工程师职务,另有任用。6 月 30 日,许和平任外部董事,为外部董事召集人;免去李永利的外部董事职务,不再担任外部董事召集人;张丕界免职退休。8 月 11 日,李洪安任党委副书记,为职工董事、工会主席人选,免去纪委书记、监事会主席职务;冯晓河任党委常委、纪委书记、监事会主席;免去龙信桥的董事职务。

中铁十二局集团有限公司:1 月 25 日,向远华任二级咨询,免去党委委员职务,不再担任副总经理职务。3 月 18 日,谭雷平任党委副书记,为工会主席人选,不再担任副总经理职务;免去支卫清的党委副书记、常委、委员、董事职务,不再担任总经理职务,另有任用;王立军任中国铁建股份有限公司一级项目经理。4 月 29 日,梁彬彬任二级咨询,免去党委委员职务,不再担任副总经理职务;祁玺剑免职退休。6 月 30 日,成志宏任外部董事;免去郭双来的外部董事职务。8 月 11 日,刘运泽任党委副书记、董事,为总经理人选;白国峰专司中铁十二局集团有限公司川藏铁路工程指挥部指挥长期间,按照股份公司所属二级单位副职管理;免去王红伟的党委委员职务,不再担任副总经理职务,另有任用。10 月 14 日,王栋、徐峰、文坚地、邢军等 4 人任党委委员,为副总经理人选。10 月 31 日,宋津喜免职退休。12 月 29 日,何国民任二级咨询,免去党委委员职务,不再担任副总经理职务。

中国铁建大桥工程局集团有限公司:3 月 31 日,迟荣益免职退休。6 月 17 日,免去张树海的党委书记、常委、委员、董事长、董事职务,另有任用。8 月 11 日,罗生宏任党委书记、董事长,不再担任总经理职务;周冠南任党委副书记、董事,为总经理人选,不再担任总工程师职务;刘长海任党委委员,为副总经理人选;梁健任党委常委、纪委书记、监事会主席;免去李庚许的党委常委、委员、纪委书记、纪委书记、监事会主席职务,另有任用。9 月 28 日,卢永堂任外部董事,为外部董事召集人;免去卢朋的外部董事职务,不再担任外部董事召集人。

中铁十四局集团有限公司:5 月 31 日,薛峰任二级咨询,免去党委常委、委员职务,不再担任副总经理职务。6 月 30 日,朱赤任外部董事,为外部董事召集人;免去白云飞的外部董事职务;张凤华不再担任外部董事召集人。9 月 28 日,郭洪伟免职退休。12 月 29 日,姜伟任二级咨询,免去党委委员职务,不再担任副总经理职务。12 月 30 日,免去张鸿斌的外部董事职务。

中铁十五局集团有限公司:2 月 22 日,金国海任二级咨询,免去党委常委、委员职务,不再担任副总经理职务。3 月 18 日,朱勇任党委常委,为副总经理人选。4 月 14 日,黄昌富不再担任总经理职务;王鹏任党委副书记、董事,为代总经理人选;免去刘俊民、王小川的董事职务。6 月 30 日,朱赤、喻丕金任外部董事;免去张鸿斌、韩奥博的外部董事职务。7 月 28 日,陈戈免职退休。8 月 11 日,贺修军任党委副书记,为职工董事、工会主席人选,不再担任副总经理职务。10 月 14 日,李文兵任党委委员,为副总经理、总工程师人选;岳昌茂、贾会刚、谢磊等 3 人任党委委员,为副总经理人选。12 月 30 日,王鹏为总经理人选。

中铁十六局集团有限公司:3 月 18 日,免去王宜柱的党委副书记、常委、委员职务,不再担任职工董事、工会主席职务,另有任用。6 月 17 日,董梁任党委副书记,为职工董事、工会主席人选,不再担任副总经理职务。6 月 30 日,莫文贺任外部董事;免去边元双的外部董事职务。8 月 11 日,王红伟任党委副书记、董事,为总经理人选;免去向大强的党委副书记、常委、委员、董事职务,不再担任总经理职务,另有任用。9 月 7 日,杨哲峰任党委书记、董事长;免去程红彬的党委书记、常委、委员、董事长、董事职务。

中铁十七局集团有限公司:2 月 22 日,王月幸任二级咨询,免去党委委员职务,不再担任副总经理职务。3 月 31 日,朱龙江任二级咨询,免去党委常委、委员、纪委书记、监事会主席职务。4 月 14 日,崔跃华任党委副书记、董事,为总经理人选;杜嘉俊任党委副书记，为职工董事、工会主席人选，不再担任副总经理、总工程师职务；免去成志宏的党委副书记、常委、委员、董事职务，不再担任总经理职务，另有任用。6 月 30 日，陆晓辉任外部董事；免去郭双来的外部董事职务。8 月 11 日，陈自明任党委委员，为副总经理人选；邱瑞任党委委员，为副总经理、总工程师人选；张广耀任党委常委、纪委书记、监事会主席。12 月 30 日，王林俊任党委委员，为副总经理人选。

中铁十八局集团有限公司：3 月 18 日，免去程志强的党委委员职务，不再担任副总经理职务，另有任用。4 月 14 日，免去代敬辉的中铁十八局集团有限公司党委委员职务，不再担任副总经理、总工程师职务，另有任用。6 月 30 日，孟文林免职退休。7 月 28 日，陈建民任二级咨询，免去党委常委、委员职务，不再担任副总经理职务。8 月 11 日，李庚许任党委副书记，为职工董事、工会主席人选；高福军为副总经理人选，不再担任职工董事、工会主席职务。9 月 7 日，代显奇任党委常委、纪委书记、监事会主席；鲁小龙任二级咨询，免去党委常委、委员、纪委书记、监事会主席职务。9 月 28 日，卢永堂任外部董事，为外部董事召集人；免去卢朋的外部董事职务，不再担任外部董事召集人。10 月 14 日，席居法、李景、李文广等 3 人任党委委员，为副总经理人选；于长彬任党委委员，为副总经理、总工程师人选；王志军按照中铁十八局集团有限公司领导班子副职管理。12 月 30 日，免去李法胜的外部董事职务。

中铁十九局集团有限公司：2 月 22 日，任保义任二级咨询，免去党委常委、委员、纪委书记、监事会主席职务。6 月 30 日，朱赤、陆晓辉任外部董事；免去梁树峰、王庆的外部董事职务。9 月 7 日，免去杨哲峰的党委书记、常委、委员、董事长、董事职务，另有任用；李华伟主持党委、董事会工作。10 月 14 日，刘永庆任党委委员，为副总经理人选。10 月 31 日，金学锋免职退休。11 月 29 日，曲桂有任二级咨询，免去党委委员职务，不再担任副总经理职务。12 月 30 日，李华伟任党委书记、董事长。

中铁二十局集团有限公司：6 月 30 日，成志宏任外部董事；免去王庆的外部董事职务。9 月 28 日，赵崇科免职退休。11 月 29 日，免去张建升的党委委员职务，不再担任副总经理职务，另有任用。12 月 30 日，免去王强的外部董事职务。

中铁二十一局集团有限公司：1 月 25 日，朱建免职退休。4 月 14 日，李冰任党委副书记、董事，为总经理人选；免去赵彦旭的党委副书记、常委、委员、董事职务，不再担任总经理职务，另有任用。6 月 30 日，成志宏任外部董事，为外部董事召集人；陆晓辉任外部董事；免去张喜胜的外部董事职务，不再担任外部董事召集人；免去梁树峰的外部董事职务。11 月 29 日，郑志民任党委委员，为副总经理人选。12 月 30 日，免去杨生荣的外部董事职务。

中铁二十二局集团有限公司：2 月 22 日，渠巨华任二级咨询，免去党委委员职务，不再担任副总经理职务。4 月 14 日，免去李冰的党委副书记、常委、委员职务，不再担任职工董事、工会主席职务，另有任用。6 月 17 日，安志军任党委副书记，为职工董事、工会主席人选，不再担任副总经理职务。8 月 11 日，免去王广建的党委副书记、常委、委员、董事职务，不再担任总经理职务，另有任用。10 月 14 日，汪新立任党委副书记、董事，为总经理人选；袁毅任党委委员，为副总经理人选，免去中国铁建股份有限公司一级项目经理职务。

中铁二十三局集团有限公司：3 月 18 日，肖红武不再担任总经理职务；王政松任党委副书记、董事，为总经理人选；王连华、王利民、尹智勇等 3 人任党委委员，为副总经理人选。6 月 17 日，免去喻丕金的党委副书记、常委、委员职务，不再担任职工董事、工会主席职务，另有任用。9 月 7 日，田宝华任党委副书记，为职工董事、工会主席人选，不再担任副总经理、总工程师职务。

中铁二十四局集团有限公司：3 月 18 日，支卫清任党委书记、董事长；免去朱赤的党委书记、常委、委员、董事长、董事职务，另有任用。6 月 30 日，喻丕金任外部董事；免去彭锋的外部董事职务。8 月 30 日，韩文忠免职退休。

中铁二十五局集团有限公司：3 月 18 日，李茂松任党委书记、董事长，不再担任总经理职务；程志强任党委副书记、董事，为总经理人选；免去张成的党委书记、常委、委员、董事长、董事职务；免去李少先的党委委员职务，不再担任副总经理职务，另有任用。6 月 30 日，莫文贺任外部董事；免去魏向阳的外部董事职务。7 月 28 日，孙传福任二级咨询，免去党委委员职务，不再担任副总经理职务。11 月 29 日，张旭海、张恩桥任党委委员，为副总经理人选；李勇良任党委委员，为副总经理、总工程师人选。

中铁建设集团有限公司：3 月 18 日，王宏斌为工会主席人选。8 月 11 日，免去赵向东的党委委员职务，不再担任副总经理职务，另有任用。11 月 29 日，郝长江、马方、杨军等 3 人任党委委员，为副总经理人选。

中国铁建电气化局集团有限公司：6 月 17 日，张挺军任一级咨询。6 月 30 日，许和平任外部董事；免去白云飞的外部董事职务。11 月 29 日，燕正安任二级咨询,免去党委副书记、常委、委员职务,不再担任职工董事、工会主席职务;张挺军免职退休。

中国铁建港航局集团有限公司:3月18日,免去杨勇的党委委员职务,不再担任副总经理、总会计师职务,另有任用。6月30日,李世春任二级咨询,免去党委副书记、委员职务,不再担任职工董事、工会主席职务;莫文贺任外部董事,免去张世杰的外部董事职务。11月29日,刘齐辉任二级咨询,免去党委委员职务,不再担任副总经理职务。

中国铁建房地产集团有限公司:6月17日,梁树峰任党委委员、纪委书记、监事会主席。10月14日,免去叶政谙的党委委员职务,不再担任副总经理职务,调出。

中铁第一勘察设计院集团有限公司:3月31日,彭文盛免职退休。4月14日,免去陈虎的党委委员职务,不再担任副院长职务,另有任用。5月31日,免去董勇的党委副书记、常委、委员、董事职务,不再担任院长职务,退休。8月11日,张浩任党委副书记、董事,为院长人选。11月29日,张学伏任二级咨询,免去党委委员职务,不再担任副院长职务。

中铁第四勘察设计院集团有限公司:2月22日,付裕任二级咨询,免去党委委员职务,不再担任副院长、总会计师职务。6月30日,许和平任外部董事,为外部董事召集人;免去李永利的外部董事职务,不再担任外部董事召集人。8月11日,免去张浩的党委副书记、常委、委员职务,不再担任职工董事、副院长职务,另有任用;免去谢维鎏的二级咨询职务,另有任用。10月14日,熊国华任党委委员,为副院长人选;黄伟利为副院长人选。10月31日,田要成免职退休。11月29日,徐昌富任二级咨询,免去党委委员职务,不再担任副院长职务。12月29日,刘斌免职退休。12月30日,张长能任党委副书记,为职工董事人选。

中铁第五勘察设计院集团有限公司:3月31日,庞建文任二级咨询,免去党委常委、委员职务,不再担任副院长、工会主席职务。4月25日,姚汉文为工会主席人选。6月30日,杨岳勤免职退休。11月29日,王彪任党委常委、纪委书记、监事会主席;免去徐度斌的党委常委、委员、纪委书记、监事会主席职务,另有任用;谢维鎏任外部董事,为外部董事召集人;免去李永利的外部董事职务,不再担任外部董事召集人。12月30日,陈虎任党委书记、董事长;贾筱煜任党委副书记、董事,为院长人选;免去汤友富的党委书记、常委、委员、董事长、董事职务;免去纪尊众的党委副书记、常委、委员、董事职务,不再担任院长职务。

中铁上海设计院集团有限公司:3月18日,免去张国峰的党委副书记、常委、委员、董事职务,不再担任院长职务,另有任用。4月14日,陈虎任党委副书记、董事,为院长人选。12月30日,免去陈虎的党委副书记、常委、委员、董事职务,不再担任院长职务,另有任用。

中铁物资集团有限公司:12月29日,王跃飞任二级咨询,免去党委委员职务,不再担任副总经理职务。

中国铁建重工集团股份有限公司:9月28日,刘海华免职退休。11月29日,胡晓兵任党委常委、纪委书记、监事会主席,为职工监事人选;免去王彪的党委常委、委员、监事会主席职务,不再兼任职工监事职务,另有任用。12月30日,赵晖为总经理人选。

中国铁建国际集团有限公司:2月22日,魏万征任二级咨询,免去党委委员职务,不再担任副总经理职务。3月31日,郝桂林免职退休。4月29日,胡凡免职退休。6月17日,免去莫文贺的党委副书记、委员、董事职务,不再担任总经理职务,另有任用。6月30日,卢永堂、孙湘春任外部董事;免去朱勇、钱东锋的外部董事职务。8月11日,李重阳任党委副书记、董事,为总经理人选;颜猛、任广杰任党委委员、为副总经理人选。9月28日,铁建伟任外部董事;免去卢永堂的外部董事职务。11月29日,免去冯来刚的党委副书记、委员职务,不再担任工会主席职务,另有任用。12月30日,免去文荣周的外部董事职务。

中铁城建集团有限公司:3月18日,贺旭任党委委员,为副总经理人选。11月29日,周晓兵免职退休。12月30日,免去王旭永的外部董事职务。

中国铁建投资集团有限公司:1月10日,张捷任党委副书记。3月18日,张捷为工会主席人选;范军任中国铁建股份有限公司一级项目经理。4月29日,亓超免职退休。7月28日,免去刘虎军的党委常委、委员职务,不再担任执行总经理职务,退休。10月14日,免去李寿福的党委委员职务,不再担任副总经理职务,另有任用。12月30日,免去杨生荣的外部董事职务。

中国铁建昆仑投资集团有限公司:3月18日,党海军任党委副书记、副董事长,为总经理人选;王必军任党委副书记,为工会主席人选,不再担任副总经理职务;免去周庆国的党委委员职务,不再担任执行总经理职务,另有任用。4月25日,张新柳、刘一鸣任党委委员,为副总经理人选。6月17日,申继辉任党委委员、纪委书记、监事会主席。6月30日,喻丕金任外部董事;免去王强的外部董事职务。10月31日,王必军为职工董事人选;吴利红免职退休。

中铁建商务管理有限公司:因撤销公司董事会、监事会,吕岗任执行董事,免去董事长、董事职务;免去贾晖东、孙胜的董事职务;孙利民任监事,免去监事会主席职务。

中铁建华南建设有限公司:3 月 18 日,杨勇任党委委员,为副总经理、总会计师人选;免去张夕和的党委委员职务,不再担任副总经理、总会计师职务。6 月 17 日,周光成任党委委员、纪委书记、监事,为工会主席人选。6 月 30 日,莫文贺任外部董事;免去魏向阳的外部董事职务。8 月 30 日,邵汉军任二级咨询,免去党委委员职务,不再担任副总经理职务。11 月 29 日,陈宪祖任党委委员,为副总经理人选。

中铁建锦鲤资产管理有限公司:6 月 30 日,卢永堂任外部董事,为外部董事召集人;孙湘春任外部董事;免去李永利的外部董事职务,不再担任外部董事召集人;免去初厚才的外部董事职务。8 月 11 日,鞠小华任党委委员,为副总经理人选;免去铁建伟的党委委员、一级咨询职务,不再担任副总经理职务,另有任用。

党校(北京培训中心):4 月 25 日,闫国良任副校长(副主任)。6 月 17 日,闫国良任纪委书记。

中铁建国际投资有限公司:6 月 27 日,免去丰宇的党委委员职务,不再担任副总经理职务,调出。11 月 29 日,董付堂不再担任总会计师职务;韩鹏任党委委员,为副总经理、总会计师人选(试用期一年)。

中铁建发展集团有限公司:3 月 18 日,周庆国任党委副书记、董事,为总经理人选;免去戴建国的董事职务。8 月 11 日,刘小刚任党委委员,为副总经理人选。10 月 14 日,免去贾洪的党委书记、委员、董事长、董事职务,另有任用。11 月 29 日,刘方治任党委委员,为副总经理人选。12 月 30 日,周庆国任党委书记、董事长。

中铁磁浮交通投资建设有限公司:6 月 30 日,许和平任外部董事;免去韩奥博的外部董事职务。9 月 28 日,许和平为外部董事召集人;谢维鎏任外部董事;免去卢朋的外部董事职务,不再担任外部董事召集人。

中铁建资本控股集团有限公司:3 月 18 日,吴婧萍任党委副书记;蔡梅群、文金朝任党委委员,为副总经理人选;王道平任党委委员;张国智任党委委员,为副总经理、总会计师人选;张介鹏任二级咨询;免去王磊的党委委员、董事职务,不再担任执行总经理职务,另有任用。6 月 30 日,王磊任外部董事,为外部董事召集人;免去乔国英的外部董事职务,不再担任外部董事召集人。7 月 28 日,钱生校免职退休。

中铁建金融租赁有限公司:6 月 17 日,李彤不再担任副总经理、总会计师职务。8 月 30 日,王道平任董事长,不再担任总经理职务;贺春雷任董事,为副总经理人选,主持经理层工作;史国栋为副总经理人选,免去冀涛的董事长、董事职务;免去张介鹏的监事会主席职务,不再担任职工监事职务。

中国铁建财务有限公司:3 月 18 日,郭双来任党委副书记、董事,为总经理人选;黄健民任党委委员,免去董事职务;彭长林任党委委员、纪委书记、监事长,为工会主席人选;李彤任党委委员,为副总经理、总会计师人选;王丽任党委委员;张国智不再担任副总经理、总会计师职务。

中铁建财资管理(香港)有限公司:8 月 11 日,周仲华、王磊、高继红等 3 人任董事。

中铁建交通运营集团有限公司(中铁建华北投资发展有限公司):3 月 18 日,因中铁建华北投资发展有限公司管理属性及层级变化,王宜柱任党委书记、董事长;王祖春任党委副书记、董事,为总经理人选,不再担任总会计师职务;免去杜水波的党委书记、委员、董事长、董事职务;免去刘明杰的党委副书记、委员、董事职务,不再担任总经理职务;免去鞠小华、王均山的党委委员职务,不再担任副总经理职务;免去李少亮的党委委员、纪委书记、监事会主席职务,不再担任工会主席职务。6 月 17 日,俞剑任党委副书记、纪委书记、监事,为工会主席人选(职级不变);李永珑、李长捷任党委委员,为副总经理人选(职级不变)。6 月 30 日,陆晓辉任外部董事,为外部董事召集人;免去金守华的外部董事职务,不再担任外部董事召集人。12 月 30 日,因新注册中铁建交通运营集团有限公司与中铁建华北投资发展有限公司“一套人马,两块牌子”,王宜柱任党委书记、董事长;王祖春任党委副书记、董事,为总经理人选;俞剑任党委副书记、纪委书记、监事会主席,为工会主席人选;李永珑、李长捷任党委委员,为副总经理人选。

中铁建南方建设投资有限公司:3 月 18 日,因公司管理属性及层级变化,刘树山兼任党委书记、董事长;谢晋水任党委副书记、董事,为总经理人选,免去董事长职务。

川藏铁路工程指挥部:9 月 7 日,王雁军、杨国柱任中国铁建股份有限公司所属二级单位副职级;陈浩渊任党工委委员、纪工委书记(中国铁建股份有限公司所属二级单位副职级)。 (王 炽)

【专家和人才队伍建设】 积极组织股份公司第二批技术专家、科技创新带头人、青年标兵评选、詹天佑科学技术奖和专项奖、中施企协最高科学技术奖、杰出成就奖和青年创新奖、铁道学会第五届铁路青年人才托举工程、国资委科技创新优秀团队及个人等高层次人才选拔推荐工作,其中铁四院肖明清首次获得詹天佑科学技术奖最高奖。向商务部推荐 2 名驻外商务秘书级人选,向交通运输部、国务院国资委等国家部委机关分别推荐助勤人选。按照中组部、教育部和国务院国资委的有关要求，与中南大学、北京交通大学加强沟通，稳步推进工程硕博士联合培养工作，配合高校完成工程硕博士培养面试选拔，确定企业导师 17 人，录取 2022 级工程硕士 6 人、博士 3 人，向高校推荐关键软件、智能建造专业方向 2023 级工程博士 4 人。 （张瑞全）

【大学毕业生接收培养和人才引进】 一是组织所属各单位到中南大学、华东交通大学等 8 所高校开展校园专场招聘，同时开通中国铁建招聘平台、中国铁建招聘公众号，收到简历超过 10 万余份，在 8 所高校招聘高校毕业生 1200 余人，全系统各单位招聘 2022 届高校毕业生 10697 人。二是继续办好国际工程人才班。在西南交通大学、长沙理工大学、石家庄铁道大学、兰州交通大学、华东交通大学、重庆交通大学 6 所高校开展国际工程后备人才班的招聘。三是开展夏季校园招聘专项行动。大力落实教育部、国务院国资委有关要求，进一步加强与中介机构和重点院校的沟通联系，组织各单位积极参加“国聘行动”“中智招聘季”等系列招聘活动。四是持续推动面向三地招聘工作。依托所属单位和工程项目，积极落实上级决策部署和有关要求。组织 21 家二级单位面向西藏青海新疆三地招聘，提供岗位 644 个，收到简历 2738 份，拟录用人员总数 519 人。五是首次开展全系统面试官培训。邀请业内专家就提高面试官综合素养对现场及线上 30 余家单位 200 余名招聘专员进行专项培训，进一步明确招聘任务和工作标准。 （张瑞全）

【在京单位从京外调配人员和高校毕业生落户】 2022 年，人社部批复股份公司调干计划 65 个，其中年度计划 25 个，重大专项支持计划 34 个，高层次人才引进计划 6 个，所有调配人员完成备案工作。批复高校毕业生接收计划 470 个（其中研究生 186 名，本科生 284 名），为所属在京单位接收的 468 名应届高校毕业生办理进京备案手续。同时积极对接北京市人才工作局，在股份公司层面获得留学回国人才引进落户授权。在京单位通过京外调干和接收高校毕业生，京内单位的人才队伍结构得到优化和改善，有力地支持企业的各项事业发展。 （张瑞全）

【专业技术职务任职资格评审】 完成职称评审系统 V2.0 迭代开发，全系统 29048 人通过评审系统参加 2022 年各系列各层级的职称评审。其中，工程系列 35569 人，经济系列 1374 人，会计系列 1990 人，政工系列 2882 人。职称评审系统完全实现众多用户集中填报信息、业务部门审核推荐、评委阅评以及线上投票等全流程操作。 （张瑞全）

【援疆援藏干部推荐、军转干部和退役士兵接收安置】 根据中组部、国务院国资委相关部署，推荐 3 名援藏干部并派人送达对口支援单位报到，按时对援疆援藏干部开展考核工作。按照退役军人事务部的工作安排，中国铁建及所属各单位提前介入、主动作为，从坚决贯彻执行党中央决策部署的大局出发，从履行央企社会责任的自觉出发，从加强本单位人才队伍建设的需要出发，从本单位人力资源配置的需求出发，积极与驻地民政部门或退役士兵接收安置工作主管部门进行沟通协调，全系统接收退役士兵 28 人，按程序接收 1 名师级转业军官。 （张瑞全）

【工资总额预算管理】 按照国务院国资委的要求，在严格履行内部决策程序的基础上，完成 2021 年度有限公司工资总额预算执行情况报告和 2022 年度工资总额预算编制和申报工作。完成所属单位 2021 年工资总额预算执行情况的预清算和清算评价工作，依规对违规单位采取相应处罚措施，组织开展所属单位 2022 年工资总额预算编制工作。 （邹 磊）

【工资总额单列管理】 根据股份公司海外优先、系统推进科技创新激励保障、提升核心竞争力的发展战略部署，在清算所属各单位工资总额中，对落实股份公司战略的特殊事项实行工资总额政策倾斜，在效益决定机制之外加大收入分配资源向海外、科技创新企业支持力度，发挥收入分配的杠杆撬动作用。2021 年度批复所属单位国家科技型创新平台、院士专家工作站、核心技术攻关、科改示范行动改革方案 - 研发中心技术人员、超额利润分享奖励及海外增资等单列工资总额 21707.34 万元。 （岳向文）

【提升人工成本投入产出效率】 针对部分企业职工薪酬、人工成本，从业人员数量、劳务派遣用工数量和费用快速增长，人工成本投入产出效率持续走低等问题，下发《关于进一步规范用工管理、提升人工成本效率的通知》。明确人工成本增长率原则上要控制在工资总额增长率之内的工作目标；依规各类人员费用，不应当列入职工薪酬、人工成本核算的费用不得列入；在严控职工总量、从业人员、劳务派遣用工数量和费用增长；建立人工成本监控、预警体系，深入对标挖潜，不断提升人工成本投入产出效率。 （岳向文）

【强化二级单位负责人激励约束机制】 落实《关于进一步加强二级单位负责人薪酬管理有关事项的通知》有关要求，强化二级单位负责人激励约束机制，核定管理基础薄弱、历史负担重、市场竞争力弱、相对困难的

二级单位任职的2名主要负责人适用薪酬调节机制,激励困难企业负责人履职尽责。 (岳向文)

【加强本部职工工资管理】 严格执行《关于规范所属单位本部收入分配管理严肃收入分配纪律有关事项的通知》(中国铁建人〔2018〕144号)的管控要求,加强对新设或分立二级单位本部工资水平和本部关键岗位人员工资水平管控;分板块下达二级单位本部平均工资对标数据,按对标数据的一定倍数设定本部工资放缓增长线和禁止增长线,严格控制本部人员工资不合理增长。 (岳向文)

【收入分配向一线职工倾斜】 在总结近年来所属单位成功经验和做法基础上,在工程板块项目部全面推进实施基于"严格目标责任成本管理和目标利润"基础上的超额利润分享机制。依规核定超额利润分享激励奖金并在与效益联动的工资总额之外单列管理。推进工程项目部超额利润分享机制的法人单位占工程承包板块法人单位总数的70%以上,实现企业与员工的和谐共赢,有效推动项目部创效水平和企业高质量发展。出台困难职工生活保障和提高低收入职工工资水平政策,对收入水平低于当地最低工资标准和社会平均工资一定比例的单位,依规核定提低工资总额。对职工人均工资低于一定额度经济指标下降较多的单位,设定保低工资总额降幅。 (岳向文)

【强化科技创新激励保障措施】 出台《关于推进所属企业科技创新激励保障机制建设的意见》,按照"坚持系统观念,统筹谋划推进;坚持分类施策,突出支持重点;坚持价值导向,强化正向激励;坚持优化生态,加强综合保障"四项基本原则,从"强化科技创新考核引导、加大科技创新工资支持、健全科技创新中长期激励机制、完善科技创新保障机制、加强组织领导与实施"五个方面,提出"加大创新成果考核奖励、加大研发投入加回、实施工资总额单列、积极开展科技成果转化收益分享、加大科技创新资金投入、建立鼓励创新容错机制"等十六项具体措施,推动全面建立健全科技创新激励保障机制。 (岳向文)

【积极有序推进中长期激励】 出台《科技型企业项目收益分红激励管理规定》,按照"依法合规,公正透明;因企制宜,科学决策;效益导向,合理适度;利益共享,风险共担;落实责任,强化监督"五项原则,从实施条件、激励对象、激励额度和分配、激励考核、管理和监督等六个方面对所属国有未上市科技型企业项目收益分红激励机制建设进行全面规范。加大对科研人员激励力度,单个项目收益分红激励项目对象个人所获分红原则上不超过300万元,个人贡献度特别大的,可结合实际情况确定。指导上海院、中铁十四局铁正公司等两家"科改示范企业"拟订《2022—2024年度超额利润分享激励方案》和《2022年实施细则》,明确利润目标、激励对象范围、奖金的计提规则、分配原则和兑现方式、超额利润分享激励反向约束条件以及终止和退出条件等内容。以价值创造为导向,聚焦关键岗位核心人才激励,推动"科技示范企业"深入实施创新驱动发展战略,激发创新活力,为创新发展提供更好保障。 (岳向文)

【规范福利费管理】 出台《总部职工采暖补贴管理办法》《总部职工防暑降温费管理办法》,依法依规,量力而行,合理确定福利费项目和费用水平,严格控制福利增长,规范职工福利管理。 (岳向文)

【进一步规范表彰奖励工作】 组织编制和下发2022年表彰奖励计划,合理控制表彰奖励项目,发挥表彰实效。列入计划的表彰奖励项目2018年37项、2019年15项、2020年11项、2021年12项、2022年14项。 (岳向文)

【提升薪酬管理信息化水平】 按照"规范业务、提高效率、有效管控"的目标要求,持续推进"薪酬信息化管理系统V1.0版"应用广度和深度。自系统上线以来,设立发薪组织3万多个;引入人员数53万人(含离退休人员),其中起薪人员30万人;创建工资表15万余张,发放工资总额300多亿元;53家二级单位16万人累计登录300万次,被授权用户14000人。对工资总额预算审核、清算评价审核流程进行梳理,细化明确业务需求,形成《工资总额管理子系统V1.0项目需求说明书》,为全面推进工资总额管理信息化建设奠定基础。 (邹　磊)

【强化治欠保支工作】 下发《关于认真开展"专项行动"切实做好保障工资支付工作的通知》,对党的二十大期间,2022年底及2023年元旦春节期间根治欠薪工作进行专项部署。从2022年9月开始到2023年春节前,集中开展拖欠工资专项检查活动。针对巡视发现部分单位存在支付川藏线参建职工工资不及时的情况,按照股份公司领导指示以及巡视发现问题立行立改的要求,要求有关单位限期将欠付工资发放到位;要求所有川藏线参建职工工资核算发放均通过股份公司开发的薪酬信息化系统进行,随时通过信息化手段监控薪酬发放情况。 (岳向文)

【六险二金及统筹外费用缴纳支付】 2022年度中国铁建系统五项社会保险上缴地方社保142.39亿元，住房公积金上缴72.11亿元，企业年金缴费24.32亿元，补充医疗保险计提资金6.16亿元。其中，基本养老保险289147人参保，参保率达到100%；失业保险289147人参保，参保率100%；基本医疗保险305875参保，参保率100%；工伤保险289147人参保，参保率100%；生育保险大部分单位所在省市已并入医疗保险；住房公积金273506人参加，参保率94.59%；企业年金265000人参加，在编人员参加率99.5%。企业支付各项费用11.35亿元，其中，统筹外费用2.01亿元，补充医疗保险3.53亿元，企业年金5.81亿元。全系统已有工伤人员4439，其中一级伤残33人、二级伤残72人、三级伤残75人、四级伤残257人、五级伤残162人、六级伤残311人、七级伤残305人、八级伤残475人、九级伤残1006人、十级伤残915人、十级以下伤残809人。 （程相辉）

【社会保险缴费基数核定】 北京市2022年1—6月社会保险缴费基数上限28221元，下限5360元；2022年7—12月养老、失业、工伤保险缴费基数上限31884元，下限5869元；医疗、生育保险缴费基数上限31884元，下限5869元；住房公积金缴费基数上限31884元，下限2320元；农民工社会保缴费基数按照本人上年月平均工作确定，上限按照所在市上年职工月平均工资300%确定，下限按照所在市上年职工月平均工资40%确定。 （程相辉）

【企业年金运营监督】 协助受托人完成2021年度企业年金各管理人考核情况报告和2022年度企业年金投资策略，并报年金管理委员会审定。根据企业年金投资策略计划，督促受托人召开各投资管理人投资分析会议，根据市场变化及时调整投资运营策略；与受托管理人沟通，及时处理年金运营过程中出现的问题；通过电话沟通、面对面座谈等形式对所属各单位企业年金运营工作进行指导。2022年完成4家单位企业年金建立、9家单位实施细则调整审核批复，报人社部备案工作；完成企业年金合同期履职情况报告报年金管委会审阅，根据受托报告现场考察4家拟新增企业年金投资管理人，完成新合同期企业年金各管理人遴选工作。截至2022年底，股份公司总部和48家所属单位已建立企业年金制度，正式投资运营，覆盖总人数29万人，在编人员覆盖率99.2%，企业年金基金投资运营资金规模135亿元。 （程相辉）

【总部生产经营保障】 2022年，及时与股份公司经营部、投资部沟通，完成56名区域总部资质人员五险新增业务及5名资质人员减员业务；为生产经营投标、资质办理开具社会保险证明145份；对2021年度45名资质人员、代缴人员和审计中心人员各项社会保险费用进行审核，督促各单位进行费用结算；为资质人员办理医疗保险手工报销5人次。 （程相辉）

【总部员工健康体检】 确定体检项目及体检时间，并对铁建医院提出具体要求。要求铁建医院确保因出差等原因不能在规定时间内体检人员、新招聘人员、领导培训学习等需求，提供随检服务。总部员工及离退休人员自7月5日开始体检，截至规定时间内，离退人员459人参加体检，总部员工297人参加体检。体检过程中，铁建医院严格按照疫情防控要求，做到常态化防控，体检安全顺利，无异常情况发生。 （程相辉）

【补充医疗保险报销及为群众办实事】 2022年初，组织泰康保险公司6人团队分别到离退休管理中心和总部办公楼进行2021年度医疗费单据收集报销工作，退休人员每个季度，在职员工每半年收取一次报销单据。为退休人员和总部员工合计报销补充医疗费315万元、655人次，并为总部员工随时讲解微信报销方法和流程。根据总部员工体检情况，协调泰康保险公司为总部有需求的员工安排重疾绿通服务，并提供一对一导诊，及时解决员工的重疾就医需求。 （程相辉）

【总部六险二金收缴和待遇支付】 2022年度，总部按时足额计提缴纳各项社会保险、住房公积金、企业年金、补充医疗保险费用10082万元；增员58人、减员10人；15人次变更定点医院；为20名到达法定退休年龄人员办理退休待遇申报手续，2名达到法定退休年龄人员办理延聘手续；审核总部离休人员门诊、住院医疗费用45人次，支付155万元；完成20人企业年金待遇领取手续办理，支付1120万元；收集、申报1人生育保险办理，申领生育津贴9.6万元审核、支付总部员工供养直系亲属医药费285人次，22.9万元；完成2021年5名退休军转干部待遇向北京市申报工作。（程相辉）

【员工教育培训】 2022年，坚持“分类分级、应训尽训、精准调训”原则，采取线上线下相结合的方式，加大员工培训力度，进一步提升员工的受训率，高级管理层、中级管理层人员受训率100%，一般员工受训率95%以上，平均学时90学时以上。员工培训1182195人次（线下培训407648人次、线上培训774547人次），其中企业领导人员25894人次、经营管理人员206891人次、专业技术人员735898人次、党群人员39845人

次、技能人员 173667 人次，培训同比增加 57306 人次，增长 5.09%。（周东旺）

【各级领导人员培训】 按照分类培训、分级管理、应训尽训、精准调训原则，股份公司按照年度计划，重点举办以下培训班。组织开展党的十九届六中全会专题培训班。按照中组部、国务院国资委党委通知要求，制定培训实施方案，灵活采取集中培训、专题研讨、辅导讲座、在线学习等多种形式，上半年，组织开展六中全会精神的教育培训，全系统 10 万余人次参加培训，其中，股份公司党委管理的干部 643 人，股份公司总部部门内设机构负责人及所属二级单位总部部门负责人、三级单位领导班子成员 9022 人，各级党员干部近 9 万人次。举办各级领导人员培训班。11 月在中国井冈山干部学院举办局级领导人员党性教育培训班，参训 34 人；7 月在中国大连高级经理学院举办青年干部战略思维与领导能力培训班，调训 52 名 45 周岁以下的三级单位主要负责人；11 月在中国大连高级经理学院举办年轻干部能力素质提升培训班，调训 48 名 40 周岁以下二级单位中层、三级单位班子成员。5 月根据国务院国资委通知要求，组织股份公司领导及股份公司管理的干部参加中国干部网络学院举办的做好碳达峰碳中和工作推进企业高质量发展线上培训班，655 人按时参加培训。另外，配合股份公司党委工作举办青马工程及青年英才培训班，36 人 35 周岁以下的优秀年轻干部参加为期一年的线上线下培训。（周东旺）

【专业技术人员培训】 7 月，在同济大学举办智慧城市与未来社区青年设计师培训班，60 名青年设计师参加为期 7 天的培训。（周东旺）

【海外人员培训】 4 月，采取分语种类别、分层级在北京外国语大学举办外语在线培训班，4 个语种（英语、法语、俄语、西班牙语）11 个班次，645 人参加培训。（周东旺）

【新员工入职培训】 为使 2022 年全系统新入职大学生尽快完成角色转换，融入企业，增强对企业的认同感、荣誉感，组织举办 15000 名新入职大学生参加在线培训。（周东旺）

【施工专业人员职业培训】 组织开展施工专业人员职业培训，举办 13 个岗位 35 期培训班，2500 人参加培训，考试取得合格证书率 95%。（周东旺）

【其他人员培训】 2022 年，根据单位培训需求情况，采取线上线下结合方式，在所属单位培训中心先后组织举办 BIM 应用技术、无人机驾驶员、工程预算员、物资设备管理员等培训班。（周东旺）

【职业技能等级认定年度计划】 按照《关于下达 2022 年度职业技能等级评价计划的通知》（中国铁建人函〔2022〕85 号），根据主管部门授权，核准 2022 年度对本系统内 6689 人（不含准入类职业技能等级认定）实施职业技能等级认定，其中初级工 704 人、中级工 1130 人、高级工 3139 人、技师 1217 人、高级技师 499 人。（苗振林）

【高海拔地区职业技能等级认定】 根据《关于分类推进人才评价机制改革的指导意见》（中办发〔2018〕6 号）、《关于开展职业技能等级认定试点工作的通知》（人社厅发〔2018〕148 号）、《中国铁道建筑集团有限公司暨中国铁建股份有限公司职业技能等级认定试点工作实施办法（试行）》（中铁建人〔2019〕52 号）等上级及股份公司有关规定，针对高海拔地区的特殊性，在广泛调研、试点的基础上，股份公司就做好高海拔地区职业技能等级认定工作下发《关于做好高海拔地区职业技能等级认定工作的通知》（中国铁建人函〔2022〕379 号），对与有限公司所属企业具有劳动合同关系，现在海拔 3000 米以上地区参加工程建设，且累计在海拔 3000 米以上地区，参加工程建设满 2 年及以上的在岗职工，可采取工作日写实等评价方法认定《关于公布中国铁建股份有限公司职业技能等级认定职业目录（2021 版）的通知》（中国铁建人函〔2021〕480 号）规定的全部职业，等级为初级工、中级工、高级工、技师及高级技师。（苗振林）

【中国铁建特级技师、首席技师管理办法】 2021 年 10 月，股份公司根据国家人力资源社会保障部办公厅《关于开展特级技师评聘试点工作的通知》（人社厅发〔2021〕66 号）精神，向国家人力资源社会保障部主管部门申请开展特级技师评聘试点工作。2021 年 11 月人力资源社会保障部职业能力建设司发函同意股份公司开展特级技师评聘试点工作。依据人力资源社会保障部特级技师评聘试点要求及股份公司实际情况，对原经股份公司 2017 年第 8 次党委常委会会议和 2017 年第 20 次总裁办公会议研究通过的《中国铁建股份有限公司首席技师管理办法》（中国铁建人〔2017〕196 号）进行修订。修订稿在广泛征求意见后，经股份公司党委常委会第 129 次会议和 2022 年第 14 次总裁办公会议审议通过，股份公司、股份公司党委 2022 年 6 月 24 日颁布《中国铁建股份有限公司特级技师、首席技师管理办

法》(中国铁建人〔2022〕64 号)。　(苗振林)

【职业技能等级认定备案续期获批】 根据中国就业培训技术指导中心《关于职业技能等级认定全国性用人单位备案续期有关工作的通知》(中培就函〔2022〕15 号)要求,股份公司《关于申请职业技能等级认定备案续期的报告》(中国铁建人函〔2022〕246 号)获中国就业培训技术指导中心批准,《关于同意中国铁建股份有限公司继续开展职业技能等级认定有关工作的函》(中培就函〔2022〕27 号)明确股份公司继续开展职业技能等级认定工作,机构备案号不变,为 Y0007,有效期自 2022 年 7 月至 2025 年 7 月。　(苗振林)

【2022 年度集团公司职业技能竞赛】 根据各集团公司申请和股份公司《职业技能竞赛技术规程》(中国铁建人〔2018〕80 号)规定,股份公司下发《关于组织开展 2022 年度集团公司 职业技能竞赛的通知》(中国铁建人函〔2022〕224 号),核准 18 个集团公司职业技能竞赛活动,竞赛职业涵盖工程测量员、无人机驾驶员、物理性能检验员、盾构机操作工、镗工、装配电工、起重装卸机械操作工等 12 个职业。近 1000 人参加决赛。股份公司下发《关于表彰 2022 年度备案集团公司职业技能竞赛决赛第一名获得者的通报》(中国铁建人函〔2023〕113 号),对集团公司职业技能竞赛决赛第一名给予表彰,授予"中国铁建技术能手"荣誉,颁发证书。

集团公司职业技能竞赛决赛第一名

中铁十一局	熊　剑(物理性能检验员)
	何亭昊(安全员)
中铁十二局	戴文超(物理性能检验员)
中国铁建大桥局	王晨宇(工程测量员)
中铁十七局	张　迈(物理性能检验员)
中铁十八局	李荣梅(物理性能检验员)
中铁二十局	陈　坚(工程测量员)
	易　平(物理性能检验员)
中铁二十二局	王　伟(物理性能检验员)
中铁二十三局	赵　亮(工程测量员)
中铁二十五局	康　森(工程测量员)
中铁建电气化局	李瑞涛(接触网工)
铁建重工	向仁智(起重装卸机械操作工)
	阮文辉(镗工)
	毛焕明(装配电工)
中铁城建	梁先东(物理性能检验员)

(苗振林)

【申请焊工、轨道列车司机职业技能等级认定】 全系统有电力机车 172 台、内燃机车 310 台,轨道列车司机 2400 人;焊工从业人员近 2000 人(不含劳务人员)。股份公司向中国就业培训技术指导中心、人力资源社会保障部职业能力建设司递交《关于申请开展焊工轨道列车司机职业技能等级认定试点工作的请示》(中国铁建人函〔2022〕144 号),表明股份公司开展轨道列车司机、焊工职业技能等级认定,颁发职业技能等级证书,符合国家提倡企业自主评价的政策精神,同时符合公司这两个职业实际情况。　(苗振林)

【国家级二类职业技能竞赛裁判员培训】 11 月 1—3 日,中铁十一局刘自省等 62 人参加股份公司举办的物理性能检验员国家级二类职业技能竞赛裁判员资格认证培训。根据《中国铁建股份有限公司职业技能竞赛技术规程(试行)》(中国铁建人〔2018〕80 号)等有关规定,经考核,刘自省等 52 人取得股份公司物理性能检验员国家级二类职业技能竞赛裁判员资格。　(苗振林)

【推荐第十六届高技能人才评选表彰候选人】 根据《人力资源社会保障部关于开展第十六届高技能人才评选表彰活动的通知》(人社部函〔2022〕61 号)、《关于做好第十六届高技能人才评选表彰申报材料报送工作的通知》(人技表彰函〔2022〕1 号)及国务院国资委通知要求,股份公司向国务院国资委党委人才工作领导小组办公室上报《关于推荐第十六届高技能人才候选人的请示》(中铁建人函〔2022〕103 号),推荐中铁十一局陈永胜为中华技能大奖获得者候选人;中国铁建大桥局温晓辉、中铁十四局周传水、中铁十六局娄建民 3 人为全国技术能手候选人;铁一院测绘地理信息工程技术研究院为"国家技能人才培育突出贡献单位奖"候选单位。　(苗振林)

【试验性开展焊工、轨道列车司机职业技能等级认定】 根据中国就业培训技术指导中心《关于焊工职业技能评价有关问题的复函》(中就培函〔2022〕50 号)精神,股份公司 9 月试验性开展准入类职业技能等级认。报考焊工技师 12 人、高级技师 8 人;参加考核技师 5 人、高级技师 5 人;通过职业技能等级认定技师 1 人、高级技师 3 人。报考轨道列车司机技师 55 人、高级技师 9 人;参加考核技师 29 人、高级技师 5 人;通过职业技能等级认定技师 27 人、高级技师 5 人。　(苗振林)

【2022 年度高级技师职业技能等级认定】 根据年度工作安排及国家人力资源社会保障部、备案地人力资源社会保障部门职业技能等级认定试点工作有关规定,股份公司 2022 年 9 月组织开展高级技师及焊工

(技师、高级技师)和轨道列车司机(技师、高级技师)统一职业技能等级认定工作。343 名(含补考及重新评审人员)技能人员申请认定,239 人参加实际认定,认定考核通过高级技师 185 人(含补考及重新评审人员)、技师 27 人。 (苗振林)

【职业技能等级认定规范和命题编制中期对标会】 为梳理股份公司职业技能等级认定规范、命题编制情况,解决编制过程中存在的问题,股份公司 7 月 22 日在北京举办职业技能等级认定规范与命题编制中期对标会。中国就业培训技术指导中心派专家进行现场指导。 (苗振林)

【2022 年全国行业职业技能竞赛——中国铁建股份有限公司职业技能竞赛】 股份公司与中国就业培训技术指导中心于 2022 年 8 月 13—15 日在陕西眉县(竞赛职业为无人机驾驶员)联合举办 2022 年全国行业职业技能竞赛——中国铁建股份有限公司职业技能竞赛。中铁十一局、中铁十二局、中国铁建大桥局、中铁十四至二十五局、铁一院、铁四院等 17 个集团公司 68 名选手参加无人机驾驶员技能竞赛活动;中铁十一局、中铁十二局、中国铁建大桥局、中铁十四至二十五局、中铁建设、铁一院、铁四院、铁五院、中国铁建港航局、中铁城建等 21 个集团公司 84 名选手参加物理性能检验员技能竞赛活动。对总成绩第 1 名选手奖励 6 万元、第 2 名选手奖励 5 万元、第 3 名选手奖励 4 万元,同时报请人力资源社会保障部授予“全国技术能手”荣誉,并按相关规定给予技师职业技能等级。对获得总成绩第 4 ~7名的选手,各奖励 3 万元。对总成绩第 8 ~15 名的选手,各奖励 2 万元。对总成绩第 4 ~15 名的选手,按相关规定给予高级工职业技能等级。对总成绩前 15 名选手授予“中国铁建技术能手”荣誉,颁发荣誉证书。同时对获奖选手中为非中国铁建系统在编身份的人员,按照招聘录用有关程序,可批准正式调入。

获奖团体

无人机驾驶员

团体总成绩第 1 名 铁一院
团体总成绩第 2 名 铁四院
团体总成绩第 3 名 中铁十二局

物理性能检验员

团体总成绩第 1 名 中铁十一局
团体总成绩第 2 名 中铁十四局
团体总成绩第 3 名 中铁十二局

获奖选手

无人机驾驶员

第 1 名	铁一院	张邵华
第 2 名	铁一院	何小飞
第 3 名	铁四院	陈　龙
第 4 名	铁一院	梁　晨
第 5 名	铁四院	潘伯悦
第 6 名	中铁十二局	胡成振
第 7 名	铁四院	唐　俊
第 8 名	中铁二十五局	宋浩源
第 9 名	中铁十二局	汤志强
第 10 名	中铁十二局	党佳林
第 11 名	中铁十八局	王登皇
第 12 名	中铁十四局	李维鹏
第 13 名	中铁十八局	张祥祥
第 14 名	中铁二十五局	张　新
第 15 名	中铁十五局	马　伟

物理性能检验员

第 1 名	中铁十一局	吕　磊
第 2 名	中铁十四局	操淮宁
第 3 名	中铁十四局	杨　磊
第 4 名	中铁十一局	熊　剑
第 5 名	中铁十四局	戚旬坡
第 6 名	中铁十一局	孙安栋
第 7 名	中铁十二局	张晓捷
第 8 名	中铁二十四局	葛永亮
第 9 名	中铁十八局	赵立虎
第 10 名	中铁二十四局	熊东东
第 11 名	中铁十八局	田照文
第 12 名	中铁二十五局	孙红波
第 13 名	中国铁建大桥局	常宝欣
第 14 名	中铁十七局	李桠楠
第 15 名	中铁二十二局	何芝菲

(苗振林)

【职业技能等级认定工作】 2022 年,受新冠疫情影响部分职业技能等级认定未能正常开展,2452 人(含工程技术领域专业技术人员)参加认定,其中初级工 134 人、中级工 339 人、高级工 1076 人、技师 626 人、高级技师 277 人;1841 人取得职业技能等级认定证书,其中初级工 79 人、中级工 301 人、高级工 818 人、技师 458 人、高级技师 185 人。 (苗振林)

【干部监督】 按照上级单位要求,2022 年股份公司全系统 635 人上报个人有关事项。全年全系统随机抽查 64 人,重点抽查 158 人。对漏报情节较轻的 25 人进行批评教育处理,对瞒报或漏报情节较重的 2 人进行诫勉处理,对瞒报的 1 人进行取消考察对象资格处理。通过排查确定 46 名查核验证对象,暂未发现问题。全年审核备案二级单位总经理助理人员53人次、破格提拔人员2人次，承办80人次领导人员内外部兼职审批，对7家单位党委干部部部长（党委工作部部长）进行备案考察，进一步规范所属单位选人用人业务。全年没有领导人员因私出国（境）。 （范爱颖）

【档案管理】 全面完成档案专项审核工作，严格落实“凡提必审”“凡转必审”“凡进必审”，审核转入股份公司管理的干部档案或拟提任考察人选档案80余卷；按完成3000余份归档材料的编目、扫描、入档、装订工作，规范整理总部员工档案20余卷，向离退休职工管理中心移交退休干部档案541卷，办理领导干部档案退休转出44卷。全面推进干部人事档案数字化建设，下发《关于积极推进干部档案数字化建设的通知》，组织人事档案数字化工作线上培训会，600余人参训。持续做好人事信息系统V1.1版开发检测，提交检测报告33份，反馈问题500余项。 （熊卫红）

宣传 文化

【党委工作部（党委宣传部、团委、企业文化部）】 党委工作部，又称党委宣传部、团委、企业文化部，既属公司党委工作部门，又属共青团和青年工作部门、行政工作部门。主要职责：负责中国铁建股份有限公司（以下简称公司）意识形态工作；负责总部党委理论学习中心组学习，指导检查所属单位党委理论学习中心组学习；负责公司员工思想政治工作和思想教育、时事政策教育工作；负责精神文明建设、企业文化建设、品牌建设管理、对外新闻报道工作；负责突发事件新闻处置及负面舆情处置工作；负责党建思想政治工作研究；负责反邪教工作；负责党委统战工作；负责铁道兵纪念馆暨中国铁建展览馆管理工作；指导全系统团组织建设、干部队伍建设、团的生产活动及团员青年思想政治工作；负责社会责任报告和ESG报告编制工作；指导新闻中心（中国铁道建筑报社）工作。定员15人，现员11人；下设宣传教育处、企业文化处、青年处、新闻舆情处、铁道兵纪念馆。

2022年，党委工作部（党委宣传部、团委、企业文化部）认真学习宣传贯彻党的二十大精神，按照国务院国资委党委、中国铁建党委部署和要求，把握国家发展大势，着眼企业发展大局，统筹推进宣传思想文化和团员青年工作，为企业高质量发展营造良好氛围、汇聚奋进力量。 （钱东锋）

【学习宣传贯彻党的二十大精神】 中国铁建党委坚持主动、全面、深入地学习领会党的十九届六中全会、党的二十大精神，学习贯彻习近平总书记对国有企业改革发展和党建工作的重要论述和指示批示精神，深刻领悟“两个确立”决定性意义，增强“四个意识”、坚定“四个自信”、做到“两个维护”。党的二十大召开前后，以高度政治责任感做好迎接党的二十大和学习宣传贯彻会议精神各项工作，通过组织全系统收听收看党的二十大开幕会、召开动员部署大会、印发专题通知、制定工作方案、开展专题宣讲、专题研讨、布设专题宣传展板、组织参观“奋进新时代”主题成就展、邀请中央宣讲团成员做辅导报告等方式，推动大会精神在全系统走深走实。全系统上下目标一致、思想一致、行动一致，将学习宣传贯彻党的二十大精神作为首要政治任务，系统谋划、全面部署、层层推进。中铁第一勘察设计院集团有限公司西延高铁设计团队、中铁十四局集团有限公司靖江隧道项目团队入选中宣部“学习宣传贯彻党的二十大在基层”宣传名录。《人民日报》刊文介绍党的二十大代表李绍杰在困难面前不低头、带领团队解决施工难题文章。《科技日报》刊发公司党委书记、董事长汪建平《为满足人民美好出行的需求作贡献》署名文章。 （刘志强）

【党委理论学习中心组学习】 2022年，中国铁建党委以深入学习贯彻习近平新时代中国特色社会主义思想和党的二十大精神为主线，全面促进党委理论学习中心组学习实起来、强起来。强化“第一议题”学习，及时跟进学习研讨习近平法治思想、经济思想和系列重要讲话精神，全年组织学习相关内容116篇次。认真落实“习近平总书记重要指示批示精神再学习再落实再提升主题活动”要求，梳理习近平总书记视察中国铁建相关工程项目重要讲话和指示批示情况。落实学习制度，印发《2022年党委理论学习中心组专题学习重点内容安排》，制定年度学习计划，全年组织党委理论学习中心组学习17次，开展专题研讨5次。11月23日，邀请中央宣讲团成员施芝鸿为全系统做党的二十大精神宣讲辅导报告。开展理论研究，在《人民日报》刊发署名文章，获国务院国资委学习贯彻习近平总书记关于发展国有经济重要论述优秀理论研究成果1篇。加强对下管理，部署实施旁听巡听工作，总部列席巡听二级单位学习2次，通过视频工作例会、电话、工作群等方式做好过程中督查通报工作，党建考核小组对各单位学习情况延伸督查。下发《关于认真组织学习〈习近平谈治国理政〉第四卷的通知》《关于进一步做好学习贯彻〈习近平经济思想学习纲要〉工作的通知》等。 （刘志强）

【意识形态工作】 2022年，中国铁建党委坚持把意识形态工作作为极端重要的政治责任，推动全系统意识形态各项工作稳中有进。党委常委会学习和研究意识形态工作4次，党委理论学习中心组学习研讨相关内容6次。党委工作部利用宣传工作例会对全系统意识形态工作进行部署强调6次。中国铁建国际集团有限公司俄籍员工阿克毛作为唯一外籍典型，获得“百个网络正能量建设者”称号。全年积极监测和处置有关负面舆情，整体舆情平稳可控。 (刘志强)

【思想政治工作】 2022年，中国铁建党委围绕企业改革发展和生产经营重点任务，不断丰富思想政治工作方式方法。结合企业实际，制定印发《关于新时代加强和改进思想政治工作的实施意见》，明确和指导各单位积极推进重点工作任务13项，作为4家代表单位之一在中央企业思想政治工作会议上交流。面对疫情防控新形势，及时发布《致中国铁建全体员工的一封信》。印发《关于新时代加强和改进先进典型选树宣传工作的指导意见》，推进先进典型选树宣传工作常态化、长效化。部署开展向全国五一劳动奖章获得者马小利学习活动，召开“踔厉奋发向未来”先进典型表彰大会，表彰十大楷模、十佳道德模范、十大杰出青年和十佳岗位能手。坚持深化精神文明创建，推荐中铁十四局集团有限公司三公司获评全国交通运输行业文明单位，中铁二十四局集团有限公司“沪藏绿色小镇”高原志愿服务项目获第六届中国青年志愿服务项目大赛金奖。中铁二十局集团有限公司《建强“走出去”干事创业队伍　树立文明有礼大国形象》获全国思想政治工作优秀案例。2篇案例入选《新时代中央企业思想政治工作创新案例选编》。 (刘志强)

【统战工作】 2022年，中国铁建党委认真贯彻落实党中央以及上级党委关于统一战线工作的决策部署和工作要求，努力提高统战工作科学化规范化制度化水平。党委常委会专题研究统战工作，组织党委理论学习中心组拓展学习有关统战内容，做好对所属单位督导工作，不断增进统战成员政治认同、思想认同、情感认同。印发《关于围绕迎接和学习贯彻党的二十大做好有关统战工作的通知》《关于报送党外代表人士建言献策工作室有关情况的通知》，动员全系统统一战线有效推进学习教育、建言献策、主题征文、座谈交流等工作。推荐入选国务院国资委民主党派人士优秀调研报告1篇，推荐北京市委统战部人才库1人，完成无党派人士政治面貌认定登记工作。中铁第四勘察设计院集团有限公司与武汉理工大学、武昌医院等成立“美美与共”统战联盟，推荐李重武为政协湖北省第十三届委员会人选。 (刘志强)

【青年员工思想状况调研】 2022年，结合企业现实需求，针对全系统35周岁及以下青年员工，开展为期半年的流失情况调研，全系统101550名青年、28家单位197名人力资源部负责人参与问卷调查，6家代表性单位作为样本开展座谈访谈，形成专题调研报告。

(王　洋)

【队伍建设与对外交流】 2022年，建立政研课题研究骨干及后备人才名单，开展线上业务培训；加强与中国政研会、央企党建政研会及兄弟央企政研会沟通联系，鼓励各会员单位加强与各省政研会沟通合作，中铁二十局集团有限公司、中铁第一勘察设计院集团有限公司被评为“陕西省思想政治工作先进单位”。 (王　洋)

【研究成果获得重要奖项】 2022年，获评中国政研会一类优秀研究成果2项，二、三类优秀研究成果各1项和活动组织工作先进单位；入选中国政研会基层思想政治工作优秀案例1项；在央企党建政研会2021年度优秀研究成果评审中，获一、二、三等奖各1项。

(王　洋)

【新时代中国铁建文化与品牌理念宣贯工作】 2022年，开展“新时代中国铁建文化与品牌理念宣讲活动”，在全系统组织宣讲777次、集中观看宣讲视频1890次，覆盖590个单位和5749个指挥部、项目部；全系统各单位领导带头学带头讲，文化品牌工作“入规划”“上工作会”“进课堂”，压实各方责任，部分单位制定文化品牌提升方案、文化品牌手册、项目VI视觉规范手册；各层级线上线下平台“同频共振”，传播文化品牌理念，组织知识竞赛和网络课程，加深员工认知理解，营造广泛宣传、人人学习、着重落实、有层次、有步骤塑造文化品牌内涵的良好氛围。 (毕中喜)

【新时代中国铁建文化与品牌落地督查互鉴行动】 2022年4月，举办督查互鉴员培训班，组建9个督查互鉴组，全面开展督查互鉴行动。218名互鉴员历时81天，对47个集团总部、区域总部，297个子分公司和176个项目部(指挥部)现场督查。各单位对照督查意见，积极落实问题整改，有效推进新时代中国铁建文化与品牌理念落地、行为落地、视觉落地。 (毕中喜)

【加强在项目展示品牌形象工作】 2022年，下发《关于进一步加强在项目展示中国铁建品牌形象的通知》，引导全系统在规范落实《视觉识别规范》基础上，把项目品牌形象展示思路从“子品牌为主、母品牌背书”转换为“母品牌突出、子品牌丰富”，加大在重点项目、重点繁华路段展示中国铁建Logo力度，利用自身

优势开发中国铁建专属“广告位”。全系统各单位发挥统领作用,制定工作方案,快速推进整改,取得一定成效。（毕中喜）

【文化品牌建设案例梳理推广工作】 2022 年,梳理并向国务院国资委、中国铁道学会等推荐企业文化品牌建设案例 20 余篇,“构建新时代中国铁建品牌体系的实践”被国务院国资委评为中央企业优秀品牌案例,10 个文化建设案例和 2 个文化建设示范基地被评为中国铁道企业优秀文化建设案例和示范基地。（毕中喜）

【优秀企业故事创作评选】 2022 年,组织全系统开展优秀企业故事创作评选工作,向中宣部、国务院国资委等单位推荐微视频、图画、文章等多种形式优秀故事 100 余篇。微视频《大城小路》获中宣部、中央文明办主办的第 5 届社会主义核心价值观主题微电影、微视频征集展示活动二等奖和中央企业优秀品牌故事奖。在“砥砺辉煌十年　强国复兴有我”第 5 届中央企业优秀故事创作展示活动中,获一等奖 1 个、二等奖 3 个、三等奖 4 个和优秀奖 5 个,第 4 次被授予“优秀组织单位”称号。中国铁建电气化局集团有限公司将一等奖作品《传承的力量》改编为情景剧,在国务院国资委发布活动上精彩展演。（毕中喜）

【推动文化与品牌传播】 2022 年,更新企业宣传片、宣传册,联合经营部、科技创新部、海外业务部、新兴业务总部等策划制作宣传册、专题展览。联合中影集团,持续向中央主流媒体重点推介《峰爆》《天路》等影视、歌舞作品。电影《峰爆》被中宣部评为第 16 届精神文明建设“五个一工程”奖电影类优秀作品奖,获由国家广电总局电影局和美国电影协会支持的中美电影节“最佳影片金天使奖”和“最佳女配角奖”,被国家电影局列为党的十九大以来的 20 部优秀电影作品之一,被中宣部收入《2021 中国电影集锦》,全年多次登上央视电影频道。舞剧《天路》在央视文艺频道播出,引起网络热议,登上全网热搜榜。（毕中喜）

【开展喜迎党的二十大系列活动】 2022 年,充分发挥中国铁建爱国主义教育基地矩阵作用,在全系统 60 多家场馆中评选出首批十大中国铁建爱国主义教育基地,开展“喜迎党的二十大　红色故事我来讲”系列活动,积极讲好铁建故事。铁道兵纪念馆参加中国铁道学会举办的“喜迎二十大　科普向未来”2022 年全国科普日主场活动暨全国铁路科普研讨会以及 2022 年全国科普日第 12 届北京科学嘉年华活动;参加海淀区委宣传部举办的“喜迎二十大　初心印红亭”红亭诗会活动和“文化元宇宙 · 现状与未来”活动;联合 CCTV－7 国防军事频道《军迷行天下》节目组录制并推出喜迎二十大纪录片《永不磨灭的番号》;联合北京市海淀区团委推出“‘团’聚青春致敬百年”专栏“红色记忆里的青春建功,打卡海淀区爱国主义教育基地”视频。（田晓晨）

【线上线下参观服务】 2022 年,在疫情防控常态化形势下,铁道兵纪念馆采用线上、线下相结合的参观方式,拍摄制作中国铁建新员工入职培训线上课程《云游铁道兵纪念馆》讲解宣传片。全年接待线下观众 220 多个团体 1 万余人,线上观众 40 万余人,圆满完成多次重大参观接待活动。（田晓晨）

【藏品搜集和整理】 2022 年,铁道兵纪念馆高度重视文物搜集、保护、数字化建设等工作,做好藏品搜集、接收、鉴选、登记、编目、入库、保管、提用、统计和注销工作,收集、整理高原铁路岩芯、引滦入津工程通水周年纪念封和《雷锋日记》等 598 件珍贵藏品,发放藏品捐赠证书 53 本,藏品 9486 件(套)。（田晓晨）

【创作及推广文化产品】 2022 年,制作的全国中小学生研学实践科普画册《机械装备》《铁路站房》《铁路与桥梁》被选为河北省张家口市铁建幼儿园教材。文物故事《杨连第的劳动工具》《国防部颁发给张春玉的奖状》入选故宫博物院、北京市文物局、北京博物馆学会联合出版的图书《藏品有话说》,《“京华号”盾构机》《“昆仑号”千吨架桥机》2 篇文章入选书籍《见证新时代》,铁道兵纪念馆相关内容入选书籍《全国铁路科普教育基地指南》《追寻——北京市爱国主义教育基地手册》《古都博览——探秘北京 100 家博物馆》。参加国家文物局、中央广播电视总台、中央网信办举办“见证新时代——晒晒我们的新物件”主题系列活动,“昆仑号”千吨架桥机被选为代表性实物进行云展览,并入选网络视听访谈节目《新物见证》,通过全国百家广播电台、喜马拉雅平台、相关展览等媒体平台联动播出;录制“科技馆之城”科普系列课程,得到北京市科协官网、全国科普日网站宣传推介,开发的“超级机械装备——盾构机”等 6 个课程获评首都科普展教课程评选特色课程。（田晓晨）

【党的二十大代表走上“党代表通道”】 2022 年 10 月 22 日,中国铁建一线建设者、党的二十大代表李绍杰,作为 2 名中央企业系统(在京)代表团代表之一,亮相“代表通道”。“火车 5 秒通过的隧道花 6 年才打通”话题登上全网热搜,获得全社会极大关注。（关　翔）

【党的二十大宣传报道】 党的二十大胜利召开后，中国铁建积极联系各级各类媒体，在中央广播电视总台《新闻联播》、《人民日报》、新华社等中央媒体刊发学习贯彻大会精神报道。西延高铁总体设计组、靖江隧道项目团队纳入中宣部学习贯彻党的二十大精神主题采访活动，《中国政协报》《科技日报》《中国青年报》等媒体在头版位置重点报道。 （关 翔）

【铁建元素亮相国家主题成就展】 2022年，"京华号"盾构机、"昆仑号"架桥机、六行采棉机、雄安站等80余项铁建元素亮相"奋进新时代"主题成就展，接受党和国家领导人检阅，展现中国铁建推动高质量发展生动实践和非凡成就。在首次设立的室外展区，中国铁建是推出参展品数量最多的建筑类中央企业。

（关 翔）

【世界杯主体育场创造传播之最】 2022年11月22日，卡塔尔世界杯主体育场卢塞尔体育场正式亮相。中国铁建对接100余家中外媒体开展融媒体报道，组织采访、专访117场，发布国内报道3500余篇（条），海外报道4000余篇（条），实现多语种、多媒体端、多国别落地传播，全网综合传播量突破100亿次，微博话题阅读量超过30亿次，是中国铁建近年来重大项目宣传报道流量之最，被誉为"央企高水平对外开放"生动案例。

（关 翔）

【加大国际传播高端对接】 2022年9月15日，中国铁建与中国日报社签署战略合作框架协议，在国际传播、人才培养、融媒体建设等多个领域开展全方位、多元化深度务实合作，在服务国家外宣大局中展示中国铁建良好国际形象。 （关 翔）

【"美美与共"对外宣传活动】 2022年，中国铁建积极主动融入国家外宣格局，以"中国助力赞比亚基础设施建设"艺术展、中文演讲比赛等形式提升当地影响力、感染力；支持所属单位开通Facebook法语账号，加强重点区域和国别传播力，在重点国别扎实开展跨文化管理工作和"中国书架"传播工作。 （关 翔）

【文明沟通专项行动】 2022年，汇总系统内部近5年典型舆情案例，编写《重点舆情分析手册》并录制相关课程，下发《关于开展"文明沟通专项行动"的通知》，电话抽查和现场考核部分基层单位，提升全员媒介素养。 （关 翔）

【"清朗行动"试点工作】 2022年，中国铁建针对部分网络平台内容不规范等情况，选定10家集团参与试点工作，通过多种渠道和手段维护企业形象，取得预期效果。 （关 翔）

·青年工作·

【中国铁建团委】 中国铁建股份有限公司2007年11月成立后，成立共青团中国铁建股份有限公司委员会（以下简称股份公司团委），同时行使中国铁道建筑集团有限公司团委职能。2019年11月，召开共青团中国铁道建筑集团有限公司第一次（中国铁建股份有限公司第三次）代表大会，选举产生共青团中国铁道建筑集团有限公司第一届（中国铁建股份有限公司第三届）委员会。股份公司团委在股份公司党委和中央企业团工委领导下开展共青团和青年工作，对下实施垂直管理，主要负责全系统团组织建设、干部队伍建设、团的生产活动和团员青年思想政治工作。股份公司团委下辖集团公司级团委（团工委）43个。全系统基层团委550个，团总支48个，团支部4515个；专职团干部261人，兼职团干部8223人，团员67681人，35周岁以下青年职工164074人。

2022年，股份公司团委坚持以习近平新时代中国特色社会主义思想为指导，深入贯彻落实习近平总书记关于青年工作重要思想，保持和增强政治性、先进性、群众性，提升引领力、组织力、服务力和大局贡献度。按照股份公司党委要求和中央企业团工委部署，坚持党建带团建，围绕庆祝建团100周年、迎接和宣贯党的二十大工作主线，加强青年思想引导、融入企业改革发展、服务青年成长成才、推进全面从严治团，团结带领广大团员青年学党史、强信念、跟党走，为推进中国铁建高质量发展贡献青春力量。 （张吟雪）

【基层团组织建设】 2022年，根据国务院国资委党建考核团组织建设"应建必建，应换必换"要求，坚持夯实基层团建基础，拓展团组织在施工一线、海外项目等青年集聚地覆盖面，全年新建中铁建发展集团有限公司和中铁建锦鲤资产管理有限公司2个二级单位团委，指导中国土木工程集团有限公司、中铁十四局集团有限公司、中铁十六局集团有限公司、中铁第四勘察设计院集团有限公司和中铁建国际投资有限公司完成团组织换届工作，对7家二级单位团组织负责人进行调整。

（张吟雪）

【铁建青年精神素养提升工程】 2022年，按照国务院国资委党委相关部署安排，股份公司党委召开专题会议，对全系统青年精神素养提升工程进行动员部署。股份公司团委细化制定《铁建青年精神素养提升工程实施方案》,统筹各级团组织实际情况,定期编印青年精神素养提升工程简报,有效督促指导青年素养提升工程各项工作按照要求落实落地。所属各级团组织迅速部署、快速推进,有效落实"四个环节""五个动作"要求。 (张吟雪)

【学习贯彻党的二十大精神】 2022年,股份公司团委将学习宣传贯彻党的二十大精神作为首要政治任务,召开全委扩大会议传达落实上级党委要求,组织集中学习党的二十大精神,并对全系统共青团组织学习宣贯大会精神做出全面部署安排。会后,制定下发专项学习宣传贯彻党的二十大精神学习方案,指导全系统各级团组织和广大团员迅速开展"大学习、大宣传、大讨论、大落实"系列活动,全年各级团组织集中学习1100余场次,覆盖全系统青年14万人,推动学习贯彻党的二十大精神入脑入心、走深走实。 (张吟雪)

【学习贯彻习近平总书记重要讲话精神】 2022年,在中国共产主义青年团成立100周年之际,股份公司团委动员全系统4000余个基层团组织、数万名青年职工通过多种方式收听收看庆祝中国共产主义青年团成立100周年大会,聆听习近平总书记重要讲话。会后,召开全委(扩大)会议学习研讨大会精神,制定印发学习方案,安排部署全系统团组织学习贯彻习近平总书记重要讲话精神专项工作,把认真学习宣传贯彻总书记重要讲话精神作为当前和今后一个时期的首要政治任务,精心组织,认真落实,扎实推进。与中国大连职业经理学院联合开设网络专题班,对全系统4600余名专兼职团干部集中培训,在广大团干部和团员青年中掀起"学总书记讲话,做称职团干部、做合格团员"热潮。 (张吟雪)

【庆祝建团百年活动】 建团百年到来之际,股份公司团委在微信公众号平台开设"团史微课堂",以丰富的内容、极致的观看体验,引导广大青年回望百年团史,共聚青春力量。所属各级团组织创新载体,开展"一次座谈、一次宣讲、一次表彰、一次演讲、一次征文""五个一"活动;策划云打卡"地图上的青运史",组织青年学习百年青运史;组织团员青年学习《新时代的中国青年》白皮书活动;通过形式多样的学习活动,引导青年树立正确理想信念、践行青年使命担当,营造庆祝建团100周年浓厚氛围。 (张吟雪)

【"青春建功十四五"行动】 2022年,中国铁建全系统各级团组织围绕中心服务大局,围绕服务企业高质量发展主题,深化"号、手、岗、队"创建,带动引导广大团员青年立足岗位建功。股份公司团委联合天津市团委举办"振兴杯"天津地铁项目青年创新成果大赛,所属团组织广泛开展青年"五小"竞赛、青年科研项目评审、青年文明号创建、青年突击队立功竞赛、青年创新工作室创建和青年安全生产示范岗创建等活动。全年全系统开展各类主题实践活动千余场,组建青年突击队1360支,有效引导团员青年在创新创效上下功夫、做文章,推动"青春建功十四五"行动出实效,实现与企业生产经营工作同频共振。 (张吟雪)

【铁建"青马工程"建设】 2022年,股份公司团委持续推进铁建"青年英才暨青马工程"培训体系建设,受邀参加全国青马班开班活动,作为示范代表介绍交流特色经验和做法。年内,联合中咨公司团委组织在京青马学员开展主题联学活动;组织中国铁建"青年英才暨青马工程"学员进行学习贯彻党的二十大精神专题培训;各二级单位积极筹办举行青年马克思主义者培养工程启动暨2022年青马班开班仪式,起航"青马工程",涉及的28家单位团委全部进入状态,助力培育新的"青年品牌",扎实推动"青年英才暨青年马克思主义者培养工程",全面提升"青马工程"培养质量。 (张吟雪)

【激发青年创新创效热情】 2022年,股份公司团委以"'4·26'世界知识产权日"和全国知识产权宣传周为契机,围绕"知识产权与青年"主题开展青年创新典型宣传、产权知识网络答题和专利讲座授课等系列活动。全系统多个二级单位团组织开展"青年发明人和青年创新团队"选树、知识产权单位联动、讲座交流等活动,重点推进创新成果实践转化和应用,在施工一线形成创新效益,营造鼓励青年创新良好氛围,有效激发青年员工创新创效热情。 (张吟雪)

【青年志愿服务活动】 2022年,股份公司团委制定志愿服务月专项行动方案,推进"志汇铁建"青年志愿服务工作走深走实。全年各级团组织、团员青年在疫情防控、高考志愿、乡村振兴等一线成立青年志愿服务队1587支,参与人数近2万人,开展大量志愿服务工作,有效展示铁建青年精神风貌和责任担当,在各地各领域努力贡献"铁建力量"。 (张吟雪)

【提升基层团组织建设成效】 2022年,为持续加强共青团工作,推进全系统共青团工作组织化、规范化运作,股份公司团委修订完善《中国铁建基层共青团工作指导手册》并发放至各级团组织,实现基层团组织工作标准化管理、制度化约束工作格局;推动基层工作改革创新,推动并指导中铁二十五局集团有限公司、中铁第五勘察设计院集团有限公司入选团中央团费改革试点单位。 (张吟雪)

【荣誉表彰】 2022 年,中国铁建获中国青年五四奖章 4 项,全国青年岗位能手标兵 1 人,全国青年岗位能手 6 人;获全国向上向善好青年 3 人;获全国五四红旗团支部 2 项;获全国优秀共青团员 1 人;获中国青年志愿服务项目大赛全国赛金奖 1 项。全系统获省部级以上团组织(含全国铁道团委)表彰 63 项,其中集体表彰 31 项、个人表彰 32 项;获第 8 届"全国铁路青年科技创新奖"11 项;获第 17 届"振兴杯"全国青年职业技能大赛(职工组)金奖 1 项、银奖 3 项、铜奖 1 项。

(张吟雪)

【共青团中央表彰】

中国青年五四奖章

龙 斌 中国铁建重工集团股份有限公司

姜文涛 中铁十二局集团有限公司

王杜江 中铁第一勘察设计院集团有限公司

高原铁路地质科研队 中铁第一勘察设计院集团有限公司

全国青年岗位能手标兵

夏明锬 中铁十一局集团高原铁路项目副总工程师、技术分中心主任

全国青年岗位能手

吕 明 中国铁建大桥工程局集团有限公司

艾 国 中铁十八局集团有限公司

李 伟 中铁第一勘察设计院集团有限公司

张宏展 中铁第一勘察设计院集团有限公司

赵会云 中铁第一勘察设计院集团有限公司

李成洋 中铁第四勘察设计院集团有限公司

全国向上向善好青年

魏 哲 中铁十四局集团有限公司

温 瑞 中铁十五局集团有限公司

林 超 中铁第四勘察设计院集团有限公司

全国五四红旗团支部

中铁十一局集团杭温铁路站前 1 标段项目二分部团支部

中国铁建投资集团桂林公司八角寨收费站团支部

全国优秀共青团员

丑宇航 中铁十四局集团第四工程有限公司高原铁路质量管理部部长

第 6 届中国青年志愿服务项目大赛全国赛金奖

中铁二十四局集团有限公司"沪藏绿色小镇"项目

第 17 届"振兴杯"全国青年职业技能大赛金奖

中铁第四勘察设计院桥梁院青年研发团队

沈哲亮 闫俊锋 周 柳 雯 妮 崔 旸 于 虹

第 17 届"振兴杯"全国青年职业技能大赛银奖

中铁第四勘察设计院线站院青年研发团队

任西冲 刘 杰 周 磊 张 泽 闫亚飞 杨尚福

中铁第四勘察设计院机动院青年研发团队

李杰超 刘高坤 田向阳 熊 盛 周明星 毕 涛

中国铁建重工集团超大直径盾构机青年研发团队

范瑞强 任 勇 王朝辉 于钟博 胡 冕

第 17 届"振兴杯"全国青年职业技能大赛铜奖

中铁第四勘察设计院机动院青年研发团队

张银龙 游鹏辉 李成洋 朱 冬 陈荣顺 何 杰

一星级全国青年文明号

中铁十二局集团建筑安装工程有限公司第 21 项目部

中铁十六局集团铁运公司神朔铁路第一运营指挥部

中铁十六局集团地铁公司天津滨海新区轨道交通 B1 线一期九标段项目部集体

中铁第一勘察设计院集团线路运输院轨道设计研究所

中铁第四勘察设计院集团桥梁院第一设计研究所

中国铁建投资集团东铁营棚户区改造和环境整治项目部

中铁建重庆投资集团重庆铁发遂渝公司潼南收费站

(张吟雪)

【全国铁道团委表彰】

全国铁路青年五四奖章

中铁十四局集团有限公司大盾构"京华号"团队

罗 锋 中铁第一勘察设计院集团有限公司地质工程师

全国铁路向上向善奖项

姜 伟 中铁十四局集团有限公司团委书记

侯世磊 中铁十四局集团四公司江西区域项目群指挥长兼绍兴 329 国道项目部项目经理

魏 哲 中铁十四局集团穗莞深项目部工程部长、副总工兼盾构架子队副队长

路开道 中铁十四局集团大盾构公司副总经理

王建华 中铁二十三局集团投资公司商务合约部部员

中铁二十五局集团五公司"铁建小五"志愿服务队

全国铁路青年岗位能手

李 伟 中铁十二局集团高原铁路 2 标段一工区项目部工程部部长

张占宇 中国铁建大桥工程局集团二公司上海 S3 公路 6 标段项目测量总监兼测量班班长

王金宇　中国铁建大桥工程局集团三公司黎霍高速公路项目测量员

袁普勇　中铁十八局集团三公司高原铁路3标段项目部斜井工区总工程师

张纪强　中铁二十三局集团大瑞铁路项目部总工程师

杨　帆　中国铁建电气化局集团有限公司

全国铁路尼红奖章

袁普勇　中铁十八局集团三公司高原铁路3标段项目部斜井工区总工程师

杨　帆　中国铁建电气化局集团有限公司

李　伟　中铁第一勘察设计院集团桥隧院新技术研发中心副主任

第8届全国铁路青年科技创新奖

中铁十一局集团有限公司　夏明锬　刘健利　曹　雪　高原铁路隧道高地应力软岩大变形施工技术

中铁十一局集团有限公司　吴　飞　何利江　马林林　高速铁路接触网腕臂智能预配关键技术研究

中铁十二局集团有限公司　王仲达　李　辉　黎　旭　高寒地区洞口边仰坡生态微生物修复技术

中铁十二局集团有限公司　李向平　闫国英　周　鑫　超大埋深极高地应力隧道岩爆产生演化机理及安全防控关键技术

中铁十二局集团有限公司　吴燕升　王仲达　韩大鹏　高海拔超长超大埋深钻爆法智能建造关键技术及装备

中铁十四局集团有限公司　陈　爽　刘善福　房新胜　高铁大直径泥水盾构穿越城市核心区施工关键技术

中铁十五局集团有限公司　郭　军　肖　勇　李学浩　隧道无人化立拱钻锚注一体化作业关键技术及装备研究

中铁十八局集团有限公司　杨　磊　冯　飞　姚钰朋　铁路隧道仰拱滑模施工技术

中铁二十局集团有限公司　李曙光　吕富兴　卢　盼　高原铁路隧道"挖、装、运"新能源装备

中国铁建电气化局集团有限公司　郑玉糖　郭晓巍　孙　强　高速铁路接触网智能三型装备研制及应用

中铁第四勘察设计院集团有限公司　李路遥　任西冲　张　泽　高速铁路板式无砟轨道精调测控装备及平台

全国铁路五四红旗团委

中国铁建大桥工程局集团有限公司团委

全国铁路五四红旗团支部

中铁十六局集团北京公司昆明地铁项目团支部

全国铁路优秀共青团员

林鸿泉　中铁二十五局集团四公司南玉铁路项目部测量主管、一级职员

全国铁路优秀共青团干部

姜　伟　中铁十四局集团有限公司团委书记

全国铁路优秀志愿者

中铁十六局集团地铁公司雷锋志愿服务队

中铁二十二局集团有限公司青年志愿服务队

刘　涛　中铁十六局集团二公司小车队队长

王　艺　中铁二十二局集团有限公司团委副书记

全国铁路青年安全生产示范岗

中铁二十四局集团南沿江城际铁路2标段项目部青年安全生产管理团队

中铁城建集团二公司第一项目部

春运立功竞赛奖项

中铁二十四局集团安徽公司G105姚李至戚家桥段改建工程上跨宁西铁路工程项目部

孙智琦　中铁二十四局集团萧山区风情大道改建（金城路—湘湖路）穿越沪昆绕行线立交工程项目部

（张吟雪）

【中国铁建团委表彰"两红两优"】　2022年，股份公司团委开展中国铁建第10届"十大杰出青年""十佳青年技术能手"评选；五四期间集体表彰195项，个人表彰235项，其中青年文明号85个、青年岗位能手103人、五四红旗团委57个、五四红旗团支部53个、优秀共青团员66人、优秀共青团干部66人。

中国铁建第10届"十大杰出青年"

周东平　中国土木工程集团尼日利亚公司经营部总经理

夏明锬　中铁十一局集团高原铁路项目副总工程师、技术分中心主任

吴燕升　中铁十二局集团四公司副总经理、川藏铁路2标段二工区项目部经理

郑建广　中铁十四局集团二公司副总经理

姜　威　中铁十六局集团一公司阜阳片区项目经理

张正龙　中铁十八局集团四公司副总经理兼华东管理部经理

李双来　中铁建设集团中老铁路国外段项目经理

黄　勇　中铁第一勘察设计院集团高原铁路执行总设计师、指挥部副指挥长、地路院副院长

李　博　中铁第五勘察设计院集团线路运输设计研究院院长、党委副书记

周济民　中国铁建国际集团欧亚区域公司副总经理、总工程师

中国铁建第10届"十佳青年技术能手"

周法庭　中铁十一局集团城轨公司大盾构一队

队长

张占宇　中国铁建大桥工程局集团二公司上海S3公路项目测量总监

孙　伟　中铁十四局集团隧道公司北京地铁8号线3期项目盾构副经理

彭　仑　中铁十六局集团五公司昌赣客专赣州赣江特大桥总工程师

王新泽　中铁十八局集团二公司汉巴南铁路项目部总工程师

李兆龙　中铁二十三局集团一公司成绵苍巴高速公路项目七分部技术负责人

黄三畏　中国铁建电气化局集团南方公司中老铁路磨万段项目信号室内技术负责人

向　亮　中铁第一勘察设计院集团高原铁路隧道专业负责人、配合施工队队长、桥隧院高原所总工程师

周家中　中铁第四勘察设计院集团综合交通规划研究中心副主任、线站院副总规划师

宋海鹏　中国铁建重工集团制造总厂智能一班副班长

中国铁建青年文明号

中国土木工程集团秘鲁分公司

中铁十一局集团华东公司爱心银行志愿者服务队

中铁十一局集团四公司保定城中村改造项目部

中铁十一局集团汉江重工公司装备制造厂

中铁十一局集团电务公司常德高铁枢纽站项目部

中铁十二局集团西南艰险山区万米长隧开挖创新专项攻坚技术团队

中铁十二局集团天津地铁6号线五工区项目部

中铁十二局集团七公司31113项目一分部

中铁十二局集团海南公司万宁分公司万宁凤凰台项目部

中铁十二局集团粤桂黔高铁经济带合作试验区(广东园)中线公路工程工贸大道段二期项目部

中国铁建大桥工程局集团二公司天津地铁8号线一期工程5标段项目部

中国铁建大桥工程局集团六公司长春城市轨道交通7号线一期工程二工区项目部

中国铁建大桥工程局集团建筑公司装配式建筑生产基地

中国铁建大桥工程局集团设计研究院工程技术研究中心(BIM技术中心)

中铁十四局集团日照岚山疏港铁路工程项目部

中铁十四局集团五公司架梁分公司

中铁十四局集团隧道公司郑州轨道12号线项目部

中铁十四局集团建筑公司莱芜项目群

中铁十五局集团一公司乐西高速项目部

中铁十五局集团二公司杭甬项目部

中铁十五局集团四公司云临项目部

中铁十五局集团路桥公司重庆东环项目部

中铁十六局集团二公司新疆TBM施工班组

中铁十六局集团三公司江阴长山大道快速化改造项目部

中铁十六局集团四公司保定城中村改造项目部

中铁十六局集团涞源国家跳台滑雪训练科研基地项目部

中铁十七局集团抢险救援队

中铁十七局集团勘察设计院建筑与市政设计公司

中铁十七局集团电气化工程公司拉林项目部

中铁十七局集团中心医院超声科

中铁十八局集团国际公司海外隧道项目部

中铁十八局集团四公司江东大道提升改造工程项目部

中铁十八局集团五公司1851项目部

中铁十八局集团隧道公司十堰市中心城区水资源配置工程4标段项目部

中铁十九局集团一公司新疆TBM项目部

中铁十九局集团二公司沪苏湖项目部

中铁十九局集团六公司沙特NEOM新城隧道支洞项目部

中铁十九局集团矿业公司太钢袁家村铁矿项目部

中铁二十局集团二公司银昆高速公路LJ09-2标段项目部

中铁二十局集团三公司六号园区、华勤项目部

中铁二十局集团长安重工公司轨道装备事业部电机车班组

中铁二十一局集团三公司拉日高速八标段项目部帕当山隧道队

中铁二十一局集团五公司东乡县沿洮河经济带开发建设EPC总承包项目部三分部

中铁二十一局集团运管公司几内亚达圣铁路项目部调度部

中铁二十二局集团二公司紫金桥项目部

中铁二十二局集团苏州VII-TS-04标段工程项目部

中铁二十二局集团房地产公司铜陵项目公司

中铁二十三局集团一公司大瑞铁路项目部

中铁二十三局集团三公司成绵苍巴项目部13分部

中铁二十三局集团信息化管理中心

中铁二十四局集团安徽公司红铁连青年志愿者服务总队

中铁二十四局集团桥梁建设公司铺架分公司

中铁二十四局集团高原铁路沪藏绿色小镇运管

团队

中铁二十五局集团一公司白云站项目部

中铁二十五局集团四公司宾南高速公路项目部

中铁二十五局集团大湾区公司广州市轨道交通十号线项目部

中铁建设集团南方公司厦门北站项目部

中铁建设集团机电安装公司智慧机电产业研发中心

中铁建设集团华中投资建设指挥部

中国铁建电气化局集团衢宁铁路浙江段四电系统集成项目部

中国铁建电气化局集团北京京燕饭店物业服务中心餐厅服务班组

中国铁建电气化局集团康远新材料公司市场营销部

中国铁建港航局集团总承包分公司博罗县城镇生活污水基础设施统筹建设工程项目部

中国铁建港航局集团新能源分公司大连庄河海上风电项目部

中国铁建房地产集团南沙投资发展公司投资拓展中心

中国铁建房地产集团中南公司合肥萃语云筑项目组

中铁第一勘察设计院集团电化院接触网大数据智能分析专题研究小组

中铁第一勘察设计院集团"一带一路"海外建设青年技术团队

中铁第四勘察设计院集团城市地下空间技术研发中心团队

中铁第四勘察设计院集团投资创新青年先锋队

中铁第五勘察设计院集团线路运输设计研究院经调设计所

中铁第五勘察设计院集团北京铁城高原铁路CZSCJL－2标段监理项目部

中铁上海设计院集团上海市域铁路示范区线项目组

中铁上海设计院集团洋吕铁路总承包项目部

中铁物资集团西南公司西藏分公司

中铁物资集团华南公司广州分公司

中国铁建重工集团高新装备公司昆维通公司郑州线路清筛项目部

中国铁建重工集团新疆公司高端农机研究设计院基础结构研究设计所

中国铁建重工集团生产保障系统掘进机总厂TBM班

中铁城建集团财务共享服务中心

中铁城建集团南昌公司汤阴张庄安置房项目部

中铁城建集团总承包分公司第1项目部

中国铁建投资集团山东京沪高速公路济乐公司监控中心

中国铁建投资集团冀中公司青年创新小组

中国铁建昆仑投资集团遂德高速公路总承包指挥部

中国铁建五四红旗团委

中国土木工程集团尼日利亚公司团委

中铁十一局集团一公司团委

中铁十一局集团二公司团委

中铁十一局集团五公司团委

中铁十一局集团房地产公司团委

中铁十二局集团高原铁路项目公司团工委

中铁十二局集团湘潭铁路工程学校团委

中国铁建大桥工程局集团五公司团委

中国铁建大桥工程局集团六公司团委

中铁十四局集团有限公司团委

中铁十四局集团四公司团委

中铁十四局集团电气化公司团委

中铁十四局集团市政分公司团委

中铁十五局集团一公司团委

中铁十五局集团城建公司团委

中铁十五局集团城轨公司团委

中铁十六局集团五公司团委

中铁十六局集团轨道公司团委

中铁十六局集团地铁公司团委

中铁十七局集团一公司团委

中铁十七局集团物资公司团委

中铁十七局集团中心医院团委

中铁十八局集团二公司团委

中铁十八局集团三公司团委

中铁十八局集团物贸公司团委

中铁十九局集团五公司市政第一项目管理部团委

中铁十九局集团矿业公司江达分公司团委

中铁二十局集团六公司团委

中铁二十一局集团二公司团委

中铁二十二局集团有限公司团委

中铁二十二局集团一公司团委

中铁二十二局集团五公司团委

中铁二十二局集团天瑞公司团委

中铁二十三局集团有限公司团委

中铁二十三局集团一公司团委

中铁二十三局集团六公司团委

中铁二十四局集团浙江公司团委

中铁二十四局集团福建铁路建设公司团委

中铁二十五局集团三公司团委

中铁二十五局集团五公司团委

中铁二十五局集团西北分公司团委

中铁建设集团物资公司团委

中铁建设集团基础设施事业部团委
中国铁建电气化局集团一公司团委
中国铁建电气化局集团五公司团委
中国铁建港航局集团四分公司团委
中国铁建房地产集团西南公司团委
中铁第一勘察设计院集团环设院团委
中铁第四勘察设计院桥梁院团委
中铁上海设计院集团有限公司团委
中铁物资集团东北公司团委
中国铁建重工集团高新装备公司团委
中国铁建重工集团隆昌公司团委
中铁城建集团一公司团委
中铁城建集团北京公司团委
中国铁建投资集团公路运营公司团委
中国铁建昆仑投资集团重庆投资生态环境公司团委

中国铁建五四红旗团支部

中国土木工程集团东非公司马古富力大桥(姆万扎地区)项目部团支部
中铁十一局集团一公司襄阳内环线改造项目部团支部
中铁十一局集团建安公司秦园路风塔项目部团支部
中铁十一局集团武汉重型装备公司团总支
中铁十二局集团一公司滁宁城际二期项目部团支部
中铁十二局集团乐清市城西大道工程二期 EPC 总承包项目部团支部
中国铁建大桥工程局集团一公司杭衢铁路 1 标段项目部团支部
中国铁建大桥工程局集团三公司天津轨道交通 B1 线 12 标段项目部团支部
中铁十四局集团二公司沪苏湖铁路项目部团支部
中铁十四局集团三公司石河子市政管理中心团支部
中铁十五局集团二公司咸九高速公路项目部团支部
中铁十五局集团五公司苍巴高速项目部团支部
中铁十五局集团轨道交通运营公司朔黄铁路运输处内燃团支部
中铁十六局集团一公司曼大一标项目部团支部
中铁十六局集团置业公司江西京诚公司团支部
中铁十六局集团城发公司郑许市域铁路第五项目部团支部
中铁十七局集团四公司青白江项目部团支部
中铁十七局集团电气化公司拉林项目部团支部
中铁十七局集团城建公司海垦·桃花源项目部团支部
中铁十八局集团一公司深汕西改扩建项目部团支部
中铁十八局集团产业发展公司浙江盛天建设开发公司团支部
中铁十八局集团投资公司宁德项目部团支部
中铁十九局集团三公司大永高速 A3 标段项目部团支部
中铁十九局集团轨道公司深圳地铁 16 号线五工区项目部团支部
中铁二十局集团五公司云南楚大高速公路扩容工程土建项目部团支部
中铁二十局集团中铁建安工程设计院团支部
中铁二十一局集团路桥公司潍坊站南广场二标段项目部团支部
中铁二十一局集团德盛和置业公司济南公司团支部
中铁二十二局集团新建城际铁路联络线一期工程站前 3 标段项目部团支部
中铁二十二局集团三公司绍兴 308 省道智慧快速路项目部团支部
中铁二十三局集团二公司绥大高速公路项目部团支部
中铁二十三局集团轨道公司蜀翔项目部团支部
中铁二十四局集团上海铁建工程公司线路分公司团支部
中铁二十四局集团西南公司重庆东环铁路项目部团支部
中铁二十五局集团五公司青岛地铁四号线 13 工区项目部团支部
中铁二十五局集团电务公司黄埔有轨电车 2 号线项目部团支部
中铁建设集团装饰公司西南区域团支部
中铁建设集团建筑科技公司新产业团支部
中国铁建电气化局集团五公司成都地铁维管项目联合团支部
中国铁建电气化局集团轨道交通器材公司第一团支部
中国铁建港航局集团三分公司东营港十万吨航道工程项目部团支部
中国铁建房地产集团物业公司合肥中心城市公司团支部
中铁第一勘察设计院集团线路运输院站二所团支部
中铁第四勘察设计院集团工程勘察研究院第二联合团支部
中铁第五勘察设计院集团桥梁设计研究院团支部

中铁第五勘察设计院集团浙江分院团支部
中铁上海设计院集团合肥院团支部
中铁物资集团工业公司第二团支部
中国铁建重工集团研发经营系统第二团支部
中国铁建重工集团总部机关团支部
中铁城建集团南昌公司第二项目部团支部
中铁城建集团总承包分公司第四项目部团支部
中国铁建投资集团置地公司团支部

中国铁建青年岗位能手

段海伟 黄 威 何健灵 粟 彬 李功义
林 宗 寇志鹏 乔宏斌 任 毅 王 伟
任 阔 张文龙 蒋 麟 左从兵 范德统
白一凡 王孟孟 李燕语 孙福平 孙丹丹
谢国富 岳子莎 刘 喆 齐少华 汪 健
孙福浩 马鹏程 安海宇 苏卫国 刘 凯
冯鹏飞 段 伟 卢克晖 徐新波 刘松涛
张瑞杰 王 健 孙 松 何云涛 张 宇
李晓东 吴登跃 杨 钰 张函伟 刘文俊
何延龙 管鹏飞 王岭积 倪 楠 周 金
王云鹏 李星德 徐海文 刘 锋 马琛琛
李金城 李成宇 杨 鑫 张千宏 徐 涵
乔立敏 付骄阳 刘伟伟 徐 键 孙 鹏
朱龙海 劳开拓 杨延明 张 昊 马世杰
周根郑 陈天宇 赵 宁 杨 超 王纪玉
陈 鑫 王 坤 唐永芳 浦仕浩 谢 昊
莫智坤 郭晓康 刘国冰 邹文锋 吴志明
王 棋 柳亚云 任柏男 李兴钧 邢高超
黎永生 马生周 段承成 张 鑫 谭帮文
刘 玄 何小飞 张邵华 李庚新 胡佳丽
汤雪梅 吴瑞竹 杨 梅

中国铁建优秀共青团干部

李 龙 王佳凯 欧阳昊 何 钐 李 煜
胡乙茗 张 婷 雷元亮 王宁吉 王星星
王 昕 张琬莹 沈利军 段浩利 张艺献
陈 宁 刘雪松 严 锐 苏 燕 郭斌孝
李 覃 郭 敏 孙洪洲 井高辉 王莉莉
郜 帆 杜 磊 黄 瑶 王超平 吴圣夺
罗忠竖 权 航 程 盼 卢兴国 孟凡瑞
于 泽 李京瑶 岳 飞 何 浩 刘 帅
虞 跃 王志斌 李倩倩 刘英杰 崔云杰
王 强 苏闽晋 郭陶然 李 丽 姜 萍
王生政 刘 浩 江天一 陈 琳 赵宇星
王 挺 杨善统 李 唐 周传彬 刘春园
尹建军 李其洲 孙 鑫 游普良 孙宝京
张锋锐

中国铁建优秀共青团员

肖以理 孙海洋 黄轶夫 高文涛 李奉霖
马秦元 韩清江 肖 钊 昝建友 王扣子
陈云竹 吕华翔 李 潇 张海振 黄语薇
刘强富 胡浩添 刘东明 郭雪晴 赵 峰
李 鑫 张帅杰 赵泽学 傅晓宇 张焱鑫
于小芮 陈晓明 陈兴林 单 菲 邢 欢
牟皓月 张成成 苏倩倩 毕来宾 许承志
李之易 杨淳皓 邹 宇 袁茂林 葛亚歌
游财添 郑锦珉 张忠硕 高 均 董 慧
王雅琪 郝利璇 李文健 杜美罡 张恒溢
薛培涛 苏展恒 钱媛洁 张秋林 尹鹏辉
苏昳文 田 源 汪梦迪 刘天赐 吴冰强
夏国庆 孔德俊 李家发 苏 安 陈 泽
于福帝

（张吟雪）

·新闻媒体·

【新闻中心（中国铁道建筑报社）】 2022年是新闻中心（中国铁道建筑报社）组建的第一年，也是《中国铁道建筑报》由周三刊改为周一刊的第一年。新闻中心（中国铁道建筑报社）主要负责《中国铁道建筑报》出版发行、公司官网、官微等17个新媒体平台的运营等，定员17人，下设总编室、信息综合处、政工评论处、新媒体处、影视传媒处。 （邹 静）

【重点宣传】 新闻中心（中国铁道建筑报社）坚持把学习贯彻习近平新时代中国特色社会主义思想和党的二十大精神放在首位，《中国铁道建筑报》开辟“奋进新征程 建功新时代”“党旗映照新征程”“沿着总书记的足迹”“二十大精神在基层”等20个专栏，刊发消息、评论、实践报告、图片报道等100多篇（幅）。网站和新媒体开设7个专题，推出“学习党的二十大”答题活动，开辟“党的二十大精神进企业”等相关报道。全媒体发声、多角度展示、系统联动，成为新闻中心（中国铁道建筑报社）将政治理论宣传与生产实践相结合深化新闻报道的突出特点与亮色。 （邹 静）

【平台运营】 《中国铁道建筑报》全年出版62期，增刊10期，刊发260个版。8月25日，开通知乎账号，进一步加强融媒体矩阵建设。中国铁建Facebook、Twitter账号粉丝分别为23.7万人、7.1万人，阅读总量超过3000万次，互动总量突破380万次，创造历史新高。2022年，在中国企业新媒体指数榜单和中央企业新媒体指数榜单中分列第8位和第7位。 （邹 静）

【获国家和省部级荣誉】 中宣部、中国记协发布

2022年“新春走基层”活动表彰决定:《中国铁道建筑报》社长、总编辑王利获评中央新闻单位先进个人;《中国铁道建筑报》新闻部获评全国性行业类媒体先进集体。在第34届中国经济新闻奖获奖作品中,《世界首条环沙漠铁路闭环》获融合报道类一等奖。新闻中心(报社)获第九届“国企好新闻”组织奖,获奖作品中,“我们这十年@坐标中国”主题宣传获特别奖;通讯《北斗+高铁:两大重器加速融合》、评论《于无形处治隐患》获文字类三等奖;摄影《铁建视点竞芳华——广州南沙明珠湾大桥正式通车》获影音类二等奖。“‘滴灌式属地传播’铸就非洲顶级品牌”获评“2022中国企业国际形象建设十大优秀案例”。（邹 静）

纪检工作

【中国铁建股份有限公司纪委】 中国铁建股份有限公司监督、执纪、问责组织,履行党的纪律检查职能。中国铁建股份有限公司(以下简称公司)纪委,在公司党委和中央纪委国家监委驻国务院国资委纪检监察组双重领导下开展工作,纪检业务以上级纪委领导为主。主要职责:维护党的章程和党内其他法规,检查党的路线、方针、政策、决议和国家法律法规以及企业规章制度的执行情况,协助党委加强党风建设和组织协调反腐败工作;监督党员领导人员行使权力,检查和处理管理权限内的领导人员违纪案件;受理党员控告、申诉,保障党员权利,为企业改革发展和稳定提供纪律保证。

2022年,股份公司纪委领导任职及组织机构设置情况:纪委书记李春德,纪委副书记钱桂林。定员16人;下设纪委办公室,主任1人,定员5人;信访审理室,主任1人,定员4人;执纪审查室,主任1人,副主任1人,定员7人。机构等级与总部其他部门相同。

（汪兵兵）

【强化理论武装】 2022年,中国铁建各级纪委主动把学习宣传贯彻党的二十大精神作为当前和今后一个时期的首要政治任务,坚持以习近平新时代中国特色社会主义思想为指导,严格落实“第一议题”制度,深刻领悟“两个确立”决定性意义,进一步增强“四个意识”、坚定“四个自信”、做到“两个维护”。坚持学原文悟原理。各级纪委按照“全面学习、全面把握、全面落实”要求,迅速掀起学习宣传贯彻党的二十大精神热潮。纪检干部原原本本、认真研读党的二十大报告、党章修正案和中央纪委工作报告,充分运用《党的二十大报告辅导读本》等学习资料,通过多种形式,深刻领会精神实质,全面把握内涵要求,持续深化理论武装,不断提高政治意识、政治站位。坚持学深悟透做实。公司纪委结合实际,印发学习贯彻党的二十大精神工作方案,明确内容、列出清单、提出要求。各级纪委积极参加宣讲报告会,通过深入基层宣讲、举办知识竞赛、召开专题会议、开辟网站专栏等方式,引导纪检干部深入研讨交流、畅谈学习体会,互学互鉴、共同提高,切实用党的二十大精神武装头脑、指导实践、推动工作。

（汪兵兵）

【强化政治监督】 2022年,各级纪委不断增强政治自觉,强化政治引领,始终把加强政治监督摆在重要位置。加强对习近平总书记重要指示批示精神和党中央重大决策部署贯彻落实情况监督。协助并督促各级党委立足新发展阶段,完整、准确、全面贯彻新发展理念,积极服务和融入新发展格局,推动企业高质量发展。公司纪委突出强化政治监督,深入中铁城建集团有限公司等15家单位,对落实“十四五”规划、国企改革三年行动、科技创新、安全生产、乡村振兴帮扶等重点工作督促检查,压紧压实政治责任。加强对防范化解重大风险监督。协助并督促公司党委开展境外业务专项整治和境外“违规投资经营”专项治理,督促落实境外直派财务负责人制度,对中国土木工程集团有限公司等10余家单位开展境外业务整治情况监督检查,切实维护境外国有资产安全。督促推动专项整治工作落实见效。协助并督促公司党委研究部署开展“严肃财经纪律、依法合规经营”综合治理专项行动,强化过程督导检查,推动专项行动取得实效。牵头协调推进靠企吃企专项整治“回头看”工作,召开专题会议,开展全系统问题线索“大起底”,严肃查处靠企吃企典型问题,推动专项整治工作取得显著成效。督促推进重大项目建设。各级纪委围绕CZ铁路、JM融合项目等国家重大项目、重点工程进行监督,为更好服务国家发展提供坚强保障。公司纪委与多J种建立廉洁风险联防联控机制,联合开展监督检查和巡视巡察,着力抓好问题整改。督促有关单位纪委加快查处国家审计移交的问题线索,完成国铁集团下达重点铁路项目审计整改任务。CZ线参建单位纪委主动与业主开展“廉洁示范线”建设,着力打造优质工程、阳光工程、廉洁工程。

（汪兵兵）

【全面从严治党】 2022年,加强对“一把手”和领导班子监督。认真落实《关于加强对“一把手”和领导班子监督的意见》,制定出台《党委书记同下级“一把手”谈话的工作意见》,紧盯苗头性、倾向性问题开展谈话提醒、批评教育,让“红脸出汗”成为常态。全年公司党委书记、纪委书记分别同下级“一把手”谈话148人次、96人次，传导压力、压实责任。协助并督促党委稳步推进企业领导人员兼任下属单位“一把手”专项清理工作，清理兼职人员25人、兼职职务32个，规范领导人员履职行为。坚持做好政治生态分析研判，每半年开展全系统信访举报数据分析，认真梳理党的十九大以来查处“一把手”违纪违法案件的特点、规律，提出加强对“一把手”和领导班子监督的工作建议，提高日常监督精准度、有效性。加强对选人用人监督。各级纪委全程参与对干部选拔任用的提名酝酿、考察监督，及时更新完善领导干部廉政档案，全年出具党风廉政意见1507人次，其中股份公司纪委出具党风廉政意见356人次。公司纪委派员对107人次拟提拔干部考察监督，对首席专家、专家复审、二级单位总会计师、股份公司总部招聘等专项监督。对拟提拔的12人有关问题线索及时组织核查，其中6人暂缓提拔。落实干部任前廉洁谈话，全年公司纪委开展任前廉洁谈话48人次，所属二、三级单位纪委开展任前廉洁谈话10025人次，不断筑牢拒腐防变思想防线。坚持抓早抓小、防微杜渐。充分运用监督执纪“第一种形态”和“第二种形态”，把抓在日常、严在平常要求寓于日常监督之中。各级纪委精准运用监督执纪“四种形态”处理3149人次，其中，运用第一、第二种形态，约谈函询、批评教育及党纪轻处分、组织调整2937人次，占比93.3%。（汪兵兵）

【创新监督方式】 持续推进工程项目纪检监督。调研了解相关单位贯彻落实《关于加强工程项目纪检监督的指导意见》进展情况，召开工作推进会，统一思想、交流经验、明确目标，督促制定实施细则，配齐配强工程项目纪检负责人，鼓励大胆探索设置片区纪检专员，确保制度建设和人员配备“两个到位”，着力打通基层项目监督“最后一公里”。深入推进“大数据”监督试点。指导中铁建设集团有限公司积极开展“大数据”监督试点，推进现代信息技术与监督执纪工作有机融合，在劳务招标、设备物资采购租赁、验工计价等方面及时预警、跟进监督，取得积极成效。召开“大数据”监督推进会，总结经验做法，督促所属各单位积极开展“大数据”监督可行性研究，推动全系统“大数据”监督工作迈出坚实步伐。（汪兵兵）

【腐败治理】 2022年，各级纪委始终坚持严的主基调不动摇，一体推进不敢腐、不能腐、不想腐体制机制建设。强化“不敢腐”的震慑。全年全系统受理来信来访1057件，处置问题线索1803件，初核1612件，立案915件，结案892件，给予党政纪处分1669人，刑事处理20人。公司纪委本级处置问题线索74件，初核17件，谈话函询13件，立案7件，结案4件，给予党政纪处分11人。通过加大执纪审查力度，有效减存量遏增量，形成强大震慑，企业风气持续向善向好。扎紧“不能腐”的笼子。针对日常监督检查、执纪审查、巡视巡察中发现的突出问题，出台《业务招待合规管理实施细则》等30余项制度办法，健全完善规章制度，有效堵塞管理漏洞。公司纪委制定《“行贿人黑名单”管理办法（试行）》，加大对行贿行为惩治力度，着力斩断“围猎”利益链，推动营造公平竞争环境。筑牢“不想腐”的堤坝。每年召开警示教育大会，公开通报曝光突出问题和典型案件。组织开展以“责任重于能力　自律胜于他律”为主题的反腐倡廉宣传教育月活动，各单位组织学习“优秀项目经理韦昌学”先进事迹5020场次，举办项目经理谈廉洁座谈会3626场次，组织参观廉政教育基地1650场次，征集廉洁短信4万余条、廉洁家书5000余份。通过形式多样宣教活动，营造浓厚崇廉尚廉氛围。（汪兵兵）

【持续纠治“四风”】 2022年，各级纪委始终把中央八项规定精神作为长期有效的铁规矩，以钉钉子精神纠“四风”树新风。持之以恒纠治享乐主义、奢靡之风。紧盯关键部位，严肃查处违规公车私用、违规发放津补贴、违规收送节礼等问题，严肃查处各级食堂、接待餐厅大吃大喝、铺张浪费行为，坚决纠治歪风邪气，大力弘扬新风正气。紧盯重要节点，在重大节日时点，印发提醒通知、编发廉洁信息、展播违反中央八项规定精神典型案例、推送优秀廉洁短信、开展警示教育，营造清廉过节浓厚氛围。全系统采取突击检查、明察暗访等方式，派出检查组2354个，抽查单位（项目）5291家，查处违反中央八项规定精神典型问题12个，给予党政纪处分14人次。深入整治形式主义、官僚主义。紧盯工作中层层加码、麻痹松懈、任性用权、不担当不作为等问题，科学精准靶向整治。坚决纠治侵害职工群众切身利益行为，督促相关单位加大对巡视中发现的拖欠职工工资、五险一金等问题整改力度。全系统形式主义、官僚主义得到有效纠治，企业风气持续向好。（汪兵兵）

【巡视巡察及整改落实】 2022年，各级党委、纪委深入学习贯彻习近平总书记关于巡视工作重要论述，精准落实政治巡视要求，持续深化巡视整改和成果运用，健全完善巡视巡察上下联动机制，高质量推进巡视巡察向纵深发展。如期完成常规巡视全覆盖任务。2022年，公司党委成立6个巡视组，采取“一托三”方式，对中国土木工程集团有限公司等18家所属单位党委开展常规巡视。至此，党的十九大以来，公司党委完成对49家所属单位党委常规巡视，完成巡视全覆盖任务。扎实推动巡视整改。印发《关于进一步强化巡视整改和成果运用的实施办法》，健全完善"党委统揽牵头改、纪组联合督查改、职能监管常态改、被巡单位全面改"工作机制，抓好巡视整改和成果运用。坚持向分管领导班子成员通报巡视发现的突出问题，全年向总部职能部门移交巡视发现问题1013个，督促职能部门加强日常监管，深化系统治理，推动解决相关行业领域深层次问题。加强对巡视整改情况监督检查。公司纪委严格审核47家二级单位落实"违规挂靠"专项巡视整改情况报告，对13家二级单位重点督查，所属二、三级单位派出308个督查组对1100个单位（项目）监督检查，有力推动巡视巡察整改取得实效。（汪兵兵）

【纪检队伍建设】 2022年，各级纪委坚决落实打铁必须自身硬要求，努力做到政治过硬、本领高强。持续加强自身建设。全系统组织纪检干部以干代训982人次，开展纪检干部内部培训7645人次，选调业务骨干到上级单位协助工作5人次。持续开展二级单位纪委履职专项考核，督促纪检干部履职尽责、担当作为。加大纪检干部交流力度，全年提拔或交流二级单位纪委书记20人次，考察二级单位纪委副书记7人。不断提升规范化水平。在全系统开展案件质量评查活动，不断提升案件办理质量，坚决防止和纠正"有案不查""一函了之""纸面执行"等突出问题。出台《处理检举控告工作实施办法（试行）》《案件审理工作办法》，有效规范处理检举控告和案件审理程序，提升纪检工作规范化、标准化水平。坚决防止"灯下黑"。对执纪违纪者"零容忍"，严肃查处纪检干部违规违纪违法行为，全系统办理反映纪检干部问题线索13件，处理15人。（汪兵兵）

【党风廉政建设和反腐败工作会议】 2022年1月26日，中国铁建党风廉政建设和反腐败工作会暨警示教育大会在中国铁建大厦三层报告厅召开。中国铁建党委书记、董事长汪建平发表讲话，总裁、党委副书记、执行董事庄尚标主持会议，党委常委、纪委书记李春德做题为《弘扬建党精神　勇于自我革命　坚定不移推进全面从严治党向纵深发展》的工作报告，党委副书记、执行董事陈大洋传达党的十九届中央纪委六次全会、国务院国资委党风廉政建设和反腐败工作会暨警示教育大会精神，党委常委、执行董事兼总法律顾问、首席合规官刘汝臣通报2021年常规巡视、违规挂靠专项巡视情况，党委常委、总会计师王秀明通报2021年执纪审查情况。中国铁建党委常委、副总裁李宁、汪文忠、刘成军、王立新、倪真、赵佃龙出席会议，总部部门副职（含）以上人员，党委巡视办，纪委全体人员，各二、三级单位领导班子成员，部门主要负责人及以上人员，党委巡察办，纪委全体人员参加会议。（汪兵兵）

2022 年 1 月 18 日，铁建发展举办庆祝成立两周年暨“生态铁建 · 绿色发展”专题笔会。　（姜树人　摄）

工会工作

【中国铁建工会】 中国铁建股份有限公司(以下简称公司)工会同时履行公司总部机关工会职能,在股份公司党委领导下,依据《中华人民共和国工会法》《中国工会章程》《中国铁建股份有限公司章程》独立自主地开展工作。动员和组织职工参加企业的改革和生产经营管理活动,代表和组织职工参与企业民主管理;民主监督企业领导人员和经营管理人员履行职责情况;教育职工不断提高道德修养和科学文化素质,建设“四有”职工队伍;维护职工合法权益;负责全国和省(部、市)劳动模范和各类先进的评选、推荐、审核,以及公司劳动模范的评比、表彰工作;负责公司总部机关工会日常工作。下辖中国铁建东北、华北、中原、华中、华东、华南、西南、西北总部工会,工程总承包部工会(筹),川藏铁路工程指挥部工委,中国土木工程集团有限公司工会,中铁十一局集团有限公司工会,中铁十二局集团有限公司工会,中国铁建大桥工程局集团有限公司工会,中铁十四至二十五局集团有限公司工会,中铁建设集团有限公司工会,中国铁建电气化局集团有限公司工会,中国铁建港航局集团有限公司工会,中国铁建房地产集团有限公司工会,中铁第一、第四、第五勘察设计院集团有限公司工会,中铁上海设计院集团有限公司工会,中铁物资集团有限公司工会,中国铁建重工集团股份有限公司工会,中国铁建国际集团有限公司工会,中铁城建集团有限公司工会,中国铁建投资集团有限公司工会,中国铁建昆仑投资集团有限公司工会,中铁建资本控股集团有限公司工会,中国铁建财务有限公司工会,中铁建商务管理有限公司工会,中铁磁浮交通投资建设有限公司工会,中铁建华南建设有限公司工会,中铁建国际投资有限公司工会,中铁建发展集团有限公司工会,中铁建华北投资发展有限公司工会,中铁建南方建设投资有限公司工会,中国铁建股份有限公司党校(北京培训中心)工会,中铁建锦鲤资产管理有限公司工会,直属机关工会。下设工会工作部。股份公司工会另设体协理事会、工会经费审查委员会、女职工委员会。 (李 红 彭清平)

【工会工作部】 主要职责:贯彻执行全国总工会、铁路总工会、股份公司党委重要会议精神和重要工作部署,协调和督促股份公司工会重要工作部署与要求的落实;推进平等协商和集体合同制度落实,依法维护职工劳动经济权益,构建和谐劳动关系;推进职工代表大会制度、企务公开和职工董事、职工监事制度等企业民主管理制度的落实,保障职工民主权利;组织和动员职工积极参与企业改革和建设,组织开展劳动竞赛、合理化建议、技能培训、技术革新等活动,培育工匠人才,总结推广先进经验,组织好先进集体和劳动模范的评选、表彰、推荐、管理和服务工作;加强对职工的政治引领和思想教育,教育职工践行社会主义核心价值观,提高思想道德素质、科学文化技能素质;负责工会劳动保护管理,组织开展群众性劳动保护监督检查活动;负责指导各级工会开展劳动争议调处和劳动法律监督执行工作;负责指导各级工会开展建家建线活动,不断改善职工工作生活条件;负责建设和完善职工服务保障体系,组织开展帮扶救助等工作;负责工会组织建设,加强工会干部教育管理和培训,建立和发展工会工作积极分子队伍,指导各级工会做好会员的发展、接收、教育和会籍管理工作;负责指导各级工会收好、管好、用好工会经费,管理好工会资产;负责指导各级工会经费审查委员会对同级工会及所属单位工会的经费收支、资产管理等全部经济活动进行审计审查监督;负责全系统女职工工作,维护女职工合法权益和特殊权益;加强工会自身建设,积极建设智慧工会,构建网上工会工作平台,推进学习型、服务型、创新型工会建设步伐;负责火车头体协相关工作;负责机关工会工作。定员 11 人;下设综合处、生产宣教处、组织和女工处、保障财务处。

(李智伟 彭清平)

【中国铁建工会一届十四次全委(扩大)会议】 2022 年 3 月 28—30 日,采取通讯会议方式召开中国铁建工会一届十四次全委(扩大)会议。股份公司工会工作部以电子邮件方式将全委会、经审会工作报告和审议审查意见表发送给全委会委员、经审会委员及相关列席人员,各位委员的审议审查意见以电子邮件方式反馈给股份公司工会工作部。会议传达学习全国总工会十七届五次、铁路总工会十四届十二次全委会议精神(书面);审议工会主席史道泉代表中国铁建工会第一届委员会所做工作报告(书面);审议中国铁建工会第一届经费审查委员会工作报告。 (李 红 张 翀)

【新媒体平台建设】 2022 年,中国铁建工会发挥互联网优势,倾情打造“中国铁建职工 e 家”微信公众号、抖音号、视频号等新媒体平台,同时嫁接“职工电子书屋”“学习强会”“听书、朗读小程序”等各类网上学习平台,链接“铁建惠聚”“丝路有约”“智慧心理”“在线问诊”等网上普惠平台,倾力打通相互沟通、相互交流、服务职工的“最后一公里”。“中国铁建职工 e 家”微信公众号粉丝量超45万人,持续位居全国工会新媒体50强,获全国网络正能量新媒体企业工会十佳账号,《朗读汇》栏目既往所有作品被中工网《听听》栏目收入并持续推送。 (于 斌 邓洪生)

【火车头体协工作】 为庆祝毛泽东同志“发展体育运动,增强人民体质”题词70周年,在中国火车头体育协会推荐评选中国火车头体育协会成立70周年先进集体和个人活动中,中国铁建获评先进集体7个、先进个人12名。中国铁建火车头体协在全系统举办全民健身月活动,评选表彰体育先进单位12个、体育先进个人70名。各单位结合全年疫情防控形势,组织开展系列文体活动。中国土木工程集团有限公司、中国铁建大桥工程局集团有限公司、中铁十九局集团有限公司、中铁二十二局集团有限公司、中国铁建港航局集团有限公司、中国铁建重工集团股份有限公司、中铁建商务管理有限公司、中铁磁浮交通投资建设有限公司、中铁建发展集团有限公司、中铁建锦鲤资产管理有限公司、中国铁建股份有限公司党校(北京培训中心)等单位组织篮球赛、乒乓球赛、趣味运动会、健步走等全民健身活动。

7个集体获中国火车头体协成立70周年先进单位

中国铁建大桥局集团株洲桥梁公司
中铁十四局集团建筑公司
中铁十六局集团路桥公司
中铁二十五局集团四公司
中国铁建房地产集团有限公司
中铁第四勘察设计院集团南宁院
中铁建发展集团生态公司

12人获中国火车头体协成立70周年先进个人

滕晓磊 毛 森 梅 禺 关永会 杜嘉俊
赵玉环 温素华 相立群 王庆忠 何 琳
严义京 杨 曦

中国铁建体育先进单位

中国土木工程集团尼日利亚有限公司
中铁十一局集团四公司工会
中铁十二局集团四公司
中铁十四局集团隧道公司
中铁十五局集团运营公司
中铁十六局集团铁运公司
中铁十七局集团六公司厦门应急抢险中心
中铁十八局集团五公司工会
中铁十九局集团六公司
中铁二十局集团六公司
中铁二十一局集团三公司工会
中铁二十三局集团一公司
中铁二十四局集团浙江公司
中国铁建电气化局集团有限公司
中铁第四勘察设计院集团桥梁院
中铁城建集团台球协会

中国铁建体育先进个人

李承洪 南立军 段志文 郭 嘉 张宇莹
李胜佳 张 涛 李 奇 赵 伟 王树成
许 征 祝小辉 刘俊英 郑义鸣 常 丹
王电锁 曾 斌 魏绵峰 王 刚 陈 戈
王非非 王祝平 黄志平 孙 翀 郭 炀
郭雪峰 吴俊强 金学锋 赵福忱 胥繁荣
雷 茹 杨文卉 范金孝 尤红雁 林榕龙
欧阳丽姣 朱 洁 潘伟杰 芮 雷 黄寄扬
董翠峰 寇明旭 张 伟 蒙庆辉 王雪婷
李 滢 耿 明 魏方莉 步文韬 刘智平
韩富财 王凤国 安琪尔 李全伟 杨 曦
张晓新 孟 玺 霍东兴 贺 焱 王文斌
鲁德利 边 涛 李子琪 王 强 董胜英
陈星宇 马占国 台永宏 曹 军 吕向东

(于 斌 邓洪生)

【“喜迎二十大 奋进新征程”系列读书活动】 2022年是党的二十大召开之年,是实施“十四五”规划承上启下的关键之年,为持续推进“书香铁建”建设,推动全员阅读,中国铁建工会面向全系统以“中国铁建职工 e 家”微信公众号为载体组织开展“喜迎二十大 奋进新征程”系列读书活动。通过劳模工匠荐书、线上阅读排位赛、线下读书、线上朗读、读书心得征集展示等活动迅速掀起读书热潮。大力弘扬铁道兵精神,宣传以企为荣、以企为家、以人为本、关怀员工的优秀企业文化。活动期间得到各单位广大员工高度重视和积极参与,其中劳模工匠荐书活动各二级单位上报荐书视频127条,经筛选后,“中国铁建职工 e 家”抖音号发布荐书视频30

条，截至5月31日，荐书视频累计播放量179719次，点赞量11159次，互动留言1125条。根据荐书抖音视频浏览量和点赞数，对排名前十的优秀荐书视频给予表彰奖励；对荐书视频互动留言中点赞数前十的留言者给予表彰奖励。线上阅读排位赛活动54572人参与，其中301人连续阅读打卡100天，获理论最高得分。根据活动各项任务完成累计积分进行个人排名并给予表彰，其中一等奖40名、二等奖80名、三等奖100名。线上朗读活动54572人参与，其中301人连续阅读打卡100天，获得理论最高得分，最高得分人数超过20人的有：中铁十一局集团有限公司91人，中铁十九局集团有限公司36人，中铁第一勘察设计院集团有限公司22人，中铁二十局集团有限公司20人。根据活动各项任务完成累计积分进行个人排名并给予表彰，其中一等奖40人、二等奖80人、三等奖100人。读书心得征集活动1536人次参与，提交读书心得1812篇。经各单位工会推荐、股份公司工会组织评审，表彰优秀读书心得一等奖20人、二等奖30人、三等奖60人。（彭清平）

【中国铁建工会会员管理信息系统项目】 2022年，为落实智慧工会建设要求，按照股份公司信息化建设规划，中国铁建工会开启"工会会员管理系统"建设。该系统涵盖工会组织建设、会员管理、会员关系接转、报表统计、荣誉统计、民主管理、女工工作、困难职工帮扶工作等功能，拟分五个阶段建设完成，与公司一体化平台、铁建通系统实现信息互联互通，会员信息与人力资源系统实现无缝对接。落实工会组织建设相关制度，满足工会会员管理、信息数据收集等相关需求，系统软硬件信息安全满足国家及股份公司相关网络信息安全要求。6月17日，系统项目建设管理组织成立，经过系统建设报告、项目建设意向书、需求说明书和可行性研究报告等前期准备，10月17日通过项目评审，启动建设。（李红张翀）

【工会规章制度修订完善】 2022年，根据国务院国资委党委、全国总工会、铁路总工会印发的工会工作相关规章制度，结合企业发展实际情况，中国铁建工会对33项规章制度修订、完善，其中，工会组织建设、民主管理制度8项，工会生产宣教工作制度8项，工会保障工作制度4项，工会女职工工作制度2项，工会财务工作制度7项，工会经审工作制度4项。修订《中国铁建职工代表大会实施办法》。（李红张翀）

【工会组织建设】 截至2022年底，中国铁建系统职工会员300244人，其中女职工会员63803人。全系统建立工会组织6345个，其中，股份公司工会1个，区域总部、集团公司（公司）工会51个，子公司、分公司工会614个，项目部、工程队、车间工会5679个。（李红张翀）

【工会干部队伍状况与培训】 截至2022年底，中国铁建系统专职工会干部1212人，其中女干部562人，兼职工会干部10584人。全年培训工会干部10364人次，其中培训专职工会干部1184人次，培训兼职工会干部9180人次；4月1日至5月10日，组织2022年中国铁建工会干部履职能力提升线上培训，参培范围涵盖股份公司所属三级以上单位工会干部3802人，3765人完成全部课程学习，通过结业考试；组织参加全国女职工数字技能提升网络培训、2022年度全国铁路基层新任职工会主席网络培训和全国铁路工会组织民管干部网络培训。（李红张翀）

【指导基层工会组织建设】 2022年，指导中国铁建财务有限公司召开工会第一次会员代表大会，正式成立工会组织；指导中国铁建房地产集团有限公司、中国铁建投资集团有限公司、中国铁建昆仑投资集团有限公司召开工会会员代表大会，完成工会换届工作；指导中国土木工程集团有限公司、中铁十一局集团有限公司、中铁十二局集团有限公司等15家单位补选工会主席、工会副主席、经审委主任、女工委主任。（李红张翀）

·生产宣教·

【政治引领和思想教育】 2022年，中国铁建工会围绕党的二十大重要历史节点，深入学习贯彻习近平总书记关于党的群团工作和群团改革的重要论述、关于工人阶级和工会工作的重要论述，以党的创新理论武装职工，充分发挥"学习强会"、职工书屋、"中国铁建职工e家"等平台作用，通过职工读书会、职工演讲、劳模宣讲、知识竞赛、红色观摩等方式，全方位履行工会组织团结引导广大职工听党话、跟党走的政治责任。在“中国铁建职工 e 家”微信公众号开辟“学报告 · 悟思想 · 当先锋”和每日一学专栏,推送党的二十大精神专题学习内容。在全系统组织开展“学习贯彻党的二十大精神”专项答题活动,26.7 万人参与。

(于　斌　邓洪生)

【劳动和技能竞赛】　2022 年,中国铁建工会聚焦重点工程,在济南轨道交通 4 号线工程开展“大干一百天,喜迎二十大”全系统引领性劳动竞赛,6 月 30 日,山东省总工会、济南市总工会,中国铁建党委副书记、执行董事陈大洋,工会主席史道泉等出席劳动竞赛活动启动仪式。与人力资源部门组织开展全系统无人机职工技能竞赛。全力支持所属单位组织承办或组队参加省级职业技能大赛,中铁十一局集团有限公司、中铁二十局集团有限公司、中铁二十三局集团有限公司、中铁二十五局集团有限公司、中国铁建电气化局集团南方公司承办驻地所在省级职工职业技能大赛;中铁十六局集团有限公司、中铁十八局集团有限公司、中铁二十一局集团有限公司、中铁二十四局集团有限公司、中国铁建投资集团有限公司组队参加驻地所在省级职工职业技能大赛。在第 13 届全国交通运输行业职业技能大赛中,中国铁建投资集团有限公司 3 名选手获“全国交通技术能手”称号,中国铁建获贡献奖。各区域总部发挥协同优势,统筹各区域系统内单位积极参加重大项目、重点工程劳动和技能竞赛,为助推施工产值再创新高发挥重要作用。中国铁建港航局集团有限公司、中国铁建房地产集团有限公司、中铁物资集团有限公司、中国铁建重工集团股份有限公司、中铁建资本控股集团有限公司、中国铁建财务有限公司、中铁建发展集团有限公司、中铁建交通运营集团有限公司等单位结合各自板块发展需要和经营管理特点,组织开展特色技能竞赛,有效提高职工队伍技能水平。　(于　斌　邓洪生)

【1 个集体获全国五一劳动奖状】

中铁十六局集团北京轨道交通工程建设公司

(于　斌　邓洪生)

【5 人获全国五一劳动奖章】

周　宏　中铁十一局集团一公司执行董事、总经理

白国峰　中铁十二局集团有限公司川藏铁路项目部常务副指挥长

郝二小　中铁十二局集团铁路养护公司当雄车间主任

王海峰　中铁十九局集团有限公司玉磨铁路项目部经理

孙红林　中铁第四勘察设计院集团有限公司副总工程师　(于　斌　邓洪生)

【7 个集体获全国“工人先锋号”称号】

中铁十一局集团电务公司埃塞俄比亚亚吉铁路电务维保项目经理部

中铁十八局集团有限公司津冀区域指挥部

中铁二十三局集团有限公司大瑞铁路项目经理部

中铁建设集团有限公司磨万铁路 FJSG Ⅱ 标段项目经理部

中国铁建电气化局集团南方公司磨万 SDSG Ⅱ 项目部

中铁第一勘察设计院集团有限公司川藏铁路指挥部

中铁第一勘察设计院集团新疆院边防公路项目部

(于　斌　邓洪生)

【16 个集体获 2022 年度火车头奖杯】

年度表彰

中国铁建华北区域总部天津地铁 6 号线工程(梅林路站—咸水沽西站)指挥部

中国铁建中原区域总部郑州轨道 12 号线一期土建施工项目部

中国铁建华中区域总部南京地铁七号线工程指挥部

中国土木工程集团东非公司乌本戈立交桥项目部

中铁十四局集团有限公司东六环(京哈高速—潞苑北大街)改造工程第五项目部

中铁十七局集团有限公司中心医院

中铁十八局集团有限公司高原铁路 3 标段项目部

中国铁建电气化局集团轨道交通器材公司铸造车间

中国铁建港航局集团新能源分公司大连庄河海上风电项目部

中国铁建国际集团中东区域公司卡塔尔卢赛尔体

育场项目部

中国铁建昆仑投资集团云南投资公司昆楚高速项目部

铁路建设专项表彰

中铁十一局集团有限公司贵南高铁 6 标段项目部

中铁十一局集团有限公司渝昆高铁川渝段站前一标段项目经理部

川藏铁路建设专项表彰

中铁十一局集团有限公司川藏铁路 4 标段项目经理部

中铁十二局集团有限公司川藏铁路项目公司

中铁十四局集团有限公司川藏铁路项目部

（于　斌　邓洪生）

【67 人获 2022 年度火车头奖章】

年度表彰

刘　建　沈春盛　阳　平　杨　力　朱昆玉
卢兴墨　邵华磊　肖伟志　朱立龙　谢润泽
孙　伟　吴晓华　王　帅　薛栋栋　朱瑞扩
杨秋盈　袁　可　刘小明　于　赟　姜　彬
苟小明　冯海强　郑结兵　李　珊　蒋　宇
童本奇　郝　轩　路仕洋　张华志　王德乾
朱俊彦　范　啸　杨治能　张保华　史建军
魏孝忠　谢　萌　郑帅奇　王　天　徐振生
于　斌

铁路建设专项表彰

陈小辉　洪冬林　杨东计　彭高峰　李心平
杜方华　帅　超　王保军　田国彬　王亚辉
兰庆坤　林　克　边林琳　王振浩　杨文华
彭　亮　田学志　范德全　苟少谦　李继亮
袁玉红

川藏铁路建设专项表彰

曹　志　钱政权　李曙光　赵李君　朵生君

（于　斌　邓洪生）

【3 人获省（自治区、直辖市）劳动模范】

刘鹏翔　朱坤林　李凌志

（于　斌　邓洪生）

【14 个集体获省（自治区、直辖市）五一劳动奖状】

中铁十一局集团有限公司

中铁十一局集团勘察设计院

中铁十一局集团有限公司拉林铁路工程指挥部

中国铁建大桥工程局集团三公司

中铁十五局集团二公司拉日十标项目部

中铁十八局集团有限公司拉林铁路工程指挥部

中铁十九局集团六公司

中铁二十一局集团电务电化公司

中铁二十二局集团有限公司

中铁二十四局集团上海电务电化公司

中铁二十四局集团福建公司福州铁建工程质量检测公司

中铁二十四局集团轨道公司深圳市城市轨道交通 16 号线工程施工总承包九工区项目部

中铁二十五局集团大湾区公司

中铁磁浮交通投资建设有限公司

（于　斌　邓洪生）

【55 人获省（自治区、直辖市）五一劳动奖章】

王均山　李贻材　陈家勇　曾理飞　张元坤
王　军　沈育斌　李　俊　黎树刚　王　博
全国军　吴燕升　乔志斌　高　琪　周双禧
郑灿伟　何志伟　宋赞梅　李建旺　张文振
柴振华　王泽升　刘　易　左岳坤　刘　波
袁普勇　杨　磊　朱瑞扩　刘　利　闫广天
刘　震　王德强　李继伟　米仕鹏　段　锋
马建农　马银春　李官政　程勇军　李　超
王　江　徐振龙　李军伟　孟毅飞　谌荣华
张　鑫　胡泽新　刘国庆　李守刚　凌汉东
孙敬伟　彭传贤　王盛东　葛　君　宋曰建

（于　斌　邓洪生）

【40 个集体获省（自治区、直辖市）“工人先锋号”称号】

中国铁建天津地铁 6 号线工程指挥部

中铁十一局集团二公司武十高铁十堰北站至武当山机场公路（张湾区段）PPP 项目部

中铁十一局集团武汉重型装备公司盾构维修班组

中铁十一局集团有限公司汕汕铁路站前五标段项目经理部

中铁十一局集团有限公司渝昆高铁缙云山隧道进口开挖班组

中铁十一局集团有限公司重庆至黔江铁路站前4标段项目经理部

中铁十一局集团桥梁公司正镶白旗制枕场

中铁十二局集团有限公司拉林铁路项目部

中铁十二局集团有限公司南沿江城际铁路6标段项目部

中铁十二局集团有限公司天津地铁6号线工程海河教育园车辆段及全线铺轨工程项目部

中铁十四局集团市政工程分公司秀水东片区改造工程项目经理部

中铁十四局集团四公司扬州345国道项目部

中铁十五局集团有限公司苍巴高速公路总承包部

中铁十六局集团有限公司成兰铁路工程(松潘)指挥部

中铁十六局集团有限公司贵阳枢纽西南环铁路工程指挥部

中铁十六局集团有限公司南沿江城际铁路项目经理部王远征桥梁架子队

中铁十六局集团有限公司慈溪杭湾金融港综合开发配套基础设施一期工程TJ-1项目部

中铁十七局集团有限公司拉林铁路工程指挥部

中铁十八局集团隧道公司广州北江引水工程(水源工程)四标段项目部

中铁十八局集团四公司江东大道提升改造工程项目部

中铁十八局集团隧道公司云贵管理部

中铁十八局集团有限公司川藏铁路CZSCZO-3标段项目部出口工区

中铁十八局集团有限公司川藏铁路CZSCZO-3标段项目部斜井工区

中铁十八局有限公司天津地铁6号线工程一工区项目部

中铁十九局集团一公司第二项管部天明电厂项目部

中铁十九局集团六公司拉林铁路工程项目部

中铁二十局集团三公司重庆轨道交通24号线项目部

中铁二十局集团六公司绿地丝路全球文化中心项目

中铁二十局集团市政公司兰州新区农投玫瑰花园移民安置项目部

中铁二十一局集团五公司东乡县沿洮河经济带开发建设项目部

中铁二十一局集团五公司东乡县沿洮河经济带开发建设项目部

中铁二十三局集团有限公司成绵苍巴高速公路项目经理部

中铁建设集团基础设施公司拉林站房工程项目部

中国铁建电气化局集团有限公司南沿江城际铁路项目部

中国铁建港航局集团新能源分公司铁建风电01船

中铁第一勘察设计院集团兰州院工程管理所新建铁路朱家窑至中川线PPP项目EPC项目部

中铁第一勘察设计院集团城建院土建一所

中铁城建集团有限公司新建赣深铁路项目经理部

中国铁建投资集团有限公司小清河复航工程总承包部

中国铁建昆仑投资集团有限公司遂德高速公路总承包指挥部 (于　斌　邓洪生)

【工人先锋奖评选工作】 2022年,中国铁建工会在国内外劳动竞赛、职业技能竞赛、合理化建议和技术改进项目等活动中选树表彰专项工人先锋号13个、专项工人先锋奖章71人。

工人先锋号(沙特麦加轻轨运营维保项目专项)

中国铁建国际集团中东区域公司

中国铁建沙特麦加轻轨运营维保项目北京局集团运营团队

中国铁建沙特麦加轻轨运营维保项目电气化局南方公司维保团队

工人先锋号(劳动竞赛专项)

中国铁建中原区域总部郑州轨道12号线一期土建施工项目部

中国铁建华中区域总部南京地铁9号线工程指挥部

中铁十一局集团有限公司杭温铁路站前1标段项目部

中铁十二局集团有限公司新建川藏铁路CZSCZQ-2标段项目部

中铁十八局集团有限公司广州地铁项目部

中铁十九局集团厄瓜多尔分公司米拉多铜矿项

目部

中铁十九局集团六公司成兰铁路工程项目部

中铁二十五局集团一公司南沙港铁路2标段项目部

中铁第四勘察设计院集团有限公司沪渝蓉高速铁路武汉至宜昌段项目组

中国铁建重工集团197研究设计院

工人先锋奖章(省部级职业技能竞赛专项)

李兴钧　马生周　黎永生　邢高超　王　江
王艳玲　段承成　张立伟　张　鑫　谭帮文
刘　玄　刘亚林　何小飞　李庚新　张邵华
吴瑞竹　汤雪梅　胡佳丽　杨　梅

工人先锋奖章(合理化建议和技术改进项目专项)

宁世凯　安小龙

工人先锋奖章(无人机驾驶员国家级二类职业技能竞赛专项)

张邵华　何小飞　陈　龙　梁　晨　潘伯悦
胡成振　唐　俊　宋浩源　汤志强　党佳林
王登皇　李维鹏　张祥祥　张　新　马伟龙

工人先锋奖章(沙特麦加轻轨运营维保项目专项)

李　伟　李晓雷　杨东赤　马　兴　赵　坤
张运航　郑乃明　王长虹

工人先锋奖章(劳动竞赛专项)

黄　伟　王国强　李生华　张国齐　高海军
毛华剑　李　涛　喻玖德　张　雨　刘洪亮
刘利峰　李亚农　欧阳天武　盛怀猛　韦　光
彭　亮　安　蕾　王耀武　陈　磊　王　勇
张加徽　解全东　沈佳勇　刘章伟　焦　尉
殷靖松　杨任杰

(于　斌　邓洪生)

【劳模和工匠人才创新工作室】 2022年,新增省部级示范性劳模创新工作室2个,省部级劳模创新工作室9个,截至2022年底,中国铁建累计创建国家级劳模创新工作室3个,省部级劳模创新工作室88个,股份公司级劳模创新工作室111个。2个创新工作室加入铁路机务劳模创新工作室联盟,3个创新工作室参与火车头和工匠人才创新工作室观摩审核并得到一致好评。中铁十二局集团有限公司王可心职工创新工作室1项成果获第11届中国创新创业大赛(山西赛区)一等奖。

(于　斌　邓洪生)

【弘扬劳模、劳动和工匠精神】 2022年,中国铁建工会组织召开全系统劳模先进选树工作视频会,以总结盘点全系统各级五一表彰奖项为契机,通报整体情况,分析政策导向,交流经验做法,对标兄弟单位,明确工作方向,推动全系统劳模先进选树工作再上新台阶,再创新业绩。大力弘扬劳模精神、劳动精神和工匠精神,宣传劳模先进典型事迹,在铁道兵纪念馆设置专题宣传展示区。劳动节前夕,中国铁建工会牵头组织实施在全系统广泛开展向"工人发明家"马小利同志学习活动,中国铁建党委书记、董事长汪建平在中国铁建大厦亲切会见马小利,将该学习活动推向高潮。

(于　斌　邓洪生)

【合理化建议和技术改进项目评奖】 在首届大国工匠创新交流大会上,来自中铁第一勘察设计院集团有限公司、中铁第四勘察设计院集团有限公司、中铁第五勘察设计院集团有限公司、中国铁建重工集团股份有限公司的6项科技创新成果受到铁路总工会的书面表扬。评选表彰中国铁建2021年度合理化建议和技术改进项目,从各单位申报的207项合理化建议和技术改进项目中,评选出各类奖项79项,其中一等奖2项,二等奖7项,三等奖70项。此次入选的合理化建议和技术改进项目,具有群众性强、涉及面广、灵活适用等特点,在绿色新能源应用、应急救援设备改进、复杂环境施工、安全防护等领域有所突破。

(于　斌　邓洪生)

2021年度中国铁建合理化建议和技术改进获奖项目

序号	项目名称	单位	主要作者	获奖等级
1	一种用于混凝土养生的太阳能定时喷淋装置	中国铁建大桥工程局集团西北公司	宁世凯	一等奖
2	大口径钻机辅助工装设备改进	中铁十七局集团五公司	安小龙	一等奖

续表

序号	项目名称	单位	主要作者	获奖等级
3	新型三合一轨道检测车	中铁十一局集团四公司	王　翔	二等奖
4	压路机安全防护装置	中铁十一局集团二公司	史耐寒	二等奖
5	自改制台车丝杠焊接机床	中铁十一局集团汉江重工老河口分公司	唐　磊	二等奖
6	复杂环境超深地下连续墙塌槽演变机制与预防对策研究	中铁二十局集团一公司	薛青松　刘　冰 孙引浩　严朝峰 王永丽	二等奖
7	关于地铁大断面隧道近距离下穿燃气调压站变形控制技术的合理化建议	中铁二十三局集团六公司	姜　潇　孙　鹏 任进学	二等奖
8	大埋深、富水砂层盾构机水中接收	中铁二十五局集团盾构公司	石　超	二等奖
9	滨海地区逆作法深基坑出土钢栈桥施工工法	中铁建设集团有限公司	黄麟杰	二等奖
10	不落转向架换轮法	中国铁建华北区域总部天津一号线运营公司	修连彭　张自强 杜　远　李思睿 张东坡　李存东 于　浩	三等奖
11	下穿高速铁路桥下软土地层 MJS 工法桩施工质量控制	中国土木工程集团福州院	李　健　张文龙 郭　超　罗佳伟	三等奖
12	改造敞车运输集装箱	中国土木工程集团埃塞俄比亚公司	冯　超　黄宇鹏	三等奖
13	变截面超高层轨道系统幕墙安装施工工法	中铁十一局集团建安公司	王伟龙	三等奖
14	双阀门排气压浆工艺	中铁十一局集团桥梁公司	刘金龙	三等奖
15	单轨悬挑梁轨道拆除工装	中铁十一局集团城轨公司	刘志斌	三等奖
16	框格梁模板固定开窗浇筑混凝土及植生袋自动封装机在边坡施工的运用	中铁十一局集团五公司	杜　松　白云坤 段海生　高宽能	三等奖
17	有砟时速 250 千米铁路钢轨防损施工技术	中铁十一局集团三公司	吴定祥　陈有向 杨　鑫	三等奖
18	自行研制盾构泡沫剂降本增效	中铁十二局集团二公司	张　亮	三等奖
19	关于长大公路隧道排水清污分流排放的合理化建议	中铁十二局集团三公司	董寿强	三等奖
20	地铁车站侧墙可行走式模板台车施工技术	中铁十二局集团一公司	方　庆	三等奖
21	一种渣土改良剂生产装置及生产工艺	中国铁建大桥工程局集团二公司	刘　川	三等奖
22	自制泡沫在盾构施工中的应用	中国铁建大桥工程局集团二公司	王　佳　陈辉俊	三等奖
23	水气分离式真空预压盾构渣土疏干装置	中国铁建大桥工程局集团二公司	崔冠男　林晓栋 赵　阳	三等奖
24	一种桥梁后浇带吊模施工自动升降器具	中国铁建大桥工程局集团二公司	李文博	三等奖

续表

序号	项目名称	单位	主要作者	获奖等级
25	桩基钢筋笼循环吊筋替代传统吊筋实现钢筋节材创效	中国铁建大桥工程局集团三公司	李志鹏	三等奖
26	公路隧道污水沟模筑机	中铁十四局集团三公司	王旭华	三等奖
27	环切法桩头破除施工工艺	中铁十四局集团四公司	任冰心　李　磊	三等奖
28	盾构机渣土改良管路改造	中铁十四局集团隧道公司	吴跃民　王科峰 高元吉　王传旭	三等奖
29	CRTSⅢ型轨道板底座自动喷淋养护装置	中铁十四局集团房桥公司	白一凡　曹风洁 段兆慧　陈宏昌 王洪波	三等奖
30	创新型岔枕套管定位底座及拆卸装置	中铁十四局集团房桥公司	段兆慧　曹风洁 白一凡　马大伟 樊　杰	三等奖
31	一种砂石粉料取样器	中铁十四局集团铁正检测公司	李凤华	三等奖
32	一种水上系梁施工的易装易拆支撑平台及其使用方法	中铁十五局集团二公司	乔长庆	三等奖
33	一种外墙螺栓孔封堵工具	中铁十六局集团四公司	张　浩	三等奖
34	轨枕方正控制装置	中铁十七局集团铺架分公司	雷平荣　刘　阳	三等奖
35	一种小型千斤顶的反力装置	中铁十七局集团四公司	胡宏斌　张引龙	三等奖
36	一种精密测量对中杆的制作方法	中铁十七局集团一公司	翟宝珍　姚　琪 付元江　吴慧红	三等奖
37	深基坑自流消能混凝土浇筑装置	中铁十八局集团五公司	李　敏	三等奖
38	管片翻转用吊具配套“变径弯芯销”	中铁十八局集团四公司	权军力	三等奖
39	隧道施工降温设备和方法	中铁十八局集团一公司	许鹤峰	三等奖
40	初支扣拱钢筋预装套管	中铁十九局集团轨道公司	夏俊偉	三等奖
41	破碎软岩顺层边坡失稳机理及处治技术研究	中铁二十局集团二公司	何　武　王平玉	三等奖
42	关于临水泵站由岸边式布置优化为引水式布置的合理化建议	中铁二十局集团市政公司	吴登跃	三等奖
43	既有线接触网承导线紧线张力控制技术	中铁二十局集团电气化公司	许玉川	三等奖
44	一种盾构机盾尾密封钢丝刷油脂填充装置的研究设计	中铁二十一局集团轨道公司	高子明　袁　瑞 张定龙　周纪振 魏文义　李世才	三等奖
45	压浆工艺创新	中铁二十二局集团二公司	吕茂盛	三等奖
46	关于辅助大型挂篮行走的托轮的合理化建议	中铁二十三局集团一公司	罗志球	三等奖
47	关于沥青拌合站废气处理的合理化建议	中铁二十三局集团一公司	李兆龙	三等奖
48	关于自动拽板与钢丝横移入模联动工作台的合理化建议	中铁二十三局集团二公司	于秀国	三等奖

续表

序号	项目名称	单位	主要作者	获奖等级
49	一种可调式的隧道矮边墙中埋式止水带固定器	中铁二十四局集团福建公司	肖首在　林福飘 姚艺贤　范　斌	三等奖
50	溶洞及岩层破碎带桩基施工改进措施	中铁二十五局集团二公司	孟　珂	三等奖
51	易塌陷地区全套筒全回转钻机钻孔灌注桩施工方案优化	中铁二十五局集团四公司	周　龙	三等奖
52	预制装配式综合管廊施工工法	中铁建设集团有限公司	魏世君	三等奖
53	高压旋喷锚索 + 型钢支护施工工法	中铁建设集团有限公司	吴保强	三等奖
54	浮码头串联拖带工艺改进	中国铁建港航局集团三分公司	刘赞旸	三等奖
55	实心独立墩水下非爆破拆除工艺改进	中国铁建港航局集团三分公司	潘晓建	三等奖
56	海上风电 IHC S3000KJ 液压锤桩帽内安装内衬环	中国铁建港航局集团新能源分公司	卿启忠	三等奖
57	海上风电可调节高度的座底式稳桩平台	中国铁建港航局集团新能源分公司	卿启忠	三等奖
58	溜尾钳优化设计	中国铁建港航局集团新能源分公司	许　辉	三等奖
59	船舶空调加装电加热装置	中国铁建港航局集团新能源分公司	王小华	三等奖
60	电力电气化数字设备认证实施合理化建议	中铁第一勘察设计院集团电气化设计院	王朋成	三等奖
61	接触网附加导线绝缘支架设计及应用的合理化建议	中铁第一勘察设计院集团电气化设计院	王玉环	三等奖
62	适用于高大山区的架空线路勘测设计方法	中铁第一勘察设计院集团电气化设计院	许嘉轩	三等奖
63	全自动运行防护区 SPKS 与门禁连锁管理系统	中铁第一勘察设计院集团通信信号设计院	刘卫利	三等奖
64	铁路工程建设通用参考图 - 高速铁路车站咽喉平面布置图集	中铁第一勘察设计院集团线路运输设计院	凌飞翔	三等奖
65	一种双钢管混凝土支护桩及方法	中铁第四勘察设计院集团交通院	宋许根	三等奖
66	大直径预应力混凝土管桩榫接工艺	中铁第四勘察设计院集团桥梁院	常新洋　王德志	三等奖
67	WDW - 600KN 拉力试验机螺栓性能试验的开发	中国铁建重工集团高新装备公司	曲　勇	三等奖
68	捣固装置型式试验工装	中国铁建重工集团高新装备公司	王　林	三等奖
69	废旧利新——核心零部件检测技术改进	中国铁建重工集团生产保障系统掘进机总厂	郭　军	三等奖
70	掘进机电气总成新型布线技术改进	中国铁建重工集团生产保障系统掘进机总厂	谢　昊	三等奖

续表

序号	项目名称	单位	主要作者	获奖等级
71	绿色再制造——泵站利旧再使用	中国铁建重工集团生产保障系统掘进机总厂	肖　寒	三等奖
72	关于推广使用 IRATA 绳索技术进行高空作业的合理化建议	中国铁建国际集团中东区域公司	黄韬睿　丁言兵　张　健	三等奖
73	关于站台雨棚屋面变形缝创新的合理化建议	中铁城建集团一公司	郝　帅	三等奖
74	关于铝模板进行门窗洞口企口设计及过梁、构造柱深化设计的合理化建议	中铁城建集团北京公司	刘玉伟	三等奖
75	防静电地板支架在特殊施工条件下施工工艺改良	中铁城建集团三公司	石　飞	三等奖
76	大跨径无辅助措施钢箱梁前导梁优化	中国铁建投资集团山西高速公司	李晓燕　杨荣清　王　峰　林再志　史立伟　张　锁	三等奖
77	提升盾构渣土分离系统消泡剂消泡性能	中铁建华南建设高科技产业公司	朱炜健	三等奖
78	泡沫剂 AOS 粉料改液料技术	中铁建华南建设高科技产业公司	刘玉景　朱炜健　沈文宾	三等奖
79	一种隧道施工主(备用)通风机智能管理系统	中国铁建发展集团瑞正咨询公司	李　磊	三等奖

（制表:于　斌　邓洪生）

【劳动保护管理】 2022 年,中国铁建工会坚决贯彻落实工会劳动保护三个条例,打造“群防群治”体系,加强工会安全监督检查员队伍建设,以“安康杯”竞赛为抓手,创建安全教育体验中心,开展劳动安全巡视检查、班组安全建设管理成果展示及安全演练等活动,将劳动保护条款写进《关于全面推动职工群众共享企业改革发展成果的意见》,从源头上保障职工职业健康权益。在全国“安康杯”竞赛活动中,6 个集体获优胜单位、6 个集体获优胜班组、2 个集体获优秀组织单位、5 人获优秀个人。中铁十七局集团有限公司在应急管理部“2021 讲好应急故事”微电影作品征集活动中获评“优秀组织单位”和“优秀作品”。

全国“安康杯”竞赛优胜单位

中铁十四局集团建筑工程有限公司

中铁十八局集团市政工程公司

中铁二十局集团中铁长安重工有限公司

中铁二十一局集团第四工程有限公司

中铁二十三局集团第四工程有限公司

中国铁建投资集团有限公司

全国“安康杯”竞赛优胜班组

中铁十二局集团有限公司大临铁路二工区杏子山隧道出口施工班组

中铁十四局集团有限公司南昌轨道交通艾溪湖隧道工程项目经理部

中铁十四局集团第五工程有限公司架梁队

中铁二十局集团有限公司甘肃中部供水工程施工 11 标段项目经理部

中铁二十二局集团有限公司新建城际铁路联络线一期工程站前 3 标段

中铁二十五局集团大湾区公司广州轨道交通 10 号线项目部

全国“安康杯”竞赛优秀组织单位

中铁十六局集团第四工程有限公司

中铁十八局集团有限公司工会

全国“安康杯”竞赛优胜个人

王　军　中铁十一局集团三公司副总经理、总工程师

郭继林　中铁十二局集团铁路养护公司党委副书记、总经理

冯国森　中铁十四局集团建筑工程有限公司总经理

马　栋　中铁十六局集团有限公司二级咨询

陈宏伟　中铁十七局集团有限公司党委书记、董事长

（于　斌　邓洪生）

【职工书屋建设】 2022年,中国铁建8家单位获评“全国职工书屋示范点”,中铁十四局集团有限公司房桥公司职工书屋获评“全国工会品牌职工书屋示范点”,全国总工会副主席谭天星、杨宇栋通过视频与该书屋一线职工读者连线慰问。 (于 斌 邓洪生)

【职工文化活动】 2022年,中国铁建工会组织疫情防控心理健康直播课,观看人次超3.5万;劳模工匠抖音荐书活动邀请30名省部级以上劳模工匠录制视频推荐好书,点击量超18万人次;在“网聚职工正能量 争做中国好网民”主题活动中,获网络正能量诵读一等奖1个、二等奖2个,网络正能量微视频二等奖1个;组织参加“中国梦·劳动美——凝心铸魂跟党走 团结奋斗新征程”全国职工知识竞赛中国铁建专场,12.9万人参与,中铁十六局集团有限公司陈纪光获三等奖,掀起学习贯彻党的二十大精神新热潮。在铁路总工会“中国梦·铁路情·劳动美”主题系列职工文化活动中,16件作品获奖。中铁十五局集团有限公司、中铁十八局集团有限公司、中铁城建集团有限公司组织亲子夏令营,搭建职工家庭与企业“连心桥”。

(于 斌 邓洪生)

·民主管理·

【职代会制度建设】 2022年,中国铁建应建立职工(代表)大会(以下简称职代会)制度集团公司、子分公司666个,召开职代会的单位647个,评议领导干部的单位632个。中国铁建工会积极探索并指导监督所属单位规范召开“网上职代会”,保证职代会内容完整、环节齐全、程序规范。363名局级领导干部参加测评,其中,优良率100%的73人,占测评总数20.11%;优良率90%~100%(不含100%)的274人,占测评总数75.48%;优良率80%~90%(不含90%)的10人,占测评总数2.75%;优良率70%~80%(不含80%)的5人,占测评总数1.38%;优良率60%~70%(不含70%)的1人,占测评总数0.28%。

(李 红 张 翀)

【中国铁建三届二次职工代表大会】 2022年1月13日在北京以“现场+视频”相结合的方式与工作会议合并召开,分阶段实施。会议听取和审议公司年度《行政工作报告》《关于财务收支及经济运行情况的报告》《关于业务招待费使用情况的报告》《提案工作报告》,听取关于企业年金实施情况的报告,通过有关大会决议;征集并立案职工提案165件。

(李 红 张 翀)

【铁路总工会第十五次全国代表大会】 2022年7月9日在北京召开,中国铁建15名代表出席,其中史道泉、高福军、冯来刚当选为中华全国铁路总工会第十五届执行委员会委员,白晶当选为中华全国铁路总工会第十五届经费审查委员会委员。 (李 红 张 翀)

【铁路总工会女工委六届一次全体会议】 2022年7月28日在北京召开,中国铁建白晶、陈玉平当选为女工委员出席会议,白晶当选为第六届女职工委员会副主任。 (李 红 张 翀)

【全国厂务公开民主管理先进单位复查】 2022年,按照全国总工会要求,中国铁建工会对2010年和2017年获得该项荣誉的中国铁道建筑集团有限公司和中铁建设集团有限公司进行复查。经复查,2家单位符合基本条件,申请保留称号。 (李 红 张 翀)

【全国企业民主管理微视频大赛】 2022年,中国铁建电气化局集团有限公司工会制作的微视频《以人为本与企同行》,在全国企业民主管理微视频大赛活动获三等奖。 (李 红 张 翀)

【铁路总工会2021年基层工会工作考核】 2022年,中国铁建工会梳理工会工作情况,完成考核资料汇总和报送。 (李 红 张 翀)

【铁路总工会2022年职工之家重点建设单位】 2022年,中国铁建工会结合实际,申报中铁十四局集团有限公司、中铁十八局集团有限公司新建川藏铁路雅安至林芝段两个项目职工之家为铁路总工会2022年职工之家重点建设单位并获专项经费拨付。

(李 红 张 翀)

【铁路企业民主管理调研】 2022年,中国铁建工会参加铁路企业民主管理调研并报送“三有”创新成果,推荐的中铁十四局集团有限公司《关于整合中国铁建内部资源,深入推进新型产业和新兴业务的提案》和中铁二十二局集团有限公司《关于进一步深入探索“项目群”管理模式的提案》获优秀职工代表提案。

(李 红 张 翀)

【主题诵读作品征集】 中国铁建工会组织参加2022年“网聚职工正能量 争做中国好网民”主题活动之

“阅读经典好书 争做中国好网民”主题诵读作品征集活动，推荐的中铁十五局集团有限公司作品获一等奖，中铁十四局集团有限公司、中铁二十四局集团有限公司作品获二等奖。 （李 红 张 翀）

【幸福家庭评选活动】 中国铁建工会深入贯彻落实党的十九大和十九届历次全会精神，积极引导广大职工深刻认识家庭文明建设对于国家发展、民族进步、社会安定、企业和谐的重要作用，在全系统开展2022年“幸福家庭”评选活动，在寻找传统意义“幸福家庭”的同时，注重寻找扎根一线无私奉献、涵育廉洁清风正气、抗击疫情共克时艰的“幸福家庭”，评选出中国铁建“幸福家庭”100户，并积极参加全国最美家庭和全国文明家庭推荐评选活动。

全国五好家庭

刘慧军 中铁十八局集团五公司铺架公司

中国铁建“幸福家庭”

姜 坤 赵瑞昕 段志文 邓祖龙 耿 旭
邓 凯 杨 力 白涓迪 陈永艺 张敏强
王冬雪 周 萍 李 敏 苏晓敏 陈小民
熊 毅 张晋生 樊佳林 常 洁 李玉刚
李 姝 崔 航 李秀东 孔凡朋 田 磊
刘元宝 赵向国 张 瑾 邓 苗 陈 杰
马才坤 常 杰 卞飞飞 董 博 安俊美
曹扬丹 崔璐璐 薛亚平 贾丽宏 韩建录
匡亚洲 江怀瑞 陆铁彬 王存银 刘 俐
张志浩 梁献策 杨小平 候来民 史雪娇
布合力且木·买提尼牙孜 赵战国 刘鸿儒
刘慧琳 徐畅畅 王 荔 赵凤山 赵龙刚
张 燕 赵焕雷 吉 勇 刘 鑫 吴小舟
彭 艳 张伍星 程国胜 李 方 盛京鹏
谢书贞 孙 萌 吴保德 洪正东 张海波
李 亮 王 芳 赵晓勇 李培武 全良臣
周承汉 罗 旋 范军琳 王钟辉 刘佩芝
王 勇 窦泽潭 胡 军 陈泽雨 孙 斌
张 强 南 洋 陈 政 段其昆 孙 斌
苏桂芳 周 全 窦 雷 刘一达 刘德忠
郭富敏 刘志强

（李 红 张 翀）

【“六一”儿童节关爱活动】 2022年，中国铁建工会结合“我为群众办实事”实践活动，持续推进“女职工关爱行动”。加大对困难职工和投身抗疫一线职工关心关爱力度，广泛开展内容丰富、形式多样的帮扶关爱活动，将工会组织的温暖和关怀送到广大女职工及其子女身边。 （李 红 张 翀）

【集体合同与工资集体协商】 2022年，中国铁建全系统各级工会落实工会源头维护职责，持续深化集体合同平等协商的内容、层级和质效，更多惠民实事经平等协商写入《集体合同》；推进集体合同履约落实和成果运用，配合相关部门建立职工工资和“五险一金”拖欠监控预警机制，确保职工核心劳动权益和特殊群体权益落到实处。 （张晓川 刘永胜）

·权益维护·

【偏远艰苦项目建家建线重点帮扶】 2022年，偏远艰苦项目建家建线重点帮扶工作作为中国铁建工会持续开展的一项工作和年度重点工作之一，中国铁建工会重点帮扶偏远艰苦项目73个，下拨帮扶资金526余万元。总部工会干部分组到贵州省、甘肃省、内蒙古自治区、宁夏回族自治区等偏远艰苦项目现场帮扶、慰问，监督检查专项资金使用情况，通过召开一线职工座谈会等形式，倾听职工心声，征求职工意见和建议，持续推动基层一线职工生产生活条件改善，让一线职工切实感受到工会组织的温暖和关怀。 （李 红 张 翀）

【提升职工生活品质试点】 2022年，中国铁建作为全国首批50家试点单位之一，积极推进试点相关工作，并以试点为契机，探索工会工作全新模式，培育创新服务职工项目，努力打造“提升职工生活品质”实践标杆。中国铁建电气化局集团有限公司入选铁路总工会首批提升职工生活品质试点单位。

（张晓川 刘永胜）

·保障服务·

【健全服务保障体系】 2022年，中国铁建工会围绕提升职工生活品质和共建共享企业发展成果，构建普惠性、常态化、精准式服务保障体系，多渠道满足职工多层次需要和美好生活追求，叫响做实送温暖、送清凉、送助学、送心理关爱、职工医疗互助等工会传统品牌，做深做细职工心理关爱、医疗互助、婚恋交友、子女入托就学等服务职工新领域。巩固解困脱困工作成果，健全因病、因灾等致困职工家庭的长效帮扶和监测预警机制，保障好深度困难职工家庭生活，解决好相对困难、意外致困职工家庭暂时困难。（张晓川 刘永胜）

【落实好职工普惠集体福利】 2022年，中国铁建工会继续推进“铁建惠聚”平台建设，着力打造“指尖上的职工之家”，实现工会联系服务职工“全天候”。及时转发并指导各级工会贯彻《中华全国铁路总工会办公室关于调整职工会员年节慰问等活动开支标准的通知》要求，全年投入资金31086万元，落实好职工年节、生日、婚育、退休离岗、病丧等普惠慰问。

（张晓川　刘永胜）

【送温暖活动】 2022年，下发《关于2022年元旦春节期间组织开展送温暖活动的通知》，全系统各级工会广泛开展“两节”送温暖活动，重点慰问因病、因灾和意外等致困和因新冠疫情影响致困的职工家庭，重点工程项目、关键岗位值守、海外和偏远艰苦地区以及抗疫一线职工，对企业发展做出重要贡献的劳动模范、工匠人才和先进职工代表，困难离退休老干部等。筹集送温暖资金7916万元，慰问困难、感染新冠疫情职工家庭9514户，慰问劳模先进、生产一线和重点项目职工、海外员工、离退休人员以及农民工等112910人。

（张晓川　刘永胜）

【“送清凉”活动】 2022年6月22日，下发《关于做好2022年职工防暑降温工作的通知》，全系统各级工会组织开展“送清凉”活动和“健康工地”建设，全力做好夏季职工防暑降温和劳动保护工作，投入资金6774万元，保障职工清凉度夏、健康度夏、平安度夏。

（张晓川　刘永胜）

【“金秋”助学活动】 2022年8月4日，下发《关于开展2022年金秋助学活动的通知》，全系统各级工会组织开展金秋助学活动，明确重点、拓展形式，确保助学活动全覆盖、不遗漏，投入资金524万元，资助困难职工子女488人、受灾职工子女7人、困难农民工子女230人、鼓励性助学2587人。（张晓川　刘永胜）

【疫情防控帮扶慰问】 2022年4月3—4日，中国铁建工会邀请4名心理咨询老师，以线上直播方式举办4场疫情防控心理健康知识专题讲座，3.5万人次在线观看，有效缓解和消除生产建设及健康防疫一线人员因长期奋战而可能导致的焦虑等负面情绪影响，提升职工身心健康水平。4月13日，下发《关于做好疫情防控期间服务职工工作的通知》，指导各级工会密切关注居家办公人员、一线防疫人员、志愿服务人员、因疫情导致生活困难的职工家庭以及感染确诊、隔离职工等急难愁盼问题，精准掌握工作生活情况及需求信息，用足用好疫情防控、帮扶救助等专项资金，有针对性、分层次、高效做好职工服务保障、帮扶救助等工作。股份公司工会先后向疫情防控重点地区拨付疫情防控专项资金296万元，各级工会投入3960万元，购买职工生活必需品、防疫物资等，全力做好帮扶慰问和后勤保障服务。

（张晓川　刘永胜）

【法律知识竞赛活动】 2022年，中国铁建工会落实全国总工会学习宣传贯彻《中华人民共和国工会法》部署和铁路总工会法律知识竞赛活动要求，在全系统组织开展“学法向未来”法律知识竞赛活动。活动历时四个月，各级工会精心组织，广大职工踊跃参与，初赛阶段参赛人数173940人次，6支代表队进入总决赛，11.22万人次同步观看决赛现场直播，为铁建员工学法用法、依法履职搭建良好的学习交流平台，对推动中国铁建依法治企起到积极促进作用。经过总决赛激烈角逐，1支代表队获团体一等奖，2支代表队获团体二等奖，3支代表队获团体三等奖；1支代表队获评“最佳风采团队”，1名参赛选手获评“最佳风采选手”，17名参赛选手获评“优秀选手”；根据各单位初赛阶段满分排名，200人获“优秀答题奖”。中铁十八局集团有限公司工会角远岗、东雅楠、尹丹丹、孙莹代表中国铁建工会参加铁路总工会“学法向未来”工会干部法律知识竞赛线上比赛，获团体一等奖，东雅楠、尹丹丹获个人一等奖，孙莹获个人三等奖。

团体一等奖

中铁十八局集团有限公司工会代表队

团体二等奖

中铁十六局集团有限公司工会代表队
中铁十九局集团有限公司工会代表队

团体三等奖

中铁十一局集团有限公司工会代表队
中铁二十局集团有限公司工会代表队
中铁二十五局集团有限公司工会代表队

最佳风采团队

中铁十九局集团有限公司工会代表队

最佳风采选手

李文强

优秀选手

余　葱　张梓豪　王利强　刘帅君　樊伟然
陈纪光　东雅楠　孙　莹　刘维焱　毕嘉敏
徐　航　周　勇　王杰逸　王　凯　李晓康
莫细南　戒子宜

优秀答题奖

姜　坤　郑英杰　翟朝阳　任兴华　张学武
江兰珍　黄文俊　张勇波　范勇强　郭志斌
刘　佳　叶清华　杲　泽　龚亭佐　裴长浩
孟照洋　赵　朝　李　鑫　武彦豪　黎　薇
刘耀伟　桂武平　薛天行　尚鹏瑞　秦良辉

王霞霞　徐　伟　邢永清　孙成思　苏　芮
邢丹然　王　洋　张明友　鄢　路　王凯飞
任丹丹　王　作　李殊山　刘新峰　刘　芳
崔强强　林晓栋　樊雪晶　孟　伟　宋栓平
王　宇　崔玉杰　汤梁涛　吴　佚　杨　坤
李继华　王　妮　靳长辉　吴世玉　霍　玲
赵嘉亮　王林辉　张　意　王　凡　刘福生
张招烽　田金国　荣雅洁　李玉攀　杨　爽
李　炎　程钰涵　苏婷婷　王　旭　胥　强
张奋飞　李　坤　陈艳霞　严燕敏　孙庆富
郭　河　张　宁　刘　云　颜小天　丁　畔
孙瑞峰　高　伟　陈　光　王瀚仪　季　莉
曲明志　杨　苏　吴增峰　卢伟伟　郭佳润
王曼璐　裴佳豪　李　霞　鲁　楠　陈　杨
张　超　陈泽蒙　亓传营　孔繁伟　赵天阳
杨国麾　陈海尤　马　浩　张　茜　姜金栋
王雪松　周义熙　邵　斌　姜　勇　李　虎
邢玉林　张会娟　罗方炎　李顺荣　唐　辉
邢　欢　马瑞成　董　威　姜　盼　王于月
王长明　陈国怀　朱红家　刘　茜　贾小龙
徐荣鹏　李国强　黄万银　赵　明　李丹阳
史　雨　黄启倩　王　炽　李泽彤　谢伦洁
徐大伟　任　婧　蒽宏强　吴　晴　苑　妍
张佳乐　朱　珠　王　鑫　金国永　杨　静
洑阳健　黄新安　彭　娴　韩纪刚　黎　婷
阳　辉　卢俊男　王　沅　邓　杰　黄程金
叶　德　唐先觉　王雅倩　王新峰　陈国月
孟龙飞　王　琦　张　辰　潘瑞平　陈明哲
张　竞　闫若琳　骆文科　李富军　雷子乐
李虹娇　姚弈博　陈　龙　白　璐　王少东
陆冰盈　郭兴丽　吴　双　臧鹏飞　刘明峰
刘真志　王　晖　葛　灿　李　白　李珺琪
王松锋　梁　辉　姚春岩　唐　洪　戴佰和
徐铭利　刘　思　宋淑云　李佳一　杜永波
张　颖　孙　藤　巴东良　曾　智　石宇航

（张晓川　刘永胜）

·财务经审·

【工会经费年度预决算】 2022年，根据上级工会要求部署，中国铁建全系统各级工会按时完成全级次2021年度经费收支决算、2022年度经费收支预算编制上报工作，同时完成中华全国总工会2021年度决算报告编报、2021年度全国工会行政性资产统计上报等工作。

（张晓川　刘永胜）

【工会财务规范化建设】 2022年，中国铁建全系统各级工会持续推进工会财务管理机制创新，推广经费集中管理、按业务板块统管等模式。按照上级工会要求，围绕新《工会会计制度》实施、重大工会财务制度执行、对下补助预算执行以及资金存放管理等情况，广泛开展财务监督检查。9月28日，配合完成铁路总工会对中铁物资集团有限公司工会本级及其总部机关工会重点抽查。规范工会账户管理，全年对所属工会账户信息变更申请实施企业盾复核225次；强化工会资金集中，铁建财务资金归集率达87%；提升经费使用效能，资金持续向基层一线和工会重点工作倾斜。

（张晓川　刘永胜）

【建设工会财务信息系统】 2022年，中国铁建工会适应新《工会会计制度》下打造新型工会财务管理模式需要，依托股份公司一体化平台，大力推进建设覆盖全系统工会单位的工会财务信息系统。6月17日，成立中国铁建工会业务管理信息系统项目建设管理组织，启动项目需求设计相关工作。9月底，在工会业务管理系统项目建设领导小组和项目组指导下，财务管理专业组在广泛调研、充分听取意见建议、认真研究建设方案的基础上，完成流程梳理优化、管理模式规范统一、业务管理标准精细等需求设计工作，项目需求说明书按要求编制完成，项目建设费用已纳入股份公司年度信息化预算。10月初，完成项目立项。

（张晓川　刘永胜）

【财务知识竞赛活动】 2022年，中国铁建工会按照全国总工会通知要求和铁路总工会安排部署，6月22日至7月15日，组织全系统工会专兼职财会干部参加“喜迎二十大　建功新时代”工会财务知识竞赛线上热身赛活动，3000余名工会专兼职财会干部参加活动，达到以赛促学、以赛代训、共同学习、普遍提高的目的，取得良好效果。8月22日，中铁十四局集团有限公司工会王震、聂真真、田静静、陈大敏组成中国铁建工会代表队参加铁路工会财务知识竞赛，获团体二等奖。

（张晓川　刘永胜）

【经费审查审计监督】 2022年，中国铁建工会根据经审会年度工作计划，完成对王宜柱在任中铁十六局集团有限公司工会主席期间经济责任履行情况及工会本级2019—2021年度经费预算执行、2022年1—6月经费收支情况审计；对中铁十五局集团有限公司、中铁二十四局集团有限公司、中铁上海设计院集团有限公司工会本级2019—2021年度经费预算执行情况审计；委托北京中路华会计师事务所，对中国土木工程集团有限公司、中铁二十二局集团有限公司、中铁建设集团有限公司、中国铁建房地产集团有限公司、中铁第五勘察设计院集团有限公司、中铁物资集团有限公司、中国铁建国际集团有限公司、中国铁建资本集团有限公司8个工会本级经费预算执行情况进行送达审计。提交审计报告12份,被审计单位工会按审计意见认真整改落实。 （张晓川　刘永胜）

【创新审查审计工作方式】 2022年,为有效解决疫情和工会审计专业人员短缺等因素影响,创新审查审计工作方式,由中国铁建经审委员带队、工会特约审计员参与,对驻沪区域3个单位工会进行集中、交叉审计。审计人员与被审计单位工会共享知识理念和经验,实现审计监督与"帮促"工作并重。引入社会专业审计力量,聘请北京中路华会计师事务所,对中国土木工程集团有限公司等8个单位工会实施委托审计,推进构建工会立体经审监督体系。 （张晓川　刘永胜）

【工会财务、经审工作先进单位】 2022年,中铁二十五局集团有限公司工会被中华全国总工会授予2021年度"工会财务会计工作先进单位"称号,中国铁建工会(本级)及中铁十一局集团有限公司、中铁二十一局集团有限公司、中铁二十四局集团有限公司、中铁第四勘察设计院集团有限公司工会被中华全国铁路总工会授予2021年度"工会财务会计工作先进单位"称号。中国铁建工会(本级)获铁路工会2021年度财务工作考核特等奖、经审规范化建设考核一等奖。

（张晓川　刘永胜）

【代行财务职能】 按照股份公司党委要求,股份公司工会本级财务自2020年1月1日起,代行股份公司党委组织部党费财务职能;自2021年8月1日起,代行中国铁道建筑报社财务职能。全年按要求规范管理党费和报社资金,做好日常账务处理,月度快报及季度、年度预决算编报工作。 （张晓川　刘永胜）

·女职工工作·

【"书香三八"和"书香铁路"女职工读书活动】 2022年,中国铁建工会积极组织全系统女职工参加第十届全国"书香三八"和第八届"书香铁路"女职工读书系列活动。其中,中国铁建股份有限公司工会女职工委员会获得第十届全国"书香三八"读书活动特别组织奖,中铁二十二局集团一公司工会、中铁十六局集团有限公司女工委、中铁二十一局集团有限公司工会、中铁二十五局集团有限公司工会、中国铁建港航局集团有限公司、中铁二十四局集团公司工会女工委、中铁十五局集团公司工会女工委、中铁十八局集团五公司工会八家单位获得第十届全国"书香三八"读书活动优秀组织奖;82件作品在第十届全国"书香三八"读书活动中获奖,2名女职工获读书活动"优秀领读人"称号,7件作品在第七届"书香铁路"女职工读书活动中获奖。

（李　红　张　翀）

【第十届"书香铁建"女职工读书活动】 2022年3—9月,中国铁建工会组织开展以"书香铁建·一起向未来"为主题的第十届"书香铁建"女职工读书活动,围绕中国铁建高质量发展的中心任务,结合企业实际,开展征文、家书等形式多样、内容丰富的线上线下阅读活动,评选出获奖作品200件,部分获奖作品编印成册《书颂》,印发给全系统女职工。 （李　红　张　翀）

【女职工Vlog视频大赛】 2022年,按照铁路总工会要求,中国铁建工会组织开展"喜迎二十大·铁建巾帼的幸福生活"女职工Vlog视频大赛,在各单位组织评比、推荐上报的基础上,中国铁建工会女工委组织两轮评审,评选出优秀作品60部,其中一等奖10部、二等奖20部、三等奖30部,并推荐10部优秀作品参加铁路总工会女职工Vlog视频大赛。中铁十八局产业发展公司、中国铁建投资集团珠海置业公司、中铁二十二局二公司的作品分别获一、二、三等奖。其中,在热门作品网络票选中,中铁十八局产业发展公司作品入围票选前十名并获网络最具人气奖。

（李　红　张　翀）

【巾帼劳模工匠宣讲活动】 2022年,按照全国总工会女职工委员会、铁路总工会女职工委员会统一要求,中国铁建工会以"劳动创造幸福　争做时代新人"为主题,从5月起在所属各级工会组织中,结合所属各地疫情形势,通过线上线下多种方式,开展巾帼劳模工匠现场宣讲活动34场,线下参与1600余人,线上参与10万余人。其中,中铁十六局集团有限公司工会制作《最美女团》宣传视频,通过线上平台向9.3万观众分享全国三八红旗集体、中铁十六局铁运公司沙蔚指怀来南站女职工集体的奋斗故事,引起巨大反响,全面推动劳模精神、劳动精神、工匠精神进一线、进班组,唱响劳动最光荣、劳动最崇高、劳动最伟大、劳动最美丽的时代主旋律。 （李　红　张　翀）

【"三八"国际妇女节庆祝活动】 2022年"三八"国际妇女节期间,中国铁建工会指导全系统各级工会女职工积极开展丰富多彩的庆祝活动、女职工维权活动和关爱帮扶救助活动。《中国铁建建筑报》专版对6个女职工集体和女职工进行“巾帼展风采　奋斗绽芳华”专题报道，“中国铁建职工e家”微信公众号设立“建功十四五·巾帼绽放华”专栏，每日推送女职工先进事迹共18期，累计点击量近10万次，引起巨大反响。（李　红　张　翀）

【婚恋服务活动】 2022年“七夕节”期间，中国铁建各级工会积极响应全国总工会组织的全国工会婚恋服务展示活动。中国铁建国际集团有限公司《一路有你·丝路相约》婚恋视频作品参加“央视频成都职工婚恋”频道专题展示。全系统各级工会组织青年联谊活动7场，参与人数454人，10人参加地方工会组织的青年联谊活动，成功牵手29对，架起单身职工通向幸福的桥梁，同时中铁十八局集团有限公司工会在天津为12对新人举办“喜迎二十大，携手伴‘津’生”集体婚礼。（李　红　张　翀）

【“基层工会女职工组织建设及作用发挥情况”专题调研】 2022年10—11月，为增强工会女职工工作针对性、实效性，铁路总工会女职工委员会开展“铁路女职工队伍基本状况及发展趋势”课题调研。中国铁建工会按照要求组织“基层工会女职工组织建设及作用发挥情况”专题调研，通过座谈会、问卷调查、网络沟通等多种渠道充分了解一线女职工心声，收集大量数据与相关素材，并形成有质量的调研材料30余份，认真总结企业女职工组织建设及作用发挥情况，形成高质量调研报告。（李　红　张　翀）

【科技创新巾帼行动】 2022年，按照国务院国资委关于开展“巾帼建新功　奋斗新征程”工作要求，中国铁建工会以深化巾帼榜样选树宣传、劳模创新工作室建设、巾帼劳模工匠宣讲交流等为抓手，营造浓郁氛围，推进行动落地。（李　红　张　翀）

·机关工会·

【女职工“三八”节活动】 2022年3月8日，为庆祝“三八”国际劳动妇女节，机关工会组织机关女职工开展缤纷花艺活动，为女职工购买防护用品和卫生用品。（吕向东　霍蓓蓓）

【金秋助学活动】 为鼓励机关职工子女勤奋学习，2022年8月，机关工会开展职工子女金秋助学赠送活动，向62名小学、初中、高中和大学一年级的机关职工子女赠送新学年学习礼物。（吕向东　霍蓓蓓）

【工服定制后续工作】 2022年，继续开展总部职工工服增订、返修工作。（吕向东　霍蓓蓓）

【防疫后勤保障工作】 2022年，为总部职工配发防疫相关物资3次，受到总部职工广泛赞誉。（吕向东　霍蓓蓓）

【有线电视管理】 2022年4月1日，北京歌华有线电视网络股份有限公司致函机关工会，取消机关工会对机关大院的有线电视自管工作权，不再续签维护管理协议。（刘永胜）

2022 年 6 月 20 日，中国铁建召开海外重点项目专题会议。（彭　睿　摄）

区域总部

中国铁建股份有限公司东北区域总部

【简况】 2019年1月成立,代表中国铁建在辽宁、吉林、黑龙江省和内蒙古自治区四省区履行统筹、协调、监管、服务和高端经营职能,驻辽宁省沈阳市。下辖中铁建北方投资建设有限公司、中铁建黑龙江投资建设有限公司2个平台公司和中铁建长春投资建设有限公司1个项目公司;代管中国铁建股份有限公司长春市城市轨道交通7号线一期工程项目部。职工29人。资产总额14.85亿元,其中固定资产原值340万元、净值215.58万元,流动资产10.01亿元。

2022年,完成总产值及施工产值19.28亿元,实现净利润676.73万元,人均创利12.775万元,全员劳动生产率114.66万元/(人·年),国有资产保值增值率103.12%,净资产收益率3.092%,产值利润率0.60%,投资回报率3.09%,资产负债率85.15%,应上缴款完成率100%。 (朱　刚　田志秋)

【领导人员】

经理层

总经理	王学忠
执行总经理	吴　笛
	勾文青
副总经理	边元双
	陈宝军
	刘卫民
	田大鹏

党群领导

党委书记	王学忠
党委副书记	吴　笛
纪委书记、工会主席	田大鹏

(姜　坤)

【区域指挥机构】 辽宁总部　驻辽宁省沈阳市。总经理陈宝军。

吉林总部　驻吉林省长春市。总经理李士坦。

黑龙江总部　驻黑龙江省哈尔滨市。总经理王长宏。

内蒙古总部　驻内蒙古自治区呼和浩特市。总经理陈祥龙。 (姜　坤)

【工程项目】 长春市城市轨道交通7号线一期工程　施工线路23.164千米。合同投资1085426万元,合同工期2020年5月1日至2025年4月30日。2022年完成产值195687万元。 (刘　建)

【经营管理】 2022年,东北区域总部经营承揽1588.22亿元,完成年度指标1270亿元的125.1%,同比增长23.4%,近三年承揽额年均增长率35.3%,其中辽宁省、吉林省、黑龙江省、内蒙古自治区分别承揽479.09亿元、380.59亿元、211.78亿元、516.77亿元。按照去实体化、去管理化要求,强化经营核心职能,提升经营承揽质量。统筹重大项目。全年东北区域总部新签合同额50亿元以上项目4项,合同总额508.06亿元,占承揽额的31.99%,其中辽宁凌绥PPP及京哈高速改扩建项目中标额242亿元,内蒙古S37高速公路BOT项目中标额79.85亿元,内蒙古S26高速公路BOT项目中标额91.21亿元,吉林大兴川抽水蓄能项目中标额95亿元。做好协同经营。东北区域总部在沈阳、长春、哈尔滨、呼和浩特、鄂尔多斯组织召开项目专题会、座谈会28次,协助各产业集团对接建设单位,推动中标黑龙江LNG储配调峰站、沈阳航空动力产业园、内蒙古包银高铁、黑龙江铁科高速、哈尔滨南岗区老旧小区改造项目。聚焦高端经营。组织高端经营活动240次,股份公司领导高端对接活动11次,与副省级及以上领导交流18人次,签署战略合作协议3份。撬动核心城市。东北区域总部在沈阳、长春、哈尔滨、呼和浩特、大连5个核心城市布局基本完成,实现滚动发展,提升经营质量。年内,沈阳市新签合同额85.27亿元,占辽宁省新签合同额的17.80%;大连市新签合同额38.87亿元,占辽宁省新签合同额的8.11%;长春市新签合同额56.68亿元,占吉林省新签合同额的14.89%;哈尔滨市新签合同额52.73亿元,占黑龙江省新签合同额的24.90%;呼和浩特市新签合同额23.86亿元,占内蒙古自治区新签合同额的4.62%。拓展新兴市场。新兴产业承揽额1066.31亿元,占承揽总额的67.14%,同比增长51.09%。其中,五大传统业务中新兴业务承揽额28.26亿元,占新兴产业承揽额2.65%,同比降低83.59%;其他业务中新兴业务承揽额311.42亿元,占新兴产业承揽额的29.21%,同比增长112%;投资产业承揽额534.22亿元,占新兴产业承揽额的50.1%,同比增长143.77%;除工程承包、投资业务其他6个重点产业及新兴产业承揽额192.4亿元,占新兴产业承揽额的18.04%,同比增长14.87%。 (申香梅)

【项目管理】 长春市城市轨道交通7号线一期工程项

目部严格落实安全生产责任制和质量责任制，积极落实股份公司及东北区域总部安全质量监管办法，增强监管力度。在质量管理方面，实行“监督、帮助、促进”相结合的原则，指导各参建单位做好工程质量工作。在安全生产方面，狠抓安全管理体系建设，发挥全员积极性，努力营造总包部、工区、作业队之间层层负责的安全质量管理体系，同时引进诚合瑞正风险咨询有限公司，加强现场巡检，对问题形成闭环管理。在文明施工方面，加强日常维护工作，工区每日派专人对现场围挡进行清洗，并对永久围挡重新喷漆，现场设置防尘、抑尘设施，时刻保证现场洁净，不污染环境。（刘　建）

【履行社会责任】 2022 年 2 月 9 日晚，受气温骤降影响，长春轻轨 3 号线出现轨道积冰现象，为确保广大市民平安出行，东北区域总部第一时间组织协调中国铁建大桥工程局集团有限公司、中铁十二局集团有限公司、中铁十四局集团有限公司、中铁十六局集团有限公司、中铁十八局集团有限公司等有关单位成立除冰突击队，清除轨道积冰，保障长春市民出行，长春轨道交通集团作为业主专门发来感谢信。3 月，吉林省内疫情迅速扩散蔓延，形势危急。关键时刻，东北区域总部领导协同股份公司领导主动赶赴吉林省一线指导在建项目和各单位区域经营机构疫情防控工作，协调中铁十二局集团有限公司、中国铁建大桥工程局集团有限公司、中铁十四局集团有限公司、中铁十六局集团有限公司、中铁十八局集团有限公司、中铁十九局集团有限公司、中铁建设集团有限公司等多家单位火速驰援长春市兴隆山综合保税区隔离方舱建设，经过 13 天昼夜奋战，克服天气寒冷、物资采购调运难、施工组织衔接难等困难，第一时间完成 3384 个集装箱体、2542 间隔离单元的方舱建设任务，是三家建筑央企中完成援建任务最多的单位。进入集中隔离和静默管理阶段后，协同股份公司领导组织完成系统内各援建单位的现场管理及 2300 余名施工人员的疫情防护、隔离转运和疏导安置等工作，其间组织召开累计 700 余人次、大小近 20 次的疫情管控调度会，未给社会造成不良影响和负担，充分展现中国铁建作为国有企业在特殊时期的强大作为和良好风貌，彰显责任担当，央视网、人民网、新华网、《中国青年报》、《吉林日报》、《中国铁道建筑报》等新闻媒体先后报道，吉林省委、省政府 4 月底专门向股份公司发来感谢信。（刘　建）

【党群工作】 党的工作。东北区域总部党委下设党支部 3 个，正式党员 44 人，其中区域总部本级 28 人、长春轨道交通 7 号线项目部 16 人，预备党员 1 人。大力加强党的建设。坚持把牢正确政治方向，组织全体党员干部全面深入学习、宣传、贯彻党的二十大精神，认真执行“第一议题”制度，党委会和党委理论学习中心组全年学习习近平总书记重要讲话、文章 44 篇次，努力做到学懂弄通做实党的创新理论。吸纳 2 人加入党组织，1 人列为入党积极分子。严肃党内政治生活，2 月，党委召开党史学习教育专题民主生活会；3 月，3 个党支部分别召开 2021 年度组织生活会和开展民主评议党员；7 月 9 日，在沈阳组织党员干部开展“喜迎二十大，永远跟党走，奋进新征程”主题党日。深入推进作风转变，积极做好保密工作。修订《中国共产党中国铁建股份有限公司东北区域总部委员会议事规则》。

认真完成上级巡视整改。6 月 13 日至 8 月 31 日，股份公司党委第三巡视组对东北区域总部党委进行巡视。东北区域总部党委对此予以高度重视，召开巡视整改专题部署会，对巡视反馈的问题逐条进行梳理，认真研究整改措施，经过近 3 个月集中整改，60 余条细化措施中，要求 3 月底完成阶段性整改的措施全部完成，其余需要长期整改的措施取得阶段性成效，并由责任部门确认长期坚持开展，多项制度机制发布或列入制度修编计划。

积极开展宣传思想文化工作。认真落实意识形态工作责任制，对微信、QQ 工作群等规范管理，积极推广使用铁建通。加强外部宣传，大力宣传 3 至 4 月中国铁建不畏困难、不讲条件、倾力支持吉林省长春市隔离方舱建设的事迹。注重发掘先进典型，表彰 7 名区域总部“先进工作者”；2 人被评为“中国铁建经营先进个人”，1 人获火车头奖章，1 人获中国铁建“幸福家庭”荣誉，长春轨道交通 7 号线总包部获评股份公司“劳动竞赛先进单位”。积极推动新时代中国铁建企业文化落地，及时更新各类标识，加强中国铁建企业文化标语宣传，在长春轨道交通 7 号线加强中国铁建品牌形象展示，融合化展示中国铁建企业文化。

纪委工作。东北区域总部纪委深入推进全面从严治党。积极促进日常监督与政治监督相融合。组织所属项目落实全面从严治党主体责任、节日期间正风肃纪、疫情防控、严禁餐饮浪费等重要部署政治监督检查，及时宣贯有关疫情防控的重要指示批示精神。按照《关于加强对“一把手”和领导班子监督的实施意见》要求，纪委与党委领导就督促“一把手”落实全面从严治党责任进行沟通。认真落实任职谈话、集体谈话、提醒谈话等制度，通过咬耳扯袖、红脸出汗，督促党员干部绷紧廉洁自律之弦。组织开展反腐倡廉宣传教育月活动 1 次，做到警钟长鸣，防微杜渐。积极配合协助当地纪检监察机关做好相关工作。

工会工作。结合东北区域总部实际，开展职工慰问等一系列关系职工切身利益的实事，增强职工对企业的归属感。组织全体职工体检,关爱职工身体健康。立足实际,持续推进创新工作。为做好会员的集体福利发放工作,继续与沈阳京东世纪贸易有限公司合作,总部全体员工可通过线上采购物品,提高员工幸福感。丰富职工业余文化生活。结合疫情防控实际,为员工购买乒乓球自动发球机,建立职工书屋和所辖项目部建设职工之家,建立健全相关制度。调整职工会员年节慰问等活动开支标准,并持续开展“为群众办实事”活动,主动作为,建立“职工健康小屋”自助式健康检测中心,配置血压仪、体重秤、血糖仪等自助检测设备,为职工健康护航,增强职工群众获得感、幸福感。

（赵玉卓　朱　刚）

【中铁建北方投资建设有限公司】 2019 年 9 月在辽宁省沈阳市浑南区注册成立,注册资本金 20 亿元。党委书记、董事长王学忠,总经理、党委副书记吴笛,执行总经理勾文青。（李正青）

【中铁建长春投资建设有限公司】 2020 年 5 月在吉林省长春市汽车经济技术开发区注册成立,注册资本金 10 亿元。执行董事李庆民,总经理李士坦。

（李正青）

【中铁建黑龙江投资建设有限公司】 2020 年 9 月在黑龙江省哈尔滨高新技术产业开发区注册成立,注册资本金 20 亿元。执行董事李庆民,总经理王长宏。

（李正青）

中国铁建股份有限公司华北区域总部

【简况】 华北区域总部是中国铁建在华北区域经营职能的延伸,代表中国铁建在华北区域内履行“统筹、协调、监管、服务、高端经营”十二字职能,负责组织系统内相关单位有效开展华北区域经营工作,做大区域市场。监管华北区域内各单位实施的项目,负责自身以中国铁建名义承揽项目的管理工作。驻河北省石家庄市,是中国铁建在河北省的唯一一家二级机构。中国铁建在华北区域注册的法人单位 142 家,其中二级单位 19 家、三级单位 123 家,25 家集团公司设立常驻经营机构。华北区域总部紧跟股份公司步伐,持续优化升级区域经营机构,在北京市、天津市、河北省、雄安新区设立 4 个经营总部,与系统内各集团公司共享资源,形成合力,健全完善各市(区)级经营机构和团队。托管中铁建雄安投资发展有限公司 1 个平台公司,中铁建雄安投资发展有限公司石家庄地铁指挥部、中国铁建股份有限公司天津地铁 6 号线工程(梅林路站—咸水沽西站)指挥部、中国铁建股份有限公司雄安新区至北京大兴国际机场快线项目设计施工总承包四标段指挥部、中铁建雄安投资发展有限公司青岛指挥部 4 个工程指挥部,中铁建华北建筑科技有限公司(装配式建筑产业园)1 个股份制公司。2022 年 5 月,根据股份公司战略调整,中铁建华北投资发展有限公司调整为股份公司直管二级机构,全面负责系统内交通运输产业。中铁建华北投资发展有限公司、石家庄嘉盛管廊工程有限公司、石家庄嘉泰管廊运营有限公司、石家庄润石生态保护管理服务有限公司、北京大兴国际机场北线高速公路有限公司、中铁建(天津)轨道交通投资发展有限公司、天津地铁 1 号线轨道交通运营有限公司、天津 6 号线调整指挥部、天津 8 号线一期总包部、天津 8 号线延伸段总包部由华北区域总部划转至中铁建华北投资发展有限公司,正式脱离华北区域总部委托代管。资产总额 39.16 亿元。其中,固定资产原值 304.66 万元、净值 122.34 万元,流动资产 27.54 亿元。

2022 年,新签合同额 2727 亿元,建安产值 48924 万元,营业收入 9.08 亿元,净利润 0.11 亿元。

（唐轩仕　黄筱睿）

【领导人员】

经理层

总经理	杜水波
执行总经理	卢永堂(6 月免)
	刘明杰
	赵向东(8 月任)
副总经理	王祖春(3 月免)
	鞠小华(8 月免)
	王均山
总会计师	王祖春(3 月免)

党群领导

党委书记	杜水波
纪委书记	李少亮(11 月免)
工会主席	李少亮(11 月免)

（赵瑞昕）

【职工队伍】 职工 82 人。其中,女职工 12 人;30 岁以下 6 人,30～40 岁 32 人,41～50 岁 28 人,50 岁以上 16 人,平均年龄 41 岁;博士研究生学历 1 人,硕士研究生学历18人,本科学历53人,大专学历9人,本科及以上学历占员工总数的87.8%;高级职称39人,中级职称22人,初级职称16人,高级职称占员工总数的74.39%。（赵瑞昕）

【工程项目指挥机构】 石家庄地铁工程指挥部 驻河北省石家庄市。党工委书记马顺利,指挥长贾建平,常务副指挥长段宪锋。11月16日调整为党工委书记段完锋,指挥长贾建平,常务副指挥长张育松。

青岛指挥部 驻山东省青岛市。党工委书记、指挥长宿春亮。

天津地铁6号线工程指挥部 驻天津市河北区。党工委书记、指挥长王均山,党工委副书记、常务副指挥长刘大亭。

雄安至北京大兴国际机场快线4标段工程指挥部 驻河北省廊坊市。党工委书记、总经理杨利全,5月17日执行总经理调整为张斌。（张红霞）

【工程项目】 石家庄地铁1、3号线二期工程 由两部分组成,总投资65亿元。其中1号线二期工程线路全长9.71千米,设4站5区间1停车场;3号线二期工程线路全长8.1千米,设5站5区间1车辆段。项目采用“投融资+建设”的模式,合同工期43个月。1号线二期工程2019年6月26日开通试运营,3号线二期工程2021年4月6日与3号线一期东段工程同时开通试运营。全线主要工程量:车站全长2960米、区间单线全长19979米,车站、区间等相关站后专业,2022年完成产值12480万元。

雄安新区至大兴机场R1快线4标段工程 总承包项目。永清站(不含)至大兴机场站区间工程,线路长约19.18千米,总投资26.96亿元。其中高架段9.475千米,明挖段2.64千米,盾构段7.061千米,涉及河北省廊坊市和北京市大兴区。合同内容包括施工图设计阶段勘察、施工图设计、工程施工。合同工期33个月。2021年7月16日开工。2022年完成产值34784万元。（张红霞）

【综合管理】 经营管理。2022年,新签合同额2727亿元,完成投资36801万元,完成资金回购36801万元。从京津冀的城市定位、区位优势、资源禀赋、经济基础、产业分布、发展能力和自然环境进行分析,按照“一城一议、一地一策”原则,围绕“大市场、大客户、大项目”核心领域,组织各级主要领导主动对接,经常拜访,增进互信,密切合作,把成熟典型案例加以推广,形成可复制+拓展的经营举措。统筹经营资源,提供优质服务,充分发挥高端经营,集聚优质资源,推动产业协同,组织技术攻关,提供业务支持和防范经营风险重要作用。强化系统内部协同,通过调动系统内各种资源和力量,充分发挥中国铁建全产业链协同优势、属地优势、专业优势,形成优势互补、协同高效的局面。本着务实、高效、管用的原则,优化经营工作会、专题推进会、项目工作专班、信息统计通报、建立信息交流平台、分享经验等日常运行机制,确保取得实际效果,共同提升区域市场份额。搞好区域总部与其他央企、地方企业协同关系,共同把地方经济发展的盘子做大,创造更多发展机会,寻求共同承揽垄断性项目、地方性项目,营造健康有序的央企合作机制,实现共同发展。开展高端经营,统揽重点项目,华北区域总部锚定高端经营主线,建立并巩固与区域内政府高层、主要业主、战略客户顺畅的沟通渠道和良好关系。在做好疫情防范的前提下,开展高端对接、签订战略合作及重点项目合作框架协议,取得一系列共识和成果,战略合作的广度、深度得到持续拓展,落地一大批重点项目,为后续深化经营奠定坚实基础。

财务管理。按照区域总部整体布局,紧扣公司“高质量高品质发展”主题,以提质增效、优化资本结构、拓展融资渠道、降负债防风险、纳税筹划、资金管理等为重点,各项财务工作有序推进。2022年实现营业收入9.08亿元,其中表内项目(含天津6号线、R1线)实现营业收入8.77亿元,完成年度预算指标14.14亿元的62.01%;实现净利润1131万元,完成年度预算指标1127万元的100.26%;总部年末资产总额39.16亿元,其中货币资金6.09亿元,负债总额(含表外)27.80亿元,其中有息负债10亿元,为全年预算15亿元的66.67%。2022年现金流量净额2.28亿元,其中,2022年1—12月公司表内项目经营性现金净流量-5.07亿元,比年度预算指标-15.69亿元少流出10.62亿元。

资金管理。加强资金集中管理,提高资金创效能力。加强资金集中管理,利用金融机构资金集中管理系统,在财务公司、建设银行建立资金池,其中建行资金池实现跨法人跨区域归集,全面提升公司资金上存度和集中度,加快资金周转速度。华北区域总部财务公司日均存款余额3.61亿元,资金上存度83.21%,完成股份公司下达预算指标的110.94%。建行资金池,2022年6月30日至12月31日累计调剂使用资金净额1亿元;累计为公司节约融资利息支出约180万元。司库体系建设有序推进。根据股份公司司库体系建设工作方案,制定并下发实施方案,成立工作领导小组,按照股份公司司库体系统建设要求,全面推进总部司库体系建设工作。完成股份公司资金管理系统全面推广准备工作,上报总部资金管理系统全面上线实施方案，完成上线的工作台、系统管理、账户业务、统计报表等功能现场实施、业务数据初始工作，目前进展顺利，系统功能应用基本实现总部业务管理要求，系统运行取得阶段性应用效果。全面上线企业银行账户管理、资金集中、融资统筹、资金预算、资金结算、票据管理、应收款项清收和融资担保等管理功能的信息系统，实现资金信息动态反映、资金业务全面监控。

"两金"压控管理。始终坚持"降杠杆、减负债、控规模、防风险"不动摇，采取有力措施，强力压降"两金"，降低带息融资，加强债务管控，努力改善经济运行质量。对各下属单位制定详细的"两金"压控目标，逐级落实分解责任，纳入绩效考核指标，全力压降"两金"规模。认真落实股份公司"应收账款较年初下降10%"目标要求，结合总部实际，下发《关于做好2022年末应收账款管控工作的通知》，对应收账款实行周报制度。天津地铁6号线指挥部克服财政资金紧绷，甲方资金困难等不利条件，通过多种方式努力，应收账款回款率达到对上计量金额的92%，当年回款3.80亿元；石家庄地铁指挥部紧盯业主资金动态，采用保函置换、签订补充协议等方式挖潜增效，回笼资金3.83亿元；雄安R1线指挥部克服甲方资金困难等不利条件，按合同收回工程款2.35亿元。

全面预算管理。科学安排预算目标，加大预算执行管控，促进战略目标落地。预算目标导向明确。将提升发展质量任务纳入全面预算管理，坚持高目标引领，勇于自我加压，聚焦重点领域和重点环节，精细化预算管控，有效促进效益增长。预算编制科学合理。紧盯主要指标预算目标，按业务板块层层分解，落实责任，注重过程管控，发挥预算导向作用，推进企业发展质量稳步提升。区域总部在预算编制过程中注重业务财务配合，并要求全员参与。全面梳理各单位2022年产值计划、资金需求、营收利润等指标，各部门纵向横向深入沟通，严格把关，财务部门逐项审核，确保指标科学性和公平性。预算执行分析纵深推进。按季度通报预算执行情况，对预算完成率较差的单位发出警示，指导改善和调整经营活动，扎实推进年度预算目标实现。完善资金预算体系。区域总部在推行月度资金滚动预算、年度预算总额控制的基础上，坚持资金周报制度，及时掌握总部及所属各单位的资金收支状况，严格控制有息负债融资规模，并根据实际投资需要，合理规划有息债务资金的提取、使用，严禁贷款资金账户长期滞留资金。

税务管理。加强学习，确保政策掌握到位。密切关注国家财税政策变化，仔细分析政策变化对企业的影响，对于新政策、新规定，注重政策宣贯，通过外培内训等方式及时组织全体财务人员学习，确保学通弄懂。加大与税务机关沟通力度，及时寻求支持，确保及时掌握新政策。精研税收政策，加强对项目督导，用足增值税留抵退税政策。截至2022年4月30日，所属项目累计实现留抵退税3.6亿元。坚持依法合规纳税和税务风险防范，重视税企关系，积极研究地方相关优惠政策。抓住中国（河北）自由贸易试验区石家庄正定片区推进重点产业高质量发展机遇，区域总部积极研究相关政策，与招商局、税务局等部门紧密对接，2022年取得财政奖励862万元。

安全质量。严格执行股份公司有关安全质量规章制度，全面落实企业高质量发展根本要求，围绕"十二字"职能方针，不断提升项目建设管理科学化、规范化水平，在区域总部党委坚强领导下，在各单位共同努力下，克服新冠疫情不利因素影响，一手抓疫情防控，一手抓生产经营，扎实开展安全生产工作，确保在建项目安全质量平稳受控，实现高质高效履约和安全生产"双零"目标。

积极开展安全生产提升年行动。按照股份公司《安全生产专项整治三年行动实施方案》《安全生产提升年行动实施方案》部署要求，结合区域总部实际，进一步细化实施方案，细化分解重点任务，明确工作目标、责任分工和完成时限。坚持边深化、边巩固、边提升，进一步推进思想认识、责任落实、专项整治行动、重点管控能力再提升，有效防范化解重大安全风险，坚决遏制各类生产安全事故，促进企业安全发展。

完善在建项目监管制度体系。依据国家相关法律法规要求，以股份公司安全制度建设提供的管理思路与工作目标为指引，结合区域总部监管职能定位，制定包含《安全生产监督管理实施办法》《生产安全事故管理规定》《安全生产责任制规定》等8项安全管理规章制度的一整套安全生产规章制度，推进在建项目监管精细化，完善和落实重在从根本上消除事故隐患的安全管理责任链条、制度成果、管理办法，形成长效机制，推进安全生产治理体系建设，规范在建项目安全监管工作。

建立健全全员安全生产责任体系。按照"党政同责、一岗双责、齐抓共管、失职追责"和"三管三必须"原则要求，制定岗位安全生产责任清单，严格包保兑现、考核奖惩，推进"层层负责、人人有责、各负其责"的全员安全生产责任体系建设，构建五个责任体系。逐级签订安全包保责任书，将"零事故""零死亡"作为安全包保目标在责任书中明确，将安全生产工作评价结果纳入年度安全包保考核，进一步强化全员安全生产责任和第一责任人的责任意识。

构建安全风险和隐患双重预防机制。坚持安全第一、预防为主、综合治理的方针，健全安全风险防范化解机制，强化安全风险的辨识、评估及管控，突出抓好安全风险源头治理及过程管控。组织各单位积极开展风险辨识、评估，建立《安全风险清单库》，定期召开安全风险管控分析会议，确保管控措施得到不断改进、优化、落地。按照车站、盾构、桥梁、施工用电等多个大类，建立《隐患清单库》，指导项目科学精准开展隐患排查治理。

扎实开展安全生产专项督导检查。按照股份公司统一安排部署，在党的二十大召开前和召开期间，围绕安全生产责任制落实、安全风险分级管控、安全隐患排查治理、专项施工方案管理、全员安全生产教育培训等10个方面，对河北区域和天津区域内中铁十一局、中铁十二局、中国铁建大桥局、中铁十四局、中铁十六局、中铁十七局、中铁十八局、中铁二十局、中铁二十二局、中铁二十四局、中铁建设和中铁建电气化局等单位的23个在建项目进行安全生产专项督导检查。专项督导检查深入项目现场，检查施工现场和内业资料。区域总部督促指导各单位对存在问题进行有效整改，彻底消除安全隐患，确保党的二十大期间区域内在建项目施工生产安全。

认真做好突发事件应急抢险准备。石家庄地铁指挥部吸取2021年郑州“7·20”特大暴雨灾害教训，为提升应对突发事件能力，防范类似事故发生，依托参建施工单位项目部成立“应急抢险队”，由相对稳定的常驻管理人员、工程技术人员和一线工人组成，应对施工现场和已交付运营地铁线路的应急抢险和石家庄轨道公司要求参加的其他应急抢险。雄安新区至大兴机场R1快线指挥部组织各分部成立兼职应急抢险救援队伍，配齐配足应急抢险物资和设备。

坚持新冠疫情防控常态化。在抓好安全生产的同时，时刻紧绷疫情防控这根弦，把疫情防控抓细抓实抓到位，有效防范聚集性疫情事件发生。

建设绿色施工文明标准化工地。坚持开展以绿色施工为主题的“四节一环保”活动，最大限度地节能、节水、节材、节地、保护环境。推行“6个100%标准化工地建设”，做到工地周边100%围挡、物料堆放100%覆盖、土方开挖100%湿法作业、路面100%硬化、出入车辆100%清洗、砟土车辆100%密闭运输。严格遵守国家生态环境保护法律法规和有关条例，依法接受国家和地方政府有关部门执法检查，重点治理噪声污染、扬尘污染、污水泥浆污染、固体废弃物污染等问题，践行绿色施工，实现环境保护。在6月13—19日，开展以“绿色低碳　节能先行”为主题的节能宣传周活动。

9月，国家市场监督管理总局等21个部门联合开展全国“质量月”活动，华北区域总部积极组织各项目参与活动。组织区域总部全体员工参与中央企业全面质量管理知识竞赛暨全国企业员工全面质量管理知识竞赛活动，切实提升全体员工质量意识。在知识竞赛活动中华北区域员工参与率排名进入股份公司前十。

持续做好本级项目监管工作，确保在建项目质量管理过程可控、竣工项目创优目标落实有效。公司质量管理严格落实定期检查制度，查阅质量管理行为资料，检验施工单位体系落实及规范标准执行，形成记录，督促整改。为促进项目进度及运转正常，召集相关单位召开雄安新区至北京大兴机场快线项目推进会等专题会议，总部主管领导亲自协调各单位相关负责人，对项目安全、质量、进度等方案进行工作部署。

积极推动工程质量创优工作，完工项目优质工程奖项先后落地，各项企业荣誉接踵而至，为铁建品牌在地方树立良好形象。石家庄地铁3号线工程获2022—2023年度第一批国家优质工程奖；天津地铁6号线工程获股份公司优质工程奖、天津市“海河杯”金奖优质工程，指挥部获中华全国铁路总工会2021年度火车头奖杯、天津市“工人先锋号”称号。

（唐轩仕　张景权　张红霞）

【党群工作】 2022年，华北区域总部围绕区域经营中心开展工作，以迎庆党的二十大胜利召开、学习贯彻党的二十大精神为主线，开拓进取、真抓实干，协调推进党群各项重点工作落实。组织建设工作。深入开展党的二十大精神学习宣传贯彻工作。按照股份公司党委安排部署，积极组织党的二十大代表推选工作。组织开展“红心向党迎‘七一’，不忘初心跟党走”系列主题活动，充分利用属地红色资源开展革命传统教育，总部本部组织党员干部赴西柏坡等地开展现场教学，组织基层党支部书记开展集中上专题党课活动，营造浓厚迎庆氛围。组织全体党员干部收听收看党的二十大召开盛况，总部党委第一时间组织学习党的二十大报告，制定学习宣传贯彻党的二十大工作方案，下发通知进行专题部署，通过微信公众号发布党的二十大学习材料，基层党组织通过“三会一课”等方式组织深学细研，并组织党员干部职工参加各类宣讲会、学习会，发动党员干部职工参加党的二十大精神答题活动，迅速把思想和行动统一到党的二十大精神上来。围绕划转调整工作不断优化完善党组织建设。按照总部党委部署，抽调专人参加中铁建华北投资发展有限公司划转筹备工作，圆满完成人员划转、重签劳动合同以及党组织、党员组织关系转接及党费账户划转交接等工作。结合划转后的党员队伍情况，制定下发《关于总部本部、各省域总部及所属单位党组织设置工作的指导意见》，成立中铁建雄安投资发展有限公司党委纪委、总部本部党委，按照划转要求对石家庄地铁指挥部、青岛指挥部党工委进行平移调整，推动基层组织建设更加符合总部职能发挥。不断强化基层党组织组织力提升工作。结合股份公司党委要求，组织总部及各单位积极参加中国铁建“党建大讲堂”直播学习，选派基层党务工作人员参加股份公司党支部书记培训示范班，发动党员干部充分利用“学习强国”“中网院”等网络平台不断强化自主学习，围绕常态化党史学习教育，组织党员干部职工不断深化政治学习、提升政治能力。组织召开“党史学习教育”专题民主生活会，深入查摆问题、明确改进方向，进一步增强领导班子战斗力。配合股份公司党委组织部门完成中国铁建党委常委、副总裁倪真党建联系点工作成果评估等工作，总结汇报总部各级党组织围绕中心、服务大局的实践做法并得到股份公司领导高度认可，其中 1 个案例被编入《中国铁建党建工作与生产经营深度融合探索实践》，在全系统进行推广交流。按照股份公司部署开展党组织建设专项清查整治工作，促进党组织规范化、科学化。

宣传思想文化工作。深入抓好理论武装工作。不断深化以中心组学习为主要形式的理论武装工作，落实“第一议题”制度，重点加强对习近平新时代中国特色社会主义思想和习近平总书记重要讲话、指示批示精神的学习，为党员领导干部发放《习近平经济思想学习纲要》《习近平谈治国理政》(第四卷)并抓好学用工作；深入推进党的二十大精神学习宣传贯彻工作，营造领导带头学、党员跟进学、职工广泛学良好氛围；深入抓好党规党纪、股份公司制度规范以及安全生产、纪要保密等方面学习组织，不断筑牢思想防线。强化舆论阵地建设、加强宣传报道工作。因项目划转，原有中铁建华北投资发展有限公司外部官方网站及微信公众号顺利移交，并重新申请建立“铁建华北区域总部”微信公众号，确保宣传工作顺利推进。充分利用微信公众号和网站，对总部本部及所属各单位重要事件及时进行报道，积极营造团结、和谐、向上舆论氛围。不断强化典型选树及宣传工作，及时向股份公司推荐报送股份公司“十大楷模”天津地铁 6 号线管理团队宣传材料，不断扩大先进典型影响力。围绕雄安新区成立五周年，配合中央电视台专题片录制工作，树立好中国铁建积极践行国家战略的品牌形象。加强舆情监控和意识形态管控以及反邪教等工作，确保不出问题。积极推进中国铁建企业文化、品牌体系落实落地。按照股份公司新时代中国铁建文化与品牌落地督查互鉴行动要求，推动中国铁建文化与品牌体系在区域总部范围全面落地，督促各单位根据股份公司要求继续推动全体员工共学、共知、共行新时代中国铁建文化与品牌理念，并严格按照《中国铁建视觉识别规范手册》要求，全面推动视觉识别规范在本单位的落地执行。

党风廉政建设工作。深入开展廉洁从业教育。召开纪委工作会，深入传达学习十九届中央纪委工作报告，对总部本部及石家庄片区单位中层以上领导干部开展集中约谈；深入开展反腐倡廉教育月活动，通过组织观看警示教育视频、职工答题、推送廉洁教育警句等活动等进一步加强广大党员反腐倡廉、筑牢底线的意识。不断强化日常监督提醒。实践运用监督执纪“四种形态”特别是第一种形态，不断强化日常监督、做到“咬耳扯袖、红脸出汗”成为常态，积极抓好全过程监督，对干部调整、各类评先选优进行审核把关，出具廉洁鉴定意见，守好日常监督关口；不断强化大监督意识，积极配合股份公司审计组开展工作，确保监督实效。配合股份公司完成对华北区域总部常规巡视工作。针对股份公司巡视反馈会议上指出的典型问题，积极主动明确整改方向、研究改进措施，确保巡视反馈意见下发后加快整改进度。

群团工作。做好关心关爱职工各项工作。针对疫情防控工作形势，组织核酸检测机构到单位进行核酸检测，为职工发放防疫包；在元旦、春节、端午等节日为职工发放提货券，为职工发放电影卡、生日蛋糕券；组织开展“喜迎二十大奋进新征程”系列读书活动，1 名职工获排位赛三等奖。切实关注职工健康情况，完成总部本部及所属各单位职工年度体检工作，体检全员覆盖。开展各项慰问和困难帮扶活动，为企业职工解决实质性困难，增强职工凝聚力与归属感。做好典型选树工作，天津地铁 6 号线指挥部集体和个人分别获天津市工人先锋号和五一劳动奖章。

干部人事工作。夯实干部人才管理基础。修订出台华北区域总部人力资源管理暂行规定、薪酬管理办法以及防暑降温费、取暖费补贴等制度，按照股份公司要求制定中铁建雄安投资发展有限公司所属单位职业经理人选聘和管理办法，进一步健全干部人事管理制度体系。按照股份公司要求做好干部人事档案专项审核总结工作。优化干部队伍结构。结合划转后干部队伍实际，对 24 名干部进行岗位职务调整。充分利用雄安新区人才政策，积极组织职工申领“雄才卡”，着力为职工争取优惠政策。做好薪酬社保交接工作。按照划转情况与股份公司积极沟通工资总额划分工作，在稳定职工收入的基础上完成股份 2022 年度工资总额清算工作，确保区域总部 2022 年度工资总额发放合理合规；与中铁建华北投资发展有限公司协调代缴社保事宜，积极谋划社保开户等工作。组织完成总部副职领导及总部本部 2021 年度考核测评等工作。完成 2022 年度职称评审组织工作。申报 5 人，其中工程系列 1 人、会计系列 1 人、政工系列 3 人。采用线上线下相结合的方式，保质保量完成线上职称评审申报的填

报及推送工作。（赵瑞昕）

【中铁建雄安投资发展有限公司】 中国铁建出资设立，注册资本金300000万元，驻河北省保定市容城县奥威路。主要负责以公司自有资金对外投资，依托中国铁建全产业链优势，全面参与雄安区域内各类基础设施项目投资；拓展产业板块，开展多元投资；整合内部资源，助力中国铁建做强做大。董事长杜水波，总经理刘明杰。（赵瑞昕 黄筱睿）

中国铁建股份有限公司中原区域总部

【简况】 2019年1月成立，代表中国铁建股份有限公司负责山西、山东、河南三省的市场经营和开发，履行“统筹、协调、监管、服务和高端经营”职能。全面对接国家区域发展战略，积极投身山西省、山东省、河南省经济社会发展，主动参与一系列重点工程、新兴产业项目建设，重点参与区域范围内城际铁路、城市轨道交通、港口码头、公路、市政、机场、片区开发、产业园区、老旧小区改造、混合所有制改造等传统及新兴领域的投资、建设、开发与合作项目。驻山东省济南市，下辖中铁建黄河投资建设有限公司、中铁建中原投资建设有限公司，代管中铁建康养产业发展有限公司。

（冯 群）

【领导人员】

经理层

总经理	史道泉
执行总经理	闫 宇
副总经理	张深斌
	张正雪

党群领导

党委书记	史道泉
党委副书记	崔连友
纪委书记	张正雪
工会主席	张正雪

（冯 群）

【工程项目】 青岛市地铁2号线二期工程土建施工项目 线路长8.9千米，均为地下线，设车站8座，平均站间距1.14千米，其中换乘站2座，世园停车场1座，接轨于龙川路站。建设工期60个月，合同额36.41亿元。

青岛市地铁5号线工程 线路长32.36千米，均为地下线，设车站28座（其中闫家山站由8号线共建），全线设车辆段1座。其中一标段共11站13区间，线路长度14.8千米，设计时速80千米，建设工期75个月，合同额53.93亿元。

青岛市地铁9号线一期工程 线路长16.362千米，均为地下线，设车站13座，车辆段1座。其中土建施工2标段线路长度5.79千米，共计4站4区间1出入段线。建设工期66个月，合同额18.48亿元。

青岛市地铁15号线一期工程 线路正线长31.5千米，出入段线1.6千米，设车站17座，平均站间距1.9千米，设棘洪滩车辆段1座。其中三标段长7.7千米，设2站3区间。建设工期72个月，合同额16.2亿元。

郑州地铁12号线一期土建工程 线路全长17.034千米，均为地下线，设11站11区间，其中换乘车站7座，分别与14、3、5、1、8、K2号线换乘；标段设8个工区。

济南轨道交通4号线一期工程施工总承包项目 线路全长40.2千米，设1段30站33个区间，平均站间距1.2千米。全线均采用地下敷设方式，合同额207.41亿元。

中铁建青岛WELL健康城1.1期项目 2021年9月8日通过招拍挂的方式，中铁建康养产业发展有限公司与中国铁建房地产集团有限公司组成联合体，以股份公司授权价竞得青岛市城阳区河套街道两宗相邻商住地块（QDCYP－2021－9－19/20地块）。项目两宗地块合计用地6.93万平方米，规划设计总建筑面积18.18万平方米，其中地上建筑面积13.10万平方米，地下建筑面积5.08万平方米，预计整体投资14.62亿元。

洛阳市伊滨经开区（示范区）新型城镇化建设项目 总投资145.78亿元，其中征拆费用39.8亿元，建安费83亿元，其他费用22.98亿元。项目总规划用地面积20.06平方千米，项目内容包括片区范围内征地拆迁、安置补偿、市政基础设施建设、公共服务设施建设、绿化景观、河道水系、智慧城市建设等。（张 鹤）

【经营管理】 2022年，中原区域总部全面落实习近平总书记“疫情要防住、经济要稳住、发展要安全”要求，深入贯彻股份公司系列会议、“稳增长、防疫情”专题会、中原区域经营专题会等会议精神，看重经营主责，强化使命担当，在上半年经营遭遇断崖式下滑不利局面下，及时召开专门经营务虚会、经营座谈会，推进“战场为本、项目为王”经营战略，逐个市场研判，逐个项目制定针对性措施，四省市总部加大重点项目跟踪督导和对各产业集团帮扶力度，经营承揽及时扭转被动局面，再次刷新纪录。全年新签合同额4950亿元，其中山西省总部新签721亿元、山东省总部新签2457亿元、河南省总部新签1772亿元，占股份公司下达年度承揽计划3960亿元的125%，中国铁建在中原市场连续第四年实现新增长。（周宝军）

【党群工作】 2022年，中原区域总部坚持党建引领，以迎接党的二十大和学习贯彻党的二十大精神为主线，严格执行"第一议题"及"三重一大"制度，把党的领导融入总部管理各个环节。落实改革三年行动决策部署，如期完成中铁建黄河投资建设有限公司董事会规范化建设和经理层任期制、契约化等各项任务目标，外部董事到位后尽职履责，深入调研，发挥专业特长，公司董事会决策质量实现较大提升。深化巩固党史教育成果，部署开展"知己、感恩、干事"大学习大讨论活动，聚焦总部高质量发展和员工能力作风建设，引导全员回顾过往，认清自我，查找短板，彻底融入中原文化，达到思想意识有触动、灵魂深处受警醒、个人整改收实效的效果，形成自觉践行中原人文文化和管理文化长效机制。以股份公司巡视为契机，切实运用和巩固好巡视成果，以推进整改为抓手推进总部高质量发展。高效统筹疫情防控和生产经营大局，牵头产业集团积极支援地方防疫，最大限度减少疫情对经营承揽和施工生产的影响，为打赢疫情阻击战作出贡献。（冯　群）

【中铁建黄河投资建设有限公司】 拥有市政公用工程、建筑工程施工总承包一级资质。2019年7月19日在山东省济南市注册成立，注册资本金20亿元。经营范围包括以自有资金对铁路、公路、市政、城市轨道交通、机场、码头等项目投资及运营管理，土地开发，房地产开发、建设等。2020年4月办理完成安全生产许可证。法定代表人、董事长史道泉。（冯　群）

【中铁建中原投资建设有限公司】 拥有市政公用工程、建筑工程施工总承包一级资质。2019年7月19日在河南省郑州市注册成立，注册资本金20亿元。经营范围包括铁路、公路、市政、城市轨道交通、机场、码头、环保、水环境治理、水利水电、能源BOT、PPP建设项目投资及管理运营，土地一级开发，新能源项目、互联网产业投资，地产开发与建设，非证券股权投资。2020年7月办理完成安全生产许可证。法定代表人、董事长史道泉。（冯　群）

【中铁建康养产业发展有限公司】 2021年3月31日在山东省青岛市注册成立，注册资本金20亿元。经营范围包括商业综合体管理服务，以自有资金从事投资活动，养老服务，机构养老服务，护理机构服务（不含医疗服务），远程健康管理服务，健康咨询服务（不含诊疗服务），游览景区管理，文化场馆管理服务，农村民间工艺及制品、休闲农业和乡村旅游资源的开发经营，园区管理服务，酒店管理，会议及展览服务，物业管理，土地整治服务，企业总部管理，市政设施管理，住房租赁，非居住房地产租赁等一般项目；医疗服务，房地产开发经营，各类工程建设活动等（除依法须经批准的项目外，凭营业执照依法自主开展经营活动）许可项目。法定代表人、董事长张深斌。（冯　群）

中国铁建股份有限公司
华中区域总部

【简况】 原系2015年11月成立的华中指挥部。根据《关于调整中国铁建股份有限公司区域经营机构的通知》，调整为华中区域总部。是中国铁建经营和监管职能的延伸机构，负责江苏省、安徽省、湖北省、湖南省市场。驻江苏省南京市。代表中国铁建履行"统筹、协调、监管、服务、高端经营"职能，负责组织系统内相关单位有效开展区域经营工作，做大区域市场；对区域内各单位实施的项目进行监管，负责自身以中国铁建名义承揽项目的管理工作，并负主体责任。（郭　嘉）

【领导人员】

经理层

总经理	张挺军（6月免）
	张树海（6月任）
执行总经理	刘青林（3月免）
	张国峰（3月任）
副总经理	郭信君
	李小林（4月免）
	罗道永
	刘方治（11月免）
总会计师	罗道永

党群领导

党委书记	张挺军（6月免）
	张树海（6月任）
党委副书记	刘青林（3月免）

张国峰(3 月任)

纪委书记　胡晓兵(11 月免)

工会主席　胡晓兵(11 月免)

(郭　嘉)

【区域经营机构】 江苏总部　驻江苏省南京市。总经理郭信君。

南京经营中心　驻江苏省南京市。主任邓祖龙。

苏州经营中心　驻江苏省苏州市。主任田怀念。

徐州经营中心　驻江苏省徐州市。主任王鹏。

安徽总部　驻安徽省合肥市。总经理李小林。

合肥经营中心　驻安徽省合肥市。主任任启良。

芜湖经营中心　驻安徽省芜湖市。主任李肖伟。

宿州经营中心　驻安徽省宿州市。主任李华东。

湖北总部　驻湖北省武汉市。负责人刘振。

武汉经营中心　驻湖北省武汉市。主任江淑春。

宜昌经营中心　驻湖北省宜昌市。主任周劲松。

襄阳经营中心　驻湖北省襄阳市。负责人李振斌。

湖南指挥部　驻湖南省长沙市。总经理罗道永。

长沙经营中心　驻湖南省长沙市。主任金艳林。

衡阳经营中心　驻湖南省衡阳市。主任汪献强。

岳阳经营中心　驻湖南省岳阳市。主任吴科峰。

(孙俊鑫)

【工程施工】 G4 京港澳高速长沙广福至株洲王拾万(朱亭)段扩容工程捆绑桂东至新田(宁远)高速公路郴州至桂阳段特许经营项目包　中标金额 411.60 亿元。

徐州市城市轨道交通 1、2、3 号线组合运营 PPP 项目　总投资 142.90 亿元。

徐州市城市轨道交通 4 号线一期工程土建安装范工总承包项目　中标金额 86.73 亿元。

盐城黄沙港国家中心渔港项目　总投资 61.34 亿元。

(孙俊鑫)

【经营管理】 2022 年,新签合同额 4619.11 亿元,同比增长 48.67%,完成股份公司下达年度指标 3400 亿元的 135.86%。江苏省承揽 1885.25 亿元,同比增长 34.32%;安徽省承揽 772.66 亿元,同比增长 57.65%;湖北省承揽 1049.64 亿元,同比增长 14.76%;湖南省承揽 911.57 亿元,同比增长 205.09%。

优化经营布局提升市场活力。从功能、职责、市场等多维度、多层次认清区域总部职能定位,原 6 个经营指挥部整合为 4 个省域总部,加强省域总部独立作战和资源统筹力量。省域总部增设区域经营中心和地市经营部两级经营机构,协同产业集团分级负责、系统推进,搭建起经营布局网、资源关系网和信息收集运用网等“三网”基本框架,发挥“铁建一盘棋”经营合力。高端对接软化市场环境,助力重大项目落地。开展高端对接活动 304 次,股份公司领导克服疫情影响,与各省、市、重要客户高端对接 40 次,提升客户覆盖面、黏性度和对接层次。以重大项目为切入点开展高端对接,湖南省高端会晤后,省发展改革委下发《中国铁建和湖南省合作事项清单》,助力中国铁建成功中标湖南省近年来最大、2022 年中国铁建最大投资项目 G4 京港澳高速捆绑项目包,总投资 413 亿元,创造高端对接成功模式新标杆。江苏省高端会晤后,与江苏省、徐州市建立上下贯通的沟通渠道,有力促进徐州地铁组合运营 PPP 项目和 4 号线施工总承包项目成功落地,进一步巩固在徐州城轨市场领先优势。分别与安徽省人民政府、湖南省人民政府、长江沿岸铁路集团、华能江苏公司等签订战略合作协议,提升中国铁建在各地区各领域影响力、品牌力和存在度。重大项目“铁建方案”积极迎合市场需求。贯彻“固优势”要求,寸“轨”必争。在国家级重大项目沿江铁路沪宁合段 17 个土建标段中获 9 个标段,承揽额 273 亿元。在无锡地铁 5 号线工程,赢得 44% 的市场份额。徐州地铁组合运营 PPP 捆绑 4 号线土建项目的“网运分离、分段实施”,是全国地铁 PPP 建设模式首创,体现“铁建方案”的创新性、竞争性。坚持一城一策、一标一案,深入对接各地市发展需求,助力江苏兴化东部未来城百亿级项目顺利落地。以客户为中心助力地方创造施政业绩,推动鄂州构建“一核两极多点支撑”的发展格局,促成中铁十八局集团有限公司和中铁第五勘察设计院集团有限公司联合中标滨江科技新区现代物流产业园及周边市政配套项目。新兴业务拓宽市场领域、放大市场载体。按照“以产定投”业态需求,成功策划全国首例社会资本投建运一体的盐城黄沙港国家中心渔港项目,在海洋经济新领域实现重大突破。借助与湘潭市政府良好合作关系,促成中国铁建投资集团有限公司联合体中标新能源汽车产业园“F + EPC + O”项目。协助中铁二十三局集团有限公司深耕乡村振兴市场,中标安徽阜南县乡村振兴项目,协助中铁二十四局集团有限公司中标宿州城市更新及生态修复项目,协助中铁十五局集团有限公司中标黄山 5G 通信工程项目,介入扩绿新基建市场。协同作战打造区域市场优势。立足各产业集团资源禀赋,发挥比较优势,引领协同经营,排出最佳联合体,打造最强竞争力,在苏州市竞得 2、4、7 延伸线项目中的最大标段;在湖北省获高速公路订单 10 项,承揽额超过 200 亿元。强监管推动两场联动。强调“干好在建就是最好的经营”,明确股份公司名义中标项目内外信誉评价必须“保二争一”。在建项目总体安全受控、平稳有序，完成产值40.09亿元。在2021—2022年度南京地铁土建工程质量安全诚信评价中成绩优异，持续扩大中国铁建在南京地铁市场影响力。南京地铁7号线、南通地铁1号线均顺利开通运营，得到南京市、南通市高度赞扬。主投直管的投资项目面对已显现风险，坚持问题导向积极作为，有效破解难题，管理日趋规范。协调产业集团及时回应业主诉求，妥善解决在建项目急难问题，实现滚动发展。（孙俊鑫）

【党群工作】 党的工作。2022年，华中区域总部党委坚决落实党中央决策部署和股份公司党委工作要求，坚持“实事求是、守正创新、行稳致远”工作方针，紧紧围绕“强省域、夯基础、建‘三网’、顺体系，打造区域强大能力”工作思路，充分发挥“把方向、管大局、促落实”作用，审时度势、主动施策，彰显新担当、展现新作为。强化政治引领。党委将全面学习贯彻党的二十大精神作为首要政治任务。下发《关于认真学习宣传贯彻党的二十大精神的通知》和《工作方案》，增强学习系统性、针对性。强化理论武装。坚持“第一议题”制度，党中央精神着眼到哪里、政治理论学习就跟进到哪里，全年党委中心组集体学习9次，系统学习习近平总书记重要指示批示精神、深刻领悟党的二十大精神等重点，围绕总部组织架构设计、体制机制优化、安全生产等方面研讨交流。强化党的领导。坚持把党的领导融入企业治理各环节，召开党委会15次，前置研究和讨论决定议题71项，充分发挥党委把方向、管大局、促落实作用。压实主体责任。调整班子成员联系点分工，加强对基层工作领导和指导，推动基层组织建设全面加强。提升队伍素质。坚持党管干部、党管人才，全年选拔任用、调整及调入中层副职级及以上干部23人次。根据组织机构和编制定员优化设置，同步开展内部竞聘上岗，聘任中层副职级及以上干部10人，管理岗位10人，推动干部能上能下，末位调整和不胜任退出，达到人岗相适、岗能匹配。积极拓展人才选拔渠道，开展社会公开招聘，市场化选聘投融资、市场开发、运营管理等高级人才8人，推动形成能者上、平者让、庸者下的选人用人机制，干部队伍知识化、专业化得到提升。以发展战略为导向，增强培训针对性，全年累计选派各类人才参加各级培训521人次，有效提升素质能力。

纪检工作。紧紧抓住“两个责任”牛鼻子，层层夯实“一岗双责”，推动全面从严治党向纵深拓展。坚持廉洁教育常态化。以“反腐倡廉宣传教育月”为契机，通过举办廉洁讲座、发布廉洁提示、培育廉洁文化等方式，持续深化警示教育感染力和实效性。抓紧作风建设不放松。紧盯重点领域、重要环节、重大节日和“关键少数”，下发通知，填报《纠治“四风”问题工作情况表》，公布举报电话、邮箱等方式，持续纠治“四风”。廉洁风险防范精准化。针对经营生产管理实际，编制《廉洁风险防控手册》。加强“关键少数”监管，对所属单位20名“一把手”和领导班子开展谈心谈话；针对提拔、职务调整等21人开展任前谈话和廉洁谈话。做好巡视整改后半篇文章。针对股份公司党委巡视反馈的5个方面12项具体问题，研究制定整改方案，细化分解为5个方面21项具体整改任务，各项整改工作正紧锣密鼓推进落实。

群团工作。认真落实职工大会制度，主要领导向大会报告工作，领导班子接受民主评议。畅通诉求反映渠道，解决职工热难点问题，充分保障职工合法权益。南京地铁7号线指挥部开展保开通劳动竞赛，获中华全国铁路总工会火车头奖杯；9号线指挥部参加中国铁建劳动竞赛，获“劳动竞赛先进基层党组织”“综合优胜单位”“工人先锋号”。南部新城指挥部开展钢筋焊接及测量技能比武，有力提升参建员工业务技能。（段伟伟）

【中铁建城市建设投资有限公司】 注册资本金30亿元，是中国铁建面向江苏、安徽、湖南、湖北等区域的战略支点机构。以促进地方经济社会与企业发展共赢为宗旨，以提升管辖区域中国铁建整体市场优势为目标、以高端经营为核心、以为中国铁建各集团公司提供支持服务为主责的总部管理服务型公司。经营范围包括建设项目投资、投资管理、房地产开发与经营、股权投资、铁路工程、公路工程、市政工程、城市轨道交通工程、房屋建筑工程、特色小镇工程、海绵城市工程、磁浮轨道交通工程、水利工程、水电工程、环保工程的勘察、设计、技术咨询及工程总承包。（郭 嘉）

【中铁建长江投资有限公司】 注册资本金30亿元，经营范围包括建设项目投资及管理运营，房地产开发与建设，股权投资，新能源项目、互联网平台等产业投资，铁路、公路、市政、城市轨道交通、房屋建筑、机场、码头、环保、环境治理、水利水电、能源特色小镇、海绵城市、磁悬浮轨道交通工程的勘察、设计、技术咨询及工程总承包。（郭 嘉）

【中铁建华中投资建设有限公司】 注册资本金30亿元，经营范围包括许可项目：建设工程施工，房地产开发经营(依法须经批准的项目,经相关部门批准后方可开展经营活动);一般项目:环境应急治理服务,工程管理服务,以自有资金从事投资活动(除许可业务外,可自主依法经营法律法规非禁止或限制的项目)。

(郭　嘉)

中国铁建股份有限公司华东区域总部

【简况】 2019 年初,中国铁建在原上海代表处和东南指挥部(海峡公司)基础上,优化调整上海、浙江、福建和江西经营布局,重组成立华东区域总部。在浙江、上海、江西、福建市场代表中国铁建履行统筹、协调、监管、服务和高端经营职能:统筹区域市场的整体开发工作和区域内资源,协调系统内部关系,监管区域内工程项目的进度、安全、质量、环保、信誉等工作,建立各产业单位的沟通联络平台,为系统内各单位市场开发提供项目信息、经营资源和对外服务,整合区域内经营资源,积极组织开展高端经营。设 6 个职能部门、4 个省域总部、13 个区域经营中心、3 个总包管理部、1 个专业事业部和 7 个项目公司,管理 4 个投资平台公司,代管中铁建城市开发有限公司(城发公司管理 14 个项目公司)。职工 82 人,其中区域总部 38 人。　(刘文功)

【领导人员】

经理层

总经理	赵晋华
执行总经理	尹　华
	马建军
副总经理	李少先(3 月任)
	孙桐林
	李　光
总会计师	李　光

党群领导

党委书记	赵晋华
纪委书记	耿庆宇(11 月免)
工会主席	耿庆宇(11 月免)

(曹国英)

【区域指挥机构】 浙江区域总部　驻浙江省杭州市。负责人尹华。

上海区域总部　驻上海市静安区。负责人李少先。

福建区域总部　驻福建省福州市。负责人孙桐林。

江西区域总部　驻江西省南昌市。负责人李光。

(许文宇)

【工程项目】 杭州至德清市域铁路工程土建Ⅱ标段工程　线路长 12.2 千米,全线由 4 站 3 区间以及出入段线和舞阳车辆段组成。开工日期 2021 年 12 月 20 日,竣工日期 2026 年 12 月 20 日,合同中标价 30.65 亿元。

福州地铁 6 号线 1 标段工程　施工总承包项目,中标合同价 37.07 亿元,含新增项目合同总额 43.69 亿元。合同工期 2016 年 12 月 31 日至 2020 年 12 月 31 日(6 号线全线调整至 2022 年 10 月 1 日)。主要施工内容:土建工程、风水电安装工程、人防工程、全线辅轨及与 6 号线同步实施的配套工程等。

福州地铁 5 号线 3 标段工程　施工总承包项目,合同投资 42.269 亿元,由于樟岚车辆段上盖开发平台新增 9.59 亿元,合同价款调整为 51.86 亿元。项目起点位于福州市仓山区盖山镇,终点位于福州市仓山区城门镇,线路全长 7.0429 千米。合同工期 2017 年 9 月 30 日至 2021 年 12 月 31 日。主要工程量:5 站 4 区间 1 车辆段及出入段线。主要施工内容:前期工程、土建工程、轨道工程和疏散平台、风水电安装工程、装修工程、人防工程、樟岚车辆段工程等。

福州滨海快线(福州至长乐机场城际铁路工程)土建施工 2 标段工程　合同投资 50.49 亿元,合同工期 2019 年 12 月 31 日至 2024 年 06 月 30 日。主要工程量:4 站 5 区间。主要施工内容:前期工程、土建工程、车站设备安装工程、人防工程等。

厦门市轨道交通 3 号线工程蔡厝基地站工程　线路长 121.7 米,中标合同价 6204.7755 万元(含暂定 300 万元),2021 年 4 月 10 日开工,计划 2022 年 3 月 9 日建成。

厦门市轨道交通 6 号线工程土建 2 标段工程　位于厦门市海沧区、集美区,全部为地下线。主要工程量:9 站 10 区间。2019 年 12 月 31 日开工建设,计划 2023 年 8 月 31 日完工。

厦门市轨道交通 6 号线一期工程涉铁段　位于厦门市同安区,线路全长 1.52 千米,标段总造价 2.21 亿元,主要工程量:2 井 1 区间。2021 年 11 月 8 日开工,计划 2023 年 5 月 1 日完工。

厦门市轨道交通 6 号线集同段 2 标段工程　位于厦门市同安区,长度 18.6 千米,主要工程量:11 站 14

区间，全部为地下工程。计划开工日期2022年6月1日，计划竣工日期2025年09月30日。

厦门翔安新机场片区地下综合管廊PPP项目　位于厦门市翔安区大嶝岛，规划建设综合管廊19.8千米，静态投资额13.38万元，其中施工总造价124078.446万元。项目合作期20年，其中建设期4年（含分段运营期2年），全线运营期16年，采用"使用者付费+可行性缺口补助"的回报机制。2016年7月28日开工，截至2022年底，建成廊体15.55千米，完成建安投资96756万元。

古田梅花山文旅康养试验区启动项目（一期）项目　项目总投资37.09亿元。主要建设内容包括4个子项目：上杭县步云生态文明思想教育培训基地子项目，总建筑面积46034.08平方米，计划2025年5月竣工；上杭县古田国防教育培训基地项目，总建筑面积7134.51平方米，计划2023年1月竣工；上杭县古田红色教育培训综合楼及配套设施建设项目（一期），总建筑面积44732.57平方米，计划2023年5月竣工；古田梅花山旅游观光项目（一期），新建长8.25千米双线高架单轨特种装备，新建车站3座。因项目用地尚未解决，开工时间待定。

丰城市中心城区地下综合管廊及市政路网建设工程PPP项目　总投资10.45亿元，其中建安投资8.19亿元。主要建设内容包含道路2条，总长7.364千米，其中莲花大道全长5.964千米、龙剑大道全长1.4千米；莲花大道地下综合管廊1条，总长4.61千米，断面形式为单仓，采用明挖法施工；管廊配套控制中心1个，建筑面积400平方米。计划2024年4月竣工。

上海临港铁建大厦及铁建嘉苑项目　两个地块为商办用地，占地面积1.9万平方米，商业占比20%；办公占比80%，建筑限高50米，地上11层、地下2层。计划2022年12月竣工。

南昌市新建区九望新城片区、文旅小镇（新丰新城片区）综合开发项目　合作期暂定10年，建设期8年。总投资300亿元。规划建设内容涉及市政道路路网工程、安置房建设、九望湖公园、石埠河及肖峰河等水系提升改造；新丰新城市政道路路网工程、安置房建设等。

慈溪市新城河区块二、三期片区综合开发项目　工程建设包括新城河一期局部地块（明州路以北）、二期（东）地块和三期地块，以及农批市场北侧原规划商业地块和原规划游泳馆地块，明月湖C号安置房项目、D号安置房项目，项目总用地面积201.94万平方米。项目总投资105.25亿元。

慈溪市新城河区块四期片区综合开发项目　区域总用地面积1.29平方千米。静态总投资1168495万元，工程建设投资587333万元。合同工期2022年上半年至2025年上半年。

温州集新未来社区项目　位于浙江省温州市鹿城区广化街道，由5个地块组成，总占地面积17.56万平方米。项目业态包括办公、酒店、商品房、安置房、人才住房、商业等，同时有偿代建一所30班小学、一所42班中学及四条道路。其中C－04地块总建筑面积177620.9平方米，2020年11月开工，计划2023年12月竣工；C－09地块总建筑面积107212.3平方米，2020年11月开工，计划2023年12月竣工；C－13地块总建筑面积99308平方米，2020年11月开工，计划2023年6月竣工；C－15地块总建筑面积190511.7平方米，2020年10月开工，计划2023年12月竣工；C－02地块总建筑面积121412.1平方米，2021年5月开工，计划2024年6月竣工。

台州黄岩未来社区项目　由五个地块组成，项目业态包括邻里中心、超高层商办综合体、人才公寓、人才住宅、商品房、安置房以及其他九大场景和其他配套服务设施。项目总用地面积229180平方米，总建筑面积637260平方米。

台州飞龙高闸未来社区项目　位于台州湾新区椒江区市府大道以南，经六路西侧。占地面积52945平方米，总建筑面积167553.6平方米。

丽水灯塔未来社区项目　位于浙江省丽水市莲都区白云街道，项目总用地面积36.2万平方米，负责范围内的土地整理、安置房等基础设施的投资、建设及运营。预计总投资108.37亿元，预计总建筑面积1120355平方米，建设期4年，建成后轻资产运营10年，实行一体设计、分两期实施。

宁波铁建城发总部基地项目　位于浙江省宁波市鄞州区首南街道，总建筑面积80119.6平方米，2021年11月开工，计划2023年12月竣工。项目整体规划根据建筑业态类型集中布置于场地中，裙房商业沿街及前塘河1－4层布置，办公塔楼23层，位于基地东南侧。

新昌东门如城片区开发项目　总面积5.5平方千米。项目投资开发建设内容包括规划优化、勘察设计工作、前期工作、土地整理投资（政策处理费）、公共基础设施投资建设、土地服务、城市运营和产业发展服务。项目合作包括东环路、纬一路、中环路、浙工院新昌学院、城关中学如城校区、技师学院与体育中心、中央运动公园。项目合作期暂定13年（2022—2035年），其中整体建设期5年、运营期8年，各子项目运营期以竣工验收合格之日起至合作期结束。

湖州铁公水物流园二期片区开发项目　位于浙江省湖州市南太湖新区杨家埠街道。项目区域范围包括两个区块,总规划用地面积 307.13 万平方米,可出让用地 119.73 万平方米。其中区块一位于湖州市南太湖新区塘口区块,总规划用地面积 277.47 万平方米,可出让用地 90.07 万平方米;区块二位于湖州市南太湖新区康山街道康山片区 KS-01-01-02D 地块,可出让用地 29.67 万平方米,均为住宅用地。本项目主要合作内容为项目范围内土地整理投资、基础设施投资、建设及其它相关事项。计划 2022 年 11 月开工,2029 年 12 月竣工。

金华石泄未来社区项目　位于浙江省金华市金义新区,总用地面积 200254.55 平方米,分 3 个地块。其中 D1 地块规划用地面积 107166.21 平方米,D2 地块规划用地面积 45057.22 平方米,D3 地块规划用地面积 13995.08 平方米,城市道路、绿地用地面积 34036.04 平方米,总建筑面积 566783.16 平方米,计容建筑面积 401022.15 平方米,不计容地下面积 165761.01 平方米。计划 2022 年 5 月开工,2024 年 10 月竣工交付。

松阳城市风貌样板区项目　位于浙江省丽水市松阳县,合作范围 107.67 万平方米,其中未来社区 75 万平方米、其他 32.67 万平方米。负责项目范围内土地整理投资、基础设施投资、建设及其它相关事项。合作期 2022—2035 年。建设期 2022—2025 年,土地出让期 2022—2025 年,运营期 2026—2035 年。

丽水云和小徐社区(未来社区)项目　位于浙江省丽水市云和县,规划单元用地面积 66.98 万平方米,项目包含龙母路一期、二期项目、X1 地块、X2 地块。其中,X1 地块项目包括 1 栋 4 层教学楼、1 栋 3 层养老配套用房及 1 层地下车库;X2 地块项目包括 4 栋 22 层、16 栋 17 层高层住宅、1 栋 2 层社区商业办公楼、1 栋 3 层商业、1 栋 2 层邻里中心以及 1 层地下车库;市政道路龙母路 1.1 千米,分为两期,一期为安溪以北,长度 175 米,二期为安溪以南,长度 1 千米。

丽水绿谷未来社区项目　位于浙江省丽水市南城开发区核心区域,总用地面积 12.08 万平方米,总计容 25.37 万平方米。建设期 2023 年 3 月至 2026 年 11 月,运营期 10 年。

上饶市广信区新区片区综合开发项目　位于江西省上饶市中心城区西南,规划总面积 12.3 平方千米,建设用地总面积 8.6 平方千米。建设期 8 年。

蚌埠市城市更新小蚌埠片区项目　合作范围内用地涉及居住用地、商住用地、安置用地、教育用地、公共设施用地、道路用地等,总面积 2547386.67 平方米。

湖州南太湖新区长东南片未来数字城开发项目　位于浙江省湖州市南太湖新区长东片区南部,总面积 5.7 平方千米。主要合作内容包括项目用地开发整理投资、基础设施投资建设、智慧交通打造及运营(包括智慧停车、智慧管廊、智慧公交站台、智能网联汽车路测示范段)等。合作期 10 年,其中建设期 5 年、运营期 5 年。

(蔡浩明)

【经营管理】　2022 年,新签合同额 3555.34 亿元,完成股份公司考核指标 3000 亿元的 118.5%。华东区域总部坚持"实事求是、守正创新、行稳致远"的工作方针,聚焦"十二字"职能,迎难而上,勇毅前行,区域经营工作焕发出新容光,新签合同额实现历史性突破。持续维护铁建一盘棋格局。牢固树立"铁建一盘棋"理念,充分发挥统筹协调职能,整合系统内外资源,凝聚铁建合力,带领各产业集团协同发展,合作共赢。针对世界级、标志性项目,华东区域总部牵头成立多个经营工作专班,明确分工、落实责任,统筹推进各项工作。在浙江省组织相关单位 30 余人进驻舟山市现场办公,群策群力,积极争取有利条件,促成甬舟铁路和六横公路大桥二期两个世界级工程中标,有效拓展中国铁建海底大盾构和大跨度跨海大桥业绩,促进中国铁建跻身特殊桥梁施工第一梯队,提升中国铁建在跨海特桥领域市场竞争力。在上海市组织中铁第四勘察设计院集团有限公司、中铁十一局集团有限公司、中国铁建重工集团股份有限公司成立初雨调蓄池项目技术攻关小组,为政府和业主提供新的竖井掘进工艺,获得上海排水行业协会专家论证通过,中铁第四勘察设计院集团有限公司率先中标 1 个初雨调蓄池项目勘察设计标;中铁十五局集团有限公司中标上海首个垂直掘进(盾构)地下智慧车库工程,与中国铁建重工集团股份有限公司联合研制迄今为止全球开挖直径最大的竖井掘进机"梦想号"掘进机。在福建省带领相关产业集团与漳州市政府及市属国企主管领导对接,提前谋划布局,积极提供铁建方案,促成 10 家产业集团中标漳州 3 个产业园区项目,实现 169 亿元新签合同额。稳步提升企业品牌影响力。高端经营成果显著。扎根属地发展,与各级政府和业主单位频繁互动、深入对接,共同营造持久、稳固、共赢合作环境。全年有计划、有针对性组织策划高端对接 200 余次,其中股份公司领导牵头对接 22 次,持续深化核心客户合作关系,扩大中国铁建品牌影响力。区域总部与上海临港新片区,浙江省宁波、衢州、丽水、舟山市,江西省南昌、上饶市,福建省厦门市等地方政府均建立常态化沟通机制,形成良好政企合作氛围。通过精心策划、有效对接,累计与 26 家政府和 22 家产业、投资、金融企业建立战略合作伙伴关系。专项行动行之有效。组织开展一系列专项行动以来,相关产业集团积极对接政府和业主单位,签署战略合作协议,推进重点合作项目。共同富裕专项行动:中国铁建在浙江省山区26县实现高端对接全覆盖,签署战略合作协议10份,在建项目32个,合同额344.54亿元,为共同富裕作出的贡献与成绩受到浙江省主要领导高度肯定和赞扬。抽水蓄能和海上风电专项行动:与政府部门和三峡新能源、国网新源、华润电力、中电建华东院等企业领导对接76次,签署战略合作协议5份。国家储备林和国土空间综合整治专项行动:组织各产业集团开展专题培训,引导产业集团积极对接,抢抓机遇,重点跟踪的三明储备林项目条件基本成熟,预计上半年实现落地。战疫工作卓有成效。组织相关产业集团积极参与上海方舱医院和厦门定点公寓隔离场所建设或改造工程,帮助属地社区分发物资、维持核酸检测秩序等事务,为疫情防控做出大量卓有成效工作,彰显铁建担当,获上海市静安区、青浦区、普陀区、临港新片区和福建省厦门市多个政府单位认可,股份公司获上海市青浦区疫情防控领导小组感谢信,为提升信用评价奠定良好基础。全面优化架构制度体系。自区域经营中心成立以来,组建由区域总部、省域总部、区域经营中心、集团公司区域指挥部、地市经营分部构成的“五位一体”经营体系,制定区域经营中心管理办法,修订完善经营机构绩效考核办法,建立区域经营专题会、经营月报等工作机制,经营管理更加规范,体系运转更加高效。精准对接政府需求和市场资源,深层次、多维度把握市场动态,全面加强市场耕耘开拓,更好维护地方关系,提升经营灵活度和主动性,统筹区域市场整体稳定发展。城发公司发展势头日益强劲。严格落实股份公司关于城发公司发展定位及主营业务相关要求,扎实推进城市运营战略转型。在业务拓展上重点聚焦城市更新、城市运营、未来社区、智慧社区等领域开展投资运营业务,创新合作模式,优化经营架构,积极推动轻资产运营,摘得台州黄岩东浦、台州飞龙高闸、丽水绿谷3个未来社区地块,土地款30.31亿元,可研货值123.6亿元;中标上饶广信新区、绍兴新昌、小蚌埠片区、丽水云和、湖州南太湖新区5个城市更新项目,总投资293.62亿元。城发公司全年新签合同额417.6亿元,承揽范围全国5省13城,“立足浙江、辐射华东、布局全国”发展战略实现重大突破。（许文宇）

【党群工作】 2022年,华东区域总部把迎接党的二十大、学习宣传贯彻党的二十大精神作为首要政治任务,认真学习贯彻习近平新时代中国特色社会主义思想,深入推进党史学习教育常态化,推动广大党员干部深刻领悟“两个确立”决定性意义,永葆绝对忠诚的政治自觉,弘扬主旋律,激发正能量,凝聚与党同心同向的强大力量。以政治思想建设夯实“党建+”基础。全年把学习党的二十大精神作为区域总部全体党员干部的必修课,深入学习领会党的二十大提出的一系列新的重要思想、重要观点、重大战略、重大举措,召开党委理论学习中心组集体学习会议10次,集中专题研讨4次,编印学习资料10期、党的二十大精神学习专刊1期,中心组成员集体交流发言28人次,夯实区域总部工作政治保障和思想基础。以业务融合开创“党建+”新局面。全年各级党组织在党建与日常工作融合上持续发力,立足实际、大胆探索,总结推广所属单位特色鲜明、示范作用突出的党建工作典型,在争先率先、精益求精中把党建亮点做得更亮、优势做得更优。以“党建+”引领党风廉政建设和群团工作。组织开展党建工作和党风廉政建设责任制检查考评,签订《党风廉政建设责任书》;加强理想教育,广泛开展参观清廉文化教育主题展馆、邀请党校教授辅导讲座、观看警示教育纪录片等活动;开展专项治理,通过清单式管理,实现监督检查常态化。全面抓好“党建+工建”“党建+团建”凝心工程,开展系列读书活动和秋季主题户外活动;做好职工劳动保护和防暑降温工作,组织端午节、中秋节、国庆节等节日慰问活动;开展职工生日慰问和金秋助学活动;深入开展劳动竞赛、安全生产监督等系列活动。厦门地铁4号线4标段工程获“中国铁建优秀项目经理部”,中铁建城市开发有限公司获评“中国铁建合规工作先进单位”,1人获中国铁建“幸福家庭”等称号,1人被评为“中国铁建合规工作先进个人”。（张宇莹）

【中铁建东方投资建设有限公司】 拥有市政公用工程施工总承包一级资质。经营范围包括铁路、公路、市政、城市轨道交通、机场、码头、环保、水环境治理、水利水电、矿产、能源、智慧城市、文化旅游、养老健康等建设项目投资、施工及管理运营,房地产及土地开发,新能源项目、互联网产业项目、海洋经济项目投资,新兴产业投资、股权投资。2019年8月在浙江省杭州市注册成立,注册资本金20亿元。法定代表人、董事长赵晋华,总经理尹华。（刘文功）

【中铁建华东建设发展有限公司】 拥有建筑工程施工总承包一级资质。经营范围包括各类工程建设活动、房地产开发经营、工程管理服务、园区管理服务、创业空间服务、物业管理、投资管理、资产管理、股权投资、创业投资。2020年4月在上海市中国(上海)自由贸易试验区临港新片区注册成立,注册资本金20亿元。法定代表人、董事长赵晋华,总经理马建军。（刘文功）

【中铁海峡建设集团有限公司】 拥有市政公用总承包一级,城市及道路照明工程、环保工程专业承包一级资质。经营范围包括铁路、公路、市政、房屋建筑业、钢结构工程施工,建筑装饰业,未列明的其他建筑业,太阳能光伏系统施工,其他未列明自然保护,水污染治理,大气污染治理,固体废物治理,室内环境治理,其他未列明专业技术服务业,工程管理服务,房地产开发与经营,物业管理,房地产中介服务,自有房地产经营情况,停车场管理。2015 年 9 月在福建省厦门市注册成立,注册资本金 13 亿元。法定代表人、董事长赵晋华,总经理孙桐林。 (刘文功)

【中铁建东南投资建设有限公司】 拥有市政公用工程施工总承包一级资质。经营范围包括各类工程建设活动、房地产开发经营,建筑业拆除作业(爆破作业除外),对建筑业投资,商业综合体管理服务,园区管理服务,信息咨询服务,物业管理,建筑材料销售,土地整治服务,国内贸易代理。2020 年 10 月在江西省南昌市注册成立,注册资本金 10 亿元。法定代表人、董事长赵晋华,总经理李光。 (刘文功)

【中铁建城市开发有限公司】 2020 年 4 月在浙江省宁波市注册成立,注册资本金 50 亿元。经营范围包括房地产开发经营,房屋建筑和市政基础设施项目工程总承包,建设工程设计,施工专业作业,旅游业务,互联网信息服务,房地产经纪、咨询、评估,住房租赁,非居住房地产租赁,土地整治服务,土地储备管理服务,土地调查评估服务,规划设计管理,工程管理服务,园林绿化工程施工,住宅室内装饰装修,建筑材料销售,园区管理服务,创业空间服务,商业综合体管理服务,酒店管理,游览景区管理,休闲观光活动,组织体育表演活动,组织文化艺术交流活动,城市公园管理,养老服务,医院管理,公共事业管理服务,企业总部管理,市政设施管理,物业管理,停车场服务,水族馆管理服务,企业管理,会议及展览服务,餐饮管理,家政服务,物联网应用服务,贸易经纪,集贸市场管理服务,农副产品销售,工艺美术品及收藏品零售(象牙及其制品除外),服装服饰零售,礼品花卉销售,新兴能源技术研发,广告设计、代理,教育咨询服务(不含教育培训活动),数字文化创意内容应用服务(除依法须经批准的项目外,凭营业执照依法自主开展经营活动)。法定代表人、董事长赵晋华,总经理马建军。 (刘文功)

【中铁市政(厦门)投资管理有限公司】 2016 年 6 月在福建省厦门市注册成立,注册资本金 3 亿元。经营范围包括市政设施管理,管道工程建筑。法定代表人、董事长、总经理陈吉林。 (刘文功)

【中铁建(福州)工程建设有限公司】 2017 年 11 月在福建省福州市注册成立,注册资本金 5000 万元。经营范围包括公路工程建筑,市政道路工程建筑,其他道路、隧道和桥梁工程建筑,房屋建筑业,其他未列明土木工程建筑(不含须经许可审批的事项),钢结构工程施工,其他未列明建筑安装业,建筑装饰业,提供施工设备服务,建筑物拆除活动(不含爆破),太阳能光伏系统工程施工,水污染治理,大气污染治理,固体废物治理(不含须经许可审批的事项),市内环境治理,其他未列明污染治理,其他未列明专业技术服务业,工程管理服务,房地产开发经营,物业管理,房地产中介服务(不含评估),停车场管理,其他未列明房地产业。法定代表人张会东。 (刘文功)

【中铁(丰城)市政建设管理有限公司】 2020 年 2 月在江西省宜春市丰城市注册成立,注册资本金 5000 万元。经营范围包括市政设施管理,绿化管理,水污染治理,固体废物治理(不含须经许可审批的项目),其他未列明污染治理,防洪除涝设施管理,水资源管理,其他水利管理,管道运输,其他未列明运输代理业务(不含须经许可审批的事项),管理和设备安装,管道工程建筑,架线及设备工程建筑,市政道路工程建筑,其他道路、隧道和桥梁工程建筑,其他未列明建筑安装(依法须经批准的项目,经相关部门批准后方可开展经营活动)。法定代表人、董事长徐文清,总经理陈吉林。 (刘文功)

【上海铁建城市建设发展有限公司】 拥有房地产开发暂定资质。2020 年 10 月在上海自由贸易试验区临港新片区注册成立,注册资本金 2000 万元。经营范围包括房地产开发经营,本市范围内公共租赁住房的建设、租赁经营管理,市场营销策划,会议及展览服务,园林绿化工程施工,规划设计管理,建筑装饰材料销售,金属门窗工程施工,五金产品批发,电子专用设备销售,通新设备销售。法定代表人、执行董事、总经理耿旭。 (刘文功)

【中铁建东方投资建设(慈溪)有限公司】 2020 年 11 月在浙江省慈溪市成立,注册资本金 5 亿元。业务涵盖工程建设、项目投资、物业管理、园区服务、土地整治等领域,负责慈溪市新城河区块二、三期片区综合开发项目的建设。法人代表人、董事长杨海红,总经理卢杰。 (刘文功)

【南昌中铁建建设发展有限公司】 2021年4月在江西省南昌市注册成立,注册资本金1亿元。经营范围包括许可项目:各类工程建设活动,建设工程勘察,建设工程设计;一般项目:规划设计管理,工程管理服务(除许可业务外,可自主开发经营法律法规非禁止或限制的项目)。法定代表人、董事长许驰,总经理黄才华。 (刘文功)

【中铁建东方投资建设(常山)有限公司】 2021年8月在浙江省衢州市注册成立,注册资本金1亿元。经营范围包括许可项目:建设工程施工(依法须经批准的项目,经相关部门批准后方可开展经营活动,具体经营项目以审批结果为准);一般项目:物业管理,园区管理服务,土地整治服务,自有资金投资的资产管理服务(除依法须经批准的项目外,凭营业执照依法自主开展经营活动)。法定代表人、董事长吕厚业,总经理马兰。 (刘文功)

【温州京瓯城市开发有限公司】 2020年5月在浙江省温州市注册成立,注册资本金4900万元。经营范围包括许可项目:房地产开发经营,住宅室内装饰装修,建设工程设计,施工专业作业,旅游业务,互联网信息服务,房屋建筑和市政基础设施项目工程总承包(依法须经批准的项目,经相关部门批准后方可开展经营活动,具体经营项目以审批结果为准);一般项目:园区管理服务,创业空间服务,商业综合体管理服务,酒店管理,游览景区管理,休闲观光活动,房地产经纪、咨询、评估,住房租赁,非居住房地产租赁,土地整治服务,土地调查评估服务,规划设计管理,工程管理服务,园林绿化工程施工,建筑材料销售,组织文化艺术交流活动,城市公园管理,医院管理,公共事业管理服务,企业总部管理,市政设施管理,物业管理,停车场服务,水族馆管理服务,企业管理,会议及展览服务,餐饮管理,家政服务,物联网应用服务,贸易经纪,农副产品销售,工艺美术品及收藏品零售(象牙及其制品除外),服装服饰零售,礼品花卉销售,新兴能源技术研发,广告设计、代理,教育咨询服务(不含涉许可审批的教育培训活动),养老服务,数字文化创意内容应用服务,组织体育表演活动,集贸市场管理服务,城镇化建设项目开发及管理(除依法须经批准的项目外,凭营业执照依法自主开展经营活动)。法定代表人、执行董事、总经理冉涛。 (刘文功)

【丽水京城开发建设有限公司】 2020年10月在浙江省丽水市注册成立,注册资本金1亿元。经营范围包括许可项目:建设工程设计,各类工程建设活动,房屋建筑和市政基础设施项目工程总承包(依法须经批准的项目,经相关部门批准后方可开展经营活动,具体经营项目以审批结果为准);一般项目:土地整治服务,市政设施管理,规划设计管理,工程管理服务,物业管理,园区管理服务,住房租赁,非居住房地产租赁,园林绿化工程施工,商业综合体管理服务,城市公园管理,停车场服务,社会经济咨询服务,广告发布(非广播电台、电视台、报刊出版单位)(除依法须经批准的项目外,凭营业执照依法自主开展经营活动)。法定代表人、董事长、总经理王辉。 (刘文功)

【中铁建城发商业管理有限公司】 2021年2月在浙江省宁波市注册成立,注册资本金5000万元。经营范围包括一般项目:商业综合体管理服务,城市绿化管理,物业管理,园区管理服务,专业保洁、清洗、消毒服务,单位后勤管理服务,建筑物清洁服务,家具安装和维修服务,医院管理,住宅水电安装维护服务,环境保护监测,酒店管理,住房租赁,房地产咨询,房地产经纪,租赁服务(不含许可类租赁服务),旅游开发项目策划咨询,城市公园管理,企业管理,企业管理咨询,信息咨询服务(不含许可类信息咨询服务),健康咨询服务(不含诊疗服务),会议及展览服务,市场调查(不含涉外调查),礼仪服务,物业服务评估,体育竞赛组织,项目策划与公关服务,广告发布,停车场服务,建筑材料销售,建筑工程用机械销售,日用百货销售,日用品销售,热力生产和供应,园林绿化工程施工(除依法须经批准的项目外,凭营业执照依法自主开展经营活动);许可项目:房地产开发经营,住宅室内装饰装修,医疗服务,城市生活垃圾经营性服务,互联网信息服务(依法须经批准的项目,经相关部门批准后方可开展经营活动,具体经营项目以审批结果为准)。法定代表人、执行董事、总经理陈炜。 (刘文功)

【铁建城发(湖州)开发建设有限公司】 2021年10月在浙江省湖州市注册成立,注册资本金1亿元。经营范围包括许可项目:建设工程设计,建设工程施工(依法须经批准的项目,经相关部门批准后方可开展经营活动,具体经营项目以审批结果为准);一般项目:土地整治服务,市政设施管理,规划设计管理,工程管理服务,物业管理,园区管理服务,住房租赁,非居住房地产租赁,园林绿化工程施工,商业综合体管理服务,城市公园管理,停车场服务,社会经济咨询服务(除依法须经批准的项目外,凭营业执照依法自主开展经营活动)。法定代表人、执行董事罗敏,总经理李泱。

(刘文功)

【铁建城发(金华)城市开发有限公司】 2021年12月在浙江省金华市注册成立,注册资本金1亿元。经营范围包括许可项目:房地产开发经营,建设工程施工,建设工程设计,施工专业作业,旅游业务,互联网信息服务,住宅室内装饰装修(依法须经批准的项目,经相关部门批准后方可开展经营活动,具体经营项目以审批结果为准);一般项目:房地产经纪、咨询、评估,非居住房地产租赁,土地整治服务,土地调查评估服务,规划设计管理,工程管理服务,园林绿化工程施工,建筑材料销售,园区管理服务,创业空间服务,商业综合体管理服务,酒店管理,游览景区管理,休闲观光活动,组织体育表演活动,组织文化艺术交流活动,城市公园管理,养老服务,医院管理,公共事业管理服务,企业总部管理,市政设施管理,物业管理,停车场服务,企业管理,会议及展览服务,餐饮管理,家政服务,物联网应用服务,贸易经纪,集贸市场管理服务,水族馆管理服务,工艺美术品及收藏品零售(象牙及其制品除外),服装服饰零售,广告设计、代理,新兴能源技术研发,数字文化创意内容应用服务(除依法须经批准的项目外,凭营业执照依法自主开展经营活动)。法定代表人、执行董事、总经理魏万晓。 (刘文功)

【铁建城发(新昌)开发建设有限公司】 2022年8月在浙江省绍兴市注册成立,注册资本金1亿元。经营范围包括许可项目:建设工程施工,建设工程设计,住宅室内装饰装修,城市生活垃圾经营性服务(依法须经批准的项目,经相关部门批准后方可开展经营活动,具体经营项目以审批结果为准);一般项目:土地整治服务,市政设施管理,规划设计管理,工程管理服务,技术服务、技术开发、技术咨询、技术交流、技术转让、技术推广,物业管理,园区管理服务,非居住房地产租赁,园林绿化工程施工,商业综合体管理服务,城市公园管理,停车场服务,社会经济咨询服务,广告发布,餐饮管理,酒店管理,企业管理,日用百货销售,城市绿化管理,专业保洁、清洗、消毒服务,单位后勤管理服务,建筑物清洁服务,医院管理,房地产经纪,会议及展览服务,体育竞赛组织,企业管理咨询,建筑材料销售(不含砂石)(除依法须经批准的项目外,凭营业执照依法自主开展经营活动)。法定代表人、董事长赫志东,总经理柴志成。 (刘文功)

【铁建城发(松阳)开发建设有限公司】 2022年1月在浙江省丽水市注册成立,注册资本金1亿元。经营范围包括许可项目:建设工程勘察,建设工程设计,建设工程施工(依法须经批准的项目,经相关部门批准后方可开展经营活动,具体经营项目以审批结果为准);一般项目:土地整治服务,市政设施管理,规划设计管理,工程管理服务,技术服务、技术开发、技术咨询、技术交流、技术转让、技术推广,企业管理咨询,信息技术咨询服务,物业管理,园区管理服务,住房租赁,非居住房地产租赁,园林绿化工程施工,商业综合体管理服务,城市公园管理,停车场服务,社会经济咨询服务,广告设计、代理,广告发布(除依法须经批准的项目外,凭营业执照依法自主开展经营活动)。法定代表人、董事长、总经理万磊。 (刘文功)

【铁建城发(云和)开发建设有限公司】 2022年9月在浙江省丽水市注册成立,注册资本金1亿元。经营范围包括许可项目:建设工程施工,建设工程设计,建设工程勘察,住宿服务,餐饮服务,住宅室内装饰装修,城市生活垃圾经营性服务(依法须经批准的项目,经相关部门批准后方可开展经营活动,具体经营项目以审批结果为准);一般项目:土地整治服务,市政设施管理,规划设计管理,工程管理服务,技术服务、技术开发、技术咨询、技术交流、技术转让、技术推广,物业管理,园区管理服务,住房租赁,非居住房地产租赁,园林绿化工程施工,商业综合体管理服务,城市公园管理,停车场服务,广告发布,餐饮管理,酒店管理,企业管理,日用百货销售,食品销售(仅销售预包装食品),城市绿化管理,专业保洁、清洗、消毒服务,单位后勤管理服务,建筑物清洁服务,医院管理,房地产经纪,会议及展览服务,体育竞赛组织,建筑材料销售,企业管理咨询,社会经济咨询服务(除依法须经批准的项目外,凭营业执照依法自主开展经营活动)。法定代表人、董事长陈湘,总经理万磊。 (刘文功)

【铁建城发新澜(丽水)城市开发有限公司】 2022年12月在浙江省丽水市注册成立,注册资本金1亿元。经营范围包括许可项目:房地产开发经营,建设工程施工,建设工程设计,施工专业作业,旅游业务,互联网信息服务,住宅室内装饰装修(依法须经批准的项目,经相关部门批准后方可开展经营活动,具体经营项目以审批结果为准);一般项目:房地产经纪、咨询、评估,非居住房地产租赁,土地整治服务,土地调查评估服务,规划设计管理,工程管理服务,园林绿化工程施工,建筑材料销售,园区管理服务,创业空间服务,商业综合体管理服务,酒店管理,游览景区管理,休闲观光活动,组织体育表演活动,组织文化艺术交流活动,城市公园管理,养老服务,医院管理,公共事业管理服务,企业总部管理,市政设施管理,物业管理,停车场服务,企业管理,会议及展览服务,餐饮管理,家政服务,物联网应用服务,贸易经纪,集贸市场管理服务,水族馆管理服务，工艺美术品及收藏品零售（象牙及其制品除外），服装服饰零售，广告设计、代理，新兴能源技术研发，数字文化创意内容应用服务（除依法须经批准的项目外，凭营业执照依法自主开展经营活动）。法定代表人、董事长、总经理王辉。（刘文功）

【铁建城发（台州）城市开发有限公司】 2022年4月在浙江省台州市注册成立，注册资本金5000万元。经营范围包括许可项目：房地产开发经营，建设工程施工，建设工程设计，施工专业作业，旅游业务，互联网信息服务，住宅室内装饰装修（依法须经批准的项目，经相关部门批准后方可开展经营活动，具体经营项目以审批结果为准）；一般项目：房地产经纪、咨询、评估，非居住房地产租赁，土地整治服务，土地调查评估服务，规划设计管理，工程管理服务，建筑材料销售，园区管理服务，创业空间服务，商业综合体管理服务，酒店管理，游览景区管理，休闲观光活动，组织体育表演活动，组织文化艺术交流活动，城市公园管理，养老服务，医院管理，公共事业管理服务，企业总部管理，市政设施管理，物业管理，停车场服务，企业管理，会议及展览服务，餐饮管理，家政服务，物联网应用服务，贸易经纪，集贸市场管理服务，水族馆管理服务，工艺美术品及收藏品零售（象牙及其制品除外），服装服饰零售，广告设计、代理，新兴能源技术研发，数字文化创意内容应用服务（除依法须经批准的项目外，凭营业执照依法自主开展经营活动）。法定代表人、董事长、总经理冉涛。（刘文功）

【铁建城发开投（台州）城市开发有限公司】 2022年10月在浙江省台州市注册成立，注册资本金1亿元。经营范围包括许可项目：房地产开发经营，建设工程施工，建设工程设计，施工专业作业，旅游业务，互联网信息服务，住宅室内装饰装修（依法须经批准的项目，经相关部门批准后方可开展经营活动，具体经营项目以审批结果为准）；一般项目：房地产经纪、咨询、评估，非居住房地产租赁，土地整治服务，土地调查评估服务，规划设计管理，工程管理服务，园林绿化工程施工，建筑材料销售，园区管理服务，创业空间服务，商业综合体管理服务，酒店管理，游览景区管理，休闲观光活动，组织体育表演活动，组织文化艺术交流活动，城市公园管理，养老服务，医院管理，公共事业管理服务，企业总部管理，市政设施管理，物业管理，停车场服务，企业管理，会议及展览服务，餐饮管理，家政服务，物联网应用服务，贸易经纪，集贸市场管理服务，水族馆管理服务，工艺美术品及收藏品零售（象牙及其制品除外），服装服饰零售，广告设计、代理，新兴能源技术研发，数字文化创意内容应用服务（除依法须经批准的项目外，凭营业执照依法自主开展经营活动）。法定代表人、董事长倪志宇，总经理张毅。（刘文功）

【铁建城发（上饶）开发建设有限公司】 2022年5月在江西省上饶市注册成立，注册资本金1亿元。经营范围包括许可项目：建设工程勘察，建设工程设计，建设工程施工，住宿服务，餐饮服务，住宅室内装饰装修，城市生活垃圾经营性服务（依法须经批准的项目，经相关部门批准后方可开展经营活动）；一般项目：土地整治服务，市政设施管理，商业综合体管理服务，城市公园管理，规划设计管理，工程管理服务，物业管理，园区管理服务，酒店管理，单位后勤管理服务，医院管理，城市绿化管理，企业管理，餐饮管理，非居住房地产租赁，住房租赁，园林绿化工程施工，停车场服务，建筑物清洁服务，专业保洁、清洗、消毒服务，会议及展览服务，广告发布，体育竞赛组织，房地产经纪，企业管理咨询，技术服务、技术开发、技术咨询、技术交流、技术转让、技术推广，社会经济咨询服务，日用百货销售，食品销售（仅销售预包装食品），建筑材料销售（除许可业务外，可自主依法经营法律法规非禁止或限制的项目）。法定代表人、董事长张少锋，总经理黄赵煜。（刘文功）

【铁建城发（蚌埠）开发建设有限公司】 2022年9月在安徽省蚌埠市注册成立，注册资本金1亿元。经营范围包括许可项目：建设工程设计，建设工程施工，住宿服务，餐饮服务，住宅室内装饰装修，城市生活垃圾经营性服务（依法须经批准的项目，经相关部门批准后方可开展经营活动，具体经营项目以相关部门批准文件或许可证件为准）；一般项目：土地整治服务，市政设施管理，规划设计管理，工程管理服务，技术服务、技术开发、技术咨询、技术交流、技术转让、技术推广，物业管理，园区管理服务，住房租赁，非居住房地产租赁，园林绿化工程施工，商业综合体管理服务，城市公园管理，停车场服务，广告发布，餐饮管理，酒店管理，企业管理，日用百货销售，食品销售（仅销售预包装食品），城市绿化管理，专业保洁、清洗、消毒服务，单位后勤管理服务，建筑物清洁服务，医院管理，房地产经纪，会议及展览服务，体育竞赛组织，建筑材料销售，企业管理咨询，社会经济咨询服务（除许可业务外，可自主依法经营法律法规非禁止或限制的项目）。法定代表人、董事长王超一，总经理徐元梓。（刘文功）

中国铁建股份有限公司华南区域总部

【简况】 2019年1月2日成立,代表中国铁建负责广东省、广西壮族自治区、海南省区域内工程总承包、项目投资和项目管理,履行统筹、协调、监管、服务和高端经营职能,主要经营业务包括工程项目总承包、勘察设计咨询、工业制造、物资物流、房地产开发、资本运营和金融保险,可提供全产业链一站式综合服务,年承揽任务近4000亿元。主要目标是实现对接高层关系、做大区域市场、提升竞争能力、打造高端项目和属地持续发展。驻广东省广州市。

2022年,华南区域总部管理理念得到根本性嬗变。围绕股份公司"实事求是、守正创新、行稳致远"工作方针和"守正、革新、提质、做实"工作要求,明确建设高端经营型、统筹协调型、监管服务型、和谐奋进型的'四型'一流总部,新签合同额3679亿元,同期增长7.1%。城市综合体项目取得重大进展,广州市花都区平西村和黄埔区刘村城市更新项目,可拉动建安施工份额245亿元。持续推广"水田垦造模式",在潮州、茂名、阳江等市成功落地水田垦造项目3项,合同额近100亿元,充分发挥引领效应和先发效应。市场布局完成系统性重塑。落实股份公司领导经营要求,夯基垒台,立柱架梁,重组优化16个经营机构,织密经营网络,明确经营职责,确保"重点区域无盲区、重点领域全覆盖",推动区域经营高质高效发展。粤东经营指挥部辖区内新签合同额189亿元,完成年度计划指标的172%,在各经营机构中完成比例最高;海南自由贸易港总部新签合同额309亿元,在海南省建筑央企中名列第二。属地经营迎来开创性改善。专题召开区域内三级工程公司经营会议,从经营源头推动属地经营精耕细作,稳产高产,打造"永久粮仓",助力属地公司经营承揽全面迈上新台阶。中国铁建投资集团有限公司、中铁二十五局集团有限公司、中国铁建港航局集团有限公司新签合同额均创历史新高。26家属地公司在华南三省区承揽额总计1562亿元,占全年承揽额3679亿元的42.5%。在建项目取得突破性成果。华南区域总部本级直管在建项目(项目群)11个,合同总额591.5亿元,全年完成产值77.4亿元,完成年度计划的105%。监管各集团公司项目1100个,合同总额5632.6亿元,全年完成产值978亿元,同比增长7.5%。六宾高速项目获评广西交通运输行业"突出贡献集体"和"优秀建设单位"、中国铁建"优秀项目经理部"称号,那洪车辆基地项目获广西钢结构金奖。全面建设获得整体性加强。直管项目全年实现营业收入38.15亿元,完成全面预算的101.98%;实现净利润9561万元,完成全面预算的143.56%;经费开支6903万元,实际完成率83.8%。资质平移顺利就位,中铁建华南投资有限公司同步取得企业安全生产许可证,开辟经营新途径。以宣贯党的二十大精神为主线,开展"重走东纵路,喜迎二十大"党员教育活动,持续加强"三基建设",切实发挥基层党组织功能作用;不断深化干部队伍建设,制定印发《领导人员管理规定》,选人用人进一步规范;坚持抓好宣传思想文化工作,为企业发展凝聚强大精神动力;持续正风肃纪,深入推进党风廉政建设,营造风清气正良好政治生态;积极履行社会责任,主动扛起央企担当。立足新发展阶段,紧紧抓住"十四五"期间交通强国、科技强国、数字中国、美丽中国等国家战略机遇,抓住区域内粤港澳大湾区、深圳先行示范区、珠三角经济区、北部湾经济区、海南自贸区等"多区叠加"的发展机遇,抓住华南市场城市群、都市圈、综合交通网等竞相发展的大好机遇,顺势而为,乘势而上,勇立潮头,勇争一流,把华南区域市场打造成中国铁建的重要战略支撑。 (张金勇)

【领导人员】

经理层

总经理	邓　勇
执行总经理	柴春明
	苏建斌
副总经理	朱　玉
	李寿福(10月任)
	李　健(11月免)
总会计师	李　健(11月免)
总法律顾问	李　健(11月免)
首席合规官	李　健(11月免)

党群领导

党委书记	邓　勇
纪委书记	周光成(6月免)
工会主席	周光成(6月免)

(汪金明)

【职工队伍】 职工118人。其中高级及以上职称89

人、中级职称49人、初级职称28人。工程系列129人,经济系列14人,会计系列14人,政工系列12人。博士研究生学历1人,硕士研究生学历23人,本科学历134人,大专学历11人。 (汪金明)

【工程施工】 新建珠三角城际轨道交通新塘经白云机场至广州北站工程XBZH-1标段工程 位于广东省广州市。合同投资83亿元。合同工期2015年12月26日至2019年10月31日,根据业主指导性施组安排最新调整的工期为2023年12月30日试开通运营。正线全长57.442千米。主要工程量:路基土石方116万立方米,桥梁28座,车站10座,机场地下隧道5609.5延长米,山岭隧道2座。

新建珠三角城际轨道交通新塘经白云机场至广州北站工程XBZH-3标段工程 位于广东省广州市。合同投资27.82亿元。合同工期2019年4月1日至2020年12月31日,根据业主指导性施组安排最新调整的工期为2023年12月30日试开通运营。主要工程量:新白广1标段的装修及四电工程等站后工程。

珠三角城际轨道交通广佛环线广州南站至白云机场段GFHD-2标段土建工程 位于广东省广州市。合同投资63.17亿元。合同工期2017年1月1日至2021年8月31日,隧道贯通最晚时间2023年12月30日,全线开通时间2024年12月30日。正线长26.591千米。主要工程量:4站5区间,同时承担全线46.6千米铺轨及“四电”工程施工任务。

珠三角城际轨道交通琶洲支线PZH-2标段工程 位于广东省广州市。合同投资20.7897亿元,2018年12月26日开工,计划2023年12月26日建成通车。

新建珠海市区至珠海机场城际轨道交通项目横琴至珠海机场段站前HJZQ-2标段工程 位于广东省珠海市。总投资23.1823亿元。2018年4月1日开工,2023年9月30日竣工。主要工程量:城际铁路和金海公路大桥代建两部分。

广州至清远城际轨道交通项目清远站(不含)至省职教城站(含)段站前工程 位于广东省清远市。线路全长19.7千米,路基总长693米。铁路等级为城际铁路,设计时速200千米。总投资35.72亿元。合同工期2020年8月18日至2024年8月18日。主要工程量:设车站4座,特大桥5座,刚构中桥2座,明挖隧道2座,路基4段。

佛山市城市轨道交通3号线3206标段工程 位于广东省佛山市。合同投资25.2亿元。合同工期2016年11月18日至2021年12月31日,受军事区用地征拆及调整段线路敷设方式变更影响,竣工日期调整为2023年12月30日。线路长12.8千米。主要工程量:5站6区间。

东莞市城市轨道交通1号线一期1302标段工程 位于广东省东莞市。合同投资55.76亿元。合同工期2019年8月16日至2024年8月16日。线路全长23.6千米。主要工程量:9站9区间。

桂林至钦州港公路(南宁六景至宾阳段)工程 位于广西壮族自治区南宁市宾阳县。项目总投资73.6亿元,合同工期36个月,2022年10月17日正式建成通车。设计标准为双向四车道,建设总里程45.6千米。其中主线43千米,连接线2.6千米,路基宽25.5米。主要工程量:特大桥1座,隧道2座。

粤东城际铁路YDZH-7标段工程 位于广东省汕头市、揭阳市境内。合同总投资147.65亿元,其中中国铁建投资88.96亿元。线路长73.712千米。主要工程量:路基5.28千米,桥梁48518延长米,隧道及明洞16069延长米,铺轨305.33铺轨千米;车站13座。

深汕特别合作区科教大道(望鹏大道至南山路)建设工程 位于广东省深圳市深汕特别合作区赤石镇。合同投资15.62亿元。合同工期2019年10月22日至2023年8月5日。线路长6千米。主要工程量:机动车隧道1座,非机动车隧道1座,桥梁6座,新建综合管廊。

深汕工业互联网制造业创新产业园一期(A-04、A-06地块及配套市政道路)工程 位于广东省深圳市深汕特别合作区鹅埠镇。合同投资4.97亿元。合同工期2021年11月15日至2023年11月10日。总建筑面积159137平方米。主要工程量:厂房3栋,宿舍楼6栋,配套市政道路630米。

深汕高中园项目场地平整及临时设施施工总承包工程和深汕高中园项目施工总承包Ⅰ标段项目 位于广东省深圳市深汕特别合作区赤石镇。其中场地平整及临时设施施工总承包工程项目,合同投资1.68亿元,合同工期120天,主要为土石方工程、挡墙支护和边坡支护工程。深汕高中园项目施工总承包Ⅰ标段为场平工程完工后主体工程,合同投资10.74亿元,合同工期2022年7月30日至2024年10月27日,建筑面积17.4万平方米,主要包含艺术教育中心、体育馆、教学楼、学生宿舍等。

深圳市深汕特别合作区乡村振兴基础补短板工程

项目－赤石2标段EPC总承包工程　位于广东省深圳市深汕特别合作区。合同投资0.98亿元，合同工期2022年3月18日至2022年8月30日，已完工。项目包括赤石镇内4个行政村、1个园林社区、10个自然村，合同投资0.32亿元。建设内容包括自然村村内道路硬化、污水管网、污水终端等分项工程。

E2021－0013地块场地平整工程（比亚迪场平项目）　位于广东省深圳市深汕特别合作区。本工程为二标段，合同投资2.4亿元。合同工期2022年1月1日至2022年3月1日，已完工。占地面积52.42万平方米，主要建设内容包括土石方工程、场地围挡、边坡支护、挡土墙水土保持等。（陶　威）

【经营管理】　2022年，经营承揽再创历史新高。全年新签合同额3679亿元，承揽额再创历史新高。高端经营成果丰硕。全年开展高端对接585次（含各产业集团），其中股份公司领导开展高端对接活动4次，确定高端对接重点项目17项，总投资4486亿元，招标9项，总投资2052亿，中标8项，合同额555亿元。铁路板块取得突破。全年铁路板块承揽395亿元，比上年增长237亿元，同比增长150%。重大项目支撑有力。华南区域总部牵头，发挥统筹协调作用紧盯重大项目，形成多产业集团协同合力，其中平西村旧改、东方棚户区改造等重大项目承揽有力支撑承揽指标。布局调整效果显著。结合实际、因地制宜，经营布局从过去侧重深圳、广州、南宁、海口几个重点城市，调整为全域布局，重组优化16个直属经营机构。通过压实经营主体责任，激发经营人员热情，与产业集团形成同向发力、协同经营、资源互通、优势互补的良好局面；所属经营机构落实华南区域总部要求，无条件支持帮助各产业集团经营工作，真正形成华南区域“串点成线，连线成片，扩片成带，集带成面”市场开发新格局。协同经营界面清晰。华南区域总部与产业集团协同经营界面清晰，同向发力，优势互补。主要任务是为各产业集团发展创造条件、提供高层关系和统筹协调服务，帮助产业集团开拓市场和承揽任务，只做增量业务，不做存量业务，坚持小项目不做、子品牌能做的不做、产业集团能做的不做“三不做原则”。坚持“有事服务、无事不扰”，不与产业集团竞争，全力做好服务。（魏向明）

【党群工作】　2022年，在股份公司党委正确领导下，华南区域总部党委以习近平新时代中国特色社会主义思想为指导，深入学习贯彻党的二十大会议精神，狠抓股份公司党委常规巡视整改落实，统筹抓好疫情防控，切实加强党的政治建设、思想建设、组织建设、作风建设、纪律建设、制度建设，以党建引领华南区域总部各项事业高质量发展。强化政治保证，党对企业的领导作用充分发挥。始终坚持把政治教育摆在首位，巩固深化党史学习教育，广泛开展党的二十大会议精神深度学习，做到与党委中心组、“三会一课”“主题党日活动”等党内生活充分结合起来，采取现场集中学、微信随时学、“学习强国”每天学等多种学习形式，深入学习宣传贯彻党的二十大精神、习近平总书记系列重要讲话精神，开展《习近平谈治国理政》专题学习，不断增强思想深度、理论厚度、思维广度；学习《企业法》等法律法规，使广大干部员工知法、懂法、用法；通过开展典型示范引领教育、爱国主义教育，从根源上让政治意识入心入脑。全年党委理论中心组开展集体学习13次，班子成员在学习中不断坚定理想信念、启迪思想智慧、更新发展理念，提升驾驭市场经营能力。积极迎接股份公司党委常规巡视，在从严整改重落实上下功夫。华南总部党委高度重视股份公司党委常规巡视，在整改过程中做到“一快二细三高”，即反应快，措施细、分析细，政治站位高、整体推进效率高、破瓶颈度高，把迎接巡视工作落到实处。统一思想，思想上真重视。及时成立迎接巡视工作领导小组，建立党政领导负总责、分管领导分头负责、党群部牵头负责、各部门、各基层单位具体落实的梯级推进工作机制，召开巡视工作专题部署会、推进会，逐条逐项认真分析问题原因，从严从实从细制定整改方案，逐条细化整改措施，明确整改责任及完成时限，及时印发《华南总部迎接股份公司常规巡视工作方案》和系列工作清单，确保整改工作整体有序推进。边改边纠，行动上真落实。在巡视过程中，对反馈的问题及时组织相关部门相关人员立行立改，在行动上立即落实。注重结合，成效上真体现。坚持把巡视问题整改与推动工作结合起来，强化巡视成果综合运用，切实补足工作短板，修改完善和建立多项规章制度。把落实整改与改进作风结合起来，引导干部职工在疫情防控、复工复产等重点工作、攻坚任务中比干劲、比业绩、比水平。强化宣传引导，增强群众认知。坚持正面引导，强化宣传力度，严把舆情控制。充分发挥媒体宣传“内聚人心、外树形象”作用，把宣传工作纳入到党建年度考核中，形成主要领导亲自抓、党群部主导、各单位（部门）配合的宣传工作制度。充分运用微信公众号、网站等网络平台，大力宣传中央路线方针政策和华南区域总部发展的新理念新战略，把广大党员群众的思想统一到上级党委指明的方向上来。在夯实党建基础上下功夫，提升党建工作水平。以提升组织力为重点，完善基层组织建设，夯实基层工作基础，推进党支部建设，筑牢基层磐石。着眼建强党的组织。严格按照《党章》和《中国共产党基层组织选举工作条例》有关规定，根据华南区域总部组织机构调整及人员变化，保证本部党组织工作有序开展。根据所属各单位变化，及时调整党工委、党支部等机构设立，确保各级党组织工作正常化。着眼抓基层打基础。坚持党支部每月自查、党委每季度督察机制，对“三会一课”、民主评议党员、谈心谈话、“党员活动日”、“政治生日”等组织生活和活动的规范和程序进行检查，做到立查立改，即知即改，有效增强党内政治生活规范性、严肃性、实效性。在锤炼党员队伍上下功夫，聚力先锋作用发挥。突出党员作用发挥，以党员教育为抓手，以“三亮三明”举措为依托，发挥共产党员先锋模范作用，促进党建与主业相融合、深化党员教育。采取灵活多样教学方式，通过实地教育、集体观影、发放学习读本等形式，使党员思想始终同党中央保持高度一致。组织“重走东纵路 喜迎二十大”等党员教育活动，发放党员学习读本800余本。对照新时期党员“四讲四有”标准，对党员政治思想、组织观念、作风纪律、群众路线、担当作为进行量化考核季度点评，保持党员队伍纯洁性和先进性。严格规范党员发展，注重在一线员工中发展党员，全年新增入党申请人5名，发展积极分子2名，审批通过预备党员2名，预备党员转正5名。在党风廉政建设上下功夫，增强拒腐防变能力。从维护发展稳定大局出发，全面落实全面从严治党主体责任，扎实推进党风廉政建设工作，营造风清气正好环境。注重党风廉政教育。始终坚持把党风廉政教育作为解决突出问题、强化自身建设的重要举措，深入学习贯彻股份公司党风廉政建设和反腐败工作会议精神，以观看警示教育短片等方式，提升华南区域总部干部职工党性修养和廉洁从业意识。认真落实《关于加强新时代廉洁文化建设的意见》，开展“责任重于能力

自律胜于他律”党风廉政建设月活动，在做好规定动作的同时，深入开展“廉”字教育，通过教育倡廉、活动促廉、行动践廉三种形式，引导广大干部员工自觉提升理论修养、道德修养、作风修养和党性修养。注重日常工作监督。认真履行“三重一大”事项监督职能，使监督覆盖各个重要环节，先后参与干部提拔任免、入党对象的考察、会风会纪等工作。在新中国成立73周年即将到来之际，组织50余名员工到广州黄埔油麻山革命根据地旧址，开展“快乐健步走 喜迎二十大 奋进新征程”主题活动，以丰富多彩的活动形式表达对祖国的崇敬和热爱。以人为本切实做好防疫工作。华南区域总部工会为保障广西地区北部湾公司职工生活与健康，提前购置防疫药品物资近3万元，生活准备物资2万余元。大力实施权益维护保障工程。坚持为职工群众办实事，节假日积极组织慰问关怀活动。端午节为华南区域总部员工发放10万余元的慰问物资；儿童节组织关怀职工子女活动，采购文具大礼包发放给120余位职工子女，受到广泛好评。向患重病或家属重病的职工及时送去关怀，累计发放慰问金2万余元。

（李 鹏 李胜佳）

【中铁建华南投资有限公司】 2021年1月5日在广东省广州市番禺区注册成立，注册资本金30亿元。经营范围包括以自由资金从事投资活动，土地整治服务，对外承包工程，物业管理，非居住房地产租赁，城市绿化管理，建筑工程机械与设备租赁，土地使用权租赁，土石方工程施工，企业管理，园林绿化工程施工，普通机械设备安装服务，建筑用金属配件制造等。驻广东省广州市番禺区。（张金勇）

【中铁建北部湾建设投资有限公司】 2017年12月29日在广西壮族自治区南宁市注册成立，注册资本金10亿元。经营范围包括铁路、公路、市政、城轨、房建、水利、环水保等项目的投资与施工总承包，房地产开发与经营。驻广西壮族自治区南宁市青秀区。（张金勇）

【中铁建海南建设发展有限公司】 2019年11月15日在海南省三亚市注册成立，注册资本金30亿元。统筹区域系统内各单位协同经营，立足于承揽区域内重大工程项目，并提供工程投融资、勘察设计、咨询等服务支持。主营业务包括项目投融资管理、房地产开发、物业管理、工程咨询、工程总承包等全产业链一体化服务。驻海南省三亚市。（张金勇）

【中铁建(东莞)建设投资有限公司】 2018年6月15日在广东省东莞市注册成立，注册资本金4亿元。经营范围包括建设项目投资、管理，建筑工程施工，房地产开发，机械设备销售与租赁；铁路、公路、市政、城市轨道交通、机场码头、港口工程施工与设备安装；金属材料、非金属材料、建筑材料、钢轨、道岔、铁路器材及扣配件、机电设备、五金交电、装修装饰材料的销售。

驻广东省东莞市大岭山镇。（张金勇）

【深圳中铁建湾区投资建设有限公司】 2019 年 10 月 31 日在广东省深圳市深汕特别合作区注册成立，注册资本金 4 亿元。主要负责组织中国铁建所属单位在深圳市、深汕特别合作区、汕尾市区域内有效开展经营生产工作，做大区域市场。代表中国铁建在区域内履行"统筹、协调、监管、服务、高端经营"职能。为业主提供规划、勘察、设计、施工、监理、运营、维护和投融资等完整的全产业链一站式综合服务。对中国铁建所属各单位实施的项目进行监督管理，负责以中国铁建及自身名义承揽项目。驻广东省深圳市深汕特别合作区鹅埠镇。（张金勇）

中国铁建股份有限公司西南区域总部

【简况】 前身系中国铁建股份有限公司西南指挥部，2019 年 1 月 2 日更名为中国铁建股份有限公司西南区域总部，是中国铁建经营和监管职能的延伸机构，履行"统筹、协调、监管、服务、高端经营"职能，负责四川省、重庆市、云南省、贵州省、西藏自治区等区域的市场开发、经营承揽和协调管理等工作。驻中国（四川）自由贸易试验区成都高新区。设综合管理部、市场开发部、工程管理部、财务融资部和党群工作部 5 个部门和四川总部、重庆总部、云南总部、贵州总部、西藏总部 5 个省级总部，负责相应省（区）工作。（贾芷茵）

【领导人员】

经理层

总经理	由　建
执行总经理	王中岐
	陆　强（8 月任）
副总经理	秦学合
	彭兴国
	姜子良（3 月任）
总会计师	秦学合

党群领导

党委书记	由　建
纪委书记	申继辉（6 月免）
工会主席	申继辉（6 月免）

（张勇波）

【西南投资领导人员】

董事会

董事长	由　建
董事	陆　强
外部董事	孔令健
	李吉锋
	钱东锋（6 月免）
	喻丕金（6 月任）

监事会

监事	陈殿军（5 月免）

经理层

总经理	由　建
执行总经理	王中岐（6 月任）
副总经理	陆　强
	秦学合
	彭兴国
	姜子良（6 月任）
总会计师	秦学合
总工程师	彭兴国

党群领导

党委书记	由　建
纪委书记	申继辉（6 月免）
工会主席	申继辉（6 月免）

（张勇波）

【区域经营机构】 四川总部　驻中国（四川）自由贸易试验区成都高新区。执行总经理王博成。

重庆总部　驻重庆市渝北区。总经理徐小辉。

云南总部　驻云南省昆明市。总经理李华。

贵州总部　驻贵州省贵阳市。副总经理贾磊。

西藏总部　驻西藏自治区拉萨市。总经理吴东儒，执行总经理侯燕。（张勇波）

【职工队伍】 西南区域总部领导人员 6 人，部门正职 9 人、副职 10 人。职工 47 人。本科以上学历 46 人，中级以上职称 41 人，其中正高级职称 4 人、高级职称 24 人、中级职称 13 人；40 岁以下 22 人。（张勇波）

【经营管理】 2022 年，新签合同额 5379.22 亿元，完成股份公司下达指标的 119.54%，经营业绩再创历史新高。高端对接牵引发力。全年西南区域总部（西南投资公司）多次促成股份公司主管领导与四川省、重庆市、贵州省、云南省主要领导高端会晤，邀请股份公司有关分管领导多次赴区域内各省市地州开展高端对接，形成系列目标明确的对接成果。西南区域总部（西南投资公司）本级全年开展高端对接活动756次，实现区域内经济较发达地市州高层对接全覆盖。通过参加西洽会、南博会、国有企业川南片区行投资推进会等活动，持续扩宽合作覆盖面。深入落实高端对接“后半篇”文章，以股份公司领导赴西南区域高端对接为重要契机，在贵州省揽获合同额57.4亿元的贵州赫章红寿大理石矿施工项目和铜仁华太大理石荒料开采项目；在云南省统筹系统内有关单位进入云南交投集团牵头的联合体，以不实质性出资撬动243亿元施工任务；中标188.9亿元的大理国际职教城基础设施工程项目。新兴业务成果丰硕。在转型升级进程中，积极贯彻落实股份公司加强“四涉”业务经营部署，在精准识变、主动应变、积极求变中瞄准区域内资源禀赋优势。通过高端对接、签署战略协议等方式提前开篇布局，与中国能建西南区域总部、华能集团四川能源开发公司、重庆交科院、成都环境投资集团等能源类央企、设计院、属地电力企业单位构建良好战略合作关系。通过开展“双碳”、新能源等专题业务培训，为开拓“两新”业务充电赋能。全年揽获新兴产业领域项目合同额2561.91亿元，占新签合同额的47.63%，包括合同额29.7亿元的系统内单体规模最大水利项目亭子口灌区一期工程EPC总承包项目，合同额188.9亿元的云南省近年来最大的投资项目大理国际职教城项目，合同额48.8亿元的重庆市巴南区职高城片区二期二组团土地整治项目，合同额56.5亿元的资阳全域土地综合整治和垦造水田项目，合同额52.7亿元的遂宁高新区城市有机更新试点项目，合同额57.4亿元的贵州赫章红寿大理石矿施工项目和铜仁华太大理石荒料开采项目，合同额30亿元的丽江光伏发电项目以及曲靖市富源西风电场一期项目等。全员经营活力彰显。西南区域总部（西南投资公司）深入践行股份公司“全员经营”理念，推动“人往一线走、劲往一处使、事往一流做”，建立全员、全过程、全方位的经营工作体系。出台《内设机构“三定”方案》，树立人员编制向经营和一线倾斜的鲜明导向，有计划地安排总部与基层、经营与管理轮岗交流，引导人员向经营一线充实，培养整体经营作战能力；印发《全员经营工作方案》《全员经营绩效考核办法》，对经营指标完成情况、贡献度等进行考核，突出“以业绩论英雄”的鲜明导向。将工作专班作为做实高端对接“后半篇”文章的重要抓手，结合股份公司、西南区域总部、西南投资公司与各级政府、各大企业签订的战略合作协议情况，对规模体量大、辐射带动强的重要项目，及时成立工作专班，派驻相关人员进驻项目一线，统筹系统内各产业链资源，零时差、面对面与属地政府、业主单位常态化对接。在四川攀枝花、资阳、眉山、乐山，重庆巴南、大足、永川，云南大理、景洪，贵州毕节等市州组建重点项目工作专班，推动重庆市巴南区土地整治、云南大理职教城、四川武侯新城地块、资阳全域土地整治等项目落地，积极跟进云南景洪EOD项目、攀枝花至盐源高速公路等项目，持之以恒推动高端对接成果转化落地。（王　伟）

【党群工作】 下设党委1个，党支部6个，党员41人。在强党建党的征途上，西南区域总部党委把学习宣传贯彻党的二十大精神作为首要政治任务，通过党委理论中心组学习、专题会、党课宣讲等方式，组织专题研讨、参观川藏公路博物馆等活动，让党的二十大精神在西南落地生根；坚持把党“把方向、管大局、促落实”的引领作用全面融入经营发展各环节，审时度势、举旗定向，确保发展形势看得更准、发展机遇抓得更好、发展信心鼓得更足、发展举措落得更实；认真接受、配合股份公司党委巡视检查，全面进行政治体检，以积极严肃的态度安排推进巡视发现问题的整改，努力做到“两手抓，两手都要硬”；引导全体干部职工开展“发展怎么看？工作怎么干？”大点评、大讨论，用“心往一处想、劲往一处使、事往一流做”的工作导向和“一切为了工作、一切从工作出发、一切用工作检验”的实干标准深刻回答发展之问、工作之问，引导全体干部心无旁骛抓经营、齐心协力跑经营，汇聚起加快发展的强大合力，推动各项工作取得积极成效；坚持敢抓敢管、奖优批劣，坚决打破“干好干坏一个样”的怪圈，利用高端资源统筹系统内单位开展劳动技能竞赛活动，申报年度五一劳动表彰，创造企业品牌效应，凝聚带动广大员工齐心协力、奋勇争先，脚踏实地向着高质量发展目标迈进。（张勇波）

【中国铁建西南投资有限公司】 2021年8月13日注册成立，注册资本金20亿元。经营范围包括融资咨询服务，工程管理服务，企业总部管理，建筑材料销售，环保咨询服务，水环境污染防治服务，水利相关咨询服务，旅游开发项目策划咨询，机械设备租赁，土地整治服务;房屋建筑和市政基础设施项目工程总承包,城市公共交通,各类工程建设活动,互联网信息服务,房地产开发经营,城市建筑垃圾处置(清运),电力设施承装、承修、承试,建筑智能化工程施工,水力发电。驻四川省成都市高新区。党委书记、董事长、总经理由建。 (张勇波)

中国铁建股份有限公司西北区域总部

【简况】 前身系中国铁建股份有限公司西北指挥部,根据《关于调整中国铁建股份有限公司区域经营机构的通知》调整为西北区域总部。是中国铁建股份有限公司在西北区域经营和监管职能的延伸,负责陕西省、甘肃省、宁夏回族自治区、青海省、新疆维吾尔自治区等区域的市场开发、经营承揽和协调管理工作。驻陕西省西安市,下辖中铁建西北投资建设有限公司1家投资平台公司,西安地铁8号线工程施工总承包2标段项目经理部、西安地铁15号线一期工程施工总承包2标段项目经理部2家受托管理单位。

2022年,完成投资1315万元、产值226066.57万元。资产总额23.41亿元,负债总额8.90亿元,所有者权益总额14.51亿元,资产负债率38.02%,利润总额2241.59万元。 (陈映伟　孟　颖)

【领导人员】

经理层

总经理	孙圣杰
执行总经理	陆晓辉(4月免)
	王广建(8月任)
	赵彦旭(4月任)
副总经理	李景超
	赵　刚

党群领导

党委书记	孙圣杰
纪委书记	张超民
工会主席	张超民

(柴晓飞)

【职工队伍】 职工85人,其中女职工16人。硕士研究生及以上学历22人、本科学历59人;高级职称54人、中级职称20人、初级职称7人;工程序列51人、经济序列9人、会计序列9人、政工序列11人,技术干部在干部中占比62%。 (柴晓飞)

【区域指挥机构】 陕西总部　驻陕西省西安市。总经理李景超。

甘肃总部　驻甘肃省兰州市。总经理赵刚。

宁夏总部　驻宁夏回族自治区银川市。总经理王广建。

青海总部　驻青海省西宁市。总经理张超民。

新疆总部　驻新疆维吾尔自治区乌鲁木齐市。总经理赵彦旭。 (赵丛聪)

【工程施工】 汉中兴汉新区西片区城市更新项目　2022年6月28日中标,项目总投资78.1亿元。

咸阳高新区西区产城融合项目　2022年9月19日中标,项目总投资101.14亿元。

西安地铁8号线工程施工总承包2标段项目　位于陕西省西安市,线路长21.9千米。合同投资62.48亿元,合同工期2019年10月30日至2023年12月30日。主要工程量:8站8区间、换乘大厅1座、停车场1座及出入场线。开工累计完成产值36.8亿元。

西安地铁15号线工程施工总承包2标段项目　位于陕西省西安市,线路长3.91千米。合同投资17.21亿元,合同工期2020年9月30日至2024年6月30日。主要工程量:3站4区间、1座车辆段及出入场线区间。开工累计完成产值6.4亿元。

(史振宇　赵丛聪)

【经营管理】 2022年,新签合同额2870.21亿元,完成股份公司下达年度计划2370亿元的121.1%,同比增长24.1%。其中陕西省新签合同额1468亿元,甘肃省新签合同额662.35亿元,宁夏回族自治区新签合同额96.6亿元,青海省新签合同额82.63亿元,新疆维吾尔自治区新签合同额560.62亿元。开展高端对接活动134次。其中对接省级地方政府20次,对接市级地方政府、所属部门正副职领导78次,对接地方企业、建设单位正副职领导36次。先后以股份公司名义与兰州市人民政府签署《战略合作框架协议》,以西北区域总部(西北投资公司)名义与银川市城市建设投资控股有限公司、宁夏电力投资集团有限公司、灵武市人民政府、中肯发(新疆)生态产业发展有限公司、新疆生产建设兵团建设工程(集团)有限责任公司、中机中联工程有限公司、中国农业发展银行陕西省分行签订《战略合作协议》。

财务管理。开展综合治理专项行动。对国有产权管理、经营业务合规管理、债务风险、金融业务风险、会计信息失真、依法纳税、投资进行专题检查。强化预算过程管控。以股份公司预算指导数及绩效考核指标为依据,以支持保障省区经营工作为重点,科学核定本部及省总部2022年经费预算。强化预算过程管控,按季度召开经济活动分析会,对预算及执行过程中存在的问题及时通报调整。提升财务管理水平。开展资金安全专项检查,及时收回澄韦项目公司2.99亿元长期股权投资款;严控银行账户数量,清理注销长期闲置账户3个。持续筹划税收创效。享受西部大开发税收优惠政策,节税131万元;研发费用加计扣除节税89万元;申报失业保险稳岗返还14.33万元,返还比例80%。压降"两金"及资产规模,通过银川中北部片区项目签订债权债务转移协议,合理抵消债权债务3.33亿元,资产负债率较年初降低9.19%。落实财务人员委派制度,对所属单位财务主管以现场述职的方式进行考核,区域总部考核和被委派单位考核以4:6比例与年度绩效兑现挂钩,激励财务人员执业积极性。

管理改革。推进绩效考核制度改革。建立以经营业绩为主导的绩效考核兑现体系,设置量化标准到经营、监管、经济指标等各环节,将考核奖励政策重点向经营岗位及经营一线倾斜,充分调动员工积极性。健全"大监督"责任体系。完善"大监督"工作机构,建立工作联席会议制度、工作协同制度、信息共享制度、整改销号制度和考核挂钩制度。推进违规经营责任追究。成立违规经营投资责任追究工作管理委员会,修订制度规范,明确各部门对所辖业务范围内违规经营投资问题负有受理、核查主体责任,落实违规经营投资问题线索报告制度。完善"大风控"体系建设。建立重大风险预警机制,开展重大风险监测工作,形成重大风险月报、季报工作制度,提升重大风险防控意识。开展合规管理强化年活动,全面总结合规管理工作,强化合规意识,培育合规文化。严格落实四项审核法律制度,落实"一没四不"要求,四项审核率100%。

安全监管。深入开展安全生产专项整治三年行动,精心组织安全生产月专项活动;对区域内27个项目进行安全专项检查;组织区域总部和自管项目全体管理人员签订安全承诺书;区域内在建项目和区域总部自管项目安全生产管控到位,未发生安全生产责任事故。

审计监督。配合完成西北区域总部原总经理卢永堂离任经济责任审计及股份公司内部控制审计。审计发现问题14个,已完成整改问题10个,整改中问题4个,建立健全制度7项,追责问责5人次。组织开展原宁夏指挥部指挥长、银川项目公司党委书记安德柱的履职审计。 (史振宇 陈映伟 赵丛聪)

【党群工作】 党委领导班子建设。加强思想政治建设,构建以党委中心组学习研讨、班子成员深入联系点讲党课为主要形式的学习体系,全年开展党委中心组学习12次,学习内容50项;进一步完善企业党委发挥领导作用的制度机制,指导各单位建立并认真落实"三重一大"决策制度;推动所属单位把"第一议题"制度、查摆问题清单制度、党章学习教育制度等有效做法固定下来,形成长效机制。

党组织建设。夯实基本组织。西北区域总部党委下设1个基层党委、10个党支部。加强党内民主建设。严格落实"三会一课"制度,认真开展谈心谈话活动,扎实开展民主评议党员工作,各级党组织及时召开组织生活会。

党员队伍建设。培育基本队伍。接收党员组织关系85人,建立党员花名册和档案,理清并做好党费收缴工作。开展主题党日活动,组织全体党员去西安八路军纪念馆接受红色革命教育,集体重温入党誓词,讲授党课。组织动员各级党组织和广大党员做好疫情防控工作,充分发挥党员模范带头作用,让党旗高高飘扬在防控疫情斗争第一线。

宣传教育工作。加强专题策划宣传力度。围绕"统筹、协调、监管、服务、高端经营"十二字职能,报道高端经营、党建成效、同心战疫、项目建设等新闻100余篇。邀请全国五一劳动奖章获得者、中铁二十一局集团有限公司"劳动模范""十大功臣""廉洁从业标兵"马小利在西安地铁8号线安全教育体验培训考核中心举行先进事迹报告会。加强新媒体运维工作。不断完善网站、微信公众号建设,构建完备的新媒体矩阵,形成线上线下共同发力的局面。强化舆情监测研判处置工作。时刻紧绷突发负面舆情应对这根弦,提高舆情管理科学化和精准化水平,西北区域全年未发生任何负面舆情。

企业文化建设。落实新时代中国铁建文化与品牌体系。制作并发放中国铁建文化纲领和品牌宣言司徽、桌旗、伞、纸杯、信纸等,积极落实新时代中国铁建文化与品牌落地督查互鉴行动。提升文化理念转化能力。丰富载体,加强特色文化培育,塑造管理文化、廉洁文化,加强人文关怀。推进企业文化融合。打造中国铁建西北区域文化影响力,围绕“强党建、重引领,调架构、优机制,谋市场、谋项目,强监管、铸品牌”总体工作思路,推广新时代中国铁建文化与品牌。

党风廉政建设和反腐败工作。深入开展反腐倡廉宣传教育月活动,下发专项通知,召开反腐倡廉宣传教育月启动仪式,开展廉洁党课及廉洁讲座9次,组织党员干部观看反腐倡廉宣传教育片,到警示教育基地和家风馆参观学习。开展每周廉洁提醒,定期定时编发廉洁故事、廉洁漫画、廉洁知识等内容,推动廉洁教育常态化。加强对一把手和领导人员的监督,按照股份公司要求,对所属单位一把手和班子成员进行书面谈话提醒。加强对安全生产、疫情防控监督,下发提示函,督促所属单位党组织切实抓好安全生产和疫情防控工作,提高政治站位。组织召开党风廉政建设和反腐败工作部门联席会,进一步压实部门监督首责。加强对选人用人的监督,对选人用人过程进行监督,及时组织开展任前廉洁谈话提醒。做好股份公司“违规挂靠”和常规巡视的整改,编制整改方案,明确整改措施、责任部门、完成时限,压实工作责任,强化对整改过程监督。加强严肃执纪问责,对区域总部出现的倾向性、苗头性问题及时进行提醒,先后提醒谈话4人,通报批评1人,诫勉谈话1人。

青年工作。推进青年志愿者活动。围绕“学雷锋践行动,铁建志青年行”主题,团员青年积极开展疫情防控、便民利民、生态环保等志愿服务活动。新疆总部在乌鲁木齐市开展“学雷锋践行动,献热血传爱心,铁建志青年行”志愿服务活动,青海总部开展“保护青海湖,志愿净湖行动”。

工会工作。工会组织建设。成立6个工会小组,吸纳劳务派遣人员加入工会组织。开展各省区总部建家建线帮扶活动,为筹建食堂的每个省区总部拨付建家费用,为2022年到省区总部新任职人员补助建家费用。保障一线尤其是青海省、新疆维吾尔自治区等偏远地区经营人员工作生活。督促所属各单位工会组织积极主动作为,抓好建家建线工作,设置职工书屋,购买体育器材等,不断改善员工工作生活环境。民主管理。组织召开职工代表大会,听取企业发展情况汇报,征集提案并逐条回复。组织开展宣贯活动,定期召开工会干部、职工代表座谈会,线上利用公司公众号、OA办公系统、微信工作群、QQ工作群等网络平台开展宣贯、培训、知识竞赛等活动。劳动竞赛。组织西安地铁8号线、地铁15号线项目开展劳动竞赛活动;积极选树先进典型,1人获火车头奖章,1人获评陕西省建设系统劳动竞赛优秀个人,1人获评陕西省巾帼标兵,1人获评陕西省建设工会优秀工作者。关爱员工。开展重大节日慰问、生日慰问及夏季“送清凉”活动;组织慰问生病住院职工,全年慰问职工6人次。所属各单位、各省总部结合实际,在节日期间开展登山、篮球比赛等丰富多彩的文体活动。女职工工作。“三八”妇女节组织女职工进行插花、茶艺活动,为女职工送去节日的祝福和慰问。 (白涓迪　柴晓飞)

【中铁建西北投资建设有限公司】 拥有公路工程、市政公用工程施工总承包一级资质。经营范围包括铁路、公路、市政、城轨、房建、水利水电、磁悬浮、环保、城市综合体等项目的总承包与投资、地产开发与建设、股权投资等。2018年4月在陕西省西安市注册成立,注册资本金30亿元。董事长孙圣杰,总经理赵彦旭。

(孟　颖)

中国铁建股份有限公司工程总承包部

【简况】 2020年12月17日更名为中国铁建股份有限公司工程总承包部,是中国铁建股份有限公司的专业总部,主要负责融合项目的高端经营、编标投标、资源统筹、项目监管等。2022年8月,中国铁建对工程总承包部职责和定员进行适应性改造,明确工程总承包部定位采取类事业部管理模式,在股份公司融合领导小组领导下,全面负责全系统融合业务的统筹管理,聚焦经营和项目监管两大重要任务,强化“总对总”对接,承担融合业务和相关工作的总归口、总协调职责。驻北京市海淀区复兴路40号。 (赵　伟)

【领导人员】

经理层

总经理	王　庆
副总经理	冯来刚
	杨国强
	李义军
	张建升
	陈　浩

党群领导

党委书记	冯刚来
党委副书记	王　庆
	杨国强
纪委书记	杨国强
工会主席	杨国强

（赵　伟）

【职工队伍】 职工23人。其中，领导班子成员6人，员工17人；正高级职称7人、高级职称10人、中级职称3人、技师2人；博士研究生学历1人、在职研究生学历2人、大学本科学历17人、本科以下学历3人。平均年龄45岁。（赵　伟）

【区域指挥部】 中国铁建工程总承包部所属区域指挥机构11个：中国铁建股份有限公司西藏指挥部、中国铁建股份有限公司东部方向指挥部、中国铁建股份有限公司北部方向指挥部、中国铁建股份有限公司东部指挥部、中国铁建股份有限公司中部指挥部、中国铁建股份有限公司北方指挥部、中国铁建股份有限公司沈阳指挥部、中国铁建股份有限公司新疆项目区域指挥部、中国铁建股份有限公司中部区域指挥部、中国铁建股份有限公司LJ工程大学基础设施建设项目指挥部、中国铁建股份有限公司“十四五”新疆区域工程建设指挥部。（赵　伟）

【工程施工】 2022年，工程总承包部所属11个区域指挥部有“十三五”本级项目580个，对应业主方总投资额701亿元；“十四五”批量发包项目44个，对应业主方投资额148.6亿元。2022年完成产值77.6亿元，完成年度计划81.6亿元的95.1%，开工累计完成产值482.4亿元，完成率84.4%。（于玺濛）

【经营管理】 2022年，新签合同额288.3亿元。其中，股份公司名义承揽133.6亿元，各集团自揽154.7亿元。占2022年行业市场招标规模总量的33%。

（冷思远）

【党群工作】 2022年，工程总承包部党委突出党建引领和党管保密协同，发挥“把方向、管大局、保落实”的全面领导作用和“总部管总、区域管理、项目管建”的融合工作职能定位，融合业务党建工作实行矩阵式双线管理。融合工程总承包部党委负责融合专业总部的党建工作，所属区域党组织在融合工程总承包部党委领导下开展区域内党建工作，对项目部党组织工作情况实施监督。各项目部党组织具体业务上受所在工程公司党委的领导和所在集团党委的监督。聚焦“六个突出”，深入构建“理论学习”“三基建设”“文化建设”“联学共建”“廉政责任”“党管保密”六位一体机制，把党建工作和年度总体工作同部署、同推进、同落实。加强保密管理体系建设，完善保密全过程督导检查制度，组织全员签订保密责任书，明确“五自觉、六不准、七严禁”保密要求；坚持教育做在日常的理念，开展每周保密教育，举办党组织书记讲党建、讲保密专题讲座，组织区域指挥部和直管项目部2414名管理人员进行保密在线学习并完成考试取证；对10个参建集团和10个区域指挥部保密约谈；开展网络信息安全专项整治、微信群专项清理和保密管理专项整治三项活动，保密管理能力稳步提升。1人被全国总工会授予火车头奖章，1人被股份公司授予“劳动模范”称号。

（赵　伟）

2022 年 7 月 14 日，中国铁建党委书记、董事长汪建平赴中铁十六局开展安全生产大检查并督导调研。

（王浩然 摄）

所属单位

中国土木工程集团有限公司

【简况】 拥有铁路工程施工总承包特级,铁道行业设计甲(Ⅱ)级,建筑工程、市政公用工程施工总承包一级,建筑装修装饰工程专业承包一级,公路工程施工总承包三级,桥梁工程专业承包三级等资质。拥有多个国家和地区的工程承包资质,在坦桑尼亚市场拥有电气工程、水工专业、土木工程、机械工程和建筑工程承包最高级别资质;在卢旺达拥有建筑工程、路桥工程和供水工程承包最高资质;在白俄罗斯拥有工程总承包最高资质;在哈萨克斯坦拥有建筑安装工程一级资质;在阿联酋市场拥有桥梁和立交桥特级及房建、钢结构承包一级资质。中国土木尼日利亚有限公司拥有当地机场工程、桥梁工程、大坝工程、疏浚工程、填海工程等多项资质;中国土木埃塞俄比亚工程有限公司拥有当地施工和水利工程总承包一级资质;中国土木埃塞俄比亚分公司拥有埃塞公路施工总承包一级资质和厄立特里亚建筑业总承包一级资质;中国土木赞比亚有限公司拥有当地建筑和房建、土木工程、道路和土方工程、矿区土木工程承包最高级别资质;中国土木马拉维有限公司拥有当地土木工程和房建施工承包最高资质;中国土木刚果(金)分公司拥有当地施工最高资质;中国土木肯尼亚有限公司拥有当地水利工程施工承包最高资质;中国土木博茨瓦纳有限公司拥有当地房屋建筑与维修、土木工程和水处理工程最高级资质;中国土木塞拉利昂有限公司拥有当地工程部承包商和公路局最高级注册证;中国土木塔吉克分公司拥有当地道路、桥梁与隧道、房建施工一级资质;中国土木以色列分公司拥有当地房建工程总承包最高资质;中国土木新加坡分公司拥有当地建筑、桩基础和钢结构的资质。总部驻北京市海淀区北蜂窝4号。前身系中华人民共和国铁道部援外办公室;1979年,经国务院批准成立;2000年9月,中国土木与铁道部脱钩,先后划归中央企业工委、国务院国资委管理;2003年9月,并入中国铁道建筑总公司;2007年12月,企业改制改称为“中国土木工程集团有限公司”。经营范围遍及亚洲、欧洲、非洲、美洲、大洋洲110多个国家和地区,业务领域涵盖工程承包、设计咨询、铁路运营、投资、园区与自贸区开发、房地产开发、工业矿业、进出口贸易、酒店旅游等多个领域,是中国对外承包工程行业的领军企业之一。中国土木实施的埃塞俄比亚无锡一棉工业园项目获鲁班奖,尼日利亚阿布贾城铁、阿布贾航站楼获国家优质工程奖,坦桑尼亚乌本戈立交桥获中国对外承包商会“境外可持续基础设施项目”称号。所属工程项目全年外部获奖32项。

2022年,新签合同额1199.95亿元,营业额247.25亿元,营业收入258.14亿元,净利润9.24亿元。

(齐晗毓)

【领导人员】

董事会

董事长	刘为民
董事	刘为民
	陈思昌
职工董事	严学斌(12月免)

监事会

监事会主席	王国栋(9月免)
	徐度斌(11月任)
监事	彭根方(1月退休)
	关子南(3月任)
职工监事	薛红喜(3月免)
	曹廷伟(3月任)

经理层

总经理	陈思昌
执行总经理	孙 勇(6月借调至外交部)
副总经理	胡社忠
	张文锦
	王 伟
	王劲松
	王向东
	朱小刚
	刘 东
	姜义高
	管嘉欣
	孙湘春(6月调离)
总工程师	胡社忠(兼)
总会计师	王 伟(兼)
总法律顾问	张文锦(兼)

党群领导

党委书记	刘为民
党委副书记	陈思昌
	严学斌(12月免)
纪委书记	王国栋(9月免)
	徐度斌(11月任)
工会主席	严学斌(12月免)
团委书记	晏 勇

(冯含笑)

【职工队伍】 中国土木及所属各单位中方员工5353人(含聘用员工)。其中,高级职称788人,中级职称831人,初级职称689人。干部中,35岁及以下1999人,36~40岁735人,41~45岁357人,46~50岁287人,51~54岁190人,55~59岁119人。各类注册人员230人。 (张维玮 赵伟元)

【重点工程项目】 阿尔及利亚55千米铁路工程 位于阿尔及利亚北部布利达省、提帕萨省和艾因迪夫拉省。采用欧洲标准,轨距1435毫米,设计时速客车160千米、货车100千米。变更后合同投资7.2亿美元。2022年12月3日新铁路线PK83+710至PK88+276(V1)里程段通车运营。开工累计完成产值43.84亿元。

阿尔及利亚西部区域2900套房建工程 位于阿尔及利亚西迪贝拉贝斯省。由2000套住房设计和施工项目和奥兰省布特利利斯区米赛尔根镇900套公租房设计和施工项目组成。2000套住宅项目合同投资44218.29万元,合同工期62个月。900套房建项目合同投资1.75亿元,工期64个月。开工累计完成产值4.43亿元。

亚吉铁路运营维护项目 亚吉铁路是东非地区首条跨国电气化铁路。线路西起埃塞俄比亚首都亚的斯亚贝巴,向东连接至邻国吉布提的港口,全线752千米。合同投资40.8亿美元,全线设车站20个。设计最高时速120千米,采用中国铁路电气化二级标准设计建设。中国土木承建的东段423千米,包括埃塞俄比亚米埃索至达瓦利段、吉布提段两部分,合同投资19.8亿美元。2016年7月28日,中土中铁工联营体正式与埃塞俄比亚和吉布提政府签署亚吉铁路项目的运营和维护管理合同,合同投资3.57亿美元,合同工期6年。中方运营联营体负责提供铁路货运和客运服务,实现业主所设定的关键考核指标,在合同期间培训当地运营团队,在合同结束后将铁路移交当地运营团队,运营收入归业主所有,运营盈亏由业主负责。2018年1月1日,亚吉铁路投入商业运营。截至2022年底,实现安全生产1365天。

援非盟非洲疾病预防控制中心总部(一期)工程 位于埃塞俄比亚亚的斯亚贝巴。建设内容包括2栋办公楼主楼、2栋实验楼,分别设置办公行政区、应急响应中心、信息中心、生物实验室及专家公寓等功能区。总建筑面积2.32万平方米。2020年12月25日开工建设。2021年11月26日项目封顶。2022年1月24日完成中期验收,并取得履约和项目实体双优良。开工累计完成产值6.27亿元。

埃塞俄比亚西门子高压直流换流站工程 埃塞俄比亚至肯尼亚的高压直流输变电项目的一部分,合同总投资30.6亿元。业主为埃塞电力公司和肯尼亚输电公司,融资方为世界银行及非洲发展银行。项目总承包商为德国西门子公司。2017年11月11日与西门子公司签约土建工程,合同投资4.38亿元。主要包括换流站设备基础、钢构架、阀厅、站内消防暖通空调系统、防雷接地系统、业主生活区以及接地极站等。工程已完工,开工累计完成产值10.86亿元。

尼日利亚铁路现代化工程拉各斯至伊巴丹段 位于尼日利亚西南部,南起尼日利亚的拉各斯,向东北经阿贝奥库塔至伊巴丹。正线长156.8千米(双线);阿帕帕港口支线工程长6.513千米(单线)。2017年5月5日开工。变更后合同投资22.39亿美元。采用中国一级铁路标准,设计时速150千米,为双线铁路,采用内燃牵引,半自动闭塞。2022年6月10日,拉伊铁路全线开通商业运营,尼日利亚总统、中国驻尼大使等多位中尼官员出席开通仪式;12月9日,尼日利亚交通部正式签发拉伊铁路完工证书。开工累计完成产值144.44亿元。

尼日利亚铁路现代化工程(卡杜纳至卡诺段) 位于尼日利亚北部卡杜纳州和卡诺州,南起卡杜纳州首府卡杜纳市,经Zaria市至北方重要城市Kano。项目为尼日利亚现代化铁路的最北段。合同投资16.85亿美元。2021年7月15日举行开工仪式。开工累计完成产值20.91亿元。

尼日利亚东线铁路修复改造工程 从南至北贯穿尼日利亚东部地区12个州,自Port harcourt站向北至Maiduguri,全长1443千米。既有线路全长244.5千米。2020年11月16日签订合同,整体工期36个月,合同总投资30.2亿美元。暂定实施PHC-Enugu段243千米的线下工程及PHC-ABA段62千米线上铺轨工程。2022年3月20日正式开工。开工累计完成产值1.75亿元。

尼日利亚拉各斯蓝线轻轨工程 位于尼日利亚拉各斯州。线路长28千米,设计时速100千米。2009年4月30日签约,合同总投资73.08亿元,合同工期36个月。全部工程量:落地站10个、高架站2个、高架桥8000延长米(含跨海桥640延长米)、路基工程20千米。一期至三期已完成,四期主体工程已完工,2022年12月21日举行竣工仪式。开工累计完成产值65.7亿元。

尼日利亚拉各斯轻轨红线一期工程 位于尼日利亚拉各斯城区段。线路全长25.018千米,其中与拉伊铁路共线23.548千米。项目新设车站6个,在Oyinbo和Agbado各设停车场1处。2021年4月17日开工,合同投资2.78亿美元。开工累计完成产值13.13

亿元。

尼日利亚拉各斯巴达格瑞高速公路工程　全长14.8千米,为既有线改扩建工程。合同投资58.6亿元,双向10车道,中间为15米轻轨通道,标准断面宽100米。第一标段(Lot1)竣工。第二标段主线道路已拉通。开工累计完成产值37.46亿元。

尼日利亚达迈高速公路工程　位于尼日利亚东北部,总长145.8千米。原合同投资9亿元,变更后合同投资15亿元。2007年2月1日开工,为双车道普通公路升级为双向四车道高速公路。开工累计完成产值15.55亿元。

尼日利亚奥贡州阿彪库塔高速公路工程　全长43千米,包含立交桥3座,NNPC桥长332延长米,设计时速80千米,双向6车道,桥面行车道宽10.5米。合同投资23.69亿元,合同工期36个月。开工累计完成产值1.28亿元。

尼日利亚阿夸依博州埃科特23.3千米路桥工程　位于阿夸依博州埃科特市,线路全长23.3千米,双向6车道,幅宽21米,桥梁3座225延长米,大小涵洞14座。合同投资14.21亿元,合同工期36个月。开工累计完成产值6.82亿元。

尼日利亚四个航站楼项目　四个航站楼项目分别位于阿布贾、拉各斯、哈尔科特、卡诺。总建筑面积15.9万平方米。包括一期扩建项目、二期工程和附属配套工程。一期扩建项目合同投资6亿美元。二期工程合同投资2.45亿美元。附属配套工程合同投资2.16亿美元。一期扩建项目全部竣工收款并获竣工证书。二期工程在阿布贾、哈尔科特、卡诺获竣工证书。开工累计完成产值75.37亿元。

坦桑尼亚马古富力大桥工程　即坦桑尼亚姆万扎省基功荀至布西西跨湖桥及连接道路项目。合同投资3.04亿美元。2020年2月25日开工,合同工期48个月。主要工程量:3000延长米跨湖大桥及1660延长米桥头引道及路基附属、沥青路面、交通标线及安全设施。开工累计完成产值8.33亿元。

坦桑尼亚中央线标准轨铁路工程　位于坦桑尼亚西北部,合同工期36个月,合同投资13.26亿美元。项目正线全长249千米,侧线92千米。工程内容:设计与建造标准轨电气化单线铁路。主要工程量:MWANZA至ISAKA段标准轨铁路的土石方、桥涵、轨道、“四电”、站台、房建、防护栅栏、线路标志标牌的设计与建造。2022年12月20日,中国铁建-中国土木联营体与坦桑尼亚国家铁路局签约坦桑尼亚中央线标准轨铁路六标段项目。项目位于坦桑尼亚西部与周边国家相连的交通枢纽区域,连接坦桑尼亚西部重镇塔博拉与基戈马,全长506千米,包含411千米正线及95千米侧线,合同投资27.43亿美元。

纳米比亚内政与移民部总部大楼工程　2015年4月1日开工。合同投资3.97亿元,变更后合同工期72个月。2021年9月21日获得竣工证书。开工累计完成产值4.36亿元。

纳米比亚哈达普地区政府办公园区工程　位于纳米比亚哈达普省省会马林塔尔市。2015年10月8日开工。合同投资0.59亿元,合同工期36个月。2021年4月3日获得竣工证书。开工累计完成产值8096亿元。

赞比亚东线铁路工程　即赞比亚奇帕塔经佩塔乌凯至塞伦杰铁路工程,位于赞比亚东部省和中央省,全长388.8千米。合同投资150.98亿元,合同工期48个月。项目处于融资阶段,尚未正式开工。

科特迪瓦西部651千米公路项目　即科特迪瓦西部地区602千米公路改造和图巴—瓦尼乌—费朗特拉—甘乌—格贝洛—萨乌拉49千米公路沥青摊铺项目,简称“651千米公路项目”。2018年8月6日签约,合同投资29.94亿元,合同工期48个月。该项目一期包括达洛亚—马恩—达纳内—祖安胡年四段公路修复改造工程,2019年11月22日举行开工典礼。项目二期瓦尼努至萨乌拉段(49千米)位于科特迪瓦西北部重镇图巴。7月4日举行开工仪式。开工累计完成产值12.03亿元。

科特迪瓦圣佩德罗体育场工程　即科特迪瓦2021年非洲杯基础设施设计与施工项目第三标段——圣佩德罗体育场及附属设施,位于科特迪瓦圣佩德罗市。合同投资417.17亿西非法郎,合同工期44.4个月。项目采用法国标准、科特迪瓦当地标准。主要工程量:新建2万人体育场1座,总建筑面积2.03万平方米,总座位数2万个,停车约2000辆;修复改造训练场4座;新建运动员居住别墅32栋,总建筑面积约9349平方米。开工累计完成产值6.74亿元。

几内亚达波拉(Dabola)至西塞拉(Cisséla)段公路修复改造工程　即几内亚68千米公路修复改造项目,位于几内亚法拉纳大区达波拉省、康康大区库鲁萨省西塞拉专区。合同投资4107万欧元,2019年8月1日开工,合同工期30个月。开工累计完成产值3.34亿元。

阿联酋铁路二期项目B、C、D标段工程　阿联酋铁路二期项目西南起横跨阿布扎比,向东北经迪拜、沙迦、拉斯海玛、富吉拉等5个酋长国。正线全长397.6千米,四条支线67.6千米。合同总投资171.601亿元。项目工期B、C标段1400天,D标段1379天。B、C标段于2019年6月30日开工,D标段于2019年12月12日开工。该项目设计时速为客车200千米,货车

120千米；轨距1435毫米，轨型60E2，轴重32.4吨，为重载铁路，正线部分为单双混合线，部分支线为双线，部分为单线；采用内燃牵引，双线段为自动闭塞，单位段为半自动闭塞或自动站间闭塞。开工累计完成产值141.52亿元，其中B标段完成产值49.19亿元、C标段完成产值35.42亿元、D标段计完成产值56.9亿元。

沙特利雅得阿哈立交桥工程　即沙特利雅得阿拉法特路与哈吉路交会立交桥项目，全长1.2千米，15米跨度现浇混凝土多室箱桥梁。合同投资5590万美元，合同工期64个月。开工累计完成产值3.99亿元。

以色列特拉维夫红线轻轨东标段工程　位于以色列特拉维夫市。全长23.5千米；红线轻轨东标段项目主要包括地下车站3个（EM车站、BEN GURION车站、AHARONOVITZ车站），隧道5646延长米（含8个横通道），交叉段2个。合同投资26.99亿元。合同工期72个月，2016年1月15日开工。2022年11月30日完工并移交业主，取得竣工证书。开工累计完成产值33.99亿元。

以色列特拉维夫红线轻轨卡利巴车站工程　位于以色列特拉维夫市。卡利巴地下车站为红、绿两条轻轨线路的换乘车站，为施工总承包项目。合同工期64个月，合同投资9.2亿元。主要工程量：连接红线和绿线的三层地下车站主体、汽车地下通道1个和行人地下通道1个，车站和竖井，外部维护结构（地连墙）、站内土体开挖、隧道接收等。2022年1月24日完工并移交业主，取得竣工证书。开工累计完成产值15.35亿元。

巴基斯坦达苏水电站喀喇昆仑公路工程　位于巴基斯坦开伯尔普什图（KPK）省达苏镇北。改线工程（KKH-01标段）合同工期52个月，右岸进场道工程（RAR-01标段）合同工期59.5个月，合同总投资11.86亿元。变更后合同投资2.73亿美元，KKH-01标段全长17千米，RAR-01标段主线全长12.07千米。开工累计完成产值5.32亿元。

孟加拉多哈扎里—科考斯巴扎铁路工程第2标段　位于孟加拉国东南部。工程是新建一条单线套轨铁路，全长51.08千米，主要包含路基工程、桥涵工程、铺轨工程、房建车站工程。合同投资30.6亿元，合同工期36个月。开工累计完成产值22.25亿元。

印度古吉拉特邦阿默达巴德市东西走廊轻轨工程一期R2标段　位于印度阿默达巴德市，全长8.24千米。合同投资7.34亿元，合同工期32个月。包括7.2千米高架桥，萨巴尔马蒂河横跨大桥，新建高架车站7座。2022年4月30日工程完工。

斯里兰卡科伦坡港口高架桥工程　位于斯里兰卡首都科伦坡市的科伦坡一区科伦坡港口区内。合同工期44.37个月，合同金额1.988亿美元，合同模式是设计施工合同。项目主要工作内容为设计并施工5.27千米双向四车道高架桥和部分既有进港公路拓宽工程。高架桥采用双向4车道，共计115跨。开工累计完成产值7.81亿元。

新加坡南北通道N112标段高架桥工程　位于新加坡城市中北部区域，为新加坡陆上交通管理局拟建的南北通道项目二期工程的施工项目。合同投资3.65亿新加坡元，变更后合同工期93.7个月。主要工程内容：设计和建造长约3.3千米的公路桥梁，包含3条匝道桥及附属设施。开工累计完成产值1.52亿元。

缅甸仰光—达拉大桥工程　即韩国—缅甸友谊大桥（达拉）主桥项目，位于缅甸仰光市，横跨仰光河，连接仰光城区与达拉镇。达拉大桥全长1867米。中土缅甸有限公司承建主桥部分。合同工期41个月，开工日期2019年5月28日，合同投资6300万美元。开工累计完成产值1.91亿元。

哈萨克斯坦巴库塔钨矿工程　哈萨克斯坦巴库塔钨矿是世界级特大型露采钨矿，远景储量50万吨，平均品位0.23%。项目位于哈萨克斯坦阿拉木图州英别克希哈萨克区巴库塔山脉。中标哈萨克斯坦巴库塔钨矿采选工程中的选矿部分，负责实施包括选矿系统、尾矿系统、多个辅助系统在内的矿区基础设施建设。2020年11月11日举行开工仪式。2021年3月29日，举行主体工程总承包框架协议签约仪式。2022年7月13日，中国土木哈萨克斯坦分公司——KazDrilling Company有限责任公司联合体与业主杰特苏钨业有限责任公司签约巴库塔钨矿基建期182万立方米露天采剥项目总承包合同。工作内容包括采矿基建工程中的钻孔、爆破、采矿、运输、矿石排土综合作业及配套辅助作业。

匈塞铁路诺苏段NS-I标段　合同投资4.43亿美元，合同工期33个月。项目执行欧标、欧盟“2008/57/EC高速铁路系统的互联互通性指令”、“欧洲铁路互联互通技术规范”（TSI）及塞尔维亚标准。主要工程量：土建工程正线长度52.348千米，站场轨道工程正线长度108.391千米。开工累计完成产值5.84亿元。

哥伦比亚波哥大西部有轨电车项目　位于哥伦比亚首都波哥大与昆迪纳马卡省，是投—建—营全产业链项目。业主是昆迪纳马卡省区域铁路公司。合同投资24.77亿美元，2020年6月24日开工。变更后合同工期328个月。主要工程量：双线电气化轨道交通线路全长39.6千米；新建车站17座、桥梁11座2025.1延长米；设高压变电所2个、降压所11个、牵引降压混合变电所8个、牵引变电所5个;采购机车38组。技术标准采用欧洲、美国及哥伦比亚标准。开工累计完成产值1.94亿元。

安提瓜和巴布达圣约翰港现代化工程　2014年12月22日签约,变更后合同投资8674.76万美元,合同工期49个月。主要工程量:港口航道维护性疏浚、1万总载重吨多用途泊位2个、15万总载重吨邮轮泊位1个、1000总载重吨客货滚装泊位1个等工程。2022年9月8日工程完工。开工累计完成产值6.26亿元。

瓦努阿图公路升级改造工程　瓦努阿图公路升级改造项目二期,位于瓦努阿图塔纳岛和马勒库拉岛,2015年1月8日签约,合同投资3.5亿元,合同工期5年。工程采用中国公路标准。瓦努阿图塔纳岛和马勒库拉岛公路二期工程是公路一期工程路网的扩展和延续。开工累计完成产值1.75亿元。

援非盟非洲疾病预防控制中心总部(一期)工程　位于埃塞俄比亚的斯亚贝巴市。合同投资6.55亿元,合同工期25个月。主要工程量:总部大楼、实验楼和附属用房。总部大楼及附属用房地上建筑面积18154平方米。实验楼建筑面积4737平方米。2021年11月26日封顶,工程施工工作基本完成。开工累计完成产值6.32亿元。

援所罗门群岛2023年太平洋运动会体育场馆工程　位于所罗门群岛首都霍尼亚拉市。合同投资4.96亿元,合同工期24个月,2021年5月1日开工。项目主要工作内容:建设1万人座主体体育场、水上中心、网球场及配套网球中心、餐饮公共区、多功能大厅、练习跑道及足球场、曲棍球场等,总建筑面积约26000平方米。开工累计完成产值3.03亿元。

澳氹第四条跨海大桥设计连建造工程　澳氹第四条跨海大桥起自澳门新城区填海A区东侧,与港珠澳大桥口岸人工岛连接,跨越外港航道、往内港航道,在澳门新城区填海E1区登陆。合同投资52.7亿澳门元,2020年3月26日开工,合同工期1119天。主线全长3085千米,主桥标准路幅宽度45.15米,引桥标准路幅宽度34.2米,双向8车道,中间两车道为电单车专用道,设计时速80千米。匝道总长2349.75米,设计时速40千米,其中B、C、F、G匝道为单向单车道,A匝道为单向双车道。开工累计完成产值21.16亿元。

澳门轻轨延伸横琴线工程　起于澳门境内的HE1站(莲花站、高架站),出站后由高架沿莲花大桥南端转为地下线向西下穿十字门水道,上岸后在横琴口岸中间禁区内设HE2站(横琴站、地下站)服务口岸内客流,全线长约2.2千米,包含车站2座,盾构区间1段。合同工期1040工作天;合同投资31.78亿澳门元。开工累计完成产值16.3亿元。

珠海西部中心城区首期开发区域(A、B片区)基础设施工程　总面积342平方千米。珠海西部中心城区(A片区)合同投资4.71亿元,主要工程内容:软基处理、道路工程、桥涵工程、管线工程、安监照明工程、闸站工程、排洪渠工程、整平(不含填料)等。珠海西部中心城区(B片区)合同投资12.66亿元,主要工程内容:软基处理、道路工程、桥梁工程、公共设施工程、整平(不含填料)等。开工累计完成产值12.76亿元,其中A片区完成产值4.4亿元、B片区完成产值8.36亿元。

江门人才岛全岛开发建设工程　位于江门市。合同投资16.06亿元。总用地面积12.68平方千米,江岸线长约17千米。工程建设主要内容:岛屿路网及管网等市政工程,大型公用工程,广场、绿地及公园等基础配套工程,建筑工程等。中国土木在手项目42个,合同投资47.11亿元。2022年,完成C片区水系工程(一期)、高速立交花园(四、五、七、八区)、潮头公园、A片区水系工程(一期)共4个单位工程,并通过竣工验收和投入使用。开工累计完成产值21.14亿元。

(乔卓贤　张　磊　任　嘉)

【生产经营】　2022年,39个市场新签合同219个,其中5亿美元以上项目合同6个、1亿美元以上项目合同33个。新签项目中,现汇项目占比64.79%。新签多边金融机构资金项目11个,坦桑尼亚桑岛市政道路项目获得国内金融机构融资支持。新签铁路及其他轨道交通类项目12个;机车车辆采购板块新签合同额28亿美元;房建板块新签占比突破20%,在埃塞俄比亚、尼日利亚、阿尔及利亚、中国香港、中国澳门、孟加拉国等26个市场新签房建项目82个;矿业基建板块,在哈萨克斯坦、几内亚、秘鲁、刚果(金)连获5单。通过新签项目,中国土木实质性进入菲律宾、土库曼斯坦、匈牙利市场,回归尼泊尔市场,在印度尼西亚、柬埔寨、巴新、东帝汶、刚果(金)等多个新市场相继打开发展局面;各个国内经营主体协同发力,在海南、广东、江苏、辽宁、内蒙古、新疆等10个省份实现项目落地;把握海南自贸港建设机遇,在海南市场打开局面、形成规模。

(张　澎　陈璐阳　刘逸舒)

【重点在建项目加速推进】　援非盟非洲疾控中心总部一期项目圆满竣工移交,成为新时代中非合作的标志性工程和中土房建的"金字招牌";西非第一条电气化轻轨——尼日利亚拉各斯轻轨蓝线项目建成通车,获中国外交部点赞;赞比亚卡夫河供水、突尼斯外交培训学院、安巴圣约翰港口等34个项目迎来竣工时刻,为服务双边友好关系、促进当地经济发展再立新功;阿联酋铁路二期项目实现隧道和主线铺轨全部贯通；澳氹四桥项目建设步步为营，向主桥合龙目标加速挺进；澳门轻轨延伸横琴线高效推进，海底盾构隧道提前贯通；匈塞铁路诺苏段先期工程诺维萨德车站如期开通运营，坦桑尼亚马古富力大桥步入架梁施工阶段，援所罗门群岛体育场、孟加拉国101铁路等一批重点项目正在向着竣工目标加速冲刺；坦桑尼亚中央线标准轨铁路五标、尼日利亚卡卡铁路、新加坡南北通道高架桥等重点在建项目扎实有序推进，孟加拉国蒙格拉港疏浚二期、香港重建元朗大球场项目等61个新项目开工，实现良好开局。埃塞俄比亚无锡一棉工业园项目获中国建设工程鲁班奖，尼日利亚阿布贾城铁、阿布贾航站楼获国家优质工程奖，坦桑尼亚乌本戈立交桥获承包商会“境外可持续基础设施项目”称号。集团公司所属工程项目全年外部获奖32项。（杨源源）

【多元化发展】 投资板块：聚焦优质项目，促成海南东方滨海片区棚户区改造项目签约，静态投资拉动比超过1∶25；莱基自贸区历经多年苦心经营，经营状况不断好转，2022年实现盈利逾200万美元；哥伦比亚西部有轨电车项目取得里程碑突破，成功实现项目融资落地，安妮车辆段如期开工。运营板块：亚吉铁路运营再创佳绩，安全运营1300天，2022年运输收入同比增长25%，实现盈亏平衡；中铁建轨道运营公司加快市场化经营，承揽雅万高铁工程线运输与精调项目，自主发展能力取得突破。设计板块：中土福州院国内区域经营稳步发力，实现自身在超高层房建、非涉铁市政道路等设计领域的新突破，并与中铁建国际咨询公司共同参与境外重大项目追踪与管控，促成集团公司多个重点工程签约。中土研究院：聚焦形势政策、行业趋势、“一带一路”和公司重点市场开展综合研究，有效助力企业经营发展。（杨源源）

【基础管理】 2022年，正式发布中国土木“十四五”发展规划，明确“123456”发展战略，为公司高质量发展明确目标与路径；全力打好国企改革三年行动收官战，主体任务全部完成，相关经验被作为典型案例入选国务院国资委简报，在央企系统交流推广；系统推进中国土木企业内部改革，成立公司改革领导小组，设立7个改革专班，明确98项改革任务，实行挂图作战；全力攻坚“三项制度改革”，对公司人事机构管理体系全面优化重塑，引入外部咨询公司提供智力支持，初步形成公司新一轮机构人事改革方案；进一步优化收入分配机制，出台工资总额管理办法，实现职工工资水平与企业效益、劳动生产率挂钩，引导员工牢固树立“工资总额是干出来的”理念；优化考核机制，增加总部人员考核频次，推行差异化考核，各类考核更加“精准实”；对工程系列职称评审实行量化考核，职称含金量进一步提升；开展对标世界一流管理提升行动，对标清单任务按期完成；加快科技创新与数字化转型，非洲财务共享中心正式启动，BIM技术从港澳、境内市场逐步推广应用到亚非多个重点项目，福州院2项课题在全国BIM技术应用大赛中获奖；完善科研课题、专利工法等多个基础制度，科技创新氛围日渐浓厚；强化合规建设，配合股份公司实现“世行解禁”，对各单位参与多边金融机构项目进行常态化监控；开展综合治理专项行动及各类专项治理，提升基础工作合规意识；加强人才队伍建设，坚持总量控制，保持集团总人数稳中有降；推动公司人才使用交流共享，强化各领域人才队伍建设，评选杰出项目经理26人。（杨源源）

【品牌建设】 中国土木亮相第十三届国际基础设施高峰论坛、世界职业技术教育发展大会等公共外交活动，开展密集高端对接，多方位展示企业业绩形象；全年6次登上央视《新闻联播》，在中央媒体和所在国国家级媒体刊稿502篇，通过官方微信和微博策划发布特色文章220篇，累计阅读量超过100万次，再次获评股份公司对外报道先进单位；中国土木海外社交媒体平台粉丝量总计突破70万人，阅读总量超过3100万次，互动总量113万次，与187个网络“大V”累计互动234次，“朋友圈”版图覆盖全球更多国家与地区，中国土木品牌形象在海外更加深入人心。公司围绕尼日利亚拉各斯新国际航站楼启用、亚吉铁路便民通勤列车开通仪式等当地共同关注的项目和话题，组织7场当地主流媒体参与的开放日活动，有效提升企业海外品牌影响力。“滴灌式属地传播，铸就非洲顶级品牌”案例获评中国企业国际形象建设十大优秀案例，“上善若水”影像作品获第四届“一带一路”百国印记短视频大赛优秀奖，尼日利亚乘客打卡阿布贾城铁相关组照入选中国行业媒体“非凡十年”成就展，“履行社会责任，打造和谐社区——坦桑尼亚中央线标轨铁路第五标段项目”案例获评“百企千村”国企力量十大综合类优秀案例，“拉伊铁路项目为尼日利亚培养专业人才”案例获评专项类优秀案例。（杨源源）

【疫情防控】 2022年，中国土木坚持贯彻中央关于疫情防控工作的要求，切实提高政治站位，严细落实股份公司和北京市疫情防控政策，因时因势动态调整优化集团公司疫情防控措施。公司定期召开疫情防控工作专班沟通会，研判公司疫情态势，压实防疫责任，先后累计研究部署各项疫情防控措施30余条，发布各类疫情防控工作通知10余项，持续完善各单位防疫应急预案，并有针对性地开展疫情防控大检查，同时储备一批防疫药品和物资，守住“两不”防疫底线目标，确保疫情防控期间公司各项工作平稳有序进行，为企业生产经营工作正常开展创造前提条件。（杨源源）

【党委工作】 2022年，通过党委会、中心组学习、专家讲座、专题党课、内网专栏等方式学习习近平总书记重要讲话254篇；开展党委理论学习中心组学习12次，学习研讨4次，领导班子成员为基层讲授专题党课35次；召开党委常委会20次，研究议题235项，前置研究重大生产经营工作112项；组织参加2022年国有企业基层党组织书记和党务工作网络培训班、中国铁建“党建大讲堂”，全年通过线上线下累计培训党支部书记、组宣干部、发展对象及新党员560人次；优化干部队伍结构，加大青年干部选拔力度，年内选拔的中层干部10人中，40岁及以下6人；加大干部轮岗交流力度，全年研究中层干部及重要岗位人员调整191人次；全年调整党组织2个，新成立党组织4个，新发展党员43人；持续开展党建与生产经营深度融合探索，1个案例获评“工程建设企业党建工作最佳案例”。中国土木被中国施工企业管理协会评为“工程建设党建工作示范单位”。进一步推动党内理论和案例研究，3个党建研究成果分别获股份公司一、二、三等奖，1个政研课题获中央企业党建政研会2022年度优秀课题研究成果三等奖；首次开展中国土木党建研究课题申报，课题立项29个；与中国非洲研究院联合完成中央统战部课题研究1项。（杨源源　杨　航）

【企业文化建设】 以司庆为契机制作的“筑梦43载，与世界同行”宣传片，在微博、微信阅读量超过3万次；国庆期间全世界中土人接力共唱《我爱你中国》，得到国务院国资委和股份公司多平台相继转发；结合党的二十大精神制作企业文化墙，打造“中土视界”企业文化展厅，更加全面立体展示公司企业文化形象；举办纪念坦赞铁路正式移交四十六周年暨《我与坦赞铁路——陆大同文集》新书发布会，赓续传承“坦赞铁路精神”；围绕“十大楷模”“十佳道德模范”“十大杰出青年”“最美巾帼劳模工匠”等，加强先进典型宣传工作；结合司庆挖掘两代中土人缘系坦赞铁路、接续奋斗“一带一路”的故事，在央视播出。（李晓春　高　强）

【纪检监察】 制定《2022年党风廉政建设和反腐败工作要点》，明确具体措施41项，并推动抓好落实；组织举办2022年纪检工作网络培训班；组织各级纪检机构扎实开展案件质量评查工作，对照《案件质量评查问题清单》中提出的五个方面80项具体条目进行梳理检查，累计发现问题条目35项，全部完成整改；开展境外单位“违规投资经营”专项整治工作，发现存在问题5项；全年记录纪委书记和各部门及所属二级单位“一把手”和领导班子成员谈话92人次，全过程参与干部考察提拔工作，出具各类廉洁回复意见70人次；及时受理信访举报和问题线索，严肃查处违纪违规问题，完成立案案件审理6件，给予党纪处分4人，给予政务处分4人；10月印发《中国土木纪委自办案件党纪政务处分决定执行工作办法（试行）》。（赵辰天　许琳琳）

【巡察工作】 2022年，公司党委巡察办梳理现行有效制度15项，巡察制度8项，其中2022年更新1项；完成对轨道运营公司党工委、港澳分公司党总支和北京中土大厦党支部的常规巡察；对中土福州院党委开展现场巡察，在党的二十大之前完成2022年巡察工作任务，实现国（境）内单位巡察全覆盖的目标；编纂大监督体系制度汇编第三辑，收录近三年大监督工作制度20余项；编写《总部大监督联络员工作办法》和《联合监督检查实施办法》。（雷雨润）

【工会工作】 2022年，召开中国土木三届四次职代会第三次联席会议和三届五次职代会；做好职工代表141件提案的立案落实和处理答复，开展“优秀提案”和“提案处理落实优秀单位”评选活动；做好职工健步走微信小程序的建设和推广；开设“职工心灵驿站”、帮助解决26名职工子女入园入学和转学困难、慰问职工去世直系家属3人、慰问生病职工18人；举办慰问出国职工家属新春团拜会，为790名出国职工家属寄送新年礼包；开展职工体协8个俱乐部活动，办好总部“职工书屋”，组织开展“喜迎二十大　奋斗新征程”读书活动，开展“六一”儿童节关心慰问系列活动，开展职工子女中、高考慰问仪式；开展职工夏季防暑降温活动；举办“情绪与压力管理”职工关爱讲座；开展“七夕情、志愿行、冬奥缘”单身职工系列联谊活动；2022年，中国土木1个集体获火车头奖杯，1人获火车头奖章，3个集体在股份公司2022年度重点工程项目劳动竞赛中获表彰。（弋　丹）

【共青团工作】 中国土木团委下辖团委6个，团支部19个，团员746人，青年2193人。2022年，召开中国土木第三次团代会；广泛开展“学习二十大、永远跟党走，奋进新征程”主题教育实践活动，开展青年精神素养提升工程系列活动；“智慧团建”系统完成率100%；全力推进“青马工程”实施，制定“青马工程”培养方案并举办首届青年英才暨青年马克思主义者培养班开班仪式；代表股份公司完成首届“一带一路”国际合作联盟组建工作，所上报亚吉铁路服务就业项目获评联盟重点项目；与各级团组织机构开展联学联建活动10余场；开展第四届“春节我在海外值班”主题活动，举办第三届“中土青年谈”活动；聚焦青年关心的“急难愁盼”，开展青年思想状况调研，完成2022年度青年员工思想状况调研报告；开展“七夕情、志愿行、冰上缘”青年联谊活动，组织参加“相约国庆·恋动西城”“情暖三月天·爱在女神节”等联谊活动10场，青年参与人次累计超过1000人；2022年，公司团委获股份公司第十届“十大杰出青年”表彰，获股份公司团委表彰6项，获“2022—2023年度海淀区青年文明号”称号。建团百年之际，巴基斯坦分公司徐卓然、肯尼亚公司孙鑫铭的事迹在《人民日报》、新华社等央媒率先发布专题报道，“三位一体”团属宣传阵地对海内外青年的引领作用显著增强。（刘吉海）

【北京中土大厦有限公司】 涉外四星级酒店、中国金钥匙酒店成员、金树叶级绿色旅游饭店、安全生产标准化二级达标企业，通过质量、环境、职业健康安全体系认证。自2008年起，连续15年作为中央国家机关和北京市政府采购中心北京地区党政机关会议定点饭店。大厦地上建筑25层、地下3层，由主楼、裙楼和多功能厅组成，建筑面积4万平方米，各类客房183间，多功能厅、会议室11个，特色餐厅、风味小吃7家，有茶艺、商品部等配套设施。9层写字间供集团公司使用。党支部书记、执行董事、总经理冯东。职工206人。资产总额3968.5万元。

2022年，新签合同额4015万元，完成产值4015万元，营业总收入5052.4万元，利润总额92.2万元。客房平均出租率35.53%，平均房价468.78元。

（周　红）

【中土集团北方建设有限公司】 2011年成立，后经中国土木四家单位于2016年进行合并重组。2021年，北方公司合并成立“四电”运营部，新注册成立并代管中土集团天津分公司。执行董事、党委书记房炳杰，总经理、党委副书记关涛。员工911人。设备767台(套)，原值5.85亿万元、净值2691万元。

2022年，新签合同额5.99亿元，完成产值3.96亿元。海内外市场在手项目27个，其中海外项目18个、国内项目9个。（刘　岩）

【中土集团南方建设有限公司】 拥有装修装饰专业承包二级资质。下属中土集团华南建设有限公司拥有市政公用工程施工总承包一级、建筑工程施工总承包三级资质。主营房屋建设工程施工、市政公用建设工程施工、土石方建设工程施工等业务。前身为成立于1986年1月的珠海铁城实业有限公司，2004年划归中国土木管辖，2007年更名为珠海新铁城建筑工程有限公司，2011年更名为中土集团南方建设有限公司，2020年更名为中土集团南方建设发展有限公司。党委书记、执行董事李继江，总经理、党委副书记王尧浩。员工342人。

2022年，新签合同额28.57亿元，完成产值6.21亿元。完成营业收入14.04亿元，净利润4854万元。

（方梦婷）

【中土集团福州勘察设计研究院有限公司】 拥有铁道行业甲(Ⅱ)级、建筑行业(建筑工程专业)甲级、市政行业(轨道交通工程专业)甲级、公路行业(公路专业)乙级、市政行业(道路、桥梁专业)乙级工程设计资质，工程勘察专业类(岩土工程，工程测量)甲级资质，铁路工程监理甲级、房屋建筑工程监理乙级、市政公用工程监理乙级资质、地质灾害防治勘察乙级、地质灾害防治设计乙级、测绘乙级资质，对外承包工程资格，铁路、城市轨道交通、建筑甲级资信。原为1959年1月在福州成立的上海铁路局福州勘测设计院。2010年6月22日，更名为中土集团福州勘察设计研究院有限公司。驻福建省福州市晋安区沁园支路41号。执行董事高嵩，党委书记、总经理高冬平。职工352人。

2022年，新签合同额2.56亿元，完成产值2.83亿元。新签项目124个。（季荷欣）

【中国土木工程集团有限公司资产分公司】 中国土木全球投资开发管理平台，通过基础设施和房地产投资、股权投资和企业并购，实现中国土木的经营业务转型升级。2017年5月18日成立。党工委书记、总经理何锦洲，执行总经理王会。职工49人。

2022年，新签合同额367万元，完成产值2084万元。境外房地产项目完成投资额6053.52万元，营业收入2084.32万元，销售金额280.68万元；境外基建项目完成投资额3710万美元，拉动EPC 7.6亿美元；国内投资项目完成资本金出资3020万元，拉动施工份额33亿元。（刘皓洁）

【中铁建轨道运营有限公司】 主要从事系统筹划运营项目，设计构建运营组织，监督督导项目实施，培养培育专业运营团队。2017年12月21日成立，2018年8月16日完成注册。执行董事、总经理刘东。职工57人。

2022年，新签合同额11293.8万元。营业收入3419.83万元，净利润62.6万元。（杨　琛）

【中铁建国际工程咨询有限公司】 拥有建筑行业(建筑工程)甲级资质,工程咨询(铁路、城市轨道交通)乙级资信。2020年10月18日成立。前身为中土凯明工程咨询有限公司。中土凯明工程咨询有限公司成立于1993年2月14日,原为中国土木咨询设计部,于2007年更名为中土凯明工程咨询有限公司。2016年起,中土凯明工程咨询有限公司由中国土木福州设计院代管。2020年3月,中国铁建批复拟将中土凯明工程咨询有限公司搬迁至天津滨海新区,并更名为中铁建国际工程咨询有限公司。党工委书记、执行董事兼中土集团福州设计院执行董事高嵩,总经理、党工委副书记亓世军。职工38人。

2022年,技术支持重点追踪项目30多个。

(李淑霞　霍　烨)

【中国土木华东经营中心(厦门公司)】 负责统筹集团公司国内相关区域内的经营工作,根据公司授权在相关区域履行"统筹、协调、监管、服务"职能,充分发挥经营中心的经营平台、统筹协调平台和服务平台等功能,业务主要分布在江苏、浙江、福建、上海等地。2021年5月注册成立。2021年7月16日,中国土木决定设立中国土木华东经营中心。华东经营中心与厦门公司实行"一个机构,两块牌子"。厦门公司由华东经营中心负责管理,承接华东经营中心经营承揽的项目。华东经营中心总经理、厦门公司执行董事、国内事业部一级助理钟亮。职工5人。

2022年,新签合同额4.35亿元,完成产值1.89亿元。实现营业收入1.13亿元,净利润57.98万元。新签项目2个。

(巫婉萱)

【中非莱基投资有限公司】 由中国铁建股份有限公司、中国土木工程集团有限公司、中非发展基金有限公司和南京江宁经济技术开发总公司共同合资组建。2006年3月在北京注册成立。驻北京市海淀区复兴路40号中国铁建大厦A座6层。2006年5月,中非莱基投资有限公司(以下简称中非莱基)与尼日利亚拉各斯州政府、莱基全球投资有限公司,在尼日利亚合资组建莱基自贸区开发有限公司(以下简称莱基开发),共同投资、建设、管理和运营尼日利亚莱基自贸区。莱基开发位于尼日利亚拉各斯州伊柏九莱基区莱基沿海路。中非莱基董事长兼总经理朱小刚。职工7人。莱基开发总经理代顺发。中方员工14人,尼日利亚员工142人。中非莱基资产总额11.78亿元,其中固定资产原值137万元、净值7万元,流动资产2.11亿元,其他资产9.67亿元,净利润384万元。莱基开发资产总额15.99亿元,其中非流动资产14.53亿元、流动资产1.46亿元,净利润1741万元。

2022年,实现利润356万元,新签企业11家。累计完成投资18.4亿元,其中基础设施投资12.63亿元,累计签订投资协议企业110家。

(高　巍　孙明宇　杜达宁)

【援外部】 负责援外项目、驻外馆舍、总承包三大板块以及南太平洋及加勒比两大区域市场的经营和生产管理工作。1992年,援外处更名为援外部,由中国土木职能部门改为独立经营核算的业务部门。总经理阳松,党支部书记林猛。职工46人。

2022年,新签合同额16.21亿元,完成产值7.04亿元。新签合同26个。营业收入10.77亿元,利润2514万元。

(鲁孟昊)

【中土尼日利亚有限公司】 尼日利亚工程管理委员会(COREN)及尼日利亚国家采购局(BPP)注册承包商,经营范围涵盖铁路、公路、桥梁、市政、房建、机场航站楼及跑道、水工、铁路运营、设备维修、物流贸易、实业投资、房地产开发等多个领域,业务覆盖尼日利亚36个州中的30个州。1981年进入尼日利亚市场,1996年注册成立。驻尼日利亚首都阿布贾。执行董事、党委书记姜义高(4月不再兼任尼日利亚公司党委书记,6月不再兼任尼日利亚公司执行董事),执行董事、党委书记张志臣(4月任党委书记,6月任执行董事免总经理),总经理、党委副书记、总会计师、首席合规官王希学(6月任总经理、7月免总法律顾问)。职工944人,当地雇员15409人。各类施工设备、运输设备、生产设备、测量实验设备和其他固定资产6612台(套),设备原值22.20亿元、净值5.7亿元;总功率951371千瓦,动力装备率993.08千瓦/人,技术装备率59.08万元/人。流动资产91.87亿元(含水工事业部和中非建设尼日利亚),非流动资产中固定资产原值23.21亿元、净值5.53亿元,其他非流动资产有长期应收款3.19亿元、投资性房地产6393.09万元、在建工程1.45亿元、无形资产2213.93万元。

2022年,新签合同额350.51亿元,完成产值68.41亿元。实现营业收入59.56亿元,净利润11.17亿元。

(柳一鸣)

【中土埃塞俄比亚工程有限公司】 拥有埃塞俄比亚当地一级总包商资质。经营领域包括铁路、公路、港口、机场、工业园、房建、换流站等。承担埃塞俄比亚、吉布提、索马里、南苏丹、厄尔特里亚等五个国别市场的经营开发和项目管理。是埃塞俄比亚中国商会副会长单位,所辖吉布提公司是吉布提中国商会副会长兼秘书长单位。2012 年 6 月 19 日注册设立埃塞俄比亚工程有限公司,2018 年 8 月 30 日注册设立中国土木工程集团有限公司埃塞俄比亚分公司。驻埃塞俄比亚首都亚的斯亚贝巴市。执行董事、总经理、党委书记郭重凤(兼)。职工 3940 人,其中中方员工 772 人、当地雇员 3168 人。资产总值38. 83 亿元。其中,固定资产原值4. 48 亿元、净值 0. 34 亿元,流动资产 27. 89 亿元。机械设备 1151 台(套),其中生产施工设备 655 台(套)、其他机械设备 496 台(套)。机械、运输、测量及实验、生产及其他类型设备总值 4. 11 亿元、净值 3. 38 亿元。

2022 年,新签合同额 53. 42 亿元,完成产值 17. 18 亿元。实现营业收入 15. 13 亿元,净利润 1. 84 亿元,年人均创利 38. 64 万元。国有资产保值增值率 125. 92%、净资产收益率 17. 99%、资产负债率 70. 65%。(牛亦农 李 丽 冯建伟)

【中土东非有限公司】 拥有坦桑尼亚房建工程、土木工程、设备安装工程、电气安装工程一级承包资质。下辖坦桑尼亚、卢旺达、乌干达、布隆迪 4 个国别市场。自 20 世纪 60 年代援建坦赞铁路之后,中国土木在 1981 年 3 月 27 日经国家经贸部批准,成立中国土木工程集团公司坦桑尼亚办事处(中土坦办)。2007 年 1 月 1 日,在整合坦桑尼亚、卢旺达、乌干达东非三个市场资源后,成立中土东非有限公司。驻坦桑尼亚达累斯萨拉姆市。执行董事、总经理张军乐,党委书记、副总经理吴蔚,执行总经理、坦桑中央线标准轨铁路五标段项目经理陆海强。中方员工 1069 人。坦桑尼亚员工 927 人,乌干达员工 100 人,卢旺达员工 42 人。集团公司正式员工 70 人,社聘员工 446 人,合作单位员工 553 人。市场雇佣当地高级雇员及工人 8031 人。施工设备 2617 台,固定资产原值 9. 92 亿元、净值 3. 19 亿元。资产总额 24. 72 亿元,其中流动资产 17. 21 亿元、非流动资产 7. 51 亿元。

2022 年,新签合同额 225. 78 亿元,完成产值 14. 23 亿元。实现营业收入 23. 71 亿元,利润总额 7796. 07 万元。(邓云溪 杨 淞 杨嘉林)

【中国土木工程博茨瓦纳有限公司】 拥有博茨瓦纳房建、大规模基建、乡村供水和给排水和公路、桥梁、铁路 E 级资质,可承揽博茨瓦纳建筑承包工程市场上的各类最高级别的工程项目。管辖博茨瓦纳、纳米比亚、津巴布韦市场。1991 年 7 月成立,驻博茨瓦纳哈博罗内市特鲁昆。总经理、党支部副书记朱庆连,党支部书记、副总经理廖建彬。博茨瓦纳市场中国职工 72 人,正式职工 16 人,社聘管理人员 16 人,外籍员工 654 人。工程机械设备 173 台(套),原值 5828. 74 万元、净值 2266. 07 万元,设备资产利润率 12. 36%,资产增长率 1. 31%,设备总功率 21419 千瓦,技术装备率 29. 43 万元/人,动力装备率 278. 17 千瓦/人。

2022 年,新签合同额 5 亿元,完成产值 4. 79 亿元。(柳丰华)

【中国土木工程集团(肯尼亚)有限公司】 拥有肯尼亚道路工程、建筑施工、水利建设、电力工程和设备安装一级资质,可承揽肯尼亚建筑承包工程市场上的各类最高级别的工程项目。管辖市场包含肯尼亚、马达加斯加、科摩罗、毛里求斯、留尼汪、塞舌尔。2012 年 4 月注册成立,2016 年 8 月独立经营。驻肯尼亚首都内罗毕。总经理、党支部副书记陈增才,党支部书记、副总经理王琦(5 月任)。职工 23 人,中方社聘员工 41 人,当地员工 476 人。机械工程设备 459 台(套),净值 7623 万元。资产总额 7. 42 亿元。固定资产原值 2. 63 亿元、净值 8153 万元,流动资产 5. 76 亿元。

2022 年,新签合同额 6507 万元,完成产值 1. 8 亿元。(李 楠)

【中国土木工程(赞比亚)有限公司】 拥有公路最高等级承包资质、土木工程最高等级承包资质、房建最高等级承包资质;马拉维有限公司在马拉维市场拥有马拉维国家建委(NCIC)核准的房建领域承包和土建领域承包的最高资质;刚果(金)分公司在刚果(金)拥有刚果(金)基础设施、公共工程和重建颁发的 A 类施工企业资质。负责赞比亚、马拉维、刚果(金)、莫桑比克和安哥拉 5 个市场的经营生产工作,业务涉及铁路、公路、房建、供水、市政和矿山工程等领域。2009 年 7 月 3 日注册成立,驻赞比亚首都卢萨卡。总经理、党总支副书记丁建伟,党总支书记、副总经理顾拥武。中方员工 261 人,雇佣属地化高级雇员及工人 1976 人。资产总额 6. 13 亿元,固定资产原值 2. 05 亿元、净值 0. 52 亿元,流动资产 5. 16 亿元、非流动资产 0. 97 亿元。

2022 年,新签合同额 17 亿元,完成产值 7. 52 亿元,利润 3058 万元。(李学谦 曲瑞娇 朴明星)

【中国土木阿尔及利亚有限公司】 以中国土木驻阿尔及利亚办事处的名义经营,所用企业资质为中国土木的资质。当地注册的全资子公司(EURL CCECC)经营范围包括铁路、水利、房建、大型公共工程及土木工程的承包、实施及设计,公共工程、房建工程及其他设备及机器的租赁,相关领域的技术监理及咨询。当地注册公司 EURL CCECC 具有专业资格七级高等级资质证书,可实施范围涵盖公共工程及房建类项目中除海事工程以外的所有工程类型。2007 年 9 月 1 日，原中土阿尔及利亚办事处改制成立中国土木阿尔及利亚有限公司。驻阿尔及利亚首都阿尔及尔。党总支书记、总经理牛增祥(7 月任总经理，12 月任党总支书记)。职工 405 人。拥有资产总额 4.959 亿元。其中，固定资产原值 8701 万元、净值 14.2 万元，流动资产 4.957 亿元。设备 240 台(套)，总功率 3.45 万千瓦，技术装备率 0.01 万元/人，设备完好率 26.8%。

2022 年，新签合同额 7.54 亿元，完成产值 1.34 亿元。 (韩 信)

【中国土木工程集团有限公司阿联酋分公司】 拥有铁路、道路、桥梁、隧道、房建、钢结构特级资质。1987 年 7 月 31 日注册，驻阿布扎比，后于 2003 年更名为阿联酋分公司。负责阿联酋及其有关周边国家市场的经营开发和项目管理。党工委书记、总经理王磊，执行总经理兼 D 标项目经理吕锋。职工 1838 人。拥有各类机械设备 517 台(套)，原值 4.29 亿元、净值 1.53 亿元。施工、运输及生产设备总功率 7.61 万千瓦。主要机械设备完好率 97%，设备使用率 93%。

2022 年，新签合同额 10.46 亿元，产值 23.27 亿元。营业收入 53.1 亿元，净利润 9071 万元。

(李王娅 于德水 化子璇)

【中国土木工程集团有限公司沙特阿拉伯分公司】 主要从事工程承包、设计咨询、劳务合作、进出口贸易、实业投资等业务，是《中沙工程项目合作谅解备忘录》项下第一批被推荐的企业之一，沙特中资企业协会秘书长单位。1999 年 2 月设立代表，2008 年 8 月 16 日注册成立。驻利雅得萨哈发区伊玛目路。党支部书记、总经理刘炤炤。职工 62 人。资产总额 2.04 亿元。其中，固定资产原值 4715 万元、净值 19 万元，流动资产 2.04 亿元。设备 179 台(套)，设备原值 4491 万元、净值 10.87 万元，总功率 16320.4 千瓦，动力装备率 157 千瓦/人，技术装备率 1753 元/人，设备完好率 70.39%、利用率 51.39%。

2022 年，完成产值 495 万元，实现利润额 -6274 万元。 (王洪雷 宁 波 张家满)

【中国土木工程集团有限公司埃及分公司】 2016 年设立。职工 1 人。经理申占虎，负责公司运营、市场开发等工作。

2022 年，参与埃及亚历山大有轨电车项目投标。

(申占虎)

【中国土木工程科特迪瓦有限公司】 主要负责科特迪瓦、贝宁、多哥、布基纳法索等四个国家的市场开拓和经营。2013 年 3 月 21 日注册成立。驻科特迪瓦阿比让市。总经理罗宇航，党支部书记、副总经理田树斌。员工 43 人，合作单位中方员工 163 人，当地员工 1660 人。设备 375 台(套)，原值 2.13 亿元。

2022 年，新签合同额 1.37 万元，完成产值 7.22 亿元。营业收入 4.75 亿元。 (张学有 袁春梅)

【中国土木工程集团塞拉利昂有限公司】 拥有塞拉利昂工程部签发的工程建筑行业最高资质，业务领域涉及铁路、公路、房建及房地产开发等。2011 年 4 月 11 日成立。驻塞拉利昂弗里敦市蓝茉莉海滩“西非阳光”小区。经理、党支部书记何彦伟。职工 12 人。大型机械设备 14 种 97 台(套)，资产设备 113 台(套)。固定资产原值 1147.32 万元，净值 15.32 万元。

2022 年，新签合同额 16.94 亿元，完成产值 5951 万元。 (陈艺文)

【中国土木工程集团有限公司几内亚分公司】 业务范围包括铁路、公路、市政、桥梁、房建等基础设施建设。2012 年 5 月 28 日，在几内亚首都科纳克里设立办事处；2014 年 9 月 17 日，正式注册中铁建几内亚有限公司；2015 年 8 月 10 日，原中铁建中非建设有限公司整体并入中国土木工程集团有限公司后，中铁建几内亚有限公司唯一股东也变更为中国土木工程集团有限公司。2018 年 7 月 12 日，在当地注册成立中国土木工程集团有限公司几内亚分公司。总经理刘长松。职工 17 人。资产总额 9117.59 万元，固定资产原值 5682.87 万元、净值 1182.79 万元，流动资产 6269.35 万元。设备 127 台(套)，净值 1077.9 万元，总功率 18617.235 千瓦，动力装备率 365.04 千瓦/人，技术装备率 91.31 万元/人，设备完好率 90%、利用率 95%。

2021 年，新签合同额 67.71 亿元，完成产值 8785 亿元，实现利润 207.74 万元。

(肖以理 朱四美 戚 江)

【中国土木塞内加尔有限公司】 2019 年 9 月 20 日注册成立，前身系 2015 年 6 月 17 日注册成立的中铁建塞内加尔有限公司和 2017 年 7 月 13 日注册成立的中土塞内加尔分公司。2019 年 9 月 20 日，更名为现名。主要以塞内加尔为中心市场，兼顾毛里塔尼亚市场的开发和经营工作。党支部书记、总经理郝晓帆。中方员工 39 人，当地员工 300 人。固定资产原值 1896.71 万元，净值 573.45 万元。各类机械设备 73 台(套)，机械设备总功率 6771.75 千瓦，动力装备率 14.71 万元/人，技术装备率 173.63 千瓦/人，设备完好率 98.63%、使用率 95.89%。

2022 年,新签合同额 2535 万元,完成企业年度总产值 1.16 亿元,营业收入 9803.41 万元。 (余丽蓉)

【中国土木工程集团有限公司港澳分公司(筹)】 拥有澳门建筑牌。下设的中铁(澳门)有限公司持有澳门建筑牌照。中土物业管理有限公司持有分层建筑物管理商业业务准照。百汇地产公司持有房地产中介人准照。中国土木工程集团有限公司在香港持有公共工程土地平整丙组(试用期)牌照、建筑及道路排水丙组(试用期)牌照,建筑工程丙组(试用期)牌照,一般建筑承建商注册执照。中国土木工程集团(香港)有限公司持有一般建筑承建商注册执照,专门承建商(地盘平整工程)牌照。中铁(澳门)职业介绍所有限公司持有澳门劳工事务局颁发的劳务中介行政执照。2018 年 11 月 22 日成立。党总支书记、执行董事、总经理郁葱(兼)。职工 215 人。资产总额 19.05 亿元。固定资产原值 1.97 亿元,净值 1.38 亿元。小型客运运输车辆 34 台。技术装备率 1.02 万元/人。

2022 年,新签合同额 3.33 亿美元,完成产值 14.05 亿元。实现净利润 7360.05 万元。净资产收益率 16.06%,人均创利 29.01 万元。国有资产保值增值率 135.67%。 (吴丰华)

【中国土木工程集团有限公司巴基斯坦分公司】 拥有巴基斯坦工程委员会颁发的工程承包最高级资质证书 FC-A 级。2015 年 3 月成立。驻巴基斯坦伊斯兰堡,在拉合尔设立地区经理部。总经理、党支部副书记王超柱,党支部书记、副总经理殷光祥。职工 126 人,当地雇员 2000 人。资产总额 3.17 亿元,负债总额 3 亿元,资产负债率 94.6%。固定资产原值 3539 万元,净值 1286 万元。

2022 年,新签合同额 21.66 亿元,完成产值 3.48 亿元。营业收入 2.65 亿元,利润 1393 万元。

(李 彬 夏旻懋)

【中土孟加拉有限公司】 以孟加拉国为中心,形成辐射印度、斯里兰卡、马尔代夫、尼泊尔的南亚中心市场。2015 年 3 月成立孟加拉办事处,2019 年 12 月 1 日办事处正式更名为中土孟加拉有限公司。总经理、党支部副书记柯昌良,党支部书记、副总经理杨之骏。中方员工 96 人,当地员工 686 人。资产总额 6.8 亿元。设备 399 台(套),设备原值 8502 万元、净值 1142 万元。

2022 年,新签合同额 23.24 亿元,完成产值 3.48 亿元。营业收入 9.25 亿元,净利润 4033 万元。

(杨雪超)

【中国土木(新加坡)有限公司】 拥有 CW02 土建承包资质,持有新加坡交通部下属陆路交通管理局颁发的 A1 Limited 施工许可。职工 12 人。总经理、党支部书记李兵。

2022 年,完成产值 2.21 亿元。

(李 兵 李慧颖)

【中国土木工程集团有限公司驻印度尼西亚代表处】 2012 年 5 月注册成立,驻印度尼西亚雅加达。总代表沈欣。中方员工 9 人,当地员工 32 人。

2022 年,新签合同额 57.57 亿元,完成产值 2.21 亿元。营业收入 650 万元。 (沈 欣)

【中国土木工程集团有限公司驻日本代表处】 主要业务是促进公司在第三国与日本企业开展合作,管理派到日本的中国和柬埔寨技能实习生。1984 年 10 月成立。驻日本东京市。员工 2 人。代表蔡宇。

2022 年,安排 32 名技能生到日。在日技能生 60 人。 (蔡 宇)

【中国土木工程集团有限公司菲律宾分公司】 驻菲律宾大马尼拉地区马卡蒂市。2017 年 2 月成立,2017 年 9 月完成当地注册。总经理卢勇。职工 3 人。

2022 年,新签合同额 8.15 亿元。 (张恩鸿)

【中国土木工程集团缅甸有限公司】 2019 年 6 月 6 日在缅甸仰光设立。股东代表、执行董事、党支部书记、总经理白杨。人员 14 人,其中正式员工 4 人,社聘中方员工 3 人,当地员工 7 人。

2022 年,完成产值 5511 万元。实现营业收入 6000 万元,净利润 200 万元。 (赵宏帅)

【中国土木工程集团有限公司柬埔寨分公司】 拥有柬埔寨施工一级资质。2019 年 8 月 16 日注册成立。总经理孙同贺,党支部书记、副总经理、总工程师孟繁伟。中方员工 21 人。

2022 年,新签合同额 3.93 亿元,完成产值 3929 万元。 (孙同贺 徐 桥 秦伟婷)

【中国铁道建筑总公司土耳其安卡拉分公司】 驻土耳其安卡拉市。2006 年 6 月注册成立。总经理吴暑林。中方员工 2 人。2022 年 7 月,中国铁建批准关于关闭土耳其分公司的申请。 (冯 磊)

【中国土木工程集团(波兰)有限公司】 主要从事房屋出租、物业管理、38 号铁路埃乌克至科尔谢段修复改造项目的实施及市场开拓等业务。1993 年 6 月在华沙注册代表处,2007 年 9 月 3 日更名为中国土木工程集团(波兰)有限公司。负责人赵龙涛。中方员工 3 人,当地员工 4 人。

2022 年,新签合同额 3.06 亿元,完成产值 8837 万元。(朱小禹)

【中国土木工程集团有限公司巴尔干分公司】 负责除波兰、土耳其、北欧五国外的其他欧洲国家市场的开发和管理。2018 年,中国土木对塞尔维亚代表处(2014 年 6 月设立)、中土黑山有限公司(2016 年 3 月成立)、贝尔格莱德分公司(2017 年 1 月成立)进行资源整合,成立中国土木工程集团有限公司巴尔干分公司。2019 年 4 月,更名为现名。法定代表人陈中政。职工 26 人。

2022 年,新签合同额 2.42 亿元,完成产值 1.82 亿元。(崔刘笛)

【中国土木工程集团罗马尼亚有限公司】 2014 年 6 月 4 日,成立中国土木工程集团罗马尼亚代表处。2015 年 7 月 10 日,签发营业执照。注册地位于罗马尼亚伊尔佛夫县沃伦达瑞市扬古尼古拉英雄大街 83 号。总经理斯海洋。职工 4 人。

2022 年,新签合同额 3714 万元。(斯海洋)

【中国土木工程集团有限公司哥伦比亚分公司】 主要负责中国土木在哥伦比亚市场的经营开拓业务和波哥大西部有轨电车特许经营项目的实施。2020 年 1 月 8 日成立,驻哥伦比亚首都波哥大。中方员工 46 人,当地员工 152 人。党支部书记兼总经理夏清涛。

2022 年,新签合同额 51.05 亿元。营业收入 3.93 亿元,净利润 712 万元。(李思宇　李秀堂　金婷娥)

【中国土木工程集团有限公司厄瓜多尔分公司】 2016 年 5 月注册。员工 194 人,其中中国土木员工 10 人、外方员工 27 人、外方劳务工人 157 人。总经理朱天然。

2022 年,新签合同额 4.33 亿元,完成产值 3.21 亿元。(何　鑫　唐　毅　李亚霖)

【中国土木工程集团有限公司秘鲁分公司】 拥有国家承包商准入资质证书、反贿赂管理体系认证和环境管理体系认证。主要经营范围为承揽秘鲁市场各类工程承包项目。2019 年 2 月 23 日成立,总部驻利马。员工 3100 人,其中中方员工 69 人,秘鲁员工 3031 人。党政领导人员 3 人。班子成员 7 人,总经理李庆勇(7 月免)、刘学兵(7 月任)。资产总额 6.55 亿元。固定资产 671 台(套),净值 1.46 亿元。

2022 年,新签合同额 79.96 亿元,完成产值 12.2 亿元。净利润 983.64 万元。(杨　曦)

【中国土木工程集团有限公司以色列分公司】 是中国最早开拓以色列工程承包市场的企业之一,具有总承包实力的综合性分公司,负责以色列市场开发、项目经营管理、物资设备进口。2007 年 1 月 29 日成立。驻以色列特拉维夫市。总经理康伟。中方管理人员 15 人,当地员工 16 人。

2022 年,新签合同额 6.63 亿元,完成产值 10.17 亿元。(王　乐　刘鹏程　王昕晖)

【中国土木工程集团有限公司塔吉克斯坦分公司】 拥有塔吉克斯坦国家房建一级资质与公路建设一级资质。2015 年 7 月 3 日注册成立。驻塔吉克首都杜尚别。由乌兹别克斯坦代表处同一班组中方人员兼顾管理,常驻乌兹别克斯坦。总经理王一。外方商务经理 1 人,会计 1 人,负责日常运营工作。(李　祥)

【中国土木工程集团有限公司乌兹别克斯坦代表处】 拥有乌兹别克斯坦投资委员会颁发的外国公司代表处资质。2017 年 10 月设立。代表处办公室设在塔什干。总代表王一。中方员工 3 人,外方员工 4 人。(刘念慈)

【中国土木工程集团有限公司哈萨克斯坦分公司】 具有哈萨克斯坦国家一级建筑施工安装资质,矿山和爆破施工资质。兼顾吉尔吉斯斯坦市场开发和经营工作。2017 年 2 月 13 日成立。驻哈萨克斯坦阿拉木图市。总经理房连军。人员 221 人,其中中方人员 46 人、哈方人员 175 人。资产总额 2 亿元,设备 46 台(套),设备原值 1767.93 万元、净值 1597.7 万元。

2022 年,新签合同额 36.48 亿元,完成产值 5.13 亿元。营业收入 2.56 亿元,净利润 184 万元。(王　鑫)

中铁十一局集团有限公司

【简况】 拥有 59 类 372 项资质:铁路、建筑、市政公用、公路工程等施工总承包特级 8 项及行业甲级设计 8 项;测绘甲级 1 项;测量工程勘察甲级 1 项;岩土工程勘察甲级1项；固体废物处理处置工程设计甲级1项；设计类乙级资质10项；水利水电、通信、机电等总承包及公路路基、公路路面、桥梁、隧道等专业承包一级174项；电力、矿山、冶金、石油化工等总承包，钢结构、输变电、交通等专业承包，施工劳务等二级及以下76项；安全生产许可、国家计量认证、军工涉密许可、检验检测认证、营业性爆破许可、房地产开发、物业管理、信息通信网络系统、特种设备制造许可、特种设备安装改造维修许可、对外援助成套项目总承包资格、土木工程（CW02）A1、建筑起重机械设备安拆一体化、公用管道安装、工业管道安装、承压类特种设备安装、修理、改造等其他类92项。是集施工、设计、科研、装备制造、资本运营、房地产开发、物资贸易于一体，拥有对外经营权的特大型企业集团。前身系诞生于1948年中国人民解放军铁道兵第一师；1984年，兵改工后改编为铁道部第十一工程局；1999年12月，更名为中铁第十一工程局；2001年8月，改制改称中铁十一局集团有限公司。2008年3月，随中国铁建整体上市。注册资本金61.62亿元。总部驻湖北省武汉市武昌区中山路277号。下辖第一工程有限公司、第二工程有限公司、第三工程有限公司、第四工程有限公司、第五工程有限公司、第六工程有限公司、电务工程有限公司、建筑安装工程有限公司、桥梁有限公司、城市轨道工程有限公司、建设发展有限公司、西安建设有限公司、华东建设有限公司、房地产开发有限公司、铁恒实业有限公司、武汉物业管理有限公司、汉江重工有限公司3级全资子公司17家，一分公司、二分公司、三分公司、四分公司、五分公司、六分公司、电务分公司、建安分公司、桥梁分公司、城市建设分公司、勘察设计院三级分公司11家，海外工程事业部、投资公司三级事业部2家，财务共享中心、襄阳管理部三级直属机构2家，京津冀指挥部、东北指挥部、华东指挥部、东南指挥部、华南指挥部、西北指挥部、新疆指挥部、内蒙古指挥部、中原指挥部、川渝藏指挥部、云贵指挥部、中南指挥部3级区域经营机构12家；四级全资子公司28家，四级控股子公司9家，四级分公司108家。职工18260人。资产总额680.19亿元。其中，固定资产39.22亿元；自有设备固定资产10543台，原值58.4亿元、净值17.17亿元。机械设备总功率128.5万千瓦，设备成新率29.4%，技术装备率9.27万元/人，动力装备率69.45千瓦/人。大型设备273台（套），设备原值35.24亿元、净值9.97亿元，成新率28.3%。年施工生产能力1000亿元以上。

2022年，承揽任务751项，新签合同额2159.68亿元，完成企业总产值1095亿元，其中施工产值1044亿元。主要实物工程量：路基土石方8416万立方米，桥梁102千米，隧道135.3千米，铺轨998千米，无砟轨道297.1千米，铁路制梁3307片，铁路架梁3149片，公路路面1482万平方米，房屋建筑747.7万平方米，盾构48.1千米，供电线路450千米，接触网568条千米，通信线路1532千米。全年获中国建设工程鲁班奖3项、中国土木工程詹天佑奖1项、国家优质工程金奖1项、国家优质工程奖14项、中国建筑工程装饰奖3项、中国安装之星1项、李春奖2项、省部级优质工程40项、“铁建杯”16项、省部级科技进步奖17项、中国专利优秀奖1项，新增发明专利52项、实用新型专利547项，5项科技成果达到国际领先水平、8项科技创新达到国际先进水平，“城市地下空间技术研发中心”获股份公司授牌，新建福厦铁路入选“2022年度央企十大超级工程”。电务公司、汉江重工获评湖北省“专精特新”企业并入选国家级专精特新“小巨人”企业，汉江重工获“国家级服务型制造示范企业”称号，三公司、六公司、汉江重工获评中国铁建“专精特新”企业。

（郭　琳）

【领导人员】

董事会

董事长	陈志明
董事	魏加志
职工董事	龙信桥（8月免）
	李洪安（8月任）

监事会

监事会主席	李洪安（8月免）
	冯晓河（8月任）
监事	宋连英
职工监事	张　平

经理层

总经理	魏加志
副总经理	龙信桥
	李小红
	吴　刚
	王卓华
	谭发刚
	杨　兵
	王　鹏（4月免）
总工程师	王　鹏（4月免）
总法律顾问	李洪安（兼，9月任）

党群领导

党委书记	陈志明
党委副书记	魏加志
	李洪安(8月任)
纪委书记	李洪安(8月免)
	冯晓河(8月任)
工会主席	李洪安(8月任)

(秦炎冰)

【职工队伍】 职工18260人。其中,干部15006人,工人3254人;专业技术干部中正高级(教授级)124人,高级职务2489人,中级职务5388人,初级职务4822人;专业技术干部12823人,占干部总数的85%;技术工人800人,占工人总数的25%。 (周小琪)

【工程项目指挥机构】 福厦铁路项目部 驻福建省莆田市。项目经理孙昱。

常益长铁路项目部 驻湖南省长沙市。项目经理罗仑,党工委书记刘尔民。

杭温铁路1标项目部 驻浙江省金华市。项目经理封明君,党工委书记肖海涛。

川藏铁路四川段4标项目部 驻四川省雅安市。常务副经理李岳峰。

川藏铁路四川段7标项目部 驻四川省甘孜藏族自治州。常务副经理董瑞武,党工委副书记穆飞军。

广州地铁10号线项目部 驻广东省广州市。项目经理李有道,党工委书记王荃荃。

广州地铁18+22号线项目部 驻广东省广州市。项目经理李有道,党工委书记王荃荃。

湖北城际指挥部 驻湖北省武汉市。指挥长彭齐瑞。

遵义高铁新城项目部 驻贵州省遵义市。项目经理刘华荣。

长沙地铁6号线项目部 驻湖南省长沙市。项目经理刘云龙,党工委书记罗登桥。

长株潭城际轨道交通西环线项目部 驻湖南省长沙市。项目经理田红星,党工委副书记刘佳。

(张 健)

【铁路工程施工】 和若铁路PJS1标段工程 位于新疆和田地区,全长286.42千米。合同投资13.91亿元。合同工期2019年5月1日至2022年6月19日。主要工程量:T梁预制架设1744孔,桥面系57340.54延长米,正线铺轨286.42千米,站线铺轨35.32千米,正线上砟87.14万立方米,站线上砟8.48万立方米,铺设有砟道岔116组。2022年6月16日通车。

郑万铁路重庆段ZWCQZQ-9标段工程 位于重庆市云阳区,全长27.4千米,合同投资25.12亿元。合同工期2016年12月1日至2021年12月7日。主要工程量:桥梁4474.692延长米,隧道22160.92延长米,路基768.368延长米,无砟轨道54.81千米。2022年6月20日通车。

郑万铁路湖北段ZWZQ-5标段工程 位于湖北省襄阳市,全长35.11千米。合同投资28.79亿元。合同工期2016年12月1日至2022年5月31日。主要工程量:路基2.902千米,区间路基挖方51万立方米,填方10.6万立方米,车站路基挖方156.9万立方米,填方11.3万立方米,桥梁18062.14延长米,隧道14085延长米,箱梁预制架设433孔。2022年6月20日通车。

福厦铁路FX-4标段工程 位于福建省莆田市,全长21.516千米。合同投资30.12亿元。合同工期2017年9月30日至2022年9月30日。主要工程量:路基土石方6.28万立方米,站场土石方251.04万立方米;双线特大桥2座18475.02延长米,双线中桥1座103.73延长米,制架箱梁628孔,移动模架现浇箱梁29孔,连续梁6联,斜拉桥3孔,系杆拱1孔;正线铺新轨299.06千米,站线铺新轨72.19千米,铺粒料道床19.74万立方米,铺新岔155组等。2022年完成产值3.4亿元,开工累计完成产值29.9亿元。

南崇铁路NCZQ5标段工程 位于广西壮族自治区崇左市,全长24.5千米。合同投资15.31亿元。合同工期2018年10月1日至2021年9月30日。主要工程量:桥梁17座6370延长米,桩基1411根,承台209个,墩台209个,预制架设箱梁472孔;路基土石方挖方248.56万立方米,填方149.68万立方米;涵洞881横延长米;隧道6座6132延长米。2022年12月5日开通。

南崇铁路NCFJ标段工程 位于广西壮族自治区崇左市。合同投资4.31亿元。合同工期2020年9月1日至2022年2月28日。主要工程量:崇左南站站房19711.23平方米、站台雨棚10350平方米,扶绥南站站房5862.22平方米、站台雨棚7200平方米,吴圩机场站工区3136平方米,吴圩机场隧道U型槽雨棚8665.36平方米,留村隧道U型槽雨棚3442.18平方米。2022年12月5日开通。

贵南铁路广西段GNZQ-6标段工程 位于广西

壮族自治区河池市,全长32.82千米。合同投资21.22亿元。合同工期2017年12月20日至2023年12月19日。主要工程量:区间路基土石方7.34万立方米,站场土石方95.97万立方米;桥梁4座2084.732延长米,隧道5座29502延长米,正线无砟道床66.596千米,站线无砟道床0.27千米。2022年完成产值3.89亿元,开工累计完成产值22.98亿元。

贵南铁路贵州段GNZQ-4标段工程　位于贵州省黔南州,全长30.624千米。合同投资25.62亿元。合同工期2017年12月28日至2023年12月27日。主要工程量:区间路基土石方46.14万立方米,站场土石方120.9万立方米;桥梁8座5443.027延长米,箱梁制架143孔,隧道6座21137延长米,正线无砟道床62.196千米,双块式轨枕预制393.416千米,双块式轨枕装车331.22千米。2022年完成产值4.2亿元,开工累计完成产值26.8亿元。

杭衢铁路HQZQ-2标段工程　位于浙江省杭州市建德市,全长37.24千米。合同投资23.36亿元。合同工期2020年5月18日至2024年12月31日。主要工程量:路基7.33千米,站场路基1.30千米,区间路基6.03千米,路基土石方214万立方米;桥梁26座18798.8延长米,框架桥3座423.1延长米,涵洞21座488.3横延米,箱梁预制架设432孔,连续梁6联;隧道7座111174延长米;无砟道床铺设74.43铺轨千米,预制双块式轨枕235.88千米。2022年完成产值7.84亿元,开工累计完成产值20.11亿元。

渝昆高铁YKCYZQ-1标段工程　位于重庆市九龙坡区、江津区,全长39.728千米。合同投资35.69亿元。合同工期2021年1月8日至2025年7月8日。主要工程量:路基土石方360.42万立方米,桥梁21666延长米,隧道10487延长米,双块式无砟道床57.316千米。2022年完成产值12.59亿元,开工累计完成产值20.07亿元。

渝黔铁路CQQJZQ-4标段工程　位于重庆市巴南区,全长24.73千米。合同投资23.48亿元。合同工期2020年2月1日至2025年7月31日。主要工程量:区间路基1.514千米,站场路基0.244千米;桥梁17座8.301千米,制架梁194孔;隧道9座14671延长米;正线铺新轨333.24铺轨千米,正线铺粒料道床5.33万立方米;无砟道床50.57铺轨千米,双块式轨枕预制40.36万根。2022年完成产值5.69亿元,开工累计完成产值13.36亿元。

渝黔铁路CQQJZQ-7标段工程　位于重庆市武隆区,全长24.515千米。合同投资24.29亿元。合同工期2020年5月1日至2025年10月31日。主要工程量:桂花园出口路基1段长0.136千米,路基土石方2.18万立方米;桂花园隧道进口、桂花园隧道出口和白马山隧道进口过渡段3段长28米;隧道2座24351延长米;正线铺轨49.02千米,铺道床49.1千米。2022年完成产值8亿元,开工累计完成产值13.2亿元。

西十湖北段XSZQ-1标段工程　位于湖北省十堰市郧阳区、张湾区,全长28.133千米。合同投资32.2亿元。合同工期2021年6月1日至2025年11月30日。主要工程量:桥梁11座4.034延长米,隧道9座23.868延长米,区间路基300米,无砟轨道54.8铺轨千米。2022年完成产值7.03亿元,开工累计完成产值9.36亿元。

西十陕西段XSZQ-6标段工程　位于陕西省山阳县,全长20.717千米。合同投资22.93亿元。合同工期2021年12月20日至2026年6月20日。主要工程量:路基3段1.514千米,土石方307万立方米;新建桥梁6座1.991延长米,现浇梁体54孔,连续梁221.5米;新建隧道1.5座17.231延长米。2022年完成产值4.71亿元,开工累计完成产值4.71亿元。

西康铁路XKZQ-4标段工程　位于陕西省商洛市,全长27.177千米。合同投资27.41亿元。合同工期2021年7月1日至2026年6月30日。主要工程量:隧道4座24.886延长米,正线桥梁4座2.029延长米,支线桥梁1座0.559延长米,站场路基0.31千米;涵洞1座16.1横延米;站场1座(镇安西站);双块式轨枕预制317.38铺轨千米;新建房屋95.9平方米,铺道床53.29铺轨千米。2022年完成产值6.4亿元,开工累计完成产值9.05亿元。

沪渝蓉武宜段WYZQ-5标段工程　位于湖北省荆门市,全长47.184千米。合同投资42.18亿元。合同工期2021年9月30日至2025年9月30日。主要工程量:路基7.76千米,土石方309万立方米;桥梁24座35延长米,箱梁制梁885孔,架梁954孔,隧道3座4.397延长米,无砟道床111.1千米。2022年完成产值13.4亿元,开工累计完成产值14.9亿元。

包银铁路BYZQ-02标段工程　位于内蒙古自治区巴彦淖尔市乌拉特前旗,全长37.429千米。合同投资25.41亿元。合同工期2021年12月31日至2025年12月31日。主要工程量:铺轨基地1处,铺新轨503.852铺轨千米,站线铺轨15.76铺轨千米,粒料道床134.84万立方米;路基工程、桥梁工程、梁场1座,制架箱梁498孔,还建房屋1362平方米。2022年完成产值7.75亿元，开工累计完成产值7.75亿元。

（张　健）

【铁路外工程施工】 广州地铁10号线工程　位于广东省广州市，全长3.5千米。合同投资12.21亿元。合同工期2018年12月1日至2023年12月30日，预计完工时间2025年12月30日。主要工程量：滨江东路站179米、东湖站—滨江东路站区间1260.3米、滨江东路站—中大南站区间1612.3米、中大南站—五凤区间494.5米；天河路站、广州大道中站、寺右新马路站、署前路站、东湖站以及石牌桥—天河路站、天河路站—广州大道中站、广州大道中站—寺右新马路站、寺右新马路站—署前路站、署前路站—东湖站、东湖站—滨江东路站机电安装及装饰装修工程；广钢新城车辆段铺轨15.9千米。2022年度完成产值3.69亿元，开工累计完成产值5.24亿元。

武汉轨道交通12号线江北段工程　位于湖北省武汉市，全长5.33千米。合同投资21.90亿元。合同工期2020年11月30日至2024年6月30日。主要工程量：石桥站186米，中一路站513.2米，后湖四路站318米，兴业路站177米，汉口火车站—石桥站区间1106米，石桥站—中一路站区间1540.9米，中一路站—后湖四路站区间1332.7米，后湖四路站—兴业路站区间884.7米。2022年完成产值2.96亿元，开工累计完成产值6.82亿元。

武汉轨道交通12号线武昌段工程　位于湖北省武汉市，全长5.7千米。合同投资13.61亿元。合同工期2019年8月1日至2022年8月4日。主要工程量：武昌火车站306米，中央花园站318米，富安街站240米，江楚大道站444米，武昌火车站—中央花园站区间1822米，中央花园站—富安街站区间1128米，富安街站—江楚大道站区间789米，江楚大道站—茶叶所站区间723米，板桥出入线661米。2022年完成产值1.94亿元，开工累计完成产值4.02亿元。

深圳地铁3号线三工区工程　位于深圳市龙岗区，全长2.6千米。合同投资13.36亿元。合同工期2020年8月1日至2025年7月28日。主要工程量：富坪站271.65米，坪地六联站580米，富坪站—坪地六联站盾构区间1045.076米。2022年完成产值3.64亿元，开工累计完成产值6.54亿元。

深圳地铁16号线四工区工程　位于广东省深圳市，全长5.93千米。合同投资19.10亿元。合同工期2017年12月30日至2023年7月28日。主要工程量：龙南站202.3米、龙东村站615.4米、同乐村站229米，双龙站—龙南站区间871.44米、龙南站—龙东村站区间943.54米、龙东村站—同乐村站区间1596.8米、同乐村站—坪山站区间1473.89米。2022年完成产值3.52亿元，开工累计完成产值18.85亿元。

天津地铁8号线二工区工程　位于天津市南开区，全长2千米。合同投资8.46亿元。合同工期2020年1月20日至2024年12月31日。主要工程量：兰坪路站201.6米，鞍山西道站213.654米，绿水公园站—兰坪路站区间598.463米，兰坪路站—鞍山西道站区间623.586米。2022年完成产值2.55亿元，开工累计完成产值4.21亿元。

郑州轨道交通12号线3工区工程　位于河南省郑州市，全长1.3千米。合同投资3.52亿元。合同工期2020年4月10日至2023年12月31日。主要工程量：福塔东站161米，梁湖西站—福塔东站区间941.494米。2022年完成产值1.55亿元，开工累计完成产值3.42亿元。

郑州轨道交通12号线7工区工程　位于河南省郑州市，全长2.14千米。合同投资8.72亿元。合同工期2020年4月10日至2023年12月31日。主要工程量：胡庄站12号线192.8米，胡庄站8号线200.4米，龙子湖西站503米，胡庄站—龙子湖西站区间1424.187米。2022年完成产值3.07亿元，开工累计完成产值8.45亿元。

广花城际4工区工程　位于广州市白云区，全长4.14千米。合同投资17.23亿元。合同工期2021年9月30日至2026年12月28日。主要工程量：白云城市中心站1010米，白云城市中心站—白方区间盾构井盾构区间3496.788米。2022年完成产值1.59亿元，开工累计完成产值1.59亿元。

穗莞深前皇段2标段5工区工程　位于深圳市福田区，全长3.18千米，合同投资15.36亿元。合同工期2021年12月20日至2026年11月19日，主要工程量：2号明挖段257.4米，动走线盾构区间2266.03米，中心公园存车场589.65米。2022年完成产值3.18亿元，开工累计完成产值3.18亿元。

福宜高速公路TJ1标段工程　位于云南省昆明市，全长6.787千米。合同投资17.96亿元。合同工期2020年4月26日至2024年12月31日。主要工程量：特大桥1座6786延长米，匝道5条。2022年完成产值3.52亿元，开工累计完成产值5.12亿元。

眉太高速4标段工程　位于陕西省宝鸡市太白县，全长11.8千米。合同投资7.59亿元。合同工期2021年4月4日至2023年12月31日。主要工程量：

隧道1座1375.4延长米，主线桥梁8座2578.4延长米，匝道桥梁10座568.5延长米，路基7847.6米，其中高填方7段1658米，挖方高边坡8段1464米，涵洞38道，主线涵洞17道，桃川立交和路平沟服务区涵洞21道。2022年完成产值1.09亿元，开工累计完成产值2.15亿元。

眉太高速5标段工程　位于陕西省宝鸡市太白县，全长8.714千米。合同投资8.97亿元。合同工期2019年9月15日至2024年8月31日。主要工程量：隧道0.5座4487延长米，斜井1座1555米，桥梁3座1303.4延长米，路基2924.7米。2022年完成产值2.28亿元，开工累计完成产值4.26亿元。

襄阳市环线提速改造（内环）PPP项目　位于湖北省襄阳市境内，全长2.263千米。合同投资9.9亿元。合同工期2020年9月9日至2024年3月30日。主要工程量：编组站大桥1座，高架桥11联；挖土方6.56万立方米。2022年完成产值3.1亿元，开工累计完成产值8.98亿元。

江北新区中心区地下空间二期PPP项目　位于江苏省南京市，合同投资45.28亿元。合同工期2021年9月30日至2024年9月30日。主要工程量：地块2个及地铁车站1座，匝道1条H8出口面积约4400平方米，围护结构、土方、结构、防水、机电安装及装修、道路及绿化。2022年完成产值5.22亿元，开工累计完成产值5.85亿元。　（张　健）

【海外项目】　新加坡裕廊区J101登加车辆段与综合基地项目　设计施工总承包项目，位于新加坡城市西部登加镇原始森林区域。总建筑面积48.6万平方米。合同投资5.69亿美元。合同工期2019年11月20日至2026年3月30日，工期顺延238天。采用欧洲标准建设。主要工程量：各类功能建筑物33座。土方开挖28.8万立方米，混凝土62万立方米，钢筋5.57万吨。2022年完成产值3102.04万美元，开工累计完成产值13400.36万美元。

新加坡裕廊区地铁线J105高架桥及车站工程项目　设计施工总承包项目，位于新加坡城市西部区域。合同投资1.54亿美元。合同工期2019年12月6日至2026年3月30日，工期顺延238天。采用欧洲标准建设。主要工程量：土方约3.1万立方米，混凝土约7.2万立方米，桥梁圆桩约480根、墩柱216个、节段梁659片。2022年完成产值2126.03万美元，开工累计完成产值4598.27万美元。

新加坡南北通道N112项目　设计施工总承包项目。位于新加坡城市中北部区域。合同投资27012.48万美元（集团公司份额8103.74万美元）。合同工期2019年12月16日至2026年11月30日。采用欧洲标准建设。主要工程量：设计和建造3.3千米公路高架桥及与之相连的3条匝道桥。2022年完成产值465.66万美元，开工累计完成产值1728.98万美元。

中泰铁路C3－3土建工程项目　位于泰国呵叻府。距曼谷东北方向170千米处，为新建标准轨有砟轨道。合同投资20.71亿元。合同工期2021年2月19日至2024年2月18日。主要工程量：路基土石方开挖272272立方米，钻孔桩7169根，各类混凝土648707立方米，车站钢结构2005吨，钢筋107680吨，钢绞线9839吨。2022年完成产值3075.5万美元，开工累计完成产值4299.25万美元。

几内亚西芒杜铁路马木隧道项目　位于几内亚马木省。为施工承包项目。合同投资1.6313亿美元。合同工期2021年4月13日至2023年9月24日（29.8个月）。几内亚政府于7月3日向业主（赢联盟）下发全线停工令。2022年7月停工。采用中国标准建设。主要工程量：隧道8880延长米，其中Ⅱ级围岩长3110米，Ⅲ级围岩长4680米，Ⅳ级围岩长820米，Ⅴ级围岩长270米；1号斜井957.17米，坡度10.02%；TFD－S米级围岩长度120.07米，Ⅱ级围岩长357.04米，Ⅲ级围岩长180.95米，Ⅳ级围岩长186.11米，Ⅴ级围岩长112.5米。2022年完成产值2101.52万美元，开工累计完成产值4444.05万美元。

匈牙利至塞尔维亚铁路塞尔维亚境内诺维萨德—苏博蒂察—边境（克莱比奥）段铁路现代化与改扩建项目土建及轨道工程NS－Ⅰ标段　位于塞尔维亚北部伏伊伏丁那自治省南巴奇卡州、北巴奇卡州，属于泛欧交通走廊十号通道B支线。合同投资288930万元（集团公司合同额192620.28万元）。合同工期2021年9月1日至2024年8月31日。采用中国标准建设。主要工程量：NS－Ⅰ标段正线52.348千米，其中桥梁27座（铁路桥梁15座2.252延长米、跨线桥12座），涵洞17座，路基50.096千米，车站6座，以及联络线改造等。2022年完成产值4112.28万美元，开工累计完成产值4343.28万美元。　（周　燕）

【经营管理】　工程承揽。2022年，新签合同额2159.68亿元。其中，国内1888.9亿元，自揽份额1926.92亿元，完成股份公司年度自揽计划1600.31亿元的120.41%，居股份公司综合工程局第2名。铁路承揽426.13亿元、公路承揽257.30亿元、城市轨道承揽124.45亿元、房建承揽578.53亿元、市政承揽391.05亿元、水利水电承揽54.20亿元、工业制造14.43亿元、物资贸易62.42亿元、房地产销售4.19亿元，勘察设计1.08亿元，其他245.92亿元。5个子公司新签合同额突破200亿元，其中一公司、二公司、四公司、五公司突破300亿元；4个区域指挥部承揽超过200亿元，其中华东、中南、川渝藏指挥部突破300亿元。

资本运营。通过投资拉动经营承揽24项，签约合同额521.02亿元，占集团公司承揽总额2159.68亿元的24.12%，需出资34.30亿元，带动工程任务448.60亿元，投资带动率13.08%。

安全管理。扎实开展安全培训，借助“登高在线平台”搭建安全教育培训模块，开发可视化视频教材，每两个月组织安全管理序列人员“登高在线”考试，组织开展“安全微课堂”培训。开设“中铁十一局安全之窗”微信公众平台，定期发布好的管理经验、安全法律法规、典型事故案例等。“一季度一主题、一月一重点”开展隐患排查治理，先后组织开展第一季度节后复工安全专项督导检查，第二季度“安全生产专项治理百日行动”活动，第三季度“防火灾、防坍塌、防爆炸、防突泥涌水”等“八防”安全生产包保督导检查。第四季度双节期间及党的二十大期间安全督导抽查。不定期开展西南片区、重庆地区、武汉片区项目安全生产专项检查。组建国家隧道应急救援中铁十一局四川队，轨道交通工程抢险应急救援基地被授予“湖北省应急救援基地”，子分公司五公司正式成为重庆市建委首家隧道专业应急救援队。组织开展安全生产专项整治“提升年”活动，推进专项整治工作，固化活动成果，推广一批应对新风险、破解新难题的有效举措。先后组织开展安全生产月、全国安全知识网络竞赛、全国应急普法知识竞赛。安全生产月期间，在全国安全生产月活动组委会办公室组织的“新安法知多少”安全知识网络竞赛中，参与人数和得分在股份公司系统排第2名。受股份公司委托编制完成《安全管理专题报告》《铁路建设安全管理专题研究》分别上报国务院国资委社会责任局、国铁集团。制定《现场安全标准化指导手册(城轨分册)》，股份公司发布并推广应用。2022年，获评全国“建设工程项目施工工地安全生产标准化学习交流项目”2个，获评全国“安全管理标准化示范班组”2个，获评省部级“平安工地”11个，获评省部级“安全文明标准化工地”13个，获评 股份公司“2022年度安全标准工地”7个。

质量管理。铁路信用评价上半年在67家参评单位排第3名，下半年在69家参评单位排第5名，持续保持A级。公路信用评价集团公司获评AA级，一公司、二公司、四公司、五公司获评A级，在股份公司系统内位居前列。股份公司内部信用评价基础设施类上半年在20家参评单位中排第1名，A级，下半年在20家参评单位中排第5名，A级；房地产开发类上半年在15家参评单位中排第6名，B级；下半年在16家参评单位中排第5名，A级。顺利通过国铁集团2次红线管理专项督查，实现“无不良行为和触碰红线问题”的全年红线目标。

项目管理。2022年企业生产有序推进，施工产值首次迈上千亿台阶。重难点工程取得重大突破，参建的郑渝、常益长、湖杭、和若等23个铁路项目(含13个国铁项目)，大广、宜遂、黔江过境高速、合璧津高速等29个公路项目，长沙、杭州、南通、深圳等36个城轨项目，嘉兴管廊、石家庄景观、太忻大道、雄安市政等34个市政，中铁梧桐苑、知语城等50个房建，其他项目22个顺利通车(完工)，新加坡J101&J105等重难点项目平稳推进，兰新客专震后抢险工程提前完成全部施工任务；川藏铁路新房子隧道率先实现雅林段首个贯通；福厦高铁实现长轨贯通；国道351夹金山隧道TBM顺利掘进；匈塞铁路诺维萨德车站先开段顺利通车；广汕铁路三凸岭隧道、杭温铁路香山岭隧道等长大隧道，重庆18号线石坪桥站—杨家坪站、广州10号线4标东湖站—滨江东路站等盾构区间顺利贯通；汉口和谐家园二期落实精益建造，高品质实现主体结构全封顶；南玉铁路六景郁江特大桥世界首台“千吨级”整体式悬臂造桥机成功应用，为集团公司“千吨级”重器再添新绩。

企业管理。开展资质申报工作，集团公司申报取得工程勘察(测量工程)甲级，风景园林专项设计乙级，新能源发电专业设计乙级，变电工程专业设计乙级，污染修复专项设计乙级，特种工程专业承包不分等级，电力、机电工程施工总承包一级，输变电工程专业承包一级资质；一公司申报取得建筑、电力、机电工程施工总承包一级，钢结构、输变电、电子与智能化工程专业承包一级，特种工程专业承包不分等级资质；三公司申报取得施工劳务不分等级资质；华东公司申报取得施工劳务不分等级资质；四公司申报取得古建筑、建筑、市政公用、电力、机电工程施工总承包一级、电子与智能化、建筑幕墙、钢结构、输变电工程专业承包一级等资质；五公司申报取得固体废物处理处置专项设计甲级、水污染防治专项设计乙级、污染修复专项设计乙级等资质；六公司申报取得市政公用工程施工总承包一级，特种工程专业承包不分等级，桥梁、隧道、钢结构工程专业承包一级资质；电务公司申报取得电力、建筑、市政公用工程施工总承包一级资质；建安公司申报取得特种工程专业承包不分等级，市政公用、机电、电力工程施工总承包一级，钢结构工程专业承包一级资质；城轨公司申报取得建筑工程施工总承包一级，施工劳务不分等级、模板脚手架专业承包不分等级资质；铁恒实业申报取得钢结构工程专业承包一级资质；华北建设申报取得建筑、市政公用工程施工总承包二级，地基基础、建筑幕墙、环保工程专业承包一级，建筑装修装饰工程专业承包二级资质；华南建设申报取得市政公用、建筑工程施工总承包二级资质；深圳建设申报取得市政公用、建筑工程施工总承包二级资质；广西建设申报取得市政公用、建筑工程施工总承包二级资质；山西建设申报取得市政公用、建筑工程施工总承包二级资质；武汉建设申报取得市政公用、建筑工程施工总承包一级资质；烟台公司申报取得市政公用、建筑工程施工总承包二级资质；武汉重装申报取得施工劳务不分等级资质；铁维智行申报取得建筑、市政公用、机电工程施工总承包二级资质；将二公司市政公用工程施工总承包一级，桥梁、隧道、环保、建筑幕墙、建筑装修装饰、起重设备安装、防水防腐保温、古建筑、地基基础、城市及道路照明工程专业承包一级，建筑、水利水电工程施工总承包二级，钢结构工程专业承包二级等资质平移至西安建设。发布集团公司《“十四五”企业发展战略与规划》，并组织宣贯学习；结合各公司现状，分解规划指标，审核、批复子分公司和海外部的“十四五”规划；完成集团公司财务、科技、档案管理、数字化、企业文化等职能规划的编制并发布实施。2022年2月，发布《中铁十一局集团有限公司“十四五”发展战略与规划》，并于3月初召开宣贯会。在中国铁建2021年度“三级公司20强”评选中，集团所属三级公司有7家入选“规模20强”，5家入选“效益20强”，3家入选“专业化10强”，1家入选“属地化10强”，共计16家（次），为系统内入围家次最多单位贯标工作顺利通过认证机构监督审核，继续保持“三标”认证资格。

发展规划。2022年2月9日发布集团公司《“十四五”企业发展战略与规划》，3月召开集团公司“十四五”规划宣贯会。审核、批复集团所属15家子分公司和海外工程事业部的“十四五”规划。协助完成集团公司财务、科技、档案管理、数字化、企业文化、国内经营、人力资源等职能规划编制并发布实施。二公司西安总部办公楼8月封顶，2023年1月启用入驻；三公司华东基地8月开工建设；桥梁公司办公楼交付装修。

财务工作。2022年，集团公司完成营业收入968.69亿元，同比增长14%；实现净利润16.39亿元，净利润率1.69%；“两金”余额465.8亿元，“两金”增幅低于营业收入增幅0.5个百分点；资产负债率76.22%，较年初降低0.01个百分点。资金集中度77.66%，高于股份公司下达指标7.66个百分点；上存股份及财务公司资金25.53亿元，年均上存度40.21%，完成股份公司考核指标；办理低息贷款49.5亿元，降低融资成本约4800万元；加强内部资金调剂，降低资金成本2.11亿元。加强供应链平台建设，统筹票据业务办理，减少票据保证金占用19.79亿元，节约物资成本和资金成本约0.78亿元。充分享受政策红利，实现增值税留抵退税2.08亿元，利用西部大开发、研发费加计、高新企业节税2.53亿元，享受固定资产一次性扣除、六税两费减免等政策节税0.54亿元；高新技术企业12家，13家单位被评为A级纳税人。

审计工作。2022年，累计完成审计项目317项，占年度审计计划269项的117.84%，发现问题涉及金额6.58亿元，挽回或避免损失1.85亿元，促进增收节支0.86亿元，提出审计建议被采纳1416条，促进新建制度26项、修改完善制度13项，审计结果利用情况涉及58人次。2022年接受外部审计86项，配合完成外部审计34项，通过集团上下沟通协调，全集团减少扣款3.01亿元。（王　俊　任敬锐　桂武平）

【科研成果】 获省部级科技进步奖13项，其中一等奖5项；申报科学技术奖9项，获二等奖1项；申报科技进步奖10项，获8项；获第21届第一批中国土木工程詹天佑奖4项；获第23届中国专利奖优秀奖1项，申报第24届中国专利奖1项。获铁路科技项目1项，获铁路专利3项，铁路科技论文8项。获第三届铁路BIM联盟大赛三等奖1项，获第四届“市政杯”BIM应用技能大赛二类成果1项，获中国公路学会BIM大赛二等奖1项。集团公司获评国家知识产权示范企业，五公司获评国家知识产权优势企业。获2022年湖北省高价值知识产权培育工程项目1项。集团公司获中国专利奖优秀奖1项，获湖北省发明专利银奖1项；获第二届工程建设行业高推广价值专利大赛6项。获公路工法6项；获河南省工法8项；获湖北省工法41项；获铁路部级工法14项。

教育培训。充分利用登高在线教学平台，线上、线下培训相结合，集团总部各部门培训计划完成率96%。年度组织一建取证线上培训95场次，参训3269人次，在武汉、襄阳、重庆以“线上＋线下”的形式组织开展一级建造师面授冲刺培训45场次，参训755人，在岗无证项目经理参训率98.6%。组织中层领导干部线上参加股份公司十九届六中全会培训，参训人数326人。2022年组织线上培训班650场次、线上考试1500余次，2.6万人次参加在线学习，平台使用率98%以上。按照形象、直观、易学、可用的原则，组织开发技术序列新员工视频课件，完成桥梁、隧道等五个大类视频课程，开发课件108个，时长近10小时。出台《内部培训讲师管理办法》，全年通过考核评选聘任内训师218人。完成登高在线学习平台二期开发，围绕基层调研反馈的26项需求建议，重点开发优化培训班管理、随堂测验、学习地图等76项功能。

（张 航 秦炎冰）

【党群工作】 党的工作。党委委员17名，党委常委7名。下辖党委28个，党总支10个，党支部577个，党员7449人。党的政治建设。组织集中学习16次、专题研讨4次，班子成员带头走基层、进一线，在工作联系点讲授党课12次。以党的二十大精神为指引，全面启动高质量发展三年行动。认真落实“两个一以贯之”要求，深化“双向进入、交叉任职”领导体制，推动党的领导融入公司治理，修订“三重一大”决策制度及事项清单，召开党委常委会会议15次，前置研究生产经营重大事项68项，党委前置研究程序更加科学。主动服务国家战略和区域社会经济发展，积极参与京津冀协同发展、雄安新区、长三角一体化等重大区域战略建设。深度融入“一带一路”倡议，参与建设匈塞铁路等一大批国际工程项目。推进乡村振兴，拨付帮扶资金400万元，采购农副产品300余万元，中标恩施市产业园仓储项目，连续4年获湖北省乡村振兴考核“好”等次。参与兰新线、贵广线、京广线等铁路抢险救灾，支援上海、海口等方舱医院建设，全力保护国家和人民生命财产安全。宣传思想建设。在地市级以上媒体刊稿3686篇。召开宣传思想工作暨企业文化建设现场推进会，组织“登高英雄”杨连第牺牲七十周年纪念活动，联合主办中国铁建“奋进新征程　腾飞万里行”美术作品系列展，企业展览馆获评中国铁建首批“爱国主义教育基地”，2023年接待各级单位和组织参观110余次。勘察设计院首获湖北省国资委文明单位、湖北省五一劳动奖状。打好舆情“主动仗”，修订《舆情处置办法》和《舆情处置工作方案》，组织舆情处置工作推进会，健全片区负责、主流媒体互联互动等工作机制，丰富舆情监控手段，舆情防控和处置力度不断加大。

工会工作。下设二级单位工会17个，项目工委521个。工会会员19028人，专职工会干部53人，兼职工会干部853人。围绕中心助生产。组织开展“奋战九十天、喜迎二十大”等三次劳动竞赛，掀起施工大干热潮。搭建平台育队伍。推进产业工人队伍建设，在湖北省产改推进会上，代表驻鄂央企和全省国企交流经验。围绕群众性经济技术创新，培育6家职工创新工作室，促进科技成果有效转化。联合举办湖北“工匠杯”，承办湖北“工友杯”，2人获评“荆楚工匠”。武汉重装公司获评省级产业工人培训示范基地，全年各级工会获全国级荣誉28项、省部级荣誉114项。深入开展“我为职工办实事”，扎实推进建家建线建“六小”工程、“三不让”承诺等工作。拨付建家建线各类资金603万元，慰问困难职工家庭543户，劳模先进253人，一线职工、劳务工及其他困难人员7748人。远赴高原、海外等17个项目走访慰问，发放慰问金76万元。开展“职工福利拉清单”宣贯活动，职工会员政策知晓率95%以上，职工福利政策广泛落实。

共青团工作。集团公司团委下辖二级团委12个，团总支1个，团支部224个。35周岁以下青年11056人，团员4517人。全年召开团委全委（扩大）会5次，对年度重点工作全面部署安排。加强“青”字号品牌建设，实施青年精神素养提升工程，开展“喜迎二十大、永远跟党走、奋进新征程”主题教育实践活动，群团服务保障工作取得新成效。广大青年职工在一线历练成长，川藏铁路项目、电务公司获全国铁路青年科技创新奖，杭温二分部获评“全国五四红旗团支部”，集团公司承办湖北省青年技能大赛，获得BIM竞赛冠军，夏明锬获评中国铁建“十大杰出青年”“全国青年岗位能手”，周法庭获评中国铁建“十佳青年技术能手”。

（刘升琛 李玉彪 王伟红）

【第一工程有限公司】 拥有公路工程施工总承包特级，市政公用工程、建筑工程、电力工程、机电工程施工总承包一级，铁路、矿山工程施工总承包二级，桥梁、隧道、公路路面、公路路基、地基与基础、起重设备安装、消防设施、防水防腐保温、建筑机电安装、建筑装修装饰、建筑幕墙、城市及道路照明、古建筑、环保工程、钢结构、输变电工程、电子与智能化工程专业承包一级，特种工程（结构补强）专业承包不分等级，公路行业甲级工程设计资质，四级爆破资质，乙级测绘资质，CMA计量认证、公路水运工程试验检测综合乙级、水利工程岩土和混凝土类检测乙级资质。注册资本金10.01亿元，驻湖北省襄阳市航空路73号。前身系铁道兵第一师第一团;1984 年 1 月,集体转业并入铁道部,改制为铁道部第十一工程局第一工程处;1999 年 12 月 1 日,更名为中铁第十一工程局第一工程处;2001 年 9 月,改制注册为中铁十一局集团第一工程有限公司。执行董事、总经理周宏,党委书记王传斌。职工 2298 人。资产总额 59.22 亿元。其中,固定资产原值 7.62 亿元、净值 2.13 亿元,流动资产 45.96 亿元,其他资产 13.27 亿元。自有设备 1124 台(套)。设备原值 3.28 亿元、净值 1.18 亿元,成新率 36.09%,总功率 95856 千瓦,动力装备率 41.73 千瓦/人,技术装备率 5.43 万元/人。年施工能力 150 亿元以上。

2022 年,新签合同额 312.58 亿元,产值 152.5 亿元,净利润 2.03 亿元。国有资产保值增值率 115.39%,净资产收益率 15.98%,产值利润率 1.53%,资产负债率 78.68%。全员劳动生产率 54.54 万元/(人·年),人均创利 10.8385 万元,职工年人均收入 15.37 万元。

(周俐杉)

【第二工程有限公司】 拥有公路工程施工总承包一级,铁路工程施工总承包二级,公路路面、公路路基工程专业承包一级,工程测量乙级资质,检验检测机构国家级资质认定、公路水运工程试验检测机构公路工程综合乙级资质,爆破作业单位四级许可。经质量、环境和职业健康安全管理体系认证。注册资本金 10.01 亿元。驻湖北省十堰市白浪中路 99 号。前身系中国人民解放军铁道兵第一师第二团;1984 年 1 月,集体转业并入铁道部,改称为铁道部第十一工程局第二工程处;2001 年 9 月,改制更名为中铁十一局集团第二工程有限公司。执行董事、党委书记刘守成,总经理、党委副书记许杨林。职工 2112 人。资产总额 60.28 亿元。其中,固定资产原值 5.71 亿元、净值 1.20 亿元,流动资产 50.48 亿元,非流动资产 9.80 亿元,负债总额 48.87 亿元,所有者权益总额 11.41 亿元。自有设备 496 台(套)。设备原值 29786.76 万元、净值 7296.2 万元,总功率 68217.1 千瓦,成新率 24.49%。年施工能力 155 亿元以上。

2022 年,经营承揽 351.53 亿元,产值 153.3546 亿元。营业收入 45.59 亿元,净利润 0.21 亿元。国有资产保值增值率 101.13%,净资产收益率 1.87%,资产负债率 81.07%。

(王晓艳)

【第三工程有限公司】 拥有铁路工程施工总承包一级,建筑、矿山、机电工程施工总承包二级,隧道工程专业承包一级,环保、铁路铺轨架梁工程专业承包二级,施工劳务资质,爆破作业单位许可证四级资质。注册资本金 10.01 亿元,驻湖北省十堰市武当路 15 号。前身系中国人民解放军铁道兵第一师第三团;1984 年 1 月,集体转业,改称为铁道部第十一工程局第三工程处;2001 年 9 月,改制改称现名。执行董事、党委书记王采成,总经理谢长征。职工 2689 人。资产总额 68.79 亿元。其中,固定资产原值 13.94 亿元、净值 3.07 亿元,资产负债率 75.42%。设备 1815 台(套),动力装备率 62.1 千瓦/人,技术装备率 6.5 万元/人,设备完好率 95.4%、新度系数 22.8%、利用率 86.8%,年施工能力 100 亿元以上。

2022 年,新签合同额 165.2 亿元。总产值 90.12 亿元。其中,施工产值 88.34 亿元,净利润 2.45 亿元。

(史　娟)

【第四工程有限公司】 拥有公路工程施工总承包特级,建筑工程、市政公用工程、机电工程、电力工程施工总承包一级,铁路工程、矿山工程总承包二级资质;公路行业甲级工程设计资质;桥梁、隧道、公路路面、城市及道路照明、建筑幕墙、建筑装修装饰、防水防腐保温工程、起重设备安装工程、地基基础工程、电子与智能化工程、古建筑工程、消防设施工程、建筑机电安装工程、环保工程、钢结构工程、输变电工程专业承包一级资质,预拌混凝土专业承包资质,四级爆破资质 1 项。注册资本金 10.1 亿元,驻湖北省武汉市东湖高新技术开发区佳园路 21 号。前身系组建于 1945 年 8 月的冀鲁豫军区一分区基干五团;1981 年 3 月,整编为中国人民解放军铁道兵第一师四团;1984 年 1 月 1 日,集体转业,改称铁道部第十一工程局第四工程处;2001 年 9 月 28 日,企业改制改称现名。执行董事、总经理李俊(2022 年 12 月 18 日止),党委书记张忠义(2022 年 12 月 18 日止)。公司党委书记、执行董事李俊(2022 年 12 月 18 日始),总经理张忠义(2022 年 12 月 18 日始)。职工 2523 人。资产总额 61.35 亿元。其中,固定资产原值 9.84 亿元、净值 2.66 亿元,流动资产 46.70 亿元,其他资产 11.99 亿元。设备 629 台(套)。设备固定资产原值 3.03 亿元、净值 1.15 亿元,成新率 38.07%,总功率 88896 千瓦。

2022 年,经营指标 374.94 亿元,施工产值 164.61 亿元,营业收入 145.24 亿元,净利润 1.95 亿元。全员生产劳动率 40.02 万元/(人·年),国有资产保值增值率 110.74%,净资产收益率 11.09%,资产负债率 81.06%,应上缴款完成率 100%。

(曹　昆)

【第五工程有限公司】 拥有市政公用工程施工总承包特级，建筑、公路工程施工总承包一级，铁路、水利水电工程施工总承包二级，桥梁、隧道、公路、路基工程专业承包一级，钢结构、环保工程专业承包三级，行业甲级、建筑工程乙级，环境工程（固体废物处置工程）专项甲级，环境工程（水污染防治工程）、环境工程（污染修复工程）专项乙级等资质。注册资本金10.01亿元。驻重庆市沙坪坝区新桥新村71号。前身系铁道兵六师二十九团；1984年1月，集体转业并入铁道部，改编为铁道部第十一工程局第五工程处；2001年9月，企业改制改称现名。执行董事、党委书记陈永平，总经理王碧军。职工2281人。资产总额92.11亿元。固定资产原值11.8亿元、净值4.6亿元，流动资产79.9亿元。自有设备1961台(套)。设备原值9.4亿元、净值4.5亿元，成新率47.76%，总功率447827.50千瓦，动力装备率196.32千瓦/人，技术装备率19.69万元/人。

2022年，新签合同额324.65亿元，总产值147.6亿元，净利润1.9亿元。国有资产保值增值率113.67%，净资产收益率15.47%，产值利润率1.31%，资产负债率86.56%。 （杨　肖）

【第六工程有限公司】 拥有建筑、机电安装工程施工总承包一级，市政公用、矿山、电力、石油工程施工总承包二级，铁路、工程施工总承包三级，地基基础、起重设备安装、消防设施、环保、建筑装修装饰、建筑幕墙、防水防腐保温、建筑机电安装、城市及道路照明、桥梁工程、隧道、钢结构、古建筑工程专业承包一级，特种工程（结构补强）专业承包不分等级，施工劳务不分等级资质。以地铁场段、运架梁、风水电安装三个专业为主，逐渐开拓市政、房建、智慧停车、生态治理等业务。注册资本金2亿元。驻湖北省襄阳市高新区七里河路2号。前身系组建于1959年的中国人民解放军铁道兵第一师修理营；1984年1月，集体转业，改编为铁道部第十一工程局修理厂；1999年10月，更名为基建安装工程处；2001年8月，更名为基建安装工程分公司；2007年2月，改制改称中铁十一局集团第六工程有限公司。执行董事、党委书记孔凡华，总经理、党委副书记周聪。职工746人。自有设备167台(套)。设备原值26064.77万元、净值5400.79万元，成新率20.72%，总功率22100.10千瓦，动力装备率26.15千瓦/人，技术装备率6.39万元/人。

2022年，实现自揽69.86亿元，协揽30.29亿元，承揽100.16亿元，产值40.09亿元。职工年人均收入14.75万元。 （王　巧）

【电务工程有限公司】 拥有通信、机电、电力、建筑、市政公用施工总承包一级，铁路电务、铁路电气化、输变电、电子与智能化、建筑装修装饰工程专业承包一级，公路机电二级，涉密信息系统总体集成甲级等各类资质23项。驻湖北省武汉市东湖新技术开发区佳园路19号。前身系组建于1969年中国人民解放军铁道兵直属通信信号第三工程营；1984年1月，集体转业，改编为铁道部第十一工程局电务工程段；1986年4月，改为铁道部第十一工程局电务工程处；2001年9月，企业改制改称现名；2009年7月，公司重组，主体划转到中国铁建电气化局集团南方工程有限公司，保留资质。注册资本金6.5亿元。执行董事、总经理李承连，党委书记全国军。职工918人。资产总额26.34亿元。其中，固定资产原值1.87亿元、净值8953.16万元，流动资产20.32亿元。机械运输设备141台（套）。设备原值4952.75万元、净值1242.02万元，总功率15773.5千瓦，人均动力装备率17.45千瓦/人，技术装备率1.37万元/人，完好率89.62%，利用率90.41%，机械化施工程度一级，年施工能力40亿元以上。

2022年，新签合同额117亿元，总产值45.83亿元，营业收入40.33亿元，施工产值45.83亿元，利润1.98亿元。全员劳动生产率63万元/（人·年），职工年人均收入14.55万元。国有资产保值增值率100.32%，净资产收益率21.11%，产值利润率4.93%，资产负债率64.46%，应上缴款完成率100%。

（易　婷）

【建筑安装工程有限公司】 拥有建筑工程施工总承包特级，市政公用、电力、机电工程施工总承包一级，铁路、石油化工工程施工总承包二级，地基基础、建筑装修装饰、消防设施、起重设备安装、电子与智能化、建筑幕墙、环保、古建筑、城市及道路照明、建筑机电安装、钢结构、防水防腐保温、隧道、桥梁工程专业承包一级，特种工程（结构补强）专业承包不分等级，工程设计建筑行业（建筑工程）甲级、工程设计建筑行业（人防工程）甲级，工程设计建筑幕墙工程专项乙级、工程设计消防设施工程专项乙级，工程测绘乙级资质，建筑起重机械设备安拆一体化二级许可。注册资本金10.01亿元。驻湖北省武汉市武昌区丁字桥路47号。前身系中国人民解放军铁道兵第一师设计科；1984年1月，集体转业并入铁道部;1986 年 3 月,在铁道部第十一工程局基建办设计室的基础上组建,称为"勘测设计处";1989 年 8 月,改称勘测设计研究处,1993 年 3 月,更名为勘测设计研究院暨建筑安装工程公司;1996 年 6 月,更名为铁道部第十一工程局建筑安装工程处(对外保留勘测设计研究院);2001 年 9 月,企业改制为现名。执行董事、党委书记、总经理陈起建。职工 1503 人。固定资产原值 1.97 亿元、净值 0.52 亿元。自有设备 206 台(套)。设备原值 5389.63 万元、净值 1585.32 万元,成新率 29.41%,总功率 19600.00 千瓦,动力装备率 13.71 千瓦/人,技术装备率 1.11 万元/人。

2022 年,新签合同额 210.91 亿元,营业收入 96.07 亿元,施工产值 117.22 亿元,利润总额 2.28 亿元。全员劳动生产率 51.78 万元/(人 · 年),职工年人均收入 13.97 万元,国有资产保值增值率 111.59%,净资产收益率 16.97%,产值利润率 1.750%,资产负债率 82.88%,应上缴款完成率 100%。 (谢 博)

【**桥梁有限公司**】 拥有市政工程总承包三级,桥梁工程专业承包一级,钢结构专业承包三级资质。是集高速铁路箱梁、T 梁、U 型梁、轨道板、轨枕、城市轻轨 PC 梁、铁路公路节段梁、地铁管片等混凝土预制品及其配套产品生产,市政工程、房建工程、工业产品、海外发展、物流仓储、资本运营、钢材加工配送、战备器材管理于一体的大型建筑施工企业。注册资本金 3.2 亿元。驻江西省鹰潭市月湖区南站路 24 号。前身系组建于 1954 年 6 月的铁道兵鹰潭仓库;1955 年,称八〇部鹰潭材料总厂;1959 年,改称铁道兵后勤部第二基地;1965 年,改称解放军第 152 仓库(代号总字 525 部队);1977 年,改称铁道兵鹰潭仓库(代号 89152 部队);1984 年 1 月,集体转业并入铁道部为铁道部工程指挥部鹰潭材料总厂;1989 年,更名为铁道部工程指挥部鹰潭战备材料总厂;1990 年 10 月,更名为中国铁道建筑总公司鹰潭战备材料总厂,隶属于总公司物资局。2001 年 11 月,划转中铁十一局集团有限公司所属;2003 年,总厂将经营性资产进行改制,于 7 月 1 日注册成立中铁十一局集团鹰潭战备材料总厂有限公司,剥离的非经营性资产(战备),仍属鹰潭战备材料总厂管理使用,以保战时之需,并将中国铁道建筑总公司鹰潭战备材料总厂更名为中国铁道建筑总公司鹰潭战备材料基地,改制后一个单位两块牌子,一个名称是中铁十一局集团鹰潭战备材料总厂有限公司,另一个名称是中国铁道建筑总公司鹰潭战备材料基地。2003 年 12 月,中铁十一局集团鹰潭战备材料总厂有限公司更名为中国铁道建筑总公司鹰潭战备材料总厂有限公司;2007 年 8 月,正式更名为中铁十一局集团桥梁有限公司,并保留中国铁道建筑总公司鹰潭战备材料基地的名称;2018 年 7 月,撤销中国铁道建筑总公司鹰潭战备材料基地。执行董事、总经理李剑峰,党委书记杨建华。职工 622 人。资产总额 15.87 亿元。施工设备、运输设备、生产设备 1797 套。设备原值 42486.71 万元、净值 11587.62 万元,成新率 37.58 %,总功率 80622 千瓦。

2022 年,新签合同额 99.72 亿元,总产值 39.72 亿元,营业收入 36.19 亿元,施工产值 33.39 亿元,利润总额 1.61 亿元。全员劳动生产率 53.85 万元/(人 · 年),职工年人均收入 14.76 万元。国有资产保值增值率 104.70%,净资产收益率 5.16%,产值利润率 1.02%,资产负债率 70.97%,应上缴款完成率 100%。 (朱芳玉)

【**城市轨道工程有限公司**】 拥有市政公用、建筑工程施工总承包一级,机电、电力、石油化工工程施工总承包二级,隧道、钢结构、桥梁、地基基础、防水防腐保温、建筑装修装饰、环保、建筑幕墙、古建筑、城市及道路照明、起重设备安装、消防设施、电子与智能化工程专业承包一级,特种工程(建筑物纠偏和平移、结构补强、特殊设备起重吊装、特种防雷)、模板脚手架专业承包(不分等级)和施工劳务等资质。注册资本金 5 亿元。驻湖北省武汉市东湖新技术开发区佳园路 23 号,前身系中铁十一局集团广州地铁工程指挥部、广州分公司;2007 年 8 月,改制为中铁十一局集团城市轨道工程有限公司。党委书记、执行董事彭刚,总经理王建国。职工 1892 人。资产总额 84.1 亿元。其中,固定资产原值 20.16 亿元、净值 5.53 亿元,流动资产 71.46 亿元,净资产 12.4 亿元。机械运输设备 1330 台(套),总功率 17.54 万千瓦,动力装备率 92.68 千瓦/人,技术装备率 32 万元/人。

2022 年,新签合同额 133.88 亿元,总产值 89.26 亿元,施工产值 87.85 亿元,利润总额 2.23 亿元。国有资产保值增值率 116.65%,净资产收益率 16.88%,产值利润率 2.5%,资产负债率 85.26%。全员劳动生产率 54.77 万元/(人 · 年),人均创利 12.24 万元。职工年人均收入 14.56 万元。 (刘 伟 李佳芹)

【**汉江重工有限公司**】 拥有 A 级桥式、门式起重机制造(含安装、改造、修理)许可证,B 级门座式起重机制造(含安装、改造、修理)许可证,GB2 级热力管道安装许可证;起重设备安装工程专业承包一级,钢结构工程专业承包一级,建筑工程施工总承包二级,防水防腐保温工程专业承包一级,施工劳务(不分等级),货物、技术进出口资质。2013 年 9 月 4 日在湖北襄阳注册成立,是集施工机械装备研发、设计、制造、服务于一体的专业化企业,与第六工程有限公司实行"一套机构,两块牌子"的管理模式。注册资本金 4.3 亿元。驻湖北省襄阳市樊城区中航大道 22 号。是湖北省高新技术企业和"两化融合"示范企业。有桥梁施工设备、隧道施工设备、起重设备、钢结构等四大类产品。执行董事、总经理孔凡华,党委书记王文胜。职工 254 人。

拥有四个生产制造基地,总占地面积 32 万平方米,生产场地 12 万平方米,年产能 15 亿元。生产设备 658 台。设备原值 6143.64 万元、净值 2367.71 万元,资产利用率 18.23%,资产增长率 1.59%,成新率 38.54%,总功率 17116.60 千瓦,技术装备率 9.29 万元/人,动力装备率 67.12 千瓦/人。

2022 年,新签合同额 12.13 亿元,完成产值 9.02 亿元,实现营业收入 7.36 亿元。（潘　虹　黄远丽）

【勘察设计院】 拥有铁路行业甲(Ⅱ)级、公路行业甲级、市政行业甲级、建筑行业(建筑工程、人防工程)甲级、工程勘察专业类岩土工程(勘察)甲级、工程勘察专业类工程测量、风景园林工程设计专项乙级、环境工程(污染修复工程)设计专项乙级、电力行业(新能源发电)专业乙级、电力行业(变电工程)专业乙级,工程咨询单位(公路、铁路、轨道交通、建筑、市政公用工程)乙级资信。前身系始建于 1954 年 7 月的铁道兵第一师工程设计科;1986 年 1 月,更名为铁道部第十一工程局勘测设计处;1993 年 3 月,更名为铁道部第十一工程局勘测设计研究院;2012 年 4 月,更名为中铁十一局集团有限公司勘测设计研究院;2015 年 5 月,重组扩建并更名为中铁十一局集团有限公司勘察设计院。驻湖北省武汉市洪山区民族大道 324 号。院长、党委副书记王更峰,党委书记李永峰。职工 143 人。

2022 年,经营承揽 5.78 亿元,设计进度产值 1.22 亿元,营业收入 1.05 亿元,利润 549 万元,职工全年人均收入 21.38 万元。（刘永平）

【房地产开发有限公司】 拥有房地产开发二级资质。2010 年 3 月,由中铁十一局集团有限公司注册成立。经营范围包括房地产开发销售,出租和管理自建商品房及配套设施。注册资本金 6 亿元。驻湖北省武汉市汉阳区四新北路 100 号太子水榭 19 栋会所楼 3 楼 323 室。执行董事、总经理谢国兵,党委书记黄卫东。职工 83 人。

2022 年,销售收入 41887 万元,回款 36823 万元。（左　操）

【铁恒实业有限公司】 拥有电力、石油化工、市政公用、机电工程施工总承包二级,电子与智能化、钢结构、建筑幕墙、古建筑工程专业承包一级资质。主营工业与民用建筑、商业设施及公共基础设施建设的物资综合配套供应,现货贸易、招标代理、仓储物流、进出口贸易等于一体的多元化发展格局,是一家综合性建筑建材贸易、工程建设企业。注册资本金 2 亿元。驻江苏省无锡市。前身系 2012 年 7 月注册成立的中铁十一局集团物资贸易有限公司;2020 年,更名为中铁十一局集团铁恒实业有限公司。执行董事、总经理李剑峰,党委书记杨建华。职工 142 人。资产总额 11.85 亿元。固定资产原值 0.34 亿元、净值 0.27 亿元,净流动资产 11.56 亿元,收益率 14.78%,负债率 79.67%,投资收益上缴率 100%。施工设备、运输设备、生产设备 1797 套。设备原值 4.25 亿元、净值 1.16 亿元,总功率 80622 千瓦,成新率 37.58%。

2022 年,新签合同额 62.43 亿元,总产值 25.5 亿元,营业收入 25.5 亿元,施工产值 25.5 亿元,利润总额 4541 万元。全员劳动生产率 92.48 万元/(人·年),职工年人均收入 11.92 万元。国有资产保值增值率 114.11%,净资产收益率 14.78%,产值利润率 1.32%,资产负债率 79.67%,应上缴款完成率 100%。（朱芳玉）

【武汉物业管理有限公司】 主营停车场服务,会议及展览服务,专业保洁、清洗、消毒服务,家政服务,城市绿化管理,园林绿化工程施工,市政设施管理,住宅水电安装维护服务,房地产评估,非居住房地产租赁,建筑材料销售,建筑装饰材料销售,五金产品批发,五金产品零售,电线、电缆经营,日用百货销售,住宿服务等业务。2012 年 9 月,由中铁十一局集团有限公司出资成立。注册资本金 500 万元。驻湖北省武汉市武昌区中山路 277 号中铁大厦。执行董事、总经理黄卫东。

2022 年,主营业务收入 3089.46 万元,营业总成本 2998.34 万元,净利润 76.78 万元。（左　操）

【建设发展有限公司】 拥有市政公用、建筑工程施工总承包一级,机电工程施工总承包二级,地基基础、起重设备安装、消防设施、防水防腐保温、建筑装修装饰、建筑机电安装、古建筑工程专业承包一级,以及特种工程(建筑物纠偏和平移、结构补强、特殊设备起重吊装、特种防雷)专业承包不分等级资质。拥有安全生产许可证,质量、环境、职业健康安全"三标"体系认证证书。2019 年 9 月 30 日成立。注册资本金 3 亿元。驻湖北省武汉市汉阳区芳草路 99 号纽宾凯国际锦城 5 号楼 307 号。执行董事、党委书记、总经理陈起建。

2022 年,新签合同额 1.42 亿元。施工产值 5.21 亿元。 (谢 博)

【西安建设有限公司】 拥有市政公用工程施工总承包一级,建筑、水利水电工程施工总承包二级,桥梁、隧道、地基基础、起重设备安装、环保、建筑装修装饰、建筑幕墙、古建筑、城市及道路照明、防水防腐保温工程专业承包一级,钢结构工程专业承包二级资质。经质量、环境和职业健康安全管理体系认证。2019 年 10 月 9 日注册成立,注册资本金 3 亿元。驻陕西省西咸新区秦汉新城窑店街道办兰池大厦 C 座 19 层。执行董事、党委书记刘守成,总经理、党委副书记许杨林。资产总额 19.09 亿元,负债总额 15.98 亿元,所有者权益总额 3.11 亿元,固定资产原值 0.38 亿元、净值 0.22 亿元,流动资产 18.47 亿元,非流动资产 0.62 亿元。设备 12 台(套)。设备原值 300.29 万元、净值 246.75 万元,总功率 1756 千瓦,成新率 82.17%。

2022 年,营业收入 21.97 亿元,净利润 0.25 亿元。国有资产保值增值率 661.85%,净资产收益率 15.97%,资产负债率 83.73%。 (王晓艳)

【华东建设有限公司】 拥有公路、市政公用工程施工总承包一级,建筑、机电工程施工总承包三级,桥梁、公路路基工程专业承包一级资质。2019 年 12 月注册成立。注册资本金 3 亿元。驻江苏省南京市溧水区柘宁东路 3 号。执行董事、党委书记王采成,总经理谢长征。资产总额 9.44 亿元。其中,固定资产原值 0.19 亿元、净值 0.11 亿元,负债率 57.06%。主要机械设备(车辆)26 台。设备原值 528.89 万元、净值 348.89 万元,总功率 4327 千瓦,动力装备率 8.06 千瓦/人,技术装备率 0.65 万元/人,完好率 98.3%,新度系数 65.97%,利用率 98.3%。

2022 年,新签合同额 39.79 亿元,总产值 16.9 亿元,净利润 0.76 亿元。 (闫 斌)

中铁十二局集团有限公司

【简况】 拥有铁路工程、公路工程、建筑工程、市政公用工程总承包特级,铁道行业、公路行业、建筑行业和市政行业设计甲级资质,建设工程消防设计文件审查资格、公路养护资质(路基路面甲级、隧道甲级)。同时具备公路、水利水电、通信工程等施工总承包一级,隧道、桥梁、路基、路面、地基与基础、机场场道、铺轨架梁、轨道交通、机电设备安装、地质灾害治理等专业承包一级等各类资质 100 余项,拥有对外承包工程资格和对外劳务合作经营资格。总部驻山西省太原市万柏林区西矿街 130 号。下辖第一、第二、第三、第四工程有限公司,建筑安装工程有限公司,电气化工程有限公司,第七工程有限公司,海南工程有限公司,市政工程有限公司,铁路养护工程有限公司,国际工程有限公司,物资有限公司,房地产开发有限公司,投资管理有限公司,城市发展建设有限公司,华南分公司,华南、华东、西北、川渝、云贵、北京、东北、华中、闽赣区域总部,海外事业部,投资事业部,工程总承包事业部,湘潭铁路工程学校,中心医院,兴城疗养院,总部服务中心,资金管理中心,财务共享服务中心,勘测设计院等单位。职工 20887 人。资产总额 711.35 亿元,资产负债率 79.93%。各类施工机械、运输设备、生产设备 10636 台(套),总功率 1689327 千瓦,固定资产原值 650558.39 万元、净值 255468.48 万元,技术装备率 12.19 万元/人,动力装备率 80.59 千瓦/人。年内新增设备固定资产 917 台(套),大型设备完好率 87.0%、利用率 80.6%。企业年施工能力 1000 亿元以上。

2022 年,承揽任务合同总额 1995.47 亿元;企业总产值 1146.1 亿元,占股份公司年度计划 1132 亿元的 101.2%,较上年增长 8.2%;施工产值 1076.6 亿元,较上年增长 8.2%;净利润 11.87 亿元;在岗职工年均工资 111599 元。主要实物工程量:隧道 192282 延长米,桥梁 152696 延长米,房屋折合 5028975 平方米,公路长 127 折合千米,公路路面 348.6 万平方米,城市轨道 27903 折合米。 (徐建堃)

【领导人员】

董事会

董事长　　　　李天胜

董事	李天胜
	支卫清(3月免)
	刘运泽(8月任)
职工董事	谭雷平
监事会	
监事会主席	黄卫远
监事	刘江涛(1月任)
职工监事	解国强
经理层	
总经理	支卫清(3月免)
	刘运泽(8月任)
副总经理	向远华(1月免)
	蒋盛煌
	何国民(12月免)
	梁彬彬(4月免)
	胡建国
	王红伟(8月免,调离)
	杜湘豪
	蔡英康
	王　栋(10月任)
	徐　峰(10月任)
	文坚地(10月任)
	邢　军(10月任)
总工程师	胡建国
总会计师	蒋盛煌
党群领导	
党委书记	李天胜
党委副书记	支卫清(3月免)
	刘运泽(8月任)
	谭雷平(3月任)
纪委书记	黄卫远
工会主席	谭雷平(3月任)

(岳法朋)

【工程项目指挥机构】 郑万高铁项目经理部　驻湖北省襄阳市保康县。项目经理马建忠,党工委书记王立军。

京唐铁路四标项目经理部　驻天津市宝坻区。项目常务副经理梁光荣。

张吉怀铁路项目经理部　驻湖南省张家界永定区二家河区委党校。项目常务副经理李帅。

湖杭高铁项目经理部　驻浙江省杭州市富阳区。项目经理刘建佳,党工委书记王春景。

南沿江城际铁路项目经理部　驻江苏省无锡市江阴市。项目经理兼党工委书记李跃林。

川藏铁路2标项目经理部　驻四川省甘孜藏族自治州康定市。项目经理谭雷平。

川藏铁路5标项目经理部　驻四川省甘孜藏族自治州康定市。项目经理梁彬彬。

渝昆铁路项目经理部　驻云南省曲靖市会泽县。项目经理兼党工委书记宋振军。

杭温铁路项目经理部　驻浙江省金华市浦江县。项目经理兼党工委书记郝晋峰。　(岳法朋)

【职工队伍】 职工20887人。在编职工15088人,其他在岗职工(合同工)5799人。高中及以下学历2262人,中专学历1412人,大专学历5037人,大学本科学历11821人,研究生及以上学历355人。35岁及以下11679人,36~40岁3618人,41~45岁1933人,46~50岁1909人,51~54岁988人,55岁及以上760人。专业技术职称9901人。其中,高级及以上技术职称2269人、中级职称3261人、初级职称4371人。工程专业职称7230人。其中,正高级工程师92人、高级工程师1725人、工程师2579人、初级职称2834人。

(白锦华)

【工程施工】 新建北京至唐山铁路宝坻至唐山段站前工程JTZQ-4标段工程　位于天津市宝坻区。合同投资183647万元(调整后合同投资216512万元)。合同工期2017年9月1日至2021年8月31日。主要工程量:正线双线桥梁1座16.785延长米,站线单线桥梁14座13.431延长米,站线路基0.906千米,车站1座,无砟道床铺设39.809铺轨千米,道岔铺设26组。

新建成都至达州至万州铁路成都至营山段站前工程CDWZQ-7标段工程　位于四川省遂宁市蓬溪县、南充市嘉陵区和顺庆区。合同投资258101万元。合同工期2022年10月1日至2027年9月30日。主要工程量:桥梁26座9.489延长米,隧道14座13.055延长米,路基26段5.65千米,涵洞13座248.46横延长米,无砟道床56.406铺轨千米。

新建阜阳至蒙城至宿州(淮北)铁路站前Ⅳ标段工程　位于安徽省亳州市利辛县和阜阳市。合同投资296142万元。合同工期2022年9月30日至2026年3月31日。主要实物工程量:双线特大桥3座34510延长米,特殊结构15处;框架桥1座、框架中桥1座、刚构桥1座、涵洞4座;旅客地道1处;区间路基1段0.66千米,站场路基1段1.43千米;无砟道床52.15

铺轨千米;梁场2座箱梁990片。

兰新客专震灾复旧TJ1标段工程　位于青海省海东市乐都区洪水镇。合同投资30383.1046万元。合同工期2022年3月24日至2023年10月23日。主要工程量:路基道床90.079米、隧道道床改造56.627米、隧道1987.8延长米。设置“1平导+2横洞”辅助施工,其中平导长523米,1号横洞长110米,2号横洞长567米;无砟道床4.269千米以及改建、新建段全部铺轨10.259千米。

新建揭阳至惠来铁路站前工程JHZQ-4标段工程　位于广东省揭阳市惠来县。合同投资126126万元。合同工期2021年11月18日至2025年11月18日。主要工程量:桥梁14座10.25延长米;隧道4座8.85延长米,横洞1座173米;路基9段12.53千米;无砟道床18820延长米;梁场1座箱梁542片。

日照站改造工程RZZC-1标段工程　位于山东省日照市东港区海滨五路1号日照站。合同投资38917万元。合同工期2022年1月1日至2025年3月31日。主要工程量:轨道工程铺轨33.857千米,新铺道岔78组,拆除道岔92组;路基工程站场土石方50.11万立方米;桥涵工程新建圆涵1处,新建框架涵3处,接长框架涵2处,新建行包通道1处,新建旅客通廊1处;对车站内到发线、牵出线等进行电化,对车站两端咽喉进行适应性改建。

新建弥勒至蒙自铁路站前工程MMZQ-3标段工程　位于云南省东南部。合同投资215682万元。合同工期2018年12月16日至2021年12月31日。主要工程量:正线路基9.893千米;桥梁19座10484.66延长米,预制、架设双线简支箱梁270孔,预应力钢筋混凝土连续梁6联;框构桥5座212.36延长米,涵洞27道988.924横延米;隧道7座9172延长米;车站1座(开远南站)。

新建京港高速铁路九江至南昌段CJZQ-4标段工程　位于江西省南昌市新建区。合同投资272985万元。合同工期2022年9月25日至2027年3月25日。主要工程量:2隧1站,长12.284千米;特大桥3座。

新建成自铁路天府站站房及其配套综合交通枢纽工程　位于成都市天府新区。合同投资199454万元。合同工期2022年5月16日至2023年5月15日。主要工程量:土方开挖251万立方米,土方回填31万立方米,钢筋10.3万吨,模板76万平方米,混凝土57.7万立方米,桩基5014根,防水46万平方米,架体125万立方米。

新建汉中至巴中至南充铁路南充至巴中段“四电”系统集成及相关工程HBNSDJC-1标段工程　位于四川省巴中市。合同投资12811万元。合同工期2022年9月5日至2024年5月30日。主要工程量:电缆10千伏201.59条千米,低压变电所4座,箱式变电站12座,低压电缆310.25千米;承导线78.72条千米,H型钢柱443根,隧道吊柱1022根,回流线59.26条千米,回流电缆3.56千米;三相变压器2台,220千伏断路器2组,220千伏隔离开关4组,27.5千伏断路器10台,27.5千伏隔离开关24台,柱上开关站1座;风速风向计3套,雨量计2套,异物侵限监测系统1套。

樟树至吉安高速公路改扩建工程A4标段工程　位于江西省吉安市吉水县和吉州区。合同投资99958.5万元。合同工期2022年6月17日至2026年6月17日。主要工程量:路基挖方51.6万立方米,路基填方76.1万立方米,路基借方31.1万立方米,互通立交2处;桥梁18座1641.5延长米,桩基588根14614延长米,预制梁板542片,涵洞105座;路面水稳结构层40.9万立方米,沥青结构层21.6万立方米。

辽宁凌绥高速公路2a标段工程　位于辽宁省朝阳市喀左县。合同投资121079万元。合同工期2022年9月1日至2026年8月30日。主要工程量:路基挖方406万立方米,路基填方361.7万立方米,互通立交2处,收费站2处,养护工区1处,桥梁18座(不含小桥)3160.5延长米,通道(小桥)20座646.65延长米,桩基810根,预制T梁934片,现浇箱梁25跨,盖板涵46座1670.42米,隧道2座3002.7延长米;路面碎石垫层53.1万平方米,底基层47.42万平方米,上面层58.51万平方米。

三清高速公路TJ3标合同段工程　位于云南省昆明市宜良县。合同投资173496万元。合同工期2020年3月1日至2024年3月1日。主要工程量:西山营特长隧道1座6808延长米;大桥5座,最大桥梁长698延长米,桥梁总长2374延长米;预制梁板917片,其中30米T梁399片,40米T梁518片;最长路基段落长569米,路基7段长1431米,土石方工程量221.06万立方米。

德贡公路提升完善养护工程二标段工程　位于云南省怒江州贡山县。合同投资58560.2858万元。合同工期2020年11月15日至2022年11月14日。主要工程量:隧道2253延长米,桥梁237延长米,棚洞1152米,涵洞308.95横延米,路基38.38千米,沥青路面35.14千米。主要工程内容:孔雀山隧道出口至贡山公路提升完善养护工程的路基、路面、桥涵、棚洞、隧道、防护排水、路侧混凝土护栏等工程的施工及缺陷修复。

安岚高速 AL－C13 标段工程　位于陕西省安康市岚皋县四季镇。合同投资 34406.968 万元。合同工期 2022 年 11 月 30 日至 2025 年 5 月 31 日。主要工程量：桥梁 3359 延长米，其中特大桥 1307 延长米、大桥 2052 延长米；涵洞 33 横延米；隧道 515.05 延长米；路基 931 米。

黄茅海跨海通道项目土建工程施工 7 标段　位于广东省江门市台山市赤溪镇。合同投资 61794.5163 万元。合同工期 2021 年 3 月 3 日至 2024 年 9 月 2 日。主要工程量：挖土方 2.0 万立方米、挖石方 10.3 万立方米、填土方 1.3 万立方米、填石方 9.5 万立方米、利用隧道弃砟填筑 63.4 万立方米；设计桥梁 3 座，其中中桥 80.6 延长米、赤溪西互通内主线桥 105.6 延长米、匝道桥 185.6 延长米；设计涵洞及通道 8 道；设计隧道 2 座，其中中隧道 886.369 延长米、长隧道 1630 延长米；含狮山二桥与赤溪西互通小箱梁运输与架设，标段范围内通信管线迁改，运送 10 万立方米隧道洞渣至服务区。

昆明（岷山）至楚雄（广通）高速公路扩建工程 TJ－1标段　位于云南省昆明市五华区、西山区。合同投资 191070 万元。合同工期 2019 年 7 月 18 日至 2021 年 7 月 18 日。主要实物工程量：大桥 1938 米（左幅）、2056 米（右幅），主线隧道 5371 延长米（左幅），主线隧道 5294 延长米（右幅），匝道隧道 1357 延长米；昆明三环枢纽互通 1 座，其中滇缅大道高架桥 362.5 延长米，主线桥 503.9 延长米，匝道桥 3954.31 延长米，三环左辅道改移 1165.258 米，三环右辅道改移 874.02 米，既有三环主线改扩 1560 米。主要工程量：路基挖方 122.47 万立方米；路基填方 159.88 万立方米；砼浇筑 99.96 万立方米；主要钢材 11.7 万吨；桥梁桩基 1044 根 26036 米，墩柱 328 根；预制 T 梁 749 片。

万开高速 A2 标段工程　位于重庆市万州区、开州区。合同投资 124493.3886 万元。合同工期暂定 2023 年 5 月 1 日至 2028 年 5 月 1 日。主要工程量：路基挖方 3.42 万立方米，隧道 1 座，分离式，左幅 8635 米，右幅 8614 米；路面混凝土基层 1.09 万立方米，混凝土面层 1.88 万立方米。

长深高速改扩建 T7 标段工程　位于广东省惠州市惠城区。合同投资 87304.3363 万元。合同工期 2022 年 7 月 15 日至 2024 年 7 月 14 日。主要工程量：路基挖土方 142.9 万立方米，路基挖石方 166.4 万立方米，路基填土方 175.0 万立方米，路基填石方 138.8 万立方米，互通立交 2 处，服务区 1 处；桥梁 26 座 5623.56 延长米，桩基 730 根 21322 延长米，安装梁板 1201 片，涵洞 28 座，气泡混合轻质土 14.8 万立方米，混凝土 20 万立方米，钢筋加工 1.8 万吨。

临清高速公路 LQTJ2－1 标段工程　位于云南省临沧市耿马县。合同投资 66803.1 万元。主要工程量：隧道 2 座，单洞总长 9628 延长米；桥梁 2 座，单线总长 984 米，其中户赛河Ⅰ号大桥单线长 410 米、户赛河Ⅱ号大桥单线长 574 米，最高桥墩 77 米，预制 40 米 T 梁 144 片；路基挖方段长 145 米，挖方 37 万立方米，其中土方占 1/3、石方占 2/3。

滁宁城际一期 1 标段工程　位于安徽省滁州市南谯区。合同投资 253478 万元。合同工期 2018 年 12 月 28 日至 2022 年 6 月 28 日。主要工程量：车站 5 个，区间段 5 个，控制中心 1 座，梁场 1 处，轨料存放场 1 处；DK13＋105 至 DK31＋945 范围内的制架梁、桥上设备、接触网支柱基础、声屏障、隔声窗等；轨道工程 17.355 千米；设备及安装工程 18.84 千米。

滁宁城际二期 1 标段工程　位于安徽省滁州市南谯区。合同投资 135965 万元。合同工期 2019 年 12 月 31 日至 2022 年 12 月 31 日。主要工程量：地下车站 2 座 26715 平方米。包括车站的土建结构、内外建筑装饰、导向系统、附属设施等；地下区间 5347 双延长米，其中盾构法施工 3974 米，明挖法施工 1373 米，其中盾构井 44 米。

深圳机场至大亚湾城际深圳机场至坪山段工程一标段土建四工区　位于广东省深圳市龙华区。合同投资 137986.73 万元。合同工期 2021 年 11 月 20 日至 2026 年 11 月 19 日。主要工程量：车站 1 座，盾构区间 1 段（龙胜站—民治北车站区间），其中龙胜站主体长 283.6 米，标准段宽 23.7 米，设出入口 4 个、安全疏散口 1 个，地面风亭组 2 组，4 号线换乘通道 1 个；盾构区间左线长 2355.472 米，右线长 2457.051 米。

成都轨道交通 17 号线二期施工总承包项目轨道 2 工区　位于四川省成都市成华区、金牛区。合同投资 40690 万元。合同工期 2022 年 9 月 30 日至 2024 年 8 月 10 日。主要工程量：地下线路 12.983 千米，设车站 10 座，其中换乘站 7 座；正线及配线铺轨长度 27.461 千米，其中现浇普通及中等减振道床 1.718 千米、现浇高等减振垫道床 6.704 千米、现浇液体钢弹簧道床 3.777 千米、普通及中等减振预制板道床 15.262 千米、普通单开道岔 15 组、单开中等减振器道岔 8 组、交叉交渡道岔 2 组；铺轨基地 3 个，分别为踏水桥铺轨基地、机车厂铺轨基地、高洪铺轨基地。

杭州机场轨道快线土建施工 SGJC－4 标段　位于浙江省杭州市西湖区。合同投资 12370.63156 万元。合同工期 2019 年 9 月 25 日至 2022 年 6 月 30 日。主要工程量：西溪湿地站机场快线车站 A、B 区，主体为地下二层 14 米岛式车站，车站主体长 272 米，基坑深度 18 米；远期 14 号线车站 C、D、E 区，主体为地下三层 8 米侧式车站，主体长 511 米，基坑深度 25.6 米。本站设风亭 9 个、出入口 10 个、安全疏散口 11 个。2 号区间风井—西溪湿地站盾构区间，左右线全长均 2475 米，联络通道 4 个（冷冻法 2 个、地面加固 2 个）。隧道埋深 5.9～25.4 米，管片内径 6.1 米，外径 6.9 米。

香格里拉市东外环市政道路连接工程 EPC 总承包项目　位于迪庆藏族自治州香格里拉。合同投资 26099.1 万元。合同工期 2022 年 1 月 1 日至 2023 年 12 月 31 日。主要工程量：U 型槽 430.15 米，框架桥 68.21 米，钻孔灌注桩 5734 米，钻孔咬合桩（荤桩）6709.9 米，钻孔咬合桩（素桩）6077.7 米，高压旋喷桩 28202 米，临时立柱桩 596.5 米，抗浮桩 3627 米，碎石桩 86626 米，钢支撑、钢围檩、连系梁、格构柱用钢量 1523.9 吨，路基挖方 174080 立方米，路基填方 39657 立方米。

井陉县乡村振兴示范区建设 PPP 项目　位于河北省石家庄市井陉县。合同投资 88286.42 万元。合同工期 2022 年 3 月 22 日至 12 月 31 日。主要工程量：道路硬化 64.10 万平方米，给水管网 25.41 万米，污水管网 13.01 万米，太阳能路灯 8133 盏，公共卫生间 21 座，村民活动中心 46 座，公园广场建设 14.89 万平方米，连翘基地建设 1467 万平方米，房建工程 20650 平方米；县乡道路工程路基挖方 152.07 万立方米，填方 43.44 万立方米；路面碎石垫层 2.06 万立方米，水稳层 14.58 万立方米，沥青层 3.42 万立方米。

容西片区配套市政基础设施及给排水设施工程（一期）施工 1 标段工程　位于河北雄安新区容西片区。合同投资 65180.44 万元。合同工期 2020 年 12 月 30 日至 2022 年 5 月 30 日。主要工程量：路基挖方 3.78 万立方米，路基填方 14.35 万立方米，碎石垫层、水稳层 20.7513 万平方米，沥青面层 12.6758 万平方米；地下管网挖方 52.33 万立方米，地下管网填方 38.46 万立方米，桩基 1889 根 22747 延长米，砼浇筑 6.8353 万立方米。

庆盛枢纽区块综合开发项目（庆盛人工智能产业园及安置配套工程）　位于广东省南沙区。合同投资 193709.7178 万元。合同工期 2019 年 5 月 9 日至 2024 年 5 月 8 日。主要工程量：路基挖方 0.6 万立方米，路基填方 53.87 万立方米，桥梁 5 座 384 延长米，桩基 98 根 2890 延长米，预制梁板 102 片；管道安装 27798 米；路面水稳石屑层 14.6 万平方米，水稳碎石层 13.95 万平方米，沥青层 13.68 万平方米；场地平整填土 294.59 万立方米；城市绿地系统公园绿地 9.65 万平方米，防护绿地 3.55 万平方米。

雄安新区容东（A、F）社区配套给排水管网项目　位于河北雄安新区容东片区。合同投资 7090.36 万元。合同工期 2022 年 3 月 8 日至 2023 年 6 月 30 日。主要工程量：新建雨污水管线 3.1 千米，配套检查井 83 座；土方工程 13 万立方米，三轴水泥搅拌桩 4875 立方米，钢筋工程 1203 吨，混凝土工程 9200 立方米，以及泵站、调蓄池配套的消防、通风、电气、照明、工艺设备等 3000 余套。

忻州市牧马河生态公园项目一标段工程　位于山西省忻州市忻府区。合同投资 10273 万元。合同工期 2022 年 7 月 10 日至 2024 年 7 月 8 日。主要工程量：土石方 75 万立方米，桥梁 429 延长米，覆土建筑 4758 平方米，驿站 1181 平方米，堰坝 2 座，钢坝闸 1 座，主河槽开挖 1200 米，乔木 6012 株，灌木、地被 24.95 万平方米，铺装 39430 平方米，给排水管线 14513 米。

保定市大水系建设项目——环堤河基础设施及生态环境综合治理工程（工程总承包）施工Ⅳ标段工程　位于河北省保定市。合同投资 39507 万元。合同工期 2022 年 2 月 21 日至 2023 年 10 月 24 日。主要工程量：环堤路工程 3.46 千米，河道治理 3.46 千米，桥梁景观提升 5 座，拆除不重建桥梁 3 座，以及景观配套等其他设施。

东方临港产业园周边配套生态水系连通工程施工一标段　位于海南省东方市八所镇。合同投资 12238.1 万元。合同工期 2021 年 10 月 28 日至 2023 年 10 月 18 日。主要工程量：取水口至西湖补水主管道 9.044 千米，并在中心沟处和福民公园设分流支管，中心沟支管 37 米，福民公园支管 59 米。结构物包括进水塔 1 座、交通桥 1 座、井室 30 座、围堰 1 处；高压旋喷桩总长 33741.59 米，挖方 6.17 万立方米，填方 4.53 万立方米以及配套电气设备安装。

雄东片区 B 单元安置房项目施工总承包一标段工程　位于河北省保定市雄县。合同投资 136646 万元。合同工期 2022 年 10 月 17 日至 2024 年 10 月 16 日。主要工程量：安置房项目用地面积 11.87 万平方米，总建筑面积 35.27 万平方米，其中地上建筑面积

22.05 万平方米，地下建筑面积 13.22 万平方米；项目包含 45 栋 7～14 层的安置房住宅，11 栋 1～3 层商业。

西安高新区兴隆安置性商品房 D 区项目建安工程二标段工程　位于西安市高新区。合同投资 69631.7227 万元。合同工期 2021 年 12 月 30 日至 2023 年 12 月 20 日。主要工程量：7 号、8 号、12 号、13 号、17 号、18 号、21 号（商业）、22 号（商业）、23 号楼（商业）及其配套地下一层、地下二层车库（DT 轴以南 1.175 米～CZ 轴以北 20.221 米/13 轴以东 4.186 米～21 轴以东 3.686 米；BH 轴以北 2.325 米～CZ 轴以北 20.221 米/21 轴以东 3.686 米～28 轴以西 1.6 米；BH 轴以南 1.433 米～CZ 轴以北 20.221 米/28 轴以西 1.6 米～51 轴），建筑面积 168572.76 平方米。

哈尔滨太平国际机场二期扩建工程场道及下穿通道工程施工五标段工程　位于黑龙江省哈尔滨市道里区太平国际机场。合同投资 53511.94 万元。合同工期 2022 年 8 月 10 日至 2024 年 9 月 30 日。主要工程量：新建 3 号机坪区域及下穿通道工程，包括标段范围内的土方工程、地基处理工程、道面工程、排水工程、下穿通道工程、防吹篱及遮蔽屏工程。主要实物工程量：土方工程挖土方 433 万立方米，地基处理工程碾压 34 万平方米，道面工程新建水泥混凝土道面（肩）35 万平方米，排水工程新建排水沟 7100 米，下穿通道工程 694 米，防吹篱与遮蔽屏工程成品遮蔽屏 297 米。

长沙机场改扩建工程地基处理与土方工程一标段工程　位于湖南省长沙市长沙县黄花镇。合同投资 46748.3 万元。合同工期 2022 年 6 月 20 日至 2024 年 3 月 12 日。主要工程量：场内挖草皮土 17.7 万立方米，挖腐殖土 37 万立方米，挖一般土石方 741 万立方米，一般土石方回填 594 万立方米。地基处理工程：沟塘挖淤泥 52 万立方米，挖一般土石方 53.8 万立方米，碎石换填 33.8 万立方米，一般土石方回填 214 万立方米，冲击碾压处理 47.7 万平方米，铺设土工格栅 14.3 万平方米；格宾挡土墙 2.3 万立方米，浆砌片石护坡及排水沟 3.5 万立方米，加筋三维网液压喷播植草 7.34 万平方米。

（吕　路）

【经营管理】　经营承揽。承揽任务 1995.46 亿元。其中，铁路工程 487.90 亿元、公路工程 167.00 亿元、房建工程 702.62 亿元、市政工程 250.15 亿元、轨道交通工程 103.25 亿元、水利水电工程 21.23 亿元，机场工程 24.85 亿元、电力工程 79.73 亿元、港口航道及海洋工程 13.06 亿元、其他工程 113.01 亿元、海外工程 32.66 亿元。首次在各区域召开经营推进会，举办两期经营业务培训班，并选拔 50 余人充实到经营一线，在广东、江苏、浙江等重点市场初步形成地市级网络布局。新兴市场开拓步伐加快。在机场市场中标长沙机场改扩建等 7 个项目，与安徽通航集团实现战略合作；在涉水市场承揽到玉林龙云灌区 EPC 等 20 个项目；在融通市场接连开拓地产和农发板块；在新能源市场强化政企合作，落地西乡旱船漕抽水蓄能项目；在生态环保市场持续探索，承揽到新筑寨里西堤工程等项目。

项目管理。在建项目稳步推进，郑万、湖杭、京唐等 18 个铁路项目，深圳地铁 16 号线、漳武高速、鄂州机场、盐城钢铁学院等 102 个路外项目顺利交付运营，贵南大方山、成自白云山等高风险隧道顺利贯通，巫镇高速东溪河特大桥主拱肋合龙，雄安科技园如期实现全部封顶。在全国公路信用评价中位列 A 级，在水利市场保持 AAA 级。获中国建设工程鲁班奖 2 项，国家优质工程奖 8 项（其中金奖 1 项），省部级优质工程奖 19 项，中国铁建杯优质工程奖 10 项；获国家 QC 小组活动先进集体 3 个，国家工程建设优秀 QC 小组 7 个，省部级优秀 QC 小组 93 个，中国铁建优秀 QC 小组 5 个。

安全监督。深入开展全国“安全生产月”统筹推进安全生产提升年行动，组织开展春季复工复产、北京片区“护航冬奥”施工现场安全生产百日攻坚专项行动、华东区域铁路营业线施工专项检查等活动，坚持抽查项目经理“七个清楚”、项目班前教育和每日巡查开展情况，定期下发预警信息，注重企业安全生产资质证书维护，逐步推进企业安全管理体系与建设，夯实风险评估、方案预控、隐患排查治理、应急管理等基础性工作，在建项目平稳推进，安全生产形势相对稳定。获国家级安全文明工地 5 项，省部级安全文明工地 18 项，中国铁建安全标准工地 7 项。

财务管理。全年实现营业收入 1005.53 亿元，在股份公司排名第一，同比增长超 10%；净利润 13.31 亿元，同比增长 12%；资产负债率 79.93%；经营性现金流持续为正。企业总体经济运行明显向好。完成外部清收清欠 1003.3 亿元，利用惠企金融政策融入低息借款 40.8 亿元，利用税收优惠政策节税退税 7.42 亿元，为各单位提供资金支持 26.09 亿元，积极推动产融结合、拓展融资渠道，有力保障资金需求、降低资金成本。

成本管理。深入推进项目扭亏治亏，坚持靶向治亏，针对重点项目开展工程公司班子分工包保、区域总部联动包保，并纳入绩效考核；针对重点客户项目专项研究应对，在重庆万开等项目取得突破。紧盯关键领域,在地材生产、临建费控、劳务管理等方面出台一系列规范性制度,为堵塞漏洞、挖潜创效指明方向。强化亏损问责,狠抓重点责任亏损项目治理,及时堵漏止损、深挖矛盾症结;严查责任亏损背后的深层次问题,严肃追责问责。重点项目超额完成减亏目标,13 个项目实现扭亏为盈。研究制定工程项目期效激励办法,推动项目员工收入与项目收益真正挂钩,在 28 个新上项目试点运用。

审计工作。配合审计署审计,深入开展综合整治专项行动,强化专项审计和预控审计;完成 7 项离任经济责任审计;对滇中、张吉怀、赣深项目开展责任亏损追究专项审计,针对审计过程中发现的问题、漏洞和风险,及时提出切实可行的建议,进一步提升项目风险防范能力和规范管理水平;发挥审计委员会纠偏导正的平台作用,筹划开展"大监督"工作,进一步完善监督顶层架构。 (徐建堃)

【**科技成果**】 研发项目 213 项,计划投入研发资金 193103 万元。其中集团母公司立项 64 项,投入研发资金 67708 万元;各子公司研发立项 149 项,投入研发资金 125395 万元。参与施工的"山西中南部铁路通道""新建北京至沈阳铁路客运专线辽宁段""苏州市轨道交通 2 号线及延伸线工程""太古供热项目(古交兴能电厂至太原供热主管线及中继能源站工程)"4 项工程获第十九届中国土木工程詹天佑奖。获省部级科学技术奖特等奖 1 项、一等奖 1 项、二等奖 5 项、三等奖 7 项,技术发明三等奖 1 项。省部级工法 17 项,授权专利 491 件,其中发明专利 49 件。 (徐建堃)

【**党群工作**】 党的工作。各类基层党组织 623 个,其中党委 37 个(含各级党工委),党总支 5 个,党支部 581 个。党员 6633 人,其中正式党员 6178 人,预备党员 455 人。组织工作。召开四届九次党委全会。集团公司党委与所属 36 家单位党(工)委分别签订《2022 年度党建工作责任书》,对各单位 2022 年度党建工作责任内容、期限、考核方式及考核结果运用等分别予以明确和细化。召开 2021 年度党(工)委书记抓基层党建述职评议大会,20 家单位的党(工)委书记就 2021 年度抓基层党建工作情况进行书面述职。开展党建工作责任制考核,二公司、三公司、电气化公司、物资公司、华南区域总部、北京区域总部 6 家单位 2021 年度党建工作责任制考核等级为"优秀"。组织党支部书记任职资格考试,先后在电气化公司、七公司、二公司、三公司、四公司、一公司组织 6 场党支部书记任职资格考试,并分别举办任职资格证书颁发仪式,316 人次参加考试、224 人取得任职资格。"'两个原则'构建工程项目党建工作新模式"党建课题研究成果入选《中国铁建党建工作与生产经营深度融合探索实践》,并获中国施工企业管理协会党建工作优秀案例。宣传工作。开展党的二十大精神宣讲活动,组织两级班子成员以及曹太然、李军保、胥宝华等近年来获省部级以上和中国铁建荣誉的劳模,进项目、进一线、进班组宣讲党的二十大精神。企业门户网站、微信公众号开辟专栏,多角度、多层次对党的二十大精神集中专题报道,推出"喜迎二十大　竞赛建新功"、"聚焦风控　行稳致远"和"奋进新时代'数'说十二局"3 个专栏专题,全景展示企业高质量发展业绩。在中央级媒体报道 85 次(篇),省部级及行业媒体报道 198 次(篇),《中国铁道建筑报》刊稿 72 篇。在省部级及以上主流媒体微信公众号发布专题 48 个,在"国资小新"官方微博发稿 13 次,参与中国铁建微信平台专题组稿 200 余次(篇),在"中国铁建"官方微博发稿 15 次,集团公司本级微信公众号制作刊发专题 215 个。党风廉政建设。围绕纠治"四风"、业务接待、疫情防控、印章管理、工程项目责任亏损追究、年轻干部教育等专题,综合运用召开警示教育会、讲授反腐倡廉党课、学习教育材料、观看警示教育片等多种方式,开展警示教育 570 场,受教育人数 12400 人。组织"项目经理谈廉洁"征文 200 余篇、座谈 155 场,征集短信 2452 条、微视频 32 部,廉政知识网络答题 7.6 万人次。发出履责清单 149 份、函告提醒单 36 份,开展廉政约谈提醒 1627 人次。受理处置各类问题线索 210 件,初步核实 177 件,立案 91 件,结案 87 件,给予党纪政务处分 168 人。受处分人员中,党纪处分 13 人,政务处分 163 人,党纪政务双重处分 8 人。运用提醒、诫勉等组织措施处理 190 人次,其中谈话提醒 64 人次,诫勉谈话 121 人次,其他 5 人次。开展亏损项目追责,年初确立的 49 个亏损项目全部追责到位。给予立案 55 件,纪律处分 101 人,组织处理 114 人,处以经济赔偿 341.23 万元,挽回直接经济损失 6775.87 万元。

工会工作。工会组织 23 个,其中集团公司工会 1 个,子公司工会 14 个,区域总部、直属单位、事业单位及事业部工会 7 个,项目公司工会 1 个。在岗直选工会主席 458 人,全集团各级向劳务队派遣工会指导员 507 人。召开五届四次职代会,征集职工代表提案 75 条,整理归纳立案 24 件并得到有效落实;开展以"崇实尚俭办企业,民主管理促提升"为主题的职工代表巡视活动,下沉 29 个基层单位,召开座谈会 22 场,发放调研问卷1400余份，谈话交流700余人，巡视报告提交集团五届五次职代会审议通过。组织劳动模范开展宣讲党的二十大精神活动，超23000余名职工、职工家属、班组劳务人员参与党的二十大专项答题活动。在川藏铁路等166个重点项目，持续开展“先锋杯·十比两创”综合管控劳动竞赛。修订完善先进集体和劳动模范评选管理服务工作办法，白国峰、郝二小获全国五一劳动奖章，吴燕升、乔志斌、朱立龙等7名职工获省级五一劳动奖章、火车头奖章，四公司张丽华获陕西省五一巾帼奖章。南沿江城际铁路项目获评省级工人先锋号，川藏铁路项目获火车头奖杯，七公司大临铁路隧道班组获全国“安康杯”竞赛优胜班组，养护公司郭继林获评全国“安康杯”竞赛优秀个人，原一公司王琪职工创新工作室获山西省总工会挂牌命名。开展送温暖、送清凉、金秋助学、慰问参建方舱和受灾职工等暖心帮扶慰问活动，累计投入688.3万元，受助人数15810余人；向参加援建方舱医院、受灾的1637名职工发放慰问金36.08万元。举办第二届“爱在云端　铁定是你”线上青年联谊活动，牵手成功31对。山西省总工会为建安公司钢结构分公司“妈咪小屋”挂牌，并作为唯一行业工会接受山西综合广播的《政风行风热线》采访。

共青团工作。下辖团委14个、团工委1个、团总支1个、团支部358个，团员3415人。开展“喜迎二十大，永远跟党走，奋进新征程”主题摄影短视频比赛活动、“我与企业共成长”主题征文活动、青年精神素养提升活动。在各重难点项目中开展争创青年文明号、争当青年岗位能手、青年突击队竞赛、青年安全生产示范岗等活动。川藏5标三工区项目经理姜文涛获中国青年五四奖章，开创集团历史先河。国际公司阿尔及利亚55千米铁路杯项目总工程师薛兴伟获评山西省杰出青年岗位能手，川藏2标一工区总工程师李伟获评全国铁路青年岗位能手，四公司太原工程项目建设指挥部获评山西青年五四奖状，一公司福州地铁项目部设备员张天天获评山西省优秀共青团员。川藏2标一工区、雄安公司容西安置房项目部获评山西省青年文明号，川藏2标二工区获评四川省青年文明号。川藏2标二工区项目经理吴燕升获评中国铁建十大杰出青年。5个青年集体8名青年分别获评中国铁建青年文明号、青年岗位能手。4个青年集体6名青年分别获评中国铁建五四红旗团委、团支部及优秀共青团员、团干部。　(徐建堃)

【第一工程有限公司】　拥有公路总承包特级，公路设计行业甲级，铁路工程施工总承包一级，水利水电工程、市政公用工程、建筑工程施工总承包二级，桥梁、隧道、公路路面、公路路基、环保、电子与智能化、地基基础工程专业承包一级，钢结构、公路交通工程（公路安全设施）专业承包二级，特种工程（结构补强）专业承包资质。驻陕西省西安市灞桥区柳雪路368号，党委书记、执行董事裴树林，总经理聂清文。职工3948人。资产总额96.58亿元。机械设备1226台（套）。设备成新率37.17%，动力装备率145.69千瓦/人，技术装备率10.32万元/人。年施工能力100亿元以上。

2022年，承揽任务263.91亿元，施工产值173.45亿元，净利润1.97亿元。　(黄英波)

【第二工程有限公司】　拥有公路总承包特级，公路设计行业甲级，铁路、市政公用工程总承包一级，隧道、桥梁、公路路基、铁路铺轨架梁工程专业承包一级，电子与智能化工程专业承包一级，建筑、矿山、水利水电工程总承包二级，钢结构工程、环保工程专业承包二级资质。驻山西省太原市小店区人民南路19号。党委书记、执行董事杜湘豪，总经理孙辉。职工2333人。资产总额126.2亿元。施工机械及车辆1721台（套），动力装备率51.42千瓦/人，技术装备率14.42万元/人。年施工能力100亿元以上。

2022年，承揽任务177.94亿元，产值113.98亿元。　(王想文)

【第三工程有限公司】　拥有公路、市政公用工程施工总承包一级，铁路、建筑工程施工总承包二级，桥梁、隧道、公路路基、铁路铺轨架梁工程专业承包一级，地基基础、环保、钢结构工程专业承包二级资质。驻山西省太原市万柏林区西线街39号。党委书记、执行董事王晋生，总经理宋志荣。职工2121人。机械设备2868台（套），技术装备率13.63万元/人，动力装备率83.87千瓦/人。年施工能力100亿元以上。

2022年，承揽任务284.67亿元，施工产值143.71亿元，净利润1.19亿元。　(贾梦莎)

【第四工程有限公司】　拥有公路工程总承包特级，公路行业甲级设计，市政公用工程施工总承包一级，铁路工程、建筑工程、矿山工程、港口与航道工程施工总承包二级，隧道工程、桥梁工程、公路路基工程、电子与智能化工程、环保工程专业承包一级，钢结构、公路路面工程专业承包二级资质。驻陕西省西安市浐灞生态区欧亚一路336号。党委书记、执行董事常帅斌，总经理李保明。职工2194人。机械设备3000台（套），技术装备率 39.78 万元/人,动力装备率 180.01 千瓦/人。年施工能力 100 亿元以上。

2022 年,承揽任务 340 亿元,施工产值 170 亿元,利润 21169 万元。（张志远）

【建筑安装工程有限公司】 拥有建筑工程施工总承包特级,市政公用工程施工总承包一级,铁路、石油化工、电力、钢结构、建筑装修装饰、地基基础,机电工程施工总承包二级,建筑机电安装、电子与智能化、防水防腐保温、建筑幕墙、消防设施工程专业承包一级,起重设备安装、环保工程专业承包二级,特种工程(结构补强)专业承包不分等级,工程设计建筑行业甲级、工程设计建筑幕墙工程专项乙级资质。驻山西省太原市西矿街 130-1 号。党委书记、执行董事杨部廷,总经理曹太然。职工 1944 人。资产总额 251.66 亿元。机械设备 636 台(套),技术装备率 3.96 万元/人,动力装备率 13.43 千瓦/人。年施工能力 200 亿元以上。

2022 年,承揽任务 496.18 亿元,施工产值 262.59 亿元,净利润 1.11 亿元。（毛经纬）

【电气化工程有限公司】 拥有通信工程施工总承包一级、机电、建筑工程施工总承包一级,公路交通(公路机电)、铁路电务、铁路电气化、输变电、建筑装修装饰、电子与智能化、消防设施工程专业承包一级,电力工程施工总承包二级,城市及道路照明、环保工程专业承包三级,工程设计电力行业新能源、工程设计电力行业送电工程专业乙级资质;承装(修)一级及承试三级电力许可证,电力系统设备试验测试资格。驻天津空港经济区环河北路与中心大道交口空港商务园西区 12 号楼。党委书记、执行董事辛东红,总经理马勇军。职工 1347 人。资产总额 67.29 亿元。机械设备 227 台(套)。设备总功率 22437 千瓦,技术装备率 1.02 万元/人,动力装备率 16.66 千瓦/人。年施工能力 65 亿元以上。

2022 年,承揽任务 144.07 亿元,施工产值 65.42 亿元,净利润 2.3 亿元。（贾金谕）

【第七工程有限公司】 拥有市政公用、公路工程施工总承包一级,建筑工程施工总承包二级,铁路工程施工总承包三级,桥梁、隧道工程专业承包一级,公路路基、路面工程专业承包三级,湖南省公路养护作业单位一类乙级及二类乙级与桥梁乙级和隧道乙级资质。驻湖南省长沙市天心区友谊路 202 号。党委书记、执行董事陈谦,总经理罗检萍。职工 1357 人。资产总额 51.51 亿元。机械设备 371 台(套),动力装备率 38.37 千瓦/人,技术装备率 5.67 万元/人。年施工能力 60 亿元以上。

2022 年,承揽任务 111.59 亿元,施工产值 65.91 亿元,净利润 1.90 亿元。（田永长）

【海南工程有限公司】 拥有房屋建筑、市政公用工程施工总承包二级,铁路、公路工程施工总承包三级,公路路面、公路路基、港口与海岸工程专业承包三级资质。驻海南省海口市秀英区长滨路博生村 51 号。党委书记、执行董事张建军,总经理吴红军。职工 441 人。资产总额 14.91 亿元。机械设备 177 台(套)。设备总功率 11420 千瓦,技术装备率 3.8 万元/人,动力装备率 27.19 千瓦/人。年施工能力 20 亿元以上。

2022 年,承揽任务 23 亿元,施工产值 17.73 亿元,净利润 1438.6 万元。（王　薇）

【市政工程有限公司】 拥有市政公用工程施工总承包一级,公路养护甲级,建筑、公路工程施工总承包三级,桥梁工程专业承包二级,公路路基、公路路面工程专业承包三级资质。驻广东省广州市南沙区海滨路 169 号成卓大厦。党委书记、执行董事郝斌辉,总经理乔明。职工 336 人。资产总额 19.36 亿元。其中,流动资产 17.48 亿元,固定资产净值 0.5 亿元。年施工能力 20 亿元以上。

2022 年,承揽任务 69.33 亿元,施工产值 30 亿元。（李　莹）

【铁路养护工程有限公司】 拥有市政公用、建筑、铁路工程施工总承包三级资质。驻四川省成都市青羊区青羊工业园区。党委书记、执行董事陈卫雄,总经理郭继林。职工 866 人。资产总额 4.36 亿元。机械设备 1106 台(套)。设备总功率 4185 千瓦,技术装备率 4.583 万元/人,动力装备率 4.83 千瓦/人。

2022 年,营业收入 3.96 亿元,净利润 3847.75 万元。（彭建萍）

【国际工程有限公司】 拥有铁路工程施工总承包三级,施工劳务分包(不分等级),建筑装修装饰工程专业承包二级,特种工程(结构补强)专业承包资质。驻天津市空港经济区中环西路 86 号中科天保智谷 6 号楼。党委书记、执行董事冯成刚,总经理宋宇新。职工 439 人。资产总额 10.57 亿元。其中,流动资产 6.94 亿元,固定资产净值 2.01 亿元。机械设备 815 台(套)。设备总功率 97000 千瓦,技术装备率 21.48 万元/人,动力装备率 205.40 千瓦/人。

2022 年,承揽任务 63.5 亿元,施工产值 14.24 亿元,净利润 858.19 万元。 (鲁宇谡)

【城市发展建设有限公司】 拥有市政公用工程总承包一级资质。驻江苏省苏州高新区锦锋路 199 号。党委书记、执行董事、总经理杨海鸿。职工 191 人。资产总额 7.87 亿元,流动资产 3.91 亿元,固定资产净值 4220.62 万元。

2022 年,承揽任务 2.54 亿元,施工产值 7.24 亿元,营业收入 2.76 亿元,利润 375.25 万元,净利润 329.01 万元。 (杨 凯)

【华南分公司】 拥有建筑工程施工总承包一级资质。驻广东省中山市翠亨新区翠亨大厦 12 层。党工委书记、总经理王成杰。职工 655 人。机械设备 170 台(套)。设备总值 573.96 万元,技术装备率 2.87 万元/人,动力装备率 15.38 千瓦/人。年施工能力 30 亿元以上。

2022 年,承揽任务 93.92 亿元,施工产值 26.55 亿元,营业收入 27.44 亿元,净利润 2354.55 万元。

(武 岩)

中国铁建大桥工程局集团有限公司

【简况】 拥有 49 个类别 166 项资质。其中,施工资质 39 个类别 135 项,包括铁路、公路、市政、建筑施工总承包特级资质(含设计甲级)5 项(含所属四公司公路工程施工总承包特级资质),水利水电、机电、矿山、通信等工程施工总承包一级资质 19 项,桥梁、隧道、公路路基、公路路面工程专业承包一级资质 37 项;勘察、设计、规划、测绘、检测、计量认证 6 个类别 27 项资质;房地产、交通运输、酒店经营及其他行业管理类 4 个类别 4 项资质;同时拥有对外援助成套项目总承包企业资质及地质灾害防治工程甲级资质。总部驻天津自贸试验区(空港经济区)中环西路 32 号。前身系中国人民解放军铁道兵第三师,1984 年 1 月,集体转业并入铁道部,改编为铁道部第十三工程局;1999 年 12 月,更名为中铁第十三工程局;2001 年 6 月,企业改制改称中铁十三局集团有限公司;2013 年 12 月,更名为中国铁建十三局集团有限公司;2014 年 3 月,更名为中国铁建大桥工程局集团有限公司,注册资本金 32 亿元。下辖第一、第二、第三、第四(南方)、第五、第六,电气化、西北、特种桥梁工程有限公司,株洲桥梁、建筑装配科技、靖江重工(金桥港务、物资贸易)公司,建筑公司、设计研究院(现代勘察设计院、津桥工程检测)、船舶公司、海外公司、投资公司(房地产公司),技师学院(培训中心),东北、华北、中原、华东、华中、华南、西南、西北、新疆、天津区域指挥部。职工 11855 人。资产总额 534.51 亿元。其中,固定资产原值 109.75 亿元、净值 55.82 亿元,流动资产 362.98 亿元,无形资产 12.83 亿元。大中型机械车辆 3935 台(套),原值 48.89 亿元、净值 21.16 亿元,总功率 66 万千瓦,动力装备率 62.44 千瓦/人,技术装备率 20 万元/人。

2022 年,新签合同额 1307.73 亿元,完成总产值 490.7 亿元,其中施工产值 478.1 亿元。实现利润 4.14 亿元,人均创利 3.49 万元。全员劳动生产率 37.83 万元/(人·年),职工年人均收入 133775 元。国有资产保值增值率 105.23%,净资产收益率 4.86%,产值利润率 0.9%,资产负债率 84.06%。完成主要实物工程量:土石方 5543.4 万立方米,桥梁 78343.1 延长米,隧道 101086.9 延长米,涵渠 15898.6 横延米,铁路制梁 1119 片、架梁 1240 片,地铁 24014.8 延长米,公路 409.7 千米,公路制梁 11974 片、架梁 10522 片,房屋建筑面积 279.7 万平方米。获中国建设工程鲁班奖 2 项,国家优质工程奖 6 项,省部级优质工程奖 12 项,铁建杯优质工程奖 12 项,中国土木工程詹天佑奖 1 项,省部级科技进步奖 8 项,省部级专利奖 1 项,省部级工法 50 项。获评中国建筑业协会 AAA 级信用企业,中国水利工程协会 AAA 级信用企业,天津市 100 强企业、优秀诚信施工企业等荣誉。

(姜 楠)

【领导人员】

董事会

董事长	张树海(8 月免)
	罗生宏(8 月任)
董事	周冠南(8 月任)
职工董事	韩再明

监事会

监事会主席	李庚许(8 月免)
	梁 健(8 月任)
监事	谢小成

经理层

总经理	罗生宏(8月免)
	周冠南(8月任)
副总经理	陈培荣
	李国强
	王保国
	郭宏伟
	徐青旺
	王长军
	张立青
	刘长海(8月任)
总工程师	周冠南(8月免)
总会计师	陈陪荣

党群领导

党委书记	张树海(8月免)
	罗生宏(8月任)
党委副书记	周冠南(8月任)
	韩再明
纪委书记	李庚许(8月免)
	梁　健(8月任)
工会主席	韩再明

（张发宝）

【工程项目指挥机构】 东北区域指挥部　驻吉林省长春市。指挥长韩再明。

华北区域指挥部　驻北京市丰台区。指挥长郭宏伟。

天津区域指挥部　驻天津自贸试验区(空港经济区)。指挥长李素清。

中原区域指挥部　驻山东省济南市。联系指导工作梁健。

华东区域指挥部　驻浙江省杭州市。指挥长郭宏伟。

华中区域指挥部　驻湖北省武汉市。指挥长李国强。

华南区域指挥部　驻广东省广州市。指挥长王长军。

西南区域指挥部　驻四川省成都市。联系指导工作徐青旺。

西北区域指挥部　驻陕西省西安市。指挥长王保国。

新疆区域指挥部　驻新疆维吾尔自治区乌鲁木齐市。指挥长王保国。

昌景黄铁路项目经理部　驻江西省鄱阳县。项目经理李春江,党工委书记王怀宇。

荆荆铁路项目经理部　驻湖北省荆门市。项目经理綦彦波。

池黄铁路项目经理部　驻安徽省黄山市。项目经理高强,党工委书记李子明。

福厦铁路项目经理部　驻福建省泉州市晋江市东石镇。项目经理崔淑斌。

西延铁路 XYZQ-4 标段项目经理部　驻陕西省铜川市。项目经理姚懿德,党工委书记陈强。

渝昆高铁云贵段站前一标项目经理部　驻云南省昭通市盐津县。项目指挥长、党工委书记吴焕通,项目经理刘绍石。

盘兴铁路工程项目经理部　驻贵州省六盘水市。项目经理朴占华,党工委书记刘新峰。

新建川藏铁路雅安至林芝段 CZXZZQ-11 标段项目经理部　驻西藏自治区昌都市。项目指挥长、党工委书记徐青旺。

黎霍高速项目经理部　驻山西省长治市襄垣县长兴嘉园小区,项目经理李富强,党工委书记兼总工孟庆信。

长太高速项目经理部　驻吉林省松原市。项目经理张文军,党工委书记李敬。

凉山州大桥水库灌区二期工程项目经理部　驻四川省凉山彝族自治州西昌市。项目经理赫宏伟,党工委书记刘强。

甬舟项目部　驻浙江省舟山市。项目经理王殿伟,党工委副书记王金刚。

渝万项目部　驻重庆市涪陵区。项目经理赵国祝,党工委书记徐润泽。

深江铁路项目部　驻广东省中山市港口镇。项目经理李家茂,党工委书记甄洪峰。

六横大桥二期工程项目经理部　驻浙江省舟山市六横镇,项目经理、党工委书记王保良,项目常务副经理王学哲,项目常务副书记李源。

沪宁合(安徽段)项目部　驻安徽省合肥市。项目经理赵攀,党工委副书记杨德伟。

沪宁合(江苏段)项目部　驻江苏省扬州市江都区仙女镇。项目经理张明刚,党工委书记郭崇强。

（姜　楠）

【职工队伍】 职工 11855 人。其中,干部 9288 人、工人 2567 人。技术干部 8673 人,占干部总数的 93.38%;技术工人 1256 人,占工人总数的 48.93%。在岗职工 11250 人。专业技术人员 8673 人,占在岗职工总数的77.09%,其中高级职务2018人(含正高级157人)、中级职务2713人、初级职务3004人。工程系列6804人、会计系列1040人、经济系列765人、卫生系列14人、教育系列41人、档案系列9人。全日制博士研究生学历10人、硕士研究生学历236人、本科学历8155人、大专学历1425人、中专学历330人、高中及以下学历1094人。 (张发宝)

【铁路工程施工】 新建川藏铁路雅安至林芝段中间段站前工程CZXZZQ-11标段 位于西藏自治区昌都市,全长24.6千米。合同投资735514万元。合同工期2021年12月1日至2032年11月8日。主要工程量:隧道1.3座23491. 6延长米,桥梁1座1103.8延长米,隧道段防护栅栏单侧1400米,正线CRTS双块式无砟道床47962米(隧道地段)。2022年完成产值60753万元,开工累计完成产值60753万元。

渝昆高铁云贵段站前1标段工程 位于云南省昭通市,全长36.41千米。合同投资489952万元。合同工期2021年9月1日至2027年8月30日。主要工程量:路基土石方12.8万立方米;桥梁4座1407延长米,其中特大桥2座1333.7延长米;隧道3.5座34999延长米;站场1个;无砟道床73.8千米;双块式轨枕预制509164根。2022年完成产值63960万元,开工累计完成产值68414万元。

新建盘县至兴义铁路PXZQ-2标段工程 位于贵州省盘州市,全长27.32千米。合同投资221189万元。合同工期2021年12月26日至2025年12月25日。主要工程量:路基土石方20.5万立方米;桥梁10座5820.9延长米,其中特大桥4座4697.9延长米;隧道8座21115延长米;梁场1个;简支箱梁预制和架设144孔;无砟道床34.4单线千米。2022年完成产值46127万元,开工累计完成产值46127万元。

西延高铁站前4标工程 位于陕西省铜川市,全长23.83千米。合同投资229607万元。合同工期2021年5月1日至2025年10月31日。主要工程量:路基土石方338.6万立方米;桥梁4座1580延长米,其中特大桥1座1066.7延长米;隧道4.5座21427延长米;站场1个;无砟道床46.66千米。2022年完成产值60912万元,开工累计完成产值79872万元。

新建池州至黄山高速铁路站前3标段工程 位于安徽省黄山市黄山区,全长24.56千米。合同投资254305万元。合同工期2019年12月28日至2024年6月26日。主要工程量:路基土石方30.28万立方米;站场土石方112.78万立方米;桥梁13座7198延长米,其中特大桥7座6300.4延长米;涵洞7座392.42横延米;隧道7座14605延长米;站场1个;箱梁预制和架设302孔;无砟轨道50.3单线千米;道岔15组。2022年完成产值104959万元,开工累计完成产值227382万元。

新建南昌经景德镇至黄山铁路江西段站前工程CJHZQJX-3标段 位于江西省景德镇市、上饶市,全长36.864千米。合同投资232636.6万元。合同工期2019年9月10日至2023年4月30日。主要工程数量:路基15段8.9千米;区间路基土石方1754419立方米;站场路基土石方865488立方米;正线双线桥梁16座28.621延长千米,其中特大桥11座27.736延长千米、大桥2座0.591延长千米、中桥3座0.294延长千米;鄱阳南站维修工区大桥1座482米;梁场2座;预制架设双线箱梁425孔;涵洞15座343.62横延米;车站2座;铺设无砟道床76.769千米。2022年完成产值90040万元,开工累计完成产值225933万元。

新建荆门至荆州铁路JJSG-2标段工程 位于湖北省荆门市,全长19.59千米。合同投资136743万元。合同工期2020年8月29日至2024年2月28日。主要工程量:路基土石方45.058万立方米;桥梁4座16221延长米,其中特大桥2座15212.715延长米;涵洞12座288.92横延米;铺设无砟轨道40.128单线千米。2022年完成产值34051万元,开工累计完成产值107963万元。

新建福州至厦门铁路站前7标段工程 位于福建省泉州市、厦门市,全长32.21千米。合同投资300372万元。合同工期2017年9月30日至2022年9月30日。主要工程量:路基土石方72.8万立方米;站场土石方200.5万立方米;桥梁9座20409.3延长米,其中特大桥3座19586.1延长米;涵洞15座637.9横延米;隧道2座5997.2延长米;站场1个;箱梁预制和架设667孔;无砟轨道64.5单线千米;道岔18组。2022年完成产值27937万元,开工累计完成产值315843万元。

新建包头至银川铁路银川至惠农段工程BYZQ-3标段 位于宁夏回族自治区银川市,全长28.05千米。合同投资198112万元。合同工期2019年10月1日至2023年9月30日。主要工程量:区间路基土石方85.65万立方米,路基附属混凝土63088立方米,水泥桩94443米,现浇梁306.05米,涵渠208.75米,接触网支柱基础256个,箱梁预制221孔,箱梁架设238孔。2022年完成产值34531万元,开工累计完成产值114446万元。

新建杭州至衢州铁路站前1标段工程　位于浙江省建德市,全长20.671千米。合同投资154000万元。合同工期2020年5月18日至2023年11月17日。主要工程量:路基土石方95.8万立方米;桥梁28座7014延长米,其中特大桥3座2453延长米;隧道20座11672延长米;涵洞11座293横延米;铺设无砟轨道4.565单线千米。2022年完成产值48335万元,开工累计完成产值140937万元。

新建珠海市区至珠海机场城际轨道交通工程横琴至珠海机场段HJZQ－2标工程　位于广东省珠海市,管段铁路部分线路6.3千米,公路部分金海公路大桥左幅2.8千米、右幅2.7千米。合同投资136681万元。合同工期2018年4月1日至2023年3月31日。主要工程量:桥梁3座12104.5延长米;预制梁984榀,其中铁路156榀、公路828榀;无砟轨道12.6千米。2022年完成产值40549万元,开工累计完成产值125681万元。

新建兰州至合作铁路站前3标工程　位于甘肃省临夏市,全长3.39千米。合同投资49606万元。合同工期2021年12月16日至2027年12月15日。主要工程量:路基土石方10.4万立方米;桥梁2座555.92延长米;涵洞2座102.93横延米;隧道3座2676延长米;无砟道床5.516单线千米。2022年完成产值12079万元,开工累计完成产值12079万元。

新建宁波至舟山铁路YZSG－5工区工程　位于浙江省舟山市,全长7.97千米。合同投资332129万元。合同工期2023年11月1日至2028年10月31日。主要工程量:路基土石方14.02万立方米;公铁两用跨海大桥2座3259延长米;其他桥梁4座832延长米;隧道4座3417延长米;现浇梁46孔。2022年暂未正式开工。　（宋　凯）

【铁路外工程施工】　长春至太平川高速公路工程　位于吉林省松原市,全长164.2千米。合同投资566868万元。合同工期2021年5月30日至2024年5月30日。主要工程量:路基土石方2608万立方米;主线大桥3座362延长米、中桥15座914延长米、小桥4座110延长米;涵洞114道;互通式立交11处、分离式立交20处;通道57处;天桥68处;服务区3处、停车区3处、管理处3处、养护工区3处、收费站9处。2022年完成产值191299万元,开工累计完成产值291918万元。

大桥水库灌区二期工程　位于四川省西南部,全长179.36千米。合同投资193265万元。合同工期2019年11月20日至2024年5月19日。主要工程量:隧洞79座87.1千米;渡槽82座7.75千米;倒虹管38座13.9千米;明渠54.5千米、暗渠13.1千米。2022年完成产值56311万元,开工累计完成产值98253万元。

青兰国家高速公路长治至延安联络线G2211山西境黎城至霍州段PPP项目一标工程　位于山西省长治市,全长28.284千米。合同投资288715万元。合同工期2020年8月25日至2023年6月30日。主要工程量:路基13.469千米,桥梁23座7640延长米,隧道4座7.349延长千米。2022年完成产值107795万元,开工累计完成产值249827万元。

渝湘复线高速公路彭酉路6标段工程　位于重庆市酉阳县,全长26.3千米。合同投资252888万元。合同工期2021年1月18日至2024年1月18日。主要工程量:路基土石方491.6万立方米,桥梁9座9516延长米,涵洞49座1768.6横延米,隧道9座32462延长米。2022年完成产值98102万元,开工累计完成产值204759万元。

九龙湖过江大桥工程PPP项目工程　位于江西省南昌市,全长4.183千米。合同投资188700万元。合同工期2021年8月20日至2024年9月30日。主要工程量:路基土石方50.33万立方米;桥梁11座8547延长米,其中大桥1座4183延长米。2022年完成产值60805万元,开工累计完成产值92305万元。

成都地铁17号线二期土建四工区工程　位于四川省成都市,全长2.98千米。合同投资134280万元。合同工期2019年10月10日至2024年8月10日。主要工程量:地铁车站2座54157平方米,地铁盾构区间2段7762.5米。2022年完成产值31483万元,开工累计完成产值51856万元。

武汉至松滋高速江陵至松滋段JSTJ－2标段工程　位于湖北省荆州市,全长4.836千米。合同投资183000万元。合同工期2022年10月16日至2026年4月16日。主要工程量:桥梁4座4836延长米,其中特大桥3座4586延长米。2022年完成产值17008万元,开工累计完成产值17008万元。

贵州省剑河至黎平高速公路PPP项目TJ－02标段工程　位于贵州省黔东南苗族侗族自治州,全长10.518千米。合同投资110000万元。合同工期2021年6月1日至2023年11月1日。主要工程量:路基土石方188万立方米,桥梁5座1458延长米,涵洞5座236横延米,隧道4座14115延长米。2022年完成产值41848万元,开工累计完成产值63333万元。

渝长高速复线连接道工程　位于重庆市江北区，全长4.31千米。合同投资266000万元。合同工期2022年3月1日至2026年2月28日。主要工程量：路基土石方226.94万立方米；桥梁16座7911延长米，其中特大桥1座1225延长米。2022年完成产值3096万元，开工累计完成产值3096万元。

重庆轨道交通18号线土建五标段工程　位于重庆市巴南区，全长1.47千米。合同投资97909万元。合同工期2019年8月1日至2022年4月30日。主要工程量：特大桥1座1306.2延长米，车站1座11776平方米。2022年完成产值34286万元，开工累计完成产值88944万元。

广州市轨道交通10号线及同步实施总承包项目2标工程　位于广东省广州市，全长3.17千米。合同投资65031万元。合同工期2018年12月1日至2024年2月28日。主要工程量：地铁车站1座22495平方米，地铁盾构区间2个4177米。2022年完成产值23275万元，开工累计完成产值30987万元。

南京地铁9号线一期工程施工总承包D.009.X-TA02标段土建一工区工程　位于江苏省南京市，全长2.117千米。合同投资93173万元。合同工期2020年3月1日至2025年6月30日。主要工程量：地铁车站2座31525平方米，地铁盾构区间2个3539米。2022年完成产值14911万元，开工累计完成产值44319万元。

天津地铁8号线一期工程　位于天津市河西区，全长5.3千米。合同投资250140万元。合同工期2020年9月1日至2024年12月31日。主要工程量：地铁车站4座74392平方米，地铁盾构区间5个8698米。2022年完成产值59833万元，开工累计完成产值98464万元。

合肥市轨道交通6号线一期土建施工总承包2标段工程　位于安徽省合肥市，全长6.1千米。合同投资145072万元。合同工期2020年11月30日至2026年11月30日。主要工程量：地铁车站3座93538平方米，地铁盾构区间5个9609米。2022年完成产值22414万元，开工累计完成产值41190万元。

武汉市轨道交通12号线6标段工程　位于湖北省武汉市，全长3.06千米。合同投资122803万元。合同工期2021年1月1日至2024年6月30日。主要工程量：地铁车站2座58166平方米，地铁盾构区间2段5014米。2022年完成产值27866万元，开工累计完成产值35166万元。

新疆西水东引二期工程西二Ⅱ标段工程　位于新疆维吾尔自治区阿勒泰地区，全长26.8千米。合同投资85089万元。合同工期2017年3月30日至2023年7月31日。主要工程量：引水洞3座257222米，支洞1座1729米，扩大洞室1座370米，进场道路1条18430米，供水系统及其他临时工程3条22100米。2022年完成产值12453万元，开工累计完成产值64747万元。

G219线新藏公路新疆段升级改造工程　位于新疆维吾尔自治区喀什地区，全长7.5千米。合同投资90938万元。合同工期2021年6月8日至2024年6月8日，调整工期2020年9月30日至2023年9月30日。主要工程量：路基挖土石方22.9万立方米，路基填土方14.1万立方米，桥梁2座100.2延长米，涵洞25座297.6横延米，隧道1座2731延长米。2022年完成产值43404万元，开工累计完成产值63450万元。

小清河复航工程三标段工程　位于山东省滨州市和淄博市，全长30.8千米。合同投资153031万元。合同工期2020年6月30日至2022年12月31日。主要工程量：迁建金家堰船闸1座，改建桥梁7座，滨博高速桥墩防护1座，倒虹吸1道，提灌站54座，船闸翻水泵站1座。2022年完成产值43249万元，开工累计完成产值140285万元。

重庆轨道24号线一期土建5标段工程　位于重庆市南岸区，全长3.6千米。合同投资96952万元。合同工期2021年3月10日至2025年2月28日。主要工程量：地铁车站2座45786平方米，暗挖隧道区间1段2851米（双线），变电所1座。2022年完成产值14766万元，开工累计完成产值20003万元。

G3511菏宝线临猗黄河大桥及引线工程　位于山西省运城市临猗县，全长4.977千米。合同投资225891万元。合同工期2020年7月1日至2024年7月30日。主要工程量：桥梁2座4811米、路基166米。2022年完成产值71148万元，开工累计完成产值153153万元。

广州市增城区新塘站片区路网—荔新路与广园东复合立交改造、站前路（含与广园东互通立交）、东华大道建设工程　位于广州市增城区。合同投资258220万元。合同工期2020年8月20日至2023年2月20日。主要工程量：桥梁45座14600延长米，路基34段15.5千米，混凝土梁114联，钢箱梁42联。2022年完成产值34683万元，开工累计完成产值95215万元。

贵州省剑河至黎平高速公路TJ-4标段工程　位于贵州省黔东南苗族侗族自治州，全长7.9千米。合同投资140000万元。合同工期2020年8月1日至2024年1月30日。主要工程量:正线桥梁6座2425.6延长米;匝道桥梁5座736.5延长米;隧道3座4392延长米;预制梁709片。2022年完成产值52979万元,开工累计完成产值71579万元。

贵阳乌长高速公路TJ－3标段工程　位于贵州省修文县,全长10.03千米。合同投资167195万元。合同工期2021年1月1日至2024年12月30日。主要工程量:桥梁7座2580延长米,路基4.825千米,隧道2座2676延长米,T梁726片。2022年完成产值36455万元,开工累计完成产值36455万元。

广西南玉珠高速岑溪—大新公路玉林至横县段TJ2标段工程　位于广西壮族自治区,全长8.1千米。合同投资63097万元。合同工期2022年6月20日至2026年1月15日。主要工程量:路基防护面积31.8万平方米,涵洞26座2399.15横延米,桥梁3座997米,车行天桥1座87米,预制箱梁300片。2022年完成产值25590万元,开工累计完成产值26396万元。

双江口水电站泄洪工程　位于四川省阿坝州马尔康市,全长8.3千米。合同投资128192万元。合同工期2016年9月1日至2024年10月31日。主要工程量:隧道6座8269.1延长米,桥梁2座111.3延长米。2022年完成产值13750万元,开工累计完成产值58200万元。

云南省滇中引水工程　位于云南省昆明市。合同投资136357万元。合同工期2019年9月30日至2026年8月30日。主要工程量:主洞20.974千米,支洞7条5.12千米。2022年完成产值28479万元,开工累计完成产值68827万元。

西藏自治区那曲市梅帕塘水库工程　位于西藏自治区那曲市。合同投资96429万元。合同工期2022年6月30日至2026年6月30日。主要工程量:碾压混凝土重力坝1座251米,复合土工膜砂砾石坝1座288米,进场道路5条5208米,交通桥3座334延长米,导流隧洞1座651横延米,坝后电站厂房、鱼类增殖站、管理区建筑各1座。2022年完成产值6880万元,开工累计完成产值6880万元。

东西城市轴线沱江大道工程　位于四川省成都市、简阳市,全长2.2千米。合同投资188700万元。合同工期2020年6月21日至2022年7月20日。主要工程量:区间路基0.94千米;桥梁2座1260延长米,其中跨沱江大桥1015延长米;涵洞1座217横延米。2022年完成产值15731万元,开工累计完成产值20594万元。

长春市城市轨道交通7号线一期工程　位于吉林省长春市,全长8.2千米。合同投资238916万元。合同工期2020年5月1日至2025年4月30日。主要工程量:地铁车站4座65678平方米,地铁盾构区间6个14078米,联络线1个及全线铺轨。2022年完成产值46476万元,开工累计完成产值108054万元。

银昆高速(G85)宁夏境太阳山开发区至彭阳(宁甘界)段项目LJ07标工程　位于宁夏回族自治区吴忠市,全长31.7千米。合同投资250559万元。合同工期2020年8月18日至2024年8月18日。主要工程量:路基土石方273.22万立方米,桥梁32座7105.64延长米,现浇梁791米,路面10.87万平方米。2022年完成产值82152万元,开工累计完成产值203898万元。

西安泰信大厦工程　位于西安市高新开发区。合同投资56029万元。合同工期2020年10月15日至2023年4月5日。主要工程量:单体1个,地下4层、地上36层,最大高214.4米,总建筑面积108854.66平方米。2022年完成产值28125万元,开工累计完成产值51325万元。

湖北交投实业总部工程　位于武汉市汉阳区,总建筑面积204636.36平方米。合同投资110400万元。合同工期2019年12月20日至2023年10月9日。主要工程量:单体4个,A楼35层,建筑高度190.5米,建筑面积61743.61平方米;B楼41层,建筑高度220米,建筑面积63361.29平方米;2栋商业楼各4层,建筑面积2195.1平方米;地库3层,建筑面积66873.4平方米。2022年完成产值29887万元,开工累计完成产值52684万元。

深圳市城市轨道交通16号线工程施工总承包三工区工程　位于广东省深圳市,全长4.56千米。合同投资204740万元。合同工期2017年12月30日至2022年12月28日。主要工程量:地铁车站5座102420平方米,地铁盾构区间4个6750米。2022年完成产值42241万元,开工累计完成产值204740万元。

北京地铁17号线工程土建施工09合同段工程　位于北京市朝阳区,全长2.26千米。合同投资58974万元。合同工期2016年9月1日至2023年12月28日。主要工程量:地铁车站1座20383平方米,地铁盾构区间1个3907米。2022年完成产值6604万元,开工累计完成产值55502万元。

泸西至丘北至广南至富宁高速公路普者黑南盘江大桥工程　位于云南省文山市,全长2.825千米。合同投资190459万元。合同工期2022年2月15日至2026年2月15日。主要工程量:路基土石方0.38万立方米,桥梁1座1779.5延长米,隧道1座648延长米。2022年完成产值1000万元,开工累计完成产值12000万元。

张靖皋长江大桥ZJG-A6标段工程　位于江苏省南通市,全长1.069千米。合同投资47605万元。合同工期2022年11月8日至2026年1月8日。主要工程量:桥梁1座1069延长米。2022年完成产值4410万元,开工累计完成产值4410万元。

荆州李埠长江公铁大桥LBTJ-3标段工程　位于湖北省荆州市,全长2.236千米。合同投资294960万元。合同工期2023年9月1日至2027年6月30日。主要工程量:桥梁1座2236延长米。2022年暂未正式开工。（宋　凯）

【海外工程施工】　尼日利亚拉伊铁路三电工程　位于尼日利亚奥贡州,长105千米。合同投资1733万美元。合同工期12个月。主要工程量:车站4座;电力、通信信息、信号工程4个区间,区间设通信基站和中继站。2022年完成产值190万美元,开工累计完成产值1341万美元。

孟加拉国特变电工栋吉机械化仓库项目　位于孟加拉国达卡市。合同投资919万美元。合同工期36个月。主要工程量:房屋建筑面积18403平方米,敞开式库棚建筑面积1210平方米,地下消防水池382.5立方米。2022年完成产值314万美元,开工累计完成产值531万美元。

澳氹第四条跨海大桥设计连建造工程　位于澳门新城区,全长3.085千米,其中跨海段2.86千米。合同投资19580万美元。合同工期1098天(澳门当地工作日)。主要工程量:栈桥施工3023米,陆上桩基础44根,海上桩基础162根,承台12个,墩柱112个,盖梁48个,现浇混凝土梁4孔,钢梁安装90299吨。2022年完成产值4740万美元,开工累计完成产值8428万美元。

阿联酋铁路B标段、D标段工程　合同投资9222万美元。合同工期18个月。B标段项目位于阿布扎比市,主要工程量:桥梁800延长米,其中公路桥5座、设备保护桥12座、地下道9座,排水箱涵40座。D标段主要工程量:桥梁2座650.3延长米,框架涵1座。2022年完成产值1482万美元,开工累计完成产值6571万美元。

尼日利亚拉各斯轻轨四期道岔连续梁和MARINA车站土建工程　位于尼日利亚拉各斯市。合同投资1655万美元。合同工期13个月。主要工程量:道岔连续箱梁18跨,车站土建工程12989平方米。2022年完成产值900万美元,开工累计完成产值1541万美元。

孟加拉Hatikamrul立交桥改建工程项目WP13标段工程　位于孟加拉国拉杰沙希专区。合同投资8739万美元。合同工期36个月。主要工程量:路基工程14458米,预制梁桥7座2010米,箱涵6座522.2米,高架桥2座373米,现浇箱梁桥2座1265米,服务区1处。2022年完成产值216万美元,开工累计完成产值216万美元。

尼日利亚拉各斯轻轨红线一期项目IKEJA跨线桥OBAFEIMI桥梁工程　位于尼日利亚拉各斯市。合同投资434万美元。合同工期14个月。主要工程量:OBAFEIMI桥工程的路基、桥梁(包含制架梁,不包含桩基)、挡墙、护坡及附属工程,梁场临建工程,混凝土拌和站的安装和管理。2022年完成产值207万美元,开工累计完成产值411万美元。

孟加拉马杜卡里—马古拉宽轨铁路桥项目工程　位于孟加拉国东南部Faridpur和Magura行政区。合同投资3176万美元。合同工期36个月。主要工程量:钢桁梁桥1座549延长米,预应力混凝土高架桥1座1683延长米,钢板梁桥2座150延长米。2022年完成产值332万美元,开工累计完成产值568万美元。（李姝征）

【经营管理】　经营投资。持续优化经营体系建设,修订完善《国内经营工作管理办法》《国内区域指挥部全面管理考核办法》《子分公司经营工作考核办法》,突出导向引领。根据"123"经营战略,织密省(市)经营部网络,增强省(市)经营部力量。推动在建项目围绕"131"滚动发展目标,实现能够支撑发展需求的滚动经营态势。公路工程承揽位列股份公司19家工程承包单位第1;属地承揽突破120亿元,位列中国铁建生产经营龙虎榜第8;华南区域指挥部广东经营部位列中国铁建生产经营龙虎榜第10;华中区域指挥部承揽超过300亿元,华南、华东、西南区域指挥部承揽超过200亿元;中标特种桥梁20座,填补股份公司1项、集团公司4项桥梁业绩空白。强化重难点项目信息收集转化工作,深化经营策划方案,督促拟上场团队提前介入,提升"一项目一专班""一标一策划"实施率,全年累计组织投标、参与复核评审重大、重点项目64个标段133个。年内中标项目439个,新签合同额1307.73

亿元。新签工程板块任务中:铁路工程 272.11 亿元,占 20.81%;公路工程 393.49 亿元,占 30.09%;市政工程 165.21 亿元,占 12.63%;城市轨道 62.19 亿元,占 4.76%;房建工程 353.23 亿元,占 27.01%;水利电力 23.55 亿元,占 1.80%;其他工程 24.14 亿元,占 1.85%。

深入开展投资项目前期工作,做好投资经营策划,结合政府方、合作方需求制定铁建方案、组建专班。下发《严肃投资项目施工利润标前承诺的通知》,保障投资项目在"揽、投、建、运"全周期过程中不走形、不变样。排查项目风险,下发风险清单,按季度进行风险红线管控,年度进行绩效考核。对石首、建筑装配一期、香堤美郡项目进行后评价,总结项目投资、建设、运营过程中的经验教训,完善投资闭环管理。年内中标投资项目 12 个,新签合同额 438.74 亿元。预计出资 25.41 亿元,拉动建安额 262.37 亿元,投建比为 1∶10.33。评审项目 49 个,提请会议决策议案 40 个。积极推动资产产权盘活工作,铁建大厦二期 A 座已达到职工入住及培训条件,B 座及研发楼已实现出租,合同年租金 618 万元;完成兰州公司闲置土地转让,实现现金流入 1963 万元;实现兰州公司、电气化公司闲置资产出租,年实现收入 383 万元。 (孙鹏飞 胡德杰)

【企业管理】 董事会工作。紧跟国资国企改革步伐,全面深入推进公司法人治理体系健全完善,外部董事占多数的董事会高效运行,董事会规范运作水平持续提升。持续推进董事会规范运作,健全完善公司治理体系,外部董事履职机制正式建立并有效运行;推进落实董事会职权,细化 19 项重点任务,制定落实相关必备配套制度 20 余项;规范董事会授权管理,对董事会授权董事长和总经理事项进行动态管理和及时更新,组织召开董事长专题会 10 次,研究授权事项 50 项;经总经理办公会研究授权事项 18 项。持续发挥董事会功能,提升战略引领能力,坚持稳字当头、稳中求进工作总基调,坚定实施"1+5+N"产业战略不放松,坚持打造专业突出的"有情怀、有价值、有尊严"管理平台型建设产业集团;提升科学决策能力,全年共召开董事会会议 14 次,决策事项 73 项;提升风险防控能力,严守经营风险,合理化解安全风险、合同风险,防范法律风险、财务风险,落实"向 16 个方面管理要效益"。持续规范董事会业务,外部董事履职服务保障到位,建立外部董事履职台账,筹备并召开董事长与外部董事沟通会 2 次、总经理汇报会 2 次,配合组织召开外部董事务虚会 2 次,充分畅通外部董事参与企业治理的成效;内幕信息管理及报告规范及时,向股份公司报告重大项目中标信息 8 项;董事会管理创新持续深入,制定下发《所属子公司执行董事履职管理暂行办法》,对所属子公司执行董事的任免、权利和义务、履职管理等事项进行明确。

发展规划。发布集团"十四五"发展战略规划,印发桥梁、经营、财务、科技创新、经济管理、法律合规、信息化、人力资源、企业文化、海外发展等 10 项职能规划,形成完善的战略规划体系。深入推进国企改革三年行动、对标管理提升活动,全面完成 79 项改革举措和 6 项重要"机制类"任务。扩大战略合作"朋友圈",全年与地方政府、高校、科研院所等有关单位签署 35 项战略合作(采购)框架协议。成立舟山特桥公司,助力六横大桥项目顺利落地,优化船舶公司管理模式,组建工程创新研究院。合并重组靖江公司、物贸公司,组建靖江重工,推动集团产业链、供应链、服务链高效运行。统筹资产运营管理,将铁龙公司等 4 家单位划转至投资公司集中管理运营,缩短管理链条,提升管理效能。年内注销子公司 3 家、分公司 12 家,全面完成股份公司压减任务,如期实现"两非"剥离目标。成功承办 2022 年天津企业 100 强发布会(发布会首次在企业举办);集团连续 10 年获评天津市优秀诚信企业,3 人获评天津市优秀项目经理。修订《管理手册》,强化管理体系建设;组织内审员培训 160 人次,提高队伍整体素质。西北公司新申请建筑、市政、公路总承包 3 项二级资质;房地产公司的房地产一级资质成功延续;设计院新增城乡规划乙级资质;对外援助成套项目资质成功延续;通过内部重组,特桥公司获批公路一级资质。

法律合规。组织修订、编制扩大式劳务分包拆解合同及补充协议等 12 部合同范本,新制定、修订其他类型合同范本 30 部,基本实现施工中常用合同全覆盖;"合同综合管理系统"建设顺利启动,按计划稳步推进;开展合同大检查 41 次,检查项目 63 个;审核各类经济合同 30718 份、规章制度 118 部、重要授权委托书 422 份,对重大决策事项出具法律审核意见书 84 份,应审尽审;全年开展普法流动课堂 53 次,培训项目人员 2655 人次,成效显著;进一步强化合规制度执行,签署《员工合规申明》17340 份,投标合规资格审查 2028 次,第三方合规尽职调查 7712 次,合同合规审核 30718 次,合规审查率 100%;初步建立"全员识别评估、过程监测预警、管理应用共享"的风险综合管控机制,推广培训应用风险内控系统,收集风险事件 779 件,分析各类风险信息 10780 条;落实"年初有评估、月度有监测、季度有分析、年终有复盘"的管控机制,评估年度重点管控风险22项,印发专项管控实施方案并分析主要风险源66个,设置预警指标52个,制定管控措施115条,开展月度监测和季度分析共7次;分类建立集团近5年风险事件库,分析年内新增风险事件31件,提出管理建议33条;配合德勤会计师事务所对集团公司总部等6个单位进行内控审计,认定一般缺陷3条;开展内控自我评价和中央企业内控体系有效性自查自纠,认定并整改缺陷88条,累计完善规章制度10余项,服务管理水平不断提高。

财务审计。财务管理制度体系不断完善,修订下发《资金管理办法》《债务管理指导意见》等管理制度;制定覆盖"两级五层"财务人员《会计岗位职责清单》,对各岗位以及企业财务管理的主要内容做提纲挈领的原则规定;制定集团公司"十四五"财务规划,完成《税务管理操作手册》和《非财务管理人员税务知识手册》的编制工作,助力企业规范涉税业务操作、控制涉税风险、提升税务筹划能力。积极拓展融资渠道,优化资本结构,保障企业资金安全,提升资金规模效益。充分发挥资金池调剂作用,通过资金池调配日均调剂20.3亿元,节约财务成本0.74亿元;实施差异化的融资策略,以低利率换高利率19.17亿元,表内换表外8.77亿元,节约财务费用2648万元;选择合适供应链产品,积极应对刚性支付,适度扩大票据规模,通过办理票据节约资金成本约2750万元,争取免保证金优惠政策;依托政策,积极设计方案,办理政策性优惠贷款33.6亿元,节约财务费用约4571万元。稳步推进税务筹划创效,充分运用高新技术企业、研发费用加计扣除、疫情优惠等政策节税创效1.38亿元。全集团12个单位被评定为A级纳税人,完成集团母公司高新技术企业复审及装配科技公司高新技术企业认定,当选天津市会计学会会员。组织开展职称考前辅导,会计职称通过高级考试9人、中级考试12人。加强财会课题研究,39篇获中国施工企业管理协会2022年优秀论文,1篇获天津市重点会计科研项目奖项。

依法依规监督高管履职情况、检查公司财务情况、监督职工权益保障情况。2022年,对下监督子分公司、相关项目绩效复核、监督并参与构建经济"大监督"体系。全年完成审计单位或项目145个,占年初审计计划132个的110%,其中经济责任审计31个,工程项目审计73个,专项审计调查12个,其他审计29个。投入7097工天,提出审计建议974条。

收尾管理。修订收尾项目管理办法,制定清收清欠及收尾项目管理考核方案。全年实现收尾项目确权销号109个、清欠销号103个。开展为期70天的清收清欠"桥获金秋"竞赛活动。年内开展两次集团公司内部债权债务清理,有效解决内部拖欠问题。充分利用国家利好政策,创新清欠方式,通过专项债、保函置换、债权转让、以物抵债、实质性保理等多种创新方式实现回款30亿元。

经济管理。强化在建项目亏损整治,完成减亏8.24亿元,批复变更索赔68.1亿元,综合收益率较上年末提高0.05个百分点,实现二次经营率14.24%。全年完成评估项目155个,具备评估条件的项目评估率和经济责任承包合同签订率均100%。编制分包合同范本,规范合同内容,降低合同纠纷风险。编制《标前测算工作指南》和《责任预算工作指南》,提升"两算"工作质量,为投标决策和责任承包提供有效支撑。修订《项目责任成本管理操作指南》及编制配套模板表单。编制下发《铁路项目全周期开源创效工作指南》和《铁路项目政策文件汇编》。开展全经济序列业务培训25场,同时开展经管技能竞赛,通过"拔尖人才"选拔、内训师评选、创新创效"金点子"、经管知识竞赛、项目评估PK赛等系列活动,全面提升经管序列人员综合能力。开展成本典型树立活动,已完成成本试验室成果文件三项;开展"1234+"标杆公司、标杆项目活动,对成本管理工作的推进起到良好典型引导作用。

安全监督。贯彻"理直气壮、标本兼治、从严从实、责任到人、守住底线"工作要求,以"安全生产是企业生命"的理念统领集团公司安全管理工作。健全完善制度体系,加强危大工程管理,印发《中国铁建大桥工程局集团有限公司危大工程关键工序作业盯控旁站制度》。扎实开展安全教育培训,持续开展"安全大讲堂"活动,编制《事故警示》月刊开展事故内部警示教育。全面贯彻"下沉式"管理,深入开展9次安全督查。深入开展安全生产月活动,联合集团公司工会、团委组织3期《安全生产法》系列知识竞赛活动。组织开展作业类事故隐患"随手拍"活动,正向激励基层项目管理人员和作业人员全员参与作业类事故隐患排查。继续开展有奖征集活动,对50个宣传安全生产的微视频、12个安全防护好措施和3个安全生产管理好做法予以表彰奖励。开展安全生产提升年行动,全面提升安全管理能力。加强应急管理,修订集团公司《生产安全事故综合应急预案》,组织各单位开展针对性应急演练,提升事故应急处置能力。

项目管理。紧紧围绕着建设"有情怀、有价值、有尊严"的建设产业集团目标,以"打通大动脉,畅通微循环"为着眼点,通过制度配套、管理重心下移,有效推动上下联动、部门联动，进而提升项目管理能力，实现“严防疫、稳生产、强管理、提质效”的年度工作目标。编制下发《物资管理指导意见》《设备管理指导意见》《周转材料管理指导意见》《项目分包管理指导意见》《施工设备安全操作规程》；修订物资、设备、周转材料《三级管理目录》。坚持“专业化、属地化、规模化”原则，开展两阶段任务分配（投标阶段任务分配、施工阶段任务分配），有力推动区域“项目群”管理，子分公司的规模集中度稳步提升。池黄铁路、昌景黄铁路、福厦铁路、杭衢铁路、G85银昆高速公路、黎霍高速公路、重庆轨道18号线等重难点工程节点相继攻克。中兰铁路、深圳地铁16号线、昭泸高速、合璧津高速等一批重点项目相继开通运营。

组织设备安全管理专项培训、物资设备管理系统报表业务培训6期，累计培训1000余人次。组织设备调配1016台（套）、9.2亿元，周转材料调配3.8万吨、2.12亿元。通过框架集采节资1.7亿元，通过钢材定制定轧、地材自加工、火工品直供、电商采购等物资专项管理节资3亿元。（袁　园）

【科技信息】 科技开发。持续完善“层级分明、边界清晰、互为补充、相互支撑”的科技管理体系，修订管理办法5项，形成有效制度20项。采取线上方式举办“四新”技术培训20期。召开集团公司科技创新项目立（结）项评审会及技术评审会。2022年获省部级科技进步奖一等奖1项、二等奖5项、三等奖1项，中国铁道学会二等奖1项，股份公司科技进步奖一等奖3项，中国施工企业管理协会科技进步奖一等奖1项、二等奖4项，中国公路建设行业协会三等奖1项，广东省建筑业协会一等奖2项、二等奖3项。完成科技成果评价2项，为国际先进水平；完成工法关键技术评价19项，其中国际先进1项、国内领先7项、国内先进11项。完成铁路重大科技成果入库2项、交通运输部重大科技成果入库2项，中国公路学会桥梁工程创新二等奖2项，中国建筑业协会行业年度十大技术创新1项，中国施工企业管理协会年度工程建设十大新技术1项，股份公司科技创新工程1项、科技创新成就1项，科技创新工程公司十强1项。获天津市专利奖1项，股份公司优秀专利奖1项，省部级工法50项。新增国家级课题2项，省部级课题2项，国铁集团课题2项，股份公司B类课题2项。完成专利申请195件，授权专利165件。顺利通过天津市企业技术中心复评。

质量管理。积极开展过程质量检查，覆盖检查项目24个，形成检查问题库，并督促整改，指导完善质量管理体系，规范质量管理行为。组织开展“质量月”活动，广泛发动各单位、各项目积极参与，营造质量管理良好氛围，助力提升质量管理水平。组织各单位积极参与中国质量协会组织的全面质量管理知识竞赛在线答题活动。积极开展质量管理小组活动，全年获集团公司及以上优秀QC成果158项。全面推进创优工作，2022年获鲁班奖2项，国家优质工程奖6项，省部级优质工程奖12项，铁建杯12项。全面梳理铁路隧道克缺整治情况，对重点整治项目现场检查，完成兰渝、六沾、金温、厦深、天平5个铁路项目的克缺工作。

发布集团公司“十四五”信息化规划，完善信息化制度管理体系；建成工程基本信息、智慧工地（劳务管理）、合同管理、信息化硬件资产集采订单管理系统、BIM建造管理平台、视频监控平台，新建系统与中国铁建一体化平台100%对接，实现单点登录功能，人员、机构、项目、客商等主数据已贯通；建成集团公司调度指挥中心，为两级总部建立综合性调度看板，满足生产管理需要；在桥、隧、建筑装配、株桥梁场及靖江重工持续探索智慧工地、智慧建造和智能制造，助力集团公司数字化转型；软件资产管理继续保持常态化，国产软件推广应用获股份公司二等奖、三等奖各1项；网络安全管理持续加强，保障两会和党的二十大等重大时期网络安全。（岳博文　常　洁　李家瑶）

【党群工作】 组织工作。坚持以习近平新时代中国特色社会主义思想为指导，积极开展以“喜迎二十大　奋进新征程”为主题的党建月、“创岗建区”、“党课开讲啦”系列活动，引导基层党组织提振精气神、展现新气象、奋力开新局。各级党组织通过召开党员大会、主题党日、专题研讨会等形式学习宣传贯彻党的二十大精神，邀请天津市委党校教授作专题辅导，受众1万余人，持续掀起学习宣贯热潮，引导党员群众切实把思想和行动统一到党中央决策部署上来。按照“四同步”“四对接”要求，成立川藏铁路等直属项目党工委；组织党组织书记抓基层党建述职评议，举办拟发展对象和党支部（后备）书记线上培训班，全年发展党员139名，培训党支部（后备）书记110余人；制定下发《党支部评价定级创建晋升指导意见（试行）》，组织开展党支部建设晋位升级，评定示范党支部9个，荐评“股份公司第三批示范党支部”1个；修订《党费管理办法（试行）》，持续提升“三基建设”。推动党史学习教育专题民主生活会与项目管理“大排查、大研讨、大反思”活动相结合，联合纪委对所属24个单位专题民主生活会材料进行审核并提出修改意见，确保民主生活会不走过场，开出实效；指导所属党组织完成2021年度组织生活会和民主评议党员工作，严格党的组织生活。启动并扎实推进"转作风、改习惯、提标准、争先进"主题活动。持续走访慰问困难党员、老党员，投入慰问资金40余万元。

干部管理。选好配强中层干部。全年考察干部54人，提拔51人，考核干部382人次，交流调整61人次；提拔的37名中层领导副职干部中，硕士研究生以上占比21.62%，"80后"干部占比87%；抓细抓实干部日常管理监督，修订《中层领导人员管理规定》，优化选人用人标准和程序，建立新提任干部任职承诺制度。薪酬改革纵深推进，完成集团公司总部、直属项目部、区域指挥部、15家子分公司总部和5家子分公司所属项目的薪酬套改工作。根据岗位价值评估结果和个人任职资格套改，构建起收入与岗位、业绩、能力相匹配的分配机制。制定高学历人才引进培养管理办法，提升项目总工程师绩效薪酬基数，引导薪酬分配向高层次人才、关键核心人才倾斜。任期制和契约管理全面深化，完成两级经理层成员、区域指挥部总经理、总部部门负责人157人年度和任期的契约签订工作。全体起立竞聘上岗，完成集团公司总部及一公司、二公司、四公司、西北公司总部全员竞聘。五湖四海招贤纳士，全年共组织校园招聘宣讲会、双选会120余场，接收毕业生885人；修订《高层次社会人才引进暂行规定》，实行高层次人才专项引进计划，在引进培养上采取一人一策，新引进博士3人，拟签约博士3人；加大社会成熟人才招聘力度，全集团引进各类人才150余人，劳务派遣人员有序转化160人。职业发展有序推进，开展项目经理分级评选，选聘集团公司各级项目经理13人；补充选聘集团公司工程技术专家66人，推选股份公司专家人选1人；举办第三届"大桥工匠杯"技能竞赛，推荐获评人社部"全国技术能手"1人，为股份公司系统唯一获奖个人。加强领导干部培训，全年组织、选送局处两级干部参加培训442人次；组织完成929名毕业生的入职培训工作；协助各序列开展岗位能力培训，累计组织线上培训29期，组织线上考试55场次，培训2231人次；完成天津培训基地整体规划、方案设计工作，获批天津市住建委住房和城乡建设领域施工现场管理人员（原八大员）培训资质，具备培训发证资格。社保两金规范管理，完成全集团社保账套上线久其财务系统，节约管理费用343.42万元；积极申领稳岗补贴，全年申领到账1000.21万元。坚持年金稳健投资运营，2022年企业年金资产净值3.974亿元，年投资收益率0.935%，年收益率列股份公司33家上线单位第4名。

宣传文化。深入学习宣传贯彻党的二十大精神，举旗帜、聚民心、育新人、兴文化、展形象，开展"共绘蓝图""主管访谈""四会宣贯""赢在执行""勤俭办企""党史学习""二十大精神宣贯""转作风、改习惯、提标准、争先进"等系列主题宣传活动。两级党委理论学习206次，开展"党的二十大精神专题"学习45次；集团微信公众号平台发布文章466篇，视频号发布视频96条；刊发"榜样力量"典型人物宣传28个；在视频号推出"我和我的工程""致敬一线大桥人"主题推送25部；《铁道前锋》刊印24期；《桥通四海》刊印4期；省部级媒体刊稿395条；主流央媒刊稿97条，各类报纸刊稿72条，各级网站刊稿547条；在海外媒体刊稿34条；政研工作获股份公司2021—2022年度优秀政研成果二等奖1项；荣史馆成功推介为中央企业红色资源（铁建系统仅2家）。企业文化与品牌体系建设稳步推进，印发集团公司《"十四五"企业文化建设发展规划》，形成企业文化建设指标评价体系；企业文化活动组织策划有声有色，首次举办"入职礼""荣退（壮行）礼"仪式，策划开展"转作风、改习惯、提标准、争先进"、首届"风华杯"摄影、短视频暨诗词楹联创作大赛等一系列主题活动，进一步聚人心、强信心、筑同心。

纪检巡察。2022年，集团公司纪委被股份公司评为党的十九大以来"中国铁建纪检系统先进集体"，在股份公司纪委年度考核中获评"优秀"等级。全年受理来信来访46件次，处置违纪违规问题线索236件次，初核264件次，立案56件，结案48件。加强监督方面，开展执行力大检查，对168个单位进点检查，整改完成问题4357个；制定工程项目纪检监督工作实施办法，召开专题推进会，全集团配齐配强专兼职项目纪检负责人279人；在22个重点项目开展联合政治监督；参与干部考察监督731人次，回复党风廉政意见986人次；加强节日重点监督，有效防止"四风"问题反弹回潮。完成集团正风肃纪警示教育室建设，发刊《大桥清风》4期。扎实开展"反腐倡廉宣传教育月"活动，收集廉洁短信3002条，通报典型案例265件，受众3783人，3393人参与项目经理谈廉洁169场次。对4家子公司领导班子开展集体谈话，对52人开展任前廉洁谈话，党委、纪委书记分别约谈下级单位"一把手"441人次、421人次。调整提拔纪委书记9人，完成2022年度子公司纪委书记履职考核。推动所属15家单位成立巡察工作领导小组，一公司至五公司独立设置党委巡察办公室，其他单位采取合署形式设置，制定

《巡察工作操作规范》和《关于进一步强化巡视巡察整改和成果运用的实施细则》，两级党委“上下联动”完成巡察任务71项，发现各类问题1373个，移交问题线索38件，督促被巡察党组织制定整改措施1684条，实现挽损6630万元，完善制度22项，8个单位开展巡察整改督查，追责处理21人次，为有效促进企业规范管理和推进全面从严治党向纵深发展提供有力支撑。

工会工作。指导子分公司按法定程序规范召开职代会，加强“三级”职代会建设，全面落实职代会各项职权。深入推进艰苦项目建家建线，帮扶基层项目18个，全年各级工会共投入建家建线经费658万元。普惠性服务工作不断深化，指导基层工会做好夏送凉爽、“两节”送温暖、职工生日“四个一”祝福、职工退休前“五个一”关怀服务。开展特色慰问活动，首次组织召开慰问海外职工及家属新春团拜会；积极做好全国、省部级劳模春节慰问工作。创新开展“暖心伴考”职工子女中高考志愿服务活动，全集团17家子分公司工会的职工志愿者及志愿服务队伍积极筹备，通过“一站一包七服务”，倾力为187名中高考考生家长送去工会组织的关怀与温暖。关注职工健康权益，在疫情全面放开前为全集团总部职工发放“防疫包”和防疫药品，提示所属各级工会提前采购防疫物资。通过企地共建的方式指导三公司工会建立工地职工卫生服务中心，完善偏远艰苦地区职工卫生健康保障措施，获评中国铁建工会“十佳”特色工作；现场指导一公司武松高速项目开展蓝领公寓系统化建设，科学规划宿舍、夜校、食堂、心理咨询室、多功能书屋、运动场地等“硬件”基础建设，配套提供精益化的情感关怀、精细化的文化服务、精准化的技能培训等“软件”提升措施，获中国铁建工会特色工作一等奖。开展“三快一优”劳动竞赛和技能大赛，在全集团范围开展“安康杯”竞赛，获评2022年全国“安康杯”竞赛安全文化宣传工作先进单位。开展合理化建议及技术改进项目评比，其中获股份公司一等奖1个，二等奖劳模创新工作室35个，创新攻关课题、成果、专利、荣誉90多项。2022年度获评省级五一劳动奖2个，铁总火车头奖1个。开展全民健身活动、微信健步走、环湖健步走、职工十字绣等线上线下职工文体活动。强化工会信息和宣传工作，组建“大桥群团”微信公众号采编团队，每月推送工作月报，全年发布工会相关信息129篇，股份公司工会微信公众号推送26次。对5家单位工会主席选举结果进行批复；组织全集团87名工会干部参加2022年中国铁建工会干部履职能力提升培训，积极做好参训学员线上线下管理工作。

共青团工作。组织参与团中央“青年大学习”网上主题团课26期10万余人次，各级团组织开展线下专题学习活动701场次，覆盖17912人次；发布建团百年系列“100个团史故事”；依托企业荣史馆面向驻地机关企事业单位开展专题宣讲7场，覆盖521人（含受邀外讲）；广泛开展“喜迎二十大、永远跟党走、奋进新征程”主题团日活动131场次，覆盖3296人次；组织开展“清明祭英烈”、参观百年青运主题展、纪念五四运动103周年、前往天津觉悟社等地进行沉浸式红色教育。围绕企业生产经营中心工作开展青年“号手岗队”活动，获评第21届“全国青年岗位能手”1名；“全国铁路青年岗位能手”2名；“全国青年安全生产示范岗”创建单位2家；省部级“青年文明号”创建单位3家；此外，还获评中国铁建“青年文明号”4个、“青年岗位能手”4名；积极开展“安全生产月”宣传实践，开展青年安全生产活动169场次，覆盖3654人，创建青年安全生产示范岗118个。面向急难险重任务共组建“青年突击队”127支，覆盖2651人。“五小成果”收到各单位218项，获评奖项115项。省部级“五四红旗团委”2家；积极开展“龙均爵志愿服务”197场，覆盖1955人，组织公益献血230人次近5万毫升；开展或参与驻地青年联谊17场次，覆盖182人。

（郭冬雪　张发宝　林　平）

【第一工程有限公司】 拥有公路、房屋建筑、市政公用工程施工总承包一级，港口与航道工程施工总承包二级，铁路、水利水电、机电工程施工总承包三级，桥梁、隧道、公路路面、公路路基、建筑装修修饰工程专业承包一级，公路交通工程专业承包二级，环保工程专业承包三级资质。驻辽宁省大连市沙河口区沙跃街9号。执行董事、党委书记刘长海，副总经理（主持经理层工作）张广涛。职工1779人。资产总额73.89亿元。其中，固定资产原值11.62亿元、净值4.46亿元，流动资产62.42亿元，其他资产11.47亿元。机械设备419台（套），原值2.9亿元、净值0.93亿元，总功率60166千瓦，动力装备率33.6千瓦/人，技术装备率5.9万元/人，设备完好率94%、利用率86%。

2022年，新签合同额169.36亿元，总产值80.62亿元，其中施工产值80.48亿元。实现利润424万元，人均创利0.24万元。全员劳动生产率27.80万元/（人·年），职工年人均收入150187元。国有资产保值增值率101.12%，净资产收益率0.46%，产值利润率0.05%，资产负债率87.48%。（王玉荣）

【第二工程有限公司】 拥有市政公用工程施工总承包一级,建筑工程施工总承包二级,桥梁、隧道、公路路基工程专业承包一级,省级爆破作业单位许可证(营业性)二级资质。驻广东省深圳市盐田区九号小区中铁大厦。执行董事、党委书记王庆玺,总经理赵何明。职工1149人。资产总额94亿元。其中,固定资产原值24.30亿元、净值9.39亿元,流动资产66.08亿元,非流动资产27.92亿元,无形资产653万元。大中型机械设备560台(套),原值26.04亿元、净值7.94亿元,总功率154843千瓦,动力装备率134.76千瓦/人,技术装备率69.06万元/人,设备完好率79%、利用率90%,综合机械化施工程度84%。

2022年,新签合同额91.01亿元,总产值51.77亿元,其中施工产值51.40亿元。利润398万元,人均创利3464元。全员劳动生产率31.26万元/(人·年),职工年人均收入126706元。国有资产保值增值率100.34%,净资产收益率0.66%,产值利润率0.09%,资产负债率93.65%。 (金　鑫)

【第三工程有限公司】 拥有铁路、公路、矿山工程施工总承包一级,建筑、市政公用工程施工总承包三级,桥梁、隧道、公路路基工程专业承包一级,公路交通工程专业承包二级,钢结构、环保工程专业承包三级资质。驻辽宁省沈阳市沈河区方家栏路60号。执行董事、党委书记张春荣,总经理王臻林。职工1609人。资产总额90.06亿元。其中,固定资产原值14.23亿元、净值7.34亿元,流动资产67.28亿元,其他资产15.44亿元。机械设备486台(套),其中大型特种设备32台(套),设备原值4.22亿元、净值2.12亿元,总功率69727千瓦,动力装备率43.78千瓦/人,技术装备率30.32万元/人,设备完好率92%、利用率90%,综合机械化施工程度93%。

2022年,新签合同额114.05亿元,施工产值77.85亿元。利润1102万元,人均创利6849元。全员劳动生产率42.18万元/(人·年),职工年人均收入140835元。国有资产保值增值率100.25%,净资产收益率1.06%,产值利润率0.14%,资产负债率85.21%。 (张　永)

【第四工程有限公司】 合并重组后的公司,实行“一套班子、两块牌子”的管理机制,采取“一套人马,两地办公”的“双总部”管理模式。四公司拥有公路工程施工总承包特级,公路行业设计甲级,市政工程、水利水电工程施工总承包一级,公路路基工程、公路路面工程、桥梁工程、隧道工程专业施工承包一级资质,房地产开发二级资质,建筑工程、铁路工程施工总承包三级资质,公路工程综合乙级试验检测机构资质。驻黑龙江省哈尔滨市南岗区先锋路459号。南方公司拥有市政公用工程施工总承包一级、建筑工程施工总承包二级、桥梁工程专业承包二级资质。驻广州市南沙区黄阁镇华飞街2号6栋A座。执行董事、党委书记蔡维栋,副总经理(主持工作)乔树勋。职工1504人。资产总额119.01亿元。其中,固定资产原值10.2亿元、净值3.1亿元,流动资产108.39亿元,其他资产7.52亿元。大型机械设备421台(套),原值2.79亿元、净值0.62亿元,总功率64452千瓦,动力装备率37.25千瓦/人,技术装备率3.58万元/人,设备完好率92%、利用率97%。

2022年,新签合同额263.89亿元,施工产值66.02亿元。利润0.14亿元,人均创利9654元,全员劳动生产率41万元/(人·年),职工年人均收入12.30万元。国有资产保值增值率100.33%,净资产收益率1%,产值利润率0.12%、资产负债率88.56%。 (马冬雪)

【第五工程有限公司】 拥有市政公用施工总承包一级,铁路、水利水电工程施工总承包二级,建筑工程施工总承包三级,桥梁、隧道、公路路基、建筑机电安装专业承包一级,公路交安专业承包二级,环保专业承包三级资质。驻四川省成都市新都区蜀龙大道中段1000号。执行董事、党委书记徐少平,总经理马天昌。职工1337人。资产总额65.83亿元。其中,固定资产原值9.28亿元、净值4.87亿元,流动资产50.9亿元,其他资产10.04亿元。机械设备1240台(套),原值2.31亿元、净值10.02亿元,总功率134038千瓦,动力装备率88.88千瓦/人,技术装备率9.15万元/人,机械设备完好率92%、利用率94%。

2022年,新签合同额93.82亿元,施工产值68.49亿元。利润3354万元,人均创利25086元。全员劳动生产率29.53万元/(人·年),职工年人均收入141447元。国有资产保值增值率100.58%,净资产收益率6.19%,产值利润率0.43%,资产负债率91.76%。 (赵华玮)

【第六工程有限公司】 拥有市政公用、建筑工程施工总承包一级,公路、水利水电工程施工总承包二级,桥梁、隧道、公路路基、钢结构、建筑装修装饰、公路交通(公路安全设施)工程专业承包二级资质。驻吉林省长春市二道区岭东路2138号。执行董事、党委书记佟显涛,总经理常亮。职工895人。资产总额36.89亿元。其中,固定资产原值4.56亿元、净值1.69亿元,流动资产32.60亿元,其他资产54万元。机械设备212台(套),原值1.72亿元、净值0.33亿元,总功率29831千瓦,动力装备率32.57千瓦/人,技术装备率3.61万元/人,设备完好率91%、利用率87%,综合机械化施工程度86%。

2022年,新签合同额71.99亿元,总产值29.46亿元(全部为施工产值)。利润7133万元,人均创利90751元。全员劳动生产率37万元/(人·年),职工年人均收入107278元。国有资产保值增值率101.22%,净资产收益率21.21%,产值利润率5.11%,资产负债率90.87%。 (宁纪娅)

【电气化工程有限公司】 拥有通信、机电工程施工总承包一级,建筑、电力、市政公用工程施工总承包二级,铁路电务、铁路电气化、输变电、公路交通(公路机电)、建筑装修装饰、电子与智能化工程专业承包一级,公路交通(公路安全设施分项)、消防设施、隧道、城市及道路照明工程专业承包三级,承装(修、试)电力设施许可承装类和承修类三级、承试类四级资质。驻天津自贸区(空港经济区)中环西路32号。执行董事、总经理曲正,党委书记姜海清。职工532人。资产总额20.31亿元。其中,固定资产原值2883万元、净值1125万元,流动资产18.5亿元。机械设备56台(套)。设备原值1063.97万元、净值165.73万元,总功率6675千瓦,动力装备率11.92千瓦/人,技术装备率0.30万元/人,设备完好率16%、利用率96%。

2022年,新签合同额22.48亿元。总产值13.28亿元(全部为施工产值)。利润2547万元,人均创利49750元。全员劳动生产率24.52万元/(人·年),职工年人均收入155300元。国有资产保值增值率107.1%,净资产收益率6.44%,产值利润率2.09%,资产负债率80.54%。 (张 如)

【中铁株洲桥梁有限公司】 拥有桥梁工程专业承包二级,建筑、市政公用工程施工总承包三级,钢结构、环保工程专业承包三级,施工劳务资质。驻湖南省株洲市建设北路487号。执行董事、总经理俞军,党委副书记(主持党委工作)李东明。职工1084人。资产总额12.97亿元。其中,固定资产原值5.06亿元、净值2.61亿元,流动资产8.77亿元,其他资产1.59亿元。机械设备1229台(套)。设备原值3.21亿元、净值0.90亿元,总功率24027千瓦,动力装备率22.17千瓦/人,技术装备率8.33万元/人,设备完好率92%、利用率88%。

2022年,新签合同额12.56亿元,总产值10.98亿元,其中施工产值8.74亿元。利润138万元,人均创利2017元。全员劳动生产率26.37万元/(人·年),职工年人均收入55415元。国有资产保值增值率100.62%,净资产收益率0.62%,产值利润率0.42%,资产负债率83.55%。 (张 虹)

【西北工程有限公司】 拥有建筑、公路、市政公用工程施工总承包二级,公路交通工程(公路安全设施分项)专业承包二级,路基路面、桥梁、隧道养护乙级资质,交通安全设施养护资质。驻宁夏回族自治区银川市中山北街571号。党委书记、执行董事赫宏伟,总经理秦永。职工544人。资产总额28.29亿元。其中,固定资产原值4.42亿元、净值1.51亿元,流动资产25.05亿元,其他非流动资产3.24亿元。大中型机械车辆413台(套),原值1.37亿元、净值0.5亿元,总功率50881千瓦,动力装备率93.02千瓦/人,技术装备率8.86万元/人,设备完好率85%、利用率93%,综合机械化施工程度87%以上。

2022年,新签合同额53.09亿元,总产值32.3亿元(全部为施工产值)。利润2424万元,人均创利45649元。全员劳动生产率26万元/(人·年),职工年人均收入173200元。国有资产保值增值率100%,净资产收益率12.1%,产值利润率0.82%,资产负债率90.29%。 (赵 培)

【建筑工程分公司、建筑装配科技有限公司】 按照“两个公司、一套人员、双向进入、交叉任职”的原则进行统筹管理。

建筑工程分公司　中国铁建大桥工程局所辖的以房建为专业特色的分公司。驻天津自贸区(空港经济区)中环西路32号,党委书记王全良,总经理黄和生。职工430人。资产总额33.1亿元。其中,固定资产原值7025万元、净值3394万元,流动资产27.84亿元,其他资产4.89亿元。大中型机械车辆113台(套),原值0.44亿元、净值0.25亿元,总功率8628千瓦,动力装备率21.73千瓦/人,技术装备率6.68万元/人,设备完好率100%、利用率80.53%。2022年,新签合同额91.7亿元,总产值25.51亿元,其中施工产值23.06亿元。全员劳动生产率40.55万元/(人·年),职工年人均收入166044元。国有资产保值增值率100%。

建筑装配科技有限公司 中国铁建大桥工程局控股的以工业制造(装配式建筑生产及销售、商品砼生产及销售)和施工总承包为主营业务的合资公司,其中中国铁建大桥局持股90%,天津静泓投资发展集团持股10%。驻天津子牙循环经济产业区北京道9号,董事长王全良。 (郑建水)

【海外公司】 中国铁建大桥工程局集团下属分公司,同时履行集团公司海外事业部职能。驻天津自贸试验区(空港经济区)中环西路32号。党委书记、总经理梁斌。职工92人。资产总额0.73亿元。其中,固定资产原值885.22万元、净值522.98万元,流动资产0.51亿元,其他资产0.22亿元。

2022年,新签合同额5.66亿元,总产值5.59亿元。全员劳动生产率20.23万元/(人·年),职工年人均收入178002元。 (李姝征)

【设计研究院】 中国铁建大桥局技术中心的技术开发载体、博士后工作站驻站人员的科研载体,保持中铁现代勘察设计院有限公司和中铁津桥工程检测有限公司经营业务,作为中国铁建桥梁工程实验室的创新载体履行桥梁科技创新研发职能,履行集团公司测试中心工程测量试验的监督和服务职能。职工385人。

中铁现代勘察设计院有限公司 拥有市政行业(轨道交通工程)、建筑行业(建筑工程)设计甲级,工程勘察(岩土工程、水文地质)甲级,市政行业设计乙级,风景园林工程设计专项乙级,工程测量乙级,地基基础工程专业承包三级,城乡规划编制乙级资质,是国家高新技术企业。资产总额13563万元。其中,固定资产原值395.9万元、净值53.59万元,流动资产1.35亿元,无形资产9.41万元。2022年,新签合同额13542万元,总产值5090万元,利润5.24万元,人均创利433.06元。全员劳动生产率15.30万元/(人·年),职工年人均收入99019.94元。

中铁津桥工程检测有限公司 拥有国家级测绘工程甲级,吉林省公路水运工程试验检测机构综合乙级、吉林省工程勘察专业类(岩土工程)乙级、吉林省水利工程(混凝土工程、岩土工程和量测类)检测乙级,吉林省摄影测量与遥感专业丙级,吉林省建设工程质量检测机构综合检测、吉林省雷电防护装置检测资质企业,取得长春市房屋安全鉴定机构备案证书,是国家高新技术企业。资产总额9550.35万元。其中,固定资产原值3108.19万元、净值731.08万元,流动资产0.88亿元,无形资产19.27万元。2022年,新签合同额7936万元,总产值6205万元,利润80万元,人均创利0.3万元。全员劳动生产率14.68万元/(人·年),职工年人均收入90050元。国有资产保值增值率101.09%,净资产收益率1.18%,产值利润率1.29%,资产负债率43.55%。 (王卓然)

【靖江重工有限公司】 拥有钢结构工程专业承包一级资质,港口码头经营许可。驻江苏省靖江市新港城新港区货站路88号。执行董事、总经理战丽娜,党委书记赵国营。职工124人。资产总额18.4亿元。其中,固定资产原值7.22亿元、净值7.01亿元,流动资产7.35亿元,其他资产4.04亿元。设备133台(套)。设备原值7900.53万元、净值6572.46万元,总功率10388千瓦,动力装备率83.77千瓦/人,技术装备率53万元/人,设备完好率100%、利用率100%,机械化施工程度100%。

2022年,新签合同额58594万元,总产值56730万元。利润552万元,人均创利3.68万元。全员劳动生产率30.44万元/(人·年),职工年人均收入135803元。国有资产保值增值率87263%,净资产收益率1.82%,产值利润率0.9%,资产负债率66.58%。

物资贸易有限公司 驻天津自贸试验区(空港经济区)中环西路32号。执行董事、总经理战丽娜。职工44人。资产总额22.01亿元。其中,固定资产原值1219万元、净值554万元,流动资产21.87亿元,无形资产847万元。

2022年,新签合同额31.25亿元,总产值20.57亿元。利润811万元,人均创利18.43万元。全员劳动生产率4675万元/(人·年),职工年人均收入195354元。国有资产保值增值率101.23%,净资产收益率0.34%,产值利润率0.39%,资产负债率95.63%。

(鲍 磊)

【船舶公司】 主营业务包括国内船舶管理、船舶租赁、船舶拖带、船舶修理、船舶改装及船舶港口服务。驻天津自贸试验区(空港经济区)中环西路32号。党委书记、总经理胡凯。职工29人。资产总额0.32亿元。

2022年,新签合同额0.12亿元,总产值0.62亿元。利润5607.53万元,人均创利193.36万元。全员劳动生产率214.99万元/(人·年),职工年人均收入116740.00元。 (代松松)

【投资公司】 驻天津自贸区(空港经济区)中环西路

32号，党委书记、总经理牛洪刚。职工69人。资产总额33.1亿元。

2022年，新签合同额247.79亿元。预计出资额26.1亿元，建安额184.94亿元，出资撬动产值比例为1∶7.1。 （马　瑞）

【(舟山)特种桥梁工程有限公司】 驻浙江省舟山市定海区港航国际大厦B座34层，党委书记王保良，副总经理（主持经理层工作）顾金权。职工13人。资产总额305万元。其中，固定资产原值57万元、净值57万元，流动资产151万元，非流动资产154万元。 （冯永才）

【技师学院】 国家中等职业教育改革发展示范学校、国家级高技能人才培训基地、中国中职百强校、全国职工教育培训示范点、第46届世界技能大赛管道与制暖项目中国集训基地、吉林省现代职业教育改革发展示范校、吉林省第二届黄炎培奖优秀学校、吉林省首批示范性技师学院。坚持学制教育与职业培训并重并举，吉林省职业技能等级认定的第三方评价机构，具备48个职业（工种）的职业技能等级认定资质，开设建筑测量、建筑测量（无人机方向）、汽车维修、新能源汽车检测与维修、汽车装配与制造、机电一体化技术、机电一体化技术（工业机器人方向）、工程机械运用与维修（盾构机方向）、电子商务（客户信息服务）、幼儿教育10个专业。建有实训基地13个、实训室54个，兼具教学和生产服务功能的校办企业1家。驻吉林省长春经济技术开发区兴隆山新兴路707号。党委书记杨立新，院长张松宁。

2022年，招生591人，安置就业698人，创业培训120人次，政府补贴性培训600人次，第三方评价工作3520人次。 （张　影）

中铁十四局集团有限公司

【简况】 拥有铁路、建筑、市政、公路工程施工总承包特级，铁道行业甲（Ⅱ）级，建筑行业、市政行业、公路行业甲级工程设计资质，建筑幕墙、建筑装饰工程设计专项乙级，水利水电工程施工总承包一级，桥梁、隧道、公路路基、公路路面、铁路铺轨架梁、钢结构、机场场道、地基基础、建筑装修装饰、建筑幕墙、防水防腐保温、环保工程专业承包一级，机电安装、矿山工程施工总承包二级，消防设施工程专业承包二级，石油化工施工总承包三级，河湖整治、建筑机电安装、起重设备安装工程专业承包三级，特种工程（结构补强、特种设备起重吊装、建筑物纠偏和平移）、预拌混凝土、施工劳务资质、模板脚手架专业资质；自然资源部核准的地质灾害防治工程施工甲级资质和测绘甲级资质；公安部核准的爆破作业单位许可证（营业性）一级资质；经商务部批准享有的对外经营权。总部驻山东省济南市奥体西路2666号铁建大厦A座。下辖一公司至五公司、隧道、大盾构、建筑、房桥、电气化、城市发展、铁正、西北、海外、市政、人防设计院、装备、物流等18个子分公司，设置山东、华中、华东、华南、东北、西南、西北、新疆、京津冀、中原、渝贵、工程总承包部、房建事业部和海外事业部等14个区域经营机构。职工15261人，其中专业技术人才11290人。机械动力设备6696台（套），固定资产原值94.46亿元、净值55.04亿元。新增设备898台（套），设备成新率58.27%，动力装备率65.72千瓦/人，技术装备率36.1万元/人，设备资产利润率14.16%。

2022年，新签合同1410项，新签合同额2229.1亿元，其中自揽2160.2亿元。实现营业收入847.83亿元，同比增长9.14%；利润总额13.02亿元，较上年同期增长6.76%；净利润11.51亿元，同比增长7.91%。 （王　恒　李　艳　初福松）

【领导人员】

董事会

董事长	吴言坤
董事	周长进
	刘庆民

监事会

监事会主席	陈　明
职工监事	赵海涛

经理层

总经理	周长进
副总经理	王红卫
	姜　伟（12月改任二级咨询）
	薛　峰（5月改任二级咨询）
	熊　晖
	石宗涛
	张立丰
	赵海涛

李庆民
李方东
总工程师　李庆民
总会计师　熊　晖

党群领导

党委书记　吴言坤
党委副书记　周长进
刘庆民
纪委书记　陈　明

（吴海侠）

【职工队伍】 职工15261人,其中男性11609人、女性3652人;研究生及以上学历428人,本科学历10464人,大专(高职)学历2565人,中专学历782人,中专以下学历1022人;25岁及以下1588人,26~30岁2333人,31~35岁2924人,36~40岁2796人,41~45岁1845人,46~50岁2103人,51~55岁828人,56岁及以上644人。专业技术人才11290人。其中,高级职称2458人,中级职称3948人,初级职称4884人。专业技术人员按专业分,工程系列8829人,政工系列723人,经济系列453人,财会系列1258人,其他27人。高技能人才1355人,其中高级技师97人,技师168人,高级工634人,中级工413人,初级工43人。

（吴海侠）

【工程项目指挥机构】 新建川藏铁路雅安至林芝段CZXZZQ-8标段项目经理部　驻西藏自治区昌都市。指挥长、党工委书记李庆民。

济莱高铁JLZQTJ-6标项目经理部　驻山东省莱芜市莱城区。项目常务副经理郑云亭。

成绵乐铁路工程指挥部　驻四川省成都市锦江区。指挥长李双军。

宁启复线电化工程项目部　驻宁夏回族自治区银川市兴庆区。项目经理于自清。

沪昆客专贵州段工程指挥部　驻贵州省贵阳市观山湖区。指挥长马天明。

石济铁路客运专线项目经理部　驻河北省衡水市武邑县。党工委书记景少卿。

黔张常铁路项目部　驻贵州省贵阳市南明区。党工委常务副书记史佩光。

津保铁路项目经理部　驻天津市和平区。项目经理、党工委书记岳耀群。

芜湖长江隧道建设指挥部　驻安徽省芜湖市镜湖区。指挥长王承震。

深圳市城市轨道交通5号线工程施工总承包项目经理部驻广东省深圳市。指挥长刘志波。

贵广铁路提质改造工程项目部　驻广西壮族自治区。项目经理冯卫明。

日照岚山疏港铁路工程项目经理部　一公司代局指。驻山东省日照市涛雒镇。项目经理徐荣山。

汕汕铁路站前六标项目经理部　一公司代局指。驻广东省汕头市濠江区。项目经理秦松。

广湛铁路站前九标项目经理部　一公司代局指。驻广东省湛江市吴川市。项目经理姜磊。

沪苏湖铁路工程站前Ⅳ标项目部　二公司代局指。驻上海市。项目经理孙焕重。

昌景黄铁路CJHZQJX-6标项目部　二公司代局指。驻江西省南昌市。项目经理袁树成。

洋吕铁路2标项目经理部　二公司代局指。驻江苏省南通市。项目经理霍光明。

成昆铁路峨米16标项目经理部　二公司代局指。驻四川省攀枝花市。项目党支部副书记冯加勇。

成兰铁路11标项目经理部　二公司代局指。驻四川省阿坝藏族羌族自治州。项目经理杨洪岳。

京唐铁路六标项目经理部　二公司代局指。驻河北省唐山市玉田县。项目经理王亚辉。

新建上海至南京至合肥高速铁路沪宁段站前Ⅷ标项目经理部　二公司代局指。驻江苏省南通市如皋市。项目经理孙焕重。

雄商高铁站前二标项目经理部　二公司代局指。驻河北省任丘市。项目经理王永辉。

新建京港高速铁路九江至南昌段CJZQ-7标项目经理部　二公司代局指。驻江西省南昌市。项目经理袁树成。

雄忻高铁雄保段三标项目经理部　二公司代局指。驻河北省保定市。项目执行经理田国彬。

石衡沧港城际铁路衡黄段工程SHCG-ZQ5项目经理部　二公司代局指。驻河北省沧州市。项目经理黄亮伟。

新建南玉铁路站前工程No.2项目经理部　三公司代局指。驻广西壮族自治区南宁市。项目经理吕超。

阳安二线工程指挥部　三公司代局指。驻陕西省汉中市。项目经理王桂杰。

沪宁合高铁安徽段站前二标项目经理部　三公司代局指。驻安徽省滁州市。项目经理豆晓鹏。

西成铁路XCTJ7标项目经理部　三公司代局指。驻甘肃省夏河县。项目经理刘建勋。

康渝高铁陕西段 KYZQ－3 标段项目经理部　三公司代局指。驻陕西省安康市。项目经理袁时富。

贝佳亚连接线工程指挥部　四公司代局指。驻阿尔及利亚贝佳亚市。项目经理李合理。

龙烟铁路站前Ⅰ标段项目经理部　四公司代局指。驻山东省龙口市。项目经理贾明伦。

穗莞深城际 SZH－8 标项目经理部　四公司代局指。驻广东省深圳市。项目经理窦和潮。

连镇铁路项目经理部　四公司代局指。驻江苏省扬州市。项目经理张德光。

通让铁路电气化改造工程 TRSG－3 标段项目经理部　四公司代局指。驻吉林省大安市。项目经理马林。

济青高速公路改扩建工程项目经理部　四公司代局指。驻山东省胶州市。项目经理张万国。

牡佳客专六标项目经理部　四公司代局指。驻黑龙江省佳木斯市。项目经理亓守臣。

阿尔及利亚东西高速东标段项目经理部　四公司代局指。驻阿尔及利亚阿尔及尔市。项目经理赵宗奎。

成都至自贡高速铁路项目经理部　四公司代局指。驻四川省成都市。项目经理许召军。

重庆至黔江铁路站前 2 标项目经理部　四公司代局指。驻重庆市。项目经理王子龙。

宣绩铁路站前三标项目经理部　四公司代局指。驻安徽省宁国市。项目经理赫德亮。

和若铁路项目经理部　五公司代局指。驻新疆维吾尔自治区巴音郭楞蒙古自治州且末县巴格艾日克乡。项目经理张刚。

贵南铁路项目经理部　五公司代局指。驻广西壮族自治区河池市金城江区。项目负责人王保军。

渝黔高速公路　五公司代局指。驻重庆市巴南区。项目经理刘玉柱。

金甬铁路项目部　五公司代局指。驻浙江省绍兴市嵊州市。项目经理于伟。

鄂上铁路项目部　五公司代局指。驻内蒙古自治区鄂尔多斯市鄂托克前旗敖勒召其镇。项目经理肖彬。

西渝铁路项目部　五公司代局指。驻重庆市合川区。项目经理陈忠锋。

宁芜铁路项目部　五公司代局指。驻南京市江宁区。项目经理于伟。

新疆引额供水二期输水工程双三段Ⅳ标项目部　隧道公司代局指。驻新疆维吾尔自治区昌吉回族自治州。项目经理吴遁。

长沙市湘雅路过江通道工程项目经理部　大盾构公司代局指。驻湖南省长沙市。项目经理张亚洲。

武汉和平大道南延工程项目经理部　大盾构公司代局指。驻湖北省武汉市。项目经理张建勇。

杭州经济技术开发区下沙路与 12 号路提升改造及附属配套工程 PPP 项目部　大盾构公司代局指。驻浙江省杭州市。项目经理屈克军。

杭州市艮山东路过江隧道项目部　大盾构公司代局指。驻浙江省杭州市。项目经理赵合全。

东六环(京哈高速—潞苑北大街)改造工程第五项目经理部　大盾构公司代局指。驻北京市通州区。项目经理孙旭涛。

杭州市富阳区秦望通道工程项目经理部　大盾构公司代局指。驻浙江省杭州市。项目经理房中玉。

深江铁路 SJSG－1 标项目经理部　大盾构公司代局指。驻广东省东莞市。项目经理李兵。

广湛铁路站前一标项目经理部　大盾构公司代局指。驻广东省湛江市。项目经理常勇。

江阴靖江长江隧道工程主体施工项目 JJSD－A1 标项目经理部　大盾构公司代局指。驻江苏省靖江市。项目经理王晓琼。

海珠湾隧道施工总承包项目经理部　大盾构公司代局指。驻广东省广州市。项目经理王德福。

芜湖长江隧道项目经理部　大盾构公司代局指。驻安徽省芜湖市。项目经理徐恒吉。

济泺路穿黄北延隧道工程项目经理部　大盾构公司代局指。驻山东省济南市。项目指挥长历朋林。项目经理杜昌言。

济南市黄岗路穿黄隧道工程项目经理部　大盾构公司代局指。驻山东省济南市。项目经理历朋林。

汕头广澳港区铁路 GAGSG－1 标项目经理部　大盾构公司代局指。驻广东省汕头市。项目经理赵海涛。

甬舟铁路 YZSG－2 工区项目经理部　大盾构公司代局指。驻浙江省宁波市。项目经理胡浩。

京滨铁路五标项目经理部　大盾构公司代局指。驻天津市。项目经理林尚月。

深汕铁路 SSSG－7 标项目经理部　大盾构公司代局指。驻广东省深圳市。项目经理周胜利。

新建南通至宁波高速铁路站前Ⅰ标项目经理部　大盾构公司代局指。驻江苏省苏州市。项目经理屈克军。

海太长江隧道(公路部分)工程主体施工项目 HT－

A1 标项目经理部　大盾构公司代局指。驻江苏省南通市。项目经理赵合全。（吴海侠）

【工程施工】 2022 年,在建项目 637 个,分布在 31 个省份及海外 12 个国家。其中,铁路工程 56 个、公路工程 75 个、房建工程 194 个、市政工程 188 个、水利电力工程 23 个,轨交工程 56 个,大盾构项目 33 个,运营维护项目 12 个。

新建川藏铁路雅安至林芝段中间段站前工程 ZXZZQ－8 标段工程　位于西藏自治区昌都市八宿县与洛隆县,正线 48.825 千米。合同工期 2021 年 12 月 1 日至 2032 年 11 月 8 日。主要工程量:隧道 2.2 座 44401 延长米,桥梁 3 座 4160 延长米,新建车站 1 座(洛隆站),线路轨面海拔高度 3315～3816 米。

新建成都至兰州铁路成都至川主寺段站前工程 CLZQ－11 标段　全长 24.191 千米。合同工期 2013 年 1 月 4 日至 2017 年 9 月 3 日。原合同投资 14.733 亿元,调整后 16.0894 亿元,主要工程量:解放村隧道兰州端 1727 延长米,甲竹寺双线钢桁梁中桥 96.04 延长米,金瓶岩隧道正洞全长 12773 米、1 号横洞 735 米、2 号横洞 941 米及 550 米长的避难所、3 号横洞 530 米、4 号横洞 82 米,镇关江车站 1 号五线特大桥 1594.98 延长米,站场,路基 552 米,镇江关车站 2 号双线大桥 280.703 延长米,王登隧道正洞全长 6601 延长米、1 号横洞 83 延长米、2 号横洞 442 延长米,岷江双线特大桥 502.1 延长米及国道 213 道路改移,综合接地,“三电”迁改,电缆沟槽,接触网支柱基础,声屏障,大型临时设施,配合辅助工程等相关内容。开工累计完成产值 15.8206 亿元。

贵南高铁广西段 GNZQ－4 标段工程　线路穿越河池市金城江区及环江县,长 14.337 千米。合同投资 19.025 亿元。合同工期 2018 年 12 月 19 日至 2023 年 12 月 20 日。主要工程量:区间路基 389.56 米,断面方 16.1572 万立方米,河池站场断面 332.9548 万立方米;桥梁 6 座 3808.5 延长米,其中正线桥梁 3 座 2874 延长米,联络线桥梁 3 座 934.5 延长米;旅客地道 2 座 88 延长米;涵洞 14 道 370.58 横延米,其中正线箱涵 1 道 19.41 横延米,联络线新建盖板涵 9 道 186.32 横延米,联络线接长盖板涵 4 道 64.85 横延米;现浇连续箱梁 72 孔,现浇简支梁 60 孔,预制简支 T 梁 33 孔;隧道 2 座 10464 延长米,Ⅲ级围岩 8100 米,Ⅳ级围岩 1652 米,Ⅴ级围岩 579 米,明洞 133 米;横洞 2 座 740 延长米,泄水洞 8944.516 米;正线铺轨 542.691 千米,站线铺轨 20.678 千米,铺砟 53751 立方米,无砟道床 28.174 千米,双块式轨枕预制 320.161 千米,双块式轨枕预制运输 53 万块、铺道岔 104 组。

重庆至黔江铁路站前 2 标段工程　位于重庆市渝中区、南岸区,线路整体跨越浅丘、河谷、低山地貌,长 19.155 千米,设计时速 120 千米,工程包括重庆长江隧道 11942 米(3845 米盾构)、慈母山隧道 2048 米、竹林湾隧道 64 米、李家院子双线大桥 143 米、杨家林双线特大桥 3014 米、路基 1944 米和重庆长江隧道无砟道床铺设及精调 23.85 千米,路基 5 处 1932.36 米,占总长的 10.09%,桥梁 2 座 3156.63 延长米,占总长的 16.48%,隧道 3 座 14066 延长米,占总长的 73.43%。重庆长江隧道正洞为无砟轨道,其余为有砟轨道;重庆长江隧道进口,1 号、2 号斜井位于渝中区,其余工程位于南岸区。开工日期 2020 年 5 月 8 日,计划竣工日期 2025 年 11 月 7 日。开工累计完成产值 9.23 亿元。

新建郑州至济南铁路工程　位于山东省西部和河南省东北部,连接山东、河南两省省会。东连济青、京沪高铁,中连规划京九客专,南接郑西、郑万、京广、郑合等客专,线路呈西南走向。郑州至濮阳段东起濮阳市濮阳东站,途径濮阳市、安阳市、省直管县滑县、鹤壁市、新乡市、郑州市,终至既有郑州东站,正线全长 197.279 千米,设计时速 350 千米,为双线无砟轨道高速铁路。建设项目可研批复投资总额 380.02 亿元,初步设计批复概算总额 349.37 亿元,处于概算清理阶段。中铁十四局集团有限公司承建的站前(含部分站后)ZPZQ－Ⅲ标段全长 31.413 千米。主要结构物:车站路基 2.391 千米,土石方 84.4 万立方米,地基加固 51 万延长米;大运河特大桥 29022 延长米,桥墩 878 座、桥台 1 座,连续箱梁 11 联、连续 T 构 1 联、连续刚构 1 联,预制、架设简支箱梁 587 榀,桥梁比重 92.4%;框架小桥 2 座,框架涵 4 座,框架中桥 2 座;无砟道床 62.557 单线千米;配套生产生活房屋 5400 平方米。2017 年 5 月 31 日开工,2022 年 6 月 20 日开通。开工累计完成产值 20.2 亿元。

昌景黄铁路 CJHZQJX－6 标段工程　位于南昌市进贤县、南昌县、高新区、青山湖区,正线长 29.2 千米;右绕线及折返线长 3.1 千米,南昌东动走线长 1.0 千米,另含南昌东存车场 1 处及安徽江西省界(DK89＋517)至终点范围内的正线、站线铺轨工程。合同投资 2125877 万元,变更后 237385 万元。合同工期 2019 年 9 月 10 日至 2023 年 4 月 30 日。业主计划调整通车日期为 2023 年 11 月 30 日。主要工程量:特大桥 3 座 32030 延长米,含桩基 7723 根、墩台 978 个、制架梁 761 孔、连续梁 8 联、支架现浇梁 13 孔;框构小桥 1 座,涵洞 2 座 82.34 横延米。南昌东动车存车场路基 1914.4 米,南昌东动车走行 1 线路基 364.46 米;南昌东动车走行 2 线路基 307.09 米;正线路基 56.05 米,土石方 99.5 万立方米。昌景黄铁路江西段内正线铺轨 465.9 铺轨千米,站线铺轨 44.1 铺轨千米,铺新岔 187 组,铺粒料道床 11.5 万立方米,轨枕埋入式无砟道床 4.4 铺轨千米,另含本标段范围内无砟道床(含道岔铺设)51.34 铺轨千米,粒料道床 27.8 万立方米。

穗莞深城际机前段Ⅰ标工程　项目包含 1 区间 1 工作井,即深圳机场站(不含)—固戍工作井区间、固戍工作井,线路总长 4.35 千米。合同投资 105589.34 万元。合同工期 2020 年 7 月 20 日至 2024 年 12 月 31 日。城际铁路隧道外径 8.8 米、内径 8 米,设计时速 160 千米。主要工程量:机固区间左线完成 2709 米(占比 62.3%),机固区间右线完成 3155 米(占比 72.5%)。开工累计完成产值 68569.81 万元。

银昆高速公路 LJ10 标段　位于固原市彭阳县交岔乡及王洼镇,全长 17.6 千米。合同投资 12.84 亿元,合同工期 2020 年 11 月 1 日至 2023 年 10 月 31 日。开工累计完成产值 78631 万元。

芜湖城南过江隧道工程　位于长江大桥上游 9 千米,商合杭大桥上游 5.5 千米。全长 5.9 千米。工程内容包括明挖隧道、盾构隧道、接线道路、收费站、管理中心、风塔及隧道机电设备等。盾构隧道管片外径 14.5 米,采用两台直径 15.07 米泥水平衡盾构自江北向江南同向掘进。设计双向 6 车道城市快速路,车速 80 千米/小时,隧道横断面分为上下 3 层。最大水土压力 7.5 千克,长江水面下 68 米,水位深 30 米(水位下管顶上 53.3 米),江北最大埋深 48 米,江南最大埋深 40 米。PPP 项目,概算投资 53.3 亿元(不含收费大棚和风塔),建设期 5 年,运营期 25 年。合同工期 2019 年 11 月 6 日至 2024 年 10 月 31 日。开工累计完成建安投资 219263 万元。

北京城市副中心东六环(京哈高速—潞苑北大街)改造入地工程　位于北京市通州区。线路全长 16 千米,分为直接加宽段和入地改造段,全线设置互通立交 4 座,加宽桥梁 9 座,桥隧比 59.92%。2019 年 12 月开工,计划 2024 年 12 月建成通车,总投资 117 亿元。中铁十四局集团承建东六环改造工程第 5 标段,主要施工内容:盾构西线隧道 7336 米、明挖隧道 68.07 米及盾构双线隧道间横通道 6 座。合同投资 23.6 亿元。合同工期 2020 年 10 月 25 日至 2023 年 12 月 20 日。隧道结构形式采用分离式双洞布置,每洞布置 3 条车道,设计时速 80 千米。盾构隧道内径 14.1 米,外径 15.4 米,采用单层装配式柔性管片结构衬砌,管片厚 65 厘米。盾构施工 3692 环。开工累计完成产值 17.10 亿元。

北京地铁 17 号线工程土建施工 12 合同段　包含 1 站 1 区间,分别为广渠门外站、广渠门外站—永安里站区间,线路总长 2.027 千米。合同投资 64874.49 万元。合同工期 2018 年 7 月 20 日至 2025 年 12 月 31 日。施工单位中铁十四局集团隧道工程有限公司。主要工程量:广渠门外站主体结构施工;下穿 M7 暗挖区间结构施工、南段盾构区间掘进;1 号风道(明挖段)结构施工;换乘通道竖井开挖;北段下穿 M1 暗挖区间。开工累计完成产值 49704.59 万元。

上海轨道交通市域线机场联络线工程(西段)JCXSG－2 标段　正线长 4.97 千米,含 2 号风井土建施工,1 号风井—2 号风井区间盾构隧道(含进出洞加固、洞圈预埋、洞门凿除等盾构掘进配套工程)施工。上海机场联络线作为上海首条新建市域铁路,最高时速 160 千米,抗震设计的设防烈度 7 度。机场线 2 标盾构隧道总长度 4939.8 米,平面曲线半径 1793.9 米,隧道最大覆土 35.8 米。合同投资 128889.38 万元。开工日期 2019 年 12 月 28 日,合同竣工日期 2023 年 11 月 15 日。开工累计完成产值 115476 万元。

深圳地铁 16 号线二期工程四工区　包含 3 站 2 区间。合同投资 180088.63 万元。合同工期 2021 年 2 月 28 日至 2025 年 11 月 28 日。开工累计完成产值 50974.84 万元。

郑州市轨道交通 12 号线一期工程土建施工 06 工区　包含 2 站 3 区间,总长 4.57 千米。合同投资 98929 万元。合同工期 2020 年 4 月 10 日至 2023 年 12 月 31 日。开工累计完成产值 85079.15 万元。

太原市城市轨道交通 1 号线一期工程　包含 3 站 3 区间。合同投资 126194.24 万元。合同工期 2021 年 1 月 1 日至 2024 年 12 月 30 日。开工累计完成产值 86894.31 万元。

重庆轨道 18 号线土建四标　包含 2 站 3 区间。合同投资 75151 万元。合同工期 2019 年 8 月 7 日至 2023 年 2 月 3 日。开工累计完成产值 69279 万元。

长春市城市轨道交通 7 号线一期工程 6 工区　包含 2 站 2 区间。合同投资 76168 万元。合同工期 2020 年 6 月 2 日至 2025 年 4 月 30 日。开工累计完成产值 47424.872 万元。

武汉轨道交通 12 号线(江北段)土建 5 标　包括 1 个区间(含区间风井)。区间为单洞双线隧道,全长 4011.409 米,位于长江二七桥下游约 800 米处下穿长江,穿越江面宽度约 2160 米,开挖直径 12.55 米。区间最大埋深 45.52 米,最大水压 5.8bar,最大水土压力 7.2bar。隧道穿越地层主要为挤压破碎粉砂质泥岩、挤压破碎严重粉砂质泥岩、挤压破碎较严重粉砂质泥岩、粉细砂及粉质黏土,隧道最小曲线半径 800 米,断面最大坡度 28‰。合同投资 1748643059 元。开工日期 2021 年 9 月 1 日,计划竣工日期 2025 年 1 月 25 日,工期 41 个月。项目开工累计完成产值 32147.4 万元。

新疆引额供水二期工程项目　位于新疆昌吉北部北塔山山前冲洪积平原区,隧洞穿越奇台县、木垒县、巴里坤县。合同投资 73764 万元。开工日期 2018 年 7 月 31 日,计划竣工日期 2024 年 12 月 31 日。主要工程量:支洞 3.633 千米、主洞钻爆 17.29 千米、管片 19681 环、5 号道路 19.5 千米、2 号供水管线 15.8 千米的施工任务及砂石料自加工 40 万吨。开工累计完成产值 74075 万元。

小清河复航工程施工二标段　位于滨州市邹平市和淄博市高青县。合同投资 137559.43 万元。主要由航道工程、船闸工程、公路工程、水利工程和管线迁改工程组成,其中航道全长 26.7 千米,护岸为二级护坡结构,航道底宽 45 米,护岸长度 53.4 千米。全线设计干挖土方 904.52 万立方米,水下疏浚 165.21 万立方米;回填 186.71 万立方米;改建水牛韩船闸 1 座、翻水泵站 1 座;改建桥梁 4 座 2983 延长米、路基 1623 米;航标标志 90 座;改建倒虹吸 3 座、提灌站 21 座、涵闸 49 座,过河管线迁改 33 处,电力线缆迁改 36 处。

山东文登抽水蓄能电站输水发电系统土建及金属结构安装工程　位于山东省威海市文登区界石镇。合同投资 92594.64 万元。开工日期 2017 年 7 月 24 日,计划竣工日期 2024 年 7 月 31 日。主要为引水系统工程、地下厂房工程(含出线系统工程)、尾水系统工程,隧道 21600 延长米,石方 153 万立方米。开工累计完成产值 106291.58 万元。

洛宁抽水蓄能电站筹建期工程　合同投资 8.15 亿元。合同开工日期 2018 年 8 月 1 日,竣工日期 2021 年 12 月 31 日。实际开工日期 2018 年 9 月 5 日。主要施工内容:场内道路 6 条 20.5 千米;隧洞 18 条 17200 延长米;白马涧大桥 1 座 140 延长米;业主营地场平、白草坡施工营地及仓储区场平、下水库大坝左右坝肩开挖支护、白草坡施工营地建筑工程、砂石料加工系统与混凝土系统场平、洞室废水处理系统、钢管加工厂场地排水及防护、业主营地堆渣利用区排水及防护、施工供水系统、35 千伏变电站场平;施工便道 15 条 13.773 千米。

山东潍坊抽水蓄能电站工程　位于山东省潍坊市临朐县。合同投资 89690.87 万元。合同工期 2021 年 9 月 1 日至 2027 年 12 月 31 日。实际开工日期 2021 年 11 月 22 日。合同工程主要建筑物:输水系统、地下厂房系统(含出线)、下水库进出水口工程等,各类型洞室 65 条。开工累计完成产值 14451.83 万元。

(王　晶)

【境外工程】　斐济 Waidra 桥项目　包括拆除现有危桥、新建桥梁工程以及连接线道路工程建设;新建桥梁结构为单跨 30.48 米,宽 8.5 米,连接线道路长 145 米。合同投资 1110 万元。2021 年 6 月 14 日开工,2022 年 1 月 31 日完工,顺利通过竣工验收。

多哥科维埃齐奥河大桥及引水渠项目　包含跨齐奥河大桥 1 座及两侧引道施工,桥梁 176 延长米,引道长 500 米,宽 10.85 米。合同投资 3567.92 万元。2021 年 6 月 15 日开工,2022 年 6 月 30 日完工,顺利通过竣工验收。

援尼日利亚农业技术示范中心项目　占地面积 31.38 万平方米。包括主体建筑 5 个及相应配套工程的建设,各主体建筑总面积 3521.55 平方米,配套工程 2 万平方米。合同投资 3786.79 万元。2021 年 3 月 8 日开工,2022 年 10 月 14 日完工,顺利通过竣工验收,被评为合作局优良工程。

厄瓜多尔矿山 1 号路沉淀池及附属工程　包括 1 号路 K4+580 排土场沉淀池、4580 排土场引水工程、5 号路沉淀池以及 1095 排土场引水工程施工。合同投资 910.39 万元。2022 年 5 月 6 日开工,2022 年 9 月 3 日完工,顺利通过竣工验收。

埃塞俄比亚楚勒斯至索亚马公路项目　EPC 项目,线路主线长 79.5 千米,支线长 8.1 千米,双向 2 车道。合同投资 4.54 亿元。2020 年 5 月 29 日开工。由于业主一直未能完成征地工作,无法正常施工,项目于 2022 年 7 月停工,并启动终止程序。2022 年完成产值 268 万元,开工累计完成产值 10085 万元。

哈萨克斯坦卡麦公路项目　项目总长 55.26 千米,其中 40.06 千米为改扩段,3.9 千米为设计更改后的大修,11.3 千米为新建段。合同投资 3.98 亿元。2019 年 6 月 30 日开工。2022 年完成产值 366 万元,开工累计完成产值 3.25 亿元。

哈萨克斯坦 KB 公路改造项目　线路全长 74 千米,包括大桥 2 座、涵洞 67 道以及水沟、防雪墙等附属结构施工。合同投资 7.9 亿元。2019 年 5 月 23 日开工。2022 年完成产值 318 万元,开工累计完成产值

5.72 亿元。

厄瓜多尔矿山混凝土拌和站项目　主要为厄瓜多尔矿山项目供应混凝土。2015 年 8 月开始运营,2022 年完成产值 868 万元,开工累计完成产值 3.7 亿元。

厄瓜多尔瓜兰达公路项目　项目全长 13.29 千米,主要包括路基、路面及桥梁工程施工,其中瓜兰达大桥 164 延长米,萨利纳斯大桥 255.6 延长米。合同投资 2.98 亿元。2021 年 11 月 9 日开工。2022 年完成产值 3070 万元,开工累计完成产值 6470 万元。

多哥德诚综合楼项目　施工内容为 8 层综合楼和 2 层钢结构展厅施工,总建筑面积 3637.88 平方米,综合楼主体为框架式结构,建筑高度 30.9 米;展厅为钢结构,玻璃幕墙装饰,建筑高度 8.25 米。合同投资 2111.46 万元。2021 年 9 月 1 日开工。2022 年完成产值 1401 万元,开工累计完成产值 1970 万元。

援萨摩亚阿皮亚综合体育场馆第八期技术援助项目　主要为萨摩亚阿皮亚综合体育场馆运行维护提供技术支持,对设施设备进行维护保养。合同投资 892.59 万元。2022 年完成产值 322 万元,开工累计完成产值 563 万元。

尼贝原油外输管道项目　包括堆场和临时营地建设、赛美末站罐基础施工及工作船码头水工构筑物分包工程 3 个子项目。堆场及临时营地项目包含临时营地 3 处和堆管场 4 处的建设;赛美末站罐基础施工项目包含原油储罐 3 座 10 万立方米和防火罐 2 座 2000 立方米的基础建设;工作船码头水工构筑物分包工程包含临时设施、栈桥(长度 262.2 米)、高桩码头、海上斜坡式防波堤的防浪墙以及连接末站与栈桥的道路施工。合同投资 23932.69 万元。2022 年完成产值 17462 万元人民币,开工累计完成产值 21581 万元。

多哥阿达巴美若干街道修复、整治及排水项目　包括阿塔帕梅市区内市政公路 8 条 7.9 千米,两侧排水结构物 14.4 千米,小型桥梁 2 座,其他涵洞若干及波形护栏等。合同投资 7296.43 万元。2022 年 1 月 1 日开工。2022 年完成产值 3872 万元,开工累计完成产值 3872 万元。

加纳德诚办公及仓储中心项目　包含办公楼 1 座和钢结构厂房 2 座,总建筑面积 12391 平方米,其中办公楼建筑面积 779 平方米,主体结构为框架式钢筋混凝土结构,建筑高度 10.4 米;门式厂房整车仓库和配件厂房为钢结构,建筑面积分别为 4231.08 平方米和 2718 平方米。合同投资 2921.65 万元。2022 年 3 月 1 日开工。2022 年完成产值 2515 万元,开工累计完成产值 2515 万元。

援多哥总统府维修扩建项目　在既有总统府院区内进行改造和加建,包括维修、更新总统府主楼,新建内阁会议办公楼、安保用房和停车场,维修部分建筑面积约 7000 平方米,新建部分建筑面积约 4000 平方米,拆除重建部分建筑面积约 350 平方米。合同投资 13423.39 万元。2022 年 6 月 8 日开工。2022 年完成产值 1703 万元,开工累计完成产值 1703 万元。

厄瓜多尔米拉多铜矿防渗、封堵、酸性水库及沉淀池工程项目　包括 Tundayme 尾矿库后期坝 915 ~ 945 米子坝防渗工程、库内排洪设施 1 号、2 号排洪支洞封堵工程以及 2 号酸性水库及沉淀池工程 3 个子项目。合同投资 3705 万元。2022 年 9 月 27 日开工。2022 年完成产值 1153 万元,开工累计完成产值 1153 万元。

哈萨克斯坦钨矿项目　包括尾矿坝填筑、防渗设施、安全监测设施、截洪沟、尾矿库管理站、尾矿输送设施、尾矿回水设施及其他附属工程。合同投资 20700 万元。2021 年 9 月 30 日开工。2022 年完成产值 3409 万元,开工累计完成产值 3696 万元。

阿尔及利亚东西高速东标段项目阿尔及利亚东西高速公路东标段 399 千米 Drean 互通至阿尔及利亚—突尼斯边界 84 千米工程及互通工程项目　承建里程主线 40.68 千米和线外互通 5 个,设计时速 120 千米,采用双向六车道,等级为一级高速公路。主要工程量:路基挖填方、洪泛区和潮湿区填石、框架涵洞、互通立交,防撞护栏、附属排水及标志标牌等交安工程。代局指合同投资 19104 万美元。开工累计完成产值 17354 万美元。

贝沙尔 342 床综合医院项目　设计、施工一体的综合医院项目,综合医院院区和主楼采取总价包干 EPC 合同,院外 VRD(道路多管网)采取单价合同。建筑面积 55133 平方米,包含地下室和地上 6 层楼;场区占地面积 99413 平方米,包含医院主楼、VRD(场内外管网、绿化、停车场、直升机停机坪等)、150 人大礼堂等。项目处于已施工未完成状态。合同总投资 73227.62 万元。开工累计完成产值 1605.7 万元。

阿尔及利亚布哈尼菲亚温泉疗养中心项目　位于阿尔及利亚玛斯卡拉省布哈尼菲亚镇镇郊,隶属该国国防部(军方)。项目包含三星级宾馆、温泉疗养中心、行政用房、小型度假房、附属设施及 VRD(室外管井和道路等工程)等部分,为设计(我方合同不含设计部分)、施工一体的综合房建开发项目,采取总价包干的交钥匙工程。总建筑面积 20319 平方米,VRD 面积 52836 平方米。合同投资 21352 万元。开工累计完成产值 14097.81 万元。

几内亚达比隆港至圣图矿区运矿专用铁路线项目　线路全长113千米，负责DSTL－3标段36.3千米的施工任务，包括路基、桥梁、隧道、车站工程等，其中隧道2座4700延长米，合同投资12446万美元（业主删减投资项目后合同投资11300万美元）。2019年9月开工，2021年6月16日开通运营，2022年8月23日完成竣工验收。开工累计完成产值11702万美元。

新建几内亚马瑞巴亚港至西芒杜矿区MXTJ－10标段项目　包括路基、桥涵、站场（1座）、房屋建筑等工程。区间路基挖方221.49万立方米、填方302.39万立方米，站场路基挖方21.25万立方米、填方24.06万立方米，桥梁8座107孔，框架桥2座572顶平方米，涵洞123座3101.94横延米，房屋3590平方米。合同投资28257.13万美元。2021年11月1日开工，2022年7月几内亚军政府下令项目停工。2022年完成产值2909.53万美元，开工累计完成产值4407.53万美元。

阿联酋铁路二期B标段桥涵项目　线路长100千米，主要工程为结构物，大型结构物89座，其中桥梁31座、涵洞58座。合同投资13540.08万美元。2020年7月开工。2022年完成产值6092.01万美元，开工累计完成产值12272.01万美元。

阿联酋铁路二期D标段隧道和桥梁项目　隧道1座980延长米；桥梁5座、涵洞6座。合同投资17225.29万美元。2020年7月开工。2022年完成产值12785.29万美元，开工累计完成产值15195.29万美元。　（吴　迪）

【经营管理】　经营承揽。2022年中铁十四局集团有限公司全年新签合同1410项，新签合同额2229.1亿元，其中自揽2160.2亿元，完成中国铁建股份有限公司新签合同计划1679.6亿元的128.6%。其中，国内自揽新签2065.7亿元，完成中国铁建股份有限公司下达年度计划1600亿元的129.1%；海外自揽新签94.5亿元，完成中国铁建股份有限公司下达计划79.6亿元的118.7%。新签合同额位列中国铁建股份有限公司工程局系列第1、产业集团第2，属地经营排名第1，铁路工程承揽排名第1，中铁十四局山东省经营部位列省市经营部新签合同额第1。与济南、日照、淄博、厦门、白山、霍尔果斯、抚顺、扬州等政府单位及南水北调、中节能、山东黄金等企业单位开展高端对接187次，签订战略合作协议49份。与华能、华电、国电投、三峡集团、国家能源集团等行业龙头企业联合经营吉林、陕西、山西等地10余个抽蓄项目。全年完成产值1002.08亿元，完成年度计划1051亿元的95.35%，同比增长6.23%。股份公司重难点项目21项，集团公司重难点工程47项，均完成年度施工生产任务。

单位资质。具有“4＋1”项特级资质（5项特级资质），全集团具有150多项资质，其中集团公司本级具有铁路、建筑、市政、公路工程施工总承包特级，铁道行业［甲（Ⅱ）级］、建筑行业、市政行业、公路行业甲级工程设计资质，建筑幕墙、建筑装饰工程设计专项乙级，水利水电工程施工总承包一级，桥梁、隧道、公路路基、公路路面、铁路铺轨架梁、钢结构、机场场道、地基基础、建筑装修装饰、建筑幕墙、防水防腐保温、环保工程专业承包一级，机电安装、矿山工程施工总承包二级，消防设施工程专业承包二级，石油化工施工总承包三级，河湖整治、建筑机电安装、起重设备安装工程专业承包三级，特种工程（结构补强、特种设备起重吊装、建筑物纠偏和平移）、预拌混凝土、施工劳务资质、模板脚手架专业资质；自然资源部核准的地质灾害防治工程施工甲级资质和测绘甲级资质；公安部核准的爆破作业单位许可证（营业性）一级资质；经商务部批准享有对外经营权。

安全质量。2022年召开安全警示日视频会议、复工督导会议、年度安全会议、安全月启动视频会议、铁路专题会议、1次约谈会议、2次安全生产委员会、2次季度视频会、1次座谈会、2次警示会、2个区域专题会等会议。集团公司结合各单位2022年度产值完成情况，对实现“双零”目标的Ⅰ类工程公司单位进行“双零”特别奖励。党的二十大召开期间，集团公司、工程公司两级190位包保领导全部下沉项目对全集团557个项目进行1101个次的督导检查。同时十四局总部专门成立北京片区安全驻点督导组进驻项目，对北京项目进行多轮次的循环检查。2022年9月3日至11月3日，华夏认证中心分成4个审核组，对中铁十四局集团57个在建项目部、13个子分公司进行审核，结合年度监督审核集团公司完成质量、职业健康安全新版体系监督审核。

集团公司获中国建设工程鲁班奖2项（成都天府国际机场、无锡地铁3号线一期工程）；国家优质工程金奖2项（云南省牛栏江—滇池补水工程、宁波市轨道交通4号线工程）；国家优质工程奖6项［广东省仁化（湘粤界）至博罗公路新丰至博罗段，杭州市望江路过江隧道工程，石家庄市城市轨道交通3号线，新建鲁南高铁临沂至曲阜段，新建蒙西至华中地区铁路煤运通道“四电”工程MHSD－2标段，新建上海至南通铁路（南通至安亭段）南通西站等6座站房、生产生活房屋及相关工程 HTFJ－1 标段南通西站]；获李春奖 4 项、四川省优质工程“天府杯”1 项、山西省优质工程“汾水杯”1 项、福建省优质工程“闽江杯”1 项、陕西省优质工程“长安杯”、山东省优质工程“泰山杯”4 项、新疆维吾尔自治区市政金杯示范工程 1 项、华东地区优质工程奖 2 项、中国安装之星 1 项、山东省优质安装工程奖“鲁安杯”3 项、省级优质结构工程 22 项、中国铁建杯 13 项等荣誉。　（宗树红　初福松　王　品）

【科技成果】　2022 年 3 月 18 日，股份公司对中铁十四局筹建的中国铁建水下隧道工程实验室进行验收评审，2022 年 4 月 29 日通过验收，正式投入使用。

2022 年，中铁十四局获山东省技术发明一等奖 1 项；北京市科学技术进步奖一等奖 2 项，二等奖 1 项（已公示）；中国公路学会科学技术奖一等奖 1 项，二等奖 2 项（未公示）；中国岩石力学与工程学会科学技术进步奖二等奖 1 项；中国施工企业管理协会科技进步奖一等奖 2 项，二等奖 1 项（已公示）；山东土木建筑学会科技进步奖一等奖 2 项，二等奖 2 项；广东省土木建筑学会詹天佑故乡杯奖 2 项；中国安装协会科技进步奖二等奖 1 项；中国地方铁路协会二等奖 1 项；中国土木工程詹天佑奖 1 项。

申请专利 458 件，其中发明专利 145 件、实用新型 310 件、外观专利 3 件，专利申请数量再创新高。全年授权专利 442 件，其中发明专利 66 件、实用新型 374 件、外观设计 2 件。开展知识产权贯标工作，建立企业知识产权管理体系，编制知识产权管理手册。2022 年度中铁十四局组织集团公司级专利奖评审，评选出“管幕施工方法”“新型移梁小车”等 8 项专利奖。积极推荐“一种强透水土岩复合地层大直径泥水盾构综合掘进方法”申报中国专利奖。

参加 CHINA ROCK 2022 第十九次中国岩石力学与工程学术年会，组织集团所属五家单位参加大会工业展览，组织集团及所属各单位注册参加会议，承办以“赓续创新，助力发展，复合地层前沿难题创新与应用”为主题的第 13 分会场论坛。作为协办单位参加 2022 粤港澳大湾区地铁产业大会，参加大会工业展览，并由集团公司专家做主题报告。参加 2022 年江苏省城轨交通建设学术年会暨城市轨道交通设计创新论坛，参与协办由桥梁杂志社主办的桥隧技术创新和产业高质量发展大会。编制出版《盾构前沿情报跟踪》内部期刊 5 期，刊登技术报道 85 篇，举办盾构大家讲坛 2 期。　（李秀东）

【党群工作】　党的工作。2022 年，基层党组织 642 个，其中党（工）委 32 个，党总支 7 个，党支部 603 个。党员 7770 人，其中正式党员 7569 人，预备党员 201 人。

领导班子建设。集团公司党委深入学习贯彻党的二十大精神，围绕“学思践悟行”五个维度，安排部署十五项重点工作，通过专家辅导、班子成员宣讲、知识竞赛等多种方式，掀起学习宣贯热潮。严格落实“第一议题”制度，抓实中心组学习，策划党委会“第一议题”学习 7 次、中心组集中学习 12 次、专题研讨 6 次，成立 13 个课题组加强调研，推动调研成果及时转化为企业改革发展和管理思路。

基层党建工作。优化党建责任考核，实施分季度评价，提高过程考核和日常考核权重，落实推进支部评级晋升，党建责任更扎实；出台混合所有制企业党建、规范党费管理、劳务派遣党员管理等制度办法，编制《党支部标准化建设工作手册》，基础业务更规范；评选集团公司第二批 15 个示范党支部，日照疏港铁路项目党支部获评股份公司第三批示范党支部，为支部树立学习标杆；举办第 19 期党组织书记、组工干部培训班，坚持对新任职党（工）委书记进行面对面工作交底，提升党务干部履职能力；深入开展党建品牌创建活动，优秀党建品牌不断涌现，北京东六环项目“1244”党建工作法获评“第一届公路交通行业优秀党建品牌二十佳”。集团公司党委在股份公司党建责任制考评中连续 5 年获“优秀”等级。

党员队伍管理。2022 年 6 月 15—17 日，举办集团公司 2022 年党员发展对象培训班，对 160 名党员发展对象进行集中培训；全年新发展党员 152 人。严格落实《规范组织关系管理指导意见》，严格公司内部党员组织关系转接，动态掌握党员流动情况，使每一个党员都及时编入党的支部，置于党组织的监督管理之下。严格落实《中共中央组织部办公厅进一步规范党费工作的通知》，对党费收缴基数、收缴方式、使用项目、党费管理进行明确，加强党费收缴使用管理，各级党组织推行《党员党费证》的使用，确保党员缴纳的党费有据可查。

宣传工作。围绕重要工程、重要节点、重要成果、重大事件和典型经验、典型事件、典型事迹、典型人物的宣传报道，在省部级以上媒体发稿 6000 余篇，其中中央电视台 319 条，新闻联播 18 条。在国务院国资委网站、《中国铁道建筑报》、股份公司网站发稿量稳居系统第一。积极参与中央主流媒体“奋进新征程　建功新时代”“非凡十年”等主题报道，在《人民日报》、中央电视台、《光明日报》等媒体全方位展示中铁十四局在大盾构等领域的十年业绩。汕汕铁路项目书记、北京东六环建设者等热议党的二十大精神以视频、文字、图片等形式被广泛报道。《创新进行时》在国庆假期对北京东六环改造工程智慧掘进连续2集联播；十四局建设者和"京华号"盾构机在献礼二十大专题片《领航》第一集《掌舵远航》中出镜；和若铁路建设者登上央视《为爱而歌》专题节目。组织"媒体走进十四局"活动10次，在珠三角、长三角等区域召开媒体座谈会，继续扩大媒体朋友圈，开设"四力讲堂"，围绕新媒体运营等开展授课3期，覆盖基层通讯员600余人。

精神文明建设。顺利迎接山东省直机关工委对文明单位的复核，集团有全国文明单位2家，省级文明单位12家，省直文明单位2家；组织做好四公司、大盾构公司申报第七届"全国文明单位"的准备工作；加强典型选树，开展"先锋宣讲"活动，将2021年受表彰的12位"十佳"代表事迹搬上荧屏，各级党组织组织学习460场次。

思想政治工作。下发新时代加强和改进思想政治工作的实施意见，不断完善思想政治工作体系。以习近平总书记视察慰问南锣鼓巷站十周年为主题开展系列活动，宣传企业改革发展和党建工作的举措和成效。开展青年员工思想状况调研，6100多名青年员工填写网络问卷，通过集中座谈和个别座谈，了解青年员工心声，掌握青年员工思想动态。《建筑央企青年员工思想政治工作探析》被评为中国政研会2021年度优秀研究成果一等奖。被山东省政研会评为一类研究成果1项，二类研究成果1项。

企业文化工作。下发《中铁十四局"十四五"企业文化建设发展规划》，规划未来五年文化理念与品牌共享方案；组织全体员工观看新时代中国铁建文化与品牌视频宣讲；举办专题授课培训3次，制作下发《应知应会》口袋书。细化制定集团公司《企业视觉识别系统规范手册》(2022版)，推送"企业视觉识别系统一起学"专题微信4期；开展文化与品牌落地互鉴行动，到川藏铁路等重点项目进行交底，对不规范标志标识进行纠偏整改；突出中国铁建母品牌的传播与展示。持续收集、整理珍贵藏品，增设裸眼3D展示厅，加快博物馆内容和展陈形式的更新升级；整理校对藏品背后的故事征文，书籍《藏品背后的故事》进入校审阶段；为重大项目提供建馆资料支持与指导，博物馆获评中国铁建首批爱国主义教育基地。

纪检工作。出台《纪委与党委会商报告工作的暂行办法》，协助党委加强党风廉政建设工作领导。强化"一把手"抓"一把手"，集团公司主管领导就党风廉政建设、"大成本"管理、疫情防控、落实安全生产责任等苗头性问题，对8家公司15个项目的主管开展监督谈话，"面对面"批评教育42人次。研究出台《工程项目纪检监督实施办法》，全覆盖推广《工程项目纪检工作标准化手册》，系统搭建项目监督体系框架，综合运用过程督导、"四不两直"检查、专题推进会等方式狠抓落实，专项工作得到股份公司纪委肯定并在全系统做典型经验介绍。对拟提拔使用的82名处级干部进行廉洁考察和廉洁谈话。督促职能部门履行首次监督责任，召开党风廉政建设联席会20余次，移交问题线索31条。深化"互联网+"大数据监督系统运用，与成本管理、设备物资等业务系统联动预警53次。全年受理问题线索101件，初核99件，立案69件，给予党政纪处分149人，其中党纪处分24人、政纪处分144人、双重处分19人，移交地方监委1件。4月，开展"处分决定落实月"活动，对近三年执行情况进行全面核查，发现问题8项。与30多家业主纪检组织、驻地监委建立合作关系。对股份公司"违规挂靠"专项巡视反馈的4个方面12项具体问题狠抓整改。从严从快完成KJ党委巡视41项反馈问题的整改和3项移交线索的调查处置。成立3个巡察组，对15个子分公司36个项目开展"大成本"管理专项巡察，共发现问题796项，推动立行立改问题352项，受理信访举报4项，向所属各单位纪委移交问题线索42条。开展以"责任重于能力，自律胜于他律"为主题的反腐倡廉宣传教育月活动，创新"一把手讲廉"特色品牌，推动各级党组织书记讲廉政党课177场次，组织"项目经理谈廉洁"座谈会239场次。播放《零容忍》等警示教育片433场次，收集廉洁家书269余篇，征集廉洁短信232条。选树并表彰18个廉洁文化示范标杆项目。紧盯中秋、春节等重要节点，派出检查组59个，突击检查175家单位，处置各类问题129项。精准运用"四种形态"处理221人次，其中，运用"第一种形态"约谈函询、批评教育69人次。组织全体纪检干部认真学习习近平新时代中国特色社会主义思想、党的二十大精神，开展集中学习研讨65次，通过委外培训、以会代训、以干代训，选派10人参加省、市纪委监委专业培训及审查调查，6人参加上级党委巡视组。认真贯彻《中纪委关于加强新时代纪检监察干部监督工作的意见》，督促纪检干部依规依纪履职用权，严防"灯下黑"。

工会工作。下辖子分公司工会16个，直属单位工会3个；集团公司工会本级设组织权益部(女工保障部、职工服务中心、体协一门四牌)、生产综合部。专职工会干部 92 人,兼职工会干部 856 人,工会会员 15521 人。27 个单位 49 名个人获得中国铁建股份有限公司以上表彰。2 个单位获山东省五一劳动奖状,2 个单位获“火车头”奖杯,3 个单位获评省部级工人先锋号,1 个单位获评全国“安康杯”竞赛优胜单位,1 个单位获评全国“安康杯”竞赛优胜班组;3 名个人获评省部级劳动奖章,2 人分别获评全国和省“安康杯”竞赛优秀组织个人,10 人获评“山东省新时代岗位建功劳动竞赛标兵”称号。集团公司工会对年度劳动竞赛、“安康杯”竞赛先进单位、工人先锋号 81 个项目部 100 名先进个人进行通报表彰。铁正公司获山东省第三届“全员创新企业”称号,隧道公司魏哲获山东省第五届“齐鲁工匠”称号。电气化公司小清河项目总结经验参加全省的“乡村振兴杯”创新创优竞赛开展以来优秀案例评选活动;铁正公司创新创效成果在 2022 年山东省职工创新创效竞赛省级决赛中荣获二等奖;隧道公司和铁正公司各推荐 3 项创新成果参加山东省优秀职工技术创新成果评选。38 项职工合理化建议及技术改进项目参加集团公司评审,通过评比选出 10 项参加股份公司开展的合理化建议及技术改进项目评比,6 项获得股份公司表彰奖励。根据新版企业视觉系统和要求,修订完善集团公司《建家建线指导意见》。重点抓好川藏铁路等新上项目的建家建线指导帮扶工作,川藏铁路项目卫生保障与防疫工作被川藏铁路公司授予 2 次“绿牌”奖励,驻地规范化、标准化、细致化提升被授予 1 次“绿牌”奖励。集团防暑降温资金投入 476.55 万元,开展“送清凉”活动 396 次,慰问职工 22625 人次,开展防暑降温及劳动保护培训 20440 人次。元旦春节期间,在全集团开展送温暖活动,对困难职工、重点岗位值守职工、边远艰苦地区和重点工程建设一线职工、对企业发展做出重要贡献的劳动模范、先进职工和困难离退休老干部、离退休人员等开展“送温暖”慰问活动。筹集送温暖资金 465 万元,慰问困难职工 618 户,慰问春节不放假项目 44 个,慰问劳动模范、困难职工、离退休及其他人员 850 人。规划建设铁建大厦楼顶“览岳运动场”,设置篮球场、羽毛球场和休闲步道,进一步丰富总部员工业余生活、方便员工体育锻炼。为铁建大厦职工书屋(全国工会职工书屋示范点)补充图书 1600 余册。向全国总工会职工书屋办公室推荐 5 家示范性职工读书会。向房桥书苑拨付 4 万元用于职工书屋建设,该书苑被中华全国总工会职工书屋作为基层单位职工书屋建设典型,在视频号进行推介展示,被评为“全国工会品牌职工书屋示范点”。受新冠疫情影响,集团公司五届五次职代会采用会场加视频会议的方式进行,191 名职工代表参加会议。所属 18 个建制单位规范召开年度职代会,全集团 416 个在建项目部召开职工大会。组织召开集团公司工会二届七次全委扩大会议,增补 5 名工会委员。举办“喜迎二十大　奋进新征程”集团公司职工书画展,征集展出职工书画作品 180 余幅。承办股份公司“奋进新征程　腾飞万里行”美术作品系列展济南展区展览活动,展出 34 位画家近 60 幅作品,在集团公司总部巡展 60 余幅优秀书法作品。组织开展“庆六一·劳动创造幸福”职工子女儿童画比赛,征集集团公司 14 周岁以下职工子女绘画作品 310 幅。股份公司灯谜有奖竞猜活动和有声贺卡作品参与人数在股份公司分别排名第 2 和第 4;参与股份公司系列读书活动并获优秀组织奖,其中线上阅读排位赛 2 人获一等奖、5 人获二等奖、3 人获三等奖,线上朗读 1 人获二等奖、1 人获三等奖,优秀读书心得 3 人获一等奖、3 人获二等奖、5 人获三等奖;参与“学法向未来”法律知识竞赛,5761 名员工参与答题活动,根据得分情况对获得满分的 145 人进行奖励,评选出 6 个优秀组织单位进行表彰。各级工会组织资助 229 名学生继续学业,资助金额 28.67 万元。党的二十大召开前夕开展劳模以及困难职工和党员慰问工作,向全国劳模和省部级劳模每人发放慰问金 3000 元,向困难职工和党员 554 人发放慰问金合计 162.2 万元。为集团公司 65 岁以上全国劳模向山东省总工会申报国庆节日慰问金 1500 元/人。为参加“方舱医院”援建的 4 个单位拨付资金 25 万元,用于现场援建人员防疫物资购置和慰问。全年开展大病救助补偿 499 人,补偿金额 193 万元。

团委工作。下辖二级团委 15 个、团支部 312 个。专兼职团干部 411 人,35 岁以下青年 7778 人,共青团员 3237 人。集团公司团委定员 2 人,设团委书记 1 人,团委办公室主任 1 人。2022 年,新成立团支部 33 个,在济南工业北路项目部成立青年工作委员会。全年召开团员大会 1375 次,开展团课累计 869 次,团委(全委)扩大会开展专题学习 2 次,各团支部开展教育培训、主题团日、专题学习会等各类学习活动 747 场,覆盖青年员工 6400 余人次。利用“智慧团建”系统进行团组织关系结转及基层团组织信息数据统计分析工作,推荐 104 名优秀团员青年加入党组织。围绕喜迎和学习宣传贯彻党的二十大精神、纪念建团 100 周年的工作主线,开展“喜迎建团一百年,青春献礼二十大”系列主题活动、“学习二十大、永远跟党走、奋进新征程”主题教育实践活动，开展了演讲比赛、征文比赛、网络答题竞赛活动。开展“走进青年——团干部恳谈日”及团干部直接联系青年活动610次。集团公司全年新成立青年突击队191支，创建青年安全生产示范岗168个，开展青年安全生产活动583次。开展“五小成果”评选活动，评选表彰210项优秀成果。擦亮中铁十四局“志汇铁建”青年志愿服务队品牌，构建“集团总部+工程公司+项目部”三级网格体系，志愿者总数4065人，开展志愿服务活动458场次，获2022年“山东省青年志愿服务先进集体”荣誉称号。组织集团首期青年英才暨青马工程培训班。培育选树“全国优秀共青团员”1人、“全国向上向善好青年”1人、“全国青年安全生产示范岗”1个；2个集体、3名青年获共青团山东省委表彰，1个集体、5名青年获全国铁道团委表彰，另有18个集体、8名个人受地市级表彰，10个集体和11名个人受股份公司表彰。集团公司五四期间表彰先进集体56个和先进个人91人。

（李衍超　梁栋方　郑大伟）

【第一工程发展有限公司】 具有住房城乡建设部核准的公路工程施工总承包一级，公路路面、桥梁工程专业承包一级资质。2005年7月28日组建，注册资本金3亿元。驻山东省日照市东港区海曲东路66号。党委书记、执行董事梁金宝，党委副书记、总经理黄震。员工1300余人。资产总额23.94亿元，其中流动资产19.90亿元、固定资产净值1.54亿元。房屋建筑物账面价值1670万元；拥有各类机械设备527台(套)。年施工能力60亿元以上。

2022年，新签合同额182.17亿元，完成产值73.11亿元，营业收入57.55亿元，净利润1.09亿元。

（张英杰）

【第二工程有限公司】 拥有住房城乡建设部核准的公路工程、市政公用工程施工总承包一级，铁路工程施工总承包二级，公路路基、路面、桥梁、隧道工程施工专业承包一级资质。注册资本金10.1亿元。驻山东省泰安市岱岳区樱桃园西路71号。党委书记兼执行董事姚洪瑞，总经理刘时光。员工1621人。固定资产原值30131万元、净值12179万元。各类大中型设备798台(套)，机械设备总功率75820.45千瓦，技术装备率7.53万元/人，动力装备率46.86千瓦/人。

2022年，新增任务储备284.95亿元，其中自主承揽任务合同总额284.95亿元。

（袁　博）

【第三工程有限公司】 具有公路工程施工总承包特级，公路行业工程设计甲级，铁路工程、市政公用工程施工总承包一级，公路路基、公路路面、桥梁、隧道、机场场道专业承包一级，水利水电、建筑工程施工总承包二级，营业性爆破作业单位二级资质。可承接公路、铁路、市政公用、港口与航道、建筑、水利水电各类工程的施工总承包、工程总承包和项目管理业务。具有国家公路乙级试验资质，测试水平达到省部级标准。驻山东省济南市长清区大学城科技园紫薇路2999号。党委书记、董事长刘美良，党委副书记、总经理徐淑亮。员工1450人。注册资本金15.7424亿元。资产总额79.50亿元。拥有各类大中型施工设备906台(套)。机械设备、车辆投资新增采购金额754.5万元，动力装备率49.3千瓦/人，技术装备率4.61万元/人。主要机械设备、车辆完好率100%，利用率95%。

2022年，新签合同额240.23亿元，施工产值104亿元，营业收入85.74亿元，净利润2.17亿元，经营性现金净流量4.05亿元；资产负债率70.08%。

（宗恩懿）

【第四工程有限公司】 国家一级建筑施工企业，拥有公路工程、市政公用工程、矿山工程施工总承包一级，铁路工程施工总承包二级，建筑工程施工总承包三级，桥梁工程、隧道工程、公路路基工程、公路路面工程、地基基础工程专业承包一级资质。拥有公安机关颁发的爆破作业单位许可证(营业性)，资质等级一级，可承接最高级别的爆破作业任务，济南市首家爆破+矿山“双一级”的建筑企业。前身系组建于1965年3月的铁道兵第四师第十九团；1984年1月，集体转业并入铁道部；2000年1月，脱离铁道部并入中央企业工委，同时更名为中铁第十四工程局第四工程处；2001年12月，改为中铁十四局集团第四工程有限公司。驻山东省济南市市中区英雄山路267号。执行董事兼总经理王剑，党委书记徐宝廷。员工1579人。自有机械设备567台，设备原值2.45亿元、净值1.16亿元，总功率63084.7千瓦，人均动力装备率39.18千瓦，人均技术装备率7.24万元，设备完好率91.5%、利用率85.3%。

2022年，承揽任务340亿元，完成产值123亿元，营业收入117亿元。

（李　杰）

【第五工程有限公司】 具有公路工程、市政公用工程与建筑工程施工总承包一级，铁路工程、水利水电工程施工总承包二级，矿山工程总承包三级，公路路基工程、桥梁工程、隧道工程、环保工程专业承包一级，预拌混凝土专业承包不分等级资质。总部驻山东省济宁市兖州区金谷路80号。党委书记、执行董事刘勇，党委副书记、副总经理(主持经理层工作)张子强。员工1544人。注册资本金2.6亿元。资产总额65.64亿元，净资产总额7.3亿元，机械设备固定资产原值8.18亿元、净值1.64亿元。年施工生产能力120亿元以上。

2022年，承揽合同额321.98亿元，完成产值120.67亿元，营业收入97.59亿元，净利润2.20亿元，净资产7.30亿元，经营性现金净流量10.26亿元。

(杨建鹏)

【隧道工程有限公司】 以隧道及地下工程施工为主，具备隧道工程、地基与基础、装饰装修专业承包一级，施工劳务资质。驻山东省济南市历下区和平路1号。执行董事、党委书记张立岩，总经理刘朝阳，执行总经理高洪吉。员工1544人。资产总额75.17亿元。其中，固定资产原值15.50亿元、净值5.75亿元，流动资产53.26亿元，长期资产21.91亿元。拥有机械设备1485台(套)，原值10.44亿元、净值3.08亿元。

2022年，经营承揽101.98亿元，营业收入814796万元。

(张　霞)

【大盾构工程有限公司】 国内首家大盾构专业施工企业，大盾构品牌列中国铁建“十大品牌”之首，施工项目涉及入城通道、江河湖海水下盾构、轨道交通、综合管廊、海绵城市等工程领域，经营全国10米以上大直径盾构和五省一市的轨道交通市场，拥有市政工程总承包一级、地基工程专业承包一级、隧道工程专业承包三级资质。驻江苏省南京市浦口区园广路20号。执行董事张哲，总经理陈鹏，党委书记史庆涛。员工1495人。自有盾构机28台，总配置成本74.73亿元。年隧道施工能力50千米以上。

2022年，新签合同额334.4亿元，施工产值123亿元。

(姜梦丽)

【建筑工程有限公司】 拥有房屋建筑工程施工总承包一级，建筑幕墙、防水防腐保温专业二级，地基基础工程专业三级资质。2014年9月19日，由中铁十四局集团有限公司水利水电工程分公司和中铁十四局集团建筑安装工程分公司合并而成。驻山东省济南市章丘区圣井街道府前街圣井街道经济发展服务中心综合楼二楼101-16室。总经理(主持党委工作、主持执行董事工作)冯国森，执行总经理陈生田。职工1234人。拥有大中型施工生产机械设备、测试设备(不包括公务用车、经营租赁设备、租赁中心设备)固定资产52台(套)，固定资产原值1566.19万元、净值460.60万元。技术装备率0.56万元/人，动力装备率1.82千瓦/人，机械设备成新率37.46%，总功率2246.2千瓦。

2022年，承揽额314.91亿元，完成施工产值145.5亿元。

(丁　雪)

【房桥有限公司】 拥有桥梁工程专业承包一级、钢结构工程专业承包二级、起重设备安装工程专业承包三级、特种工程(结构补强)专业承包(不分等级)资质。经营范围含铁路、公路、城市轨道交通、住宅产业化、智能制造、新材料、绿色节能、装配式钢结构等领域。1954年成立于广西黎塘，1973年由昆明市搬迁至现驻地:北京市房山区阎村镇房山科技工业园区燕房园8号。董事长、总经理赵誉，党委书记王光祥。职工851人。资产总额468679.99万元，其中流动资产238776.10万元；固定资产111216.06万元、净值72605.61万元。机械设备1042台(套)，设备原值24059.97万元、净值8259.80万元，机械设备总功率63248.16千瓦，设备完好率91.17%，利用率92.68%，技术装备率7.92万元/人，动力装备率60.64千瓦/人。

2022年，新签合同额75.19亿元，完成工业总产值40.84亿元，利润总额2.03亿元。国有资产保值增值率113.33%、净资产收益率10.90%。

(谷月东)

【电气化工程有限公司】 国家高新技术企业，拥有建筑业企业施工资质15项、公路养护资质2项和行业许可4项，其中，施工总承包资质5项，分别为机电安装工程一级、通信工程一级、电力工程二级、建筑工程三级、市政公用工程三级；专业承包资质10项，分别为铁路电气化工程一级、铁路电务工程一级、公路交通工程(公路机电工程)一级、消防设施工程一级、建筑装修装饰工程一级、建筑机电工程一级、电子与智能化工程一级、输变电工程二级、城市及道路照明三级、环保工程三级。驻山东省济南市和平路1号。执行董事、党委书记于长水，总经理、党委副书记杨洪建。员工754人。资产总额19.76亿元。其中，固定资产原值3530.79万元、净值724.92万元，无形资产960.02万元，递延资产242.49万元。机械设备73台(套)，机械设备固定资产原值1199.96万元、净值567.64万元，总功率3010千瓦，动力装备率3.72千瓦/人，技术装备率0.70万元/人，机械化程度70%以上。

2022年，施工产值35.07亿元，净利润11036.05

万元,国有资产保值增值率127.09%,总资产报酬率6.77%,应上缴款完成率100%。（刘红梅）

【城市发展有限公司】 主要从事房地产开发和经营。2001年3月27日成立,前身系中铁十四局集团凯华置业有限公司,2014年10月8日更名为中铁十四局集团房地产开发有限公司,2022年2月21日更名中铁十四局集团城市发展有限公司。驻山东省济南市历下区奥体西路2666号铁建大厦A座。

2022年,实现销售签约20.03亿元,回款15.84亿元,营业收入17.67亿元,净利润5079万元。

（尹毅龙）

【铁正检测科技有限公司】 拥有国家级资质认定、实验室认可、公路工程综合甲级、公路工程桥梁隧道工程专项、水运工程结构乙级、水运工程材料乙级、水利工程质量检测乙级、建设工程质量检测机构、测绘甲级、工程勘察专业类甲级、职业卫生技术服务机构、建筑业企业特种工程(结构补强)专业承包、建筑业企业施工劳务、质量管理体系认证、职业健康安全管理体系认证、环境管理体系认证。始建于铁道兵第四师试验室,1998年在山东省工商局注册,2007年改制,具有独立法人资格。注册资本金1亿元。驻山东省济南市和平路1号。董事长、党委书记刘全青,总经理、党委副书记、董事苏磊。员工687人。资产总额65253万元。仪器设备固定资产5057台(套),资产原值13715.07万元,工作房屋11700平方米。

2022年,承揽任务12.09亿元,完成产值7.6亿元,净利润8668万元。（刘晓丽）

【市政工程分公司】 涉及市政、房建、公路、矿山治理、砂石料加工等工程施工。驻山东省青岛市崂山区香港东路254号。总经理吴云杰,党委书记陈明贵。职工422人。资产总额33.18亿元,其中流动资产15.67亿元、非流动资产17.51亿元。固定资产原值13584万元、净值10312万元。

2022年,新签合同额50.09亿元,利润3.44亿元。产值利润率15.13%,资产负债率100%。完成上缴款8000万元,上缴各项社保基金4583.72万元。

（周庆龄）

【海外建设发展有限公司】 经营范围包括:施工总承包、专业承包;劳务分包;货物进出口;技术进出口;代理进出口;技术开发;技术转让;技术服务;机械设备租赁;房地产开发;销售机械设备、建筑材料;工程勘察;工程设计。驻山东省济南市奥体西路2666号铁建大厦A座。党委书记、执行董事杜少成,党委副书记、总经理董光贤。职工238人。机械设备202台(套),原值11440.71万元、净值2545.52万元。

2022年,承揽任务10项,合同额78.67亿元。

（林贞婕）

【西北工程有限公司】 拥有市政公用工程施工总承包一级,建筑工程、水利水电工程施工总承包三级,环保工程专业承包三级资质。前身为中铁十四局集团西安建设投资公司,2018年,更名为中铁十四局集团西北工程有限公司。2019年,成立中铁十四局集团有限公司投资项目管理公司,与西北公司为一个机构两块牌子,代表集团公司履行出资人责任,全面负责集团投资项目建设、管理及运营工作。驻陕西省西安市沣东新城三桥街办启航时代广场A座10层11001－11004室。党委书记、执行董事周洪顺,党委副书记、总经理吴绪海。员工107人。资产总额199312万元,其中固定资产净值822万元、流动资产46979万元、其他资产151511万元。

2022年,实现营业收入35519万元,净利润4139万元,资产负债率92.61%,净资产收益率28.76%,应上缴款完成率100%,国有资产保值增值率104.26%,营业利润率14.13%。（翟李莎）

【山东人防设计院】 拥有建筑行业甲级设计资质(建筑设计甲级、人防工程设计甲级),同时具备工程咨询单位建筑专业甲级资质,城乡规划编制乙级资质证书,涉密信息系统集成乙级资质,是高新技术企业、山东省“专精特新”中小企业、济南市“专精特新”中小企业、济南市“瞪羚”企业,历下区科创联盟单位。通过ISO 9001质量管理体系认证,ISO 14001环境管理体系认证,ISO 45001职业健康安全管理体系认证,是省级守合同重信用企业,商务诚信AAA级信用企业。主要业务范围包括:人防工程设计、工业与民用建筑设计、人防科学技术研究、人防规范标准编制、建设项目论证、可行性研究编制、规划编修、全过程工程咨询服务、建筑工程技术咨询、人防施工图审查、工程总承包等,近年起设计院开展新业态板块,新业态涵盖BIM设计、施工结构设计、片区开发设计、流域及生态治理设计、乡村振兴设计、尾矿整治设计、地下空间开发设计、设施农业设计、产业园区设计、集团公司各类EPC项目设计等。前身为1979年成立的山东省人防工程设计科研所;1989年4月,更名为山东省人防工程设计院;同年 8 月,更名为山东省人民防空建筑设计院(以下简称山东人防设计院);2017 年 11 月,由事业单位整体转企改制为全民所有制国有企业,由山东省人防办划归山东国惠投资有限公司;2021 年 1 月,通过混合所有制改革,中铁十四局集团有限公司成为山东人防设计院的控股股东,人防设计院加入中铁十四局。驻山东省济南市历下区窑头路 7－3 号。党委书记、总经理毛伟刚。员工 126 人。资产总额 7948.87 万元。

2022 年,新签合同额 2.086 亿元,营业收入 6536 万元,净利润 190 万元。（关忠金）

【物流公司】 2022 年 11 月成立。驻天津市滨海新区东疆保税港区亚洲路 7051 号金融贸易中心南区 1－3。注册资本金 2 亿元。员工 123 人。（贾秋萌）

【装备公司】 经营范围:特种设备制造、建设工程施工、专用设备修理、机械设备租赁、机械设备开发、隧道施工专用机械销售、技术服务、技术开发、技术咨询、技术交流、技术转让、技术推广、工程和技术研究和试验发展,金属结构制造、集装箱制造、集装箱维修、环境保护专用设备制造、紧固件制造、紧固件销售、信息咨询服务、物业管理、非居住房地产租赁。具有建筑业企业施工劳务资质、建筑施工企业安全生产许可证。2022 年 5 月 25 日注册成立。驻江苏省通州湾江海联动开发示范区三夹沙港区支路 66 号。注册资本金 1 亿元。党委书记、执行董事李方东,总经理李东升。员工 36 人。拥有大中型生产设备等固定资产 1 台,固定资产原值 359.86 万元、净值 359.86 万元。设备成新率 100%、利用率 100%。

2022 年,承揽任务 512 万元。（施雨琳）

中铁十五局集团有限公司

【简况】 拥有铁路工程施工总承包特级、公路工程施工总承包特级、市政公用工程施工总承包特级、建筑工程施工总承包特级的四特级企业。同时具有铁道行业设计甲(Ⅱ)级、公路行业设计甲级、建筑行业设计甲级、市政行业设计甲级、地质灾害治理工程甲级,水利水电工程施工总承包一级,桥梁工程、隧道工程、公路路面、公路路基、铁路铺轨架梁专业承包一级资质,具有开展国外经济合作业务的资格。总部驻上海市静安区共和新路 666 号。党委书记、董事长黄昌富,总经理、党委副书记、董事王鹏。前身系中国人民解放军铁道兵第五师、第六师改编后的第五师;1984 年 1 月 1 日,集体转业并入铁道部,改编为铁道部第十五工程局;1999 年 12 月,更名为中铁第十五工程局;2001 年 10 月 12 日,企业改制改称现名。集团公司下设全资子公司 15 个,分别是第一、第二、第三、第四、第五工程有限公司,路桥建设有限公司,城市建设工程有限公司,城市轨道交通工程有限公司,电气化工程有限公司,中铁建物产科技有限公司,四川建筑勘察设计有限公司,济阳迎宾黄河大桥有限公司,东来地产开发有限公司,铁建浙江投资开发有限公司及华东中铁工程检测技术有限公司。另设轨道交通运营公司、城建设计研究院 2 个分公司,8 大区域总部,1 个海外事业总部。职工 15544 人。资产总额 4413628.9 万元,负债总额 3942941.0 万元,流动比率 0.96、速动比率 0.86,资产负债率 89.34%。拥有各类机械设备 6165 台,固定资产原值 540978.79 万元、净值 296888.46 万元,成新率 54.88%,资产增长率 3.07%,设备资产利润率 6.68%,技术装备率 19.62 万元/人,动力装备率 79.27 千瓦/人。单台件原值 200 万元及以上大型设备 208 台,原值 381655.37 万元、净值 229347.53 万元,成新率 43.79%,完好率 91%,利用率 65%。全年报废设备 796 台,原值 29467.72 万元;大修设备 137 台,费用 16118.87 万元。

2022 年,新签合同总额 1838.70 亿元,同比增长 41.43%,其中自揽份额 1765.14 亿元,完成股份公司下达年度自揽指标 900 亿元的 196.1%;海外工程新签合同额 40.91 亿元,同比增长 225.8%。企业总产值 600.4 亿元,净利润 3.02 亿元,职工年人均收入 127712 元,全员劳动生产率 26.12 万元/(人·年)。营业收入 5034814.6 万元。主要实物工程量:路基 598.66 千米,涵洞 1049 座 33369.92 横延米,桥梁 459 座 104680.09 延长米,隧道 16.84 座 115448.53 延长米,地铁车站土石方 187.91 万立方米,铁路有砟道床铺设 7.03 千米,无砟道床铺设 12.09 千米,铺道岔完成 131 组,正线铺轨 16.42 千米,站线车辆段铺轨 2.29 千米,房屋建筑折合面积 351.82 万平方米。获中国建设工程鲁班奖 10 项,中国土木工程詹天佑奖 9 项,国家优质工程奖 42 项,省部级优质工程奖 159 项,中国铁建杯优质工程奖 199 项。获“全国质量效益型先进企业”“全国精神文明建设工作先进单位”“中央企业先进集体”“上海企业创新文化十佳品牌”“上海市文明单位”称号。获全国五一劳动奖状、中华全国总工会模范职工之家、全国安康杯竞赛优胜企业“连胜杯”、首批“安康杯”竞赛示范企业；先后获国家级工法10项、省部级工法88项、国家科学技术进步奖3项、省部级科学技术进步奖130余项、授权专利661件；创造中国企业纪录7项。先后获评国家AAA级信用企业、全国重合同守信用企业、全国优秀施工企业、全国质量效益型先进企业、全国精神文明建设先进单位，并获全国工程建设质量管理优秀企业、全国水利建设市场主体信用评价AAA级，河南省建筑业技术创新先进企业、河南省优秀施工企业等荣誉。 （刘芝玲）

【领导人员】

董事会

董事长	黄昌富
董事	黄昌富
	王　鹏(2月任)
	贺修军(职工董事,8月任)
	刘俊民(2月免)
	王小川(2月免)

监事会

监事会主席	吴兰青
监事	范　浩
	刘军南

经理层

总经理	王　鹏(2月任代总理,12月任总理)
	黄昌富(2月免)
副总经理	刘俊民
	王小川
	朱　勇(3月任)
	王占军
	岳昌茂(10月任)
	贾会刚(10月任)
	谢　磊(10月任)
	贺修军(8月免)
	金国海(2月免)
	李文兵(10月任)
	王学杰
总工程师	李文兵(10月任)
总会计师	王学杰

（祝新芝）

【职工队伍】 职工15544人。其中，在职员工15440人、内退104人。干部11161人，工人4279人；干部中各类专业技术人才10048人，占在职员工总数的65.1%。工人中技术工人3110人，占工人总数的72.7%。其中，高级技师122人，技师382人。

（程　炜）

【工程项目指挥机构】 京津冀指挥部　驻北京市石景山区。指挥长、党工委副书记马斌。

辽吉黑蒙指挥部　驻辽宁省沈阳市。指挥长谷双。

江苏指挥部　驻江苏省南京市。指挥长李飞。

新青藏指挥部　驻新疆维吾尔自治区。指挥长、党工委副书记王波。

广东指挥部　驻广东省广州市。指挥长高德全。

安徽指挥部　驻安徽省合肥市。指挥长吴德平(原级别)。

云贵指挥部　驻云南省昆明市。指挥长赵海标。

山东指挥部　驻山东省济南市。指挥长、党支部书记徐瑞良。

山西指挥部　驻山西省太原市。指挥长、党支部书记马朝辉。

河南指挥部　驻河南省郑州市。指挥长贾会刚。

上海指挥部　驻上海市闵行区。指挥长马磊。

浙江指挥部　驻浙江省杭州市。指挥长王恒军。

福建指挥部　驻福建省福州市。党支部书记、指挥长万雨晴。

湘鄂指挥部　驻湖北省武汉市。指挥长朱智宇。

川渝指挥部　驻四川省成都市。指挥长、党工委副书记谢磊(12月离任)，指挥长赵海标(12月任)。

陕甘宁指挥部　驻陕西省西安市。指挥长田胜利。

江西指挥部　驻江西省南昌市。指挥长罗斌(1月任)。

广海指挥部　驻广西壮族自治区南宁市。党支部书记、指挥长胡丽华。

沪苏湖铁路项目部　驻浙江省湖州市。项目经理、党工委副书记王海舰。

海外事业部　驻北京市丰台区。总经理袁水生。

（刘芝玲）

【工程施工】 2022年，在建项目367个。合同总金额2330.7亿元。其中，铁路工程项目38个，合同额396.3亿元；公路工程项目72个，合同额514.4亿元；市政工程项目80个，合同额496.5亿元；城市轨道交通项目26个，合同额217.2亿元；水利水电项目19

个,合同额37.0亿元;房建工程项目109个,合同额606.7亿元;融合项目17个,合同额32.4亿元;其他项目6个,合同额30.2亿元。完成主要实物工程量:路基598.66千米,路基土石方开挖2497.75万立方米,路基土石方填筑2898.5万立方米,路面基层570.98千米,路面面层405.1千米,涵洞1049座33369.92横延米,桥梁459座104680.09延长米,隧道16.84座115448.53延长米,地铁车站土石方187.91万立方米,铁路有砟道床铺设7.03千米、无砟道床铺设12.09千米,铺道岔完成131组,正线铺轨完成16.42千米,站线车辆段铺轨2.29千米,房屋建筑折合面积351.82万平方米。(王赞霞)

【经营管理】 工程经营。2022年,新签合同额1838.70亿元,其中自揽份额1765.14亿元,完成股份公司下达年度自揽指标的196.1%;海外工程新签合同额40.91亿元,同比增长225.8%。工程承包板块新签合同总额1751.07亿元,同比增长45.3%;非工程承包板块新签合同额87.63亿元,同比减少7.4%。非工程板块中,物流板块合同额68.18亿元;房地产板块合同额2.57亿元,同比增长49.9%;勘察设计板块合同额0.20亿元,同比增长11.5%;工业制造板块合同额16.39亿元。

国内工程板块新签合同额1710.17亿元。其中,铁路工程新签合同额269.8亿元,同比增长242.38%;公路工程新签合同额121.95亿元;房建工程新签合同额807.69亿元,同比增长58.78%;市政工程新签合同额271.34亿元;轨道交通工程新签合同额74.83亿元,同比增长14.04%;水利电力工程新签合同额84.16亿元,同比增长103.36%;其他工程新签合同额80.40亿元。"两新"业务完成新签合同额312.96亿元,占新签合同总额17.02%。

企业管理。国有企业改革三年行动方案和对标世界一流管理提升工作圆满收官。组织所属各单位总部机构改革专项核查,确保改革成果得到巩固提高。持续推进压减工作不动摇,注销法人公司4个,分公司1个。坚持不懈助力企业精准经营、深度经营,高质量布局经营网络,增设河南、山东、山西指挥部。制定集团公司功能性子公司管控《实施细则》,加强功能性子公司的管控措施,科学布局企业资源。修订《机构编制管理办法》,优化机构设置审批流程。

安全质量。坚持"安全第一,预防为主,综合治理"的方针,全面落实安全质量生产责任制。各单位获省部级"平安工地""安全文明标准化工地"荣誉9项;集团公司未发生一般及以上生产安全责任事故,未发生一般C类以上铁路交通责任事故,未发生火灾、中毒等险性事件,实现安全生产"双零"目标。

财务管理。年末集团公司资产总额4413628.9万元,负债总额3942941.0万元。流动比率0.96、速动比率0.86,资产负债率89.34%,营业收入5034814.6万元,利润总额35804.2万元。

人才队伍建设。全年引进成熟人才187人,接收大学毕业生744人,按学历层次分,博士后2人,博士5人,硕士68人,"211""985"院校本科生39名,一本522人,二本108人。经集团公司和股份公司评审通过581人,其中评审通过正高级职称5人(正高工5人)、副高级职称153人(高工129人、高经2人、高会14人、高政8人),中级414人,初级9人。2022年,全集团各类专业技术人才10048人,其中工程专业7530人、经济专业627人、会计专业1183人、政工专业648人;高级以上职称1448人。

审计工作。2022年,完成审计项目182项,投入审计工作日4082天;发现问题720个,问题金额39408.9万元;避免或挽回损失1103.1万元;提出审计建议564条,已被全部采纳;两级审计机构移交纪委问题线索27项,纪委处理19项,核查处理中8项。

(刘芝玲)

【科技教育】 2022年,获中国岩石力学与工程学会科技进步奖特等奖1项,交通运输协会科技进步奖一等奖1项,中施企协科技进步奖二等奖1项,天津公路学会科学技术奖二等奖1项,省部级工法8项,新立省部级科研项目1项,股份公司B类课题3项,上海铁路局科研项目1项,参编国家标准1项,地方标准1项,行业协会团体标准7项,均已出版发行;BIM技术应用获国家及省部级奖6项。2项关键技术研究达到国际领先水平,2项关键技术研究达到国际先进水平。全年获授权发明专利7件,实用新型专利137件。

2022年,各级线上培训16176人次,线下培训6138人次。全年选送1名局级领导人员参加井冈山干部学院局级领导干部培训班,局级领导人员13人、处级领导人员347人参加学习党的十九届六中全会精神线上培训班;2人参加大连高级经理学院青年干部战略思维与领导能力培训班;2人参加大连高级经理学院年轻干部能力素质提升培训班;1人参加中国铁建股份公司第一期青年英才暨青年马克思主义培养工程培训班。30人参加集团公司第一期青年英才暨青年马克思主义培养工程培训班。全年参加施工现场岗

位证书培训237人。（栾焕强　雷雪英）

【党群工作】 党的工作。基层党组织469个，其中所属单位党（工）委39个，党总支5个，基层党支部425个。党员6011人，其中在岗党员5515人，离退休党员496人。

党委领导作用。持续发挥集团公司党委“把方向、管大局、保落实”的领导作用，全年召开27次常委会前置研究讨论重大事项124项，领导薪酬体系改革、投融资项目、区域市场调整等系列重大部署。始终把党的政治建设放在首位，集中收听收看党的二十大开幕会，通过党委中心组、专家解读、联建共建等多种方式推动党的二十大精神入脑入心。

党的思想政治工作。班子建设。召开党史学习教育专题民主生活会，明确整改措施、责任分工和整改时限。集团公司领导班子成员结合联系点分工，分别指导所联系单位召开党员领导干部民主生活会；持续开展“四好”领导班子创建评比活动。社会担当。各级党组织和广大党员闻令而动、逆行出征、共克时艰，援建上海方舱医院9处，向疫情严重的所属上海、吉林等地党支部拨付30万元抗疫专项党费。创先争优。集团公司党委书记、董事长黄昌富当选上海市第十二次党代会代表、中央企业系统（在京）党代表会议代表、上海市人大代表、上海市十六届人大城建环保委员会委员。组织建设。成立9个党工委、8家党委完成换届选举，探索项目经理兼任项目书记，设置执行经理、专职副书记的管理架构，扎实开展“保安全、保质量、保稳定、促发展”党员主题实践活动。

企业文化建设和对外宣传。集团公司全年上中央级媒体181次，上省部级媒体577次，位列全系统第5；在《中国铁道建筑报》刊稿46篇，位列全系统第6；先后登上中国铁建全媒体平台300余次，国务院国资委新媒体平台39次，位列全系统第7；在股份公司网站刊稿238篇，位列全系统第6。上传股份公司多媒体资源库图片超11000张；着力发挥集团荣史馆作用，荣史馆入选中国铁建首批10家“爱国主义教育基地”，中国铁建党委书记、董事长汪建平向集团公司党委书记、董事长黄昌富授牌。中国铁建党委工作部部长钱东锋、铁道兵代表李江晋为荣史馆揭牌。

党风建设和反腐倡廉工作。受理问题线索15件，完成初核15件，结2件、转立案13件，结案13件，谈话提醒4人，给予党政纪处分21人，并处经济赔偿50.61万元。

工会工作。集团公司工会下辖二级工会组织32个，基层工会组织281个，专职工会干部41人、兼职工会干部474人。

劳动竞赛、安康杯竞赛。2个集体、7名职工在省市级、股份公司劳动竞赛中获奖，20个品牌项目创建名单，3个工程项目获评集团公司首批示范性品牌项目，6个项目被授予“优秀品牌项目”称号，9家单位、2个项目、4名职工在国家和省部级安康杯竞赛中获奖。

劳模创新工作室、评优树模。子公司新建博士工作室1个和创新工作室7个，其中，彭元栋盾构创新工作室成为北京盾构工程协会首批挂牌命名的创新工作室；1项成果获评股份公司合理化建议三等奖。7个集体分别获省市级五一劳动奖状、“工人先锋号”，2名职工分别获省部级五一劳动奖章、火车头奖章。

民主管理。认真征集两级职工代表提案，上报股份公司代表提案8条，集团公司提案工作委员会立案处理提案24条；完善《2022年集体合同》，增加职工育儿假、职工健康知识宣传及心理健康等方面内容，女职工卫生费月标准从100元调至500元。两级工会通过职代会及联席会议，集体审议并表决通过诸如薪酬管理办法、总部搬迁等与职工切身利益息息相关的重要事项。

服务保障工作。针对上海严峻疫情形势，下拨防疫资金76.74万元，帮助协调做好应急生活物资、防疫物资保障供应；12334名职工及家属参与股份公司工会“学法向未来”答题活动；对35个艰苦偏远项目下拨建家建线帮扶资金177万元；常态化开展送温暖、送清凉、“三不让”、“六必访”等活动投入资金1296.82万元，慰问项目（班组）753个，基本实现职工全覆盖。

女职工工作。3个女职工集体分获上海市“三八红旗集体”、“巾帼文明岗”、河南省建设五一巾帼奖状，1个集体获评青浦区“巾帼文明岗”；1名女职工获上海市建设交通系统“三八红旗手”，2名女职工分别当选天津市红桥区妇联十二届执委会委员、上海市静安区妇代会代表；集团公司工会女工委获全国优秀组织奖。

共青团工作。下设基层团委15个，团支部309个。团员3671人，35岁以下青年7881人，专兼职团干部453人。组织开展青年精神素养提升工程、上海片区青年座谈会、“振兴十五局　建功新时代”颁奖晚会等大型活动。获评全国荣誉2项、全国铁路青年科技创新奖、中央企业五四红旗团委、上海市五四青年集体等省部级以上表彰20余项。

（张　辉　李建平　何　鑫）

【第一工程有限公司】 拥有公路工程施工总承包一级,铁路、建筑、市政公用工程、电力施工总承包二级,桥梁、隧道、公路路面、公路路基工程施工、钢结构专业承包一级资质。注册资本金100000万元,涉及公路、水利水电、市政公用、铁路、高铁、城市轨道等工程各领域。职工1425人。董事长、党委书记王东欣,总经理、党委副书记牛跃军。各类运输车辆和机械设备615余台(套)。年施工能力100亿元。

2022年,施工产值42.97亿元,计量产值31.55亿元,经营承揽230.06亿元,营业收入42.62亿元;净利润3072.82万元,经营性净现金流6777.98万元。

(房雅妹)

【第二工程有限公司】 拥有公路、建筑工程施工总承包一级,市政、铁路、水利水电工程施工总承包二级,桥梁、隧道、公路路面、公路路基、建筑幕墙工程专业承包一级,公路水运工程试验综合检测乙级的国有建筑施工总承包资质。注册资本金100042万元。党委书记、董事长任化庆,党委副书记、总经理王均博。职工1841人。资产总额52.00亿元。其中,流动资产49.09亿元,非流动资产2.91亿元。设备632台(套)。

2022年,承揽总额350.55亿元,营业收入80.77亿元,净利润4289万元。 (周雪茜)

【第三工程有限公司】 拥有市政公用工程施工总承包一级,建筑工程、公路工程、水利水电工程、矿山工程施工总承包二级,桥梁、隧道、钢结构、公路路基、公路路面工程专业承包二级资质。党委书记、董事长王志超,总经理、党委副书记千绍玉。职工1383人。企业资产总额28.08亿元,其中固定资产原值18297.40万元、净值10570.82万元。设备639台(套)。

2022年,承揽任务185.22亿元,产值41亿元,上交款完成9010.12万元。 (张大鹏)

【第四工程有限公司】 拥有建筑、市政公用工程、水利水电工程施工总承包一级,铁路、公路、矿山、电力工程施工总承包二级,桥梁、隧道、公路路基工程专业承包一级资质。执行董事、党委书记周叶飞,总经理刘国鹏。职工1774人。资产总额60.26亿元。其中,固定资产原值4.19亿元、净值1.37亿元,流动资产54.59亿元,非流动资产6.71亿元。各类机械设备561台(套)。设备原值20288.99万元、净值7229.93万元。

2022年,经营承揽总额267.74亿元,产值110.02亿元,净利润4774.91万元。职工年人均收入144626元。

(王楠楠)

【第五工程有限公司】 拥有公路、市政公用工程施工总承包一级,铁路、建筑、水利水电工程施工总承包二级,公路路基、公路路面、桥梁、隧道专业承包一级,测绘乙级资质。注册资本金10亿元。党委书记、执行董事李文兵,总经理袁鹰。职工2181人。资产总额51.65亿元,流动资产46.59亿元。各类机械设备、车辆852台。设备原值33364.19万元、净值14244.69万元。

2022年,承揽任务165.67亿元,施工产值60.01亿元。营业收入36.19亿元,主营业务收入36.1亿元,净利润6584.71万元。职工年人均收入109584元。

(琚 莹)

【路桥建设有限公司】 拥有市政公用工程施工总承包一级,公路路面、隧道、桥梁工程专业承包一级,铁路铺轨架梁工程专业承包二级,建筑工程施工总承包二级,施工劳务、起重机械的安装修理、特种设备安装改造维修许可证(A级)资质。注册资本金6亿元。涵盖钢筋混凝土桥梁、轨枕、其他混凝土制品及构件,技术咨询服务、机械设备租赁、自有房地产租赁、仓储物流、起重设备安装改造、建筑模型及其他钢结构制造、商品混凝土生产等业务。董事长、党委书记吕超,总经理、党委副书记杨志。职工1660人。资产总额26.35亿元。设备946台(套)。设备原值7.83亿元、净值1.99亿元。

2022年,新签合同额106.34亿元,总产值32.89亿元。营业收入22.82亿元,净利润1500万元,上交款5313万元。职工年人均收入11.14万元。

(李 红)

【城市建设工程有限公司】 拥有建筑、市政公用工程施工总承包一级,桥梁、隧道、公路路基、公路路面、建筑装修装饰工程专业承包一级,铁路、港口与航道、水利水电、电力、矿山工程施工总承包二级资质。注册资本金15亿元。业务涵盖房建、装修装饰、市政、矿山法地铁、海绵城市、城市管廊、城市综合体开发等多个领域。董事长、党委书记尹陆海,总经理、党委副书记宋森。职工1751人。各类机械设备787台(套)。年施工能力100亿元以上。

2022年,承揽任务240.9亿元,施工产值105.35

亿元。营业收入 104.31 亿元,净利润 5804 万元。职工年人均收入 117608 元。 (刘庆华)

【城市轨道交通工程有限公司】 从事城市地下工程的专业化工程公司。前身系城市交通工程公司;2022 年 12 月,本部搬迁至江苏省扬州市。董事长、党委书记李建旺,总经理、党委副书记祁文睿。职工 1223 人。

2022 年,新签合同额 122.87 亿元,施工产值 55.32 亿元,营业收入 43.96 亿元,净利润 2289 万元。

(李微微 黄文超 姚琼豪)

【电气化工程有限公司】 拥有建筑工程、电力工程施工总承包二级,铁路电务、公路交通(公路安全设施)、建筑机电安装、建筑装修装饰工程专业承包一级,公路交通工程(公路机电工程)专业承包二级,铁路电气化、输变电工程专业承包三级资质。注册资本金 10000 万元。驻上海市松江区九亭镇。执行董事、党委书记温海军,总经理李小会。职工 228 人。资产总额 56290.74 万元。其中,固定资产原值 886.24 万元、净值 412.36 万元。车辆 36 台。设备原值 721.98 万元、净值 358 万元。年施工能力 30 亿元以上。

2022 年,承揽任务 105.9 亿元,施工产值 10.4 亿元,项目综合收益率 12.65%。营业收入 66687.54 万元,净利润 2198.66 万元。职工年人均收入 141949.9 元。 (杜 毅)

【物产科技有限公司】 拥有成品油批发零售许可证、危险化学品经营许可证、钢结构专业承包一级、中国钢结构制造企业一级、地基与基础专业承包二级、建筑工程施工总承包二级、民用爆破非营业性许可证二级、国家电子招投标和增值电信业务经营许可证等资质。2022 年 3 月,更名为中铁建物产科技有限公司。党委书记、董事长时晓锋,总经理、党委副书记雷振华。职工 420 人。

2022 年,经营承揽总额 69.71 亿元,营业收入 32.31 亿元,净利润 2556 万元。 (闫 洁)

【四川建筑勘察设计有限公司】 拥有从事建筑工程甲级、市政乙级、勘察乙级、测量乙级、工程咨询乙级、风景园林乙级等多项资质。党委书记杨世杰,执行董事、总经理蔡荣。职工 54 人。资产总额 3628.15 万元。其中,固定资产原值 378.83 万元、净值 42.63 万元,流动资产 1819.53 万元。

2022 年,利润 13.62 万元;人均创利 0.25 万元,净资产收益率 0.57%、营业利润率 0.78%、资产负债率 34.35%。经营承揽金额 2160 万元,实现收入 2094.49 万元。支付职工工资 960.78 万元,缴纳各种社保 112.64 万元。 (综合管理部)

【东来地产开发有限公司】 经营范围:房地产开发经营、房屋租赁、物业服务、企业管理咨询、土地整理、建筑设备及建筑材料的销售、停车场服务、市政公用工程施工。原名中铁十五局集团河南置业有限公司,2017 年 5 月变更为现名。党委书记、董事长沈阳,总经理、党委副书记陈江。职工 395 人。资产总额 300036 万元,流动资产 298013 万元。

2022 年,营业收入 17354 万元,净利润 22 万元。

(成可嘉)

【铁建浙江投资开发有限公司】 2017 年 2 月成立。围绕集团公司铁路、公路、市政、建筑四大特级资质以及专业资质,实施相关多元战略,在集团公司授权下对基础设施 PPP、社会投资人 + EPC,片区开发、城市更新运营及新兴板块项目进行投资并进行全寿命周期管理。党委书记、董事长、总经理刘士杰。职工 26 人。

2022 年,营业收入 1060.34 万元,回收 BT 项目清欠款 5736 万元,完成年初预算计划的 127.46%,实现回购 9.8 亿元;净利润 2.7 万元。 (宋 祥)

【济阳迎宾黄河大桥有限公司】 2006 年 1 月 19 日成立。注册资本金 2000 万元。经营范围包括大桥的建设、管理、经营和维护。董事长、总经理、党委副书记刘克明(至 11 月 17 日),党委副书记、副总经理(主持公司全面工作)刘四涛(11 月 17 日起)。职工 84 人。资产总额 30568.19 万元。机械运输设备 10 台。

2022 年,承揽任务 4800 万元,完成产值 4849.18 万元,利润 1133.69 万元,上交款 4252 万元。

(陈 鹏)

【华东中铁工程检测技术有限公司】 拥有公路工程综合乙级、水利工程混凝土甲级、水利工程岩土甲级、测绘乙级、见证取样检测、主体结构检测、地基基础检测等资质;国家和河南省计量双认证。党委书记、董事长付雷锋,总经理、党委副书记韩志会。职工 69 人。资产总额 15241 万元。其中,固定资产原值 2122 万元、净值 928 万元,流动资产 14309 万元。主要检测设备 1863 台(套)。

2022 年,经营承揽总额 1.13 亿元,营业收入 7853 万元。（温永强）

【轨道交通运营公司】 职能定位:铁路运输、维护和管理,地铁运营、维护和管理,海外铁路的运营管理等。驻河南省洛阳市。经理、党委副书记汤军红,党委书记许献德。职工 635 人。资产总额 54376 万元。其中,固定资产原值 51528 万元、净值 30696 万元,流动资产 23491 万元。自有设备 106 台(套),净值 73745.1746 万元。

2022 年,营业收入 51173 万元,承揽任务 105542 万元,上交款 3347 万元,利润 3050 万元。职工人均年收入 129756 元。（茹　峭）

【城建设计研究院】 拥有建筑行业、市政行业、公路行业、铁路行业甲级资质,是中国施工单位旗下设计资质最全的设计单位之一。以咨询、规划、勘察、设计为主营业务。2022 年 9 月 21 日成立。院长、总经理黄辉。职工 32 人。资产总额 518.6 万元。其中,固定资产原值 26.4 万元、净值 26.4 万元,流动资产 316.6 万元。

2022 年,经营承揽总额 11213.62 万元。支付职工工资 289.18 万元,缴纳各种社保 17.89 万元。（李锦璐）

中铁十六局集团有限公司

【简况】 拥有铁路、公路、建筑工程施工总承包特级;铁路行业、公路行业、建筑行业甲级设计;市政公用、水利水电工程施工总承包一级;公路路面、隧道工程、桥梁工程专业承包一级;建筑装修装饰工程专业承包一级资质。可承接建筑、公路、铁路、市政公用、港口与航道、水利水电各类别工程的施工总承包、工程总承包和项目管理业务。驻北京市朝阳区红松园北里 2 号。前身系中国人民解放军铁道兵第十一师、第十三师合编后的铁道兵第十一师,1984 年 1 月集体转业并入铁道部,改编为铁道部第十六工程局;2000 年 1 月更名为中铁第十六工程局,2002 年 5 月 10 日企业改制改称现名。下辖 16 个子公司。职工 16790 人。机械动力设备 6049 台(套)。设备原值 788643 万元、净值 252286 万元。技术装备率 13.69 万元/人,动力装备率 67.74 千瓦/人。

2022 年,新签合同总额 1259.2 亿元,企业总产值 677.3 亿元,营业收入 603.74 亿元,资产负债率 89.98%,职工年人均工资 120438 元,完成上交 2021 年的股利款。完成实物工程量:土石方 5197.2 万立方米、隧道 52023 延长米、桥梁 92925 延长米、涵洞 16014 横延米、铁路制梁 50 片、铁路架梁 298 孔、正线铺轨 54.1 千米、无砟轨道 7.3 千米、地铁(含轻轨)区间 26681 米、公路 153.7 千米、公路路面 7805.26 万平方米、公路制梁 11653 片、公路架梁 8153 片、房屋 2758271 平方米。宁波市轨道交通 4 号线、云南省牛栏江—滇池补水工程获国家优质工程金奖,杭州湾跨海大桥杭甬高速连接线、京沈客运辽宁段、郑州市轨道交通 4 号线工程获国家优质工程奖;阜阳市合肥大道、浩吉铁路 4 标崤山隧道工程获省部级以上优质工程;宁波市轨道交通 3 号线一期工程获第十九届中国土木詹天佑奖,获省部级以上科技奖一等奖 2 项,二等奖 3 项,三等奖 5 项;重庆轨道交通环线工程获菲迪克工程项目之年度杰出项目奖。（冯　爽）

【领导人员】

董事会

董事长	程红彬(9 月免)
	杨哲峰(9 月任)
董事	向大强(8 月免)
	王红伟(8 月任)
职工董事	王宜柱(3 月免)
	董　梁(6 月任)

监事会

监事会主席	公相鹏
监事	刘　云
职工监事	曹　春(1 月任)

经理层

总经理	向大强(8 月免)
	王红伟(8 月任)
副总经理	董　梁(6 月免)
	熊永军
	高宪民
	李春波
	王红伟
	赵　永
	杨晋文
	褚英奎
	邵成猛
总工程师	杨晋文

总会计师　　熊永军

党群领导

党委书记　　程红彬(9月免)

杨哲峰(9月任)

党委副书记　　向大强(8月免)

王红伟(8月任)

王宜柱(3月免)

董　梁(6月任)

纪委书记　　公相鹏

工会主席　　王宜柱(3月免)

董　梁(6月任)

(闫雅哲)

【职工队伍】　职工16790人。管理与专业技术干部13950人,工人2840人;专业技术干部13172人;技术工人1406人。干部13950人,技术干部13172人。其中,女性3310人。研究生及以上学历418人,大学本科学历10498人,大学专科学历2677人,中专学历165人,高中及以下学历192人。35岁及以下8201人,36~40岁3064人,41~45岁1088人,46~50岁812人,51~54岁385人,55岁及以上400人。技术干部中,工程系列10274人、经济系列1215人、会计系列1519人、卫生系列80人、统计系列19人、审计系列6人、政工系列771人、其他24人。工人2840人,其中技术工人1406人。女性工人393人。高中及以下学历884人;中专学历818人,大学专科学历865人,大学本科学历273人。35岁及以下1230人,36~40岁269人,41~45岁294人,46~50岁508人,51~54岁176人,55~59岁363人。技术工人中,高级技师47人、技师144人、高级工535人、中级工381人、初级工1430人、海外机构技能人才4人。(闫雅哲)

【工程项目指挥机构】　新建川藏铁路雅安至林芝段中间段站前工程CZSCZQ-8标段项目部　驻四川省甘孜藏族自治州雅江县。项目经理宋青波,党工委书记刘建军。

新建福厦铁路FX-3标段项目部　驻福建省莆田市。项目经理王传宗,项目书记李慧。

郑州机场至许昌市域铁路工程许昌段项目部　驻河南省许昌市。项目经理夏雷,党工委书记郝文朝。

新建防东铁路项目部　驻广西壮族自治区东兴市。项目经理王勃,党工委书记卜凡龙。

新建沈阳至白河铁路站前工程SBLN-4标段项目部　驻辽宁省抚顺市新宾满族自治县木奇镇河西村。项目经理郭永忠,党工委书记帅敏。

新建重庆至昆明高速路宜宾至嵩明段站前工程YKYGZQ-8标段项目部　驻云南省昆明市。项目经理李志荣,党工委书记熊利文。

北黑线(龙镇至黑河段)升级改造工程项目部　驻黑龙江省黑河市。项目经理杨立财,党工委书记李德荣。(孙桂军)

【机械设备及管理人员】　拥有机械动力设备6049台(套)。设备原值788643万元、净值252286万元。2022年,新购机械设备678台(套),原值32049万元;报废机械设备170台,原值11353万元;设备大修15台,支出大修费1583万元。拥有大型施工机械设备339台(套)。其中,主要设备盾构机(TBM)66台、1800吨运架一体机1台、900吨铁路箱梁提运架设备10套、500吨提运架1套、铁路T梁架桥机3台、公路架桥机4台、公路运架一体机5台、铁路电力机车46台、铁路内燃机车34台、电气化作业车10台、C6钻机8台、凿岩台车12台、锚杆台车6台、拱架拼装台车4台、湿喷机械手52台、旋挖钻3台、沥青拌和站2台、沥青摊铺机8台。设备成新率31.99%,技术装备率13.69万元/人,动力装备率67.74千瓦/人。设备专业人员3615人。管理人员1593人,其中,高级工程师134人,工程师620人,助理工程师338人,技术员208人,其他管理人员293人;设备操作技工2022人;全年举办专业培训30期,培训人员1624人。物资管理人员1385人。其中,高级职称57人、中级职称265人、初级职称675人、其他管理人员388人;年内举办专业培训58期,培训人员135人。(孙国辉)

【工程施工】　川藏铁路雅安至林芝段CZSCZQ-8标段工程　位于四川省甘孜藏族自治州雅江县、理塘县,正线41.173千米。合同投资959880.5439万元。合同工期2021年12月1日至2032年11月8日。主要工程量:隧道4.8座38547延长米,桥梁4座1350延长米,区间路基1段0.171千米,车站1座,桥隧占比96.9%。2022年完成产值76190万元,开工累计完成产值98738万元。

新福厦铁路FX-3标段工程　位于福建省福清市、莆田市,正线35.083千米。合同投资247105万元。合同工期2017年9月30日至2022年9月30日。2022年完成产值12537万元,开工累计完成产值248788万元。

郑州机场至许昌市域铁路许昌段工程　位于河南

省许昌市境内,全长33.78千米。合同投资695141万元。合同工期2018年1月6日至2020年12月6日。2022年完成产值53119万元,开工累计完成产值718003万元。

新建防东铁路项目　正线46.897千米。合同投资91464万元,合同工期2019年3月15日至2023年12月31日。2022年完成产值43958万元,开工累计完成产值294100万元。

新建沈阳至白河铁路站前工程SBLN－4标段　位于辽宁省抚顺市抚顺县、新宾满族自治县,正线40.504千米。合同投资317494.32万元。合同工期2021年7月1日至2025年9月20日。2022年完成产值107222万元,开工累计完成产值133373万元。

新建重庆至昆明高速路宜宾至嵩明段站前工程YKYGZQ－8标段　位于云南省昆明市,全长30.354千米。合同投资346626.0516万元。合同工期2021年9月1日至2027年8月30日。2022年完成产值89484万元,开工累计完成产值97534万元。

北黑线(龙镇至黑河段)升级改造工程　位于黑龙江省黑河市,正线203.7783千米。合同投资53.8亿元。合同工期2020年9月15日至2023年9月14日。2022年完成产值66300万元,开工累计完成产值99500万元。

新建成都至兰州铁路CLZQ－12－02标段工程　正线11.801千米。合同投资100675万元。合同工期2014年9月1日至2018年2月18日。2022年完成产值25862万元,开工累计完成产值123113万元。

成昆铁路EMZQ－7标段工程　全长21.328千米。合同投资173291万元。合同工期2016年4月1日至2022年6月30日。主要工程量:大中桥梁2座223.35延长米,隧道2座21105延长米,无砟道床39194米。2022年11月25日已完工。

新建丽江至香格里拉线站前四标段工程　长27.222千米。合同投资238322万元。合同工期2014年11月25日至2023年7月31日。主要工程量:桥梁3座327延长米,隧道4座27182延长米。2022年完成产值40423万元,开工累计完成产值233289万元。

新建江苏南沿江城际铁路站前工程NYJZQ－3标段　全长24.339千米。合同投资220313万元。合同工期2019年4月10日至2023年4月9日。2022年完成产值3930万元,开工累计完成产值163677万元。

深圳穗莞深城际前皇段工程　合同投资129948万元。合同工期2021年11月19日至2026年11月20日。主要工程量:全地下敷设城际铁路工程,正线隧道区间2个;动走线区间隧道1个;区间隧道4270米。2022年完成产值5178万元,开工累计完成产值5178万元。

国道569曼德拉至大通公路宁缠垭口至克图段NK－SG1标段工程　全长3.845千米。合同投资67000万元。合同工期2016年4月1日至2019年8月12日。主要工程量:桥梁假墙槽大桥工程已完成;路基挡土墙及C型护脚已完成,剩余部分位于隧道洞口,路基填筑完成160000立方米。

杭甬高速复线宁波段一期工程　全长55.833千米。S1合同段合同投资119539万元。合同工期2019年9月1日至2023年6月30日。2022年完成产值80042万元,开工累计完成产值144130万元。

贵金高速公路第十三标段工程　长17.7072千米。合同投资182516万元。合同工期2021年1月1日至2022年12月30日。2022年完成产值101105万元,开工累计完成产值181666万元。

贵州经金沙至古蔺(黔川界)高速公路第十四合同段　全长12.94千米。合同投资151638万元。合同工期24个月,计划完工时间2022年10月31日。2022年完成产值82436万元,开工累计完成产值140465万元。

341省道无锡马山至宜兴周铁段宜兴侧段YMA03标段工程　全长16千米。合同投资260193万元。合同工期2022年12月31日前完工。2022年完成产值162128万元,开工累计完成产值204179万元。

慈溪综合开发一期工程1标段　长5.168千米。合同投资131982万元,合同工期2021年9月28日至2024年1月27日。2022年完成产值63052万元,开工累计完成产值78361万元。

余信贵大道路网工程Ⅰ标段　全长11003.344米。合同投资75647.064854万元。合同工期2020年2月1日至2022年8月2日。2022年完成产值9334万元,开工累计完成产值65197万元。

贵港市苏湾大桥及接线工程主桥工程　主跨径334米,全长680米。合同投资27134.74万元。合同工期2020年12月15日至2023年8月1日。2022年完成产值8530.2万元,开工累计完成产值13623.07万元。

北京城市副中心站综合交通枢纽工程01标段　合同投资238033万元。合同工期2020年8月1日至2024年10月31日。主要工程量:B38轴—C17轴(北)/C3轴(南)以及盾构下穿区域,基坑面积32438

平方米 + 14646 平方米。2022 年完成产值 25557.49 万元。

深圳市 16 号线共建管廊一标工程施工总承包二工区　位于深圳市龙岗区,包含综合井 4、出线井 2、综合井 5、综合井 6、综合井 3(不含)—综合井 6 区间。合同投资 99743.05 万元。合同工期 2019 年 10 月 30 日至 2023 年 10 月 30 日。2022 年完成产值 18002 万元,开工累计完成产值 37097 万元。

北京安贞东方医院项目　位于北京市朝阳区东坝乡,总用地面积 73663.627 平方米。合同投资 151319.55 万元。合同工期 2019 年 10 月 8 日至 2022 年 10 月 31 日。2022 年完成产值 2290.8 万元,开工累计完成产值 27311 万元。

东坝红松园职工住宅项目　用地总面积 35434.27 平方米。合同投资 5.2 亿元。合同工期 2020 年 7 月 30 日至 2022 年 7 月 31 日。2021 年完成产值 31456 万元,开工累计完成产值 31456 万元。2022 年 10 月底完工。

天津地铁 8 号线一期工程土建施工 03 标段　合同投资 104905.6 万元。合同工期 2020 年 9 月 1 日至 2024 年 12 月 31 日。主要工程量:盾构隧道左线总长 2794.38 米,右线总长 2696.516 米。

广州市轨道交通 10 号线 1 标段工程　长 2.66 千米。合同投资 15.0061 亿元。合同工期 2018 年 12 月 1 日至 2023 年 12 月 30 日。主要工程量:2 站 2 区间。2022 年完成产值 27417 万元,开工累计完成产值 71083 万元。

广东珠三角城际广佛环线 GFHD - 2 标段五工区工程　位于广州市天河区。合同投资 128638 万元。合同工期 2017 年 1 月 1 日至 2021 年 12 月 31 日。主要工程量:地下明挖车站 1 座,隧道区段 3 个,竖井 1 个及明挖段 1 个等土建施工及无砟道床施工。2022 年完成产值 27287 万元,开工累计完成产值 122671 万元。

苏州轨道交通 6 号线 VI - TS - 06 标段工程　位于江苏省苏州市姑苏区。合同投资 103285.8 万元。合同工期 2019 年 6 月 15 日至 2023 年 6 月 30 日。2022 年完成产值 32000 万元,开工累计完成产值 80951 万元。

澳门轻轨延伸横琴线项目　起于澳门 HE1 站(高架站),止于珠海横琴口岸 HE2 站(地下站)。合同投资 125617 万元。合同工期 2021 年 3 月 18 日至 2024 年 9 月 30 日。主要工程量:车站 1 座;单洞单线穿河盾构隧道 1 座 903 米,包括全线通风空调、给排水及消防系统等。2022 年完成产值 54725 万元,开工累计完成产值 104031 万元。

广州东至花都天贵城际七工区工程　合同投资 173281 万元。合同工期 2021 年 9 月 30 日至 2026 年 12 月 28 日。主要工程量:凤凰南路站、凤凰南路站至马鞍山公园站盾构区间。明挖地下两层单柱双跨岛式站台车站,外包总长 515 米,标准段宽度 23.7 米,车站中心里程处顶板覆土 3 米,基坑 20.3 米。总建筑面积 30117.32 平方米。2022 年完成产值 16010 万元,开工累计完成产值 16010 万元。

徐州城市轨道交通 6 号线一期工程　合同投资 31616.5002 万元。合同工期 2020 年 12 月 31 日至 2023 年 9 月 30 日。2022 年完成产值 15952 万元,开工累计完成产值 18487 万元。

北京地铁 17 号线 10 标段工程　位于北京市朝阳区。合同投资 82074.5606 万元。合同工期 2016 年 9 月 1 日至 2023 年 12 月 10 日。主要工程量:车站长 336.8 米,标准段宽度 24.5 米,区间长 837.979 米。2022 年完成产值 12942 万元,开工累计完成产值 75781 万元。

厦门轨道 6 号线土建施工总承包 2 标段工程　合同投资 103307.1247 万元。合同工期 2019 年 12 月 31 日至 2023 年 8 月 31 日。主要工程量:4 站 4 区间。2022 年完成产值 13847.73 万元,开工累计完成产值 68999.73 万元。

成都轨道交通 17 号线二期工程土建七工区　线路长 4.215 千米。合同投资 140640 万元。合同工期 2019 年 10 月 10 日至 2024 年 8 月 10 日。主要工程量:2 站 3 区间。2022 年完成产值 42849 万元,开工累计完成产值 119524 万元。

重庆轨道 18 号线土建七标段工程　位于重庆市巴南区。合同投资 73481 万元。合同工期 2019 年 10 月 1 日至 2022 年 4 月 30 日。主要工程量:2 站 2 区间,区间高架段 66.7 米。2022 年完成产值 26875.33 万元,开工累计完成产值 69661.33 万元。

长春市城市轨道交通 7 号线一期工程 4 工区　位于吉林省长春市朝阳区。合同投资 126885.31 万元。合同工期 2020 年 5 月 1 日至 2025 年 4 月 30 日。主要工程量:3 站 2 区间。2022 年完成产值 33461.01 万元,开工累计完成产值 87383.03 万元。

济南城市轨道交通 4 号线一期工程 10 工区　合同投资 119119.39 万元。合同工期 2021 年 1 月 28 日至 2026 年 6 月 20 日。主要工程量:3 站 3 区间。2022 年完成产值 25015.52 万元,开工累计完成产值

32122.84 万元。

太原市城市轨道交通 1 号线一期工程 SGTJ－101 标段　长 2.85 千米。合同投资 57072 万元。合同工期 2020 年 7 月至 2024 年 12 月。主要工程量：2 站 2 区间。2022 年完成产值 21689 万元，开工累计完成产值 38642 万元。

贵阳市轨道交通 S1 线一期工程　长 5981.542 米。合同投资 102863.6 万元。合同工期 2021 年 5 月 1 日至 2023 年 4 月 30 日。主要工程量：车站 1 座，区间 1 个，停车场 1 个，停车场出入场线隧道 1 个。2022 年完成产值 41965 万元，开工累计完成产值 79466 万元。

新疆西二输水工程Ⅷ标段　合同投资 133216.6199 万元。合同工期 2017 年 2 月 15 日至 2022 年 12 月 31 日。2022 年完成产值 20317 万元，开工累计完成产值 101021.91 万元。

ABH 流域生态环境保护工程一期工程输水隧洞Ⅱ标段　合同投资 36398.2229 万元。合同工期 2015 年 10 月 1 日至 2022 年 12 月 1 日。主要工程量：Z2 号斜井支洞长 558.975 米，纵坡 38.64%，坡度 21.13°，垂直高差 169.52 米，马蹄形断面，Z2 斜井支洞围岩为Ⅴ类泥岩。2022 年完成投资 3098 万元，开工累计完成投资 24252 万元。

滇中引水工程楚雄段施工 3 标段　全长 19.42 千米。合同投资 135320 万元。合同工期 2019 年 8 月 10 日至 2026 年 7 月 31 日。主要工程量：输水建筑物、控制建筑物及其支洞等附属工程。2022 年完成产值 7800 万元，开工累计完成产值 108960 万元。

潍坊 SDL－JM－2 号实验室项目　合同投资 185418.46 万元。合同工期 2021 年 12 月 12 日至 2023 年 12 月 30 日。主要工程量：蓄水池及其附属设施，蓄水池顶面积 10 万平方米，深度 100 米，底面积 3 万平方米。2022 年完成产值 2701 万元，开工累计完成产值 2701 万元。（孙桂军）

【经营管理】　工程承揽。承揽工程 642 项，新签合同额 1259.2 亿元，完成股份公司 1179.6 亿元计划目标的 106.75%，完成集团公司 1650 亿元计划目标的 76.32%。其中，铁路 27 项，投资 150 亿元；公路 21 项，投资 133.2 亿元；房建 121 项，投资 468.8 亿元；市政 85 项，投资 227.1 亿元；轨道交通 21 项，投资 84.9 亿元；水利水电 27 项，投资 89.4 亿元；物贸机械 293 项，投资 70.3 亿元；其他 47 项，投资 35 亿元。

主要经济指标。实现营业收入 603.74 亿元，同比降低 1.89%；净利润 2.72 亿元。全年经营性净现金流 3.21 亿元，同比减少 2.75 亿元。全年清收清欠目标完成值 611.1 亿元。年末货币资金余额 58.61 亿元，同比增加 0.96 亿元。年末资产总额 715.51 亿元，负债总额 643.85 亿元，所有者权益 71.67 亿元。固定资产原值 998696 万元，累计提取折旧 678324 万元，净值 320372 万元。完成企业总产值 6773416 万元。

安全监督。2022 年，修订发布《安全生产监督管理办法》《安全生产责任制规定》《生产安全隐患排查治理实施办法》等 9 项管理制度，编制《项目安全管理简明手册》《施工安全风险清单库》，集团公司与各子公司、直管项目部签订安全包保责任书 26 份；与涉爆项目单位签订《爆炸物品安全管理包保责任状》11 份，编制《岗位安全生产责任清单》，签订班组安全责任书，开展全员安全宣誓活动。组织各级单位、项目充分利用现场集中培训、多媒体工具箱、体验式培训、App、网络视频会议系统等方式，开展科学、针对性施教和安全警示教育，累计培训 36.2 万人次，工前安全教育累计 11.2 万人次；爆破作业人员培训、技术人员培训 3 批次，参训 352 人，各行业“三类人员”教育、培训取证考核 234 人、调入 84 人、延期 1324 人。组织开展安全风险识别、评价与分级管控、分级负责，发布集团公司 2022 年度安全高风险重点监控项目清单 20 个，集团公司、子公司实施分级监控。集团公司完善施工安全风险清单库，下发《关于公布〈施工安全风险清单库〉的通知》，明确施工安全风险清单 539 项，强化安全风险预报预警，2022 年及时发布安全预警 412 次。五一期间对所有在京项目进行全面检查，历时 5 天、累计参加人员 379 人次，发现和消除隐患 317 项；开展自建房屋设施安全专项排查，各项目 517 名管理人员参加；为迎接党的二十大胜利召开，全面开展安全生产大检查工作，集团公司组成 12 个检查组进行全面督导检查，发现并消除隐患问题 132 项，提出工作要求和安全管理措施 42 项。组织 130 人参加北京市安全生产月知识竞赛，活动期间共组织观看电视专题片 310 场，参与 10632 人次；组织学习国务院安全生产十五条硬措施、股份公司安全生产“十个坚决”具体措施等 334 场，参与 12289 人次；开展宣传活动 226 场，参与 6970 人次；开展咨询日活动 250 场，参与 6924 人次，开展事故警示教育 497 场，参与 15844 人次；开展安全生产知识技能培训 274 场，参与 7832 人次。全年各单位开展灾害避险逃生、自救互救演练 357 场，参与 9786 人次，进一步提高一线工人的风险辨识能力和应急处置能力。6 月，由集团公司牵头、三公司主办，在渝昆铁路开展隧道塌方、防洪应急救援演练。年内北京安贞医院项目获2022年全国建设工程项目施工安全生产标准化学习交流项目；曼大公路1标、安临公路AL4标、北京东铁营棚户区改造项目、淮北南部次中心新城医院建设项目EPC总承包等项目获省部级“平安工地”“安全生产文明施工示范工地”“2022年度股份公司安全标准化工地”等称号33项。

职工队伍建设。重点优化相关子公司、区域指挥部和直管项目部领导班子，启动首期“青年英才暨青马工程”和青年精神素养提升工程，优化选人用人标准和绩效考核体系。聚焦“人才兴企，人才强企”战略，修订《专家管理办法》，实施人才“储能工程”计划，扎实推进青年素养提升工程和青马工程，开展“导师带徒”活动，采取“线上＋线下”模式，组织各类业务培训班330余期，培训19462人次。年内引进社会人才28名，接收毕业生464名，毕业生质量得到继续提升。已入职的毕业生中硕士学历60人，本科学历404人，主专业毕业生比例达到85％。（关为民　崔鹏飞）

【科技管理】 年内针对淮宿蚌城际铁路站前Ⅰ标总体施工方案优化、天陇铁路EPC工程总承包2标长大隧道群安全快速施工技术、福州港口后方铁路设计施工一体化优化、新建宁夏钢铁集团中卫热电铁路专用线项目保工期技术措施、桐庐县舞象山路道路建设工程旧桥拆除新桥保工期技术方案、福州滨海高速公路一期项目全标段临近既有地铁安全施工技术、丽香铁路4标长坪隧道和成兰铁路CLZQ－12－02标云屯堡隧道软岩大变形施工技术深化研究、川藏铁路CZSCZQ－8标迎金山1号隧道和迎金山2号隧道机械化配套方案、川藏铁路CZSCZQ－8标雅砻江特大桥钢梁施工方案变更等，支出科技活动经费204298.4万元，获社会科技资助142万元。资助研发项目22个，首次拨付科技资助资金574万元；对下科技奖励累计395.4万元；获国际发明专利1件，发明专利60件、实用新型专利375件。（闫　肃）

【党群工作】 2022年，集团公司党委坚定落实党中央和上级重大决策部署，按照“强党建、促改革、谋发展”工作主题主线，紧盯主要问题，谋划主要对策，解决主要矛盾，推动主要工作取得新成绩。一是坚持围绕中心大局，面对复杂严峻的国内国际环境和企业改革发展的“大战大考”，以习近平新时代中国特色社会主义思想为指导，深入学习贯彻党的二十大精神，坚持“实事求是、守正创新、行稳致远”工作方针，聚焦“稳增长、高质量”发展目标，最大限度推动企业各项经济指标提升改善，一大批重难点项目相继突破，多项工程问鼎国家级奖项。二是坚持党建统领，凝心聚力、强基固本，坚持政治引领，坚持党的领导和公司治理有机融合，突出组织建设，狠抓思想宣传，精心推先树优，强力做好维稳，加强党风廉政建设，将党的领导融入公司治理，管党治企责任进一步压实。在生产经营、党群工作领域涌现出一大批优秀集体、先进个人和好作品、好成果，获全国、省部级等各级表彰。三是坚持问题导向，打好国企改革三年行动收官战，深入推动项目管理模式变革，实施集团公司总部改革，优化企业管理制度规定，规范有关会议召开程序和时间，统筹调整项目资源配置，推动重点亏损项目整治，加强生产管理平台建设，多措并举压减“两金”。按照职能定位调整集团总部部门机构，优化后总部部门由26个变为19个，总部机构更加精干高效；调整重大项目管理模式，对港后铁路、宁淮铁路、雄安安置房等项目进行推广，简化项目管理层次，推行扁平化管理；大力推进生产管理平台建设，两期覆盖项目达93个；修订安全管理制度、科研创新办法、稳杠杆方案等管理文件，制定《会议巡听旁听制度》，企业制度更加求实。

纪检工作。2022年，围绕中心大局，立足职责定位，持续强化监督执纪问责，为推动企业高质量发展提供坚强纪律保障。一是坚持守正创新，不断加强政治监督。着重加强中央纪委十九届六中全会报告及上级重要会议精神等学习贯彻的监督检查；加强对习近平总书记有关本行业领域重要指示批示精神及疫情防控、安全生产、国企改革三年行动、参股控股企业专项治理、科技创新、重大风险防范化解、境外腐败治理、JM融合项目建设等重大决策部署落实情况开展监督；扎实开展“廉洁川藏示范线”建设，加大指导帮扶力度；督促两级党委扎实做好巡察整改，集团公司纪委成立督察组对3家子公司进行“线上＋线下”巡察反馈问题整改督查，子公司纪委对24个工程项目党组织开展巡察反馈问题整改督查；15个子公司、8个区域指挥部、10个直管项目部按照督查工作要求，均报送整改工作报告，二级单位覆盖率达到100％。二是聚焦首要职责，做深做细日常监督。认真落实股份公司《纪委与党委会商报告工作暂行办法》要求，定期与党委沟通日常监督、信访举报、案件查办、巡察整改等工作情况。年初召开党风廉政建设和反腐工作会议，与45个单位签订党风廉政建设责任书；3月集团党委、纪委召开第一季度会商报告会议；7月，以全面从严治党“两个责任”促进会的形式，通报巡察发现问题和监督执纪工作情况;10 月,召开全面从严治党专题会暨纪委与党委会商报告会。编制印发《工程项目纪检工作手册》、召开加强工程项目监督现场会暨纪检工作培训交流会、出台《工程项目纪检监督实施办法(试行)》《特约项目纪检监督员工作制度》等措施。全年对 1746 名干部提拔任用、评先评优出具廉洁意见回复;强化对下级"一把手"监督,充分运用集体谈话方式,集团公司纪委书记对 12 个所属单位党政主管、纪委书记、班子成员及关键岗位人员开展集体谈话;完善更新领导人员廉政档案 346 份;对所属 34 家二级单位的民主生活会进行全程监督;始终把"四风"纠治和监督落实中央八项规定精神作为日常监督重要内容,每逢法定节假日印发通知、推送微信、发布典型案例通报,派出 198 个监督检查组对 217 个单位进行"四风"检查,持续释放对"四风"问题紧盯不放、寸步不让、一抓到底的强烈信号;集团公司两级纪(工)委召开廉洁教育会 626 场,发送廉洁提醒短信 2551 条,25353 人次参与党章党纪企规知识网络答题活动。三是保持高压态势,提升惩治震慑治本效果。集团公司两级纪委立足"严"字当头、坚持稳中求进、突出问题导向,围绕改革发展中心任务,依规依纪严格监督执纪问责。准确把握"四种形态",激励干部担当作为。坚持惩前毖后、治病救人方针,运用"四种形态"批评教育、帮助和处理 318 人次,其中,精准运用第一种形态谈话函询、提醒批评 137 人次。加大反腐力度,强化惩治震慑。处置问题线索 136 件,立案 94 件,结案 105 件,党政纪处分 139 人,党政纪处分人数、重处分人数分别同比增长 83% 和 53%。挽回直接经济损失 1508.87 万元。重拳治乱止损,促进治理提升。积极协助党委开展"追损提质"专项行动,3 个项目共追回经济损失 1.35 亿元,对项目亏损负有管理责任、追损不力、个人存在违规违纪的 46 人进行执纪问责(开除 2 人、留用察看 4 人,撤职降级 2 人)。深化以案促改,做实"后半篇文章"。年初对上年查处的损公肥私、擅权妄为、失职渎职及违法犯罪等 15 件重大典型案件予以通报曝光;针对劳务分包管理及失职渎职典型案件制作印发警示通报 4 份,"点名道姓"涉案人员,充分发挥身边"活教材"的警示作用;针对执纪审查过程中发现的劳务分包管理、疫情防控及安全生产等方面存在的问题,发出纪律检查建议 19 份,提出有针对性的整改建议 58 条,限期督促整改落实。四是强化自身建设,锻造过硬纪检队伍。在纪检系统全面开展十九届中央纪委六次、七次全会及党的二十大精神学习活动。通过深入学习贯彻《中国共产党纪律检查委员会工作条例》,编印《十六局纪检工作文件汇编》《纪检干部应知应会培训手册》,购买发放专业书籍、"面授与线上"相结合进行纪检业务培训等方式,督促引导两级纪委进一步练好"内功"、规范工作;围绕股份公司《案件质量评查工作实施方案》,结合"办案质量提升年"活动要求,组织两级纪委对照问题清单,对 2019 年以来办理的案件进行全面自查自纠,累计发现存在问题的有 157 件,涉及问题 356 个。

工会工作。2022 年,紧紧围绕集团公司"强党建、促改革"工作主题和"1768 + N"年度目标,进一步修订升级"奋进杯 · 六比六创"劳动竞赛实施办法和考核评分标准,于 4 月全面启动集团公司第六届"奋进杯 · 六比六创"劳动竞赛活动。各单位统筹疫情防控和改革发展,细化关键工期节点,迅速开展各项竞赛活动。同时,结合全国工会系统"安全生产月"和北京市总工会职业健康促进活动,在全集团范围开展以"排查整治安全隐患　共促安全健康发展"为主题的"安康杯"竞赛活动。各单位组织开展线上安全"云讲堂"、工会安全监督检查员在线培训、《中华人民共和国安全生产法》知识竞赛答题活动、观看学习《生命重于泰山——学习习近平总书记关于安全生产重要论述》和事故警示教育片等。四公司获评 2021 年度全国安康杯竞赛优秀组织单位、北京市安康杯竞赛优秀组织单位,马栋获全国"安康杯"竞赛优秀个人称号。进一步加强劳模和工匠人才创新工作室的管理,协助股份公司,起草《中国铁建劳模和工匠人才创新工作室管理办法》《中国铁建劳模和工匠人才创新工作室考核评分标准》。积极参评北京市级劳模创新工作室,赵忠华劳模创新工作室获评北京市级职工创新工作室。五一期间,通过制作刊登工匠专题微信,大力宣传"十六局工匠"先进事迹,十六局工匠娄建民被铁总选树为"新时代 · 铁路榜样"重点宣传对象。全年,轨道公司获全国五一劳动奖状,全集团 2 人获中华全国铁路总工会火车头奖章、2 人获省部级五一劳动奖章、3 个集体获省部级工人先锋号。加强民主管理,深化维权行动。1 月,成功举行 2022 年工资集体协商,签订职工工资专项协议,确定在职职工平均工资继续保持 8% 的增长目标。积极响应国家"一对夫妻可以生育三个子女"的相关政策及配套措施,依据《北京市人口和计划生育条例》,对《女职工集体合同》做出较大修改。各单位按照协商程序,逐级协商并签订 2022 年工资专项协议和集体合同,保持两级工会工资协商率、集体合同签订率、合规率三个 100%。实施普惠关爱,竭诚服务职工。元旦春节期间走访慰问困难职工及一线职工1957人次，开支“送温暖”资金440.2万元；春节前，对海外职工群体开展专项慰问，为306名海外职工及家属送上暖心大礼包共计34.88万元；6月，两级工会结合疫情防控形势，将“送清凉”活动和“安康杯”竞赛、偏远艰苦项目帮扶等活动有机结合，共开展送清凉活动441场次，慰问职工22389人，投入防暑降温资金472.91万元。2022年，“金秋助学”对当年参加高考并被全日制普通高等院校录取的因灾、因病等经济困难的职工子女群体发放助学金，开展送一套励志书籍、一张入学车票、一个出行箱包等活动，开支助学资金21.8万元，资助人数162人。为职工申报“暖互助”医疗二次报销36.6万元，惠及1187人次。继续助力疫情防控，保障职工生命安全，全年两级工会投入防疫专项资金124.29万元。以“走基层办实事、喜迎党的二十大”为活动主题，连续第六年开展“工会主席走基层”活动。两级工会历时三个月，奔赴85个重难点或偏远艰苦项目，开展建家建线帮扶慰问，推进工会重点工作开展。为国内外19个项目拨付建家帮扶资金135万元，改善职工生产生活条件。五公司沈白项目部、轨道公司总部、地铁公司总部获授中华全国铁路总工会女职工委员会“铁路爱心屋”称号并挂牌，地铁公司总部获北京市“母婴关爱室”称号。广泛开展文体活动，下发《关于广泛组织开展文体活动的通知》，先后开展“喜迎新春，一起向未来”微视频征集、“迎冬奥、庆新春”灯谜有奖竞猜及“喜迎二十大，奋进新征程”系列读书活动等。其中，“迎冬奥、庆新春”灯谜有奖竞猜获得股份公司“优秀组织奖”，铁运公司获评中国铁建体育工作先进单位，2人获评中国铁建体育工作先进个人。推进提素建功，擦亮女工品牌。三八节日期间，集中对5个巾帼标兵岗、40名巾帼标兵、6个先进女职工组织、16名先进女职工工作者和17名女职工之友进行表彰。集团公司工会女工委组织“情系女职工、法在你身边”女职工维权月和观看“首都女劳模风采展示”活动。3—5月，组织“喜迎二十大·奋进新征程”书香铁建女职工读书征文活动，征集阅读、家书、书画、摄影等作品386篇(幅)，集团公司工会择优对151件作品和5家优秀组织单位进行表彰。全年9篇作品在股份公司第十届“书香铁建”征文活动中获奖，15篇(幅)作品在全国第十届“书香三八”活动中获奖，集团公司工会女工委获全国“书香三八”优秀组织奖。六一儿童节到来之际，以“点亮微心愿，‘童’心向未来”为主题，开展女职工圆梦微心愿活动，征集“微心愿”79条，开支微心愿资金15万余元。同时广泛开展亲子关系大讲堂，“大手牵小手、萌娃进工地”，以及亲子瑜伽、亲子绘画、亲子游戏等六一关爱活动。11月，以集团公司主办、地铁公司具体承办的方式，举办“湘遇长沙，情系岳麓”青年联谊活动，促成18对青年男女牵手成功。持续推进家庭家教家风建设，4户家庭获股份公司“幸福家庭”称号，2户家庭获北京市职工“幸福家庭”荣誉。加强自身建设，规范财经管理。组织98名专兼职工会干部参加2022年中国铁建工会干部履职能力提升培训班。依托“学习强会”平台，举办工会干部学习贯彻党的二十大精神网络专题培训班。加强新《中华人民共和国工会法》的普法教育，统一购买《中华人民共和国工会法》书籍下发各个子公司，发动职工及家属踊跃参与“学法向未来”答题活动，在股份公司“学法向未来”知识竞赛总决赛中，中铁十六局代表队获团体二等奖。加大工会新媒体宣传力度，全年在股份公司铁建职工e家、劳动午报、工会博览等各类媒体平台刊发稿件62篇。加强财务和经审管理，全面落实新工会财务会计制度；拟定下发《集团公司区域指、直管项目部工委工会经费收支管理办法暂行规定》，将直管项目工会经费收支纳入集团本级统一管理。

共青团工作。年内组织开展“百年心向党，奋进新征程”庆祝建团100周年青年系列活动，以“一十百千”“喜迎二十大、永远跟党走、奋进新征程”主题教育实践等系列活动庆祝共青团成立100周年。159名团干部和团员青年参加股份公司团委网络专题班学习。深化青年大学习行动。依托“三会两制一课”“青年大学习”“青春大讲堂”等形式，迅速掀起学习热潮。启动青马工程和青年精神素养提升工程。配合党委干部推进“青年英才暨青马工程”培训体系建设，着力构建“大青马工程”格局，全方位、多维度、立体化锤炼首批60名复合型青年政治骨干和优秀青年干部人才。成功召开“青春有为、强企有我”青年成长成才报告会。青年精神素养提升工程覆盖全集团35周岁以下青年，紧抓“四个环节”，落实“五个动作”，高标准推进党组织书记讲团课、企业先辈讲传统120余场次。聚焦提升服务力，发挥桥梁纽带作用方面。一是服务青年成长成才。各级团组织开展青年座谈交流120余场次，开展青年思想问卷调研28次。持续开展导师带徒活动，强化全过程跟踪考核，全面落实“双导师”制度。开展“团组织就在我身边”慰问活动，帮扶慰问困难团员60人，累计划拨经费38000元。二是推进青年典型选树。时隔六年，再次启动集团公司“双十”评选活动。经过组织推荐、资格审查、投票评选、网络公示、会议研究，最终评选出10名“十大杰出青年”和10名

“十佳青年技术能手”,并制作专题微信推送,在全集团开展广泛宣传。扎实做好推优评先工作,两名青年获中国铁建“双十”荣誉;一个项目获北京市“青年文明号”;一个支部获评北京市“五四红旗团支部”;一名个人、一个集体分别获评全国铁道团委优秀志愿者和优秀志愿者组织;两个集体获评北京市“青安岗”,一个集体入选全国“青安岗”推荐名单。聚焦提升组织力,加强团组织的自身建设方面。一是进一步强化组织建设。推动基层团组织设置“应建必建”、按期换届“应换尽换”,确保必要人员和经费保障。督促指导各单位团组织推进换届选举工作,15 家子公司全部完成换届工作,成功出席集团公司第六次团代会。研究确定出席北京市团代会代表候选人预备人选,并组织正式选举。二是进一步强化基础工作。全面落实基层标准化团支部建设以及“三会两制一课”、“推优入党”、团员先进性评价等各项工作制度要求,压实工作责任,提升团组织效能。进一步规范团费收缴工作,明确团费收缴比例,10 家子公司团组织以团委名义单独设立银行账户,依法保障团费安全。聚焦提升大局贡献度,推动企业改革发展方面。一是深化“号手岗队”传统品牌活动,二是推进青年志愿服务行动。

(许家安　万海峰　张继桂)

【第一工程有限公司】　拥有公路工程施工总承包一级,铁路、建筑、水利水电工程施工总承包二级,市政公用工程施工总承包三级,桥梁、隧道、公路路基工程专业承包一级,交通部公路工程－综合乙级工程试验检测机构资质。认证国家高新技术企业、北京市企业技术中心。前身系中国人民解放军铁道兵第十一师五十一团;1984 年,并入铁道部,改称铁道部第十六工程局第一工程处;2001 年,进行股份制改建,改称中铁十六局集团第一工程有限公司。驻北京市顺义区南法信镇顺畅大道 1 号 B－013 室。党委书记、执行董事夏雷,总经理王军。职工 1520 人。资产总额 510443 万元。其中,固定资产原值 68643 万元、净值 11526 万元,流动资产 387560 万元,其他资产 122883 万元。机械运输设备 853 台(套)。设备原值 49374.26 万元、净值 8942.32 万元,总功率 118396.4 千瓦,动力装备率 66.29 千瓦/人,技术装备率 5.01 万元/人,设备完好率 87%、利用率 84%,机械化施工程度 86%。

2022 年,经营承揽总额 122 亿元。国有资产保值增值率 99.54%,净资产收益率 2.65%,利润 1392 万元,产值利润率 0.32%,应上缴款完成率 8.52%。

(李红叶)

【第二工程有限公司】　拥有市政公用、铁路工程施工总承包一级,桥梁、隧道、钢结构、公路路基工程专业承包一级资质。注册资本金 10.008 亿元。前身系组建于 1952 年中国人民解放军铁道兵第十一师五十二团;1984 年 1 月,奉国务院、中央军委命令集体转业并入铁道部,改称为铁道部第十六工程局第二工程处;2001 年 4 月 1 日,企业改制更名为中铁十六局集团第二工程有限公司。驻天津市河东区万新村三区。党委书记、集团公司副总经理邵成猛,副总经理杨立伟(主持经理层工作)。职工 1734 人。资产总额 926188 万元。其中,固定资产原值 89515 万元、净值 24076 万元,流动资产 797900 万元。机械设备 375 台。设备原值 15977.83 万元、净值 4339.96 万元,成新率 27.16%。主要施工设备 182 台。设备原值 11250.71 万元、净值 3214.47 万元,成新率 28.57%。总功率 89993.80 千瓦,动力装备率 48.80 千瓦/人,技术装备率 7.32 万元/人,设备完好率 97.86%、利用率 83.2%。

2022 年,承揽工程 28 项,新签合同额 86.62 亿元。施工产值 60 亿元,营业收入 65.12 亿元,报表净利润 162 万元。全员劳动生产率 29.51 万元/(人·年),职工年人均收入 13.13 万元;国有资产保值增值率 100.1%,资产负债率 95.22%。　(李清芳)

【第三工程有限公司】　拥有公路工程施工总承包特级,工程设计公路行业甲级,市政公用工程施工总承包一级,铁路、建筑工程施工总承包二级,桥梁、隧道、公路路基、机场场道等工程专业承包一级资质。同时,具备公路水运工程试验检测综合乙级资质、测绘乙级资质以及营业性爆破作业单位许可证。前身系组建于 1952 年 2 月的中国人民解放军铁道兵第十一师五十三团;1984 年 1 月,并入铁道部更名为铁道部第十六工程局第三工程处;1999 年 12 月,变更为中铁十六局第三工程处;2001 年 4 月,再次更名为浙江中铁十六局第三工程有限公司;随着企业改制进程的推进,2002 年 7 月,变更为现名。注册资本金 10.008 亿元。驻浙江省湖州市湖东路 288 号。党委书记、执行董事李伟,总经理田伟权。职工 1373 人。资产总额 86.89 亿元,固定资产净值 28151 万元。各类主要机械设备 664 台(套),总功率 98303.7 千瓦,动力装备率 57.96 千瓦/人,技术装备率 10.91 万元/人。

2022 年,施工产值 120.2 亿元,承揽 145.6 亿元,对下收款 3.71 亿元,集体合同覆盖率、履约率均 100%。 (邱丽琴)

【第四工程有限公司】 拥有公路工程施工总承包特级,工程设计公路行业甲级,工程测量甲级,试验检测乙级,爆破作业许可四级,市政公用工程施工总承包一级,铁路工程施工总承包二级,建筑、机电工程施工总承包三级,桥梁、隧道、建筑装修装饰和公路路基工程专业承包一级,地基基础、公路路面和环保工程专业承包三级以及施工劳务资质。前身系组建于 1964 年 11 月的中国人民解放军铁道兵第十三师六十三团;1981 年 3 月,整编为中国人民解放军铁道兵第十一师五十四团;1984 年,集体转业并入铁道部,改称铁道部第十六工程局第四工程处;2002 年 7 月,企业改制改称现名。注册资本金 105080 万元。驻北京市怀柔区迎宾中路 2 号。党委书记、执行董事刘小刚,党委副书记、总经理常杰。职工 2060 人。资产总额 102.07 亿元。其中,固定资产净值 23598 万元,流动资产 78.41 亿元,其他资产 21.3 亿元。设备 483 台(套)。设备固定资产原值 31802.33 万元、净值 7960.21 万元,机械总功率 63915 千瓦,技术装备率 3.88 万元/人,动力装备率 31.18 千瓦/人,设备完好率 100%、利用率 70.83%。

2022 年,营业总收入 87.31 亿元,净利润 11410 万元。国有资产保值增值率 95.51%,净资产收益率 0.63%,收入利润率 1.35%。 (杜　亮)

【第五工程有限公司】 拥有铁路工程、公路工程、水利水电工程施工总承包一级,建筑工程施工总承包二级,桥梁工程、隧道工程、公路路基工程、铁路铺轨架梁工程专业承包一级,市政公用工程三级资质。驻河北省唐山市丰润区光华道 2 号。党委书记、执行董事安德柱,常务副总经理(主持经理层工作)苑雪飞。职工 2378 人。资产总额 738324 万元。其中,固定资产原值 123608 万元、净值 52096 万元,流动资产 500485 万元,其他资产 185743 万元。机械设备 1278 台(套)。设备原值 62924.5 万元、净值 21109 万元,总功率 111744 千瓦,动力装备率 47.13 千瓦/人,技术装备率 8.9 万元/人,设备完好率 91%、利用率 89%。

2022 年,承揽工程 58 项,累计承揽 117.29 亿元,施工产值 74.6253 亿元。营业收入 78.13 亿元,利润 13507 万元,净利润 12469 万元,企业人均创利 5.29 万元,全员劳动生产率 34.55 万元/(人·年)。职工年人均收入 11.17 万元,国有资产保值增值率 106.39%,净资产收益率 16.94%,营业利润率 1.75%,资产负债率 87.3%。单位工程合格率 100%。 (李　琳)

【轨道交通建设有限公司】 以轨道交通建设为主业的大型综合施工企业。主要从事城市地铁、城际铁路、大直径盾构隧道等地下工程施工,可承担地铁、铁路、公路、市政、水利水电等工程施工,大力延伸装配式建筑、机电装修、车辆段等产业链施工,在城市地下综合交通枢纽、大跨度车站、超大直径盾构、盾构穿江过海、大跨度浅埋暗挖、大断面顶管、APM 捷运系统、磁悬浮、PCCP 管道、城市综合管廊等各类高精尖工程技术方面享誉建筑行业。前身系地下工程指挥部;2002 年 5 月,与北京金铁龙工程实业开发公司合并,组建中铁十六局集团第六工程有限公司;2005 年 8 月,改称现名。注册资本金 5.13223 亿元。驻北京市通州区新华西街 26 号。党委书记、执行董事杨公正,总经理、党委副书记刘晓岩。职工 1880 人。资产总额 52.37 亿元。其中,固定资产原值 23.03 亿元、净值 5.84 亿元,流动资产 37.46 亿元,长期股权投资 3186.84 万元。大型施工机械设备 82 台(套),盾构机 52 台,机械动力设备 1369 台(套),总功率 212757.9 千瓦,技术装备率 48.64 万元/人,动力装备率 101.3 千瓦/人。

2022 年,在建项目 53 个,产值 81.5 亿元。新签合同额 75.91 亿元,营业收入 35.19 亿元,利润 3042.6 万元,净利润 2442.76 万元。国有资产保值增值率 100%,净资产收益率 3.47%,营业利润率 0.84%,资产负债率 86.49%。 (陈志娟)

【地铁工程有限公司】 拥有建筑装修装饰工程专业承包二级,市政公用工程施工总承包三级,隧道、钢结构、地基基础工程专业承包三级资质。前身系中铁十六局北京工程指挥部;1989 年,中铁十六局设立北京地铁工程指挥部;2007 年,与原北京铁路工程指挥部合并为北京工程指挥部;2009 年 7 月,把升级为“自主经营、独立核算、自负盈亏、自我发展”的非法人实体单位,纳入工程公司管理序列;2011 年 4 月,以北京工程指挥部为主体组建中铁十六局集团地铁工程有限公司。2011 年 9 月完成注册。驻北京市通州区外郎营村北 1 号 2 幢 1 层 101。党委书记、执行董事姚四海,党委副书记、总经理李宏达。职工 1471 人。资产总额 543427 万元。其中,固定资产原值 102624 万元、净值 27176 万元,流动资产 382885 万元,其他资产 133366 万元。机械运输设备 660 台(套)。设备原值 107834.54 万元、净值 25951.31 万元,总功率 70300 千瓦,动力装备率47.79千瓦/人,技术装备率17.64万元/人,设备完好率90%、利用率90%,机械化施工程度93%。年施工生产能力52.5亿元。

2022年,承揽任务41.06亿元,施工产值52.6亿元,利润5355万元,人均创利3.64万元,职工年人均收入14.41万元;国有资产保值增值率100.14%,净资产收益率26.62%,产值利润率1.02%,资产负债率96.3%。 (陈 玉)

【铁运工程有限公司】 拥有铁路、建筑工程施工总承包二级,隧道、桥梁工程专业承包二级,电子与智能化、市政公用工程总承包二级,铁路运输许可证资质。经营范围涉及铁路运营、工程铺架,T梁和CRTSⅠ型、CRTSⅡ型、CRTSⅢ型板式无砟轨道预制。前身系组建于1954年12月的铁道兵第一新建铁路临管处;1984年1月,兵改工并入铁道部,成为具有法人资格的铁路运输企业;2001年11月,从中国铁道建筑总公司划转至中铁十六局集团;2003年7月,企业改制更名为中铁十六局集团铁运工程有限公司。驻河北省高碑店市兴华北路117号。执行董事、党委书记陈明福,总经理、党委副书记冉晓军。机械运输设备342台(套)。设备原值11.23亿元、净值5.07亿元,总功率431512.2千瓦,动力装备率205.48千瓦/人,技术装备率24.18万元/人,设备完好率95%、利用率90%。

2022年,经营承揽总额32.27亿元,产值12.81亿元,净利润4689万元。 (葛 鑫)

【路桥工程有限公司】 拥有公路路面、桥梁、隧道工程专业承包一级,公路路基工程专业承包三级,公路、市政公用、建筑工程总承包三级资质。注册资本金55080万元。经营范围:市政、公路工程、铁路工程、房建工程、机场施工,通过质量管理体系(ISO 9001)、环境管理体系(ISO 14001)和职业健康安全管理体系(ISO 45001)认证。驻北京市密云区新北路29号。党委书记、董事长史永亮,总经理、党委副书记黄志平。职工1119人。资产总额64.00亿元。其中,固定资产原值36772万元、净值14282万元,流动资产546072万元;所有者权益总额59402万元。机械运输设备183台(套)。设备原值15980.99万元、净值8498.37万元,总功率24030千瓦,动力装备率20.59千瓦/人、技术装备率7.28万元/人。

2022年,承揽项目27个,新签合同额127.18亿元。营业收入376129万元,利润6482万元,净利润6008万元。国有资产保值增值率111.62%,资产负债率90.72%。 (阮 圆)

【电气化工程有限公司】 拥有铁路电气化、铁路电务、建筑机电安装工程专业承包一级,公路交通工程(公路机电工程)专业承包二级,公路交通工程(公路安全设施)专业承包二级,建筑装修装饰工程专业承包二级,电力工程施工总承包三级,机电、通信、建筑、钢结构、环保工程专业承包三级资质;承装类三级、承修类四级、电力设施承试类四级许可证。前身系成立于1952年的铁道兵第十一师、第十三师的直属发电连及通信工程连;1984年1月,奉中央军委和国务院命令,随铁道兵集体转业并入铁道部;1999年12月,更名为中铁第十六工程局电务工程处;2002年,改制更名为中铁十六局集团电务工程有限公司;2017年5月,更名为中铁十六局集团电气化工程有限公司。驻北京市朝阳区金盏乡皮村北街16号院3号楼。注册资本金1.95亿元。党委书记、执行董事董艳斌,总经理、党委副书记王丽军。职工782人。机械运输设备119台。设备原值4527.6万元、净值1900.6万元,总功率14876千瓦,技术装备率2.31万元/人,动力装备率18.12千瓦/人。资产总额187730万元,其中流动资产129645万元,固定资产原值7495万元、净值3396万元。年施工能力21亿元以上。

2022年,承揽项目12个,新签合同额57.63亿元,总产值20.97亿元。营业收入20.15亿元,净利润9249万元。 (赵 雷)

【物资贸易有限公司】 主要经营范围包括物资招标代理、物资贸易、工程物流、物资仓储租赁、物资加工生产、机械设备租赁,以及物资进出口等业务。前身系1992年成立的中铁十六局北京铁龙物资公司;2014年4月,中国铁建股份有限公司批准北京铁龙物资有限公司更名为中铁十六局集团物资贸易有限公司。注册资本金25000万元。执行董事、总经理刘进波,党委书记姚远。职工138人。资产总额230268.93万元。其中,固定资产1079.60万元,含生产设备777.62万元、运输设备194.89万元、其他类固定资产107.09万元。

2022年,完成承揽任务572063.68万元,全年净利润2725.55万元,截至2022年12月31日,公司总资产规模23.03亿元,总负债金额为19.65亿元,资产负债率85.32%,实际上缴集团公司894万元。

(贺煜坤)

【置业投资有限公司】 拥有房地产开发、装饰装修、物业管理二级资质。由原海南京博房地产有限公司、福建顺昌远宏地产有限公司、北京地产投资有限公司及所属单位资产、人员进行整合，于2011年6月13日在北京市工商局注册成立，注册资本金30000万元。党委书记、执行董事刘瑞军，总经理、党委副书记刘一翔。职工248人。车辆25台，运输设备25台。设备原值596.28万元、净值84.27万元，总功率2500千瓦，动力装备率10.08千瓦/人，技术装备率0.34万元/人，设备完好率90%、利用率95%。

2022年，实现营业收入11.11亿元，在岗职工年均工资15万元。完成集团公司下达的年度计划指标11.1亿元的100.10%。净利润5241.79万元，完成集团公司全年计划指标4500万元的116.48%，资产负债率91.16%。（刘维韬）

【城市建设发展有限公司】 拥有建筑工程施工总承包一级，机电、市政公用、铁路工程施工总承包三级，电子与智能化工程专业承包一级，建筑装饰装修工程专业承包二级，地基基础、环保工程专业承包三级，施工劳务（不分等级）资质。拥有质量、环境、职业健康安全三个管理体系认证证书。前身系铁道部第十六工程局建筑装修工程处；2002年9月，更名为中铁十六局集团北京建筑工程公司；2008年6月，改制成立中铁十六局集团北京工程有限公司；2014年4月，改制成立中铁十六局集团城市建设发展有限公司。注册资本金3亿元。驻北京市朝阳区红松园北里2号院19号楼(5－8层)。党委书记、执行董事刘峰，总经理、党委副书记张胜勇。职工676人。资产总额345595.87万元，其中固定资产净值1943.2万元。主要机械设备自有施工升降机、车辆等65台。设备原值640.5059万元、净值155.2164万元，总功率4187千瓦，动力装备率6.58千瓦/人，技术装备率0.24万元/人，设备完好率80%、利用率90%。

2022年，在建项目50个，施工产值22.8亿元，新签合同额53.77亿元。净利润3392.20万元，人均创利5.55万元，全员劳动生产率33.42万元/(人·年)，国有资产保值增值率98.01%。（罗　敏）

【建功机械有限公司】 主要从事再生资源销售、加工回收（除生产性废旧金属）；技术服务、开发、咨询、交流、转让、推广；集装箱销售、租赁服务；工程管理服务；金属材料销售、结构销售；专用化学产品制造（不含危险化学品）；金属结构制造；矿山机械制造；隧道施工专用机械制造；城市轨道交通设备制造；模具销售；机械设备租赁；集装箱制造；通用设备修理等业务。注册资本金5000万元。驻中国（河北）自由贸易试验区曹妃甸片区金岛大厦C座二楼中日园区管委会2007－13室。党委书记、执行董事全雪勇。资产总额58760.44万元。其中，流动资产33203.21万元，固定资产18457.67万元，无形资产4369.70万元。职工141人。

2022年，签订合同163份，承揽额2.18亿元，产值1.84亿元，营业收入1.37亿元，净利润89.6万元。

（郭　蕊）

【中国友发国际工程设计咨询有限公司】 拥有建筑工程设计甲级，房屋建筑工程监理甲级，工程咨询乙级；拥有对外承包工程经营资格。主营业务为我国对外经济技术援助项目、驻外使领馆项目和国内外工程项目的技术经济咨询、国外工程总承包、工程设计、施工监理、设备材料出口、一般商品出口、技术人员和劳务人员的对外派遣等。成立于1993年；1988年成立中成设计咨询公司，曾用名中国国际工程设计咨询公司。注册资金16000万元。驻北京市朝阳区金盏乡。党委书记、执行董事陈宏铭，党委副书记、总经理黄野。职工185人。

2022年，自主承揽国外项目14项，承揽额105.5亿元；承揽国内项目2个，承揽额1亿元。（李　丹）

【规划设计研究院】 拥有国家建设部核发的建筑工程设计甲级资质。创立于2006年。经营范围涉及建筑设计、环艺设计、装饰装修、园林景观、交通等领域；业态包含政府、学校、医院、酒店、办公、商业、住宅等。职工82人。驻北京市朝阳区红松园北里2号院19号楼4层。党委书记、院长刘骥锴。（陈　晴）

中铁十七局集团有限公司

【简况】 拥有铁路、公路、建筑、市政公用、矿山施工总承包特级资质9项；铁路、建筑、市政公用、公路、冶金行业工程设计甲级资质9项；施工总承包一级资质22项，专业承包一级资质65项；勘察资质2项，以及地质灾害治理甲级、营业性爆破作业、施工劳务企业等资质。拥有承包境外工程、设备物资进出口和对外派遣劳务等涉外经营权。前身系中国人民解放军铁道兵第七师;1984年1月,集体转业,改编为铁道部第十七工程局;2001年,改制为中铁十七局集团有限公司至今。总部驻山西省太原市小店区84号。下辖第一至第六工程有限公司、建筑工程公司、电气化工程公司、上海轨道交通公司、城市建设公司、物资公司、广州建设公司、深圳建设公司、河南建设公司、四川建设公司、西藏工程公司、重庆城铁建设公司、山西铧兴工程检测公司、上海股权投资公司、中心医院、勘察设计院、国际建设工程分公司、城市管廊分公司、房地产公司。职工14056人。资产总额6547787万元。其中,固定资产原值1023143万元、净值178932万元,流动资产5345152万元。A类机械动力设备7059台(套),原值35.4亿元、净值9.11亿元。动力装备率48.64千瓦/人,技术装备率6.43万元/人,机械动力设备成新率24.87%、完好率98.6%、利用率45.7%。

2022年,新签合同总额1610.6亿元,企业总产值645.8亿元。营业收入465.8亿元,净利润2.97亿元。职工年人均收入98824元。国有资产保值增值率99.42%,净资产收益率3.77%,资产负债率87.99%,应上缴款完成率100%。完成主要实物工程量:土石方3666万立方米,桥梁59265延长米,隧道72104延长米,铺轨折合10.7千米,房屋折合801.6万平方米,公路折合121.7千米。获中国专利优秀奖1项,中国建设工程鲁班奖1项,中国土木工程詹天佑奖2项,国家优质工程奖5项,省部级优质工程奖15项,山西省第17届太行杯7项,广东省詹天佑故乡杯奖1项,省部级科技进步奖3项。 (邵尧霞)

【领导人员】

董事会

董事长 陈宏伟
董事 成志宏(4月免)
崔跃华(4月任)
职工董事 杜嘉俊(4月任)

监事会

监事会主席 朱龙江(3月免)
张广耀(8月任)
监事 王正伟
职工监事 李建斌

经理层

总经理 成志宏(4月免)
崔跃华(4月任)
副总经理 王月幸(2月免)
杜嘉俊(4月免)
阮祥杰
张 轶
董化瑞
杨永睿
杨金成
陈二平
陈自明(8月任)
邱 瑞(8月任)
王林俊(12月任)
总工程师 杜嘉俊(4月免)
邱 瑞(8月任)
总会计师 阮祥杰

党群领导

党委书记 陈宏伟
党委副书记 成志宏(4月免)
崔跃华(4月任)
杜嘉俊(4月任)
纪委书记 朱龙江(3月免)
张广耀(8月任)
工会主席 杜嘉俊(4月任)

(陈世玲)

【职工队伍】 职工14056人。其中,在岗职工12736人,非在岗职工1040人,内退及内退返聘280人。在岗干部10481人,其中女干部2298人,少数民族干部363人。技术干部9666人,其中高级职称1778人、中级职称2891人、初级职称4060人。高级工程师1371人、中级工程师2055人、初级工程师2455人;经济管理人员1590人,其中高级经济师153人、中级经济师323人、初级经济师840人;中级会计人员1204人,其中高级会计师122人、会计师316人、初级会计师645人;卫生技术人员432人,其中正副主任医师132人、主治医师187人、初级医师113人;其他专业技术人员18人。研究生学历249人、大学本科学历7617人、专科学历1448人、中专及以下学历352人。35岁及以下5056人,36~40岁2381人,41~45岁985人,46~50岁680人,51~54岁300人,55~59岁264人。技术工人3550人。其中,高级技师190人,技师587人,高级工1830人,中级工829人,初级工114人。

(王均正 桑 雷)

【工程项目指挥机构】 新建北京至雄安新区至商丘高速铁路雄安新区至商丘段站前工程XSZQ-9标段项目部 驻山东省聊城市。项目经理刘庆华。

新建雄安新区至忻州高速铁路山西段站前工程XXZQ－5标段项目部　驻山西省忻州市。项目经理郝玉强。

新建集宁经大同至原平铁路山西段站前工程JDYZQ－2标段项目部　驻山西省朔州市。项目经理陈二平。

新建珠海至肇庆高铁江门至珠三角枢纽机场DK0＋000～DK76＋901.5段站前工程JJZQ－2标段项目部　驻广东省江门市。项目经理马洪龙。

新建西安至重庆高速铁路安康至重庆段陕渝省界至合川及樊哙经开州至万州连接线站前工程XYKYZQ－13标段项目部　驻四川省达州市。项目经理刘新福。

新建济南至莱芜高速铁路站前工程JLZQTJ－3标段项目部　驻山东省济南市。项目经理刘庆华。

新建重庆至黔江铁路11标段项目部　驻重庆市彭水县。项目经理屈振荣。

新建安庆港长风港区铁路专用线项目部　驻安徽省安庆市。项目经理杨帆。

新建叙永至毕节铁路（川滇段）站前工程XZZQSG－2标段项目部　驻云南省昭通市。项目经理邓柏流。

成昆铁路峨眉至米易段站前工程EMZQ－2标段项目部　驻四川省乐山市。项目经理李熙颖。

贵州省金沙经仁怀至桐梓高速公路PPP项目部　驻贵州省遵义市。项目经理陈自明。　（王艺霖）

【工程施工】　2022年，企业总产值645.8亿元。其中，铁路工程107.3亿元，公路工程173.2亿元，市政工程102.4亿元，城轨工程64.6亿元，房建工程135.3亿元，其他工程27.2亿元，物流贸易31.2亿元，勘察设计5573万元，房地产9421万元，其他3.1亿元。

（王艺霖）

【铁路工程施工】　新建叙永至毕节铁路（川滇段）站前工程XZZQSG－2标段　位于云南省昭通市，全长36.393千米。合同投资145327万元。合同工期2016年10月至2022年9月。主要工程量：路基工程2543米，土石方130万立方米，桥梁14座4149.8延长米，隧道8座29697延长米，无砟道床铺设25.530千米。开工累计完成产值147297万元。

新建沈阳至白河高速铁路工程SBLN－TJ－2标段　位于辽宁省抚顺市，全长32.974千米。合同投资358868万元。合同工期2021年7月至2025年9月。主要工程量：路基土石方264.3万立方米，桥梁18座18764延长米，涵洞19座513.3横延米，隧道3座5219延长米，轨道板预制69405块，铺轨408.419千米。开工累计完成产值145001万元。

新建集宁经大同至原平铁路山西段站前工程JDYZQ－2标段　位于山西省朔州市，全长58.116千米。合同投资30.1亿元。合同工期2021年10月30日至2026年4月29日。主要工程量：区间路基3段3.95千米，站场路基2段2.964千米，涵洞7座180.32横延米，特大桥4座51202延长米，制梁场3座1560榀梁。开工累计完成产值133432万元。

新建广州（新塘）至汕尾铁路站房工程（GSSG12标段）　位于广东省惠州市。合同投资64076万元。合同工期2021年6月1日至2022年12月31日。主要工程量：惠城南站、惠东南站2个车站和铁路自营停车场、惠城南站停车楼及汕尾站站改等工程。开工累计完成产值36411万元。

新建重庆至黔江高速铁路工程站前11标段　位于重庆市彭水县，全长32.48千米。合同金额258511万元。合同工期2020年2月1日至2025年7月31日。主要工程量：路基土石方50.89万立方米，桥梁12座3315延长米，涵洞3座66.74横延米，隧道9座28063延长米。开工累计完成产值195014万元。

新建南昌经景德镇至黄山铁路（江西段）瑶里站等6座车站站房及相关工程CJHFJJX－4标段　位于江西省景德镇市。合同投资38295万元。合同工期2022年2月22日至2023年12月30日。主要工程量：景德镇北站站房，总建筑面积16650平方米；瑶里站站房，总建筑面积7999.8平方米。开工累计完成产值12546万元。　（王艺霖）

【铁路外工程施工】　重庆巫溪至陕西镇坪高速公路（重庆段）项目第TJ1合同段　位于重庆市巫溪县，全长11.35千米。合同投资134645万元。合同工期2019年9月1日至2022年12月30日。主要工程量：路基土石方295万立方米，桥梁10座2969延长米，隧道1.5座16224延长米，涵洞4座176.3横延米。开工累计完成产值128996万元（包含合同外13000万元）。

伊通河北北段综合治理防洪工程　位于吉林省长春市，全长7.5千米。合同投资121804万元。合同工期2017年6月至2023年12月。主要工程量：土石方391万立方米，桥梁工程1246延长米，滨河路改造3617米，堤防回填53万立方米，堤防结构5368米，格宾网箱4万立方米，雷诺护垫5.3万平方米，生态基草籽护坡 12.7 万平方米，人行步道 4255 米，绿道工程 8084 米。开工累计完成产值 39735 万元。

郑州国道 310 线西南段改建工程 SG03 标段　位于河南省郑州市，全长 9.72 千米。合同投资 54536 万元。合同工期 2019 年 5 月至 2023 年 5 月。主要工程量：路基土石方 206.618 万立方米，路面底基层 34.85 万平方米、基层 58.45 万平方米、面层 71.45 万平方米，桥梁 8 座 1959 延长米，涵洞及通道 24 座 1079.07 横延米。开工累计完成产值 54278 万元。

G8513 平凉至绵阳国家高速公路武都至九寨沟（甘川界）段 WJSJ2 标试验段（WJSY4 标段）　位于甘肃省平凉市，全长 2.27 千米。合同投资 36624 万元。合同工期 2017 年 5 月 24 日至 2024 年 1 月 31 日。主要工程量：隧道 1 座 6810（双线，含斜井）延长米。开工累计完成产值 27349 万元。

S35 景泰至礼县高速公路陇南段工程（陇南境内）总承包 7 标段　位于甘肃省陇南市，全长 6.988 千米。合同投资 103935 万元。合同工期 2021 年 2 月 28 日至 2024 年 6 月 28 日。主要工程量：路基土石方 100.8 万立方米，桥梁 11 座 3186 延长米，隧道 4 座 10271（双线）延长米，涵洞 9 座 149 横延米。开工累计完成产值 92150 万元。

长春市城市轨道交通 7 号线一期工程九工区标段　位于吉林省长春市，全长 2.3 千米。合同投资 71182 万元。合同工期 2020 年 5 月 1 日至 2025 年 4 月 30 日。主要工程量：车站 2 个，盾构区间 2 段 1473 延长米，矿山法施工区间 1 段 904（双线）延长米。开工累计完成产值 39727 万元。

恩施公路建养一体化项目　位于湖北省恩施市，全长 31.594 千米。合同投资 52002 万元。合同工期 2020 年 10 月 11 日至 2023 年 10 月 11 日。主要工程量：隧道 3 座，桥梁 26 座，涵洞 74 道。开工累计完成产值 17865 万元。

南中高速 TJ08 合同段项目　位于广东省广州市，全长 5.15 千米。合同投资 75042 万元。合同工期 2020 年 12 月 30 日至 2023 年 9 月 30 日。主要工程量：匝道桥 2.35 千米，桥梁 14 座。开工累计完成产值 53914 万元。

G8513 平凉至绵阳国家高速公路武都至九寨沟建设项目土建工程 WJ9 标段　位于甘肃省陇南市，全长 4.14 千米（不含断链 97.25 米）。合同投资 51960 万元。合同工期 2018 年 7 月 1 日至 2021 年 3 月 1 日。主要工程量：路基土石方 36.25 万立方米；特大桥 1 座 2859.25 延长米，大桥 1 座 126 延长米，立交匝道桥 5 座 1601 延长米，盖板涵 7 座；渡槽 1 座；上跨 212 国道防撞设施 2 处，泥石流排导槽 3 处；隧道 1 座，左线 578 延长米、右线 660 延长米。开工累计完成产值 53161 万元。

G347 武汉新洲项目　位于湖北省武汉市，全长 17.251 千米。合同投资 228600 万元。合同工期 2020 年 9 月 23 日至 2023 年 9 月 22 日。主要工程量：路基土石方 40.2 万立方米，桥梁 5 座 15135 延长米，涵洞 13 座 375.62 横延米，沥青面层 55.84 万平方米。开工累计完成产值 20514.99 万元。

中国铁建·花语堂项目一标段（北区）建筑安装工程　位于山西省太原市。合同投资 155372 万元。合同工期 2019 年 11 月 20 日至 2022 年 8 月 30 日。主要工程量：建筑面积 251904.79 平方米。包括 5 号高层住宅，6－11 号超高层住宅，12－13 号、15 号叠拼住宅，22 号合院，S5 号商业、配套公建及地下车库。开工累计完成产值 46890 万元。（王艺霖）

【境外工程施工】　援孟加拉国孟中友谊八桥项目　位于孟加拉国南部巴里萨尔大区比罗杰布尔市，全长 2.96 千米。合同投资 46669 万元，合同工期 2018 年 6 月 30 日至 2022 年 5 月 31 日。主要工程量：路基土石方 38.2 万立方米，桥梁 2 座 1505 延长米，涵洞 1 座 18.2 横延米，沥青面层 32780 平方米。开工累计完成产值 46669 万元。2022 年 9 月 4 日通车。

玻利维亚鲁里公路项目　位于拉丁美洲玻利维亚贝尼省，全长 508 千米。合同投资 85340 万元。合同工期 2019 年 6 月 1 日至 2024 年 1 月 27 日。主要工程量：清表 86.48 千米，软基处理 20 万立方米，清表回填 34.9 万立方米，路基挖方 4.08 万立方米，路基填方 435 万立方米，加强层 97.25 万立方米，底基层 27.88 万立方米，基层 25.08 万立方米，面层 146.5 千米，桥梁 1 座 20.6 延长米，涵洞 204 道。开工累计完成产值 37792 万元。

玻利维亚公路 3、4 标项目　位于玻利维亚贝尼省，全长 243.03 千米。合同投资 139377 万元。合同工期 2016 年 6 月 1 日至 2024 年 1 月 27 日。主要工程量：路基挖方 38.2 万立方米，路基填方 655 万立方米，加强层 153.1 万立方米，底基层 47.18 万立方米，基层 40.53 万立方米，沥青面层 250 万立方米，桥梁 9 座，涵洞 263 道。开工累计完成产值 97572 万元。

阿尔及利亚东标段 84 千米项目　位于阿尔及利亚东部塔里夫省，全长 44.051 千米。合同投资 150968 万元（含补充协议）。合同工期 2018 年 1 月 16 日至

2023年7月31日。主要工程量：挖方429.4万立方米，填方559.2万立方米，洪泛区填石197.1万立方米，涵洞24道，沥青路面44.051千米。开工累计完成产值140067万元。

几内亚马西铁路项目　位于几内亚金迪亚区，全长84.39千米。合同投资153078.70万元。合同工期2020年9月23日至2023年9月22日。主要工程量：清表84.39千米，区间及站场挖方457万立方米，利用填方305万立方米，借土填方196万立方米；特大桥7座，大桥12座；涵洞238座；箱形桥5座；新建车站1座4725平方米。永临结合道路84.64千米（挖填方110万立方米；大桥1座，中桥1座；钢波纹管涵151座）。开工累计完成产值29036万元。

（王艺霖　陈佳彬）

【经营管理】　承揽工程。2022年，新签合同总额1610.6亿元。其中，铁路工程179.9亿元，公路工程186.8亿元，市政工程160.9亿元，城轨工程78.3亿元，房建工程645.1亿元，其他工程255.3亿元，物流贸易103.4亿元，勘察设计4440万元，房地产4168万元。各板块承揽情况：工程经营1356.2亿元，占总额的84.2%；资本经营163.9亿元，占总额的10.2%；海外经营90.5亿元，占总额的5.6%。

企业管理。发布实施企业“十四五”规划，制定36项具体举措；深入开展对标一流管理提升活动，选取5家标杆企业进行精准对标；优化组织架构调整，设立新发展事业部、物资集采中心；新设子分公司12家（其中：法人单位4家，非法人单位8家）；优化调整集团公司区域总部，并进一步明确总部各部门海外事务管理职责；将铺架分公司并入深圳公司；将上海轨道公司本部由上海迁址无锡；印发项目部和项目公司编制文件99份；全年共平移资质5项、申报资质10项，其中二公司、四公司分别取得矿山和公路特级资质；组织集团公司所属4家驻晋单位成功申报山西省骨干建筑企业，可享受山西省内重点工程免资格预审、投标保证金减半、资质申报绿色通道等优惠政策。

经济管理。狠抓在建项目成本管理和实名制管理两项重点工作，坚持做好变更索赔和计价结算两项日常工作，调整责任预算和分包管理两项工作思路，做实效益策划和成本预警两项事前管控措施，持续提高全集团经济运行质量。修订《建设工程施工劳务分包合同（示范文本）》，印发《关于规范分包合同签订行为的通知》《关于严肃验工计价管理行为的通知》，进一步规范分包管理；印发《工程项目成本管理业务指导手册》《劳务实名制管理工作指南》，着力强化经济管理岗位经验内化，以业务标准化推动管理规范化；联合印发《关于隧道初支混凝土超耗控制管理考核的指导意见》，进一步控制混凝土超耗，降低隧道施工成本；制定《集团公司2022年度成本风险专项管控实施方案》，开源节流并重，严防重大风险事件的发生；加强在建项目成本管理，印发《关于强化项目经济管理行为的通知》；加强海外项目调研及投融资项目现场调研；加强新上项目效益策划及新上项目责任预算；抓实完工项目结算工作，抓好年内铁路销号项目清概工作。

安全质量。获鲁班奖1项、国家优质工程奖5项、省部级优质工程奖15项、中国铁建“铁建杯”优质工程奖8项。2022年上半年铁路信用评价B级，下半年铁路信用评价B级。层层签订《2022年度安全包保责任书》，明确安全生产责任制目标。开展护航二十大安全专项整治，围绕“防风险、保安全、迎二十大”工作主线，扎实开展安全专项整治行动。紧紧围绕“遵守安全生产法　当好第一责任人”主题，开展2022年“安全生产月”活动；全集团877人参加参与交通运输、住建等行政主管部门组织的4期公路工程、建筑工程的施工安全管理“三类人员”培训并通过考核；编印《安全事故案例补充汇编》；全年集团参与社会抢险救援累计出动3094人次、441台（套）机械设备。隧道救援队被股份公司评为2021年度特别优秀单位；获评全国安全标准化工地1个、省部级安全标准化工地12个。

财务管理。2022年，营业收入465.8亿元，同比增长2.2%，完成股份公司下达预算指标的100.2%；实现净利润2.97亿元，完成预算指标的102.4%；全集团经营性现金净流量32.6亿元，较上年增加26.9亿元，完成年度指标的652%；全集团管理费用支出7.06亿元，工程项目间接费支出占营业收入比重为3.06%；积极做好资金筹划，调集资金和信贷资源，平均调用归集资金23.2亿元，平均调用率84%，节约财务费用8100万元；办理质保金保函置换资金，办理低成本的信用证、供应链融资，通过资产证券化、无追保理等表外融资手段，共办理各类保函、信贷证明等808笔，总金额507亿元；印发《关于对重点债权开展专项清欠活动的通知》，明确将单笔超过1000万元，已具备回收条件但迟迟无法收回的款项，纳入专项活动清欠范围；通过共享平台全面预算管控系统，有效提升全面预算管控能力，各项预算指标整体受控；印发《经济合同财务审核要点》，从合同签署前、签署时及归档时三个阶段对审核内容予以规范；印发《信贷规模管理办法》《对外担保管理办法》，修订《保函管理办法》，增加评审、尽调、预控方案等前置程序，从源头上加强风险的管控。全年税务筹划节税 1.6 亿元，实现退税 5.4 亿元，全集团 15 家单位获评“纳税信用 A 级单位”。

审计监督。完成审计项目 119 个（政策跟踪落实和风险控制管理专项审计按 1 项统计）。其中，经济责任审计 38 项，工程项目审计 53 项，财务收支审计 4 项，其他审计 24 项。提交审计报告 214 份，发现问题 1988 个，提出并被采纳审计建议 1086 条，挽回和避免经济损失 2.6 亿元。

法律合规事务。组织法律纠纷案件降控专题会议，明确“压存控增”的案件降控工作思路；组织所属单位全面梳理涉诉案件，对恶意起诉和企业内部管理人员违法违规行为，制定专项反制方案，将 120 家不良客商和 14 名失信个人列入股份公司《合作方警示名录》；印发《经营业务合规风险专项排查工作方案》，组织全集团开展全面风险排查，排查出违法违规问题 14 个；成立“大风控”管理委员会，修订《重大风险事件报告工作制度》《“大风控”体系建设与实施方案》《2022 年重大风险管控方案》，健全完善制度体系；通过多元化纠纷解决机制化解各类经济纠纷 72 起，为企业避免经济损失 1303 万元。

信息化建设。发布“十四五”信息化规划，制定 3 项重点任务；指导帮助工程项目编制信息化方案，批复年度立项 16 项，预算金额 4500 万元；工程及成本管控系统实现对劳务、材料及设备的“量价双控”，通过业财融合规范业务管理；成立企业报表分析系统建设管理组织，开发“五项锁定”“经营信息”等模块；整合企业基础设施资源，推动私有云和云视频系统应用；全年完成系统等保备案 6 项，组织开展网络安全演练等活动。

（邵尧霞）

【科技成果】 获中国专利优秀奖 1 项，中国土木工程詹天佑奖 2 项，山西省第 17 届太行杯奖 7 项，广东省詹天佑故乡杯奖 1 项，省部级科技进步奖 3 项，中国交通运输协会科技进步奖 1 项，中国施工企业管理协会科学技术奖 2 项，其他奖项 14 项；获部级工法 8 项，铁路重大科技创新成果入库成果 3 项；9 项科技成果通过股份公司评审，其中 7 项达到国际先进水平，2 项达到国内领先水平；51 项工法完成关键技术鉴定，评价等级国内领先 14 项、国内先进 22 项、省内领先 15 项；授权专利 225 件，其中发明专利 26 件，实用新型 198 件，外观设计 1 件；开发软件著作权 5 项；主（参）编标准发布 5 项，其中地方标准 2 项、团体标准 2 项、企业标准 1 项。

（李浩宇）

【教育培训】 2022 年，培训 12243 人，其中线下 2355 人、线上 9888 人。培训 14549 人次，其中线下 3044 人次、线上 11505 人次。处级及以上领导 720 人次、经营管理人员 3605 人次、专业技术人员 19746 人次、党群管理人员 1029 人次、技能人员 957 人次、海外管理人员 289 人次。年内按照培训计划选派 19 名中层干部到股份公司党校培训学习。

（张少钰）

【党群工作】 集团公司党委委员 22 人，党委常委 8 人；纪委委员 7 人。下辖处级党委 16 个，基层党组织 492 个，党员 6776 人。坚持以习近平新时代中国特色社会主义思想为指导，紧紧围绕“十四五”发展目标，守正实干，开拓进取，企业主要经济指标稳步增长，治理能力和管理水平不断提升，改革发展和党建工作全面推进，保持昂扬向上的精神状态和稳中向好的发展态势。一是深入学习贯彻党的二十大精神，广泛开展“献礼二十大、党员作表率”等主题活动，班子成员基层宣讲 23 场次，专题培训处级干部和各级党组织书记 898 人，坚定党员干部强企报国的信心和决心。二是深入贯彻习近平总书记重要指示批示精神，认真落实“第一议题”制度，修订完善《党委议事规则》《“三重一大”决策制度》，在完善公司治理中加强党的领导。向部分子公司派驻巡察专员，进一步完善公司治理结构。三是以建企 70 周年为契机，通过召开创新发展大会、总结 70 年奋斗史、发布“十四五”规划等系列活动，对内凝心聚力、提振士气，对外展示风采、扩大影响。四是强化“三基建设”，广泛开展“党建联盟”“示范党支部创建”系列活动，全力推动工程项目防疫稳产、大干冲刺，为完成年度任务提供组织保证。五是党风廉政建设走深走实，持续发挥巡视巡察利剑作用，完成党委一届任期内巡察全覆盖。创新“巡察专员”“纪检专员”监督机制，推动党内监督与“大风控”“大监督”体系深度融合。严格落实中央八项规定，聚焦关键节点，组织检查组对在建项目进行监督检查，全力维护企业和谐稳定发展大局。六是群众工作做实见效，组织开展劳动竞赛 313 场次，帮扶慰问困难职工 640 人次，争创“安康杯”“火车头奖章”等荣誉表彰 94 项。七是关键时刻彰显央企担当，集大原等山西片区项目积极参加大秦、宁黄铁路抢险，中兰项目、沈白项目分别参加红会铁路、沈吉铁路抢险，获得信用评价加分 3.2 分；中心医院主动驰援长春、太原等地疫情防控，得到地方政府和股份公司的充分肯定；接续支持青海、山西乡村振兴工作，在履行社会责任的大战大考中展现十七局担当。

（罗平政）

【第一工程有限公司】 拥有公路工程施工总承包特级,铁路、建筑工程施工总承包一级,市政公用、电力、水利水电、矿山、港口与航道工程施工总承包二级,桥梁、隧道、公路路基、建筑幕墙、消防设施工程专业承包一级,公路路面、建筑机电安装工程专业承包二级,特种工程(结构补强)专业承包资质不分等级,工程测量甲级,公路行业设计甲级资质。前身系成立于1952年的中国人民解放军铁道兵第七师三十一团;1984年1月,集体转业并入铁道部,改称铁道部第十七工程局第一工程处;1999年12月,与铁道部脱钩,改称中铁第十七工程局第一工程处;2002年8月,改制更为现名。驻山东省青岛市黄岛区滨海大道8899号。执行董事、党委书记徐彦军,总经理李彬。职工1752人。资产总额989026万元。其中,固定资产原值139258万元、净值23967万元,流动资产927106万元。机械动力设备1527台(套)。设备原值45755.49万元,总功率123416.79千瓦,成新率22.0%,动力装备率68.18千瓦/人,技术装备率5.54万元/人。

2022年,新签合同额125.61亿元。产值620389万元,利润457万元。职工年人均收入95342元。国有资产保值增值率98.93%,净资产收益率0.56%,产值利润率1.03%,资产负债率94.35%。 (胡巧芬)

【第二工程有限公司】 拥有矿山工程施工总承包特级,公路、铁路、建筑工程施工总承包一级,水利水电、电力工程施工总承包二级,桥梁、隧道、公路路基、公路路面、地基基础、建筑装修装饰、建筑幕墙、古建筑、消防设施工程专业承包一级,钢结构工程专业承包二级,冶金行业工程设计甲级,工程测量甲级,大地测量、测绘航空摄影、摄影测量与遥感、海洋测绘、界线与不动产测绘、地理信息系统工程、地图编制、互联网地图服务乙级,公路水运工程试验检测机构公路工程综合乙级,公路路基路面、桥梁、隧道养护乙级,交通安全设施养护、地质灾害防治施工丙级,营业性爆破四级资质。前身系成立于1952年的中国人民解放军铁道兵第七师三十二团;1984年1月,集体转业并入铁道部,改称铁道部第十七工程局第二工程处;1999年12月,与铁道部脱钩,改称为中铁第十七工程局第二工程处;2002年7月,更为现名。驻陕西省西安市未央区浐灞二路1217号。执行董事王林俊(10月离任)、洪锋(10月任),党委书记洪锋,总经理王林俊(10月离任)。职工2098人。资产总额862051万元。其中,固定资产原值232874万元、净值22235万元,流动资产757253万元,非流动资产82563万元。机械运输设备1295台(套)。设备原值48704.28万元,动力装备率61.05千瓦/人,技术装备率4.67万元/人,机械化施工程度85%以上。

2022年,新签合同额271.11亿元。产值1201052万元,利润334万元,净利润327万元。职工年人均收入91376元。国有资产保值增值率100.77%,净资产收益率0.76%,产值利润率0.027 %,资产负债率94.87%,应上缴款完成率82.97%。 (冯贝贝)

【第三工程有限公司】 拥有公路、市政公用工程总承包一级,建筑工程施工总承包二级,水利水电工程施工总承包三级,公路路基、公路路面、桥梁、隧道、防水防腐保温工程专业承包一级,环保工程专业承包二级,工程测量、控制测量、地形测量、规划测量、建筑工程测量、变形形变与精密测量、市政工程测量、线路与桥隧测量、矿山测量等甲级测绘,不动产测绘、地籍测绘、房产测绘等乙级测绘资质;交通运输部公路水运工程试验检测机构公路工程综合乙级资质证书,国家检验检测机构资质认定证书。前身系中国人民解放军铁道兵第七师三十三团,1984年1月,集体转业并入铁道部,改称为铁道部第十七工程局第三工程处;1999年12月,与铁道部脱钩,改称中铁第十七工程局第三工程处;2002年8月,改制更为现名。驻河北省石家庄市中山西路。执行董事、党委书记贾培亮,总经理姚波(5月任)。职工1816人。资产总额747846万元。其中,固定资产原值57775万元、净值10169万元,流动资产702675万元。机械设备503台(套)。设备原值32104万元,总功率56731千瓦,成新率26%,动力装备率30.57千瓦/人,技术装备率4.52万元/人,机械化施工程度80%。

2022年,新签合同额133.15亿元。产值369238万元,利润226万元。职工年人均收入82596元。净资产收益率-1.71%,产值利润率0.03%,资产负债率101.79%。 (岳 蕾)

【第四工程有限公司】 拥有公路工程施工总承包特级,水利水电、建筑工程施工总承包二级,铁路、矿山工程施工总承包三级,公路路基、桥梁、隧道、消防设施工程专业承包一级,城市及道路照明、钢结构专业工程承包二级,特种工程(结构补强)专业承包(不分等级)资质。经营领域涉及国内外铁路、公路、市政、水利水电、房屋建筑、桥梁、隧道、城市轨道交通、地质灾害治理等工程项目。同时具有国内陆路货物运输代理,商品储存(不含危险品),房屋租赁及机械设备租赁,加工和销售建筑材料(不含危险品)、金属材料(不含稀贵金属)资格。前身系成立于1952年的铁道兵第七师三十四团;1984年1月,集体转业并入铁道部,改称为铁道部第十七工程局第四工程处;1999年12月,改制为中铁第十七工程局第四工程处;2002年7月,更名为中铁十七局集团公司第四工程分公司;2005年5月,与集团公司下属远通工程有限公司进行内部资源重组,更名为中铁十七局集团第四工程有限公司。驻重庆市渝北区洪湖西路18号上丁企业公园24-25栋。执行董事兼总经理罗海鹏,党委书记郑良虎。职工2216人。资产总额862288万元。其中,固定资产原值163619万元、净值11090万元,流动资产777018万元。A类机械动力设备511台(套)。设备原值23584.99万元、净值5049.35万元,设备总功率70088.6千瓦,成新率21.41%。

2022年,新签合同额1310882万元。产值900898万元,利润167万元。职工年人均收入86708元。国有资产保值增值率98.47%,净资产收益率-1.54%,产值利润率0.019%,资产负债率101.24%,应上缴款完成率100%。 (罗晋川)

【第五工程有限公司】 拥有公路工程施工总承包一级,铁路、水利水电、建筑、市政公用、矿山工程、电力、机电工程施工总承包二级,公路路基、隧道、桥梁、消防设施、防水防腐保温、建筑装修装饰、建筑幕墙工程专业承包一级,地基基础、建筑机电安装、钢结构、公路路面、环保、起重设备安装、古建筑专业承包二级,特种工程专业承包不分等级资质。前身系中国人民解放军铁道兵第七师机械营和修理营;1984年1月,集体转业并入铁道部后,分别改称铁道部第十七工程局土方机械段和修理厂;同年11月,两单位合并改称机械化工程公司;1987年12月,改称铁道部第十七工程局机械化工程处;1994年6月,改称铁道部第十七工程局第五工程处;1997年3月,与局机运工程处合并仍称铁道部第十七工程局第五工程处;1999年12月,与铁道部脱钩改称中铁第十七工程局第五工程处;2002年7月,改制更名为中铁十七局集团第五工程有限公司;2004年2月,划入中铁二十二局集团;同年11月,划回中铁十七局集团,仍称第五工程有限公司。驻山西省太原市小店区人民北路20号。执行董事兼党委书记温爱明,总经理袁川贵。职工2079人。资产总额545934万元。其中,固定资产原值69585万元、净值16391万元,流动资产512198万元。机械设备712台(套)。设备原值26895.03万元,总功率86129千瓦,成新率32.97%,动力装备率55.1千瓦/人,技术装备率56700元/人,机械化施工程度85.5%。

2022年,新签合同额53.62亿元。产值65.01亿元,净利润454万元。职工年人均收入104207元。国有资产保值增值率100.89%,净资产收益率1.05%,产值利润率0.03%,资产负债率92.09%。 (赵毅敏)

【第六工程有限公司】 拥有公路、市政公用工程施工总承包一级,铁路工程、机电工程施工总承包二级,建筑工程施工总承包三级,桥梁、隧道、公路路基、城市及道路照明、环保、古建筑、地基基础、防水防腐保温工程专业承包一级资质。前身系铁道部第十七工程局厦门工程处;2001年1月,改称为中铁第十七工程局第六工程处;2002年8月,企业改制更为现名;2005年3月,与远通工程有限公司进行资源整合,整合后改称中铁十七局集团第六工程有限公司。驻福建省福州市连江中路181号。执行董事兼党委书记廖日才,总经理卢剑。职工872人。资产总额646046万元,其中,固定资产原值101410万元、净值22993万元,流动资产532888万元。机械设备1001台(套)。设备原值65457.06万元,总功率77829.55千瓦,成新率25.57%,动力装备率72.2千瓦/人,技术装备率15.53万元/人,机械化施工程度80%。

2022年,承揽工程任务16项,新签合同额1027610万元。产值300238万元,净利润145万元。职工年人均收入102834元。国有资产保值增值率100.91%,应上缴款完成率11.47%。 (傅 艳)

【建筑工程公司】 拥有建筑工程施工总承包特级,市政、机电工程施工总承包一级,钢结构、电子与智能化、消防设施、防水防腐保温、建筑装修装饰、建筑幕墙工程专业承包一级,建筑机电安装、城市及道路照明、环保工程专业承包二级以及特种工程(结构补强)专业承包不分等级和工程设计建筑行业甲级企业资质。前身系成立于1986年5月的铁道部第十七工程局建筑工程段;1988年3月,改称铁道部第十七工程局建筑工程公司;1991年11月,扩建更名为铁道部第十七工程局建筑工程处;1999年12月,与铁道部脱钩改称中铁第十七工程局建筑工程处;2002年7月,更为现名。驻山西省太原市小店区平阳南路34号。执行董事兼党委书记冯清晋,总经理李宝忠。职工1230人。资产总额646291万元。其中,固定资产原值45601万元、净值9570万元,流动资产602562万元。机械设备701台(套)。设备原值20838.16万元、净值744.52万元,总功率77536.86千瓦，技术装备率0.33万元/人，动力装备率17.35千瓦/人，设备成新率10.55%，设备完好率94%、利用率94%。

2022年，承揽工程55项，新签合同额2083884万元。产值609162万元。职工年人均收入7.59万元。国有资产保值增值率106%，净资产收益率5.59%，产值利润率0.91%，资产负债率91.58%，应上缴款完成率100%。（韩风云　曾　博）

【电气化工程有限公司】　拥有机电、通信、电力工程施工总承包一级，市政、建筑工程施工总承包二级，铁路电务、铁路电气化、输变电、建筑装修装饰、消防设施、电子与智能化、公路交通工程（公路机电）分项工程专业承包一级，城市及道路照明、建筑机电安装工程专业承包二级，涉密信息系统集成甲级，电力设施许可承装二级、承修二级、承试三级资质。2005年12月28日注册成立，2006年1月18日正式挂牌运行，注册资本金20000万元。驻山西省太原市小店区平阳南路34号。执行董事兼总经理徐国辉，党委书记石建明。职工543人。资产总额182266万元。其中，固定资产原值7520.20万元、净值976.38万元，流动资产161990万元。机械设备673台（套）。设备成新率12.98%；动力装备率44.12千瓦/人，技术装备率1.79万元/人。

2022年，新签合同额414670万元，施工产值161418万元，净利润4602万元。职工年人均收入114830元。（乔　雯）

【上海轨道交通工程有限公司】　拥有市政公用工程施工总承包一级资质。前身系2003年11月成立的集团公司上海分公司；2005年1月，正式列入集团组织机构序列；2007年5月，改称上海轨道交通工程有限公司；2007年7月，正式成立；2007年10月，原集团第四、第六工程有限公司的上海地铁项目资源整合纳入上海轨道交通工程有限公司。驻上海市浦东新区张扬路1518号10F。执行董事兼党委书记黄焯，总经理王辉。职工559人。资产总额207195.1万元。其中，固定资产原值4999.4万元、净值17650.4万元，流动资产149047.8万元。机械运输设备453台（套）。设备原值63384.35万元、净值23122.65万元，总功率40095.95千瓦，成新率36.48%；动力装备率71.09千瓦/人，技术装备率71.09万元/人，主要机械设备完好率86.5%、利用率79.5%，机械化施工程度93.9%。

2022年，新签合同额862762万元。施工产值255291万元，利润4507万元。职工年人均收入116349元。国有资产保值增值率105.05%，净资产收益率9.59%，产值利润率1.43%，资产负债率80.16%，投资收益上缴率100%，应上缴款完成率100%。（梁　薇）

【城市建设有限公司】　拥有市政、建筑、公路工程施工总承包一级，水利水电、电力、机电工程施工总承包二级，钢结构、防水防腐保温、建筑装修装饰、建筑机电安装、建筑幕墙、城市及道路照明、地基基础工程专业承包一级，河湖整治、环保、桥梁、隧道、公路路面、公路路基、消防设施工程专业承包二级，模板脚手架、特种工程专业承包不分等级，地质灾害治理工程施工丙级资质。2015年11月10日在贵安新区成立，注册资本金10亿元。2017年8月4日，由集团公司进行管理关系变更，从中铁十七局集团第一工程有限公司分离；2020年10月，更名为中铁十七局集团城市建设有限公司。驻贵州省贵阳市贵安新区兴安大道汤庄安置点（兴安大道中109号）。执行董事兼党委书记李鹏，总经理冀荣华。职工960人。资产总额426460万元。其中，固定资产原值16742万元、净值7758万元，流动资产362831万元。机械设备172台（套）。设备原值3250.74万元、净值1815.63万元，总功率10392.5千瓦，成新率55.85%；技术装备率1.88万元/人，动力装备率10.75千瓦/人。

2022年，新签合同额1700863万元。产值751500万元，利润11837万元。职工年人均收入12万元。净资产收益率19.60%，产值利润率1.58%，资产负债率85.97%。（侯江宜）

中铁十八局集团有限公司

【简况】　全国首家“五特七甲”建筑法人企业，拥有铁路、建筑、水利水电、市政、公路工程5项施工总承包特级资质及对应勘察或设计甲级资质，房地产开发一级资质、对外承包工程资质及国家援外成套项目实施A级资质，100余项施工总承包和专业资质。总部驻天津市河西区大沽南路1519号。前身系建于1958年中国人民解放军铁道兵第八师；1984年，集体转业并入铁道部；2003年，归属国务院国资委管理；2008年，随中国铁建整体上市。下辖14个子公司、3个专业分公司、10 个区域指挥部及 18 个直属工程项目部。职工 20660 人。资产总额 5404405 万元。其中，固定资产原值 1199700 万元、净值 435062 万元，流动资产 3782962 万元。机械设备 11254 台(套)，原值 745261.13 万元、净值 301902.75 万元，总功率 1415831.9 千瓦，新度系数 40.51%，技术装备率 20.82 万元/人，动力装备率 97.62 千瓦/人，主要设备完好率 94.84%、利用率 85.75%。

2022 年，新签合同 452 项，合同额 2008.5 亿元。企业总产值 858.61 亿元，施工产值 818.59 亿元。利润 141285 万元，人均利润 6.22 万元，国有资产保值增值率 114.28%，净资产收益率 11.87%，资产负债率 78.48%，应上缴款完成 100%。完成主要工程量：土石方 4316.3 万立方米，隧道 142176 延长米，桥梁 44585 延长米，涵洞 39595 横延米，铁路无砟道床 51.6 千米，铺道岔 31 组，铁路架梁 206 孔，铁路制梁 154 片，公路架梁 1157 片，公路制梁 1708 片，地铁区间 24522 折合米，房建 806.5 万折合平方米，公路 249.9 折合千米，其中高速公路 120.5 千米，路面 210.1 万平方米。年内，获国家优质工程 3 项，省部、市级优质工程 19 项，全国工程建设优秀 QC 小组成果 43 项。获全国工人先锋号 1 个，全国安康杯竞赛优秀组织单位 1 个、优胜单位 1 个。获全国职工职业道德建设先进个人 1 人、全国五一巾帼标兵 1 人、“全国铁路青年岗位能手”称号 1 人。获中施企协科学技术杰出成就奖 1 人，获茅以升铁道工程师奖 1 人、茅以升建造师奖 1 人。

（赵树林　李秀云）

【领导人员】

董事会

董事长　闫广天

董事　雷　军

职工董事　高福军(8 月免)

李庚许(8 月任)

监事会

监事会主席　鲁小龙(9 月免)

代显奇(9 月任)

监事　温新生

职工监事　陈玉平

经理层

总经理　雷　军

副总经理　陈建民(7 月免)

余柏华

童顺军

阮宏毅

高福军(8 月任)

程志强(3 月免)

代敬辉(4 月免)

席居法(10 月任)

李　景(10 月任)

于长彬(10 月任)

李文广(10 月任)

总工程师　于长彬(10 月任)

代敬辉(4 月免)

总会计师　阮宏毅

党群领导

党委书记　闫广天

党委副书记　雷　军

李庚许(8 月任)

纪委书记　鲁小龙(9 月免)

代显奇(9 月任)

工会主席　李庚许(8 月任)

高福军(8 月免)

（王兴科）

【工程项目指挥机构】　大瑞铁路怒江至龙陵段项目经理部　驻云南省保山市。常务副经理、党工委书记阎树欣。

拉林铁路工程指挥部　驻西藏自治区林芝市。指挥长袁旺小，党工委书记宋祥武。

成昆铁路峨眉至米易段项目经理部　驻四川省乐山市。经理裴文强，党工委书记刘文友。

郑万高铁湖北段 ZWZQ－6 标项目经理部　驻湖北省襄阳市。经理、党工委副书记张馨。

张吉怀铁路项目经理部　驻湖南省湘西土家族苗族自治州。常务副经理、党工委副书记侯守江。

广州市轨道交通十八号和二十二号线项目部(广州市轨道交通十号线项目部)　驻广东省广州市。经理杨春明，党工委书记张文。

杭绍台铁路项目经理部　驻浙江省绍兴市。经理侯峰(副处职)。

川藏铁路雅安至林芝段 CZSCZQ－3 标段项目经理部　驻四川省甘孜藏族自治州康定市。常务副指挥长郭志强。

渝昆高铁云贵段站前五标项目经理部　驻云南省曲靖市。经理高双涛，党工委书记张峰。

川藏铁路雅安至林芝段 CZXZZQ－15 标段项目经理部　驻西藏自治区昌都市。经理周大勇。

贵广铁路提质改造指挥部　驻广西壮族自治区桂林市灵川县。经理兼党工委书记孟祥义。

雄商高铁站前四标项目经理部　驻河北省衡水市。经理卢庆练,党工委书记姚尚文。

渝万高铁项目部　驻重庆市忠县。经理吴忠良,党工委书记申兵。

雄忻高铁河北段站前四标项目经理部　驻河北省保定市阜平县。经理杨廷玺,党工委书记于晓畏。

成达万高速铁路工程指挥部　驻四川省达州市。经理韦有波,党工委书记刘映红。

西成铁路 XCTJ12 标项目经理部　驻青海省海东市。经理孙兆会,党工委书记刘丛勇。

天津港集疏运通道 2 标项目部　驻天津市滨海新区新北路 3199 号。经理、党工委书记费文彬。

(王兴科)

【职工队伍】　职工 20660 人。其中,在编员工 14507 人、聘用制员工 6153 人。管理人员 18374 人,技能人员 2286 人。本科及以上学历 13680 人;35 岁及以下 11263 人、36～45 岁 5793 人、46～54 岁 2774 人、55 岁及以上 830 人。各类专业技术人员 16508 人,高级职称 2715 人、中级职称 3575 人;享受政府津贴 8 人,省部级专家团队 4 个、股份公司及省部级专家 48 人,集团公司工程技术专家 107 人、技术带头人 131 人、青年科技拔尖人才 268 人。高级技师、技师 690 余人。

(李红燕　张俊超)

【重点工程施工】　新建川藏铁路雅安至林芝段 CZSC-ZQ－3 标段工程　位于四川省甘孜藏族自治州康定市,全长 10.029 千米。合同投资 256560 万元。合同工期 2020 年 11 月 10 日至 2028 年 5 月 27 日。主要工程量:隧道 0.48 座 9934 延长米、平导 10418.19 米、斜井 3205 米、路基 95.869 米。2022 年完成产值 24473 万元,开工累计完成产值 49158 万元。

新建川藏铁路雅安至林芝段 CZXZZQ－15 标段工程　位于西藏自治区昌都市,全长 41.729 千米。合同投资 916834 万元。合同工期 2020 年 12 月 1 日至 2032 年 11 月 30 日。主要工程量:隧道(0.8＋1＋0.4)座 38383 延长米,横洞 7066 延长米,斜井 2265 米,桥梁 3 座 1450.7 延长米,区间路基 118 米,车站 1 座,无砟道床 74.857 千米。2022 年完成产值 86138 万元,开工累计完成产值 103840 万元。

新建北京至雄安新区至商丘高速铁路 XSZQ－4 标段工程　位于河北省沧州市、衡水市,长 39.3 千米。合同投资 234745 万元。合同工期 2022 年 9 月 28 日至 2026 年 9 月 24 日。主要工程量:特大桥 2 座 37.8 延长米,路基 1.5 千米,预制梁场 1 座,拌和站 2 座。2022 年完成产值 3216 万元,开工累计完成产值 3216 万元。

新建雄安新区至忻州高速铁路河北段站前四标段工程　位于河北省保定市,长 30.99 千米。合同投资 321849 万元。合同工期 2022 年 10 月 4 日至 2027 年 3 月 31 日。主要工程量:桥梁 25 座 17.13 延长米,桥涵 14 座,隧道 7 座 7.58 延长米,路基 6.29 千米,土石方 289 万立方米,无砟轨道 61.673 千米,梁场 1 处。2022 年完成产值 2881 万元,开工累计完成产值 2881 万元。

重庆至万州高铁站前 2 标段工程　位于重庆市忠县,全长 33.44 千米。合同额 34.02 亿元。合同工期 2022 年 11 月 1 日至 2027 年 4 月 30 日。主要工程量:隧道 6 座 21.69 延长米,桥梁 17 座 7.93 延长米,区间路基 14 段 1.99 千米,土石方 77.5 万立方米;站场路基 1.78 千米,土石方 372.9 万立方米;梁场 1 座,无砟道床 67.86 千米。2022 年完成产值 2866 万元,开工累计完成产值 2866 万元。

新建成都至达州至万州铁路站前工程 CDWZQ－14 标段　位于四川省达州市,长 31.905 千米。合同投资 294515 万元。合同工期 2022 年 10 月 1 日至 2027 年 9 月 30 日。主要工程量:路基 34 段 5.425 千米,桥梁 32 座 11.167 延长米,隧道 12 座 15.312 延长米,框架涵 14 座,预制箱梁 168 榀,无砟道床 63.810 千米。2022 年完成产值 8572.55 万元,开工累计完成产值 26742 万元。

新建西宁至成都铁路(甘青段)站前工程 XCTJ12 标段　位于青海省海东市,长 23.199 千米。合同投资 343788 万元。合同工期 2022 年 10 月 26 日至 2029 年 10 月 25 日。主要工程量:站场路基 2 段 617.56 米,桥梁 1 座 632.44 延长米,隧道 1.5 座 21.949 延长米,无砟道床 43.35 千米,化隆车站。2022 年完成产值 2898 万元,开工累计完成产值 2898 万元。

新建大理至瑞丽铁路怒江至龙陵段站前工程土建 1 标段　位于云南省保山市施甸县、龙陵县,长 6.927 千米。合同投资 158151 万元。合同工期 2014 年 11 月 5 日至 2023 年 12 月 31 日。主要工程量:怒江特大桥 1 座 1024.2 延长米;高黎贡山隧道正线 5891 延长米,平行导洞 6130 延长米;怒江车站(现更名为惠通站)。2022 年完成产值 4331 万元,开工累计完成产值 169052 万元。

新疆引额供水二期输水工程双三标段　位于新疆

维吾尔自治区昌吉回族自治州奇台县。合同投资43597万元。合同工期2016年12月1日至2021年12月31日。主要工程量:支洞1059延长米。2022年完成产值300万元,开工累计完成产值36660万元。

新建南昌经景德镇至黄山铁路站前工程CJHZQJX－1标段　位于景德镇浮梁县,全长37.025千米。合同投资228862万元。合同工期2018年12月26日至2023年4月30日。主要工程量:车站1座;正线路基6.768千米,桥梁24座14.578延长米;隧道9座15.679延长米;箱梁预制场1个,无砟道床正线铺轨72.8千米、站线铺轨1.316千米,桥面系14508.12延长米。2022年完成产值46950万元,开工累计完成产值218350万元。

新建汉中至巴中至南充铁路南充至巴中段站前工程施工总价承包　位于四川省东北部南充市至巴中市间,正线长27.893千米。合同投资199836万元。合同工期2019年12月20日至2023年1月20日。主要工程量:路基9.349千米,隧道9座9281.71延长米,桥梁27座9366.55延长米,涵洞30座836.1横延米,站场1处,无砟道床13.18千米,有砟道床14.71千米。2022年完成产值51376.9万元,开工累计完成产值195210万元。

成昆铁路峨眉至米易段扩能改建工程　位于四川省乐山市,长26.672千米。合同投资196315万元。合同工期2016年4月1日至2020年11月30日。主要工程量:桥梁3座537.9延长米,隧道4座26151.6延长米,无砟道床41.556千米。2022年完成产值346万元,开工累计完成产值239134万元。

引绰济辽工程输水工程隧洞段施工五标段　位于内蒙古自治区兴安盟扎赉特旗音德尔镇上游,长46.49千米。合同投资145343万元。合同工期2018年9月1日至2023年4月30日。主要工程量:钻爆法施工9553.37米,TBM掘进段长36937.52米。2022年完成产值21306万元,开工累计完成产值82147万元。

（李立辉）

【境外工程】　迪拜蓝天酒店项目　位于阿拉伯联合酋长国迪拜玛瑞纳。占地面积3662平方米,建筑面积101945平方米,建筑檐高366.5米。合同投资17575万美元。合同工期2020年5月27日至2023年7月27日。2022年完成产值6030万美元,开工累计完成产值10629万美元。

沙特阿拉伯朱拜尔TS－8高速公路项目　位于沙特阿拉伯王国东部省朱拜尔市,长16.835千米。合同投资1.13亿美元。合同工期2018年4月9日至2023年7月1日。主要工程量:路基工程,桥梁工程,预制拱涵,涵洞,管道保护涵,排水渠,电力通信等设施。2022年完成产值1650万美元,开工累计完成产值10105万美元。

几内亚马西铁路金迪亚隧道项目　位于几内亚马瑞巴亚港至西芒杜矿区,金迪亚隧道长11.62千米。合同投资2.83亿美元。合同工期2021年3月1日至2024年2月2日。主要工程量:隧道正洞、斜井3个,竖井4个。2022年完成产值5984万美元,开工累计完成产值7126万美元。

缅甸达拉大桥项目　位于缅甸仰光市。合同投资5780万美元。合同工期39个月,开工日期2019年5月27日。主要工程量:主桥基础钻孔桩46根;主桥塔柱高139.08米,主桥梁梁高1.73～2.55米不等。2022年完成产值1048万美元,开工累计完成产值3093万美元。

（李志敏）

【经营管理】　工程承揽。新签合同452项,合同额2008.5亿元。完成股份公司下达年度计划1700亿元的118.15%,同比增长238.21亿元,增幅13.5%。总产值858.61亿元,同比增幅9.66%。其中,施工产值818.59亿元、物资贸易12.32亿元、房地产22.49亿元、工业产值3.21亿元、勘察设计1.42亿元、其他产值0.58亿元。

企业管理。完善机构管理制度,优化机构职能设置。印发并实施《中铁十八局集团有限公司“十四五”发展战略与规划》,贯彻落实集团“1664”发展战略,4家单位5个项目入选股份公司20强,完成3期《三级公司主要经济指标季度统计表》,编制4期工程公司建设通报。制定《培育“专精特新”企业实施办法》,泵业公司被列入2022年第二批河北省“专精特新”企业,环保科技公司获天津市创新型中小企业。推进交通强国智慧建造试点任务,资质晋升,成为全国唯一“五特七甲”建筑法人企业。开展改革三年行动,开展“控股不控股权”问题专项整治等行动。梁场认证工作有效推进,持续做好征信管理工作。完成天津市第28届成果申报,其中一等奖1篇、二等奖5篇。完成天津市第29届成果申报,申报4篇。持续保持全国水利信用评价AAA级(最高级)、全国建筑业企业AAA级(最高级)、天津市诚信企业和天津市百强企业,2人获评天津市优秀项目经理。

安全质量管理。推进风险分级管控和隐患排查治理,推动安全标准工地创建活动的开展。6个项目获中铁建2021年度安全标准工地(车间)称号,五公司珠江三角洲水资源配置A5标获评全国建设工程项目施工工地安全生产标准化学习交流项目。开展基础业务轮训,组织各类安全管理人员培训教育,开展“安全生产月”活动。健全应急管理体系,完善应急管理制度,安全生产预警信息45次、安全生产信息4次,开展各类情况的应急演练,主动参与属地应急抢险任务41次。

完善质量管理制度,压实质量管理主体责任。开展工程创优及QC小组活动,组织1365名人员参加质量管理培训,举办质量管理知识竞赛。获国家优质工程3项,全国工程建设优秀QC小组成果43项,省部、市级优质工程19项,优质结构工程13项,铁建杯优质工程14项;省市级优秀QC小组成果103项。集团公司获得天津市质量管理小组活动先进企业。

财务管理。完善管理制度,制定下发《关于规范印花税管理的通知》等文件。组织开展综合治理专项行动,组建47个抽查验收小组开展全面自查工作。坚守“无预算不开支、无预算不投资”的原则,严控预算外经济行为。全年集中资金35.9亿元,调剂资金峰值27.4亿元,节约财务费用1.05亿元。开展“大数据环境下建筑企业税务风险预警管理系统”课题研究,建立税务风险预警管理模型。召开“双清”暨减负债专题工作会,累计回收重难点债权67亿元,累计确权重难点合同资产27.5亿元。利用税收优惠政策,减免企业所得税9471.23万元,其中,高新技术企业减免2905.19万元,研发费加计扣除减免7037.03万元,西部大开发减免288.1万元,残疾人加计扣除减免126.76万元,固定资产一次性扣除减免230.68万元。收到企业所得税退税款2290.74万元。组织参加财务管理案例征集活动,5篇案例获优秀。向中国总会计师协会推荐上报2项科研课题立项。举办职称培训活动,高级职称人员比例提升到25.08%,持续优化财务人员职称结构。

经济管理。责任成本管理。坚持标前测算和责任预算双重预控,分专业编制成本预控指导意见,签订项目间接费包干责任书,完成责任成本管理实验课题,修订分析模板,总结经典案例,编制成本管理经验交流材料,践行创效理念,先期下达临时工程责任成本。二次经营管理。帮扶项目科学开展前期策划,提高工程项目变更索赔成效,实施重大事项挂牌督办,上下联动,落实目标管理,落实重点项目包保责任清单,编制收集二次经营政策性文件和典型案例,及时考核兑现。亏损治理管理。建立负面清单,深入督导帮扶,切实问责追责,实时预警监控,制定专项方案,化解亏损风险。分包管理。完善合同范本,实行合同外计价“联签背书”。工程项目绩效考核管理。完善绩效考核激励约束机制,推进工程项目绩效考核工作。定额造价管理。推进项目造价课题和成果有序转化并完善造价标准的合理性;参与国家铁路局和国铁集团等重大造价标准和课题的评审工作。

投资运营。2022年,投融资板块及产业协同带动施工新签合同19项,新签合同额512.78亿元,营业收入58.02亿元,完成年度计划的100.68%;房地产板块新签合同8项,土地出让金额38.9亿元,净利润1.44亿元,完成年度计划的100%;固定资产板块项目投资284万元,完成年度计划投资61.21%。嵊州市片区综合开发项目完工11个单项,开工累计完成产值14.8亿元,完成9个单项的回购,开工累计回款7.93亿元;遂宁桃花山片区综合开发项目,开工7个单项,完成1个单项回购,累计回款943万元。

审计监督。完成内部审计项目124个。其中,经济责任审计41个、财务收支及经济效益审计20个、工程项目竣工审计34个、工程项目审计13个、财务决算审签5个、专项审计调查1个、绩效考核复核审计7个,专项业务审计3个,提交审计报告123份,审计发现问题574个,提出审计建议528条均被采纳,发现问题金额115738万元,挽回或避免损失16673.7万元,促进增收节支68万元。 (李秀云)

【科技创新】 2022年,着力“提质增效”“破题”型课题研发,获省部级科技进步奖17项,获股份公司及各类协会科技进步奖20项;获省部级工法26部;获批参编标准12部,颁布参编技术标准12部;获授权专利365件,其中中国发明专利80件、国外专利10件;获批软件著作权66件;获批国家重点研发计划4项(参与)、省部级课题2项(1项主持子课题、1项参与)、股份公司B类课题2项(参与);组织科技成果评价14项,其中达国际领先水平2项、国际先进水平12项。

(王立川)

【党群工作】 党的工作。各级党组织738个,其中党委35个、党总支38个、党支部665个。党员7577人,其中新发展党员223人、转出离退休党员246人。加强党的领导。组织“第一议题”学习42项,党委专项学习中心组集体学习20次、开展专题研讨6次,印发《关于举办学习贯彻党的二十大精神网络培训班的通知》,组织党员干部参加国务院国资委网络培训班,坚决捍卫“两个确立”,不断增强“四个意识”、坚定“四个自信”、做到“两个维护”,健全完善“三重一大”决策制度和事项清单。提升党建质量。完成党委换届选举及党建工作责任制考核。集团公司获股份公司2021年党建责任制考核“优秀”等级,集团公司党委领导班子获评股份公司2021年度“四好”领导班子,1个党支部获“中铁建第三批示范党支部”称号,制作《使命担当》党建专题片。提升落实组织生活会、“三会一课”、民主评议党员等制度质量效果。深化“两强一促”活动,评选表彰“强引领创效创新班子”13个、“强基础执行实干标兵”10名、“促攻坚担当作为先锋”10名。开展“创先争优”“岗手号队”“联创联建”活动,“党建引领科技创新,TBM赋能企业高质量发展”案例获工程建设企业党建工作最佳案例,集团公司获“工程建设行业党建工作示范单位”称号。修订印发《集团公司领导班子成员联系点工作实施办法》。组织开展“喜迎二十大　献礼党代会　奋进十四五”、“四好”领导班子、“两强一促”、“两优一先”表彰大会暨道德讲堂活动。制定印发《集团公司党支部评价定级创建晋升实施细则(试行)》《关于进一步加强集团公司川藏铁路项目党建工作的实施意见》。投入职教经费2280万元,举办(送培)各类培训班723期,培训员工1.6万人次。组织中国铁建“党建大讲堂”学习5次。1人获中施企协科学技术杰出成就奖,1人获茅以升铁道工程师奖、1人获茅以升建造师奖。纵深推进从严治党。出台《所属工程公司项目纪检监督实施办法》,压实项目纪检监督责任。实施总部“挂图作战”和“限时办结制”。落实党委违规挂靠专项巡视反馈意见整改任务,制定整改措施23条。开展党委常规巡察及“回头看”、提级巡察、专项巡察等工作,巡察监督单位(项目)24个,发现问题305个,移交问题线索20条,提出整改建议93条。2022年,立案48件,结案44件,处分66人。组织召开集团公司党委常委(扩大)会议19次,研究审议“三重一大”事项223项;印发《中铁十八局集团党委落实全面从严治党主体责任清单》等文件通知。形成重点任务督办清单,健全完善保密工作制度办法,完成各项帮扶任务,助力做好乡村振兴。编发《政工信息》32期,获股份公司“政工情况”考核总分第一。

宣传工作。组织集体学习16次,其中专题研讨5次。制定以“喜迎二十大　献礼党代会　奋进十四五”为主题的“六个一”宣传活动。开展“诚信兴商、央企先行”活动,2人获“天津敬业奉献好人”称号。2篇政研课题入选“中国铁建政研会2021—2022年度课题”评选,拟定重点研究课题20个,编发《中铁工人报》12期、《企业政工》4期。累计开展宣讲活动141次。完成发展史馆数字化改造及企业宣传片制作,集团公司企业发展史馆获中国铁建首批“爱国主义教育基地”;开展“学习二十大　喜迎党代会　红色故事我来讲”主题活动暨“中国铁建爱国主义教育基地”揭牌仪式;组织第五届中央企业优秀故事创作展示活动;《企业同心圆文化体系构建与实施创新成果》获天津市企业管理现代化创新成果二等奖,五公司“老虎团”文化成果获文化强企优秀案例二等奖、企业文化实践创新成果二等奖。2022年,在省级以上媒体刊发各类新闻1000余篇,其中,央视《新闻联播》22条,考核排名位居股份公司系统第一。累计在省部级以上官方新媒体平台刊发或参与刊发作品532余条,在股份公司“两微一抖”刊发作品224余条,在股份公司网站刊发稿件370篇。持续宣贯舆情管理“三级防控”、“四步流程”及“信用中国”、防控“三抓实”理念,有序开展“文明沟通专项行动”。

廉洁文化建设。开展以“责任能力并重　自律他律并进”为主题的反腐倡廉宣传教育月活动,讲授廉洁党课363场,举办讲座66场,开展知识竞赛55场。连续5年编印《“知畏知止”系列案例警示教育》书面材料,以案释纪说法。印发《关于进一步加强作风建设　严禁酒后驾车的通知》,通报典型案例,增强纪法意识。联合相关参建单位,举办“共守廉洁初心　联建优质工程”廉洁工程联创共建暨廉洁文化示范点创建启动会议,协同发展。

工会工作。下辖子分公司工会组织16个、区域指挥部工会组织10个、工程指挥部(项目部)工会组织18个,总部机关工会组织1个。专职工会干部97人,兼职543人,会员21056人。投入工会经费1434.66万元,完成2022年春节、中秋福利发放工作。组织开展对退休前职工“五个一”关爱活动,累计支出43.3万元。开展15项重点课题调查研究,全总信息质量系数排名第1,获评2022年度全国工会信息工作成绩优异单位。《政工信息》推送工会信息专刊17期。市政公司《“步步为赢、网上练兵”创新特色培训“OMO”》获中铁建工会“十佳”特色工作。进行“三比三看”督查,大力推进劳动竞赛、“五小”创新活动、建家建线、职工普惠制福利等重点工作落实。完成7家单位工会经费(含专项资金)预算执行情况审计、1家单位原工会主席任期经济责任审计、5家单位工会财务检查。下发审计意见书8份,发现问题20项,提出合理性建议21条。开展“强国复兴有我”群众性主题活动。召开集团公司工会四届二次全委(扩大)会、女工委四届二次全委(扩大)会议、集团公司五届一次职代会。投入建家建线专项帮扶资金867.29万元。集团公司微信公众号平台获2022年全国“网聚职工正能量　争做中国好网民”网络正能量新媒体“企业/社会组织工会十佳账号”第二名。1人被铁总体协表彰,2人被股份体协表彰,五公司获股份公司体育工作先进单位。制定“安康杯”竞赛实施方案,开展“双创双争”劳动竞赛活动,《追光前行　筑梦时代》劳动竞赛视频短片获全国总工会“喜迎二十大　建功新时代”劳动和技能竞赛短视频展示一等奖,举办遂宁市建筑行业职业技能大赛。获全国工人先锋号1个,全国“安康杯”竞赛优秀组织单位1个,全国安康杯优胜单位1个,第十七届全国职工职业道德建设先进个人1人;获西藏自治区五一劳动奖状1个,天津市五一劳动奖章6个,省部级工人先锋号5个,省部级火车头奖杯1个、火车头奖章3个、重庆市劳动竞赛优秀班组1个,天津市“安康杯”竞赛优胜单位2个,优秀组织个人1个。推动建立8个劳模创新工作室,培育3家示范性劳模创新工作室;收到职工“五小成果”59项,表彰推广优秀成果20项。举办第九届班组安全建设展示评比活动,集团公司获全国“安康杯”竞赛活动优秀组织单位。集团公司代表队获中国铁建“学法向未来”法律知识竞赛团体第一名,并代表股份公司参加中华全国铁路总工会“学法向未来”法律知识竞赛,获团体一等奖。开展“送清凉”、发放助学金、慰问新考入高校职工子女等活动。累计投入“三不让”经费166.75万元、“送温暖”资金393.77万元、“金秋助学”资金27.35万元。举办心理健康讲座8场,团体辅导活动4场。女职工权益保护相关条款修订,建立女职工人才数据库和推优数据库12个,累计举办青年联谊活动11场次。一公司吴建侠获评全国五一巾帼标兵,中铁凯博运营管理天津分公司被授予“全国铁路先进女职工集体”称号,五公司刘慧军家庭获评全国第十三届五好家庭。建成女劳模(先进)创新工作室9个。开展读书征文、圆梦“微心愿”、青年职工联谊、走进一线职工主题实践、“幸福家庭”建设等活动。

共青团工作。制定并印发《关于加强党建带团建工作的意见》。开展第七届“十大杰出青年”第一届“十佳青年技术能手”评选活动。三公司川藏铁路3标项目部青年团队获全国铁路青年科技创新奖,三公司袁普勇获全国铁路尼红奖章和“全国铁路青年岗位能手”称号。建安公司天津项目管理部获“天津市青年文明号”称号,市政公司团委获“天津市五四红旗团委”称号,五公司天津地铁8号线项目部团支部获“天津市五四红旗团支部”称号。1人获“全国青年岗位能手”称号。承办天津市“振兴杯”暨中国铁建“青创杯”活动;举办青年精神素养提升工程部署会暨第一期青年马克思主义者培养工程培训班、集团公司学习贯彻党的二十大精神“青马工程”学员暨团干部培训班。举办青年联谊及第四届集体婚礼。　(李秀云)

【第一工程有限公司】　拥有铁路、水利水电工程施工总承包二级,隧道、桥梁、公路路基工程专业承包一级资质。前身系中国人民解放军铁道兵第八师第三十六团;1984年1月集体转业,改编为铁道部第十八工程局第一工程处;1999年9月,改称中铁第十八工程局第一工程处;2001年8月,企业改制称现名。驻河北省涿州市冠云西路86号。党委书记、执行董事张有飞,副总经理(主持经理层工作)惠武平。职工2660人。资产总额452169万元。其中,固定资产原值111847万元、净值33537万元,流动资产367050万元,其他资产51582万元。设备1276台(套)。设备总功率147321.50千瓦,技术装备率11.44万元/人,动力装备率80.64千瓦/人,设备完好率88%、利用率85%,机械化施工程度90%以上。

2022年,新签合同额182.89亿元,营业收入72亿元,利润8740万元,职工年人均收入113275元,资产负债率82.36%,资产保值增值率110.65%,净资产收益率10.11%,产值利润率1.3%,应上缴款完成率100%。　(张　鹏)

【第二工程有限公司】　拥有公路工程施工总承包特级,铁路、市政公用工程总承包一级,电力工程施工总承包二级,建筑工程施工总承包三级,桥梁、隧道、铁路铺轨架梁、地基与基础工程专业承包一级,钢结构工程专业承包三级资质;承装(修、试)电力设施(承装类四级、承修类四级)许可证。驻河北省唐山市丰润区光华道28号。前身系中国人民解放军铁道兵第八师三十七团,组建于1948年2月;1984年集体转业,改称为铁道部第十八工程局第二工程处;2000年,归并中央企业工委,更名为中铁十八工程局第二工程处;2001年10月,企业改制称现名。执行董事、党委书记尹黔,总经理袁旺小。职工2058人。资产总额536456.19万元。其中,固定资产原值68944.45万元、净值25749.53万元,流动资产433185.61万元,其他资产77521.05万元。机械设备594台(套)。设备原值26738.3万元、净值12181.8万元,总功率74986千瓦,完好率 87.4%、利用率 84.1%；技术装备率 6.08 万元/人，动力装备率 37.4 千瓦/人，机械化施工程度 90%以上，年施工能力 80 亿元以上。

2022 年，新签合同额 3884500 万元，总产值 905673 万元，其中施工产值 905064 万元；利润 8862.42 万元；资产负债率 88.62%，资产保值增值率 107.25%，净资产收益率 12.28%，产值利润率 1.25%，应上缴款完成率 100%。（许燕宁）

【第三工程有限公司】 拥有公路、铁路、市政公用工程施工总承包一级，隧道、桥梁、公路路基专业承包一级，水利水电施工总承包二级，建筑工程施工总承包三级，不分专业施工劳务不分等级，公路路面、输变电工程专业承包二级资质；同时拥有国家计量认证资质，交通部综合试验乙级、测绘乙级、爆破作业单位许可（营业性）四级资质。前身系中国人民解放军铁道兵第八师三十八团，1984 年 1 月，集体转业，改编为铁道部第十八工程局第三工程处；1999 年 9 月，改为中铁第十八工程局第三工程处；2001 年 10 月，改称现名。驻河北省涿州市冠云路。执行董事、党委书记刘术臣，总经理苏睿。职工 2545 人。资产总额 742109.99 万元。其中，固定资产原值 121507.58 万元、净值 43317.14 万元，流动资产 663253.86 万元，无形资产 3179.68 万元，其他资产 32359.31 万元。机械设备 890 台（套）。设备原值 47000 万元、净值 12100 万元，总功率 13.16 万千瓦，完好率 83.34%，利用率 76%；动力装备率 51.47 千瓦/人，技术装备率 8.17 万元 /人。综合机械化程度 90%以上，年施工能力 84 亿元以上。

2022 年，总投资 2025589.41 万元，总产值 935046 万元。其中，施工产值 924929 万元、工业产值 10117 万元。利润 9598.64 万元，人均创利 3.84 万元，职工人均收入 18.33 万元 /年。国有资产保值增值率 107.39%，净资产收益率 14.72%，产值利润率 1.14%，投资回报率 1.33%，资产负债率 91.85%，应上缴款完成率 100%。（梁淑芳）

【第四工程有限公司】 拥有市政公用、房屋建筑工程施工总承包一级，钢结构、建筑装饰装修工程专业承包一级，建筑机电安装、环保工程专业承包三级，施工劳务不分等级，房地产开发二级，测绘航空摄影、工程测量乙级资质。驻天津市双港高科技产业园丽港园 33 号。2005 年 3 月，由原集团公司津滨指挥部、技工学校、子弟学校、幼儿园合并成立；4 月，原集团建筑工程公司撤销其下属部分项目（单位）和人员划归四公司；2006 年 11 月，注册地汉沽区新开中路；2013 年 10 月，由汉沽迁至现址；2015 年 11 月，六公司整体并入四公司。执行董事刘晏斌，总经理吴利民（12 月任），党委书记刘晏斌。职工 2654 人。资产总额 961682.62 万元。其中，固定资产原值 145183.54 万元、净值 55804.78 万元，流动资产 830501.59 万元，其他资产 75376.25 万元。机械运输设备 1048 台（套）。设备原值 51256.09 万元、净值 17960.06 万元，总功率 108297.5 千瓦，动力装备率 52.73 千瓦/人，技术装备率 8.74 万元/人。年施工能力 100 亿元以上。

2022 年，新签合同额 145.83 亿元，总产值 109.16 亿元。其中，施工产值 109.16 亿元，净利润 4811.37 万元。职工年人均收入 12.3 万元。国有资产保值增值率 115.29%，净资产收益率 11.79%，资产负债率 94.9%，应上缴款完成率 100%。（褚燕岚）

【第五工程有限公司】 拥有市政公用、建筑、公路工程施工总承包一级，铁路工程施工总承包二级，桥梁、隧道、公路路基、公路路面工程专业承包一级，预拌混凝土专业承包不分等级资质。前身系 1965 年、1970 年组建的铁道兵第十四师六十八团、七十团；1981 年 2 月，撤编为铁道兵第八师四十团；1983 年 10 月，集体转业，改编为铁道部第十八工程局第五工程处；2001 年 10 月，企业改制称为现名。驻天津滨海高新区塘沽海洋科技园新北路 3199 号。董事长、党委书记曹文权，党委副书记、副总经理（主持经理层工作）郝永杰。职工 3675 人。资产总额 104.76 亿元。其中，固定资产原值 15.09 亿元、净值 4.83 亿元，流动资产 91.98 亿元，其他资产 7.14 亿元。机械运输设备 1853 台（套）。设备原值 9.64 亿元、净值 3.24 亿元，总功率 166413 千瓦，完好率 95%，利用率 80%。动力装备率 68.06 千瓦/人，技术装备率 13.77 万元 /人。综合机械化施工程度 95%，年施工生产能力 100 亿元以上。

2022 年，新签合同额 249.39 亿元，施工产值 155.04 亿元，净利润 2.2 亿元，职工年人均收入 13.19 万元。国有资产保值增值率 106.68%，净资产收益率 6.56%，上交款完成率 100%。（潘桥敏）

【隧道工程有限公司】 拥有市政公用工程施工总承包一级，桥梁、隧道工程专业承包二级，建筑工程总承包三级资质。前身系西安南京铁路桃花铺隧道工程指挥部；2002 年，TBM 工程公司与西北公司合并成立隧道工程公司；2011 年，与上海公司整合重组改为现名。注册地为重庆市渝北区龙兴镇。执行董事胡恒千，党委副书记、总经理张春瑜。职工 1825 人。资产总额 900619 万元。其中，固定资产原值 284319 万元、净值 99870 万元，流动资产 659766 万元，非流动资产 140983 万元。机械设备 1691 台（套）。设备原值 29.26 亿元、净值 15.52 亿元，完好率 90%，利用率 92%，总功率 473696 千瓦，技术装备率 143.85 万元/人，动力装备率 439.01 千瓦/人，机械化施工程度 90% 以上，年施工能力 50 亿元以上。

2022 年，新签合同额 108.87 亿元，施工产值 584004 万元，净利润 1644 万元，人均创利 7832 元，职工年人均收入 11.94 万元。国有资产保值增值率 108.03%，净资产收益率 4.25%，产值利润率 0.28%，投资回报率 2.83%，应上缴款完成率 100%。

（彭　鑫）

【市政工程有限公司】 拥有市政公用工程施工总承包一级，建筑工程施工总承包二级，石油化工工程施工总承包三级资质。2011 年 6 月，由原华南工程公司与福建工程公司整合成立原轨道交通工程有限公司；2015 年 11 月，与集团公司原北京地铁指挥部整合重组为新的轨道交通工程有限公司；2018 年 10 月，更为现名。驻天津市津南区中铁十八局集团东区。党委书记、执行董事陈典华，副总经理（主持经理层工作）吴颖宁。职工 1450 人。资产总额 342903 万元。其中，固定资产原值 90724 万元、净值 17675 万元，流动资产 266235 万元，其他资产 58993 万元。机械设备 781 台（套）。设备原值 66763.57 万元、净值 12513.72 万元，总功率 90414.47 千瓦，完好率 87%，利用率 86%，技术装备率 12.37 万元/人，动力装备率 89.34 千瓦/人，年施工能力 58.2 亿元。

2022 年，新签合同额 120.39 亿元，营业收入 40.8 亿元，净利润 6314 万元，职工年人均收入 14.12 万元，资产负债率 80.59%，资产保值增值率 100.05%，净资产收益率 9.48%，产值利润率 1.69%，应上缴款完成率 100%。（王　蕊　刘广容　李云生）

【建筑安装工程有限公司】 拥有市政公用、建筑、机电工程施工总承包一级，电力、石油化工工程施工总承包二级，钢结构工程专业承包一级，建筑幕墙、建筑装修装饰工程专业承包二级，铁路电务、铁路电气化、地基基础工程专业承包三级资质；锅炉安装、修理、改造和压力管道安装特种设备施工许可资质。驻天津市自贸试验区中环西路 285 号。前身系始建于 1985 年的中国人民解放军第八师后勤部所属专业建筑安装队伍，全称为铁道部第十八局高碑店建筑安装工程公司；1993 年，并入铁道部第十八工程局第四工程处；1998 年 7 月，从四处脱离，更名铁道部第十八工程局建筑安装工程处；1999 年 12 月，更名为中铁第十八工程局建筑安装工程处；2001 年 4 月，改制称现名。执行董事、总经理李伟，党委书记张建友。职工 1274 人。资产总额 33.29 亿元。其中，固定资产原值 2.64 亿元、净值 1.34 亿元，流动资产 30.91 亿元，其他资产 1.04 亿元。机械运输设备 719 台（套）。设备原值 6970.25 万元、净值 2824.13 万元，成新率 70%，总功率 25634 千瓦，完好率 90%、利用率 95%，技术装备率 3.63 万元/人，动力装备率 37.21 千瓦/人，机械化施工程度 90% 以上。年施工生产能力 60 亿元以上。

2022 年，承揽工程 177.56 亿元，总产值 63.7 亿元，其中施工产值 63.7 亿元。人均创利 5.87 万元，职工年人均收入 13.55 万元；国有资产保值增值率 107.33%，资产负债率 88.37%，净资产收益率 19.60%，产值利润率 1.09%，应上缴款完成率 100%。

（胡国华　谭宇华　张　贤）

【北京工程有限公司】 拥有建筑工程施工总承包一级，市政公用工程施工总承包二级，建筑装修装饰、建筑机电安装工程专业承包一级，公路路基工程专业承包二级资质。前身系由原铁道兵第八师在京担负建筑施工任务的骨干队伍组建而成的一支具有综合建筑作业能力的施工企业；2001 年 10 月，改制为北京中铁大都工程有限公司；2019 年 10 月，更名为现名。驻北京市大兴区西红门镇欣荣北大街 31 号。党委书记、执行董事李仆，总经理韩正伟。职工 689 人。资产总额 242112.24 万元。其中，固定资产原值 27453.55 万元、净值 13817.03 万元，流动资产 223239.40 万元，其他资产 5055.81 万元。机械设备总量 67 台（套）。设备原值 1597.16 万元、净值 490.36 万元，总功率 7762 千瓦，完好率 100%，利用率 100%，动力装备率 15.52 千瓦/人，技术装备率 0.98 万元/人，机械化施工程度 90%。年施工能力 46 亿元。

2022 年，承揽总额 125.25 亿元，施工产值 460390 万元，营业收入 342224 万元，实现利润 6072 万元。职工人均年收入 14.53 万元，资产负债率 83.45%，资产保值增值率 108.71%，净资产收益率 11.36%，产值利润率 1.78%，应上缴款完成率 82.02%。（贾　靖）

【产业发展公司】 拥有房地产开发一级资质，具备中铁建“房地产主业”资格，主营业务有房地产开发经营、土地开发利用、房屋拆迁服务、城市建设和基础设施建设、企业管理咨询、物业服务管理等领域。前身系中铁十八局集团投资开发管理中心,2010 年 5 月成立;2021 年 9 月,更名为现名。注册地天津市双港镇津沽路北海军仓库南。执行董事、总经理翟岩,党委书记金文红。职工 195 人。资产总额 945697 万元。其中,固定资产原值 4546 万元、净值 2580 万元,流动资产 851178 万元。

2022 年,营业收入 246913 万元,净利润 20148 万元,同比增长 13.04%,职工年人均收入 19.08 万元,应上缴款完成率 100%。 (韩 娟 丁舒涵 刘维焱)

【物资贸易有限公司】 中铁十八局全资成立的集物资批发、零售、机械设备租赁、工业产品加工、招标服务于一体的专业化子公司,2015 年成立。驻天津市空港经济区中环西路。执行董事、总经理张文选,党委书记王永福。职工 134 人。资产总额 220861.3 万元。其中,固定资产原值 1073.9 万元、净值 470 万元,流动资产 120044.3 万元,非流动资产 100347.0 万元。

2022 年,新签合同额 161350.8 万元,产值 127990.8 万元,净利润 106.3 万元。职工年人均收入 11.28 万元。国有资产保值增值率 101.84%,净资产收益率 1.85%,资产负债率 97.42%,应上缴款完成率 352.63%。 (曹国龙 唐彩红)

【环保科技工程公司】 拥有建筑工程施工、市政公用总承包三级资质。主营竹基复合材料、纤维增强覆面木基复合板和宾馆产业,2019 年 1 月成立,注册资本金 2 亿元。前身系中铁十八局集团竹缠绕产业指挥部。驻天津市蓟州区京津州河科技产业园。执行董事、总经理、党委书记王国友。职工 105 人。资产总额 20809 万元。其中,固定资产原值 5354 万元、净值 4010 万元,流动资产 14498 万元,非流动资产 6311 万元。竹缠绕管道生产线 4 条,竹缠绕管廊生产线 1 条,年产值 2.5 亿元。

2022 年,营业收入 2316 万元,净利润 170 万元。净资产收益率 2.27%,产值利润率 7.72%,投资回报率 1.65%,资产负债率 19.4%,应上缴款完成率 100%。 (杨小刚 郭惊雷)

【中铁检测公司】 拥有国家检验检测机构资质认定,交通运输部公路工程综合、水利工程质量检测机构岩土工程类、混凝土工程类乙级,建设工程质量检测机构资质,主体结构工程现场检测、见证取样检测资质。前身系铁道部第十八工程局中心试验室、计量测试中心,中铁十八局集团有限公司工程检测中心;2005 年,注册成立天津中铁工程检测有限责任公司;2021 年 8 月,改称现名,注册资本金 5100 万元。驻天津市东丽区空港经济区中环西路 285 号。执行董事、党委书记杜卫军。职工 91 人。资产总额 5473.6 万元。其中,固定资产原值 1977.9 万元、净值 336.3 万元,流动资产 5039 万元,非流动资产 661 万元。

2022 年,试验检测板块任务承揽 42 项,新签合同额 2.51 亿元,产值 5584.63 万元,营业收入 4821 万元。 (曲玲玲)

【南方公司】 拥有市政公用及建筑工程施工总承包一级,水利水电工程施工总承包三级资质。2017 年 11 月成立,注册资本金 5 亿元。前身系南方一八工程有限公司;2019 年 7 月,变更登记为中铁十八局集团南方工程有限公司;2021 年 9 月,正式实体化运营。驻广东省广州市南沙自贸区。执行董事、总经理曹科,职工 13 人。固定资产净值 3360.44 万元。其中,流动资产 51215.38 万元,非流动资产 7890.02 万元;流动负债总额 57461.23 万元。

2022 年,净利润 1061.67 万元。资产负债率 97.22%。 (刘伟英 宋长涛)

中铁十九局集团有限公司

【简况】 拥有铁路、公路、建筑、市政公用工程 4 个专业 5 项施工总承包特级资质、5 项工程设计行业甲级资质,爆破作业单位许可证(营业性)A 级,同时拥有境外工程承包资质和对外经营权。涉及铁路、公路、轨道交通、矿山、房建、桥梁、隧道、市政、水利水电、机场、港口码头等诸多施工领域。前身系中国人民解放军铁道兵第九师;1984 年 1 月,集体转业并入铁道部,改编为铁道部第十九工程局;1999 年 12 月,改称中铁第十九工程局;2000 年 9 月,划归中央企业工委管理;2001 年 12 月,企业改制改称现名,归属国务院国资委管理。总部驻北京市经济技术开发区荣华南路 19 号,党委书记、董事长、总经理李华伟。下辖第一、第三、第五、第六工程有限公司,广州工程有限公司,电务工程有限公司,轨道交通工程有限公司,矿业投资有限公司,西藏工程有限公司,深圳工程有限公司,华东工程有限公司，房地产开发有限公司，物资有限公司，工程检测有限公司，勘察设计院分公司，置业有限公司，梧桐苑（宁波）置业有限公司17家子分公司；设有东北、华北、西北、中原、华东、华中、西南、华南8个区域指挥部，总部（基地）服务管理中心、项目督导中心、海外事业部（外事办公室、国际建设分公司）、投资开发事业总部4个直属机构。职工15902人。资产总额536.54亿元。其中，固定资产原值96.33亿元、净值31.84亿元，流动资产396.23亿元。单台价值5万元以上设备10243台（套）。设备原值65.93亿元、净值23.49亿元，成新率35.59%，总功率147.7万千瓦，技术装备率14.79万元/人，动力装备率93.05千瓦/人。新签合同478项，总额1225.21亿元，总产值543.58亿元。

2022年，利润总额3.53亿元，净利润2.51亿元，资产负债率84.98%。年初在建项目376项，年底完竣工118项。主要实物工程量：各类土石方81083.12万立方米，桥梁73750延长米，隧道（洞）折合成洞74889延长米，涵渠7941.83横延米，公路路面1217.80万平方米，房建368.83万平方米，制梁10226片，架梁4529孔，铁路铺轨114.92（单线）千米，无砟轨道72.58千米。年内获国家优质工程金奖2项，国家优质工程奖4项，中国建设工程鲁班奖1项，省部级奖项12项，国家级优秀QC小组6个，省部级项目安全荣誉7项，中国专利优秀奖1项，省级科学技术奖2项，参与编制的国家标准颁布实施1项，授权专利457件。（方迎春）

【领导人员】

董事会

董事长	杨哲峰（9月免）
	李华伟（12月任）
职工董事	丰兴桥（11月任）

监事会

监事会主席	任保义（2月免）
职工监事	崔　军
	张　帆

经理层

总经理	李华伟
副总经理	尚尔海
	曲桂有（11月免）
	陈友建
	张文忠
	赵　琦
	李长城
	宋新海
	孙　强
	刘永庆（11月任）
总工程师	尚尔海
总会计师	张文忠

党群领导

党委书记	杨哲峰（9月免）
	李华伟（12月任）
党委副书记	丰兴桥
党委常委、纪委书记	任保义（2月免）
工会主席	丰兴桥

（郭蕊民）

【职工队伍】 职工15902人。在岗职工14433人，其中干部11328人，专业技术干部11143人。专业技术干部中博士研究生1人、硕士研究生161人、大学本科8889人、大学专科1816人、中专160人、高中及以下学历116人；35岁及以下6410人，36～40岁2080人，41～45岁854人，46～50岁1129人，51～54岁470人，55岁及以上200人；正高级职称103人，高级职称1838人，中级职称3422人，初级职称5780人。工人3105人，硕士研究生2人，大学本科458人，大学专科819人，中专、技校618人，高中及以下学历1208人；35岁及以下271人，36～40岁508人，41～45岁857人，46～50岁771人，51～54岁369人，55岁及以上329人；高级技师617人，技师734人。（方迎春）

【区域经营机构】 东北指挥部　驻辽宁省沈阳市。总经理李智。

华北指挥部　驻河北省石家庄市。总经理许相国。

西北指挥部　驻陕西省西安市。总经理孔凡友。

中原指挥部　驻河南省郑州市。总经理张明。

华东指挥部　驻浙江省杭州市。总经理席晓伟。

华中指挥部　驻江苏省南京市。党工委书记姜海涛。

西南指挥部　驻四川省成都市。总经理殷树华。

华南指挥部　驻广东省佛山市。总经理姜长清。

（郭蕊民　刘欣朋）

【工程管理】 年内完成产值543.58亿元，占集团公司年度产值计划577亿元的94.21%，占股份公司年度产值计划572亿元的95.03%，较上年同期多完成12.65亿元，同比增长2.38%。年初在建项目376项，年底完竣工118项，年内保开通项目全部开通交付。

新建西安至安康铁路(陕西境内)站前工程 XKZQ-6标段　位于陕西省安康市,正线23.745千米。合同投资22.3亿元。合同工期2021年7月1日至2026年6月30日。2022年完成施工产值51816万元,开工累计完成产值70910万元。

成达万铁路CDWZQ-10标段工程　位于四川省南充市营山县、蓬安县,长31.945千米。合同投资28.2亿元。合同工期2022年10月1日至2027年9月30日。2022年完成产值8930.14万元,开工累计完成产值8930.14万元。

新建上海至南京至合肥高速铁路沪宁段站前HSZQ-13标段工程　位于江苏省扬州市、南京市,长30.90千米。合同投资30.9亿元。合同工期2022年11月1日至2027年10月31日。2022年完成产值4177万元,开工累计完成产值4177万元。

新建上海经苏州至湖州铁路工程 HSHZQ-3标段　位于江苏省苏州市吴江区,正线29.758千米。合同投资283878.6502万元。合同工期2020年8月1日至2024年7月31日。2022年完成产值107135万元,开工累计完成产值223680万元。

新建郑万铁路襄阳东站呼南高铁通道线路引入同步实施工程　位于湖北省襄阳市,长17.548千米。合同投资97582.3193万元。合同工期2021年1月1日至2022年6月30日。2022年完成施工产值34185万元,开工累计完成产值92470万元。

351国道临海邵家渡至白水洋段改建工程土建施工TJ02标段　位于浙江省台州市、临海市,全长12.862千米。合同投资106710.866万元。合同工期2021年8月27日至2024年8月26日。2022年完成施工产值17256万元,开工累计完成产值17256万元。

新建沈阳至白河高速铁路辽宁段TJ-1标段工程　位于辽宁省抚顺市新宾满族自治县,正线10.294千米。合同投资7.45亿元。合同工期2020年10月20日至2025年4月20日。2022年完成产值35827万元,开工累计完成产值53712万元。

大关至永善高速公路土建工程3标段　位于云南省昭通市永善县,全长15.187千米。合同投资23.15亿元。合同工期2019年4月15日至2022年4月14日。2022年完成产值78968万元,开工累计完成产值248216万元。

昆明(福德立交)至宜良高速公路(昆石复线)工程　位于云南省东南部,全长11.696千米。EPC合同总投资18.86亿元。合同工期2020年7月1日至2024年6月30日。2022年完成产值83100万元,开工累计完成产值183461万元。

S25静宁至天水高速公路庄浪至天水段公路项目TZZB3标段　位于甘肃省天水市,长7.83千米。合同投资5.6亿元。合同工期2020年2月16日至2023年12月31日。2022年完成产值17735.81万元,开工累计完成产值51248.81万元。

遵义国际公馆项目一标段　6栋高层及地下车库、商铺,总建筑面积180793.32平方米。合同投资5亿元。合同工期2020年9月28日至2022年7月30日。2022年完成产值18332.72万元,开工累计完成产值31331.72万元。

青岛地铁2号线二期工程土建06工区　位于山东省青岛市。合同投资62215万元。合同工期2021年12月31日至2025年8月31日。主要工程量:暗挖车站2座。2022年完成产值4430万元,开工累计完成产值4430万元。

岑溪至大新公路玉林至横县段YHTJ4标段工程　位于广西壮族自治区玉林市兴业县,总长8.08千米。合同投资67594万元。合同工期2022年9月16日至2023年12月30日。2022年完成产值40125万元,开工累计完成产值49334万元。

贵州剑河至黎平高速公路TJ-5标段工程　位于贵州省黔东南苗族侗族自治州,长11.2千米。合同投资9.95亿元。合同工期2021年6月30日至2024年1月12日。2022年完成产值45699万元,开工累计完成产值55223万元。

新建南遂潼过境高速公路项目SG2标段工程　位于四川省南充市,全长24.17千米。合同投资14.4亿元。合同工期2021年3月9日至2024年3月6日。2022年完成产值21053万元,开工累计完成产值36649万元。

新建叙永至毕节铁路贵州段站前工程　位于贵州省毕节市,全长36.62千米。合同投资14.5亿元。合同工期2015年12月31日至2021年6月30日。2022年完成施工产值15683万元,开工累计完成产值144343万元。

引绰济辽工程PCCP管线段施工十标段　位于内蒙古自治区通辽市,长22.52千米。合同投资15590万元。合同工期2020年4月20日至2022年12月31日。2022年完成产值4996万元,开工累计完成产值13726万元。

新疆YEGS二期输水工程KSIV标段　位于新疆维吾尔自治区富蕴县,长46.153千米。合同投资17.47亿元,合同工期2017年2月15日至2022年12

月31日。2022年完成施工产值20700万元,开工累计完成产值123961.1万元。

穗莞深城际前海至皇岗口岸段项目总承包四工区皇岗口岸站　位于广东省深圳市福田区,长1.104千米。合同投资28.3亿元。合同工期2021年11月20日至2026年11月19日。2022年完成产值11699万元,开工累计完成产值11699万元。

穗莞深城际轨道交通深圳机场至前海段工程Ⅰ标二工区　位于广东省深圳市,长2.54千米。合同投资17.8亿元,合同工期2020年6月30日至2024年12月31日。2022年完成产值30218万元,开工累计完成产值47583万元。

珠三角城际广佛环线广州南站至白云机场段GF-HD-2标三工区　合同投资10.83亿元。合同工期2017年1月1日至2021年8月31日。2022年完成施工产值11444万元,开工累计完成产值92595万元。

北京地铁17号线工程土建施工11合同段　位于北京市朝阳区建国门外大街与东大桥路。合同投资5.83亿元。合同工期2016年9月1日至2020年12月10日。2022年完成施工产值11354万元,开工累计完成产值62498万元。

东莞市轨道交通1号线一期工程1302-4工区　位于广东省东莞市,总长8538.4米。合同投资211263万元。合同工期2019年8月16日至2024年8月16日。2022年完成产值48423万元,开工累计完成产值128099万元。

上海轨道交通市域线嘉闵线9标土建工程　位于上海市嘉定区南翔镇,单线长3.2千米。合同投资115409万元。合同工期2021年11月24日至2026年3月30日。2022年完成产值860万元,开工累计完成产值860万元。

北京地铁3号线一期工程土建施工02合同段　位于北京市朝阳区,长34.739千米。合同投资12.1亿元。合同工期2015年12月31日至2020年12月31日,业主调整后通车日期为2023年6月28日。2022年完成产值40638万元,开工累计完成产值98314万元。

重庆轨道交通18号线工程土建9标段　位于重庆市大渡口区,全长6460米。合同投资89181万元。合同工期2019年8月1日至2021年10月31日。2022年完成施工产值35538万元,开工累计完成产值86334万元。

成都轨道交通17号线二期工程施工总承包项目土建1工区　合同投资12.9582亿元。合同工期2019年10月10日至2024年8月10日。2022年完成产值50050万元,开工累计完成产值80808万元。

新建铁路集宁经大同至原平铁路集宁至大同段(内蒙古段)站前工程JDYZQ-1标段　位于内蒙古自治区乌兰察布市,长34.554千米。合同投资21.1亿元。合同工期2021年10月16日至2025年10月9日。2022年完成产值115096万元,开工累计完成产值121596万元。

新建铁路成都至兰州线成都至川主寺段站前工程CLZQ-5标段　位于四川省绵阳市,长17.140千米。合同投资24.1亿元。合同工期2012年12月17日至2022年10月31日。2022年完成施工产值35195万元,开工累计完成产值261132万元。

新建成都至自贡高速铁路DK24+055—DK39+406段站前工程施工CZZQ-7标段　位于四川省成都市天府新区和东部新区,正线15.005千米。合同投资224466万元。合同工期2020年9月1日至2023年12月30日。2022年完成产值129187万元,开工累计完成产值221356万元。

盐城市亭湖区城北地区综合开发项目　位于江苏省盐城市。合同投资13.5亿元。合同工期2022年3月31日至2027年2月28日。2022年完成产值20016万元,开工累计完成产值20016万元。

新建叙永至毕节铁路(川滇段)站前工程XZZQSG-4标项目　位于云南省昭通市镇雄县。长47.789千米。合同投资23.8亿元。合同工期2016年10月20日至2023年9月20日。2022年完成产值27954万元,开工累计完成产值235089万元。

南通港洋口港区至吕四港区铁路联络线工程"投资+EPC"YLTLZCB2标段　位于江苏省南通市东北沿海,全长55.742千米。合同投资115593万元。合同工期2021年5月15日至2023年12月31日。2022年完成产值27805万元,开工累计完成产值31572万元。

引汉济渭施工准备项目施工Ⅱ标段　合同投资38262万元。合同工期2021年7月5日至2023年6月25日。2022年完成施工产值12185.54万元,开工累计完成产值12805.15万元。　(陈天明)

【境外工程】　阿尔及利亚贝佳亚连接线S1项目　2022年完成产值6043万元,开工累计完成产值44343万元。

阿尔及利亚奥兰中钢四期项目　2022年完成产值4292万元,开工累计完成产值4292万元。

塔吉克斯坦库河东金矿氧化矿采场工程　2022年完成产值11199万元，开工累计完成产值25386万元。

乌干达布塞噶至姆皮吉（23.7千米）高速公路　2022年完成产值6043万元，开工累计完成产值10100万元。

秘鲁万卡维利卡207.8千米公路　2022年完成产值5710万元，开工累计完成产值8302万元。

秘鲁卡涅特至潘帕斯342.82千米公路　2022年完成产值5740万元，开工累计完成产值5740万元。

（丁海彬）

【经营管理】　董事会工作。修订完善《公司章程》，对相关配套制度进行完善。进一步提高董事会会议质量，规范议案程序管理，年内董事会召开定期会议2次，召开临时会议11次，审核议案资料158份，形成会议决议事项158项。建立外部董事意见反馈台账，年内共回复反馈外部董事意见建议54项。整理撰写董事长讲话及董事会相关材料初稿25份。集团公司董事组成调研组，分别到章丘、余姚进行两次专项调研，形成调研报告2份、外部董事提出建议和意见10项。如期圆满完成国企改革三年行动方案清单任务及股份公司下达的全部改革任务。及时发布《董事会通告》，实时跟进决策执行情况并及时纠偏。“围绕‘三个提升’稳促董事会规范化改革扎实落地”的董事会改革经验材料被《铁建信息》选用刊发。

企业发展。集团公司董事会董事由5人变更为7人，董事会秘书处更名为董事会办公室。完成新增董事的备案工作。部门制度建设。印发《中铁十九局集团有限公司功能性子公司管控实施细则》。印发集团公司“十四五”发展战略与规划，完成工程公司“十四五”规划批复工作。集团公司题为《全面深化改革激发企业活力奋力推动企业迈向高质量发展新征程》的改革经验材料在中国铁建《改革三年行动简报》刊发。5月，集团公司门户网站管理工作职能由行政办公室（保卫部）调整到党委宣传部（企业文化部）；社会责任相关工作职能由发展规划部调整到党委宣传部（企业文化部）；经营计划部（军民融合办公室）职责中增加负责工程业绩管理工作职能，增设业绩科，定员2人，部门总定员仍为19人；审计监事部职责中增加负责经济“大监督”工作职能，增设监督追责科，定员1人，部门总定员仍为8人。8月，集团公司成立工程总承包部，主要负责融合项目跟踪承揽、实施监管。9月，经营计划部（军民融合办公室）更名为经营计划部；党委宣传部（企业文化部）增设融媒体科，定员1人，部门总定员仍为4人（部门副职兼任科长）。10月，成立成达万高速铁路工程指挥部、新建上海至南京至合肥高速铁路沪宁段站前XIII标项目经理部，由集团公司直管。11月，科技创新部（技术中心办公室）增设专项方案科，定员1人，部门总定员仍为5人，其中部门领导职数2个（1正1副），科研科1人、技术标准科1人、专项方案科1人。开展压减工作“回头看”行动，压减法人单位2家。培育提升三级公司核心竞争力，助力企业转型升级。矿业公司入选2021年中国铁建“工程公司效益20强”（排名第一）、“工程公司专业化10强”（排名第一）。

行政办公。完成《项目管理标准化指导手册》2021版修订，编制《行政办公室序列化培训讲稿汇编》。收文1917件，发文1247件。起草行政报告、总经理讲话、工作汇报等各项材料10余份，上报股份公司政务信息20余篇次。组织筹备总经理办公会9次，研究议题246项，编印会议纪要9份、会议记录9份。移交2020—2021年归档文件2667件，用印登记表及用印审批手续46本。移交印章134枚，开具介绍信132次，用印3440次，刻制印章303枚。完成2022年档案基本情况统计年报工作以及3个案例的报送。编制印发2017—2019年集团公司年鉴。开展以“喜迎二十大·档案颂辉煌”为主题的档案日宣传工作。全年共办理信访事项149件，重大会议、重要节日期间未发生信访维稳不良事件。集团公司帮扶南朝碾村年累计投入350余万元。开展行政办序列化培训。集团行政办序列700多人，开展培训28次，累计时长25小时，培训人数近1万人次。完成编制《中铁十九局集团行政办公室工作人员序列化培训、考核指导意见》。搭建线上答题系统，通过答题来检验序列化培训效果。

经营承揽。新签合同1225.21亿元，完成股份公司年度计划700.31亿元的174.95%，完成集团公司年度计划1045.20亿元的117.22%，股份公司系统内工程承包业务类自揽排名第10。完成总产值543.58亿元，其中施工产值514.30亿元，占股份公司年度计划572亿元的95.03%，占集团公司年度计划577亿元的94.21%，比2021年多完成12.64亿元，增长2.38%。剩余合同额2706亿元。解除合同10个，合同额57.36亿元。

经济管理。全集团项目年均实现综合收益率7.53%，同比提高0.31个百分点，高于年度目标值0.33个百分点；责任预算成本节超率2.5%，较股份公司平均水平高0.14个百分点，高于年度目标值0.5个百分点；产值计价率95.68%，同比提高3.71个百分点；产值管理费率4.19%，同比下降0.02个百分点；分包招标节支率2.17%，同比提高0.34个百分点。全年累计完成施工产值514.30亿元，累计实现变更索赔额72.37亿元，变更索赔率14.07%，同比提高0.71个百分点，较股份公司下达年度计划12%高2.07个百分点。实现变更收益额9.77亿元，变更收益率13.51%。年末纳入监控范围的预警项目30个，按风险级别划分，黄色预警项目5个，橙色预警项目9个，红色预警项目16个。全集团工程项目年度累计投保额7863万元，其中，通过诚合保险投保额7594万元，保险集中度96.28%，较集团公司年度目标值95%高1.28个百分点。年末集团公司存在亏损风险项目24个，亏损项目个数较年初减少6个，下降率20%；亏损额较年初减少4.46亿元，下降率15.03%。全年全集团285个项目编制项目责任预算，责任预算编制率94.1%；备案责任状284份，签状率99.6%。累计办理业主补充合同273份，合同额73.17亿元。审批办理劳务（专业）分包合同7份；办理法人授权委托书100份；累计出借经营投标、备案资料313份。全集团在建项目中实施模拟股份制、风险抵押金制度项目数量占比90.18%，实现责任预算节余0.86%。

物资设备。2022年集团所属各单位采购物资193.50亿元（含甲供物资），集采率99.12%，节约资金9.03亿元，节资率4.50%。各类材料实际消耗总金额181.06亿元，库存总金额8.30亿元；2022年度购置设备1744台，金额14.76亿元，资金投入5.23亿元，完成设备购置计划80.00%，完成资金使用计划74.20%；集团所属各单位调剂周转材料48批次，原值8012.78万元，节约资金2419.26万元；调剂闲置设备1353台（套），原值55163.73万元；单台价值200万元及以上闲置设备，不同法人之间调剂10台（套），设备原值8552.19万元。集团报废设备473台（套），原值2.65亿元；集团公司“物资管理综合业务平台”“设备信息管理平台”覆盖集团所有项目487个，具备条件的1213台设备绑定OBD车联网智能终端。

安全管理。召开安委会会议4次，对67个项目的一级高风险分部分项工程、78个涉及营业线施工项目进行全面分析研判。1月中旬、3月初、五一、国庆节假日期间对北京片区7个在建项目进行全覆盖检查，发现安全隐患159项。7月，成立3个项目管理评审暨安全生产大检查小组，对所属全部子分公司总部、35个重点项目部分解出30项具体检查内容全面开展安全生产大检查。8月中旬，对重庆地区8个在建项目开展安全生产专项整治行动，发现安全隐患213项；8月下旬至党的二十大结束，对8个工程公司84个在建项目进行督导检查，发现各类隐患问题1531项。对7个项目的53台塔吊和2台升降机进行监督检查，排查一般性问题220项、关键性问题155项，均已督促整改闭合。在“两节、两奥、两会”及党的二十大等关键时期，对13个涉爆项目、711名涉爆人员进行两次全面排查，查处整治安全隐患24项，核查注销离职、离岗、退休人员108名，确保涉爆施工生产安全。

投资开发。累计中标投资项目29项，合计承揽337.50亿元。其中，集团自主牵头承揽11项，中标96.79亿元；协同投资集团、股份公司等平台公司中标12项，分劈份额222.04亿元；通过投资拉动实现中标6项，分劈份额18.67亿元。在宁波市余姚市场实现滚动发展。分别于2022年8月、10月签订江苏徐州中枢街项目、福建泉州石狮游艇会项目合作框架协议。重点推进宁波市余姚华东总部基地项目，3月成功举办华东总部基地开工典礼。完成投资6.66亿元，为年度计划投资额5.10亿元的131%。

质量管理。2022年，获国家级优质工程7项，省部级优质工程6项，中国铁建股份有限公司优质工程13项，国家级优秀QC小组6个，省部级优秀QC小组56个，中国铁建股份有限公司优秀QC小组4个，评选出集团公司优秀QC小组39个。

财务管理。全集团实现营业收入467.5亿元，同比降低11.5亿元，降幅2.4%；完成年度预算指标487.64亿元的95.87%；完成年度计划513.72亿元的91%。实现净利润2.51亿元，同比增加0.32亿元，增幅14.61%，完成年度预算指标1.8亿元的139.4%。资产负债率84.98%，比年初84.49%增加0.49个百分点。经营性现金净流量12.21亿元，同比增加34.41亿元。所有者权益80.58亿元，比年初81.93亿元降低1.35亿元，降幅1.65%，其中实收资本50.8亿元。全集团收缴60499.17万元（其中强收23499.46万元），为年应收的100.82%。

融资管理。集团公司带息融资规模115.64亿元，享受股份公司优惠政策后规模98.49亿元，较股份公司下达规模99亿元低0.51亿元。集团公司全年平均资金上存度45.08%，高于股份公司下达指标5.08个百分点。资金集中度全年平均值83.7%，高于股份公司下达指标13.7个百分点。中国铁建司库系统建设，参与应用银行账户系统、信贷系统、票证系统、调剂系统等建设。集团公司连续6年获纳税信用最高等级A级。做好高新技术企业认定工作，集团公司总部及所属9家单位均为高新技术企业。全集团因高新技术企业税率下降节税3576万元,研发费加计扣除节税2940万元,企业所得税退税3439万元,增值税留抵退税10159万元,其他策划节税10509万元,合计节税、退税30623万元。

审计工作。完成各类审计项目112项,实现主要业务板块全覆盖、离任经济责任审计全覆盖。审计发现各类问题736个,涉及问题金额3.6亿元,纠正违规违纪金额1.7亿元。

法律合规工作。2022年6—8月,先后完成对公司总部、所属11个重要子分公司及14个在建项目的合规风险评估。未发现公司总部及所属各单位在2020年7月至2022年6月存在欺诈、腐败、胁迫、串通、妨碍或其他不当行为和合规风险。开展四项法律审核。全年全集团审核规章制度136份,经济合同17990份,重要决策428项,授权委托书1744份。开展六项合规审核。完成合规审核投标1100项,第三方尽职调查17253次,经济合同17990次,业务招待1840次,现金支付45次,捐赠赞助6次。妥善处理各类法律纠纷案件。处理各类案件101起,涉案金额39339万元。其中,新发案件76起,涉案金额14435万元;往年结转案件24起,金额24905万元;所有案件已决72起,涉案金额18003万元。相对胜诉62起,胜诉率86%,挽回或避免经济损失5278万元。未发生失信记录,也未受到其他司法处罚。

信息化管理。发布集团公司"十四五"信息化规划及2022年工作要点。推进"铁建通"应用、"十四五"信息化规划学习。推进"铁建通"推广工作,2022年全集团"铁建通"激活率93.72%,平均日活跃率6583人次。集团公司"十四五"信息化规划学习10847人次。稳步推进信息系统建设。分别完成经济管理(合同、验工计价)、设备管理、机械设备租赁、劳务务工、教育培训考试、投资项目风险预控,经营投标业绩库等系统的功能模块开发,新增考勤、工资、防疫管理子模块。完成综合协同办公系统、档案管理系统、财务共享系统、综合业务平台、薪酬管理系统共5个系统的一体化技术平台对接。财务共享中心系统。6月9—24日,完成账龄模块的推广及清欠并账项目3.0应收模块(含账龄)的上线,举办线上培训3期。9月7日,举办财务共享平台销项非直连模块的上线培训会。影像系统升级。9月13日,举办财务共享平台影像3.0系统上线培训会,后实施影像3.0系统迭代升级。

海外经营。新签合同额81.51亿元,完成年度计划指标105亿元的77.63%。海外项目完成产值2.41亿美元,完成股份公司年度考核指标2.4亿美元的100.42%。完成境外项目备案52个,全集团海外投、议标项目30个,牵头协调工程公司投、议标10次。协助华东公司再签订坦桑中央线石场和桥涵分包合同。

人力资源。2022年,股份公司调整集团公司班子成员5名。集团公司对中层领导干部调整、交流32人。集团公司员工调动184人。其中,集团公司外部调动44人,调出16人、调入28人;集团公司内部调动140人。通过评审(考试)取得相应专业(技术)职务任职资格581人,其中正高级工程师14人、正高级经济师1人、正高级会计师3人,高级工程师183人、高级经济师2人、高级会计师10人、高级政工师16人,工程师303人、经济师9人、会计师9人、政工师31人。接收毕业生860人,其中硕士研究生19人、大学本科841人。

社保工作。2022年实缴126192.06万元,上缴率100%,其中养老保险49328.75万元、失业保险2013.55万元、工伤保险2503.57万元、基本医疗保险19749.37万元、生育保险216万元、企业年金6780.83万元、住房公积金45599.99万元。

(郭　强　王卓茹　方迎春)

【科技成果】 集团公司及所属子公司10家单位为高新技术企业,五公司被认定为国家知识产权优势企业。主持水利部重大科技项目1项,新承担股份公司B类课题1项,参与辽宁省"揭榜挂帅"科研课题1项,主持江苏省科学技术厅产学研合作课题1项,集团公司本级课题20项;集团公司11项科技成果通过北京市住房和城乡建设委员会、中国铁建股份有限公司评审;"特长型隧道穿越龙门山地震带施工关键技术研究"达到国际领先水平;"大埋深长距离复杂岩层盾构隧道综合修建技术"总体达到国际先进水平。发布国家标准1项《科学技术研究项目评价实施指南应用研究项目》,地方标准1项《地下连续墙检测技术标准》。申请专利575件,授权专利532件,有效专利1632件。发明专利"一种露天采坑回填治理方法"(ZL201910827811.1)获第二十三届中国专利奖优秀奖。获省部级科学技术奖6项。获省部级工法57项。

(李金永)

【党群工作】 党办工作。集团公司党委四届二次全委(扩大)会于2022年1月19日在北京召开。集团公司党委书记、董事长杨哲峰作题为《加强党建引领　坚持稳中求进　为实现企业"争进位"战略目标接续奋斗》的党委工作报告。全年召开党委常委(扩大)会

12次，研究讨论重大事项242项，其中党委直接决策63项，前置研究179项。

党委组织工作。党(工)委164个，党支部373个。党员7640人。全年发展党员110人。举办3期入党积极分子培训班，对326名入党积极分子进行培训。同时针对206名基层党组织书记、党务工作者开展培训教育。先后分3个批次，以“现场+视频”的形式，组织317名党支部书记、副书记、后备书记开展轮训。1月，中国共产党中铁十九局集团有限公司第四次代表大会在河北省廊坊市召开，选举产生新一届党的委员会和纪律检查委员会。4月，开展集团公司第三批示范党支部选树工作，并同步对集团公司第一、第二批示范党支部进行复检。

宣传工作。集团公司党委理论学习中心组开展集体学习12次，专题研讨5次。对集团所属单位进行巡听、旁听各1次。以“学习二十大　奋进新征程”为主题开展宣讲活动10场，党的二十大代表李绍杰同志到施工一线进行宣讲1场。党委意识形态专题学习研讨2次，开展意识形态阵地专项检查1次，完成对集团本级及工程公司共11个意识阵地的内容监管，集团公司宣传部对基层意识形态宣讲6次。编发形势任务宣传教育提纲4期，收到各单位反馈落实情况26份。党的二十大代表李绍杰走上“党代表通道”。全年在中央级媒体刊稿90篇。举办《奋进新征程　建功新时代　喜迎二十大》文化艺术展。《铁道工人》全年刊发22期，微信推送信息202条，微博推送114条，抖音推送116条。在总公司微信平台推送149条次、微博31条、抖音3条，62条内容被国务院国资委及以上新媒体平台选用。编写《宣传舆论工作指导手册》。完成南朝碾村乡村振兴宣传片《新时代新农村》的拍摄和制作。

党巡工作。对电务工程有限公司、国际建设分公司开展常规巡察。列席被巡察单位会议4次，开展个别谈话115人次，民主测评和问卷调查77人次，移交问题线索5件。“下沉”12个基层项目。牵头组织人员加强对工程公司开展内部巡察工作进行检查和指导，对第二、第六、广州、轨道、矿业公司等5个单位整改工作情况进行检查。建立巡察人才库，集团和工程公司两级巡察人才库230人。选派5名干部参加股份公司巡视，选派16名干部参加集团公司巡察。

纪检监察。不断构建完善纪律监督体系、反腐败体制机制和制度体系。集团总部纪委接收信访举报37件，初步核实23件，谈话函询1件，予以结案12件，立案4件。集团总部纪委审理案件7件11人，全部审结，处分11人。两级纪委共处置问题线索72件，立案36件，给予党纪政务处分120人，组织处理30人。扎实开展以“责任重于能力，自律胜于他律”为主题的2022年反腐倡廉宣传教育月活动。组织“项目经理谈廉洁”，开展“学先进、做榜样”活动；在股份公司纪委组织的廉洁短信征集活动中，全集团5条作品入选，集团公司纪委被授予优秀组织奖。

工会工作。轨道公司出台《项目部食堂管理规定》《盾构队食堂管理规定》，被评为中国铁建工会2021—2022年度特色工作。获全国五一劳动奖章1人；省五一劳动奖状1个；省五一劳动奖章3人；省工人先锋奖状1个；省工人先锋号1个；江苏省“安康杯”1个；全国铁路总工会火车头奖章1人。股份公司重点工程项目劳动竞赛综合优胜单位2个，股份公司重点工程项目劳动竞赛先进单位2个。第一次经济管理系统业务技能大比拼在六公司试点举行。组织全集团职工及家属以及劳务工18106人参加初赛，位列股份公司第一。各级工会组织各类活动50余场次，6000余人参与。在江苏省无锡市组织“先锋杯”第六届职工篮球赛。2022年，获中国铁建体育先进单位1个，先进个人3人。两级工会帮扶偏远艰苦和重难点项目建家建线70个，投入资金342万元。年内完成三批“三不让”帮扶救助工作，累计帮扶救助298人次，投入帮扶救助资金212.7万元。

共青团工作。选树股份公司“青年文明号”4个、“青年岗位能手”4人、“五四红旗团委”2个，“优秀共青团员”3人、“优秀团干部”3人，“五四红旗团支部”2个，集团公司“青年突击队”16个、“五四红旗团委”15个，“优秀团员”22人、“优秀团干部”18人、“青年文明号”17人、“青年岗位能手”20人。服务青年工作，助力成长成才，进一步开展“导师带徒”活动。

(刘　博　张学峰　施　丹)

【第一工程有限公司】　拥有建筑、公路、铁路、市政公用、机电工程施工总承包一级，水利水电、矿山工程施工总承包二级，电力、冶金工程施工总承包三级，隧道、钢结构、地基基础、公路路基、建筑机电安装、建筑幕墙、防水防腐保温、消防设施工程专业承包一级，电子与智能化、桥梁、建筑装修装饰、公路交通(公路安全设施分项)、环保工程专业承包二级，起重设备安装、公路路面、河湖整治工程专业承包三级资质。前身系铁道兵第九师四十一团；1984年1月，集体转业并入铁道部，更名为“铁道部第十九工程局第一工程处”；1999年12月，与铁道部脱钩更名为“中铁第十九工程局第一工程处”；2001年12月，改制为“中铁十九局集团第一工程有限公司”，现股东中铁十九局集团有限公司，归属国务院国资委管理。驻辽宁省辽阳市白塔区卫国路138号。党委书记付东，执行董事、总经理高峰。职工2125人。资产总额487717.91万元。

2022年，新签合同55项，承揽额139.02亿元，施工产值68.86亿元。全员劳动生产率26.57万元/(人·年)。利润328.69万元，净利润270.00万元，产值利润率0.09%，净资产收益率0.18%，资产负债率69.18%。

（许爱军）

【第二工程有限公司（华东工程有限公司）】 拥有建筑、公路、水利水电、市政公用工程施工总承包一级，铁路工程施工总承包二级，桥梁、隧道、公路路面、公路路基、环保、建筑装修装饰、机场场道、地基基础、建筑机电安装工程专业承包一级，消防设施工程专业承包二级资质。前身系组建于1949年的中国人民解放军铁道兵第九师第四十二团；1984年1月，集体兵改工并入铁道部，更名为铁道部第十九工程局第二工程处；1999年12月，改名为中铁第十九工程局第二工程处；2002年2月，更名为中铁十九局集团第二工程有限公司；2020年10月，中铁十九局集团华东工程有限公司注册成立。驻浙江省余姚市新建北路425号中塑世纪大厦2幢。与二公司为“一套人马，两块牌子”。党委书记、执行董事、总经理李锐。职工2133人。华东公司资产总额142632.93万元。二公司资产总额1019334.23万元。

2022年，新签合同39项，承揽额158亿元。华东公司施工产值29.5亿元，利润172.77万元，净利润175.36万元，产值利润率0.13%，净资产收益率2.17%，资产负债率94.34%。全员劳动生产率18万元/(人·年)。二公司施工产值33.17亿元。利润－13673.41万元，净利润－13678.36万元，产值利润－2.50%，净资产收益率－310.87%，资产负债率99.57%。全员劳动生产率23万元/(人·年)。在建工程76项，其中年内完竣工19项。（殷　民）

【第三工程有限公司】 拥有公路工程施工总承包特级，市政公用工程施工总承包一级，铁路、建筑、水利水电工程施工总承包二级，矿山工程施工总承包三级，桥梁、隧道、公路路面、公路路基工程专业承包一级，机场场道、城市及道路照明、公路交通工程（公路安全设施）专业承包二级，环保、钢结构工程专业承包三级，工程设计公路行业甲级，路基路面养护甲级，桥梁养护甲级，交通安全设施养护资质。前身系1949年组建的中国人民解放军铁道兵第九师四十三团；1984年，兵改工并入铁道部，称铁道部第十九工程局第三工程处；1999年12月，与铁道部脱钩，划归中央企业工作委员会管理，改称中铁十九局第三工程处；2001年12月，正式改制为中铁十九局集团第三工程有限公司。驻辽宁省沈阳市沈北新区沈北路36号。党委书记、执行董事梅洪斌，总经理孔宪斌。职工2176人。资产总额732947万元。

2022年，新签合同22项，承揽额94.9952亿元，施工产值68.4311亿元，利润395万元，净利润325万元，产值利润率0.05%，净资产收益率0.31%，资产负债率85.91%。在建工程46项，其中年内完竣工25项。（冯小宁）

【第五工程有限公司】 拥有建筑、公路、市政公用工程施工总承包一级，铁路、机电工程施工总承包二级，桥梁、隧道、公路路基、建筑装修装饰、消防设施、防水防腐保温、建筑机电安装工程专业承包一级，钢结构、环保工程专业承包二级，地基基础、起重设备安装、通航建筑物工程专业承包三级资质。前身系铁道兵第九师给水营与修理营；1984年，集体转业并入铁道部；2000年8月，局直属工程处、局大连技工学校并入五处；2002年2月，企业改制改称现名。驻辽宁省大连市金州区拥政街道586号。党委书记、执行董事于建，总经理任鸿勇。职工1843人。资产总额108.76亿元。

2022年，承揽项目51个，承揽额159.57亿元，施工产值91.0537亿元。在建项目92个。营业收入81.22亿元，利润4509万元，净利润3943万元，产值利润率0.49%，净资产收益率8.97%，资产负债率94.08%。全员劳动生产率16.06万元/(人·年)。

（米永梅）

【第六工程有限公司】 拥有铁路工程施工总承包一级，房建、水利水电工程施工总承包二级，市政工程施工总承包三级，桥梁、隧道、公路路基、铁路铺轨架梁、建筑装修装饰、钢结构工程专业承包一级，环保工程专业承包三级资质。前身系中国人民解放军铁道兵第九师四十四团；1984年1月，集体转业并入铁道部；2001年12月，改名为中铁十九局集团第四工程有限公司；2010年9月，由内蒙古自治区通辽市迁址江苏省无锡市，更名为中铁十九局集团第六工程有限公司。驻江苏省无锡市新吴区香山路7号。执行董事、总经理周宝春，党委书记刘伟东。职工1831人。资产总额61.47亿元。

2022年,新签合同项目50个,承揽额239.07亿元,其中自揽28项,承揽额51.61亿元。总产值70.07亿元,利润2751万元。 (曾 艳)

【广州工程有限公司】 拥有市政公用、建筑工程施工总承包一级,铁路、港口与航道工程施工总承包二级,机电工程施工总承包三级,环保工程专业承包一级,建筑装修装饰、防水防腐保温、钢结构、地基基础、消防设施、公路路基工程专业承包二级资质。1985年6月成立;1993年4月,企业名称变更为铁道部第十九工程局珠海工程公司;1993年11月,企业名称变更为铁道部第十九工程局珠海工程总公司;2000年1月,企业名称变更为中铁第十九工程局珠海工程总公司;2010年12月,企业名称变更为中铁十九局集团珠海工程有限公司;2011年1月,企业名称变更为中铁十九局第七工程有限公司;2012年6月,吸收合并华南工程有限公司;2018年2月,在广州南沙注册成立广州工程有限公司;2019年11月,第七工程有限公司从珠海香洲区迁址至广州南沙区中国铁建环球中心办公;2021年11月,广州工程有限公司吸收合并第七工程有限公司并注销第七工程有限公司的营业执照。驻广州市南沙区黄阁镇中国铁建环球中心6号楼。执行董事、总经理曹树强,党委书记王书彬。职工968人。资产总额539247万元。

2022年,新签合同34项,承揽额160.72亿元,施工产值25亿元,利润647万元,净利润948万元,产值利润率0.379%,净资产收益率2.79%,资产负债率99.08%。全员劳动生产率24.35万元/(人·年)。在建项目45个,年内完竣工17项。 (张启军)

【矿业投资有限公司】 拥有矿山工程施工总承包一级,市政公用、机电、建筑工程施工总承包三级,钢结构工程专业承包三级,爆破作业单位许可证(营业性)二级资质。前身系中铁十九局集团有限公司第六工程公司;2005年3月,由中铁十九局机械化工程公司和中铁十九局建筑工程公司合并组建;2008年3月,更名为中铁十九局集团有限公司矿业公司;2010年5月,总部迁址到北京市丰台区;同年7月,注册为中铁十九局集团矿业投资有限公司。注册资本金1亿元。驻北京市丰台区莲怡园东路风荷曲苑2号楼。党委书记兼董事长张德峰,总经理李凤龙。职工1295人。资产总值511506.06万元。

2022年,新签合同65项,承揽额235.56亿元,产值63.52亿元,利润79064.76万元,净利润72333.52万元,净资产收益率28.31%,资产负债率45.20%。全员劳动生产率141.50万元/(人·年)。在建工程38项。 (薛 森)

【轨道交通工程有限公司】 拥有市政公用工程施工总承包一级资质。2008年2月成立;2008年12月,在沈阳浑南经济技术开发区注册;2010年12月,在北京市顺义区林河经济技术开发区转注册。党委书记韩士钊,执行董事、总经理孟宪彪。职工1889人。资产总额645750万元。

2022年,新签合同18项,承揽额55.22亿元。利润1202万元,净利润153万元,产值利润率0.3%,净资产收益率0.25%,资产负债率90.66%。在建工程45项。 (王倩玉)

【电务工程有限公司】 拥有机电工程施工总承包一级,铁路电务、铁路电气化工程专业承包一级,输变电、消防设施、建筑装修装饰、电子与智能化工程专业承包二级,建筑工程施工总承包三级,电力承装(修、试)许可证三级资质。前身系始建于1949年的中国人民解放军铁道兵第九师通信科;1984年1月,改编为铁道部第十九工程局通信机要处;1995年,组建铁道部第十九工程局电务工程公司;1997年,组建铁道部第十九工程局电务工程处;2002年2月,改制为中铁十九局集团有限公司全资子公司;2012年10月,从辽宁省辽阳市迁址北京市。驻北京市大兴区西红门新建开发区金服大街13号。党委书记、执行董事杜彬,总经理于庆龙。职工439人。资产总值95762万元。

2022年,新签合同31项,承揽额10.21亿元,施工产值9.08亿元,利润505万元,净利润373万元,产值利润率0.55%,净资产收益率1.38%,资产负债率71.81%。全员劳动生产率24.76万元/(人·年)。在建工程26项。 (徐晓勇)

【国际建设分公司】 前身系集团公司海外工程指挥部;2012年3月,成立国际建设分公司;2020年,同集团海外事业部进行职能合并,统筹集团海外事业。驻北京市亦庄经济技术开发区东区经海3路109号院天骥·智谷科技园区19号楼。党委书记、总经理张永军。职工227人。资产总值43572万元。

2022年,新签合同15项,承揽额27.32亿元,施工产值7.0868亿元。利润总额-6037万元,净利润-6037万元,产值利润率-8.52%,净资产收益率19.07%,资产负债率177.98%。全员劳动生产率

20.72 万元/(人·年)。在建工程 19 项。 (张玉辉)

【房地产开发公司】 拥有房地产开发级二级资质。2008 年 5 月成立,注册资本金 2000 万元。2013 年 4 月正式成立组织机构。驻辽宁省辽阳市白塔区和平路 17 号。执行董事兼总经理丁礼建,党委书记宫勇。职工 35 人。资产总额 102251 万元。

2022 年,利润 4073 万元,净利润 4667 万元,产值利润率 11%。 (商莹莹)

【物资有限公司】 前身系中铁十九局物资总公司;1993 年 7 月,以局物资处为主组建,实行一个机构两块牌子;1999 年 5 月,成为局直属独立经营单位;2001 年底,改为中铁十九局集团物资有限公司。原驻辽宁省辽阳市白塔区和平路 17 号;2017 年 3 月,注册地迁移至天津自贸试验区(东疆保税港区),注册资本金从 180 万元调增至 5000 万元;2017 年,公司办公地搬迁至沈阳市沈北新区沈北路 36 号;2022 年 7 月,注册资本金由 5000 万元增加至 1.1 亿元。职工 23 人。资产总额 174958 万元。

2022 年,利润 2126 万元,净利润 1592 万元,资产负债率 92.71%,净资产收益率 16.70%。全员劳动生产率 183.06 万元/(人·年)。 (黄 莹)

【工程检测有限公司】 拥有国家级计量认证、公路工程综合乙级、水运工程材料丙级、建筑工程材料见证取样检测、市政工程材料见证取样检测、地基基础工程检测、主体结构工程现场检测、建筑节能检测、室内环境检测、钢结构工程检测、水利工程混凝土类乙级、水利工程岩土类乙级资质。前身系始建于 1956 年的铁道兵第九师司令部试验室;2001 年,企业改制后,更名为“中铁十九局集团有限公司计量测试中心”;2009 年 7 月,在辽宁省注册“中铁十九局集团工程检测有限公司”,一个机构两块牌子。驻辽宁省辽阳市太子河区南郊街 137 号。执行董事王俊杰,总经理李红泽。职工 25 人。资产总值 1335.67 万元。设备 369 台(套)。

2022 年,利润 60.91 万元,净利润 59.26 万元,产值利润率 5.09%,净资产收益率 6.66%,资产负债率 31.50%。全员劳动生产率 26.52 万元/(人·年)。

(郭艳辉)

【中心医院】 企业综合性职工医院,以治疗脑血管疾病为重点,集医疗、科研、教学、康复、预防为一体的二级甲等医院。辽阳市城镇职工医疗定点机构。医院占地面积 2.63 万平方米,开放床位 350 张。拥有磁共振、CT、DR、彩超、全自动生化分析仪,PCR 实验室等现代化医疗设备。

2022 年,门诊量 34849 人次,住院患者 7873 人次,“120”接诊 1711 人次,手术 15 人次,体检人数 3200 人次。医疗业务收入 7713 万元。 (刘 宇)

中铁二十局集团有限公司

【简况】 拥有各类资质 172 项,其中总承包资质 49 项(含铁路、公路、市政、建筑等 7 项特级),专业承包资质 87 项,勘察设计资质 9 项,以及地质灾害治理工程施工甲级资质、对外承包工程资格证等其他资质 17 项。经营范围涉及建筑工程施工、海外经营、投资运营、房地产开发、工业制造、物流贸易、铁路运输、酒店管理、设计咨询、工程检测、教育培训、城市驻车等多个领域和专业。前身系中国人民解放军华东警备第五旅;1984 年,集体转业并入铁道部,改称铁道部第二十工程局;1999 年,更名为中铁第二十工程局;2002 年,改制更名为中铁二十局集团有限公司。下辖第一、第二、第三、第四、第五、第六工程公司及市政公司,中铁贵州公司,电气化公司,南方公司,房地产公司,中铁长安重工公司,中铁建安工程设计院,中铁建科检测公司,物业管理有限公司,安哥拉国际公司,莫桑比克公司,巴基斯坦公司,巴西公司等 19 个全资子公司,1 个分公司,2 个直属单位。设有东北、华北、中原、华中、华东、华南、重庆、西南、西北、陕西等 10 个区域指挥部和海外事业部,经营网络覆盖全国,辐射亚、非、拉美各洲,代表中国铁建主导安哥拉、莫桑比克、巴西、蒙古国、乌兹别克斯坦 5 个国别市场的经营工作。注册资本金 31.3 亿元。职工 15647 人。资产总额 551.66 亿元。其中,流动资产 424.25 亿元,固定资产原值 71.25 亿元、净值 26.54 亿元,长期股权投资 29.50 亿元,无形资产 4.09 亿元。机械设备 3696 台(套),国内大型设备数量 150 台(套),年施工能力 800 亿元以上。

2022 年,新签合同额 2152.5 亿元。企业总产值 676.24 亿元,其中施工产值 612.44 亿元、附营产值 63.80 亿元。营业收入 495.22 亿元,利润总额 9.96 亿元。完成主要实物工程量:土石方 5715.64 万立方米;隧道折合 67167.80 延长米;桥梁折合 53349.07 延长米;正线铺轨 27.85 千米;铁路架梁 440 孔;公路架梁

5454片；轻轨区间6600米；地铁区间24593.87米；公路209.01千米，其中高速公路103.78千米；路面8.58万平方米。承建工程获国家级优质工程奖4项，其中国家优质工程金奖1项，国家优质工程奖3项；获省部级优质工程奖7项，获铁建杯优质工程奖9项；获国家级优秀质量管理小组11个，获省部级优秀质量管理小组85个。获全国工程项目施工安全生产标准化建设工地3项；获省部级安全文明工地、平安工地18项。获全国“安康杯”竞赛先进集体1个、优胜班组1个；集团公司获评陕西省劳动竞赛优胜集体、陕西省职业技能大赛优秀组织单位；获省工人先锋号3个，获火车头奖章2人、陕西省劳模2人、省五一劳动奖章2人、陕西省技术能手3人。集团公司获评“国家知识产权优势企业”，获菲迪克最高奖全球杰出工程奖1项；获省部级科技奖8项。（田普卫　麻　炜）

【领导人员】

董事会

董事长	雷位冰
董事	雷位冰
	文　珂
职工董事	李胜义

监事会

监事会主席	崔友峰
职工监事	李向阳
监事	房高琪

经理层

总经理	文　珂
副总经理	任少强
	苗文怀
	张文峰
	马晓辉
	刘文武
	陈　磊
	张建升（11月免）
总工程师	任少强
总会计师	马晓辉

党群领导

党委书记	雷位冰
党委副书记	文　珂
	李胜义
纪委书记	崔友峰
工会主席	李胜义

（陈玉清）

【职工队伍】　职工15647人。硕士研究生及以上学历287人，其中博士研究生8人；本科学历8743人；专科学历2955人；中专及以下学历3662人。35岁及以下6964人、36～40岁3795人、41～45岁1711人、46～50岁1498人、51～54岁617人、55岁及以上1062人。在岗专业技术人员9902人，其中，正高级职称76人、高级职称1596人、中级职称3223人、初级职称4380人、未聘职称的专业技术人员627人。

（陈玉清　高三兵　石弘杨）

【工程项目指挥机构】　新建CZ铁路雅安至林芝段CZXZZQ－14A标段项目经理部　驻西藏自治区昌都市贡觉县。指挥长、党工委书记任少强，党工委书记谢小刚，常务副指挥长、经理徐建平。

河北固安空港新城城市更新项目经理部　驻河北省廊坊市固安县。项目经理、支部书记赵洪宇。

临沂片区项目指挥部　驻山东省临沂市。指挥长、党工委书记苗文怀。

西咸新区世纪大道西段市政道路提升改造工程PPP项目总承包指挥部　驻西咸新区人才大厦。指挥长、党工委书记钱鹏亮。

新建西安至延安铁路（铜川至延安段）站前工程XYZQ－8标段项目经理部　驻陕西省延安市洛川县。项目经理贾伟，党支部书记马鹏。

新建沈阳至白河高速铁路SBJL－TJ－3标段项目经理部　驻吉林省通化市。项目经理杨晓强，党支部书记梁彦宏。

新建铁路西安至十堰高速铁路（陕西段）XSZQ－4标段项目经理部　驻陕西省商洛市。项目经理李宗辉，党支部书记贾晓楠。

贵州省乌当（羊昌）至长顺高速公路项目经理部　驻贵州省贵阳市修文县。项目经理、党支部书记纪曲波。

驻马店市宿鸭湖水库清淤扩容工程项目经理部　驻河南省驻马店市。项目经理崔自友，党支部书记刘新立。

穗莞深城际前海至皇岗口岸工程项目一工区　驻深圳市南山区。项目经理王忠诚，党支部书记刘彦。

马拉维马尔卡至班古拉铁路设计、升级和修复工程项目经理部　驻莫桑比克马拉维。项目经理、总工程师郭治南。

乌兹别克斯坦A380公路87千米（KM228－315区间）重建项目经理部　驻乌兹别克斯坦布哈拉州。项目经理王百忍、总工程师房力博。

喀麦隆公路项目经理部　驻喀麦隆中部省。项目经理赵钰。

罗安达奥特莱斯商贸城设计施工项目经理部　驻安哥拉罗安达。项目经理、总工程师谈兴。

秘鲁安第斯国家公路项目经理部　驻秘鲁瓦奴科省。项目经理张宝林，党工委书记陈镜方。（吴光华）

【工程施工】　新建CZ铁路雅安至林芝段CZXZZQ－14A标段项目经理部　位于西藏自治区昌都市贡觉县，正线35.797千米。合同投资80.6亿元。合同工期2021年12月1日至2032年11月8日，2022年12月1日开工建设。主要工程量：区间路基3段0.414千米＋站场路基2.026千米；桥梁4座1823.162延长米，其中特大桥1座1285.154延长米、大桥3座538.008延长米；新建隧道（0.6＋2）座31535延长米；正线CRTS双块式无砟轨道道床33.547千米，贡觉车站1座。2022年完成产值79176万元，开工累计完成产值79176万元。

新建西安至十堰高速铁路陕西段XSZQ－4标段　位于商洛市。正线15.05千米。合同投资19.7079亿元。合同工期2021年12月20日至2026年6月20日，2022年3月21日开工建设。主要工程量：车站主体开挖土方600万立方米，路基2千米，桥梁1.79千米，隧道11.55千米；无砟道床铺轨29.359千米，轨枕预制502575根。2022年完成产值55993万元，开工累计完成产值55993万元。

新建西安至延安铁路（铜川至延安段）站前工程XYZQ－8标段　位于延安市洛川县。正线21.938千米。合同投资27.71亿元。合同工期54个月，2021年5月1日至2025年10月31日，2021年5月1日开工建设。主要工程量：路基9段4862.23延长米；桥梁11座4148.36延长米，其中特大桥3座2156.16延长米，大桥6座1814.49延长米，中桥2座177.71延长米，框架小桥2座37.1延长米，涵洞5座211.36横延米；隧道7座14385.26延长米；车站1个；预制箱梁71榀。2022年完成产值101338万元，开工累计完成产值130654万元。

新建沈阳至白河高速铁路SBJL－TJ－3标段　位于吉林省通化市，正线28.574千米。合同投资27.88亿元。合同工期51个月，2021年7月1日至2025年9月20日，2021年7月1日开工建设。主要工程量：路基13段5198.58米；桥梁10座4509.51延长米，其中特大桥2座3045.4延长米、大桥5座1202.89延长米、中小桥3座261.22延长米；隧道11座18865.87延长米；车站1个；无砟道床铺设54.093千米；制架梁145片，现浇梁38片，预制箱梁145片。通化西既有改建工程有两段，分别为改梅集线4.808千米；改通灌线0.992千米。2022年完成产值102638万元，开工累计完成产值127937万元。

新建乌当（羊昌）至长顺高速公路TJ－2标段　长30.452千米。合同投资26亿元。合同工期2022年1月1至2023年8月31日。主要工程量：桥梁36座12.1延长米，其中有桩基1855根，预制T梁4438片；路基18千米，路基挖方量651.4万立方米，填方量528.7万立方米；涵洞67座，车行天桥5座，互通2处，服务区1处。2022年完成产值82707.2万元，开工累计完成产值85044.2万元。

眉太公路MTTJ6标段　位于陕西省宝鸡市太白县咀头镇拐里村，正线174千米。合同投资13.2亿元。合同工期2020年6月至2023年12月。主要工程量：隧道1.5座7.0延长米、斜井1座1180米、竖井1座152米；主线桥梁11座2.4延长米、匝道桥4座445延长米、预制箱梁695片；主线路基8.0千米，路基挖方375万立方米、填方256万立方米；涵洞39座1208横延米，地下通道12座431横延米；互通立交2座，服务区1座。2022年完成产值11527.9万元，开工累计完成产值19004.1万元。

秘鲁瓦努科至瓦杨柯公路扩建项目　位于秘鲁首都利马东北280千米的瓦努科省，全长236.629千米。合同投资25.45亿元。合同工期2018年11月28日至2028年12月31日。主要工程量：土建工程（1～3区段）及大修养护工程（1～5区段）。土石方1102万立方米，粒料基层37.9万立方米，混凝土11.6万立方米，沥青混凝土11万立方米；桥梁24座436.5延长米；隧道1座5.8万立方米580延长米；收费站1座；称重站1座；金属波纹管涵448座5482横延米，钢筋混凝土箱涵145座1968.5横延米，挡墙18.2千米；过水路面45座1357米。2022年完成产值70174万元，开工累计完成产值133430.3万元。

河北固安空港新城城市更新项目　位于河北省廊坊市固安县。合同投资74.17亿元。合同工期20年，分五期进行，计划开工日期2022年7月15日，计划按开工时间不同分批次竣工。安置房一期工程2022年12月31日开工建设。主要工程量：安置房一期工程，占地面积4.1万平方米，设计房屋8栋，建筑层数为地下2层、地上18层，建筑高度54米，总建筑面积142207.39平方米，其中地上建筑面积102690.87平方米。土建、安装、装饰装修、绿化及所有配套设施由二公司组织施工,预制装配式叠合板、AAC 墙板、楼梯由四公司构件厂生产。2022 年完成产值 11827 万元,开工累计完成产值 11827 万元。

新建铁路穗莞深城际(前海至皇岗口岸段)站前工程一工区　长 5.61 千米。合同投资 15.05 亿元。合同工期 2021 年 11 月 20 日至 2026 年 11 月 19 日,2022 年 2 月 16 日开工建设。主要工程量:工作井 3 个,盾构隧道 1 座 10994.73 延长米,矿山法隧道 1 座 126 延长米。2022 年完成产值 23197 万元,开工累计完成产值 23197 万元。

安哥拉本格拉省熟料水泥生产线一期工程项目　位于安哥拉共和国本格拉省卡通贝拉市 Cama 镇 vimbalambi 区。合同投资 1846 万美元。合同工期 12 个月,以业主方交付场地,具备施工条件并签发开工令为开工日期。主要工程量:联合车间土石方 1.4 万立方米,混凝土 1.34 万立方米,钢结构安装 170 平方米;原料堆棚土石方 1 万立方米,混凝土 0.16 万立方米,钢结构安装 1 万平方米;预均化堆棚土石方 0.6 立方米,混凝土 0.25 万立方米,钢结构安装 0.5 万平方米;办公住宿 4000 平方米,总降变电所 1200 平方米,围墙与安防工程 2043 米及室外排水、绿化、管线等。2022 年完成产值 1465.96 万美元,开工累计完成产值 1522.05 万美元。

马拉维马尔卡至班古拉铁路设计、升级和修复工程项目　位于马拉维南部地区,长 72 千米。合同投资 8364.23 万美元。合同工期 18 个月,2022 年 5 月开工。主要工程量:路基挖方 20.99 万平方米,填方 90.13 万平方米,桥梁 26 座,涵洞 114 座,正线铺轨 71.123 千米,站线铺轨 10.103 千米,道岔铺设 32 组,平交道口 45 处,站房 1860 平方米。2022 年完成产值 1260.81 万美元,开工累计完成产值 1260.81 万美元。

喀麦隆吕—曼金公路项目　位于喀麦隆中央省地区苏博拉高原东南部,全长 96.7 千米。2A、2B 标合同投资 1.03 亿美元。合同工期 24 个月,2021 年 10 月 27 日开工。主要工程量:N15 主路路面设计宽 10 米,其中沥青混凝土路面宽 7 米,沥青双表路面双侧宽各 1.5 米,路面结构层 30 厘米厚天然砂砾粒料底基层,20 厘米厚 0～31.5 毫米级配碎石基层,5 厘米厚沥青混凝土面层。2A、2B 标包括路基挖土方 303.75 万立方米,填方 314.52 万立方米,沥青面层 3.82 万立方米,圆管涵 178 座 3090 横延米,箱涵 180 座 2648 横延米,桥梁 5 座 184 延长米,重型车辆称重站 1 处。2022 年完成产值 4659.52 万美元,开工累计完成产值 4959.91 万美元。　(吴光华)

【经营管理】　工程承揽。实现一次经营 2152.5 亿元,其中国内 2045.4 亿元、海外 107.1 亿元。工程板块新签 1934.8 亿元,其中铁路 233.7 亿元、公路 292.7 亿元、房建 817.9 亿元、市政 204.6 亿元、城市轨道 37.4 亿元、水利水电 160 亿元、其他工程 188.5 亿元。非工程板块新签 217.85 亿元,其中房地产开发 19.4 亿元、物流物贸 90.1 亿元、工业制造 56.2 亿元、勘察设计 2.61 亿元、运营维管 48.2 亿元、试验检测 0.87 亿元、其他新签 0.47 亿元。

企业管理。坚持计划引领,制定年度生产经营计划指标,召开季度企业生产经营活动分析;以绩效考核为导向,完善单位负责人业绩考核办法,完成 2021 年所属单位绩效考核;加强三级公司建设,推进“专精特新”企业建设,完善企业资质结构;优化完善规章制度的审核机制,有效开展内审和管理评审,保持管理体系有效运行和认证证书的有效性,不断加强生产经营活动管控能力。检测公司成功延续检测资质,房地产公司所属凯盛达公司取得房地产开发二级资质,五公司取得市政公用工程施工总承包二级资质、公路工程施工总承包二级资质。所属 5 家单位进入 6 项中国铁建三级公司 20 强,房地产公司入选“非工程板块三级公司效益 20 强”“非工程板块三级公司规模 20 强”;长安重工入选“非工程板块三级公司规模 20 强”;安哥拉公司入选“非工程板块三级公司效益 20 强”;二公司入选“工程公司属地化 10 强”;市政公司入选“工程公司属地化 10 强”。

经济管理。通过提升经济管理标准化水平,狠抓前期预控、变更索赔、成本价格及分包合同管控,坚持效益风险预警分析,强化亏损项目整治,修订管理制度、推行标准化信息化、加强经管队伍建设。集团在建项目实现综合收益额 25.85 亿元,综合收益率 6.46%;实现变更索赔额 85.39 亿元,变更索赔率 13.94%,变更索赔收益率 16.97%。梳理流程,规范管理,编制经管标准化手册,修订管理办法,发布《经管信息》4 期,组织开展提质增效工作。坚持季度在建项目效益风险预警制度,坚持经济管理重点关注项目联络制度,组织工程公司对效益风险预警项目进行经济管理督导,核实项目经济风险,制定控制措施。加强经济管理部与财务资金、成本督导中心、审计监事、法律合规部门联动,共享业务数据分析、风险监控等风险预警成果,健全大风控、大监督体系。按照及时介入、动态监控、分级整治的原则,建立工程公司领导亏损项目包保机制,对亏损金额多、效益风险大的项目实行分级包保,及时签订包保目标合同,部门分工盯控,领导督导,推动项目减亏扭亏。

安全监督。2022 年,获评股份公司年度安全生产优秀单位。开展创优活动,树立企业品牌,获全国工程项目施工安全生产标准化建设工地 3 项;获评省部级安全文明工地、平安工地 18 项。召开安全生产工作会议 3 次,安全生产委员会专题会议 4 次。董事长、总经理与各公司主要党政领导干部签订 2022 年安全生产包保责任状。年终兑现责任状,奖励标杆单位。强化安全总监的配备,10 个区域指挥部均配备兼职安全总监,10 个国内工程公司配备专兼职安全总监,并进入班子序列。持续完善安全管理制度,按照“1 + N”管理思路,形成“《安全生产管理办法》为总纲、配套 16 项制度”的安全管理制度体系。组织参加第 21 个全国“安全生产月”活动,加强安全标准化工地建设和安全教育培训,先后开展督导检查 5 次,规范安全管理作业程序。积极推行桥梁施工高处坠落预防“五个一”措施。高处作业施工严格落实“一帽(安全帽)一绳(安全绳)一栏(作业平台与防护栏杆)一梯(安全爬梯)一网(安全网)”。重视大型生产设备、智能化装置的投入和升级改造,减少人力投入,改善作业条件,做到“机械化换人、自动化减人”。

财务管理。开展综合治理专项行动,9 个抽查验收组抽查境内单位 191 个、海外单位 23 个,海外直管项目全覆盖。健全清欠体系,突出重点项目管控,50 个股份公司重难点督办项目应收账款减少 10.11 亿元、合同资产减少 7.93 亿元。注重精准施策,有效遏制“两金”增长。享受西藏地区优惠贷款、财务公司“专精特新”“绿色环保”“纾解贷”等产业扶持政策,办理优惠贷款 29 亿元。发挥“资金池”功能,调剂资金支持房地产开发及投资项目 32 亿元,保障生产经营平稳运行。成功引入权益资金解决汉中兴汉新区、襄阳小清河、固安空港新城等城市更新类项目融资难题,成功筹集资金 13.09 亿元。合理策划用足政策,税务风险防控能力持续增强;完善体系强化监督,海外财务管控水平持续提升;共享平台迭代升级,数智赋能建设持续加快;夯基固本强化引领,决策支持能力持续加强;坚持人才为本理念,财务队伍建设持续推进。持续开展资金安全检查及银行账户清理工作,设立信贷业务预警岗位,规避信贷业务逾期风险;明确存出保证金和保函业务标准,规范审批流程,防范保函逾期风险;规范应收账款保理业务账务处理,确保账实相符,账表一致;开通银行公务卡办理缴税业务,防范资金风险。狠抓账户清理、资金集中和上存,注销外部银行账户 133 个,持续优化资金结算方式,集中资金至财务公司账户。“统收统支”模式归集资金 27.73 亿元,通过资金归集调剂资金 36.79 亿元,用于项目施工生产、投标经营、有息负债压降。强化预算引领,支撑战略配置资源。坚持目标导向,突出专项管控。完成上报月报、季报、年报的编制,及国务院国资委、财政部各种财务报告的编报和信息披露工作。集团公司、一公司、二公司、三公司等 16 家单位获纳税信用级别评定“A 级纳税人”荣誉。全集团收到增值税留抵退税款 1.64 亿元,享受企业所得税退税、出口退税、疫情防控期间税收优惠 5200 万元。严肃开展境外“违反财经纪律侵吞公款”专项整治行动,全面排查、纠正境外违反财经纪律侵吞公款行为,加大责任追究和问题整改力度,确保专项整治工作的严肃性、整体性;深入分析境外财务资金管理过程中存在的短板和漏洞,建立健全制度体系,充分发挥境外派出财务主管人员“探头”作用,不断提升境外财资监管水平。开展“业财融合大讲堂”“我是财务部长,提升会计信息质量我怎么做”系列讲座 13 期;抓好职称及执业资格考试,通过中高级职称考试 60 人,新增注册会计师 3 人、税务师 7 人;1 人入选中央企业财务菁英培训高端班,3 人入选省级高端会计人才培养工程,3 人被评为股份公司首批财务专家。持续加强梯队建设,新招大学生 105 人。在中国施工企业管理协会举办的 2022 年建筑财税优秀论文、案例评选活动中,集团公司获中施企协财税管理最佳案例 2 篇,特等奖论文 1 篇,优秀案例和一、二、三等奖论文 27 篇。

审计监事。开展各类审计 187 项,出具审计报告 183 份;审计发现各类问题 915 条,涉及问题金额 96317.55 万元;提出审计建议 807 条,被采纳 797 条;纠正违规金额 36937.54 万元,促进增收节支 5380.66 万元,挽回或避免经济损失 3934.47 万元,集团审计人员年人均创效 182.65 万元;集团两级审计全年移送违规违纪问题线索 24 条。其中,集团本级审计监事部开展各类审计 26 项,出具审计报告 26 份;审计发现各类问题 193 条,问题金额 67409.67 万元;提出审计建议 107 条,采纳 107 条;纠正违规金额 29327.25 万元,促进增收节支 2791.16 万元,挽回或避免损失 2660.21 万元,年人均创效 302.85 万元;审计监事部移送较大、重大违规违纪问题线索 9 条。组织召开经济“大监督”工作推动动员会、定期工作例会以及专项会议等 6 余次。办理违规经营损失问题事项 12 项,完成责任追究 9 项,问责追责 10 人次,其中 5 人次扣减当年度绩效工资的 50%,3 项问题线索复核中。通过问责追责挽回损失 1036.38 万元,完善制度 1 项。其中,集团本级完成违究 5 项,追责5人次,挽回经济652.14万元。开展审计发现问题273个,其中完成整改问题233个,未完成整改问题40个;未完成整改问题中整改中40个,未整改0个。

物资设备。完善运行体系,夯实管理基础。修订供应商管理、评标专家及专家库管理、设备租赁管理、物资采购合同范本制度办法;制定加强项目物资设备管理实施方案、物资验收、凭证和管理档案标准化管理要求。开展业务培训,提升人员素质。持续开展每月一课线上培训,参训人员达1248人次。优化信息系统,提高管理效率。按照股份公司要求,作为试点单位积极推广应用铁建云集采平台;完成PM系统数据向一体化平台迁移;坚持做好物资设备采购、租赁和周转材料使用信息公示。强化集团评标专家管理,发布集团2022年物资设备评标专家库。通过源头采购、框架集中采购、竞争性谈判和商城比价等采购模式,降低采购成本。科学研究论证,减少设备投入。重点关注隧道机械化施工中大机设备配置,在选型配置环节进行充分研究论证,合理配置,降低项目综合成本。强化监督考核,确保制度落实。定期组织开展物资设备业务检查,跟踪检查问题整改落实;对重难点项目实行包保责任;认真开展对下业务考核。完善集团物资设备供应商管理平台,扩大物资设备采购供应商资源库,供应商管理平台完成物资供应商注册6555家,审批通过4245家;完成设备供应商注册1442家,审批通过653家。发布集团物资设备合格、优秀供应商名册,收集风险供应商信息,加强物资设备招标采购工作。国内拥有机械设备3963台(套),原值305567.70万元、净值77632.31万元;设备总功率816576.12千瓦,人均动力装备率52.19千瓦,人均技术装备率4.96万元;国内大型设备数量150台(套),原值169533.99万元、净值41022.48万元;大型设备完好率93.88%,大型设备利用率87.93%;机械化施工程度92%。境内项目各类原材料及能源期初库存27579.51万元,收入1620795.74万元,消耗1616805.69万元,期末库存31569.56万元。主要材料消费量:钢材1162184.81吨,水泥3135292.96吨,炸药2370.03吨,油料101315.14吨,木材6176.37立方米。完成国内项目物资设备采购金额2.5512亿元,节约采购费用2152.2万元;完成境外项目物资设备采购10625.70万元,节约采购费用1326.12万元。中铁二十局铁建云采平台填报项目并审核通过219个,申报采购计划480条,审核通过442条,涉及采购金额120.85亿元,组织线上采购318次,涉及采购金额79.26亿元,线上采购确定成交结果224次,涉及采购金额45.24亿元。根据周转材料计划,采购、验收、发放、回收、退库工作要求,建立周转材料实力台账,同时关注其收支台账闭合情况。境内单位周转材料原值69701.99万元,未发生周转材料损失情况。以使用单位为基础,每月公示其实力、在用、闲置、调拨需求等情况,通过信息共享,进行内部调剂,周转材料调剂原值3016.14万元。

(徐　果　赵著平　宁艳丽)

【科技教育】 集团公司获评“国家知识产权优势企业”,获菲迪克最高奖——全球杰出工程奖1项。获省部级科学技术奖7项,股份公司级科学技术奖16项,四川土木工程李冰奖1项,微创新成果奖23项;省部级工法24项;申请专利513件,授权专利422件,其中申请并授权海外发明专利1项,获中施企协高推广价值专利大赛12项、股份公司优秀专利奖3项;新发布技术标准11项,其中国家标准3项,地方标准1项,企业标准1项,团体/协会标准6项;交通运输重大科技创新成果入库科技项目1项、专利4件、专著1部、科技论文1篇;国家铁路局重大科技创新成果入库铁路技术标准1部、科技论文6篇;省部级以上科技立项4项;获茅以升铁道工程师奖1人。国家级企业技术中心与高原隧道研发中心运行良好,与铁一院联合申报轨道交通工程信息化国家重点实验室。研发费加计扣除减税4293万元。委派内外部专家现场技术指导22次,审查重难点项目施组35项、施工方案36项,组织开展项目经理讲施组1397次,施组预警分析56次,指导施组动态调整46次,深入现场梳理剩余工程施组13次,获股份公司优秀实施性施组2项。集团公司“1+X”管理办公室共组织“建筑工程施工工艺实施与管理”证书考核41场,覆盖院校125所,经教育部认定考试合格的人数5391人。在六公司西安荣民科创园项目组织召开集团超高层建筑现场技术交流会,集团所属各单位近800名技术骨干通过“现场+视频”方式参会。拥有国家级企业技术中心、博士后科研工作站、陕西省博士后创新基地、中国铁建高原隧道施工技术及装备研发中心和9个省级企业技术中心科技创新平台、9个省级企业技术中心。拥有10家国家高新技术企业。获上级资助科研经费257.15万元;全集团公司科技经费投入10.22亿元,其中,集团本级直接科研经费投入1776.97万元。编辑出版内部杂志《工程科技》4期(季刊),发表文章56篇,出版《道路桥梁与城市交通建设研究》《土木工程项目管理与施工技术探索》《复杂突变地层地铁工程施工技术》《地铁轨道施工技术》技术专著4部。

教育培训。创新优化制度体系，夯实规范管理基础，强化服务中心能力，拓展外部资源，加强培训效果评价。修订《员工教育培训管理办法》《职业资格证书管理办法》，强化制度顶层设计，创新优化教育培训体系，促进员工自主学习。新制定《职业技能等级认定工作实施办法》。建立企业中高层管理人员轮训机制，举办2期“走进华为学管理——企业中高层领导人员高级研修培训班”；聚焦“青年人才”培养，举办集团公司第一届“青年英才暨青马工程”培训班、新员工入职培训；聚焦师资队伍建设，首次引入企业内训师新理念，举办2期“建匠成师”内训师培训班；聚焦“总部建设”，打造“总部大讲堂”“总部员工综合素质提升训练营”两个学习平台，解决“灯下黑”问题。沟通协调、助力指导技工学校、培训中心获取陕西省“八大员”和BIM证书考点资格，顺利举办第一期全国BIM技能等级(一级)考前培训班。加强职业资格证书“蓄水池”建设，开展一级建造师考前培训、继续教育培训，全力推进安全“三类人员”证书配套工作，持续开展“八大员”培训取证工作。实现内部员工考取勘察设计类注册类证书零的突破。完成集团公司技能评价中心三年有效期备案。员工参训34969人次。集团公司员工培训办班87期，采取常规线下集中培训、网络线上培训、视频培训等形式，累计参训13365人次，组织委派或调训参与股份公司及其他机构培训班22期，累计参训8811人次。拥有一级注册建造师1075人，专业1521人次。拥有注册造价师250人次，集团本级111人次，所属各单位专业139人次；拥有注册安全工程师385人，集团本级104人，所属各单位281人。153人取得安全B类证书，与一级建造师实现对应匹配，311人取得安全C证。承办股份公司2022年度工程测量、起重装卸机械操作工、挖掘铲运与桩工机械司机、汽车维修工等4个职业高级技师认定工作。完成认定人员的资格审查、考前培训、考核认定、论文答辩等工作。参加技能认定66人，认定合格59人，并在陕西省完成认定数据的备案工作。完成工程测量员、物理性能检验员、电工、挖掘铲运和桩工机械司机等7个职业技师及以下职业技能等级认定，从理论考试、实操考试和论文答辩等3个层面进行考核，92人参加认定。住房和城乡建设领域施工现场专业人员培训考试9期，319人参加考前培训，317人完成取证。中铁二十局136人完成取证。

(尤 楠 何 萍)

【党群工作】 党的工作。党员6631人，党组织496个，其中党委20个，党总支5个，党支部471个。推动习近平总书记重要指示批示精神贯彻落实。组织所属52家单位，以现场会和电话传达形式就中国铁建“两类”人员和陕西省国资委党委“三类”人员推选要求进行层层传达，“三上三下”逐级遴选，确保所属党组织全覆盖。扎实推进党的创新理论“大学习”活动。组织员工实时收听收看党的二十大开幕会直播盛况，全员参加国务院国资委、中国铁建“党的二十大精神宣讲会”。制定学习宣传贯彻党的二十大精神的通知及工作方案。确保党中央及上级党委重大决策部署落地落实。持续深化国企改革三年行动。颁布企业“十四五”发展战略与规划，国企改革三年行动82项改革任务“响铃交卷”，动态更新236项，新立、修订各类制度办法45个，组织80多名党员领导干部“走进华为学管理”，6次邀请资深专家解读经典管理案例，持续深化、推动企业转型升级。持续认真履行企业社会责任。推荐1名干部到西藏自治区江达县挂职，落实援藏资金175万元、中国铁建包保地区消费帮扶91.3万元、“央企消费帮扶新春行动”消费帮扶14.9万元、采购工装600余套。落实陕西省“两联一包”帮扶资金20万元，消费采购4万余元，募集捐款5.1万元，资助学生5人次，农业技能培训15人次，资助医药健康包及紧俏防疫物资80多份，助力乡村振兴。召开二十局国家安全人民防线工作领导小组会议，成立参与“一带一路”建设工作领导小组，与出(归)境人员谈话378人次，签订承诺书142份，加强境外项目风险防控。开展全民国家安全教育日宣传教育活动，邀请陕西省委保密办领导对总部人员进行集中教育，参加中国保密在线培训2000余人，配发保密书籍1200余册。印发境外项目佣金管理“六条禁令”，51家单位完成业务从微信群、QQ群向铁建通“转移”。推动党的领导深度融入公司治理。修订完善公司章程、党委议事规则、总经理工作细则、董事会议事规则、董事会授权管理制度、“三重一大”决策制度实施办法，明确“三重一大”事项清单218项，其中前置研究85项，明确5类7项董事会授权总经理办公会研究事项，厘清不同治理主体权责边界。召开党委常委(扩大)会23次，研究议题359项，其中前置研究231项；召开董事会21次，研究议题116项；召开总经理办公会研究议题363项。巩固深化全国国企党建工作会议成果。以“七张清单”抓具体、“两支队伍”抓责任，有力推动党建重点工作见成效。2张“党建清单”补短板。制定49条措施“工作清单”认真落实中国铁建党委2022年党建责任书和党建重点工作。建立党史学习教育专题民主生活会“查摆问题整改清单”，按照责任分工和规定时限推进5个方面128条意见改深改细改实。建立中国铁建党委2021年度党建工作责任制考核“反馈意见整改清单”，以23项措施盯住7个方面意见推进快改深改严改。建立中国铁建党委第四巡视组“反馈问题整改清单”，对标53条反馈意见细化187条整改措施促进各责任单位(部门)提升提质提效。两张“办事清单”重实效。梳理汇总49项“监督责任清单”，开展对“一把手”全面监督，建立党组织书记、纪委书记同下级“一把手”谈话和述责述廉工作机制，加强干部队伍自身建设办实事；中铁二十局80多名党员领导干部制定“坚持做好一件事”清单，以255条措施转作风、强管理、求实效，以实干作风办成事。党建“大考”压担子。以“现场＋书面”方式，47名党组织书记递交述职报告。通过“541”考核工作法对47个党组织进行党建工作责任制考核。党建“联系”解难题。领导班子成员带着“七个一”任务深入党建工作联系点调研11次，谈心谈话120人次，解决难点问题23个，指导各级班子成员撰写调研报告320篇、讲党课593场。建强基本组织体系。新成立单位设党组织112个；完成中铁二十局党委及所属65个党组织换届选举。坚持“同标准”、接受双重组织管理和“五不公开”原则，不断增强境外党组织政治功能和组织功能。制定党支部评价定级创建晋升实施办法，规范26项党群工作流程，双月刊发《支部建设》简报，指导基层党建工作。年内，评定示范党支部18个、优秀党支部101个、达标党支部302个，表彰一批“先进基层党委”“先进基层党支部”，13个党支部入选中铁二十局第三批“示范党支部”。提升基本队伍素质。专职党务干部401人。选拔37名项目党支部书记、71名党群后备人才列入“100名党务人才”培养计划，与集团公司77名党群专家结对、签订导师带徒协议进行“定向”精准培养，培训发展对象278人、新党员279人、党组织书记暨组工干部532人。通过总部“送好课下基层”、“三会一课”、主题党日、线上培训等方式，实现党员轮训保时、保质。6631名党员参加党史学习教育专题组织生活会和民主评议党员工作，评出优秀党员1185人。发放“光荣在党50年”纪念章19枚，社会化移交退休党员178人，慰问困难党员(188人)54.43万元。大力开展创岗建区活动，开展“十大金牌项目书记”评选活动，年内表彰“优秀共产党员”94人，“优秀党务工作者”19人，评选中铁二十局首届“十大金牌项目书记”10人，新提拔党务干部至副职级16人、科级10人。完善基本制度体系。下发年度党建工作要点，制(修)订党组织书记同下级“一把手”谈话的工作意见等工作制度(方案)15项。中铁二十局党委主持编印新建CZ铁路项目经理部党群工作策划交底书，所属单位对10个新上项目完成党建策划。五公司宿鸭湖清淤扩容项目党支部、中铁长安重工公司党委“党建融入科技、生产”的做法先后入选工程建设企业党建“最佳案例”、陕西省和中国铁建党建工作“优秀案例”；《国有企业党建优势转化为发展优势研究》《国有企业党管干部、党管人才与市场化选人用人机制的协调统一研究》分获中国铁建2021—2022年度优秀政研成果“一等奖”“二等奖”。坚持党管干部，建设新时代高素质干部队伍。对新提拔干部54人均进行任前公示、谈话。以深入学习习近平新时代中国特色社会主义思想，学习研讨党的二十大精神、习近平经济思想、《习近平谈治国理政》第四卷等为主要内容，党委常委(扩大)会学习“第一议题”26项，二十局党委理论学习中心组学习12次，专题研讨4次。开辟门户网站主题宣传专栏，刊登各单位学习贯彻落实党的二十大精神、企业改革发展、党的建设等情况，讲好企业故事；对接《人民日报》、央视等国内重要媒体，加大企业重难点项目新闻报道，持续开展“我请宣传部部长来讲课”“美美与共”“十大新闻人物”“十大新闻事件”评选等活动，获评中国铁建“对外新闻报道先进单位”“新媒体建设先进单位”。强化思想教育，突出文化引领。深入开展“正气、志气、和气”年主题活动，及时报送青年员工思想状况调研报告，组织宣讲新时代中国铁建文化与品牌，牵头互鉴中国铁建西北区域各二级、三级单位文化与品牌工作，印发“十四五”企业文化建设发展规划、视觉识别系统规范手册，总结形成二十局“十大文化”体系。《建强“走出去”干事创业队伍、树立文明有礼大国形象——中铁二十局莫桑比克公司思想政治工作案例》获评“全国基层思想政治工作优秀案例”，“关于企业品牌文化建设的实践与思考”获评中国思想政治工作研究会“优秀研究成果”。中铁二十局获评陕西省思想政治工作先进单位，1人获评陕西省思想政治工作先进个人。传承红色精神，强化舆情监控。连续8年分赴陕西安康，青海天峻、乌兰和甘肃酒泉祭奠英烈，赓续红色精神，凝聚奋进力量。与陕西大群信息科技签订《互联网舆情监测系统服务合同书》，有效防范、化解突发事件的负面舆情；通过舆情监测，全集团排查负面消息，定期分析舆情月报及舆情整体情况，提升舆情处置能力。

党风廉政建设。从严抓好党风廉政建设和反腐败工作。召开2022年度党风廉政建设和反腐败工作会议，实名通报执纪审查典型案例，强化警示教育。深化巩固纪检机构改革，本级纪委增设副职级纪检专员1人，考察提拔子公司纪委副书记2人，新补充纪检干部9人，为18个单位（项目）配备专职纪检负责人。开展纪检知识系统化学习活动，列出39项必学内容，提出“3个20”纪检巡察骨干培训计划。一体推进“三不腐”，深入整治突出问题。坚持以案促改、以案促治，发出纪律检查建议30份，提出建议57条，完善制度8项，整改问题30条，打通“惩改治”内在联系。组织观看《零容忍》《权钱迷途》，领导人员讲授廉洁党课147场次，参观监狱和看守所53场次，邀请专家授课8场次，两级纪委通报典型案例和警示教育105次，受众人数12989人次。组织学习中铁十二局韦昌学优秀项目经理事迹267场次，开展“项目经理谈廉洁”活动203场次。紧盯传统节假日等重大节点，66个检查组深入256个基层单位开展监督检查；新立、修订文件146份，废止文件106份，召开视频会议、网络电话巡检监督，大力推进为基层减负。深入开展“四个专项”整治工作，深化靠企吃企问题专项整治“回头看”，督促34个问题整改完成，党纪政务处分13人次。落实监督主体责任，促进各类监督贯通协调。两级党委书记、纪委书记分别与433名和389名党政“一把手”进行谈话，严查快办涉及各级“一把手”和领导班子问题线索31件，党纪政务处分35人次。有力发挥政治巡视利剑作用。落实巡视反馈意见，深化巡视整改。常规巡察所属子公司4个、区域指挥部4个，下沉项目19个，现场督改问题49条，反馈问题258条，被巡察单位党组织完成整改167条，完成并长期坚持87条，持续整改4条，修订完善制度53项，经济退赔974.36万元，针对巡察移交线索，党纪政务处分2人。

工会工作。工会会员15764人，其中女职工会员4371人。集团公司工会1个，子分公司工会19个，项目部、工程队级工会323个，工会小组660个。成立工会委员会18个、工会工作委员会26个，设专兼职工会干部153人。制定下发年度工作要点，对上年度所属单位工作开展情况进行考核，评选表彰先进单位12个。全年向党委专题汇报工作3次。坚持民主管理。召开五届四次职工暨工会四届四次会员代表大会，签订2022—2023年集体合同和专项集体合同，对21件职工提案立案处理，职代会民主评议集团公司领导班子成员平均优良率98.45%。换届选举产生董事会职工董事、监事会职工监事，参加中铁二十局董事会、监事会会议及相关活动21次。进一步完善和规范企务公开工作机制，通过全国厂务公开民主管理先进单位复检。召开工会四届四次全委会议和第五届职代会第二次、第三次联席会议，审议通过提案承办部门先进评选办法等重大事项，提升提案工作质量和落实率。召开工会常委会6次、主席办公会和专题会3次，强力推进工作落实。做好维权服务。集体合同履约兑现，帮扶8名职工子女解决就业问题，年末员工工资拖欠未超过3个月，全年缴纳“五险”5.83亿元，在岗职工体检率94.68%。聘任工会安全监督检查员进行督导检查，与安监部门联手维护安全生产平稳态势，2个单位获全国“安康杯”竞赛先进集体和优胜班组。筹措资金170万元，改善所属20个项目职工生活条件，开支46.59万元下拨专项资金27.5万元用于各子公司职工书屋购置图书，获中华全国总工会“便利性阅读站点”4个。帮扶职工和农民工子女就学177名，“送清凉”493万元，“送温暖”374万元，慰问困难职工402万元、省部级以上劳动模范8.8万元。帮扶罹患重大疾病女职工10人，组织30名单身青年参加七夕联谊活动，获陕西省及建设工会“五一巾帼标兵”称号2人，“五一巾帼标兵岗”3个，中国铁建“幸福家庭”4户。搭建平台助力。深入开展“建功‘十四五’、奋进新征程”主题劳动竞赛，获中国铁建及以上荣誉19项，连续6年获评陕西省劳动竞赛优胜单位，1人获全国铁路总工会火车头奖章，评选中铁二十局劳动模范10人。向中国铁建推荐合理化建议11项，向省总工会推荐技术工人待遇申报12项，累计创新技术成果55项，取得专利142件，创效2.48亿元。向中国铁建“职工e家”推送专题微信52篇，排名中国铁建工会系统第3。

共青团工作。基层团委16个，团工委1个，团支部219个；共青团员2741人；兼职团干部412人，专职团干部22人。开展“我和先辈比奋斗 踔厉奋发展风采”主题团日活动，示范引领团青传承红色基因。开展8次一月一主题团日活动，参与团员2741人次。以“青春向党、祝福祖国”“学习二十大　青春颂党恩”“践行企业文化　凝聚青春力量　全力冲刺争先”“安全生产　青年当先——安全青年在行动”等主题为引领，深入贯彻习近平总书记关于安全生产重要论述，强化安全责任意识，凝聚青春力量，展现青年担当。

（王　磊　林明锐　李　滢）

【第一工程有限公司】　拥有公路工程施工总承包特级，建筑、市政公用（限城市道路与桥梁）工程施工总承包一级，铁路工程施工总承包二级，桥梁、隧道、公路路面、公路路基、公路行业设计甲级，地基基础工程专业承包一级，建筑装修装饰专业承包二级，航道、钢结构工程专业承包三级，预拌商品混凝土专业承包资质。

主要承接建筑、公路、铁路、城市地铁及轻轨高架、港口与航道、水利水电、机场、码头、市政公用、装饰、设备安装等项目的施工总承包、工程总承包和项目管理。驻江苏省苏州市大同路10号。董事长、党委书记高永吉，总经理、党委副书记李战荣。职工2053人。资产总额389333.94万元。其中，固定资产原值46514.86万元、净值10396.13万元，流动资产321980.93万元。机械设备210台(套)。设备原值15759.93万元、净值3582.35万元。总功率22994.7千瓦，技术装备率1.74万元/人，动力装备率16.05千瓦/人，成新率22.73%，完好率93%，利用率89%。年施工能力100亿元以上。

2022年，新签合同额241.16亿元，承揽工程28项。完成营业总收入60.17亿元，实现利润9170万元。增加固定资产2505.85万元。国有资产保值增值率98.98%，资产负债率89.74%，产值利润率1.15%，净资产收益率19.55%。职工年人均工资101200元。上缴税金3598万元，支付劳保统筹8156万元，应上缴款完成率100%。单位工程合格率100%。（张宛洳）

【第二工程有限公司】 拥有全国公路工程施工总承包特级，铁路、矿山工程施工总承包一级，建筑工程施工总承包二级，水利水电工程施工总承包三级，隧道、桥梁、公路路基、公路路面、地基基础工程专业承包一级，环保工程专业承包二级，工程设计公路行业甲级资质。注册资本金10.1亿元。驻北京市海淀区西四环北路158号慧科大厦东区12层。党委书记、董事长陈耀华，总经理钟选良。职工2027人。资产总额50.04亿元。自有设备970台(套)。设备原值48762.34万元、净值11347.18万元，成新率40%。总功率106951千瓦，人均技术装备率6万元，人均动力装备率53千瓦。年综合施工能力80亿元以上。

2022年，新签合同额304.5亿元，在建项目42个，产值83.0126亿元。全员劳动生产率18.73万元/(人·年)，国有资产保值增值率97.94%，资产负债率86.63%，营收利润率1.7%，净资产收益率2.17%。单位工程合格率100%。（马宏远）

【第三工程有限公司】 拥有市政公用工程施工总承包一级，公路工程施工总承包二级，建筑、机电工程施工总承包三级，桥梁、隧道、装饰装修工程专业承包二级，古建筑、地基与基础、城市及道路照明、环保工程专业承包三级资质。经营范围涵盖公路工程、铁路工程、市政工程、水利水电工程、房建工程、城市轻轨工程等施工。驻重庆市南岸区黄桷垭镇崇文路28号附7号。党委书记、董事长吴青华，总经理屈家奎。职工1350人。资产总额394516.19万元。其中，固定资产原值35438.45万元、净值10504.39万元，流动资产344067.24万元。大型设备8台(套)。设备原值2.12亿元、净值0.8亿元，总功率45472千瓦，技术装备率8.05万元/人，动力装备率33.58千瓦/人，设备成新率32.25%、完好率92%。

2022年，新签合同额235亿元，产值82.09亿元，利润总额0.71亿元。职工年人均工资14.95万元。国有资产保值增值率115.33%，资产负债率90.60%；收入利润率2.5%；净资产收益率19.55%。年内减少固定资产5549.96万元，上缴税金7765万元。（吕　娜）

【第四工程有限公司】 拥有公路工程施工总承包特级，铁路施工总承包一级，建筑、矿业、市政施工总承包二级，以及桥梁、隧道、公路路基、铁路铺轨架梁、建筑装修装饰工程专业承包一级，环保、建筑幕墙、钢结构专业承包二级资质；公路行业甲级设计资质、对外承包工程资格。经营范围涉及工程施工、工程检测、铁路运输、铁路铺轨架梁、城市驻车、资本运作、装配式建筑及海外业务等多个领域。驻山东省青岛市崂山区东海东路89号。党委书记、董事长李瑛，总经理张林。职工2840人。资产总额66.95亿元。其中，固定资产原值9.43亿元、净值2.03亿元，流动资产52.39亿元。设备545台(套)。设备原值58387.09万元、净值13395.19万元，总功率337338千瓦，成新率22.94%，技术装备率4.62万元/人，动力装备率116.24千瓦/人。主要施工设备完好率91%、利用率84%。

2022年，新签合同额418.3亿元，总产值106.1亿元，实缴税金8647万元，支付社保统筹14311.67万元。国有资产保值增值率114.20%，资产负债率98.09%，净资产收益率14.76%。单位工程和房建工程合格率100%，优良率100%。（董迎娟）

【第五工程有限公司】 拥有公路路基工程专业承包一级，建筑、市政、公路、水利水电工程施工总承包二级，隧道、桥梁工程专业承包二级，钢结构工程专业承包三级，劳务施工等9项资质。驻云南省昆明市官渡区关上国贸路星河明居A幢。党委书记、董事长张云飞，总经理段武全。职工1147人。资产总额390696.33万元。其中，固定资产原值53281.81万元、净值12942.08万元，流动资产347093.38万元。机械运输设备105台(套)。设备原值5834.28万元、净值3469.47万元，总功率22694千瓦；主要施工设备108

台(套),原值12218.88万元,净值5777.31万元,总功率22571千瓦;生产设备33台,原值574.40万元,净值99.10万元,总功率7251千瓦。技术装备率8.24万元/人,动力装备率46.31千瓦/人,成新率47%,完好率99.59%,利用率80%。年施工能力42亿元以上。

2022年,承揽工程24项,合同总额189.8591亿元。总产值62.63亿元。职工年人均工资9.5万元,上缴税金3740.1万元。增加固定资产3339.16万元。国有资产保值增值率78.17%,资产负债率89.01%,产值利润率1.14%,净资产收益率10.83%。单位工程合格率100%,房建工程合格率100%。 (杨晓娜)

【第六工程有限公司】 拥有建筑工程施工总承包特级,工程设计建筑行业甲级,铁路工程施工总承包二级,装修装饰、桥梁、隧道、钢结构、建筑幕墙、古建筑、环保、城市及道路照明工程专业承包一级资质。驻陕西省西安市未央区广安路3619号。党委书记、董事长刘德兵,总经理赵红喜。职工2156人。资产总额54.84亿元,负债总额49.41亿元,所有者权益5.43亿元。设备1627台(套)(含项目管理设备资产),原值2.82亿元、净值0.46亿元。其中,施工机械554台,原值1.83亿元、净值0.28亿元;运输设备242台,原值0.46亿元、净值0.07亿元;生产设备831台,原值0.53亿元、净值0.11亿元。技术装备率2.10万元/人,主要施工机械设备完好率96%、利用率85%。

2022年,新签合同额244.6亿元,总产值83.01亿元,利润0.76亿元。人均创利3.52万元,全员劳动生产率17.96万元/(人·年),职工年人均收入8.78万元。国有资产保值增值率95.23%,净资产收益率12.94%,产值利润率1.26%,资产负债率90.11%,应上缴款完成率100%。 (郑海山)

【市政工程有限公司】 拥有水利水电、市政公用、建筑工程施工总承包一级,地基基础、防水防腐保温、建筑装修装饰工程专业承包一级,钢结构、建筑幕墙、消防设施工程专业承包二级,公路、石油化工、机电工程总承包三级,公路路面、公路路基、桥梁、隧道、建筑机电安装、环保、起重设备安装工程专业承包三级,特种工程专业承包、模板脚手架专业承包(不分等级)资质;取得质量管理体系、环境管理体系、职业健康安全管理体系认证证书。驻甘肃省兰州市城关区北龙口永新化工园区。党委书记、董事长万雪琳,总经理任东平。职工705人。资产总额40.72亿元。其中,固定资产原值2.93亿元、净值0.73亿元,流动资产34.92亿元。拥有大、中型机械运输设备146台(套)。设备原值8378.77万元、净值2668.75万元,总功率35442千瓦,人均动力装备率35.72千瓦,人均技术装备率4.37万元,设备成新率31.85%、完好率91.35%、利用率86.45%,年施工能力50亿元以上。乘坐车辆161辆,原值2459.32万元、净值601.35万元,成新率24.45%。

2022年,承揽工程61项,新签合同144.39亿元,完成产值50.94亿元,实现利润0.41亿元,人均创利5.82万元。全员劳动生产率50.82万元/(人·年),职工年人均收入218629元。国有资产保值增值率102.92%,净资产收益率4.25%,营业利润率1.05%,资产负债率78.53%,应上缴款完成率100%。单位工程合格率100%,房建工程合格率100%。

(张学龙　田秀芳)

【中铁贵州工程有限公司】 拥有市政公用工程施工总承包一级,建筑、公路、水利水电工程施工总承包二级,建筑装修装饰、地基基础、环保工程专业承包一级,钢结构、隧道、桥梁、公路路面、公路路基、公路交通(公路安全设施分项)、河湖整治工程专业承包二级资质。驻贵州省贵安新区管委会湖潮乡岐山村安置房临时办公地。党委书记、董事长何国栋,总经理韩晓勇。职工425人。资产总额199941万元,固定资产1033万元。机械设备179台(套)。设备原值4515.90万元、净值2426.15万元。总功率36669.50千瓦,人均技术装备率5.71万元,人均动力装备率86.28千瓦,设备成新率53.72%、利用率90.24%。

2022年,中标项目24个,承揽总额29.53亿元。完成产值20.97亿元。其中,施工产值20.97亿元,利润2005万元。全员劳动生产率36万元/(人·年),职工人均年收入11.93万元。国有资产保值增值率100%、净资产收益率14.32%。应上缴国家税金435万元,实上缴国家税金210万元。 (邓永琳)

【电气化工程有限公司】 拥有机电、通信、市政公用工程施工总承包一级,电力工程施工总承包二级,铁路电务、铁路电气化、输变电、建筑机电安装、电子与智能化工程专业承包一级,电力设施许可证承装(修)一级、承试二级资质。驻陕西省西安市高新区新型工业园企业壹号公园6号。党委书记徐志,董事长、总经理王志义,党委书记、董事长王耀辉,总经理邓二栋。职工557人。资产总额161517万元。其中,固定资产原值5733万元、净值1978万元,流动资产154532万元。机械设备95台(套)。其中,载货汽车7辆,各类乘坐车辆61辆,起重运输车辆3辆,电气化作业设备1套,测量及试验仪器16套,混凝土设备2台(套)。设备账面原值2376.70万元、净值627.13万元,装机总功率10350千瓦,设备成新率26.39%,固定资产总额415.75万元。年施工能力15亿元以上。

2022年,承揽53.05亿元,施工产值15.31亿元,营业收入119260万元,利润总额6794万元,经营活动现金净流量18226万元。发放职工工资6940.56万元,在岗职工年人均工资12.85万元,全员劳动生产率274.87万元/(人·年)。资产负债率62.13%,净资产收益率9.99%。 (王宏星　田　华)

【南方工程有限公司】　拥有市政公用工程施工总承包二级资质。经营范围涵盖铁路、公路、市政、地铁和水工等行业以及"大土木"等与城市轨道交通相关联的全部领域,覆盖盾构施工、隧道隧洞、车站、铺轨、装饰装修、机电设备安装及租赁、管片及轨枕预制和销售、工程检测等。驻广东省广州市。注册资本金1亿元。党委书记、董事长吴红兵,总经理李增良。职工434人。资产总额184118万元。其中,固定资产原值46629万元、净值14206万元,流动资产156583万元。组资设备187台(套),原值71972.38万元、净值12960.81万元,总功率46807.7千瓦。其中,大型设备17台(套),原值64590.61万元、净值11089.45万元;中、小施工生产设备及车辆170台(套),原值7381.77万元、净值1871.36万元。设备资产成新率18.01%,技术装备率30.71万元/人,动力装备率110.92千瓦/人。大型设备完好率94.12%、利用率94%。

2022年,新增合同额80.18亿元,产值15.12亿元,营业收入12.54亿元,利润723万元,净利润456万元。 (赵　飞)

【房地产开发有限公司】　拥有房地产开发一级资质。注册资本金10亿元。主要经营房地产开发建设、建筑设计、商品房销售、物业管理、商业运营,着力打造以高端商品房为主、商业运营和物业管理为辅的产业格局。驻重庆市南岸区同景路8号22幢7－1。党委书记、董事长王双凯,总经理崔野。职工808人。资产总额90.04亿元。其中,固定资产原值2395.42万元、净值1273.4万元,流动资产83.75亿元。

2022年,增加固定资产25.97万元,上缴税金23657.65万元。职工年人均工资82205.63元。国有资产保值增值率115.59%,资产负债率83.72%,产值利润率(营业收入利润率)11.21%,净资产收益率16.12%。 (常　佳)

【中铁长安重工有限公司】　拥有钢结构工程专业承包一级,轻型钢结构工程设计专项乙级,钢结构制造企业特级,建筑、石油化工工程总承包三级,施工劳务资质。主要从事工程机械制造、钢结构工程设计制造施工以及物流贸易等业务。2017年12月,由中铁二十局集团西安工程机械有限公司与中铁二十局集团陕西物资有限公司合并重组;2018年3月,正式挂牌成立。注册资本金3亿元。驻陕西省西安市未央区广安路3619号。董事长、党委书记郑宗君,总经理田殿军。在编职工587人。设备220台(套),原值5783万元、净值2804万元,总功率5774.95千瓦。资产总额31.00亿元。其中,固定资产原值40673.45万元、净值29444.96万元,流动资产263684.04万元。年营业能力128.15亿元。

2022年,新签合同额128.15亿元,营业收入26.14亿元,利润3077万元。增加固定资产2044.81万元,上缴税金1585.54万元,支付劳保统筹1571.62万元,应上缴款完成率100%。 (张玉梅)

【中铁建科检测有限公司】　拥有铁路、公路及建筑行业材料、成品及半成品的检测试验、精密控制网建网、变形测量、无砟轨道测量、隧道地质超前预报及桥梁隧道无损检测能力。驻陕西省西安市太华北路89号。党支部书记、董事长刘育贤,总经理付建伟。在编职工66人。资产总额6500万元。主要仪器设备870多台(套),检测室总面积2000多平方米。

2022年,经营承揽11362.11万元,产值6033万元,营业收入5553万元,利润512万元。经营承揽11362.11万元。 (张艺波)

【物业管理有限公司】　拥有物业服务三级资质。注册资本金5000万元。经营范围为物业管理;房屋租赁及信息咨询服务;园林绿化工程施工;车辆租赁服务;酒店管理咨询服务;楼宇清洁、家政服务;日用百货、建筑材料、农副产品的销售;停车收费管理、票务代理。驻陕西省西安市未央区太华北路89号集团公司办公大楼11层。行政负责人、法定代表人王汉军,党工委书记李新文。 (王艳敏　唐华蕊)

【安哥拉国际有限责任公司】　拥有安哥拉国家"公共工程承包许可十级""公共工程设计十级"两项最高级资质,具备安哥拉工程总承包、物流贸易、农业园林、地产开发、铁路维护、设备供应、石油工程建筑施工等建设投资与配套服务。驻安哥拉共和国首都罗安达市。党委书记、董事长朱启辉、总经理韩书臣。职工 1046 人。固定资产原值 14073 万元、净值 2024 万元。机械设备 273 台(套),总功率 35246 千瓦,技术装备率 14.8 万元/人。

2022 年,新签合同额 159500 万元,营业收入 26145 万元,人均营业收入 532 万元,利润 7019 万元,人均创利 143.2 万元,全员劳动生产率 200.8 万元/(人·年),资产负债率 77.29%,应上缴款完成率 433.33%。　　(刘小国)

【莫桑比克有限公司】 拥有莫桑比克建筑行业最高等级七级资质。经营范围:铁路、机场、市政等公共工程;工业与民用建筑工程;机场、市政工程的装修装饰;土建、公共工程的技术咨询;进出口机械及配件、机油、润滑油等;机械设备的设计、制造和安装。2013 年成立。注册资本金 1000 万梅蒂卡尔。驻莫桑比克共和国首都马普托市。党委书记、董事长郭炜,总经理熊宗书。职工 65 人。资产总额 3.26 亿元。

2022 年,新签项目 15 个,承揽任务 146009 万元。总产值及施工产值 30483 万元,利润 2657 万元。人均创利 32.01 万元,全员劳动生产率 950%,职工年人均收入 32.83 万元。国有资产保值率 165.30%,净资产收益率 85.07%,产值利润率 87.16%,资产负债率 90.40%,应上缴款完成率 102.86%。　　(郝　琦)

【巴基斯坦国际有限责任公司】 拥有巴基斯坦建筑行业无限级(最高级)工程承包专业 21 项资质。经营范围包括铁路、公路、市政、环保、房建、水利水电、城市轨道交通、机场、工业与民用建筑等工程的勘察、设计及施工。2018 年 9 月 3 日成立。注册资本金 100 万美元。驻巴基斯坦伊斯兰堡市,党委书记、董事长张俊波。在编职工 13 人。机械运输设备 645 台(套)。其中,设备原值 34523 万元、净值 1289 万元,总功率 94600 千瓦,设备完好率 95.97%。(冯时松　高　博)

【巴西国际建筑有限公司】 前身系中铁二十局集团巴伊亚建筑有限公司;2020 年 6 月,名称变更为中铁二十局集团巴西国际建筑有限公司,注册地变更至巴西圣保罗市。注册资本金 120 万美元。经营范围涵盖铁路、公路、市政、环保、水利水电、发电站建造和输电工程、城市轨道交通、特殊桥梁工程建设、机场、港口、矿山、工业与民用建筑、建材厂等工程勘察、投资、设计、施工、工程监理、技术咨询与建设管理;物流、运输服务及国际贸易;持有非金融机构的股份、工程服务;铁路运输及相关技术服务等。党工委书记、董事长朱启辉,总经理邵晓辉。职工定编 40 人。　　(刘天琮)

【中铁建安工程设计院有限公司】 拥有建筑行业(建筑工程)甲级,市政行业(桥梁工程)甲级,岩土工程勘察甲级,市政行业(道路工程)、建筑、市政咨询乙级资质。同时拥有集团公司铁道行业甲Ⅱ级,市政行业、公路行业甲级,岩土工程勘察测量、岩土工程设计、物探测试检测监测、水文地质乙级资质,水利行业(引调水)丙级。驻陕西省西安市未央区广安路 3619 号科技研发综合楼。党委书记、董事长张永鸿,总经理李小军。各类专业技术人员 142 人。资产总额 16001.36 万元。其中,固定资产原值 597.34 万元、净值 351.52 万元,流动资产 13836.80 万元。

2022 年,承揽 13.37 亿元,总产值 15050 万元,利润 1696.54 万元,全员劳动生产率 30.14 万元/(人·年),职工年人均收入 14.68 万元。　　(马春芳)

【投资管理运营分公司】 驻陕西省西安市浐灞生态区。总经理钱朋亮,党工委书记党承胜。定员 35 人。

2022 年,新签合同额 30.3 亿元。　　(刘荣珍)

【技工学校】 前身系中国人民解放军铁道兵第十师教导队;1984 年 1 月,集体转业成为铁道部第二十工程局技工学校;1988 年,正式招生;2002 年,更名为中铁二十局集团有限公司技工学校。主校区驻陕西省渭南市向阳北街 245 号。主要职能为技工教育、退役士兵培训、函授学历教育、技能等级评价、工程测量咨询与服务;分校区驻陕西省宝鸡市眉县汤峪太白山旅游区,主要职能为职工岗位培训、安全生产应急救援演练培训、旅游接待。在校学生 724 人。资产总额 10403.83 万元。其中,固定资产原值 11499.2 万元、净值 6448.89 万元。　　(鱼　娜　樊红霞)

中铁二十一局集团有限公司

【简况】 拥有铁路、建筑、公路、市政公用工程施工总承包特级和铁道、建筑、公路、市政设计行业甲级资质，同时具有水利水电、矿山两项施工总承包一级和桥梁、隧道、公路路基、公路路面、铁路铺轨架梁、铁路电务、铁路电气化、建筑机电安装、建筑装修装饰工程专业承包一级资质，并取得自然资源部地质灾害防治施工甲级资质和对外援助成套项目总承包企业资格认定。2004年3月，由兰州铁路局建设集团有限公司、乌鲁木齐铁路工程(集团)有限责任公司、中铁二十局集团第三工程有限公司三个单位整合重组而成。总部驻甘肃省兰州市安宁区北滨河西路921号。下辖第一、第二、第三、第四、第五、第六工程有限公司、电务电化工程有限公司、路桥工程有限公司、德盛和置业有限公司、国际工程有限公司、轨道交通工程有限公司、甘肃铁鹰建筑质量检测有限公司、西部铁建材料科技有限公司、运营管理有限公司14个全资子公司，勘察设计院、市政工程分公司2个分公司，铁建中原工程有限公司1个合资控股子公司，11个经营性区域指挥部。职工12270人。固定资产原值50.84亿元、净值16.15亿元，其他固定资产原值2.75亿元、净值0.29亿元。机械动力设备5322台(套)。设备原值18.98亿元、净值4.65亿元，成新率24.49%，装机总功率36.7万千瓦。

2022年，新签合同额950.73亿元。总产值372.93亿元，施工产值345.40亿元。利润总额4.65亿元，净利润3.18亿元，人均创利2.24万元。全员劳动生产率31.16万元/(人·年)，职工年平均工资12.32万元。国有资产保值增值率103.86%，净资产收益率4.71%，资产负债率84.99%。完成实物工作量：路基土石方4971.8万立方米，桥梁45494.35延长米，涵洞8878.79横延米，隧道55830.88延长米，房屋折合面积244.39万平方米，无砟道床81.79千米，制梁4460孔(片)、架梁4589孔(片)，现浇梁8893.47米，通信线路14.16千米，接触网85.95条千米，联锁道岔43组，电力线路14.43千米等。商丘至合肥至杭州铁路亳州特大桥、北京至雄安新区城际铁路雄安站站房工程获2022—2023年度第一批中国建筑工程鲁班奖，鲁南高铁临沂至曲阜段、尼日利亚阿布贾城铁一期工程获2022—2023年度第一批国家优质工程奖。

（李　栋）

【领导人员】

董事会

董事长　　庄纪栋
董事　　赵彦旭(4月免)
　　李　冰(4月任)
职工董事　　田爱平

监事会

监事会主席　　关维东
监事　　董文德
职工监事　　石永仕(1月免)
　　郑志民(1月任)

经理层

总经理　　赵彦旭(4月免)
　　李　冰(4月任)
副总经理　　高玉峰
　　赵春锋
　　马建军
　　冯建军
　　石龙海
　　刘永宏
　　郑志民(11月任)
总会计师　　刘永宏(兼)
总工程师　　冯建军(兼)

党群领导

党委书记　　庄纪栋
党委副书记　　赵彦旭(4月免)
　　李　冰(4月任)
　　田爱平
工会主席　　田爱平
纪委书记　　关维东

（孙久明　吴飞飞）

【职工队伍】　职工12270人。其中，干部8182人。35岁及以下4701人，36～40岁1579人，41～45岁617人，46～50岁621人，51～55岁420人，56岁及以上244人。硕士研究生145人、本科7096人、大专818人、中专97人、高中及以下26人。

（孙久明　吴飞飞）

【工程项目指挥机构】　兰张三四线铁路兰武段ZQ2标项目经理部　驻甘肃省兰州市。项目经理陈向军。

宣绩铁路站前四标项目经理部　驻安徽省宣城市。项目经理孔德荣。

西延铁路XYZQ－13标段项目经理部　驻陕西省延安市。项目经理何学东。

新建兰合铁路引入兰州枢纽工程项目经理部　驻甘肃省兰州市。项目经理李文江。

天陇铁路陈家沟煤矿专用线项目部　驻甘肃省平

凉市。项目经理任鹏远。

新建天水至陇南铁路 EPC 工程总承包 2 标土建一分部　驻甘肃省陇南市。项目经理朱群羊。

神瓦铁路土建六标项目经理部　驻山西省忻州市。项目经理王朝阳。

精阿二线 S2 标项目经理部　驻新疆维吾尔自治区博尔塔拉蒙古自治州精河县。项目经理芦巍。

新建成渝中线铁路(四川段)站前施工 CYZXZQ－7 标项目经理部　驻四川省资阳市。项目经理刘宇旭。

兰新客专达速提质青海段项目经理部　驻青海省海东市。项目经理李军昌。

兰新客专达速提质甘肃段项目经理部　驻甘肃省兰州市。项目经理宋乐文。

青岛市地铁 15 号线一期土建三标段二工区项目部　驻山东省青岛市。项目经理张绍聪。

西安地铁 1 号线三期工程施工总承包 2 标安装装修二分部　驻陕西省西安市。项目经理周双奎。

沈丹铁路外迁工程项目经理部　驻辽宁省沈阳市。项目经理杨锋禄。

嘉临公路庆绥段 02 标改扩建工程项目经理部　驻黑龙江省绥化市。项目经理司马玉山。

邱家店镇李家庄旧村改造项目部　驻山东省泰安市。项目经理李凤江。

朝阳露天煤矿采剥工程项目经理部　驻黑龙江省双鸭山市。项目经理张佳佳。

引大入秦延伸增效景泰生态供水工程项目部　驻甘肃省白银市。项目经理荆文捷。

沧州城市更新项目经理部　驻河北省沧州市。项目经理张春贤。

临沂东部商城配套服务区项目经理部　驻山东省临沂市。项目经理刘飞平。

临沂东部商城配套区基础设施建设项目部　驻山东省临沂市。项目经理刘飞平。

精河县污水处理厂再生水资源化利用 EPC 项目部　驻驻新疆维吾尔自治区博尔塔拉蒙古自治州。项目经理卜文军。

广西鱼宜高速公路 TL－7 标项目经理部　驻广西壮族自治区来宾市。项目经理李寅飞。

宝鸡高新区科技新城活力半岛项目经理部　驻陕西省宝鸡市。项目经理张亮。

南漳县水镜大道改造及地下空间开发利用项目 EPC 总承包项目经理部　驻湖北省襄阳市。项目经理宋贵杰。

杞县静源居东苑定向房建设项目经理部　驻河南省开封市。项目经理谭军志。

浙江大学附属邵逸夫医院兵团阿拉尔医院建设 EPC 项目部　驻新疆维吾尔自治区阿拉尔市。项目经理王永成。

兰永临高速公路项目 LYL1 合同段项目经理部　驻甘肃省兰州市。项目经理闫磊。

塔里木职业技术学院二期项目经理部　驻新疆维吾尔自治区阿拉尔市。项目经理潘月娇。

中新食品区北方农业数字经济产业园项目工程总承包项目经理部　驻吉林省长春市。项目经理宋卫杰。

广河县加工制造包装产业园 EPC 总承包项目经理部　驻甘肃省临夏回族自治州。项目经理王云龙。

安阳市龙安区善应镇森林防火救灾通道项目经理部　驻河南省安阳市。项目经理王润怀。

若羌羌盛铁路专用线项目部　驻新疆维吾尔自治区巴音郭楞蒙古自治州。项目经理徐金凤。

新建柳沟至红沙梁铁路专用线工程施工一标段项目经理部　驻甘肃省酒泉市。项目经理万鹏洲。

红沙梁露天煤矿采剥承包项目经理部　驻甘肃省酒泉市。项目经理韩政波。

延吉市城乡结合部污水管网工程项目经理部　驻吉林省延边朝鲜族自治州延吉市。项目经理朱钰。

S230 线达板至三甲集公路广河县段建设工程项目经理部　驻甘肃省临夏回族自治州。项目经理王旺阳。

美丽乡村污水处理及基础设施建设项目经理部　驻河北省邢台市。项目经理代亚力。

尖山河至梁王河面山雨洪水治理 EPC 项目经理部　驻云南省昆明市。项目经理曾涛。

兰州新区中马铁路入网提升改造工程项目部　驻甘肃省兰州新区。项目经理张想军。　（张　鹏）

【铁路工程施工】　新建宣城至绩溪高速铁路站前工程 XJZQ－4 标段　位于安徽省绩溪县，正线 25.326 千米。2020 年 10 月 18 日开工。开工累计完成产值 178111 万元。

新建天水至陇南铁路股权投资＋EPC 工程总承包项目 TLZB－2 标段　位于甘肃省陇南市成县。2022 年 10 月 1 日开工。开工累计完成产值 6449 万元。

新建西安至延安铁路铜川至延安段站前工程 XYZQ－13 标段　正线 9.44 千米。2021 年 5 月 1 日开工。开工累计完成产值 54638 万元。

新建贵阳至南宁铁路广西段站前工程 GNZQ－8 标段　位于广西壮族自治区南宁市马山县白山镇，正线 28.743 千米。2018 年 5 月 15 日开工。开工累计完成产值 222902 万元。

新建丽江至香格里拉铁路工程站前一标（LXZQ－1 标）　正线 21.52 千米。2014 年 12 月 25 日开工。开工累计完成产值 121445 万元。

成昆铁路峨眉至米易段扩能工程站前工程 EMZQ－10 标段　位于四川省凉山彝族自治州冕宁县、喜德县，跨越 5 个乡镇 12 个行政村，全长 25.642 千米。2016 年 7 月 15 日开工。开工累计完成产值 172346 万元。项目已开通。

新建兰州至张掖三四线铁路中川机场至武威段（不含新乌鞘岭隧道）站前工程及中川地区站后工程 LZX－ZW－ZQ2 标段　位于甘肃省兰州市永登县，正线 33.74 千米。2020 年 3 月 10 日开工。开工累计完成产值 224400 万元。

新建铁路汉中至巴中至南充线南充至巴中段　位于四川省东北部，全长 26.03 千米。2019 年 12 月 20 日开工。2022 年，开工累计完成产值 185682 万元。

新建武汉新港江北铁路林四房至黄州段站前工程施工总价承包 XGSG－2 标段　位于武汉市东部，正线 40.065 千米。2014 年 11 月 18 日开工。开工累计完成产值 137827 万元。

新建天水至陇南铁路陈家沟煤矿专用线 EPC 总承包项目　位于甘肃省平凉市华亭市。正线 8.157 千米。2021 年 4 月 25 日开工。开工累计完成产值 11198 万元。　（孙进涛）

【铁路外工程施工】　渝湘复线（主城至酉阳段）、武隆至道真（重庆段）高速公路 PPP 项目　位于重庆市武隆区，全长 6.435 千米。2020 年 7 月 1 日开工。开工累计完成产值 54991 万元。

银川至昆明公路（G85）宁夏境太阳山开发区至彭阳（宁甘界）段 PPP 项目 LJ12－2 标段　位于彭阳县至宁甘界高寨塬之间，全长 9.867 千米。2020 年 8 月 18 日开工。开工累计完成产值 94236 万元。

银川至昆明公路（G85）宁夏境太阳山开发区至彭阳（宁甘界）段 PPP 项目 LJ12－1 标段　正线 3.2565 千米。2020 年 5 月 1 日开工。开工累计完成产值 46334 万元。

陕西省眉县至太白公路 PPP 项目 1 标段　起于宝鸡市扶风县，北与连霍高速公路衔接，向南下穿西宝高铁客运专线和石头河渡槽，跨越渭河、G310 国道和红河谷快速干线，经槐芽镇至营头镇结束，全长 18.2 千米。2020 年 11 月 14 日开工。开工累计完成产值 26009 万元。

兰州至海口国家高速公路（G75）渭源至武都建设项目路基、桥涵及隧道工程 WW07 标段　位于漳县、岷县，2016 年 3 月 1 日开工。开工累计完成产值 124297 万元。

雅安至叶城国家高速公路拉萨至日喀则机场段工程施工第八标段　位于曲大隧道进口，终点萨达隧道，全长 10.055 千米。2020 年 6 月 1 日开工。开工累计完成产值 154238 万元。

曲靖三宝至昆明清水高速公路（昆明段）政府和社会资本合作政府采购项目 TJ5 标段　位于云南省东部，全长 60.475 千米。2020 年 1 月 1 日开工。开工累计完成产值 111462 万元。

S36 临洮至康乐至广河高速公路工程（LKG3 合同段）　位于康乐县附城镇胡家沟左岸，路线以隧道自东向西下穿山岭、G248 国道，长 3945 米。2021 年 8 月 31 日开工。开工累计完成产值 39633 万元。

西安地铁 8 号线工程施工总承包 2 标段　2019 年 10 月 30 日开工。主要工程量：3 站 2 区间。开工累计完成产值 56100 万元。

济南轨道交通 4 号线土建工程第二标段　2021 年 8 月 2 日开工。主要工程量：3 站 4 区间。开工累计完成产值 57985 万元。

广州东至花都天贵城际项目九工区为花城街站　位于凤凰北路与花都大道交叉口以北。2022 年 6 月 5 日开工。开工累计完成产值 17071 万元。

北京地铁 17 号线工程土建施工 08 合同段　2017 年 8 月 31 日开工。主要工程量：车站 1 个，盾构区间 1 个。开工累计完成产值 56135 万元。

武汉市轨道交通 12 号线（武昌段）工程第一、三～七标段土建工程（第七标段）　2020 年 5 月 1 日开工。主要工程量：车站 1 个，换乘楼 1 处。开工累计完成产值 40118 万元。

沈阳地铁 6 号线土建施工第十一合同段　2022 年 5 月 10 日开工。主要工程量：2 站 2 区间。开工累计完成产值 8445 万元。

潍坊站南广场片区综合开发项目二标段　位于潍坊市潍城区。2020 年 3 月 15 日开工。开工累计完成产值 59490 万元。

永靖县黄河刘家峡库区北岸综合治理和高质量发展项目一期工程（第一批）　全长 11.68 千米。2020 年 6 月 28 日开工。开工累计完成产值 89807 万元。

广东省肇庆规划展览馆PPP项目　位于肇庆新区政文组团砚阳湖边，新区环路与砚阳路交界南侧，总建筑面积15992.77平方米。2017年5月16日开工。开工累计完成产值13770万元。项目已完工。

榆林黄河东线马镇引水工程第二批项目主体工程施工标段YLYH－ZTSG－06标段　长22.1千米。2021年5月1日开工。开工累计完成产值43605万元。（孙进涛）

【企业管理】　编制印发集团公司《"十四五"发展战略与规划》、三年（2022—2024年）滚动规划、《"十四五"新兴产业与新兴业务发展规划》《集团公司"涉能"业务发展实施方案》。二公司取得建筑工程施工总承包特级资质和建筑、人防两项专业设计甲级资质。三公司取得21项资质，其中总承包二级资质4项，专业承包二级资质5项，不分等级资质1项，11项专业承包一级资质实现建筑专业全覆盖，古建筑、起重设备与安装两项专业承包一级资质填补全局资质空白。完成63项国企改革任务，印发《改革三年行动子公司考核实施细则》。集团公司《深化三项制度改革　激活内生发展动力》改革实施成果，被中国管理科学学会评定推荐为2022年首届国有企业深化改革实践成果特等成果。编制《三级公司建设方案》，突出困难单位降债脱困，强化专业属地规模效益化建设，推进路桥公司、电务电化公司注册地变更调研工作，六公司完成由北京亦庄注册地变更至天津滨海的搬迁任务。

（李树虎　孙永延　王正田）

【经营管理】　经营承揽。新签合同额950.73亿元，其中自揽完成847.37亿元，完成股份公司自揽计划550亿元的154.07%，较上年同期574亿元增长47.63%，自揽额比同期495亿元增长71.18%。其中，工程承包板块923.02亿元，房地产22.06亿元，勘察设计0.02亿元，工业制造4.49亿元，运营代维0.05亿元，其他1.08亿元。工程承包板块923.02亿元中，房建486.37亿元、铁路工程141.69亿元、市政工程91.54亿元、公路58.75亿元、矿山47.22亿元、电力工程41.31亿元、其他17.69亿元、港口航道16.82亿元、水利11.65亿元、城市轨道交通9.97亿元。

安全质量。2022年未发生各类生产安全责任事故。获评2022年度甘肃省房屋市政工程施工安全本质安全体系建设省级先进示范企业，公路安全生产标准化AAA级，水利安全生产标准化AAA级。在铁路信用评价中，上半年，B级，排第9名；下半年，B级，排第23名。水利信用评价AAA级。全年未发生任何严重质量问题及事故。集团公司组织"质量月"活动，在项目部设置质量总监，专职质量工程师和质检员，建立专业的质量监督队伍，推行"班组长自检、技术员复检、质检员专检"三检制度和"班组长工程质量责任制"。修订印发《工程质量缺陷责任追究管理制度》《工程质量缺陷责任追究补充规定》，组织各项目做好国铁集团红线专项督察迎检整改工作，确保两次红线检查未发现任何不良行为。获国家级优质工程奖4项（中国建设工程鲁班奖2项、国家优质工程奖2项）、省部级优质工程奖21余项、市县级优质工程奖5项、各类QC成果及质量信得过班组等其他奖项40项。

财务管理。集团公司1372个独立核算单位均纳入2022年度财务决算审计范围，外审人员（立信会计师事务所）抽取全集团36.78%以上的工程项目，进行现场审计，对资产质量、工程进度、内控管理等情况进行核实；对未抽审的项目、单位，查阅大量的核算和管理资料，事务所对集团公司出具管理建议书及标准无保留意见的审计报告。集团公司与建设银行、工商银行、农业银行、交通银行、中国银行、财务公司、兰州银行、招商银行签订《现金管理服务协议》，全年集团整体资金集中度80.47%，归集资金32亿元。与19家银行签订408亿元的银行综合授信合同，办理各类保函及信贷证明70亿元。制定《对外担保业务管理细则》，完善资金管理制度。全年集团公司缴纳各类税款9.55亿元。其中，增值税46072万元、附加税4250万元、土地增值税8924万元、房产税914万元、土地使用税7691万元、企业所得税25009万元、个人所得税5183万元、其他税费4336万元。利用税收优惠政策及税收筹划实现创效1.85亿元，逐步缓解"营改增"以来增值税进项和预缴留抵"双高"局面，实现第五次进项留抵退税2380万元，并作为税务局典型案例在甘肃省电视台进行专题报道。德盛和公司重庆永川项目退税1942万元、济南项目退税2040万元，五公司留抵退税1190万元，利用疫情惠企政策节约成本418万元，税收创效成果显著。全年全集团累计清欠329.43亿元，集团整体清欠目标完成率92.14%，按照清理拖欠民营企业账款工作要求，处理工业和信息化部、证监会、国务院国资委等部门和单位转来的问题线索219笔2.4亿元。

资本运营。集团公司参与PPP模式、国家储备林、矿产开发等投资项目推进运作38个，参与投标16个，中标投资项目12个，拉动经营承揽突破247亿元。自主运作项目中标7个，投资拉动承揽额151亿元，占投资项目承揽额的61%，完成股份公司下达30亿元自揽计划的503%；参与系统内部投资中标项目5个，分劈施工份额约96亿元；首次进入储备林、高标准农田、城市供热、抽水蓄能等领域，新兴业务中标4个项目，中标额24亿元。投资项目年累计完成产值近26亿元，开工累计完成产值约168亿元。完成12个在建投资项目的过程检查，编制项目中期评价报告10份，后评价报告2份。累计实现投资回收约1.6亿元。解决表外融资瓶颈，办理授信约8亿元，协调发放贷款合计7.1亿元。集团公司跟踪调研测算及审核测算房地产项目20余项，完成销售面积16.84万平方米，实现销售额22.07亿元，实现营业收入21.38亿元，实现净利润1.04亿元。梳理现有资产情况，盘点实物资产权证237本，其中土地证38本、房产证及不动产权证199本，非上市资产权证52本，均移交锦鲤公司。完成六公司天津基地、运营公司、华中区域指挥部购置办公用房可研编制及内部决策审批上报工作；开展雄安新区华能总部基地安置房项目等8个项目的调研论证、经济测算；完成济南梧桐苑全盘开发计划，兰州梧桐苑等4个项目的后评估工作；开展西部材料公司闲置的3.13万平方米土地盘活方案调研，完成宗地盘活开发方案；落实房屋租金减免政策，减免各类租金535万元；协调推进一公司乌鲁木齐燕尔窝路宗地"树上山"问题沟通处理情况；协调推进银滩雅苑项目公司开展清产核资、资产评估，办理股权转让工作；加快兰州铁建馨苑、铁建丽苑住户办理房产证工作，完成不动产登记2045户。

成本管理。对拟投标项目建立"经营、成本、项目"实施主体单位主要领导和拟任项目经理标前"四方测算"机制，完成122个标段的标前测算。对新开工的兰合、天陇等项目进行前期策划，制定项目成本预控方案；对新中标的122个项目明确集团公司企业管理费、区域指挥部经费收取额度并下达管理费文件；与12个项目签订经营业绩责任合同，明确项目创效管理目标。对集团公司324个在建项目合同额、责任预算收益率、当期开工累计盈亏、较上年末盈亏变化及项目经理等信息进行公示和分级预警。集团公司、工程公司两级对重点亏损项目落实亏损治理包保责任制，签订亏损项目治理责任状15份。梳理19个局管收尾项目情况，签订目标责任书，动态跟踪节点工作进展情况。动态跟踪2022年计划末次分劈的11个局管项目、15个代局管项目进展情况。制定《"五优"分包商实施管理办法》，在宣绩铁路项目试点运行，对宣绩、贵南、丽香、西延等重点铁路项目分包管理开展专项检查和问题整改。对兰张三四线、宣绩、兰合、西延、峨米、乌将、贵南、丽香等8个重点在建铁路项目开展铁路建设市场秩序专项检查。创效先进评选活动，评选出6名创效功臣、6名创效明星、12名创效标兵进行精神、物质奖励。借助信息化手段，对全局所有在建及收尾项目实行全面监控、自动预警。对完工或基本完工项目进行后评价，总结项目管理经验教训。督导各公司编制项目正反面典型案例57个，精选20个典型案例通过OA平台每季度发布5个，将总结出来的经验教训在后续项目管理中推广借鉴。

审计监督。集团两级审计机构完成各类审计项目180项，占年度审计计划154项的117%。其中，经济责任审计23项、过程审计36项、竣工审计94项、财务收支审计5项、经济效益审计9项、专项审计13项；出具审计报告179份，提出审计建议559条，建议被采纳555条，采纳率99.28%；发现问题金额32337.62万元。其中，违纪违规金额14934.36万元、损失浪费16817.16万元、不良资产423.59万元、其他162.51万元。通过审计，追踪挽回或避免损失3475.6万元、促进增收节支1484.19万元，纠正违纪违规金额8898.93万元；通过审计移交线索，73人次受到党纪政纪处分，扣减薪酬54.56万元。（陈丽杰　赵江英　闫　爽）

【科技创新】 2022年，获甘肃省科技进步奖2项，其中一等奖1项，三等奖1项，获中国公路学会科学技术奖三等奖1项，中国铁道学会科技进步奖1项，获中施企协科技进步奖3项，甘肃省总工会技术成果奖2项。获省部级工法9项。参编国家标准4项，团体标准4项。发布地方标准2部，团体标准3部，企业标准1部。累计发布行业标准3部，地方标准5部，团体标准4部，企业标准7部。授权专利138件，其中发明专利19件；年度累计有效专利547件，其中发明专利114件。轨道公司获山东省省级技术中心认定。（裴有陆）

【党群工作】 党的工作。党组织356个。其中，党委18个、总支部8个、党支部330个。党员5757人，在岗职工党员4842人，收到转出组织关系介绍信回执299份。发展党员97人，民主评议党支部330个，参加评议的党员5757人，表彰党员37人。各级党组织把深入学习贯彻习近平新时代中国特色社会主义思想和党的二十大精神以及全国国有企业党的建设工作会议精神作为企业党建工作的一项重要任务来抓，全面落实从严治党，加强党的组织建设各项要求。进一步落实党委研究讨论作为企业决策重大事项前置程序，抓好各单位党建工作进企业章程，检查督促所属单位修订完善党委议事规则和“三重一大”集体决策制度，进一步细化党委前置研究讨论和“三重一大”决策事项清单。完善集团公司党建工作考评体系，突出考核重点，优化考核指标，改进考核方式，将考核结果与所属单位“四好”领导班子评比、年度绩效兑现和领导人员任免挂钩，结合党建工作责任制考核评价工作，推动党建工作落实落地。继续推进党委书记向股份公司党委做党建工作述职、基层党组织书记抓党建述职评议考核制度，不断压实压紧管党治党政治责任。

巡察工作。2022 年5—8 月，成立2 个巡察组对所属三公司、五公司、六公司、路桥公司、轨道公司、铁建中原公司6 家单位开展常规巡察工作，累计发现“四个落实”方面问题245 个，形成问题线索23 条，提出整改意见建议 30 条。督促 2021 年巡察的二公司、四公司、国际公司、运管公司、德盛和公司、材料公司、设计院、铁鹰检测公司、市政公司9 家单位完成巡察整改工作，制定整改措施 576 项，修订完善制度 89 项，挽回经济损失 997.02 万元，给予组织处理 38 人次。针对股份公司党委对二十一局党委开展“违规挂靠”专项巡视意见，开展巡视整改工作。制定并完成整改措施 57 项，修订完善制度 8 项，挽回经济损失 277.27 万元，给予组织处理 5 人次，给予政纪处分 4 人次。

宣传工作。党委理论中心组落实“第一议题”制度，深入学习习近平新时代中国特色社会主义思想，党的二十大精神，严格按照《2022 年党委理论学习中心组学习计划》进行“打卡式”学习，党委理论学习中心组学习 13 次，其中集中学习 9 次，专题研讨 4 次。把意识形态工作纳入党建工作责任制，纳入重要议事日程，纳入班子和工作责任制目标内。继续推进“我请宣传部长来讲课”“我与当地宣传部长对接”活动，开展“文明沟通专项行动”，教育引导广大干部员工特别是项目部人员提高媒介素养，避免因言行不当产生负面舆情。在 2022 年中国文化管理协会企业文化管理年上，党委宣传部上报的《以母亲河之名　书写更清更美更绿答卷》获企业绿色发展创新成果一等奖；《以党建品牌影响力跑出企业“加速度”》分别获评企业党建实践创新成果和党建强企优秀案例；《“四电”铁军勇担护航使命》《洮河两岸杏花红》分别获评 2022 第九届“最美企业之声”银奖代言作品和最美形象作品。面对 2022 年疫情多点频发，材料供应紧张、人员进场困难等实际，先后对天庄、六宾、临康广高速公路，贵南、济莱、汉巴南高速铁路，景泰生态供水和兰张三四线铁路、匈塞铁路等 53 个重点工程项目克服困难，推进工程建设情况进行深入报道；对援建广西、甘肃、陕西方舱医院(隔离点)，对获文明单位、平安工地、品质示范工程的 13 个工程项目进行系统宣传。学习马小利的先进事迹，在内部报刊开设“榜样力量”专栏，发布专题 11 期。

纪检监察工作。召开 2 次党风廉政建设和反腐败工作协调小组会暨职能监管工作推进会；监督 17 家单位民主生活会；参与对两级 548 人次干部选拔任用的提名酝酿、考察监督，对 14 个组织、个人提升评先“亮红灯”；加强“能上能下”考核工作的监督，三级公司、区域指挥部班子经考核受到处理 32 人；部署创建“纪检监督示范项目部”工作，明确 15 个片区纪检监督专员职责。全年处置问题线索 99 件，立案查处各类案件 52 件，给予党纪政务处分 75 人次；组织措施处理 58 人；经济处罚 193.41 万元。运用监督执纪“四种形态”处理 147 人次。主动对接重庆、兰州等地方纪委监委移送相关违法案件线索。收到主动退缴金额 3.2 万元。抓实“反腐倡廉宣传教育月”活动，邀请地方纪委监委专家授课、开展专题党课 170 场次，制作廉洁书签、清风笔筒等文创用品 3000 余件，制作廉洁微视频、情景剧 75 部、参观教育基地 207 场次，编发《廉洁从业教育月刊》12 期。完成 40 个亏损项目的追责工作，促进 6 个项目扭亏增效；对 28 个项目的相关责任人立案审查，给予政务处分 51 人次，诫勉及其他组织措施处理 73 人次。推进“亲属队伍”整治，对涉及“亲属队伍”的 1 名领导干部给予处分，2 人受到诫勉。开展“每人一课”线上培训。对 17 家所属单位 2021 年度纪检工作进行考核。集团层面落实股份公司纪委考核结果占比 60%。

工会工作。集团公司获第六届全国职工优秀创新成果奖 1 项，甘肃省总工会创新型班组 1 个、股份公司劳动竞赛管理优胜单位 1 个；向甘肃省总工会评选申报职工技术创新成果 5 项、职工先进操作法 3 项；获全国“安康杯”竞赛优胜单位 3 个；获山东省技能大赛团体优胜奖 1 个、个人优胜奖 2 个；评比表彰集团公司 2021 年度劳动竞赛中涌现出的 8 个先进集体和 16 名先进个人。开展集团公司第五届先进集体和劳动模范评选表彰，授予 20 个单位先进集体称号、25 名职工劳动模范称号。新成立 4 个劳模(先进职工)创新工作室。获青海省工人先锋号 1 个、甘肃省五一劳动奖状 1 个、五一劳动奖章 2 个、工人先锋号 1 个、创新型班组 1 个、示范性劳模创新工作室 1 个、火车头奖章 1 个。着力构建普惠性、常态化、精准式服务职工体系，聚焦职工关心的热点、难点，全面推进维权和服务工作。将集团公司“三不让”帮扶救助和“精准帮扶困难职工”进行合并，全年帮扶救助职工40人，支出资金65万元；累计慰问困难职工和离退休职工456人次，海外职工及家属60人次，劳模和先进职工57人次，支出费用260余万元；投入285余万元对58个重点项目的4200余名职工进行日常送温暖慰问，同时向30名困难职工发放慰问金；对新进场项目进行建家建线帮扶，支出帮扶资金108万元；利用智慧工会线上职工服务站完成法定节假日慰问10000余人次，支出慰问费用230余万元；全年投入疫情防控专项资金50多万元。“互联网+云端职代会”获得股份公司工会十佳特色工作。深入推进互联网+智慧工会建设与应用，推出职工书屋线上借书系统，完善常态化帮扶线上工作系统、经费使用管理系统。

共青团工作。基层团委（团工委）15个，团支部161个，专兼职团干部365人。35岁以下青年5699人。各级团组织通过网络媒体、报纸专栏、组织青年座谈会、专题培训等，动员广大团员青年围绕大局创业创新创优。21个先进青年集体和15名先进青年获团中央、中央企业团工委、团甘肃省委、团青海省委和股份公司团委“五四红旗团委”“五四红旗团支部”“青年文明号”“青年安全示范岗”“优秀共青团干部”“优秀共青团员”“青年岗位能手”等称号。

（华国栋　魏亚强　尚少卿）

【第一工程有限公司】　拥有铁路工程施工总承包一级，市政、公路、通信工程施工总承包二级，机电、水利水电工程施工总承包三级，建筑装修装饰工程专业承包一级，消防设施、建筑幕墙工程专业承包二级，铁路电气化、钢结构、环保、建筑机电安装工程专业承包三级资质。具有独立承担铁路、房建、公路、市政、水利水电、通信、消防、机电、环保等工程项目的施工能力。驻新疆维吾尔自治区乌鲁木齐经济技术开发区河南西路275号。执行董事盖涛，总经理芦巍。职工1222人。资产总额340904.36万元。其中，固定资产原值31545.5万元、净值6903.23万元。主要设备280台（套），设备原值11278.57万元、净值3465.20万元，总功率19887.40千瓦，技术装备率2.83万元/人，动力装备率16.22千瓦/人。

2022年，新签合同额94.67亿元，产值17.2956亿元。利润450.01万元。　（王　娟）

【第二工程有限公司】　拥有建筑工程施工总承包特级，建筑工程、人防工程两项专业设计甲级，市政公用、机电工程施工总承包一级，铁路、水利水电工程施工总承包二级，建筑装修装饰、地基基础、消防设施工程专业承包一级，建筑幕墙、古建筑、输变电工程专业承包二级，环保、桥梁、隧道专业承包，建筑施工企业试验甲级和施工测量乙级资质；具备特种设备锅炉B级、压力管道GB2(2)级资质。驻甘肃省兰州市城关区和平路63号。董事长、党委书记陈兵章，总经理、党委副书记刘斌。职工1900人。资产总额61.8亿元。其中，固定资产原值30596.42万元、净值7042.86万元。各类大型施工机械、检测等设备700余台（套）。设备原值12438.67万元、净值4922.03万元，总功率31297.5千瓦，技术装备率2.73万元/人，动力装备率17.39千瓦/人。年施工能力70亿元以上。

2022年，新签合同92.88亿元，产值52.2亿元，营业收入44.2亿元，资产负债率73.2%，净利润0.75亿元。

（马晓琴）

【第三工程有限公司】　拥有公路工程施工总承包特级，公路行业工程设计甲级，市政公用工程施工总承包一级，铁路、建筑、机电、电力、水利水电工程施工总承包二级，公路路基、公路路面、桥梁、隧道、地基基础、建筑装修装饰、防水防腐保温、消防设施、起重设备安装、古建筑、电子与智能化、建筑机电安装、建筑幕墙、城市及道路照明、环保工程专业承包一级，公路交通（公路安全设施和公路机电）、输变电、水利水电机电安装、河湖整治、钢结构工程专业承包二级，公路养护工程专业承包（一类、二类甲级、三类甲级），特种工程专业承包不分等级，营业性爆破作业四级资质。驻陕西省咸阳市迎宾大道。副执行董事王飞，总经理王小庆。职工1911人。资产总额73.15亿元。自有设备1446台（套）。设备原值3.91亿元、净值1.13亿元，总功率59706千瓦，技术装备率7.1万元/人，动力装备率34.19千瓦/人，年施工能力64亿元。

2022年，新签合同额102.8亿元，施工产值64.8亿元。净利润6063万元。全员劳动生产率31.22万元/（人·年），职工年人均收入110016元。（聂功清）

【第四工程有限公司】　拥有建筑工程施工总承包特级，市政公用工程施工总承包一级，铁路、公路、机电工程施工总承包二级，电子与智能化、消防设施、防水防腐保温、建筑 装修装饰、建筑机电安装、城市及道路照明、环保工程专业承包一级，起重设备安装、桥梁、隧道、钢结构、公路路面、公路路基、公路交通（公路安全设施分项）工程专业承包二级，古建筑工程专业承包三级，建筑施工企业试验室一级资质。具有独立承担房建、市政、铁路、公路、隧道、桥梁、地铁、水利水电等工程项目的施工能力。驻陕西省西安市高新区唐延路37乙号中国铁建·洛克大厦7～9楼。执行董事刘忠厚，总经理祁涛。职工1401人。资产总额34.24亿元。其中，固定资产原值33026.25万元、净值11378.08万元，流动资产244063.24万元，非流动资产78816.82万元，无形资产1931.98万元。设备1123台（套）。设备原值1.47亿元、净值6014.21万元。

2022年，新签合同额1003982.07万元，产值418067万元，利润1616.38万元，净利润1473.15万元。
（李佳婕）

【第五工程有限公司】 拥有铁路、市政公用工程施工总承包一级，公路、水利水电、矿山、机电、建筑工程施工总承包二级，桥梁、隧道工程专业承包一级，地基基础、电子与智能化、消防设施、钢结构、建筑装修装饰、建筑机电安装、建筑幕墙、古建筑、公路路面、公路路基、公路交通（公路安全设施分项）、环保工程专业承包二级，特种工程（结构补强）专业承包不分等级资质；实验检测建筑甲级资质、试验检测地基基础乙级资质；重庆市公路养护总承包甲级、路基路面甲级、桥梁甲级和隧道工程专业承包资质。驻重庆市永川区文昌路877号。执行董事卢长德，副总经理（主持经理层工作）陈小科。职工1439人。资产总额46.94亿元，固定资产1.70亿元。机械设备428台（套），设备固定资产原值10466.78万元、净值4378.36万元，成新率41.6%，总功率20128千瓦，动力装备率14.18千瓦/人，技术装备率7.38万元/人。

2022年，新签合同额120.91亿元，产值52.23亿元。
（王 英）

【第六工程有限公司】 拥有建筑工程施工总承包一级，铁路、市政公用、机电工程施工总承包三级，桥梁、隧道、钢结构、建筑装修装饰工程专业承包二级，建筑机电安装、环保、起重设备安装、地基基础工程专业承包三级，劳务分包不分等级，模板脚手架专业承包不分等级资质。具有独立承担铁路、房建、公路、市政、水利水电、桥梁、隧道等工程项目的施工能力。驻天津滨海高新区塘沽海洋科技园盛安建设发展大厦1－2，4，5－106。执行董事柴生虎，总经理于连山。职工697人。资产总额25.88亿元，净资产1.61亿元。在册设备（不含测量实验）74台（套），设备原值3594.62万元、净值1200.25万元；机械运输设备总功率7256.4千瓦，动力装备率10.43千瓦/人、技术装备率1.72万元/人。

2022年，新签合同额145.15亿元，产值33.87亿元。
（崔凤娇）

【电务电化工程有限公司】 拥有国家通信、机电工程施工总承包一级，电力、市政、建筑工程施工总承包二级，铁路工程施工总承包三级，公路交通（公路安全设施）、建筑机电安装、电子与智能化工程专业承包一级，公路交通工程（公路机电工程分项）、输变电工程、建筑装修装饰工程、地基基础工程、消防工程专业承包二级，铁路电务工程、铁路电气化工程、环保工程专业承包三级，建筑智能化系统设计专项乙级，甘肃省安全技术防范工程设计施工三级资质；承装（修、试）电力施工一级许可证，军工涉密业务咨询服务安全保密条件备案证书。驻甘肃省兰州市城关区红山根西村148号。董事长张才，总经理吴刚。职工1041人。固定资产原值7273.95万元、净值784.77万元。机械动力运输设备251台（套）。设备原值5431.51万元、净值483.76万元，总功率11630千瓦，技术装备率0.5万元/人，动力装备率9.58千瓦/人，成新率11.14%。

2022年，新签合同总额21.5701亿元，产值13.8010亿元，利润4355.98万元，净利润4423.08万元。全员劳动生产率252395.08元/（人·年）。国有资本保值增值率102.90%，净资产收益率4.94%，资产负债率50.51%。
（万莎莎）

【路桥工程有限公司】 拥有市政公用工程施工总承包一级，公路、机电工程总承包二级，铁路、建筑工程施工总承包三级，桥梁工程专业承包一级，铁路铺轨架梁、建筑幕墙工程专业承包二级，钢结构专业承包三级，起重设备安装、环保工程专业承包三级，预拌混凝土专业承包（不分等级）资质。总部驻陕西省西安市高新区唐延路1855号洛克大厦14～15楼。执行董事门发忠，总经理姚锁平。职工880人。资产总额28.85亿元。其中，流动资产25.11亿元，非流动资产3.74亿元；固定资产原值5.06亿元、净值0.83亿元。各类机械设备731台。设备总功率44230.37千瓦，成新率12.28%，技术装备6.18万元/人，动力装备率49.98千瓦/人。

2022年，新签合同额61.39亿元，产值27.75亿元。
（张欣怡）

【德盛和置业有限公司】 集房地产开发、销售、土地开发、物业管理、房屋租赁、场地租赁等于一体的国有房地产企业。2008 年成立。驻陕西省西安市曲江新区新开门南路 1088 号梧桐苑 17 号楼。执行董事徐亚伟,总经理刘志军。职工 146 人。资产总额 89.29 亿元。固定资产设备 657 台(套),设备原值 46794.64 万元、净值 36334.46 万元。

2022 年,完成投资 173805 万元,销售签约 220658 万元,营业收入 213849 万元,净利润 10000 万元。

(朱兴云)

【国际工程有限公司】 拥有建筑、市政公用、钢结构、环保工程专业承包三级资质。2013 年 4 月在北京注册成立。驻北京市海淀区万丰路 18 号院 5 号楼。执行董事王显春,总经理杨红亮。职工 165 人。资产总额 2.07 亿元。设备资产 128 台(套),资产原值 1239.87 万元、净值 586.52 万元。

2022 年,新签合同额 2.77 亿元,产值 56779.18 万元,营业收入 1.28 亿元,净利润 3.66 万元。

(张新宇)

【轨道交通工程有限公司】 拥有市政公用工程施工总承包三级资质。2013 年 11 月 1 日成立。驻山东省济南市槐荫区顺安路与烟台路交叉口西元大厦东楼 18~21 层。执行董事公绪论,总经理薄志军。职工 781 人。资产总额 24.22 亿元。其中,固定资产原值 2.68 亿元、净值 1.11 亿元。自有设备 501 台(套)。设备原值 5.19 亿元、净值 2.48 亿元,设备完好率 100%、利用率 72%、成新率 62%。设备总功率 19692 千瓦,技术装备率 20.97 万元/人,动力装备率 23.44 千瓦/人。年施工能力 26.45 亿元。

2022 年,新签合同额 51.30 亿元,施工产值 26.45 亿元。毛利润 13842.21 万元、净利润 2011.05 万元,职工年人均收入 119500 元。 (刘一凯)

【勘察设计院】 集房建、铁路、公路、市政工程设计、咨询、研发于一体的综合性设计咨询机构。拥有铁道行业甲(Ⅱ)级、建筑行业甲级、公路行业甲级和市政行业甲级设计,测绘乙级,工程咨询乙级资信,甘肃省施工图审查机构建筑工程二类,地质灾害治理工程勘查和设计丙级资质。具备承担大型城市规划、工程勘察、测量、隧道桥梁监测等相关测量技术能力;具备铁路、公路、地铁、轻轨、市政、工业与民用建筑(含智能化建筑)等的设计以及工程咨询和其他技术服务能力。驻甘肃省兰州市城关区和平路 63 号。职工 71 人。

2022 年,经营承揽 4616.28 万元,营业收入 7644 万元,上缴利润 400 万元。 (何 涛)

【甘肃铁鹰建筑质量检测有限公司】 拥有国家认证认可监督管理委员会颁发的检验检测机构资质认定证书,甘肃省住房和城乡建设厅颁发的建筑工程检测甲级、市政工程检测甲级、岩土工程检测甲级、地基基础和主体结构检测甲级、钢结构工程检测、建筑工程室内环境质量检测乙级资质,甘肃省交通工程质量安全监督管理局颁发的公路工程综合乙级资质证书。执行董事、总经理张杰,党委书记张猛。职工 19 人。资产总额 4088.82 万元。驻甘肃省兰州市城关区牟家庄 497 号。检测设备 976 台(套)。年检测能力 4000 万元以上。

2022 年,承揽 3621.89 万元,营业收入 1486.56 万元。 (付 欣)

【西部铁建工程材料科技有限公司】 通过“全国工业产品生产许可证”、减水剂和防水板 CRCC 认证、产品注册商标等各类资质认证,是中国建筑材料联合会混凝土外加剂分会的会员单位。2016 年成立。驻甘肃省兰州市新区。执行董事、总经理孙明海。职工 37 人。资产总额 28270.99 万元,负债总额 18974.79 万元,所有者权益 9296.20 万元。

2022 年,新签合同额 3.01 亿元,产值 1.21 亿元。利润 34.73 万元,净利润 36.68 万元。 (薛 晨)

【运营管理有限公司】 拥有铁路电务工程专业承包二级资质。2016 年 11 月 28 日成立,驻山东省青岛市高新区汇智桥路 169 号 2 号楼 1501 户。执行董事魏惠民,总经理岳占双。职工 148 人。资产总额 14600 万元,负债总额 10500 万元,所有者权益总额 4100 万元。

2022 年,新签合同额 9385.45 万元,产值 21139.40 万元。 (李林静)

【市政工程分公司】 2016 年 7 月 6 日成立。驻湖北省武汉市青山区和平大道建设四路青山政务中心 12 楼。总经理宋贵杰,党委书记张化民。职工 30 人。资产总额 41445016.14 元,固定资产原值 601363.09 元。

2022 年,新签合同额 6.54 亿元,产值 2.6 亿元,营业收入 16166.69 万元,净利润 719.42 万元。

(何晓鹏)

【铁建中原工程有限公司】 拥有建筑、公路、市政公用工程总承包一级，建筑装修装饰工程专业承包二级，钢结构工程专业承包三级资质。注册资本金10亿元。驻河南省郑州市二七区陇海路中70号。董事长、党委副书记马威，党委书记张宝铁，总经理、党委副书记尚荣朝。职工126人。资产总额76609.93万元。其中，固定资产原值1041.57万元、净值389.08万元。

2022年，新签合同额41.86亿元，产值3.4324亿元。 （石 豆）

中铁二十二局集团有限公司

【简况】 拥有铁路、建筑、市政公用、公路工程施工总承包特级，铁道行业甲（Ⅱ）级工程设计，建筑行业甲级设计，市政行业甲级设计，公路行业甲级工程设计，水利水电施工总承包一级，矿山工程、机电工程施工总承包三级，公路路基、桥梁、隧道工程专业承包一级，铁路铺轨架梁、建筑幕墙、消防设施工程专业承包二级，测绘乙级，公路工程综合乙级，混凝土工程类乙级资质；检验检测机构资质认证证书，对外工程承包资格证书，对外援助资格证书。总部驻北京市石景山区石景山路35号。下辖第一至第六工程有限公司、轨道工程有限公司、电气化工程有限公司、天瑞机械设备有限公司、房地产开发有限公司、雄安建设有限公司、市政工程有限公司、检测公司13个子公司，国际工程分公司、勘察设计院2个分公司，10个区域经营指挥部。职工11010人。资产总额409.67亿元。其中，固定资产原值39.61亿元、净值13.93亿元，流动资产315.07亿元，其他资产80.67亿元。设备资产10809台（套）。设备原值25.16亿元、净值7.51亿元，总功率60.66万千瓦，成新率29.87%，动力装备率54.63千瓦/人，技术装备率6.77万元/人。

2022年，新签合同额762.13亿元。企业总产值370.45亿元，实现营业收入332.05亿元，利润总额4.33亿元，净利润3.38亿元，人均创利2.75万元。全员劳动生产率31.17万元/（人·年），职工年平均工资14.63万元。国有资产保值增值率105.01%，净资产收益率5.63%，资产负债率84.95%，应上缴款完成率100%。完成主要实物工程量：路基土石方3132.41万立方米，桥梁46160延长米，隧道40250延长米，地铁盾构区间15.32千米，房屋建筑298.72万平方米，铁路制梁415孔（T梁、箱梁），公路制梁4301片，铁路架梁574孔，公路架梁3401片，无砟轨道施工89.79千米，铺轨57.26千米（含正线、站线），通信线路271.14千米，接触网线路31.99千米。新建北京至沈阳铁路客运专线辽宁段获第十九届中国土木工程詹天佑奖；新建北京至沈阳铁路客运专线辽宁段、新建大同至张家口高速铁路大梁山隧道工程获国家优质工程银奖；集团公司再次获工程建设企业信用AAA级认定，企业信用星级提升为“6星”，获中国质量诚信AAA级认定。 （罗小慧）

【领导人员】

董事会

董事长	赵红鹰
董事	王广建（8月免）
	汪新立（10月任）
	李 冰（4月免）
	安志军（6月任）

监事会

监事会主席	李 强
股东监事	曲军芳
职工监事	太贞爱

经理层

总经理	王广建（8月免）
	汪新立（10月任）
副总经理	渠巨华（2月免）
	徐冬青
	赵世友
	安志军（6月免）
	邹德松
	杜以军
	董启军
	汪新立（10月免）
	袁 毅（10月任）
	孙锡寿
总会计师	赵世友（兼）
总工程师	董启军（兼）

党群领导

党委书记	赵红鹰
党委副书记	王广建（8月免）
	汪新立（10月任）
	李 冰（4月免）

安志军(6 月任)
纪委书记　李　强
工会主席　李　冰(4 月免)
安志军(6 月任)

(罗小慧)

【职工队伍】 职工 11010 人。干部 9400 人。男职工 8680 人、女职工 2330 人。干部中,35 岁及以下 5789 人、36 ~ 40 岁 1785 人、41 ~ 50 岁 1268 人、51 ~ 60 岁 558 人。研究生以上学历 188 人、本科学历 7946 人、专科学历 1702 人、专科以下学历 1174 人。

(崔泽涛　赵忠航)

【工程项目指挥机构】 广州至清远城际轨道交通项目清远站(不含)至省职教城站(含)段站前工程 GQBY - 1 标段项目部　驻广东省清远市。项目负责人张红卫。

新建杭州至温州铁路义乌至温州段站前及相关工程 HWZQ - 4 标段项目部　驻浙江省温州市。项目负责人王志广。

新建铁力至伊春铁路先行工程项目部　驻黑龙江省伊春市翠峦区。项目负责人杨旭书。

铁科高速公路方正至延寿尚志界段工程项目部　驻黑龙江省哈尔滨市延寿县。项目负责人高飞。

剑河至黎平高速公路 TJ - 7 标工程项目部　驻贵州省黔东南苗族侗族自治州黎平县。项目负责人王君勋。

太原武宿国际机场 PPP 项目部　驻山西省太原市小店区。项目负责人吴建峰。

杭州秦望通道工程 QWI 标项目部　驻浙江省杭州市上城区。项目负责人何锐。

穗莞深城际前皇后开段三工区项目部　驻广东省深圳市福田区。项目负责人刘自明。

西安地铁 8 号线 2 标工程项目部　驻陕西省西安市未央区。项目负责人芦岩。

保定市大水系建设项目——环堤河基础设施及生态环境综合治理工程项目部　驻河北省保定市新市区。项目负责人职小强。　(李　坛)

【工程施工】 广州至清远城际轨道交通项目清远站(不含)至省职教城站(含)段站前工程 GQBY - 1 标段　位于广东省清远市,全长 19.74 千米。合同投资 357184 万元。合同工期 2020 年 8 月 18 日至 2024 年 8 月 18 日。主要工程量:桥梁 8 座 17890 延长米,高架站 2 座 420 延长米,区间隧道 930 延长米(含清远东半地下站),路基 0.69 千米,箱梁架设 467 孔,无砟道床及铺轨 39.91 千米,新建道岔 14 组,改建道岔 1 组。开工累计完成产值 177024 万元。

新建杭州至温州铁路义乌至温州段站前及相关工程 HWZQ - 4 标段　位于浙江省温州市,全长 42.28 千米。合同投资 260554 万元。合同工期 2020 年 6 月 30 日至 2024 年 6 月 30 日。主要工程量:区间土石方 31.87 万立方米,站场土石方 109.06 万立方米,防护栅栏 20.05(单侧)千米,隧道 18 座 35878.61 延长米,特大桥 4 座 2570.55 延长米,大桥 8 座 2174.03 延长米,中小桥 9 座 616.9 延长米,框架桥 28 延长米,涵洞 100.7 横延米,现浇道床 85.85 铺轨千米,站线铺新岔 9 组,站台墙 720 米。开工累计完成产值 228966 万元。

新建铁力至伊春铁路先行工程　位于黑龙江省伊春市翠峦区,全长 60.28 千米。合同投资 245818 万元。合同工期 2020 年 12 月 1 日至 2024 年 5 月 31 日。主要工程量:路基 46.79 千米,车站 1 座,特大桥 9 座 11390.99 延长米,大桥 6 座 1961.47 延长米,中桥 6 座 3911.2 顶平方米,小桥 2 座 897.67 顶平方米,涵洞 96 座 2932.31 横延米,箱梁预制架设 379 孔。开工累计完成产值 194500 万元。

铁科高速公路方正至延寿尚志界段工程　位于黑龙江省哈尔滨市延寿县,全长 25.96 千米。合同投资 125700 万元。合同工期 2020 年 10 月 1 日至 2025 年 6 月 30 日。主要工程量:桥梁 27 座,涵洞 73 座,互通 2 处,服务区 1 处。开工累计完成产值 25198.32 万元。

剑河至黎平高速公路 TJ - 7 标工程　位于贵州省黔东南苗族侗族自治州黎平县,全长 10.28 千米。合同投资 92560 万元。合同工期 2021 年 6 月 15 日至 2023 年 9 月 19 日。主要工程量:土石方 688.50 万立方米,桥梁 9 座 3400 延长米,互通立交 1 处,隧道 1 座 700.50 延长米,涵洞 27 道 1298.10 横延米,T 梁制架 898 片。开工累计完成产值 79000.96 万元。

太原武宿国际机场 PPP 项目　位于山西省太原市小店区。合同投资 498152 万元。合同工期 2022 年 3 月 1 日至 2026 年 2 月 28 日。主要工程量:桥梁 6 座 6316 延长米,土石方 244 万立方米,道路 33.07 千米。开工累计完成产值 45939 万元。

杭州秦望通道工程 QWI 标段　位于浙江省杭州市上城区,全长 0.75 千米。合同投资 51151 万元。合同工期 2020 年 5 月 1 日至 2023 年 4 月 30 日。主要工程量:地下连续墙 252 幅,SMW 功法桩 210 根,基底加固 41.60 万立方米,钻孔桩 282 根,降水井 167 口,冠梁及混凝土支撑 5214.50 米,钢支撑 641 根,基坑土方30.50万立方米，主体结构混凝土7.13万立方米。开工累计完成产值45885.24万元。

穗莞深城际前皇后开段三工区　位于广东省深圳市福田区，全长3.51千米。合同投资87997万元。合同工期2021年11月20日至2026年11月19日。主要工程量：1号明挖段（不含）—皇岗口岸站（不含）区间，长3511.28米。开工累计完成产值742万元。

西安地铁8号线2标工程　位于陕西省西安市未央区。合同投资228507万元。合同工期2019年10月30日至2024年10月31日。主要工程量：环园中路停车场围护结构、地基处理及结构施工非土建工程、环园中路停车场机电安装及装饰装修。开工累计完成产值114422万元。

保定市大水系建设项目——环堤河基础设施及生态环境综合治理工程　位于河北省保定市新市区，全长3.87千米，合同投资42403万元。合同工期2022年2月21日至2023年10月24日。主要工程量：河道治理工程淤泥清运7.09万立方米，土方外运25.00万立方米，生态框安装34360块，U型桩打设4420根；道路工程路基挖方1.27万立方米，填土2.73万立方米；管廊3.87千米；公园1座11.87万平方米；桥梁3座146.40延长米；雨水泵站1座；坝闸3座。开工累计完成产值34641.30万元。　　（李　坛）

【经营管理】　经营承揽。2022年，新签合同额762.13亿元，占股份公司下达年度自揽计划520亿元的146.56%，其中工程承包板块723.63亿元，同比增长7.9%；非工程板块38.5亿元，同比增长27.7%。其中，铁路工程60.39亿元，公路工程58.37亿元，房建工程370.21亿元，城市轨道工程41.28亿元，市政工程57.94亿元，水利、电力工程107.8亿元，其他工程27.64亿元，勘察设计0.16亿元，物资贸易12.13亿元，房地产24.06亿元，工业制造1.41亿元，其他0.74亿元。

企业管理。集团公司符合公示条件的62家市场主体全部完成年报公示工作。再获工程建设企业信用AAA级认定，企业信用星级提升为“6星”，中国质量诚信AAA级认定。9月，参加中国企业联合会、中国企业家协会举办的全国企业家活动日暨中国企业家年会，董事长赵红鹰获“全国优秀企业家”称号。全年无新增实质性亏损企业，完成“亏损企业数、亏损额双降10%”目标。开展一建继续教育培训，报名442人，定期进行通报、督导。全年取得9项资质，其中一级资质1项、二级资质6项、不分等级资质2项。集团公司绩效考核得分336.23分（另安全包保奖20分体系外单列）较上年度增加111.96分，2019—2021年集团公司任期绩效考核结果较上一任期提升一级。全面完成43项对标一流管理提升任务，完成率100%。所属房地产公司连续两年被股份公司评为中国铁建“效益20强”单位。制定印发《集团公司“专精特新”企业培育方案》，进一步加快企业转型升级，引导三级公司走“专精特新”发展道路。坚持与地方“专精特新”政策相结合，所属电气化公司、检测公司顺利进入2022年度第四批北京市“专精特新”中小企业榜单。

投资开发。房地产开发与主导决策资本运营项目28个，投资规模492亿元。房地产板块投资额19.22亿元，销售金额24.06亿元，营业收入15.71亿元，净利润1.37亿元。资本运营板块投资14.06亿元，拉动施工产值4.49亿元。

财务管理。税务管理方面，编写《工程项目纳税筹划与税务管理指导手册》，开展5个月的专项培训，培训场次近100场，人数6000余人次，实现税务管理创效，通过留抵退税、税收优惠等政策提升企业效益，年内，集团公司实现留抵退税1.06亿元，通过各类税收优惠减免税费0.36亿元；共享中心建设方面，充分发挥信息化平台优势，推动项目管理提升，定期更新业务指导书，不断统一项目业务标准，推进项目财务业务能力提升，不断优化系统方案和内部工作机制，提高单据审批时效，利用微信自主设计“百问百答”小程序，有效提升项目工作效率和管理水平，推动业务融合和人才培养，共享中心对项目财务人员进行定期轮换委托培养，轮岗交流29人次；“大风控”“大监督”方面，以风险防控为切入点，专项整治与常态监督同步发力，防治并举，查改结合，有效防范化解各类风险，以内外部审计、巡视发现的问题为基础，形成全年“大风控”“大监督”管控清单，通过问题整改销号补齐管理短板、改善经营状况、降控债务规模，有效防范内控风险、经营风险和财务风险，关注已采取的风险应对措施和成效，不断根据新的风险状况制定下一步措施；财务检查方面，集团公司深入开展“严肃财经纪律、依法合规经营”综合治理专项行动，确保整治效果针对会计信息质量、债务风险、金融风险和税务管理四项专题全面进行自查，自查覆盖率100%，同时按照“下保一级”的原则进行抽查，抽查覆盖率37.02%；“稳杠杆”工作方面，加强清收清欠，强力压降“两金”，逐级分解指标，制定“一企一策”，紧盯管控目标，细化管控举措，加强前端控制，资产端、负债端、权益端协同发力，不断改善财务结构，通过优化完善存量资产盘活方式、强化外部股东权益引入工作等系列有效措施，集团公司资产负债率84.95%，完成年度既定预算目标；资金管理方面，充分发挥资金集中优势，强化整体资金调剂，挖掘企业内部资金支撑潜力，同时密切关注低利率贷款，有效降低企业资金使用成本，通过资金池调剂节约资金成本约6500万元，2022年资金上存度40.94%，资金集中度73.28%，有息负债未超过年初管控值68.70亿元。

审计工作。集团公司11家单位设立内审部门。完成审计任务157项，其中，完成子公司负责人离任经济责任审计7项、项目负责人离任经济责任审计33项、项目竣工审计68项、项目过程审计32项、专项审计17项，两级提交审计报告157份，审计发现问题1554条，移送审计线索172条，促进增收节支和为企业挽回经济损失11242.91万元，两级提出管理建议364条，采纳率100%。下发《中铁二十二局集团有限公司经济"大监督"体系实施方案》《中铁二十二局集团有限公司经济"大监督"考核方案》等制度办法。"大监督"工作开展以来，集团公司组织开展各类监督活动236项，召开"大监督"相关会议29次，编制"大监督"联系单101份，编制"大监督"专题报告15份，下发"大监督"通报12份，通过"大监督"联席会议或专题报告解决问题364个，挽回或避免损失9929.8万元，推动完善体制机制数量26项，修订或完善制度86条，完善台账和报表48个。审计发现并达到整改时限的问题933条，完成整改846条，整改率91%。

安全监督。组织"护航冬奥大排查大整治""复工复产检查""北京片区专项检查""上半年安全大检查""汛期安全生产检查""防坠落专项整治""重庆片区专项整治""隧道火灾高坠坍塌检查""下半年安全大检查""塔吊专项检查""二十大专项检查""设备专项检查"等安全专项检查12次，排查消除各类隐患7000余条。在智管云双预控体系功能的基础上，新开发"安全教育培训"模块，建立公司级、项目部级、班组级安全教育培训素材库和试题库，将枯燥的纸面培训转换为视频培训和网上考试，有效提升安全培训效果和效率。年内，集团公司委派安全总监12人，A类安全人员（企业负责人）36人，B类安全人员（项目负责人）412人，C类安全人员（专职安全管理人员）785人，注册安全工程师205人。（唐艳丽　刘东奇　边　东）

【科技成果】 中铁京诚工程检测有限公司通过高新技术企业认定，集团公司总部、轨道公司通过高新技术企业复审；在2022年度中国铁建科技创新考核中得分83分，较2021年度提升13分，在中国铁建专业工程局中排名提升3个名次；1月，召开中铁二十二局集团有限公司科技创新大会；发布《中铁二十二局集团有限公司"十四五"科技创新发展规划》；新建北京至沈阳铁路客运专线辽宁段获第十九届中国土木工程詹天佑奖；11项成果参与中国铁建股份有限公司组织的科技成果评价，其中达到国际领先水平3项、国际先进水平4项、国内领先水平4项；广西科学技术进步奖二等奖1项；获中国铁建科学技术奖特等奖1项、一等奖1项、二等奖3项，中国交通运输协会科学技术奖一等奖1项、二等奖5项，中施协科学技术奖二等奖3项；获省部级工法认定13项；申请发明专利101件、实用新型124件，获国家授权发明专利30件、实用新型专利212件，获中国铁建实用新型专利优秀奖1项；发布主编或参编的国家标准2部、行业标准1部、省级地方标准4项、团体标准2部、股份公司企业标准2部；参与住建部科技项目计划2项，新立项广东省科研项目1项、黑龙江省科研项目1项；新立项主持股份公司B类科研项目1项、参与B类科研项目1项、主持C类科研项目1项，其中B类课题获中国铁建股份有限公司科研经费资助100万元；中铁二十二局集团有限公司组织科研项目立项40项，资助科研经费350万元。其中，A类项目7项资助经费200万元、B类项目15项资助经费150万元、C类项目18项；入库交通运输部科技创新成果1项，入库国家铁路局科技创新成果1项、发明专利成果1项、科技论文1篇。（姚正斐）

【党群工作】 党的工作。基层党委32个，党总支3个，党支部282个，党员4864人，发展党员124人。把学习贯彻习近平新时代中国特色社会主义思想摆在党委工作的突出位置，全覆盖宣传贯彻党的二十大精神。坚决巩固常态化疫情防控屏障，不断健全完善常态化疫情防控机制，下拨防疫专项资金160余万元，有效应对多轮疫情反弹，最大限度守住职工生命安全和身体健康。动态修订党委会、董事会议事规则，完善"三重一大"决策事项清单管理，厘清优化权责边界，规范前置研究程序，召开党委常委会42次，研究审议议题340项，始终确保决策环节不缺位、不越位。不断推进保密工作制度化、规范化，把制度细化到岗到人，明确操作流程和岗位职责，制定《中铁二十二局集团有限公司2022年保密工作要点》，印发《中铁二十二局集团有限公司保密工作管理办法（试行）》《定密工作暂行规定》《商业秘密保护规定》等配套制度，切实增强保密制度的完整性和执行力。举办2022年度基层党建工作研讨会；举办集团公司“学习二十大　永远跟党走　奋进新征程”青马英才暨团干部培训班，“青年党员大学习”网络培训班和基层党支部书记网络培训班，通过多种途径深入学习红色历史，感悟思想伟力，以更加“生动、鲜活”的方式深入学习贯彻党的二十大精神，不断提高政治判断力、政治领悟力、政治执行力，把“两个确立”真正转化成做到“两个维护”的思想自觉、政治自觉和行动自觉，用党的创新理论武装头脑、指导实践、推动工作。高质量完成北京市第十三次党代会代表推选工作，选举产生1名出席大会代表。开展2021年度党建工作责任制考核工作，采取线上审查、线下抽检相结合方式对所属12家子分公司和6家直属单位2021年党建工作责任制落实情况进行考核评价，召开2021年度书记述职会议，全面落实党组织书记抓基层党建述职评议制度。实现所属单位党建工作责任制考核、党组织书记抓基层党建述职评议工作全覆盖。常态化开展党建工作联系点调研工作，分析存在问题，制定解决方案，督导帮扶联系点突出问题整改工作顺利推进，充分发挥以上率下的示范带领作用。组织开展集团公司第一、第二、第三批示范党支部评估复检工作和第四批示范党支部推选工作，创建和打造一批基础扎实、特色鲜明、作用突出的示范党支部，形成较好的示范导向和辐射带动。开展集团公司总部及所属单位专项清查工作，整治突出问题规范党务工作。

集团公司党委从本级党费中划拨专项经费5.4万元用于支持基层单位疫情防控工作。同时，积极落实慰问老党员和困难党员工作。年内，集团公司党委本级走访慰问困难党员22人，发放慰问金6.6万元，代发代付股份公司党委慰问金16.4万元、北京市生活困难党员帮扶专项资金8.5万元，为4名老党员和62名困难党员送去组织的关怀和温暖。

巡察工作。针对中国铁建党委财务资金管理专项巡视反馈的4个方面12个问题和整改意见建议，集团公司党委制定整改措施36项，完善规章制度8项，对移交的22件问题线索函，集团公司纪委分类梳理出问题线索55条，转立案1件，给予党纪政务处分6人次。按照巡察全覆盖要求，集团公司党委成立2个巡察组，对所属一公司、二公司、三公司、四公司4家子公司开展常规巡察，发现各类问题245项，挽回经济损失355.46万元，4家被巡察单位制定整改措施542项，完善规章制度19项，移交两级纪委问题线索27件，追责问责31人次。按照巡视巡察上下联动要求，对所属11家子公司党委开展“违规挂靠”问题专项巡察，发现各类问题41项，11家被巡察单位制定整改措施184项。

宣传工作。制定《集团公司2021年党委理论学习中心组专题学习重点内容安排》，突出围绕习近平新时代中国特色社会主义思想和习近平总书记系列重要讲话精神，结合企业实际，全年印发中心组学习参阅15期，组织专题学习16次，研讨14次。下发《关于进一步规范集团公司舆论平台宣传工作的通知》。出台《新时代中国铁建品牌与文化体系实施方案》，积极推进在各级落实落地。2名职工参加首都国企职工宣讲比赛，集团公司获优秀组织奖。2022年，五公司获评重庆市文明单位，一公司获评哈尔滨市南岗区文明单位。针对金台铁路完工通车、黄埔有轨电车开通运营、哈伊高铁开工、中老铁路全线无砟轨道板施工完成等重大工程事件节点，联合中央电视台、《人民日报》海外版、新华社、《工人日报》等10余家中央主流媒体，精心组织策划，大力宣传报道，对重大工程报道197次。

纪检监察。坚持关口前移、主动监督、事前监督，结合“项目管理提升年”制定《加强工程项目纪检监督实施办法》及配套制度，划定4类18项监督重点，印发项目管理十条禁令，配齐配强基层纪检负责人，明确工作流程，注重监督实效，发现各类问题1351项，立行立改1229项，制定整改措施1044项，作为线索移交处置119项，保障项目管理水平进一步提升。加大项目管理监督力度、项目亏损追责力度、重大亏损涉嫌职务违法犯罪移送力度，采取“提级办案”“交叉办案”“联合办案”等方式，严肃查处违规决策、违规补偿、化公为私、违法分包、围标串标等突出问题，全年对18个亏损项目开展线索核查、立案审查，给予党纪处分31人次、政务处分86人次、组织处理46人次，挽回经济损失4657.35万元，责令个人退赔违纪违法所得234.74万元。与天津武清区纪委监委构建“监企共建”工作联系机制，加大涉嫌职务违法犯罪案件的移送力度，移送案件2件(其中留置1件)。利用多媒体平台开辟《廉语清风》教育专栏，使廉政教育经常化、常态化；在哈尔滨创建公司内第一所廉政教育基地，增强干部职工“身临其境”教育效果；自主制作《青春的底色》宣传教育片，强化青年干部廉政意识，督促系好“人生第一粒扣子”；针对典型案例，点名道姓、通报曝光，召开警示教育大会通报典型案例19起。构建集团公司本级、子分公司、区域指挥部、工程项目部四级联动的纪检组织，完善纪检监督架构体系，实现监督“全覆盖”；结合“办案质量提升年”要求，开展案件质量评查和自查自纠，编印《纪检工作规范化指导手册》，提升纪检工作规范化法治化正规化水平。

工会工作。组织开展“喜迎二十大　建功新时代”摄影书画比赛、诵读比赛以及“喜迎盛会筑防线　踔厉奋发向未来”安全生产主题漫画比赛等系列活动。企业形象片《有爱，我们勇敢前行》在北京市总工会开展的“喜迎二十大　强国复兴有我”征集展示活动中获得一等奖。开展党的二十大知识竞答活动，全集团职工参与35723人次。深入开展“项目管理提升杯”主题劳动竞赛，在轨道公司太原地铁1号线项目部开展劳动竞赛暨青年突击队竞赛推进会，助推集团公司年度生产经营任务目标顺利实现。集团公司工会被北京市建筑工会评为“2022年度劳动和技能竞赛先进单位”。举办集团公司首届“工匠杯”职业技能竞赛，来自8家单位的40余名参赛选手同场竞技。积极开展“安康杯”竞赛活动和“安全生产月”活动。引导和带动全体职工参与落实安全生产责任的主动性和自觉性。集团公司新建城际铁路联络线一期工程站前3标项目部获全国“安康杯”优胜班组称号；轨道公司北京地铁昌平线南延项目部获北京市“安康杯”优胜班组称号。工会安全监督检查员新增38人。年内，评选出“中铁二十二局工匠”5人，“工人先锋号”6个，“工人先锋奖章”18人。集团公司获云南省五一劳动奖状；谢芳君创新工作室被评为广东省工业系统劳模和工匠人才创新工作室，工作室科技成果“基于分布式光纤传感技术的岩溶地区灌注桩承载特性研究”被股份公司评为“国际领先”水平；1人获首都劳动奖章，1人获广东省五一劳动奖章，1人获火车头奖章。“两节”期间，筹集送温暖资金375.67万元，慰问困难职工家庭321户，慰问一线生产职工1532人、专家及劳模先进等8人、劳务派遣和困难离退休人员431人。用心开展金秋助学活动，资助30名困难职工子女。发放“送清凉”资金223.17万元，保障职工“清凉”度夏。确定一公司铁科高速公路等8个艰苦项目部作为本年重点帮扶对象，下拨建家帮扶资金50万元。2022年，全局职工书屋（职工图书角）新增14个，“暖心驿站”新增15个，在各个项目上服务一线职工，“家”文化氛围越发浓烈。集团公司工会指导各级工会组织做好常态化疫情防控工作，下拨各子分公司、区域指挥部等防疫资金252万余元，助力开展防疫工作。举办疫情防控线上心理讲座；“职工之家”公众号开辟《战疫先锋》专栏，及时、集中报道各单位抗疫事迹。集团公司多次组织志愿者、工会干部参与社区抗疫。召开集团公司工会三届六次全委会，增免集团公司工会第三届委员会委员，进一步加强工会组织建设。

共青团工作。下辖团委12个，团支部165个，共青团员2596人，35周岁以下青年5997人，共青团干部247人。2022年，集团公司团委以迎接和学习宣传贯彻党的二十大为主线，结合庆祝建团100周年，集团公司“项目管理提升年”主题活动，广泛开展“青春领航”“青蓝育才”“青春建功”“强基固本”计划，着力提升引领力、组织力、服务力和大局贡献度，实施“青春领航”计划。实施“青蓝育才”计划，开展“十大杰出青年”“十佳青年技术能手”评选活动，开展“双导师制”导师带徒、“青工夜校”，开展“团组织就在我身边”关爱行动，对家庭困难的团员进行帮扶，举办“二十二小时约会”青年联谊。实施“强基固本”计划，打造一批标准化团支部，落实“三会两制一课”制度和推优入党制度，举办团干部培训，开设“二十二局正青春”团属微信公众号，发表推送80余期。实施“青春建功”计划，开展“项目管理提升年”青年突击队竞赛；围绕安全生产，开展安全生产主题团日，在所属项目开展青年安全生产示范岗评选活动；组织青年志愿者历时300余天服务北京2022年冬奥会和冬残奥会，受到北京2022年冬奥会和冬残奥会城市志愿者指挥部的感谢和表彰，此外还参与地方新冠疫情防控、重庆北碚区山火扑救、保障长征五号B运载火箭发射等任务。中铁二十二局青年志愿服务队获“全国铁道团委青年志愿者优秀组织”“首都最佳志愿服务组织”等称号。北京地铁昌平线南延项目部获北京市青年文明号。

（贾建国　王英威　李便华）

【第一工程有限公司】　拥有市政公用施工总承包一级，公路、电力、建筑、矿山工程施工总承包二级，建筑装修装饰、桥梁、钢结构工程专业承包一级，铁路铺轨架梁、建筑机电安装工程专业承包二级，水利水电工程施工总承包三级，施工劳务、压力容器制造许可资质。驻黑龙江省哈尔滨市南岗区西大直街113号。党委书记、董事长李贵山，总经理、党委副书记杜风余。职工2194人。资产总额658440.42万元。其中，固定资产原值48463.76万元、净值19638.74万元，流动资产556892.08万元。设备资产2208台。设备原值2.78亿元、净值9145.81万元，总功率54603.51千瓦，动力装备率24.89千瓦/人，技术装备率4.17万元/人，设备成新率46.29%、完好率50%、利用率46.29%。

2022年，新签合同额80.43亿元。净利润2789万元，施工产值58.25亿元。职工年人均收入12.17万元，国有资产保值增值率100.69%，净资产收益率

0.69%，产值利润率0.49%，资产负债率92.13%。

（齐 锐）

【第二工程有限公司】 拥有铁路铺轨架梁工程专业承包一级资质。2004年3月，由中铁工程集团有限公司线路工程处、中铁十八局集团第四工程有限公司铺架分公司整合重组而成。驻北京市石景山区实兴大街30号院6号楼8层、12层、15层。党委书记、董事长郭梦宇，总经理、党委副书记邱梓。职工1348人。资产总额542608.02万元。其中，固定资产原值59202.39万元、净值16113.25万元，流动资产461836.76万元，非流动资产80771.26万元。机械设备942台(套)。设备原值45016.5万元、净值11391.59万元，总功率83641.9千瓦，动力装备率62.05千瓦/人，技术装备率8.45万元/人，设备完好率90%、利用率85%，机械化施工程度95%。年施工生产能力40亿元以上。

2022年，新签合同额115亿元，施工产值41亿元，营业收入31.18亿元，净利润0.72亿元，人均创利5.03万元，全员劳动生产率32.85万元/(人·年)，职工人均年收入15.26万元。国有资产保值增值率100.02%，净资产收益率24.52%，产值利润率2.37%，资产负债率92.13%。（张彩芳）

【第三工程有限公司】 拥有市政工程和建筑工程施工总承包一级，桥梁、隧道、地基基础、电子与智能化、消防设施、建筑装修装饰、建筑机电安装、古建筑、城市及道路照明、环保工程专业承包一级，公路、铁路、水利水电施工总承包二级，厦门市房建专业乙类代建资质。驻福建省厦门市集美区同集南路301号中铁海新大厦。党委书记、董事长吴建华，总经理、党委副书记林发展。职工1137人。资产总额608727万元。其中，固定资产原值27463万元、净值11065万元，流动资产358676万元，其他资产238986万元。机械设备66台(套)。设备原值6697万元、净值2238万元，总功率10764千瓦，动力装备率149.5千瓦/人，技术装备率31万元/人，设备完好率96.97%、利用率98.5%。

2022年，新签合同额127.29亿元，施工产值79.55亿元，利润4544.8万元，人均年创利4万元，人均年产值540万元，职工年人均收入16.19万元，国有资产保值增值率105.89%，净资产收益率10.25%，产值利润率0.74%，资产负债率93.3%，应上缴款完成率100%。（周念念）

【第四工程有限公司】 拥有公路、房屋建筑、水利水电、市政公用工程施工总承包一级，铁路工程施工总承包二级，隧道、公路路基、桥梁、铁路铺轨架梁工程专业承包一级，建筑装修装饰工程专业承包二级，钢结构工程专业承包三级，以及爆破作业专项资质。驻天津市武清区创业总部基地B16。党委书记、董事长曾伟峰，总经理、党委副书记邓寿军。职工2396人。资产总额690100万元。其中，固定资产原值84000万元、净值19800万元，流动资产522200万元，非流动资产167900万元。机械运输设备3637台(套)。设备原值47766.43万元、净值7893.27万元，总功率205881.49千瓦，动力装备率85.93千瓦/人，技术装备率3.29万元/人，设备完好率96%、利用率95.3%。

2022年，新签合同额1348883.92万元，施工产值581400万元。营业收入485200万元，利润10993万元，净利润10847万元。人均创利4.85万元，全员劳动生产率22.19万元/(人·年)，职工年人均收入12.04万元。国有资产保值增值率99.14%，净资产收益率20.59%，产值利润率2.27%，资产负债率92.4%。应上缴款完成率100%。（李 玲）

【第五工程有限公司】 拥有市政公用工程施工总承包一级，公路、建筑工程施工总承包二级，水利水电、机电工程施工总承包三级，隧道工程专业承包一级，建筑幕墙工程专业承包二级，公路路基、公路路面、地基基础、桥梁工程专业承包三级，市政公用工程监理甲级资质。2006年3月成立，由中铁二十二局集团重庆分公司和中铁二十二局集团第四工程有限公司第三分公司重组而成。驻重庆市北碚区文长路2号。党委书记、董事长王冠英，总经理、党委副书记叶宇。职工824人。资产总额410957万元。其中，固定资产原值37406万元、净值14136万元，流动资产320173万元，其他资产76648万元。机械运输设备324台(套)。设备原值8414.49万元、净值2269.31万元，总功率36333.48千瓦，动力装备率44.36千瓦/人，技术装备率2.76万元/人，设备完好率81.48%、利用率80.86%。

2022年，新签合同额73.03亿元，施工产值34.91亿元，利润7072万元。职工年人均创利8.5万元，全员劳动生产率29.65万元/(人·年)，职工年人均收入13.84万元。国有资产保值增值率100.05%，净资产收益率18.32%，产值利润率2.24%，资产负债率92.43%，应上缴款完成率100%。（陈灵玲）

【第六工程有限公司】 拥有电力、水利水电、公路、市政公用、建筑、机电工程施工总承包二级，建筑装修装饰工程专业承包一级，古建筑、起重设备安装、环保、输变电、桥梁、地基基础、公路路基、隧道、建筑机电安装、钢结构、电子与智能化、消防设施、防水防腐保温、建筑幕墙工程专业承包二级资质。2018 年 8 月成立。2021 年 3 月，第六工程有限公司整体划转至中铁二十二局集团电气化工程有限公司，被列为集团公司经营性法人公司，委托电气化工程有限公司管理。党委负责人、董事长张乐彬，总经理徐广衍。资产总额 31707.26 万元，其中流动资产 31447.02 万元，固定资产净值 258.69 万元，其他非流动资产 1.55 万元。负债总额 27548.23 万元。

2022 年，施工产值 20975.18 万元，净利润 8.21 万元。（韩 宇）

【轨道工程有限公司】 拥有隧道、桥梁工程专业承包一级资质。驻北京市石景山区鲁谷路 74 号南院 18 号楼 2～6 层。党委书记、董事长杨树民，副总经理（主持经理层工作）韩震。职工 1226 人。资产总额 614552.14 万元。其中，固定资产原值 80899.53 万元、净值 31421.89 万元，流动资产 498648.58 万元。机械运输设备 1515 台（套）。设备原值 90589.19 万元、净值 35848.85 万元，总功率 106464.28 千瓦，动力装备率 86.59 千瓦/人，技术装备率 31.89 万元/人。设备完好率 92%、利用率 86%，机械化施工程度 89%，年施工能力 500000 万元。

2022 年，新签合同额 289045 万元。产值 444740 万元，净利润 11311.24 万元，人均创利 9.12 万元。全员劳动生产率 51.12 万元/（人·年），产值利润率 2.49%，职工年人均收入 13.28 万元。国有资产保值增值率 100.21%，净资产收益率 34.71%，资产负债率 94.7%，应上缴款完成率 2.43%。（杜 莉）

【电气化工程有限公司】 拥有铁路电务、铁路电气化、电子与智能化、建筑机电安装工程专业承包一级，建筑装饰、公路交通工程（公路机电工程）专业承包二级，输变电工程专业承包三级，通信、铁路、建筑、矿山、机电工程施工总承包三级，《承装（修、试）电力设施许可证》承装二级、承修四级、承试类三级资质，及第二类增值电信业务许可。驻北京市门头沟区永定镇龙兴南二路中国铁建梧桐汇 S13 号楼 14～18 层。党委书记、董事长张乐彬，总经理、党委副书记徐广衍。职工 774 人。资产总额 138721.37 万元。其中，流动资产 117086 万元，固定资产净值 6941 万元，其他非流动资产 14694 万元。负债总额 119502.27 万元。设备 217 台（套）。设备原值 2884.1 万元、净值 505.66 万元，总功率 11622.7 千瓦，动力装备率 11.23 千瓦/人，技术装备率 0.35 万元/人。设备完好率 80.18%、利用率 85%、成新率 62.09%。

2022 年，新签合同额 236358.26 万元。总产值 89119.7 万元，其中施工产值 87661.4 万元，净利润 1837.63 万元，人均创利 3.66 万元，全员劳动生产率 28.45 万元/（人·年）。国有资产保值增值率 106.7%，净资产收益率 9.71%，产值利润率 2.31%、投资回报率 2.06%、资产负债率 86.14%。（韩 宇）

【北京中铁天瑞机械设备有限公司】 前身系北京英格索兰机械产品服务部、北京力寰机械产品服务部，隶属于中国铁道建筑总公司机械工程分公司（1998 年更名为中铁工程有限公司）；1999 年，新增成立西安维尔特机械产品服务部、北京沃尔沃建筑设备产品服务部；1999 年 11 月，四个服务部合并重组为中铁工程有限公司进口机械服务中心；2004 年 3 月，进口机械服务中心更名为北京中铁天瑞机械设备有限公司。驻北京市石景山区银河大街 6 号院 1 号楼 A2 座 203 室。党委书记、董事长孙于力，总经理、党委副书记储政。职工 134 人。

2022 年，新签合同额 121672.93 万元，总产值 88489.07 万元。营业收入 77000 万元，净利润 1400.49 万元，投资收益 850 万元。人均创利 10.45 万元，全员劳动生产率 100 万元/（人·年），国有资产保值增值率 102.38%，净资产收益率 3.78%，资产负债率 30.75%，应上缴款完成率 100%。（姜 艳）

【房地产开发有限公司】 拥有房地产开发一级资质，AAAr 信用评级，下属物业公司拥有物业管理二级资质。2011 年 2 月 22 日成立，2013 年正式专业化运营，专业从事房地产开发及相关业务。驻北京市石景山区实兴大街 30 号院 6 号楼 11 层。党委书记、董事长程勇军，总经理、党委副书记张铭言。职工 246 人。资产总额 670347 万元，其中非流动资产 71563 万元，流动资产 598784 万元。

2022 年，完成投资 192212 万元，营业收入 159395 万元，销售 240589 万元，回款 88362 万元，利润 20207 万元，净利润 14439 万元。总产值 159395 万元，人均创利 35.22 万元，职工年人均收入 15.97 万元，国有资产保值增值率 108.56%，净资产收益率 7.59%，投资回报率 7.51%，资产负债率 69.79%。（赵美然）

【**中铁京诚工程检测有限公司**】 拥有计量认证资质（国家级）、公路工程综合乙级试验检测资质、水利工程质量检测混凝土工程类乙级资质，具备铁路、公路、水利工程、原材料、现场实体、电气等检测能力。前身系始建于2005年的中铁二十二局集团有限公司工程检测中心。2015年成立。驻北京市房山区长阳镇天瑞嘉园2号楼北侧。党委书记、董事长马世雄，总经理、党委副书记林海剑。职工80人。资产总额5130.38万元。其中，固定资产原值1008.05万元、净值185.43万元，流动资产783.27万元。固定资产类检测设备378台（套），设备原值1008.05万元、净值185.43万元，成新率18.39%；生产设备8台（套），设备原值9.43万元、净值3.46万元，成新率36.69%；运输设备24台，设备原值252.76万元、净值67.57万元，成新率26.73%。

2022年，新签合同额4108.19万元，总产值4999.91万元，利润918.54万元，净利润782.46万元，全员劳动生产率30.52万元/（人·年）。国有资产保值率122.96%，净资产收益率21.05%，产值利润率18.37%，投资回报率19.44%，资产负债率21.54%，应上缴款完成率19.14%。 （于婷婷）

【**中铁雄安建设有限公司**】 拥有建筑装修装饰工程专业承包二级，环保工程专业承包三级，市政公用、机电工程施工总承包三级资质。2017年6月成立。2018年5月，改制称为中铁雄安建设有限公司；2021年3月，整体划转至中铁二十二局集团第二工程有限公司；雄安公司列为集团公司经营性法人公司，委托第二工程有限公司管理，主要负责雄安片区市场开发、投标、协调管理及中标项目产值入统、税费缴纳等工作。驻河北省保定市雄县一铺东村6区628号。党委负责人、董事长郐梦宇，总经理邱梓。职工276人。资产总额151989.74万元。其中，固定资产原值4890.12万元、净值701.93万元，流动资产138751.12万元，非流动资产13238.62万元。机械设备61台（套）。设备原值1086.1万元、净值586.89万元。设备总功率4354.3千瓦，动力装备率15.77千瓦/人，技术装备率2.12万元/人，设备完好率96%、利用率92%，机械化施工程度95%。年施工生产能力5亿元以上。

2022年，施工产值5.05亿元，营业收入3.61亿元。职工年人均收入14.22万元，国有资产保值增值率100.02%。 （张彩芳）

【**市政工程有限公司**】 拥有建筑、市政二级，水利水电、机电工程施工总承包三级，钢结构专业承包一级，建筑装修装饰、环保工程专业承包二级，隧道、桥梁工程专业承包三级及施工劳务资质。2019年2月18日，由花都投资发展有限公司更名成立，并将原中铁二十二局集团有限公司市政工程公司资产和经营业务划转至市政公司。驻广州市花都区新华街。党委书记、董事长胡文涛，总经理、党委副书记张金龙。职工390人。资产总额20.26亿元。

2022年，新签合同额36.31亿元，施工产值18.16亿元，净利润3968万元，人均创利9.8万元，人均产值37.1万元，职工年人均收入13.78万元，资产负债率88.99%，上缴款18043万元。 （赵晨羽）

【**国际工程分公司**】 2018年6月成立。驻北京市石景山区古盛路36号院1号楼泰然大厦11层1103室。党委书记、总经理高鑫。职工22人。资产总额3230万元。其中，固定资产原值103万元、净值16万元，流动资产2878万元，其他资产336万元。

2022年，新签合同额13.46亿元，产值5788万元，营业收入671万元，职工年人均收入24.75万元。

（吴烜玮）

【**勘察设计院**】 拥有铁路行业甲（Ⅱ）级、公路行业甲级、市政行业甲级、建筑行业甲级资质，同时拥有建筑幕墙设计、建筑装饰设计、钢结构设计等多项甲级资质。2021年2月成立。驻北京市石景山区石景山路35号4号楼1层、2层。党工委书记、总经理闫朝涛。职工39人。资产总额1300.09万元。其中，流动资产1040.53万元，固定资产净值202.76万元，其他非流动资产56.80万元。负债总额1300.09万元。生产、勘测设备47台，设备原值236.07万元、净值202.76万元。

2022年，新签合同额3494.15万元，产值1823.72万元。 （段继新）

中铁二十三局集团有限公司

【**简况**】 拥有铁路、公路工程施工总承包特级，建筑、市政公用、水利水电、矿山、机电工程施工总承包一级，桥梁、隧道、公路路基、公路路面、铁路铺轨架梁、铁路电务、铁路电气化、钢结构、地基基础、建筑装修装饰、机场场道、环保工程、电子与智能化、消防设施、模板脚手架、预拌混凝土、公路养护路基路面工程专业承包一级,铁道行业甲(Ⅱ)级,公路行业甲级、公路行业特大桥梁专业甲级,公路行业特长隧道专业甲级,公路行业公路专业甲级,公路行业交通工程专业甲级,建筑行业(建筑工程)甲级、工程勘察专业类(岩土工程)甲级、风景园林工程设计专项甲级,高等级勘察设计类,爆破一级,国家级检验检测等其他高等级专项资质。2004年3月,由原中铁路桥集团有限公司、齐齐哈尔铁路建设集团有限公司、中铁十四局集团第一工程有限公司、中铁十五局集团第三工程有限公司整合重组而成。总部设职能部门17个,附属机构6个;下辖常设法人子公司11家,功能性法人子公司17家。机构编制变更情况:2022年新设功能性子公司7家。新设立分公司12家,所属法人单位47家。其中,全资子公司31家、合资控股公司16家。区域指挥部8家。分公司80家,其中集团直属三级分公司43家,四级分公司32家,五级分公司5家。职工10709人。资产总额3797100万元。拥有设备7470台(套)。设备原值16.96亿元、净值3.92亿元,总功率91037.05千瓦,技术装备率8.65万元/人,动力装备率53.33千瓦/人,大型设备成新率10.48%。

2022年,新签合同总额1055.96亿元,完成集团公司年度计划900亿元的117.33%,其中自揽总额966.44亿元,完成股份公司年度计划520.34亿元的185.73%,同比增长64.22%。完成企业总产值335.03亿元,同比增幅5.01%。主要实物工程量:桥梁2348延长米,隧道169延长米,路基土石方430.91万立方米,涵洞及通道4247.39横延米,房建工程546738.49平方米。全年获中国建设工程鲁班奖,获省部级优质工程12项,其中河北省优质工程1项;获天府杯6项,天府杯金奖1项;获天府杯优质工程奖1项;获广西建设工程“真武阁杯”1项;获2022年度浙江省建设工程钱江杯优质工程1项;获广东省建设工程优质结构奖1项;获三峡杯优质结构工程1项;获贵州省建筑工程优质质量结构工程奖1项;获中国土木工程詹天佑奖1项、广东省土木工程詹天佑故乡杯奖1项,行业协会科学技术奖6项;获四川省专利奖2项、中国施工企业协会第二届工程建设行业高推广价值专利大赛专利奖6项;获中国施工企业协会第二届工程建造微创新技术大赛奖2项;获中国公路建设行业协会交通建设“微创新”成果1项、中国建筑业协会行业年度十大技术创新项目1项;获四川省BIM应用二等奖1项;获工程建设科学技术杰出成就奖1人。获批省部级工法25项,授权专利107件(其中发明专利17件)、登记软件著作权16件,发布国家标准4项、行业标准1项、地方标准3项。新立四川省科技成果转移转化示范项目1项、四川省知识产权专项资金项目1项、四川省工程研究中心创新能力建设项目1项、股份公司科研课题2项,新增四川省创新团队1个,新立股份公司技术重难工程2项。 (拱玉洁　刘怡婷)

【领导人员】

董事会

董事长	肖红武
董事	肖红武
	王政松(3月任)
	田宝华(3月免)
职工董事	喻丕金(6月免)
	田宝华(9月任)

监事会

监事会主席	蔡晓斌
监事	苏跃魁(11月免)
	段　刚(8月任)
职工监事	熊　伟

经理层

总经理	肖红武(3月免)
	王政松(3月任)
副总经理	田宝华(9月免)
	柴振泽
	王义春
	陈向鸿
	王连华(3月任)
	王利民(3月任)
	尹智勇(3月任)
总工程师	田宝华(兼,9月免)
总会计师	柴振泽(兼)

党群领导

党委书记	肖红武
党委副书记	王政松(3月任)
	田宝华(9月任)
	喻丕金(6月免)
纪委书记	蔡晓斌
工会主席	喻丕金(6月免)
	田宝华(9月任)

(徐哲博)

【职工队伍】 职工10709人。其中,男职工8020人,女职工2689人;管理人员8326人,技能人员2383人;高级职称1333人,中级职称2413人。 (徐哲博)

【工程项目指挥机构】 成绵苍巴高速公路项目经理部 项目经理王义春。

龙泉山生态保护修复暨国家储备林项目指挥部 指挥长翟森。

天府新区仁寿县交通基础设施PPP项目经理部 项目经理徐学磊。

深汕铁路SSSG-5标项目经理部 项目经理王方平。 (徐哲博)

【在建重点项目】 泰安至东平高速公路工程 山东省“九纵五横一环七射多连”高速公路布局规划的重要组成部分,线路全长40.628千米。总造价9.5亿元,合同工期2022年4月19日至2025年4月20日。主要工程量(重点桥隧):填方350.62万立方米,挖方75.47万立方米,大桥2座282延长米,中桥7座414延长米,小桥1座31延长米,互通立交3处,互通主线桥2座142延长米,互通匝道桥13座1097.1延长米,通道44道,涵洞16道,分离立交5座,天桥4座,保护涵6道,沥青砼路面61.2万平方米,13米、16米空心板梁644片,20米、25米、30米箱梁252片。

济南轨道交通4号线一期工程09工区项目 两站两区间,合同投资76427.81万元,2021年3月7日开工,计划完成日期2026年6月21日。主要工程量:基坑围护支撑、土石方开挖、车站结构现浇、覆土回填及区间盾构、联络通道暗挖等,其中钻孔灌注桩1702根,钢管桩38根,挖方34万立方米,暗挖通道384米,结构砼11.1万立方米,钢筋16100吨,盾构区间4630米,联络通道3座。

青岛市地铁5号线工程 起于麦岛站,止于云岭路站。长约32.6千米,全为地下线,共设车站27座,换乘站12座,车辆段1座,位于线路中部,从环湾大道站接轨。中铁二十三局集团有限公司承建工程为湖岛站。合同投资23765.44万元,开工日期2021年12月31日,合同完成日期2027年3月31日。主要工程量:车站1座,附属结构3处;钻孔灌注桩941根,高压旋喷桩365根,土石方开挖15万立方米,车站现浇混凝土结构22000立方米;两期管线迁改、道路调流。

永和花园安置楼(化工园区搬迁村)建设(EPC)项目 位于莒南县十泉路以北,西三路以西,西五路以东,滨海路以南。合同投资260000万元,2021年2月17日开工,合同工期至2023年12月31日。主要工程量:土石方开挖总量约160万立方米,主体工程砼总量35.6万立方米,主体工程钢筋总量3万吨,并含地下车库人防工程、砖砌体、AAC墙板、水电暖安装、门窗、内外墙保温、外墙真石漆、电梯安装、室内装修、厨卫器具,以及室外管线、硬化铺装、绿化、道路等。

大瑞铁路新建大理至瑞丽铁路工程 大理至保山段合同总价90128.9万元,合同工期62个月,标段全长31.984千米。其中,路基工程3.866千米,桥涵工程2885延长米,隧道工程25232延长米,桥隧总长28117延长米,占线路长度的87.9%;段内新建初一铺和永平县2个车站,其中永平县站为中间站。重点控制性隧道工程为大坡岭隧道出口和杉阳隧道。大瑞铁路大保段2022年7月22日开通运营。开工日期2008年8月1日,合同投资147984万元。主要工程量(重点桥隧):路基工程,路基总长3.866千米(含站场),土石方303.8万立方米(含站场);桥梁总长2885.97延长米,桥梁工程,特大桥1座627.57延长米,大桥7座1977.7延长米,中桥3座230.5延长米,框架桥2座50.2延长米,跨线桥1座53.5延长米;其他有新建盖板箱涵4座64.93横延米;隧道5.5座,大坡岭隧道出口段7306延长米,初一铺一号隧道708延长米,初一铺二号隧道774延长米,马街河隧道1408延长米,迤坝田隧道1690延长米,杉阳隧道13400延长米;2座隧道设平行导坑,大坡岭隧道出口段平导开挖支护设计6635米,平导模筑衬砌设计6109米;杉阳隧道平导开挖支护设计13417.8米,平导模筑衬砌设计12911米 。

厦门溪东路(翔安南路—机场快速路段)(原翔安海滨东路)工程 起于翔安南路,终于机场快速路,全长6.052千米,按城市快速路结合公路标准建设,工程投资20.527亿元。合同投资80739.859万元,开工日期2019年3月19日,2022年12月30日交工验收完成。主要工程量(重点桥隧):路基土方334742立方米;桥梁7座4762延长米,其中溪东大桥1383.459延长米,大嶝高架桥1492.0延长米,A匝道677.908延长米,B匝道649.9194延长米,C、D匝道142.5延长米,下红壁中桥48延长米;路面工程65356平方米。

北黑铁路升级改造工程 黑河市重点交通基础设施建设一号工程。项目总投资89.6亿元,正线长度203.778千米,需新建特大型、大型、中型桥梁20座8508延长米;新建隧道4座2754延长米。合同投资57371万元,合同工期2020年10月1日至2023年10月1日。主要工程量:线上工程既有有缝线路升级改造为跨区间无缝线路，设计时速160千米，正线铺轨54.97千米，其中新建线铺轨长度37千米、改建线铺轨长度17.97千米，改建地段设计纵坡调整；涉及站场3处，其中站场升级改造2处、新建站1处；站线铺轨6.323千米，拆除线路2.873千米，新铺道岔24组，拆除道岔19组，补充道砟21万立方米；线下工程路基土石方203.98万立方米，桥梁3座1638延长米，涵洞45座；平改立工程11处，其中上跨公路桥4座、下穿框构桥7座；改移道路总长10.72千米；房建工程西岗站新建配套设施消防泵房、THDS探测站、生物质锅炉房242.38平方米，利旧工区楼、站舍整修954.1平方米；黄金子站新建配套设施给水所、生物质锅炉房296.64平方米，利旧站舍整修300平方米。2022年完成产值21987.93万元，开工累计完成产值46263.48万元。

沈白高速铁路工程　即沈佳高速铁路沈白段，位于中国东北地区辽宁省东部和吉林省东南部，正线全长428.8千米，项目总投资722.91亿元，设计时速350千米。合同额25.13亿元，合同工期2021年3月20日至2025年9月20日。主要工程量：路基8段土石方134.7万立方米，桥梁8座2735延长米，隧道5座24860延长米，新建湾沟北站及维修工区房屋及配套区间警务区、岗亭、区间机排泵站等相关工程。2022年完成产值65875.41万元，开工累计完成产值74652.7万元。合同金额53022.45万元（不含暂列金额）。合同计划工期838天：2021年3月15日至2023年6月30日。主要工程量（重点桥隧）：设计总建筑面积210906.03平方米，其中地上建筑面积167365.62平方米，地下建筑面积43540.41平方米。施工内容主要包括地基工程，建筑及装饰工程，给排水工程，采暖、通风及空调工程，电气工程，弱电工程、消防工程。2022年累计完成产值32020.07万元，占年度计划34368.64万元的93.17%；开工累计完成产值47157.81万元，占合同总价53022.45万元的88.94%。

顺德区三乐路（北滘立交至碧桂路段）快速路改造工程（G105国道节点）　路线总长1.453千米。合同投资37630.09万元，合同工期2021年1月25日至2024年1月24日。主要工程量：路基土石方73666立方米，路面混凝土基层14098平方米，沥青混凝土面层48777平方米。2022年完成产值11100.81万元，开工累计完成产值21182.52万元。

鱼峰至宜州公路工程　起点位于来宾市象州县运江镇梧柳高速小太阳枢纽互通，主线长115.052千米（其中河池段约17.9千米），设互通式立交8处（其中枢纽互通式立交4处），服务区3对，匝道收费站4处，养护工区1处，管理中心1处。合同投资约110000万元（暂未签订合同），2022年10月3日开工，计划竣工日期2024年10月31日。主要工程量：路基土石方599万立方米，桥梁8座2914延长米，隧道5处3173延长米。2022年完成产值7011.42万元，开工累计完成产值7011.42万元。

东源站综合交通枢纽、站前广场及地下空间工程　以东源站高铁站为中心的综合客运枢纽。合同投资116983.65万元。合同工期2021年6月5日至2023年6月5日。主要工程量：以高铁站为核心的交通枢纽总用地面积6.5万平方米，站前广场面积3.65万平方米，综合交通枢纽建筑面积10.5万平方米；商业配套起步区用地面积6.01万平方米，建筑面积3.2万平方米；市政配套工程接驳线一、接驳线二及支线、接驳线三，接驳线一穿镇段道路红线宽度14米、全长1.01千米，市政段道路红线宽度30米、全长3.931千米，接驳线二道路红线宽度36米、全长2.77千米。接驳道路二支线路基宽度12米、全长0.714千米，接驳线三道路总长0.22千米，道路红线宽度38米。2022年完成产值15291.74万元，开工累计完成产值21456.91万元。

达州工程项目　位于四川省达州市，全长5.55千米。预计投资91099万元。合同工期2022年2月20日至2025年2月19日。主要工程量：路基土石方112万立方米，路基挖方44万立方米，路基填方68万立方米；圬工方3.57万立方米；桥梁1座280延长米；桩基20根338米，连续混凝土现浇箱梁左右幅合计260米；涵洞8座607.07横延长米，其中达通1号隧道长697米（双洞），达通2号隧道左洞长2832米，右洞长2860米；隧道2座7086延长米。2022年完成投资13198万元。

栾川至卢氏高速公路项目　全长75.3千米。LL-TJ－4标段全长16.082千米；设断链1处，长0.631米。合同投资207711.373万元，合同工期42个月，开工时间2019年10月1日。主要工程量：道路工程路基填方365.97万立方米，挖方312.92万立方米，特殊地基处理32513立方米，防护200937.66立方米；路面底基层15.2852万平方米，基层15.2852万平方米。桥梁10座5490.89延长米，其中特大桥1座1497.2延长米，大桥8座3908.77延长米，中桥1座84.92延长米；预制及架设20米箱梁40片，25米T梁5片，30米T梁531片，40米T梁1070片；隧道4座4859延长米，其中长隧道2座4055.5延长米，中隧道1座680.5延长米，短隧道1座123延长米；涵洞（通道）34道

1134.57 横延米，天河大峡谷互通及收费站各 1 处；路基工程土石方 678.799 万立方米；路面工程设计 409.53 平方千米；梁板 2013 片。

上海总部员工生活基地租赁地块工程　位于临港新城 101 社区，东至洋槐路，南至铃兰路，西至 11－03 地块公共绿地，北至麦冬路。合同投资 78129 万元。合同工期 2023 年 3 月 20 日至 2022 年 12 月 31 日。主要工程量：总用地面积 45771 平方米，总建筑面积 148796.59 平方米，其中地上总建筑面积 103295.17 平方米、地下总建筑面积 45501.42 平方米，新建地上 13 幢 16 层租赁住宅以及部分商业、社区配套用房及变电站、垃圾房、门卫公共服务用房和地下车库，总建筑高度 49.95 米。2022 年完成产值 27167 万元，开工累计完成产值 48787 万元。

轨道交通资阳线工程　合同投资 172108 万元，合同工期 2020 年 12 月 31 日至 2024 年 12 月 31 日。主要工程量：施工线路总长 22.69 千米，福田（新建设备用房）、吕家咀、临空经济区车站 3 座，路基 13 段 3.23 千米，矿山法隧道 226 延长米（暗挖 166 米），挂篮 6 座，桥梁 15 座，桩基 2977 根（含车站）、承台 663 个、墩柱 663 个，预制梁 680 片；梁场 1 座（含项目经理部），占地面积 16.456 万平方米。2022 年完成产值 80920.27 万元；开工累计完成产值 150156.22 万元。

盐城大洋湾新城项目　地块总用地面积 197606.36 平方米，本项目设计总建筑面积 520913.01 平方米，其中住宅建筑面积 333681.83 平方米，配套公用建筑面积 22009.61 平方米，地下建筑面积 165221.57 平方米。合同投资 159896 万元，合同工期 2020 年 11 月 25 日至 2022 年 9 月 15 日。2022 年完成产值 50475.78 万元，开工累计完成产值 153149.68 万元。

沈阳地铁 4 号线一期工程　位于沈阳市和平区，右线全长 1682.087 米；左线全长 1671.928 米（短链 10.159 米）。合同投资 11720.50 万元，合同工期 2021 年 10 月 8 日至 2022 年 12 月 31 日。主要工程量：管片生产设计总量 2795 环，左线掘进施工设计总量 135 环，右线掘进施工设计总量 1402 环。

巫镇高速公路第二合同段项目　路线全长 9.96 千米（短链 41.421 米）。合同工期 2021 年 1 月 1 日至 2024 年 12 月 31 日，合同投资 141475 万元。主要工程量：特大桥 4 座 3280.5 延长米；大桥 6 座 4207.5 延长米；分离式隧道 4 座 12121.5 延长米；现浇箱梁 24 联；预制 40 米 T 梁 546 片，预制 30 米 T 梁 160 片；连续刚构 2 个；互通 1 处；路基挖方 26.3 万立方米，填方 7.9 万立方米。2022 年完成产值 33755 万元，开工累计完成产值 137709 万元。

广西南玉珠高速项目 TJ6 标段　岑溪（粤桂界）至大新公路（玉林至横县段）（50.920 千米）中的一段，合同投资 8 亿元。标段为该工程第六合同段（TJ6），位于浦北县寨圩镇境内，全长 4.4 千米。采用双向八车道高速公路标准建设，设计时速 120 千米。合同工期 2021 年 7 月 1 日至 2023 年 6 月 30 日，合同投资 74834 万元。主要工程量：武思江大桥 1 座 918.5 延长米；赏功村大桥 1 座 468.5 延长米；竹子村大桥 1 座 218 延长米；造塘村大桥 1 座 225 延长米；涵洞（通道）28 座 1547 横延米；寨圩枢纽 1 处，含匝道桥 4 座、土东圩大桥拼宽桥 1 座，其余均为路基；预制梁 804 片；现浇梁 338 米；钢箱梁顶推 302 米；路基长度 2.6 千米。2022 年完成产值 40490 万元，开工累计完成产值 40884 万元。

重庆交通 24 号线一期 3 标土建工程　位于重庆市南岸区，项目线路总长 4.82 千米，合同工期 2021 年 2 月 28 日至 2025 年 2 月 26 日，合同投资 96459 万元。2022 年完成产值 16252 万元，开工累计完成产值 18594 万元。

重庆轨道 18 号线常规系统二标段项目　位于重庆市大渡口区、巴南区，合同工期 2021 年 9 月 1 日至 2023 年 4 月 30 日，合同投资 58319 万元。2022 年完成产值 22491 万元，开工累计完成产值 22566 万元。

北京地铁 13 号线项目　位于北京市昌平区天通苑附近，车站主体结构长 266.5 米，标准段宽 19.54 米，高 13.55 米；盾构段宽 22.94 米、高 15.16 米，覆土 3.0 米。合同工期 2021 年 5 月 15 日至 2024 年 12 月 28 日，合同投资 35878 万元。2022 年完成产值 3639 万元，开工累计完成产值 3639 万元。

廊坊临空经济区二期工程项目　位于廊坊市临空经济区科技创新区生活保障区，合同投资 63092.26 万元，原合同工期 2021 年 5 月 25 日至 2022 年 12 月 26 日，因征拆原因延期 370 天，竣工日期 2023 年 12 月 31 日。主要工程量：15 条市政道路的道路、桥梁、排水、电力、通信、给水、绿化给水、交通、智能交通、照明及附属设施，施工道路长度总计 13.214 千米。2022 年完成产值 4633 万元，开工累计完成产值 4633 万元。

太原市城市轨道交通 1 号线一期工程 PPP 项目　全线长 28.737 千米，平均站间距 1.249 千米，最小站间距 0.613 千米（大南门站—柳巷南口站），最大站间距 3.429 千米（龙城大街东站—武宿机场站）。投资规模 20406 万元，合同工期 2022 年 9 月 1 日至 2024 年

12月31日。主要工程量:南内环东街站(不含)—中心街东站(含),包括东太堡站、长风东街站、学府街东口站、省农科院站、太原南站、中心街东站及各区间装饰装修工程、通风及空调工程、给排水及消防工程、动力照明工程、安防门禁系统、自动售检票系统、站台门系统等。开工累计完成产值1018万元。

成绵苍巴高速公路项目　分为G5京昆高速公路绵阳至成都扩容项目、绵阳至苍溪高速公路、苍溪至巴中高速公路。路线全长102.874千米,设计时速80千米,合同投资113.43亿元,计划2023年9月底通车。主要工程量:路基土石方5510.7万立方米,桥梁162座49074.745延长米,隧道26座58566延长米。

天府仁寿大道项目　建设总投资69亿元,主体工程建设周期3年,运营期15年,2020年5月28日举行开工典礼,6月12日签定PPP合同。2022年完成建安产值25661.91万元,开工累计完成产值85099.91万元。

成都龙泉山城市森林公园暨国家储备林项目　兼顾生态保护修复、森林景观营造和木材战略储备的综合性项目,总面积1275平方千米。项目合作期30年,其中建设期8年、运营期22年,项目主要是储备林营造和配套设施建设。主要工程量:项目建设规模377.33平方千米,其中集约人工林栽培44平方千米(新造林)、现有林改培291.33平方千米、中幼林抚育42平方千米;完善公园范围内道路改造提升100千米;构建林火视频监测系统、建设森林消防水源基础设施;加强林区灌溉,新增山坪塘、小型水库库容130万立方米;建设管护站点用房6处;建设智能化监测体系1套;建设苗圃0.67平方千米。　(朱建臣)

【海外工程】　格鲁吉亚南北走廊公路Kvesheti－Kobi段Lot－2标段项目　位于格鲁吉亚北部Gudauri附近,主线全长12.72千米,支线全长5.003千米。合同工期2020年10月1日至2023年9月15日。主要工程量:路基土石方362.27万立方米,圬工方0.7万立方米,桥梁5座1554.92延长米,涵洞工程5座113.63横延米,隧道4座3663.71延长米。2022年完成投资13150万元。

中泰高铁3～5标项目　中泰两国高质量共建“一带一路”旗舰项目,泰铁路曼谷—廊开段(第1期曼谷—呵叻段)第3～5标段库果—呵叻段土建工程项目位于离曼谷228千米处的呵叻府地区。线路全长12.38千米。合同投资172040万元(775000万泰铢),合同工期1080天。主要工程量:路基1段7.85千米,高架桥1座4030延长米;车站2座,其他工程含附属建筑1座、变电所3座、灯塔4座、基站1座及改移改轨和站场拆除工程。2022年完成产值1.29亿元,开工累计完成产值1.64亿元。

南北走廊公路项目　位于格鲁吉亚北部山区,标段全长12.72千米,道路宽度12米。中标金额3.16亿格鲁吉亚拉里,约合人民币8.12亿元。合同工期2020年10月1日至2023年9月15日。主要工程量:路基土石方362万立方米,涵洞5座113横延米,桥梁5座1555延长米,隧道5座3663延长米(含T1隧道应急通道)。2022年完成产值1.31亿元,开工累计完成产值2.78亿元。

格鲁吉亚现代化铁路项目　线路全长40.845千米,其中既有铁路改造段16.78千米、新建段24.065千米。调整后合同投资201375万元(含税),合同工期2011年9月20日至2023年12月20日。主要工程量:路基土石方371.53万立方米;桥梁10座1163.61延长米;隧道6座22803延长米,其中T9隧道8350延长米是项目最长的双洞单线隧道。2022年完成产值0.45亿元,开工累计完成产值19.87亿元。

格鲁吉亚E60项目　开工时间2015年5月24日,原合同竣工日期2017年5月24日。线路全长8.975千米。主要工程量:碎石桩14.9万米、排水板389万米、路基填筑(含沉降)220万立方米、沥青路面5万立方米,底基层7.8万立方米、基层6.8万立方米、涵洞41座1719横延米、桥梁2座105.28延长米、标识标牌、绿化等。　(朱建臣)

【企业管理】　构建“6＋N”产业格局:在中国铁建“8＋N”大产业格局下,坚持“建筑为本、适度多元、价值引领、打造差异”的原则,大力发展“6”个重点产业,积极培育“N”个新兴产业。2022年,逐步形成并提出“构建‘一体两翼’产业新格局,打造高质量发展新优势”发展战略。“一体夯实”,就是要夯实集团公司传统业务(包括铁路、公路、市政、房建、轨道交通等工程)的管理之基,通过各个管理链条以点带面夯实,带动下属各单位全面夯实,形成上下联动的活动格局,实现集团管理水平的整体提升。“两翼拓展”,就是要拓展新兴业务、新兴产业,优化产业结构;就是要立足当下,谋划未来,提前布局正在孕育、尚未呈现的前端产业。修订并印发《中铁二十三局集团有限公司战略规划管理办法》。起草并编制《集团公司2022—2024年滚动发展规划》。明确各子公司产业布局、重点发展产业及新兴产业发展方向,编制《子公司产业发展指

引(征求意见稿)》。（郑苏玻）

【经营管理】 新签合同额1055.96亿元,完成集团公司年度计划900亿元的117.33%,其中自揽总额966.44亿元,完成股份公司年度计划520.34亿元的185.73%,同比增长64.22%。积极发挥经营战略引领作用。面对复杂市场环境,集团提出构建“一体两翼”产业新格局的经营战略,集团公司“两新”业务承揽额持续快速增长;持续优化“1+N”主阵地,延伸区域经营触角,完善经营网络,拓展市场占有率;建立健全考核机制,夯实经营成果;坚持协同合作原则,积极组织开展经营商务活动;强化经营队伍建设,全体经营人员铆足干劲,积极行动,在高铁市场、新兴业务市场、重点省市经营等方面取得新突破,集团经营承揽超过1000亿元,实现历史性突破,推进集团公司经营承揽稳步提升。

工程项目管理。集团公司完成产值335.03亿元,同比增长5.01%,占股份公司下达年度计划322.8亿元的103.8%,占集团公司下达年度计划335亿元的100%。2022年12月,完成产值41.7亿元,创建局以来月度完成产值新高。工程项目管理典型做法和取得的效果,组织集团公司优秀QC成果到各级质量协会进行交流,学习先进管理经验,全年获国家级优秀QC成果7项,省部级优秀QC成果35项,股份公司优秀QC成果3项,省部级获奖数量和国家级获奖数量双双再创新高。集团公司在总部召开2022年“稳增长、防疫情、保安全,喜迎二十大,大干100天,确保完成全年任务目标”主题劳动竞赛动员大会,通过劳动竞赛,动员各子公司及在建工程项目部协同共进、攻坚克难、破题开路、真抓实干,促进参赛项目部实现安全形势平稳、工程质量优良、信誉评价靠前、工程进度可控、经济效益显著、创新能力突出、社会信誉良好等目标,完成或超额完成集团公司下达的年度施工生产计划目标。

财务成本管理。集团财务工作坚持稳中求进的工作总基调,围绕推进落实“一体两翼”发展战略,扎实落实各项年度目标,按照“守正、革新、提质、增效、做实”的工作要求,强化财务基础管理,加强预算引领职能,着力资金管控、“两金”压控,深入挖潜提质增效,统筹推进综合治理,税务价值创造不断提高,财务管控能力不断增强,为企业高质量发展提供坚实有力的支撑。

审计监事。2022年,监事会紧紧围绕集团公司的生产经营目标,有针对性地开展监事会工作,探索监事会对企业风险防范和预警机制,切实履行法律和《集团公司章程》赋予的监督职责,维护股东、职工和企业的利益。对股东负责并报告工作;对股东决议执行情况进行监督;对集团公司董事会决议执行情况进行监督;对集团公司重大生产经营活动进行监督。列席集团公司董事会会议29次,监督董事会重大事项决策情况。参与企业有关会议,充分了解企业的生产经营状况,并以发表意见和提出建议的方式对上述议案和事项实施有效监督。

安全质量管理。2022年2月,集团公司根据《中国铁建2022年安全生产工作要点》,结合实际编制下发《中铁二十三局集团有限公司2022年安全生产工作要点》,对集团公司的安全生产工作进行安排部署,明确集团公司的安全工作思路,提出五大项12个小项主要工作。3月,组织相关部门专家对下属各单位上报的项目重大危险源清单进行评审,确定54个施工项目存在重大危险源,制定分级管控措施,实行推广工程公司班子成员签字确认包保责任制度,向集团进行全面发布。进一步加强项目建设中重大危险源管理,有效预防和遏制生产安全事故。同时为贯彻落实股份公司《安全生产提升年行动实施方案》和集团公司“四会”精神,确保在安全生产方面治理效能得到提升,集团公司下发活动通知进行安排。明确5项重点任务,4项保障措施,分排查、整改、总结3个阶段完成。4月,为认真贯彻落实习近平总书记关于安全生产重要指示精神,按照李克强总理批示要求,按照全国安全生产大检查统一部署,结合《中国铁建股份有限公司安全生产大检查实施方案》,集团公司制定《中铁二十三局集团有限公司安全生产大检查实施方案》。6月,安全生产月期间成立以主管领导为组长、各业务分管领导为副组长,各部室负责人为组员的安全生产大检查工作组,成立11个安全生产督导组对接股份公司的11个检查组,成立两个安全生产专项检查组,对集团Ⅱ级生产安全风险项目、重大危险源项目、重点项目开展安全生产专项检查。9月质量月期间,开展质量安全大检查工作。10月党的二十大召开期间,对重点项目进行不断督查。11月,对重点项目的生产安全风险管控、隐患排查和应急救援专项督查。12月,为落实国务院安委会“十五条硬措施”、国务院国资委“五个必须”及股份公司党委“十个坚决”等,根据《中国铁建股份公司强化终端安全管控规定》,出台《中铁二十三局集团有限公司强化终端安全管控规定》。

（朱建臣　唐　佳　李蔚青）

【科技创新】 2022年是公司发展科技创新元年,公司遵循"科技兴企"发展战略，持续增强公司核心竞争力，提高公司原始创新，集成创新和引进、消化、吸收再创新能力。大力发展新材料、新工艺、新技术，为项目降本增效。

2022年，公司首次申报集团公司课题，成功申报2022年度科研计划A类课题"高寒地区高性能抗冻混凝土质量控制技术及高地温隧道注浆材料性能研究"，根据课题研究内容和计划，成立带模注浆材料产品研发课题组，对带模注浆材料的原材进行分析，对其性能指标进行大量试验研究，通过工程调研、技术分析、正交试验等研究手段，设计出各项性能均明显优于市面上的注浆料。为保证注浆料性能可控，同时考虑原材、运输等因素，公司采取提供原材料和技术指导、当地加工厂加工配制的方式进行量产。经过成本测算，生产出的注浆料每吨比市场售价便宜400元。经统计，自2022年7月投入使用至11月底，沈白铁路已使用检测中心研发生产的注浆料近300吨，节约成本近12万元。（霍　莉）

【党群工作】 党的工作。党员4020人。基层党组织298个，其中党委31个、党支部267个，覆盖所有基层单位和项目部，不存在应建未建、应设未设情况。全年，基层党组织书记参加县级以上集中办班培训274人次。基层党组织书记通过"网上课堂""业务大讲堂"等方式，参加相关业务培训和交流594人次，基层党组织书记轮训全覆盖。制定出台《专业技术人员技术职务等级评定办法》《基层管理人员选用指导意见》，完善包括政工专业在内的专业技术干部职业通道和激励机制，加强基层管理人员在党务工作岗位与经营管理岗位之间的轮岗交流，畅通发展通道。印发《2022—2023年党员教育培训计划》，全面安排布置党员教育培训工作。以组织开展"七一"庆祝活动为契机，持续推进主题党日活动、党内创先争优等，着眼于充分调动和发挥各级基层党组织、党员作用，强化党员教育和党支部能力素质提升。新发展党员95人，其中，35岁以下、大学专科及以上学历人员占比分别为54.7%、97.8%，年龄结构、知识结构进一步优化。2022年是党的二十大召开之年，也是集团公司"治理效能提升"活动开启之年。集团公司以习近平新时代中国特色社会主义思想为指导，围绕迎接、宣传、贯彻党的二十大精神主线，宣贯、做实、唱响"自信自立自强"主题，聚焦"六大体系"和"幸福二十三局"建设，加强和改进宣传思想文化工作，不断为完成2022年各项任务提供坚强的思想保证和强大的精神力量。

工会工作。围绕"自信自立自强"主题教育，结合"治理效能提升年"活动，牢牢把握"党政所需、职工所盼、工会所能"的需求导向，充分发挥工会组织的桥梁纽带作用，团结动员广大职工群众为企业高质量发展贡献力量。

共青团工作。深入贯彻落实习近平总书记关于青年工作的重要思想，以学习党的二十大精神为主线，以庆祝建团100周年为契机，按照上级团组织和集团公司党委要求和部署，聚焦"治理效能提升"目标任务，深入开展"百年心向党、奋进新征程""喜迎（学习）二十大、永远跟党走、奋进新征程"主题教育和青年精神素养提升工程，深化青年思想政治引领，围绕企业生产经营中心，积极引导青年建功立业，充分发挥桥梁纽带作用，竭诚服务青年成长发展，坚持大抓基层鲜明导向，持续焕发团的组织活力。

（包小蓉　刘人杰　古　艳）

【第一工程有限公司】 拥有公路工程施工总承包特级，公路行业工程设计专业甲级，市政公用工程施工总承包一级，铁路、水利水电、建筑工程施工总承包二级，桥梁、隧道、机场场道、公路路基及路面工程专业承包一级，建筑幕墙工程专业承包二级，地基基础、城市及道路照明工程专业承包三级，预拌混凝土专业承包不分等级，公用管道GBI（PE专项）、公用管道GB2（2）级别的安装资质。前身系中国人民解放军铁道兵第四师十六团；1984年1月，集体转业并入铁道部，更名为铁道部第十四工程局第一工程处；1999年12月，更名为中铁第十四工程局第一工程处；2001年12月，改为中铁十四局集团第一工程有限公司；2004年3月，重组为中铁二十三局集团第一工程有限公司。驻山东省日照市东港区黄海二路65号。执行董事、总经理、党委副书记安茂平，党委书记董煊。职工1697人。资产总额61.8亿元。其中，流动资产54.9亿元，非流动资产6.9亿元。各类设备1425台（套）。设备原值27422.5万元、净值6048.51万元，成新率22.06%，总功率91037千瓦。技术装备率8.85万元/人，动力装备率53.33千瓦/人。

2022年，新签合同额180.26亿元，营业收入47.44亿元，净利润10771.92万元，年度上缴款8963.98万元。国有资产保值增值率98.86%，净资产收益率0.87%。（任　婧）

【第二工程有限公司】 拥有建筑、铁路工程施工总承包一级，桥梁、钢结构、铁路铺轨架梁工程专业承包一级,铁路电务、建筑装修装饰工程专业承包二级,施工劳务资质;军工涉密业务咨询服务安全保密条件备案证书。房地产开发资质暂定级、预拌混凝土专业承包资质、建设工程质量检测机构资质。具有承包境内工程项目和境内国际招标工程的资格。党委书记、执行董事刘德,党委副书记、总经理张德才。职工 2346 人。施工设备 1014 台(套)。施工、生产、运输设备 623 台(套),原值 18334.70 万元、净值 2172.15 万元。大型设备(单台价格 200 万元以上)12 台(套),原值 5691.54 万元、净值 397.25 万元。年承揽能力 100 亿元以上,年综合施工能力 50 亿元以上。

2022 年,新签合同额 181.59 亿元,营业收入 40.33 亿元,净利润 3184.43 万元,消化风险资产 1.73 亿元。

(于鸿麒)

【第三工程有限公司】 拥有水利水电工程施工总承包一级,铁路、公路、市政公用工程施工总承包二级,建筑工程施工总承包三级,桥梁、隧道、公路路面、钢结构工程专业承包一级,公路路基工程专业承包二级,房地产开发三级,测绘乙级,军工保密资质。前身系中国人民解放军铁道兵第五师二十三团;1984 年 1 月,集体转业并入铁道部,更名为铁道部第十五工程局第三工程处;2001 年 5 月,改为中铁十五局集团第三工程有限公司;2004 年 2 月,整合重组为中铁二十三局集团第三工程有限公司。驻四川省成都市温江区天府街中段 336 号。党委书记、执行董事陈文萍。职工 1598 人。资产总额 92.86 亿元。其中,流动资产 84.06 亿元,其他资产 7.53 亿元。各类设备 738 台(套)。设备原值 1.75 亿元、净值 0.48 亿元,总功率 68743.9 千瓦。动力装备率 40.40 千瓦/人。

2022 年,新签合同额 171.67 亿元,营业收入 48.68 亿元,净利润 -2.36 亿元,年度上缴款 7172 万元。

(曹　禹)

【第四工程有限公司】 拥有建筑、公路、水利水电、市政公用工程施工总承包一级,桥梁、隧道、公路路基、地基基础、建筑装修装饰工程专业承包一级,爆破资质。2014 年 11 月,由中铁二十三局原四公司、八公司整合重组而成。注册资本金 50000 万元。党委书记、执行董事吴行州。职工 1821 人。施工机械、生产设备、运输设备 670 台(套)。设备原值 28664.81 万元、净值 3943.17 万元,总功率 41119.07 千瓦,成新率 13.96%,技术装备率 2.3 万元/人,动力装备率 22.58 千瓦/人。大型设备成新率 6.08%,大型施工设备完好率 86.71%、利用率 47.62%。

2022 年,承揽总额 182.89 亿元,营业收入 48.51 亿元,施工产值 55.1 亿元,职工年人均工资 105689.62 元。

(杜　浩)

【轨道交通工程有限公司】 拥有市政工程总承包一级,桥梁、钢结构、建筑装修装饰、环保、地基基础工程专业承包一级,房地产开发二级资质。前身系中铁路桥集团养马河桥梁厂的上海磁浮项目部;2004 年 8 月,以上海磁浮项目部为主体,成立中铁二十三局集团第五工程有限公司,驻上海市浦东新区;2010 年 9 月,更名为中铁二十三局集团轨道交通工程有限公司。注册资本金 5 亿元。党委书记、执行董事张长春。资产总额 40.87 亿元,负债总额 34.26 亿元,资产负债率 83.83%,总资产报酬率 3.58%,净资产收益率 10.83%。

2022 年,承揽 142.71 亿元,施工产值 43.40 亿元,营业收入 47.61 亿元,利润 2.04 亿元,人均利润总额 23.38 万元,净利润 1.71 亿元(其中,轨道公司合并层面 7047.08 万元);经营性现金净流量 16061 万元;人均产值 497.14 万元;全员劳动生产率 70.79 万元/(人·年)。

(李星德)

【第六工程有限公司】 拥有市政公用工程施工总承包一级,铁路铺轨架梁、桥梁、隧道、钢结构、建筑装修装饰工程专业承包一级,公路工程施工总承包二级,公路养护路基路面甲级资质。党委书记、执行董事肖毅。注册资本金 6 亿元。

2022 年,开工累计完成产值 52.22 亿元。

(彭之玲)

【电务工程有限公司】 拥有机电工程施工总承包一级,建筑工程施工总承包二级,铁路电务、铁路电气化、电子与智能化、消防设施工程专业承包一级,公路交通工程(公路机电工程分项)专业承包二级,输变电工程专业承包三级,施工劳务资质。执行董事、党委书记魏新兴 。职工 463 人。资产总额 47670 万元。其中,固定资产原值 3404 万元、净值 561 万元,流动资产 39103 万元,非流动资产 8567 万元。各类设备 227 台(套),原值 1940.2 万元、净值 270.0 万元。其中,施工机械设备 16 台(套),原值 47.3 万元;运输设备 56 台(套),原值 1716.4 万元;生产设备 10 台(套),原值 11.6 万元;试验测量设备及其他固定资产 145 台(套),原值 165.0 万元;设备成新率 13.9%,总功率 7850.97 千瓦。

2022年,新签合同额151827.01万元,产值10.01亿元,营业收入11.00亿元,净利润1048.00万元,职工年人均收入11.61万元。（袁祎阳）

【建筑设计研究院有限公司】 拥有甲级资质3项,即建筑行业(建筑工程)专业甲级资质、工程勘察专业类(岩土工程)专业甲级资质、风景园林工程设计专项甲级;乙级资质11项,即市政行业(给水工程、道路工程、排水工程、桥梁工程)专业乙级资质,建筑行业(人防工程)专业乙级资质,环境工程(水污染防治工程、固体废物及处理工程、大气污染防治工程)专项乙级资质,城乡规划编制乙级资质,工程勘察专业类(工程测量)乙级资质,工程造价咨询乙级资质;丙级资质4项,即公路行业(公路)专业丙级资质,水利行业(河道整治、城市防洪、水土保持)专业丙级资质;劳务类(工程钻探、凿井)资质;施工劳务资质。党委书记、执行董事王涛。职工193人。资产总额11196.2万元。其中,固定资产原值1955.2万元、净值245.4万元,流动资产9314.6万元,非流动资产1881.6万元。原值377.4万元、净值34.0万元。其中,运输设备原值99.8万元;测量及试验设备1.0万元;其他固定资产276.6万元。

2022年,经营承揽总额56553.38万元,产值1.5亿元,营业收入12815.6万元,净利润1056.6万元,职工年人均收入14.7万元。（李兆麟）

中铁二十四局集团有限公司

【简况】 拥有铁路、建筑、市政公用、公路工程施工总承包特级,机电工程施工总承包一级,电力、矿山工程施工总承包二级,水利水电、通信工程施工总承包三级,桥梁、公路路基、隧道、铁路铺轨架梁工程专业承包一级,防水防腐保温、建筑装修装饰、公路交通、电子与智能化、消防设施工程专业承包二级,公路路面、环保、地基基础工程专业承包三级资质。拥有军工涉密业务咨询服务安全保密条件备案证书,机电设备维护与保养工程建筑机电维保Ⅰ级、智能化维保Ⅰ级,对外援助成套项目总承包企业资格,上海市交通设施行业养护维修企业安全诚信手册。2004年3月16日,由原上海铁路局上海铁路建设(集团)有限公司、福建铁路建设(集团)有限公司和原南昌铁路局南昌铁路工程集团有限责任公司整合重组而成。下辖安徽工程有限公司、江苏工程有限公司、上海铁建工程有限公司、浙江工程有限公司、福建铁路建设有限公司、南昌铁路工程有限公司、西南建设有限公司、上海电务电化有限公司、桥梁建设有限公司、上海建设投资有限公司、申铁方圆检测科技有限公司、路桥分公司、轨道交通分公司、北京分公司、资产管理分公司;设立华东、华北、西北、西南、中原、华南、东南指挥部;设立海外部。总部驻上海市杨浦区邯郸路8号。职工9941人。干部6901人。资产总额314.66亿元。其中,固定资产原值46.46亿元、净值15.56亿元,流动资产233.33亿元。机械运输设备5650台(套),总功率24.03万千瓦,动力装备率24.18千瓦/人,技术装备率4.37万元/人。

2022年,新签合同额1008.3亿元,完成企业总产值470.22亿元,利润总额6.43亿元。全员劳动生产率36.08万元/(人·年),职工年人均收入22.44万元。国有资产保值增值率106.79%、净资产收益率10.02%、投资回报率6.5%、资产负债率83.99%、应上缴款完成率100%。完成主要实物工程量:路基土石方4964万立方米,隧道44193延长米,桥梁103975延长米,架梁2811孔(片),房屋建筑竣工面积1280677平方米,敷设通信线路566千米,供电线路82千米,接触网73千米。工程质量合格率100%。

（吴　杨）

【领导人员】

董事会

董事长	朱　赤(3月免)
	支卫清(3月任)
董事	周光民
	叶建国

监事会

监事会主席	张小峰
监事	俞正云
	陈江涛

经理层

总经理	周光民
副总经理	许伟书
	王建民
	李金亭
	吴为爱
	林志勇

	王肖文
	尹书军
	王勤荣
	钟栋材
总工程师	许伟书
总会计师	尹书军

党群领导

党委书记	朱　赤(3 月免)
	支卫清(3 月任)
党委副书记	周光民
	叶建国
纪委书记	张小峰
工会主席	叶建国

(严人杰)

【工程项目指挥机构】 连徐铁路站前Ⅲ标工程项目部　驻江苏省邳州市。项目经理刘勇。

京唐铁路五标项目部　驻天津市宝坻区。项目经理王谦。

福宜高速项目部　驻云南省昆明市。项目经理何卫东。

南沿江项目部　驻江苏省镇江市。项目经理储著友。

常益长铁路项目部　驻湖南省宁乡市。项目常务副经理肖方锦。

龙龙铁路项目部　驻福建省龙岩市。项目经理王平。

机场联络线项目部　驻上海市闵行区。项目经理余刚。

渝昆高铁引入昆明枢纽项目部　驻云南省昆明市。项目执行经理肖西建。

CZ 项目部　驻西藏自治区昌都市。项目经理刘声辉。

金建项目部　驻浙江省杭州市。项目经理赵喜科。

武宜项目部　驻湖北省宜昌市。项目经理郑军锋。(严人杰)

【职工队伍】 职工 9941 人。干部 6901 人,其中女干部 948 人、少数民族干部 265 人、专业技术干部 6808 人。专业技术干部中,正高级职务 48 人、高级职务 1243 人、中级职务 2308 人、初级及以下职务 3209 人。干部中,本科及以上 6121 人、专科及以下 780 人,35 岁及以下 4501 人、36 ~ 45 岁 1239 人、46 岁及以上 1161 人,工程系列 5262 人、经济系列 568 人、会计系列 772 人、政工系列 190 人、统计系列 4 人、其他系列 12 人。工人 3040 人。其中,初级工 85 人、中级工 712 人、高级工 562 人、技师 121 人、高级技师 97 人,大专及以上 482 人、中专及以下 2558 人,35 岁及以下 267 人、36 ~ 46 岁 302 人、46 岁及以上 2471 人。(严人杰)

【铁路工程施工】 新建江苏南沿江城际铁路站前工程 NYJZQ - 2 标段　位于江苏省南京市、句容市、常州市,全长 34.27 千米。合同投资 282421 万元。合同工期 2019 年 4 月 10 日至 2023 年 8 月 31 日。主要工程量:全线区间路基 3.62 千米,框架小桥 4 座,框架涵洞 8 座,正线桥梁 29759 延长米,制架梁 887 孔,路基 0.42 千米,无砟轨道板铺设 68.53 千米,隧道 1 座 850 延长米。开工累计完成产值 278332 万元。

新建合肥至新沂铁路安徽段站前工程 6 标段　位于安徽省合肥市、滁州市,全长 24.34 千米。合同投资 218181 万元。合同工期 2022 年 12 月 28 日至 2025 年 6 月 28 日。主要工程量:路基 2.49 千米,桥梁 3 座 21850 延长米,梁场 2 处,简支梁、制架梁 1282 孔。开工累计完成产值 55099 万元。

新建金华至建德高速铁路 JJGTSGⅡ标段　位于浙江省兰溪市、建德市,全长 33.50 千米。合同投资 289967 万元。合同工期 2022 年 11 月 28 日至 2025 年 7 月 27 日。主要工程量:桥梁 30 座 12759 延长米,路基 3.2 千米,站场 1 座,隧道 21 座 19990 延长米。开工累计完成产值 35787 万元。

新建杭州至温州铁路义乌至温州段站前工程 6 标段　位于浙江省温州市,全长 13.04 千米。合同投资 222209 万元。合同工期 2020 年 8 月 9 日至 2024 年 8 月 7 日。主要工程量:隧道 3 座 5719 延长米,桥梁 8 座 5414 延长米,路基 5 段 1.91 千米,站场 1 座,无砟轨道 7374 米。开工累计完成产值 149544 万元。

新建杭州经绍兴至台州铁路温岭至玉环段站前 WYGTSGⅠ标段　位于浙江省台州市,全长 18.76 千米。合同投资 157332 万元。主要工程量:隧道 6 座 11079 延长米,特大桥 5 座 9721 延长米,涵洞 1 座,制架梁 254 孔,正线路基 3 段 0.31 千米,路基土石方 4.6 万立方米,无砟道床施工 38.78 千米。开工累计完成产值 20120 万元。

新建龙岩至龙川铁路龙岩至武平段站前工程 LLZQ - 2 标段　位于福建省龙岩市,全长 33.58 千米。合同投资 222042 万元。合同工期 2019 年 9 月 28 日至 2023 年 9 月 27 日。主要工程量:路基 26 段 8.05 千米,桥梁24座8771延长米,制架箱梁338孔,隧道8座16764延长米,涵洞25座1129.58横延米,旅客地道2座2401.78顶平方米,无砟道床30.77铺轨千米,新建上杭北站、武平站。开工累计完成产值219035万元。

漳泉肖铁路白濑水利枢纽工程影响区段改建工程　位于福建省泉州市,全长26.13千米。合同投资112840万元。合同工期2022年3月10日至2025年3月10日。主要工程量:路基31段7.28千米,桥梁20座2960延长米,隧道13座15890延长米,涵洞39座1223.82横延米,剑斗站和长基站,房屋0.59万平方米。开工累计完成产值30880万元。

新建茂名东站至博贺港区铁路站前工程BHGSG-1标段　位于广东省茂名市,正线49.84千米。合同投资141292万元。合同工期2019年11月15日至2022年11月15日。主要工程量:路基35.65千米,桥梁12788延长米,架梁906片,隧道2座1930延长米,新建涵洞104座,接长涵洞3座,公跨铁5座,正线铺设有砟轨道48.43铺轨千米,站线铺设有砟轨道20.77铺轨千米,铺道岔49组,正线、站线铺设道砟23.24万立方米。开工累计完成产值141292万元。

新建沪渝蓉高速铁路武汉至宜昌段汉川东至宜昌北(不含先开段)站前工程WYZQ-6标段　位于湖北省荆门市、当阳市,正线51.78千米。合同投资398520万元。合同工期2021年12月31日至2025年9月30日。主要工程量:桥梁26座37690延长米,框架中桥2座1894.18顶平方米,涵洞8座205.95横延米,路基24处7.62千米,站场1座,当阳西站两台夹四线站型,8米宽旅客地道1处,单洞双线隧道6座6430延长米,轨枕预制43万根,无砟道床铺设103.04千米,房屋2578.3平方米。开工累计完成产值148000万元。

新建川藏铁路雅安至林芝段14B标段　位于西藏自治区昌都市,正线20.79千米。合同投资255853万元,合同工期2021年12月1日至2032年11月8日。主要工程量:路基3段484米,桥梁7座10763延长米,隧道3.4座9546延长米,标段内制架双线箱梁328孔,无砟轨道铺设20.79千米。开工累计完成产值50727万元。

新建重庆至昆明高速铁路云贵段引入昆明枢纽站前三标YKYG(DJ)-3标段　位于云南省昆明市,正线19.38千米。合同投资270870万元。合同工期2021年10月1日至2027年8月30日。主要工程量:路基土石方49.45万立方米,桥梁8座12040延长米,隧道6座9810延长米,无砟道床单线27.49千米,制架箱梁303孔。开工累计完成产值72808万元。

(杨宗海)

【铁路外工程施工】　南充至潼南(四川境)高速公路项目SG标段　位于四川省南充市、遂宁市,全长60.68千米。合同投资398199万元。合同工期2021年4月至2024年4月。主要工程量:主线路基50.84千米,匝道路基33.8千米,主线桥29座6177延长米,匝道桥13座2111延长米,分离式立交桥13座693延长米,人行天桥兼渡槽8座537延长米,隧道3座3645×2延长米,枢纽互通3座,落地互通6座,收费站6处,养护工区1处,服务区1处,停车区1处。开工累计完成产值58970万元。

新建抚州东临环城高速公路工程Ⅰ标段　位于江西省抚州市,主线29.08千米。合同投资247515万元。合同工期2022年5月1日至2025年4月30日。主要工程量:路基31段18.96千米,桥梁37座7832延长米,隧道3座2285延长米,标段内制架梁2460片。开工累计完成产值137809万元。

新建高速公路丘北至砚山线土建二标段　位于云南省文山壮族苗族自治州,主线6.24千米。合同投资166909万元。主要工程量:路基土石方608.9万立方米,桥梁34座2645延长米,30米箱梁836片,40米T梁530片,隧道9座10845延长米。开工累计完成产值25315万元。

昆明(福德立交)至宜良土建第三标段　位于云南省昆明市,全长7.22千米。合同投资150800万元。合同工期2020年7月15日至2023年12月31日。主要工程量:主线桥2座、匝道桥3座4617延长米,预制梁1473片,路基5段2.57千米,路基土石方183.91万立方米。开工累计完成产值78681万元。

重庆彭水至酉阳高速公路一期工程彭酉路3标段　位于重庆市彭水县,全长13.215千米。合同投资124530万元。合同工期2021年1月18日至2024年1月18日。主要工程量:桥梁6座1789延长米,路基11段3.34千米,隧道6座8081延长米,渡线桥1座40延长米,车行天桥1座67.08延长米,国道改道2段1.80千米。开工累计完成产值107750万元。

贵州剑黎高速公路TJ-1标段　位于贵州省黔东南苗族侗族自治州,全长8.93千米。合同投资110000万元。合同工期2020年11月25日至2022年11月25日。主要工程量:路基土石方341.6万立方米,桥梁15座6919延长米,隧道4座9214延长米,预制T梁719片。开工累计完成产值72860万元。

新合肥西站站区涉铁市政道路工程——清溪路、四里河路联络匝道工程　位于安徽省合肥市。合同投资166684万元。合同工期2022年10月20日至2024年5月11日。主要工程量：桥梁14座6035延长米，现浇梁49联，钢箱梁32联，路基8段2.08千米及相应附属设施。开工累计完成产值27133万元。

包公大道（二十埠河—龙兴大道）道路及管廊工程1标段　位于安徽省合肥市，全长3.53千米。合同投资100832万元。合同工期2021年8月16日至2023年2月6日。主要工程量：现浇梁及钢箱梁2502延长米，管廊工程结构长1.51千米，道路涉铁以西1千米，涉铁以东2.52千米。开工累计完成产值93600万元。

宿州市火车站客运中心改造及周边绿化提升项目设计施工总承包　位于安徽省宿州市。合同投资7.39亿元。合同工期2021年5月8日至2023年10月1日。主要工程量：火车站客运中心周边客流辅助道路，应急避难兼客流分散场所，绿化提升。开工累计完成产值57047万元。

漕宝路快速路新建工程1标段　位于上海市松江区、闵行区、徐汇区，全长7.2千米。合同投资91650万元。合同工期2021年4月26日至2023年10月31日。主要工程量：主线桥梁1条，新建匝道5条，同步实施周边地面道路改造，钢箱梁转体施工。开工累计完成产值42556万元。

彭一住宅小区旧住房拆除重建工程　位于上海市静安区，建筑面积210784.79平方米。合同投资117558万元。合同工期2021年12月3日至2024年10月30日。主要工程量：新建地上住宅用房建筑面积127261.18平方米，地上社区配套用房建筑面积2309.02平方米，地下停车库及设备用房建筑面积81214.59平方米。开工累计完成产值27736万元。

上海轨道交通市域线机场联络线工程（西段）JCXSG－1标段　位于上海市闵行区，全长10.26千米。合同投资175025万元。合同工期2019年11月1日至2023年11月15日。主要工程量：桥梁5座3471延长米，双线路基0.90千米，站场1座，隧道入地明挖段565.1延长米。开工累计完成产值169006万元。

济南轨道交通4号线一期工程03工区　位于山东省济南市，线路2.18千米。合同投资149899万元。合同工期2021年1月29日至2026年6月21日。主要工程量：车站2座0.49千米，区间隧道2座1690延长米。开工累计完成产值12757万元。

成都市轨道交通17号线二期土建二工区　位于四川省成都市，全长2.09千米。合同投资109381万元。合同工期2019年10月10日至2024年8月10日。主要工程量：龙爪堰站—清水河大桥站区间左线全长369.6米、右线全长335米，清水河大桥站—浣花里站区间左线全长800米、右线全长850.9米，清水河大桥地下两层车站624.2米，浣花里地下两层车站276.7米。开工累计完成产值51083万元。

深圳地铁16号线二期工程一工区　位于广东省深圳市，全长1905.14米。合同投资99748万元。合同工期2020年12月30日至2025年11月28日。主要工程量：停车场1座，出入线1条。开工累计完成产值35655万元。

贵阳轨道交通S1线一期工程土建五标段　位于贵州省贵阳市，全长4.63千米。合同投资72000万元。合同工期2021年5月10日至2023年12月31日。主要工程量：金竹路站184.3米；金竹路站—中曹司站区间暗挖隧道，左线2810.73延长米，右线2806.74延长米；中曹司站227米；中曹司站—黄河南路站区间暗挖隧道1414.10延长米。开工累计完成产值53713万元。

青岛市地铁2号线二期工程土建05工区　位于山东省青岛市。合同投资65508万元。合同工期2021年12月31日至2026年12月31日。主要工程量：常川路站224米，标准段宽度20.1米，地下两层11米岛式车站，土方开挖量14.5万立方米，区间隧道2座1550延长米。开工累计完成产值9649万元。

天津地铁8号线一期工程6标段　位于天津市河西区。合同投资67120万元。合同工期2020年9月1日至2024年12月31日。主要工程量：沂山路站场，挖方22万立方米，主体混凝土4万立方米。澧水道站（含）—梅江道东站（含）—南珠桥站（含）—沂山路站（含）—长泰河东站（含）—渌水道站（含）区间铺轨约5千米。开工累计完成产值37331万元。

福州市轨道交通5号线一期工程第3标段樟岚车辆基地　位于福建省福州市。合同投资148480万元。合同工期2017年9月30日至2022年12月31日。主要工程量：试车线隧道353延长米，铺轨11.9千米，房屋建筑装修129490平方米，站场道路15.96千米，风水电及设备安装机电工程176009平方米。开工累计完成产值147579万元。　（杨宗海）

【海外工程施工】　援非盟非洲疾病预防控制中心总部（一期）　位于埃塞俄比亚的斯亚贝巴市。合同投资61363万元。合同工期2020年12月25日至

2023 年 1 月 24 日。主要工程量：总建筑面积 23570 平方米，总部大楼、实验楼、焚烧间、数据中心、门卫等附属结构。开工累计完成产值 61363 万元。

驻迪拜总领馆馆舍新建工程　位于阿拉伯联合酋长国。合同投资 16309 万元。合同工期 2019 年 12 月 31 日至 2021 年 12 月 30 日。主要工程量：总建筑面积约 9156.3 平方米，领事部、办公用房、总领事官邸、部分馆员公寓及综合活动用房等。开工累计完成产值 16108 万元。　（杨宗海）

【经营管理】　2022 年，新签项目 283 项，合同总额 1008.3 亿元，为集团公司确保指标 1000 亿元的 100.8%，同比增加 20%。国内自揽 277 项 868.0 亿元，为股份公司下达年度计划 750 亿元的 115.7%，同比增加 15.9%。其中，铁路 70 项 314.9 亿元，公路 37 项 156 亿元，市政 66 项 165.5 亿元，城市轨道 9 项 24 亿元，房建 62 项 255 亿元，水利电力 25.2 亿元，其他 5 项 48.3 亿元。

企业管理。新增和修订制度 28 项，废止制度 35 项。以加强管理体系和管理能力建设为主线，按照《对标国内一流管理提升行动实施方案》《对标国内一流管理提升工作清单》，围绕党建、战略、组织、运营、财务、人力资源、风险、科技、信息化、海外等 10 个方面，总结与中铁十一局对标成果。落实国企改革三年行动实施方案，71 项改革任务全面收官，完成率 100%。加快推进“大风控”体系信息化建设，采取“自下而上”工作模式，分步实施集团公司总部、6 个局直管项目部、12 家工程公司和 112 个工程公司所属项目部的风险评估系统上线工作，完成 12 家工程公司及所属项目部内部控制评价底稿的复核，并审核确认缺陷整改完成情况。指导工程公司做好资质申报。集团公司获“上海企联优秀会员企业”、上海市市政公路行业协会行业文化研究会“先进集体”、上海市建筑施工行业协会“上海市建筑业诚信企业”、上海市企业联合会、上海市企业家协会“2022 上海企业 100 强（第 49 名）”等称号，取得中国建筑业协会的 AAA 企业信用等级证书。

安全质量。贯彻上级关于安全工作的部署，全面推进安全体系建设，狠抓基础管理，加强源头管控，强化责任考核，提升应急能力，保障安全投入，防范化解风险。通过开展“安全生产专项整治三年行动”“全国安全生产月”等活动，努力构建从根本上消除生产安全事故隐患的责任、制度和预防控制体系。以标准化管理为目标，不断强化过程质量控制，全面落实质量责任制，进一步加大培训力度，以“三合一”贯标体系认证为抓手，不断推进管理体系改进，确保持续有效运行。工程质量总体稳定可控，未发生质量事故。2022 年，获国家优质工程奖 3 项，分别是上海市长江路越江隧道工程、尼日利亚航空部阿布贾航站楼工程、尼日利亚阿布贾城铁一期工程；获“中国安装之星”、安徽省“黄山杯”、四川省“天府杯”金奖、上海市“申安杯”、安徽省市政工程金奖、铁路优质工程奖等 25 项省部级奖项；获中国铁建杯优质工程奖 10 项。

财务管理。以提质增效为目标，大力推进降杠杆减负债工作，狠抓资金集中、清收清欠和“两金”压降，严控有息负债，促进财务状况优化。开展资金集中管理专项工作，做好财务支持与财务保障工作。组织实施 2023 年全面预算的编审工作，完成 2022 年度财务决算和审计工作。强化税务管理，加强项目税收筹划、退回增值税留抵，降低企业潜在税务风险，消除影响纳税等级的风险点。财务共享服务中心工作循序渐进，积极推进信息预警与通告。做好二级单位绩效考核，加强队伍建设，落实产权登记工作。

经济管理。以现金流为核心，压“两金”、控负债、降成本，实现“两高三低”的目标。制定集团公司《2022 年提质增效专项行动方案》，按季度汇总报告、总结落实、分析差距、改进提升。加强重难点项目变更索赔，修订《中铁二十四局集团有限公司工程项目变更索赔管理暂行办法》、印发《中铁二十四局集团有限公司变更索赔专家管理办法（试行）》，做好沪渝蓉、合新、金建、漳泉肖、CZ 等新开项目上场变更索赔策划工作，编制二次经营策划书，指导督促兴泉等项目控爆、填料、临近既有线施工降效，杭温铁路永嘉车站、南沿江句容车站、重庆东环机场跑道重大变更，跟踪落实合安、连镇、京唐等收尾项目概算清理工作。加强劳务分包管理，印发《工程项目施工劳务分包招（议）标管理补充规定》《关于进一步加强项目分包管理的决定》，推行劳务分包合同示范文本，优化分包资源管理，坚持分包资源“准入、评价、入库”机制。开展对 2021 年工程项目分包采购专项排查回头看工作，237 个项目分包采购自查全覆盖。

审计监督。集团两级审计部门实施审计项目 93 项，占年度计划的 130.98%。其中，离任经济责任审计 9 项、任中审计 1 项、项目过程审计 42 项、项目竣工审计 28 项、经济效益审计 6 项、财务收支审计 4 项、专项审计调查 1 项、基本建设审计 2 项。出具审计报告 93 份，针对被审单位在工程、劳务、物资设备、财务等管理方面存在的内控制度建立和执行问题，提出审计建议 548 条，被采纳 548 条。发现问题金额 69655.87

万元,已纠正违规金额45979.28万元,挽回或避免损失2261.85万元,促进增收节支2579.19万元。

(魏　磊　王　念　顾　鑫)

【科技创新】 集团公司立科研课题35项,资助科研经费1080万元。获省部级科学技术奖3项,13项工法被评为省部级工法,编制国家标准2项、行业及地方标准7项,受理专利149件,授权专利154件,其中发明专利25件,实用新型专利128件,国际专利1件。

教育培训。制定《集团公司2022年教育培训计划》。线上、线下相结合,举办新员工网络学院培训,一级建造师、注册安全工程师、造价工程师、试验检测工程师考前辅导,青年干部培训,无人机、物理性能检验员竞赛等各类培训班,参培6000余人次。

(董景超　刘一鸣)

【党群工作】 党的工作。下辖基层党委16个,党支部358个。党员3924人,其中在岗职工党员3687人。加强党的领导,彰显"国企姓党"政治本色。组织党委中心组集中学习13次,专题研讨4次,深入学习宣传贯彻党的二十大精神,采取专题辅导、"三会一课"、主题党日等多种形式开展学习培训,两级党委班子成员带头到基层宣讲109场次。召开党委常委会10次,研究议题154项,其中前置研究80项,党委对重大事项把关定向作用进一步凸显。开展"抗疫一线党旗红"主题实践活动,积极投身"大上海保卫战",建设13个方舱医院和隔离点,捐款捐物180余万元。聚焦队伍建设,激发企业发展内生动力。深化培训赋能,在上海交通大学举办第一期青马工程培训班。升级集团公司网络学院,组织培训40余项2万余人次。突出强基固本,发挥党建引领组织优势。制定党建工作制度5项,编印《项目党建工作指导手册》,对新开工重大项目进行党建、审计、纪检联合交底,围绕创先争优、文化建设、品质管理等实施党建专题策划。开展党支部评价定级创建晋升活动,选树集团公司"示范党支部"8个。弘扬伟大建党精神,在CZ、渝昆、武宜、金建等重难点工程开展"四先两创""党员先锋工程"等创先争优活动。与江苏铁路集团组建党建联盟,与长江沿岸铁路集团推进"双标共建",洋吕铁路等众多项目深入推进党建联建。两篇党建工作案例分获工程建设企业党建工作最佳案例、首届国有企业深化改革实践成果一等奖,集团公司获"工程建设行业党建工作示范单位"称号。注重文化赋能,营造聚力奋进浓厚氛围。开展庆祝集团公司成立十八周年暨第二届企业文化日活动。紧握时代脉搏,聚焦一线职工,创作系列专题片。其中,两部微视频分获中宣部社会主义核心价值观主题微电影二等奖、中央企业优秀品牌故事,一部公益形象片获新华网短视频大赛优秀奖。"红铁连"品牌获中施企协工程建设企业文化建设最佳案例,《东方铁建》杂志获评优秀期刊。集团公司微信公众号获评全国建筑业"最具影响力"微信公众号。强化正风肃纪,涵养风清气正政治生态。深化政治监督,强化审计监督,做实业务监督,促进纪检监督与职能监管的贯通融合。全年受理信访举报39件,处置问题线索73件,初核70件,立案33件,给予党纪政务处分84人次,运用"四种形态"处置202人次,执纪问责保持高压态势。注重以案促治,下发纪律检查建议8份。对4个直管项目开展常规巡察,对工程公司所属6个项目开展项目管理突出问题专项巡察,对2个单位开展巡察整改专项督查,对1个项目试点开展巡察审计融合监督。

工会工作。下辖公司工会15个(含集团总部),项目部(分公司)级工会298个,专职工会干部51人,会员10015人。召开四届二次职工代表大会,评议领导班子,签订2022年《集体合同》。精准开展送温暖、送清凉、困难帮扶等工作,慰问职工5340人次。结合疫情防控形势,下拨疫情防控专项资金73万元,开展心理疏导,保障职工身心健康。围绕"项目管理提升年"开展"品质管理　创誉创效"立功竞赛,选取具有可比性的重点工程项目开展3轮"七比七创"对口赛。聚焦年度经营目标开展劳动竞赛,助力经营承揽再上新台阶。组织安全管理、经济核算、试验检测三大技能比武,选树9名技术能手和6名"二十四局工匠"。推进创新工作室建设,助力科技创新和人才培养,集团公司彩虹创新工作室联盟获股份公司工会"十佳"特色工作品牌。深化"平安二十四"驿站功能内涵,为劳务人员打造集安全教育、休闲娱乐于一体的文化阵地。投入150万元,对50个新开工项目建家建线进行指导、10个偏远艰苦项目重点帮扶。在川藏项目现场组织开展"中国梦·铁路情·劳动美"文体慰问活动,歌舞《下一站》获"喜迎二十大　建功新时代"全国职工企业歌曲优秀作品。持续深化"姐妹心相连　共建幸福家"帮扶工作,集团公司女工委连续三年获评全国书香三八优秀组织单位。

共青团工作。下辖基层团委12个,团工委14个,团支部196个,团员青年4982人。深入学习宣传贯彻党的二十大精神和习近平总书记在庆祝中国共青团成立100周年大会上的重要讲话内涵,开展"青春心向党、建功新时代"主题团日和主题离团仪式特色活动,扎实推进青年精神素养提升工程实施。把握时代主题，在服务党政大局中助力青年建功，围绕重难点工程深入推进青年文明号创建活动，开展“红铁连”青年突击队立功竞赛，授旗成立青年突击队62支。面对新冠疫情，深入社区、街道开展志愿服务140余场次，组建“红铁连”投身方舱抢建工作，“沪藏绿色小镇”高原志愿服务项目获中国青年志愿服务项目大赛中央企业唯一金奖。把握青年需求，举办青马工程培训班，做好新员工入职培训服务，开展团建、军训、新老员工见面会等活动。持续深化导师带徒活动，实施新员工成长“雏鹰计划”。把握根本职责，在全面从严治团中强化自身建设，规范团组织设置，进行工作交底，强化监督考核。（华彩红　李雪芳　胡慧航）

【信息化建设】 集团公司利用信息化、数字化技术助力工程项目管理。启动需求设计，选取所属8家子分公司开展以经济管理系统为核心的综合项目管理系统的试点应用，逐步实现工程项目关键要素的在线化、信息化。积极探索项目现场智慧工地平台、GIS平台的搭建及试点应用，参建的上海市市域铁路机场联络线、南沿江站房工程等项目中2项BIM技术应用成果分获第四届“联盟杯”铁路工程BIM应用一等奖和优秀奖。申报的“基于BIM和AI融合的智慧交通基础设施全周期管理系统研发与应用”信息化课题，首次获上海经信委课题立项、700万元的专项研发资助。（蒋孝云）

【安徽工程有限公司】 拥有市政工程施工总承包特级，建筑、铁路工程施工总承包一级，公路、机电、水利水电、矿山工程施工总承包二级，桥梁、钢结构、隧道、建筑装修装饰、建筑幕墙、环保、地基基础、建筑机电安装工程专业承包一级，公路路面、公路路基工程专业承包二级，市政行业甲级设计，测绘乙级资质。前身系上海铁路局工程总公司第一工程公司；2002年，改制改称上海铁路建设集团安徽第一工程有限公司；2005年，更名为中铁二十四局集团安徽工程有限公司。驻安徽省合肥市新站区新海大道15号。执行董事、党委书记侯卫超，总经理李士军。职工1044人。资产总额37.46亿元。其中，固定资产原值36848万元、净值14560万元，流动资产340816万元。机械运输设备813台（套），总功率20440千瓦，动力装备率19.58千瓦/人，技术装备率3.59万元/人。

2022年，新签合同额111.52亿元，产值60.12亿元，利润3778万元。职工年人均收入12.13万元。（徐继成　胡　伟）

【江苏工程有限公司】 拥有市政公用、铁路工程施工总承包一级，公路工程施工总承包二级，房屋建筑工程施工总承包三级，桥梁工程专业承包一级，钢结构工程专业承包二级，港口与海岸工程专业承包三级资质。前身系上海铁路局工程总公司第二工程公司；2003年8月，企业改制改称上海铁路建设集团江苏工程有限公司；2005年1月，更名为中铁二十四局集团江苏工程有限公司。驻江苏省南京市玄武区铁新巷1号。执行董事、党委书记季益磊，总经理金顺利。职工556人。资产总额22.03亿元。其中，固定资产原值22415.07万元、净值5441.20万元，流动资产194308.65万元，其他资产20538.85万元。机械运输设备265台（套），原值3972.53万元、净值1276.16万元，总功率5202.45千瓦，动力装备率9.26千瓦/人，技术装备率2.27万元/人。

2022年，新签合同额71.6亿元，产值20.22亿元，利润3943.59万元。全员劳动生产率46.61万元/（人·年），职工年人均收入16.30万元。（孙　磊）

【上海铁建工程有限公司】 拥有铁路、公路、建筑、机电、市政公用工程施工总承包二级，水利水电工程施工总承包三级，桥梁工程专业承包一级，铁路铺轨架梁、地基基础、建筑装修装饰、建筑幕墙工程专业承包二级，钢结构、公路路面、公路路基工程专业承包三级资质。前身系上海铁路局工程总公司第三工程公司；2005年1月，更名为中铁二十四局集团上海铁建工程有限公司。驻上海市静安区会文路2号。执行董事、党委书记刘建东，总经理王海峰。职工603人。资产总额24.81亿元。其中，固定资产原值32202.62万元、净值6625.53万元，流动资产151435.49万元。机械运输设备总功率20973.70千瓦，动力装备率34.78千瓦/人，技术装备率6.96万元/人。

2022年，新签合同额120.2亿元，总产值36.20亿元，净利润3394万元。全员劳动生产率46.71万元/（人·年），职工年人均收入15.98万元。（毛征宇）

【浙江工程有限公司】 拥有市政公用、建筑工程施工总承包一级，铁路工程施工总承包二级，公路工程施工总承包三级，桥梁工程专业承包一级，隧道、建筑装修装饰、钢结构工程专业承包二级，测绘乙级资质。前身系上海铁路局工程总公司第四工程公司；2003年7

月,企业改制改称上海铁路建设集团浙江工程有限公司;2005 年 1 月,更名为中铁二十四局集团浙江工程有限公司。驻浙江省杭州市上城区江城路 692 号。执行董事、党委书记柳明佳,总经理楼红波。职工 754 人。资产总额 16.79 亿元。其中,固定资产原值 8461.41 万元、净值 1931.70 万元,流动资产 153683.97 万元。机械设备总功率 13110 千瓦,动力装备率 17.38 千瓦/人,技术装备率 1.77 万元/人。

2022 年,新签合同额 62.7 亿元,产值 30.96 亿元,利润 3366.33 万元。全员劳动生产率 27.02 万元/(人·年),职工年人均收入 16.10 万元。

(孙璞玉　杨绍斌　刘光波)

【**福建铁路建设有限公司**】　拥有市政公用、建筑、公路、铁路工程施工总承包一级,桥梁、隧道、地基基础、建筑装修装饰工程专业承包一级,铁路铺轨架梁工程专业承包二级,施工劳务不分等级,乙级测绘资质。前身系福州铁路局基建处;2001 年 1 月,企业改制组建福建铁路建设(集团)有限公司;2005 年,更名为中铁二十四局集团福州铁路建设有限公司。驻福建省福州市晋安区沁园路 77 号。执行董事、党委书记温裕洪,总经理郑军锋。职工 1385 人。资产总额 35.91 亿元。其中,固定资产原值 50649.04 万元、净值 9027.04 万元。机械运输设备总功率 31492.2 千瓦,动力装备率 23.36 千瓦,技术装备率 2.82 万元/人。

2022 年,新签合同额 126.11 亿元,产值 50.07 亿元,利润 6858.20 万元。全员劳动生产率 27.77 万元/(人·年),职工年人均收入 12.83 万元。

(郑耕心　杨　毅　金　毅)

【**南昌铁路工程有限公司**】　拥有市政公用、铁路、公路工程施工总承包一级,水利水电工程、建筑工程施工总承包三级,桥梁、隧道工程专业承包一级,铁路铺轨架梁专业承包二级,公路路基、路面工程专业承包三级,模板脚手架专业承包不分等级、施工企业劳务资质。前身系南昌铁路工程总公司;2002 年 1 月,改制改称南昌铁路工程集团有限责任公司;2005 年 4 月,更名为中铁二十四局集团南昌铁路工程有限公司。驻江西省南昌市二七南路 109 号。执行董事、总经理胡浩,党委书记李开明。职工 1462 人。资产总额 48.75 亿元。其中,固定资产原值 47421.87 万元、净值 8126.04 万元,流动资产 420022.12 万元。机械运输设备总功率 25734.26 千瓦,动力装备率 17.59 千瓦/人,技术装备率 1.45 万元/人。

2022 年,新签合同额 123.16 亿元,产值 66.38 亿元,利润 4851.59 万元,全员劳动生产率 18.69 万元/(人·年),职工年人均收入 120809 元。

(邬健茹　肖裕章　陈　静)

【**西南建设有限公司**】　拥有市政公用、建筑工程施工总承包一级,铁路、公路工程施工总承包二级,水利水电工程施工总承包三级,桥梁、隧道、建筑装修装饰工程专业承包一级,地基基础、钢结构工程专业承包三级,预拌混凝土专业承包资质。前身系南昌铁路局南昌工程处第三工程段;2005 年 2 月,与第一公司合并重组更名南昌铁路新余工程有限责任公司;2007 年 1 月,更名为中铁二十四局集团新余工程有限公司;2020 年 12 月,更名为中铁二十四局集团西南建设有限公司。驻四川省成都市成华区龙潭街道华盛路 58 号 8 幢 1 号。执行董事、党委书记喻文杰,总经理李小飞。职工 1306 人。资产总额 65.1 亿元。其中,固定资产原值 1.25 亿元、净值 0.59 亿元。机械运输设备总功率 32000 千瓦,动力装备率 23.07 千瓦/人,技术装备率 4.23 万元/人。

2022 年,新签合同额 172.9 亿元,施工产值 70.1 亿元,利润 7825.56 万元。全员劳动生产率 26.7 万元/(人·年),职工年人均收入 13.71 万元。

(何　明　汤　锦　杨　涛)

【**上海电务电化有限公司**】　拥有铁路电务、电气化工程、电子与智能化承包一级,通信工程施工总承包二级,建筑、铁路、电力、机电、市政公用工程施工总承包三级,消防设施、建筑装修装饰工程专业承包一级,输变电、建筑机电安装工程专业承包三级,承装(修、试)电力设施许可证承装类、承修类、承试类三级资质,上海市建设工程企业(安装)能力证书:建筑机电维保 I 级、智能化维保 I 级、防雷工程 A 类。2004 年 12 月,由原上海铁路局工程总公司电务工程公司、福建铁路建设(集团)有限公司电务分公司、南昌铁路工程建设(集团)有限责任公司电务工程公司整合重组而成。驻上海市静安区王家宅路 40 号。执行董事、党委书记黄仲戒,总经理唐钜德。职工 677 人。资产总额 8.31 亿元。其中,固定资产原值 4887.32 万元、净值 1702.99 万元,流动资产 71414.87 万元。机械运输设备总功率 6635.5 千瓦,动力装备率 9.76 千瓦/人,技术装备率 0.57 万元/人。

2022 年,新签合同额 20.20 亿元,产值 12.06 亿元,利润 752.43 万元。全员劳动生产率 15.51 万元/

(人·年),职工年人均收入 12.51 万元。

(张笑松　邢迎春　谢露平)

【桥梁建设有限公司】　拥有机电工程施工总承包一级,钢结构、建筑机电安装工程专业承包一级,起重设备安装工程专业承包二级,桥梁工程专业承包三级,特种工程(特种设备起重吊装)专业承包资质。2019 年 4 月,由中铁二十四局集团贵溪桥梁厂有限公司和中铁二十四局集团鹰潭设备安装工程有限公司重组合并而成。驻江西省南昌市新建区玉壶山大道 414 号。执行董事、党委书记吴明华,总经理文永兵。职工 620 人。资产总额 15.36 亿元。其中,固定资产原值 8.45 亿元、净值 1.99 亿元,流动资产 12.12 亿元。机械运输设备总功率 56536.24 千瓦,动力装备率 93.29 千瓦/人、技术装备率 23.38 万元/人。

2022 年,新签合同额 63.94 亿元,产值 21.73 亿元,净利润 1671 万元。全员劳动生产率 29.52 万元/(人·年),职工年人均收入 14.72 万元。

(徐培琦　宋德俊　郭　雄)

【上海建设投资有限公司】　拥有建筑工程施工总承包一级,钢结构、地基基础、环保、建筑装修装饰、建筑机电安装工程专业承包,房地产开发二级资质。2021 年 3 月,由中铁二十四局集团上海房地产开发有限公司、福州铁建建筑有限公司、贵州房建与市政工程总承包部整合重组而成;同年 12 月 8 日,更名为中铁二十四局集团上海建设投资有限公司。驻上海市嘉定区菊园新区昌徐路 88 号 - A 潇峰大厦。党委副书记(主持工作)、执行董事翁志坚,总经理白圻业。职工 366 人。资产总额 29.88 亿元。其中,固定资产原值 2993.34 万元、净值 1290.48 万元,其他资产 8709.58 万元。机械运输设备 15 辆,总功率 2370.6 千瓦,动力装备率 6.9 千瓦/人,技术装备率 0.68 万元/人。

2022 年,新签合同额 27.43 亿元,产值 30.02 亿元,净利润 2818.04 万元。全员劳动生产率 31.59 万元 /(人·年),职工年人均收入 17.41 万元。

(曹培培)

【申铁方圆检测科技有限公司】　拥有铁路试验检测、公路乙级工程试验检测,上海市建设工程质量检测机构,乙级测绘资质。2021 年 7 月,由集团公司检测中心、测绘中心及上海铁建工程试验检测有限公司和浙江检测公司整合重组而成。驻上海市嘉定区南翔镇火车站路 370 号 A 区。执行董事、党委书记王木柯,总经理林仕进。职工 304 人。资产总额 8219.15 万元。其中,固定资产原值 3827.42 万元、净值 2273.78 万元。

2022 年,营业收入 9095.63 万元,利润 487.11 万元。全员劳动生产率 20.6 万元/(人·年),职工年人均工资 14.07 万元。　(李　敏　曹献文　费明阳)

【路桥分公司】　驻上海市共和新路 911 号。总经理谢钦方,党委书记徐国栋。职工 191 人。资产总额 12.85 亿元。其中,固定资产原值 7805 万元、净值 2344 万元,流动资产 122312 万元。

2022 年,新签合同额 15.05 亿元,施工产值 24.35 亿元。全员劳动生产率 63.36 万元/(人·年),职工年人均收入 24 万元。

(祁思颖)

【轨道交通分公司】　驻上海市静安区天目中路 585 号新梅大厦 17 ~ 18F。总经理刘长春,党委书记朱亮来。职工 349 人。资产总额 16.72 亿元。其中,固定资产原值 1.74 亿元、净值 4114.26 万元,流动资产 13.95 亿元。机械运输设备 209 台(套),总功率 13752.6 千瓦。

2022 年,新签合同额 9.22 亿元,施工产值 21.02 亿元,利润 2935.91 万元,职工年人均收入 18.52 万元。

(刘燕玲)

【北京分公司】　驻北京市大兴区金服大街 11 号。总经理康军利,党委书记龚宜浩。职工 71 人。资产总额 7.51 亿元。其中,固定资产原值 3539 万元、净值 613 万元,流动资产 70646 万元。

2022 年,新签合同额 20.59 亿元,施工产值 11.05 亿元。全员劳动生产率 53.74 万元/(人·年),职工年人均收入 27 万元。

(陈　军)

【资产管理分公司】　2022 年 1 月 14 日设立。主要职能:与集团公司资产管理中心实行"一套班子,两块牌子"。受集团公司委托,行使集团公司土地、建筑物及其他非生产性实物资产(非办公资产)、锦鲤资产部门管理职能,负责统筹管理集团公司土地、建筑物及其他非生产性实物资产(非办公资产)、锦鲤资产工作以及业务培训工作;代表集团公司履行投资项目投资人职责并享有其权利;负责集团公司土地、建筑物及其他非生产性实物资产(非办公资产)管理;负责锦鲤资产的管理。驻上海市杨浦区逸仙路 9 号。总经理王发树,党工委书记林贻嵩。职工 13 人。

(高晓洁)

中铁二十五局集团有限公司

【简况】 拥有铁路、建筑、公路工程施工总承包特级,铁道、建筑、公路行业工程设计甲级,市政公用工程施工总承包一级,桥梁、隧道、公路路基、铁路铺轨架梁工程专业承包一级,水利水电工程总承包二级,矿山工程施工总承包三级,对外承包工程,军工涉密业务,援外成套项目施工A级,地质灾害治理工程丙级资质。总部驻广州市南沙区黄阁镇中国铁建环球中心2栋。下辖一工程、二工程、三工程、四工程、五工程有限公司,电务工程有限公司,房地产开发有限公司,南方实业开发有限公司,中铁建大湾区建设有限公司,广州铁诚工程质量检测有限公司,西北分公司和盾构分公司。职工8759人。资产总额290.67亿元。其中,流动资产226.85亿元,固定资产原值29.91亿元、净值8.70亿元,负债总额256.60亿元,资产负债率88.28%。机械设备7914台(套),原值16.34亿元、净值5.39亿元,总功率24.23万千瓦,技术装备率5.87万元/人,动力装备率26.42千瓦/人,设备成新率33%,资产增长率1.21%;拥有大型施工设备91台(套),原值7.86亿元,其中700~900吨运架设备4套、100~200吨运架设备8套、提梁机6套、500米长轨焊机2台、大型养路机械4台、盾构机8台、顶管机3台。年综合施工能力500亿元以上。

2022年,新签合同额685.54亿元。完成产值289.41亿元,其中工程板块完成产值261.35亿元,非工程板块完成产值28.06亿元。完成营业收入255.52亿元,利润总额2.82亿元,净利润2.34亿元。全员劳动生产率26.32万元/(人·年),职工年人均收入12.30万元,营业利润率1.09%,净资产收益率7.00%,国有资产保值增值率103.28%。

(周树沛 叶青青 莫 劲)

【领导人员】

董事会

董事长	张 成(3月免)
	李茂松(3月任)
董事	李茂松(3月免)
	程志强(3月任)
职工董事	林春梅

监事会

监事会主席	张军权
监事	马四海
职工监事	曾雁辉

经理层

总经理	李茂松(3月免)
	程志强(3月任)
副总经理	孙传福(7月免)
	李志锋
	余 跃
	王胜祖
	张建慈
	李红旗
	张旭海(11月任)
	张恩桥(11月任)
	李勇良(11月任)
总工程师	王小青(11月免)
	李勇良(11月任)
总会计师	余 跃

党群领导

党委书记	张 成(3月免)
	李茂松(3月任)
党委副书记	李茂松(3月免)
	程志强(3月任)
	林春梅
纪委书记	张军权
工会主席	林春梅

(张观成)

【工程项目指挥机构】 成兰铁路13标指挥部 驻四川省阿坝藏族羌族自治州松潘县。指挥长庞尔林。

新建南昌经景德镇至黄山铁路江西段(不含先期开工段)站前工程CJHZQJX-5标段工程指挥部 驻江西省上饶市余干县城西工业园区。指挥长张永恒。

新建广州至湛江高速铁路站前工程GZZQ-2标工程指挥部 驻广东省佛山市南海区。指挥长陈宗国。

广州铁路枢纽新建广州白云站(棠溪站)工程站前工程施工总价承包BYZSG2标段工程指挥部 驻广东省广州市白云区江高镇泉溪村。指挥长鲁智安。

新建西宁至成都四川段XCSCZQ-3标指挥部 驻四川省阿坝藏族羌族自治州若尔盖县达扎寺镇。指挥长万炳宏。

新建包头至银川高铁临河段站前及房建工程

BYZQ－04标　驻内蒙古自治区巴彦淖尔市五原县套海镇。指挥长贺志鹏。

黄埔区有轨电车2号线项目指挥部　驻广东省广州市黄埔区。指挥长李超华。

新建南宁至玉林铁路NYZQ－1标指挥部　驻广西壮族自治区南宁市青秀区。指挥长林俊。

（朱必礼）

【职工队伍】　职工8759人。其中，管理人才队伍6731人、技能工人队伍2028人。副高级及以上1090人，其中正高级职称36人、中级职称2232人、初级职称2622人、高级技师30人、技师97人、高级工及以下1901人。（郝海旻）

【铁路工程施工】　新建成都至兰州铁路CLZQ－13标段　位于四川省阿坝藏族羌族自治州松潘县。合同投资159685万元。合同工期2013年5月1日至2018年12月31日。主要工程量：站前工程区间路基土石方19.03万断面立方米，路基5.3千米；站场1处土石方261.81万断面立方米，桥梁14座6471延长米，隧道2座11217.33延长米，涵洞9座678.15横延米，双块式轨枕预制、铺设单线102.515千米。2022年完成产值2490万元，开工累计完成产值162062万元。

新建南昌经景德镇至黄山铁路江西段站前工程CJHJX－5标段　位于江西省上饶市市。合同投资234033万元。合同工期2019年9月10日至2023年4月30日，实际开工日期2019年11月25日。主要工程量：站前工程区间路基土石方13.1万断面立方米，路基2.22千米；站前站场路基土石方44.6万断面立方米；桥梁3座318770延长米，涵洞1座70横延米；军山湖车站站场1处。2022年完成产值74348万元，开工累计完成产值156348万元。

新广州铁路枢纽新建广州白云站（棠溪站）工程站前工程施工总价承包BYZSG2标段　位于广东省广州市。合同投资204216万元。合同工期2019年9月1日至2022年6月30日，实际开工日期2020年3月1日。主要工程量：站前工程路基土石方10.04千米、大朗客整所1处，站场路基土石方168万立方米；桥梁9座6638.06延长米，框架桥15733.58顶面平方米；涵洞45座2363横延米；新建房屋39栋152636.6平方米；检修地沟11547米；站场相关给排水及设备安装工程。2022年完成产值53500万元，开工累计完成产值96600万元。

新建南宁至玉林铁路NYZQ－1标段　位于广西壮族自治区南宁市。合同投资141800万元。合同工期2020年3月1日至2024年2月28日，实际开工日期2019年12月10日。主要工程量：站前路基土石方234.5万立方米，路基7.78千米；站场土石方162.5万立方米；隧道5座1305延长米；桥梁34座9370.3延长米，涵洞17座326横延米；五合车站站场1处。2022年完成产值27106万元，开工累计完成产值142115万元。

新建广州至湛江高速铁路工程总承包GZEPC－2标段　位于广东省佛山市。合同投资193884万元。合同工期2020年11月9日至2024年10月24日，实际开工日期2020年11月1日。主要工程量：路基土石方83.7万立方米，正线路基2.435千米，联络线路基6.746千米；桥梁6座17076延长米。2022年完成产值71477万元，开工累计完成产值97126万元。

新建梅州至龙川铁路站前工程施工总价承包米LSG－4标段　位于广东省河源市。合同投资221245万元。合同工期2020年6月30日至2024年6月30日，实际开工日期2020年6月30日。主要工程量：站前工程路基土石方221.9万立方米，路基3.911千米；桥梁25座9489延长米，涵洞9座227.34横延米；隧道19座15583延长米。2022年完成产值70021万元，开工累计完成产值183667万元。

新建西宁至成都四川段XCSCZQ－3标段　位于四川省阿坝藏族羌族自治州若尔盖县。合同投资269761万元。合同工期2022年11月1日至2028年10月31日，实际开工日期2022年11月10日。主要工程量：站前路基10.546千米，隧道6座6512延长米，桥梁24座24625延长米，涵洞31座614.64横延米；班佑车站1处。2022年完成产值3596万元，开工累计完成产值3596万元。

新建包头至银川高铁临河段站前及房建工程BYZQ－04标段　位于内蒙古自治区巴彦淖尔市五原县。合同投资263875万元。合同工期2021年12月31日至2024年12月31日，实际开工日期2022年12月31日。主要工程量：站前路基37.7千米，桥梁7座10915.79延长米，涵洞71座1589.9横延米；五原东站1处；站后五原东站1处。2022年完成产值62868万元，开工累计完成产值62868万元。

新建柳州至广州铁路柳州至梧州段LWZQ－1标段　位于广西壮族自治区柳州市柳江区穿山镇。合同投资263875万元。合同工期2022年9月16日至2025年5月16日，实际开工日期2022年9月18日。主要工程量：路基16.38千米，隧道7座6788延长米，桥梁11座17560延长米,涵洞91座2422横延米;站场6处。2022年完成产值29471万元,开工累计完成产值29471万元。

湘桂铁路柳州枢纽扩能改造工程　位于广西壮族自治区柳州市柳南区。合同投资89830万元。合同工期2021年11月1日至2024年7月31日,实际开工日期2022年1月11日。主要工程数量:站前路基14.78千米,桥梁11座4450延长米,涵洞63座横延米;站场3处;站后房屋5处,LYD1K1直放站;接触网62.9条千米,牵引变电所1处;电力线路20.42千米,变配电所1处;通信线路20.42千米。2022年完成产值39000万元,开工累计完成产值39000万元。

（朱必礼）

【铁路外工程施工】　渝湘复线(主城至酉阳段)、武隆至道真(重庆段)高速公路PPP项目PYTJ4标段　位于重庆市酉阳土家族苗族自治县。合同投资188189万元。合同工期2020年5月20日至2024年6月1日。主要工程量:隧道4座5690延长米,桥梁12座4910延长米,全线路基3134米,互通1个,服务区1个。2022年完成产值70105万元,开工累计完成产值114683万元。

深圳市城市轨道交通16号线工程一工区　位于广东省深圳市。合同投资95291万元。合同工期2017年12月30日至2023年7月28日。主要工程量:2站2区间。2022年完成产值19574万元,开工累计完成产值89844万元。2022年12月28日开通运营。

重庆轨道交通9号线二期春华大道站、兰桂大道站及区间土建工程　位于重庆市渝北区。合同投资82989万元。合同工期2018年7月17日至2020年10月13日。主要工程内容:2站2区间。2022年完成产值10606万元,开工累计完成产值73190万元。

黄埔区有轨电车2号线(香雪—南岗)PPP项目位于广东省广州市。合同投资172512万元。合同工期2019年11月30日至2022年11月30日。主要工程量:站前路基11.26千米,桥梁6座2990延长米,高架站1座;设元岗车辆段1座、刘村停车场1座,站场土石方58.4万立方米;站后全线设站19座,其中地面站18座,调度指挥中心与有轨电车一号线共享。2022年完成产值44040万元,开工累计完成产值119642万元。

广州市轨道交通10号线及同步实施工程总承包项目8标段　位于广东省广州市。合同投资215149万元。合同工期2018年12月1日至2023年12月31日。主要工程量:车辆段内单体建筑物14个,总建筑面积9.6万平方米,广钢新城车辆段与综合基地上盖商业开发,预留上盖建筑条件,盖板面积17.2万平方米。2022年完成产值42158万元,开工累计完成产值119998万元。

银星路(黄桥大道—雷锋大道)连接线工程　位于湖南省长沙市。合同投资56302万元。合同工期2019年10月28日至2021年10月16日。主要工程量:连接线主线折合长2400米,观音岩四连拱隧道折合长1988米,下穿雷锋大道框架桥折合长400米,洗心路跨线桥折合长178米,三环线东辅道折合长510米,洗心路接线折合长177.279米,雷锋大道立交A匝道折合长505米,雷锋大道立交B匝道折合长505米。2022年完成产值12031万元,开工累计完成产值57785万元。

小清河复航工程施工一标段　位于山东省济南市。合同投资161048万元。合同工期2020年6月30日至2022年12月31日。主要工程量:土方开挖1375万立方米,改建桥梁13座,桥梁6018.6延长米,路基7209.7延长米;迁建柴庄节制闸1座;新建航道维护基地及公共锚地1处;改造倒虹吸2道、提灌站31座、涵闸53座。2022年完成产值41507万元,开工累计完成产值134545万元。

庆盛枢纽区块综合开发项目(人工智能产业园及安置配套工程)　位于广东省广州市。合同投资177453万元。合同工期2020年7月31日至2024年4月8日。主要工程量:EPC部分住宅总面积19.65万平方米;E地块4栋,总面积9.21万平方米;东涌第七小学。PPP部分为河涌整治。2022年完成产值41432万元,开工累计完成产值87002万元。

清华珠三角研究院粤港澳大湾区创新基地　位于广东省广州市。合同投资42397万元。合同工期2020年2月18日至2023年7月15日。主要工程量:总用地面积24925.8平方米,总建筑面积139555.6平方米;建筑密度33.6%,绿地率35.1%;最高主楼建筑高度141.5米,主楼区域最深处有地下室3个。2022年完成产值13933万元,开工累计完成产值13933万元。

广州东至花都天贵城际项目十一工区工程　位于广东省广州市白云区。合同投资124500万元。合同工期2021年9月30日至2026年12月28日,实际开工日期2022年9月1日。主要工程数量:基坑土方开挖410088立方米,基坑土方回填410088立方米,灌注桩数量2639根,承台数量335个,管桩数量3772根,结构柱数量779个,底板与检修坑60464平方米,盖板面积 8.03 万平方米,屋面防水 80388 平方米,装饰装修 68114 平方米。2022 年完成产值 6984 万元,开工累计完成产值 6984 万元。

长春市城市轨道交通 7 号线一期工程(八工区) 位于吉林省长春市二道区。合同投资 47141 万元。合同工期 2020 年 5 月 1 日至 2023 年 9 月 30 日,实际开工日期 2020 年 5 月 1 日。主要工程量:2 站 2 区间。2022 年完成产值 21738 万元,开工累计完成产值 41531 万元。 (朱必礼)

【境外工程施工】 援斯里兰卡国家医院门诊楼项目 位于斯里兰卡首都科伦坡市。合同投资 48916.77 万元。合同工期 39 个月,项目于 2017 年 8 月 10 日正式开工,受疫情影响,于 2022 年 5 月 30 日完工。建筑设计使用年限 50 年,技术标准为中国标准。开工累计完成产值 48917 万元。已完工。

斯里兰卡 Ambatale 水厂提效改造项目 位于斯里兰卡首都科伦坡市郊区。合同投资 2828.68 万元。合同工期 12 个月,2019 年 9 月 20 日开工。技术标准为斯里兰卡标准、国际标准及英国标准。开工累计完成产值 3041 万元。

斯里兰卡科伦坡 Apple Watta 地块 700 套住房设计和施工项目 合同投资 1.41 亿元。合同工期 36.2 个月,2020 年 10 月 26 日开工。技术标准为斯里兰卡标准。开工累计完成产值 9083 万元。

斯里兰卡科伦坡市 Ferguson 路 750 套住房设计施工项目 合同投资 1.40 亿元。合同工期 36 个月,2021 年 4 月 29 日开工。技术标准为斯里兰卡标准。开工累计完成产值 6350 万元。

驻白俄罗斯使馆新建馆舍工程 位于明斯克市胜利者大街—奥尔洛夫斯卡亚路,总建筑面积 15870 平方米。合同投资 20325.89 万元。合同工期 31 个月,2020 年 5 月 18 日开工。技术标准为中国标准。开工累计完成产值 20326 万元。

中白工业园明斯克国际展会中心项目 位于白俄罗斯明斯克州斯莫列维奇区“巨石”中白工业园,合同投资 20897.80 万元。合同工期 20 个月,2021 年 4 月 22 日开工。技术标准为白俄罗斯国家及“巨石”中白工业园相关验收标准。开工累计完成产值 20590 万元。

中兴通讯菲律宾土建项目 位于菲律宾南甘马仁省。合同投资 13958.82 万元。技术标准为菲律宾标准。开工累计完成产值 11511 万元。

俄罗斯海参崴红星造船综合体一期 163 厂房项目 位于俄罗斯滨海边疆区大卡缅市斯捷潘·列别捷夫街 1 号。合同投资 16262.91 万元。合同工期 9 个月,2021 年 9 月 6 日开工。技术标准为俄罗斯标准。开工累计完成产值 14850 万元。

科特迪瓦国防部统一通讯二期工程项目 位于科特迪瓦腾格雷拉、布纳、迪沃、邦杜库、加尼奥阿等 22 个城市,合同投资 13271.91 万元。合同工期 18 个月,2022 年 3 月 20 日开工。技术标准为科特迪瓦标准。开工累计完成产值 9379 万元。

墨西哥 Megacable 光缆项目 位于墨西哥埃莫西约(索诺拉州)、库丽亚坎、托雷翁(科阿韦拉州)、莫雷利亚(米却肯州)、莱昂(瓜纳华托州)、托卢卡(墨西哥州)。长 20000 千米。合同投资 20878.27 万元。合同工期 24 个月,2021 年 2 月 28 日开工。技术标准为 GPON 施工标准。开工累计完成产值 61.7 万元。

墨西哥有线电视公司哈里斯克光缆及分光器(ODN)安装分包项目 位于墨西哥瓜达拉哈拉市(哈利斯科州),长 3300 千米。合同投资 3444.94 万元。合同工期 24 个月,2021 年 2 月 28 日开工。技术标准为 GPON 施工标准。开工累计完成产值 34 万元。

甘肃—白俄农场青贮池施工项目 位于白俄罗斯明斯克州明斯克市。合同投资 108 万元。合同工期 2021 年 7 月 1 日至 2021 年 7 月 31 日完工。技术标准为白俄罗斯标准。开工累计完成产值 108 万元。已完工。 (孟春佳)

【经营管理】 2022 年,新签合同额 685.54 亿元,完成股份公司下达指标的 152.15%。属地经营扎实推进,属地市场接连中标深江铁路、万环西路等重点项目。创新经营取得突破,采用“股权投资人 + EPC”模式,全年中标 42.87 亿元。协同经营走深走实,先后中标 G85 银昆高速、兰永临高速、廊坊市安次区永定河河道搬迁城市更新等项目。新兴市场有效拓展,成功中标资阳市雁江区保和镇、丰裕镇全域土地综合整治试点项目,阳江市海陵区乡村振兴和人居环境综合治理项目。多元经营卓有成效,青岛装配式预制构件厂被当地建设主管部门列为 2019 年度“双招双引”重点项目;集团独资成立的项目公司赣州集中制梁场项目,具备建设、生产、管理和运营能力,为各总承包单位提供“制 + 运 + 架”一体化服务。 (贺海燕)

【安全质量】 2022 年,未发生安全生产失信惩戒事件,未发生责任亡人事故,未发生较大及以上铁路交通事故。在建项目未发生等级以上质量责任事故。工程创优方面,获国家级奖项 3 项和省部级奖项 15 项,地市级奖项7项。其中,万开周家坝—浦里快速通道万开隧道工程获中国建设工程鲁班奖,石家庄市城市轨道交通3号线获国家优质工程奖,中国援斯里兰卡国家医院门诊楼项目获斯里兰卡国家优质建筑奖。

(周　驰　陈明贵)

【经济管理】 2022年,项目综合收益率6.48%,较上年同期上升0.45个百分点;责任成本节超率2.18%;变更索赔额完成31.53亿元,变更索赔批复率12.06%,创效率8.72%;过程亏损项目个数减少2个,过程亏损金额减少2.23亿元,完成年度目标的101.25%。

(吴　婧)

【财务管理】 扎实开展各类排查和专项工作,通过供应链金融产品延期支付间接创效3.5亿元,"纾解贷"业务置换存量流动资金贷款4亿元,节约利息费用220万元。约定利率提升,实现年利息收入净增350万元。与资产公司合作发行20.13亿元私募融资,新增应收账款债权融资6.5亿元,多措并举实现3.6亿元受限资产和不良资产盘活的重大突破。重拳开展清收清欠,全面摸查"两金"及清欠工作存在的相关问题,推动收尾项目回款17.77亿元。通过深研减税降费等相关政策,全年增值税留抵退税2.16亿元;利用税收优惠政策,节税创效4,061万元;科学选址和积极策划征拆条款,规避耕地占用税征缴金额2300余万元。

(刘清峰)

【企业管理】 发布《中铁二十五局集团有限公司"十四五"发展战略与规划》,明确"十四五"总体发展目标,从三个层面新增制定"八大"重点发展任务。国企改革三年行动任务顺利完成。报送管理成果案例材料10篇。修订《监管权力与责任清单》和《授权放权清单》,深化"放管服"改革。做好"压减"工作回头看专项行动,注销株洲公司。印发《中铁二十五局集团有限公司功能性子公司管控细则》,建立功能性子公司监督管理体系。推进四公司建筑资质升特级,五公司增项水利资质一级。调整四公司、五公司和电务公司资质资源,从四公司平移钢结构一级资质到轨道公司(五公司管理);从四公司平移电子智能化一级资质到电务公司。通过2020年度首批"广东省守合同重信用企业"等级评定,被评为AAAAA级企业。通过中施企协AAA企业信用评价复评审查工作,取得中施企协AAA信用评价证书。

(周树沛)

【审计工作】 2022年,完成审计项目90项。提出审计报告90份,审计建议扣款金额1.14亿元,促使被审计单位新建制度10项,修订完善制度15项。开展对电务公司、设计研究院、集团公司党校的离任经济责任审计;开展海外事业部、京津冀区域指挥部、西南区域指挥部的任中经济责任审计;开展二公司财务收支审计;开展万顷沙项目的工程项目专项审计;开展电务公司、投资事业部绩效考核结果复核审计。

(黄智皎)

【科技成果】 获省部级科学技术奖3项,获中国施工企业管理协会微创新大赛特等奖1项、优秀奖3项;获国家知识产权局授权专利105件,其中发明专利11件;软件著作权登记1件;获省部级工法8项,企业级工法43项;主编国家标准2项、行业标准1项,主导编制中国铁建企业技术标准1项;国家级优秀QC小组1项、省部级优秀QC小组41项。

(韦露明)

【党群工作】 党的工作。深入学习贯彻党的十九大、十九届历次全会精神,把迎接、学习、宣传、贯彻党的二十大精神活动作为全年政治工作首要任务,深入推进"强化执行力建设年"专项行动,持续强化政治引领、抓牢基层基础、锻造干部队伍、推进正风肃纪、推动共建共享,为企业高质量发展提供强大动力和坚实保障。下辖基层党委11个、直属机构党工委17个、党总支6个、基层党支部261个,在册党员人数3722人。全年走访慰问生活困难党员和老党员168人次,发放慰问金41.6684万元。新成立32个项目部同步建立党组织。所属256个党支部铁建党务管理信息系统录入完成。做好项目党建"大调研、深帮扶"活动、"回头看"工作。选树集团公司第三批"示范党支部"4个,五公司章丘三涧溪项目党支部荣获股份公司第三批"示范党支部"。以"一支部一特色"持续开展党建品牌创建工作,创建党建品牌12个。

宣传工作。2022年,组织党委中心组集中专题学习研讨党的二十大精神4次、收看中央宣讲团报告会2场。刊发宣贯党的二十大精神稿件35篇。推出《宣贯二十大精神,迎接党代会召开》专栏。组织中心组集中学习11次。全年未发生大的舆情事件。所属1家公司保持省级文明单位,3家公司获评相应层级称号。全年累计在中央媒体刊稿168条,省部级及以上主流媒体刊稿385篇。中铁二十五局牵头铁建华南片区20家单位督查互鉴工作,撰写上报专项督查报告。

纪检监察工作。处理落实集团公司决策部署不力、违反企业"三重一大"制度规定的行为,给予2人政务处分。开展谈心谈话，约谈提醒两级党委。纪委书记对所属单位“一把手”和领导班子、关键岗位人员约谈400余场次1700余人次。职能部门移交问题线索28件，查处立案5件，处分4人，组织处理1人。两级纪委处置问题线索71件，立案36件，结案37件；给予党纪处分11人，政务处分68人。通过执纪审查工作挽回经济损失1098.7万元，对相关责任人处经济赔偿115.5万元。全年综合运用“四种形态”处理143人次，为受到诬告的3名党员领导干部澄清正名。

工会工作。“大病互助保障＋补充医疗保险”为41名患大病的职工下拨222万元大病互助资助金；开展健康、职场解压等员工关爱讲座16场次。慰问劳模先进60余人次。4个集体（个人）荣获省部级五一劳动奖。3家单位和项目获全国及广东省“安康杯”竞赛优胜单位、班组荣誉，4家单位继续保持全国“安康杯”竞赛荣誉。集团工会财务获铁建系统唯一“全国工会财务会计工作先进单位”称号。全年新创建创新工作室9家。阳克文创新工作室通过铁路总工会复核验收。在53个重点项目开展劳动竞赛；举办广东省建筑工程测量员职工职业技能竞赛，5名选手获评广东省“技术能手”。

共青团工作。下辖子分公司团委11个，团支部152个，专兼职团干294人。35岁以下青年4685人，其中团员2335人。项目一线召开青年座谈会47场次；组织青年突击队28支，重点在西北分公司昌景黄项目、白俄展会中心项目做试点，成立“飞创”和“丝路”青年创新团队，“青年安全质量杯”活动在38个项目落地。深化“双导师带徒”工作。开展第二次青年英才暨“青马工程”培训。

（龚凌 李文 贺平）

【第一工程有限公司】 拥有铁路工程施工总承包一级，市政公用、建筑工程施工总承包二级，桥梁、隧道工程专业承包一级，乙级测绘资质。党委书记、执行董事廖宏斌，总经理黄程。职工1252人。注册资本金5亿元。资产总额518192万元。其中，固定资产原值57275万元、净值8321万元，流动资产500193万元，其他资产9678万元。机械动力设备1075台（套），设备原值36606万元，净值9274万元，总功率39020千瓦，设备完好率75%、利用率72%，动力装备率33.52千瓦/人，技术装备率7.97万元/人，年施工生产能力40亿元。

2022年，承揽任务91.76亿元，总产值40.5亿元。

（曾馨平）

【第二工程有限公司】 拥有市政公用工程施工总承包一级，铁路工程施工总承包二级，建筑、公路工程施工总承包三级，桥梁工程专业承包一级，隧道工程专业承包二级，公路路基工程专业承包三级资质。党委书记、执行董事纪青春，总经理宋世兴。职工1057人。注册资本金4亿元。资产总额232162.93万元。其中，流动资产202785.25万元，固定资产原值27810.76万元、净值16207.55万元，其他资产13170.13万元。机械动力设备699台（套）。设备原值7936.14万元、净值2656.62万元，总功率23786.90千瓦，动力装备率22.36千瓦/人，技术装备率7.63万元/人，设备完好率78.36%、利用率75.23%，年施工生产能力50亿元以上。

2022年，承揽任务55.28亿元，总产值22.03亿元，净利润2000.03万元。（钟艳萍）

【第三工程有限公司】 拥有铁路、市政公用工程施工总承包一级，建筑工程施工总承包二级，公路工程施工总承包三级，桥梁、隧道工程专业承包一级资质。党委书记、执行董事王革新，总经理、党委副书记谌荣华。职工1302人。资产总额260057万元。其中，固定资产原值33368万元、净值10196万元，货币资金12335万元，流动资产238368万元。机械动力设备1351台（套），设备原值2183.68万元、净值6789.38万元，总功率22002千瓦，动力装备率16.54千瓦/人，技术装备率5.10万元/人，设备成新率31.09%。

2022年，承揽任务155.74亿元，总产值31.42亿元，净利润2415万元。（李检妹）

【第四工程有限公司】 拥有铁路、公路、市政公用、建筑工程施工总承包一级，铁路工程施工总承包二级，桥梁、隧道、地基基础、起重设备安装、电子与智能化、消防设施、防水防腐保温、建筑装修装饰、建筑机电安装、古建筑、城市及道路照明、环保工程专业承包一级，铁路电务工程专业承包三级，营业性爆破作业单位许可证二级，乙级测绘和各类检测资质。执行董事、党委书记张恩桥，总经理、党委副书记来荣国。职工1579人。资产总额728948万元。其中，固定资产原值32315万元、净值7080万元，流动资产661399万元，其他资产60469万元。主要设备656台（套），原值13156.37万元、净值4024.83万元，总功率42147.95千瓦，动力装备率25千瓦/人，技术装备率2.94万元/人，设备完好率65.37%、利用率80.31%，机械化施工程度92.5%以上，年施工生产能力78亿元以上。

2022年，承揽任务130.43亿元，总产值54.51亿

元,净利润 3780.50 万元。（王若仙）

【第五工程有限公司】 拥有市政公用工程施工总承包一级,建筑工程施工总承包二级,地基基础工程专业承包三级,预拌混凝土专业承包不分等级,军工涉密业务咨询服务安全保密条件备案资质。党委书记、执行董事马国松,总经理、党委副书记徐敦敏。职工 896 人。资产总额 452137 万元。其中,固定资产原值 53468 万元、净值 18968 万元,流动资产 330842 万元。设备 1076 台(套)。设备原值 11845.42 万元、净值 4463.57 万元,总功率 26213 千瓦,动力装备率 29.26 千瓦/人,技术装备率 4.98 万元/人,设备完好率 82.75%、利用率 71.68%。

2022 年,承揽任务 81.05 亿元,总产值 42.20 亿元,利润 2765 万元。（蔡　璨）

【电务工程有限公司】 拥有机电工程施工总承包一级,建筑、市政公用工程施工总承包二级,铁路、通信、电力工程施工总承包三级,铁路电务、铁路电气化、电子与智能化工程专业承包一级,输变电、公路交通工程(公路机电工程分项)专业承包二级,建筑机电安装工程专业承包三级,建筑智能化专线设计乙级,承装(修、试)电力设施许可证四级资质。执行董事、党委书记闫国印,总经理、党委副书记张弥。职工 471 人。资产总额 158230.60 万元。其中,固定资产原值 1049.29 万元、净值 309.71 万元,流动资产 143307.33 万元,其他资产 14613.56 万元。设备 101 台(套),原值 940.75 万元,净值 275.06 万元,总功率 4286.23 千瓦。动力装备率 8.88 千瓦/人,技术装备率 0.57 万元/人,设备完好率 85%、利用率 92%,机械化施工程度 50%,年施工生产能力 8 亿元以上。

2022 年,承揽任务 6.04 亿元,总产值 8.27 亿元。（刘露雪）

【房地产开发有限公司】 主要经营房地产开发业务。执行董事、党委书记朱心站,总经理黄志强。职工 127 人。资产总额 183429 万元。其中,非流动资产 20668 万元,流动资产 162761 万元。

2022 年,营业收入 120243 万元,净利润 6581 万元,销售金额 44979 万元,销售回款 69010 万元。（慕　倩）

【南方实业开发有限公司】 经营范围为河道采砂;建筑材料销售;五金产品批发;建筑防水卷材产品销售;水泥制品销售;建筑用钢筋产品销售;国内贸易代理;货物进出口;金属矿石销售;物业管理;房地产经纪;非居住房地产租赁;住房租赁;土地使用权租赁;装卸搬运;国内货物运输代理;铁路运输基础设备制造;企业管理;破产清算服务;停车场服务;建筑工程机械与设备租赁;道路货物运输站经营;公共铁路运输;煤炭及制品销售;石油制品销售(不含危险化学品)等。注册资本金 2 亿元。党委书记程升,执行董事、总经理刘建国。职工 312 人。资产总额 136193.42 万元。其中,固定资产原值 8252.27 万元,流动资产 108150.80 万元,其他资产 19790.35 万元。

2022 年,经营收入产值 16.31 亿元,净利润 2638 万元。（李哲颖）

【广州铁诚工程质量检测有限公司】 拥有交通运输公路工程综合乙级试验检测机构资质,广东省住房和城乡建设厅建设工程质量检测机构资质;新增房屋鉴定资质。党工委书记、执行董事陈外联,总经理李骞。职工 82 人。

2022 年,营业收入 3820.17 元,净利润 506.03 万元。（伍振基）

【中铁建大湾区建设有限公司】 拥有建筑工程施工总承包一级,市政工程施工总承包二级,建筑装饰装修二级专业资质。党委书记、执行董事谢碧辉,总经理郭建飞。职工 425 人。资产总额 22.36 亿元。其中,固定资产原值 0.58 亿元、净值 0.18 亿元,流动资产 18.95 亿元,其他资产 3.23 亿元。各类设备总量 89 台(套),其中新购设备 17 台(套)。

2022 年,新签合同额 44.01 亿元,产值 23.9 亿元,净利润 3137 万元。（邓　静）

【西北分公司】 党委书记谌勍,总经理李新献。职工 473 人。资产总额 219070 万元。其中,固定资产原值 15208 万元、净值 2818.61 万元,流动资产 207731 万元,其他资产 11339 万元。设备 363 台(套)。设备原值 5264.45 万元、净值 2070.14 万元,总功率 19650 千瓦,动力装备率 42.44 千瓦/人,技术装备率 11.37 万元/人,设备成新率 67%,设备资产利用率 100%,机械化施工程度 89%。

2022 年,新签合同额 649464.04 万元,施工产值 142249 万元,净利润 1625 万元。（杨丹丹）

【盾构分公司】 经营范围涉及盾构、顶管、始发/到达站(井),业务覆盖轨道交通、入城通道、综合管廊等工程领域。党委书记姜智彬,总经理骆展鹏。职工 235 人。资产总额 137663.93 万元。其中,固定资产原值 25210.35 万元、净值 12538.67 万元,流动资产 77371.64 万元,其他资产 60292.30 万元。设备 420 台(套)。设备原值 54502.42 万元、净值 23271.90 万元,总功率 26336 千瓦,动力装备率 44.56 千瓦/人,技术装备率 39.38 万元/人,设备利用率 70.11%。

2022 年,经营承揽 2.25 亿元,总产值 9.1 亿元,净利润 1865.54 万元。 (王雅琪)

中铁建设集团有限公司

【简况】 建筑工程施工总承包特级和市政公用工程施工总承包特级“双特级”企业,拥有机电、铁路工程施工总承包一级,水利水电工程施工总承包三级,机场场道、钢结构、建筑机电安装、地基基础、建筑装修装饰、电子与智能化工程专业承包一级,公路交通(公路安全设施)、公路交通(公路机电工程)、消防设施工程专业承包二级,预拌混凝土专业承包不分等级,工程设计市政行业甲级,工程设计建筑行业(建筑工程)甲级资质。前身系中国人民解放军铁道兵独立建筑团 89134 部队;1984 年 1 月,集体转业,先后称铁道部工程指挥部建筑工程处、中国铁道建筑总公司北京工程公司、北京中铁建筑工程公司;2001 年 8 月,改制为北京中铁建设有限公司;2003 年 12 月,更名为现名。注册资本金 350297.09 万元。总部驻北京市石景山区石景山路 20 号中铁建设大厦。下辖 11 家工程公司、7 家专业公司以及 10 家国内指挥部、6 家国别(地区)指挥部(公司)。职工 10715 人。资产总额 1078.59 亿元。其中,流动资产 906.79 亿元。机械设备 2292 台,原值 45299 万元、净值 17186 万元,设备总功率 10.4 万千瓦,技术装备率 1.6 万元/人,动力装备率 10.5 千瓦/人,综合新度系数 37.9%。

2022 年,新签合同额 1916.77 亿元,营业收入 955.44 亿元,实现净利润 4.69 亿元。国有资本保值增值率 114.88%,净资产收益率 3.69%,资产负债率 87.41%。获各种工程质量奖项 154 项,其中国家级 30 项、省部级 70 项、地市级 54 项。获各等级科学技术奖 19 项,其中广西壮族自治区科学技术奖一等奖 1 项、山东省科学技术奖二等奖 1 项、住建部华夏建设科学技术奖 4 项、中国施工企业管理协会工程建设科学技术奖 2 项、中国铁建科学技术奖 6 项。获专利授权 518 件,其中发明专利授权 38 件。获各等级优秀 QC 小组(成果)338 项。获各类文明安全施工荣誉 140 项。

(张晓莉)

【领导人员】

董事会

董事长	梅洪亮
副董事长(正职待遇)	王　涛
董事	孙洪军
	许四发
	顾传智
	刘建光
	周　蕾
职工董事	王　涛

监事会

监事会主席	束纯剑
监事	李宏伟(1 月免)
	荆　斓(1 月任)
职工监事	刘悦昕

经理层

总经理	孙洪军
副总经理	于久龙
	吴永红
	沈天丽
	赵向东(8 月免)
	李　擘
	钱增志
	蔺文虎
	郝长江(11 月任)
	马　方(11 月任)
	杨　军(11 月任)
总工程师	钱增志
总会计师	蔺文虎

党群领导

党委书记	梅洪亮
党委副书记	孙洪军
	王宏斌
纪委书记	束纯剑
工会主席	王宏斌(3 月任)

(李若男)

【职工队伍】 职工 10715 人,其中女职工 1729 人。博士研究生学历18人、硕士研究生学历605人、本科学历8093人、大专学历1303人。各类专业技术职务人员7983人。正高级职称96人、高级职称771人、中级职称2837人、初级职称3475人、员级职称804人、高级技师34人、技师18人。总包单位项目经理316人。接收应届毕业生760人,社会招聘21人。 (汪翔宇)

【工程施工】 首都医科大学附属北京儿童医院保定医院项目 位于河北省保定市,总建筑面积237000平方米。合同投资17.46亿元。合同工期2023年1月2日至2025年5月22日。2022年完成施工产值5000万元。

人民日报社小红门职工住宅项目(1号住宅楼等12项) 位于北京市朝阳区,总建筑面积113507平方米。合同投资5.75亿元。合同工期2020年6月30日至2022年12月2日。2022年完成施工产值14800万元。

中直安惠职工住宅(小关北里43号) 位于北京市朝阳区,建筑面积212300平方米。合同投资9.34亿元。合同工期2020年5月1日至2023年3月31日。2022年完成施工产值48784万元。

石景山政务服务中心和档案馆新建工程 位于北京市石景山区,总建筑面积94937平方米。合同投资6.31亿元。合同工期2020年11月15日至2023年3月10日。2022年完成施工产值31447万元。

总公司住宅楼(东区)工程 位于北京市海淀区,建筑面积43558.33平方米。合同投资2.18亿元。合同工期2020年5月1日至2023年3月31日。2022年完成施工产值12230万元。

总公司住宅楼(西区)工程 位于北京市海淀区,建筑面积49935.89平方米。合同投资2.2亿元。合同工期2020年5月1日至2023年3月31日。2022年完成施工产值12880万元。

容西片区C3标段C3-1 位于河北雄安新区容西片区,建筑面积405000平方米。合同投资19.05亿元。合同工期2020年5月1日至2023年3月31日。2022年完成施工产值91441万元。

容西片区C3标段C3-2 位于河北雄安新区容西片区,建筑面积252700平方米。合同投资10.8亿元。合同工期2020年5月1日至2023年3月31日。2022年完成施工产值59811万元。

经开区信创园一期项目(GF-1-会展中心等10项) 位于北京市亦庄经济开发区,总建筑面积184255.2平方米。合同投资11.44亿元。合同工期2021年11月1日至2025年6月4日。2022年完成施工产值36133万元。

黑龙江总部基地工程 位于黑龙江省哈尔滨市,建筑面积10.92万平方米。合同投资2.35亿元。合同工期2022年1月17至2023年10月31日。2022年完成施工产值7677万元。

辛庄镇白塘口工程 位于天津市津南区,建筑面积33.49万平方米。合同投资11.18亿元。合同工期2021年3月11日至2023年10月31日。2022年完成施工产值9617万元。

中原科技城项目 位于河南省郑州市郑东新区龙源西三街东、龙湖中环北路南、龙润西路北、龙源西二街西围合区域,建筑面积32.8万平方米。合同投资380000万元。合同工期2021年7月1日至2023年6月30日。2022年完成施工产值67576万元。

中科院济南研究院项目 位于山东省济南市历城区王舍人片区宏昌路以西、张马屯街西侧,建筑面积91739.58平方米。合同投资34600万元。合同工期2021年11月15日至2024年3月28日。2022年完成施工产值17063万元。

青州博物馆项目 位于山东省青州市南阳湖周边,南起凤凰山路,北至衡王府西街,东起海军路,西至仰天山路。框架剪力墙结构,建筑面积50934平方米。合同投资69149万元。合同工期2020年2月10日至2023年9月28日。2022年完成施工产值19457万元。

中兰铁路四站工程 位于甘肃省白银市,建筑面积66383.23平方米。合同投资3.55亿元。合同工期2021年2月1至2022年12月31日。2022年完成施工产值13111万元。

新疆儿童医院工程 位于新疆维吾尔自治区乌鲁木齐市,建筑面积50554平方米。合同投资5.66亿元。合同工期2020年12月1至2023年10月30日。2022年完成施工产值21138万元。

杭州西站枢纽南区站城综合体项目 位于浙江省杭州市,建筑面积98.57万平方米。合同投资78.91亿元。合同工期2021年8月16日至2027年1月27日。2022年完成产值181932.5万元。

武昌滨江核心区E1地块工程 位于湖北省武汉市,建筑面积17.77万平方米。合同投资9.52亿元。合同工期2022年5月20日至2025年10月21日。2022年完成施工产值14852万元。

书香瑶庭工程 位于江西省南昌市,建筑面积42.15万平方米。合同投资10.31亿元。合同工期

2020年7月1日至2022年4月10日。2022年完成施工产值11526万元。

中国铁建华中总部大厦工程　位于湖北省武汉市，建筑面积7.5万平方米。合同投资3.53亿元。合同工期2022年7月15日至2024年4月7日。2022年完成施工产值3126万元。

新建福厦铁路福州南、厦门北站房屋建筑及配套工程FXFJ-4标段施工总承包　位于福建省厦门市，建筑面积26.42万平方米。合同投资22.58亿元。合同工期2021年6月16日至2023年6月16日。2022年完成施工产值159613万元。

天府新区融通科创中心施工总承包工程　位于四川省成都市天府新区，总建筑面积206751.19平方米。合同投资6.13亿元。合同工期2022年6月30日至2025年6月30日。2022年完成施工产值4066万元。

重庆大河文明馆施工总承包工程　位于重庆市南岸区，占地面积5.99万平方米，建筑面积19152.87平方米。合同投资2.25亿元。合同工期2021年11月2日至2023年5月30日。2022年完成施工产值18650万元。

佛山市第二人民医院新院区建设项目工程施工总承包　位于广东省佛山市，建筑面积25.64万平方米。合同投资12.83亿元。合同工期2021年8月1日至2024年7月24日。2022年完成产值52844万元。

珠海铁建广场工程　位于广东省珠海市，建筑面积29.80万平方米。合同投资21.31亿元。合同工期2018年1月20日至2023年10月30日。2022年完成施工产值20320万元。

自贸港旅游航空总部（设计施工总承包）　位于海南省三亚市，建筑面积23.80万平方米。合同投资16.29亿元。合同工期2021年12月20至2025年3月4日。2022年完成施工产值23117万元。

渝黔铁路重庆东站站房及配套综合交通枢纽工程CQDZZF-1　位于重庆市，建筑面积56.44万平方米。合同投资39.88亿元。合同工期2022年5月16日至2025年5月15日。2022年完成施工产值12.3亿元。

北京城市副中心站综合交通枢纽工程01标段　位于北京市通州区，建筑面积15.19万平方米。合同投资16.26亿元。合同工期2020年8月1日至2024年10月31日。2022年完成施工产值3.42亿元。

常德站站房及相关配套工程　位于湖南省常德市，建筑面积10.51万平方米。合同投资14.94亿元。合同工期2021年9月1日至2024年1月30日。2022年完成施工产值9.16亿元。

川藏铁路技术创新中心研发基地（成都）项目一期工程　位于四川省成都市，建筑面积12.79万平方米。合同投资9.19亿元。合同工期2021年12月12日至2023年12月30日。2022年完成施工产值8.60亿元。

杭州经绍兴至台州铁路站房工程　位于浙江省台州市，建筑面积8.45万平方米。合同投资11.69亿元。合同工期2020年4月25日至2023年1月20日。2022年完成施工产值4.71亿元。

安庆至九江铁路江西段庐山站工程　位于江西省九江市，建筑面积5.95万平方米。合同投资7.69亿元。合同工期2020年9月30日至2024年9月30日。2022年完成施工产值1.54亿元。

贵阳至南宁铁路南宁北站工程　位于广西壮族自治区南宁市，建筑面积8.36万平方米。合同投资7.79亿元。合同工期2021年12月1日至2023年6月30日。2022年完成施工产值6.29亿元。

汕头至汕尾铁路站房及相关工程（包括陆丰南站、陆丰东站、惠来站、潮南站及汕头南站）　位于广东省汕头市，建筑面积5.5万平方米。合同投资9.68亿元。合同工期2021年12月30日至2023年9月30日。2022年完成施工产值4.74亿元。　（张晓莉）

【境外工程施工】　援柬埔寨特本克蒙省医院项目　位于柬埔寨特本克蒙省新区，建筑面积24300平方米。合同投资27318.85万元。合同工期2019年2月28日至2021年10月27日。2022年3月7日移交。

Coral Bay 珊瑚海海滨公寓项目　位于马来西亚沙巴州首都亚庇市，建筑面积13.5万平方米。合同投资52585万元。合同工期2022年6月17日至2024年3月16日。2022年完成施工产值2833.13万元。

马来西亚帝盛湖边公寓项目　位于马来西亚雪兰莪州，建筑面积190700平方米。合同投资58454.7万元。合同工期2021年9月16日至2024年3月7日。2022年完成施工产值2439.42万元。

巴新莱城面粉厂项目　位于巴布亚新几内亚莫罗贝莱城市机场高速11里。一期建筑面积23915平方米，合同投资14763.16万元，合同工期2019年10月9日至2022年7月28日，2022年完成施工产值4131.97万元；二期建筑面积25602平方米，合同投资19791.32万元，合同工期2020年7月7日至2022年8月29日，2022年完成施工产值6112.75万元；三期合同投资9046.49万元，合同工期2022年3月31日至2023年12月31日，2022年完成施工产值5009.75万元；四期建筑面积10000平方米，合同投资12126.23万元，合同工期2022年10月15日至2024年10月15日，2022年完成施工产值168.4万元。

巴新伯恩斯办公楼装修改造项目　位于巴布亚新几内亚首都莫尔兹比港，为原有建筑装修改造项目，建筑面积3803.5平方米。合同投资526.52万元。合同工期2020年12月17日至2022年6月3日。2022年完成施工产值634.84万元。

中建投巴新公司可可波建材超市改扩建项目　位于巴布亚新几内亚新东不列颠省可可波市，建筑面积3500平方米。合同投资2229.46万元。合同工期2021年11月1日至2023年4月30日。2022年完成施工产值1239.34万元。

巴新自来水公司总部办公楼设计与施工项目　位于巴布亚新几内亚首都莫尔兹比港，建筑面积6000平方米。合同投资11592.79万元。合同工期2022年3月15日至2024年9月12日。2022年完成施工产值2134.94万元。

援老挝邮电技术学院项目　位于老挝万象市西萨达那县瓦那村邮电技术学院院内，建筑面积5524.56平方米。合同投资8528.97万元。合同工期2022年3月23日至2023年11月20日。2022年完成施工产值2080万元。

澳门新城A区A1地段公共房屋项目　位于中国澳门填海A区西北角，建筑面积112400平方米。合同投资107757.35万元。合同工期2022年3月17日至2026年6月15日。2022年完成施工产值18284.57万元。

孟加拉银行大楼项目　位于孟加拉国达卡市，建筑面积55000平方米。合同投资54082.96万元。合同工期2022年7月31日至2025年7月16日。2022年完成施工产值884.99万元。

秘鲁国立农业大学科技创新园区项目　位于秘鲁利马省，建筑面积15837.88平方米。合同投资15837.88万元，合同工期2022年9月13日至2024年3月24日。2022年完成施工产值1824万元。

秘鲁国立圣马尔科斯大学医学院项目　位于秘鲁利马省，建筑面积12726.72平方米。合同投资6713万元。合同工期2022年2月24日至2023年5月10日。2022年完成施工产值5532万元。　（高　峰）

【经营管理】　经营承揽。新签合同额1916.77亿元。紧跟国家战略机遇，客户结构进一步向资信优良的国铁等大型央企、BD、政府机构及平台、国企、医疗集团、高校、地方龙头产业集团等优质客户集中，经营项目质量指标显著提高，资金到位占比94.17%，国有资金占比78.00%，公建占比71.68%，EPC占比16.59%，平均合同额6.28亿元，重点城市占比75.20%；国家战略、地方重点、民生热点工程显著增多，大项目承揽卓有成效，10亿元以上大项目34个，新签贡献超50%。

投资管理。全年通过自主承揽、协同经营、股权合作等方式获取湛江市坡头区南油片区（首期）“三旧”改造项目、郑州南站枢纽产业园区项目、智利科金博医院特许经营项目等11个项目，完成投资拉动470.77亿元。通过自主开发及参股合作多种模式，分别在温州、宁波、海口等4个地区，获取安置房、商品房等多类型项目6个，完成投资拉动33.57亿元。实现投资拉动504.34亿元。

工程管理。在施总承包工程401个，在施面积5790万平方米。新进场工程164个，竣工工程175个，竣工面积2161万平方米，工程项目遍布全国32个省份。加强在建工程过程监管，部门分区域协同监管，对三类重点工程（重点工程、重点关注工程、铁路工程）每月组织视频会，按周、月统计分析工程进展，重点重抓，带动区域公司全面履约。根据“四统”、高效运转和经济原则，制定《可周转资产、设备固定资产管理办法》，初步实现购置精准化、管理精细化、处置合规化，进一步发挥资产效能和提升资产管理水平。建设高效结算体系，融合预算管理、三项确权管理等过程确权工作，形成《项目高效管理实施指南》。将产值计价率过程指标纳入过程预警管理，建立“成本看板”等10多项专项通报机制。全年累计完成竣工结算项目200项，结算面积2081万平方米，结算金额596亿元。持续加大高危方案的管理强度，组织内部专家评审重大高危方案21项，指导二级单位、项目部从关键环节控制技术安全风险，开发上线“高危工程智慧监测平台”，用于深基坑工程的远程智慧监测和模板支撑、钢结构安装等高危工程的视频监控。组织开展两轮次铁路红线专项督查，通过内业资料核查、外观质量检查、原材料抽检和现场实测实量，切实提升铁路站房工程质量安全管理水平。持续加大安全风险管控力度，发布《2022年度重大安全风险控制清单》《2022年度安全隐患排查治理重点》，推动安全生产关口前移，统筹部署全年隐患排查治理工作，全年未发生较大及以上级别生产安全责任事故。

房地产开发。全年跟踪有效土地信息428宗，形成可研报告70份，重点推进项目26个，新获取房地产开发项目6个，完成土地储备42.38亿元。聚焦回购和销售项目同时发力，获取温州 C－15b、T04－02A 地块，宁波 JB16－01－1b－02、JB06－03－21 地块，福州徐家村 66.87 亩地块，湛江市坡头区南油片区（首期）“三旧”改造项目，在温州区域持续实现滚动发展，开拓宁波、福州、湛江新市场。投资业务成效显著，实现大投资项目突破，自主承揽总投资额 74.39 亿元的广东省湛江市南油片区“三旧”改造项目和 10.13 亿元的海口市琼山区马坡村城市更新项目，协同经营获取投资额 30 亿元的浙江省金华未来社区项目和投资额 462 亿元的天津华北陶瓷地区城市更新项目。

基建、不动产管理。集团公司 2022 年经营场所计划投资 3584 万元，实际完成 1844 万元，计划完成百分比 51.5%。按照上级要求，集团公司积极落实 2022 年服务业小微企业和个体工商户房屋租金减免工作，合计减免房屋租金 929.8 万元；按照国有资产管理处置程序，集团公司在国务院国资委规定的产权交易机构公开转让河北省石家庄市长安区中山东路 39 号勒泰中心 4 套公寓和河南省郑州市郑州新区通泰路 109 号 2 套商业楼，两处房产 2468 万元；顺利完成紫荆关建筑产业化产研基地固定资产投资专项审计。

物流贸易。聚焦高质量经营，大力开拓新产品、新市场，进军水上运输、水利工程、风力发电、绿色环保、铁路电气化等物资供应新领域。拓宽多元业务新品类，中标中铁十六局沈白高铁辽宁段 27.34 万吨水泥供应，创下中标水泥吨位最高纪录；开发广深港高铁虎门站项目钢结构主材甲供业务，实现铁路站房钢结构甲供零的突破；新增废钢相关营业范围，为废钢业务提供硬件资质。完善数字化治理体系，构建智慧供应链生态圈，实现内部项目商城集成，项目可通过集团物资平台直接选购物资公司商城的物资设备。对销售合同、应急供应进行总额控制，解决超合同履约、应急供应超额度等问题。全年钢结构甲供模式供应 2 万余吨，平均降本 5% 以上，个别项目降本 10%～15%。

财务管理。2022 年末，集团公司“两金”总额 910.99 亿元，较年初增长 195.86 亿元，增幅 27.39%，同比降低 19.81 个百分点。围绕资金内控和资金链安全管理主线，全面深化“1＋1＋6”资金管理体系建设，深挖资金管理潜能，稳步推进财务资源配置、资金集约、现金流管控、司库体系建设等重点业务，资金管理效益和金融保障能力持续提升。金融市场主体信用和银行信用评价保持 AAA 级；总融资规模 479.25 亿元，占收入比重同比降低 1.95 个百分点；集团公司两级管理机构境内外授信银行合作范围拓宽至 49 家，综合授信总额由年初 812 亿元增长至 1105 亿元，其中政策性银行低息资源储备突破 150 亿元，占比 14%；全年发行应收账款证券化和保理 92 亿元；新增和置换永续债 36 亿元；新增铝模板租赁业务 1 亿元；通过逾期保证金清理和保函置换等降低其他应收款 1 亿元；中铁创业大厦类 REITS 产品将引入权益资金 5 亿元，已获交易所审批。集团公司注重纳税信用评级，19 家单位获纳税信用评级 A 级，49 家单位获 B 级，为增值税留抵退税管理及日常税务管理创造有利条件；下发《依法纳税情况自查自纠专项行动工作方案》开展自查自纠，并将税务专项检查纳入财务大检查范畴，有效化解税收风险。坚持预算先行，夯实会计基础管理，提升会计信息质量，强化决策支持，财务信息化赋能业务管理，全面提升财务基础管理规范化、标准化水平。完善预警通报制度，为 30 家单位发送即时预警单 12000 笔 556 亿元，定期推送预警通知单 474 笔 92 亿元，涉及预警大类 86 项，发送通知单管理建议书 283 份。下发《中铁建设集团财务不良行为清单》，设定企业和财务人员 40 条财务行为红线，与素质提升积分机制横向协同，全面强化财务系统梯队建设。

审计管理。持续推进深化党对审计工作领导，聚焦责任落实，深入开展经济责任审计；聚焦创誉创效，着力开展工程项目审计；聚焦经营成果，扎实开展绩效复核审计。同时，坚持推进制度落实，实现审计工作量质转变，深入推进“大监督”建设，形成监督合力，持续做好违规责任追究工作，加强审计结果运用，坚持推进研究型审计，扩展审计深度、广度。全年完成审计项目 282 项，包括财务收支审计 30 项、经济责任审计 24 项、工程项目审计 177 项，专项审计调查 15 项，后续跟踪审计 27 项，其他审计 9 项。年度审计计划完成率 135.19%，投入审计工天 8599 天，出具审计报告 287 份，提出审计建议 1742 条。（张晓莉）

【企业管理】 战略管理。正式发布集团公司“十四五”规划，推进完成 8 项专项子规划的发布和 18 家二级单位“十四五”规划的批复工作。发布《战略性业务专项推进方案》，加速培育集团公司战略性业务。6 家二级单位入选 2021 年度中国铁建“三级公司 20 强”，5 家单位入选中国铁建首批“专精特新”企业，4 家单位先后获评北京市“专精特新”中小企业。把握资质改革窗口期，指导、协助二级单位开展资质申报工作，培育子企业专业优势和竞争优势，集团公司及下属子公司获取（包括新申请和升级）资质 22 项。高效推进国企改革三年行动，在股份公司第一次子企业改革考核中，位列第四。开展对标世界一流行动，组织前往北京城建、中铁建工等单位开展对标学习。坚决防控重大风险,推动“大风控”体系建设向纵深发展,按要求完成风险内控管理各项任务。

组织架构调整。对北京区域经营组织架构及北京公司运行模式进行优化调整,撤销北京投资建设指挥部,北京公司承担集团公司给北京投资建设指挥部下达的经营承揽指标,北京公司按照“揽干一体”的模式运行,立足北京,面向全国开展业务。中国澳门指挥部更名为港澳指挥部,负责中国香港和中国澳门市场经营承揽,不再由华南指挥部兼管,独立运行。撤销中铁建设集团有限公司铁路工程总指挥部,铁路业务对外均以集团公司名义实施。对工程研究院(技术中心)的组织架构和岗位编制进行优化调整。进一步明确中铁建设集团成都建筑工程有限公司管理权限。注册成立中铁建设集团工程检测有限公司,作为项目公司进行管理。将南方公司定位为集团公司所属工程公司的旗舰单位。

综合管理。及时挖掘生产经营和管理提升方面的亮点,上报政务信息 86 条,集团公司获评股份公司“政务信息先进单位”。接收转办各类公文 1817 份,行政公文核稿 367 份,排版印发党委、行政、纪委、工会、团委公文 514 份,排版印刷各类会议资料 1000 余份。组织开展集团公司公文处理及相关业务系统,培训采用“现场培训 + 视频会议”的形式,主分会场 183 名业务管理人员参加培训。“多点站房档案管理‘345’工作法”参评国家档案局组织的建设项目档案微课,从全国 479 部参赛作品中脱颖而出,获二类作品第 1 名。完成一体化数智建造平台模块化功能的开发,使分公司、项目部可自行配置定制化、个性化平台,避免公共模块的重复开发,降低各项支出。完成电子签章平台与施工技术文件系统的对接,完成新合同管理系统与电子印章平台、印信使用审批系统对接的工作。

(张晓莉)

【科技教育】 科技创新。在研科研项目 339 项,参与国家级课题 1 项、主持住建部课题 1 项、参与省部级课题 3 项,主持股份公司重大专项 B 类课题 2 项,参与股份公司重大专项 A 类课题 1 项。获各等级科学技术奖 19 项,省部级工法 52 项。获专利授权 518 件,其中发明专利授权 38 件。

教育培训。集团公司各业务部门累计举办各类业务培训 179 次,累计培训人员 151627 人次,完成计划的 175%。完成计划内培训 83 项,完成计划外培训 96 项,培训内容包括战略引领性培训、业务引领性培训、岗位需求性培训、取证类培训等;各二级单位积极响应和贯彻集团公司关于加强人才培养的要求,规范培训流程,采取将内部培训与外部培训、在线培训与现场培训相结合等多样化培训方式,累计组织各类培训 2582 项,培训各类人员 183742 人次,组织考试 146 次。

(林巨鹏　吕明昊)

【党群工作】 党的工作。基层党组织 361 个,其中党委 21 个,党支部 340 个。党员 4085 人。坚持把政治建设摆在首位,严格落实“第一议题”制度,深入学习领会党的二十大、十九届六中全会精神,习近平总书记对国有企业改革发展和党的建设重要论述和指示批示精神,全年开展中心组集中学习 13 次,专题研讨 5 次。扎实开展“喜迎党的二十大　红色故事我来讲”系列活动,组织收听收看党的二十大开幕直播和大会精神集中宣讲,讲授专题党课,以专题研讨、线上答题、红色诵读沙龙会、参观主题成就展、举办工友夜校等方式,全力推动党的二十大精神走深走实。聚焦“四个是否”原则,严格落实党组织研究讨论重大经营管理事项前置工作机制,全年组织召开党委全会 2 次、常委会 16 次,研究决策重大事项 91 项,其中前置研究讨论企业生产经营计划、财务预决算等重大生产经营事项 20 项。认真贯彻民主集中制原则,系统梳理中央企业系统(在京)党代表会议和党的二十大代表工作流程,高质量完成代表推荐提名工作。坚定不移抓党建、强党建,科学精准施策推动“十四五”发展战略规划落实落地,奋力开创企业高质量发展新局面。

纪检工作。坚持稳中求进、守正创新,充分发挥协助党委和专责监督作用,为企业高质量发展提供有力政治保障,推动党风廉政建设和反腐败工作取得新成效。保持高压震慑强化“不敢腐”,年内各级纪委共给予党政纪处分 49 人次,经济处罚 66.46 万元,并坚持“一案一警示”“一案一通报”,切实做到以案促改、警钟长鸣。完善制度体系深化“不能腐”,集团纪委全面推进大数据监督,做实预警问题核查和整改,形成与业务部门同向监督、两级纪委上下联动的立体监督格;深入推进落实工程项目纪检监督,制定《工程项目纪检监督实施细则》,聚焦项目管理中廉洁风险易发多发的八个重点环节,建立完善监督追责工作机制,推动工程项目监督逐步深入。厚植廉洁理念巩固“不想腐”,集团纪委着力打造中铁建设特色廉洁文化,丰富宣教载体和教育形式,各级纪委全年共开展各类廉洁教育 684 场次,员工廉洁思想防线不断巩固。

工会工作。二级基层工会组织 20 个。召开集团公司五届一次职工代表大会，落实职工代表大会的职权。采取企务公开栏、职工大会、网络等多种形式，及时公开职工关注事项，推进民主管理工作落实落地。扎实开展职工满意度调查，全面梳理、深入分析，将热点难点问题提交相关责任领导和业务部门，专题研究解决措施，切实回应职工关切。深入开展劳动竞赛，有效发挥工会组织桥梁纽带作用，充分调动职工工作积极性，助力企业生产经营。以维护女职工权益为重点，卓有成效地展开与企业发展规划相关联的女职工系列活动，开展以"书香满庭芳·奋斗新征程"为主题的第八届书香铁建读书征文系列活动，收集作品 140 件。因地制宜开展女性礼仪、踏青采摘、各类 DIY 活动等多种形式的减压活动，丰富女职工文化生活。持续推进职工之家建设，对 71 个偏远艰苦项目建家建线下拨专项帮扶资金 122.10 万元。"四节"期间，对 3817 名困难职工及家庭送温暖 505.55 万元，对长期驻海外职工及家属专项慰问 80.15 万元，对 47 名职工的 56 名子女金秋助学 10.10 万元，对春节 2160 名不停工项目加班人员慰问 154.66 万元，疫情防控期间对职工进行防疫爱心蔬菜包慰问活动，慰问金额 370.4 万元。

共青团工作。巩固"道德讲堂"思想文化品牌，强化青年思想政治引领，在弘扬社会主旋律、推动思想道德建设、塑造先进企业文化中起到重要作用。紧紧围绕企业中心工作，扎实开展"青"字号活动，深入开展青年创新创效，号召集团全体团员青年积极投身疫情防控和复工复产工作，以青年先行的行动自觉和奋进姿态，在战"疫"一线中充分展现青年担当。编制"青春方阵""青春力量""青春赞歌""青春尖兵"等系列丛书，选树青年优秀典型。下发《集团党建带团建工作实施方案》，进一步加强党对集团共青团和青年工作的指导，领导和支持团组织履行各项职责，持续提高团的建设质量。坚持以青年为本，广泛开展"导师带徒""青年联谊""我为青年办实事""学雷锋"等活动并推广好的做法和经验。"两节"前夕，开展海外青年员工慰问活动，切实服务青年成长成才。集团团委获得年度"中央企业五四红旗团委"称号，北京城市副中心项目获评"北京市青年安全生产示范岗"。

（李铭忠　王　征　赵春雨）

【疫情防控】 高度重视疫情防控，落实防控责任，提高防控意识。结合国内疫情多点散发的特点，先后发布加强疫情防控的有关通知 30 余份，制定工作方案，下发疫情防控工作手册，不断细化人、物、场所疫情防控标准和切合实际的各项防控措施；开展各区域疫情防控大排查 4 次，每月召开境外疫情防控会 1 次。针对每个时期防疫重点的不同，适时开展疫情风险提醒，明确每个时期疫情防控的重点及注意事项；定期发放防疫物资、物品，严格各类管控措施和消杀工作，从多渠道多方面保障集团公司员工的健康安全；按照股份公司要求，集团公司、工程公司及项目部，均设置疫情防控总监，切实保障出现疫情事件后的联动响应和处理；积极联系检测机构，在中铁建设大厦设立核酸检测点，根据疫情防控要求，定期进行核酸检测；做好疫情保障工作，疫情发生后，立即成立自救小组，调拨防护服 500 套、N95 口罩 1 万余个，每天指导项目有效隔离、消杀、用药等，确保疫情不扩散；克服资源紧张，仅用 3 天时间，集中采购抗原 5.5 万份和部分紧缺药品，及时送到京内外员工手中，确保全体职工身体健康，为集团公司的施工生产提供有力保障。（田　坤）

【区域经营机构】 为有效推行区域经营管理体制，集团公司于 2014 年 11 月成立区域经营指挥部，专职负责本区域各类项目承揽和市场维护。2019 年 7 月，调整区域经营指挥部职能为从事土地、工程承包、资本运营三方面经营工作和项目履约监管。2020 年 9 月，为深入推进军民融合业务发展，优化军民融合经营组织架构，单独设立军民融合指挥部，并进一步明确军民融合业务相关管理机构与各区域投资建设指挥部、工程公司的职责划分。2021 年 9 月，撤销区域投资建设指挥部的履约监管部，撤销铁路轨道交通指挥部与城市轨道交通相关的职能，铁路轨道交通指挥部更名为铁路指挥部。2022 年 5 月，撤销北京投资建设指挥部。

2022 年新签合同额：华南指挥部 330.36 亿元、华北指挥部 274.97 亿元、华东指挥部 214.68 亿元、华中指挥部 188.81 亿元、西南指挥部 160.09 亿元、铁路指挥部 158.79 亿元、西北指挥部 111.14 亿元、中南指挥部 110.48 亿元、军民融合指挥部 44.46 亿元、雄安指挥部 19.78 亿元。

（张晓莉）

【中铁建设集团北京工程有限公司】 拥有工程设计建筑行业（建筑工程、人防工程）甲级，建筑工程施工总承包特级，起重设备安装工程专业承包一级，建筑装修装饰工程专业承包二级，市政公用、机电工程施工总承包三级，钢结构、环保、建筑机电安装、地基基础工程专业承包三级资质。2013 年 3 月成立。注册资本金 6 亿元。与同级分公司中铁建设集团有限公司北京分公司合署运营。驻北京市丰台区张仪村路 16 号。党委书记、执行董事杨军，总经理、党委副书记王伟。职工

1918 人。资产总额 122. 01 亿元。其中,流动资产 91 亿元,固定资产净值 19. 31 亿元。

2022 年,营业收入 109. 74 亿元,利润 1. 65 亿元。

(张广利)

【中铁建设集团华北工程有限公司】 拥有房屋建筑工程施工总承包一级,市政公用工程施工总承包三级,消防设施、建筑装修装饰工程专业承包一级,防水防腐保温、建筑幕墙工程专业承包二级,机电、地基基础、钢结构、建筑机电安装、环保工程专业承包三级,特种工程(结构补强)专业承包不分等级资质。2011 年 10 月成立,原名中铁建设集团天津工程有限公司;2020 年 8 月 21 日,更名为现名。注册资本金 12000 万元。与同级分公司中铁建设集团有限公司华北分公司合署运营。驻天津市空港经济区中环西路 62 号。党委书记、执行董事程志敏,总经理、党委副书记应丹林。职工 1514 人。资产总额 96. 22 亿元。其中,流动资产 78. 74 亿元,固定资产净值 4. 52 亿元。

2022 年,营业收入 58. 88 亿元,利润 -1. 4 亿元。

(张　萍)

【中铁建设集团有限公司华中分公司】 2016 年 4 月,由原济南分公司、郑州分公司整合而成。驻河南省郑州市郑东新区七里河南路 75 号。总经理、党委副书记张学臣,党委书记贺建中。职工 1722 人。资产总额 138. 33 亿元。其中,流动资产 122. 74 亿元,固定资产净值 2. 83 万元,其他资产 12. 76 亿元。

2022 年,营业收入 96. 08 亿元,利润 1. 13 亿元。

(尚　蔚)

【中铁建设集团有限公司西北分公司】 2016 年 4 月,由原西安分公司、新疆分公司整合而成。驻陕西省西安市莲湖区杏园路太奥国际 13 号楼 16 层。总经理、党委副书记赵小永,党委书记董翠峰。职工 1173 人。资产总额 93. 76 亿元。其中,流动资产 78. 85 亿元,固定资产净值 17488. 57 万元。

2022 年,营业收入 38. 47 亿元,利润 -3. 95 亿元。

(袁皓皓)

【中铁建设集团中南建设有限公司】 拥有房屋建筑工程施工总承包一级,市政公用、机电、电力工程施工总承包二级,建筑装修装饰、地基基础、消防设施、防水防腐保温、钢结构、建筑机电安装、建筑幕墙工程专业承包一级,环保工程专业承包二级资质。2009 年 7 月成立,原名中铁建设集团湖北建设有限公司;2019 年 10 月更名为现名。注册资本金 60000 万元。与同级分公司中铁建设集团有限公司中南分公司合署运营。驻湖北省武汉市青山区友谊大道 999 号武汉钢铁集团办公大楼 B 座 29 层。党委书记、执行董事江张宿,总经理郭磊。职工 995 人。资产总额 75. 93 亿元。其中,流动资产 65. 36 亿元,固定资产净值 7403 万元。

2022 年,营业收入 49. 04 亿元,利润 0. 19 亿元。

(殷　文)

【中铁建设集团华东工程有限公司】 拥有建筑、机电工程施工总承包一级,公路、市政公用工程施工总承包二级,电子与智能化、建筑装饰装修、消防设施工程专业承包二级,地基基础工程专业承包三级资质。2011 年 9 月成立,注册资本金 2. 5 亿元。与同级分公司中铁建设集团有限公司华东分公司合署运营。驻江苏省昆山市花桥镇光明路 88 号 1 幢 17 层。党委书记、执行董事费洪刚,总经理任向阳。职工 1448 人。资产总额 129. 41 亿元。其中,流动资产 110. 04 亿元,固定资产净值 1. 54 亿元,其他资产 17. 83 亿元。

2022 年,营业收入 118 亿元,利润 2. 11 亿元。

(张　圣)

【中铁建设集团南方工程有限公司】 拥有建筑工程施工总承包特级,建筑装修装饰工程专业承包一级,市政公用、机电工程施工总承包二级,环保、钢结构、建筑机电安装工程专业承包三级,房地产开发企业二级资质。2016 年 8 月成立,注册资本金 6 亿元。与同级分公司中铁建设集团有限公司华南分公司合署运营。驻广东省广州市南沙区黄阁镇华梦街 6 号。党委书记、执行董事宋璟毅,总经理、党委副书记于占福。职工 1728 人。资产总额 106. 53 亿元。其中,流动资产 99. 36 亿元,固定资产净值 1. 80 亿元。

2022 年,营业收入 116. 10 亿元,利润 2. 46 亿元。

(刘书君)

【中铁建设集团有限公司西南分公司】 2016 年 4 月,由原昆明分公司、四川分公司整合而成。驻四川省成都市成华区东华一路 47 号 1 号楼 6 层。总经理、党委副书记臧盐龙,党委书记邵引周。职工 859 人。资产总额 73. 94 亿元。其中,流动资产 57. 89 亿元,固定资产净值 3376 万元。

2022 年,营业收入 48. 06 亿元,利润 0. 07 亿元。

(乐　琼)

【中铁建设集团有限公司基础设施事业部】 2016年4月，由原铁总指、市政分公司整合而成。驻北京市石景山区苹果园南路28号中铁创业大厦A座20层。总经理、党委副书记李宏伟，党委书记吴桐金。职工1086人。资产总额97.6亿元。其中，流动资产77.87亿元，固定资产净值1.23亿元。

2022年，营业收入103.03亿元，利润2.08亿元。

（陈　逸）

【中铁建设集团机电安装有限公司】 拥有机电工程施工总承包一级，石油化工、建筑、电力工程施工总承包三级，建筑机电安装工程专业承包一级，电子与智能化、消防设施、建筑装饰装修、公路交通工程（公路机电）工程专业承包二级，环保、铁路电气化工程专业承包三级资质。2012年3月成立；原名中铁建设集团设备安装有限公司；2021年11月，更名为现名。注册资本金3亿元。与同级分公司中铁建设集团有限公司机电总承包事业部合署运营。驻北京市石景山区苹果园路28号。法定代表人、执行董事谭学彪，总经理汪诗超。职工807人。资产总额26.62亿元。其中，流动资产24.07亿元，固定资产净值760万元。

2022年，营业收入26.20亿元，利润0.66亿元。

（杨　静）

【北京中铁装饰工程有限公司】 拥有建筑装修装饰、建筑幕墙工程专业承包一级，建筑幕墙、建筑装饰工程设计专项甲级，建筑、市政公用工程施工总承包三级，钢结构、建筑机电安装工程专业承包三级，劳务分包及特种专业工程专业承包资质。1999年9月组建，注册资本金30000万元。与同级分公司中铁建设集团有限公司装饰装修事业部合署运营。驻北京市石景山区苹果园路28号，职工508人。资产总额22.99亿元。其中，流动资产20.66亿元，固定资产净值176万元。

2022年，营业收入27.39亿元，利润0.73亿元。

（陈　盼）

【中铁建设集团置业有限公司】 拥有房地产开发一级资质。2010年2月成立。注册资本金5亿元。驻北京市石景山区石景山路20号。党委书记、执行董事李金生，总经理李小波，职工250人。资产总额187.38亿元。其中，流动资产165.83亿元，固定资产净值0.02亿元，其他资产21.53亿元。

2022年，获取项目6个，土地储备42.38亿元。销售59.35亿元，营业收入59.86亿元，利润8.98亿元。

（彭艳芬）

【北京中铁建工物资有限公司】 主营钢材现货贸易、钢材工程服务贸易、工程物资系统集成。1993年12月成立。注册资本金5亿元。驻北京市石景山区苹果园路中铁创业大厦17层。党委书记、执行董事张跃鹏，总经理、党委副书记裴吉星。职工337人。资产总额51.84亿元。其中，流动资产51.11亿元。

2022年，营业收入197.50亿元，利润1.82亿元。

（郑王桢）

【中铁建设集团建筑发展有限公司】 拥有不分专业施工劳务不分等级资质。主营商品混凝土、装配式预制构件生产等。2019年7月成立。注册资金7000万元。设有同级分公司中铁建设集团混凝土分公司。驻北京市丰台区张仪村路16号。总经理、党委副书记杨再清，党委书记吕卫。职工155人。资产总额162705万元。其中，流动资产140879.33万元，固定资产净值8427.73万元。

2022年，营业收入14.8亿元，利润0.11亿元。

（岳存烨）

【北京中铁建建筑科技有限公司】 拥有模板脚手架专业承包不分等级、劳务分包不分等级、市政公用工程施工总承包二级，环保、建筑机电安装、电子与智能化、防水防腐保温、建筑装修装饰、钢结构工程专业承包二级，武器装备科研生产单位保密二级资质。1994年8月成立；2002年12月，更名为北京中铁建安装工程有限公司；2017年9月，更名为现名。注册资本金11000万元。与同级分公司中铁建设集团有限公司模板架构件租赁和加工中心合署运营。驻北京市丰台区张仪村路16号。党委书记田正章，总经理、党委副书记王超。职工262人。资产总额23.55亿元。其中，流动资产21.51亿元，固定资产净值2.0162亿元。

2022年，营业收入19.49亿元，利润0.35亿元。

（汪　玥）

【中铁建设集团物业管理有限公司】 主营物业服务、物业项目前期咨询、大型会议接待等。2009年1月成立。注册资本金5000万元。与同级分公司中铁建设集团有限公司房产膳食管理服务中心合署运营。驻北京市石景山区石景山路20号。法定代表人、执行董事、总经理苏雪锋，党委书记王兆林。职工159人。资产总额21016.95万元。其中,流动资产20971.87万元,固定资产净值45.08万元。

2022年,营业收入13651.75万元,利润5127.07万元。 （马蜀英）

中国铁建电气化局集团有限公司

【简况】 拥有建筑、通信、机电、市政工程施工总承包一级,公路交通(公路机电)、铁路电务、铁路电气化、输变电、建筑机电安装、建筑幕墙工程专业承包一级,铁路、电力工程施工总承包三级,承装(修、试)类一级,涉密信息系统集成甲级资质,是我国高速铁路“四电”系统集成总承包企业。总部驻北京市石景山区石景山路29号。2005年7月,由中铁十五局集团电务工程有限公司、中铁十七局集团电务工程有限公司、中铁十八局集团电务工程有限公司、中铁二十五局集团电务工程有限公司的电气化分公司和柳州铁路工程有限公司电务分公司重组成立中铁建电气化局有限公司;2005年12月,更名为中铁建电气化局集团有限公司;2009年8月,中铁十一局集团电务工程有限公司和中铁十二局集团电气化工程有限公司主体划转并入;2011年6月,更名为中国铁建电气化局集团有限公司。集团公司是中国铁建旗下唯一一家“四电”专业局。主营业务包括工程承包、设计咨询、工业制造、运营维管、投资开发和新兴业务(简称“5+N”产业体系),主要从事高速铁路电气化、电力、通信、信号和城市轨道交通、公路交通、机电工程、输变电、新能源、智慧城市及信息技术等工程建设,在传统铁路、地铁“两轨”市场、公路机电市场具有显著竞争优势,在智慧城市、新能源、城市综合管廊、运营维护、投融资等新兴市场形成产业布局。下辖19个控股子分公司。职工11368人。资产总额299.74亿元。其中,固定资产原值22.40亿元、净值11.55亿元,流动资产244.05亿元,其他资产44.14亿元。机械运输设备1182台(套),设备原值5.91亿元、净值1.01亿元,总功率114551.5千瓦,动力装备率13.55千瓦/人,技术装备率1.19万元/人,完好率88.3%,利用率63.71%。

2022年,新签合同额573.63亿元,同比增长28.18%。营业收入249.12亿元,利润总额19.08亿元。国有资产保值增值率114.79%,净资产收益率14.05%,营业利润率7.63%,资产负债率57.71%,应上缴款完成率100%。获第十九届中国土木工程詹天佑奖1项;获省部级科学技术奖4项,工程建设科学技术奖1项,中国交通运输协会科学技术奖7项,中铁建科学技术奖5项;获国家铁路局重大科技创新成果入库4项;获省部级工法16项,股份公司专利优秀奖2项;授权专利404项,软件著作权22项;主编地方标准1项,参编地方标准3项,参编团体标准6项,主编中国铁建企业技术标准2项;获中国建设工程鲁班奖3项,国家优质工程奖8项,省部级优质工程奖5项,“铁建杯”优质工程奖10项;获“全国和谐劳动关系创建示范企业”和铁总“提升职工生活品质示范单位”称号。 （陈思江 张文峰 陈 洁）

【领导人员】

董事会

董事长	万传军
董事	程庆海
职工董事	燕正安(1月任,11月免)

监事会

监事会主席	王泽泉
监事	谷明科
职工监事	何明海

经理层

总经理	程庆海
副总经理	孟宪浩
	宋景奇
	杨现庆
	陈宝军
	万 靖
	钟 勇
	卫明博
	谢文艺
	王培雄
总会计师	杨现庆
总工程师	王培雄

党群领导

党委书记	万传军
党委副书记	程庆海
	燕正安
纪委书记	王泽泉

工会主席　　　　　燕正安

（李　立）

【职工队伍】　职工11368人。其中在岗职工11170人,非在岗职工198人。35岁及以下6354人,36～40岁2005人,41～45岁1068人,46～50岁926人,51～54岁489人,55岁及以上526人。博士6人,硕士207人,本科4924人,大专2551人,中专及以下3680人。高级职称1285人,中级职称1663人,初级职称2148人。工程系列4620人,经济系列305人,会计系列596人,政工系列202人,其他系列10人。技能人才2334人,其中高级技师129人、技师193人、高级工1125人、中级工712人、初级工175人。

（孙　平　王雅莉）

【工程项目指挥机构】　新建郑州至万州铁路湖北段"强电"系统集成及相关工程ZWQD标项目部　驻湖北省襄阳市。项目经理姜成师,党工委书记史维森。

郑万铁路重庆段"四电"1标项目部　驻重庆市云阳县。项目经理徐元成,党工委书记兰晓东。

京唐铁路"四电"一标项目经理部　驻河北省唐山市。项目经理王付安,党工委书记王杰。

京滨铁路"四电"系统集成一标项目经理部　驻天津市东丽区。项目经理杨桂林,党工委书记刘滨。

成昆铁路EMSD－1标项目部　驻四川省乐山市峨眉山市。项目经理张洪铭,党工委书记刘景。

兴泉铁路宁泉段"四电"系统集成项目经理部　驻福建省泉州市南安市。项目经理廖小平,党工委书记郭星。

常益长铁路项目经理部　驻湖南省益阳市。项目经理喻文彬,党工委书记谢峰。

乌将铁路甘泉堡至将军庙段SD1标项目经理部　驻新疆维吾尔自治区乌鲁木齐市新市区。项目经理袁海林,党工委书记孙云。

匈塞铁路贝旧段电力电气化项目部　驻塞尔维亚境内诺维萨德市。项目经理徐光红,党工委书记侯稳兵。

新建江苏南沿江城际铁路站后"四电"及相关工程　驻江苏省常州市。项目经理李继亮,党工委书记田碧泉。

新建福州至厦门铁路"四电"系统集成及相关工程FXSD标段　驻福建省福清市。项目经理刘兴晨,党工委书记余德武。

昌景黄铁路CJHSDJX标项目部　驻江西省景德镇市。项目经理冯大立,党工委书记廖军华。

昌景黄铁路安徽段"四电"集成标项目经理部　驻安徽省黄山市。项目经理杨维平,党工委书记唐军。

成自高铁"四电"工程项目经理部　驻四川省成都市郫都区。项目经理王小坤,项目总工张相利,党工委书记赵广平。

新建郑济铁路濮阳至省界段"四电"集成项目经理部　驻河南省濮阳市。项目经理鄢本强,党工委书记李长俊。

郑济铁路(山东段)工程项目经理部　驻山东省济南市。项目经理谭向兵,党工委书记周绍启。

新建广州至汕尾铁路GSSG8标项目部　驻广东省惠州市。项目经理谢峰,党工委书记雷立。

深圳地铁16号线系统设备安装工程项目经理部　驻广东省深圳市。项目经理徐英,党工委书记张云川。

南通地铁1号线供电系统安装项目经理部　驻江苏省南通市。项目经理梁伟冬,党工委书记杜国栋。

南通轨道交通1号线机电安装04标项目经理部　驻江苏省南通市。项目经理张猛,党工委书记谢仕清。

西安地铁1号线三期工程施工总承包2标系统设备安装分部　驻陕西省咸阳市。项目经理温宇,党支部书记范维。

青岛地铁4号线项目经理部　驻山东省青岛市。项目经理朱钰亮,党工委书记杨毅。

昆明轨道交通5号线工程B3标段项目部　驻云南省昆明市。项目经理谢红超,党工委书记马坤。

丽江雪山轨道交通项目部　驻云南省丽江市。项目经理谢春豪,项目党委书记杜嵘俊。

长株潭西环线一期总承包2标项目经理部　驻湖南省长沙市。项目经理郭金峰,党工委副书记(主持工作)彭晓琳。

杭州地铁3号线一期车站设备安装及装修工程Ⅳ标项目部　驻浙江省杭州市。项目经理付进,党工委书记宋东斌。

杭州地铁3号线供电一标项目部　驻浙江省杭州市。项目经理石西全,党工委书记李军。

杭州机场轨道快线信号系统安装工程项目经理部　驻浙江省杭州市。项目经理刘谔,党工委书记彭国立。

杭州机场轨道快线车站(含区间)设备安装及装修工程Ⅲ标段项目部　驻浙江省杭州市。项目经理徐健,党工委书记符石承。

湖北黄石现代有轨电车一期项目全线供电工程SI－04标项目经理部 驻湖北省黄石市。项目经理刘辉，党工委书记徐晖。

绍兴地铁1号线弱电系统采购及安装工程项目部 驻浙江省绍兴市。项目经理祝志明，党工委书记王文波。

金义东供电安装03标项目部 驻浙江省金华市义乌市。项目经理叶玉鹏，党工委书记唐军。

佛山三号线弱电施工3218标项目部 驻广东省佛山市。项目经理孟涛，党工委书记张建香。

南京地铁7号线工程接触网D7－SA05标项目经理部 驻江苏省南京市。项目经理王小涛。

平遥智慧城市云数据中心项目经理部 驻山西省晋中市。项目经理贾爱军，党工委书记贾爱军。

姚村规划路道路及综合管廊项目经理部 驻山西省太原市。项目经理朱飞飞，党工委书记常胜。

昆楚高速公路扩建工程项目经理部 驻云南省昆明市安宁市。项目经理王桂军，党工委书记李焱。

合璧津高速公路机电标项目经理部 驻重庆市璧山区。项目经理蔡俊福，党工委书记吴春芳。

雄东片区A单元安置房及配套设施项目输变电工程项目经理部 驻河北省保定市。项目经理林本权，党工委书记赵连浩。

容西片区安置房及配套设施项目输变电工程设计施工总承包标段四项目经理部 驻河北省保定市。项目经理赵连浩，党工委书记赵建民。

泰胜风能嵩县50MW分散式风电项目经理部 驻河南省洛阳市。项目经理姜渭海，党工委书记杨学伟。

中船海装沽源高山堡乡风电场项目经理部 驻河北省张家口市。项目经理邵翔，党工委书记李更宏。

山东光伏项目经理部 驻山东省烟台市。项目经理郭刚，党工委书记王中。

丰镇风电项目部 驻内蒙古自治区乌兰察布市丰镇市。项目经理胡剑，党支部书记陈俊明。

坦桑尼亚农村配电工程项目部 驻坦桑尼亚的普瓦尼省和坦噶省。项目经理、党工委书记韩建礼。

UPARK总部基地(一期)项目经理部 驻陕西省西安市。项目经理郭栋，党工委书记白雄雄。

太原武宿综合保税区(阳曲园区)项目经理部 驻山西省太原市。项目经理弓晓峰，党工委书记弓晓峰。

上海地铁供电维保项目部 驻上海市嘉定区。项目经理孟元，党工委书记刘海安。 (郭书羽)

【工程施工】 新建郑州至万州铁路湖北段“强电”系统集成及相关工程ZWQD标段 位于湖北省，正线287.187千米。合同投资120026万元。合同工期2018年8月1日至2022年12月31日，实际开工日期2018年10月24日。主要工程量：接触网851.83条千米；牵引变电所5座；电力线路361.06千米，变配电所87所；新建“四电”房屋91座23540平方米。2022年6月20日开通运营。开工累计完成产值117947万元。

新建郑州至万州铁路重庆段“四电”系统集成及相关配套工程ZWCQSD－1标段 位于鄂、渝省界至重庆万州北站，正线183.865千米。合同投资108500万元。合同工期2018年12月1日至2022年12月30日，实际开工日期2019年8月8日。主要工程量：接触网472.15条千米；牵引变电所亭14座；电力配电所3座，电力贯通线路1452条千米，隧道照明169.728千米，隧道防灾救援43千米；新建房屋87处，总建筑面积43902.6立方米。2022年6月20日全线开通。开工累计完成产值109095万元。

新建北京至唐山铁路(不含北京城市副中心站段)“四电”系统集成及相关站后工程JTSD－1标段 位于北京市通州区、河北省唐山市，正线148.7千米。合同投资204226万元。合同工期2020年5月21日至2022年6月30日，实际开工日期2020年8月1日。主要工程量：接触网516.26条千米；牵引变电所3处；电力贯通电缆1050条千米，变配电所24座；通信光电缆1166条千米，设备安装94处；信号电缆1625条千米，车站信号7站，联锁道岔195组；房建房屋89座45045平方米。2022年12月30日全线开通。开工累计完成产值162523万元。

新建北京至天津滨海新区铁路宝坻至滨海新区段宝坻至北辰段“四电”系统集成工程JBSD－1标段 位于天津市，正线52.197千米。合同投资53497万元。合同工期2020年9月30日至2022年9月30日，实际开工日期2020年11月20日。主要工程量：接触网148.25条千米；牵引变电所、AT所、分区所5座，接触网开关控制站3处；电力406.6条千米，变配电所8座；通信光缆364.4条千米，设备安装47处；信号电缆442条千米，车站信号5站，联锁道岔组39组；新建房屋24座9425平方米；灾害监测电缆38.83条千米，风雨雪及地震监测13处。2022年12月30日全线开通。开工累计完成产值56455万元。

成昆铁路峨眉至米易段扩能工程房建及“四电”工程施工总价承包EMSD－1标段 位于四川省，正线225.7千米。合同投资108897万元。合同工期2020

年12月15日至2023年6月30日，实际开工日期2020年12月14日。主要工程量：新建房屋65座；接触网566.657条千米；信号车站11站，中继站4站，联锁道岔237组；牵引变电所6座，分区所6座；通信光电缆1564条千米，基站9个，直放站92个；电力配电所5所，箱变78座，外电源12条，贯通电缆1545条千米。2022年12月26日全线开通。开工累计完成产值108897万元。

新建兴国至泉州铁路“四电”系统集成及相关工程宁泉段XQNQ－SD标段　位于闽西南地区，正线298.867千米。合同投资148000万元。合同工期2020年1月1日至2021年9月30日，实际开工日期2020年2月17日。主要工程量：通信长途干线光缆407千米，联络线、外绕线及站场光、电缆240千米，铁塔49座，漏缆244.76千米，信息客服9站；信号自动闭塞区间27正线千米，道岔344组，信号机439架，信号楼22座，防灾雨量计24套；新建牵引变电所9座，分区所1座；接触网581.2条千米，接触网支柱5212根；电力高压电缆线路634千米，低压电缆线路379千米，10千伏配电所9座，10/0.4千伏变电所34座；站后“四电”房屋92座，建筑面积38248平方米。2023年1月16日全线开通。开工累计完成产值144285万元。

新建常德经益阳至长沙铁路“四电”系统集成及相关工程施工CYCSD－1标段　位于湖南省常德市、益阳市、长沙市，正线157.502千米。合同投资93130.5897万元。合同工期2021年3月16日至2022年12月31日，实际开工日期2021年5月1日。主要工程量：接触网434.046条千米；牵引所亭13处；电力贯通线路1131条千米，变配电所21所；通信光干线电缆559条千米，设备安装48处；信号电缆1421.173条千米，车站信号5站，车站联锁系统6套；新建房屋61座9529平方米。2022年12月26日全线开通。开工累计完成产值91250万元。

乌将铁路扩能改造工程甘泉堡至将军庙段施工SD1标段　位于新疆维吾尔自治区，正线91.26千米。合同投资47915.9万元，合同工期2021年3月26日至2023年3月27日，实际开工日期2021年5月6日。主要工程量：接触网264.02条千米；牵引变电所2处；电力线路136.54千米，变配电所7所；通信光电缆119.68条千米，设备安装177处；信号电缆943.8条千米，车站信号9站，联锁道岔146组；新建房屋34座20708平方米。2022年11月30日全线开通。开工累计完成产值44424万元。

新建江苏南沿江城际铁路站后“四电”及相关工程　位于江苏省，正线278.53千米。合同投资14.89亿元。合同工期2020年10月28日至2023年4月8日，实际开工日期2021年4月2日。主要工程量：通信光电缆敷设1097.56条千米，铁塔组立63座；信号运输调度指挥系统10站，电缆敷设1916.772条千米，联锁道岔156组，新建联锁车站9站；灾害监测278.53正线千米；电力高压干线电缆1507.18千米，低压变电所16座，10千伏配电所4座；接触网支柱组立12589根，承导线架设779.587条千米；牵引变电所4座，分区所6座，AT所9座，既有变电所改造2座；“四电”生产房屋21253平方米。开工累计完成产值138723万元。

新建福州至厦门铁路“四电”系统集成及相关工程FXSD标段　位于江西省福建省，正线277.42千米。合同投资21.4亿元。合同工期2020年8月1日至2022年9月30日，实际开工日期2020年9月20日。主要工程量：专业房屋180处；通信专业干线光电缆敷设893条千米、铁塔组立117座；信号专业电缆敷设2465条千米、设备安装30站；电力专业外电源线路70千米、10千伏配电所设备安装10座、10/0.4千伏变电所设备安装52座、箱式变电站安装95座；牵引变电专业变电所设备安装5座、分区所设备安装5座、AT所设备安装11座、开闭所设备安装3座；接触网专业H型钢柱组立11923根、承导线架设1236条千米。开工累计完成产值16.46亿元。

新建南昌经景德镇至黄山铁路（江西段）“四电”集成系统及相关工程CJHSDJX标段　位于江西省景德镇市、上饶市和南昌市，正线200.274千米。合同投资123619万元。合同工期2022年3月15日至2023年12月31日，实际开工日期2022年6月10日。主要工程量：接触网690.13条千米；牵引变电所5处；电力贯通线路1587条千米，配电所7座；通信光电缆1432条千米，设备安装145处；信号电缆2002条千米，联锁道岔192组；新建房屋92座221983平方米。开工累计完成产值26445万元。

新建南昌经景德镇至黄山铁路“四电”系统集成及相关工程（安徽段）　位于安徽省黄山市，正线89.51千米。合同投资75523.96万元。合同工期2021年4月15日至2023年4月30日，实际开工时间2021年6月25日。主要工程量：通信专业光电缆敷设547.83条千米，铁塔34座；信号专业自闭电（光）缆敷设440.143条千米，联锁道岔37组；电力专业10千伏架空导线架设599.17千米，10千伏以上架空导线架设21.78千米,变配电所13所;接触网专业承导线架设256.139条千米,牵引变电所7处;房建专业房屋72座。开工累计完成产值82232万元。

新建成都至自贡高速铁路"四电"系统集成及相关工程(CZSDJC－1标段) 位于四川省成都市、自贡市,正线177千米。合同投资247328万元。合同工期2022年3月1日至2023年12月30日,实际开工日期2022年5月5日。主要工程量:通信光缆敷设1144.1条千米,铁塔组立45处;信号光电缆敷设1535.7条千米,道岔转辙装置安装290组,室内设备安装及配线17站;电力线路1268.1条千米,新建配电所5座,还建配电所1座;接触网架设564.758条千米,牵引变电所4座,AT所6座;新建房屋160座,建筑面积18万平方米。开工累计完成产值117458.9万元。

新建郑州至济南铁路濮阳至省界段"四电"工程、客服工程 位于河南省濮阳市,正线39.8千米。合同投资23260.6万元。合同工期2022年5月1日至2025年12月31日,实际开工日期2022年7月15日。主要工程量:接触网102条千米;牵引变电所1处;电力线路92千米,变配电所1所;通信光电缆264条千米,设备安装13处;信号电缆196.46条千米,车站信号1站,联锁道岔8组;新建房屋19座7468.7平方米。开工累计完成产值7905万元。

新建郑州至济南铁路山东段"四电"工程、客服工程 位于山东省济南市、河南省,正线168.403千米。合同投资215358万元。合同工期2021年7月1日至2023年12月31日,实际开工日期2022年2月17日。主要工程量:接触网508.85条千米;牵引变电所3处;电力电缆1222.41条千米,配电所5座;通信光电缆926.7条千米,设备安装79处;信号电缆1718条千米,车站信号13站,联锁道岔147组;新建房屋67座17337.24平方米。开工累计完成产值68580万元。

新建广州(新塘)至汕尾铁路强电系统集成工程GSSG8标段位于广东省中东部。全长201.96千米。合同投资87777万元。合同工期2021年6月1日至2023年3月27日,实际开工日期2021年11月4日。主要工程量:接触网749.787条千米;牵引变电所5座,AT分区所5座,AT所8座,直供分区所1座,直供开闭所2座;10千伏配电所7座,10/0.4千伏变电所32座,高压电缆线路601.39千米,低压电缆线路227.78千米,电源电缆线路70千米;新建房屋21座14725.44平方米。开工累计完成产值51219万元。

深圳地铁16号线系统设备安装工程 位于广东省深圳市龙岗区、坪山区,正线29.2千米。合同投资110612万元。合同工期2019年8月29日至2023年7月28日。主要工程量:设车站24座,区间25段,田心车辆段1处,龙城公园停车场1处。供电系统:主变电所1座、开闭所1座、牵引降压混合所15座、降压变电所11座、跟随式降压变电所4座、能源再生回馈装置13套,环网电缆371.83千米。接触网工程:汇流排安装98.824条千米、接触线架设98.824条千米、架空地线98.824条千米、隔离开关157台、分段绝缘器126台;通信光电缆敷设861条千米、机房设备安装27站;信号光电缆敷设798.86条千米、信号机安装310架、转辙机安装137组、计轴装置451套、应答器656套、室内设备安装327架。综合监控:线缆敷设9.68千米、箱柜安装116台;火灾报警系统线缆敷设342千米、箱柜安装537台、末端设备9120套;环控系统线缆敷设372千米、箱柜安装734台;气体灭火管道安装17.3千米、气瓶安装26站;安防、门禁线缆敷设1330千米,视频设备7957处,门禁设备安装826处;自动售检票系统车站售检票设备安装948套。2022年12月28日全线开通试运营。开工累计完成产值96315万元。

南通市城市轨道交通1号线一期工程供电系统施工安装工程01标段 位于江苏省南通市,正线39.182千米。合同投资23895万元。合同工期2020年7月1日至2021年12月31日,实际开工日期2020年12月26日。主要工程量:牵引降压混合变电所18所,降压变电所24所,环网电缆379.5千米。2022年11月10日开通运营。开工累计完成产值24435万元。

南通轨道交通1号线机电安装04标段 位于江苏省南通市,正线3.08千米。合同投资9651.71万元,合同工期2020年1月20日至2022年3月30日,实际开工日期2021年8月1日。主要工程量:风机80台,风管19332平方米,水泵96台,水管18976.8米,配电箱747面,电缆153955米,桥架7879米。2022年11月10日开通运营。开工累计完成产值9651.71万元。

西安地铁1号线三期工程施工总承包项目2标段系统设备安装分部 位于陕西省咸阳市秦都区,全长10.604千米。合同投资50869.74万元。合同工期2022年3月15日至2023年6月30日,实际开工日期2022年6月6日。主要工程量:接触网接触线架设32.525条千米;供电设备安装225台,环网电缆敷设108千米;通信线缆敷设869条千米,机柜安装247套,末端设备安装5252套;综合监控线缆敷设4.7千米,机柜安装40套;信号光电缆敷设708条千米,轨旁设备安装566套，机柜安装135架；站台门门体安装1372套，室内机柜安装及配线14套；自动售检票线缆敷设20.89千米，线槽安装3450米，机柜安装14套，售检票机安装185套。开工累计完成产值35984万元。

青岛市地铁4号线工程PPP项目(B包)施工总承包工程　位于山东省青岛市，正线30.72千米。合同投资57436万元。合同工期2016年11月18日至2020年12月18日，实际开工时间2021年10月25日。主要工程量：变电专业变压器安装88台；接触轨专业接触轨安装78.19条千米；环网专业35千伏电缆敷设218586米；疏散平台板安装47309米；设备区装修二次砌筑15866立方米；给排水专业水管安装101880米；通风空调专业风管安装49340平方米，风阀安装2078个；动力照明专业电缆敷设221592米。2022年9月22日全线开通运营。开工累计完成产值22928万元。

昆明市轨道交通5号线机电系统安装及装修工程KMWHX－JDAZ－002－B3标段　位于云南省昆明市盘龙区、五华区、西山区、滇池度假区、官渡区，长10.28千米。合同投资37674.8569万元。合同工期2019年12月1日至2021年9月30日，实际开工日期2020年11月4日。主要工程量：出入口地面建筑51个；公共区装修39726立方米；设备区装修36373立方米；通风机安装302台；室内外管道及附件安装42037米；屏、柜安装276面；电缆敷设474395米，电线敷设1566102米。2022年6月29日开通试运营。开工累计完成产值39996.0199万元。

丽江城市综合轨道交通项目一期工程(1号线)EPC工程机电一标段　位于云南省丽江市，全长20.465千米。合同投资72582.57万元。合同工期2020年9月19日至2023年3月18日，实际开工日期2020年9月19日。主要工程量：接触网56.352条千米；牵引降压混合变电所11座；电力环网电缆147千米；杂散电流防腐蚀系统线缆敷设37.41千米，设备安装67台(套)；通信光电缆546条千米，设备安装5689台(套)；信号电缆268条千米，车站信号5站及车辆基地；动力照明工程16座单体房屋；给排水与消防工程16座单体房屋；通风、空调与采暖工程14座单体房屋。开工累计完成产值61013万元。

长株潭城际轨道交通西环线一期工程总承包项目第二标段　位于湖南省长沙市岳麓区、湘潭市。长17.29千米。合同投资122305.6972万元。合同工期2020年1月23日至2023年1月23日，实际开工时间2021年1月21日。主要工程量：通信线路142.98条千米；信号自闭区间17.29千米、信号联锁道岔45组；环网电缆140.59千米；变电所及跟随所13所；接触网85.17条千米；洋湖垸主变电所1处；房屋建筑面积2510.86平方米。开工累计完成产值120258.9万元。

杭州地铁3号线一期工程车站(含区间)设备安装及装修工程Ⅳ标段　位于浙江省杭州市，正线7.11千米。合同投资26863.46万元。合同工期2021年5月15日至2021年12月30日，实际开工时间2021年6月30日。主要工程量：通风与空调专业风机安装268台，空调机组安装40台；给排水与消防专业水管安装75182米，消防泵、潜污泵等设备安装280台；动力照明专业电线敷设939380米，灯具安装27534盏，配电箱、柜安装2301台；公共区装修专业天花铝板20019平方米，石材楼地面38396平方米；设备区装修专业墙体砌筑12114立方米，墙面装饰149437平方米。2022年7月20日6个车站全部开通。开工累计完成产值26863.46万元。

杭州地铁3号线一期工程供电系统安装工程一标段　位于浙江省杭州市，正线26.7千米。合同投资36147.28万元。合同工期2021年2月1日至2021年9月30日，实际开工时间2021年5月22日。主要工程量：变电专业设备安装787台，电缆敷设35.38千米；接触网专业接触线架设65.463条千米；环网专业电缆敷设177.912千米；杂散专业电缆敷设105千米；平台专业平台面板及扶手安装29.3千米。2022年9月22日全线开通运营。开工累计完成产值36147.28万元。

杭州机场轨道快线信号系统安装工程　位于浙江省杭州市，正线59.14千米。合同投资14343.61万元。合同工期2021年6月24日至2022年6月30日，实际开工时间2021年10月7日。主要工程量：信号室内设备安装20站，室外设备安装2072套，光电缆敷设2851.854条千米，联锁调试10站；站台门设备安装95台，调试18站。2022年9月22日全线开通运营。开工累计完成产值14343.61万元。

杭州机场轨道快线车站(含区间)设备安装及装修工程Ⅲ标段　位于浙江省杭州市，正线5.85千米。合同投资23160.8万元。合同工期2021年12月30日至2022年5月30日，实际开工时间2021年12月30日。主要工程量：通风与空调专业风机安装164台，组合式空调机组安装35台；给排水与消防专业水管安装51193米，消防泵、潜污泵等设备安装121台；动力照明专业电力电缆敷设320632米，电线敷设327398米，灯具安装1971盏，配电箱、柜安装1402台；

公共区装修专业天花铝板19019平方米，石材楼地面24396立方米；设备区装修专业墙体砌筑6821立方米，墙面装饰83622.31立方米，地面装饰15363立方米。2022年9月22日全线开通运营。开工累计完成产值22928万元。

湖北黄石现代有轨电车一期项目全线供电工程SI-04标段　位于湖北省黄石市，正线26.9千米。合同投资27794.16万元。合同工期2021年6月30日至2022年9月30日，实际开工时间2021年10月25日。主要工程量：供电专业箱式变电所10座，土建式变电所2座，10千伏交流电缆61条千米，1500伏直流电缆278.2千米，充电轨及充电装置各47套。2022年12月28日全线开通运营。开工累计完成产值27794.16万元。

绍兴市城市轨道交通1号线工程弱电系统采购及安装工程　位于浙江省绍兴市，正线34.1千米。合同投资89339.22万元。合同工期2020年10月31日至2022年5月1日，实际开工时间2021年4月1日。主要工程量：通信车站光电缆敷设1728千米，机柜安装346架；信号光电缆敷设1628千米，转辙机110台，室内机柜374个；综合监控线缆敷设31.68千米；门禁线缆敷设137.54千米；FAS及气灭系统线缆敷设668.063千米；自动售检票专业闸机安装592台。主线2022年4月29日开通。开工累计完成产值75938万元。

金华—义乌—东阳市域轨道交通工程供电系统安装工程03标段　位于浙江省金华市，正线20.05千米。合同投资17447万元。合同工期2020年7月1日至2022年7月1日，实际开工时间2021年4月20日。主要工程量：供电专业牵引降压混合变电所7所，牵引所1所，跟随所1所。整流机组16套，直流开关柜58面，配电变压器6台，交直流电源屏41面，控制信号屏8面，排流柜8台，0.4千伏开关柜160台，一次电缆54661米，二次电缆54730米，接触轨32115米，环网电缆120千米。2022年12月28日先开段凌云站至木雕城站开通试运营。开工累计完成产值13360万元。

佛山市城市轨道交通3号线工程弱电施工项目3218标段　位于广东省佛山市，正线22.87千米。合同投资10933.8801万元。合同工期2020年9月30日至2022年4月30日，实际开工日期2021年2月2日。主要工程量：通信系统区间设备安装322套，区间光电缆敷设437千米，站内机柜设备安装363架；信号系统漏缆敷设85.372千米，区间光电缆敷设869千米，室内机柜及底座安装11站；综合监控系统线缆敷设13千米，室内机柜及底座安装11站；自动售检票系统(AFC)线缆敷设36.7千米，售票机、检票机安装381套；门禁系统线缆敷设110.8千米，终端安装1900套。首通段2022年12月28日开通。开工累计完成产值9900万元。

南京地铁7号线工程供电系统接触网总承包工程(D.007.X-SA05标段)　位于江苏省南京市，长35.6千米。合同投资17580万元。合同工期2020年4月1日至2022年12月31日，实际开工日期2021年3月12日，主要工程量：刚性接触网接触线架设83.642千米、架空地线架设79.436千米、隔离开关安装42台、分段绝缘器安装33处、150平方毫米电缆敷设2.5千米，柔性接触网支柱组立278根、界限门安装5处、承力索架设10.40千米、接触线架设27.31千米、架空地线架设10.41千米、隔离开关安装84台、分段绝缘器安装82处、150平方毫米电缆敷设19.5千米、95平方毫米电缆0.6千米。马家园车辆段至幕府西路站2022年12月28日开通运营。开工累计完成产值12786万元。

平遥云数据中心项目　位于山西省晋中市。合同投资22980万元。合同工期2020年5月20日至2021年6月30日，实际开工时间2020年5月20日。主要工程量：园区由1栋数据机房、1栋运维楼和1栋宿舍楼组成，总建筑面积18648立方米。其中数据机房总建筑面积11685立方米，运维楼建筑面积2952立方米，宿舍楼建筑面积3887平方米，数据机房装机机柜1020个。2022年主体完工。开工累计完成产值16775.53万元。

姚村规划路道路及综合管廊项目　位于山西省，长1.98千米。合同投资41777万元。合同工期2019年3月27日至2023年12月31日，实际开工日期2019年3月27日。主要工程量：综合管廊1980延长米；道路工程1814延长米；雨水箱涵1569延长米，污水管道2242延长米，雨水管道2801延长米；道路机电工程电力排管93000米，手孔井制作550座，路灯安装299套，交通、信号、诱导系统杆件组立252座，标识牌安装183套，设备安装650个，电缆敷设40000米，箱变安装5座；管廊机电工程明配管35000米，接地扁钢焊接48000米，桥架安装44000米；电缆敷设1000千米，电气类设备安装8000个，监控类设备安装3500个，火灾报警类设备7000个，箱变安装6座。开工累计完成产值30644万元。

昆明(岷山)至楚雄(广通)高速公路扩建工程

(K000+000~K40+535(ZK40+570)K63+800~K97+537.5)隧道机电及三大系统　位于云南省昆明市五华区岷山,正线74千米。合同投资51700万元。实际开工日期2021年1月2日。主要工程量:合建分中心1个、收费站4个、停车区2个、隧管所3个、隧道17座、变电所19个及箱变3个。2022年12月9日全线开通。开工累计完成产值51700万元。

重庆合川至璧山至江津高速公路机电工程施工承包合同　位于重庆市,正线94.9千米。合同投资15414.2904万元。合同工期2022年7月1日至2024年7月1日,实际开工日期2022年7月1日。主要工程量:隧道监控系统共有监控设备1929套,监控设备基础361处,线缆敷设402.73千米;通信站7处,人手孔491个,桥梁管箱18.47千米,通信管道开挖及敷设140.75千米,通信光电缆218.38千米;收费岛54座,ETC专用出入口车道30条,ETC/MTC混合出入口车道32条,ETC门架36套;变电所17处,箱变7处,供电电缆约4.88千米;照明中杆灯147柱,隧道内照明灯具3640套,照明电缆81.58千米;消防水池3座,消防水管13.91千米,消防水管支架3108套,水泵房3座,防火门20套,消火栓箱154套,灭火器箱151套,线缆敷设约12.1千米;射流风机34台,线缆敷设20.7千米。2022年12月30日首通段K0至K43通车。开工累计完成产值9083万元。

雄东片区A单元安置房及配套设施项目输变电工程设计施工总承包一标段　位于河北省保定市。合同投资11251.92万元。合同工期2021年5月30日至2021年9月25日,实际开工日期2021年7月15日。主要工程量:配电室电气设备安装工程25所,室内桥架安装25所,车库桥架安装7906米,排管安装1235米,高压电力电缆敷设13.77千米,电缆井浇筑36座。2022年5月7日,25座10千伏配电室全部送电投运完成。开工累计完成产值10899万元。

容西片区安置房及配套设施项目输变电工程设计施工总承包标段四项目　位于河北雄安新区。合同投资13960万元(电气化局合同投资13633万元)。合同工期2021年8月28日至2022年5月30日,实际开工日期2021年9月26日。主要工程量:配电室电气设备安装工程34所,高压电力电缆敷设24.79千米,电缆井61座,配电室内桥架安装34所,车库桥架安装8245米,排管安装2048米。2022年8月28日完成配电室送电运行。开工累计完成产值12591万元。

泰胜风能嵩县50兆瓦分散式风电项目　位于河南省洛阳市嵩县。合同投资12388万元。合同工期2021年6月11日至2022年1月10日,实际开工日期2021年7月1日。主要工程量:110千伏升压站建筑工程;升压站电气设备安装;风机吊装14台;直埋电缆1.42千米;架设铁塔60基。2021年12月28日并网开通。开工累计完成产值12388万元。

中船海装沽源高山堡乡风电场项目工程PC总承包　位于河北省张家口市。合同投资26268.8万元。合同工期2021年6月30日至2021年11月30日,实际开工日期2021年8月23日。主要工程量:风力发电机组及基础13台;箱变13台;升压站1座220千伏,面积10800平方米;变压器1台,额定容量50兆伏安;35千伏集线电路13.7条千米,铁塔47基;升压站电气设备含无功补偿装置1套,主变1台,35千伏高压柜9面,低压配电柜1套,220千伏GIS组合电气间隔4个,二次保护及测量装置1所。2022年9月30日13台风机并网发电。开工累计完成产值26268.8万元。

国网山东综合能源服务有限公司2021年光伏电站施工项目工程安装施工　位于山东省潍坊市至烟台市。合同投资3993.47万元,实际投资3437.46万元。合同工期2021年12月7日至2022年12月31日,实际开工日期2021年12月11日。主要工程量:高速收费站光伏发电7座;八角收费站,安装容量3400千瓦;蓬莱西收费站,安装容量3060千瓦;蓬莱东收费站,安装容量1700千瓦;蓬莱收费站,安装容量1240千瓦;龙口收费站,安装容量1670千瓦;昌邑收费站,安装容量4270千瓦;下营收费站,安装容量5000千瓦。2022年7月10日全线7站并网发电。开工累计完成产值3437.46万元。

丰镇润字10兆瓦、30兆瓦分散式风电项目工程　位于内蒙古自治区丰镇市。合同投资8908万元。合同工期2020年12月20日至2021年9月30日,实际开工时间2021年5月8日。风电场总规划装机容量44.8兆瓦,安装吉瓦150/2800-95单机容量2800千瓦的风力发电机组16台,配套3150千伏安箱式变压器16台,建设35千伏开关站1座,以4回35千伏集电线路分别两两接入开关站两个独立系列的35千伏母线上,集电线路路径长11.1千米,场内道路1100米,进站道路50米,部分需要进行扩建、弯道加宽后整平压实,开关站分为两个独立系列,分别以单回35千伏线路接入润字220千伏变电站1号及2号主变35千伏侧。2022年6月30日送电。开工累计完成产值8713万元。

UPARK总部基地项目(一期)　位于陕西省西咸

新区,规划用地24000立方米,总建筑面积98158平方米。合同投资44306万元。合同工期2020年7月7日至2022年9月24日,实际开工日期2020年9月16日。主要工程量:1号、2号、3号、5号楼及相应地下建筑,装饰工程,安装工程,室外总体工程及其他工程。开工累计完成产值24441万元。

太原武宿保税区(阳曲园区)(一期)基础配套设施建设项目　位于山西省太原市阳曲县。合同投资29551万元。实际开工日期2021年4月28日至2022年8月15日。主要工程量:分为建筑部分、市政部分和室外工程部分。建筑部分总建筑面积39414.6平方米,地上3层,框架结构,建筑总高度24.1米;海关监管仓库/非保税仓库建筑面积14090.57立方米,地上3层,框架结构,建筑总高度24.1米;主卡口建筑面积2470.86平方米,地上3层,框架结构,屋架为螺栓球网架结构,建筑总高度20.5米;副卡口建筑面积1197.75平方米,地上3层,框架结构,屋架为螺栓球网架结构,建筑总高度18.2米;熏蒸房建筑面积206.3平方米,地上1层,框架结构;焚烧及管理用房建筑面积151.32立方米,地上1层,框架结构;市政工程巡逻路道路工程、围网工程、排水工程、联建和照明工程合计6.58千米;室外工程包括道路工程、交通广场工程、给排水工程、采暖工程、电力电信工程、照明工程、护坡工程和景观工程,路面类型沥青混凝土路面,其中道路硬化总面积7802平方米,交通广场15764立方米。开工累计完成产值25656万元。

上海轨道交通11号线、15号线供电设备运维委外项目　位于上海市嘉定区,维保接触网正线126.31千米。合同工期2021年1月1日至2025年12月31日,实际开工日期2021年1月1日。主要工程量:接触网520.712条千米;牵引变电所114处。其中,110千伏主变3座、开关站4座、牵混所50座、牵引所3座、降压所25座、跟随所29座。开工累计完成产值152065377万元。　(郭书羽)

【境外工程施工】　坦桑尼亚帕瓦尼地区农村电网项目　合同投资3056.79万美元。合同工期2021年8月26日至2023年4月30日。主要工程量:为帕瓦尼省未通电区域提供设计、采购、供货、安装、调试三相33/0.4千伏或11/0.4千伏配电变压器(功率从50千伏安到200千伏安不等)并与既有中压网连接,杆上3相LV ABC电缆架设,单相或三相引电入户。

匈塞铁路塞尔维亚境内诺维萨德至苏博蒂察段电气化、电力工程　合同投资7537.24万美元。合同工期2021年11月23日至2024年11月1日。

巴布亚新几内亚132千伏输电线路及变电站项目　EPC项目业主为特变电工股份(巴布亚新几内亚)有限公司。合同投资864.91万美元。合同工期2022年1月15日至2023年6月30日。主要工程量:新建海兹燃气发电厂132/6.6千伏变电站,房建项目1层500立方米;塔里132千伏变电站扩建;海兹燃气发电厂至塔里变电站132千伏输电线41千米。

阿联酋联邦铁路二期D标MEP项目　业主为阿提哈德铁路公司。合同投资877万美元。合同工期2022年4月12日至2023年8月30日。主要工程量:4条隧道和3座隧道服务楼的MEP工作(含电气系统、暖通系统、管道排水系统),包括绘制施工图、供应、安装、测试及调试、缺陷责任期、必要的备件、工程的移交。　(马吉鹏)

【企业管理】　编制印发《中国铁建电气化局集团有限公司"十四五"发展战略规划》,通过编印宣传简本、制作宣传片、公司领导授课、中心组学习、部长讲堂等方式在全集团积极开展"十四五"战略规划宣贯活动;"聚集五个维度　深化'标杆'创建　加快建设世界一流电气化产业集团"入选国务院国资委对标世界一流案例库;集团公司建立完善法人治理结构,修订《中国铁建电气化局集团有限公司章程》,将改革三年行动主要内容写入公司章程;集团公司组建南昌分公司、北京分公司、上海分公司、供应链管理分公司,成立南宁、合肥项目公司,注销深圳分公司、贵州分公司;2022年10月,集团公司取得建筑幕墙工作专业承包一级资质;为加强三级工程建设,优化公司布局,第一、第三分公司总部分别迁址天津、南京,为增强工程公司自主经营竞争力,集团公司为第一公司至第五公司、南方公司、北方公司注资,各工程公司注册资本金增加至2亿元;集团第三工程公司通过增资扩股方式引入铁科院全资子公司北京华铁公司作为战略投资者立项;全面推进"大风控"体系建设,积极开展风险评估、重大风险管控和内控监督评价,推动企业有效防范风险,促进安全发展。

安全应急。集团公司获股份公司2022年度安全包保单位考核优秀成绩,奖励100万元。兴泉、京唐、常益长、昌景黄项目获股份公司2022年度"安全标准工地"称号。在全国"新安法知多少"知识竞赛中,获股份公司第三名。圆满完成"榕江"事故抢险、津秦高铁事故抢险等各类应急抢险任务35次。集团公司再次进入国铁集团A级行列。

财务管理。营业收入 249. 12 亿元,为年度目标的 102. 49%,同比增长 5. 05%;实现净利润 16. 96 亿元,为年度目标的 100. 33%,同比增长 4. 37%;资产负债率 57. 71%,较年初下降 5. 09 个百分点;净货币资金 141. 40 亿元,较年初下降 3. 92 亿元;经营性现金净流量 11. 09 亿元。

资本运营。集团公司中标投融资项目 12 个:分别为瓯江口国际生态智创城品质提升(一期)项目、上饶信江未来城片区开发项目、南阳市宛城区胡寨片区及汉城河片区城市更新项目、西安曲江渼陂湖片区水系生态修复与产业发展项目、沧州市中心城区城市更新项目一标段运河区域中村改造(运西片区)、新建杭州经绍兴至台州铁路温岭至玉环段“四电”项目、兴化市高铁新城片区合作开发项目、徐州市城市轨道交通组合运营 PPP 项目及 4 号线一期工程施工总承包项目、潍坊市中央商务区综合开发项目、湖南省 G4 京港澳高速长沙广福至株洲王拾万段扩容工程捆绑桂东至新田(宁远)高速公路郴州至桂阳段项目、银川至昆明公路(G85)宁夏境太阳山开发区至彭阳(宁甘界)机电交安标、西航港经济开发区转型升级示范区综合开发项目。全年投资开发项目经营承揽 200. 40 亿元,完成股份公司下达指标的 100. 2%;完成集团公司下达指标的 400. 8%。集团公司 2022 年 4 月发文设立中国铁建电气化局集团有限公司北京分公司,是代表集团公司开展资本运营业务的主体实施单位,全面负责集团公司本级投资项目全周期管理。

经济管理。2022 年,工程承包板块完成产值 243. 3622 亿元,实现变更索赔额 33. 4532 亿元,变更索赔率 13. 75%。其中,铁路工程完成产值 131. 0941 亿元,变更索赔额 29. 2113 亿元;公路工程完成产值 6. 8942 亿元,变更索赔额 0. 3550 亿元;地铁及轻轨工程完成产值 58. 6858 亿元,变更索赔额 3. 0749 亿元;水利电力工程完成产值 2. 3131 亿元,变更索赔额 0. 0190 亿元;市政工程完成产值 7. 2531 亿元,变更索赔额 0. 6012 亿元;其他工程完成产值 31. 8384 亿元,变更索赔额 0. 1918 亿元。

审计监督。全集团审计计划 101 项,实际完成 81 项,投入审计工天 1212 天,提出审计报告 69 个,涉及资产 213 亿元,涉及项目 47 个,发现问题数量 381 个,发现问题金额 7902 万元,提出审计建议 228 条,审计建议被采纳 228 条。其中,集团公司本级全年完成离任经济责任审计任务 4 个,投入审计工天 108 天,提出审计报告 4 个,涉及资产总额 121 亿元,延伸项目 9 个,发现问题数量 54 个,发现问题金额 3689 万元,提出审计建议 21 条,审计建议被采纳 21 条。完成落实国家审计经验推广、配合股份公司经济责任审计、全面落实审计发现问题整改、有效推进大监督工作、探索开展研究型审计、切实落实审计制度建设、大力推动审计信息化建设、加强审计队伍建设等工作;完成 2021 年度企业年度工作报告的编撰和上报工作;参加股份公司设计板块审计指南的编写工作;参加生产资源保障部对工业系统的调研工作;参与股份公司审计部门成立 35 周年大会的筹备组织工作;列席 22 次党委常委会等重要会议,参与多次投资项目评审会等,积极发挥审计事前监督职能。

合规管理。编制“十四五”法律合规发展规划。严格坚持“五项”法律审核。年内参与重大事项评审 112 次,出具法律意见书 112 份;审核合同 15403 份;审核管理制度 491 件;审核并办理授权委托书 1396 份;合同专用章审核用印 155169 个。完善合同签订主体清单及合同流程。制定《中国铁建电气化局集团有限公司经济合同发起、审批及签订主体清单》,绘制《合同发起、审批、签订流程图》。强化合规制度执行。定期召开合规委员会会议;落实合规管理日常汇报机制,编报合规工作季报、年报 4 期,合规自查整改报告 1 期;落实合规管理责任,编制岗位合规职责清单和流程管控清单;开展合规管理年度考核。加强法律合规人才队伍建设。共计任命合规官 728 人。其中,专职合规官 34 人、兼职合规官 694 人。鼓励法律合规人员报考企业合规师,通过考试 28 人,其中高级 8 人、中级 15 人、初级 5 人。打造合规文化。与石景山区司法局联建,深入项目一线开展普法活动;牵头组织各类法律合规培训 30 次,培训 2468 人,开展法治小课堂 90 余次,加强合规制度宣贯。规范公司律师管理。持证 14 人。

教育培训。培训 22076 人次。其中,领导人员 507 人次,经营管理人员 841 人次,党群管理人员 2045 人次,专业技术人员 14301 人次,技能人员 4352 人次。组织 2 名集团公司领导参加股份公司局级领导人员党性教育培训班,24 名领导人员参加中国干部网络学院举办的“做好碳达峰碳中和工作推进企业高质量发展”网上专题班,18 名领导人员和 280 名处级干部完成党的十九届六中全会精神在线学习,1 名处级干部参加中央党校国务院国资委分校 2022 年秋季学期中国铁建处级干部进修班,2 名处级干部参加大连高级经理学院年轻干部能力素质提升培训班,2 名处级干部参加大连高级经理学院青年干部战略思维与领导能力培训班。 (郑　铭　税明军　范秀珠)

【经营管理】 新签合同额573.64亿元，同比增长28.18%。其中，境内业务新签合同额556.52亿元，占比97.02%；境外业务新签合同额17.12亿元，占比2.98%。工程承包板块新签合同额541.56亿元，占比94.41%。其中，铁路工程新签合同额214.17亿元，占比37.34%；城市轨道工程新签合同额189.31亿元，占比33.00%；路外工程（公路、房建、市政、电力工程及其他）新签合同额138.08亿元，占比24.07%。非工程承包板块新签合同额32.06亿元，占比5.59%。其中，工业制造新签合同额26.71亿元；运营维管新签合同额2.86亿元；设计咨询、物资贸易及其他新签合同额2.49亿元。2022年，海外新签合同额约17.12亿元。 （陈思江 马吉鹏）

【科技成果】 集团公司科技研发立项245项，其中新立项目146项，续研项目99项。“基于SiC－MOSFET自耦合技术的新型高可靠性多电平逆变器多态容错关键技术研究”获批2022年度河南省科技研发项目。“智能一体化信号中继站技术方案研究”和“铁路5G－R基站绿色化运行技术研究”获批国铁集团科技研发重点项目，获资金资助50万元。参与的“数字化融合勘察设计一体化成套技术研究与应用”获批股份公司科技重大专项，主持的“铁建智慧方舱”关键技术研究与应用，获批股份公司重点课题，主持股份公司C类科研课题3项，获股份公司资金资助125万元。

（陈 洁）

【信息化管理】 积极配合运营管理部、生产资源保障部、法律合规部等部门开展信息系统建设，力争实现项目工程进度、劳务交底、在线教育培训、生产资源管理等业务的信息化管理。以减少工作量、简化工作流程为目的，以劳务、生产资源为主线，推动施工现场管理逐渐由人工方式转为信息化、智能化管理方式，进一步强化对项目的数据汇总、智能分析、实时把控及管理决策能力。切实推动企业治理体系和治理能力现代化及管理流程标准化，全年完成合同管理2.0系统、经营投标资料管理系统、电子签章系统、物资管理系统的全面上线工作，进一步实现信息技术和企业生产经营相融合，为拓展业务管理范围，优化管控手段，促进管理提升提供有力支持。为贯彻集团公司“制度信息化”相关要求，实现管理标准化、流程化、规范化，有效提升信息化对企业管理活动的支撑作用，通过信息化手段保障制度落实，最大限度激发制度的效能，实现业务在线审批功能33项，保障6万条审批流程正常运行，为提高工作效率、减轻工作负担、提升管理水平提供有力支持。梳理数据资产目录，对工程项目信息、相对方等主线数据进行数据资产判定和梳理，厘清数据血缘和数据地图，提升集团全域数据的标准规范，为问题数据的追溯定位提供先期保障。优化数据运营体系，识别业务主线，汇总生成数据需求模型和数据主题模型，部门间进行数据磋商与仲裁，形成数据共识，建立集团级的数据服务目录管理机制，构建统一发布的管理流程，依照流程发布所需数据服务，并对数据服务进行监督治理，构建数据服务质量生态。 （付宇泽）

【党群工作】 党的工作。党员3429人，基层党委20个，党工委29个、党总支2个、党支部203个，全年发展党员119人。集团公司领导班子获股份公司“四好”领导班子称号。召开集团公司第二次党代会，选出新一届党委领导班子。贯彻“两个一以贯之”要求，修订《党委议事规则》《党委落实全面从严治党主体责任清单》，完善《贯彻落实“三重一大”决策制度实施办法（试行）》及事项清单，召开新一届党委常委会会议22次，研究议题159项，对涉及企业生产经营的51项重要议题进行前置讨论。高质量召开党史学习教育民主生活会，股份公司党委常委、执行董事刘汝臣到会指导。与所属各单位党（工）委签订《2022年党建工作责任书》32份，开展新一轮基层党组织书记抓党建工作述职评议，5家单位党（工）委书记进行现场述职，12家单位党委书记进行书面述职。成立党建责任制考核评价组，对16家下属单位落实党建工作责任制情况进行现场考核，6家单位获“优秀”等级，集团公司党委对获“较差”等级的1家单位进行诫勉谈话并进行绩效降档处罚。选树命名9个基层党支部为集团公司第三批“示范党支部”，表彰15个先进基层党支部，44名优秀共产党员和23名优秀党务工作者。深入开展“我为党旗增光彩”主题活动、五期“党建开放日”活动。持续实施新上项目党建策划，开展新任党支部书记党建交底，多措并举提高党务人员工作水平。印发《党员领导干部双重组织生活制度实施细则》，清单式管理、项目化推进，形成纪实闭环。修订《党建工作责任制考核评价暂行办法》，坚持“两重两看两不”原则，实行分类考核，突出日常考核，把区域经营指挥部、直管项目纳入考核范围。制定《关于加强基层党务干部队伍建设的实施意见》，对项目和总部党组织人员配置做系统设计，解决人员不足、能力恐慌、岗位遇冷的问题。制定《总部党建与中心工作融合的指导意见（试行）》，推动总部党建与业务工作深度融合。严格执行《工程项目党建融入中心工作的指导意见(试行)》,推动项目党建与生产经营工作深度融合 。

宣传工作。2022 年,开展党委中心组集中学习 13 次,展开专题研讨 9 次。集团展览馆获评中国铁建首批“十大爱国主义教育基地”,并首次通过“云”直播开展“喜迎党的二十大、红色故事我来讲”系列活动,3 场累计 7000 余人在线参与,点赞近 50 万次。推选蔡俊福获评交通运输部首届“最美公路人”称号,推选磨万项目部老挝籍员工杨栽获 2022 第二届“丝路友好使者”称号。南方公司微电影《传承的力量》获 2022 年第五届中央企业优秀故事大赛一等奖,并代表中国铁建参加国务院国资委“砥砺辉煌十年　强国复兴有我”现场展演。获全国铁道企业文化优秀成果二等奖。代表股份公司党委再次向四川凉山铁道兵希望小学捐助 50 万元。在中央媒体刊发新闻 32 条,省部级媒体刊发 52 条。集团微信、微博刊文 308 篇,开通微信视频号,推送视频 60 条。配合中国铁建提供素材 120 余次,四公司发布的作品《等闲若得东风顾,不负春光不负卿! 一窥建设中的常益长》浏览量 74000 次。在中国铁建文化与品牌督查互鉴行动中获两个 A 级评价。制作《“四电”行业领先者》《科技创新》《点亮中国高铁》3 部宣传片,结合“5 + N”产业布局制作新版宣传折页。集团公司获评《中国铁道建筑报》2022 年度对外宣传报道先进单位,三公司被股份公司命名为“企业文化建设先进单位”,南方公司李亮、北方公司李昊获股份公司“企业文化建设先进个人”称号。

纪检监察工作。2022 年,集团公司两级党委签订党建责任书 32 份。集团纪委对各下属单位的领导班子成员及部门负责人集体谈话 200 余人次,单独提醒谈话 16 人次,讲形势、谈问题、提要求,增强“关键少数”防微杜渐、防腐拒变意识。纪委全程参与党委常委会 22 次、总经理办公会等决策类会议 27 次,全程参与 58 名拟提拔干部考察,对 15 个单位 77 人次评优评先进行审核,出具廉洁评价意见 18 份,开展任前廉洁谈话 52 人次,严把选人用人关。受理来信来访 9 件,处置问题线索 25 件,其中,初核 16 件,谈话函询 9 件,经过谈话函询或初步核实后结 13 件,立案 11 件,结案 12 件,党纪政务处分 13 人。运用监督执纪“四种形态”处理 26 人次,其中“第一种形态”13 人次、“第二种形态”10 人次、“第三种形态”3 人次,以强有力的执纪问责强化“不敢腐”的震慑。2022 年 6 月,集团公司启动新一届党委常规巡察,围绕 5 个方面 167 个重点问题对下级党组织开展政治体检。全年派出 4 个巡察组 29 人次,完成对 4 个子公司和 4 个局指项目的常规巡察,发现问题 577 项,提出巡察意见建议 68 条。完成股份公司党委违规挂靠专项巡视及常规巡视整改工作,整改质量和整改效果均得到充分肯定。针对巡视反馈意见,集团公司党委统筹推进各层级巡视整改任务,部署相关职能部门和下沉巡视单位落实整改措施 112 项,并将巡视整改作为提升企业治理能力的契机,作为解决企业管理漏洞的手段,建立完善制度文件 15 项。

工会工作。下辖处级工会 17 个,专兼职工会干部 639 人,工会会员 10595 人,基层工会 168 个。集团二公司、四公司、康远公司 3 个工会组织完成换届选举工作,新建北京共享中心工会,新成立直管项目工委 10 个。评选表彰工会工作先进单位 6 个,优秀工会工作者 21 人,优秀工会积极分子 19 人,优秀工会之友 6 人。集团公司工会修订《中国铁建电气化局集团有限公司职工(代表)大会实施办法》,完成第四届职工代表大会换届选举工作,召开集团公司四届一次职工代表大会,对领导班子进行民主测评,协商签订《2022 年集体合同》。集团公司获“全国和谐劳动关系创建示范企业”和铁总“提升职工生活品质示范单位”等多项荣誉称号。新福厦项目获股份公司“重点工程项目劳动竞赛综合优胜单位”“劳动竞赛青年文明号”称号;兴泉项目、郑万项目和京唐项目获股份公司“重点工程项目劳动竞赛先进单位”称号。新创创新工作室 6 个,新命名创新工作室 4 个。共有创新工作室 39 个,其中铁总火车头劳模创新工作室 1 个,获股份公司命名 5 个,获省市级命名 10 个。评选表彰工人先锋号 17 家、工人先锋奖章 20 人,评选表彰“五比创五杯”劳动竞赛优胜单位 5 家,“十大电化工匠”10 人。筹集“送温暖”资金 510.83 万元,慰问困难职工家庭 402 户,慰问劳模先进、困难离退休干部及生产一线职工 6768 人;积极开展“夏送清凉”、大干促生产慰问等活动,全年组织各级工会为 62 个项目 1.6 万余名一线职工发放慰问品 520.16 万元;积极开展“金秋助学”活动,资助困难职工子女 80 人,发放助学款 21.2 万元。集团公司女工委深入实施“提素建功”“暖心关爱”“强基固本”三项行动,其中“喜迎二十大、巾帼绽芳华”女职工读书活动收集作品 277 件,集团女工委评选出获奖作品 87 件;获全国书香三八优秀奖 2 人,书香铁建女职工读书征文活动一等奖 3 人、二等奖 2 人,家书征文一等奖 2 人、二等奖 1 人、三等奖 1 人。

共青团工作。35 岁以下青年 5280 人,28 岁以下团员青年 1846 人,专兼职团干部 218 人,设团委 15 个、团支部 91 个。2022 年,集团及所属单位团(工)委获评股份公司2020—2021年度五四红旗团委2个,五四红旗团支部2个;优秀共青团员3人、优秀共青团干部3人。南方公司黄三畏获评中国铁建第十届十佳青年技术能手;二公司杨帆获评全国铁路青年岗位能手、获尼红奖章;三公司郑玉糖、郭晓巍、孙强获全国铁路青年科技创新奖。全面推进习近平新时代中国特色社会主义思想在集团青年中大学习大落实,围绕青年素养提升“12345”重点内容,对标学习74次,传统教育29次,对标讨论19次,岗位建功39次。不断完善基层团组织设置,成立新福厦、成自、沪渝蓉武宜段、合新安徽段4个局指团工委。督促所属四家单位召开团代会完成团组织换届选举工作。开展庆祝中国共青团建团一百周年“五四”系列主题活动,表彰来自施工、生产、经营、科研等战线上的“十佳杰出青年”10人,授予电化青年五四奖章23人;召开“五四”青年座谈会。开展“青年创新工作室”创建,三公司郑玉糖等完成的“高速铁路接触网智能三型装备研制及应用”获第八届全国铁路青年科技创新奖。深化“青”字号品牌活动,全年创建青年突击队53支,青年安全示范岗28个。深化“导师带徒”活动,全年签约师徒378对。完成“青马工程”首期培训班第一阶段集中学习,有序开展第二阶段情境教学及第三阶段实践教学。

(张狄箫　朱潭溪　牛鹏飞)

【第一工程有限公司】 拥有铁路电务、铁路电气化、输变电、消防设施、建筑机电安装、城市及道路照明工程专业承包一级,电子与智能化、公路交通工程(公路机电工程分项)、建筑幕墙工程专业承包二级,通信工程、电力工程、市政公用工程施工总承包二级,水利工程总承包二级,机电、建筑、铁路工程施工总承包三级资质。驻河南省洛阳市白马寺镇18号。党委书记、执行董事施亚辉,党委副书记、总经理董建林。职工1128人。注册资本金20000万元。资产总额195103万元。其中,固定资产原值13367万元、净值3489万元,流动资产186084万元。“四电”专业成套机械41台(套),总功率15064千瓦,机械运输设备58辆(台),检试验设备78台,仪器仪表215台,技术装备率2.41万元/人,动力装备率13.35千瓦/人,主要设备完好率87.66%、利用率58.47%,具有承担时速350千米以上电气化铁路的“四电”集成系统施工和运营维护能力。

2022年,承揽509219万元,投资348770万元,营业收入341817万元,净利润7763万元,人均创利6.88万元,全员劳动生产率36.90万元/(人·年),职工年人均收入16.89万元。国有资产保值增值率100.50%,净资产收益率20.79%%,营业利润2.27%,资产负债率80.78%。

(董　特)

【第二工程有限公司】 拥有铁路电务、铁路电气化、输变电、建筑机电安装、消防设施、电子与智能化、建筑装修装饰、防水防腐保温工程专业承包一级,机电、电力、通信、市政公用、环保、建筑工程、钢结构工程、公路交通(公路机电工程分项)、城市及道路照明工程专业承包二级以及劳务,铁路工程施工总承包三级资质;电力设施许可证(承装类二级、承修类三级、承试类四级)。驻山西省太原市尖草坪区昌盛西街18号。党委书记、执行董事李利军。总经理、党委副书记霍晓东。职工1312人。资产总额253701.63万元。其中,固定资产原值13563.66万元、净值4394.71万元,流动资产125344.20万元。施工机械设备77台,原值7865.1万元、净值619.3万元,总功率12453千瓦,动力装备9.2千瓦/人,技术装备0.46万元/人。机械设备完好率达99%、利用率58%,现场主要机械设备故障率1%。

2022年,新签合同总额51.3亿元,总产值22.19亿元,利润6851万元,人均创利3.34万元,全员劳动生产率21.22万元/(人·年),职工年人均收入129000元。国有资产保值增值率116.46%,净资产收益率18.22%,产值利润率3.20%,总资产报酬率2.93%,资产负债率84.05%,应上缴款完成率100%。

(王　刚)

【第三工程有限公司】 拥有铁路电务、铁路电气化、输变电工程专业承包一级,消防设施、建筑幕墙、电子与智能化工程专业承包二级,建筑机电安装工程专业承包三级,通信、机电、电力、建筑工程、市政公用工程施工总承包三级,施工劳务、承装(修、试)电力设施许可证二级施工资质。驻河北省高碑店市兴华北路57号。党委书记、执行董事陈宪祖,总经理、党委副书记焦国栋。职工1250人。资产总额294110万元。其中,固定资产原值12358万元、净值2404万元,流动资产257115万元,非流动资产36995万元。机械运输设备263台(套),设备原值9792.98万元、净值1056.80万元,总功率17649.00。动力装备率14.09千瓦/人,技术装备率0.84元/人,设备完好率80%、利用率85%,机械化施工程度85%,年施工生产能力70亿元以上。

2022年,承揽任务300127.22万元,施工产值

243805 万元,利润 12089 万元,净利润 11068 万元。人均创利 9.67 万元。全员劳动生产率 30.2192 万元/(人·年)。国有资产保值增值率 127.68%,净资产收益率 27.70%,产值利润率 4.86%,投资回报率 60.45%,资产负债率 84.76%,应上缴款完成率 100%。 (刘 腾)

【第四工程有限公司】 拥有铁路电务、铁路电气化、电子与智能化、建筑机电工程专业承包一级,消防设施、公路交通(公路安全设施分项)工程专业承包二级,输变电、环保工程专业承包三级,电力设施承装、承修类三级及承试类四级,照明工程设计专项乙级,建筑智能化系统设计专项乙级资质。驻湖南省长沙市雨花区中意一路 728 号。党委书记、执行董事周治华,总经理于小峰。职工 925 人。资产总额 348968 万元。其中,流动资产 293261 万元,固定资产 4848 万元,其他资产 50859 万元。机械设备 89 台(套),设备原值 7164.33 万元、净值 2214.88 万元,总功率 16212 千瓦,动力装备率 17.51 千瓦/人,技术装备率 2.39 万元/人,设备完好率 96%、利用率 90%。年施工能力 30 亿元以上。

2022 年,承揽任务 214249 万元,总产值 382012 万元,其中施工产值 343112 万元。实现利润 12494.52 万元,人均创利 115476 元,全员劳动生产率 35.83 万元/(人·年),职工年人均收入 15.23 万元。国有资产保值增值率 108.81%,净资产收益率 51.62%,产值利润率 3.79%,投资回报率 62.47%,资产负债率 90.89%。应上缴款完成率 100%。 (李超亚)

【第五工程有限公司】 拥有铁路电务工程专业承包一级,铁路电气化、输变电、电子与智能化、公路交通工程公路机电、消防设施工程专业承包二级,建筑机电安装、钢结构、地基基础、环保工程专业承包三级,通信工程施工总承包二级,建筑、机电、电力工程施工总承包三级,模板脚手架专业承包、施工劳务等施工资质及承装(修、试)电力设施许可证四级资质。驻四川省成都市青羊区成飞大道一号青羊工业园 N 区 12 栋。党委书记、执行董事吕彦伟,总经理、党委副书记赵贵能。职工 1049 人。资产总额 232421 万元。其中,固定资产原值 171309.26 万元、净值 7585.65 万元,流动资产 212944.01 万元,其他资产 11891.34 万元。机械运输设备 145 台(套),仪器仪表、实验设备及其他生产设备 369 台。设备现值 1271.27 万元、原值 7675.18 万元,总功率 16879.50 千瓦,动力装备率 16.42 千瓦/人,技术装备率 1.24 万元/人,设备完好率 100%、利用率 100%。具有承担时速 350 千米电气化铁路“四电”建设的能力。年综合施工能力 30 亿元以上。

2022 年,承揽任务 33.17 亿元,营业收入 176149 万元,实现利润 4884 万元,职工年人均收入 13.68 万元。国有资产保值增值率 115.21%,净资产收益率 17.35%,资产负债率 84.17%,投资收益上缴率 100%,应上缴款完成率 100%。 (叶卓鑫)

【南方工程有限公司】 拥有电力、机电、通信工程施工总承包一级,建筑、市政公用工程施工总承包二级,铁路电务、铁路电气化、电子与智能化、建筑装修装饰、建筑机电安装、城市及道路照明、输变电防水防腐保温、消防设施工程专业承包一级,公路交通工程(公路机电工程分项)专业承包二级,输变电工程、环保工程专业承包三级,施工劳务企业资质(不分等级),承装(修、试)电力设施施工许可证三级,涉密信息系统集成总体集成甲级资质。驻湖北省武汉市东湖开发区佳园路 17 号。执行董事、党委书记胡泽新,总经理、党委副书记熊秋龙。职工 1386 人。资产总额 344429.7 万元。其中,固定资产原值 20607.4 万元、净值 7333.9 万元,流动资产 273490.6 万元,其他资产 70939.1 万元。机械、运输、智能设备 115 辆(台)。设备原值 10441 万元、净值 2195 万元。总功率 17664 千瓦,动力装备率 12.58 千瓦/人,技术装备率 1.56 万元/人,设备完好率 98%、利用率 96%。

2022 年,承揽 510112.9 万元,总产值 450103.18 万元,其中施工产值 440615.53 万元,利润总额 22143.63 万元。职工人均创利 148892 元,职工年人均收入 15.95 万元。国有资产保值增值率 123.71%,净资产收益率 40.34%,产值利润率 4.66%,资产负债率 84.9%。 (吕姣姣)

【北方工程有限公司】 拥有铁路电气化、铁路电务、输变电、建筑机电安装、电子与智能化、消防设施、建筑装修装饰、防水防腐保温工程专业承包一级,城市及道路照明工程专业承包二级,建筑、电力、市政公用、通信工程施工总承包二级,承装(修、试)电力设施承装类、承试类二级和承修类三级施工资质。驻山西省太原市万柏林区迎泽西大街 369 号。党委书记、执行董事徐元成。职工 1392 人。资产总额 298951.27 万元。其中,固定资产原值 22227.75 万元、净值 10047.70 万元,流动资产 260036.59 万元,其他资产 28866.98 万元。机械运输设备 153 台(套)。其中,设备原值

12237.63 万元、净值 3048.57 万元，总功率 18750 千瓦，动力装备率 13.38 千瓦/人，技术装备率 2.18 万元/人，设备完好率 96%、利用率 70.5%。机械化施工程度 80% 以上，年施工生产能力 60 亿元以上。

2022 年，承揽任务 52.57 亿元，营业收入 30.45 亿元，利润总额 5067 万元，人均创利润 3.31 万元，全员劳动生产率 25.66 万元/(人·年)，在岗职工年人均收入 14.23 万元。国有资产保值增值率 100.35%，净资产收益率 13.82%，资产负债率 86.48%，投资收益应上缴款完成率 100%。（史桓宇）

【北京中铁建电气化设计研究院有限公司】 拥有铁道行业乙级，铁道行业电气化和通信信号专业甲级，工程造价咨询企业乙级暂定，工程勘察专业类(岩土工程勘察)乙级，工程咨询单位乙级资信、CMA、电力行业新能源发电乙级，送电工程乙级，变电工程乙级资质。驻北京市石景山区石景山路 29 号京燕饭店 3 层。党委书记、执行董事、院长黄国胜。职员 206 人。资产总额 23121.2 万元。其中，固定资产原值 849.7 万元、净值 368.2 万元，流动资产 22268.4 万元，其他资产 484.6 万元。

2022 年，新签合同额 10990 万元，总产值 12965 万元，净利润 49 万元，全员劳动生产率 46.2 万元/(人·年)，营业收入增长率 23.32%，资产负债率 71.04%。（刘芳兵）

【科技有限公司】 拥有房屋建筑工程施工总承包三级，装饰装修工程专业承包二级，钢结构工程专业承包三级资质，CRCC、欧盟 CE 以及质量、环境、职业健康安全管理体系认证证书，中国招投标协会会员单位，中国招投标协会招标代理机构信用评价 AAA 级单位，钢铝复合导电轨行业标准起草和制定单位之一，河北省高新技术企业。驻河北省高碑店市西大街建国胡同 9 号。党委书记、执行董事白利军，总经理、党委副书记李毅军。职工 183 人。资产总额 37691 万元。其中，固定资产原值 3223 万元、净值 1401 万元，流动资产 3179 万元，无形资产净值 546 万元。设备 205 台(套)。设备原值 1662.59 万元、净值 433.24 万元，总功率 4818.56 千瓦，动力装备率 26.33 千瓦/人，技术装备率 2.37 万元/人，设备完好率 95%、利用率 92%。

2022 年，承揽 42505 万元，营业收入 31300 万元，净利润 1476 万元，资产保值率 99.72%，净资产收益率 17.9%，产值利润率 5.57%，资产负债率 78.15%，应上缴款完成率 100%。（白　云）

【西安电气化制品有限公司】 驻陕西省西安市未央区文景路。党委书记、执行董事戴丽军。职工 224 人。资产总额 45097 万元。负债总额 37022 万元，所有者权益 8075 万元。机械设备 648 台(套)，原值 2522 万元(含生产用钢模)、净值 386 万元；实验设备 45 台(套)，原值 62 万元、净值 7.7 万元。总功率 3000 千瓦，动力装备率 12.5 千瓦/人，设备完好率 90%、利用率 85%。

2022 年，新签合同额 4.28 亿元，营业收入 2.78 亿元，净利润 418 万元。全员劳动生产率 24 万元/(人·年)，人均创净利润 2 万元，职工年人均收入 10.74 万元。净资产收益率 5.18%，总资产报酬率 2.0%，营业利润率 1.46%，资产增长率 -5.06%，应上缴款完成率 100%。（刘晓燕）

【康远新材料有限公司】 铁路运输设备生产企业，生产和销售 16 种铜及铜合金接触线、18 种铜及铜合金绞线；拥有欧洲 CE、TSI 认证企业，产品可在欧盟市场销售。驻江苏省江阴—靖江工业园区(靖江市人民南路 88 号)。党委书记、执行董事赵德胜，总经理、党委副书记杨玉军。职工 160 人。资产总额 67055 万元。其中，固定资产净值 5186 万元，流动资产 52549 万元，长期应收款 8204 万元，其他资产 1116 万元。机械运输设备 6615 万元，净值 969 万元。机械运输总功率 8160 千瓦，其中机器设备 7760 千瓦，动力装备率 49 千瓦/人，技术装备率 39.8 万元/人。年生产能力 1.5 万吨，具备电气化铁路 5000 正线千米供货能力。

2022 年，承揽任务 8.3 亿元，总产值 55288 万元，利润总额 1566 万元。全员劳动生产率 41.62 万元/(人·年)，职工年人均收入 11.95 万元。资产负债率 54.98%，国有资产保值增值率 104.98%，净资产收益率 5.03%，产值利润率 2.9%。（钱宇航）

【轨道交通器材有限公司】 通过三大管理体系认证，拥有电气化铁道接触网零部件安全生产行政许可，高速铁路接触网零部件和 H 型钢柱的 CE 认证、CRCC 认证。主营业务集中在电气化铁路、城市轨道交通接触网器材、零部件的设计、制造和服务，铁路电气化零部件、城市轨道交通器材设备的质量检测检验。驻江苏省常州市武进区高速铁路电气化产业园。党委书记、执行董事张静波，总经理、党委副书记刘如久。职工 395 人。资产总额 83420 万元。其中，固定资产原值 19515 万元、净值 7786 万元，流动资产 66363 万元，其他资产 9271 万元。

2022 年，新签合同额 90592.11 万元，营业收入 72345 万元，净利润 4017 万元，净资产收益率 13.28%，产值利润率 5.19%，资产负债率 62.43%，资金集中度 88.27%，应上缴款完成率 100%。

（鲍　超）

【北京京燕饭店有限公司】 拥有各类客房 247 余套，大小会议室 7 间，设有燕潮轩餐厅、星空自助餐厅和顶层青云阁餐厅，占地面积 1.17 万平方米，建筑面积 3.6 万平方米。驻北京市石景山区石景山路 29 号。党委书记、执行董事孙建洁，总经理、党委副书记刘宇鹏。职工 196 人。资产总额 22774 万元，固定资产净值 13955 万元，流动资产 2740 万元，无形资产净值 6060 万元。

2022 年，营业收入 3541 万元，净利润 -1892 万元。人均创利 -11.51 万元，全员劳动生产率 4.29 万元/（人.年）。国有资产保值增率 82.57%，净资产收益率 -19.10%，产值利润率 -53.62%，资产负债率 60.67%。（刘博宇）

【北京城市轨道工程公司】 驻北京市石景山区石景山路 29 号京燕大厦东配楼 4 层、5 层。党委书记、总经理陈宪祖，党委副书记、执行总经理焦国栋、毛伟，职工 104 人。资产总额 25170 万元。其中，固定资产原值 540 万元、净值 61 万元，流动资产 12365 万元，其他资产 12744 万元。机械运输监控设备 19 台（套），设备原值 371.9 万元，利用率 100%。

2022 年，经营承揽 11.4 亿元，营业收入 30976 万元，净利润 737 万元，全员劳动生产率 23.94 万元/（人·年），产值利润率 2.38%，资产负债率 100%。（潘书珍）

【运营管理公司】 驻湖北省襄阳市襄州区航空路 75 号。党委书记、执行董事张华峰，总经理夏文龚。职工 292 人。资产总额 21548.66 万元（含运管、托管分公司），流动资 21423.95 万元（含运管、托管分公司），非流动资产 124.71 万元。其中，固定资产原值 124.71 万元、净值 124.71 万元。机械运输设备 15 台，原值 163.58 万元、净值 81.39 万元，总功率 822 千瓦，设备完好率 98%、利用率 98%。年施工生产能力 3 亿元以上。

2022 年，承揽任务 55510.71 万元，总产值 23384.8 万元，利润 959.89 元，人均创利 3.29 万元，全员劳动生产率 10.64 万元/（人·年），职工年人均收入 13.98 万元。国有资产保值增值率 111%，净资产收益率 15.29%，产值利润率 4.10%，资产负债率 67.09%，应上缴款完成率 100%。（郑朝阳）

【新型建筑公司】 驻太原市小店区太榆路火车南站西广场南区 S2 栋四层。总经理、党委副书记路冰，党委书记梁涛。职工 96 人。资产总额 35869 万元。其中，流动资产 24827 万元，非流动资产 11042 万元。

2022 年，新签总额 6.8131 万元，产值 37447 万元。营业收入 32980 万元，净利润 832 万元，人均营收 274.32 万元。经营活动现金流量净额 -2426 万元，货币资金总量 7626 万元，资金集中度 83.93%。

（王艳军）

中国铁建港航局集团有限公司

【简况】 拥有港口与航道、公路工程施工总承包特级，建筑、市政公用工程施工总承包一级，铁路、机电、水利水电工程施工总承包二级，电力工程施工总承包三级，桥梁、隧道、钢结构、公路路基工程专业承包一级，公路路面、建筑装修装饰、公路交通（限公路安全设施分项）、公路交通工程（限公路机电工程分项）专业承包二级，环保工程专业承包三级，建特种工程（限结构补强）专业承包不分等级资质。2011 年 7 月 11 日成立，总部驻广东省珠海市前山翠峰街 189 号，注册资本金 25 亿元。下辖 7 家子公司、9 家分公司、5 家海外机构和若干项目公司，分别是中铁建港航局集团长江工程有限公司、中铁建港航局集团市政工程有限公司、中铁建港航局集团置业有限公司、中铁建港航局集团勘察设计院有限公司、中铁建港航局集团第三工程有限公司、中铁建港航局集团工程检测有限公司、中铁建港航局集团泰兴港务有限公司、中国铁建港航局集团有限公司第一工程分公司、中国铁建港航局集团有限公司第二工程分公司、中国铁建港航局集团有限公司第三工程分公司、中国铁建港航局集团有限公司第四工程分公司、中国铁建港航局集团有限公司总承包分公司、中国铁建港航局集团有限公司船舶工程分公司、中国铁建港航局集团有限公司武汉分公司、中国铁建港航局集团有限公司海外分公司、中国铁建港航局集团有限公司新能源分公司、中国铁建港航局集团有限公司澳门分公司、中国铁建港航局集团有限公司孟加拉分公司、中国铁建港航局集团有限公司柬埔寨分公司、中铁建港航局集团(加纳)有限责任公司、中铁建港航局集团贝宁有限公司等。职工 3236 人。资产总额 155.14 亿元。其中,流动资产 67.14 亿元,固定资产净值 13.08 亿元,其他资产 74.92 亿元。固定资产设备 333 台(套),设备原值 12864.7 万元、净值 5938.13 万元,总功率 44403.45 千瓦,动力装备率 122.32 千瓦/人,技术装备率 16.46 万元/人,设备完好率 98%、利用率 90%。机械化施工率 100%。

2022 年,新签承揽额 418.02 亿元。以港口与航道工程、市政工程、公路工程、海上风电工程四大板块为主。获 2020—2021 年度第一批国家优质工程奖 1 项,1 个工程获巴渝杯优质工程奖,1 个集体获火车头奖杯,1 人获火车头奖章。连续 7 年获评公路工程施工 AA 级和水运工程施工 AA 级的施工单位。

(温　斌　萧子锋　杨正帅)

【领导人员】

董事会

董事长	陈　涛
董事	陈　涛
	金国亮
职工董事	李世春(6 月免)

监事会

监事会主席	杨复林
监事	杨复林
	吴航宇
职工监事	张长征

经理层

总经理	金国亮
副总经理	王永东
	刘齐辉(11 月免)
	谭世霖
	蹇　宏
	杨　勇(3 月免)
总会计师	杨　勇(3 月免)
总工程师	刘齐辉(11 月免)

党群领导

党委书记	陈　涛
党委副书记	金国亮
	李世春(6 月免)
纪委书记	杨复林
工会主席	李世春(6 月免)

(李　凯)

【职工队伍】 职工 3236 人。其中,大学本科及以上学历 2871 人、初级及以上职称人员 2641 人、中级以上职称人员 1623 人。各类注册人员 1092 人次。船干 75 人。其中,船长 19 人、轮机长 17 人。享受国务院政府特殊津贴 3 人;珠海市高层次人才 6 人。其中,二类人才 3 人、三类人才 3 人,中层干部 173 人(含一级、二级助理 27 人,高级专家、专家 3 人)。其中,正职级 62 人、副职级 111 人。中层干部中女性 9 人。(李　凯)

【工程项目指挥机构】 六横公路大桥项目二期工程项目部　驻浙江省舟山市。项目经理伍敏,党工委书记王得林。

横琴保税洪湾一体化项目指挥部　驻广东省珠海市。指挥长仲维华,党工委书记卢初升。

小清河复航工程四标段项目部　驻山东省东营市。项目经理魏贤华,党工委书记董鹏。(张之娟)

【工程施工】 浙江省宁波舟山港六横公路大桥项目二期工程　位于浙江省舟山市。全长 18.782 千米。合同投资 98.58 亿元,中国铁建港航局施工份额 59.15 亿元。合同工期 2023 年 1 月 20 日至 2027 年 10 月 18 日。主要工程量:干岩互通、积峙桥 1 座 5486.391 延长米、双屿门通航孔桥主塔、隧道锚、双屿门西引桥、佛渡互通、青龙门通航孔桥 Q5 边塔、青龙门西引桥、梅山东跨堤桥、七性涂高架桥、梅山互通。2022 年完成产值 9600 万元,开工累计完成产值 9600 万元。

小清河复航工程四标段　位于山东省,长 82.36 千米。合同投资 32.58 亿元。合同工期 2020 年 5 月 1 至 2023 年 6 月 30 日。主要工程量:土方开挖 1198.4 万立方米,护岸 43.6 千米,改建船闸 2 座,改建桥梁 13 座。2022 年完成产值 80455 万元,开工累计完成产值 306534 万元。

洪湾港北片区填筑及市政基础设施工程(一期)　位于广东省珠海市横琴保税区。合同投资 27.13 亿元。合同工期 2020 年 10 月 24 日至 2024 年 3 月 16 日。主要工程量:市政道路 16 条,桥涵 13 座,人行地下通道 7 座,排洪渠 2 条,截洪沟 5 处,洪湾涌西岸堤工程。2022 年完成产值 48382 万元,开工累计完成产值 136271 万元。

长春至深圳国家高速公路河源热水至惠州平南段改扩建项目 T3 合同段　位于广东省河源市,全长 22.83 千米。合同投资 8.11 亿元。合同工期 2022 年 7 月 15 日至 2024 年 7 月 15 日。主要工程量:主线大桥 1 座 121.08 延长米,中桥 8 座 373.56 延长米,小桥

23座380.18延长米;互通大桥2座283延长米,中小桥26座628.86延长米,车行天桥10座773.12延长米,涵洞92道,拼宽桥预制梁938片,旧桥更换梁板533片,全线钢箱梁制作8231吨,钢箱梁安装907吨。2022年完成产值2123万元,开工累计完成产值2123万元。

徐圩港区液体散货泊位区应急消防通道及综合管网工程　位于江苏省连云港徐圩港区,主管廊段长1797.02米。合同投资5.66亿元。合同工期2021年10月28日至2023年10月28日。主要工程量:Φ1.4米灌注桩727根,上部结构现浇混凝土3.1万立方米,管廊钢结构制作安装1.3万吨,预制构件3252榀。2022年完成产值32515万元,开工累计完成产值34253万元。

南平港延平新城港区PPP项目　位于福建省南平市延平区。合同投资21.6亿元。合同工期2021年3月10日至2024年2月28日。主要工程量:500吨级通用泊位建设7个(11~17号),8~19号通用泊位后方陆域及码头陆域范围内的相关配套设施;配套区83.35万平方米范围内的基础设施建设;疏港路二期工程长3574米;朱熹路五期港区段道路工程长1.51千米。2022年完成产值19747万元,开工累计完成产值31807万元。

烟台港龙口港区南作业区通用、液散泊位工程　位于山东省烟台市。合同投资21.19亿元。合同工期2022年10月8日至2023年9月30日。主要工程量:拟建设泊位5个;水工建筑物工程,围堤加高,道路堆场,机械设备,装卸工艺,生产与辅助建筑物工程,供电,照明工程,信息与通信工程,控制工程,给水排水,消防工程,采暖、通风、供热工程,动力工程,环境保护工程,疏浚工程,导助航设施工程,临时工程,工程检测,数字化交付等。2022年完成产值5867万元,开工累计完成产值5867万元。

抚仙湖环湖生态移民项目——县城二号安置房西片区建设项目　位于云南省玉溪市澄江市。合同投资5.34万元。合同工期2022年3月1日至2024年2月18日。主要工程量:总建筑面积16万平方米,7栋楼12个单元。2022年完成产值19968万元,开工累计完成产值22297万元。

四川省马尔康市茶堡河流域沙尔、龙尔甲、从恩二级水电站剩余工程PMC项目　位于四川省马尔康市。合同投资4.87亿元。合同工期45个月,实际开工日期2022年5月8日。主要工程量:沙尔水电站、龙尔甲水电站、从恩二级水电站的引水隧洞及大坝厂房工程;沙尔水电站土石方开挖量18.95万立方米,从恩二级水电站土石方开挖量5.32万立方米,龙尔甲水电站土石方开挖量15.91万立方米,混凝土总量11.44万立方米。2022年完成产值6509万元,开工累计完成产值6509万元。

南昌港东新港区姚湾作业区综合码头　位于江西省南昌市。合同投资7.58亿元。合同工期2021年1月7日至2023年5月16日。主要工程量:2000吨级泊位16个及修造船区1个;一期建设包含码头、栈桥、船台滑道、赣东大堤外侧的建筑、给排水、道路工程等。2022年完成产值27578万元,开工累计完成产值56188万元。　(张之娟)

【境外工程】　孟加拉国艾萨拉姆永久码头工程B合同段项目　位于孟加拉国东南部的吉大港地区的Banshkhali。合同投资3.54亿元。合同工期17个月。主要工程量:2190米斜坡式的防波堤建设以及111587立方米扭王字块的预制。2022年完成产值4808.76万元,开工累计完成产值20,975.21万元。

孟加拉博杜阿卡利1320(2×660)兆瓦燃煤电站项目配套码头及取水口EPC项目　位于孟加拉国巴里萨尔市博杜阿卡利县。合同投资41743.99万元。合同工期22个月。主要工程量:建设8000吨级卸煤泊位2个,2000吨级通用泊位1个,8000吨级双向通航航道1条及相应的配套设施。2022年完成产值10368.00万元,开工累计完成产值10368.00万元。

孟加拉帕亚拉码头项目　位于孟加拉国卡拉普拉市。合同投资3.81亿元。主要工程量:1391根Φ1200毫米的PHC基础,144根Φ812.8毫米的钢管桩基础。2022年完成产值4720.94万元,开工累计完成产值13210.47万元。

孟加拉国帕亚拉港堆场项目　位于孟加拉国南部城市巴里萨尔市博杜阿卡利县戈拉巴拉镇。合同投资4.15亿元。合同工期940天。主要工程量:新建净尺寸长650米,宽500米堆场;东面临河道护岸工程建设、后方陆域形成、四周边坡防护、地基处理等及其他附属工程施工。2022年完成产值9394.05万元,开工累计完成产值15523.70万元。

援加纳渔港综合设施项目　位于加纳共和国首都阿克拉市南部的Jamestown渔港。合同投资2.88亿元。合同工期30个月。主要工程量:疏浚工程100485立方米,水工结构长1251米,码头泊位、护岸、防波堤(含新建和修复),管理、生产和配套建筑等有关生产和配套设施。2022年完成产值10000.11万元,开工累计完成产值21409.69万元。

泰国海军梭桃邑潜艇基地和修理厂工程项目　位于泰国春武里省萨塔希普海军基地。合同投资3.2亿元。主要工程量：修理厂和潜艇基地2个。桩基、钢结构厂房、混凝土、设备及配套设施安装工程等，建设工期1080天；港池与航道疏浚、陆域回填、新建防波堤、新建道路，建设工期720天。2022年完成产值7344.26万元，开工累计完成产值8439.92万元。

泰国林查班三期一标水工项目　位于泰国湾东北部沿海。合同工期4年。主要工程量：港池及航道疏浚工程5605万立方米，护岸工程及防波堤工程抛石工程量484万立方米，软基处理工程打设塑料排水板360万延长米、堆载预压用砂300万立方米，邦拉蒙水渠调整工程，水闸门和管道工程，海水泵站控制楼工程和助航标志安装工程等。2022年完成产值12010.99万元，开工累计完成产值27737.69万元。　（李　佳）

【海上风电】　三峡阳江青州五海上风电场项目EPC总承包工程风机基础制造施工与风机安装工程（标段Ⅱ）项目　位于广东省阳江市海域。合同投资116765.35万元。合同工期745天。主要工程量：41台12～13兆瓦大容量风电机组导管架基础钢管桩制作、运输、沉桩，导管架（含附属件）吊装、灌浆施工，风机运输，风机安装工程涉及的全部工作。

山东能源渤中海上风电B场址工程总承包项目风机基础、海上升压站及风机吊装施工标采购二标段项目　位于山东省东营市。合同投资22570.79万元。合同工期122天。主要工程量：12台风机基础施工及风机安装工程施工、海上升压站运输及安装、手续办理、协调、创优所涉及的全部工作。

华能大连庄河海上风电Ⅳ2场址项目风机基础及风机安装工程项目　位于辽宁省大连市庄河市。合同投资64880.17万元。合同工期377天。主要工程量：13台单桩基础及其配套附属构件的制造、运输及施工；10台吸力桶导管架基础及其配套附属构件的制造、运输及施工；2台桩桶基础及其配套附属构件的制造、运输及施工；25台风电机组（含塔筒）及其附属设备安装及其他附属工作。　（贾舒涵）

【船舶制造运营】　全年营业收入15180万元。“铁建砼01”通过自主升级改造及施工工艺优化，多次通过珠澳两地海事部门联检，成功取得混凝土生产正式牌照，累计浇筑混凝土3.385万立方米，完成产值1860万元，实现澳门市场首战收官。“铁建桩01”高质量完成关节轴承和销轴更换，在海上风电领域再度发挥装备优势，完成海南洋浦2号测风塔桩基施工与钢桁架安装；针对崖门大桥防撞工程短桩长、低标高的特点，创新不同桩径钢管桩的混合连续施工方法，设计定制专用“送桩器”；结合重点工程六横大桥项目大型钢护筒的施打要求，设计定制直径3.68米替打套筒，有效提升深远海超长超重大直径钢管桩施工适应性。同时，全力支持“海外优先”战略，协助海外项目做好船舶跨国调遣、坞修、物资配件采购等船机配合服务工作。　（王佳妮）

【港务运营】　2022年，紧紧围绕“建设一流现代化专业港口”的中心工作，积极抢抓长江经济带、长三角一体化、“一带一路”建设机遇，把握国内大循环和国内国际双循环的发展契机，持续抓建设、拓经营、促开放、强管控、防风险，12月16日通过口岸开放市级验收，正式具备外贸作业功能。散货装卸系统完成空载调试，作业能力平均1800吨/小时，满载作业通过能力3000吨/小时，累计流程作业1071万吨。完成货物吞吐量1286万吨（散货1254万吨，件杂货32万吨）。完成船舶3140艘次，其中江船2943艘次，海轮197艘次。　（丁博文）

【经营管理】　企业管理。完成“十四五”战略规划编制、报批和下发工作。2022年，分别与福建省厦门市翔安区人民政府、中铁物资集团签订战略合作协议。根据资质管理相关要求，及时完成相关网站信息更新和资质证书换证工作，及时更新维护资质管理台账。持续跟进军工涉密业务咨询服务单位安全保密条件备案取证后的相关后续工作及管理维护。根据住建部最新政策，持续推进集团公司资质平移划转工作，并指导各分子公司出具各自的资质平移方案并积极准备各类相关资料。完成“十四五”信息化规划编制与发布。完成EMIS二期各子系统建设、泰兴港管控一体化系统一期工程建设和BA系统10个模块的大数据分析建设。BA系统与集团公司数字展厅系统进行系统集成，形成统一的数据仓库，提供大数据分析应用支撑。完成集团公司首个智慧工地管理平台。集团公司智慧工地平台获珠海市“市级垂直行业5G创新应用项目”称号，获政府研发经费支持。

经营承揽。完成新签合同额418.02亿元，同比增长90.57%。交通基建、市政房建、生态环保、新能源四大工程板块分别占比62.1%、22.34%、7.21%、8.05%，合同额均有大幅增长。中标舟山六横公路大桥二期项目,成功进入特大跨径桥梁领域。水工特色更加鲜明。全年承揽涉水项目 64 项,合同额 241.77 亿元,占比 57.84%,同比增长 200.6%。其中包括烟台港龙口港区码头工程、阳江港海陵湾港区泊位工程等一批有重大影响力的项目。投资驱动再开新局。将 EOD 理念和片区开发深度融合,应城综合开发项目和应城市两河流域水生态治理及基础设施 PPP 项目,将“水”文章融入城市的新发展。中标纳霍德卡甲醇码头项目,合同投资 4.1 亿元,并成功开拓俄罗斯市场和几内亚市场,海外业务版图进一步扩大。

财务管理。在资金管理方面,严格资金集中度、上存度过程监管,强化资金归集。全年平均资金集中度 80.21%、上存度 58.13%;严控票据开具,全年票据开具量同比降低 7.7 亿元;增强融资保障,扩充信贷资源,截至 2022 年末获金融机构综合授信额 272.54 亿元,较 2022 年初增加 32.24 亿元;通过与金融机构开展融资谈判,引入绿色贷 6 亿元、成本 2.9%,引入“纾解贷”2.5 亿元、成本 2.85%,节约财务费用 1856 万元;在确保融资成本的前提下,通过融资租赁方式,确定 23 亿元风电船及起重船融资建造方案,为集团公司的平稳经营及船舶装备建造提供强有力支撑。在税务管理方面,集团公司连续三年获横琴国税总局颁发的纳税信用 A 级荣誉证书,为公司对外投标、生产经营、投资信贷等多方面提供企业信用保障。在财务信息化方面,本年完成共享系统优化升级工作,重点对内部往来列账、资产调拨功能与共享集成、外币业务报账、账套申请上线、资金和总账自动对账、报账单据批量打印等方面进行优化升级;将所有境内核算账套纳入财务共享,实现全覆盖。在财务检查方面,开展 XJ 贸易专项整治工作,组织各单位对 2017 年 8 月至 2022 年 8 月期间进行全覆盖 XJ 贸易专项排查,未发现风险;组织开展综合治理专项整治行动,组成 4 个抽查验收小组对所属单位综合治理情况进行抽查验收,发现问题 182 条,对其中的 144 条问题完成整改。在财务内控建设方面,新增下发财务管理办法 2 项,修订财务管理制度 2 项。

经济管理。经济管控及经济运行管理。印发修订制度 2 项,并对责任成本管理考评情况通报,鼓励所属工程公司强化责任成本管理,提升项目创效水平。深入参与“1234 +”标杆公司与标杆项目的评选细则会议,参加股份公司“1234 +”工程项目管理暨成本管理实验室成果研讨视频会议,上报 8 个课题全部取得实验成果,推进“1234 +”工程项目管理工作落到实处。持续深化与交通运输水运工程造价定额中心合作,对沿海港口补充定额、疏浚补充定额征求意见进行反馈,参与《沿海港口水工建筑工程定额》修订工作。提质增效。在加强对策划、方案、进度、质量、安全等管理方面,不断提升项目创誉创效的能力,完成利润总额 2.06 亿元,净利润 1.75 万元的年度奋斗目标;在提质增效方面,实现资产负债率不超 82%,经营性现金流量达到 2.53 亿元以上等奋斗目标;在防风险方面,从构建“大风控”“大监督”体系、防范安全风险、防范合规风险等方面守住底线,进一步提升风险防范能力。绩效考核。坚持以经济责任书为抓手,严格项目年度考核和完工考核,严格对待项目兑现。扩大项目风险抵押金上交范围,推动项目模拟股份制等新机制的运用,在确保收益、增创效益上进行新的实践探索。在建项目应考核项目 109 个,实际考核 107 个,考核比例 98.17%。二次经营。强化变更索赔管理,优选 50 篇变更索赔案例进行统一汇编提供各单位交流学习,变更索赔包保金额完成 2.28 亿元,完成年度指标及包保任务目标。集团公司变更索赔额 20.23 亿元,变更索赔率 13.82%。分包管理。通过优化分包策划留住效益,各工程公司完成 66 个项目的分包策划和审批。每年定期发布合格分包商名录。完成分包商名录的整理、审核上报工作,境内优秀分包商 3 家,境内合格劳务分包商 45 家,境内合格专业分包商 321 家,境外工程合格专业分包商 14 家,境内工程不合格分包商 30 家。截至 2022 年末完成分包招(议)标 427 次,分包招(议)标金额 44.55 亿元,招标节支率 4.13%。

审计管理。完成项目审计任务 61 项,严格落实股份公司审计监事部 2022 年度审计工作目标和港航局集团年初工作会议精神,认真开展审计制度落实年活动;持续加大审计工作力度;持续规范违规经营投资责任追究工作,及时移送违规线索;继续加强监督力度,推动经济“大监督”工作落地;不断完善审计监督领域,努力开展境外项目审计;持续加强审计问题整改工作。配合股份公司开展对集团公司科研立项结题课题专项审计调查工作;不断推动审计工作开创新局面,助力港航局高质量快速发展。

安全质量。组织习近平总书记关于安全生产重要论述专题学习 135 场次,参与 3376 人;主要负责人讲安全生产课 224 场次;安全生产法轮训 198 场次,涉及 5455 人;与各分子公司签订安全生产包保责任书 15 份,与各部门签订安全生产包保责任书 22 份,所属各单位与项目部及项目部层级共签订安全生产责任书 7214 份、安全生产承诺书 12665 份;全年抽查项目发现安全生产隐患 176 项,所属各单位排查 3617 次,发现隐患 11710 项；全年完成粤建安新取证 258 人次，完成粤建安持证人员继续教育 117 人次，完成公路水运交安新取证 55 人次，公路水运交安延期培训 430 人次，完成注册安全工程师初始注册 10 人，各单位、各项目组织各类安全教育培训 2809 次，教育人员 33517 人次；安全生产月期间各单位、各项目参与 5276 人，组织警示教育 3760 人次，发放安全知识手册 2084 人次，参与安全知识竞赛 2613 人次；全年对应急预案、专项应急预案、现场处置方案 423 项进行修订和补充，组织实战应急演练和桌面演练 561 次。获评 2022 年度股份公司安全生产先进单位；5 个项目获评 2022 年度股份公司安全标准工地；13 个项目分别获江苏省、福建省等省市“平安工地”示范项目称号。

（温　斌　王运芳　萧子锋）

【科技教育】 2022 年，集团公司获股份公司 B 类立项 2 项、C 类立项 1 项，获资助资金 185 万元。获山东省科学技术进步奖一等奖 1 项，中国机械工业科技进步奖一等奖 1 项，中国水运建设行业协会科学技术奖三等奖 2 项，工程建设科学技术进步奖二等奖 1 项，中铁建科学技术奖一等奖 1 项；获公路工程工法 7 项；获水运交通优秀设计奖三等奖 2 项，水运工程优秀咨询成果奖一等奖、二等奖、三等奖各 1 项，广东省优秀工程咨询成果三等奖 2 项；获发明专利 12 件，实用新型专利 67 件、软件著作权 1 件。集团公司获省部级优质工程奖 3 项，市级优质工程奖 1 项，中国铁建杯优质工程奖 4 项；获中国建筑业协会优秀 QC 小组成果奖 1 项，省部级优秀 QC 小组成果奖 6 项，股份公司优秀 QC 小组成果 3 项。开展各类教育培训工作，组织选送或自行办班 576 班次，参加各类培训 6789 人次。全员培训率 209.8%，通过线上培训 3826 人次，占培训总人次的 56.25%，线下培训 2063 人次。（梁晓烨　李　凯）

【党群工作】 党建工作。集团公司所属二级党组织 15 个，其中直属机关党委 1 个、二级单位党委 11 个、二级单位党工委 1 个、项目党工委 4 个，基层党支部 108 个，党员 1236 人。直属机关党委所属党支部 11 个。深入持续推进两级党委“三重一大”决策和运行监管系统建设，组织开展“三重一大”制度执行情况专项检查，通过报送自查材料、现场检查等方式，全面解所属各单位及基层项目部“三重一大”制度建立、执行、监督等情况。共筹办集团公司党委（扩大）会 20 次，审议议题 166 项，前置研究生产经营、改革发展等重大问题 67 项。完成 12 家二级单位 2021 年度党（工）委书记抓基层党建述职评议考核、党建工作满意度测评和党建工作责任制现场考评，协助集团公司领导班子调整联系点工作分工、开展联系点工作。落实“四同步、四对接”要求，根据基层管理实际，举办党建工作交流会，指导基层加快打造党建工作亮点品牌。订购分发党的二十大相关图书 262 套，指导基层持续深化党员学习教育管理。举办党支部书记暨党务干部培训班，110 人参加培训，选送 9 人参加股份公司 2 期党支部书记培训示范班，组织 13 人参加国有企业基层党务工作网络培训班，组织基层结合实际参加国有企业基层党组织书记网络培训班，组织各单位观看股份公司 4—12 月每月举办的“党建大讲堂”、《无声的功勋》。全年发展党员 56 人，评比表彰 2021 年度“四好”领导班子，选树集团公司先进基层党（工）委 2 个、先进基层党支部 17 个、优秀共产党员 42 人、优秀党务工作者 19 人，春节慰问困难党员 30 人次，老党员 1 人次。统战工作。按照股份公司要求，聚焦核心技术攻关、国企改革三年行动、重大项目建设等中心工作，围绕企业“十四五”发展规划，深入基层一线系统研究。国家安全和保密工作。组织第七个国家安全教育日活动及购买保密教育书籍 228 册，组织集团公司各层级参加保密线上培训班，取得合格证书 233 人次。开展对融合项目的监督检查，未发生失泄密事件。

宣传工作。2022 年，集中组织党委理论中心组学习 9 次，其中专题研讨 6 次。全年未发生意识形态领域不良倾向和突出问题。组织开展“文明沟通专项行动”实战演练活动，基层项目应对处置负面舆情事件的能力进一步提升。构建舆情分级预警机制，推进实施舆情网格化管理，借助新浪舆情通软件，确保舆情监控 24 小时无死角。全年监测涉及集团公司的舆情事件 170 余条，妥善处置负面舆情 2 例，未发生重大负面舆情事件。编写下发任务教育及学习宣传提纲 5 期，引导广大干部职工统一思想认识，凝聚奋进力量。制定下发学习宣传贯彻党的二十大精神工作方案和工作推进计划，通过理论学习中心组学习、党员干部集中学习、党委书记讲党课、发放学习“口袋书”等多种形式，推动党的二十大精神学习宣传全覆盖。聚焦世界级跨海大桥——浙江宁波舟山港六横公路大桥二期工程开工，与兄弟单位大桥局联合“五客”立项，倾力打造“中国桥跨海新纪录”系列报道，在中央电视台、新华社、中新社、中央人民广播电台、《工人日报》、《科技日报》等中央及省级媒体强势发声。根据企业实际，借助短视频传播优势，精心策划推送“大干二季度　献礼二十大”“品牌工程我来夸　献礼党的二十大”等多个主题推送。在中央及省级媒体发稿110余篇,在《中国铁道建筑报》发稿40篇,在股份公司网站发稿80余篇,编辑《铁建港航》4期,编辑推送微信370余篇,在国资小新、新华社等中央及省部级新媒体平台推送近20次;在中国铁建官微参与或专题推送50余次,抖音、微博等平台推送20余次。组织开展"社会主义核心价值观"微电影、微视频征集展播活动,拍摄的故事片《传承》和《浇灌白马》,分别在新华社抖音号、国资小新、中国铁建视频号及国务院国资委网站刊发。强力推进文化品牌落地和视觉识别系统在基层一线的规范应用。由集团公司独立完成的股份公司3个立项课题中,1项获股份公司2021—2022年度优秀政研课题三等奖,完成集团公司本级立项的40个课题评审工作。

党风廉政建设。全年组织"第一议题"学习25次,自觉运用党的创新理论指导实践推动工作,聚焦水工主责主业等都取得明显成效。加强对"一把手"的监督,集团公司党委书记、纪委书记分别与下级"一把手"谈心谈话48人次、36人次,强化对其履行政治责任、依法合规履职用权、担当作为等情况的监督。围绕"十四五"规划实施和生产经营重点工作开展监督,督促业务部门和分子公司深入落实"十四五"业务布局,交通基建、市政房建、生态环保、新能源四大工程板块承揽同比均有大幅增长。盯紧国企改革三年行动收官强化监督,督促业务部门持续深化和巩固改革成果,完善法人治理制度体系,全面深化经理层成员任期制和契约化管理,持续开展对标提升行动,打好高质量收官仗。加强对安全生产工作的监督,纪委督促所属单位做好安全生产领域监督工作。强化风险化解和境外腐败治理工作监督,境外腐败治理、境外"违规投资经营"专项整治,综合治理专项行动,XJ贸易治理专项行动扎实推进,投资、经营等风险得到有效防范。加强常态化疫情防控和重大项目、重点工程建设的监督,东升大桥等10个项目疫情防控工作受到地方或业主单位表扬表彰。加强工程项目纪检监督,制定具体实施办法,列出工作清单18项113条。开展"四风"问题专项检查,派出检查组81个,抽查单位(项目)101家。开展纪检工作调研督导,反馈督导意见7份46条建议。实施巡察整改督查,完成违规挂靠专项巡察整改督查,出具反馈意见书3份。强化选人用人的监督,对18名新提拔和12名试用期满转正干部开展监督,对15名重用和提拔干部进行任前廉政谈话。做好来信来访来电网络举报受理,收到23件次,问题线索得到及时有效处置。深化运用"四种形态"。两级纪委运用"四种形态"批评教育帮助和处理58人次。以严肃问责促担当作为。坚持失责必问,深入调查履行领导责任、管理监督不力等失职失责问题,对有关责任人严肃问责。两级纪委初步核查30件(含1件上年结转),函询2件,其中立案7件,给予党纪政纪处分13人,诫勉谈话17人,谈话提醒27人,通报批评1人。

工会工作。召开集团公司职代会,完成工作报告、集体合同履行情况以及职工代表提案落实报告等的审议和民主测评;对各级单位职代会工作进行全面的考核、评比。持续开展"两节"送温暖活动,"两节"期间筹集资金113.59万元,走访慰问困难职工家庭86户,生产一线项目25个;筹集慰问资金142.82万元,在重、难点工程开展送清凉活动,走访62个项目部;开展金秋助学活动,资助学子46名,发放助学金7.7万元;完善助困机制,试运行《职工互助帮扶专项基金管理实施细则》。完善组织建设,对所属7个单位工会主席履行民主选举程序进行调整并及时完成开户或变更工作,完成2个单位收支审计及7个工会主席离任审计;加大资金归集力度,全集团在财务公司开户率83%,实现超额收益;组织271名专兼职干部参加工会干部培训班,参与率92%;修订完善年度工会工作考核办法,完成对分子公司的党建考核。开展劳动竞赛、技能竞赛、安康杯竞赛,征集合理化建议和技术改进项目25项,获股份公司劳动竞赛优胜单位1个、先进单位2个、工人先锋号奖章1人;粤港澳大湾区劳动竞赛海员赛区先进集体2人、优秀个人3人;省级"工人先锋号"2个,火车头奖状1个、火车头奖章1人;省级"安康杯"竞赛优胜班组1个;全国安康杯文化宣传优秀个人1人;集团公司获评广东省安康杯竞赛优胜单位、全国安康杯文化宣传先进单位、全国安康杯文化宣传工作示范单位。

共青团工作。集团公司团委10个、团工委2个、团支部71个、专兼职团干部211人。结合"百年心向党、奋进新征程"等庆祝建团100周年活动,引领青年听党话、跟党走;持续深化文明号、岗位能手、安全生产示范岗、突击队、志愿服务等青年创先争优活动,引导青年岗位建功;落实双导师带徒机制,强化团员青年"推优入党",开展2021—2022年"青马工程"班线上培训、线下集训,深化"团组织就在我身边"关爱行动等,联系服务青年成长;开展基层团组织书记培训,落实所属单位团组织书记述职评议和共青团工作考核,持续提升基层共青团工作质量。年内获评中国铁建"五四红旗团委"1个、"五四红旗团支部"1个、"青年文明号"2个、"优秀共青团员"3人、"优秀共青团干部”2 人、“青年岗位能手”2 人。

（武 斌 杨艾芹 李小乐）

【第一工程分公司】 驻广州市番禺区兴南大道 118 号。总经理胡向东，党委书记蒙大改。职工 634 人。资产总额 46.81 亿元，其中流动资产 36.32 亿元、非流动资产 10.49 亿元。

2022 年，新签合同额 36.73 亿元，营业收入 30.28 亿元，利润 6960.56 万元，利润率 2.3%，净资产收益率 21.63%，资产负债率 93.04%。（潘丽媛）

【第二工程分公司】 驻浙江省宁波市鄞州区泰康中路 459 号雷孟德旅游大厦 29 楼。2012 年 8 月注册并营运。党委书记、总经理陈立。职工 245 人。

2022 年，新签合同额 86.91 亿元，施工产值 14.38 亿元，利润 2074 万元。（王永强）

【第三工程分公司】 驻山东省青岛市高新区华贯路 27 号。总经理高春生，党委书记于强。职工 338 人。

2022 年，新签合同额 49.49 亿元，施工产值 16.9 亿元。国有资产保值增值率 119.18%，净资产收益率 17.5%，产值利润率 2.79%。（李 慧）

【第四工程分公司】 驻重庆市江北区港安二路 28 号冠陆两江汇谷 D 栋 10 楼和 11 楼。总经理雷明深，党委书记唐大文。职工 464 人。

2022 年，新签合同额 42.21 亿元，施工产值 21.15 亿元，营业收入 16.13 亿元，利润 5293 万元，人均创利 6.34 万元。国有资产保值增值率 108.59%，净资产收益率 8.59%，产值利润率 1.37%，资产负债率 90.09%。（周 娇）

【总承包分公司】 驻广东省珠海市香洲区梅华西路 2372 号 26 栋。党委书记、总经理仲维华。职工 298 人。资产总额 285329 万元。

2022 年，承揽总额 65.52 亿元，营业收入 13.34 亿元，施工产值 13.65 亿元，净利润 6646.82 万元，人均创利 20.02 万元，全员劳动生产率 47.42 万元/(人·年)，职工年人均收入 18.98 万元。国有资产保值增值率 117.5%，净资产收益率 14.31%，产值利润率 4.98%，资产负债率 82.41%。（尚怀霞）

【船舶工程分公司】 2012 年 11 月成立。驻广东省珠海市香洲区梅华西路 2372 号 26 栋。总经理程旭东，党委书记金晔。主要负责船舶运营管理及新建船舶监造。

2022 年，新签合同额 1315 万元，产值 2170 万元，营业收入 15179.73 万元。（王佳妮）

【勘察设计院】 拥有工程咨询资信甲级（水运工程）、工程设计水运行业甲级、工程勘察专业类（岩土工程、工程测量）甲级、建筑行业（建筑工程）乙级、测绘（工程测量、海洋测绘、不动产测绘）甲级、测绘（测绘航空摄影、摄影测量与遥感）乙级、地基基础工程专业承包一级等资质，建筑施工安全生产许可证；具备 CMA 认证、高新技术企业证书、环境管理体系认证、质量管理体系认证、职业健康安全管理认证以及知识产权管理体系认证等 6 项认证类资格证书，属国家高新技术企业。驻广东省广州市番禺区南村兴南大道 118 号 2 号楼 5～8 楼。执行董事、党委副书记、院长张迎春。资产总额 13922.20 万元。

2022 年，新签合同额 18014.97 万元，产值 15469.06 万元，利润 385.28 万元。国有资产保值增值率 104.96%，净资产收益率 4.84%，产值利润率 2.49%，投资回报率 4.84%，资产负债率 44.06%，应上缴款完成率 15.50%。（谢沐珍）

【武汉分公司】 拥有建筑工程施工总承包三级，地基基础、环保工程专业承包三级资质。驻湖北省武汉市江岸区金桥大道特 115 号新长江传媒大厦 14 楼。总经理夏凯峰，党委书记刘鹏。职工 230 人。

2022 年，新签合同额 20.53 亿元，施工产值 8.26 亿元，营业收入 7.34 亿元，利润 1521.03 万元，人均创利 6.61 万元，全员劳动生产率 29.07 万/(人·年)，职工人均年收入 14.03 万元，净资产收益率 8.26%，产值利润率 1.82%，资产负债率 74.68%，应上缴款完成率 79.45%，国有资产保值增值率 111.43%。（赵剑睿）

【海外分公司】 2019 年注册营运。驻广东省珠海市香洲区前山翠峰街 189 号 3 楼。党委书记郭义平，副总经理（主持工作）宋钢贤。职工 148 人。

2022 年，经营承揽 42.87 亿元，施工产值 7.16 亿元万元，营业收入 6.39 亿元，利润 1515.69 万元，总资产报酬率 4.7%，营业利润率 2.42%。（李 佳）

【新能源分公司】 驻广东省珠海市香洲区翠前北二街 189 号民强商业大厦 8～9 楼。总经理、党委书记佟永录。职工 197 人。

2022 年，营业收入 279475.10 万元，利润 11505.30 万元；劳动产值 22036.33 万元，全员劳动生产率 111.86 万元/(人·年)。国有资产保值增值率 101.57%，净资产收益率 1.56%，产值利润率 3.38%，投资回报率 0.51%，资产负债率 77.12%，应上缴款完成率 28.41%。（贾舒涵）

【泰兴港务公司】 驻江苏省泰兴市虹桥镇中丹路 8 号。党工委书记、董事长王海珉，总经理程守昌。职工 103 人。资产总额 120119 万元。其中，流动资产 11203 万元，固定资产原值 45208 万元。

2022 年，产值 26397 万元，营业收入 5058 万元，货物吞吐量 1286 万吨，完成船舶作业 3140 艘次，人均创收 49.11 万元，人均货物吞吐量 12.49 万吨。国有资产保值增值率 97.35%，资产负债率 81.95%。

（丁博文）

中国铁建房地产集团有限公司

【简况】 拥有房地产开发一级、工程设计甲级资质和物业管理一级资质，是国务院国资委批准的 16 家以房地产为主业的央企之一，中房协常务理事单位，获中诚信 AAA 级企业最高信用等级评定。2007 年 3 月组建，注册资本金 70 亿元。在北京、上海、广州、天津和海外(莫斯科)等 45 个城市布局 239 个项目，项目总建筑面积约 7700 万平方米，已开发面积约 6400 万平方米，实现京津冀、长三角、珠三角等主要城市群的全面布局。

2022 年，实现销售 1012.8 亿元、营业收入 400.6 亿元，分别增长 0.3%、35.7%；回款 495 亿元、净利润 20 亿元，分别降低 7.7%、33.1%。全年销售逆势增长，销售额破 1000 亿元，创历史最佳；克而瑞销售排名首次进入前 20，排名第 19，带动中国铁建排名第 15，较 2021 年分别前进 23 名、11 名，排名均创历史最高。重难点项目环保科技园实现重大突破，库存 5 栋楼全部实现整体销售。全年完成权益投资 185 亿元，获取项目 21 个，其中再投资项目 2 个、新获取项目 19 个。19 宗土地权益投资 178.7 亿元，权益占比 56.7%，全口径可研货值 623.6 亿元、可研净利润 42.5 亿元，平均净利润率 7.43%，投资杠杆率 3.5，货地比 2，全周转住宅货值 583.7 亿元，占比 93.6%。成本管理年度“五大目标”全面达成。三项费用占比 9.64%，较上年下降 0.69 个百分点；三项费用 97.6 亿元，较上年减少 6.94 亿元。建造成本下降 1.99 个百分点、优化 7.07 亿元，是预期目标的 2 倍。集采工作全面启动，铁腕推进，达到“降本、加速、提质”三大作用。2019 年至 2022 年，项目平均开盘周期分别为 12 个月、10 个月、9.5 个月、8.1 个月。获取 19 宗土地中 13 宗地已开盘，平均开盘时间 5.5 个月。开盘项目实现销售 220.5 亿元、回款 107.6 亿元。拿地后半年，9 个项目实现销售额超过一半地价款，3 个项目实现销售额覆盖全部地价款。按快报数据口径，年末集团资产负债率 81.57%，在上年下降 0.49 个百分点的基础上，又下降 1.62 个百分点；剔除预收房款后的资产负债率 76.23%，在上年下降 1.12 个百分点的基础上，又下降 3 个百分点。现金净流量 15.86 亿元。（曾芳君　刘　博）

【领导人员】

董事会

董事长	李兴龙
副董事长	陈建军
职工董事	吴宏晋

监事会

监事会主席	梁树峰(6 月任)
监事	洪　梅
职工监事	乔国伟

经理层

总经理	陈建军
副总经理	陈国芳
	代春利
	楼英瑞
	李育红
	阮　兴
	王　娟
总会计师	李育红

党群领导

党委书记	李兴龙
党委副书记	陈建军
	吴宏晋
纪委书记	梁树峰(6 月任)
工会主席	吴宏晋

（郑　恒）

【职工队伍】 职工 4036 人。其中，物业公司 1199 人。

女员工人数1663人。房地产开发公司本科及以上学历2741人,物业公司本科及以上学历562人。

(刘通汇)

【董事会工作】 为落实股份公司《改革三年行动实施方案》,推进二级公司规范董事会建设,提升公司法人治理水平,根据《中国铁建股份有限公司二级公司董事会规范运作指导意见》《中国铁建股份有限公司二级公司董事会规范运作考核评价暂行办法》对2022年度二级公司董事会规范运作情况进行考核评价。获评2021年度董事会规范运作优秀单位。当前董事会为第五届董事会,由7名董事组成。2022年,集团公司董事会召开28次会议,其中正式会议3次,临时会议25次(其中12次通信表决)。审议137个议案,形成决议137项,其中137项决议审议通过,0项决议审议未通过。2022年全年形成的137项董事会决议中,土地经营方面94项、审议报告12项、人选聘任2项、机构设置6项、企业收并购及股权变更2项、融资担保7项、制度流程方面11项、绩效考核及奖金方面3项。

(沈晓敏)

【企业管理】 2022年,企业改革与发展管理中心重点推进国企改革三年行动、对标世界一流管理提升行动、“压减”企业法人、深化组织体系改革、绩效考核与操盘手管理、城市分级研究、风险内控体系建设等工作。建立包括工商注册变更等公司管理档案,及时登记、统计与分析子公司的相关信息。及时办理有关重要事项的请示与批复工作,包括集团公司设立分子公司、注册资本金变更及股权变更等工作。全年办理7家法人公司和2家二级单位分公司新设立事项,23项子公司工商变更事项。2月,正式印发中铁地产“十四五”战略规划。编制完成中铁地产“十四五”专项子规划,区域公司、专业公司“十四五”规划要点,形成系统的、完备的、规范的“十四五”规划体系。多管齐下推进战略规划落地实施。一是深入一线进行宣贯,交流集团公司“十四五”战略规划制定的背景、形成过程、实施路径、保障措施等,让一线人员在充分理解的基础上,认识作为基层单位甚至个人与集团公司战略规划的关系,如何融入战略规划,各自基于自身立位在战略规划实施过程中应该发挥什么样的作用;二是建立战略规划执行的评估体系,定期对战略规划执行情况进行评估,发挥监督作用。

(高睿娜　张　苹)

【经营管理】 财务管理。2022年,受销售市场下行以及“保交楼”等监管政策影响,企业流动性持续紧张,各级财务部门坚决执行集团资金集中管控要求,高效统筹资金收支,严防资金使用风险,确保全集团资金高效运转。一是多措并举狠抓销售回收管理,科学下达回款指标,紧盯重点按月分析督导,营销财务一体化顺利试点上线,管控效率显著提高,销售回款取得良好成绩。二是紧跟政策盘活资金,大力解禁监管资金,千方百计压控监管规模,紧盯保函置换预售监管资金,与建行、中信、农行、交行等总对总沟通获得保函额度150亿元,在北京、武汉等区域实现保函置换超过10.7亿元,同时强力提升资金集中度,将回款集中上存纳入核心考核指标,压实各级管控责任。三是高效统筹保障支出,通过充分挖潜回款、融资,积极引入合作资金,有力应对销售下行、回款乏力不利局面,全力保障投资计划。四是风险防范体系更加完善,资金使用更加安全,通过全面上线银行账户管理功能,全面从严清理账户,大力压减非联网合作银行账户,实现中行、农行等14家银行账户实时监控;同时全面排查业务风险,通报整改不规范问题,细化管理要求,防范操作和兑付风险,票据票证管理更加完备。

审计管理。集团公司各级审计机构继续坚持“内主外辅、上下协同”的审计工作组织方式,按计划开展各类审计项目,在审计过程中,以维护集团公司利益为宗旨,聚焦关键经营环节,重点审计国家重大政策措施贯彻、企业发展战略推进及规划落实、大额投资、经济合同管理、财务管理及内部控制和风险管理等内容,进一步加大重点经营管理活动的审计力度。全集团开展各类审计项目53项,其中审计监事部完成16项,所属二级单位完成37项,累计发现问题500余个,提出审计意见或建议近200条。

安全质量。以“首创、实干、开放、系统”为指导,按照“五段五线五保障”要求,持续开展安全生产大检查和各类安全专项整治行动,稳控安全“风险线”,全面推进安全生产管理体系由形向实的根本转变,不断夯实安全生产基础和基层工作,全年安全生产形势总体稳定。集团公司全年未发生安全生产责任事故,股份公司年度安全生产考核被评为“优秀”,实现年度安全生产目标。集团公司中铁建江门总部基地项目、中国铁建太原花语堂房建项目、毕节西派澜岸房建项目、中国铁建黑龙江总部基地项目被评为股份公司2022年度安全标准工地。

(严　明　麻晓明　方　岩)

【投资管理】 宁波市鄞州区JD05-04-20(白鹤地块)居住用地　2022年1月18日,华润置地宁波公司竞得该宗地国有建设用地使用权，并于2月22日成立全资子公司宁波润盛房地产开发有限公司负责项目开发建设。经2022年5月10日集团公司年度第7次总经理办公会、5月16日股份公司房地产领导小组年度第8次会议批准同意参与宁波润盛房地产开发有限公司增资扩股。6月30日，华东公司以增资扩股方式通过上海联合产权交易所公开交易获取宁波润盛公司40%股权，与华润宁波公司合作开发该地块。

上海市松江区泗泾镇SJSB0003单元01－02居住地块　经2022年3月8日集团公司年度第3次总经理办公会、3月11日第五届董事会年度第3次临时会议审议、3月16日股份公司房地产领导小组年度第4次会议批准同意参与竞买。2022年6月1日，华东公司以集团公司为竞买主体竞得该宗地国有建设用地使用权。

上海市松江区泗泾镇SJSB0003单元08－01居住地块　经2022年3月8日集团公司年度第3次总经理办公会、3月11日第五届董事会年度第3次临时会议审议、3月16日股份公司房地产领导小组年度第4次会议批准同意参与竞买。2022年6月7日，华东公司以集团公司为竞买主体竞得该宗地国有建设用地使用权。

上海市松江区中山街道新城主城C单元C07－01号居住地块　经2022年3月8日集团公司年度第3次总经理办公会、3月11日第五届董事会年度第3次临时会议审议、3月16日股份公司房地产领导小组年度第4次会议批准同意参与竞买。2022年6月7日，华东公司以集团公司为竞买主体竞得该宗地国有建设用地使用权。

广州市南沙区横沥岛尖长沙涌西侧地块　2022年3月16日，地产集团南沙公司所属中铁实业与华南建设、铁建国投、南投地产签订《合作协议》，同日完成工商变更登记，合作开发该项目。经集团公司年度第2次总经理办公会研究，第五届董事会2022年度第二次临时会议表决，股份公司备案审批批准，同意授权南沙公司以广州南沙中铁实业发展有限公司为主体，以增资扩股方式、出资不超过433.38万元获取广州南沙京开置业有限公司40%的股权，华南建设、铁建国投均以出资不超216.69万元获取广州南沙京开置业有限公司20%的股权，增资价格不高于经股份公司备案的资产评估价格，并承担项目公司该时点对应负债，参与广州市南沙区横沥岛尖长沙涌西侧地块的合作开发。

苏州市工业园区斜塘街道蔺谊路北（苏地2022－WG－8号）居住地块　经2022年4月25日集团公司年度第6次总经理办公会、4月27日第五届董事会年度第6次临时会议审议、4月28日股份公司房地产领导小组年度第7次会议批准同意参与竞买。经2022年7月12日集团公司年度第13次总经理办公会、7月19日第五届董事会年度第14次临时会议审议并向股份公司线上备案，批准同意通过挂牌方式出让苏州京发公司30%股权（意向合作方广州新铁鑫建），并通过内部转让方式转让13%股权给中铁城建公司、5%股权给20局，划转52%股权至华东公司。

南京市浦口区江浦街道2022G13/2022G14居住用地　经2022年5月10日集团公司年度第7次总经理办公会、5月13日第五届董事会年度第8次临时会议审议、5月16日股份公司房地产领导小组年度第8次会议批准同意，华东公司按照40%股权比例与重庆泽悦公司合作开发该地块。5月16日，华东公司与重庆泽悦公司按照40%：60%股权比例共同出资设立南京京悦房地产开发有限公司负责项目开发建设，双方合作开发两宗地块。

杭州市钱塘区下沙元成单元JS02－03－R21－01居住地块　2022年4月25日，杭州绿城浙帆置业有限公司竞得该宗地国有建设用地使用权，并于5月7日成立全资子公司杭州金乔置业有限公司负责项目开发建设。经2022年7月12日集团公司年度第13次总经理办公会、7月19日第五届董事会年度第14次临时会议审议并向股份公司线上备案批准同意，华东公司以1元价格收购杭州金乔置业有限公司51%股权，完成项目公司股权协议转让。

西安市高新区丝路软件城124亩地块　经2022年5月10日集团公司年度第7次总经理办公会、5月13日第五届董事会年度第八次临时会议审议、5月23日股份公司房地产领导小组年度第9次会议批准同意参与竞买。2022年6月1日，华中公司竞得该宗地国有建设用地使用权。

北京市昌平区平坊村土地一级开发项目PF－10、09居住教育用地　经2022年5月10日集团公司年度第7次总经理办公会、5月13日第五届董事会年度第八次临时会议审议、5月23日股份公司房地产领导小组年度第9次会议批准同意参与竞买。2022年5月31日，北方公司与中粮联合体竞得该宗地国有建设用地使用权。

成都市武侯区武侯新城58亩地块　2022年7月11日经集团公司年度第12次总经理办公会通信研究、7月11日第五届董事会第十三次临时会议审议、7

月 11 日股份公司房地产领导小组会年度第 12 次会议批准，同意铁四院与中铁城建按 50%∶ 50% 组成联合体参与竞买，竞得后，西南公司与铁四院、中铁城建分别按 20%、50%、30% 比例合作开发。二类居住用地，建设用地面积 3.85 万平方米，容积率 2.0，计容建筑面积 7.69 万平方米。

成都青羊区蔡桥 40 亩居住用地　2022 年 10 月 10 日经集团公司年度第 23 次总经理办公会研究，10 月 14 日第五届董事会年度第二十一次临时会议审议，10 月 25 日股份公司房地产领导小组会年度第 18 次会议批准同意参与竞买。2022 年 10 月 26 日，西南公司竞得该宗地国有建设用地使用权。二类居住用地，建设用地面积 2.69 万平方米，容积率 2.5，计容建筑面积 6.74 万平方米。

成都青羊区蔡桥 101 亩居住用地　经 2022 年 10 月 10 日集团公司年度第 23 次总经理办公会研究，10 月 14 日第五届董事会年度第二十一次临时会议审议，10 月 25 日股份公司房地产领导小组会年度第 18 次会议批准同意参与竞买。2022 年 10 月 27 日，西南公司竞得该宗地国有建设用地使用权。二类居住用地，建设用地面积 6.75 万平方米，容积率 2.0，计容建筑面积 13.50 万平方米。

广州市海珠区洛溪桥西侧 26 亩居住用地　2022 年 10 月 10 日，地产集团华南公司竞得广州市海珠区洛溪桥西侧 26 亩居住用地。经集团公司年度第 22 次总经理办公会研究，第五届董事会 2022 年度第二十次临时会议表决，股份公司年度第 16 次房地产领导小组办公会批准，同意地产集团华南公司参与地块竞买。项目为居住用地，总用地面积 1.75 万平方米，建设用地面积 1.4 万平方米，容积率 3.0，计容建筑面积 4.2 万平方米。

成都成华区崔家店 9 亩居住用地　经 2022 年 12 月 2 日集团公司年度第 29 次总经理办公会研究，12 月 9 日第五届董事会年度第二十四次临时会议通信表决，报股份公司备案，同意地产集团西南公司与成都汇厦建设投资股份有限公司按 51%∶ 49% 组成联合体参与竞买。二类居住用地，建设用地面积 0.59 万平方米，容积率 2.0，计容建筑面积 1.17 万平方米。

（高欣远）

【创新项目投资管理】　2022 年，创新业务事业部共组织上会决策项目 12 个，竞得项目 7 个。成功获取西安未央井上村和成都武侯区白佛桥 TOD 项目 2 个，实现轨道交通上盖开发业务的突破，为未来轨道交通全产业链业务实现突破奠定基础；大力拓展管理输出项目，获取成都高投 28 亩人才公寓项目、成都产投天府新区 116 亩项目、珠海港航局管理输出项目、成都市高新西区 77 亩人才公寓项目，代建管理建筑面积 46 万平方米；审慎稳妥开展股权收并购业务，成功收购广州西派云峰项目深圳龙光 51% 股权。

西安井上村 TOD 项目　位于未央区城北板块，属城市地图战略重点板块。井上村项目是集团公司与铁一院、大明宫置业共同推动的一级、二级联动项目，二级开发用地总占地 33.528 万平方米，首批次供地 DK4 和 DK5 总占地 4.39 万平方米，用地性质为二类居住用地，其中 DK4 建设用地面积 2.63 万平方米、容积率 2.6、计容建筑面积 6.84 万平方米，DK5 建设用地面积 1.76 万平方米、容积率 2.7、计容建筑面积 4.74 万平方米，于 2022 年 8 月 18 日竞得。

成都武侯区白佛桥 TOD 项目　位于武侯区西部智谷板块，属城市地图高价值板块第一梯队。用地性质为住宅兼容商业用地，建设用地面积 6.50 万平方米，容积率 1.5，计容建筑面积 9.75 万平方米，兼容商业比例 5% ~10%，是成都轨投公司于 2021 年 9 月 15 日通过设置排他性条件，以底价获取的项目。

成都高投 28 亩人才公寓项目　位于高新南区金融城板块，属城市地图高价值板块第一梯队。项目用地性质为人才公寓用地，建设用地面积为 1.84 万平方米，容积率 2.5，计容建筑面积 4.61 万平方米，是成都高投置业于 2021 年 9 月 15 日底价获取的项目。

成都市高新西区 77 亩人才公寓项目　位于高新西区工业园区范围，用地性质为人才公寓用地，建设用地面积为 5.18 万平方米，容积率 1.5，计容建筑面积 7.77 万平方米，是成都高投置业于 2022 年 3 月 31 日获取的项目。项目是在成都高投 28 亩人才公寓项目成功合作的基础上，再次合作的项目，合作模式参照以往合作条件，由集团公司以联合体的方式参与“设计 - 施工总承包”的投标，仅负责设计和施工，不负责销售。

成都产投天府新区 116 亩项目　位于天府新区锦江生态带板块，属城市地图高价值板块第一梯队。项目用地性质为住宅兼容商业用地，建设用地面积为 7.75 万平方米，容积率 2.0，计容建筑面积 15.49 万平方米，需配建 12.6 万平方米安置房，由成都产投集团于 2020 年 9 月 8 日以底价获取。

珠海港航局管理输出项目　位于珠海市横琴一体化区域，用地性质为商务、二类居住（人才房）用地，建设用地面积 0.81 万平方米，容积率 5.65，计容建筑面积4.60万平方米，是港航局集团所获取的总部科研办公项目。

广州西派云峰项目　位于广州市白云区白云新城板块，属城市地图高价值板块第二梯队，用地性质为居住用地，建设用地面积1.77万平方米，容积率3.9，计容建筑面积6.90万平方米。项目为集团公司与深圳龙光联合操盘项目，中铁地产股权占比49%，深圳龙光占比51%，于2020年5月18日通过公开市场竞得。

（刘立锋）

【项目建设】　北京·宸悦国际项目　由北方公司下属北京恒良悦通房地产开发有限公司开发，地块名称为北京市昌平区北七家镇平坊村土地一级开发项目PF－10地块R2二类居住用地、PF－09地块A33基础教育用地项目，规划总建筑面积175513.38平方米，产品形式为洋房，1期开发建设。

正定·西派江玥D地块项目　由北方公司下属河北兴铁房地产开发有限公司开发，地块名称为正定新区〔2019〕016号地块，规划总建筑面积181204.22平方米，产品形式为小高层住宅。

宁波·东境润府项目　由华东公司下属宁波润盛房地产开发有限公司开发，地块名称JD05－04－20地块(白鹤地段)，规划总建筑面积126110.87平方米，产品形式为高层住宅、洋房，1期开发建设。

苏州·星樾湖滨项目　由华东公司下属苏州京发房地产开发有限公司开发，地块名称为苏州工业园区DK20210160地块，规划总建筑面积132928.51平方米，产品形式为高层住宅、洋房，1期开发建设。

杭州·春咏风荷里项目　由华东公司下属杭州金乔置业有限公司开发，地块名称为杭钱塘储出〔2022〕1号地块住宅项目，规划总建筑面积88490.7平方米，产品形式为高层住宅，1期开发建设。

上海·花语天境项目　由华东公司下属上海京沐鑫房地产有限公司开发，规划总建筑面积146191.74平方米，产品形式为联排、洋房，分2期开发建设。地块名称为上海市松江区泗泾镇SJSB0003单元01－02地块。

上海·虹桥峯汇项目　由华东公司下属上海鑫京汇房地产开发有限公司开发，地块名称为上海市青浦区赵巷镇佳迪路西侧B4－01地块项目，规划总建筑面积121308.42平方米，产品形式为高层住宅，1期开发建设。

南京·天悦风华项目　由华东公司下属南京京悦房地产开发有限公司开发，地块名称为南京NO.2022G13、NO.2022G14地块，规划总建筑面积116307.12平方米，产品形式为高层住宅，1期开发建设。

广州·花语天宸项目　由华南公司下属广州市黄埔区顺捷房地产有限公司开发，地块名称为广州市黄埔区HBPQ－LD－5地块，规划总建筑面积163289.4平方米，产品形式为高层住宅，1期开发建设。

成都·北湖揽樾项目　由西南公司同华侨城西部集团合作开发项目，地块名称龙潭街道和成社区1、6、7、8组，规划总建筑面积211273.20平方米，产品形式为洋房、叠拼，1期开发建设。

成都·祥云樾府项目　由西南公司与大悦城控股合作开发项目，地块名称为四川天府新区煎茶街道高庙村一组，规划总建筑面积119443.15平方米，产品形式为高层，1期开发建设。

成都·高新西77亩项目　由西南公司牵头与中铁二十三局集团有限公司及国恒设计院共同组成的EPC项目，地块名称为高新西区GX2022－06(071/05)号地块住宅项目，规划总建筑面积11.21万平方米，产品形式为人才公寓，1期开发建设。

重庆·山语桃源项目　由西南公司下属重庆建联房地产开发有限公司开发，地块名称为两江新区悦来组团Q分区地块，总建筑面积310924.33平方米，当前开发的项目5号地块(二期)建筑面积34092.49平方米，产品形式为洋房、联排，分3期开发建设。

西安·西派城天华项目　由华中公司下属西安铁建景尚房地产开发有限公司开发，地块名称为井上村项目DK4地块，规划总建筑面积90991.77平方米，产品形式为高层住宅，1期开发建设。

武汉·花语汀澜项目　由中南公司下属中铁房地产集团武汉有限公司开发，地块名称为武汉国际城F地块，规划总建筑面积171873.18平方米，产品形式为高层住宅、叠墅及合院，1期开发建设。

哈尔滨·江语时代项目　由东北公司下属哈尔滨京洲置业发展有限公司开发，地块名称为黑龙江总部基地项目，规划总建筑面积46.82万平方米，产品形式为高层住宅、洋房、公寓和写字楼，分5期开发建设。

广州·西派澜岸项目　由广州南沙京开置业有限公司开发建设，南沙公司下属广州南沙中铁实业发展有限公司股权占比40%，地块名称为南沙区横沥岛2021NJY－17地块，规划总建筑面积237730.75平方米，产品形式为超高层、高层住宅、公寓，1期开发建设。

贵阳·国际城语墅组团项目　由贵州公司下属贵

州中泓房地产开发有限公司开发，地块名称为贵阳国际城J组团，规划总建筑面积163147.14平方米，产品形式为高层住宅，1期开发建设。

雄安·铁建中心项目　由雄安公司下属中铁建河北雄安城市发展有限公司开发，地块名称为雄安站枢纽片区2号地块，规划总建筑面积791003平方米，产品形式为高层住宅、商业、办公及酒店，分4期开发建设。（焦瑞鹏）

【境外投资】　莫斯科米丘林地铁上盖开发项目2022年，克服俄罗斯新冠疫情和俄乌冲突后社会经济形势，稳抓米丘林项目生产经营工作，妥善协调内外方股东合作关系。有序开展米丘林项目生产经营工作。销售方面，实现17.76亿卢布销售，监管账户回款16.61亿卢布。工程方面，完成所有建设用地场地移交，抢抓施工期，增加现场人员设备，克服地下环境复杂、预付款保函开具等困难，有序推进基槽维护和桩基施工工作。根据俄储银行贷款协议，项目融资额度64.06亿卢布，已提款20.38亿卢布（31.81%）。企业管理效率提升，凝聚各方股东核心利益。建立月报制度，定期开展内外部股东项目经营汇报协调及专题协调。董事会及股东会层面，2022年组织完成项目公司董事会15次，股东会11次，妥善处理内外部股东关系，在既有公司章程和股东合作协议范围内为项目经理层工作争取更大的经营权限。（尹志远）

【党群工作】　党的工作。以习近平新时代中国特色社会主义思想为指导，以迎接和学习贯彻党的二十大精神为主线，坚持“身在兵位，胸为帅谋”，助力集团公司党委“把方向、管大局、促落实”领导作用的充分发挥，紧密围绕集团公司生产经营任务，结合疫情防控相关要求，重点开展以下7个方面工作。一是精心组织学习贯彻党的二十大精神，凝聚勇毅前行的磅礴力量；二是强化服务意识，努力做好集团党委的“勤务兵”和服务基层的“连心桥”；三是坚持固本强基，持续夯实党员队伍建设；四是狠抓意识形态责任，筑牢思想基础；五是深化宣传思想文化工作，凝聚“二次创业”向心力；六是深化党建带群团，发挥群团组织新活力；七是加强组织领导，激励统一战线服务改革发展。

宣传工作。积极弘扬社会主义核心价值观、落实新时代中国铁建企业文化与品牌建设要求、开展企业文化与品牌提升行动，构建以“首创、实干、开放、系统”为主线的价值观体系，不断引导员工爱国爱企、爱岗敬业。加强意识形态管控，开展微信泄密专项整顿行动、网站和新媒体自查自纠整改工作，强化执行新闻发布“三审三校”机制，引入第三方专业机构开展智能审校，通过事前审校、事后监测、定期排查等方式，有效防控风险，提高企业公信力。聚焦企业改革发展阶段性重点任务，策划优秀操盘手经验谈、销冠有话说、劳模正能量、基层党组织“七一”党建谈等优秀经验专题宣传，策划营销体系市场化、国企改革三年行动、降成本强管理等工作实绩专题报道，确保主流宣传阵地时刻传递好声音、凝聚正能量，宣传报道与生产经营中心工作深度融合。在股份公司文化与品牌提升专项检查中获“双A”评级。

纪检工作。一是践行“两个维护”，以强有力的监督坚定政治方向。以学思践悟习近平新时代中国特色社会主义思想为引领，督促督导各级党组织通过班子领学、集体研学、专家导学、个人自学等方式，分层分类开展政治理论常态化学习，保持政治定力，深刻领悟“两个确立”的决定性意义，切实增强“四个意识”、更加坚定“四个自信”、全面做到“两个维护”，自觉在思想上政治上行动上同党中央保持高度一致。二是牢记“国之大者”，以强有力的监督确保治理实效。各级纪检组织按规定参加党组织有关会议，列席董事会，总经理办公会以及其他研究决定企业经营管理、干部人事等重大事项的会议，督促贯彻落实党组织会议前置研究、民主集中制、“三重一大”决策等制度要求，促进科学民主决策，推动国企改革三年行动、统筹疫情防控和改革发展、助力乡村振兴、“十四五”规划落实等党中央重大决策部署在企业落地生根，确保“二次创业”深入人心，推动“腾笼换鸟”落地见效。三是压实“两个责任”，以强有力的监督深化管党治党。积极协助党委履行党风廉政建设和反腐败工作主体责任，切实履行纪委监督责任，督促各级党组织坚决扛起管党治党政治责任。

工会工作。发挥工会职能作用，统筹做好集团公司工会工作，完善引导两级工会适应组织机构改革建章立制；组织干部职工学习新版《中华人民共和国工会法》、参加“学法向未来”知识竞赛，增强职工法治观念，提升工会干部履职能力。深化企业民主管理，2022年创新开展领导接待日和“金点子”活动，征集建议百余条，激发职工主人翁意识。关心关爱职工，推进“我为职工办实事”活动，及时分类开展基层慰问。创新建立身心健康辅助计划“净心驿站”关爱职工心理健康，获股份公司工会特色工作文化建设类一等奖。

共青团工作。持续加强对团青工作组织领导，聚焦企业改革发展实际和青年时代特点，以“喜迎二十大、永远跟党走、奋进新征程”主题教育实践活动和青年精神素养提升工程为抓手，切实履行引领凝聚青年、组织动员青年、联系服务青年的职责使命。强化教育引领，组织全员参与迎接和学习党的二十大知识竞赛，15名青马学员参加青年英才暨“青马工程”培训，200余名工会专兼职干部参加业务培训，2600余名青年完成青年精神素养提升工程培训，切实提升青年思想素质。带领团员青年积极投身企业创新创效，全年围绕生产开展主题实践活动80余次，组建青年突击队伍53支，创建青年安全生产示范岗4个。持续搭建联系青年的桥梁和纽带，开展青年员工思想状况调研座谈会7场，深入了解青年员工思想状况。规范完善青年志愿者服务工作，全年开展志愿服务活动167场741人次，8名青年被贵阳市政府授予“优秀抗疫志愿者”称号，“春晖满天星”获贵州省“先进集体”和中国铁建“优秀青年志愿服务项目”称号。

（王雪婷　张兴辉　范昕宇）

【中铁房地产集团北方有限公司】 拥有房地产开发企业二级资质。2016年4月27日，由中铁房地产集团北京正达置业有限公司正式更名成立。注册资本金200000万元。驻北京市房山区康泽路3号院11号楼4层1单元404。执行董事、党委书记王晓飞，总经理、党委副书记宋大祝。资产总额330.99亿元。其中，固定资产原值1608.78万元、净值371.29万元，流动资产3232373.66万元，非流动资产77527.59万元。总负债281.78亿元，所有者权益49.21亿元。职工268人。

2022年，新签合同额44.6亿元。营业收入70.82亿元，净利润1295.07万元，销售回款57.14亿元。人均创利5.04万元，全员劳动生产率150.19万元/（人·年），职工年人均收入24.56万元。国有资产保值增值率113.13%。净资产收益率0.28%，产值利润率0.85%，投资回报率0.83%，资产负债率85.13%。

（包海燕　孔令娟　汝　捷）

【中铁房地产集团华东有限公司】 拥有房地产开发企业二级资质，是中房协认证的AAA级信用单位。2020年7月17日，华东公司由中铁房地产集团浙江京城投资有限公司正式更名。注册资本金20亿元。执行董事、党委书记包海利，总经理周斌。驻浙江省杭州市拱墅区双湾国际城19幢718室。职工371人。资产总额405.02亿元。其中，存货215.68亿元、投资性房地产6.54亿元；负债总额306.62亿元，所有者权益98.4亿元。

2022年，营业收入113.03亿元，净利润12.35亿元，权益回款152.87亿元。（李　燕　张　昕）

【中铁房地产集团华南有限公司】 拥有房地产开发企业二级资质。2016年8月成立。注册资本金20亿元。驻广东省广州市天河区华夏路30号富力盈通大厦38楼。执行董事、党委书记李晓光，总经理李会增。职工267人。资产总额267.49亿元，资产负债率56.16%。

2022年，营业收入27.59亿元，净利润0.74亿元，销售金额68.88亿元，权益销售回款48.27亿元，人均创利27.84万元，全员劳动生产率60.49万元/（人·年），职工年人均薪酬29.22万元。国有资产保值增值率103.30%，国有资本回报率0.84%，净资产收益率1.38%。（李焰燕　傅　瑨　甄沃康）

【中铁房地产集团西南有限公司】 拥有房地产一级开发资质。2016年4月，由中铁房地产集团四川有限公司更名为中铁房地产集团西南有限公司。注册资本金20亿元。驻四川省成都市成华区成华大道二段298号1幢2层201号。执行董事、党委书记崔跃峰，总经理崔瑞乾。职工490人。资产总额509.3亿元。其中，固定资产原值1072.1万元、净值245.8万元，流动资产478.0亿元，非流动资产31.3亿元。

2022年，营业收入40.2亿元，净利润3.08亿元，人均创利99.2万元，全员劳动生产率253.9万元/（人·年），职工年人均收入32.9万元。国有资产保值增值率107.5%，净资产收益率6.3%，产值利润率8.4%，净利润率7.7%，资产负债率89.7%。实现销售额235.33亿元，完成权益回款91.37亿元。

（李　庆　庹欣颜　夏　曦）

【中铁房地产集团中南有限公司】 拥有房地产开发企业二级资质。2019年2月成立；2022年4月，由武汉京铁房地产开发有限公司更名为中铁房地产集团中南有限公司。注册资本金10亿元。驻湖北省武汉市江汉区云霞路189号泛海创业中心21～22楼。执行董事、党总支书记为孙宏伟，总经理、党总支副书记为廖玲辉。职工179人。资产总额103.54亿，流动资产96.90亿元，非流动资产6.64亿元，其中固定资产原值833.86万元、净值222.45万元。

2022年，营业收入19.83亿元，净利润8352.64万元，人均创利44.43万元，全员劳动生产率210.41万元/(人·年),职工年人均收入25.76万元。国有资产保值增值率110.87%,净资产收益率3.19%,资产负债率74.79%,应上缴款完成率100%。

(谭　琪　刘　庆　华瑞婷)

【中铁房地产集团东北有限公司】 拥有房地产开发二级资质。2019年8月,将大连京信置业有限公司作为东北公司的法人主体,承担东北公司的管理职能;2022年7月,大连京信置业有限公司正式更名为中铁房地产集团东北有限公司。注册资本金10亿元。驻哈尔滨高新技术产业开发区科技创新城创新创业广场13号楼世茂大道72号火炬欧亚大厦。执行董事、党总支书记柳金平,总经理樊占刚。资产总额73.83亿元。其中,固定资产原值581.70万元、净值118.56万元,流动资产68.60亿元,非流动资产5.23亿元。职工103人。

2022年,营业收入49344万元,净利润5962万元,权益销售回款106268万元,销售金额23.93亿元,销售面积28.28万平方米。职工年人均收入28.17万元。国有资产保值增值率99.84%,净资产收益率4.74%,资产负债率80.58%。

(何玉涵　陆　楠　姜振华)

【中铁房地产集团华中有限公司】 拥有房地产开发企业二级资质。2019年12月成立。2021年4月由西安中铁京泰房地产开发有限公司更名为中铁房地产集团华中有限公司。注册资本金10亿元。驻陕西省西安市高新区唐延路11号国寿金融中心A座28楼。执行董事、党总支副书记(主持党总支工作)李渊,总经理陈新兵。资产总额1355186.8万元。其中,固定资产原值376.9万元、净值184.0万元,流动资产1272723.1万元,非流动资产82463.7万元。职工196人。

2022年,营业收入13138.49万元,净利润2261.26万元,销售金额501117万元,权益销售回款408791万元,净资产收益率2.67%,资产负债率81.92%。

(尚立东　孙　科)

【中铁房地产集团商业地产开发管理有限公司】 拥有房地产开发二级资质,是中房协认证的AAA级信用单位。2010年组建,原名中铁房地产集团(天津)置业有限公司。注册资本金10亿元。驻天津市河北区中山北路与华新大街交口东南侧鼎盛大厦1-1510。党总支书记、执行董事、法定代表人赵洪军,副总经理(主持经理层工作)任兵战。职工50人。

2022年,营业收入8.65亿元,净利润-4.28亿元,销售金额3.84亿元,销售回款4.61亿元。

(陈　睿)

【中铁房地产集团城市运营管理有限公司】 拥有房地产开发三级资质,为中国智慧家庭生态联盟创始成员单位和北京市老龄产业协会副会长单位,取得中国房地产协会AAA级企业最高信用等级评价。前身系2008年成立的北京第六大洲房地产开发有限公司、中铁房地产集团海外地产发展有限公司、中铁建公寓管理有限公司;2021年9月,更名为中铁房地产集团城市运营管理有限公司。注册资本金10亿元。驻北京市朝阳区来广营镇北苑东路19号院铁建广场A座。党总支书记、执行董事费洪伟,总经理李宝红。

2022年,销售额3.74亿元,权益回款7.5亿元,营业收入16.4亿元,净利润409万元。

(王　静)

【中铁建物业管理有限公司】 拥有物业管理一级资质。2012年5月成立。注册资本金1亿元。驻北京市石景山区阜石路88号。党委书记、执行董事邓秋生,总经理范会理。职工1199人。资产总额116920万元,资产负债率77.89%。

2022年,营业收入138225万元,净利润8050万元。

(钟鑫鑫　孙建玲　李崇辉)

【中铁房地产集团设计咨询有限公司】 拥有工程设计建筑行业(建筑工程)甲级资质。职工173人。资产总额17330.60万元,流动资产16656.94万元,非流动资产673.66万元。

2022年,营业收入21069.42万元,净利润627.20万元。负债总额9819.69万元,流动负债9189.31万元,非流动负债630.38万元。所有者权益总额7510.92万元。净资产收益率8.46%,营业收入利润率5.16%,资产负债率56.66%。

(高　源　王继晗　王雅楠)

【中铁房地产集团北京投资管理有限公司】 拥有私募基金管理人资质。2016年8月成立。注册资本金250000万元。驻北京市海淀区复兴路40号中国铁建大厦B座14层1411。执行董事、党支部书记张洪波,总经理龚臻条。职工13人。资产总额59.75亿元。

2022年,融资总额163.17亿元。净利润2362万元,归属于母公司所有者的净利润751万元。

(许诗原)

【中铁建南沙投资发展有限公司】 2015年10月成立。注册资本金50亿元。驻广州市南沙区黄阁镇南府路1号中国铁建环球中心1号楼23层。执行董事、党总支书记李宏杰，总经理李葆华。职工154人。资产总额1454658.43万元。其中，流动资产1287463.46万元，非流动资产167194.97万元。

2022年，营业收入719796.70万元，净利润68197万元(含承诺函实现分包差净利润650万元)，销售额433268万元，销售回款240038.00万元。国有资产保值增值率118.22%，净资产收益率26.61%，产值利润率12.63%，资产负债率84.83%，职工年人均工资28.30万元。 (瞿婉璇 张蓉 谢鑫彬)

【中铁房地产集团(贵州)有限公司】 房地产开发二级资质，AAA级信用企业。2010年4月成立。注册资本金10亿元。驻贵州省贵阳市南明区太慈桥车水路11号。执行董事、党总支书记侯思军，总经理、党总支副书记李留安。职工250人。资产总额237.76亿元，负债221.57亿元，所有者权益16.19亿元，资产负债率92.20%，净资产161877万元。归属于母公司所有者的净资产152795万元。

2022年，营业收入14.23亿元。

(辛陈玉智 王琳瑾 苏彩飞)

【中铁建河北雄安城市建设有限公司】 2020年3月24日成立。注册资本金5000万元。驻河北省保定市雄县文昌大街153-1号。总经理、党支部副书记(主持党支部工作)王春雷。职工41人。资产总额12667.32万元。其中，固定资产4.53万元，流动资产596.96元。

2022年，营业收入3299万元，净利润7.6万元。

(郑与夫 张梦华 陈丹丹)

中铁第一勘察设计院集团有限公司

【简况】 国家大型综合性勘察设计单位，拥有以工程设计、工程勘察、工程咨询3项综合甲级资质及城乡规划甲级资质(3+1)为核心，30余项专业资质为补充的全产业链资质体系；持有国家颁发的建设监理、造价咨询、地质灾害评估、灾害防治、勘查、设计、施工、测绘等10多项甲级资质证书，涵盖工程建设全过程；拥有国家批准的对外经济技术经营合作权。主要经营铁路、城(际)市轨道交通、公路、市政、建筑、水利、港航、机场等行业中的工程勘察、工程设计、工程监理、工程项目管理与评估咨询、工程总承包、岩土工程治理、环境影响评价、生态修复和对外经济技术合作等业务。1995年，在全国大型综合性甲级勘察设计单位中第一个通过ISO9001质量体系认证；2009年，建立并通过中国船级社质量认证公司“三标一体”(质量、环境、职业健康安全)综合管理注册认证和英国皇家UKAS质量体系认证；2010年，经商务部会同住房城乡建设部审批，取得新的对外承包工程资格证书。前身系成立于1953年1月1日的铁道部设计局西北设计分局；1956年1月，扩建改称铁道部设计总局第一设计院；1958年，更名为铁道部第一设计院；2001年，由事业单位改为科技型企业，并改称铁道第一勘察设计院；2003年，由铁道部划归中国铁道建筑总公司管理；2007年7月，企业改制，名称变更为中铁第一勘察设计院集团有限公司；2008年9月，组建成立中铁第一勘察设计院集团。总部驻陕西省西安市西影路2号。下辖行政管理职能部门15个、专业生产单位14个、事业部3个、科研生产单位3个、代管公司12个、子公司7个、参(控)股公司11个、驻外经营机构31个。资产总额179.7亿元。其中，流动资产140.4亿元，固定资产3.7亿元，其他资产39.3亿元。拥有各类仪器、设备等资产11334台(件)。

2022年，新签合同额243.96亿元，营业收入110.41亿元，利润总额13.83亿元，净利润11.61亿元；人均创利32.86万元，全员劳动生产率100.68万元/(人·年)。国有资产保值增值率120.80%，净资产收益率15.87%，资产负债率64.62%，应上缴款完成率100%。 (吴冰)

【领导人员】

董事会

董事长	黄超
董事	董勇(5月免)
	张浩(8月任)
职工董事	余洁

监事会

监事会主席	刘守峰
监事	陈孝勇(1月免)
	欧铁军(1月任)

职工监事　谈德瑞

行政领导

院长　董　勇(5 月免)
　　张　浩(8 月任)

副院长　张学伏
　　谭新建
　　白继科
　　陈　虎(4 月免)
　　冯　威
　　王生仁

总工程师　张学伏

总会计师　白继科

总法律顾问、首席合规官　王志华(9 月任)

党群领导

党委书记　黄　超

党委副书记　董　勇(5 月免)
　　张　浩(8 月任)
　　余　洁

纪委书记　刘守峰(8 月任)

工会主席　余　洁

(吴　冰)

【职工队伍】 职工 4369 人。其中,院(股份)2928 人,各公司 1441 人;干部 3828 人,技能人员 541 人;正高级职称 411 人,高级职称 1588 人,中级职称 1131 人,初级职称及以下 698 人;高级技师 14 人,技师 209 人,高级工 205 人,中级工 62 人,初级工 27 人,普工 24 人;硕士以上研究生 1529 人(含硕士学位 1487 人),大学本科 2170 人,大学专科 265 人,中专及以下 405 人;30 岁及以下 797 人,31 ~40 岁 1332 人,41 ~50 岁 1171 人,51 岁及以上 1069 人。职工平均年龄 41.5 岁。

中国工程院院士 1 人,全国工程勘察设计大师 5 人,享受国务院政府特殊津贴专家 21 人(其中在职 8 人),FIDIC 全球百年杰出咨询工程师 1 人,全国杰出工程师奖 2 人(含鼓励奖 1 人),"百千万人才工程"国家级人选 1 人,国家有突出贡献中青年专家 1 人;陕西省"三秦学者"3 人,陕西省突出贡献专家 2 人,陕西省工程勘察设计大师 4 人,甘肃省工程勘察设计大师 2 人,陕西省优秀勘察设计师 9 人,陕西省"新世纪三五人才"第二层次人选 2 人,陕西省"特支计划"青年拔尖人才 2 人,交通运输青年科技英才 1 人,陕西省测绘地理信息科技领军人才 1 人,陕西省测绘地理信息青年学术和技术带头人 2 人;茅以升铁道工程师奖 8 人,詹天佑铁道科学技术奖 26 人,中国铁道学会铁道环保奖 4 人。

取得国家注册(执业)资格 1270 人次。其中,一级注册建筑师 29 人、一级注册结构工程师 60 人、注册岩土工程师 79 人、注册电气工程师 34 人、注册公用设备工程师 46 人、注册造价工程师 79 人、注册监理工程师 225 人、注册咨询工程师 282 人、一级建造师 196 人、注册城乡规划师 42 人、环境影响评价工程师 22 人、注册安全工程师 41 人、环保工程师 6 人、测绘工程师 30 人、招标师 13 人、道路工程师 3 人。　(吴　冰)

【勘察设计】 2022 年,累计完成勘察设计线路 1553 折算千米,电化 984 折算千米,地质钻探 81.9 万米;累计完成预可行性研究 12658 千米,初测 556 千米,可行性研究 1453 千米,定测 1423 千米,初步设计 2089 千米,补充定测 353 千米,施工图设计 1277 千米。

勘察设计。重点组织开展中吉乌、广佛江珠铁路东平新城至三江段、包鄂高铁初测 3 项;伊阿铁路霍拉山越岭段、兰张三四线威武至张掖段、延榆鄂高铁、罗若、平庆、青藏线西格段提质项目(第二次、第三次)、兰新客专地震灾害复旧工程及兰州至西宁段达速提质工程、新朔技改项目等项目定测 11 项;济滨、西成、天陇、西延高铁西铜段、精阿二线等项目补充定测 5 项。

铁路及城际铁路设计。坚持高起点高标准高质量推进川藏铁路建设工作,全力做好现场配合施工工作。组织开展疆煤外运通道、铁路口岸规划研究、五象站城一体化、安庆市铁路规划研究、淮安铁路货运枢纽研究、浦东新区铁路货运体系规划研究、兰州枢纽客运补强工程等 7 项前期研究,新藏、广佛江珠、银川至太原、广河高铁、嘉兴至海盐市域、招远至栖霞桃村、临哈将扩能改造、太中银扩能改造、庆黄、瓦日至包西联络线、西平二线(含西安枢纽第二货运北环线)、红淖二线、包西线新丰镇至张桥增建三四线、陇海线宝天段改线工程、兰州枢纽客运补强工程、陇海线至法门寺旅游线路等 30 余项预可研(方案研究);兰新客专地震灾害复旧工程及兰州至西宁段达速提质工程、伊阿、精阿二线、济滨、罗若、包鄂、格库扩能、精伊霍铁路扩能、波密至然乌、平庆、中卫至平凉、兰张三四线武威至张掖段、青藏铁路格尔木至拉萨段道岔更换和信号系统改造等 75 项可研及鉴修;西十西安东场区及站房、西成、济滨、北沿江、西延西铜段、神瓦、林芝创新中心、波密至然乌、延榆鄂、兰张三四线金昌至张掖段、西青茶等 33 项初设及鉴修工作;济滨、北沿江、西成、天陇、西十西安东场区及站房、西延西铜段、包银、神瓦、几内亚马西、精阿、青藏铁路西格提质、陇海线等 20 余项施工图设计，和若、西安站改、酒额、银西、格库、阳安等 8 个项目的变更设计和清理概算、配合审计工作等。

城市轨道交通设计。组织开展关中城市群核心区轨道交通线网规划实施规划，西安地铁第四期建设规划，西安都市圈多层次轨道交通规划，福州既有铁路改造市域线、兰州地铁线网规划修编及第二期建设规划；提前安排开展西安地铁 3 号线二期、11 号、12 号、16 号线二期，成都地铁市域(郊)S13 线，杭州地铁 15 号线，南宁地铁 5 号线二期、福州 4 号线二期可研、厦门地铁 9 号线二期等 10 多项前期研究；开展重庆市域(郊)铁路大足线总体、南川线工点的勘察设计工作；同时完成厦门地铁 9 号线二期可研及初步设计；重庆地铁 6 号线重庆东延伸段初步设计及施工图、7 号线一期初步设计、青岛地铁 6 号线二期、9 号线一期等初步设计及施工图，济南地铁 7 号线一期工程初步设计，广州地铁佛穗莞城际土建 3 标初步设计；着重开展以西安地铁为代表的施工图设计工作，主要为西安地铁 6 号线、1 号线三期、2 号线二期、8 号线、16 号线等施工图和成都地铁 13 号线一期、厦门地铁 6 号线一期及二期、9 号线一期、南京 10 号线二期、青岛地铁 6 号线一期及二期、9 号线一期、合肥地铁 6 号线一期工程、兰州地铁 2 号线一期等施工图设计工作；杭州、上海、乌鲁木齐、长沙、太原、南宁、天津等城市轨道交通项目正常开展施工图设计及配合施工。其中，杭州地铁 4 号线二期工程于 2022 年 6 月 10 日开通运营；长沙轨道交通 6 号线于 6 月 28 日开始初期载客运营；西安市地铁 4 号线工程火车站站于 9 月 25 日开通运营，与国铁实现无缝换乘，标志着西安市地铁 4 号线工程全线开通；青岛地铁 4 号线工程于 12 月底开通运营。

新兴业务设计。重点完成重庆武隆区仙女山旅游轨道可研；重庆市传感器特色产业基地设计采购施工一体化总承包项目收尾工作、西部(重庆)科学城北碚高新产业园综合开发项目 PPP(一期)落地各项工作、重庆市江津江洲湾项目、安庆高铁新区一期工程收尾配合、灞桥区城市改造项目、天津东丽金钟街片区综合开发、达州“两城一线”综合开发、云南宣威北盘江水环境综合整治、西安市未央区大学城城市更新改造等落地项目设计与现场施工配合工作。积极安排配合中国铁建区域总部、投资集团、工程局等单位跟踪重庆市，四川省成都、雅安、宜宾、广安，陕西省西安市曲江新区、公交公司场段改造、宝鸡市、咸阳市，河北省石家庄市、唐山市，辽宁省锦州市，江西省上饶市，山西省太原市，贵州省贵阳市，浙江省金华市，海南省文昌市，广东省深圳市、汕头市，广西壮族自治区柳州市，宁夏回族自治区灵武市等 20 余个城市综合开发项目等工作。

海外项目设计。主要完成几内亚西芒杜矿区至马塔康港铁路站后施工图，巴基斯坦 ML－1 铁路初步设计修编及审查，马来西亚东海岸铁路项目的初步设计、先期开工点施工图，几内亚达比隆港至圣图矿区变更清理等工作；中吉乌铁路初测工作；成功中标中尼铁路境外段可研编制工作，并开展现场调查和初步对接工作。

水利工程设计。主要完成引汉济渭二期工程施工图设计，并开展现场配合施工工作。引汉济渭工程一期工程秦岭特长输水隧洞全线贯通。（吴　冰）

【市场经营】 累计牵头组织投标项目 89 项，144 个标段。其中，铁路(含市域郊)项目 41 项，46 个标段；轨道交通项目 35 项，85 个标段，其他类型项目 13 项。中标金额 13.62 亿元。融合入围 HJJ、东海设计院三年勘察设计服务等 8 项短名单资格，中标西藏“十四五”批量发包等项目近 30 项，预估合同额 2.15 亿元。

铁路市场。(含市域郊)中标和田至日喀则、兰州至张掖三四线武威至张掖段、波密至然乌、罗布泊至若羌、平凉至庆阳等铁路勘察设计项目，重庆中心城区至永川等 4 条市域(郊)铁路勘察设计总承包，格库尔勒扩能(新疆段、青海段)可行性研究、初步设计及施工图设计，青藏铁路格尔木至拉萨段道岔更换和信号系统改造工程勘察设计，既有铁路集通线贲红站至哲里木站达速改造项目勘察设计等，预估中标金额 7.61 亿元。

轨道交通市场。中标佛山经广州至东莞城际土建设计项目 3 标、厦门市轨道交通 6 号线集美至同安段(华侨大学至滨海西大道)工程勘察设计总承包、佛山经广州至东莞城际佛山东莞停车场设计项目、济南城市轨道交通 7 号线一期工程总体总包、土建工点 5 标、系统工点 6 标(停车场)、长沙市轨道交通 4 号线北延工程土建设计三标、南宁市轨道交通 5 号线二期(南延、北延)工程土建设计 2 标、西安都市圈多层次轨道交通规划等，预估合同额 5.99 亿元。

咨询评估市场。入库国家发展改革委投资咨询评估机构名单和陕西省发展改革委投资咨询评估“短名单”，中标天津地铁 5 号线、11 号线一期调整初步设计评审竞争性谈判；新兴业务方面，牵头或协同中标武隆区仙女山“碳中和”景区及配套子项目、海口琼山区甲子镇全域土地综合整治(国家级)试点 EPC 项目、潍坊市寒亭区分布式光伏 EPC 项目、咸高新区西区产城融合、雅安文教新城项目、盘锦工业园光伏项目、青海海西州新能源产业园EPC工程、西安渼陂湖水系生态文化项目,预估合同额70余亿元。

新兴业务市场。中标西藏“十四五”批量发包等重点工程项目近30项,中标海口琼山土地综合整治、潍坊市寒亭区分布式光伏、新泰市200兆瓦农光互补等EPC项目,中标武隆区仙女山“碳中和”景区及配套项目、西安渼陂湖EOD、秦创原医疗健康科技产业园全过程咨询项目,获取西安市灞桥区建设用地。

海外市场。成功中标中尼铁路(境外段)可研,签订中吉乌铁路(境外段)、秘鲁利马地铁2号线等海外项目24项,全面超额完成股份公司下达的各项海外指标。 (吴 冰)

【企业管理】 规章制度建设。修订完善各类制度办法77项,成立人才工作领导小组,明确“十四五”人力资源发展目标,制定26项保障措施。修订两级副总工程师选拔、专业技术人员绩效考核等制度办法,充分发挥薪酬分配的激励牵引作用。制定修订所属公司职业经理人选聘、所属单位副总工程师及室负责人选拔、员工招聘管理等系列制度办法,合理拉开管理人员薪酬差距,进一步完善规章制度体系,理顺管理流程。调整集团公司班子成员经营分工,搭建本级“1+1+N”经营架构,成立经营生产中心,完善区域经营机构布局,重组成立31个经营分院,构筑起覆盖全国、定位明晰的经营网络。稳步推进经营配套制度改革,进一步理顺“权责利”关系。

企业改革。扎实推进国企改革三年行动和对标世界一流管理提升行动,补充完善集团公司改革三年行动工作台账的相关内容,开展“回头看”自查工作,完成42项具体提升改革举措。两级经理层任期制和契约化管理、董事会建设等47项重点改革任务全部完成;组织开展对标一流管理提升成果总结工作,其中“大型勘察设计企业‘135+’高绩效人才开发管理系统”“地质勘探标准化、数字化全生命周期质量管理”两篇成果入选股份公司对标成果优秀案例集。整合成立科信部、企管部、组织部、安质部,精简总部职能部门至15个,职能部门数量和管理人员数量分别下降13.3%和11.1%,管理人员退出占比8.5%。重组成立城轨院、建筑院,资本部、总包部,成立新能源、水利水电事业部,组织架构贴合市场、功能定位更加明晰。深化“五型总部”建设,推行“扁平化”管理和公开竞聘机制,取消职能部门副科级岗位,严格落实市场化公开招聘,新员工公开招聘率100%,去“行政化、机关化”改革向纵深推进。

风险内控。开展“合规管理强化年”活动,全面推进合规风险专项排查。经董事会审议通过并印发《中铁第一勘察设计院集团有限公司风险管理与内部控制办法》《中铁第一勘察设计院集团有限公司内部控制评价和考核管理办法》《中铁第一勘察设计院集团有限公司重大风险事件报告实施细则》等体系办法。研究制定并发布《中铁第一勘察设计院集团有限公司关于推进“大风控”体系建设与实施及自查自纠实施方案(2022年)》,对院重大风险管控从整体上做出部署安排。扎实开展全面风险评估、重大风险监测预警相关工作。统筹宣讲股份公司和院新近发布的有关“大风控”体系相关制度文件,持续宣贯“大风控”、“大监督”和“大合规”管理理念,探索“大风控”、“大监督”和“大合规”体系建设运行与公司各种监督、检查、评价与业务融合,与“五型”总部建设融合,保证企业依法合规运行,化解重大风险,逐步形成联动机制,提高合规、风控和监督效率。

财务管理。印发集团公司《“十四五”财务规划》,明确未来五年财务工作转型发展方向;新立《对外捐赠管理办法》《对外担保管理办法》《票据票证管理办法》,修订《境外财务管理办法》《备用金管理办法》《应收款项管理暂行办法》《存出现金保证金管理办法》,财务制度体系日趋完善。积极申请成为财务管理转型首批试点单位,为全系统财务转型升级进行有益的尝试与探索。明晰各级财务职能定位,集团公司财务部对各科室业务职责进行梳理再造,将非战略的事务性工作逐步剥离,由共享中心承接会计核算基础工作,为企业实现战略财务、业务财务等提供人力及数据支持;积极研讨各生产院模拟法人核算管理模式,建立以效益为导向的收入和成本责任机制,压实成本与资金管控责任,落实“业务财务”构架;完成12家改制公司共享上线工作,实现全集团业务核算及资金支付集中管理;下发《关于组建财务管理专家工作团队的通知》,在全集团范围内组建新型财务管理模式、企业税务管理与筹划以及全面预算体系与共享平台建设3个专家小组,为战略财务、共享财务、业务财务提供专业意见和智库服务。持续优化财务组织结构。重新定位集团公司财务部各科室职能,调整财务部内设机构和人员编制,对应股份公司财务机构设置,增设税务与清欠科;海外事业部成立独立财务室,强化海外业务财务管控;三级单位总会计师委派取得突破,3家所属公司选派总会计师。发挥预算引领作用。全面预算新增资产负债率预算、资金上存度预算、集团公司现金流预算,并将天陇项目部预算根据项目全周期管控要求进行管理，预算编制更加科学全面；将原管理费用中总工办、院总工相关业务经费、科研经费预算调整至生产成本，进一步增强业财融合，提升预算融合度；以股份公司对集团公司考核指标为导向，结合各单位实际生产特征和预计生产经营状况，细化预算管控指标，分解并下达至各生产单位、子公司和控股公司。并对执行比例超过时间进度的事项进行预算预警，增强过程分析与管理；根据生产及管理机构调整，及时调整对应预算；提高预算管理信息化建设，完善预算各模块功能，将预算调整从 OM 迁移至久其平台，将预算管理全流程、全维度集成至信息化平台中，并根据核算调整及时完善更新预算编制、预算控制等事项，实现全面预算编制、预算汇总、预算调整、预算控制、预算执行分析等全方位、实时化信息化管理。加强责任成本管理、包干经费管理等，将责任成本管理工作职责在职能部门和各生产单位之间合理分工，坚持“先签合同、后上场”“先计量、后计价”“先计价、后付款”原则；包干经费在预算额度内严控开支，实现部门人均经费逐年稳步下降。

审计工作。全年开展各类内部审计项目 23 项，同时积极做好对接审计署对川藏线开展跟踪审计及股份公司对集团公司离任经责审计落实整改的配合工作，牵头开展勘察设计业务审计技术的研究和《勘察设计企业内部审计指南》的编写工作，印发《中铁第一勘察设计院集团有限公司违规经营投资责任追究实施办法（试行）》《中铁第一勘察设计院集团有限公司违规经营投资责任追究工作操作规程（试行）》《中铁第一勘察设计院集团有限公司经营投资免责实施办法（试行）》，研究建立大监督制度及机制体系。（吴　冰）

【科研管理与科技创新】 主办 2022 年中国梦轨道交通大会、2022（第六届）中国城市轨道交通智慧运维大会，协办 2021 中国隧道与地下空间大会暨中国（城市）地下空间学会筹备大会、第二届“一带一路”轨道交通发展论坛、第八届中国（福州）智慧轨道交通与创新发展大会等；以集团公司“十四五”规划为指引，制定并发布“十四五”科技创新规划，提出集团公司十四五科技创新的“4321N”布局，设置 9 项具体规划目标，7 项重点任务；组织制定和宣贯《川藏铁路重点专项一体化组织实施管理细则》《川藏铁路重点专项经费管理实施细则》，上线运行“重大铁路专项科研信息管理平台”，实现科研管理全流程信息化；新立项 3 项集团公司级重点专项；遴选 23 个科研开发项目及 18 个计算机软件已完成的研发项目开展后评价工作。制定《院工法管理实施细则》，对工法的组织管理、开发、结题评审、高等级工法申报、推广应用等做出详细规定。

国家重点实验室按照股份公司统一部署，按科技部要求上报全国重点实验室组建方案，完成答辩工作。中国铁建 BIM 工程实验室承担股份公司重大专项“城市地下空间全要素数字化平台研发与应用”研究。经股份公司对实验室投入经费审核，在首批铁建工程实验室中名列前茅。铁一院牵头组建的西安市科委“西安市隧道健康状态智能诊断及修复重点实验室”，形成“产学研用”一体化集成创新，推动监测、检测业务发展，进一步丰富铁一院创新平台体系。形成“一站六室四中心”的创新平台格局。

集团公司级标准及业务建设项目立项 234 项。其中，主编《铁路工程抗震设计规范》《轨道交通电力牵引刚性架空接触网》国家标准 2 项，主（参）编行业标准 31 项、国铁集团标准 17 项、团体标准 41 项、地方标准 20 项、股份公司标准 4 项。

国家重点研发计划川藏铁路专项第二批项目、课题中，集团公司取得牵头 1 个项目、7 项课题的研发工作，年内，立项科研、软件开发项目 116 项。其中，科研项目 72 项，软件开发项目 44 项。获批承担“基于数字孪生的铁路供电智能建造及运维关键技术研究”等 12 项陕西省科研课题，获批股份公司重大专项 2 项，B 类课题 2 项。获 FIDIC 年度优秀项目奖 1 项；突破性获 2021 年度中国专利银奖 1 项，优秀奖 1 项，陕西省专利优秀奖 1 项；获陕西省科技进步奖二等奖 2 项，三等奖 1 项；中国公路学会特等奖 1 项；中国建筑金属结构协会特等奖 1 项；中国地理信息产业协会科技进步奖一等奖 1 项；交通运输协会科技奖一等奖 2 项，二等奖 1 项，个人奖 1 项；中国发明协会一等奖 1 项；城轨交通协会科技奖二等奖 2 项；中施企协科技奖二等奖 1 项；中国产学研合作促进会科技奖一等奖 1 项；中国设备管理协会二等奖 1 项。股份公司科技奖进步一等奖 5 项，二等奖 8 项。获省部级及以上优秀 QC 成果 30 项，其中二等奖 11 项；全年专利申请 355 件（其中发明专利 122 件）、专利授权 330 项（其中发明专利 66 项），年度发明专利授权量为历史之最。（吴　冰）

【党群工作】 党委 29 个、党工委 2 个；党支部 147 个，其中在职党支部 145 个，离退休党支部 2 个；党员 2607 人，其中在职党员 2521 人，离退休党员 86 人。下辖纪委 29 个和纪工委 2 个。铁一院工会下设组织女工部、生产保障部、院体协（代管）。职工 5 人，其中主席 1 人，副主席 1 人，部长 2 人，秘书 1 人。全院基层工会 43 家，其中财务独立单位 14 家，会员 4333 人。基层团

(工)委20个、团支部56个、共青团员264人、专兼职团干175人。全面超额完成"十三五"规划目标,实现"十四五"良好开局。政治建设扎实推进。坚持"举旗铸魂",严格贯彻落实"第一议题"制度,深入学习习近平总书记系列重要讲话精神。毫不动摇坚持党的领导,持之以恒加强党的建设,"不忘初心、牢记使命"主题教育、党史学习教育扎实高效开展,全体党员干部政治判断力、政治领悟力、政治执行力持续夯实。政治站位持续提升。坚持胸怀"国之大者"、勇担"六种力量",深入学习贯彻习近平总书记关于川藏铁路历次指示批示和统筹谋划西部边疆铁路网建设的重要指示精神,深化西部省区铁路网布局规划研究,加快推进新藏、滇藏、伊阿和中吉乌、中尼等前期工作,切实发挥央企顶梁柱作用。党的领导全面加强。深入践行"两个一以贯之"要求,注重加强党在完善企业治理中的全面领导,严格落实党委前置研究程序,充分发挥党委"把方向、管大局、保落实"作用,规范两级"三重一大"决策制度体系,厘清各层级治理主体权责边界,不断推动企业科学治理水平再上新台阶。打造"新阵地",持续提升党建质量。全面落实国企党建会议精神,持续优化基层党组织设置,新成立党委、党工委18个。认真落实党建工作责任制,考核"指挥棒"作用有效发挥。积极开展示范党支部创建活动,引领基层党支部规范化水平全面提升。累计涌现"五好"支部46个、"六好"党员198人,优秀党务工作者18人,8个基层党组织、17名个人分别获省部级表彰。全面加强总部建设。以"精简高效"为原则,对标股份公司总部机构,合理优化职能部门设置,整合成立科信部、企管部、组织部、安质部、经营生产中心等适应市场的组织机构。积极开展"五型"总部建设,加强总部战略管控职能,实施"扁平化"管理,破除"机关化"顽疾,实现总部对市场变化的快速反应。

监督执纪持续强化,管党治党责任不断强化落实。坚定不移推进全面从严治党,出台加强对"一把手"和领导班子监督、加强政治监督等制度,持续完善联动监督机制。培育"廉洁一院"文化理念,深入开展警示教育,常抓不懈整治"四风",加强重点项目廉洁风险管控,加大质量安全问责力度,"三不腐"一体推进综合效果持续强化。共计约谈35家单位,通报批评36人次,诫勉25人次,立案13件,处分28人,保持正风肃纪的高压态势。巡视巡察利剑作用充分彰显。坚守政治监督根本定位,成立党委巡察办,建立健全巡察工作制度,开展财务资金管理、"违规挂靠"等专项巡察,稳步推进常规巡察,实现一届任期巡察高质量全覆盖。严肃落实上级常规、专项巡视整改要求,做好整改后半篇文章,精准规范用好监督问责利器,突出巡视巡察整改上下联动、标本兼治,发现各类问题和线索640余项,建立健全制度办法230余项,全方位建立完善从严治党长效机制。

干部队伍持续优化。坚持党管干部原则,强化任期考核,激发各级干部危机意识和担当精神,全力打造对党忠诚、勇于创新、治企有方、兴企有为、清正廉洁的干部队伍。持续加大干部选拔、培养、任用、交流力度,5年共调整交流集团公司党委管理的干部300人次,全集团60%以上的领导班子配备40岁以下领导人员,干部队伍整体活力和履职能力显著提升。人才实力不断强化。深入推进人才强企战略,科学布局规划人力资源,员工总量管控有效,人员结构合理优化,全面支撑各业务板块协同发展。"1234"人才培养工程目标超额完成,"培家工程"业内领先,1人获评全国工程勘察设计大师,新增省部级及以上专家33人,3人获评股份公司首席专家、专家,1人获评股份公司特级技师,人才队伍建设成效显著。

宣传文化引领有力。积极融入新时代中国铁建文化和品牌体系,特色文化活动和原创文化产品凝心聚力,充分彰显一院文化核心价值。创办"尖兵道德讲堂",院史展览馆获评中国铁建爱国主义教育基地,入选中国铁建首届十大品牌和十大楷模。聚焦川藏铁路全面开工、重点基建项目建成等重大新闻热点,讲好一院故事,企业品牌形象和美誉度持续提升。

工会服务保障有力。评先树模佳音频传,5年累计获各类先进集体和个人121项,其中"全国劳模""五一劳动奖章"等国家级荣誉12项,获批成立全国示范性劳模创新工作室1个、省级劳模创新工作室7个。深入开展劳动竞赛,深化几内亚马西铁路等艰苦项目建家建线,积极兑现"幸福承诺",不断深化"我为群众办实事"活动成效,切实为职工办实事、解难事。

团青工作有声有色。加强党建带团建,引领青年在企业改革发展中奋力拼搏。组建青年突击队100余支,活跃在改革攻坚主战场和急难险重第一线。在铁建系统率先创建青年创新工作室7个,承担科研课题136项,申报国家专利220件,专利成果转化1.2亿元。青年榜样选树成果丰硕,40余个集体和70余名个人获全国及省级"青年文明号""青年岗位能手"等称号。

社会责任积极履行。立足行业属性,精心勘察设计,为交通强国建设奉献诸多精品工程,5年累计入库税金22.6亿元。长期在陕西、甘肃、新疆开展对口扶贫,5年来投入各类帮扶资金超过1000万元,连续6

年获陕西省定点帮扶工作先进单位，助力脱贫攻坚和乡村振兴有效衔接，充分展现央企责任担当。

（吴　冰）

【新疆铁道勘察设计院有限公司】　驻新疆维吾尔自治区乌鲁木齐市北京南路703号。董事长、党委书记庄新玉，院长彭晓川。职工567人。

2022年，新签合同额14.9亿元，营业收入8.1亿元，进款8.9亿元，利润4160万元。（吴　冰）

【甘肃铁道综合工程勘察院有限公司】　驻甘肃省兰州市和政路131号。董事长、党委书记贺光华，院长陆勇翔。职工332人。

2022年，生产经营收入4.88亿元，利润总额7407万元。新签合同204个，合同额10.24亿元。

（吴　冰）

【陕西铁道工程勘察有限公司】　驻陕西省西安市雁塔区公园南路60号中铁一院科技园。党委书记、董事长冯海明，党委副书记、总经理张先文。在岗员工246人。

2022年，营业收入4.41亿元，利润2420万元，新签外委合同额2.89亿元，外委进款8033万元。

（吴　冰）

中铁第四勘察设计院集团有限公司

【简况】　从事交通基础设施建设勘察设计的高科技大型综合性企业。综合实力位居全国勘察设计实力百强前列，被认定为国家企业技术中心。是国家委托铁路、城市轨道交通投资咨询评估单位、国际工程咨询工程师联合会（FIDIC）和国际电工委员会（IEC标准）团体成员，中国城市轨道交通协会常务理事单位，中国工程咨询协会副会长单位。拥有住建部颁发的工程设计综合甲级资质证书和工程勘察综合甲级资质证书，国家测绘局颁发的甲级测绘资格证书，国土资源部颁发的地质灾害防治工程勘查、设计、监理三项甲级资质以及地质灾害危险性评估甲级资质，国家环保总局颁发的环境影响评价甲级资质证书，国家发展改革委颁发的工程咨询甲级资质，以及工程承包、工程监理、工程造价等20余项甲级及专项资质；主持过数十项国家、行业规范、标准编写；具有独立对外经营权；设有博士后工作站。具有配套完善的ISO9001、ISO14001环境和GB/T28001管理体系，持有相应认证证书。拥有线路、站场、桥梁、隧道、地质路基、电力电气化、通信信号、房屋建筑等40多个专业。能承揽多个行业的工程勘察、工程设计、工程咨询、工程监理、工程总承包业务。1953年2月成立；1956年1月，扩编为铁道部第四设计院；2003年11月，由铁道部划转中国铁道建筑总公司；2007年11月，改制为中铁第四勘察设计院集团有限公司。资产总额331.99亿元。其中，固定资产净值13.96亿元，流动资产218.59亿元，其他资产99.44亿元。各类设备18893台（套），其中全站仪、光电测距仪、GPS定位系统、RC30航空摄影仪、物理勘探、原位测试等先进设备942台（套）；计算机9524台，大中型计算机工作站979个。机械运输设备631台，设备净值2867.55万元，总功率91747千瓦，动力装备率14.25千瓦/人，技术装备率8962元/人，设备完好率99%、利用率99%。

2022年，新签合同额329.74亿元，营业收入189.45亿元，利润总额27.67亿元，净利润23.28亿元，人均创利43.22万元。国有资产保值增值率118.94%，净资产收益率18.19%，国有资本回报率18.24%，资产负债率59.11%，应上缴款完成率100%。

（李叶涵）

【领导人员】

董事会

董事长	凌汉东
董事	蒋兴锟
职工董事	张　浩（8月免）
	张长能（12月任）

监事会

监事会主席	杨　赳
监事	周继军（1月任）
职工监事	方　东

行政系统

院长	蒋兴锟
副院长	张　浩（8月免）
	张长能
	付　裕（2月免）
	徐昌富（11月免）
	韩向阳

	光振雄
	陈树堂
	熊国华(10 月任)
	黄伟利(10 月任)
总工程师	光振雄
	肖明清
总会计师	付　裕(22 月免)

党群系统

党委书记	凌汉东
党委副书记	蒋兴锟
	张　浩(8 月免)
	张长能(12 月任)
纪委书记	杨　赳
工会主席	张长能

（杨　扬）

【职工队伍】　职工 5356 人。其中,博士研究生 79 人,硕士研究生 2816 人,大学本科 1990 人,大学专科及以下 471 人。高级职称 2973 人(其中正高级工程师 564 人),中级职称 1546 人,初级职称 478 人。高级技师 139 人,技师 63 人,高级工及以下 72 人。40 岁及以下 3094 人,41 ~ 50 岁 1174 人,51 岁及以上 1088 人。

全国工程勘察设计大师 3 人,中国工程监理大师 1 人,百千万人才工程国家级人选 3 人,国家有突出贡献中青年专家 2 人,享受国务院政府特殊津贴专家 21 人;湖北省特级专家 1 人,湖北省有突出贡献中青年专家 13 人,享受湖北省政府专项津贴专家 16 人;詹天佑铁道科学技术奖 18 人,詹天佑中国铁建专项奖 24 人;茅以升铁道工程师奖 10 人;全国优秀科技工作者 3 人;湖北省新世纪高层次人才工程人选 7 人;湖北省青年拔尖人才 2 人、青年科技奖 2 人;中国铁建首席专家 1 人、专家 1 人。各类注册职业资格 1800 余人次。

（杨　扬）

【勘察设计】　2022 年,勘察设计 2000 余千米,地质钻探 245 万延长米;确保瑞金至梅州铁路等 6 个项目顺利开工建设,占年内国铁 12%;实现常益长高铁、黄黄高铁等 6 个项目成功开通运营。同期在 29 个城市开展 60 余项轨道交通总体总包,累计长度 1500 千米;助推昆明 5 号线等 8 个项目 320 余千米轨道交通项目投入使用。高质量开展交通强国“铁路篇”、铁路“十四五”发展规划等国家级重要规划设计,夯实后期工作基础。

（欧　巍）

【经济发展】　铁路市场方面,中标焦平、温福、南信合、深南、宁宣、福莆宁等铁路项目 60 余个,深圳西丽、上海东等超大型站房项目设计。承揽海太长江隧道、崇太长江隧道、汾湖隧道等监理业务,在大直径水下盾构隧道的监理业绩斐然。中标成渝中线、北沿江江苏段等重大咨询项目。轨道交通市场方面,获武汉新港线、西延线等 4 个总体总包项目,承揽宁慈、宁象等 11 个市域(郊)铁路,以及合巢、重庆主城新区城轨快线等 45 个轨道交通前期及工点项目,行业领先地位持续巩固;中标无锡 5 号线、武汉 12 号线等 5 个城轨 TOD 项目。公路市政市场方面,中标 G4 长株段扩容工程、嘉善大道、长荣路二期、东莞滨海湾新区大道等 30 余个公路市政项目。工程总承包业务方面,承揽上海松江站服务中心、三亚河口通道、嘉兴桐乡大道、福州港后铁路、潍坊水动力等项目。资本运营业务方面,中标临沂至东海高速公路、深赣港产城特别合作区和柳州柳江区义务教育基础设施提升 PPP 项目,资本运营市场主控项目在山东、江西、广西首次“折桂”。房地产业务方面,克难重启武汉国际城 F 地块优势项目,上海 4 个合作项目所投资金均提前回正,联合获取成都 58 亩地块。知识产权运营业务方面,有效专利数量稳居行业第一,成立全国首个“现代交通建设领域知识产权工作站”,研发“智能型组合式空调机组”“预制混凝土轨道柱”等自主知识产权产品。新兴业务方面,成立新兴业务领导小组,加大资源配置和政策支持,先后承揽昆明 5 号线维保、武汉江夏环鲁湖 EOD 等一批突破性“两新”项目,以及合肥肥西县、杭州富春湾新城等片区开发项目;中标湖南洞口长滩抽水蓄能电站,取得抽水蓄能“零”的突破。

（欧　巍）

【科技创新】　坚持创新驱动、高端引领,集聚创新要素、做强孵化平台,加大前沿技术攻关力度,激活高质量发展引擎。高端课题承揽取得新突破,承揽国务院国资委“1025 专项”二期攻关任务“铁路勘察设计信息化智能化平台”,是中国铁建唯一数字化转型的攻坚任务;牵头承担首个“数智铁建”中国铁建科技重大专项,课题规模、资助经费创历史新高;首次牵头承揽住建部智慧工地科技项目,推动智慧工地技术服务标准化、产业化。创新平台建设拓展新领域,新增湖北省和国家铁路局 2 个数智化领域科技创新平台,成为行业内首个“数智化 + 铁路”科技创新基地,国家企业技术中心是系统内唯一复审获评“优秀”的单位,构建“2 个国家级 + 7 个省级 + 3 个中国铁建级”多层次创新平台格局。核心技术攻关迈上新台阶,聚焦综合开发、智慧城轨、绿色低碳和安全韧性，集中发布城轨八大创新技术，实现城轨技术从点的突破到系统提升。完成中国铁建重大专项北斗应用技术研究，解决我国铁路勘测完全依赖 GPS 的“卡脖子”问题。制定 ISO 国际标准《智慧城市规划数据融合框架》，取得 ISO 国际标准编制重大突破。（盛玉姣）

【经营管理】 创新技术手段，强化区域统筹，锚定提质增效，深挖内部潜能，着力保生产进度、强项目质量。智能化赋能生产组织，上线运行智能勘探管理系统，全面推广智能勘测、智能设计技术应用，推进图档一体化系统建设，生产组织效能明显提升。一体化融合经营生产，编制《区域经营生产一体化管理暂行办法》，持续强化区域内项目资源要素、管理要素共享互补。信息化提升工作质效，优化升级驻外系统，强化变更设计管控，加强现场生产作业表管理，制定重点问题负面清单，动态压控人员规模，提高现场工作质效和人员利用效率。精细化筑牢质量屏障，开展“质量月”“铁路专项检查、红线督查”等活动，扎实推进质量问题跟踪调查，进一步织密质量安全网络。

高效组织生产，完成保开工项目数量占全路的 30%、保开通里程占 11%，在行业中排名前列，确保黄黄铁路、常益长铁路等项目按期开通。勘察设计的我国首个“站城融合、智慧客站”的现代铁路客站——杭州西站建成运营；历经 5 年建设，铁四院单体最大的资本运营项目——昆明 5 号线蓝图落地，正式开通初期运营；国内最长盾构法公路水下隧道——海太长江隧道，最大规模公路海底隧道——青岛胶州湾第二海底隧道，以及世界最长海底高铁隧道——甬舟铁路金塘海底隧道实现全面开工。珠海西部城区工程获选中国铁建智慧工地样板项目。连续 4 次获国铁集团施工图考核评价 A 类，列铁路设计院首位。（欧　巍）

【党群工作】 坚持以习近平新时代中国特色社会主义思想为指导，以学习宣传贯彻党的二十大精神为重点，以推动企业“转型升级”为主线，持续打造“品质党建”，全面落实“七大工程”，推动集团公司“六场关键战役”，完成全年目标任务。连续第 5 年在中国铁建党建责任制考核中获评“优秀”，连续第 3 年获评中国铁建“四好”领导班子。

推动党的二十大精神学习贯彻走深走实。将学习宣传贯彻党的二十大精神作为首要政治任务，组织全院干部职工收听收看二十大开幕会盛况，参加国务院国资委党委、中国铁建党委和湖北省委集中宣讲活动，制定学习宣贯工作方案，压实党群职能部门和各级党组织政治责任，通过中心组学习、专题研讨、联学联建、宣讲团宣讲、开辟专栏等形式，营造浓厚学习氛围。各级党组织开展集中学习 341 次、专题研讨 38 次，举办宣讲会、报告会 81 次。

加强党的领导与完善公司治理有机融合。聚焦世界一流企业建设目标，完成“改革三年行动六大举措”，修订“三重一大”实施办法和决策事项清单，起草《“三重一大”事项决策规范化管理手册》，出台董事会授权、所属子公司董事会选聘、职业经理人选聘等制度办法，进一步厘清两级治理主体权责边界，推动中国特色现代国有企业制度不断完善。严格落实党委前置程序要求，全年召开党委常委会 21 次，研究决策重大事项 159 项，其中前置研究 90 项，党委“把方向、管大局、保落实”的作用得到有效发挥。

领导干部政治能力不断提高。坚持把学习贯彻习近平新时代中国特色社会主义思想作为干部教育培训的工作主线贯穿始终，实施干部“铸魂赋能”行动，举办中层管理人员、基层管理骨干等 4 个专题培训班。强化各级领导干部的政治责任和政治担当，全面落实意识形态工作责任制，统筹做好重大节点、敏感时期意识形态防控工作，舆情整体态势平稳可控。坚持编发《理论学习探索》，刊发理论文章 50 余篇，3 项成果入选中国铁建党建政研会 2021—2022 年度优秀研究成果，其中 1 项获一等奖。

基层党组织更加坚实。有效落实“四同步”“四对接”，分类规范党群职能部门、项目部、项目公司党组织设置，任期届满的 73 个党组织“应换尽换”。制定党建工作责任制实施办法和考核评价暂行办法，坚持党组织书记抓党建“三级同述同评同考”，党建工作机制更加健全完善。加强党员教育管理，集中表彰 10 个党组织、80 名党员，发展党员 42 名。出台党支部评价定级创建晋升实施办法，选树集团公司首批 5 个示范党支部，1 个党支部入选中国铁建第三批示范党支部考核对象。

干部队伍建设持续加强。树立选人用人正确导向，牢牢把握国企领导人员“20 字”要求，突出政治标准，加大干部选拔任用交流力度，全年提拔、交流中层及以上管理人员 60 余人次，其中 40 岁以下占比 25.8%。深化干部人事制度改革，修订《中层及以上管理人员管理规定》，发布《关于加快推进用人机制市场化改革的通知》，构建经理层成员任期制和契约化管理“1+6”制度体系，推动形成能者上、优者奖、庸者下、劣者汰的正确导向。开展三年任期考核，表彰优秀管理者23人,末等调整和不胜任退出10人;70名经理层成员签订经营业绩责任书,实现全覆盖。发挥纪检和组织人事部门合力,强化对“一把手”的监督,全年诫勉谈话、批评教育、谈话提醒56人次,进一步强化干部责任意识。

人才创新活力竞相迸发。深入实施人才强企战略,编制发布“十四五”人力资源发展规划,31家二级单位制定人才队伍建设工作方案,人才引、用、育、留全链条工作机制不断完善。制定发布专家人才工程建设实施意见和技术专家选拔管理办法,评选首批“四院帅才”25人,“四院英才”100人,加速推进“3215”专家人才工程落地。抓好高层次人才培养,新增各类省部级及以上专家13人次,其中1人获“詹天佑最高奖”,系中国铁建系统首次获此殊荣。参加2022年全国行业职业技能竞赛,1人获“全国技术能手”称号。

奏响舆论宣传“最强音”。构建全院“一盘棋”宣传思想文化工作格局,召开宣传思想文化工作会议和专题讲座,制定《宣传思想文化工作考核办法》,持续强化正面宣传。全年邀请主流媒体来院集中采访报道4次,在中央及省级媒体刊登稿件260余篇,微信、微博、抖音公众号累计推送信息1200余条,阅读量近3000万人次。微信、微博等新媒体宣传首次进入中央企业三十强,在全国勘察设计企业和铁路行业中排名第一,“喝彩四院”入选湖北省“百佳新媒体账号”,集团公司获中国铁建对外报道先进单位。

书写企业文化“新篇章”。坚持“为客户创造价值、以奋斗者为本、实现价值共生”的价值主张,聚焦党的建设、经营生产、改革创新等中心工作,以“企业文化建设年”为主题开展活动,文化活力、文化自信显著增强。发布新版《企业文化手册》,修订《企业文化建设管理办法》《员工文明礼仪规范》,发布“专业　敬业　创新　创誉”新时代四院精神,举办道德讲堂4期,推动形成全员自觉践行新时代四院精神的浓厚氛围。

弘扬文明风尚“正能量”。制定《“十四五”文明创建规划》,修订《文明创建工作实施意见》,7家二级单位通过湖北省国资委文明单位复查。大力开展典型选树,多个劳模先进事迹在央企楷模报告文学、中国铁路、《中国青年报》等主流媒体专题宣传,4人获湖北省“荆楚楷模”等称号。召开统战工作会议,开展“喜迎二十大　同心跟党走”等主题教育,大统战工作格局进一步完善。

保持监督执纪问责高压态势。成立“大监督”工作委员会,构建“1+N”制度体系,围绕重大政策落实、风险内控、合规管理开展监督,有效提升企业治理效能。扎实推进安全生产、疫情防控监督检查。全年受理核实信访举报9件,处置问题线索13件,给予党纪政务处分5人,严肃查处醉驾、违规套取资金、违规经商办企业等案件。坚持“一案一剖析一警示”和“一案一建议一督改”,召开警示教育大会4次,发送纪律检查建议书12份,执纪问责的震慑效应持续彰显。

发挥巡视巡察利剑作用。高质量配合中国铁建党委常规巡视,推动问题立行立改。制定《进一步强化巡视巡察整改和成果运用的实施办法》,做实巡视巡察整改“后半篇文章”。编制党委巡察工作五年规划(2022—2026年),对所属6家党委开展常规巡察,延伸巡察2个项目部党组织,持续深化党委巡察工作领导小组会审制、周报制,聚焦发现“四个落实”和“高质量发展”方面典型问题,通过巡察找准“病灶”、瞄准“靶心”,精准发力。坚持“党建+巡察”深度融合,成立巡察组临时党支部3个,开展支部活动20余次,助推巡察工作高质量开展。

守住党风廉政建设底线。围绕勘察设计质量整改提升、防范工程安全风险、诚信履约服务等组织开展党风廉政建设宣教月活动,分层次讲授廉政党课,广泛征集廉洁短信,召开“项目经理廉洁从业”座谈交流会63场,开展“廉政共建”34场。围绕执行“三重一大”决策制度、选人用人、招标委外等重点领域累计开展监督检查160余项,抓早抓小,防微杜渐。认真落实中央八项规定精神,持之以恒纠治“四风”,营造风清气正的良好环境。

强化促融谋发展。奋力推进工会“5103”工作计划,深入开展“两业两创”“七大客运枢纽”等劳动竞赛,组织“知底线守红线　强管理创一流”知识竞赛,有力促进各项工作任务高质量完成。发布《劳模职工创新工作室创建管理实施办法》,开展创新工作室命名复检活动,举办创新工作室成果发布会,1人获全国五一劳动奖章,1人获评全国职工职业道德建设先进个人,亮相首届大国工匠创新成果展,获湖北省职工技术创新成果一等奖。

用心用情增福祉。认真完成2022年度“10件实事”,开展“送清凉”、“送温暖”、新员工慰问、省部级以上专家生日祝福、“五线建家、五心聚力”等活动,开辟“左邻右舍”“心晴驿站”等“智慧工会”服务平台,举办“魅力女工程师”系列培训,组织“健康知识讲座”“童心看四院”“家属进企业”“四院好家风”等专项活动,广大职工幸福指数不断提升。助力乡村振兴,捐赠帮扶资金50万元,完成消费帮扶96万元。

激励青年勇担当。坚持为党育人、为企育才,广泛成立青年政治理论学习小组，开设"青年蓄力课堂"，召开第三次团代会，部署实施青马工程、青年精神素养提升工程和青年创新创效"十百千工程"，1个青年集体获"一星级全国青年文明号"，1个青年项目勇夺中国铁建和湖北省唯一的全国"振兴杯"双创大赛金奖，20余名青年获"全国向上向善好青年""全国青年岗位能手"等省部级以上荣誉称号，国家级青年荣誉取得历史性突破，省部级青年表彰数量再创新高。

（欧　巍）

【建成开通工程】　1月26日，铁四院设计的南昌艾溪湖隧道通车运营。艾溪湖隧道是江西省首条水域段全部采用围堰明法施工的共轨公建叠层隧道。该工程集公路隧道、地铁廊道、匝道、管理中心以及城市道路于一体，是一项复杂的城市交通综合体工程。工程穿越艾溪湖中部强透水层，两岸为城市建成区，周边敏感性建（构）筑物众多，工程设计实施难度大、风险高。

4月22日，铁四院设计的黄黄高铁开通运营，"大别山"革命老区正式迎来"高铁时代"。黄黄高铁全长126.85千米，设计时速350千米，是《国家中长期铁路网规划》中"八纵八横"之一的京港通道、武杭客运通道的重要组成部分。黄黄高铁全线桥长91.5千米，跨越三级航道，七跨高速公路，桥梁跨度大，桥型丰富。巴河特大桥是全线重点控制性工程，大桥创新性采用刚构－连续梁三塔部分斜拉桥结构体系，为国内高速铁路首次，有效解决桥梁在运营期变形过大问题。黄黄高铁除采用我国最先进的CTCS－3级列控系统，首次按"等保四级"的要求进行列控系统网络安全防护，网络安全等级达到路内最高水平。设计团队还在信号系统中设置道岔融雪、缺口监测、轨道电路室外智能诊断等先进检测设备，为高铁安全运营保驾护航。

4月26日，由铁四院总体总包设计的福州地铁5号线首通段正式投入运营，福州正式进入"三线时代"。福州地铁5号线首通段起于荆溪厚屿站，终于螺洲古镇站，全长22.4千米，设站17座，是福州市第二轮线网规划中通车的第一条线，架起"'十'字＋环"的骨干线路。首通段设换乘站3座。5号线建设难度大，隧道两度穿江，荆溪厚屿站至农林大学站盾构区间是整条线的控制性节点，过江段单线地质情况的复杂程度在国内十分罕见，施工期间创造35天完成穿江创下掘进纪录。5号线是福建省内首条实现民用通信千兆5G全覆盖的线路。安防集成平台是福建省内首条完全按照新规范建设的技术防范系统。

6月29日，历经5年建设，由铁四院参与投资、建设、运营的昆明地铁5号线正式开通初期运营。5号线北起世博园站，南止于宝丰站，线路全长26.45千米，全为地下线，设站22座。线路贯穿主城核心区，途经世博园、圆通山、翠湖、滇池等昆明极具代表性的区域，串联起云南陆军讲武堂、抗战胜利纪念堂、滇池国际会展中心等，是昆明城市轨道交通线网中汇集自然、历史、文化元素众多的一条线路。5号线采用"PPP＋EPC"模式，是铁四院资本运营业务实体化、专业化发展进程中的代表性项目。5号线为全地下敷设线路，线路穿越上软下硬复合地层、岩溶发育区、河道及有害和可燃气体区，是昆明市在建线路中地质条件最为复杂的线路。在火车北站附近，6条隧道在地下重叠交错，隧道间最小距离仅1.8米。地铁采用全高站台门的开式通风系统，通过优化风道风口的布置形式，并充分利用车站位于地下恒温层土壤的蓄热蓄冷特性，让地铁内部空间"自由呼吸"。5号线是全球首条搭载隧道影像系统（MTPS）的地铁线路。

8月12日，铁四院设计的武汉第四座铁路客运大站——武汉东站正式运营。武汉东站位于武汉市东湖新技术开发区（光谷片区），由原流芳站改扩建而成，站房总面积2.58万平方米，分东、西两个站房。站场规模为5台12线，分为普速场和城际场，普速场为2台6线，城际场为3台6线。武汉东站是继武昌、汉口、武汉火车站之后通车的铁路"第四站"，也是武汉铁路枢纽"五主（武汉站、武昌站、汉口站、汉阳站、武汉天河站）两辅（武汉东站、长江新区站）"客运布局规划中的辅助客运站。

8月30日，铁四院总体设计的金义东市域轨道交通金（华）义（乌）段通车运营。金义东市域轨道交通全长107.2千米，设计时速120千米，设站31座，是当前国内市域轨道交通单条线路最长的项目。其中，金义段长58.4千米，设站17座。设计团队在国内首次采用装配式混凝土三棱立体外挂板技术装饰高架车站外墙。首次将装配式混凝土技术运用于地下站无障碍出入口、紧急疏散口的线路，通过搭积木的方式建造地面出入口，为车站个性化提供新的选择。线路采用直流接触轨供电，采用35千伏分散供电且含油浸式隔离变压器，充分利用金华市沿线电力资源，大幅节省外电源的工程投资。

9月6日，铁四院设计的渝厦高铁益阳至长沙段开通运营。渝厦高铁（益长段）位于湖南省西北部，沿线经过2市6县区，线路长约64.2千米，其中正线桥梁和隧道43座，桥隧比高达79.5%。全线设益阳南、宁乡西和长沙西3个车站，设计时速350千米。

9月22日,铁四院设计的合杭高铁湖杭段通车,杭州西站启用。合杭高铁湖杭段位于浙江省,是第19届杭州亚运会重要保障项目,从既有湖州站引出,经湖州市南太湖新区、吴兴区、德清县,杭州市余杭区、西湖区、富阳区和桐庐县,跨富春江后引入杭黄高铁桐庐站,线路全长129千米,设计时速350千米。全线设车站6座,其中杭州西、富阳西、桐庐东为新建车站。杭州西站位于杭州市余杭区,是杭州西向的门户枢纽、“轨道上的长三角”重要节点,也是合杭高铁湖杭段最大的新建车站,站场规模11台20线,总建筑面积约51万平方米。杭州西站在全国首创“站场拉开、中部进站”模式。

12月21日,铁四院勘察设计的西非首条电气化轻轨——尼日利亚拉各斯轻轨蓝线一期工程竣工。全长28千米,设计时速100千米,设车站11座。其中,一期工程13千米,设车站5座。线路连接维多利亚岛和拉各斯主岛,与既有海堤近距离并行,跨越拉贡湖入海口,工程难度巨大。玛瑞纳车站起点站,位于拉各斯维多利亚岛,设计采用房建式整体高架站房,经济效益大,建筑外观效果佳,已成为当地的地标性建筑。拉各斯轻轨跨海桥是该项目的控制性工程,桥址处水面宽557米,平均水深17米。跨海桥采用(40+5×60+40)米刚构-连续组合体系跨越水面。大剧院车站站台长200米,采用三层桥建分离结构。新颖美观的外形设计与附近的国家大剧院相得益彰。

12月28日,铁四院总体设计的台州市域铁路S1线开通初期运营。至此,山海水城、和合圣地的台州正式从“公路时代”迈向“轨道时代”。线路全长52.4千米,设站15座,设计时速140千米,是全国首条开行大站快车的市域铁路。 (欧　巍)

【中铁四院集团南宁勘察设计院有限公司】 拥有铁路综合工程、建筑工程、工程勘察、工程测量、市政工程(道路)、工程咨询、房屋建筑工程监理、铁路工程监理、市政公用工程监理等甲级资质证书;城乡规划编制乙级资质,工程造价咨询乙级资质;拥有境外工程勘察设计、咨询经营资格证书。驻广西壮族自治区南宁市西乡塘区高新区高新五路(科兴路)3号。执行董事、党委书记、总经理叶国东。职工216人。资产总额31320万元。固定资产原值5667万元、净值2794万元,流动资产24631万元,其他资产3895万元。各类汽车29台、钻机3台、GPS测绘仪器12台、全站仪18台、大型绘图仪2台。

2022年,新签合同额9.05亿元,总产值26580万元,盈利2550万元,人均创利12.3万元。国有资产保值增值率111.71%,净资产收益率15.22%,产值利润率9.59%,资产负债率48.18%,投资收益上缴率100%,应上缴款完成率100%。 (卢水梅)

【铁四院(湖北)工程监理咨询有限公司】 拥有住建部工程监理综合资质,交通部公路工程甲级资质、特殊独立隧道专项及特殊独立大桥专项资质、试验检测资质。可承担所有专业工程类别建设工程项目的工程监理业务,工程质量检测,工程材料检测,开展相应类别建设工程的项目管理、技术咨询等业务。驻湖北省武汉市东湖开发区高新大道768号。职工95人。资产总额28724.27万元。其中,固定资产原值4408.20万元、净值536.80万元,流动资产25263.99万元,其他资产2923.48万元。

2022年,新签合同额66001万元,总产值36639.83万元,盈利6928.40万元,人均创利34.50万元。国有资产保值增值率136.53%,净资产收益率40.07%,产值利润率22.24%,资产负债率38.66%。

(周新霞)

【武汉铁四院工程咨询有限公司】 铁路行业最早成立的咨询企业,集团公司投资评估业务归口单位。拥有国家发展改革委工程咨询单位甲级资信证书、湖北省房屋建筑及市政基础设施工程施工图设计文件一类审查机构认定书以及质量、环境和职业健康安全管理体系的认证证书。咨询公司主营业务包括投资咨询评估、施工图审查(核)、安全评价(估)等板块,可承揽铁路、城市轨道交通、公路和市政公用工程(市政交通)的全过程工程咨询、规划咨询、编制项目建议书、编制项目可行性研究报告、项目申请报告、资金申请报告、评估咨询、工程项目管理(全过程项目策划)、项目管理咨询、安全评价(估)、设计咨询、施工图审核(查)等以及轨道交通机电设备咨询及监造服务(含设备集成管理服务)、设备监理、综合联调等业务。驻湖北省武汉市武昌区和平大道745号。职工101人。资产总额37601.72万元。其中,固定资产原值1109.27万元、净值157.80万元,流动资产37158.02万元,其他资产285.90万元。各类汽车20台。

2022年,新签合同额22200万元,收款16150万元,企业净利润4299.04万元,人均创利42.56万元。国有资产保值增值率127.421%,净资产收益率38.58%,营业收入利润率34.67%,资产负债率66.54%,应上缴款完成率100%。 (欧　巍)

【中铁四院集团工程建设有限责任公司】 拥有铁路、市政公用、建筑工程施工总承包一级,公路工程施工总承包三级,地基基础、防水防腐保温、环保、起重设备安装、城市及道路照明工程专业承包一级,桥梁、隧道、建筑装修装饰工程专业承包二级,特种工程专业承包不分等级(限结构补强),特种工程专业承包不分等级(限建筑物纠偏和平移),工程勘察专业类岩土工程(勘察)乙级,工程勘察专业类工程测量乙级,控制爆破二级,地质灾害治理工程施工丙级,施工劳务资质(不分等级)资质。驻湖北省武汉市东湖开发区高新大道768号。职工84人。资产总额86582万元。其中,固定资产原值1072万元、净值404万元,流动资产82007万元,其他资产4171万元。各类汽车20台,GPS测绘仪器3台,电子水准仪11台,全站仪4台。

2022年,新签合同额30.12亿元,总产值72350万元,盈利(净利润)7010万元,净资产收益率36.6%,资产负债率74.8%,投资收益上缴率100%,应上缴款完成率100%。 (操　鹏)

【中铁四院集团投资有限公司】 拥有铁路、市政公用、建筑工程施工总承包一级,公路工程施工总承包三级,地基基础、防水防腐保温、环保、起重设备安装、城市及道路照明工程专业承包一级,桥梁、隧道、建筑装修装饰工程专业承包二级,特种工程专业承包不分等级(限结构补强),特种工程专业承包不分等级(限建筑物纠偏和平移),工程勘察专业类岩土工程(勘察)乙级,工程勘察专业类工程测量乙级,控制爆破二级,地质灾害治理工程施工丙级,施工劳务(不分等级)资质。驻湖北省武汉市东湖开发区高新大道768号。职工84人。资产总值86582万元。其中,固定资产原值1072万元、净值404万元,流动资产82007万元,其他资产4171万元。各类汽车20台、GPS测绘仪器3台、电子水准仪11台、全站仪4台。

2022年,新签合同额30.12亿元,总产值72350万元,盈利(净利润)7010万元,净资产收益率36.6%,资产负债率74.8%,投资收益上缴率100%,应上缴款完成率100%。 (操　鹏)

【中铁四院集团房地产开发有限公司】 拥有国家二级房地产开发资质。经营范围包括房地产开发、商品房销售、物业管理等。驻湖北省武汉市东湖新技术开发区高新大道768号。注册资本金12.5亿元。职工41人。

2022年,销售额10.15亿元,营业收入7.07亿元、净利润1106万元,人均创利26万元。国有资产保值增值率100.4%,净资产收益率0.76%,资产负债率82.55%,投资收益上缴率100%,应上缴款完成率100%。 (欧　巍)

中铁第五勘察设计院集团有限公司

【简况】 拥有工程设计综合、工程勘察综合、工程咨询、工程监理、地质灾害危险性评估、城乡规划等各类甲级资质20余项,持有商务部对外承包工程经营资格证和北京市科技研究开发机构等证书,通过质量、环境、职业健康与安全管理三体系认证。具有为国家综合交通和城镇化建设提供全产业链服务及投融资的能力,业务领域涵盖铁路、公路、城市轨道交通、市政、建筑、机场、水工、生态环保。是集工程设计、勘察、咨询、监理、检测及科技研发、设备制造、工程总承包于一体的综合大型勘察设计企业。是全国勘察设计百强企业、国家认定企业技术中心、全国文明单位、中央企业先进集体和北京市首批高新技术企业。前身系中国人民解放军铁道兵科学研究处(院);始建于1958年10月;1984年1月,集体转业并入铁道部,为铁道部工程指挥部科学技术研究所;1990年10月,更名为铁道建筑研究设计院;2004年,原哈尔滨铁路局齐齐哈尔、哈尔滨勘测设计院划到本院;2005年7月,更名为铁道第五勘察设计院;2008年1月,改制为中铁第五勘察设计院集团有限公司。下辖线路运输设计研究院、站场设备设计研究院、地质路基勘察设计研究院、桥梁设计研究院、电化通号设计研究院、环境与航务工程设计研究院、建筑设计研究院、工程经济设计研究院、城市轨道与地下工程设计研究院、交通与市政工程设计研究院、中国铁建机场设计研究院、测绘与地理信息研究院、规划咨询研究院、科学技术研究院(科学技术中心、战备办公室、试验中心)、数智化研究院15个业务院以及东北院、郑州院、天津院、新疆院、广西院、常州院、成都院7个驻外实体院;海外事业部、工程总承包事业部、资本运营事业部3个事业部;北京铁城建设监理有限责任公司、北京铁研建设监理有限责任公司、北京中铁建北方路桥工程有限公司、北京铁五院工程机械有限公司、北京铁五院工程试验检测有限公司、北京铁建院物业管理有限公司、北京中铁生态环境设计院有限公司、苏州众通规划设计有限公司、衢州市交通设计有限公司、北京铁五院工程设计咨询有限公司、南通中铁设计研究院有限公司、北京铁城检测认证有限公司、北京中港路通工程管理有限公司13个子公司。

2022年，新签合同额153.66亿元，营业收入513909.22万元，利润44963.12万元，净利润38615.63万元。国有资产保值增值率111.06%，净资产收益率18.75%，资产负债率59.85%。（李晓雪）

【领导人员】

董事会

董事长	汤友富（12月免）
	陈　虎（12月任）
董事	纪尊众（12月免）
	贾筱煜（12月任）
	姚汉文

监事会

监事会主席	徐度斌（11月免）
	王　彪（11月任）

行政系统

院长	纪尊众（12月免）
	贾筱煜（12月任）
副院长	谌启发
	涂　强
	刘江华
	时环生
总工程师	谌启发

党群领导

党委书记	汤友富（12月免）
	陈　虎（12月任）
党委副书记	纪尊众（12月免）
	贾筱煜（12月任）
	姚汉文
纪委书记	徐度斌（11月免）
	王　彪（11月任）
工会主席	姚汉文

（靖　良）

【职工队伍】 职工2471人。其中，正高级职称169人、高级职称1269人、中级职称680人、初级职称359人；全国勘察设计大师1人，全国工程监理大师1人，享受国务院政府特殊津贴的高级技术专家17人；百千万人才国家级人选1人；国家青年拔尖人才1人；詹天佑奖获得者18人，茅以升奖获得者12人，新国门领军人才9人，大兴区优秀青年人才25人，交通协会科技英才人物1人，创新青年2人，中施企协第二批工程建设科技创新青年拔尖人才1人。（李　唐）

【企业管理】 企业改革。全面完成“双百行动”和改革三年行动任务台账各项工作任务。在股份公司对子公司负责人年度绩效考核中，“改革三年行动专项任务考核”取得系统内考核第二高分，改革工作得到股份公司高度认可。全面完成改革三年行动任务台账各项工作要求，并作为改革先进代表在股份公司深化国企改革三年行动推进会上进行题为《聚焦三年行动 深化协同融合　推动企业转型升级和高质量发展》的交流发言，向股份公司、国务院国资委报送多篇改革案例和改革简报。全面完成“双百行动”2021—2022年工作台账各项工作要求。

合规管理。为不断提升依法合规经营管理水平，扎实推进“合规管理强化年”各项工作，按照国务院国资委和股份公司“合规管理强化年”工作部署，印发《“合规管理强化年”实施方案》（铁五院企管〔2022〕50号）。

对标提升。以对标提升行动为契机，围绕找差距、补短板、强弱项的工作思路，全面梳理管理体系和管理机制，狠抓对标清单落实落地，在战略、组织、经营、财务、科技、风险、人力资源、信息化管理8个重点领域开展与先进单位的对标提升工作，全面完成对标提升工作清单中的对标任务。

内控和风险评估。围绕“实事求是、守正创新、行稳致远”工作方针，以“防风险、强保障”为工作目标，坚持底线思维，增强风险意识，遵循“以事前预控、过程管控为主，事后救济为辅”的管控原则，实现风险管控事前、事中、事后环环相扣，全面加强风险内控体系建设。2021年度，集团公司内控评价考核结果排名为非工程承包板块第一名。

（王　月　赵婧文　林昊锋）

【经营管理】 结合股份公司区域经营战略部署，进一步夯实区域经营力量。面对复杂多变的内外部形势，积极应对市场形势变化，抢抓国家一系列基建政策机遇，超前谋划、提前布局，大力运作、培育项目；积极参与公招项目，策划高端对接，推动重大项目落地；持续优化经营管理系统，归口构建、管理客户信息，实时统计经营数据并分析，实现经营信息高效联动，进一步发挥经营管理数字化对经营工作的支撑作用。稳固铁路、城轨、公路、市政、房建五大传统市场份额。充分发挥新兴市场先发优势，中标 KJ 南部全过程咨询、6922 工程咨询服务、HJJ 入库等融合项目。中标常山县生态工业园区污染地下水管控工程（一期）EPC 项目，在地下水污染治理业务领域实现突破；承接辽源市北部新区生态修复 EOD 模式试点项目，在 EOD 项目策划入库方面取得突破；与生态环境部环境规划院在京签订 EOD 联合研究中心合作协议，共同成立国内最高规格的 EOD 联合研究中心；圆满完成中国北斗卫星导航系统重大专项——北斗铁路行业综合应用示范工程各阶段任务，为我国建立铁路行业北斗“应用＋标准”双重体系奠定坚实基础。2022 年，新签合同额 153.66 亿元，完成全年指标 140.39 亿元的 109.45％。

（牛欣欣　何　勇）

【生产管理】 强化传统业务精细化管理，重点项目有序推进，高质量完成铁路投标项目生产组织；加强新兴业务管理，进一步提升项目管理水平；陆续发布《生产管理制度》《关于进一步落实集团公司项目分类分级管理的通知》《规划设计咨询项目生产组织管理细则》《项目勘察设计内部计费管理办法（征求意见稿）》，确立“以项目为中心”分类分级差异化管理的根本原则，明确项目管理架构和各级管理职责，细化项目分级指标和评定标准；构建生产考核体系，实现智慧高效管理，促进项目提质增效；生产管理系统二期通过验收，生产管理信息化全覆盖，生产效率和管理精益化水平显著提高。全年安排集团公司管铁路、城市轨道交通、公路、市政、城市片区开发及建筑勘察设计咨询项目 234 个。

（王明亮　朱　江）

【科技创新】 主持“基础设施智能维养与抢修系统装备铁路行业中心”、参与“复杂艰险山区铁路防灾减灾铁路行业重点实验室”、参与“重载铁路高效运输技术铁路行业工程研究中心”成功获批国家铁路局 2022 年铁路行业科技创新基地。顺利通过北京市设计创新中心、北京市科技研发机构复审。6 项科技成果通过评审，其中 2 项成果达到国际领先水平，4 项成果达到国际先进水平。获科学技术奖 13 项，其中省部级 1 项。新立各级科研课题 71 项，其中主持或参与国家铁路局 3 项、国家交战办 1 项、国务院国资委 1 项、国家发展改革委 2 项、北京发展改革委 1 项、北京知识产权局 1 项、国铁集团 5 项、股份公司 11 项（A 类 2 项，B 类 3 项，C 类 6 项）、集团公司 46 项（A 类 2 项，B 类 15 项，C 类 29 项）。全年通过结题验收 52 项。获中国专利银奖 1 项，日内瓦国际发明展金奖 1 项，股份公司发明专利金奖 1 项，优秀奖 4 项；中施企协高推广价值专利大赛特等奖 1 项，一等奖和二等奖各 1 项。

（于伟伟　樊　莉　李　杨）

【党群工作】 认真落实“第一议题”学习制度。党委常委会全年学习研究落实习近平总书记重要讲话和指示批示精神、党中央重大决策部署相关议题 30 余项。中心组组织集体学习 13 次，专题研讨 4 次，坚持用习近平新时代中国特色社会主义思想武装头脑、指导实践、推动工作。修订印发《党委议事规则》《贯彻落实“三重一大”决策制度实施办法》，持续动态完善、梳理形成党委前置研究讨论重大经营管理事项及“三重一大”决策事项清单 134 项，其中党委前置研究讨论事项 80 项，明确各类决策性会议的议事范围和程序，实现决策事项标准化、清单化、具体化，进一步提升决策的科学性、有效性。全年组织召开党委常委会 13 次，涉及议题 170 余项，内容涵盖党建工作、纪检工作、选人用人、企业改革、重大项目投资等党委研究决策事项及前置研究议题，进一步发挥党委的领导作用。认真贯彻落实党中央《关于认真学习宣传贯彻党的二十大精神的决定》精神，党委常委会、党委理论学习中心组第一时间传达学习、研究部署、制定方案、印发通知、推进落实，举办专题读书班，制定系统学习计划，列出专题深入研讨；两级领导班子成员广泛开展党的二十大精神宣讲；班子成员及中层干部，分批分期参加各级学习贯彻党的二十大精神专题培训班，并为全体党员发放党的二十大报告、《中国共产党章程》、《党的二十大报告辅导读本》、《党的二十大报告学习辅导百问》等辅导材料；各级党组织细化学习安排，以中心组、“第一议题”、“三会一课”等多种形式推动广大党员干部职工原原本本、逐字逐句研读党的二十大报告和党章以及有关决议文件，分享体会、交流收获；同时，把党的二十大精神作为基层党组织书记暨党务工作者、发展对象及入党积极分子等各类培训班的必修课。

思想政治工作。制定印发《集团公司党委关于新时代加强和改进思想政治工作的实施意见》，成立领导小组和工作机构，承担举旗帜、聚民心、育新人、兴文化、展形象的使命任务。开展青年员工思想动态调研，组织 1072 名青年员工填写线上问卷（参与率 95.8％），召开 4 次座谈会与所属单位及总部部门青年员工集中交流，对 50 余名青年员工进行个别访谈，并向股份公司党建政研会报送专题调研报告。以庆祝中国共产主义青年团成立 100 周年为契机，持续深化青年典型选树工作，组织评选并集中表彰铁五院第三届“十大杰出青年”“两红两优”“号手岗队”，持续做好典型事迹宣传，积极营造“比学赶超”的浓厚氛围。年内，推荐的1名青年获评中国铁建“十大杰出青年”称号。

巡察全覆盖。党委成立3个巡察组对东北院党委、机场院党支部、中铁生态党支部、苏州分院党支部、常州院党支部、检测认证党支部、资本部联合党总支、衢州交通党支部、南通公司党支部、上海院党支部等10家党组织开展常规巡察，实现党委在党的十九届中央任期内巡察全覆盖。针对驻外实体院的制度体系不健全、生产经营存在风险、党组织基层建设、选人用人制度缺失等问题提出意见建议。累计发现各类问题300余个，依照干部管理权限，准确无误向纪委移交问题线索16个。在巡察的过程中，坚决执行“不干预被巡察单位正常工作、不履行执纪审查职责”等有关要求，严格依照规定中要求的事项，牢固树立依规依纪依法巡察理念。

品牌宣传。“昆仑号”研发故事先后在《人民日报》等主流媒体刊发整版专题报道，研发团队登上央视《为爱而歌》五一节特别节目；“昆仑号”亮相“奋进新时代”主题成就展，并在大型专题片《领航》长镜头出镜，品牌形象愈加闪亮。高质量聚焦重点项目。积极对接中央媒体，在齐齐哈尔民航路转体通车、银兰高铁联调联试、汉巴南高铁隧道贯通等重要项目的同题竞争中抢占宣传优势。高质量开展主题宣传，在东方红站开展“媒体开放日”活动形成“现象级”传播效应，相关图文、视频累计流量总量突破5000万次。积极参与中央媒体“非凡十年”主题宣传，东北高铁路网建设事迹被科技日报《非凡十年》大篇幅报道。高质量加强矩阵建设。官微保持工作日“每日在线”，网站新闻“一周三更”，以“两新一网”为主要构架的融媒体建设高质量推进。全年在中央主流媒体、国务院国资委、省部级媒体、海外华文媒体、学习强国首页刊播（发）110余篇次，质量、数量创新高。

企业文化提升工程。推进新时代中国铁建文化与品牌宣贯落地，打造视觉标准化项目部；编制印发《“十四五”企业文化建设规划》，做好中长期发展顶层设计；制定出台《项目视觉识别系统规范使用指导手册》《驻外实体分院、全资子公司企业文化建设标准》，进一步优化健全企业文化制度体系。开展“我心中的五院”企业文化大调研、大讨论活动，通过集体座谈、个别访谈、查阅资料等形式，深入20余家所属单位了解企业文化现状，为建立“符合企业发展战略、符合企业实际、符合员工期盼”的铁五院文化体系，做好重要数据采集、观点验证和调查研究工作。

工会工作。认真贯彻党的二十大精神，创新活动形式、丰富活动载体，举办集团公司首届“喜迎二十大　奋进新征程”主题阅读系列活动；组织开展“喜迎二十大，奋进新征程”铁五院第五季“云上约步”活动，将职工健身和党史学习教育、安全意识结合起来，历时100天，参与3144人，行走折合105万千米；组织举办“月明中秋·情满五院”中秋节送祝福活动，营造温馨和谐的节日氛围；组织开展迎接党的二十大胜利召开职工书画摄影展；与团委联合组织举办“学习二十大　永远跟党走　奋进新征程”主题演讲比赛。常态化开展“我为群众办实事”和“工会进万家”工作，帮助解决职工急、愁、盼的大事小情，精准化开展“送温暖”和困难职工慰问关心关爱，帮扶困难职工39人次，帮扶资金7.5万元，大病救助4人次，合计2.6万元。首次开展劳模创新工作室考核工作，对“3+5”家劳模创新工作室进行一次全面摸排和体检，推荐由铁道部青年科技拔尖人才、省劳动模范、集团总建筑师刘亚刚命名的“刘亚刚创新工作室”参评中华全国铁路总工会第四批火车头创新工作室。应对多地突发的疫情，紧贴职工需求，采取与海外项目员工视频连线、实地探访家属的形式进行慰问关爱，为在京全体职工发放防疫包3570个，各区域指挥部与驻外单位根据实际需求购买蔬菜包以及防疫物资，针对长期封控物资紧缺地区全体员工以救助金的形式打入职工个人账户，切实让职工感受“娘家人”的关心关爱。组织开展2022年第四季度“战疫情　争先进　比贡献”劳动竞赛，包括经营承揽、投标先进、清收创效等专项劳动竞赛内容。

共青团工作。充分依托党建带团建工作机制，以“学习二十大、永远跟党走、奋进新征程”主题教育实践和青年精神素养提升工程等载体为抓手，迅速兴起党的二十大精神大学习大宣传大讨论大实践热潮。各级党组织书记分别向团员青年宣讲青年精神素养提升“第一课”和主题团课，各级团组织以青年大讲堂、专题团课、集中研讨等方式开展党的二十大精神专题学习76次，开展“学习二十大、永远跟党走、奋进新征程”主题团日及“我和先辈比奋斗”青年精神素养提升工程主题团日活动41次，覆盖团员青年1000余人次。搭建专业技术交流学习平台。深化“导师带徒”工作机制，年内统一部署开展“导师带徒”工作，为所有新员工配备双导师，着力发挥科技型企业技术骨干“传、帮、带”作用，帮助新员工尽快转变角色、融入企业。围绕企业“十四五”数字化转型目标，策划开展“数智

五院 青年先行”青年方案汇报大赛,23 支队伍分别结合各自专业特点,围绕业务数字化、项目数字化、管理数字化等方面同台竞技,进一步服务青年职业发展和企业中心工作。（李博伦 鲍晓迪 孙咏梅）

【北京铁城建设监理有限责任公司】 拥有铁路、公路、市政、房屋建筑、人防、地质灾害治理、设备监理甲级,电力、机电安装监理和工程造价咨询乙级资质。前身系原铁道部首批做强做大试点监理企业,企业规模稳居全国 8400 余家同行业前 10 位。职工 80 人。

2022 年,承揽项目 43 项,新签合同额 6.23 亿元,营业收入 5.14 亿元,净利润 3959.83 万元。（李 馨）

【北京铁研建设监理有限责任公司】 拥有铁路工程监理、房屋建筑工程监理、公路工程监理、市政公用工程监理甲级,电力工程监理乙级、石油化工监理乙级、商务部对外承包工程等资质,通过质量、环境、职业健康安全三体系认证。

2022 年,新承揽合同额 4.8087 亿元。（魏 昕）

【北京中铁建北方路桥工程有限公司】 拥有桥梁工程专业承包一级、地基基础工程专业承包二级、环保工程专业承包三级、市政公用工程施工总承包三级和铁路工程施工总承包三级资质。前身系中国铁道建筑总公司造桥工程分公司,是国内唯一专门从事集铁路节段拼装梁技术研究、拼装装备及附属产品开发、专项施工于一体的具有独特专利技术的科技型专业化公司,高新技术企业。

2022 年,新签合同额 11484.12 万元。合同履约率 100%,工程质量优良率 100%。（王 恒）

【北京铁五院工程机械有限公司】 集产品研发设计、加工制造、销售售后于一体的现代机械制造企业。机械产品主要有专用施工设备、既有线专项维保业务、与勘察设计结合相关产品、高分子材料 4 个系列。固定资产投资 2010.10 万元,拥有土地 4 万平方米、大型机械 40 台(套)、各种精密仪器 13 台、加工设备 117 台(套)、微机 68 台。

2022 年,新签合同 52 个,合同总额 7544 万元,产值 7544 万元,利润 497.11 万元。（李 欣）

【北京铁五院工程试验检测有限公司】 拥有中国国家认证认可监督管理委员会颁发的资质认定计量认证证书,CMA 资质认定参数 370 余项,住建部地基基础专项检测资质证书。通过质量、环境、职业健康安全三体系认证。各类工程检测和监测设备 600 余台(套)。资产总额 4000 余万元。

2022 年,新签合同额 7071 万元,实际进款 6671 万元。（吴文辉）

【北京铁城检测认证有限公司】 拥有国家认监委陆地交通设备认证资质和检验检测机构资质认定(CMA)证书、交通部公路工程综合乙级检测资质、建设部地基基础工程检测专项资质以及北京市规委工程测量乙级测绘资质。通过质量、环境、职业健康安全三体系认证,为国家高新技术企业。工程检测范围覆盖铁路、公路、市政、建筑行业的地基基础(桩基)、隧道、道路、桥梁以及原材料检测等 720 多项参数。

2022 年,新签合同额 5508.54 万元。

（邓继峰 赵美娜 王立秀）

【北京中铁生态环境设计院有限公司】 立足水生态综合治理形成专业特色,专注于水环境治理、水资源调配、水生态修复、水景观领域,协同多元业务,致力于综合型生态项目建设,为客户提供集投融资、规划咨询、勘察设计、工程总包于一体的生态环境综合服务。拥有市政行业(道路工程、排水工程)专业乙级、环保工程专业承包三级、市政公用工程施工总承包三级资质;通过质量、环境、职业健康安全三体系认证,是北京市高新技术企业、中关村高新技术企业。

2022 年,新签合同 19 项,合同额 10063.39 万元。

（刘红平 何 华 张 焱）

【苏州众通规划设计有限公司】 业务范围覆盖综合交通(铁路、公路、市政、轨道、航道、港口)工程规划、勘察、设计、咨询、试验、检测。拥有市政行业(道路工程)专业丙级,公路行业(公路)专业丙级资质,通过质量、环境、职业健康安全三体系认证。

2022 年,经营承揽项目 22 项,承揽规划设计类合同额 44562.78 万元。承揽自揽项目 22 项,合同额 7182.99 万元;承揽工程总承包项目 1 项,合同额 7000 万元;自揽项目收款 3139.36 万元。营业收入 5235 万元,利润 826 万元,净利润 666 万元。

（张文洁 蔡 康 杨玉森）

【衢州交通设计有限公司】 拥有公路专业设计甲级、岩土勘察甲级资质,为公路、桥梁、隧道等工程提供战略规划、工程咨询、勘察设计等一体化的解决方案;业务拓展涵盖公路、市政、建筑、水工、景观等多领域的规划、勘察、设计、咨询、工程总承包等服务。

2022 年,承揽规划设计咨询合同额 1.85 亿元,承揽工程总承包合同额 1.83 亿元,收款 10453 万元。

（吴　凡）

中铁上海设计院集团有限公司

【简况】 拥有工程设计综合资质甲级、工程勘察综合资质甲级、工程咨询综合资信甲级、城乡规划编制甲级、建筑工程施工总承包一级、市政公用工程施工总承包一级、工程监理甲级、测绘甲级,以及土地规划、对外承包工程资格等覆盖工程建设全过程的领先资质。是国有大型综合甲级勘察设计企业,入选国务院“科改示范企业”,入选国家企业技术中心,为上海市创新型企业、科技小巨人企业、专利工作试点企业及上海市文明单位、诚信创建单位、平安示范单位等。设有经济调查、行车、线路、路基、站场、桥梁、隧道、建筑、通信、信号、电气化、环境评价、工程经济等专业 30 余个。下辖行政管理职能部门 15 个、专业生产院 11 个、事业部 5 个,设子分公司 19 个、经营分院 12 个。致力于为铁路、轨道交通、公路、市政房建工程等提供勘察、设计、咨询、监理、总承包、运营维护等全过程的技术支持与服务。职工 1944 人。资产总额 353873.68 万元。其中,流动资产 291018.54 万元,非流动资产 62855.14 万元。

2022 年,新签合同额 152.8 亿元,营业收入 36.48 亿元、净利润 3.79 亿元,国有资产保值增值率 125.53%,净资产收益率 23.22%,资产负债率 49.97%,总资产周转率 1.08 次。（赵艳军　罗　卿）

【领导人员】

董事会

董事长	刘建红
董事	张国峰(3 月免)
	陈　虎(4 月任,12 月免)
职工董事	古春生

行政系统

院长	张国峰(3 月免)
	陈　虎(4 月任,12 月免)
副院长	钟国钢
	赵君瑞
	朱永兵
	许兆俊
	陈东巨
总工程师	陈东巨
总会计师	赵君瑞

党群领导

党委书记	刘建红
党委副书记	陈　虎(4 月任,12 月免)
	古春生
纪委书记	古春生
工会主席	古春生

（赵艳军）

【职工队伍】 职工 1944 人。其中,专业技术人员 1917 人,技能人才 27 人。高级职称 923 人(含正高级 73 人)、中级职称 688 人。全国工程勘察设计大师 1 人,上海市领军人才 1 人,享受国务院政府特殊津贴人员 3 人,詹天佑专项奖获奖者 7 人、茅以升工程师奖 2 人、入选国家“长城计划青年人才”1 人。（陈英才）

【企业管理】 科学编制“十四五”规划,形成“十四五”发展规划体系,并成为股份公司设计院中首个通过审批并及时发布的单位。全面完成国企三年改革任务 101 项、首轮“科改示范行动”任务 21 项以及对标世界一流任务 49 项。在国务院国资委 2021 年“科改”专项考核评估为“良好”,并再次入选“科改示范行动”提质扩围名单。获批“综合咨询资信甲级”,形成集团“三综一甲两施工”为主的顶级资质链优势,成为全国设计企业资质链头部单位。取得“援外成套项目管理企业建筑行业”资质、“安防工程设计施工维护能力一级”资质。梳理发布“集团资质工作指导意见”,更新资质管理办法。深入落实法律合规“四项审核”,积极融入对外合作、片区开发等投融资项目,出具法律意见 23 份,助力重大项目决策;对“三重一大”决策制度和科技创新(优)奖励办法等 41 项制度进行法律审核;完成经济合同审核 2000 份,授权委托书审核 1200 份,修订《勘察委外合同》《设计委外合同》范本 2 份,深入开展合同分级分类审核,进一步压实各级法律合规人员职责,提高合同审核效率。严格推进执行“1+8”合规管理制度,全集团开展投标合规审核 1380 项,第三方合作合规审核 1840 项,合同合规审核 2000 份,业务招待合规审核 9400 项,及时排除潜在合规风险。狠抓纠纷案件“压存控增”,积极跟进处理遗留及新发案件。全集团处理纠纷案件3件,涉案金额180余万元,发案数量、金额同比分别下降25%、50%,协助催回款项400多万元。结合知识产权等业务及加强诉讼管理等需求,更新完善《2022年集团合格律师库》,使合格律所增至18家。重点围绕“习近平法治思想”、“建设工程合同审核要点”以及《中央企业合规管理办法》等开展普法宣传,编制宣贯《企业诚信合规手册》,更新发布合规审查操作指引,完善规章制度清单,积极培育企业合规文化。（杨　丽）

【境外工程】 马拉维马尔卡至班古拉铁路勘察设计项目　位于马拉维,全长72千米,全线新建桥梁33座,新建车站3座。

中国交建马来西亚东海岸铁路项目工程造价咨询服务　位于马来西亚东部,正线从哥达巴鲁新建桥式站引出,至莪呅新建车站结束,全长524千米。

中国交建马来西亚东海岸铁路项目线下工程工程量专项审核项目　由中国交建承建,北起哥打巴鲁站,南至巴生港站,全长640千米,设计时速客运160千米、货运80千米。

澳门轻轨延伸横琴线监察服务项目　起于澳门境内HE1站,至横琴口岸中间禁区内设HE2站,全长2.2千米,包含车站2座。

新建几内亚马瑞巴亚港至西芒杜矿区铁路可行性研究　位于几内亚南部,自马瑞巴亚港引出,至西芒杜矿区C区西侧设装车站。正线全长551.58千米,新建车站15座。（马如箭）

【勘察设计】 池州至黄山铁路　位于安徽省南部,线路大致呈东西走向,起点接轨宁安客专池州站,经由九华山、太平湖、黄山等风景名胜区,终点在黄山地区黟县东站与昌景黄铁路共站并线至黄山北站。铁路长125.1千米,设计时速350千米,沿线设车站4座,其中新建车站2座。

淮北至宿州至蚌埠城际铁路　位于安徽省北部,经由淮北、宿州、蚌埠三市。线路起自淮萧联络线淮北北站,经郑徐高铁衔接徐州枢纽,中联规划皖北城际亳州至蚌埠段、淮北至阜阳段,南端引入蚌埠地区与京沪、合蚌高铁及规划宁滁蚌城际铁路衔接。线路长160.94千米,设计时速350千米,沿线设车站6座,其中新建车站4座。

新建阜阳至蒙城至宿州(淮北)铁路　位于安徽省北部,经由淮北、宿州、亳州、阜阳四市。线路接轨淮宿蚌城际铁路双堆集站至淮北方向,设联络线衔接蚌埠方向,往西南行经蒙城与亳州方向沟通,经利辛引入阜阳枢纽阜阳西站与京九客专相连,形成徐州—淮北—阜阳方向、蚌埠—阜阳方向、蚌埠至亳州方向的运输通路。线路长142.436千米,设计时速350千米,沿线设车站5座,其中新建车站2座,预留车站1座。

新建六安至安庆铁路　位于安徽省西南部,线路大致呈南北走向,起点接轨沪蓉铁路六安站沪蓉场,经霍山、岳西、潜山后,引入安九铁路安庆西站。正线运营全长174.553千米,其中新建线路长度169.272千米,设计时速250千米。沿线设车站6座,其中新建车站4座。

上海至乍浦至杭州铁路　位于上海市南部、浙江省东北部,线路呈东西走向,起点自上海枢纽上海东站引出,利用沪通铁路二期至四团站,后新建线路经奉贤、金山、嘉兴,引入杭州枢纽杭州西站。正线运营长度220千米,其中新建线路长度182千米,设计时速350千米。沿线设车站9座,其中新建车站5座。

（汪文峰）

【经营管理】 2022年,新签合同额152.8亿元。勘察设计板块新签合同额32.1亿元,同比增加11%。作为集团公司在中原城市群高速铁路市场第一个勘察设计项目的南信合高铁项目,实现高铁设计走出华东地区“第一单”,沪乍杭铁路上海段则创造集团公司在上海承担高铁新线的历史。积极响应长三角一体化国家战略,相继中标上海市域铁路示范区线、金山至平湖市域铁路、杭州都市圈市域(郊)铁路网专项规划项目,助力集团公司成为都市圈、城市群最优基础设施服务商。工程总承包、投融资板块,成功中标东至铁水联运铁路专用线二期工程、海门四甲房建项目及海门老体育场地块项目。全年中标投融资项目10个,带动勘察设计费9亿多元。对接17家新兴领域的公司,涉及乡村振兴、新能源、城市更新、智慧运营、节能减排等国家政策大力扶持且富有投资机遇的行业。全过程咨询板块,监理业务方面,在区域经营、国家重点项目、省际重量级项目、以干促揽方面都开花结果。特别是在国铁大线领域获重大突破,先后承揽淮宿蚌铁路、沪通铁路、阜淮铁路、昌九铁路、深江铁路、北沿江铁路安徽段等项目。在市域铁路和轨道交通领域方面继续保持稳定增长,在宁波地铁土建市场、上海申通、上海申铁有所斩获。咨询业务方面,以长江三角地区交通运输高质量一体化发展规划为指导,中标新建南通至宁波高速铁路施工图审核江苏段;深度耕耘华南市场,中标新建瑞金至梅州铁路(广东段)施工图审核等项目。在河南铁路市场,中标平漯周铁路施工图审核项目,中标重大市域铁路咨询项目上海轨道交通市域线南汇支线(两港市域铁路)工程施工图审查项目;在施工图强审市场,中标金海路(杨高中路—华东路东侧)改建工程施工图设计文件审查项目,是集团取得市政一类施工图审查资质后中标的第一个项目,实现"零"的突破;在市政领域,中标无锡高浪路快速化改造二期、广汕铁路惠城南站综合交通枢纽配套项目(二期)全过程工程咨询服务等项目。智能制造板块,在预制构件业务方面,针对洋吕铁路项目,经过多次与代建单位东华地铁公司技术交流、沟通对接,与参建各方密切配合,使得桥梁基础预制管桩顺利落地实施,并实现铁路桥梁行业新工法应用的突破。在淮宿蚌项目上,深入市场一线,主动与各项目部对接,深度开展技术交流,使用预制桩产品从而满足总包单位的需求。针对巢马城际项目,挖掘客户控制工程造价的需求,组织开展路基处理管桩接桩技术交流,为客户答惑解疑。紧密联系业主资源,切实为业主与总包解决实际问题,创造技术服务附加值,并最终承揽该项目的管桩业务。在科技产业业务方面,全年申请科研课题4项,申报专利6件,其中5件获批,1件发明专利受理中。8月起,与川藏铁路技术创新中心、铁三局等单位合作开展复杂环境隧道综合量测智能机器人的研发工作,已完成样机的研制,并于金华上徐隧道、川藏线完成功能验证。11月,正式注册成立中铁建申昊科技(上海)有限公司,开展工程智能机器人业务推广。充分利用集团在手长株潭、青阜、池黄、淮宿蚌设计及洋吕、江都等总承包项目,积极对接、跟踪施工单位采购,池黄项目已经取得初步进展,实现产业化合同零的突破。先后与科法达、天铁、伽利略、高铁电气等4家公司签订合作协议,在融合通信、轨道减振、智慧供配电等方面形成合作。与太平洋电气、成都华盛陆迪等多家企业开展科研合作。促成中铁建电气化局、中铁十一局、中铁十二局电务公司与集团签订战略合作协议。运营维管板块,与河南省发展改革委、河南省铁建投、商丘市政府等单位形成业务联动;成立聚焦物流的专精特新实体公司——华夏中智,达成物流高端合作的相关战略合作协议,并取得三门峡片区功能提升(含物流园建设)项目的承揽成绩;紧密跟踪射阳物流园、盐城城北物流园、商丘高铁物流园等项目。紧密跟踪三中心弱电智能化项目,机场线动车组信息管理系统、综合维修系统、旅服集成平台等集成项目,以"上铁智慧"自主品牌中标机场线动车组信息管理系统、综合维修系统、旅服集成平台的系统交付;积极推进上海铁路局铁路沿线安全综合监测系统的项目,取得"高速铁路(京沪高铁南京示范段)安全保障监控系统工程"设计咨询委托,并与战略合作单位积极跟踪该项目的后续系统集成服务以及其他线路的复制推广。铁路方面,紧密跟踪相关指挥部的弱电集成项目;积极跟踪相关区域指挥中心的智能化项目,拓展与上海、天津、南京、成都、重庆等各地业主的联动。海外市场方面,成功签约以马拉维铁路修复改造项目为首的一批非洲勘察设计项目。建筑领域方面,签约瓦努阿图别墅项目,储备摩洛哥里尔厂房、产业园、刚果(布)体育场等优质的建筑类项目,同时突破性地取得建筑专业援外成套项目的资质,进一步提升集团公司全方位参与援外项目的能力。

(汪文峰)

【科技成果】 深化打造"品质上铁院",强化科技创新,突出技术引领,发布国家标准1项,地方标准3项,团体标准3项;获授权专利153件,其中发明专利8件;累计拥有有效专利496件,其中发明专利56件。获工程建设行业高推广价值专利大赛二等奖3项、三等奖1项、优胜奖1项,获上海市第三十四届优秀发明奖铜奖1项、优秀创新项目铜奖1项。获股份公司专利奖3项,其中发明专利优秀奖1项,实用新型专利优秀奖2项;获国家级优质工程金奖1项、优质工程奖1项;省部级地理信息产业优秀工程银奖1项,优秀测绘地理信息工程奖一等奖、二等奖、三等奖各1项;股份公司级勘察设计咨询奖12项,其中一等3项、二等9项。9项课题成果通过股份公司、上海市土木工程学会、中国铁路上海局集团有限公司等组织的评审。主持研发的"城市轨道交通高精度装配式轨道技术研究""轨道交通大跨度矮塔斜拉桥关键技术研究"科技研发成果达到国际领先水平,"钢结构数字化制造关键技术及工程应用""城市繁忙干道上跨铁路咽喉区单跨系杆拱桥顶推关键技术研究""五峰山长江大桥线路纵断面及轨道平顺性关键参数研究"达到国际先进水平,4项成果达到国内领先水平。加强产学研合作,联合高等院校参与国家基金项目2项。(孙蔚芝)

【党群工作】 党委工作。筑牢绝对忠诚的政治品格。加强思想政治建设,深入学习宣传贯彻党的二十大精神,早安排、早部署、早组织,进行全方位立体式学习、开展"高质量"专题研讨、形成报告、明确任务、认领责任。落实"第一议题"制度,开展中心组学习11次,认真学习习近平新时代中国特色社会主义思想和习近平总书记重要讲话等内容,用思想伟力指引前进方向;专题研讨中央财经委员会第十一次会议、中央经济工作会议等精神,借大政方针明确发展路径。搭建日益完善的党建体系。深化从严治党,完善“三重一大”决策制度和事项清单,更加科学界定各治理主体权责界面;召开党委常委会(扩大)会议 23 次、研究议题近 150 项、前置议题过半,切实“把方向、管大局、保落实”。提高融合效能,完善党建工作考核评价机制、优化“四好”领导班子评比制度,用党建引领成效检验党建工作优劣;与基层政府、驻地企业、业内平台党建联建,扩大党的优势。推动两级班子的履职实践。压实主体责任,签订党建责任书、开展党建述职评议、进行党建责任制考核,年初系列会议指明发展方向、月度例会实现“两手抓两手硬”、每周班子碰头会推进重点工作落实。抓住关键少数,开展党委书记、纪委书记与所属单位“一把手”谈话 6 场次,实现全覆盖;依托中国浦东干部学院优质培训资源,举办首期中层干部管理培训班,进一步提高干部履职担当能力。把民生信心和央企责任摆在首位。克服社区封控、道路受限、货源紧张等重重困难,送达“抗疫”生活物资大礼包近 1500 份,解群众之难;第一时间奔赴抗疫前线参与志愿服务,全力驰援方舱医院建设,缓政府之急。把中心任务和上级部署牢记于心。抢占防疫先机、把握生产主动,预判疫情发展、保证生产秩序,对重点项目人员,集中安排食宿、进行封闭式管理,想尽一切办法、排除一切阻碍,既保质保量完成生产任务,又坚决守住不发生聚集性疫情底线。把完善机制和“沙场练兵”有机结合。设立临时应急中心,暂行本部部分行政职能,累计盖章 27000 余个、出版文件 700 余册、邮寄 200 余次、加班近 400 工时,保证企业各项工作正常有序运转;各级领导干部、广大党员职工、相关合作单位各在其位、各司其职,都做出不可磨灭的贡献。健全组织体系。组织建设愈加完善,以“四同步、四对接”为根本遵循,同步成立轨道院党委,及时升格市环院党组织,综合考虑新成立二级机构党组织设置。制度执行更加到位,从严从实抓好党组织换届选举,29 个党组织全部完成换届选举工作,实现应换尽换。争先创优越发浓厚,打通党支部评价定级创建晋升通道,激活“神经末梢”,选树集团公司“示范党支部”4 个。抓好队伍建设。打造高素质党员队伍,选举 1 名党员出席上海市第十二次党代会,发展 13 名新党员,组织近 900 名党员参加党的十九届六中全会精神线上专题培训班。提高实务实操能力,持续开展党支部业务工作培训,为 200 多名党务干部、党支部书记及委员“供养分、壮筋骨”。完善制度机制。党建制度体系更加科学,制定完善全面从严治党主体责任清单、“示范党支部”创建、党支部评价定级创建晋升、党建工作责任制、党费管理等制度 10 余项。发展党员流程更加规范,推进精细化管理,编制下发发展党员全过程材料参考模板 40 余件。组织生活执行更加到位,持续提升落实“三会一课”、领导干部双重组织生活、民主评议党员等工作质量,全年统一开展的主题党日学习内容达 25 项。严培育,鼓舞干部人才新作为。实现人才发展从“挤官道”向“多通道”转变。建立 4 个岗位序列、20 个档级的员工职业发展通道,坚持“两年一评定”动态调整,突出能力业绩评价,基本实现员工职业发展“双轨制”,畅通晋升和退出通道。完成薪酬分配从“大锅饭”向“差异化”转变。优化薪酬分配与考核激励机制,收入随企业效益同步调整,实现能增能减。全面推行经理层成员任期制和契约化管理,绩效年薪与经营业绩做到联动考核。综合延期支付、任期激励等方式,合理拉开薪酬差距,最高达到 2.55 倍。实现领导人员从“铁交椅”向“职业人”转变。不断完善领导人员退出机制,深入落实竞争上岗相关制度。全年选拔任用及调整中层副职及以上干部 47 人次。其中,提拔任用 12 人,进一步使用、转任重要岗位 2 人,兼任职务 23 人,交流岗位 4 人,调入 3 人,改任非领导职务 1 人,组织处理 1 人,免职 1 人。强化科技激励从“零散化”向“系统化”转变。搭建博士后工作站、大师工作室、研发中心等科创研发平台,吸引高层次学术人才。构建科技人才全方位激励体系,建立涵盖从项目立项到成果转化的 7 种奖励机制。增强科研团队工资扶持和绩效激励,激发科技创新活力。筑牢形势任务“主阵地”。聚焦疫情防控,推出“战疫保产进行时”“复工复产正当时”“我是党员我表态”等系列报道 32 期,汇聚思想合力。聚焦夯基垒台。梳理意识形态阵地 117 个,开展党的二十大网络舆情管理、舆论阵地管理提升、媒介素养提升、官网更新改版、舆情处置实施细则修订、舆情应对指导手册印发等工作,筑牢风险防线。坚守企业发展“主战场”。聚焦凝心聚力,推送官微近 200 篇,发布内宣 1000 余篇,策划“新征程答卷人”等系列报道,内宣报道广度、深度不断提升。聚焦品牌打造,在中央媒体、省部级媒体及上级单位等媒体平台刊发报道 360 余篇,外宣报道实现“量质齐升”。聚焦典型选树,持续推进“道德讲堂”活动规范化、常态化,全面开展“科技兴企,致敬追光者”等系列人物报道,深入发掘一线优秀员工,实现典型引领比学赶超。唱响企业文化“主旋律”。聚焦文明创建,开展志愿服务、加强区域共建、推进“助力创全”等系列活动。聚焦文化建设，深入梳理建院70年历史，推出“回眸拾忆 薪火相承”院史主题系列宣传25期，同步推动建院70周年庆活动策划、科普教育基地暨企业荣史馆建设等工作，切实增强文化认同。监督执纪助发展。抓政治监督，围绕企业发展着力点，聚焦“国之大者”、中心大局、“关键少数”等开展监督。抓“一岗双责”，专项检查19家党委（总支）班子成员落实情况，推动规范履责。抓职能监管，两次组织召开反腐败领导小组协调暨职能监管推进会，梳理问题95个并提出改进措施。激励约束鼓干劲。严有标准。本级受理信访举报6件，处置问题线索11件，给予党内、政务双重警告处分6人次，给予党内严重警告处分和政务记大过处分2人次。宽有尺度。对积极开拓、先行先试出现失误的7名中层干部，启用容错纠错机制，充分运用“第一种形态”给予提醒，鼓励担当作为。思想引领固根基。强化教育，开展“责任重于能力 自律胜于他律”反腐倡廉宣传教育月活动，班子成员前往基层讲授廉洁专题党课。加大警示。听公开课、看宣传片，组织学习党纪企规、违反中央八项规定典型案件、津补贴发放注意事项等。深化意识。开展“廉”字主题活动，宣扬系统内优秀项目经理先进事迹等。

工会工作。上线工会信息化系统，提升各级工会工作效率。举办本部一线员工群众座谈会等活动，引导统一思想、凝聚力量。帮扶救助送温暖近400人次、金额40余万元，发放防疫物资20万余件、累计100万余元。

共青团工作。开展“学习二十大、永远跟党走、奋进新征程”主题教育和青年精神素养提升工程；组织各类志愿服务50余场；深化导师带徒、“青字号”品牌等特色活动；获天津市暨中国铁建青年创新成果大赛二等奖、上海市建交系统年度考核“优秀”。

（王昊巍 李 帅 刘润东）

【南昌铁路勘测设计院有限责任公司】 拥有铁道行业设计、建筑行业（建筑工程）设计、市政行业（道路工程、桥梁工程）设计乙级资质；工程勘察专业类[岩土工程（勘察）]乙级资质；铁路、城市轨道交通、建筑、市政公用工程甲级资信及测绘乙级资质。可承担铁路、轨道交通、市政（道路、桥梁）和建筑工程及其配套的给水排水、电力、通信、信号工程的勘测设计和相应的项目总承包、技术咨询、软件开发等业务。由南昌铁路勘测设计院改制而成，驻江西省南昌市工人新村二路27号。院长邬歆，党委书记邵辉丹。职工240人。资产总额28596万元。其中，固定资产原值2399万元、净值700万元，无形资产（土地使用权）1210万元，流动资产26466万元，其他资产220万元。

2022年，营业收入27303万元，新签合同额27077万元，利润3990万元，国有资产保值增值率127.23%，净资产收益率24.86%（不含少数股东权益）。

（王安昌）

【杭州铁路设计院有限责任公司】 拥有铁道行业工程设计乙级、建筑工程设计乙级、工程咨询单位乙级资信资质等资质证书，并通过质量、环境、职业健康安全管理体系认证。主要从事铁路、轨道交通、市政、房建领域的工程设计，以及工程总承包、技术咨询等业务。原为杭州铁路设计院，2007年7月实施改制更名，驻杭州市江干区三里亭路27～35号。院长、党委书记林平。职工120人。资产总额15186万元。其中，固定资产原值2253万元、净值1698万元，流动资产13161万元。

2022年，营业收入2.15亿元，新签合同额2亿元，净利润3216万元，国有资产保值增值率131.29%，净资产收益率28.79%。 （韩晶晶）

【中铁上海设计院集团合肥有限公司】 主要从事铁路、桥梁、工业与民用建筑、通信信号、给排水、电力、市政道路、轨道交通等工程勘察设计以及工程总承包、技术咨询等业务。驻合肥市瑶海工业园区。院长、党委书记王可群。职工109人。资产总额8400万元。其中，固定资产66万元，流动资产8130万元。

2022年，新签合同额18047万元。其中，总承包3915万元。营业收入11351万元，净利润1811万元。净资产收益率26.54%，国有资产保值增值率130.22%，总资产周转率0.84次。 （钟 涛）

【中铁上海设计院集团有限公司南京设计院】 主要从事铁路、建筑、市政领域的工程勘察设计、总承包、技术咨询等业务，设有道路、桥梁、规划、建筑、结构、给排水、电力、暖通、景观、线路、通信、信号、工经等10余个专业。由原上海铁路局南京铁路勘测设计所划入，2009年3月16日挂牌成立。驻南京市鼓楼区中山北路223号建达大厦。院长潘必胜，党委书记张青松。职工133人。资产总额12647万元，净资产7871万元。

2022年，新签合同额34159.57万元。其中，勘察设计咨询20530.99万元、总承包13628.58万元。营业收入16424万元，净利润3529万元。 （刘 波）

【中铁上海设计院集团有限公司徐州设计院】 主要从事铁道工程、桥梁、城市轨道交通、市政、工业与民用建筑等工程的勘察设计以及工程总承包业务，设有线路、路基、站场、轨道、桥梁、建筑、结构、通信、信号、给排水、暖通、电力、电气化、工经等专业。原为上海铁路局徐州铁路设计研究院，2013 年 1 月组建成立，驻徐州市新城区镜泊西路吉田商务广场 C 栋 4 层。院长韩其胜，党委书记丁志平。职工 78 人。资产总额 9096 万元，其中，固定资产原值 1673 万元、净值 1121 万元，无形资产 88 万元，流动资产 7861 万元。

2022 年，新签合同额 14483 万元。其中，勘察设计合同 12371 万元，总包合同 2112 万元。营业收入 12319 万元，利润 2103 万元。 （刘 珊）

【中铁上海设计院集团有限公司天津分院】 主要从事城市轨道交通、铁路、市政、工业与民用建筑等工程的勘察设计业务，设有线路、站场、车辆工艺、行车、经调、道桥、建筑、结构、环控、电力、给排水、工经等专业。成立于 2009 年 7 月，驻天津市南开区卫津路 18 号中恺国际广场新都大厦。院长、党委书记张洪威。职工 110 人。资产总额 5796.85 万元。其中，固定资产原值 1813.12 万元、净值 1083.50 万元，流动资产 4602.15 万元。

2022 年，新签合同额 2619.64 万元，营业收入 5403.34 万元，利润总额 342.83 万元，净利润 286.07 万元，净资产收益率 8.18%。 （赵晓丽）

【中铁上海设计院集团有限公司长沙设计院】 业务以湖南、湖北、广铁集团为主阵地，辐射周边省份，主要开展勘察设计、咨询、总承包及投融资业务的经营生产服务，涵盖市政、房建、公路、铁路、轨道交通、片区开发及新兴业务等领域。驻长沙市雨花区。党委书记、院长彭跃辉，职工 87 人。资产总额 8779 万元。其中，固定资产原值 2012 万元、净值 1590 万元，流动资产 7153 万元。

2022 年，新签合同额 4789 万元，营业收入 3749 万元，利润总额 54 万元，净利润 57 万元，净资产收益率 1.11%。 （楚 俊）

【上海先行建设监理有限公司】 拥有建设部颁发的铁路工程、市政公用工程、房屋建筑工程建设监理甲级资质，是中国铁路总公司监理协会会员单位，上海市建设工程监理行业协会会员。主要从事建设工程监理；公路工程监理；建设工程质量检测；工程管理服务；单建式人防工程监理；招投标代理服务。1993 年 8 月成立。驻上海市天目中路 291 号。总经理、党委书记康新平。职工 995 人。资产总额 10953 万元。其中，流动资产 8196 万元，非流动资产 2757 万元。

2022 年，新签合同额 37719.5 万元，营业收入 16301 万元，净利润 2475 万元。国有资产保值增值率 133.07%，净资产收益率 30.12%，资产负债率 18.29%，总资产周转率 1.65 次。 （王埔芳）

【中铁建预制构件研发咨询(上海)有限公司】 主要从事专业技术服务业，响应国家建筑工业化号召，整合股东企业优势资源，推进混凝土预制构件在铁路、轨道交通及公路市政工程建设中的研发应用。2017 年 3 月 22 日成立。驻镇江市润州区冠城路 8 号工人大厦 16 楼。董事长李东宇。职工 13 人。

2022 年，新签合同额 26550.88 万元。 （陈 静）

【中铁上海设计院集团有限公司广州分院】 主要开展该区域内的铁路、城市轨道交通、市政、建筑、风景园林、工程咨询、总承包等业务的经营生产管理工作，支撑区域经营。2019 年 11 月成立。驻广州市天河区高唐路 242 号。负责人杨晓明。职工 28 人。资产总额 844.51099 万元。其中，固定资产原值 47.330495 万元、净值 14.5 万元，流动资产 667.544035 万元。

2022 年，新签合同额 1143.24 万元，营业收入 1069 万元，利润总额 62 万元，净利润 55 万元。

（谢颖章）

【中铁上海设计院集团南通晟大有限公司】 主要从事建筑、景观、市政公用工程等勘察设计工作。2019 年 11 月 4 日成立。驻江苏省南通市海门区东布洲中路 33 号。董事长范军琳，院长张栋国。职工 38 人。资产总额 1042.91 万元。其中，固定资产原值 50.19 万元、净值 15.05 万元，流动资产 1027.66 万元。

2022 年，新签合同额 2287 万元，营业收入 1238.93 万元，净利润 164.75 万元。 （张洪源）

【中铁上海设计院集团启东发展有限公司】 以勘察设计为立足之本，重点打造建设工程领域的项目代建，规划研究、工程咨询、勘察设计，工程监理，工程总承包，工程技术服务等。2019 年 12 月 27 日成立。驻江苏省南通市启东市汇龙镇长龙东街。董事长宋广林，总经理、院长龚耀辉。职工 11 人。资产总额 2125.04 万元。其中，固定资产原值 19.15 万元、净值 14.99 万元,流动资产 2085.78 万元。

2022 年,新签合同额 2211 万元,营业收入 1641.94 万元,营业利润 237.56 万元,净利润 225.78 万元。 (汪媛媛)

【中铁上海设计院集团海安有限公司】 以勘察设计为立足之本,重点打造勘察设计、工程总承包、全过程咨询等板块,拓展公铁水、建筑、市政及新兴产业等领域。2021 年 8 月 20 日成立。驻江苏省南通市海安市中坝南路 12 号。董事长刘信斌。职工 4 人。资产总额 484.18 万元。其中,固定资产原值 12.27 万元、净值 9.99 万元,流动资产 474.02 万元。

2022 年,新签合同额 1009.06 万元,营业收入 220.11 万元,营业利润 19.78 万元,净利润 19.61 万元。 (吴雅惠)

【上海纬宏科技有限公司】 主要从事铁路、城市轨道交通、市政、公路、交通工程、建筑工程、水利水电及电力系统、生态环保等领域相关材料、产品、设施、设备、软件的研发、生产、集成、购销、租赁、代理、技术咨询、技术服务和科学研究,技术成果转让等。通过 ISO 三体系认证。2021 年 12 月 23 日成立。驻上海市青浦区公园东路 1155 号科技孵化服务中心。执行董事兼总经理罗利平。

2022 年,新签合同额 1397.3 万元,营业收入 614.3 万元,净利润 2.8 万元。 (周瑛英)

【河南省华夏中智信息科技有限公司】 主要业务围绕物流枢纽园区建设,提供现代物流园的规划、勘察、设计、咨询等全过程服务,以及施工建设、运营维管的全生命周期服务保障,并在此基础上形成智慧物流的标准服务能力输出。2022 年 4 月 19 日成立。驻河南省郑州市金水区。董事长柏锋。职工 3 人。

(张 琪)

【中铁上海设计院集团有限公司重庆分院】 主要开展轨道交通、市政道路、公路工程、城市更新、园区开发等工程的经营和生产。2022 年 8 月 1 日成立。驻重庆市两江新区青枫北路 12 号,负责人翁承显。职工 11 人。 (梁双红)

【中铁建申昊科技(上海)有限公司】 具备完全自主知识产权并致力于研发应用人工智能技术的高科技公司。主要经营产品包括智能机器人(轨道交通巡检、电力巡检、隧道建设、综合量测等)、轨道交通智能化、信息化等。2022 年 11 月 25 日成立。驻上海市静安区天目中路 291 号。负责人罗利平。 (郑 清)

中铁物资集团有限公司

【简况】 拥有铁路建设用钢轨招标与采购供应代理、成品油内部批发经营、工程招标代理、民爆器材经营、国铁集团部管物资招标代理、中央投资项目招标、国家道路运输经营许可证和北京市道路运输等重要经营资质,以及危化品经营许可、成品油批发经营、无船承运、海关进出口等多项资质。是国铁集团铁路建设项目部管物资代理公司、铁路用钢轨招标代理服务商,国家发展改革委批准的成品油专项供应单位;是中国物流与采购联合会评选的 AAAAA 级物流企业、企业信用评价 AAA 级信用企业,被商务部、工业和信息化部等 8 部委评为“全国供应链创新与应用示范企业”。主营物流贸易、加工制造、国际业务、集采代理和电子商务。前身系中国人民解放军铁道兵后勤部物资处;1984 年 1 月,集体转业并入铁道部,改编为铁道部工程指挥部物资处;1990 年 3 月,组建中国铁道建筑总公司物资局;1999 年,改称中铁建物贸公司;2000 年 12 月,更名为中铁建物资集团有限公司;2003 年,企业改制改称现名。总部驻北京市海淀区西四环中路 19 号。注册资本金 30 亿元。下辖 13 个全资子公司、3 个控股子公司和 5 个钢厂办事处,在 4 家公司参股,并在重庆、大同、无锡等地设有多个分公司和办事机构。与鞍钢、包钢、攀钢、武钢、河北钢铁、首钢、中国石油、中国石化、中国建材、中国远洋、中国外运、山桥、宝桥等大型企业建立长期稳定的战略合作伙伴关系,实现国内首次销售企业与民爆骨干企业共同组建专营公司的合作;成为国内首家成功进军时速 350 千米百米钢轨市场的企业。先后承担成昆、大秦、京九、南昆、内昆、青藏铁路,京沪高铁、郑西、武广铁路客运专线等国家重点工程的物资供应任务。先后参与京沪、京珠、沪宁等高速公路,北京、上海、广州、深圳、南京等城市地铁,首都机场扩建项目,南京环城铁路,南水北调工程,港珠澳大桥以及诸多港口、码头、水利水电、民用建筑等工程的物资供应;积极为北京 2008 年奥运会、上海 2010 年世博会、广州 2010 年亚洲运动会的配套工程提供物资保障;与欧洲、中东、南亚、东南亚、东亚等地建立良好的业务关系。资产总额297.62亿元。其中,固定资产原值8.56亿元、净值5.33亿元,流动资产283.98亿元,固定资产外的其他非流动资产8.31亿元。

2022年,新签合同额1063.95亿元,产值461.36亿元,净利润6.11亿元;人均创利33.68万元,全员劳动生产率97.12万元/(人·年);职工年人均收入22.54万元;国有资产保值增值率112.33%,净资产收益率14.16%,产值利润率1.59%,资产负债率84.92%,应上缴款完成率100%。在中国物流企业50强中位居第8。首次获评全国供应链创新与示范企业。参加第九届全国砂石骨料行业科技大会、2022中国物流企业家夏季峰会、"一带一路"供应链峰会。续办"危险化学品经营许可证"。（王　蕾）

【领导人员】

董事会

董事长	王　辉
董事	唐建勇
职工董事	于俊海

监事会

监事会主席	孙　义
监事	阙　巍
职工监事	夏俊杰

经理层

总经理	唐建勇
副总经理	王跃飞(12月免)
	魏广铭
	李　芳
	王成伟
	张　泓
	王　平
	吴　越
总会计师	李　芳

党群领导

党委书记	王　辉
党委副书记	唐建勇
	于俊海
纪委书记	孙　义
工会主席	于俊海

（王　蕾）

【职工队伍】 职工1934人。其中,干部1857人,占比96.02%;工人77人,占比3.98%。技术干部1107人,占比57.24%;技术工人77人,占比3.98%。

（王　蕾）

【企业经营】 2022年,明确"大市场、大客户、大项目"范围、规模和纳入原则,建立健全经营服务对接联络机制,全年大额合同3亿元以上签订额173.72亿元;高毛利率产品销售占比提升至24.2%,实现毛利额13.19亿元,占总毛利额的78.66%。进行集团层面"总对总"沟通协作,同中铁建设、中铁二十五局、中铁二十三局、中国铁建港航局签订战略合作协议。海外业务新签和营业收入分别为24.51亿元和13.1亿元;打开哥伦比亚等南美市场,年度钢轨订单量21万吨,创历史新高。营业额19700万美元,完成中国铁建指标的179%。铁路线上料业务完成新签合同额(剔除关联交易)68.54亿元,较上年增长43.3%,完成产值(剔除关联交易)45.64亿元,较上年增长8.7%,净利润2.04亿元。中标潍烟铁路、汉巴南铁路南巴段、红淖三铁路无缝化改造项目等。承揽沈阳地铁4号线,郑州地铁6号、7号、8号、12号线,上海轨道交通线路等项目。路外市场业务(不含集采)与海外市场业务产值合计占产值总额的52.9%,较上年增长71.4%。代理国铁集团管理甲供物资招标23亿元,涉及铁路大中型建设项目19个。在重庆、成都、贵阳地铁实现铁路线上料集成供应模式;中标中铁四局安罗黄河高速、中铁山桥、黑龙江龙煤矿业的钢材项目;承揽中铁二十一局神朔铁路电液转辙机和信号系统,并实现其单独集成供应,填补区域铁路电务类业务直供的供应空白;通过良好服务和及时保供获中铁二十局沈白高铁项目合作认可,并获9套隧道工艺装备供应权;承揽贵南高铁广西段精调件业务,开拓国铁项目精调件市场;推动北京地铁17号线项目引用减震道岔、可动心道岔等新型地铁产品。培育砂石骨料、混凝土及PC构件、外矿加工、钢材加工等产业项目。海南装配式PC产业园、云南昭通玄武岩项目有进展;中标山东海阳绿色矿山项目;泰兴港外矿加工项目完成可行性研究报告并通过专家评审。区域集中采购,各区域中心组织实施采购1810次,涉及项目1669个,采购金额1284.44亿元,采购成功金额1193.95亿元。其中,采购钢材及制品1885.98万吨,同比增长13.86%;水泥4463.43万吨,同比增长75.17%。各区域中心收集项目信息同比增长30.41%,组织采购金额同比增长22.66%,节约资金38.45亿元,集采节资率4.62%,招标采购成功率89.77%。线上料集采实现产值15.42亿元,占产值总额的30.6%。新签合同额278.13亿元,其中钢材及制品403.27万吨、水泥1168.06万吨；与招标公司协同开展批量物资招标采购，实现净收入696.02万元。

（王　蕾）

【企业管理】 建章立制。出台、完善多项制度，指导全年各项重要工作。落实“外部董事占多数”入章要求，修订《公司章程》《董事会议事规则》，优化《授权清单》并制定《董事长专题会议事规则》。印发集团公司“十四五”专项战略规划。组织各子公司编制其自身的“十四五”规划，最终形成《子公司“十四五”战略规划主要经济目标测算值汇总表》。制定《计划管理办法》《统计管理办法》，完善计划统计体系；制定全集团的绩效考核实施方案，对集团公司本级及子公司负责人绩效考核工作加强过程监控。制定《议事协调机构管理办法》，加强非常设机构规范管理。制定《管理现代化创新成果管理办法》，鼓励创新。制定《第三方服务机构选聘管理办法》，建立第三方服务机构选聘机制。按照“三合一”体系标准要求，改版《程序文件》《管理手册》。出台或修订薪酬体系10余项配套制度，指导全集团三项制度改革。制定《供应商动态管理实施细则》，下发《关于加强经营客商、合同管控的通知》。制定《运营管理“十四五”规划》，明确“12345”运营管理发展战略：围绕“1”条主线，构建协同一体的数字供应链管理体系；同步“双”轮驱动，高质量运营+数字化转型；提升“3”大能力（价值创造能力、精细管理能力、高效协同能力）；形成“4”类资产（数据资产、客商资产、经验资产、智能资产）；落实“5”项重点任务。

机构调整。设立中铁物资集团（天津）有限公司。组建海外业务部（外事办公室），下设海外业务管理中心；组建铁路业务部，下设铁路基建业务中心和城市轨道业务中心。

国企改革。开展企业重要问题研究，参与编写中国铁建数字化转型、“双碳”等方面的材料；拟定《关于以运营模式与考核方式变革推动，建立以集中采购和集中支付为核心的现代供应链体系的建议》；编写《物流园区发展情况概述》。在国企改革三年行动方面，通过中国铁建的工作考核；在《中国铁建改革三年行动简报》上刊登改革成果；在中国铁建经验交流会上宣讲改革经验；此项行动任务台账完成100%。自查“控股不控权”现象，制定《电商公司“控股不控权”问题整治方案》并督导其整改完毕；完成打击假冒国企专项行动排查任务。采用股权转让方式助力新材料公司股东多元化；将物贸公司按照资产管理公司职能进行改造，统筹管理停业单位和不良资产；通过股权挂牌出售实现对混凝土管理公司的“两非”剥离工作；以物贸公司吸收合并北京公司的方式，完成对后者的注销；调整股权结构，将中铁物资集团（天津）智慧物流公司、民爆公司由集团控股子公司变为全资子公司。

开展三项制度改革。实行全员竞聘上岗，建立薪酬体系、绩效考核体系。集团公司党委管理的退出原领导岗位的领导人员占原有岗位的32.42%；取消“按同级规格管理或享受同级待遇”等情况，不再规定到年龄退居二线。竞聘到集团公司党委管理的领导岗位中涉及提拔和进一步使用的占23.23%。子公司党组织管理的中层管理人员退出原领导岗位的占子公司原中层管理人员的37.5%，已竞聘上岗的子公司部门副职及以上领导岗位中涉及提拔的占36.72%。全集团员工层级退出工作岗位占改革前员工总数的12.21%，引进各类优秀人才30余人。强化薪酬与工作能力水平和价值贡献、薪酬与考核的联系。明确各级领导人员原则上均采用竞争上岗、公开招聘的方式产生。

财务管理。拓展筹融资渠道，银行授信担保总额479.80亿元，同比增长6.14%；全年平均资金集中度96.70%，平均资金上存度84.46%；带息融资金额31.84亿元。坚持“123”（减一控二禁三）+“721”（70%现场+20%子公司+10%集团对接模式）的清欠方针，正常业务综合回款率97.90%。全年节税1.05亿元。开发“资财合一”的司库平台系统，实现银行账户、资金、融资担保的集中管理、资金预算的线上管控、内控风险管理嵌入系统等主要功能；可以实时反映企业的运行状态；改造对接财务采购类和销售类单据，实现财务各环节对应业务合同审核查询功能。开展总会计师座谈会及相关教育培训；全年通过各级会计师考试13人，中高级职称占比43.68%。

审计监督。尝试“项目主审制”“底稿交叉复核制”“审计周例会制度”，提升工作质量和效率；完成审计项目39个；成立“大监督”工作委员会；开展新《中华人民共和国审计法》暨“审计制度落实年”知识线上竞答；组织研究审计课题，向中国铁建报送实践案例2篇，分别为集团本级“远程审计在物资物流集团企业内部专项审计中的应用”和港澳公司“探索审计成果与战略理论的多元碰撞”；开发数字化审计整改系统，并于年底前上线测试运行。

信息化管理。完成集团本级34项管理线上化建设需求。针对智慧协同门户平台、案件管理、督办管理、工作沟通、绩效考核、数智纪检、智工会等7个系统,申请中国版权保护中心的软件著作权,并取得证书。优化供应链集成和财务共享系统,集团公司以“业财协同”为核心的数字化运营平台初具雏形。对所有在用信息系统进行漏洞排查和渗透测试。督导数科公司建立 IT 共享流程以及对铁建云采平台的专属“云迁移”,实现工单全程可视化,建立工作量评估方法标准,规范信息化项目建设费用管理。完成“工商管理”“第三方服务机构管理系统”等 7 个审批模块的上线工作。与攀钢集团建立标准化数据接口,西南、港澳公司钢轨业务,华东公司卷板业务实现与攀钢集团销售系统进行业务数据实时交互,双方业务协同执行。建设终端项目供应链客户协同平台,中南、华南、云南公司陆续与终端项目开展实时化交互。开发现货业功能模块,实现集团本级和相关子公司在交通、工商银行开通新型银企直联业务。运输业务上线盘古智达平台。

科技创新工作。在第十五届全国现代物流科技创新大会上,铁建云采平台获评中国物流与采购联合会“科技进步奖一等奖”。集团公司副总经理魏广铭被授予“中国物流与采购联合会科学技术奖科技创新人物”称号。北京新材料公司获中国铁道学会 2021 年度学术活动三类优秀论文奖。数科公司获 2022 年天津市“振兴杯”暨中国铁建“青创杯”天津地铁项目青年创新成果大赛荣誉奖杯及证书,“盘古智达智慧物流平台”获优秀奖。

法治合规工作。法治工作。强化法律日常审核,完善绩效考核,加强职能监督,建立逾期应收账款诉讼时效预警机制。2022 年 9 月,上线案件信息化管理系统。下属子公司均设立法律合规部门,配备专职法律合规人员。全集团法律合规工作人员 59 人,持证上岗 30 人,持证率 50.85% 。风控合规工作。风控人员与业务团队信息共享,实现风险随时可见并随即管控的法律风控融合机制。加强过程管控,将提炼、优化高风险岗位和管控流程。在全系统专项排查经营业务合规风险,推动各子公司提升经营业务合规管控水平。形成评估现行合规管控措施、识别隐形新发合规风险、建制管控合规风险的闭环管理。集团公司本级增设兼职合规官 15 名,将审核流程嵌入供应链系统,形成部门兼职合规官初审、法律合规部专职合规官复核、首席合规官审批的合同合规管理管理体系。

区域集中采购。履行“保供应、保质量、降成本、提价值”,贯彻落实中国铁建物资管理制度,协助中国铁建组织召开凌绥高速项目、京哈高速改扩建项目、成达万高铁项目物资集采工作研讨会;完善两级集采体系。推进云采平台“招投开评”模块化进程,协助中国铁建拟定《物资集中采购实施细则》,编制、规范相关文件范本和一级集采物资种类明细等。

供应链管理。构建经营情况月度分析体系,以数据为基础,从多角度分析经营情况,动态跟踪。召开大宗商品行情信息分析交流会,搭建信息交流平台。建立客户关系信息库,推进客户关系管理系统上线。协同东北、中南公司梳理混凝土业务流程,协同天津、数科公司推进智砼业务;探索基建物资循环经营、“紫菜云”平台赋能企业转型升级途径与向钢材上游延伸业务。参与港澳公司煤、焦炭、钢材供应链业务模式的研讨与编制;研究新兴业务。建立中建西部建设、新天山水泥等战略合作工作专班;建立以合同(项目)为深度的责任成本业务核算指标体系;落实库存物资“月核对、季盘点”工作机制。开展 XJ 贸易排查;梳理经营合同负面清单;严格审批客商超限额申请;加强客户履约过程管理;开展客商及“三金”检查、质量管理工作;开展全国第 21 个“安全生产月”系列活动。

其他工作。成立董事会提名委员会、战略与投资委员会、薪酬考核委员会、审计与风险委员会并制定相应工作细则。组织派出董事述职,召开外部董事调研会议。通过华夏认证中心再认证审核。规范子公司中英文名称及简称;变更港澳公司名称;开始定期组织子公司增资申报。组织云南公司、数科公司制定“专精特新”培育方案并将之纳入中国铁建培育库。西南、中南、华南、东北、云南、华东与港澳公司入选中国铁建 2021 年“三级公司 20 强”榜单。开展投资、产权及资产管理综合治理工作,完善产权管理制度,规范投资报批流程,完成参股项目定期评价。开展参股海南产业园项目、云南昭通盐津玄武岩项目、中铁科顺防水材料项目投资立项评审。按照国务院办公厅关于进一步盘活存量资产扩大有效投资的意见及精神,部署集团公司重大资产盘活工作,在闲置房产出售和出租方面取得成效。完成各子公司 97 名经理层成员 2022 年度和 2022—2024 年任期契约签订工作。14 家子公司建立企业年金。产业投资业务,集团公司以占股 1% 参与昆仑投资集团牵头成立的项目联合体并于 2022 年 12 月正式中标山东省海阳市生态东港、绿色矿山及配套基础设施项目。

(王　蕾)

【党群工作】 党组织建设。召开第 3 次党员代表大会,选举产生新一届党委、纪委。针对中国铁建党建考评反馈的问题制定整改方案并完成。召开所属单位党委(总支)书记抓基层党建述职评议大会,签订党建责任书,开展党建责任制考核。领导班子成员深入联系点单位讲党课、调研指导帮助工作,帮助解决党建和生产经营问题35个。新成立天津公司党委。集团公司党委与所属五棵松饭店、云南公司及民爆公司党总支完成换届。成立工程建设指挥部党总支。做好混合所有制企业和境外单位党建工作。结合“4+1+N”的组织结构调整党支部设置。召开年度民主生活会、组织生活会、民主评议党员。党委领导班子建设。贯彻落实上级党委各项决策部署,带领各级党组织学习贯彻习近平新时代中国特色社会主义思想,全面贯彻落实党的十九届及十九届历次全会和党的二十大精神,重点学习习近平总书记系列重要讲话精神、国资国企发展改革和物资物流供应链、数字化转型等涉及本行业重要指示批示。制定督查办法,建立工作台账。完善并执行《落实全面从严治党主体责任清单》及各类决策会议议事规则,修订《贯彻落实“三重一大”决策制度实施办法》《“三重一大”决策事项清单》,坚持把党委会研究讨论作为决策重大问题的前置程序。党员队伍建设。配齐配强党组织书记。全年全集团发展党员35人,85名预备党员转正。

深入学习贯彻党的二十大精神。在党的二十大召开前夕,专题部署统战、意识形态、保密、网络安全等工作。按照上级要求,组织酝酿推荐党的二十大代表。领导班子成员到分管领域、党建工作联系点宣讲11场次,党委中心组专题学习研讨党的二十大精神2次。党委书记、董事长王辉在《中国铁道建筑报》刊发文章《发扬斗争精神　争当供应链链长》;基层员工叶尔买克·赛力克(哈萨克族)发表学习感悟《学习党的二十大 锚定目标再出发》。发放学习《中国共产党章程》和党的二十大报告等辅导书籍,在内外网和微信公众号开辟专题专栏,策划基层一线员工、党组织书记谈学习感悟、“笃行十年　奋楫争先”专题重点管理经营领域谈感悟等。开展“喜迎二十大　强国复兴有我”主题文创作品展,并制作上线数字化云展。组织参观“奋进新时代”主题成就展,开展学习党的二十大精神在线答题活动。布设“喜庆党的二十大、学习贯彻党的二十大精神”等内容的展板、视频。

党风廉政建设。制作《习近平关于党风廉政建设和反腐败斗争论述摘编》电子书;落实上级部署,监督检查对综合治理和微信泄密等专项行动的开展情况;开展三项制度改革监督,规范、高效处置相关信访举报6件,取消竞聘结果1人;监督10家所属单位领导班子民主生活会;全过程监督提拔、外调考察;将“本人是否经商办企业”“亲属及特定关系人所办企业是否有关联交易”纳入监督范围;监督检查疫情防控情况。约谈所属党委“一把手”14人次;召开驻京单位“一把手”集体谈话会;集团领导工作调研期间约谈所属单位“一把手”,开展集体谈话;开展领导班子成员“一岗双责”工作日志上线填报管理;动态更新领导人员廉政档案;对同级党组织班子成员加强党的领导和党的建设、履行全面从严治党主体责任和党风廉政工作等情况进行“画像”,综合分析研判企业政治生态,建言献策;运用“四种形态”批评教育帮助和处理25人次。以多种形式对党员进行廉洁教育;全年成立52个检查组,监督检查122个下属单位(项目)节点纠治“四风”问题情况。整治形式主义和官僚主义,加大巡察、监督检查力度,督促解决贯彻党中央决策部署时各种问题。针对执纪审查、巡察中发现个别单位各种不作为等问题,追责问责。围绕“责任重于能力　自律胜于他律”反腐倡廉宣传教育月主题,组织先进事迹学习、“项目经理谈廉洁”征文与廉洁短信大赛,获中国铁建廉洁短信大赛一等奖1名,三等奖2名;拍摄“年轻干部说廉洁”微视频16条,在中国铁建、集团公司微信公众号刊发。实名通报查办的违纪违规典型案例,开展预防职务犯罪专题培训,部署所属单位领导班子观看《清除国企蛀虫》等电教片。全年审理案件2件,给予撤销党内职务、撤职1人,给予记大过处分2人。纪委受理并处置完毕问题线索22件;运用监督执纪“第一种形态”提出处理建议7件,涉及12人;被评为“中国铁建纪检系统先进集体”,2名纪检干部获“先进工作者”称号。引进法律、财务、审计等专业人才竞聘纪检工作岗位。组织12期“清风铁物讲堂”,安排优秀纪检干部授课。执行反映纪检干部问题线索处置情况向上级纪委报告制度,函询、初核纪检干部1人并对其约谈提醒。

党巡工作。针对上级党委反馈的巡视情况,集团公司共制定整改措施127项,并按期发布整改情况。完善巡察工作制度体系。上线运行“巡视巡察联动”系统。编制《巡察监督重点工作方案手册》。对东北、华东、西南、云南公司4家单位党组织开展常规巡察,移交问题线索2件,发现各类问题210余个。向中国铁建党委报备1次,履行党委主体责任和党委书记第一责任人责任。建立“建账、交账、记账、查账、销账”的巡察整改“五账”机制。

党建信息化工作。上线“智慧党建”门户系统,统一党建工作平台。举办中铁物资集团“喜庆党的二十大胜利召开”第二届文创作品VR云展活动。通过中国铁建党务管理系统处理基础党务工作。调整集团公司及所属各单位学习强国组织架构，结合微信平台、中国铁建“党建大讲堂”直播平台促进党员之间相互交流。

宣传思想工作。以多种方式调研青年员工思想状况。巩固、深化党史学习教育成果，做好“我为群众办实事”总结工作，召开党史学习教育专题民主生活会。宣传、报道援建吉林方舱医院、参与属地抗疫志愿服务和扶贫工作、火车头奖章获得者、“全国文明单位”、“湖北省国资委文明单位”等典型人物、事件。获评2021年海淀区“诚信单位”创建成果奖。开展“诚信兴商宣传月”活动，并在中国铁建官网、北京海淀文明网发稿。结合喜迎冬奥会主题，参与录制“一起向未来”主题MV。指导工业公司参加中国铁建党建政研会2022年度重点研究课题立项工作；指导西南公司参加中国铁建党的建设研究课题工作并获优秀研究成果奖。全年对接中央电视总台1次，在朝闻天下、午间新闻等媒体发布参建雅万高铁专访视频，全网多平台转发报道；在国务院国资委官网首页置顶刊发《以数字化转型推动产业链供应链现代化水平提升》《三年改革行动“动真格”激发强企富工“真活力”》；聚焦参建香港机场第三跑道项目、雄安相关项目、复工复产、抗疫、援建吉林方舱、援助小微企业等新闻事件，发布《砥砺奋进向未来——党的十八大以来中国铁建物资物流板块发展综述》《“集采+创新”——中铁物资为建设雄安提供物资物流解决方案》等稿件；在《人民铁道》报发稿2篇、中国铁建网站发稿47篇、《中国铁道建筑报》发稿10余篇。集团公司官微全年发布消息推送247余条，用户总量增至7763人。在“国资小新”抖音账号发表素材1次，参与中国铁建官微、共青团官微、工会官微推送专题35期。围绕集团公司第3次党代会、党的二十大召开等主线，策划推出专题20余次。积极对接“海淀青年”媒体，在该平台发布集团专题微信2次。

企业文化建设。依据新时代中国铁建文化与品牌与VI视觉识别系统，启用集团公司新版VI标准用图。通过各种形式推动所属各单位落实“七统一”企业文化建设和新版VIS要求。指导、制作铁建云采、盘古智达、集团“十四五”战略规划发布等视频，指导铁建云采、盘古智达网站平台企业文化和VI标准的设计工作。配合参与新时代中国铁建文化与品牌督查互鉴行动工作，对第12组的9家单位进行实地督查互鉴，在中国铁建党委工作部视频会上被点名表扬。制定《企业文化“十四五”发展规划》；发文征集子品牌文化意见建议。在集团公司外网开辟“艺苑星空”专栏，在集团公司官微设置“文艺星空”专题，广泛征集、发布优秀文创作品，并推动举办集团公司第二届文创展。

工会工作。自身建设。指导3家单位成立工会组织、2家单位工会组织完成换届选举工作、3家单位工会主席及委员增替补工作。组织系统内62名工会干部参加中国铁建工会干部履职能力提升培训。推进“智慧工会”建设，促进互联网和工会工作融合发展。民主管理。集团公司及所属子公司召开职代会（职工大会），并依法对领导干部进行民主测评。涉及职工合法权益的企业重要事项均做到向职代会报告审批。权益维护。疫情防控期间，下拨疫情防控专项资金8万元，集团公司购买抗疫药品1.12万元。元旦、春节期间慰问困难、内退职工等141人，发放慰问金24.30万元；向各公司工会共拨付送清凉、防汛救灾资金36.75万元，慰问职工人数达1000余人；开展金秋助学活动，发放助学金4.72万元，资助40人；下拨帮扶慰问16.10万元。劳动竞赛。围绕打造“工程建设领域数智化供应链集成服务商”的战略目标，在全集团开展专项劳动竞赛。建家建线。下拨建家建线补助35万元，用于职工之家以及职工生活线、文化线、卫生保健线的建设；向铁建工会申报偏远建家建线项目，实施重点帮扶。女职工工作。开展以“情系女职工、法在你身边”“书香铁建”“喜迎二十大·看物资巾帼的幸福生活”为主题的女职工Vlog视频征集活动，“劳动创造幸福　争当时代新人”巾帼劳模工匠宣讲以及“喜迎二十大　童心颂党恩”活动。工会财务。对所属单位工会开展审计，做好新会计制度转轨衔接；组织所属单位财务人员参加“喜迎二十大　建功新时代”全国工会财务知识竞赛；完成铁路总工会对集团公司财务的监督检查工作；完成2022年应上解中国铁建工会经费尾款的补缴和2023年应上解股份经费的预缴。

共青团工作。党委专题研究共青团和青年工作2次，将共青团经费预算纳入总部预算。各级团组织按期换届选举，调整东北公司、云南公司、招标公司团组织负责人。带动全集团开展青年精神素养提升工程、“青马工程”。上线“导师带徒”跟踪考核流程，开展“青”字号品牌建设、青年座谈会，组织参加青年创新成果大赛，扎实推进“号手岗队”建设。探索区域化团青活动，促进与区域系统内单位、系统外业务联系单位的团青动态联动。将“智慧团建”系统纳入“智慧党统”平台。

（王　蕾）

【中铁物资集团东北有限公司】 主营铁路建设所需的钢轨、道岔及配件、金属材料、油料、煤炭、矿粉、火工品,大型基建项目所需钢材、水泥等相关物资及工程物流、仓储物流服务等综合物流配送业务。前身系铁道兵东北办事处;1984 年铁道兵集体改工并入铁道部,改编为铁道部工程指挥部东北办事处;1989 年更名为中国铁道建筑总公司东北办事处;2003 年 4 月改制,改称现名。驻辽宁省沈阳市。执行董事、法定代表人许学良(1 月免)、曹庆成(1 月任),党委书记曹庆成,总经理李善勇(3 月免)、于宁(3 月任)。职工 299 人。资产总额 44.96 亿元。其中,固定资产原值 17237.49 万元、净值 11426.23 万元,流动资产 43.23 亿元,其他资产 6673.39 万元。

2022 年,实现产值 57.71 亿元,净利润 7502 万元。人均创利 24.69 万元,全员劳动生产率 81.73 万元/(人·年),职工年人均收入 16.50 万元。国有资产保值增值率 119%,净资产收益率 17.84%,产值利润率 1.3%,资产负债率 89.81%,应上缴款完成率 100%。

(王　赞)

【中铁物资集团华东有限公司】 前身系中国人民解放军铁道兵后勤部华东办事处;1984 年 9 月集体转业并入铁道部,改编为“铁道部工程指挥部华东办事处”;1990 年 11 月更名为“中国铁道建筑总公司华东办事处”;2003 年 3 月企业改制,改称现名。驻上海市杨浦区逸仙路 25 号同济晶度大厦 18 ~ 19 层。执行董事季利平(1 月免)、席礼(1 月任),党委书记林海琛(1 月免)、席礼(1 月任),总经理崔玉强(3 月任)。职工 144 人。资产总额 26.54 亿元。其中,固定资产原值 1.38 亿元、净值 0.93 亿元,流动资产 25.18 亿元,其他资产 1038.34 万元。

2022 年,完成产值 39.06 亿元,净利润 3225 万元。人均创利 24.43 万元,全员劳动生产率 75.1 万元/(人·年),职工年人均收入 17.95 万元。国有资产保值增值率 108%,净资产收益率 7.62%,产值利润率 0.64%,投资回报率 8.32%,资产负债率 89.25%,应上缴款完成率 100%。

(王　州)

【中铁物资集团中南有限公司】 主营业务为金属材料、建筑材料贸易、机械设备、木材、水泥、钢材、铁路设备及器材销售、仓储服务、货物或技术进出口货运代理、房屋租赁、钢材加工、金属结构材料的销售等。2005 年 7 月成立,2007 年成为中铁物资集团有限公司独资子公司。驻湖北省武汉市武昌区丁字桥路 25 号。法定代表人高南林,总经理米永伟,职工 135 人。资产总额 40.8 亿元。其中,固定资产原值 4569.81 万元、净值 2993.34 万元,流动资产 40.37 亿元,其他资产 1355.4 万元。

2022 年,实现产值 72.39 亿元,净利润 0.88 亿元。人均创利 65.23 万元,全员劳动生产率 163.95 万元/(人·年),职工年人均收入 27.68 万元。净资产收益率 15.42%,产值利润率 1.71%,资产负债率 85.61%,应上缴款完成率 100%。

(邓芳菲)

【中铁物资集团西南有限公司】 主营批发、零售建筑用钢材、水泥等建材;国内贸易代理、国内货物运输代理;普通货物仓储服务;货物进出口贸易;煤炭及制品销售;房屋租赁。前身系始建于 1983 年的中国人民解放军铁道兵西南办事处;1984 年,兵改工随铁道兵指挥部集体转业并入铁道部;2001 年,改为公司制运行,更名为成都中铁建西南物资有限公司;2004 年,划归中铁物资集团有限公司,改称现名。执行董事刘家云(2 月免)、林斌(2 月任),党委书记林斌,总经理朱时庆(3 月任)。职工 216 人。资产总额 42.70 亿元。其中,固定资产原值 6480.71 万元、净值 4139.85 万元,流动资产 40.64 亿元,其他资产 1.65 万元。

2022 年,实现产值 87.69 亿元,净利润 9535 万元。人均创利 56.71 万元,全员劳动生产率 122.24 万元/(人·年),职工年人均收入 25.28 万元。国有资产保值增值率 112.12%,净资产收益率 12.38%,产值利润率 1.24%,资产负债率 82.13%,应上缴款完成率 100%。

(李　政)

【中铁物资集团华南有限公司】 主营金属材料,农副产品,燃料油(不含成品油),矿石,建筑材料,铁路专用设备器材,五金交电,机械设备租赁;煤炭批发经营,房屋租赁,物资仓储服务,物流配送,货运代理;批发、零售、成品油,沥青等。是 AAA 级广东省守合同重信用企业。2004 年 1 月 2 日成立。驻广州市越秀区东风东路 745 号东山紫园商务大厦 1701 ~ 1705 房。注册资本金 3 亿元。执行董事、党委书记、法定代表人胡永强,总经理石泉。职工 127 人。资产总额 34.29 亿元。其中,固定资产原值 6026.10 万元、净值 3875.89 万元,流动资产 33.82 亿元,其他资产 855.91 万元。

2022 年,实现产值 49.65 亿元,净利润 0.07 亿元。人均创利 6.84 万元,全员劳动生产率 95.11 万元/(人·年),职工年人均收入 16.16 万元。国有资产保值增值率 91.38%,净资产收益率 1.94%,产值利润率 0.20%,资产负债率 89.59%,应上缴款完成率 100.%。新签合同额 153.82 亿元。

(何素贞)

【中铁物资集团港澳有限公司】 主营城市轨道交通物资供应及铁路物资的国际贸易,机电设备的供应、安装及调试,金属矿石销售以及光伏、风电、储能贸易等业务。2010年7月28日成立。驻广东省珠海市香洲区九洲大道西3026号11栋。2022年12月,办公地更改为广东省广州市番禺区南村万惠一路48号奥园集团大厦20层。注册资本金1亿元。法人代表、执行董事、党委书记杨奎,总经理白皓。职工114人。资产总额14.51亿元。其中,固定资产1395万元,流动资产14.30亿元。

2022年,港澳公司(含香港公司)实现产值34.93亿元,净利润0.75亿元。人均创利75.75万元,全员劳动生产率172万元/(人·年),职工年人均收入20万元。国有资产保值增值率108.85%,净资产收益率26.67%,产值利润率2.15%,资产负债率79.80%,应上缴款完成率100.00%。 (朱明明)

【北京中铁国际招标有限公司】 拥有中央投资项目招标代理机构甲级资格证书和政府采购代理机构甲级资格证书。前身是集团公司部管物资事业部,2012年4月5日注册成为集团公司的全资子公司。驻北京市,在全国主要节点城市和地区设有办事机构。执行董事、党总支书记马达(3月免)、李琦磊(3月任),总经理李琦磊(3月免)、李善勇(4月任)。职工79人。资产总额2.15亿元。其中,固定资产原值68.08万元、净值6.55万元,流动资产2.13亿元,其他资产184.32万元。

2022年,主营业务收入6096.43万元,净利润737.12万元;人均年创利12万元,全员劳动生产率49.70万元/(人·年),职工年人均收入19.60万元;国有资产保值增值率107.09%,净资产收益率6.9%,产值利润率12.13%,资产负债率69.03%,应上缴款完成率100%。 (刘佳鑫)

【北京五棵松饭店有限公司】 主营业务包括餐饮、租赁、客房、市场四大业务板块。是旅游局涉外三星级酒店。前身系铁道兵司令部第一招待所。驻北京市海淀区西四环中路19号。法人代表、执行董事、党总支书记边黎明,总经理陈爱华。职工53人。资产总额0.33亿元。其中,固定资产原值922.05万元、净值58.07万元,流动资产0.31亿元,其他资产0.02万元。

2022年,实现产值0.35亿元,净利润2.59万元。人均创利0.19万元,全员劳动生产率35.17万元/(人·年),职工年人均收入20.47万元。国有资产保值增值率100.13%,净资产收益率0.14%,产值利润率0.31%,资产负债率46.69%,应上缴款完成率100%。 (周宇翔)

【中铁物资集团云南有限公司】 主营业务为焦炭、煤炭、非金属矿产品、金属矿石(粉)、金属材料、建筑材料、电子商务,以工程物流项目为主,涉及各类大宗物资贸易,货物及技术进出口、成品油批发。2013年7月17日成立,注册资本金20000万元。驻云南省昆明市官渡区广福路银海樱花语幸福广场A1地块E幢8层801~814室。执行董事、党总支书记马庆明(1月任),副总经理(主持经理层工作)董威(3月任)。职工71人。资产总额38.24亿元。其中,固定资产原值3399万元、净值2312.92万元,流动资产38.01亿元,其他资产12.23万元。

2022年,实现产值67.68亿元,净利润1.69亿元。人均创利237.41万元,全员劳动生产率455.46万元/(人·年),职工年人均收入54.7万元。国有资产保值增值率140.89%,净资产收益率37.91%,产值利润率2.96%,资产负债率87.52%,应上缴款完成率100%。 (王　平)

【中铁民爆物资有限公司】 主营炸药、雷管、导爆索等民用爆炸物品和钢材,具有北京市民爆物品销售许可证。2006年10月成立,由中铁物资集团有限公司与湖南南岭民爆器材股份有限公司共同出资组建,原名中铁物资集团铁建民爆器材专营有限公司,2015年11月改称现名,2022年3月21日成为集团公司全资子公司。驻北京市海淀区西四环中路19号。党工委书记唐文弢、执行董事唐文弢(2月任)、总经理李晨曦(3月任)。职工43人。资产总额99762万元。其中,固定资产原值217.65万元、净值12.85万元,流动资产99745.84万元,其他资产3.31万元。

2022年,实现产值10.56亿元,净利润1810万元。人均利润43.1万元,全员劳动生产率99.97万元/(人·年),职工人均年收入18.94万元。国有资产保值增值率100.01%,净资产收益率15.66%,产值利润率1.68%,投资回报率15.77%,资产负债率88.41%,应上缴款完成率100%。 (王绪艳)

【北京中铁福斯罗技术有限公司】 主营研究开发扣件系统技术、技术转让和技术咨询;批发城铁打磨设备及其配件,并提供上述产品的相关服务。公司由集团公司与德国福斯罗扣件系统公司出资组建,2009年3

月17日成立。驻北京市海淀区西四环中路19号13号楼五层2524室,注册资本金500万元。法定代表人、董事长肖锋,总经理刘建国。职工13人。资产总额2426.15万元。其中,流动资产2404.54万元,固定资产净额7.08万元,无形资产净额14.53万元。

2022年,完成产值1185万元,利润总额1159万元;人均创利89万元;国有资产保值增值率124.02%,净资产收益率45.48%,产值利润率97.78%,投资回报率172.81%,资产负债率12.15%。 (肖　锋)

【中铁物资集团钢之家电子商务有限公司】 主营电子商务、软件开发等业务。2012年4月6日,集团公司与上海钢之家信息科技有限公司共同出资500万元组建成立;2014年4月10日,股东双方按原股比增资至1000万元。驻上海市浦东新区东方路818号众城大厦10楼D座。董事长、法人代表于宁(3月免)、席礼(3月任),总经理吴文章。职工20人。资产总额1879.12万元。其中,固定资产净值3.57万元,流动资产1826.72万元。

2022年,产值1.55亿元,净利润11.35万元;人均创利0.33万元,职工年人均收入6.37万元;国有资产保值增值率101.08%,净资产收益率1.07%,产值利润率0.08%,资本积累率1.08%,资产负债率43.24%。 (尤佳骏)

【盘古云链(天津)数字科技有限公司】 拥有网络安全等级保护(三级)、增值电信业务经营许可证、计算机软件著作权登记证等资质。2020年10月27日成立,由集团公司与东北公司合资设立。2020年11月,成为集团公司的全资子公司,原名为中铁物资集团(天津)智慧物流有限公司。2022年4月13日,改称现名。驻天津市南开区长荣大厦16楼1605室、1608室。执行董事张泓。职工44人。资产总额1.43亿元。其中,固定资产原值13.04万元、净值10.25万元,流动资产1.43亿元,其他资产23.19万元。

2022年,产值2.75亿元,净利润61.29万元。人均创利1.64万元,全员劳动生产率33.69万元/(人·年),职工年人均收入16.43万元。国有资产保值增值率532.73%,净资产收益率2.03%,产值利润率0.24%,资产负债率64.55%。 (王栊正)

【中铁物资集团(天津)有限公司】 主营集采内供、供应链贸易、现代物流。2022年4月15日注册成立。党委书记、执行董事、法定代表人马达(4月任),总经理杨娜(4月任)。职工131人。资产总额15.04亿元。其中,固定资产原值17.2万元、净值14.69万元,流动资产14.23亿元,其他资产0.81亿元。

2022年,总产值26.32亿元,利润总额3760万元;国有资产保值增值率101.64%,净资产收益率3.23%,产值利润率0.3%,资产负债率94.48%。 (杨　睿)

【北京中铁新材料技术有限公司】 主营城市轨道交通、公路工程、生态环保及建筑工程等四大板块业务。2021年1月25日经中国铁建批准成立。注册资本金900万元。驻北京市西四环中路19号。董事长赵磊于(8月任),法定代表人、党总支书记、总经理李博(3月任)。职工16人。资产总额5038.68万元,其中固定资产3.62万元、流动资产5028.85万元。

2022年,产值8392.20万元,净利润29.97万元;人均创利1.67万元,全员劳动生产率30.11万元/(人·年);净资产收益率3.26%,产值利润率0.3%,资产负债率81.44%。 (刘焕卿)

中国铁建重工集团股份有限公司

【简况】 集定制化、高端化的地下工程装备和轨道交通装备的研究、设计、制造、服务于一体的专业化大型企业。中国铁建工业制造板块的核心企业,是国家认定的重点高新技术企业、国家级两化深度融合示范企业。排名全球工程机械50强第30、全球全断面隧道掘进机制造商5强榜首。2007年创立。总部驻湖南省长沙市经济技术开发区东七路88号,并在昆明、株洲、隆昌、乌鲁木齐、包头、北京、广州、南通、洛阳、长春、成都、郑州、拉萨等地建立制造基地和分支机构。总部职能部门19个,设立事业部、区域指挥部、企业技术中心、生产保障系统、道岔分公司等直管单位,中铁隆昌铁路器材有限公司、铁建重工新疆有限公司、株洲中铁电气物资有限公司、西藏铁建重工科技有限公司等全资子公司,在长春、厦门、包头、南通、洛阳等地设立项目型公司和合资公司。先后获评"国家火炬计划重点高新技术企业"、"国家技术创新示范企业"、"国家级两化深度融合示范企业"、"全国质量标杆企业"、"国家知识产权示范企业"、"中国全断面隧道掘进机首家特级生产资质企业”、国家“制造业单项冠军产品”等荣誉。职工 9578 人。资产总额 323.64 亿元。其中,流动资产 210.49 亿元,固定资产净值 69.02 亿元。生产设备 5360 台,总功率 14.41 万千瓦,技术装备率 8.39 万元/人,动力装备率 18.79 千瓦/人。

(田如本　李文娟　邓日红)

【领导人员】

董事会

董事长	刘飞香
董事	程永亮(10 月免)
	赵　晖
	贺勇军
	范永芳
	白云飞
独立董事	苏子孟
	夏毅敏
	万良勇

监事会

监事会主席	王　彪(11 月免)
	胡晓兵(11 月任)
监事	陈培荣
	朱小刚
职工监事	王　彪(11 月免)
	胡晓兵(11 月任)

经理层

总经理	程永亮(10 月免)
	赵　晖(12 月任)
副总经理	胡　斌
	刘　丹
	刘在政
	唐　翔
总工程师	胡　斌
总会计师	唐　翔
总法律顾问	唐　翔

党群领导

党委书记	刘飞香
党委副书记	程永亮(10 月免)
	赵　晖
	贺勇军
纪委书记	王　彪(11 月免)
	胡晓兵(11 月任)
工会主席	贺勇军

(刘　婷)

【职工队伍】　职工 9578 人。其中,企业自管员工 6872 人、劳务派遣制人员 2706 人。研发人员 1952 人、技术应用人员 685 人、营销人员 519 人、管理人员 1079 人、技能人员 4912 人、其他人员(见习生、司机、厨师等事务服务人员)431 人,研发人员占企业自管员工的 28.4%;博士研究生 29 人、硕士研究生 1239 人、本科学习 3174 人,大专及以下学历 5136 人,本科及以上人员占 46.4%。员工平均年龄 34.8 岁。　(张　浩)

【经营管理】　2022 年,新签合同额 182.82 亿元,同比增加 23.95 亿元,增长 15.08%;完成产值 150.13 亿元,同比增加 10.17 亿元,增长 7.27%;实现营业收入 129.24 亿元,同比增加 12.21 亿元,增长 10.43%;实现净利润 19.60 亿元,同比增加 1.73 亿元,增长 9.74%。其中,掘进机产品完成产值 68.11 亿元,轨道系统产品完成产值 16.29 亿元,特种装备产品完成产值 18.98 亿元,交通装备产品完成产值 0.23 亿元,弹条扣件与闸瓦产品完成产值 12.31 亿元,新兴材料产品完成产值 0.99 亿元,高端农机产品完成产值 2.51 亿元,铁路养护机械产品完成产值 30.71 亿元。

(李文娟)

【董事会工作】　董事会由 9 名董事组成,其中内部董事 4 名、外部董事 5 名。建立健全“三会”运作机制,构建权责法定、权责透明、协调运转、有效制衡的现代企业运行机制。严格按照法人治理相关制度规定履行相关会议程序,股东大会、董事会、监事会、经理层严格按照各自的责、权、利行事,各司其职又相互制约。召开年度股东大会 1 次,审议通过议案 10 项。召开董事会 7 次,审议通过议案 45 项。召开董事会战略委员会 2 次,董事会审计委员会 4 次、董事会提名委员会 1 次、董事会薪酬与考核委员会 3 次,确保上董事会事项均得到充分审议论证。依法合规开展信息披露工作,铁建重工严格按照证券监管要求和相关法律法规履行信息披露义务,高质量编制、披露定期报告和各次临时公告,全年在上交所网站披露文件 66 份。开展多渠道、全方位投资者沟通。全年组织召开调研活动 24 次,接待 98 家机构 141 人次的现场或电话会议调研,发布《投资者关系活动记录表》11 次。“上证 e 互动”平台回复率 100%。组织召开定期报告业绩说明会 3 次、投资者网上集体接待日活动 1 次。　(伍　静)

【风险内控】　推进“大风控”建设,修订《内部控制与全面风险管理制度》,按照要求构建风险管理“三道防线”和“四道防火墙”。组织全员开展风险评估，共梳理风险2157条。针对重大重要风险管控，编制相应管控方案及监控指标，做好风险预控。优化制度流程，重点开展科研、经营、服务、财务、供应链等118项制度修订优化，完成2178条流程修订工作，各业务线流程按“分级分权”审批设计，同步融合风控、绩效等管理要素。完成铁建重工及其子分公司合规风险评估工作，访谈170余人次。统筹审计资源，提高审计效率，共计实施新疆公司领导人离任经济责任、集团本部资金专项等11个审计项目。提升法务诉讼质量，处理各类案件49件，其中清欠案件19件。（王凤婷　王　宏）

【市场经营】 创新经营模式，优化资源配置，做实区域经营的广度和深度，加速推进海外经营，主要产业板块市场占有率实现有效提升。在国内市场，铁建重工坚持工法引领，加强与重点项目、关键客户合作。掘进机在海太长江隧道、广花城际铁路、穗莞深城际项目、深惠城际等重大项目重点突破。钻爆法隧道装备在高原铁路项目承揽业绩突出。矿山装备签订曹家滩矿井智能快速掘进成套装备等重点销售合同。在海外市场，铁建重工采用线上线下相结合的方式，通过在线技术交流、云参观、短视频等新型营销手段，充分推广公司产品产业和核心技术，提高市场参与度和渗透度。海外经营全年新签同比大幅增长，掘进机产品在意大利、智利、印度、土耳其、斯里兰卡市场表现突出。道岔和扣件产品突破乌干达、埃及市场，特种装备产品批量出口塞尔维亚、沙特阿拉伯市场。公司生产的工程机械装备出口到30多个国家和地区。在经营管理上，根据目标市场“大客户、大项目”的特点，铁建重工按照“以客户为中心”的原则设置销售单元，“区域经营+专项经营”的立体经营体系不断完善。铁建重工各级经营机构秉持“工法引领、技术先行和售前交流”的市场策略，深耕属地市场。并建立统一的客户信息库，对客户进行分类分级管理，智能关联与客户相关的商机信息、销售信息、服务信息、设备信息等，提供精准营销与精准服务。在高质量经营上，发布《投标前风险与合同签订前风险管控办法》《投标丢标事故评定与追究办法》等系列制度，从投标前开始加强风险管控，分阶段严控风险，实现经营风险关口前移，提高投标质量和合同质量，提升经营效益。（贺　军）

【财务管理】 以“依法合规、服务主业、防控风险、创造价值”为主线，切实履行好财务管理职责，充分挖掘财务创效潜力。多措并举加强资金管控，现金流量改善优化。做好资金统筹调配，量入为出，在保障资金周转安全的同时，提升资金周转效率；积极创新融资与结算方式，改善资产结构，相继在国开行、进出口银行取得低息贷款，在保证资金需求的同时大大节省财务费用；进一步加强银企合作，盘活存量债权，确保效益增长与现金流相匹配。扎实推进逾期压降，清收清欠实效提升。集团通过定目标、抓重点、严考核、严落实等工作，严控应收账款规模，改善应收账款质量。以业务为中心，加强目标管理；以问题为导向，强化责任管理；以考核为引导，提升清收清欠实效和逾期账款压控效果。财务部根据债权性质实行分级分类管理，明确各部门岗位职责，形成管理闭环，强化考核，将逾期款项按风险等级设置差异化的考核比例；对风险款项执行“一户一策”，有针对性地制定跟催措施和完成节点，明确责任，全年逾期账款压降率33.97%。强化提升财务管控，合规防控创造价值。完善财务内控体系建设，苦练内功提质量。修订完善财务制度47个，优化财务流程508条，进一步提升“以制度为准绳、以流程为路径”的财务内控管理水平；推进落实财务稽核长效机制，将日常检查、定期稽查与专项稽查相结合，夯实财务基础工作，确保会计信息质量；巩固信息赋能，拓展创新领域。通过搭建全方面费用报销平台、开发财务大数据平台报表、建立财务驾驶舱、引入招行银企直联系统等，推进信息技术与财务管理融合，加快数字化财务建设。强化资金集中管理，确保资金安全。落实股份公司司库体系建设要求，借助资金管理系统和银企直联，通过对资金的集中管理、多层次复核与动态监控，进一步加大资金管控力度，有效确保资金安全。

（李文娟）

【人力资源管理】 持续优化基于丛林法则的人力资源管理体系。高质量落实经理层成员任期制和契约化管理，完善职业经理人制的中层干部管理模式，实行市场化选聘、契约化管理、市场化退出。深入实施全员竞聘上岗，组织实施三批次竞聘工作，通过竞聘，111名原中层干部重新竞聘上岗；11名原中层干部提拔至更高岗位；24名优秀年轻人才首次进入中层岗位；外部招聘2名高端人才；5名原中层干部降职或免职。开展集团公司中层干部2022年度综合考评工作，评选出“优秀中层干部”5名、“先进中层干部”10名、劝诫2人，降职1人。全面开展减员增效工作。减员或不胜任退出423人（职衔制145人、技能制278人），减员比例4.40%，28家单位完成或超额完成减员目标。多途径发掘与培养人才，培育人才梯队，促进人力资源内部循环，发布11批招聘信息70个岗位，盘活内部人力资源。创新激励分配机制，强化以业绩能力为导向的内部工资分配机制，加大核心骨干人才创新激励力度。通过激励"组合拳"与组织绩效考核机制的牵引驱动，实现个人收入与单位业绩、个人考核结果"双挂钩"。完善铁建重工产品技术服务定额标准编制工作，重新修订补充机加铆焊基础定额标准与产品定额标准，完成全产品系列工时优化率2% ~6%。全年开展重点培训项目41个，重点考试鉴定项目8个，培训4617人、考试4977人。 （张浩 方圆）

【信息化建设】 一方面重点在经营服务、研发设计、供应链、生产制造、财务与人力资源管理等业务领域深化信息化覆盖与功能应用；另一方面积极推进集团网络基础建设，持续加大信网安全建设工作力度。推进科研项目管理系统、基于三维模型的电子图册建设，实现产品零部件图册、科研项目全寿期信息化管理。完成CRM清欠逾期共享平台，实现合同逾期自动核算与风险预警。完成ERP工时自动核算、生产异常反馈、辅料定额管控、设计变更单闭环管理等全新模块，提升生产数字化管控能力。完成采购与装配质检功能上线应用，逐步推进质量管控信息化。全面升级OA、E－Mobile等协同办公平台；打造人力资源共享服务中心2.0版本，推进全类型费用线上报销、资金管理系统等财务共享中心项目建设。建立大数据报表决策平台，聚焦经营、财务、人力等业务板块，为管理决策提供支持。把握前沿技术、积极推进智慧园区建设。开展集团信息安全整体提升工作，构建完备可靠的防御体系，打造具备铁建重工特色的信网安全保障体系。

（沈建龙）

【安全质量】 深入推进安全生产专项整治三年行动巩固提升。进一步扩大安全包保责任书签订范围，分类、分级组织53家单位（部门）签订安全生产包保责任书；成立安全生产委员会，明确安全管理机构，建立网格化安全监管队伍；制定发布《全员安全生产责任制规定》《生产安全风险分级管控规定》《生产安全隐患排查治理管理规定》3项安全管理制度，建立风险分级管控和隐患排查治理双重预防工作机制，编制集团公司《安全风险清单库》《隐患清单库》，对风险隐患进行清单式管理；修订《生产安全事故应急预案》并报应急管理部门备案，编制印发《安全操作规程汇编》《安全生产管理协议模板汇编》《外地服务项目安全与职业健康管理制度汇编（参考模板）》；分9个督导组对各单位的安全生产工作进行全覆盖、全过程、全方位的督导检查；持续推行"全员安全积分制"和班组"一会一课"制度，严厉打击"三违"行为；狠抓隐患排查治理。完成二级安全生产标准化年度自评，获评湖南省安全生产和消防工作年度考核优秀单位。

推进质量管理体系与业务融合，开展质量管理体系专项梳理、优化与提升，完善质量管理职能流程164条、OA流程134条，通过国军标质量管理体系专项提升活动，解决系统性问题11项。建立质量目标管控机制，产品质量指标同比改善26%。推行研发过程质量门管控机制，提升产品可靠性。重点管控关键工序质量，全年开展生产过程专项监察1181项次。实施项目制改进和QC小组活动，开展质量改进项目48项，QC小组活动52项，获优秀质量管理小组荣誉13项。

（李闰生 吴淑娟）

【科技创新】 持续加大科技攻关力度，新产品、新技术取得新突破。掘进机、特种装备等成熟产品型谱不断扩展，交通装备、煤矿装备、高端农机等产品研发力度持续加大，研制出全球首台大坡度螺旋隧道硬岩掘进机、全球首台双出渣模式深竖井全断面掘进机、全球最大竖井掘进机、全球首台纯电动高原型全电脑三臂凿岩台车、全球首台10米超大采高工作面顺槽40立方米超大断面掘锚一体机、国产首台牵引式电控高密度大方捆压捆机等重大技术创新装备。攻克盾构无管片推进技术、水涨式锚杆机械化施工技术、道岔异型钢轨跟端智能自动化热处理技术等一系列核心技术，有效助推集团产品优化升级。外部在研项目再创新高，经费支持获历史新高，新增获批国家级项目7项，包含"1025专项"二期项目1项，国务院国资委创新联合体项目1项，国家重点研发计划课题2项、工业和信息化部产业基础再造和制造业高质量发展专项项目3项；省部级项目4项，包含湖南省重点研发计划项目2项，湖南省棉花科技创新项目1项，湖南省先进制造业关键产品揭榜挂帅项目1项。科技创新平台实现有序共建，开展2021年度院士专家工作站的考评工作，铁建重工获评总分第1。国家知识产权示范企业通过复审。科技奖励取得突破，首次获中国工业大奖1项，获科技奖项9项，包括湖南省科技进步奖二等奖1项、四川省科技进步奖一等奖1项、云南省科技进步奖一等奖1项、中国交通运输协会科技进步奖一等奖1项、中国机械工业科技进步奖一等奖1项、中国机械工业科技进步奖二等奖1项、中施企协工程建设科技进步奖一等奖2项、中施企协工程建设科技进步奖二等奖1

项等。获专利奖项10项,包括中国专利奖银奖1项、中国专利优秀奖1项、湖南省专利奖一等奖1项、四川省专利奖二等奖1项、中施企协专利奖一等奖2项、中施企协专利奖二等奖1项、中施企协专利奖三等奖1项、日内瓦国际发明展银奖2项等。新增专利申请1071件,其中发明专利640件。授权专利626件,其中授权发明专利228件;新增发布主编国家标准1项、地方标准1项、铁路总公司标准1项;新增发布参编国家标准1项、铁路总公司标准3项。 (曾 婷)

【党的工作】 在习近平新时代中国特色社会主义思想指引下,深入贯彻国务院国资委和股份公司决策部署,以迎接党的二十大胜利召开和学习宣贯党的二十大精神为主线,保持"两型三化九力"战略定力,坚持党建引领、创新驱动、改革赋能,实现改革发展新突破。

全面贯彻习近平新时代中国特色社会主义思想,把迎接和贯彻党的二十大作为年度政治建设的主线,以高度的政治责任感提前谋划部署、精心组织落实。全面动员领导干部带头学习宣传贯彻党的二十大精神,持续提高"两个维护"的思想自觉和行动自觉。修订《党委议事规则》和"三重一大"清单,股东大会、董事会、监事会、总经理办公会高效运行,全年召开党委常委会17次,研究审议企业发展重大议题198个。主动践行央企责任担当,服务乡村振兴,全年投入资金60万元,申请各类配套资金370万元。完成中国铁建68.74万元消费帮扶采购任务。党委收文117个,党委发文145个,认真执行党的保密工作方针和国家保密法规,严格用印,完成保密检查、问题整改,推进保密资质申报工作,获得武器装备科研生产单位二级保密资格。铁建重工在中国铁建2021年度党建工作责任制考核评价中获评"优秀",集团领导班子连续五年获评中国铁建"四好领导班子"称号。在中共湖南省直机关工委2021年度党委书记抓基层党建述职中,铁建重工党委书记抓基层党建工作述职评议考核结果为"好"等次。

组织工作。党委13个、党总支4个、党支部83个,党员2511人,其中,在岗党员2437人。铁建重工党委压实党建责任,组织开展2021年度基层党委书记述职评议和党建责任制考核,2家"优秀",5家"良好",考核结果与领导班子行政绩效考核挂钩,并反馈14份考核意见。开展党建联系点工作,协助集团领导班子成员进点调研15次,宣讲党的二十大精神和上党课10次,收集并协调解决27个问题。做好全集团党费收缴使用日常管理工作,下拨党费支持新冠疫情防控,全年收入党费272.66万元,支出党费221.88万元。"两节""七一"期间走访慰问82人,发放慰问金22.96万元。上报在党50年名单,向1人发放"在党50周年"纪念章,给予党组织关怀。组织开展集团公司"七一"表彰,表彰11个基层党组织,40名先进个人,1个党支部被命名为第三批中国铁建示范党支部。全年累计培训党员19076人次,其中集团党委先后举办集团第九期发展对象集中培训班、第二期新党员培训班、党支部书记暨党务干部综合素质提升培训班等,194人参加培训。全年发展新党员44人。组织87个党支部开展组织生活会和民主评议党员工作并形成工作总结,86个党支部评为"优秀"等次,635名党员评为"优秀"等次。制定印发《关于严格落实党委书记同下级"一把手"谈话的工作意见》等党建制度9个,推进党建工作规范化建设。

宣传思想工作。深入学习宣传贯彻党的二十大精神,组织党委中心组学习10次,开展专题学习研讨6次。开展"强国复兴有我"群众性主题宣传教育活动,企业思想政治建设、道德讲堂、文明创建等活动同频共振,企业文化理念入脑入心。"京华号"盾构机、四臂凿岩台车、采棉打包机作为行业代表参加"奋进新时代"主题成就展,接受党和国家领导人检阅。参展德国慕尼黑宝马国际工程机械展等国内外知名展会16个,举办品牌活动17场。在中央和省部级主流媒体报道498次,其中,中央媒体223次,自有新媒体平台传播矩阵持续发力,总阅读量突破208万次。品牌知名度不断提高,位列2022全球工程机械制造商50强第30。

纪检监察工作。坚决贯彻落实全面从严治党战略方针,坚定不移正风肃纪,深入推进党风廉政建设和反腐败工作。始终保持严厉惩治高压态势,共处置问题线索24件,立案8件,给予处分25人。锲而不舍落实中央八项规定精神,印发廉洁过节提醒通知13次,发送廉洁短信29次,转发中央纪委国家监委网站典型案例通报9次,组织全集团中层干部签订《坚决抵制违规收受红包礼金承诺书》。加强对"一把手"和领导班子的监督,建立约谈提醒长效机制。认真抓好巡视整改,扎实做好巡视整改"后半篇"文章,强化巡视成果运用。加强新时代廉洁文化建设,组织开展"责任重于能力 自律胜于他律"反腐倡廉宣传教育月活动,开展廉洁讲座63场次,发布廉洁警句25条,观看主题教育宣传片70场次,参观教育基地9次,制作《动漫说纪》微视频20集;与外部供应商开展廉洁共建活动,共建廉洁生态圈。创新监督方式方法,搭建大数据监督平台,探索开展“大数据”监督。

工会工作。认真履行“维护职工合法权益、竭诚服务职工群众”基本职责,积极作为。坚持民主管理,召开中国铁建重工集团股份有限公司一届三次职工代表大会,对企业的重要事项进行集体审议,开展领导班子民主评议;签订2022年集体合同、工资专项合同、女职工权益保护专项合同。加大职工帮扶,坚持开展“春助圆梦、夏送清凉、金秋助学、冬送温暖”的四季帮扶活动,职工会员年节福利、生日慰问标准进一步提升。促进创新创效,开展集团“喜迎二十大　建功新时代”劳动和技能竞赛,组织竞赛活动60余场,技能比武23场,科技创新竞赛获股份公司特色竞赛优胜单位。职工创新成果先后亮相中华全国总工会首届大国工匠创新交流大会、首届大国工匠论坛。弘扬劳模精神,开展“中国梦·劳动美”铁建重工劳模先进宣传月,1人获火车头奖章,2人获湖南“国企工匠”荣誉,1个集体和1个个人获中国铁建工人先锋号和工人先锋奖章。加强劳动保护,牵头各级工会开展职工劳动保护监督检查、重要节假日前安全大检查、监督职工三级安全教育等落实情况;在全集团组织开展“安康杯”竞赛系列活动。做好职工服务,联系属地药企工会协调调货,为全集团职工发放防疫药包。为职工活动室、职工书屋进行软硬件升级,为八大区域经营指挥部采购冰柜及消毒柜,为生产一线员工添置冰柜、烧水桶,积极开展班组休息室建设工作。女职工各项权益得到有效保障,开展2022年纪念“三八”国际劳动妇女节系列活动。

共青团工作。掘进机研发运营中心青年研发人员龙斌获第26届中国青年五四奖章,成为铁建重工首次、长沙市10年来再次获此殊荣的青年代表。生产保障系统制造总厂焊工宋海鹏获评湖南省“青年岗位能手”、中国铁建“十佳青年技术能手”。通过青年典型的选树,引领和带动广大青年积极投身技术研发、生产经营中心工作。全年积极与属地团组织开展联动工作,取得重大突破。其中,第26届中国青年五四奖章获得者龙斌被考察成为共青团长沙市委副书记;由共青团湖南省委主办,铁建重工团委承办的“喜迎二十大　永远跟党走　奋进新征程”湖南青年建功强省会战略暨长株潭都市圈建设行动推进会议在铁建重工学术报告厅隆重举行。铁建重工青年研发团队课题“超大直径盾构机及其数字孪生系统研发与应用”首次参加第十七届“振兴杯”全国青年职业技能大赛(职工组)——创新创效竞赛作品,获全国银奖。

(刘志河　陈海燕　程　琳)

【中国铁建高新装备股份有限公司】　始建于1954年,2015年由昆明中铁大型养路机械集团有限公司整体改制成立,并在香港联交所上市。主要生产道床养护、道床清洁、钢轨维护、线路大修、综合检测及工程应用集成等70多种产品。生产制造铁路大型养路机械3400多台。产品覆盖普通铁路、高速铁路及城市轨道交通铁路养护领域,并定制化开发包括窄轨、标准轨、宽轨等多种轨距的系列产品,迈入国际市场。经营业务涵盖机械制造及销售、零部件销售及服务、产品大修服务和铁路线路养护服务,为中国铁路历次大面积提速扩能、保障运输安全、加速技术进步、推进工务修程修制改革,以及青藏铁路和高速铁路的顺利开通、安全运营发挥重要作用。铁路大型养路机械年生产能力300标准台(套),是中国铁路大型养路机械行业的领军企业。获批组建全行业唯一国家大型养路机械技术研究中心,同时成立博士后工作站。驻中国(云南)自由贸易试验区金马镇羊方旺384号。董事长刘飞香,党委书记童普江,总经理罗建利。职工2486人。

2022年,新签合同38.39亿元,营业收入28.22亿元。

(姚　娜)

【研发经营系统】　主要负责铁建重工掘进机、隧道装备、新型交通装备、矿山装备、绿色建材装备等产业板块产品的研发、经营、服务、管理及研发经营系统党建工团工作。职工1121人。

2022年,新签合同额111.74亿元,营业收入77.48亿元。

(傅春香)

【生产保障系统】　负责掘进机、特种装备(含绿色建材装备)、农机装备、煤炭装备、矿山装备、交通工程装备、专用项目等产品的生产及技术服务资源的培养、储备和提供,统筹管理包头生产基地的生产。职工2759人。

(贺梦燕)

【道岔分公司】　中国国家铁路集团有限公司认证的铁路道岔产品专业制造企业。2006年成立,占地面积28.4万余平方米,建筑面积11万余平方米。拥有现代化厂房、行业内最先进的生产设备、仓储物流配送系统,以及高能射线探伤、光谱分析等检测设备。驻湖南省株洲市建设北路。党委书记、分公司代表刘皓,党委副书记、总经理王春华。职工696人。

2022年,新签合同额16.16亿元,营业收入13.7亿元。

(杨雨杭)

【中铁隆昌铁路器材有限公司】 主要包括弹条扣件系统、摩擦材料产品、高强度紧固件和锚固支护系统四大产业板块。前身系始建于1967年5月的铁道部隆昌工务器材厂,原隶属于中国铁路物资总公司;2008年5月,整体划转到中国铁建股份有限公司;2009年,改制为中铁隆昌铁路器材有限公司。注册资本金3亿元,占地面积26.67万平方米。驻四川省隆昌市金鹅街道重庆路598号、四川省隆昌市外站路491号。党委书记、执行董事杨兵,总经理李宇才。职工581人。

2022年,新签合同额13.94亿元,营业收入12.30亿元。 (周显玉)

【株洲中铁电气物资有限公司】 主营新兴工程材料产品,以复合材料研究及工程化应用为技术发展方向,致力于交通工程、能源矿业、环境海工等领域系列产品的研制、生产与销售,十余种产品现已实现多个应用领域经营。前身系1958年8月成立的中国人民解放军铁道兵后勤部第一基地;1984年1月,铁道兵部队集体转业并入铁道部,更名为中国铁道建筑总公司株洲战备材料总厂;2008年12月,与中铁轨道系统集团电气化制品有限公司合为株洲中铁电气物资有限公司。注册资本金1.52亿元。驻湖南省株洲市石峰区北站路199号。党委书记、执行董事施展。职工149人。

2022年,新签合同额0.25亿元,营业收入1.08亿元。 (哈亮亮)

【铁建重工新疆有限公司】 拥有完整的自动化生产加工设备和仓储物流系统,西北最大、最先进的立式车床、落地式镗铣床;2022年,建设全套激光下料、自动化静电粉末涂装线设备,提高薄板件全面自制能力。注册资本金5.6亿元。驻乌鲁木齐市经济技术开发区融合南路399号。党委书记、执行董事伍涛,总经理袁伟。职工349人。

2022年,新签合同额2.33亿元,营业收入3.14亿元。 (孙春艳)

【铁建重工包头有限公司】 2017年5月成立。注册资本金1亿元。其中,铁建重工出资9000万元(占股90%)、包头市城投产业投资发展有限公司出资1000万元(占股10%)。驻内蒙古自治区包头市青山区装备制造产业园区远大路9号。党支部书记、董事长、总经理冯建军。建有标准生产车间1幢(两连跨钢结构厂房),综合办公楼1幢,锅炉房1幢,生产设备99台。具备盾构机、TBM、专项大小风电产品、掘锚一体机等产品的生产(组装)能力,以及零配件、设备存放保管条件。职工28人。

2022年,营业收入0.279亿元。 (王雪婷)

中国铁建国际集团有限公司

【简况】 海外大型、特大型基础工程建设承包商,交通建设及城市综合建设运营商,能源、资源、投融资高端运作的发展商,技术开发、装备出口、物流贸易的服务商。2012年4月11日组建,同年9月20日完成工商注册。总部驻北京市海淀区复兴路40号。下设中国铁建国际集团有限公司北非区域公司、中国铁建国际集团有限公司亚太区域公司、中国铁建国际集团有限公司美洲区域公司、中国铁建国际集团有限公司欧亚区域公司、中国铁建国际集团有限公司中东区域公司五个区域公司、非洲事业部,以及一个境内公司。共有中国铁建(香港)有限公司、中国铁建(加勒比)有限公司、中国铁建马来西亚有限公司、中国铁建墨西哥有限公司、中国铁建俄罗斯有限公司、中铁建(北京)国际贸易公司、中国铁建西非有限公司、中国铁建(东南亚)有限公司、中国铁建巴西有限公司、中国铁建阿尔及利亚有限公司、中国铁建(国际)尼日利亚有限公司、中国铁建国际集团美洲区域总部、中国铁建股份有限公司沙特分公司、中国铁建国际集团有限公司沙特分公司、中国铁建股份有限公司安哥拉分公司、中国铁建股份有限公司卡塔尔分公司、中国铁建国际集团有限公司卡塔尔分公司、中国铁建股份有限公司阿根廷分公司、中国铁建国际集团有限公司阿根廷分公司、中国铁建国际集团有限公司孟加拉分公司、中国铁建国际集团有限公司玻利维亚分公司、中国铁建国际集团有限公司中美洲分公司、中国铁建国际集团有限公司摩洛哥分公司、中国铁建国际集团有限公司秘鲁分公司、中国铁建国际集团有限公司格林纳达分公司、中国铁建国际集团有限公司哥斯达黎加分公司、中国铁建国际集团有限公司智利分公司、中国铁建国际集团有限公司圭亚那分公司、中国铁建国际集团有限公司贝宁分公司、中国铁建国际集团有限公司哥伦比亚分公司、中国铁建国际集团有限公司菲律宾分公司、科金博医院特许经营股份公司、中国铁建股份有限公司巴基斯坦代表处、中国铁建国际集团有限公司印度尼西亚代表处、中国铁建国际集团有限公司巴基斯坦代表处、中国铁建国际集团有限公司柬埔寨代表处、中国铁建国际集团有限公司突尼斯代表处、中铁建物业投资(香港)有限公司、中铁国际贸易(香港)有限公司、红日国际经贸有限公司、中国铁建(加勒比)有限公司圭亚那分公司、银城建筑有限公司、中国铁建－中国中铁－中国交建联合体有限公司43个正式注册的境内外法人公司和办事机构。职工604人。资产总额1053398.66万元。其中,固定资产原值69805.12万元、净值25025.77万元,流动资产841233.64万元。机械运输设备965台(套),设备原值5.65亿元,净值1.9亿元。

2022年,新签项目53个,新签合同额937.29亿元。营业收入88.67亿元,利润1.52亿元。职工年人均收入34.15万元。企业净资产收益率3.77%,净利润率1.71%,资产负债率61.82%。 (熊丛文)

【领导人员】

董事会

董事长	卓　磊
副董事长	陆建忠
董事	莫文贺(6月免)
	李重阳(8月任)
职工董事	陆建忠

监事会

监事会主席	李德玮
监事	曲　勇
职工监事	李　红(8月免)
	王玉强(8月任)

经理层

总经理	莫文贺(6月免)
	李重阳(8月任)
副总经理	魏万征(2月免)
	薛立智
	杨晋军
	徐华祥
	颜　猛(8月任)
	任广杰(8月任)
总会计师	薛立智
总法律顾问	杨晋军
首席合规官	杨晋军

党群领导

党委书记	卓　磊
党委副书记	莫文贺(6月免)
	冯来刚(11月免)
	李重阳(8月任)
纪委书记	李德玮
工会主席	冯来刚(11月免)

(彭毓斌　刘小豹)

【职工队伍】 职工604人。硕士研究生及以上学历232人,本科学历351人,大专及以下学历21人。专业技术人员552人,其中正高级专业技术人员19人、高级专业技术人员220人、中级专业技术人员173人、初级专业技术人员140人。35岁及以下260人,36～40岁131人,41～45岁76人,46～50岁78人,51～54岁29人,55～59岁30人。 (郭志晖　刘小豹)

【境外工程】 俄罗斯别雷拉斯特物流园工程　中俄两国间首个物流平台设施项目,是俄罗斯最大物流中心项目。业主为别雷拉斯特终端物流中心有限责任公司。2019年10月8日签订合同,合同投资5280.16万元。2021年提交竣工文件,项目进入质保期。

阿尔及利亚布里达省2000套租售房设计施工工程　总使用面积15.5万平方米,65栋楼。业主为阿尔及利亚住房改善与发展局。2014年6月25日签订合同,合同投资54541万元,合同工期28个月。2022年10月交工,进行质保期维修。

阿尔及利亚比斯克拉温泉疗养院中心设计与施工工程　阿尔及利亚国防部投资工程　总建筑面积2.03万平方米。业主为阿尔及利亚国防部基础设施施工局。合同投资34949万元。2017年10月18日签订合同,11月20日签发开工令,总工期24个月。2022年6月完工,进行质保期维修。

卡塔尔卢赛尔体育场工程　位于卡塔尔首都多哈卢赛尔新城。2022年世界杯主体育场,可容纳观众92500人,总建筑面积18万平方米。业主为卡塔尔交付与遗产最高委员会。2016年11月10日签订合同,2016年11月21日开工,合同投资490291万元。2022年9月正式投入使用。

阿尔及利亚贝佳亚连接线工程　业主为阿尔及利亚国家高速公路局。连接贝佳亚港口和东西高速公路。2013年12月11日签订合同,合同投资827116万元,项目采用EPC模式,2013年12月18日开工,合同工期36个月。2022年完成产值9.1亿元,开工累计完成产值95.88亿元。

阿尔及利亚比斯卡拉乌马什三期电厂项目　业主为阿尔及利亚电力生产公司和电力天然气工程公司。

2020年7月9日开工。2022年完成产值17364万元，开工累计完成产值49554万元。

阿尔及利亚东西高速东段设备运营安装工程　横跨阿尔及利亚东部EL TARF至BBA 8个省份。合同投资88034万元，合同工期2年，2020年10月开工。2022年完成产值4133万元，开工累计完成产值24641万元。

阿尔及利亚艾因迪夫拉温泉疗养中心设计与施工工程　为阿尔及利亚国防部投资的设计施工交钥匙工程，业主为阿尔及利亚国防部基础设施施工局。总建筑面积2.03万平方米。2018年5月7日签订合同，总工期18个月。合同投资33072万元，工期延期5个月。2022年完成产值1521万元，开工累计完成产值32737万元。

阿尔及利亚布哈尼菲耶温泉疗养院中心工程　总建筑面积2.03万平方米。为阿尔及利亚国防部投资的设计施工交钥匙工程，业主为阿尔及利亚国防部基础设施施工局。合同投资32088万元。2018年5月7日签订合同，总工期18个月。调整后工期延期14个月。2022年完成产值9628万元，开工累计完成产值28236万元。

阿尔及利亚达尔夫省家庭度假村工程　业主为阿尔及利亚国防部基础设施施工局。合同投资36322.36万元，总建筑面积3.8万平方米。2019年4月30日签订合同，总工期24个月。2022年完成产值8892万元，开工累计完成产值22420万元。

贝宁0219建设项目施工总承包施工工程　位于贝宁首都波多诺伏及其他10个地区，包括14个地块，建筑总面积170121.55平方米。业主为贝宁国防部。合同投资98948万元，2022年9月开工，预计完工日期2024年12月1日。2022年开工累计完成产值3345万元。

沙特阿拉伯货运2号线侧线延长线工程　为7个侧线的延长工程，侧线延长总长度20900米，业主为沙特阿拉伯铁路组织。2020年6月15日开工，合同投资19477万元，合同工期24个月，后变更至36.5个月。2022年完成产值7400万元，开工累计完成产值15125万元。

NEOM隧道支洞工程　位于沙特阿拉伯塔布克西南部的山区，施工区域东部包、西部包分别距塔布克市区约80千米和200千米。该项目为带有深化设计的施工总承包项目，2021年7月1日开工，预计完工日期2024年7月7日，合同投资99293万元。2022年完成产值37988万元，开工累计完成产值57904万元。

麦加轻轨运营维保工程　沙特阿拉伯政府为朝觐活动专门修建的轻轨铁路。全长18.25千米，包括9个车站及1个车辆段。2010—2014年、2018—2019年承担项目运营维保任务。2021年5月再签署5年运营维保合同和麦加轻轨南线局部修复合同，合同投资282836万元，合同工期60个月。2022年完成产值77664万元，开工累计完成产值138727万元。

达赫兰及北部地区安全设施工程　位于沙特阿拉伯达赫兰及北部地区，业主为阿美石油公司，EPC承包工程，合同工期为900天。合同投资33838万元。2021年3月开工。2022年完成产值8436万元，开工累计完成产值9583万元。

卡塔尔DN071道路与基础设施工程　位于卡塔尔多哈市，业主为卡塔尔公共工程局，施工总承包。合同投资159199万元。2021年8月8日开工，合同工期4.5个月。2022年完成产值39512万元，开工累计完成产值22377万元。

马来西亚金新铁路工程　位于马来西亚金马士与新山之间，业主为马来西亚交通部。合同工期59个月，后变更延长至2024年。中国铁建部分合同投资547693万元。2022年完成产值8096万元，开工累计完成产值46390万元。

泰国林查班港口三期一标水工工程　位于泰国湾东北部沿海。合同投资441726万元。合同工期1460天，2020年9月开工。2022年完成产值90368万元，开工累计完成产值156927万元。

泰国邦库拉迪变电站工程　位于泰国曼谷，占地面积4000平方米。业主为泰国电力局。2021年4月1日开工，合同投资6385万元，合同工期23个月。2022年完成产值3971万元，开工累计完成产值4517万元。

泰国兰纳邦变电站工程　占地面积3126平方米，主体建筑1013立方米，3层，总建筑面积3369平方米，建筑高度14.7米。业主为泰国电力局。2021年4月1日开工，合同投资1700万元，合同工期14个月。2022年完成产值928万元，开工累计完成产值1485万元。

俄罗斯莫斯科地铁第三换乘环线西南段工程　业主为莫斯科工程设计院。2016年9月21日，签订初步设计合同，合同投资3157万元，合同工期8个月。2016年12月30日签订施工合同，合同投资273177万元，工期至2020年12月31日。2019年3月21日，签订施工补充协议，合同投资10026万元。2022年完成产值43160万元，开工累计完成产值299522万元。

俄罗斯莫斯科地铁西南线工程　总长6489米。业主为工程技术发展管理开放式股份公司，合同工期至2023年6月30日。合同投资225828万元。2022年完成产值40838万元，开工累计完成产值207359万元。

俄罗斯莫斯科地铁第三换乘线东段大盾构工程　总长2.95千米。业主为莫斯科工程设计院。合同投资564150万元，合同工期至2021年2月3日。2022年完成产值11614万元，开工累计完成产值90128万元。

俄罗斯莫喀高速公路工程　莫喀高速公路全长729千米，其中第五标段全长108.25千米。业主为俄罗斯国家公路集团。项目为EPC模式。合同投资1199309万元。合同工期至2024年6月30日。2022年完成产值303128万元，开工累计完成产值422428万元。

红星造船厂工程　包括红星造船厂项目一期163厂房及二期项目。业主为红星造船综合体有限公司。合同投资200366万元，合同工期至2023年3月31日。2022年完成产值87500万元，开工累计完成产值97231万元。

航空发动机站上盖商业和住宅综合体工程　业主为航空发动机站上盖专业开发建设有限公司。合同投资30317万元，合同工期至2023年8月26日。2022年完成产值3545万元，开工累计完成产值3613万元。

米丘林地铁上盖商业和住宅综合体工程　位于莫斯科西南城区米丘林大街。合同投资38833万元，合同工期至2024年1月5日。2022年完成产值6821万元，开工累计完成产值7149万元。

莫斯科国家航天中心多功能建筑综合体幕墙－电梯承包工程　位于俄罗斯莫斯科州，业主为莫斯科城建局。合同投资74127万元 。2022年开工累计完成产值35172万元。

迭戈马丁立交桥工程　位于中美洲特立尼达和多巴哥境内，业主为国家基础设施发展有限公司。合同投资17601万元。合同工期18个月，开工日期2020年8月17日。2022年完成产值8909万元，开工累计完成产值15838万元。

迭戈马丁图书馆工程　处于特尼立达岛。业主为特多城镇发展有限公司，总建筑面积2400平方米。合同工期16个月。2022年开工累计完成产值1625万元。

多巴哥ANR罗宾逊国际机场新建航站楼及附属工程——主体工程　位于特立尼达和多巴哥共和国多巴哥岛。建筑面积约2.58万平方米，总占地面积26.80万平方米。业主为特多国家基础设施发展有限公司。合同投资89758万元。2022年完成产值11601万元，开工累计完成产值21887万元。

玻利维亚鲁雷纳瓦克—里韦拉尔塔公路工程　位于玻利维亚贝尼省。总长508.07千米。业主为玻利维亚公路管理局。2022年完成产值52071万元，开工累计完成产值312194万元。

智利5号公路塔尔卡—奇廉段第二次特许经营项目　总里程3000千米。由铁建国际与铁建国投联合体中标，施工总承包合同投资361107万元。2022年开工累计完成产值63495万元。

智利圣地亚哥地铁7号线1标段工程　全长7898米。业主为智利地铁有限公司。施工总承包合同投资131930万元，计划工期50个月。2022年开工累计完成产值16565万元。

圭亚那新德梅拉拉河大桥工程　位于圭亚那首都乔治敦，全长2898米。业主为圭亚那公共工程部。合同投资121518万元。设计施工工期2年。

卡姆萨尔污水处理二期工程　位于几内亚，业主为几内亚铝土矿公司。合同投资3885万元，采用EPC模式，总工期12个月。开工累计完成产值373万元。

（熊丛文）

【港澳工程】　广深港高铁香港段轨旁信号设施维护工程　业主为香港铁路有限公司。与中铁十五局电气化公司联营体中标。2022年完成产值2293万元，开工累计完成产值10105万元。

香港港铁接触网监测工程　业主为香港铁路有限公司。合同投资3004万元，合同工期44个月。2022年完成产值781万元，开工累计完成产值2325万元。

粉岭绕道东段（崇谦堂至九龙坑）高架道路工程　业主为香港土木工程拓展署。合同工期54个月。2022年完成产值26468万元，开工累计完成产值46546万元。

香港何文田自动化轮对检修中心项目　业主为香港铁路有限公司。合同投资13742万元，合同工期47个月。2022年开工累计完成产值349万元。（杨世杰）

【工程经营】　新签合同53个，新签合同额937.29亿元。优化市场布局，提高经营效能。按照经营责任和资源配置前移的原则，围绕“经营发展、运营管理、利润实现”三大中心定位，以有发展潜力、有基础的国别公司为核心，对原有北非、中东、欧亚、美洲、亚太、东南亚、港澳区域公司加非洲事业部的市场布局进行优化调整。2月,将原亚太、东南亚、港澳区域公司重组,设立亚太区域公司,形成“5+1”经营新布局。坚定不移推进经营资源集约化,以“打造核心、辐射周边”为方针,明确阿尔及利亚、沙特阿拉伯、俄罗斯、智利、中国香港、卡塔尔等为核心支柱市场。投资经营接连突破,持续推进良性发展。铁建国际将产业链向上延伸,以优质投资项目助力企业在新兴业务、传统业务领域迈出有力步伐。中标智利科金博医院特许经营项目,是中国企业在智利最大单体特许经营医疗项目,也是中国铁建在海外首个特许经营医院项目。中标智利国家神经外科医院项目、智利5号公路奇廉至科伊普伊段项目,实现在美洲区域市场的新收获。结合执行中的泰国EEC连接三个机场高铁项目、俄罗斯莫斯科米丘林大街地铁上盖土地开发项目和智利5号公路塔尔卡—奇廉段第二次特许经营项目,铁建国际投资经营正在持续良性发展,成为2022年度经营工作亮点。加大新业务、新领域项目策划。加大新领域、新业务经营开发。与国家能源集团、北控水务、山东港口、中国电子、中国物流集团、金风科技等单位对接,寻求项目合作。重点推进中东、亚太区域的光伏、海水淡化及油污水处理等项目。与中国医药保健品有限公司就医疗康养领域合作签署战略合作协议。强化资源整合,坚持高端引领,凝聚经营整体合力。在“115”战略的指引下,铁建国际强化内部协同与合作,整合优质商务和技术资源,进一步与各工程局、国投、投资、地产、重工、设计院等合作,形成若干具有一定比较优势的综合性、区域性、专业性的业务单元,提升竞争优势。强化外部合作,与铁建系统外知名咨询机构、设计院等专业公司共享市场、资金、技术等,优势互补,实现共赢。重点推进与香港保华建筑公司合作,参与香港东涌西延线东涌东站及轨道改道相关工程、香港屯门南延线第十六区站、高架桥及跨河铁路桥建设工程等项目投标;与世界著名工程咨询集团林同棪国际(TYLI)在圭亚那德梅拉拉河大桥项目中开展合作等。高度重视高端对接工作,持续保持与国家部委、驻外使领馆、商协会、金融机构及中央企业等沟通联络,深度融入“一带一路”建设,参加多项行业论坛和会议,推动项目合作。9月,作为中国铁建的牵头单位参展第19届中国—东盟博览会,展示中国铁建全球最具实力和规模的特大型综合建设集团的形象。　(王纪玮)

【企业管理】 持续推进适应性组织机构改革。为优化资源配置,提升管理管控效率,对总部部门与所属区域公司设置进行调整优化,更名1个职能部门,即发展规划部更名为企业发展与管理部;新设1个专业职能支持部门,即财务共享服务中心;重新组建区域公司1家,即亚太区域公司;撤销区域公司3家,即原港澳区域公司、原亚太区域公司、原东南亚区域公司。铁建国际共有职能部门12个、专业职能支持部门3个、区域公司5家、区域事业部1个。

根据业务需求持续推动机构注册管理工作。新注册成立机构6家,其中控股子公司2家,包括银城建筑有限公司、科金博医院特许经营股份公司;分公司4家,包括中国铁建国际集团有限公司菲律宾分公司、中国铁建国际集团有限公司卡塔尔分公司、中国铁建国际集团有限公司贝宁分公司、中国铁建国际集团有限公司阿根廷分公司;注销代表处3家,包括中国铁建股份有限公司莫桑比克代表处、中国铁建股份有限公司刚果(布)代表处、中国铁建国际集团有限公司东非代表处。铁建国际共有注册机构47家,其中全资/控股子公司18家、参股公司4家、分公司20家、代表处5家。　(王　建　文家珍)

【党群工作】 党的工作。下辖二级党组织8个,其中党委7个、党总支1个。党员518人。新接收中共预备党员24人。学习宣传贯彻党的二十大精神。组织专题学习党的二十大报告精神;印发《工作方案》,细化18条措施,对学习宣传贯彻党的二十大精神做出安排部署;组织党的二十大精神研习班,安排班子成员为境外单位做理论宣讲,形成内外结合、以上率下的学习氛围;与驻在国使馆开展“联学共建”活动,组织线上知识竞答、微信公众号“每日一题”等活动10余次。

着力把牢企业决策关。组织修订完善《“三重一大”决策制度实施办法》,注重抓好党组织会议在“三重一大”决策过程中的规范执行,两级党组织累计召开党委会142次,涉及议题662项。加大监督审核力度,成立由集团3个部门联合组成的专项审核小组,由审核小组与责任部门出具审核意见单、纳入“大监督”报告、明确整改事项、紧盯整改成果、构成监督闭环。旁听所属单位党委会,提出针对性指导意见,保证所属单位“三重一大”集体决策制度在执行过程中更加规范,决策事项更好落实。

着力提升党委领导力。集团党委班子成员赴境外督导工作,深入一线开展调研,助力中东区域公司NEOM隧道支洞项目脱危解困;带领欧亚区域公司实行全面治理改革,摆脱内部管理、莫喀高速公路项目等重大危机;领导美洲区域公司积极开拓属地市场,持续推进重点项目落地;实现亚太区域公司重组合并,完成平稳过渡。持续充分发挥“大监督”机制作用，组织督导组先后进点中东与亚太区域公司开展为期50天的现场督导工作，对两家区域公司整体管理、各项目经济运行和法律合规管理等情况进行全面“把脉问诊”，开列整改意见30余项，督促抓好整改落实，提升党委集体领导和总部职能部门的监督执行作用。

着力建强境外“桥头堡”。印发《关于加强对“一把手”和领导班子监督的实施意见》《党委书记同下级“一把手”谈话实施意见》，完成对所属单位“一把手”谈话全覆盖，督促二级单位主管领导认真履行职责，形成“头雁效应”。持续抓好基层党组织建设，指导新组建的亚太区域公司完成选举工作，督促4个任期已满党支部完成换届选举工作。持续抓好基层党建工作，组织年度党建工作责任制考核，考核结果直接关联先进基层党组织评选、班子绩效年薪等事项，真正使党建工作从“软指标”变成“硬约束”。开展党支部评价定级创建晋升工作，选树中东区域公司麦加轻轨运营维保项目党支部与欧亚区域公司总部党支部为第一批示范党支部。

做好保密相关工作。全面修订《保密工作管理办法》等6个保密工作制度，严格落实四个承诺书与一个责任书工作机制。组织全体职工参加保密教育培训学习，150余人完成考试并取得结业证书；为新员工讲授保密专题课，播放保密警示教育系列案例宣传片；建立保密机要室，配置保密硬件设施，切实推进企业保密工作高质量发展。

宣传教育和企业文化建设。开展主题教育实践活动。紧紧围绕“企业发展为什么、企业发展靠什么、企业发展怎么干、企业发展需要什么样的精神状态”等核心问题，进行动员部署并讲授专题党课，累计开展“大反思大研讨”活动30余场，签订承诺书1000余份。专题学习习近平总书记关于“过紧日子”重要指示批示精神，全面摸清集团和所属各单位家底，组织开展形势任务教育，结合干部年轻化实施方案，大力选拔任用“能干事、想干事、干成事”的优秀人才，进一步强化员工的以企为家意识和责任担当精神。

焕发宣传活力，实现品牌形象新提升。年内在全球各大媒体刊发、转发稿件2万余篇，连续4年蝉联中国铁建对外宣传报道优秀单位。“决赛场，中国造”为中国铁建品牌推广赢得高光时刻，国家主席习近平在沙特阿拉伯《利雅得报》发表署名文章，称卢赛尔球场为中卡友谊新地标；中卡元首高度肯定卢赛尔球场建设成就，外交部发言人华春莹、赵立坚、毛宁7次为卢赛尔球场代言，流量突破100亿次，系中国铁建近年来重大项目宣传流量之最；“中国书架”工作首次落地，智利总部摆放500余册反映中国经济、传统文化等图书，相关宣传故事在四川国际传播中心播发；积极参与集团融媒体建设，中国国际电视台“祖国，我想对您说”专题播出智利科金博医院建设者对祖国的祝福；积极开展跨文化融合项目，运营的中国铁建阿尔及利亚脸书法语账号粉丝8万余人，有力传播企业声音。

成功举办“十周年”系列活动。全面回顾铁建国际十年发展历程、心理历程、奋斗历程，凝练“国际·家”文化体系，形成“3+2+1”文化成果，编纂《征程与感动》十周年纪念册、《丝路与思路》论文集、《企业文化手册》3本文化作品，制作企业宣传片、十周年专题片2部视频作品，举行中外员工联袂演出的文艺会演，选树“十大功勋人物”与“五大经营创效人物”。

企业文化建设。启动企业文化与品牌提升项目。针对员工对新时代中国铁建企业文化与品牌体系的熟知度、认可度进行发放调查问卷以及线上访谈广泛调研，70人接受访谈，621人参与线上问卷调研。推出系列企业文化成果。制定文化品牌手册、文化发展规划、视觉规范体系等内容，明确未来3~5年的企业文化建设与发展路径，有效指引各项企业文化工作扎实落地；视觉规范体系从一系列可视化物体的制作规范角度，引导品牌形象更鲜明、更统一的展现，从视觉观感上强化品牌辨识度和影响力。

持续加强对下督导。2022年度，在班子成员赴境外项目一线，对如何在海外项目中突出企业文化、标识、品牌等提出指导，在泰国林查班港、阿尔及利亚贝佳亚连接线、玻利维亚鲁里公路等项目上广泛展示中国铁建品牌形象。各单位按要求进行全面自查，并报送自查结果200余项。智利5号公路塔奇段两座主收费站项目，“中国铁建”标识首次在最繁忙的主收费站亮相，提升中国铁建品牌在智利的知名度和影响力。

纪检工作。践行“两个维护”，强化监督保障执行。政治建设不断增强。深入学习贯彻党的二十大精神，印发《学习贯彻党的二十大精神工作方案》，制定措施20余项，组织开展专题学习、讲授党课、知识竞答、撰写学习心得等系列活动，持续强化以习近平新时代中国特色社会主义思想武装头脑、指导实践、推动工作。集团纪委负责人与所属各单位纪委及总部党委负责人“一对一”召开7次座谈会，结合学深悟透做实党的二十大精神，共议强化境外纪检工作具体措施，征集意见建议23项，增强两级纪检组织凝聚力、战斗力。政治监督更加具体。把握“国之大者”加强统筹落实，协助修订完善《全面从严治党主体责任清单》《党建工作责任书》，围绕管党治党、“三新一高”、改革发展、安全生产、疫情防控等重点内容开展监督检查，推动重大决策部署贯彻落实。完善集团党风廉政建设“十四五”规划落实方案，推动制定“三不腐”体制机制建设等五项重要举措落地；对照落实国企改革三年行动要求，完成11项纪检工作任务，保障企业高质量发展。紧跟形势落实防疫监督，保障疫情防控调整转段平稳有序，未出现违规违纪问题。专项治理落地见效。协助开展利用境外项目特殊费用谋取私利专项整治工作，实现严自查、防风险、促治理。督促抓好“严肃财经纪律、依法合规经营”综合治理，进一步加强资金支付管理，落实境外直派财务负责人和境外项目财务负责人均为中共党员要求。认真开展“靠企吃企”专项整治“回头看”工作，对2017年以来问题线索大起底，对有关问题线索迅速立案查处。

深化风险防控，协同促进完善发展。发挥“关键少数”带头作用。协助制定《党委书记同“一把手”谈话实施意见》《加强对“一把手”和领导班子成员监督的实施办法》，集团党委、纪委负责人带头与所属各单位班子成员谈话全覆盖，每季度按时上报谈话情况；两级党委书记、纪委书记同本级及下级“一把手”和班子成员共开展谈话153人次，督促各级领导人员和重要岗位人员从严治党、正确履职。认真落实新时代党的组织路线，两级纪检组织参加干部考察测评及谈话相关工作，根据信访举报、执纪审查等情况客观出具领导干部廉洁意见64人次，开展任前廉洁谈话94人次，督促动态更新完善领导干部廉政档案96份，严把选人用人、干部管理廉洁关。提升关键领域治理效能。协同开展对所属单位党建责任制考核，提出加强党风廉政建设和反腐败工作意见建议20余项。围绕落实集团党委“115”工作思路、“我为企业做什么”主题活动倡议，研究制定监督工作方案，促进规范管理。强化各级纪检组织安全生产监督意识，督促积极防范安全事故。选派纪检骨干参加集团“大监督”工作组，深入中东、亚太区域公司及项目现场针对重点领域开展监督检查，提出改进工作意见建议42项，有效提升监督效能。紧盯节点纠“四风”树新风。开展节日期间纠治“四风”工作4次，推送廉洁提示和违反中央八项规定精神典型案例10期，提前做到教育提醒全覆盖；将落实中央八项规定精神纳入集团过“紧日子”实施方案，不定期抽查本级和所属单位经费支出、公车使用等情况，及时提醒办公室、财务等重要岗位人员严格履职。两级纪检组织就公款吃喝、违规发放津补贴等“节日病”开展监督检查40余次，对原几内亚代表处相关人员涉及违反八项规定等问题严肃问责，严防“四风”反弹回潮。

坚持惩防并举，一体推进“三不腐”。保持高压态势，坚决维护企业权益。严查快办年内新收问题线索，以前遗留的问题线索全部办结，历史性实现“消存量、去增量、动态清零”的目标效果。坚持挺纪在前、宽严相济，对6人给予党政纪处分，对6人和1个党组织进行诫勉谈话或内部通报，司法机关追究刑事责任1人，集团各级共同努力挽回经济损失约2234.61万元。及时召开处分决定宣布会，促进“治病救人”、标本兼治；向案发单位党组织发出纪检建议书3份，提出纪检建议和整改要求，有效推动办案、整改、治理有效贯通。强化建章立制，不断深化标本兼治。制定《规范问题线索移交处置暂行办法》，将纪委专责监督与职能监管有效贯通，拓宽问题线索来源，加强联防联控。顺应新形势，修订党风廉政建设和反腐败联席会议、领导人员廉政档案管理等3项制度，不断完善监督制度体系。培育廉洁文化，持续筑牢思想防线。深入开展“责任重于能力，自律胜于他律”反腐倡廉宣传教育月活动，各纪检组织举办“学先进，做榜样”、知识竞赛、家属“线上共学”等系列活动120余场次，领导人员讲廉洁党课19人次、项目经理现场谈廉洁27场次，开展警示教育21场次，首次选树1名集团廉洁从业先进典型，征集廉洁警句183条，开展廉洁短信和廉洁文化标语评选，3人获上级组织的全系统廉洁短信征集大赛三等奖，精心推出廉洁文化作品展，评选表彰24个获奖作品，营造风清气正的良好氛围。坚持警示教育抓在经常，及时通报股份公司系统及集团执纪审查典型案例，分类汇编发布财务、工程管理等方面典型案例12期，发放《中央企业靠企吃企案件警示录》，督促广大干部职工守底线、远红线、不触高压线。坚持为新入职员工开设廉洁讲堂，加大多国别反腐规则、法国万喜等知名企业相关经验的宣传学习借鉴，促进全员廉洁合规。

推动贯通融合，督促整改提升治理能力。推进巡视巡察上下联动。配合股份公司党委常规巡视，落实统筹协调，全方位加强与巡视组沟通交流，有效保障巡视工作整体取得较好效果。研究制定年度巡察工作方案，推进监督重心向基层延伸，督促上下联动开展巡察工作。邀请股份公司巡视办专家讲授专题讲座，提高两级党组织和工作人员的认识应用能力。深化巡视整改和成果运用。认真开展违规挂靠专项巡视反馈意见整改工作，采取15项针对措施，重点治理股权代持、提点大包等问题，牵头按期完成整改情况报告及28项相关支撑材料。针对股份公司党委常规巡视反馈的问题及意见,协同研究制定《巡视整改工作方案》,细化59项具体措施,及时组织召开巡视整改动员会及压实推进会,保障以巡抓改、真改实改、以改促提。压实整治督查探索大数据监督。围绕“三项招标”、机械设备租赁、验工计价、成本费用支付、合同管理等关键环节,积极探索“大数据”监督建设,形成调研报告,对借助“大数据”信息化建设,提高工程管理易发多发问题预警、监控、施治等开阔思路。

持续夯基固本,队伍建设不断增强。抓基层打基础取得新成效。召开集团纪委会7次,重大事项坚持民主集中集体决策。集团纪委定期向纪检干部推送学习资源、组织业务研讨,开展党的二十大精神知识竞答、纪检干部应知应会测试等,促进综合素质提高。制度化规范化取得新进展。落实“办案质量提升年”活动要求,自查自纠2019年以来查办案件,针对梳理发现的问题制定和落实整改措施8项,进一步提高案件办理水平。认真开展办案人员全员学习培训和安全大检查工作,严格“全周期管理”,守住安全办案底线。深入研学党内法规、企业制度规定,制定印发《纪律检查工作手册》,有效解决基层纪检干部监督执纪上手难、入门难的问题,促进纪检工作规范化。督落实严要求树立新作风。督促各级纪检干部在学习宣贯全面从严治党重要精神方面走在前、做表率,经常教育提醒从严律已,持续加强作风建设,坚决防止“灯下黑”。

工会工作。加强思想政治教育。坚持党建带工建,通过境内外联学共建、职工书屋、劳模宣讲、主题答题、培训讲座等多种形式,引导督促职工群众提升自身政治素养。发挥工会阵地优势,组织境内外职工群众参与“喜迎二十大,奋进新征程”读书活动,精心打造5个中外籍员工精品荐书视频;创新开展“喜迎二十大,奋进新征程”职工运动线上打卡活动,近1000人次参与打卡分享;开展“新管理,‘心’提升”心理健康知识讲座,促进员工能力提升与价值实现。

推进劳动和技能竞赛。在境外开展“喜迎二十大,建功新时代”主题劳动和技能竞赛。各境外单位广泛开展合理化建议和技术改进成果工作,中东区域公司“关于推广使用IRATA绳索技术进行高空作业的合理化建议”获评股份公司工会优秀成果。擦亮劳模工作品牌。创建2个集团级创新工作室,分别拨付5万元专项经费支持。1个境外书架获全总“劳模书架”命名,1个单位获评铁总火车头奖杯,1人获火车头奖章。卡塔尔卢赛尔项目被列入中国铁建重点项目清单,并先后获评中国铁建重点工程劳动竞赛综合优胜单位、劳动竞赛青年文明号,3名员工获中国铁建劳动竞赛优秀共产党员标兵、劳动竞赛工人先锋奖章、劳动竞赛青年岗位能手表彰。沙特麦加轻轨运营维保项目组织劳动竞赛,再获股份公司专项表彰,1个单位获评“中国铁建工人先锋号”,4名个人获“中国铁建工人先锋号奖章”。落实企业民主管理。开好职代会,落实好提案征集、集体合同签订、领导干部述职、民主测评等民主管理机制;结合机构调整,亚太区域公司召开工代会并成立工会组织,三个区域公司履行程序完成工会主席、副主席新增或调整民主程序;年内组织职代会联席会议3次,让职工参与到对薪酬、福利、假勤等关系到职工切身利益事项的决策中;严格履行民主程序,选举第三届职工董事、职工监事。落实境外支持保障。深入调研、严格把关,为智利5号公路、俄罗斯莫喀高速公路、阿尔及利亚达尔夫家庭度假村酒店、沙特NEOM隧道支洞等7个基层项目及新组建的亚太区域公司投入建家建线专项帮扶经费50余万元,克服疫情影响,问需境外实际,开展境外亲情慰问。做好职工关爱慰问。常态化开展境内外员工弹性体检、会员生日、电影券、公园年卡、节日福利和“国际新人”、“国际宝贝”等“普惠型”慰问;结合海外实际开展“两节”送温暖帮扶、防暑降温、金秋助学等专项慰问活动。做好直系亲属过世及生病住院会员的慰问安抚工作并发放慰问金,传递企业大家庭温暖。在寒暑假期间联合组织5场文化传承、科技创新“国际宝贝”家庭成长星线上手工体验活动,进一步促进家企互动、亲子交流;推荐6个境内外家庭参评“海淀区最美家庭”,1个家庭获评“首都最美家庭”。延展“家文化”建设品牌。春节、中秋之际,连线员工家属“云端”相聚交流,拉近员工与企业、家庭的距离;美洲、欧亚区域创新性开展首次“跨境春晚”,近300名员工跨越12个时区“云端”相聚;组织两场“让爱舞动”亲子线上心理健康关爱互动活动;组织参与EAP心理知识竞赛、以130人参与、94.31分的平均成绩,获评心理知识竞赛优秀团队;开展“丝路有约·会聚良缘”线下联谊活动,制作铁建国际《一路有你·丝路相约》婚恋服务宣传片,策划推进“丝路有约之我的后半生”婚恋平台五周年主题活动;创新性联合中国铁建职工e家平台开展系统内首次“双平台”同步直播互动课堂,活动点赞转发量近4万次,单日新增用户将近400人。家文化政研课题获评央企、全国优秀政研课题二等奖;独立课题“国际工程承包企业境外EAP(员工帮助计划)项目应用研究”成果获评中国铁建2021—2022年优秀政研课题二等奖;所属欧亚区域公司境外工会特色经验获评中国铁建工会“十佳”特色成果。

共青团工作。加强理想信念教育。开展以青年大学习和“青春心向党，建功新时代”为主题宣传教育活动，组织团员青年深入学习贯彻落实党的二十大和二十届一中全会精神。抓实团内组织建设工作。将智慧团建作为团务工作信息化载体，全面积极使用，通过智慧团建平台开展青年大学习、团课和民主评议工作。全面强化制度执行。做好团内“三会两制一课”制度，加大宣传力度，组织团员青年学习贯彻习近平总书记最新讲话精神和党的重大会议精神，及时贯彻企业重要会议精神。注重模范引领。积极开展评选先进工作，1名青年员工获评中国铁建第十届“十大杰出青年”，1名青年员工获“十佳青年技术能手”提名。2022年，铁建国际成立十周年之际，集团党委选树“十大功勋人物”与“五大经营创效人物”，提炼典型事迹、讴歌典型风采、树立典型风范，多名青年员工由团委推优入选。深化文化交流融合。成功获评并组织实施共青团中央“一带一路”中国技术促进青年文化交流融合项目，利用联学共建优势，联合当地孔子学院，在智利开展文化交流活动8场次，中外方参与员工超100人次。切实开展青年精神素养提升工程。召开新员工精神素养提升专题会，各级党团组织书记积极讲授青年精神素养提升“第一课”。基层团支部结合学习党的二十大精神，围绕“三个问题”开展专题组织生活会。所属区域公司组建青年突击队，在重点项目掀起岗位建功热潮。结合加强传统教育相关工作要求开展的“我和榜样面对面”主题团日活动，通过座谈会、个人访谈等多种形式选树身边典型近20人。在“我和榜样面对面”交流活动中，所属单位采取榜样与青年座谈、主持人对榜样进行访谈、榜样技能示范或经验授课等多种形式，使广大青年灵活、生动、自然地贴近身边榜样，聆听励志故事，更好发挥榜样典型的激励带动作用。

（李　红　姚景峰　王小禾）

【中国铁建国际集团有限公司北非区域公司】 2019年8月在中国铁建阿尔及利亚有限公司的基础上组建。总经理尤丁剑，党委书记王京连。

2022年，新签合同额118.04亿元，营业收入8.27亿元，净利润1.35亿元。（马彦林）

【中国铁建国际集团有限公司亚太区域公司】 2022年2月由原东南亚区域公司、原亚太区域公司、原港澳区域公司重组成立。总部驻北京。总经理杨晋军，党委书记刘长有。在编职工78人。资产总额122499.2万元。其中，固定资产原值3309.6万元、净值1701.1万元，流动资产106144.1万元，其他资产16355.1万元。

2022年，新签合同额152.8亿元，产值20.96亿元，营业收入11.26亿元。（王松锋）

【中国铁建国际集团有限公司美洲区域公司】 总部驻智利。党委书记李学梅，总经理颜猛。职工256人。资产总额180763.42万元，固定资产净值1819.91万元，流动资产166931.98万元。

2022年，新签合同额183.46亿元，营业收入6.68亿元，净利润2839.85万元，资产负债率74.99%，应上缴款完成率100%。（谭积财）

【中国铁建国际集团有限公司欧亚区域公司】 拥有俄罗斯最高等级设计和施工资质（涉密工程除外）。2019年8月在中国铁建俄罗斯有限公司的基础上组建成立。驻俄罗斯莫斯科市Obrucheva街30/1。总经理赵家庶，党委书记杜建钢。职工136人。资产总额149478.90万元。其中，固定资产原值14998.44万元、净值11493.49万元，流动资产135734.74万元，其他资产2250.67万元。

2022年，新签合同额149.54亿元，完成产值50.4亿元，营业收入39.81亿元，利润13140.18万元。

（王　帅）

【中国铁建国际集团有限公司中东区域公司】 2019年8月在中国铁建股份有限公司沙特分公司基础上组建。党委书记刘大伟，总经理王雷。资产总额32.69亿元，其中，固定资产原值22367.55万元、净值9150.11万元，流动资产191948.63万元。职工102人。

2022年，营业收入195135.11万元，净利润8886.53万元。（李崇贤）

【非洲事业部】 2021年7月，在原西非区域公司、中国铁建（国际）尼日利亚有限公司基础上组建。所辖区域市场覆盖除北非区域公司以外的非洲国家和地区。总经理徐华祥。

2022年，新签合同总额365.7亿元，营业收入52158万元，利润8664万元，净利润7112万元。

（倪谦信）

【中铁建（北京）国际贸易公司】 2012年11月注册成

立。主营工程物资供应、工程租赁、海外项目综合服务等板块。驻北京市海淀区复兴路40号中国铁建大厦B座2层。党委书记、总经理陈海波。　（陈海波）

中铁城建集团有限公司

【简况】　拥有建筑工程施工总承包特级，市政工程和铁路工程施工总承包一级，地基基础、钢结构、建筑机电安装、建筑装修装饰专业承包一级，消防设施工程和防水防腐保温工程专业承包二级等资质。总部驻湖南省长沙市岳麓区洋湖路695号，注册资本金20亿元。下辖第一、第二、第三、北京工程有限公司及南昌建设有限公司，房地产开发有限公司、物资有限公司、城市运营服务有限公司、建筑科技有限公司等9家子公司，总承包分公司、投资分公司2个分公司。东北、京津冀、中原、华中、华东、华南、西南、西北区域指挥部和海外业务部等9个区域经营机构；财务共享服务中心和技术中心2个直属机构。职工5400人。资产总额378.03亿元。其中，固定资产原值12.46亿元、净值7.24亿元，流动资产219.66亿元，货币资金42.17亿元。机械设备1795台（套）。设备原值16067.9万元、净值5275.92万元，总功率71485.89千瓦，资产增长率20.61%，成新率32.84%，技术装备率0.97万元/人，动力装备率13.12千瓦/人。

2022年，新签合同总额548.23亿元，其中自揽500.87亿元，完成企业总产值285.57亿元，净利润7.95亿元。人均创利14.7万元，全员劳动生产率37.3万元/（人·年），职工年人均收入15.45万元。完成主要实物工程量：土石方581.4万立方米，房屋建筑面积602.92万平方米。获国家优质工程奖3项，中国建筑工程装饰奖1项，市政工程最高质量水平评价1项，省部级优质工程奖35项，地市级优质工程奖21项；国家级优秀QC小组成果16项；全国质量信得过班组12项；获国家级安全文明工地2项，省级安全文明工地23项。　（李小鹏）

【领导人员】

董事会

董事长	申景涛
董事	郑　军
	邱　卫

监事会

监事会主席	马功民
监事	高彩燕
职工监事	刘　婉

经理层

总经理	郑　军
副总经理	张宇川
	王忠良
	杨　萍
	张绪和
	贺　旭（3月任）
总工程师	王忠良
总会计师	杨　萍

党群领导

党委书记	申景涛
党委副书记	郑　军
	邱　卫
纪委书记	马功民
工会主席	邱　卫

（曾佳骏）

【职工队伍】　职工5400人。其中，博士研究生学历1人、硕士研究生学历110人、本科学历4223人、专科学历418人、中专、技校、职高学历106人、高中及以下学历542人；35岁及以下3256人，35～39岁703人，40～44岁356人，45～49岁375人，50～54岁445人，55岁及以上265人。各类专业技术人员4654人，占正式职工的86.2%。其中，正高级职称15人，高级职称722人，中级职称1372人，初级职称2545人。工人689人。其中，本科学历36人，大专学历76人，中专、技校、职高学历60人，高中及以下学历517人；初级工12人，中级工28人，高级工122人，技师23人，高级技师5人。　（曾佳骏）

【工程施工】　新建丽江至香格里拉铁路站后“四电”系统集成及站房施工工程　建筑面积53522平方米。合同工期2019年7月15日至2020年12月15日。合同投资35439万元。主要工程量：3个车站的站房、雨棚和生产、生活房屋及相关配套工程。2022年完成产值4519万元，开工累计完成产值31873万元。

成都轨道交通18号线三期工程（车辆段、停车场施工工区）　建筑面积240772.89平方米。合同工期2019年10月10日至2024年3月31日。合同投资83000万元。主要工程量：停车场13个单体建筑及出入场线明挖区间配套工程。2022年完成产值20032万元,开工累计完成产值71100万元。

新建赣深铁路GSSG-16标惠州北站项目　建筑面积49998平方米。合同工期2020年3月31日至2021年6月30日。合同投资109313万元。主要工程量:新建站房1座、站台5个和站区及工区生产生活相关配套工程。2022年完成产值15931万元,开工累计完成产值116375万元。

新建张家界至吉首至怀化铁路站房及配套生产生活设施工程ZJHFJ-1标段　建筑面积88512平方米。合同工期2020年8月1日至2021年8月30日。合同投资54370万元。主要工程量:3个车站的站房、雨棚和生产、生活房屋及相关配套工程。2022年完成产值15076万元,开工累计完成产值58648万元。

太原市城市轨道交通1号线1期工程PPP项目　建筑面积40226.84平方米。合同工期2020年11月1日至2024年12月31日。合同投资35287万元。主要工程量:运用库、综合楼、变电所、污水处理站、洗车库等配套工程。2022年完成产值2321万元,开工累计完成产值3326万元。

成昆铁路峨眉至米易段扩能工程房建工程EMFJ-2标段　建筑面积50073.37平方米。合同工期2020年12月15日至2021年12月31日。合同投资35186万元。主要工程量:2个车站的站房和生产、生活房屋及相关配套工程。2022年完成产值7260万元,开工累计完成产值36850万元。

新建弥勒至蒙自铁路红河等4座车站站房及相关配套工程　建筑面积44300平方米。合同工期2021年7月1日至2022年4月30日。合同投资46841万元。主要工程量:4个车站的站房、雨棚和生产、生活房屋及相关配套工程。2022年完成产值32040万元,开工累计完成产值48844万元。　(刘志刚)

【境外工程】　柬埔寨国防部办公楼项目　合同投资15600万元,2018年7月1日开工。主要工程量:新建柬埔寨国防部办公大楼1座,建筑面积29709平方米。2022年完成产值511万元,开工累计完成产值15600万元。

科特迪瓦圣佩德罗非洲杯体育场馆及附属设施项目　合同投资27041万元,2018年12月1日开工。主要工程量:新建科特迪瓦圣佩德罗非洲杯体育场1座,座位2万个,建筑面积20349平方米;改造既有体育场4个,建筑面积20300平方米。2022年完成产值10072万元,开工累计完成产值37575万元。

柬埔寨金边The Peak香格里拉酒店项目　合同投资130378万元,2020年4月10日开工。主要工程量:打造融住宅、酒店、办公、休闲、娱乐等为一体的多功能建筑,总建筑面积28万平方米。2022年完成产值24059万元,开工累计完成产值131705万元。

科特迪瓦西部地区公路改造项目一期　合同投资63331万元,2020年10月20日开工。主要工程量:施工路段总长325千米,其中一期施工路段为达洛亚—迪埃奎107千米和马恩—祖安胡年126千米。2022年完成产值34791万元,开工累计完成产值58189万元。

塞内加尔PTN附属楼项目　合同投资6595.72万元,2019年12月28日开工。主要工程量:新建塞内加尔信息部数字科技园区A2、A3、A5、A6、B1、C1六栋建筑物,总建筑面积13847平方米。2022年完成产值1529万元,开工累计完成产值8330万元。

柬埔寨东南亚运动会运动员村项目　合同投资34860万元,2020年11月1日开工。主要工程量:新建2023年东南亚运动会运动员村,建筑面积79206.7平方米。2022年完成产值24450万元,开工累计完成产值32791万元。　(温　磊)

【项目建设】　投融资项目建设。牵头上报股份公司投资项目9个,其中已中标项目6个,未投标项目3个。参股投资项目2个,组织完成24个项目投资合同、框架协议评审及签订工作。项目融资方面。成功落地长沙市玉赤河PPP项目6.69亿元银行贷款;大力推进项目存量资产盘活融资,实现德阳、沣东项目3.79亿元铁建资产公司长期应收ABS成功发行,有效促进集团“两金”压控指标的完成及项目建设资金的供应。房地产项目建设。自主牵头报送股份公司地产开发项目4个。　(张　凯　黄　志)

【经营管理】　经营承揽。新签合同130项,合同总额548.23亿元,其中铁路工程13.66亿元、房建工程374.81亿元、市政工程123.05亿元、城市轨道交通工程14.81亿元、公路工程7.17亿元、机场工程0.86亿元。与11家重点客户签订战略合作框架协议。

项目管理。在建项目292个,工程类别主要涉及房建、铁路、市政,其中房建238个、铁路14个、市政40个。

安全管理。开展安全专项活动11次,全面排查整治隐患,守牢安全生产底线;与所属11家子分公司签订安全包保责任书,年底进行考核兑现。持续推进创优创誉,全年获国家级安全文明工地2项、省级安全文明工地23项。

质量管理。集团公司项目全年无质量事故发生，工程质量始终处于受控状态。获国家级优质工程奖3项，国家级单项奖2项，省部级优质工程奖35项，地市级优质工程奖21项，属地创优创历史新高。

设备物资管理。2022年，集团所属各单位新购5000元以上设备290台（套）3566.79万元，购置计划上报率100%；集中采购10万元以上设备83台（套）2599.39万元，集采率100%，节余343.02万元；物资集中采购额981257.06万元，采购总额1024147.76万元，集采率95.8%，集采节约资金42890.7万元，节资率4.19%；自购物资严格执行招标采购，组织30万元以上设备物资招标采购1107次451965.48万元，节资率7.31%；小件物资网络采购金额34167.36万元，节资率8.01%。

财务管理。营业收入261.33亿元，实现净利润7.95亿元，集团公司信贷业务余额195.33亿元。资金管理。不断提升资金信息化水平，充分保障企业资金需求。积极推进集团公司司库体系建设，通过上线境内银行账户管理、信贷预算、授信管理、外部融资、担保管理、资金计划、票据业务、调剂业务等功能模块，实现资金信息动态反映、资金风险及时预警、资金业务全面监控。积极参与股份公司信贷三期系统上线，作为股份公司三家正式试点单位之一，发挥票据和内部调剂模块牵头单位引导作用。市场化债转股是补充权益资金的有效途径，集团公司积极沟通争取列入股份公司四家开展债转股增资单位之一，在股份公司大力支持指导和总部相关部门及所属单位紧密配合下，历时4个月，高效完成资产评估、投资者尽调、国务院国资委产权系统备案、相关协议签署、投资款落地等系列程序，以市场化债转股方式增资20亿元，其中7.9亿元以注册资本金方式投入，进一步降低财务杠杆、优化资产负债结构，有效降低资产负债率和带息负债规模，缓解企业流动性压力和潜在风险，符合国家推进供给侧结构性改革、做好“三去一降一补”决策部署。全面开展综合治理专项行动，扎实推进问题整改落实。针对会计信息质量、债务风险、金融业务风险以及依法纳税四个专题统筹规划，集团公司积极组织所有会计核算主体进行全面自查、多维度检查抽查，扎实推进问题整改落实，确保补齐管理短板，构建风险防范的长效机制；税务方面。不断规范涉税业务，提升税务筹划能力。集团公司及各级子公司均完成2021年企业所得税年度汇算清缴工作，节约企业所得税1.73亿元；企业所得税利润税负率13.9%，切实有效降低企业税负；积极沟通办理增值税留抵退税1.71亿元，减轻企业的资金压力。持续举办教育培训，狠抓会计人才队伍建设。积极组织各单位进行财会论文研究，18篇论文案例获中国施工企业管理协会表彰，其中论文一等奖6篇、二等奖7篇、三等奖4篇、优秀案例1篇。

经济管理。定额方面，下发《关于启用〈企业内部定额（房建板块）〉的通知》，并在OA系统中完成企业内部定额管理使用模块开发，标志着中铁城建企业内部定额成果稿正式投入使用。结算方面，全年多次开展竣工项目结算督导工作，上半年根据各公司铁路项目结算工作推进情况，赴现场开展重点铁路项目结算督导工作，召开结算督导意见反馈会议，对项目清概过程中存在的问题提出指导意见，对项目结算、验工计价、成本清理等工作提出具体要求，下达书面督导意见书，强化两级总部专家督导帮扶作用。针对河南区域项目群，要求区域各单位统一结算标准、共性问题处理方式、对外关系协调，并下发《关于加快四季度竣工结算工作的通知》，督导各单位步步深入加强结算审核指导工作。培训交流方面，召开责任成本管理专题会，集团公司明确确保成本管理工作年度目标的具体要求，二公司和南昌公司进行经验交流，对《企业内部定额》使用进行宣讲，聘请成本管理专家马楠教授讲课，重点就EPC项目目前影响收益薄弱环节标前策划、设计优化和结算策划进行剖析。

投融资管理。投融资项目管理方面，进一步规范和加强投资项目实施过程监管。完成各类投资计划统计及调研资料57项，办理各类投后管理审批事项68项。持续加大资金回收工作力度，制定投融资项目资金回收专项工作方案，防范并化解资金回收风险。及时开展投资评价，完成内蒙古PPP项目后评价及相关审批备案工作。产权管理方面，制定并下发《中铁城建集团有限公司产权登记管理办法》，从制度层面规范产权管理行为，提升产权管理水平；完成12家企业产权登记；开展全集团国有产权管理问题专项治理和民企挂靠国资问题综合整治专项行动工作，对3类国有产权变动事项开展审核批准、资产评估、进场交易、产权登记等方面问题及民企挂靠国资问题及潜在风险逐一梳理并完成清查上报。

审计监事工作。全年完成审计任务72项，实现常规和专项审计全覆盖；着力加大审计整改和违究追责力度，严格执行审计“三表一单”和“立档销号”原则，健全问题整改横纵向联动机制，稳步开展违究追责问责工作；全面推进“大监督”工作。梳理监督主体职责清单，制定考核方案和工作实施办法，完善体系建设；

全年集团公司监事列席董事会会议7次，参与审核董事会议案68项。

法律合规内控工作。加强案件管控，大力推进重大法律纠纷案件办理，重点推动对HD项目的诉讼。稳步推进四项法律审核工作，审核制度219项，审核合同6069份，审核授权委托书321份，针对重大决策出具法律意见书160份。申报守合同重信用企业，连续9年获长沙市和湖南省"守合同重信用企业"称号。开展投标合规审核334次，合作方尽职调查6833次，现金支付合规审核344次，牵头组织合规培训16次，开展全集团合规风险评估，完善合规管理体系，加强合规官队伍建设，加大合规宣传力度，强化重点业务风险管控。积极推进"大风控"体系建设，坚持把防范化解重大风险作为高质量发展的前提。强化风险管理，经评估认定年度五大风险，研究制定重大风险管控方案，科学设置监控指标及预警范围，及时防范化解重大风险。优化内控体系，积极开展年度内控评价，进一步探索和优化内控评价监督模式，突出问题导向，解决好重点领域内控问题，企业内控有效性显著提升。

企业管理。战略规划。印发中铁城建《"十四五"发展战略与规划》并编制出台7项职能规划和11项子规划，提出"双链双引擎、七业两支撑"的"2272"总体发展战略。机构编制。全年按合规程序设立项目分公司7家，设立项目公司11家，成立集团名义中标项目经理部44个。调整总部部分机构设置与定员，印发《总部各部门和科室职责汇编》《机构编制管理办法》《功能性子公司管理办法》。根据国务院国资委和股份公司相关工作安排，先后开展"控股不控权"问题专项整治工作和压减工作"回头看"专项行动、打击假冒国企专项行动等工作。协会管理。成为湖南省建筑业协会副会长单位，董事长担任第四届理事会副会长，并出任轮值会长。成为湖南省企业和工业经济联合会副会长单位，成功入选"湖南省百强企业"30强（第25名）。完成中国施工企业管理协会2022年度工程建设企业信用等级评价复评申报。成功申报湖南省建筑业"走出去"战略合作联盟"2021年度对外投资及经济合作典型项目"，柬埔寨世桥集团运动员村项目入选前3强。成功申报长沙市2021年度促进建筑业持续健康发展政策奖励35万元。企业管理。制定《"项目管理年"实施方案》《关于发展两新培育专精特新企业的若干意见》。4月、12月先后两次召开资质体系建设工作会，明确申报路径、时间表和任务图，进一步压实三级公司申报主体责任，确保"应申必申""可申尽申""两新力申"。

信息化建设。发布《中铁城建集团有限公司"十四五"信息化规划》，明确"十四五"信息化工作的目标、任务和实施路径，为全集团信息化建设提供指引。优化完善《信息系统建设技术标准》，统一应用架构和技术架构，防范系统集成安全风险，为打造一体化、集成化的信息化工程筑牢技术基础。探索实践自主研发和联合开发的建设模式，打造统一的一体化开发平台，降低信息系统开发成本，提高开发效率。全面推进OA协同办公、电子档案、电子合同、远程视频监控等17个业务系统与一体化技术平台对接集成，一体化登录的活跃率由年初的55%上升至69%。围绕"1277数智施工平台"建设规划，推进经济管理系统和智慧工地平台建设，经济管理系统已在试点单位全面推广，智慧工地平台在部分项目部开展试运行。全面推广设备物资共享系统，累计准入供应商2985家，供应商评价50711次，形成2934家实时合格供应商名册，进一步规范供应商管理流程。积极参加、筹备2022年度网络安全演练和重要会议期间安全保障工作，全年未发生网络安全事件。稳步推进基础设施和软资管理工作，确保各信息系统稳定运行，全年未发生软件诉讼事件。

人力资源管理。编制印发《"十四五"人力资源规划》，为集团公司人才队伍建设指明方向、明确目标、提供保障。制定《董事会选聘及考核经理层副职工作方案》《所属子企业董事会选聘及考核经理层副职实施办法》《职业经理人选聘工作方案》《所属单位职业经理选聘和管理办法》，为所属房地产公司选聘2名职业经理人，加快职业经理人管理进程。出台《"青英计划"实施方案》，为提高毕业生接收院校层次和数量、加强青年人才培养提供解决方案。全年提拔总部部门副职级及以上干部16人，其中所属单位领导班子正职6人、领导班子副职8人、总部部门正职1人、总部部门副职1人。评审通过正高级工程师3人，高级工程师82人，高级会计师8人，高级经济师2人，高级政工师2人，中初级职称245人。全面推行经理层成员任期制和契约化管理，扎实开展2021年度集团各层级经理层成员业绩考核和薪酬兑现工作，修订完善《经理层成员岗位聘任协议》《经理层成员任期考核责任书》《经理层成员年度经营业绩责任书》，组织经理层成员签订2022年度及2022—2024年任期经营业绩责任书和岗位聘任协议，充分压实经理层谋经营、抓落实、强管理的主体责任，推动集团高质量发展。制定《青年英才培训暨青年马克思主义者培养工程实施方案》，开展首届青马班培训。组织开展十九届六中全会精神、中高级经营人员、一级建造师、会计师、质量创优等各类培训 829 期，培训 50417 人次。缴纳基本养老保险费 1.58 亿元，基本医疗保险费 6777.47 万元，失业保险费 575.78 万元，工伤保险 592.91 万元，生育保险费 122.81 万元，住房公积金 1.43 亿元。同时依据社会保险年审相关规定，核定缴费基数，保障员工的合法权益。用足、用活国家减税降费及社保政策，通过线上自主申报和线下提交申请，收到稳岗补贴、扩岗补助资金 206.25 万元。总部及 11 家子分公司均建立企业年金，参缴人数 4790 人，覆盖率 99%。年末企业年金资产净值 2.62 亿元，当年完成缴费 5591.71 万元，待遇支付 1119.18 万元。收益率 -3.73%，净收益 -867.37万元，自 2017 年 11 月正式开始投资运营以来，累计投资收益 2478.95 万元，累计收益率 27.83%，累计收益率排股份公司 31 个年金组合第 6 名。

（方瑞健　刘志刚　李华青）

【科技创新】　中国铁建科学技术奖一等奖 1 项、二等奖 5 项，中施企协工程建设科学技术奖二等奖 5 项，中国钢结构协会科学技术奖一等奖 1 项，中国技术市场协会金桥奖 1 项，湖南城乡建设科技创新项目奖 3 项，铁路重大科技创新成果入库 2 项，交通运输重大科技创新成果库入库 1 项；中铁建优秀专利奖 1 项，中施企协高推广价值专利奖一等奖 1 项、三等奖 3 项；中施企协微创新技术大赛特等奖 3 项、一等奖 2 项、二等奖及优秀奖 19 项；省级工法 3 项；国家级 BIM 应用成果奖 32 项，省级 BIM 应用成果奖 22 项。发布国家标准 1 项，省级地方标准 3 项。1 项科技成果达国际领先水平、5 项达到国际先进水平、2 项达到国内领先水平。主持 2 项省住建厅课题，1 项股份公司管理类课题和 2 项 C 类课题。获“湖南省绿色建筑行业优秀单位”称号。连续第二年获湖南省科技研发奖金 1000 万元，进入湖南高新技术企业综合创新能力 100 强。

（曹春艳）

【党群工作】　党的工作。以习近平新时代中国特色社会主义思想为指导，深入贯彻落实党的二十大精神，经受疫情反复的严峻考验，面对复杂多变的外部环境，勇担转型升级的历史使命，集团上下遵循“守正赶超、务实笃行、开拓创新”的工作方针，紧扣“项目管理年”发展主题，坚守高质量发展初心，聚焦主责主业，团结一心、共克时艰，顶压前行、迎难而上，实现“十四五”良好开局、稳步发展，全年新签合同、企业总产值、营业收入、净利润等主要经济指标同比均保持强劲增长，分别增长 12.78%、7.26%%、8.91%、7.87%。学习贯彻落实方面，学习宣贯党的二十大精神走深走实。落实首要政治任务，制定专项方案，划定重点任务清单，掀起学习宣传贯彻热潮，引导全体员工真学深悟、实干笃行。认真落实“两个一以贯之”，把党的领导深度融入公司治理，修订委员会议事规则，对党组织参与重大问题决策做出详细规定，确保不越位、不缺位、不错位。修订贯彻落实“三重一大”决策制度实施办法（试行），完善 126 项重大事项清单，明确 52 项党委会前置研究事项，进一步明确党委会、董事会、总经理办公会的决策权责边界。全共召开党委常委会（扩大）17 次，审议议题 204 项；召开董事会 16 次，审议议题 92 项；召开总经理办公会 14 次，审议议题 165 项。持续规范“三重一大”决策程序，做好“三重一大”决策和运行监管系统的信息录入工作，录入会议 101 次、“三重一大”事项 668 项，做到民主决策、科学决策、规范决策。整改落实方面，认真推进股份公司巡视整改。成立巡视整改工作领导小组，制定整改方案，认真抓好股份公司常规巡视整改，将反馈问题梳理细化为 48 个问题，制定整改措施 136 条，完成问题整改 34 个，整改中 3 个，长期整改 11 个。落实股份公司“违规挂靠”专项巡视整改责任，针对发现的 9 个问题制定 35 项措施，完成整改措施 32 项，长期整改 3 项。持续推进所属单位巡察整改。通过督查、督办、听取报、约谈、定期上报统计数据等常态化方式，督促巡察整改落实。被巡察单位针对反馈的问题，举一反三，强化建章立制，进一步提升企业治理效能。保密工作。抓好工作部署、落实保密责任，责任书、承诺书签署率 100%。坚持涉密文件资料严格签收制度，切实加强涉密人员“三岗”管理。针对微信泄密事件严格问责，给予 3 人政务记大过、政务记过和党内警告处分。组织开展军民融合项目保密专项检查，加强保密培训教育，筑牢保密防线。

组织工作。下设党的基层组织 178 个，其中党委 8 个、党工委 10 个、党总支 3 个、党支部 157 个，党员 1984 人（含预备党员 110 人），其中在岗党员 1975 人。集团公司 2021—2022 年连续 2 年获湖南省建筑业协会“党建进工地、支部建在项目上”标杆创建活动先进企业称号。在股份公司 2021 年度党建工作责任制考核中，集团公司党委被评定为“良好”。组织建设方面，做好集团公司党委换届选举工作准备，指导 5 家二级单位党委、1 个党总支完成换届工作。落实“四同步”“四对接”要求，成立建筑科技有限公司党支部，指导新成立的三级单位同步建立党组织，配备党务工作人员。完成二公司、中原区域指挥部、西南区域指挥部增补党（工）委委员相关工作，进一步增强领导班子力量。党建责任方面，按照《中铁城建党建工作责任制考核评价办法》要求，对所属18家单位开展2021年度党建考核，严格兑现奖罚，推动党建工作责任有效落实。签订2022年党建工作责任书，确定2022年集团公司领导班子成员联系点，落实“五个一”要求，进一步压实“一岗双责”。支部建设方面，印发《中铁城建党支部评价定级创建晋升指导意见（试行）》，明确晋级程序、动态管理与结果运用，推动申报与创建。推行党支部工作模块化、清单制，积极参与湖南省建筑业协会标杆创建活动，选树示范党支部6个，举办现场观摩，持续提升党支部标准化建设水平。教育管理方面，认真落实“三会一课”、主题党日、谈心谈话等制度，召开党史学习教育专题民主生活会、基层党组织专题组织生活会和民主评议党员，确保组织生活规范有序。按照2022年发展党员计划完成69名党员发展工作。举办“两优一先”表彰大会，发挥示范带头作用。依托中国铁建党务系统开展党费、党组织关系管理等日常工作，以“创岗建区”为抓手推动党员创先争优，不断夯实党员教育管理基础工作。党建融合方面，全面贯彻落实集团《关于深化“创岗建区”活动的通知》，围绕改革发展、生产经营、科技创新等方面开展“创岗建区”、劳动竞赛、青年突击队等活动，充分发挥党支部的战斗堡垒作用和党员的先锋模范作用。以党建共建为纽带，积极参与湘江新区（岳麓区）、学士街道区域化党建共建，1个党建融合案例被评选为中施企协工程建设企业党建优秀案例，打造中铁城建党建融合品牌。

宣传思想工作。深入学习习近平新时代中国特色社会主义思想和党的十九届六中全会、党的二十大精神，全年开展集中学习10次，其中专题研讨5次，编发《理论学习资料参考》10期。收集整理两级党委中心组成员优秀政研论文暨学习贯彻党的二十大精神的专题论文70余篇，汇编成《学思践悟》（第7期）。严格落实意识形态工作责任制，每半年专题研究一次意识形态工作尤其是网络意识形态工作。加强舆情监测分析和处置工作，编发《舆情信息管控参考》4期。在国内外各类媒体刊（播）各类新闻3700余篇，微视频《“中”意有你，“柬”单爱》入围第四届“一带一路”百国印记短视频大赛。以“3·18”文化艺术节为载体，开展升旗仪式、Logo设计大赛、主题征文等文化活动。在官方平台开辟“文化论坛”“文化故事”“文化大家谈”等专栏，加大文化宣贯力度。贯彻落实《中国共产党统一战线条例》，构建全方位、多层次、广覆盖的统一战线信息网络，抓好统一战线和反邪教保稳定工作，确保企业平安可控。

纪检工作。深入学习贯彻党的二十大精神，聚焦中心任务，坚守政治底色，推进改革创新，强力正风肃纪，坚决惩治腐败，全集团党风廉政建设和反腐败工作开创新局面、取得新成效。聚焦喜迎党的二十大，强化政治监督，督促集团两级党委维护稳定政治环境，为党的二十大胜利召开创造稳定祥和的企业环境；印发《关于加强学习宣传贯彻落实党的二十大精神监督的通知》；监督责任不断得到加强，集团公司纪委切实履行监督责任，加强组织协调和督查问责，制定并印发《中铁城建集团有限公司纪委与党委会商报告工作暂行办法》，协助并督促党委落实全面从严治党政治责任。坚持“监督的再监督”定位，召开总部党风廉政建设和反腐败工作协调小组会，督促履行“一岗双责”，促进大监督发挥合力。抓住“关键少数”，集团两级党委和纪委书记对所属单位“一把手”开展专项谈心谈话，指出存在问题和努力方向，督促落实“两个责任”，两级开展谈话186场次，谈话覆盖1997人次，其中对“一把手”谈话640人次。持续狠抓中央八项规定精神贯彻落实，坚决纠治“四风”，在节日期间下发通知，派出35个检查组，对75个项目“四风”情况、疫情防控情况等进行监督抽查，严防“四风”反弹，持续释放执纪必严的强烈信号。开展违规收送红包礼金问题专项整治，印发《关于开展领导干部违规收送红包礼金问题整治的通知》，1722名党员领导干部提交拒收礼品礼金承诺书。坚持以“零容忍”态度惩治腐败，全年两级纪委受理问题线索24件（初步核实22件，直接提醒谈话结1件，函询1件）；结14件，初核中4件，转立案6件，结案6件，给予党纪政务处分9人次。精准运用“四种形态”惩防结合、标本兼治，其中运用第一种形态处置12人次（提醒谈话10人、诫勉谈话2人），占比57%；运用第二种形态处置6人次（党纪处分2人，政务处分4人），占比29%；运用第三种形态处置3人次（党纪处分1人，政务处分2人，含双重处分1人），占比14%。完善党风廉政制度和机制建设，制定出台《处置诬告陷害恶意举报行为，为党员干部澄清正名的实施办法（试行）》，为敢担当的干部担当；坚持案件查办“一案一总结、一案一剖析、一案一警示、一案一建议”，切实增强以案促改、以案促治的针对性和实效性；发出5份纪委工作建议书，有效促进问题整改。持续推进集团所属单位纪检体制建设，印发《关于进一步明确专业公司和直属单位纪检机构职责权限的通知》，进一步明确专业公司纪检机构职权。廉洁文化建设。开展以“责任重于能力、自律胜于他律”为主题的廉洁文化宣传教育月系列活动，两级纪委组织廉洁主题演讲9场次，组织项目经理谈廉洁76场次覆盖2378人次；开展知识竞赛13场参与1899人次，举办廉洁书画展3场次；组织观看警示教育片覆盖3746人次，营造浓厚的廉洁文化氛围。扎实开展廉洁短信征集大赛，收集参赛作品300余条，评选出一等奖、二等奖、三等奖作品45条，集团公司纪委获中国铁建优秀组织奖，4人获股份公司表彰。纪检宣传方面，两级纪委在中国铁道建筑报、股份公司官网等媒体平台刊发纪检相关稿件10篇。纪检干部队伍建设迈出坚实步伐，印发《关于加强工程项目纪检监督的实施办法（试行）》，集团107个项目设立纪检小组或党风政风监督员，配备工程项目纪检工作人员233人；持续开展纪检干部培训，全年举办“人人上讲台”4期，培训134人次。

纪律审查工作。全集团处置问题线索21件次，初核19件次，谈话函询1件次，立案8件，结案6件，给予党纪政务处分8人，诫勉谈话4人，谈话提醒10人。集团纪委本级处置问题线索4件，初核3件，立案1件，结案1件，给予党纪政务处分1人。

工会工作。深入开展劳动竞赛。在重点项目召开劳动竞赛动员大会，优化年度考核办法，定期通报竞赛情况，助力集团生产经营目标全面实现。5个集体、6名个人获省市级劳动竞赛表彰。开展“我为劳动竞赛献计策”活动，评选表彰劳动竞赛“金点子”10条，凝聚基层智慧。多维推动劳动保护。开展“安康杯”竞赛活动，突出安全监督和安全比武，评比表彰优秀工会安全监督检查员，充分发挥职工群众在安全风险防控和安全文化建设中的主体作用。两级工会参与组织安全培训160余场次、安全应急演练180余次、观看安全教育片280余场，覆盖职工群众15000余人次。授牌成立总承包分公司张鑫全、集团总部胡明文两家工作室，集团公司劳模创新工作室增至7家。开展“巾帼杯”女职工岗位练兵活动，“精专业、强技能、展作为”的氛围愈加浓厚，城市运营公司会务接待组获湖南省总工会“芙蓉标兵岗”称号。

共青团委工作。（团工委）8个，青工委1个，直属团支部3个，基层团支部（团总支）192个，专兼职团干部206人。以学习党的二十大精神为主线，以庆祝建团100周年为契机，聚焦“项目管理年”目标任务，深入开展“喜迎（学习）二十大、永远跟党走、奋进新征程”主题教育实践活动，各项工作稳步有序推进。集团团委紧扣“项目管理年”主题，立足青年岗位建功，把牢“号手岗队”青年工作抓手。在重难点工程成立青年突击队。围绕“项目管理年”主题和施工生产的形势任务，持续开展争创青年文明号、争当青年安全生产先进个人、签订安全生产责任状，“安全生产、青年当先”的责任意识更加浓厚。持续深化“导师带徒”“融入企业、立志成才”迎新系列活动，对500多名大学毕业生，全覆盖导师带徒。在重点工程项目部推广建设10家青年创新工作室，一批优秀的专利、工法、课题在工作室里诞生。集团公司团委被评为中央企业五四红旗团委、省直“五型”团组织标准化建设规范团（青）组织。集团6个先进集体和6名个人获股份公司表彰，集团本级表彰25个先进集体、40名先进个人，激发青年学先进、比先进、争先进的热情。

（唐中军　周　瑾　杨　曦）

【第一工程有限公司】 拥有建筑工程施工总承包特级，工程设计建筑行业、建筑装饰工程设计专项甲级，建筑幕墙工程设计专项乙级，市政公用、机电工程施工总承包二级，钢结构、地基基础、建筑机电安装、建筑幕墙、消防设施、建筑装修装饰工程专业承包一级，起重设备安装工程专业承包二级资质。驻山西省太原市迎泽西大街169号。执行董事、党委书记林其涛，总经理、党委副书记张蒙。职工1502人。资产总额144.35亿元。其中，固定资产净值1.71亿元，流动资产108.61亿元。机械设备917台。设备原值7406.74万元、净值3559.70万元，总功率33392.58千瓦，资产增长率50.71%，成新率48.06%，技术装备率2.37万元/人，动力装备率22.26千瓦/人。年施工生产能力120亿元以上。

2022年，承揽任务196.5751亿元，施工产值125亿元，净利润4.44亿元。国有资产保值增值率118.09%。

（马会会）

【第二工程有限公司】 拥有建筑工程施工总承包一级，铁路工程施工总承包三级，消防设施工程专业、建筑机电安装工程专业、环保工程专业承包一级等专业施工资质。驻广东省广州市南沙区黄阁镇华飞街2号。党委书记、执行董事李靖滨，总经理李广平。职工706人。资产总额42.70亿元。其中，固定资产净值0.68亿元，流动资产31.99亿元，无形资产（土地使用权）0.03亿元，递延所得税资产0.16亿元。机械运输设备187台（套）。设备原值946.55万元、净值257.58万元，资产增长率9.63%，技术装备率0.36万元/人，动力装备率6.69千瓦/人，综合机械化施工程度80%以上。年施工生产能力近50亿元。

2022 年，承揽任务 89.31 亿元，施工产值 44.32 亿元，营业收入 40.87 亿元。净利润 5945.25 万元。国有资产保值增值率 115.39%。（唐　亮）

【第三工程有限公司】 拥有建筑、市政公用工程施工总承包一级，建筑装修装饰、消防设施、建筑机电安装工程专业承包一级，防水防腐保温工程专业承包二级，地基基础、城市及道路照明、环保、机电工程施工总承包三级资质。驻天津市滨海新区海洋高新区桂海路 21 号。党委书记、执行董事田玉江，总经理王建会。职工 954 人。资产总额 44.86 亿元。其中，固定资产原值 17.52 亿元、净值 11.53 亿元，流动资产 33.9 亿元，货币资金 1.83 亿元。机械运输设备 244 台（套）。设备原值 1668.57 万元、净值 309.14 万元，总功率 8093.15 千瓦，动力装备率 7.99 千瓦/人，技术装备率 0.31 万元/人，设备完好率 67%、利用率 73%。年施工生产能力 35 亿元以上。

2022 年，承揽任务 99.44 亿元，施工产值 23.52 亿元，营业收入 21.71 亿元，净利润 8013 万元。

（滕扬扬）

【北京工程有限公司】 拥有建筑、机电工程施工总承包一级，建筑装修装饰工程专业承包一级，桥梁、机场场道工程专业承包二级，铁路、市政公用工程施工总承包三级，建筑机电安装、环保工程专业承包三级资质。驻北京市朝阳区五里桥一街 1 号院 21 号楼。党委书记、执行董事安道尧，总经理、党委副书记刘玉伟。职工 730 人。资产总额 39.1 亿元。其中，固定资产原值 1.36 亿万元、净值 7355.30 万元，流动资产 288998.18 万元，其他资产 94728.09 万元。机械设备 242 台（套）。设备原值 2541.98 万元、净值 416.46 万元，资产增长率 0.62%，成新率 16.38%，技术装备率 0.57 万元/人，动力装备率 12.47 千瓦/人。

2022 年，承揽任务 81.84 亿元，施工产值 29.53 亿元，营业收入 27.36 亿元，利润 5579 万元，应上缴款完成率 100%。（王　磊）

【南昌建设有限公司】 拥有建筑工程施工总承包一级，铁路、机电、公路工程施工总承包二级，钢结构、建筑装修装饰、隧道、桥梁工程专业承包一级资质。驻江西省南昌市二七南路 116 号。党委书记、执行董事张海林，总经理、党委副书记张剑强。职工 688 人。资产总额 363292.44 万元。其中，固定资产原值 6873.26 万元、净值 1483.21 万元，流动资产 216890.78 万元。机械设备 102 台（套）。设备原值 1607.09 万元、净值 262.86 万元，技术装备率 0.38 万元/人，动力装备率 7.77 千瓦/人。年施工生产能力 35 亿元以上。

2022 年，承揽任务 70.69 亿元，施工产值 31.69 亿元，营业收入 29.29 亿元，利润 8071.51 万元，净利润 8492 万元。（魏义巍）

【房地产开发有限公司】 营业范围为房地产开发、销售，物业管理。2014 年 9 月 2 日成立。注册资本金 20000 万元。驻湖南省长沙市岳麓区 695 号。党总支副书记（主持工作）、总经理屈明勇。职工 51 人。

2022 年，资产总额 46.14 亿元，营业收入 9.18 亿元，净利润 8356.87 万元，销售额 10.93 亿元，销售回款 7.15 亿元，经营性现金净流量 1.44 亿元。

（颜　灿）

【物资有限公司】 驻广州市南沙区黄阁镇蕉门村蕉门路 8 号。注册资本金 1 亿元。执行董事李世平，职工 11 人。资产总额 20584.78 万元。

2022 年，新签合同 51893.58 万元，营业收入 22110.18 万元，净利润 29.90 万元。（宋　彬）

【城市运营有限公司】 拥有清洁企业一级，市政环境清洁维护服务企业甲级，物业服务诚信二级，高空外墙清洗服务企业一级资质。注册资本金 5000 万元。驻湖南省长沙市岳麓区学士街道含浦中路 785 号。党支部书记、副总经理（主持工作）刘云峰。职工 14 人。

2022 年，营业收入 6153.45 万元，净利润 276.75 万元。外部市场新签合同额 1.65 亿元。（丁　纯）

【建筑科技有限公司】 拥有钢结构承包一级，施工劳务资质。注册资本金 2 亿元。驻湖南省湘潭经开区东风路 31 号创新创业中心。法定代表人刘德辉。职工 43 人。资产总额 2.22 亿元。

2022 年，营业收入 2204.43 万元，净利润 11.59 万元。（王　刚）

【总承包分公司】 驻湖南省长沙市岳麓区洋湖路 695 号。党委书记、总经理尹玉平。职工 344 人。资产总额 20.25 亿元。其中，固定资产净值 1593.25 万元，无形资产 30.43 万元，流动资产 14.69 亿元。机械设备 37 台（套）。设备原值 213.37 万元、净值 59.54 万元，资产增长率 13.56%，成新率 27.91%，技术装备率 0.18 万元/人，动力装备率 5.16 千瓦/人。

2022年,承揽任务38.76亿元,总产值20亿元,净利润6470万元。产值利润率3.24%,应上缴款完成率100%。（郎学陆）

【投资分公司】 驻湖南省长沙市岳麓区洋湖路695号。党总支书记、总经理宾奇标。职工58人。

2022年,营业收入88242.92万元,利润25184.6万元,经营性现金净流量15157.8万元,利润率28.54%。（朱斌城）

中国铁建投资集团有限公司

【简况】 2011年5月在北京成立。注册资本金120.67亿元。为中国铁建控股子公司,中国铁建占股87.34%。内设部门18个,所属二级控股公司49个,工程总包部108个,三级控股公司7个。

2022年,新签合同额1753.14亿元,投资项目15个;完成投资总额803.22亿元;累计完成投资额3946.83亿元;资产总额1583.66亿元,负债总额1213.60亿元,有息负债(含永续债、京承)总额936.57亿元,所有者权益370.06亿元,实现净利润32.56亿元,资产负债率76.63%。全员年平均工资收入24.75万元。重庆轨道交通环线获国际咨询工程师联合会2022年度菲迪克工程项目奖年度杰出工程奖;珠海铁建大厦获2022—2023年度第一批国家优质工程奖;高东、张扁、京新3个高速项目获股份公司2022年度铁建杯优质工程奖。（韩烈慧楼　王文文　郑雅文）

【领导人员】

董事会

董事长	高治双
董事	李卫华
职工董事	张　捷

监事会

监事会主席	宋旭东
监事	高慧蔷
职工监事	黄锋昌

经理层

总经理	李卫华
执行总经理	刘虎军(7月免)
副总经理	张　捷
	戴保民
	刘宇栋
	许玉和
	杨晓华
	李寿福(10月免)
	高志明
总会计师	刘宇栋
总工程师	杨晓华

党群领导

党委书记	高治双
党委副书记	李卫华
	张　捷(3月任)
纪委书记	宋旭东
工会主席	张　捷(3月任)

（林　毅）

【职工队伍】 职工2153人。其中,博士研究生16人、硕士研究生398人、本科1420人、大专及以下319人;30岁及以下438人,31～40岁1073人,41～50岁486人,50岁以上156人;正高级职称55人,高级职称674人,中级职称540人,初级及以下(含无职称)884人。（于　鑫）

【区域指挥部及所属公司】 中国铁建投资集团有限公司重庆分公司　驻重庆市渝北区。执行董事、总经理王成。

中国铁建投资集团有限公司山东分公司　驻山东省济南市。执行董事、总经理牛之印。

中国铁建投资集团有限公司北京分公司(华北指挥部)　驻北京市丰台区。执行董事、总经理冯鹏。

中国铁建投资集团有限公司西北指挥部　驻陕西省西安市。指挥长梁月胜。

中国铁建投资集团有限公司华中指挥部　驻江苏省南京市。指挥长王亚伟。

中国铁建投资集团有限公司中原指挥部　驻河南省郑州市。指挥长赵守仁。

中国铁建投资集团有限公司东北指挥部　驻吉林省长春市。指挥长余颂。

中国铁建投资集团有限公司华东指挥部　驻浙江省杭州市。指挥长周延武。

中国铁建投资集团有限公司华南指挥部　驻广州市番禺区。指挥长张其浪。

中铁建南方投资有限公司　驻天津市东丽开发区。执行董事、党委副书记马南飞。

中铁建公路运营有限公司　驻珠海市横琴新区。执行董事高志明。

中铁建苏州设计研究院有限公司　驻苏州市姑苏区。董事长魏佳北。

中铁建恒诚实业有限公司　驻珠海市横琴新区。总经理、党委副书记高俭坤。

中碳基础设施产业发展有限公司　驻北京市通州区。董事长李競。

中铁建甘肃投资建设有限公司　驻甘肃省兰州市。执行董事高志明。

中铁建桂林投资有限公司　驻广西壮族自治区桂林市。董事长任天生。

中铁建珠海投资开发有限公司　驻广东省珠海市。执行董事刘云彦。

中铁建四川筒蒲高速公路有限公司　驻四川省眉山市。执行董事吴英。

中铁建重庆轨道环线建设有限公司　驻重庆市渝北区。执行董事、总经理李新民，党工委书记钱耀峰。

中铁建贵州安紫高速公路有限公司　驻贵州省安顺市。执行董事、党委书记、总经理马涛。

中铁建青岛投资有限公司　驻山东省青岛市。执行董事、总经理林振华。

中铁建珠海西部开发投资有限公司　驻广东省珠海市。董事长、党工委书记、总经理刘云彦。

北京兴延高速公路有限公司　驻北京市昌平区。党委书记、董事长胡建强。

中铁建四川德都高速公路有限公司　驻四川省德阳市。董事长、党委书记童鹏。

中铁建四川德简高速公路有限公司　驻四川省德阳市。党委书记、董事长吴英。

中铁建桂林旅游开发有限公司　驻广西壮族自治区桂林市临桂区。党委副书记、副总经理黄河。

珠海铁建梧桐苑置业有限公司　驻广东省珠海市金湾区。执行董事葛继承。

中铁建湖南高速公路有限公司　驻湖南省常德市武陵区鼎沣财富广场10楼。党委书记、董事长耿杰。

中铁建南京新市镇开发有限公司　驻江苏省南京市江宁区。董事长张银川。

中铁建万方张家口房地产开发有限公司　驻河北省张家口市。董事长、党委书记范彬。

中铁建置地有限公司　驻北京市丰台区。董事长刘思维。

中铁建科江门人才岛投资有限公司　驻广东省江门市蓬江区。董事长、党委书记林金耐。

中铁建投珠海城市开发有限公司　驻广东省珠海市。董事长戴和平。

张家口铁建城房地产开发有限公司　驻河北省张家口市。董事长樊尊合。

珠海西部铁建城开发有限公司　驻广东省珠海市。执行董事葛继承。

中铁建河南兰原高速公路有限公司　驻河南省新乡市。董事长郝文洲。

中铁建投悦居有限公司　驻北京市丰台区。董事长刘思维。

铁建高速中油（四川）能源有限公司　驻成都市双流区。董事长吴英。

中铁建投广西南玉珠高速公路有限公司　驻广西壮族自治区玉林市。董事长顾垒。

珠海铁建花园置业有限公司　驻广东省珠海市金湾区。董事长葛继承。

中铁建投（广州）发展有限公司　驻广东省广州市。董事长王勇。

中铁建投城市开发建设有限公司　驻北京市丰台区。董事长刘思维。

中铁建投广西鱼宜高速公路有限公司　驻广西壮族自治区柳州市。董事长董国祯。

中铁建投（宿州）城市发展有限公司　驻安徽省宿州市。董事长王华。

中铁建投宜昌投资开发有限公司　驻湖北省宜昌市。董事长许铁牛。

铁建高速中油（新疆）能源有限公司　驻新疆维吾尔自治区乌鲁木齐市。董事长冷斌。

中铁建投（阳江）环境综合治理有限公司　驻广东省阳江市。董事长张英杰。

中铁建投（海南）城市建设有限公司　驻海南省东方市。董事长张高海。

北京通达京承高速公路有限公司　驻北京市密云区。董事长胡建强。

中铁建投南阳城市开发有限公司　驻河南省南阳市卧龙区。董事长张方华。

中铁建投（潮州）环境综合治理有限公司　驻广东省潮州市。董事长王秀明。

中铁香港发展有限公司　驻香港九龙尖沙咀。执行董事刘宇栋。

珠海铁建大厦置业有限公司　驻广东省珠海市。执行董事张金明。

温州铁建城置业有限公司　驻浙江省温州市鹿城区。董事长王华。

中铁建投(青岛)城市开发建设有限公司　驻山东省青岛市。执行董事林振华。

中铁建投(青岛)建设发展有限公司　驻山东省青岛市。执行董事林振华。

中铁建投未来城(珠海)置业有限公司　驻广东省珠海市。董事长葛继承。

中铁建投(天津)城市发展有限公司　驻天津市东丽区。执行董事朱永飞。

中铁建投江湾(杭州富阳)建设发展有限公司　驻浙江省杭州市。执行董事朱永飞。

(韩烈慧楼　王　璐)

【资本运营项目】　投资项目162个,总投资规模12772亿元。其中,高速公路项目38个,投资规模3848.58亿元,占30.13%;轨道交通及其他29个,投资规模1541.04亿元,占12.07%;城市综合开发项目66个,投资规模6764.33亿元,占52.96%;房地产开发项目18个,投资规模573.15亿元,占4.49%;股权投资项目11个,合同额45.3亿元,占0.35%。

(郑雅文)

【经营管理】　基础设施投资经营。2022年,经营承揽中标项目15个,新签合同额858.02亿元,其中,新建铁路杭州经绍兴至台州线温岭至玉环段PPP项目35.75亿元;盐城黄沙港国家中心渔港项目61.34亿元;德上高速公路临清高速连接线工程PPP项目24.45亿元;赤峰至绥中高速公路(G 4515)凌源(蒙辽界)至绥中段PPP项目242亿元;潮州市潮安区乡村振兴与人居环境综合提升项目69.39亿元;S26纳日松至兰家梁段高速公路项目91.21亿元;S37乌海至宁东(蒙宁界)高速公路工程乌海至上海庙段BOT项目79.85亿元;保定市职教园区基础设施建设项目EPC工程总承包1.43亿元;保定市城中村改造安置区(二期)供水、供热等配套基础设施建设项目工程总承包8.38亿元;东阿至阳谷高速公路PPP项目79.11亿元;河北省保定技师学院中德(保定)工业4.0智能制造公共实训基地EPC工程总承包7.49亿元;保定市职业技术教育中心新校区项目EPC工程总承包4.22亿元;保定市文体新城及配套基础设施工程建设项目保定市体育中心项目(一期)工程总承包17.68亿元;临沂至东海(鲁苏界)高速公路项目134.5亿元;2022年度揭阳市揭西县垦造水田项目1.22亿元。

城市开发投资经营。2022年,经营承揽中标项目9个,新签合同额863.87亿元。其中,东方市滨海片区棚户区改造(AB区)项目66.27亿元;瓯江口国际生态智创城品质提升(一期)项目91.10亿元;南阳市宛城区胡寨片区及汉城河片区城市更新项目81.81亿元;保定市城市更新－竞秀区、莲池区城中村改造项目五标段(二次)47.43亿元;西安渼陂湖水系生态文化旅游区(EOD)综合开发项目128.8亿元;湘潭经开区新能源汽车产业园项目78.41亿元;兴化市东部未来城(一期)片区合作开发项目122.77亿元;郑州市二七区土地一级开发及安置房建设项目80.01亿元;保定市城市更新－竞秀区、莲池区城中村改造项目四期167.27亿元。

房地产项目销售。2022年,房地产项目10个,销售回款31.04亿元。其中,珠海铁建大厦项目1.41亿元;中国铁建花园项目1696万元;温州鹿城德政项目12.56亿元;珠海湖心公馆项目7041万元;青岛铁建广场项目2.57亿元;珠海未来城项目684万元;津丽(挂)2021－06号宗地项目6亿元;张家口益书苑项目4053万元;北京市丰台区长辛店镇太子峪村集体土地租赁住房项目7.08亿元;杭州晴萃府项目600万元。

新兴业务板块经营开发。2022年,经营承揽中标项目1个,为中碳基础设施产业发展有限公司碳治理咨询服务项目,新签合同额198万元。

苏州设计院经营开发。2022年,对外经营承揽中标项目共计28个,新签合同额1995万元。

股权投资经营。2022年,中企云链净利润4226.7万元,国任财产保险净利润1.01亿元,新疆银行净利润3.81亿元,黄河财险净利润164.49万元。

企业管理。2022年是投资集团"十四五"规划全面实施的关键之年,也是国企改革三年行动冲刺攻坚的收官之年。集团紧紧围绕贯彻落实年度工作会议精神,强化战略引领和政策研究,推动"十四五"规划落地落实,扎实推进课题研究,深入实施改革三年行动,持续优化投资结构,加强机构编制管理,提升风险防控水平,为投资集团高质量发展、打造行业一流的综合型投资运营集团提供坚实保障。9月,在全集团范围内召开"十四五"规划宣贯会;撰写集团《整体发展思路框架材料》《2022年行业发展趋势分析报告》《投资参考》,参与"中国铁建碳达峰碳中和实施方案"课题,牵头开展股份公司"中国铁建投资布局与持有资产运营管理研究";布局新兴产业成立中碳基础设施公司、制定公路运营市场化改革方案、坚持专业发展推进专业公司建设，恒诚公司首次入选股份公司三级公司20强；优化总部机构设置，成立新兴产业事业部、运营资产管理中心；强化风险防控，加快构建“大风控”体系，在股份公司2021年内控评价考核工作中，集团公司位列非工程板块第五；关注资质政策，三级公司的专业优势和竞争优势，2022年3月恒诚公司顺利取得房地产开发二级资质。

财务管理。集团公司资产总额1583.66亿元，负债总额1213.60亿元，有息负债（含永续债、京承）总额936.57亿元，所有者权益370.06亿元，全年实现净利润32.56亿元，资产负债率76.63%。关注宏观经济和资金市场变化，重新议价对存量债务进行置换。集团本级年降低融资费用2925万元，在建项目年降低资金成本3.3亿元，存续期预计节约资金成本66亿元。通过公司债券转售业务年降低融资费用632万元，存续期可节约资金成本1960万元。可续期公司债券发行成本降低年节约资金成本4380万元，存续期可节约成本1.46亿元。以表外公司认购项目契约型基金形式投放10.83亿元股权资金，较市场股权融资年节约1.3亿元资金成本。通过资金池调剂资金58.8亿元，累计调剂资金98.8亿元，从项目反向调剂资金33.9亿元，节约资金成本3.6亿元。云信累计交易金额207.7亿元，使用云信替代现金支付，节约融资成本约2.5亿元。全年增值税留抵退税48.15亿元，累计退税金额61亿元，利用统贷统还、西部大开发、三免三减半所得税优惠、科研经费企业所得税加计扣除、税款缓交等方式节税9029万元，税务创效1.8亿元。全集团授信总额3341亿元，新增调增授信530亿元，保持稳定增长势头。连续9年保持中诚信国际信用评级AAA级。

监察审计。2022年，完成审计项目23项，审计单位45家，其中集团公司完成14项，南方公司完成6项，运营公司完成3项，100%完成年度审计计划。制定印发《内部审计质量控制办法》《内部审计人员职业道德与职业纪律规范》《内部审计人员后续教育管理办法》《审计档案管理办法》等审计配套相关制度。

法律事务。2022年，出具法律意见765份，其中出具经济合同评审意见376份，规章制度法律意见书74份，重大决策法律意见书75份，审核授权委托书240份，保持四项审核率100%，印发《2022年合规风险评估工作方案》并按时完成合规风险评估工作。

安全质量管理。紧扣“零死亡、零事故”目标，抓实国务院安委办十五条硬措施、国务院国资委五个必须和中国铁建十个坚决各项要求，坚持统筹发展和安全，着力推进专项整治三年行动和安全生产提升年行动，安全生产形势持续稳定，集团公司连续3年被中国铁建评为安全工作优秀单位。

（荆　凯　张　森　姜海东）

【党群工作】 领导班子建设。强化理论武装，坚持“第一议题”制度，深入学习贯彻党的二十大、习近平总书记系列重要讲话，党中央、国务院国资委重大决策部署以及中国铁建重要会议精神，组织开展集中学习11次。召开集团第二次党代会，选举产生第二届党的委员会和纪律检查委员会。完善党组织发挥领导作用体制机制，两次修订完善“三重一大”决策事项清单，督导各级完善党组织议事规则和重大事项决策制度。召开9次党委常委会，研究决策事项78项，其中研究党建工作事项34项，前置研究企业重大经营管理事项28项。

党组织建设。全面压实党建主体责任，对所属40家党组织开展党建工作考评，连续7年进行党组织书记抓党建工作述职评议考核。持续加强基层组织建设，严格按照“四同步”要求，新成立党组织6个，调整优化基层党组织2个。积极开展党员教育培训，组织607人次参加股份公司、集团公司两级培训学习。组织开展党建共建调研，总结党建共建开展工作经验和典型做法，促进党建与生产经营有效融合。推进党建标准化规范化建设，山东小清河公司第一党支部获评第三批中国铁建示范党支部。

宣传文化工作。制定学习宣传贯彻党的二十大精神工作方案，突出“大学习”“大宣讲”“大宣传”“大交流”“大调研”的自身特色。以服务国家重大战略活动、重大工程节点为抓手，广泛开展内外宣传，兴延高速保障冬奥会10余次登上央视；京新高速通车获评“2021年度国企好新闻”；兴延高速保障北京冬奥获中央企业故事大赛优秀奖；银昆高速获评全国公路重大工程新闻宣传“十佳项目”。全年在央视、新华社等中央媒体及部分省级主要媒体刊稿92篇，在股份公司媒体发稿154篇，集团公司自有媒体发稿568篇，连续4年获评中国铁建新媒体建设先进单位。编制印发集团公司“十四五”企业文化建设规划和品牌管理方案。对照中国铁建新时代文化品牌建设要求对全集团视觉标识进行集中更新，持续推进“铁建高速”特色子品牌建设，再添两项“中国路姐”荣誉。

纪检监察。队伍建设。新设5家纪检机构，调整或任命所属单位纪检组织书记、纪检委员22人次。制度建设。印发《关于严格落实全面从严治党“一岗双责”纪实制度的通知》，深入推行“一岗双责”纪实制度，严格执行党委书记、纪委书记约谈下级“一把手”谈话制度，累计约谈所属单位“一把手”158人次。组织年内新入职和发生岗位变动人员签订《勤廉从业承诺书》。指导督促所属各单位与参建单位签订《工程建设项目廉政共建协议书》。指导新成立单位编制《廉洁风险防控手册》，继续印发《所属单位纪检（巡察）工作清单》。廉洁教育。组织开展集中警示教育，召开中层干部廉政党课暨集中警示教育大会，实现集中警示教育全覆盖。扎实开展“反腐倡廉宣传教育月”活动，深入开展廉洁短信征集、“学先进、做榜样”等6项具体活动，讲授主题党课和邀请专家授课76场次，发布廉洁警句1309条，观看警示教育片121场次。深入推进“每月一课”廉洁从业教育活动，累计开展700余场次形式多样的廉洁从业教育。持续强化从业规范教育，不定期发布中央及上级最新精神、最新要求和典型案例通报，在全面从严治党“两个责任”促进会上通报党委巡察、执纪审查情况，督促各级党员领导干部时刻自警自省。监督执纪。严肃执纪问责，全年受理问题线索19件，处置率100%，其中因重复举报或无实质性内容直接结3件、谈话函询6件、转专业公司纪委办理6件、初核4件，转立案审查1件，给予党内警告处分1人，诫勉谈话1人，提醒谈话2人。加强以案促改，对查处的典型案例在全集团通报，深入剖析案例、总结问题根源、堵塞管理漏洞。运用“四种形态”，严格按照规定程序开展核查工作，始终将“三个区分开来”贯穿执纪审查全过程。内部巡察。扎实开展股份公司巡视反馈问题整改，高质量完成股份公司党委巡视组反馈的3个违规挂靠专项巡视问题和五大类13个方面36个常规巡视问题整改。扎实开展内部巡察，对所属16家单位开展两轮巡察。扎实开展巡察整改督查，对山西公司等4家单位党组织巡察反馈问题整改情况开展现场督查，推动落实整改责任。纪律审查。严肃执纪问责，全年处置问题线索12件，处置率100%，其中初核6件，转立案审查1件，给予党内严重警告1人、诫勉谈话2人、提醒谈话1人，给予1名劳务派遣人员不承认党员身份、退回劳务派遣公司处理。严格审查程序，强化对监督执纪“四种形态”的运用，始终将“三个区分开来”贯穿执纪审查全过程，做到区别对待。强化以案说纪，对查处的典型案例在全集团进行通报，深化治震慑、惩戒挽救、教育警醒的综合功效。

工会工作。召开二届一次职代会，选举产生第二届职代会职工代表。召开二届一次职代会第一次联席会议，选举产生第三届董事会职工董事和第三届监事会职工监事。召开工会一届六次全委会，增替补工会第一届委员会委员，选举工会第一届委员会常委、主席、副主席。积极推进职工创新创效工作开展，命名6家单位创新工作室为第一批“铁建投资劳模（先进职工）创新工作室”。积极开展创先争优，1人获中华全国铁路总工会“火车头奖章”荣誉。11月，选派选手参加第十三届全国交通运输行业职业技能大赛，分别获“公路收费及监控员”项目团体第四名、第六名，3名选手获“全国交通技术能手”称号，集团公司获贡献单位奖，公路运营公司获优秀组织奖。组织开展对冬奥保障等重点项目、大干项目、艰苦一线员工“冬送温暖、夏送清凉”慰问活动，深入16家单位慰问职工1763人，所属单位工会慰问职工6566人次，累计投入资金170.42万元。

共青团工作。开展“号手岗队”创建以及“两红两优”评选，所属桂林公司八角寨收费站团支部获“全国五四红旗团支部”称号；2个团队获股份公司“青年文明号”、1个团组织获股份公司“五四红旗团委”、1个团组织获股份公司“五四红旗团支部”、2名青年获股份公司“青年岗位能手”、1名团员获股份公司“优秀共青团员”、1名团干部获股份公司“优秀共青团干部”称号；4个团队获集团公司“青年文明号”、2个团组织获集团公司“五四红旗团委”、5个团组织获集团公司“五四红旗团支部”、14人获集团公司“青年岗位能手”、9人获集团公司“优秀共青团干部”、12人获集团公司“优秀共青团员”称号。集团公司团委组织开展青年精神素养提升工程，完成2021年“青马班”全部培训计划。（张晓新　张　诚　郑俊霞）

【中铁建南方投资有限公司】 2013年7月成立，注册资本金0.5亿元。

2022年，完成投资322.6亿元，开工累计完成投资1062.79亿元。（郝正荣）

【中铁建公路运营有限公司】 2018年12月成立，注册资本金1亿元。运营管理19条高速公路，其中投资集团17条、系统内托管2条，收费里程1994千米，资产规模1676亿元。

2022年，运营收入48.51亿元，通行费收入43.13亿元，路域开发收入1.5亿元，能源收入3.88亿元。

（高　倩）

【中铁建苏州设计研究院有限公司】 2018年5月成立，注册资本金0.2亿元。

2022 年，签订合同额 29.51 亿元，营业收入 7.08 亿元。 （王上啸）

【中铁建恒诚实业有限公司】 2020 年 10 月成立，注册资本金 4.9 亿元。

2022 年，完成投资 85.36 亿元，开工累计完成投资 358.74 亿元。 （康 旭）

【中国铁建投资集团有限公司东北指挥部】 经营范围为黑龙江、吉林、辽宁、内蒙古三省一区。2018 年 5 月成立。

2022 年，中标项目 3 个，完成承揽任务 424 亿元。 （田 祥）

【中国铁建投资集团有限公司华中指挥部】 经营范围为江苏、安徽、湖南、湖北四省。2017 年 3 月成立。

2022 年，中标项目 3 个，完成承揽任务 262.52 亿元。 （李丽品）

【中国铁建投资集团有限公司华北指挥部】 经营范围为北京、天津、河北一省两市。2018 年 12 月成立。

2022 年，中标项目 10 个，完成承揽任务 267.38 亿元。 （赵秋华）

【中国铁建投资集团有限公司中原指挥部】 经营范围为河南、山西两省。2018 年 12 月成立。

2022 年，中标项目 2 个，完成承揽任务 161.82 亿元。 （王焕熙）

【中国铁建投资集团有限公司西北指挥部】 经营范围为陕西、甘肃、青海、宁夏、新疆三省两区。2017 年 3 月成立。

2022 年，中标项目 1 个，完成承揽任务 161 亿元。 （李 伟）

【中国铁建投资集团有限公司西南指挥部】 经营范围为四川、重庆、云南、贵州、西藏三省一区一市。2019 年 1 月成立。 （钱中源）

【中国铁建投资集团有限公司华东指挥部】 经营范围为上海、浙江、江西、福建三省一市。2018 年 12 月成立。

2022 年，中标项目 1 个，完成承揽任务 101.22 亿元。 （颜家骥）

【中国铁建投资集团有限公司华南指挥部】 经营范围为广东、广西及海南三省。2018 年 12 月成立。

2022 年，中标项目 2 个，完成承揽任务 140.16 亿元。 （张 僮）

【中国铁建投资集团有限公司山东分公司】 2017 年 4 月成立。

2022 年，中标项目 3 个，完成承揽任务 238.06 亿元。 （何 澎）

【北京通达京承高速公路有限公司】 注册资本金 2 亿元。2004 年 4 月成立。

2022 年，高速运营收入 35128 万元（税前），入口车流量 1578.55 万辆，出口车流量 1563.93 万辆，节假日减免通行费 2284.09 万元。 （刘周杨）

【中铁建山东京沪高速公路济乐有限公司】 2009 年 11 月成立。注册资本金 18.85 亿元。

2022 年，高速运营收入 57492.42 万元（税前），入口车流量 4102047 辆，出口车流量 4040576 辆，节假日减免通行费 2921.81 万元。 （刘 欣）

【中铁建桂林投资有限公司】 2013 年 3 月成立，注册资本 1 亿元。

2022 年，高速运营收入 9203 万元，入口车流量 728673 辆，出口车流量 735497 辆，节假日减免通行费 293.64 万元。 （赵苓希）

【青岛蓝色硅谷城际轨道交通有限公司】 2013 年 5 月成立，注册资本金 10 亿元。

2022 年，开工累计完成投资 140.67 亿元。 （赵映玲）

【中铁建山东德商高速公路有限公司】 2013 年 6 月成立，注册资本金 1 亿元。

2022 年，高速运营收入 28559 万元，入口车流量 126 万辆，出口车流量 130 万辆，节假日减免通行费 1005 万元。 （李 朔）

【中铁建山东济徐高速公路济鱼有限公司】 2013 年 6 月成立，注册资本金 1 亿元。

2022 年，高速运营收入 44047.29 万元，入口车流量 224.44 万辆，出口车流量 220.15 万辆，节假日减免通行费约 1829.11 万元。 （张诗语）

【中铁建四川简蒲高速有限公司】 2013年11月成立，注册资本金2亿元。

2022年，高速运营收入31279.43万元，入口车流量572703辆，出口车流量567335辆，节假日减免通行费956.29万元。 （尹 倩）

【中铁建重庆轨道环线建设有限公司】 2014年3月成立。

2022年，营业收入1.84亿元，利润总额-0.06亿元，实现回购12.16亿元，累计实现回购83.66亿元。开工累计完成投资83.65亿元，开工累计完成建安产值64.68亿元。 （徐 超）

【中铁建贵州安紫高速公路有限公司】 2014年5月成立，注册资本金6.3亿元。

2022年，高速运营收入7709.14万元，入口车流量115.73万辆，出口车流量117.47万辆，节假日减免通行费369.49万元。 （高 杰）

【北京兴延高速公路有限公司】 2015年11月成立，注册资本金66.82亿元。

2022年，高速运营收入12324.45万元，入口车流量1749638辆，出口车流量1849321辆，节假日减免通行费169.05万元。 （陈 泽）

【中铁建四川德都高速公路有限公司】 2015年11月成立，注册资本金1亿元。

2022年，高速运营收入3679.09万元，入口车流量4326958辆，出口车流量4199957辆，节假日减免通行费62.51万元。 （夏 先）

【中铁建四川德简高速公路有限公司】 2015年11月成立，注册资本金1亿元。

2022年，高速运营收入17797.91万元，入口车流量1520760辆，出口车流量1571128辆，节假日减免通行费1342.89万元。 （王 思）

【中铁建湖南高速公路有限公司】 2017年4月成立，注册资本金1亿元。

2022年，高速运营收入7046万元，入口车流量154.84万辆，出口车流量152.01万辆，节假日减免通行费508.33万元。 （王艺霖）

【中铁建陕西高速公路有限公司】 2017年7月成立，注册资本金6亿元。

2022年，高速运营收入9260万元，入口车流量748318辆，出口车流量713527辆，节假日减免通行费226.98万元。 （许雪莲）

【中铁建新疆京新高速公路有限公司】 2017年8月成立，注册资本金15亿元。

2022年，高速运营收入144021万元，入口车流量333.53万辆，出口车流量338.39万辆，节假日减免通行费370.42万元。 （李明文）

【扬州湾头玉器特色小镇有限公司】 2017年10月成立，注册资本金10亿元。

2022年，完成投资2.76亿元，开工累计完成投资19.18亿元。 （陈明星）

【中铁建山东高东高速公路有限公司】 2017年12月成立，注册资本金5亿元。

2022年，高速运营收入15078万元，入口车流量157万辆，出口车流量146万辆，节假日减免通行费1099万元。 （李 朔）

【中铁建甘肃张扁高速公路有限公司】 2018年5月成立，注册资本金1亿元。

2022年，高速运营收入3890.91万元，入口车流量334475辆，出口车流量280907辆，节假日减免通行费37.71万元。 （王青海）

【中铁建（渭南）澄韦高速公路有限公司】 2018年10月成立，注册资本金1亿元。

2022年，高速运营收入158.08万元，入口车流量43863辆，出口车流量50973辆，节假日减免通行费47.71万元。 （许雪莲）

【中铁建河南兰原高速公路有限公司】 2019年5月成立，注册资本金1000万元。

2022年，完成投资14.11亿元，开工累计完成投资38.64亿元。 （刘项莲）

【铁建高速中油（四川）能源有限公司】 2020年9月成立，注册资本金1亿元。

2022年，营业收入19575.34万元，利润总额7.07万元。 （韦 敏）

【中铁建投山西高速公路有限公司】 2019年12月成立。

2022年，完成投资218736亿元，开工累计完成投资598936亿元。（刘济纬）

【中铁建珠海投资开发有限公司】 2013年5月成立，注册资本金5亿元。

2022年，B片区累计完成投资41.36亿元；化债转为总承包模式后，B片区累计完成产值2.35亿元。

（周雪漫）

【珠海铁建大厦置业有限公司】 2014年1月成立。

2022年，完成投资1.12亿元，开工累计完成投资24.2亿元。（邹太钊）

【中铁建青岛投资有限公司】 2014年6月成立，注册资本金1亿元。

2022年，完成总部大道项目投资0.42亿元，开工累计完成投资10.11亿元。（孙　爽）

【中铁建珠海西部投资开发有限公司】 2014年10月成立，注册资本金1亿元。

2022年，A片区累计完成投资50.75亿元；化债转为总承包模式后，A片区累计完成产值4.12亿元。

（周雪漫）

【中铁建桂林旅游开发有限公司】 2016年3月成立。

2022年，完成投资11062万元。其中，含专用道路施工产值5800万元；开工累计完成投资23459万元。门票收入297万元。（杨莲凤）

【珠海铁建梧桐苑置业有限公司】 2017年1月成立。

2022年，完成投资0.93亿元，开工累计完成投资23.14亿元。（陈天云）

【中铁建南京新市镇开发有限公司】 2017年4月成立，注册资本金1亿元。

2022年，开工累计完成总投资34.28亿元，开工累计完成建安投资9.53亿元。（纪　臻）

【中铁建万方张家口房地产开发有限公司】 2017年11月成立。

2022年，完成投资429万元，开工累计完成投资15.5亿元；营业收入12万元，利润总额104万元。

（姚艳东）

【中铁建科江门人才岛投资有限公司】 2018年8月成立。

2022年，完成总投资0.89亿元，营业收入18867万元，利润总额147万元，净利润893万元。

（彭栩楠）

【珠海西部铁建城开发有限公司】 2019年3月成立。

2022年，完成投资2.84亿元，开工累计完成投资27.55亿元。（陈天云）

【唐山唐丰置业有限公司】 2019年7月成立，注册资本金1亿元。

2022年，完成投资29.41亿元。（王小东）

【中铁建投山东小清河开发有限公司】 2019年9月成立。

2022年，完成投资34.72亿元，开工累计完成投资118.69亿元。（傅智文）

【中铁建投（青岛）城市开发建设有限公司】 2019年10月成立。

2022年，完成投资5.5亿元，开工累计完成投资31.38亿元。（刘辰晓）

【中铁建投悦居有限公司】 2020年1月成立，注册资本金1亿元。

2022年，完成投资2.77亿元，开工累计完成投资5.27亿元。（苏爱华）

【中铁建投未来城（珠海）置业有限公司】 2020年2月成立。

2022年，完成投资2.74亿元，开工累计完成投资13.78亿元。（陈天云）

【中铁建投（廉江）开发建设有限公司】 2020年2月成立，注册资本2.41亿元。

2022年，开工累计完成投资10.64亿元。

（司徒春兰）

【中铁建投廊坊开发建设有限公司】 2020年2月成立，注册资本金1亿元。

2022 年,公司廊坊临空经济区起步区 11 个村街回迁安置区项目投资 15.17 亿元,累计完成 42.88 亿元。 (张基宇)

【中铁建投山东泰东高速公路有限公司】 2020 年 2 月成立。

2022 年,完成投资 7.86 亿元,开工累计完成投资 13.96 亿元。 (李 娟)

【中铁建投(兰州)置业有限公司】 2020 年 3 月成立。

2022 年,完成投资 0.91 亿元,开工累计完成投资 3.61 亿元。 (段兴娜)

【中铁建投高邑城市开发有限公司】 2020 年 3 月成立,注册资本金 1.9 亿元。

2022 年,完成投资 2.14 亿元,开工累计完成投资 14.37 亿元。 (解 帅)

【中铁建投(桐乡)建设管理有限公司】 2020 年 3 月成立。

2022 年,开工累计完成投资 25.21 亿元。

(黄 桀)

【中铁建投河南许昌城市开发有限公司】 2020 年 4 月成立,注册资本金 2 亿元。

2022 年,许昌公司项目投资 1.21 亿元,累计完成投资 18.89 亿元。 (黄敏娟)

【中铁建投(肇庆)开发建设有限公司】 2020 年 5 月成立,注册资本金 1 亿元。

2022 年,完成投资 4.43 亿元,开工累计完成投资 13.36 亿元。 (雷 绒)

【中铁建宁夏高速公路有限公司】 2020 年 5 月成立。

2022 年,完成投资 81.27 亿元,开工累计完成投资 171.915 亿元。 (税绍青)

【中铁建投富春湾(杭州)城市开发有限公司】 2020 年 7 月成立,注册资本金 5 亿元。

2022 年,完成投资 6.8 亿元,开工累计完成投资 26.99 亿元。 (陈升霄)

【中铁建投温玉(台州)铁路有限公司】 2020 年 7 月成立。

2022 年,完成投资 14.15 亿元,开工累计完成投资 21.38 亿元。 (胡家宜)

【陕西关环麟法高速公路有限公司】 2020 年 8 月成立,注册资本金 6 亿元。

2022 年,完成投资 22.23 亿元,开工累计完成投资 38.92 亿元。 (韦应发)

【中铁建投(宁波)开发建设有限公司】 2020 年 9 月成立,注册资本金 5 亿元。

2022 年,完成投资 1.73 亿元,开工累计完成投资 4.78 亿元。 (唐 莹)

【中铁建投(驻马店)城市开发有限公司】 2020 年 9 月成立。

2022 年,利润总额 8530 万元,实现净利润 6533 万元。 (邓昭华)

【中铁建投(沈阳)城市开发建设有限公司】 2020 年 10 月成立,注册资本金 2 亿元。

2022 年,沈阳中关村项目投资 2.31 亿元,开工累计完成投资 7.58 亿元。 (田 薇)

【中铁建投冀中开发建设有限公司】 2020 年 10 月成立,注册资本金 1 亿元。

2022 年,保定市主城区城中村连片开发 ABO 项目(三标段)完成投资 71.2 亿元,开工累计完成投资 124.84 亿元。 (邵 岩)

【中铁建投(天津)中德生态城开发有限公司】 2020 年 12 月成立,注册资本金 1 亿元。

2022 年,完成投资 2.37 亿元,开工累计完成投资 7.79 亿元。 (李 岩)

【中铁建投广西南玉珠高速公路公司】 2020 年 12 月成立,注册资本金 1 亿元。

2022 年,完成投资 34.46 亿元,开工累计完成投资 44.48 亿元。 (王家栋)

【太原轨道交通一号线建设运营有限公司】 2020 年 12 月成立。

2022 年,完成投资 36.67 亿元,开工累计完成投资 64.4 亿元。 (焦凤君)

【中铁建投(天津)开发建设有限公司】 2021年1月成立,注册资本金1亿元。

2021年,完成投资8.18亿元,开工累计完成投资8.18亿元。 (吴圆圆)

【珠海铁建花园置业有限公司】 2021年3月成立。

2022年,完成投资4.31亿元,开工累计完成投资16.58亿元。 (陈天云)

【中铁建投(广州)发展有限公司】 2021年4月成立,注册资本金1亿元。

2022年,完成投资2.68亿元,开工累计完成投资29.34亿元。 (范围围)

【中铁建投洛阳城市开发建设有限公司】 2021年4月成立,注册资本金1亿元。

2022年,完成总投资1.52亿元,开工累计完成投资7.38亿元,其中建安投资1.43亿元。 (冯瑞轩)

【中铁建投保定城市开发有限公司】 2021年4月成立,注册资本金1亿元。

2022年,保定莲池区3个城中村后续ABO项目完成投资24.85亿元,开工累计完成投资51.81亿元。 (邵 岩)

【中铁建投(潍坊)城市发展有限公司】 2021年5月成立,注册资本金1亿元。

2022年,中央商务区项目完成投资6.74亿元,开工累计完成投资6.74亿元。 (郝世伟 张 智)

【中铁建投吉林长太高速公路有限公司】 2021年5月成立。

2022年,完成投资24.41亿元,开工累计完成合作投资37.1亿元。 (张丽杨)

【中铁建投(重庆)城市建设开发有限公司】 2021年7月成立,承担重庆江洲湾项目开发建设。

2022年,完成投资23207万元,其中建安费用7007万元,征地拆迁费用13399万元(华信垫付9733万元),设计咨询及其他费用2801万元。实现营业收入5619万元,利润总额991万元,净利润986万元。 (魏晓飞)

【中铁建投城市开发建设有限公司】 2021年9月成立。

2022年,完成投资20.76亿元,开工累计完成投资20.76亿元。 (苏爱华)

【中铁建投(天津)城市发展有限公司】 2021年9月成立。

2022年,完成投资16.1亿元,开工累计完成投资26.75亿元。 (赵丽媛)

【中铁建投西安未央大学城开发有限公司】 2021年10月成立,注册资本金8亿元。

2022年,营业收入35375万元,利润总额2390万元。 (李育岗)

【中铁建投(宿州)城市发展有限公司】 2021年12月成立。

2022年,完成投资16.56亿元,开工累计完成投资16.56亿元。 (徐小龙)

【中铁建投广西鱼宜高速公路有限公司】 2021年12月成立。

2022年,完成投资7.9亿元,开工累计完成投资7.9亿元。 (韩雪姣)

【中铁建投江湾(杭州富阳)建设发展有限公司】 2022年1月成立。

2022年,完成投资7.34亿元,开工累计完成投资7.98亿元。 (梁丹丹)

【中铁建投沧州城市开发有限公司】 2022年3月成立,注册资本金1亿元。

2022年,完成投资12.6亿元,开工累计完成投资13.35亿元。 (于为进)

中国铁建昆仑投资集团有限公司

【简况】 拥有公路工程、市政工程和建筑工程施工总承包等一级资质,具备投融资、设计、施工、运营、装备、物资供应和金融保险等全产业链一体化服务能力。

2016年5月注册成立。初始注册资本金30亿元,2018年12月增加至50.87亿元;驻四川省成都市高新区益州大道中段1999号4栋20~21层。2016年9月,由中铁建昆仑投资有限公司更名为中铁建昆仑投资集团有限公司;2019年5月,更名为现名。2021年3月,与中铁建重庆投资集团有限公司整合重组;纳入中国铁建二级单位管理,为重点从事交通基础设施领域集投资、建设、运营一体化的综合投资产业集团。内设部门16个、区域经营指挥部11个、运营管理机构3个,代管单位2个,下辖子公司9个、项目公司90个、项目指挥部(含项目部)96个。

2022年,新签合同额2207.78亿元,营业收入610.16亿元,净利润33.75亿元,经营活动现金净流量143.17亿元;资产总额673.51亿元,负债总额456.04亿元,资产负债率67.71%,所有者权益217.47亿元。

(王　芳　吴荣栋)

【领导人员】

董事会

董事长	孙公新
副董事长	党海军(3月任)
职工董事	王必军(10月任)

监事会

监事会主席	申继辉(6月任)
监事	周晓红
职工监事	杨晓兵

经理层

总经理	党海军(3月任)
执行总经理	周庆国(3月免)
副总经理	王必军(3月免)
	黎锡龙
	杨继全
	施振东
	唐跃兰
	张新柳(4月任)
	刘一鸣(4月任)
总会计师	黎锡龙
总工程师	施振东

党群领导

党委书记	孙公新
党委副书记	党海军(3月任)
	王必军(3月任)
纪委书记	申继辉(6月任)
工会主席	王必军(3月任)

(赵　航)

【职工队伍】 职工1490人。其中,集团公司领导人员13人(含局级非领导职务3人);正高级职称51人,副高级职称572人,中级职称557人;本科学历1173人,硕士研究生学历242人,博士研究生学历4人,本科及以上学历1419人、占比95.23%;投资经营类182人,建设管理类677人,运营管理类146人,财务融资类202人,监督管理类60人,党建综合类223人。

(赵　航)

【区域指挥部及直管公司】 中国铁建昆仑投资集团有限公司重庆区域经营指挥部　驻重庆市渝北区。

中国铁建昆仑投资集团有限公司四川区域经营指挥部　驻四川省成都市。党工委书记姜鸿雁,总经理张新柳。

中国铁建昆仑投资集团有限公司云贵区域经营指挥部　驻云南省昆明市。总经理黄小通,执行总经理张学坡。

中国铁建昆仑投资集团有限公司东北区域经营指挥部　驻辽宁省沈阳市。总经理解佳飞。

中国铁建昆仑投资集团有限公司华北区域经营指挥部　驻河北省石家庄市。党工委书记、总经理解佳飞。

中国铁建昆仑投资集团有限公司中原区域经营指挥部　驻山东省济南市。党工委书记、总经理孙剑川。

中国铁建昆仑投资集团有限公司华中区域经营指挥部　驻湖北省武汉市。党工委书记、总经理熊云忠。

中国铁建昆仑投资集团有限公司华东区域经营指挥部　驻浙江省杭州市。党工委书记彭程,总经理李亮。

中国铁建昆仑投资集团有限公司华南区域经营指挥部　驻广东省广州市。党工委书记、总经理罗志弟。

中国铁建昆仑投资集团有限公司西北区域经营指挥部　驻陕西省西安市。党工委书记、总经理卓德军。

中国铁建昆仑投资集团有限公司新兴业务经营指挥部　驻北京市海淀区。副总经理(主持工作)罗俊忠。

中铁建融城发展有限公司　驻四川省成都市。党委书记、董事长王必军,总经理梁彤博。

中铁建重庆投资集团有限公司　驻重庆市两江新区。党委书记、董事长刘一鸣,总经理翁长根。

中铁建昆仑地铁投资建设管理有限公司　驻四川

省成都市。党委书记、执行董事栗尚明,总经理刘金桥。

中铁建昆仑路桥建设有限公司　驻四川省成都市。党委书记、执行董事孟卫明,总经理袁军。

中铁建云南投资有限公司　驻云南省昆明市。党委书记、执行董事黄小通,总经理孙宪武。

中铁建海南投资有限公司　驻海南省陵水黎族自治县。党委书记、执行董事、总经理李维。

中铁建昆仑资产管理有限公司　驻北京市石景山区。党委书记、执行董事、总经理陈勇。

中铁建重庆投资集团实业发展有限公司　驻重庆市九龙坡区。党委书记、执行董事王雨旺,总经理唐军寅。

重庆金路交通工程有限责任公司　驻重庆市潼南区。董事长、总经理柴涛。

中铁建生态环境有限公司　驻北京市海淀区。党委书记、董事长唐志强,总经理张国辉。

中铁建生态环境建设重庆有限公司　驻重庆市北碚区。董事长唐志强,总经理赵瑞亮。

四川天府机场高速公路有限公司　驻四川省成都市。董事长解文会。

贵州桐新高速公路发展有限公司　驻贵州省遵义市。总经理金鑫。

贵州黔中高速公路开发有限公司　驻贵州省贵阳市。党工委书记、董事长张学坡。

贵州贵金高速公路有限公司　驻贵州省贵阳市。副董事长金鑫。

达州中铁建昆仑投资建设管理有限公司　驻四川省达州市。党工委书记、董事长、总经理李洪明。

贵阳畅达轨道交通建设有限责任公司　驻贵州省贵阳市。党工委书记周玉兵,董事长周庆合。

贵州剑黎高速公路有限公司　驻贵州省黔东南州。党工委书记、董事长谢伟东。

四川成绵苍巴高速公路有限责任公司　驻四川省绵阳市。总经理史绪堂。

成都昆仑森投龙泉山生态环境建设有限公司　驻四川省成都市。党工委书记、董事长、总经理董凤杰。

江阴中铁建昆仑城市发展有限公司　驻江苏省江阴市。党工委书记、董事长赵如,总经理孙国著。

（刘珈希　赵　航　董军薇）

【工程项目】　成都轨道交通 17 号线二期工程施工总承包项目　全长 24.8 千米。合同投资 135.78 亿元,计划 2024 年 8 月 10 日建成通车。开工累计完成产值 58.68 亿元。

成都轨道交通 18 号线三期工程施工总承包项目　全长 15.3 千米。合同投资 86.42 亿元,计划 2025 年 6 月 30 日建成通车。开工累计完成产值 28.50 亿元。

轨道交通资阳线工程施工总承包项目　全长 38.7 千米。合同投资 73.89 亿元,计划 2024 年 12 月建成通车。开工累计完成产值 24.43 亿元。

成都公园城市龙泉山生态保护修复暨国家储备林项目　建设总规模 377.33 平方千米。合同投资 125.01 亿元,计划 2029 年 9 月完工。开工累计完成投资 14.41 亿元。

成都市环城生态区生态修复综合项目(东、西片区)一期、(南片区)二期成金青快速路至成洛大道标段　总长 15.95 千米。合同投资 21.07 亿元,计划 2023 年 12 月完工。开工累计完成产值 7.30 亿元。

成绵苍巴高速公路项目　全长 151.977 千米。合同投资 242.1 亿元,计划 2024 年 4 月 10 日投入运营。开工累计完成投资 165.63 亿元。

达州"双城一线"城市综合开发项目　规划总面积 69.4 平方千米,全长 35 千米。合同投资 566.6 亿元;金河大道项目线路长 8.4 千米,总投资估算 28.54 亿元,用地总规模 56.48 万平方米;计划 2036 年 12 月完工。开工累计完成投资 6.19 亿元。

内江至大足高速公路(四川境)项目　全长 18.771 千米。合同投资 25.62 亿元,计划 2023 年 9 月建成通车。开工累计完成投资 20.65 亿元。

资阳临空高铁新城综合开发项目　全长 2.672 千米。合同投资 102.95 亿元,计划 2030 年 12 月完工。开工累计完成投资 2.58 亿元。

德阳中江至遂宁高速公路项目　全长 83.032 千米。合同投资 95.47 亿元,2022 年 9 月 29 日建成通车。开工累计完成投资 86.64 亿元。

南充过境高速公路广(元)南(充)段至南(充)广(安)段项目　全长 41.825 千米。合同投资 48.74 亿元,计划 2025 年 12 月完工。开工累计完成投资 15.36 亿元。

南充至潼南(四川境)高速公路项目　全长 60.68 千米。合同投资 59.96 亿元,计划 2026 年 6 月完工。开工累计完成投资 8.47 亿元。

重庆轨道 15 号线　全长 18 千米。合同投资 53.7 亿元,计划 2025 年 11 月 30 日竣工。开工累计完成投资 5.47 亿元。

重庆轨道 18 号线　全长 29.016 千米,合同投资

217.65 亿元,计划 2023 年 5 月 15 日开通运营。开工累计完成投资 140.71 亿元。

重庆轨道 24 号线一期工程　全长 18.9 千米,合同投资 67.04 亿元,计划 2025 年 9 月开通运营。开工累计完成投资 7.34 亿元。

重庆合川至璧山至江津高速公路项目　全长 95.897 千米。合同投资 124.56 亿元,2022 年 9 月 15 日建成通车。开工累计完成投资 97.36 亿元。

重庆巫溪至陕西镇坪高速公路(重庆段)项目　全长 48.691 千米。合同投资 99.1 亿元。开工累计完成投资 79.90 亿元。

重庆渝遂复线高速公路(北碚至铜梁段)　全长 27.238 千米,合同投资 61.46 亿元。开工累计完成投资 32.63 亿元。

渝湘复线(主城至泗阳段)武隆至道真(重庆段)高速公路项目　全长 125.146 千米,合同投资 182 亿元,计划 2024 年 2 月开始营运(除巴彭路)。开工累计完成投资 80.72 亿元。

重庆市郊铁路(轨道交通延长线)跳蹬至江津线　全长 28.22 千米。合同投资 33.67 亿元,2022 年 8 月 6 日建成通车。开工累计完成投资 33.67 亿元。

西部(重庆)科学城北碚高新产业园综合开发 PPP 项目(一期)　面积 1.97 平方千米,合同投资 50.17 亿元,计划 2024 年 4 月完工。开工累计完成投资 26.74 亿元。

北碚区缙云山生态环境综合整治勘察、设计、施工总承包项目　合同投资 6.385 亿元,计划 2023 年 12 月完工。开工累计完成投资 5.61 亿元。

黔江区过境高速公路(渝湘高速联络线)项目　全长 20.384 千米。合同投资 28.95 亿元,2022 年 12 月 23 日建成通车。开工累计完成投资 28.12 亿元。

云南省高速公路网丘北至砚山高速公路 PPP 项目　总长 63.78 千米。合同投资 102.77 亿元,计划 2024 年 2 月建成通车。开工累计完成投资 14.66 亿元。

云南省曲靖市陆良至寻甸高速公路建设项目　总长 79.350 千米。合同投资 110 亿元,计划 2025 年 6 月建成通车。开工累计完成投资 9.52 亿元。

云南省昆明(岷山)至楚雄(广通)高速公路扩建工程 PPP 项目　全长 106.835 千米。合同投资 207.79 亿元,西北绕城互通立交至广通段 2022 年 1 月 21 日投入运营,西三环枢纽立交至西北绕城互通立交 2022 年 9 月 30 日通车运营。开工累计完成投资 167.00 亿元。

昆明市巫家坝土桥片区一级开发整理项目　合同投资 12.73 亿元,计划 2023 年 12 月完工。开工累计完成投资 1.6 亿元。

丽江城市综合轨道交通项目一期工程(1 号线)项目　全长 20.465 千米。合同投资 13.65 亿元。2022 年 11 月 28 日建成通车。开工累计完成投资 11.41 亿元。

国家高速公路网 G56 楚雄(广通)—大理高速公路扩容工程 PPP 项目　全长 38.2 千米,合同投资 85.88 亿元;一期通车段 2022 年 10 月 12 日建成通车,二期通车段计划 2023 年底建成通车。开工累计完成投资 77.43 亿元。

曲靖三宝至昆明清水高速公路(昆明段)政府和社会资本合作项目　合同投资 134.35 亿元,计划 2024 年 1 月 1 日投入运营。开工累计完成投资 90.52 亿元。

昆明(福德立交)至宜良高速公路(昆石复线)项目　全长 53.27 千米。合同投资 250.29 亿元;一期工程线路长 49.178 千米,总投资 189.35 亿元。开工累计完成投资 65.60 亿元。

宣威市北盘江流域水环境综合整治 PPP 项目　合同投资 23.97 亿元,计划 2023 年 9 月完工。开工累计完成投资 17.54 亿元。

贵州省剑河至黎平高速公路 PPP 项目　全长 74.754 千米。合同投资 132.28 亿元,计划 2024 年 7 月 1 日投入运营。开工累计完成投资 61.94 亿元。

贵阳市轨道交通 S1 线一期工程 PPP 项目　全长 30.32 千米。合同投资 168.97 亿元,计划 2024 年 12 月 31 日初期试运营。开工累计完成投资 73.97 亿元。

贵州省桐梓至新蒲高速公路项目　全长 34.779 千米。合同投资 53.1 亿元,计划 2023 年底开通运营。开工累计完成投资 37.39 亿元。

贵阳经金沙至古蔺(黔川界)高速公路 PPP 项目　土建部分长 48.48 千米。合同投资 97.48 亿元,计划 2023 年 12 月 31 日建成通车。开工累计完成投资 72.24 亿元。

贵州省乌当(羊昌)至长顺高速公路 PPP 项目　全长 128.572 千米。合同投资 200.1 亿元,计划 2024 年 6 月完工。开工累计完成投资 81.19 亿元。

江苏省江阴市高铁站综合交通枢纽 PPP 项目　市政道路及公路工程总长 13.84 千米。合同投资 69.2 亿元,计划 2023 年 10 月运营。开工累计完成投资 36.00 亿元。

南京至和县高速公路安徽段 BOT 项目　全长 14.025 千米。合同投资 25.71 亿元,计划 2024 年 11 月建成通车。开工累计完成投资 6.43 亿元。

高邮市滨湖移步易景生态长廊 PPP 项目　用地

总面积793.8万平方米。合同投资19.36亿元,计划2023年9月完工。开工累计完成投资8.08亿元。

徐州经济技术开发区水污染治理一期工程EPC项目　合同投资7.99亿元,2022年12月31日完工。预计结算金额7.95亿元。

平度市城市居住环境品质提升工程建设项目　合同投资11.40亿元,计划2024年3月完工。开工累计完成投资15.01亿元。

莱西市海绵城市建设项目　合同投资12.96亿元,计划2024年6月完工。开工累计完成投资9.50亿元。

龙口市人居环境提升工程PPP项目　合同投资26.14亿元,计划2024年12月完工。开工累计完成投资3.22亿元。

龙口市城市智能体和大数据中心PPP项目　合同投资8.06亿元,计划2024年6月完工。开工累计完成投资8.06亿元。

山东省泰安市肥城市水务生态环境综合治理工程PPP项目　合同投资6.66亿元,计划2024年5月完工。开工累计完成投资1.00亿元。

阳西县乡村振兴与人居环境综合治理项目　合同投资20.6亿元,计划2027年3月完工。开工累计完成投资3.71亿元。

陕西省西安市黄河流域阎良区石川河全域治水生态整治开发项目水利EPC工程总承包　河段总长19.9千米。合同投资5.496亿元,计划2023年6月完工。开工累计完成投资4.58亿元。

海口绕城公路美兰机场至演丰段工程代建项目　全长15.07千米,合同投资33.04亿元;主线2021年3月30日通车,全部工程计划2023年8月26日完成。开工累计完成投资18.77亿元。

国道G360文昌至临高段公路代建第1标段　全长41.11千米,合同投资37.63亿元,2022年12月28日通车。开工累计完成投资22.50亿元。

（黄　敏　黄　浩）

【企业管理】　综合管理。组织编制《法人治理工作操作手册》(2022版),外部董事先后开展调研,形成多篇具有重要参考价值的报告;发起编制《资本运营手册》,规范投资项目各个环节。全年消费帮扶100余万元,修建民生路投入16.5万元,产业规划投入11.7万元;疫情提示100余次,组织核酸检测11535人次。发布《“十四五”发展战略与规划》,审核6个专业化规划,建立健全战略规划体系;修订公司章程;增设高速公路运营事业部。制定《“十四五”人力资源发展规划》;培训585场次,累计参与11137人次,完成专业技术人才继续教育217人次。

建设运营。组织项目参建单位遴选57次,编制《进一步规范项目遴选管理的补充规定》。连续三年取得交通运输部公路建设信用评价AA级,首次获评四川省高速公路投资人信用评价AAA级;建立投资、建设一、二级交底和“内部交工验收”制度;生产督导项目63个,合同履约专项检查片区11个;检查项目47个,标段172个。川、渝、滇三省高速公路运营总里程1310千米,形成“123”高速公路运营发展规划体系,构建高速公路“1+1+4”智慧运营平台;编制高速公路品牌文化和VIS识别系统。首次召开非交通资产运营管理交流会,建立非公路资产运营项目信息库,重点对7个轨道交通项目进行集中调研,落地龙泉山生态修复项目委托运营。

财务管理。首次获评中诚信国际AAA级主体信用评级。发行西部地区首单公募REITs,募集资金13.85亿元,为系统内首支成功上市发行的基础设施REITs。多种方式降“两金”,压降幅度达30.68%;实现增值税留抵退税107.93亿元。对接金融机构40余家,签署战略合作协议5份;8个项目基金落地,进一步保障项目建设资金。

审计监督。审计项目16个,完成年度计划的106.7%。其中,离任审计7项,内控审计1项,过程审计3项,绩效考核复核审计5项。印发审计报告13份,提出建议132项。建立“大监督”长效机制35项,完善制度191项。开展监事会工作专题调研,提出建议33项,均被采纳,进一步加强风险防范。

法律风控。印发《“十四五”法律合规和风险内控发展规划》;修订《规章制度清单(2022年版)》,进一步完善合规管理制度体系。开展商务谈判、合同谈判45次,全力维护合法权益。化解风险106项,多方法措施推动存量风险化解。开启《法治建设目标责任状》签订工作,压实案发单位主体责任。

安全监督。制定7项安全监督制度,发布《2022年特大安全风险清单》,印发《安全生产管理“十个到位”重点工作分解方案》《公路建设板块安全管理手册》,明确职责及安全检查清单,落实责任。在建项目各标段配置多媒体工具箱;及时开展瓦斯隧道专项检查、安全生产大检查及督导,按季度召开安委会,研究解决重要事项。

科技创新与信息化。获批为成都市级企业技术中心,成立集团首个盾构创新工作室。发布《“十四五”

科技创新发展规划》;获专利43项、软件著作权3项,编制技术标准3项,出版专著1部;获国家级BIM大赛二等奖2次、省级一等奖1次。制定《"十四五"信息化规划》,3个系统取得四川省公安厅等级保护备案证明,实现门户、OA系统与股份公司一体化平台、铁建通系统集成。（于东旭　董军薇）

【工程经营】 2022年,累计管理项目136个,合同总额10943.90亿元。其中,高速公路项目42个,合同额4190.41亿元,占比49.74%;轨道交通项目23个,合同额1614.17亿元,占19.16%;生态环保项目18个,合同额364.62亿元,占4.33%;城市开发项目24个,合同额1818.92亿元,占21.59%;房地产开发项目12个,合同额151.03亿元,占1.79%;其他项目17个,合同额286.21亿元,占3.40%。（黄　浩）

【党群工作】 党的综合工作。以"高质量党建年"活动实施方案为行动纲领,全年中心组集中学习研讨125次,开展党的二十大专题党课和宣讲104场次;各级党组织扎实开展"送党的二十大精神到一线""青年党员讲党课"等宣讲活动,各基层党支部采取"三会一课"、主题党日、知识竞赛等多种方式,以实际行动增进党的二十大精神学习领悟。深入基层调研240余次,着力研究解决企业发展问题。

党组织建设。制定《基层党群纪检组织设置指导意见》,调整和完善基层党组织的设置、人员配备20余个,指导3家单位完成换届选举,全力建强党的组织体系。组织200多名基层党支部书记、党务干部、党员参加上级单位培训,高标准发展党员35人,积极开展"承诺三件事·点亮一平方"党员承诺活动,切实加强基本队伍建设。制定党建制度36项,分类考核所属党组织50余个,持续完善制度体系。聚焦党建服务大局引领力,深入开展"全面质量提升"活动,制定具体措施828项,节约非生产性开支0.78亿元,设计优化预期创效11.75亿元;设立"党员质量监督岗"503个,督促整改问题,避免经济损失3576万元;制定《党群工作一体化指导意见》,开展联建共建活动120余次,推进党建工作与生产经营深度融合。

宣传文化工作。发挥投资型企业特点,推动新时代中国铁建文化与品牌在项目一线落地落实。牵头完成西南片区72个基层项目的文化与品牌督查互鉴工作。对在建项目、新上项目、运营项目开展三轮视觉识别系统落地检查,修订"铁建高速"品牌文化和视觉识别系列手册,实现在高速公路运营路段的规范应用。铁建高速科研项目和服务品牌获第三届高速公路运营管理创新创效优秀成果,2名员工再获"中国路姐"称号,2个收费管理站获第五届中国高速公路优质服务窗口等多项荣誉。

党风廉政建设与反腐败工作。加强政治监督,围绕大局发挥作用。加强国企改革三年行动高质量收官、"十四五"规划实施等情况督促检查;党委书记同下级"一把手"谈话9人次,纪委书记深入4个片区14家单位开展督促落实"两个责任"集体谈话。健全监督机制,提升专责监督能力。制定《关于加强"一把手"和领导班子监督的实施细则》,梳理出台职能监督重点管控清单241项,更新《廉政档案》192册,对46家监理单位和监理人员进行履约履职监督。抓好教育预防,深化廉洁文化建设。前往14家单位开展"送纪到基层"警示教育活动,推送"以案说纪"4期。推进巡视巡察,坚持"检治"并重。对6家子公司党委开展常规巡察;制定违规挂靠专项巡视反馈的问题整改方案并限期完成整改。强化正风肃纪,营造良好政治生态。对69家所属单位、项目开展监督检查和明察暗访;受理信访举报18件,处置问题线索19件;谈话提醒、诫勉谈话17人次。

工会工作。会员1486人。开展"赋能高质量·奋进新征程"等主题活动和专项劳动竞赛;5家单位获省级"安康杯"劳动竞赛优胜单位和优胜班组,4家单位获中国铁建劳动竞赛优胜单位。组织参与省市地方政府部门、业主单位各类活动5次;2个项目获四川省交通运输行业"蜀道杯"首届职工运动会亚军。投入建家补助资金38万元,争取"建家建线"专项补助10万元。成功申报海南省产业级工会职工书屋示范点,获赠图书1000余册。组织开展各类职工活动56次,进一步增强企业凝聚力。1个集体获评省级"工人先锋号",2名职工先后获评省级"巾帼标兵"和五一劳动奖章,1个项目获火车头奖杯,有效发挥先进典型示范引领作用。

共青团工作。团(工)委8个,团支部11个;各级专兼职团干部56人,35岁以下青年545人。号召1000多名团员青年学习习近平总书记在中国共产主义青年团成立100周年大会上的讲话精神;组织共青团员到纪念场馆、烈士陵园、革命遗址等相关场所开展"沉浸式"主题团日活动;为全体团员讲授专题团课,鼓励全体团员青年投身企业改革发展。3个收费站获重庆市"青年文明号"称号,云南投资团委获官渡区五四奖章;成立55支青年突击队,积极参与重庆市青年安全生产示范岗创建工作;举办"使命与价值、责任与担当”主题演讲比赛；启动“青马工程”，制定《青年英才暨青年马克思主义者培养工程实施方案》；联合参建单位400多名团员青年参与缙云山大火扑灭，团员青年主动参与疫情防控，彰显青年担当。为30多名新入职大学毕业生和青年员工配备思想导师和业务导师，助力素质能力提升；开展“青年职业生涯导航”活动，引导团员青年树立规划和管理理念。

（于东旭　周江海　李国卿）

【中国铁建昆仑投资集团有限公司重庆区域经营指挥部】 2021年5月31日成立。负责重庆市场。

2022年，中标项目17个，新签合同额689.77亿元。

（马鑫宇）

【中国铁建昆仑投资集团有限公司四川区域经营指挥部】 2021年11月25日成立。负责四川、西藏市场。

2022年，中标项目5个，新签合同额533.34亿元。

（马鑫宇）

【中国铁建昆仑投资集团有限公司云贵区域经营指挥部】 2021年11月25日成立。负责云南、贵州市场。

2022年，中标项目1个，新签合同额0.84亿元。

（马鑫宇）

【中国铁建昆仑投资集团有限公司东北区域经营指挥部】 2021年5月31日成立。负责辽宁、吉林、黑龙江、内蒙古市场。

（马鑫宇）

【中国铁建昆仑投资集团有限公司华北区域经营指挥部】 2021年5月31日成立。负责北京、天津、河北市场。

2022年，中标项目1个，新签合同额63.04亿元。

（马鑫宇）

【中国铁建昆仑投资集团有限公司中原区域经营指挥部】 2021年5月31日成立。负责山西、山东、河南市场。

2022年，中标项目2个，新签合同额205.46亿元。

（马鑫宇）

【中国铁建昆仑投资集团有限公司华中区域经营指挥部】 2021年5月31日成立。负责江苏、安徽、湖北、湖南市场。

2022年，中标项目3个，新签合同额517.55亿元。

（马鑫宇）

【中国铁建昆仑投资集团有限公司华东区域经营指挥部】 2021年5月31日成立。负责上海、浙江、江西、福建市场。

（马鑫宇）

【中国铁建昆仑投资集团有限公司华南区域经营指挥部】 2021年5月31日成立。负责广东、广西、海南市场。

2022年，中标项目4个，新签合同额81.47亿元。

（马鑫宇）

【中国铁建昆仑投资集团有限公司西北区域经营指挥部】 2021年5月31日成立。负责陕西、甘肃、宁夏、青海、新疆市场。

2022年，中标项目4个，新签合同额116.51亿元。

（马鑫宇）

【中国铁建昆仑投资集团有限公司新兴业务经营指挥部】 2022年11月25日成立。负责新兴业务的统筹经营。

（马鑫宇）

【中铁建融城发展有限公司】 2020年11月13日注册成立，注册资本金30亿元。

2022年，营业收入0.19亿元，净利润-0.13亿元；资产总额17.76亿元，资产负债率0.28%。

（马鑫宇）

【中铁建重庆投资集团有限公司】 2016年11月16日注册成立，注册资本金30亿元，为中国铁建股份有限公司全资子公司。2017年12月8日，由中铁建重庆投资有限公司更名为现名；2021年3月，与中国铁建昆仑投资集团有限公司整合重组；2021年5月，与中国铁建昆仑投资集团有限公司重庆区域经营指挥部合署办公。

2022年，营业收入197.82亿元，净利润7.77亿元；资产总额292.17亿元，资产负债率70.14%。

（吴荣栋）

【中铁建昆仑地铁投资建设管理有限公司】 2014年3月28日注册成立，注册资本金25亿元。

2022年，营业收入6.43亿元，净利润0.16亿元；资产总额66.11亿元，资产负债率57.33%。

（吴荣栋）

【中铁建昆仑路桥建设有限公司】 2012年8月8日注册成立，注册资本金3.83亿元。

2022年，营业收入-1.26亿元，净利润0.005亿元;资产总额5.53亿元,资产负债率17.04%。

(吴荣栋)

【中铁建云南投资有限公司】 2016年7月27日注册成立,注册资本金3.83亿元。

2022年,营业收入52.43亿元,净利润4.91亿元;资产总额24.40亿元,资产负债率72.06%。

(吴荣栋)

【中铁建海南投资有限公司】 2014年2月21日注册成立,注册资本金2亿元。2016年7月19日,划归中国铁建昆仑投资集团有限公司管理;2017年9月18日,由中铁建(海南国际旅游岛先行试验区)投资管理有限公司更名为现名。

2022年,营业收入0.37亿元,净利润-0.04亿元;资产总额为6.25亿元,资产负债率64.47%。

(吴荣栋)

【中铁建昆仑资产管理有限公司】 2012年8月8日注册成立,注册资本金2亿元。2016年3月31日,划归中国铁建昆仑投资集团有限公司管理;2016年8月8日,由中铁物资集团资产管理有限公司更名为现名。

2022年,营业收入8.92亿元,净利润0.32亿元;资产总额26.92亿元,资产负债率87.55%。

(吴荣栋)

【中铁建重庆投资集团实业发展有限公司】 2020年10月27日注册成立,注册资本金3亿元。

2022年,营业收入15.53亿元,净利润0.47亿元;资产总额7.32亿元,资产负债率65.85%。(吴荣栋)

【重庆金路交通工程有限责任公司】 1998年1月5日注册成立,注册资本金31569万元。2016年12月成为中铁建重庆投资集团有限公司控股子公司。

2022年,营业收入4.55亿元,净利润0.056亿元;资产总额1.47亿元,资产负债率74.12%。(吴荣栋)

【中铁建生态环境有限公司】 2013年1月30日注册成立,注册资本金1亿元。2016年12月成为中铁建重庆投资集团有限公司控股子公司。

2022年,营业收入30.07亿元,净利润1.97亿元;资产总额28.71亿元,资产负债率76.73%。

(吴荣栋)

【中铁建生态环境建设重庆有限公司】 2021年11月26日注册成立,注册资本金2亿元。

2022年,净利润0.0082亿元;资产总额1.01亿元,资产负债率0.13%。(吴荣栋)

【四川天府机场高速公路有限公司】 2016年6月23日注册成立,注册资本金30亿元。

2022年,营业收入5.83亿元,净利润-10.51亿元;资产总额400.95亿元,资产负债率85.06%。

(吴荣栋)

【贵州桐新高速公路发展有限公司】 2019年11月19日注册成立,注册资本金2亿元。

2022年,营业收入4.59万元,净利润4.37万元;资产总额85.05亿元,资产负债率72.37%。

(吴荣栋)

【贵州黔中高速公路开发有限公司】 2020年1月14日注册成立,注册资本金2亿元。

2022年,营业收入0.0022亿元,净利润0.0017亿元;资产总额36.49亿元,资产负债率78.86%。

(吴荣栋)

【贵州贵金高速公路有限公司】 2020年3月12日注册成立,注册资本金2亿元。

2022年,营业收入0.00076亿元,净利润0.00068亿元;资产总额251亿元,资产负债率80.54%。

(吴荣栋)

【达州中铁建昆仑投资建设管理有限公司】 2021年5月21日注册成立,注册资本金0.5亿元。

2022年,营业收入3.82亿元,净利润-0.08亿元;资产总额5.64亿元,资产负债率91.26%。

(吴荣栋)

【贵阳畅达轨道交通建设有限责任公司】 2021年5月24日注册成立,注册资本金10亿元。

2022年,营业收入0.000011亿元,净利润0.0000094亿元;资产总额57.29亿元,资产负债率75.54%。(吴荣栋)

【贵州剑黎高速公路有限公司】 2019年6月10日注册成立,注册资本金2亿元。

2022年,营业收入0.05亿元,净利润0.04亿元;资

产总额65.82亿元,资产负债率68.85%。（吴荣栋）

【四川成绵苍巴高速公路有限责任公司】 2019年9月2日注册成立,注册资本金1亿元。

2022年,营业收入0元,净利润0元;资产总额346.67亿元,资产负债率77.42%。（吴荣栋）

【成都昆仑森投龙泉山生态建设有限公司】 2021年6月10日注册成立,注册资本金10亿元。

2022年,营业收入4.16亿元,净利润0.64亿元;资产总额7.04亿元,资产负债率45.3%。（吴荣栋）

【江阴中铁建昆仑城市发展有限公司】 2020年5月9日注册成立,注册资本金5亿元。

2022年,营业收入13.86亿元,净利润0.31亿元;资产总额6.67亿元,资产负债率100%。（吴荣栋）

中铁建资本控股集团有限公司

【简况】 公司是中国铁建深入落实国家关于金融供给侧结构性改革,优化整合铁建内部金融资源,强化产融结合、提升企业产业链一体化竞争力、打造“品质铁建”做出的重大战略决策。统筹保险经纪、金融租赁、供应链金融及创新金融、产业基金等多种金融服务,致力于不断探索综合金融服务模式,服务实体产业、支持主业发展、促进产融结合,助力中国铁建高质量发展。2020年3月成立,注册资本金90亿元,注册地址北京市石景山区石景山路45号。营业范围:投资兴办实业,投资咨询、财务顾问,信息系统技术研发、技术咨询、技术转让与技术服务等。（赵　爽）

【领导人员】

董事会

董事长　冀　涛

董事　王　闯

监事会

监事会主席　吴婧萍

经理层

总经理　王　闯

副总经理　蔡梅群(3月任)
　文金朝(3月任)
　张国智(3月任)

总会计师　张国智(3月任)

党群领导

党委书记　冀　涛

党委副书记　王　闯
　吴婧萍(3月任)

纪委书记　吴婧萍

工会主席　吴婧萍

（赵　爽）

【职工队伍】 职工478人。男职工275人,女职工203人。硕士研究生及以上学历160人、本科学历448人、专科及以下学历17人。正高级职称15人、高级职称95人、中级职称147人、初级职称79人。35岁及以下222人、36~40岁106人、41~45岁68人、46~50岁43人、51~54岁29人、55岁及以上10人。（寇华琤）

【企业管理】 强化战略引领。出台《中铁建资本控股集团有限公司战略规划管理办法》,科学构建规划编制、执行、评估、调整闭环管理体系。正式发布《中铁建资本控股集团有限公司“十四五”战略发展规划》,明确发展定位、压实发展责任。指导督促子规划编制,确保公司整体规划全面分解、有效落地。制定《金融业务优化调整实施方案》,对存量金融投资业务进行客观评价和优化调整。

深化企业改革。跑表计时、倒排工期,保质保量完成国企改革三年行动工作台账五大项改革举措53项具体改革任务和对标世界一流管理提升行动工作清单八大领域54项任务成果,改革任务落地见效,管理效能有效提升。组织编制公司改革简报,多形式、多渠道开展改革宣传报道,积极提炼报送改革和管理提升经验成果。

优化总部管理。持续推进规章制度“立改废”,年度内新立制度50余项,修订制度2项,持续完善公司制度体系。深化“放管服”改革,修订印发《监管权力与责任清单》《授权放权清单》,进一步厘清权责界限,激发各级运营主体活力。加强机构管理,开展“控股不控权”专项自查,落实“压减”工作要求,组织所属单位优化调整组织架构和修订公司章程。强化科研管理,申报获批2022年度管理类课题1项,持续督导在研课题推进研究进程和规范经费管理。（陈森楠）

【经营管理】 超额完成年度经营指标。全年完成新签合同额 82.63 亿元,完成股份公司下达年度计划的 133%。在监管政策调整、疫情等多重叠加的不利影响下,新签合同额实现逆势增长,圆满完成既定目标。

服务主业规模持续增长。资本集团坚守"依托铁建、服务主业、以融促产、产融结合"中心开展经营工作,以提升服务主业能力为目标不断精进。全年报表统计服务主业资金贡献额 1537.7 亿元,较年初增长 2.7%。

"产融协同""融融协同"发展开启新格局。利用区域经营体系优势,通过各经营组织间的紧密联动、协同推进,当年接连推出浙江东阳项目、CZ 铁路项目、成都龙泉山项目等多个"一揽子"金融服务试点项目,形成"产融协同"与"融融协同"互促共进的新格局,以"产融协同"重大项目为切入点,带动各业务板块"融融协同"向纵深发展。

金融创新业务实现重大突破。铁建首单基础设施 REITs 成功上市,被股份公司列为改革创新重点突破业务,对中国铁建盘活基础设施存量资产,形成存量资产和新增投资良性循环具有里程碑意义。诚合保险将保险产品和专业服务嵌入多元化产业生态,不断健全网上保险服务品类。中铁金租全面推进铁建云租等平台建设,数字化转型步伐加快。铁建资产供票平台在票交所成功上线,发行首单 5 年期长期限应收账款类型证券化产品。铁建基金设立首只 QFLP 基金并实现顺利投放。 (杨艺芳)

【风险内控管理】 资本集团始终将风险防控视为企业稳健发展的生命线,遵循"依法合规,审慎稳健,全面防控,坚守底线"的风险理念,从体系建设、责任落实、完善治理、流程管控、协同监督、锤炼队伍、信息化建设、塑造风险文化等方面着力打造风控核心竞争力,确保不发生重大风险,以全面风险穿透式管理助推金融服务创新,实现集团公司高质量发展。

金融风险常态防控持续增强。首先坚持全面风险管理要求。集团以全面风险管理考核、全面风险管理报告、关键指标常态监测等为抓手,坚持风险管控融入业务流程管理原则,开展常态风险防控工作,通过分析定期统计数据及定向深入基层了解情况,对相关单位提供指导和协调,并对出现风险苗头的项目提前进行风险提示,督促、配合相关单位采取针对性管理措施。其次坚持两个清零目标实现。化解存量风险项目方面,集团落实风险处置主体责任,督促所属单位一案一策,综合运用清收、重组、债转股、增加担保、诉讼、转让等多种方式处置风险资产,2022 年超额完成年度股份公司重点风险敞口压降目标。增量业务管理方面,落实负面清单管理,严控新增信用风险。一年来,集团没有新增股份公司重点关注项目,重点风险项目逐步实现存量风险压降至零、增量业务力争零风险"两个零"的工作目标。最后坚持建立健全风险预警体系。集团设立关键风险指标体系(KRI),将重大风险监测对象由事后向事前延伸,由集团向基层单位延伸。定期对各单位风险预警管控体系建立和运行情况、风险预警指标嵌入及运行情况、重点业务预警监测及处置等情况进行检查分析。

综合治理专项行动取得显效。集团通过成立组织、明确分工、夯实责任、制定方案、建立机制、形成专班、边查边改、督导抽查、长效机制建立等方式,按照真查真改原则,出实招求实效。突出金融治理特色。集团结合金融企业实际,开展量身定制治理措施,实现综合治理"一全两新三结合"。即综合治理自查自纠、督导抽查全覆盖,数字化建设有创新、管理思路和举措有创新,遏增量和化存量相结合、治标和治本相结合、抓治理和促发展相结合,全集团修改、新建 76 项制度(长效机制),提升各单位内控质量,推进企业高质量发展。

"大风控"体系基本建成。通过组架构、建制度、强宣贯多种手段,资本集团"大风控"体系基本建成。顶层设计层面,出台《中铁建资本控股集团有限公司"十四五""大风控"管理工作规划》,逐年编制年度工作要点,分步落实规划,筑牢战略防火墙。制度体系层面,建立以《风险管理与内部控制办法》《全面风险管理制度》为统领的"大风控"管理制度体系,筑牢制度防火墙。监测预警体系层面,各层级建立以关键风险指标为核心指标的监测预警体系,定期从区域、行业、客户多维度开展监测分析,提升资产管理质量,并逐步将监管指标嵌入业务管理系统,提高适用性,信息防火墙基本形成。加大对股份公司云风控监测平台的使用。2022 年,填报风险易发点 1509 项,风险事件 43 项。对现有数据进行梳理汇总分析研判,并制定相应管控措施。区分关键问题、普遍问题、个性案例等,及时向特定对象提示和预警,防止类似事件重复发生。

(裘华静)

【党群工作】 全面加强党的建设。认真贯彻落实习近平新时代中国特色社会主义思想,深入学习党的二十大精神,坚决落实"第一议题"制度。加强组织建设,调整基层党组织设置,推动《党支部工作实用手册》编写工作,实现党建考核全覆盖。优化领导人员管理体系,加强领导干部日常监督管理;树立积极向上的选人用人导向,加强年轻干部选拔培养;组织多样化、多种类、全周期的人才培训,开办“资本大讲堂”,完善金融产业人才培养与发展体系。

宣传文化成果丰硕。宣传工作围绕中心、服务大局,突出重大项目、重点事件报道,发布平台更多、更高、更广,先后见诸新华社、中国交通报等权威媒体;紧抓党的二十大期间舆论引导,开展各级宣传阵地排查,新闻发布实行两级“三审三校”,全年未发生负面舆情事件;积极推动新时代中国铁建文化品牌落地,探索构建独具特色的资本集团“容融”文化体系,持续提升企业文化向心力、凝聚力和竞争力。

持续深化党风廉政建设。持续推动纪检体制建设调整优化,不断健全制度机制;坚持系统施治,推动监督融合,深化“靠企吃企”等问题整治,强化对“一把手”和关键少数的监督制约;坚持问题导向,持续发挥巡察利剑作用,以督查推动巡视巡察整改和成果运用;严肃执纪问责,持续加强作风建设,以作风建设带动工作转变;深化廉洁风险防控和廉政教育宣传,有效推动党风廉政建设和反腐败工作走深走实 。

群团共建融合发展。优化工会组织,深化民主管理,落实民主协商,有效保障职工合法权益;融入中心工作,“劳模创新工作室”有声有色,金融业务知识应知应会大比拼竞赛如火如荼;建立资本集团“建功宣讲长效机制”,获评股份公司年度劳模选树类特色工作二等奖;加强共青团组织建设,扎实推进青年素养提升工程,广泛开展岗位建功活动,创新导师带徒形式,团组织工作成果丰硕。 (南 洋)

【诚合保险经纪有限公司】 2009年成立,总部驻北京市。2019年12月,中国铁建金融板块进行重组,诚合保险与其他三家单位重组至资本集团。业务范围涉及风险评估、保险建议、保险安排、再保险、客户服务、保险代理、公估理算、风险管理咨询,子公司、分公司、合资公司20家遍布全国。累计为400多个基建、运营、海外投资项目及每年1万多名出境人员提供风险管理和保险经纪服务。构建辐射全国的客服网络,提供24小时全天候保险咨询和索赔服务,累计协助客户结案32054笔,累计获得赔付金额32.5亿元,综合结案率90%以上。

2022年,新签合同额33996.07万元,营业收入26176万元,净利润6508万元。 (单永泽)

【中铁建金融租赁有限公司】 立足产业金融基本定位,依托中国铁建上下游全产业链优势和股东资源禀赋,协同产业发展,促进产融结合,高质量服务中国铁建产业链、供应链,聚焦工程装备、基础设施、新兴产业、厂商租赁、车辆租赁等领域开展金融租赁业务。经营范围包括融资租赁业务、转让和受让融资租赁资产、接受承租人的租赁保证金、吸收非银行股东3个月(含)以上定期存款、同业拆借、向金融机构借款、境外借款、租赁物变卖及处理业务、经济咨询。2016年6月设立,是国内首家由建筑央企发起设立的金融租赁公司,注册资本金34亿元,注册地天津自贸试验区(东疆保税港区)。党委书记、董事长(代为履职)王道平,党委副书记、总经理(代为履职)贺春雷。职工118人。资产总额452.22亿元,负债总额388.11亿元,所有者权益64.11亿元,资产负债率85.82%。

2022年,新签合同额39.10亿元,全年投放197.53亿元,实现收入39.81亿元,净利润5.40亿元,总资产收益率1.19%,资本充足率15.19%。 (默子燕)

【中铁建资产管理有限公司】 拥有铁建银信、铁建资管、重庆保理、金融科技和铁建商城五大业务板块,围绕铁建产业链利益相关者研发创新系列金融产品。2011年3月成立,2017年8月正式运营,2020年3月重组至中铁建资本控股集团有限公司,注册资本金30亿元。定位为中铁建产业链金融和创新金融综合服务平台。职工130人。

2022年,资产总额330.96亿元,负债总额241.25亿元,权益总额89.71亿元,资产负债率72.89%。

(杨 蕾)

【中铁建投资基金管理有限公司】 中国铁建专业产业基金管理平台。2017年6月成立,注册资本金2亿元。职工33人。

2022年,新签合同额10.07亿元,营业收入1.57亿元,净利润1.06亿元。累计助力系统内单位承揽151个项目,涉及项目总投资13143.68亿元;设立基金111支,累计投放621亿元,推动92个项目资本金落地,涉及项目总投资7379.55亿元。 (杨丽娟)

中国铁建财务有限公司

【简况】 经原中国银行保险监督管理委员会批准,具有独立法人资格的非银行金融机构,2012年4月正式运营。由中国铁道建筑集团有限公司重组中国长城财务公司后，引入其核心子公司中国铁建股份有限公司共同出资成立，注册资本金 90 亿元。注册地北京市海淀区复兴路 40 号中国铁建大厦 10 层。始终坚持“加强集团及其成员企业资金集中管理，提高资金使用效率，为成员企业提供专业的资金管理、投融资等金融服务”的经营宗旨和“依法合规、审慎稳健、依托集团、服务企业、开拓进取、创誉争效”的经营方针，致力于“资金结算、资金集中、资金监管、金融服务”以及“财资服务”“4+1”平台建设，实现快速健康发展。 （杨佰玲）

【领导人员】

董事会

董事长	周仲华
董事	刘正昶
	郭双来
	马秀芝
	王国堂

监事会

监事长	彭长林
监事	靳　霞
	贾莉莉

经理层

总经理	郭双来
副总经理	黄健民
	李　彤
	王　丽

（袁　旸）

【职工队伍】 职工 94 人。均为大学及以上学历，其中研究生文化程度占 46%；高级职称占 36%；40 岁以下占 76%。加强干部队伍补充，开展管理人员竞争上岗，提拔部门副职 1 人；坚持储备和培养人才，年度内员工晋级 4 人。 （刘玲玲）

【企业管理】 完成章程修订、高管任职资格核准报批以及第四届董事会、监事会、经理层换届选举工作，规范完成企业信息公开工作。公司治理结构、董事会建设、“三重一大”清单、董事会授权制度等持续完善；调整设立风险管理、审计管理、战略与投资管理 3 个董事会专门委员会。开展经理层任期制和契约化管理工作，稳步推进三项制度改革，推动员工公开招聘，首次完成中层管理人员公开竞聘工作；成立机构改革领导组织及工作机构，加强调研分析梳理工作，制定初步的机构优化调整方案。结合金融机构属性特征，持续推进改革三年行动走实走深。 （杨佰玲）

【经营管理】 2022 年，聚焦服务主业职责定位，坚守合规底线，坚持稳健经营，经济运行整体平稳，经营指标符合预期。本外币吸收存款日均余额 992.04 亿元，年末余额 971.44 亿元；信贷投放日均余额 686.47 亿元，年末余额 745.74 亿元，其中单日峰值首次突破 800 亿元，创十年新高；全年完成各类结算交易 1349.51 万笔、交易总额 11.43 万亿元，继续保持较高水平；日均融资规模 28 亿元，日均投资规模 75.8 亿元，加权投资年化收益率 5.0%，创造综合收益 3.08 亿元。通过存款利率上浮、贷款利率下浮、中间业务手续费减免等优惠政策及低价认购成员单位新发债券，全年让利成员单位 8.85 亿元。实现营业收入 33.18 亿元，实现净利润 9.83 亿元。 （马　骏）

【科技成果】 2022 年，加大科技研发力度，累计研发应用系统软件 4 项，其中包括自主研发网上考勤系统、审计稽核抽样信息化软件、云蜜罐黑客诱捕系统等 3 项，合作研发中铁建票据管家系统 1 项。根据《中华人民共和国计算机软件保护条例》，为加强公司知识产权保护，完成自主研发与委托开发应用系统的专利申报工作，顺利通过国家版权局审核，累计获计算机软件著作权 4 项，著作权人均为中国铁建财务有限公司。持续完善科技创新机制，继续加大对核心关键技术研发，提升科技攻关能力，加强知识产权保护，推进科技成果落地应用。 （燕宗英）

【党群工作】 严格落实“第一议题”制度和理论学习中心组学习制度，深入学习贯彻习近平新时代中国特色社会主义思想，认真开展“喜迎二十大，奋进新时代”习近平总书记重要指示批示精神再学习再落实再提升主题活动，坚持把迎接和学习宣传贯彻党的二十大精神作为重大政治任务。修订“三重一大”决策制度实施办法，通过建立“制度+清单”的方式进一步厘清各治理主体权责界限，确保党委决策不缺位不越位。修订党委落实全面从严治党主体责任清单、领导班子成员党建联系点制度，推动“两个责任”得到有效落实。严格落实“三会一课”、开展“五小创新”活动，推动党建工作与生产经营工作进一步深度融合，引导发挥支部战斗堡垒作用和党员先锋模范作用，提升党建价值创造力。宣贯新时代中国铁建企业文化体系，持续通过各种载体方式深化“铁建金钥匙”特色文化建设，致力培育具有铁建金融特色的文化品牌。积极推进全面从严治党，认真开展党风廉政建设和反腐倡廉工作，企业发展氛围风清气正。发挥党建带工建，组织召开一届二次职工大会，积极开展劳动竞赛和各类文体活动，促进企业全面发展。（李阳雪）

【外汇业务】 逐步形成以境内外币集中管理、跨境资金服务、全球账户可视化为代表的外币金融服务体系，助力成员单位全球资金管理和海外业务发展。利用跨国企业外汇资金集中运营管理主办企业资质，协助成员企业加强外币资金集中管理，年内境内外币资金归集和下拨同比增长 176.75%。充分利用即期结售汇和银行间外汇市场交易会员资格，降低成员企业结售汇成本，代客即期结售汇业务同比增长 293.56%。积极响应人民币国际化号召，积极推动人民币跨境业务，跨境人民币收汇较上年增长 133%，首次获“人民币跨境支付清算先锋企业”称号。努力开拓 SWIFT 直连渠道，陆续与境外银行建立连接，为中铁十二局等 3 家局集团所属企业办理境外账户授权查询工作，年内累计收发报文 8000 余条。（刘婧琦）

【结算业务】 2022 年，完成结算总量 1349.51 万笔，结算总金额 11.43 万亿元，年末吸收存款余额 971.44 亿元（其中人民币 967.53 亿元）。全年累计办理个人盾证书 2440 个、企业 U 盾证书 272 个，完成审批开立成员单位结算账户 3366 个、注销结算账户 1732 个，年末在用结算账户 16089 个，在全系统账户数量占比近 40%，覆盖各级单位 1690 家。统筹推进结算平台建设与结算渠道拓展相融合，大力推动邮储、华夏、民生直联渠道建设上线，直联合作银行扩展至 15 家，实现主要国有及股份制银行基本覆盖。推出“核心业务系统 2.0 监管资金系统”，解决人工监管方式下的支付效率低、处理不及时、审批流程冗长等问题，开启资金监管线上化新模式。（刘婧琦）

【资金集中】 2022 年，本外币吸收存款余额 971.44 亿元，其中人民币存款 967.53 亿元、外币存款 3.91 亿元；日均吸收本外币存款 992.26 亿元，其中人民币存款 986.65 亿元、外币存款 5.61 亿元。通过开立账户、增加结算量、创新存款产品，增设异地资金池等举措促进资金集中，精准落实信贷投放，提高服务集团贡献度，积极推广各类辅助工具，助力集团提升资金管理能力，加强团队建设，多维度服务成员单位。通过签署三方监管协议，打通受限资金归集渠道。全年监管资金交易笔数近 17 万笔，交易金额近 810 亿元。年末监管账户 247 个，账户余额 29 亿元。为成员单位搭建外部资金池，加强财企银三方合作，提升成员单位议价能力。建立京外资金池 40 个，直接或间接帮助成员单位归集资金超过 500 亿元。提升服务，促进专项资金集中的稳中有增。工会累计开立账户 393 户，集中资金 33.42 亿元，同比增加 1.31 亿元，增幅 4.09%。社保累计开立账户 235 户，集中资金 29.66 亿元。

（秦　臻）

【支持主业】 2022 年，不断深化支持主业内容，紧跟主业发展需求，优化产品结构，创新产品服务，精准支持主业发展。资金池业务方面，累计为成员单位建立 40 个内部资金池，资金池调剂资金 887.6 亿元，调剂资金占比 70%，如按一年期贷款 LPR 利率测算为成员单位节约财务费用近 30 亿元。保函业务方面，紧跟系统内部重点项目，发掘保函业务需求，顺利将北沿江铁路项目保函营销至公司办理，保函金额超 20 亿元。全年累计帮助成员单位开立保函 114.24 亿元，年末余额 132.86 亿元。三方扣款业务方面，推出具有中国铁建特色的三方扣款协议，签署三方扣款协议合同金额 196.48 亿元，替代保函金额 33.5 亿元。票据业务方面，全年办理承兑业务初审 7833 份，办理银行承兑业务 1249 批 9954 张票，金额 130.14 亿元，年末承兑余额 71.21 亿元。贴现业务方面，贴现业务初审 1160 份，办理贴现业务 767 批 1029 张票据，票面金额 14.64 亿元，其中“纾解通”产品贴现办理 349 笔，票面金额 4.70 亿元。管理工具方面，SWIFT 境外账户可视化、票据账户主动管理、票据管家、企业盾管理审批、网银盾清查等金融辅助工具助力集团提升资金管理能力，为集团的高质量发展提供金融保障。（秦　臻）

【业务创新】 2022 年，顺应市场形势和金融环境变化，在大量金融市场研究工作的基础上，突破传统经营模式，创新设计市场化交易策略。通过精准研判市场利率短期波动，在银行间二级市场创新开展存量国债资产的波段交易操作。全年日均国债投资规模 25 亿元，主动运作后的国债年化收益率从固定票息 2.7% 提升至 5.07%，在全国 196 家基金公司可比同类型债券基金产品中收益率排名第 1，为集团提质增效开辟新的利润增长点。（郑帅奇）

【服务实体】 连续两年系统性梳理信贷政策，发布《中国铁建财务有限公司信贷投向指引》（2022），深入贯彻集团战略，明确年度信贷投放目标，引导优化信贷资产期限结构，谋划重点支持区域和板块产业，加强对投资项目、新兴产业、绿色产业、专精特新等专项贷款投入。同时，为精细过程管理和反馈机制，通过编制发布《月度信贷投放规模指引》，将全年信贷投放目标分解成月度指标，根据客户的实际需求灵活调整符合国家和集团政策导向的专项产品投放政策，充分发挥“服务主业，以融促产”的金融服务职能。（钟玥宁）

【信贷业务】 2022 年，授信总额 1881.7 亿元，用信 937.4 亿元。发放贷款 283 笔，金额 972.46 亿元；办理保函 284 笔，金额 123.14 亿元；办理委托贷款 38 笔，金额 88.57 亿元。结合集团产业导向和成员企业实际需求，充分发挥创新能力，陆续推出“专精特新贷”“纾解贷”“纾解通”“降债宝”“周转贷 2.0”“纾解通”等专项产品。其中，“专精特新贷”产品定向支持集团评定的“专精特新”企业生产经营流动资金需求，并享受公司优惠贷款最低价格，充分让利成员企业，发放超过 39 亿元；“纾解通”贴现主体为民营、小微企业产业链客户，适用最低贴现价格；“纾解贷”产品旨在更好满足成员企业向中小企业“应付快付、应付尽付”的资金需求，发放 94 亿元，两项产品助力成员企业充分发挥产业链、供应链中心作用，带动中小企业协同发展；连续第三年推出的“降债宝”产品贯彻落实集团年末资金信贷规模管控要求，助力成员企业降杠杆减负债，发放超过 109 亿元；“周转贷 2.0”临时流动资金贷款产品，专项支持成员企业生产经营中临时性、突发性的资金周转需求，发放超过 49 亿元。（钟玥宁）

【产业链金融】 “铁建产业链金融”品牌深入人心，有力促进集团产业链生态圈的健康发展。全年办理产业链金融票据贴现 1030 笔，金额 14.3 亿元，服务外部供应商客户 1705 家，其中小微企业数量占总客户数量超过 2/3，办理金额占总金额的 1/2。（钟玥宁）

【资金业务】 2022 年，主动适应形势发展，提前预判表内业务变化对流动性指标和资金头寸的影响，提高流动性风险管理能力。通过分析吸收存款历史趋势，结合当期大额预报，按月优化制定资产负债预算，提升资产负债配置能力。做精做细资金头寸计划管理，加强与外部银行沟通合作，合理安排资金头寸，主动调整存放策略，灵活调拨资金，在满足结算、信贷需求的同时，不断提升资金收益，同业利率始终保持领先水平。（马　骏）

【投资业务】 2022 年，坚持围绕金融服务主业开展投融资业务，促进国有资产保值增值，运用多样化投资工具加大对成员单位金融需求的支持力度，增收创效、降本减负实现新突破。全年日均投资规模 75.8 亿元，同比增加 17%；实现投资综合收益 3.08 亿元，同比增加 42%；加权投资年化收益率 5.0%（折算税前），同比提升 78 个 BP。日均融资规模 28 亿元，单日最高融资额 130 亿元，有效补充集团流动性水平。日均同业存单规模 46 亿元，加权收益率 2.9%，有效促进资金池保值增值；首次通过低吸高抛波段交易从金融市场赚取资本利得超额收益 6950 万元，开辟新的利润增长点。创新投资交易策略打开信用债规模“天花板”，主动卖出存量循环投资新发行债券，全年累计投资认购成员单位新发行债券 28.9 亿元，服务成员单位信用债发行总规模 228 亿元，直接为成员单位节省发债融资成本超过 4850 万元，为集团开辟新的降本减负渠道。全年投资规模、投资收益率在全国建筑类央企财务公司中均排名第 1，服务成员单位信用债发行总规模在全国建筑类央企财务公司排名第一。（郑帅奇）

【票据业务】 2022 年，继续推进铁建电票的应用范围和市场影响力，帮助成员企业降低财务成本，优化融资结构。全年累计办理票据承兑 9851 笔，金额 129.2 亿元。铁建电票已为 279 家中国铁建成员企业和 7 万余家上下游产业链客户提供支付结算和融资支持。3 月，与上海票据交易所联手打造的票据信息综合管理产品“中铁建票据管家”正式投产上线，助力集团全系统各授权单位在全部金融机构全部票据信息的一体化、动态化集中管理，在行业内起到创新引领作用。8 月，与中铁建资产管理有限公司通力合作，成功落地首笔供应链票据贴现，融融协同取得初步成果。同时，积极落实中国人民银行和上海票据交易所工作要求，通过多种形式在全系统宣贯推广票据账户主动管理和票据信息披露，进一步发挥票据账户管理、到期流动性管理的作用，助力集团有效防范票据风险，提升公司票据业务服务质量，并获上海票据交易所“2021 年度优秀信息统计机构”称号，成为该奖项设立以来的首家企业集团财务公司。（钟玥宁）

【风险内控】 顺应新形势新要求，逐步搭建起以风险管理为导向，内部控制为抓手，法律管控为重点，审计纪检为监督的“大风控”体系，形成全过程、全方位、全覆盖的风险管理新格局；构建“三道防火墙、三道防线”管控机制，制定风险分级管理策略，强化重大风险管控；实施覆盖全员的风险识别评估，建立风险信息库和红线管理库；首次开展信息科技风险评估与审计，以评促改提升信息安全保障能力；实施动态的规章制度和授权管理，不断夯实内控基础；启动首次全流程业务梳理，将防范风险落实到具体业务、具体环节、具体岗位；打造“智能风控”，建设统一监管报送平台和风险监测系统，实现业务数据标准化、监管报送自动化、指标监测实时化；牢固树立法律合规边界，落实“一没四不”（没有法律意见，领导不签字、议题不上会、单位不用印、上级不受理）四项审核制度，制定合规制度执行操作手册，开展“合规伴我行”系列活动，依法治企成效显著；牢牢守住监管红线和风险底线，调整适应监管新规要求，各项指标均符合监管规定，未发生重大风险事件，连续6年获建筑建材央企财务公司最高监管评级，风险防控扎实有效。（陈　涵）

【司库管理服务】　2022年1月，国务院国资委印发《关于推动中央企业加快司库体系建设进一步加强资金管理的意见》；8月，集团先后印发《中国铁道建筑集团有限公司暨中国铁建股份有限公司司库体系建设工作方案》《关于授权铁建财务负责中国铁建司库管理信息系统项目建设的通知》，启动并授权公司负责司库管理信息系统项目建设。按计划推动司库管理系统各模块建设及上线应用，完成银行账户管理模块V1.1迭代开发，并组织首批试点单位上线；资金结算模块完成全系统上线、推广和验收，开发并应用小金杯查询和资金类报表功能；信贷、票证、调剂模块完成定制化开发，并组织首批试点单位上线应用；开发建设财资机构等公共模块，统一标准，拓展司库业务和服务功能。跟进并督促系统内账户授权进度，拓宽直联通道，简化授权流程，优化审核节点，提高账户授权效率。司库宣传方面，协助拟定集团司库体系相关文档和通知，撰写司库专刊、司库业务专题、司库课题等。（郭金辉）

【境外财资服务】　2022年，积极探索境外金融业务管理运作模式，重点加强境外金融市场开拓、财资管理平台建设，充分发挥香港地区金融中心的区位优势，发挥境外融资平台功能，拓展跨境结算渠道，推动境外区域资金池建设，千方百计提高境外资金归集度，提升境外财资综合服务能力，较好地完成全年工作任务和预期目标，境外资金管理平台的优势和作用初步显现。全年集中境外资金685万美元。持续跟踪境外项目进度，对重点单位和项目的资金回款进行专项营销，实现中铁十六局澳门轻轨项目合同款直接归集，集中资金3.45亿元；紧跟俄乌走势和制裁影响，打通俄罗斯资金跨境路径，协助铁建国际、中铁十六局所属俄罗斯公司完成人民币回款2500万元；推出资金集中优惠政策，上调活期存款利率，减免结算业务手续费、欧元账户管理费等中间费用，为成员单位节约财务费用数万港元；积极开展货币兑换业务，争取多币种优惠换汇价格，平均为成员单位节约换汇成本近10个基点，覆盖美元、欧元、港币、英镑等五大币种。境外资金全年日均归集3.3亿美元，较上年增长46%，完成年度预算力争值的110%，境外资金集中度15.3%；全年办理综合授信18.1亿美元，日均贷款余额6.08亿美元，较上年增长43%，完成年度预算确保值的94%。累计为43家成员单位开立内部账户44户，为16家成员单位开立中银香港实名收付账户32户，实现境外有资金余额的二级集团账户全覆盖；全年代客办理结算业务1381笔，结算金额38.6亿美元。（郑玉锁）

【信息化建设】　信息科技与网络安全工作坚持“安全为基础、技术为保障、创新为引领”，聚焦安全风险与科技建设，稳步推进信息科技治理，统筹业务需求与系统建设，强化网络信息安全与系统运维保障，有力支撑公司各项业务的高质量发展。制定信息科技“十四五”规划并起步实施。战略规划以服务战略、赋能业务、创造价值为导向，坚持创新驱动、安全导向、开放协同，围绕数字化转型目标，聚焦“六化三提升”，强化信息科技管理与供给，增强数据管理与服务能力，持续提升业务经营管理数字化水平。深化需求与产品研发敏捷管理。优化需求管理模式，建立需求分析和评审机制，投产上线科技研发管理平台，构建起快速响应需求的敏捷研发运维体系；强化项目过程管控，完成核心系统源代码版本清理与代码入库，产品交付质效和自主可控能力进一步增强。统筹业务应用系统建设与实施。持续优化核心系统建设，重点围绕监管资金、支付结算、银团保理、账户管理等组织系统升级改造，不断完善业务功能；有序推进业务管理系统实施，投产上线档案管理、投融资管理、票据管家、财司通等管理系统，积极推动新一代票据、财务基础应用、接口互联平台等项目建设；统筹监管数据统一管理平台建设，部署实施金融基础数据、1104监管报表、风险监测及反洗钱等监管系统，成功完成二代征信系统切换上线。常态化开展业务连续性管理。滚动实施业务连续性计划，首次组织开展带量同城应急灾备切换演练，演练场景与形式取得新突破；高质量完成全国两会、“冬奥会”、党的二十大等重大时间节点和多次全员居家办公期间系统运维和技术支持工作。以优异成绩圆满完成网络安全攻防演练任务。核心业务系统首次作为靶标系统代表集团参加公安部“护网2022”实战攻防演练，演练期间，成功抵御立体式、高频次、大范围的网络安全攻击，演练过程中未发生系统被攻陷、互联网边界被突破等网络安全事件，网络安全防御体系经受住重大考验，并以优异成绩圆满完成网络安全演练各项任务。

（燕宗英）

中铁建商务管理有限公司

【简况】 前身系铁道兵司令部管理处、铁道部工程指挥部管理处、中国铁道建筑总公司机关事务管理部、总公司机关服务中心、北京铁建工贸集团。2008年1月，改制成立为中铁建（北京）商务管理有限公司；2015年7月改现名。主营业务涵盖物业管理、医疗服务、餐饮服务、商旅出行服务等。下辖北京铁建物业管理有限公司、铁建医院、北京铁建餐饮有限公司、中铁国际航空服务有限公司、大厦服务中心等5家所属单位。2022年末，资产总额33558万元，负债总额25712万元，资产负债率76.62%，比年初下降4.12个百分点；股东权益7846万元，比年初增加477万元，增幅6.47%。

2022年，完成营业收入25325万元，完成年度预算的114.59%；剔除政策因素后实现净利润238万元，完成年度预算的103.48%。（韩　明）

【领导人员】

董事会

执行董事　吕　岗

监事会

监事　孙利民

经理层

总经理　贾晖东

副总经理　孙　胜

　王　青

总会计师　王　青

党群领导

党委书记　吕　岗

党委副书记　贾晖东

纪委书记　孙利民

工会主席　孙　胜

（孙　乾）

【职工队伍】 职工523人。干部87人。其中，高级职称18人、中级职称25人、初级职称15人。技术干部占在岗干部总数的66.67%。工人436人。其中，高级技师1人、技师2人、高级技术工4人。（孙　乾）

【服务经营】 以打造“满意后勤”为目标，做优做精服务，做实做细管理，提升服务品质，抓好服务保障、安全保卫、深化改革、提质增效、党建群团各方面工作，增强股份公司总部院区的获得感、幸福感、安全感。

服务保障。大厦服务方面，推进规范化、标准化、精细化建设，以保障股份公司总部重要会议、重要接待、重要活动为中心工作，落实重要接待（会议）服务保障方案、应急预案，提高保障水平。全年服务会议上万次，完成股份公司重要接待15次。实施铁建大厦A座、B座6项大修工程。总部院区服务方面，紧盯需求强化主动服务意识，开展个性化便民服务做好“关键小事”，及时解决住户的“急难愁盼”。全年接听各类电话2万余次，接待业主来访1685人次，完成维修调度单上万次。开展消防安全、防汛、电梯困人应急演练，强化业主安全感。复兴路40号院被北京市评为“市优美化园区”。医疗服务方面，全年门诊量10.9万人次，开展义诊、健康讲座10次，建立居民健康档案5113份。家庭医生累计签约2234人。为行动不便的大院患者上门送医、入户送药20余次。积极承担社会责任，分三批次派出护理人员骨干支援海淀区集中隔离点的医疗服务工作。餐饮服务方面，服务股份公司总部等单位员工工作餐约20万人次。引入服务评价指标，举办服务技能大赛，策划多期主题美食周活动，融合企业文化元素供应时令节气小吃，提升餐饮服务保障能力。出行服务方面，发挥机票集采规模优势和专业服务优势，全年销售国内、国际机票14.5万张。通过先订后付、票价直减、减免退票费、免收服务费等方式，为中国铁建全系统内部客户节约成本近千万元。总部汽车队全年出车8300台次，安全行驶71万千米。玉泉东市场落实国家疫情防控期间减免租金政策，多措并举提振客户信心，发挥服务大院民生功能。

疫情防控。抓好疫情防控常态化和平稳转段期间工作，第一时间传达股份公司指示精神，细化优化防控要求。强化疫情日报制度和督导检查，及时应对疫情防控中的新情况、新问题。严格落实防控关键时期应急预案，采取减少流动、限制到岗率、关键时期建设临时“方舱”集中隔离点等措施，守护员工身心健康，服务保障正常开展。因时因势优化调整防控措施，统筹疫情防控和企业发展。

企业改革。按照股份公司关于调整公司法人治理结构的安排，修订《公司章程》和相关议事规则，建立完善现代企业制度。编制公司“十四五”规划和财务“十四五”子规划、人力资源“十四五”子规划，为企业高质量发展明确行动路径。开展对标一流专项行动，落实改革三年行动，推进39项改革具体任务，完成阶段改革任务。推进公司两级经理层成员任期制和契约化管理，以契约管理、权责对等、激励与约束并重、规范操作、稳步推进为原则，累计签订任期协议13份，实现全覆盖。扎实推进“大风控”“大监督”体系建设。强化重大风险管控，开展岗位风险识别，建立日常风险预警机制。持续推进退休人员社会化管理，推动退休党员组织关系移交工作。

【社会事务】 认真履行股份公司赋予的社会事务职能，代表股份公司负责总部院区与地方政府沟通联系，切实做好交通安全、消防安全、集体户口管理、爱国卫生、绿化美化、避雷检测等工作，保持股份公司总部机关良好的社会形象。

社会责任方面。按照股份公司要求做好中国铁建消费帮扶集中采购的任务，搭建全系统消费帮扶产品集采供销平台。在中国铁建对口帮扶区县、9家企业、全系统各区域总部和二级单位之间开通销售帮扶产品绿色通道。圆满完成股份公司2022年下达的全系统消费帮扶指标，按要求承办国务院国资委央企“兴农周”“央企消费帮扶暖春行动”活动组织任务，为全系统各单位提供方便、快捷的采购服务和售后服务，助力中国铁建履行央企参与乡村振兴事业的政治责任、社会责任。 （韩　明）

【党群工作】 党委4个，党支部12个，党员89人。加强党建规章制度建设，夯实基层基础。累计健全制度66项，制度“篱笆”进一步织密织牢。坚持加强党对企业的全面领导。根据公司法人治理结构变化调整情况，修订党委会议事规则，更新“三重一大”事项清单、党委前置研究事项清单。召开党委会17次，其中党委前置研究44项，党的领导融入公司治理各个环节。加强理论武装。组织党委理论中心组学习7次，学习内容70项，其中“第一议题”11项，重点围绕党的二十大精神、习近平总书记关于国资国企改革发展和党的建设的重要论述等开展专题学习研讨。结合实际策划“喜迎二十大、奋进新征程”系列活动、“强国复兴有我”主题宣传教育活动，组织党员干部参观“奋进新时代”主题成就展，营造浓厚氛围。始终坚持大抓基层的鲜明导向，研究抓基层党建议题25项。领导班子成员落实党建联系点制度，到所属各单位讲党课、调研10余次。按照股份公司规定，开展“示范党支部”选树工作，提升“三会一课”质量，推动基层组织焕发活力。举办学习贯彻党的二十大精神专题培训班暨干部轮训班，邀请专家讲座宣讲党的二十大精神。组织参加“铁建大讲堂”、国务院国资委网络培训104人次，党员教育培训的针对性和实效性不断增强。重视宣传思想文化和意识形态工作，刊发稿件114条。加强改进保密工作，组织两级领导班子人员、涉密岗位人员保密教育线上培训，开展保密对标自评；逐级签订《保密承诺书》。做好慰问帮扶工作，党政工团累计慰问困难党员和职工33人。重视干部人才队伍建设工作，多措并举补短板、管根本、利长远。全年调整职务职级7人，推荐高级专业技术人员4人。落实党委书记与下级单位“一把手”谈话制度，定期、不定期及时开展提醒谈话、谈心谈话，督促落实第一责任人责任、压实“一岗双责”、常态化提醒督导做好全年重点工作。始终把全面从严治党严的基调贯彻始终。召开“两个责任”促进会暨警示教育大会、意识形态专题会、保密工作专题会、总部业务监管联席会议等，对重点工作任务研究部署。迎接股份公司党委常规巡视，全面做好反馈问题整改。完成公司党委常规巡察工作，累计发现9个方面57条具体问题。围绕职能职责和党政所需，开展3个批次重点事项监督检查，对股份公司交办的重点工作开展提醒谈话。认真抓好股份公司巡视、审计和检查反馈问题整改，推动全面从严治党主体责任、监督责任压实压紧。 （韩　明）

【北京铁建物业管理有限公司】 主要负责中国铁建总部生活区的物业管理。在管中国铁建总部院区、朝阳区中国铁建国际城、乐想汇、铁建广场、昌平中国铁建青秀尚城、海淀温馨嘉苑等项目。驻北京市海淀区复兴路40号。党委书记、执行董事、总经理赵军。职工243人。资产总额8211万元。

2022年，营业收入7966万元。全年收到业主锦旗42面，表扬信14封。 （杨新飞）

【中国铁道建筑总公司北京铁建医院】 前身系中国人民解放军铁道兵司令部门诊部。一级综合医院，事业法人单位，北京市基本医疗保险定点医疗机构，北京市海淀区西南部医联体成员单位，海淀区中西医结合专科医疗联合体成员单位。驻北京市海淀区复兴路40号75号楼。党委书记、院长顾庆久。职工92人。资产总额5135万元。

2022年，营业收入7707万元，收支结余71万元。门诊量11万人次，健康体检5241人次。（王　寒）

【北京铁建餐饮有限公司】 中国铁建股份公司总部餐厅。为中国铁建总部提供员工工作餐、会议接待用餐等餐饮服务保障工作。驻北京市海淀区复兴路40号。负责人王艳（主持经理层工作）。职工106人（含劳务外包）。资产总额2422万元。

2022年，营业收入2423万元，服务就餐人员20万人次。（姜　庶）

【中铁国际航空服务有限公司】 拥有客运代理一级（国际客运）、二级（国内客运）资质，主要负责中国铁建系统因公机票集中采购及差旅管理服务等业务。2010年7月成立，注册资本金5000万元。驻北京市海淀区复兴路40号中国铁建大厦B座一层东区。执行董事、总经理、党支部书记孙友霞。职工32人。

2022年，营业收入879万元，销售额1.45亿元。（焦振华）

【中铁建商务管理有限公司大厦服务中心】 主要负责股份公司总部及部分系统内部企业的物业服务工作和重要接待（会议）等特约服务保障工作。驻北京市海淀区复兴路40号。总经理、党支部书记刘芳。职工116人。

2022年，营业收入3148.27万元。服务满意度99%。（苗善琪）

中铁磁浮交通投资建设有限公司

【简况】 主要从事磁浮交通、单轨交通及其他新型交通项目的投融资、研发、规划、设计、建设、运营组织管理、咨询、培训及技术服务等。2016年10月9日注册成立，注册资本20亿元。驻湖北省武汉市武昌区张之洞路169号金星大厦。公司定位于城市新型轨道交通产业资本运作、核心技术研发合作、专业集成平台，具备投资经营能力、关键技术研发能力、规划设计组织能力、资源整合集成利用能力、运营组织管理能力等全产业链能力；公司以投融资为引擎，创新合作模式，运用更加安全、节能、环保、经济、高效的技术，引领现代新型轨道交通产业发展，为国内外新型交通发展做出贡献。设立10个职能部门，下辖清远磁浮交通有限公司，受股份公司托管中国铁建股份有限公司清远磁浮工程总承包项目部、多态耦合轨道交通动模试验平台项目EPC总承包部、长沙磁浮东延线接入T3航站楼工程EPC项目经理部。

2022年，营业收入24067.99万元，净利润－9404.59万元，净资产收益率－9.28%，国有资产保值增值率90.80%，资产负债率27.79%。（项何丰）

【领导人员】

董事会

董事	谢海林
	周京波
专职外部董事、召集人	许和平（6月任）
董事（兼职外部董事）	胡晓兵
	谢维銮（9月任）
	卢　朋（9月免）
	韩奥博（6月免）

监事会

监事	王　洁
职工监事	洪　伟

经理层

总经理	谢海林
副总经理	周京波
	李寒生
总会计师	周京波

党群领导

党委副书记	谢海林

（陆　蒂）

【职工队伍】 职工79人。硕士研究生及以上学历23人，专业技术干部76人，其中正高级职称14人，高级职称38人，中级职称14人，初级职称5人，未聘专业技术职务5人。工人3人，其中高级工1人，技师2人。（陆　蒂）

【工程项目指挥机构】 清远磁浮工程总承包项目部（股份公司托管） 驻广东省清远市。党工委书记、常务副经理周其祥。

长沙磁浮东延线接入T3航站楼工程EPC项目经理部(股份公司托管) 驻湖南省长沙市。项目经理王阳,党工委书记李志林(受项目经理委托全权负责)。

多态耦合轨道交通动模试验平台项目EPC总承包部(股份公司托管) 驻四川省成都市。指挥长谢海林,项目经理张家炳,党工委书记李伟强。

(陆 蒂)

【项目建设】 清远市磁浮旅游专线工程 是国内首条中低速磁浮旅游专线,以服务长隆主题公园旅游景区为主要功能,初期实现广清城际银盏温泉站与长隆主题公园站的联通,初期工程线路全长8.014千米,2017年12月29日开工建设。2022年完成产值15394万元。

长沙磁浮东延线接入T3航站楼工程 西起长沙磁浮快线黄金大道特大桥,东至T3航站楼综合交通中心。全长4.454千米,地下段长4.256千米。合同金额141662.98万元,工期42个月,2022年完成产值60842万元。

西南交大多态耦合轨道交通动模试验平台 西南交通投资建设的国内首创、国际领先的创新型科研试验平台,是全球范围内试验线路最长、试验功能最全(多态耦合)、试验速度最高(1500千米/小时)、悬浮模式最全(除高温超导悬浮外,平台还可兼容超导电动悬浮、永磁悬浮等悬浮模式试验)、运行环境可调(0.005~1.0atm)、模型比例可变(多模型)的超高速真空管道交通试验线。合同投资43716.3万元,工期20个月,2022年项目完成产值9140万元。 (王文洲)

【企业管理】 印发《公司“十四五”企业发展战略与规划》,明确以磁浮为主导,新型轨道交通为主业和高端市场,相关市政与TOD开发业务为产业基础的发展思路。结合“十四五”规划、“品质铁建”、巡视整改等工作,拟订52项具体改革任务。全面深化改革领导小组统筹部署和组织改革工作,全年举行10次会议研究讨论改革方案、任务清单、改革过程中的重大问题。全部重点改革任务基本完成。研究制定《中铁磁浮对标世界一流管理提升工作清单》,梳理出23项对标任务、45项预期成果,各项对标任务基本完成。 (周 宇)

【经营管理】 经营承揽。全年跟踪经营项目29个,其中高速磁浮项目1个,中低速磁浮项目10个,有轨电车/空轨项目6个,城际/市域铁路2个,旅游小火车项目4个,铁路专用线2个,市政项目2个,新能源项目2个,签订战略协议2份。为提高重点项目经营工作实效,在扎实做好区域经营基础上,本年度公司成立长沙、丽江、太原、郑州、清远TOD 5个经营工作专班,开展重点项目专班驻地经营工作。经过近1年的运转,经营专班与业主建立起较为稳定、密切的工作关系,市场培育工作持续深化。

财务管理。利用高新技术企业研发费用加计扣除政策,降低企业税负,节约税款264.70万元。利用红利政策,力争税收贡献返还35.08万元。全面开通银企直联业务,充分发挥银企直联功能,公司对所属银行账户达到可视化管理,及时、全面、系统地掌握账户余额变动情况及资金流向。做好资金储备,与多家金融机构保持业务沟通,办理综合授信度总金额48亿元。做好融资产品创新,结合信托产品、基金产品、保险产品及银行产品的混合灵活运用,满足投资项目的发展设计出融资的新模式。

技术管理。2022年度累计完成各类工程项目研究36项。承担2018年度股份公司重大专项——中低速磁浮轨道交通系统成套技术工程化应用研究,其中铁五院完成的“磁浮交通项目建设管理信息系统”等子课题于2022年4月通过技术验收评审。

建设管理。加强完善制度建设,修订印发《安全生产责任制》《安全事故处理规定》《重大危险源管理办法》等11项制度。加强安全管理,建立安全例会制度,组织开展公司2022年“安全生产月”和“质量月”等系列主题管理提升活动。牵头组织各项目启动安全月,开展警示教育和应急演练;组织全员参与应急管理部新安法网络知识竞赛活动;持续加强在建项目安全监管督查,坚持每月对在建项目进行安全大检查,按月召开安全生产例会,压实各级安全生产监督监管责任。

运营管理。全年清远磁浮旅游专线项目运营筹备各项工作按计划开展。围绕智能运维、降本增效的目标,优化运营管理技术体系,对相关修程修制度、技术规程、操作手册等进行重点优化。进一步完善线上培训资料库,充分利用线上培训系统开展培训,全年组织线上考试80余次、视频培训会议100余场。

法律合规。贯彻执行“主要负责人履行推进法治建设第一责任人职责”。审核重要法律文件82份,包含规章制度8份,经济合同50份,授权委托书19份,重大决策5份。参加合规类培训59人次,签署《员工合规申明》78份,完成采购合规审查21次,第三方尽职调查合规审查29次,合同合规审查50次,业务招待费合规审查305次。

综合管理。撰写各类会议讲话稿和汇报材料、工作总结23篇。全年收到各类文件1216份,印发各类制度、通知及函件97份,筹备董事会、总经理办公会及调度会等各类会议50余场次。完成董事会规范运作系列工作,印发配套制度,落实外部董事履职系列工作。（王洁平 原项何丰）

【科技成果】 2件专利获中国施工企业协会首届工程建设行业高推广价值专利大赛奖项。其中,“中低速磁浮轨道梁大位移伸缩装置”获二等奖;“一种磁浮旅游轨道交通列车系统”获评“优胜专利”。科研立项及结题工作顺利完成。公司级科研项目小型磁浮车辆总体方案研究顺利结题验收,“低真空管(隧)道高速磁浮建造技术研究”科研课题立项顺利通过外部专家评审,获得立项。（韦随庆）

【党群工作】 党的工作。下辖16个党组织,党员78人(含清远项目公司)。深入学习贯彻党的十九届六中全会精神,组织公司3名领导人员参加中国干部网络学院专栏在线培训,组织22名中层干部参加中国铁建线上培训班,组织42名党组织书记、党支部书记(委员)参加中国铁建党支部书记示范培训班、2022年国企党组织书记和党务干部网络培训班,组织参加中国铁建“党建大讲堂”直播学习5场次150余人次。组织开展“建功新时代,喜迎二十大”,习近平总书记重要指示批示精神再学习再落实再提升主题活动。

发挥党委领导作用。积极发挥公司党委“把方向、管大局、保落实”的领导作用,全年召开党委会议24次,研究事项89项,其中前置讨论重大事项27项,研究决定重大事项60项。针对股份公司党委2021年党建考核反馈9项问题,印发整改方案。

党组织建设。召开公司党委扩大会、印发公司党建要点、下发5项党群分项要点、细化65项具体举措。针对股份公司党委2021年党建考核反馈9项问题,印发整改方案。建立中国铁建·中铁二十三局·中铁四院联合体多态耦合轨道交通动模试验平台项目EPC总承包部党工委和经营投资部党工委2个党工委、配置调整基层党工委委员9人,新建基层党支部6个、延伸指导8个党支部完成选举(改选),督促推进党支部“分类定级、创建晋升”。所属党支部全部召开2021年度组织生活会,积极开展争先创优活动,表彰优秀共产党员6人,优秀党务工作者2人,先进党支部1个。

干部管理。开展“一把手”和领导班子监督和干部兼职清理,委派公司领导及工作小组11组次、开展谈心谈话65人次,督促党员干部扎实履职尽责。组织对中层干部、财务干部等关键岗位开展因私出国(境)撤备案14人次,确保干部因私出国(境)管理可控。

党风廉政建设。召开党风廉政建设和反腐败工作会,传达上级会议精神,安排部署公司从严治党,全面压实年度“两个责任”落实,推动全面从严治党延伸、营造风清气正政治生态。强化习近平总书记重要指示批示督查跟踪问效、推动疫情防控和贯彻中央重大决策部署等任务落实,建立廉洁风险防控体系,深化纪委监督职能、落实“三为主”、实施纪(工)委报告工作、纪(工)委书记谈话提醒制度。开展反腐倡廉宣传教育月活动,组织观看反腐倡廉教育片,开展项目负责人谈廉洁活动和廉洁短信征集活动,推送反腐倡廉微型主题信息,干部职工参与率100%,开展廉洁谈心谈话20余人次。围绕重大节日节点组织专项检查2次,派出督查组5个,多渠道开展节假日廉洁提醒4次;持续改进文风会风,持续压减办文办会和综合检查考核、专项整治、巡察“回头看”。股份公司党委违规挂靠综合整治专项巡视反馈的4个方面9项问题基本得到整改,并向股份公司党委进行专题报告。

宣传思想和文化建设。举办专题讲座与研讨,邀请专家、学者围绕“创新创业成长”“智慧能源知识”开展专题讲座2次、组织中心组集中学习13次(含研讨5次)、学习有关资料127篇。紧紧围绕施工生产、投资经营、科技创新、产业发展等重点工作开展宣传报道,累计撰写各类新闻稿件80余篇。持续打造“中国铁建磁浮品牌”优势,全年发布信息350余条。开展思想政治工作和精神文明建设,强化“中国铁建磁浮品牌”核心地位。持续推进新时代中国铁建文化和品牌体系宣传与可视化,定期上报《进一步加强在项目展示中国铁建品牌形象工作简报》,印发“十四五”企业文化发展规划,总结提炼具有中铁磁浮特色的企业文化体系。承办中国地方铁路协会新兴轨道交通分会成立大会暨新兴轨道交通发展高峰论坛。开展“向马小利同志学习”等学习先进典型活动,将文明单位、文明部室、文明职工等评比表彰活动常态化,促进公司精神文明建设向纵深发展。落实意识形态责任制和舆情管控制度,加强日常网络意识形态监管。

工会工作。召开一届三次职代会,听取审议总经理工作报告、财务工作报告、提案工作报告、《2021年集体合同》履行情况报告,民主评议公司领导班子及班子成员,签订《2022年集体合同》。部署开展“喜迎二十大、奋进新征程”劳动竞赛和2022—2023年度“安康杯”竞赛，中铁磁浮获2022年湖北五一劳动奖状，中铁磁浮科技创新部项目规划研究所获2020—2021年度湖北省“安康杯”竞赛优胜班组，谢海林获2021年工程建设科学技术杰出成就奖。开展“喜迎二十大、健步新征程”徒步走，爬山登高，羽毛球健身和户外篮球周周赛，累计开展各类线下主题健身活动93场次、职工及家属参与920余人次。组织“强国复兴有我、巾帼筑梦芳华”主题活动和“做智慧女神、创美好生活”联谊活动，开展年节、婚丧嫁娶、生病住院、夏送清凉及职工子女“六一”慰问10余次、覆盖职工（家庭或子女）398人次，培训工会干部9人次，边涛获中国铁建2022年体育工作先进个人、孙斌家庭获中国铁建2022年“幸福家庭”。

共青团工作。组织团员青年集中收看党的二十大、中国共产主义青年团成立100周年大会直播，累计开展“学习二十大　永远跟党走　奋进新征程”主题团日活动3次、团课5次。落实青年精神素养提升工程，团青职工覆盖率100%。开展志愿服务17次，参与人数142人次，服务时长679小时。清远磁浮交通有限公司客运部乘务室获评“清远市一星级青年文明号”。开展推优入党工作，向党组织推荐优秀团员2名。（杨军军　王璐　汪杨渼）

【清远磁浮交通有限公司】 注册资本金6.00823亿元，专营清远市磁浮轨道交通项目的投资、建设、经营、运营管理。职工77人。

2022年度，清远磁浮旅游专线工程项目完成总投资2.68亿元。（姚侪桦）

中铁建华南建设有限公司

【简况】 拥有建筑工程总承包一级和市政公用工程总承包一级资质。2017年1月成立，总部位于广州市南沙区，注册资本金10亿元。坚持产业协同发展战略，走“集约化、专业化、差异化、区域化”发展道路，打造“集约型、管理型、创新型、实体型”总部企业，充分发挥“统筹、协调、管控、服务、滚动经营及产业协同”职能，立足广州，辐射周边，代表中国铁建开展广州及周边建筑市场的经营承揽、在建项目监管督导、基础设施建设项目投资开发及建设管理、地铁盾构施工专用化工材料及砟土改良等化学产品的研发和生产等业务。下设广州市轨道交通18和22号线总承包部、广州市轨道交通10号线总承包部、广州东至花都天贵城际项目工程总承包部、广州市轨道交通14号线二期工程总承包部4个总承包部，高科公司、中山公司2个全资子公司，建材公司和中咨公司2个合资子公司。

2022年，新签合同额122.38亿元，实现营业收入53.25亿元。（罗贵业）

【领导人员】

董事会

董事长	张　成
董事	徐加兵

监事会

监事	周光成（6月任）

经理层

总经理	徐加兵
副总经理	邵汉军（8月免）
	杨　勇（3月任）
	王春生
	陈宪祖（11月任）
总工程师	徐加兵
总会计师	杨　勇

党群领导

党委书记	张　成
党委副书记	徐加兵
纪委书记	周光成（6月任）
工会主席	周光成（6月任）

（刘海波）

【职工队伍】 职工153人。其中，干部151人、工人2人。专业技术干部151人。干部中，高级职称79人、中级职称35人、初级职称25人，大专以上学历153人，女干部23人；干部平均年龄40岁。（刘海波）

【工程项目指挥机构】 广州市轨道交通18和22号线工程总承包部　驻广东省广州市番禺区。总经理张成，党工委书记刘明，执行总经理杨祥。

广州市轨道交通10号线工程总承包部　驻广东省广州市荔湾区。总经理徐波，党工委书记雷泽鸿。

广州东至花都天贵城际项目工程总承包部　驻广东省广州市白云区。总经理谢敬平，执行总经理刘涛，党工委书记陈耀仿。

广州市轨道交通14号线二期工程总承包项目经理部　驻广东省广州市番禺区。前期工作组负责人

张楠。 （韩玺艳　卢建康　陈贵川）

【工程施工】　广州市轨道交通18和22号线工程总承包项目　全长93.1千米，设计时速160千米。合同投资436.29亿元。合同工期1464天，2017年11月开工。主要工程量：18号线全长61.3千米，车站9座、停车场1个、车辆段1个；22号线全长31.8千米，车站8座、停车场1个。2022年完成产值12.69亿元，开工累计完成产值382.7亿元。

广州市轨道交通10号线工程总承包部项目　设计时速80千米，合同投资112.48亿元。合同工期2018年12月至2023年12月。主要工程量：车站19座，其中换乘站11座；既有段线6千米，车站5座；新建段线19.2千米，车站14座，其中换乘站9座；设车辆段1座。2022年完成产值21.09亿元，开工累计完成产值47.89亿元。

广州东至花都天贵城际项目　位于广州市白云区钟落潭镇，采用"股权投资+施工总承包"模式，设计时速160千米，合同投资207亿元。合同工期2021年9月30日至2026年12月28日。主要工程量：正线土建施工、机电安装、装饰装修以及同步实施综合体工程等，线路起于广州东站（不含），止于花城街站，线路长39.6千米，全地下敷设；新建车站7座；新建应湖线路所1座，为规划广清城际联络线预留接入条件；设置车辆段1座、主变1座，与芳村至白云机场城际工程共用，全线接入既有陇枕控制中心；采用8辆编组市域D型车，快慢线运营，与芳村至白云机场城际跨线运营。2022年完成产值13.52亿元，开工累计完成产值13.52亿元。

广州市轨道交通14号线二期工程总承包项目　全长11.9千米，设计时速120千米。合同投资4.4392亿元，其中轨道专业合同额2.5975亿元，系统专业合同额1.8417亿元。合同工期2018年11月1日至2022年12月28日。实际工期2023年5月30日至2024年12月28日。主要工程量：全线轨道工程以及全线供电系统、弱电系统及信号系统。车站8座，其中换乘站3座。

新塘站综合交通枢纽一体化工程（含地铁预留工程）施工总承包项目（1标）　位于广东省广州市增城区新塘镇，为5条轨道交通地铁与国铁换乘站。合同投资4.72亿元。合同工期2020年9月11日至2022年6月30日。主要工程量：车站土建工程长254米，宽47.3米，深23.5米，基坑占地面积27619平方米；通廊总长224.285米，通廊横向宽度受国铁柱网制约，土建净宽度设计6.6米，深13.1米，基坑占地面积约3776平方米；车站设置出入口6个，20/13号线付费区换乘通道1个，20/13号线还建出入口1个。2022年完成产值1.23亿元，开工累计完成产值2.2亿元。

广州南站商务区东新高速周边市政道路工程项目　位于广东省广州市。合同投资3亿元。合同工期525天，开工日期2021年1月9日。主要工程量：规划一路至规划六路市政道路6条，新建道路3315米，新建桥涵8座；道路、桥涵、排水、电力管沟土建结构、照明和绿化工程等。2022年完成产值4031.72万元，开工累计完成产值2.21亿元。

万环西路南延线（十六涌半至海堤段）工程设计施工总承包项目　位于广东省广州市南沙区万顷沙南部滨海区。合同投资13.5亿元。合同工期533天，开工日期2022年4月15日。主要工程量：道路工程、桥梁工程、交通工程、照明工程、绿化工程、海绵城市。起点至十八涌包含给排水工程、电力土建工程、通信土建工程、燃气预留管线位置等管线工程。2022年完成产值6.36亿元，开工累计完成产值6.6亿元。

中国铁建横沥岛2021NJY－17地块项目　位于广州市南沙区横沥镇合兴路以北、金融经三路以西、金融纬二路以南、新联路以东地块。工程采用施工总承包模式，合同签约额13.72亿元，自施部分含税总造价7.06亿元，合同工期916天。项目总用地面积55363平方米，可建设用地面积29123平方米，总建筑面积238779平方米，计容面积163270平方米。包含住宅、商业、政府性房源、幼儿园、地下室、公共配套等。2022年完成产值1.12亿元，开工累计完成产值1.54亿元。

中土海语熙岸项目住宅四期项目　位于广州市南沙区。合同投资2.3亿元。合同工期1054天，开工日期2021年2月1日。中国铁建海语熙岸项目住宅四期工程建筑用地面积20524平方米，总建筑面积74232.27平方米，地上建筑面积52086.27平方米，地下建筑面积22146平方米。建筑5栋。2022年完成产值0.6835亿元，开工累计完成产值2.0411亿元。

南沙区黑水治理项目　合同投资1.71亿元。合同工期390天，开工日期2022年2月25日。主要工程量：南沙区14处水浸黑点，分布在广州市南沙区黄阁镇、南沙街、榄核镇、横沥镇、珠江街、万顷沙镇街。2022年完成产值1.3亿元，开工累计完成产值1.3亿元。

（林　诚　尹宝党）

【经营管理】　经营承揽。2022年，签订广州市轨道交通18号线和22号线项目补充协议7项，新中标横沥岛2021NJY－17地块项目施工总承包等项目，新签合同额710721.23万元；建材公司新签合同额307604.72万元，高科公司新签合同额63411.04万元，中咨公司新签合同额3315.94万元，中山公司新签合同额138792.96万元，华南建设总计新签合同额1223845.89万元。

投资管理。加强制度建设，制定《投融资项目经营管理办法》《投资项目过程管理办法》。加强在建投资项目管理，做好广州东至花都天贵城际项目、番禺总部基地项目、南沙横沥岛长沙涌项目的统筹、协调、监督和指导。

企业管理。深入推进改革三年行动，梳理完善改革任务台账，推行"台账管理"模式，加强监督协同和动态调整，47项改革任务已于9月底全部完成。推进规章制度"立改废"，修订完善公司《章程》《董事会议事规则》等制度和事项清单，全年共梳理现行制度219份、修订制度9份，废止制度5份、新立制度29份。健全完善"大风控""大监督"体系，稳步推进各级审计、合规、内控、巡视、纪检"五位一体"监督融合。大力开展业务培训，全年培训员工1000余人次，内容涵盖全业务领域。

安全质量。以贯彻落实国务院安委会安全生产"十五条硬措施"、股份公司安全生产"十个坚决"等重要工作指示为工作重点，锚定"双零"（零伤亡和零事故）目标，制定《参建项目部安全体系运行情况评价办法》《总承包项目工程质量缺陷责任追究管理办法》。强化安全质量主体责任，与所属7家单位签订年度安全包保责任书。落实重大施工风险分级管控制度，定期组织风险评审，实施重大风险现场盯控。每月开展安全质量环保督察，检查各单位安全质量管理责任落实情况，细致排查施工现场各类安全隐患和质量缺陷，年度共开展公司级安全检查8次，发现并消除各类安全质量隐患1315处。开展以"遵守安全生产法、当好第一责任人"为主题的安全生产月活动、以"聚焦工作质量，防范重大风险"为主题的质量月活动，提升全员安全质量管控意识和能力。组织开展5场安全质量管理培训，参训人员368人次。组织开展"广州市海珠区地铁在建工地极端天气综合应急演练"，有效提高项目风险防范能力。全年施工生产平稳可控，未发生等级安全事故。

设备物资。积极做好物资设备集采工作，全年集采金额47亿元，相比市场金额48.75亿元，节省资金1.75亿元。

财务管理。全年实现营业收入53.25亿元，完成年度预算的115%。利润总额1.46亿元，净利润1.13亿元，完成年度预算的106%。资产总额54.33亿元，负债总额37.69亿元，资产负债率69.37%。

经济管理。做好责任成本、二次经营、计划统计、合同及分包管理、清收、提质增效、对标一流等经济管理业务。组织开展合同及分包专项排查工作。牵头组织总承包项目合同变更工作。及时填报政府报表，完善相应制度、形成规范流程。积极参与省市工程造价研讨，构建积极和谐外部环境。

（张　科　尹宝党　张洪伟）

【科技工作】 组织高科公司成功实施"混合砂及其制备方法和应用"的专利成果转化，获广州市南沙区2022年专利产业化奖励30万元。与广东省科学技术厅、工业和信息化厅等沟通，推动所属子公司省部级科技创新平台建设，组织高科公司开展省市级平台认定，2022年被评定为广东省工程技术研究中心、广东省创新型中小企业、广东省专精特新中小企业。新增广州市科技局重点专项揭榜挂帅项目1项，股份公司立项课题2项，其中B类课题1项，C类课题1项。机械法竖井、低净空成桩等课题已开展工程示范应用。

全年完成25件专利和1件软件著作权申报工作，获国家知识产权局授权专利43件，其中发明专利8件；取得软件著作权登记证书1件。获广东省科技进步奖一等奖1项，湖北省科技进步奖一等奖1项；参编团体及地方标准3项，其中建材行业标准2项、广东省地方标准1项；发表科技论文20篇，其中中文核心期刊9篇；获第七届中国建筑业协会BIM大赛一等奖。

（崔力波　陈　前）

【工业制造】 中铁建华南建设（广州）高科技产业有限公司是集科研、生产、销售和服务于一体的"专精特新"企业和高新技术企业。以"地铁施工一站式服务商"为发展目标，专注于为轨道交通建设工程施工企业提供可靠、快捷、高效的产品和服务，产品已应用于30多个城市的轨道交通项目，并拓展至水资源、市政、公路、铁路、房建等工程领域，客户涵盖中国铁建、中国中铁、中国建筑、中国交建、粤水电、广州建筑、北京城建、北京建工等多家大型建筑企业。全年生产供应干拌砂浆275210吨，营业收入10480万元；盾尾密封油脂2396吨，营业收入2125万元；渣土改良剂780吨，营业收入324万元；周转材料租赁营业收入2770万元。

中铁建华南建设（广州）建材有限公司立足华南

片区，积极投身粤港澳大湾区建设，持有建筑施工安全生产许可证，拥有钢结构二级资质及劳务资质，通过长城（天津）质量保证中心的质量管理体系、环境管理体系及职业健康安全管理体系三标认证。全年生产钢材产品5.9万吨，双块式轨枕13.3万根，道路（桥面）板177块，楼板预制品162立方米，轨顶风道74米。全年供应钢材产品55.4万吨，Ⅻ型轨枕、双块式轨枕34.4万根，短枕、封堵块6.2万块，岔枕87组30277米；配送楼板、路板7189立方米。顺利完成地铁18号线和22号线的生产配送任务，积极配合10号线、广花城际项目生产进度，助力项目建设有序推进。

（教传朋　张卫朋）

【党群工作】 党的工作。党委5个，党工委3个，党支部11个，党员195人。坚持政治引导把方向，深化全国国有企业党的建设工作会议精神落实成果，召开党的建设工作会议，制定并落实年度党建工作要点，健全完善制度机制，严肃党内政治生活。坚持服务中心管大局，修订公司“三重一大”决策制度实施办法，调整党委前置研究事项清单；年度召开党委会议17次，在117个议题讨论中对61个涉及公司发展的重大问题进行前置决策。坚持规范管理固基础，落实“四同步”要求，确保新成立单位党组织全覆盖；常态化学习研讨习近平新时代中国特色社会主义思想。建立基层党组织换届工作台账和到期提醒督促机制，制定基层党（工）委和党支部换届选举工作模板，严格文件报批、会议日程、选举等流程；印发《基层党支部标准化工作手册》，开展党支部评价定级创建晋升工作。坚持下移重心保落实，以解决不同时期主要困难为落脚点，规范领导班子成员联系点工作。在总承包部项目中组建联合党支部，开展“双融双创”活动，深化各参建单位在总承包项目内的协同共建。加强两级媒体现场交流对接，邀请央视在广州地铁18号线拍摄纪录短片《地铁智慧出行》，并在央视科教频道播出10分钟的专题片；在广东卫视《晚间新闻》栏目播出广州地铁22号线首通段开通运营新闻；在《工人日报》头版报道公司参与大湾区劳动竞赛相关动态。针对网络舆情、意识形态、党的二十大精神解读等组织专题讲座。开展文化与品牌落地专项督查，检查各单位落实使用新版视觉规范情况。启动“企业文化建设年”主题教育，开展红歌比赛、知识竞赛、主题征文，在组织员工学习中国铁建文化纲领的同时，深化对“担当、实干、廉洁、争先”的华南建设企业文化理念的理解和认同；开展“先进典型选树宣传工作”专项培训，规范先进代表选树流程。

纪检监察。召开2022年度党风廉政建设和反腐败工作会，与所属单位签订《党风廉政建设责任清单》。年中检查督导党风廉政的建设情况和巡察整改情况，对所属单位纪（工）委履职进行考核。制定印发《关于加强总承包工程项目纪检监督的实施办法》，加强总承包部与各分部（参建单位）的监督执纪工作联动协作。开展反腐倡廉宣传月活动和“靠企吃企”专项整治。加强日常监督，注重抓早抓小。两级纪（工）委运用第一种形态，约谈提醒、批评教育23人次。公司本级纪委处置信访举报3件，核查后对3人开展提醒谈话。对所属单位领导班子成员开展集体谈话，对提拔和交流任职共9人开展任前廉洁谈话。完成股份公司“违规挂靠”专项巡视反馈问题的整改。配合做好股份公司常规巡视工作。

工会工作。开展系列劳动竞赛，1家单位获评中国铁建科技创新优胜单位，华南建设获评股份公司劳动竞赛优秀组织单位。新成立创新工作室2个，发挥6家种子劳模创新室的示范效应，2个劳模创新工作室被广东省工业工会命名表彰、1人获评全国铁路总工会火车头奖章。开展文化活动、年节慰问、帮困济贫和送温暖活动。高度重视项目建家建线工作，着力改善职工生活条件，各项建设指标达到或超过集体合同约定标准。

共青团工作。开展“喜迎二十大、永远跟党走、奋进新征程”“青春心向党，建功新时代”系列主题活动，团委书记带头讲团课。开展第二届“五小成果”评选活动。获广州地铁青年红歌会冠军和“优秀组织单位”称号；原创视频《女实验员的一天》获全国铁路女职工Vlog大赛一等奖；1个单位、6名个人获广州地铁集团团委“两红两优”五四表彰。

（王丽娟　刘石顺　王小杰）

【中铁建华南建设（广州）高科技产业有限公司】 主营轨道交通施工配套产品和服务，包括盾构刀具、防水材料、地铁装配式建筑、盾尾密封油脂、渣土改良剂、干拌砂浆、机电产品以及盾构施工技术咨询、防水技术咨询、堵漏施工、盾构施工人员培训、周转材料租赁等多项产品和服务。2019年12月30日注册成立，注册资本金5000万元。驻广东省广州市南沙区。党委书记万明，执行董事、总经理郑勇。

2022年，经营承揽23058.6万元，营业收入15309万元，利润1047万元。（教传朋）

【中铁建华南建设(广州)建材有限公司】 2019年12月30日注册成立,注册资本金1亿元。驻广东省广州市番禺区。由华南建设、中铁十一局集团合资成立,分别占股55%、45%。经营范围包括钢材集中加工业务、钢结构加工安装、生产销售机电材料、生产地铁装配式产品、生产销售混凝土制品、混凝土的生产销售、物资贸易。董事长、党委书记万明,总经理、党委副书记王云华。职工85人。资产总额77454万元。

2022年,新签合同31.82亿元,营业收入97841万元。 (董韩玉)

【广州中咨城轨工程咨询有限公司】 2009年9月注册成立,注册资本金1000.02万元。驻广东省广州市海珠区新港东路1238号。立足城市轨道交通行业,开展规划、设计、建设、运营、管理、资源开发等全过程、全方位咨询服务。主要业务包括联调联试、运营筹备、全自动运行、评估评审和管理专题咨询等。党委书记王春生,总经理赵军。职工44人。资产总额7222万元。

2022年,新签合同额6643万元,营业收入7219万元,利润428万元。资产负债率57%。 (王嗣强)

【中铁建(中山)城市建设有限公司】 拥有建筑工程施工总承包一级,防水防腐保温工程专业承包二级资质。2021年7月8日注册成立,注册资本金2亿元,注册地广东省中山市翠亨新区。驻广东省中山市火炬开发区。主要负责中山市建筑、交通、城市建设经营承揽和项目管理,重点负责中山市域城市轨道(地铁)和基础设施建设市场开拓、轨道产业导入和轨道产业园区开发等业务。执行董事、党委书记赵东华,副总经理(主持工作)李铁成。职工26人。 (权 航)

中铁建国际投资有限公司

【简况】 践行国家"一带一路""走出去"倡议和股份公司"海外优先"战略的专业国际投融资平台。为形成内外联动的资金通道,2019年4月2日在中国香港挂牌成立中国铁建国际投资集团有限公司,注册资本金50亿港元,2019年8月29日在广州南沙区成立中铁建国际投资有限公司,注册资本金30亿元。经营范围主要包括境外基础设施投资、建设及运营,境外城市房地产综合开发与运营,境外矿产资源投资、建设及运营,境外工业园区、产业园区投资、建设及运营,境外并购等业务。投资业务板块主要包括基础设施、城市综合开发、矿产资源、新产业与园区以及收并购。总部位于北京,下设粤港澳大湾区区域总部、东南亚区域总部、拉美区域总部、欧亚区域总部。持有厄瓜多尔科里安特矿产公司、尼日利亚莱基自贸区以及西班牙阿尔德萨集团公司部分股权。 (施 忆)

【机构设置】

董事会

董事长	廖 军
董事	吕 晶

监事会

监事会主席	底建平
监事	高 斌
	梁永强

经理层

总经理	吕 晶
执行总经理	董付堂
副总经理	李建辉
	王玉龙
	韩 鹏(11月任)
总会计师	董付堂

党群领导

党委书记	廖 军
党委副书记	吕 晶
纪委书记	底建平
工会主席	底建平

(薛晓瑞 李子琪)

【职工队伍】 职工111人,其中博士、硕士62人;30~40岁80人;从事市场经营49人,从事资金、风险工作19人。拥有驻外工作经历的员工超过40%。2022年新录用29人。 (薛晓瑞 许轶纯)

【企业管理】 强化公司治理。年初调整领导班子分工,优化核心业务的领导配置;对机构设置和职责做出调整,优化分工和接口。同时,补充关键岗位人员、分阶段推进落实经营激励措施。董事会、经理层积极履职尽责,全年召开董事会15次,审议议题55项;召开总经理办公会19次,审议议题82项。加强人才队伍建设。多渠道引进人才,全年新入职29人;有序开展员工晋升,努力形成良性的员工成长机制,鼓励骨干人员到业务和海外一线工作;依托内外部资源加大业务培训力度,参训142人次。关爱员工、强化办公保障。启动新办公楼购置及装修前期工作,做好常态化境内外疫情防控,保障正常生产生活秩序。为海外员工家属提供紧缺的防疫物资,解决一线人员的后顾之忧。坚持党的领导,加强党的建设。践行领导班子成员联系点工作机制,为基层解决实际问题;开展学习宣贯党的二十大精神系列活动,推动党建工作与生产经营深度融合。

高度重视合规工作,进一步完善合规运行机制。加快构建和完善“大风控”“大监督”体系的要求,严格遵守“1+9”合规制度,重点关注控制投标、采购、第三方合作等领域的合规风险,加强法律合规审核,强化合规风险排查。每季度参加阿尔德萨公司合规委员会会议听取汇报,内容包括合规培训情况、投诉举报情况及合规流程监控情况等。10月11日,参加欧盟对俄罗斯制裁讨论特别会议。风控法务部负责人及工作人员多次赴西班牙现场参与阿尔德萨并后管理工作,督导其合规内控及法律事务管理。

(薛晓瑞　周天敏　施　忆)

【经营管理】　作为股份公司“3+5+N”实行“海外优先”战略的重要支柱,着力打造中国铁建海外投资平台、海外融资平台、海外资源整合平台、海外资产运营平台、优秀国际人才的发展平台、履行国家战略的重要平台等六大平台,着力加强战略管理能力、投资能力、融资能力、投后管理能力、风险控制能力和资源统筹能力等六大能力。

海外核心业务聚焦五大业务板块和一个重要手段,即“5+1”:“5”是由基础设施、城市综合开发、矿产资源、产业园和新兴产业五大板块组成,“1”为重要发展手段,即海外收并购。业务的布局以拉美区域、东南亚区域和欧亚区域为三个首要核心发展区域,与公司控股子公司西班牙阿尔德萨公司在其优势区域市场展开协同与互补,同时立足粤港澳大湾区,形成“3+1+1”的市场布局。

2022年,新签合同额11.78亿美元,另外房地产开发项目签约1项,投资额1.47亿美元;股权投资项目签约1项,投资额1.5亿美元。印发《投资项目信息初评管理规定》《计划管理办法》等制度办法,确保公司生产、经营、投资等各项工作规范管理。

启动市场开发、项目管理和资金运作引擎,提升企业创效能力。加强协同经营。铁建国投市场经营部、各投资部门和区域总部加大对其市场开发和投资建设的帮扶力度,协调系统内外资源,在29个追踪项目上提供业绩、技术或人脉支持,阿尔德萨公司合同新签得以显著增长。加强项目管控。对8个重点项目提级管理,由国投团队对项目的质量、进度、工期、收款等进行重点监控、分析、指导,增强工程建设管理能力。落实“两金”压控。国投人员直接参加重点项目管理周会及项目资金会议,监督项目工程款确权和回收情况。盘活存量资产。国投成立专班对持有的土地、房产、特许经营项目等资产进行梳理,加快推进资产处置,促成Belvis光伏电站项目与三峡国际的交割。拓宽融资渠道。推动在西班牙MARF市场发行商业票据融资,墨西哥Arriaga项目成功发债,乌拉圭C5项目融资关闭,与汇丰银行、桑坦德银行和工商银行马德里分行等新增授信协商。

非洲区域市场正在形成。加纳纳米迪尼金矿项目完成交割;与中土合作的尼日利亚拉各斯4号桥PPP项目被确定为优先中标人;与甘肃白银合作跟踪的博茨瓦纳铜银矿项目推进迅速。阿尔德萨公司在手合同创历史新高。广州市南沙区横沥岛地块开发项目顺利落地。首次在公司注册地投资建设,促进与广州南沙区的深度对接合作。新兴业务成为重要增长点,在非传统优势领域打开局面,展现主动响应国家号召、积极落实股份公司要求的责任担当。投资项目储备增长迅速,将有效改善一直以来公司经营后劲不足的困境。巴西米拉斯州Lot 3公路、哥伦比亚轻轨2号线、厄瓜多尔铜矿二期、哥伦比亚污水处理厂、印度尼西亚VCC公路、孟加拉N5公路、智利68号路等一批项目都在积极推进,有望取得实质性进展。

拉美区域总部将办公地址由巴拿马搬迁至智利,并注册成立智利分公司。旨在发挥智利市场规范、法制健全、项目集中、系统内合作伙伴聚合的优势,聚精会神,重点推进,站稳在拉美地区的脚跟。进一步确定经营原则为“投资引领、合作为主、投建融合、区域协同”。持续贯彻以区域市场开发部统筹各国别市场经营工作的经营体系,继续落实内部报表、周例会、区域内部初评和立项评审会等制度。聚焦核心国别,深耕属地市场。确立智利、巴西、哥伦比亚三个核心国别,兼顾巴拿马、厄瓜多尔、墨西哥、秘鲁四个重点国别市场,通过“瘦身”巩固和提高区域经营能力。各国别经理继续深耕所在国别市场,不断提高通过各类渠道获取项目信息的能力,并与部分所在国别机构和企业建立良好沟通渠道和合作关系,有效提高项目储备。深入开展对所在国别政治经济、金融投资、基础设施市场、文化安全等信息搜集和研究，加大属地招聘力度，不断加深对所在国别市场的掌控。进行全面风险评估和管理，建立区域总部风险评估台账。针对发现的风险，制定具体防范化解措施，对缓释的效果进行持续监控。针对推进的项目，进行全过程风险管控，对可能存在的重大风险，提前摸清情况，积极寻求从合作模式等大处考虑缓释措施，防范项目风险。区域总部坚持所有法律文件签署必须履行区域和公司两级法审程序，严格防范合同风险，并建立合同台账，定期对履约情况进行监督检查。多次组织对各重点国别进行逐一梳理，分析出具有推进价值、具备落地希望的重点项目，对符合公司要求的项目，集中区域全部资源重点推进。全年共发起项目初评 14 个，其中 9 个项目通过公司审核并备案入库；起草立项报告并配合投资部门完成项目立项 2 个；组织实施项目投标 3 个；完成项目资审 2 个。

欧亚区域总部以国投五大业务板块为引导，在优先考虑项目可融资性、公司及股份公司批复可能性情况下重点开拓基础设施、物流及矿产资源领域，促进各板块均衡发展，重点实现区域大型基础设施项目投资突破，兼顾物流、农业领域布局培育，做到项目近中远期储备合理，为可持续发展奠定基础。在区域总部建设方面，着重打造四大功能建设：培育项目信息识别、投资分析、风险识别、融资能力四个方面能力。同时，充分发挥部门各职员的专业优势及技术特长，各项职责明确到人，设立 AB 角相互配合，实现岗位职责和工作的连续性、时效性和顺畅运行。2022 年 2 月，俄乌冲突爆发，于年初制定的“以俄罗斯为支柱市场，乌克兰为重点市场，集中资源重点突破，实现两个国别项目落地”的发展战略受到根本性的影响。原计划 2022 年 5 月 20 日落地的乌克兰敖德萨南方港 500 万吨粮食码头项目被迫无限延期；受潜在的二级制裁风险影响，区域被迫退出俄罗斯萨哈 250 千米高速公路 PPP 项目；俄罗斯滨海边疆区政府暂停海参崴跨海大桥项目招标；在西方前所未有的经济制裁环境下，俄罗斯国内物价飞涨，普通民众生活消费受到极大冲击，计划开发的莫斯科大学公寓项目不再具备经济可行性。在公司领导下，欧亚区域重新分析当前局势，积极调整并制定“向东看”的经营战略——选择哈萨克斯坦、乌兹别克斯坦两个相对成熟市场作为重点国别，夯实基础设施主业项目，针对性开发物流、农业等产业领域，跟踪并培育一批高价值项目。欧亚区域共有投后在建项目 2 个，分别为俄罗斯莫斯科米丘林地铁上盖房地产开发项目、哈萨克斯坦巴库塔钨矿项目。围绕公司业务板块，重点开发拓展 9 个项目，其中初评入库 4 个，完成立项 1 个。在中亚及俄远东地区拓展一批价值项目。区域重点推进哈萨克斯坦阿拉木图绕城铁路项目及其附属铁路物流园项目、与中国北大荒集团合作的俄罗斯克拉斯诺亚尔斯克 32 万吨菜籽油加工厂项目和远东大豆加工厂及海参崴粮食专用码头项目。聚焦主业，发挥协同效应。与中土哈萨克斯坦分公司、乌兹别克斯坦分公司分别就哈萨克斯坦阿拉木图绕城铁路项目、塔什干—安集延高速公路 PPP 项目；塔什干—撒马尔罕高速公路 PPP 项目展开密切合作，发挥双方各自优势，共同推进。关注新能源、矿业板块。欧亚区域各国自然资源储量丰富，同时政府正在大力发展绿色能源，对于此类国投非主业板块项目，区域积极发挥信息优势，积极与国内主业公司寻求合作。与山东招远黄金集团在哈萨克斯坦达成初步战略合作意向，筛选四个金矿项目进行重点跟踪；与中铁二十局、北汽集团合作跟踪乌兹别克斯坦锂矿项目；与国电投、中铁二十局合作推进乌兹别克斯坦 2000 兆瓦光伏发电项目。创新投资模式：投资 + EPC + 垂直产业相结合。虽然俄罗斯经济遭受重创，但其与我国的商业贸易仍然保持增长。通过克拉斯诺亚尔斯克油菜籽加工厂项目积极探索在农业领域与国内主流农业企业合作，创新投资 + EPC + 垂直产业相结合的商业模式。拓展社会资源，建立合作同盟。加强与系统内外企业的横向联系，形成利益共同体。与系统内各国别兄弟单位建立密切联系，与中土哈分、乌分，中铁二十局、中铁十九局、中铁十六局、中铁建设均建立定期联络机制，并取得良好效果。以项目推进为抓手，加强与相关领域主流企业合作：与北大荒集团建立农业领域合作机制；与山东高速集团欧亚班列运营公司建立哈萨克物流领域合作机制；与山东招远黄金集团建立矿业领域合作机制。

东南亚区域总部在印度尼西亚、孟加拉国、马来西亚设有常驻人员。孟加拉国率先开展分公司建设工作，注册资料正在认证中，预计 2023 年底能够完成孟加拉分公司注册工作，获得孟加拉国投资营业资质。2022 年，区域总部持续跟进的项目 32 个，已完成立项项目 1 个，为孟加拉 N5 国道升级改造 PPP 项目。完成初评项目 2 个，分别为印尼雅加达塞马楠—巴拉拉加收费公路项目、印尼雅加达普洛加邦—二环连接线项目。孟加拉 N5 国道升级改造 PPP 项目位于达卡市西侧，Gabtoli Savar—Nabinagar—Bipile 段全长 24.44 千米，是 N5 国道的一部分。项目采用“可行性缺口补贴+可用性付费”模式，全投资 Capex 7.9 亿美元，全投资内部收益率为 11.85%，项目资本金内部收益率 15%。印尼雅加达塞马楠—巴拉拉加收费公路项目位于印度尼西亚首都雅加达西部、唐格朗境内。全长 32.72 千米，为连接达塞马楠和巴拉拉加地区的新建收费公路项目。项目总投资 12.5 亿美元，特许权年限 40 年（含建设期 3 年）；通行费调差机制为按年通胀率，每两年费率调整一次；项目全投资内部收益率 11.94%。印尼雅加达普洛加邦—二环连接线项目位于印度尼西亚首都雅加达东部、勿加泗市的西部。项目全长 14.01 千米，横穿雅加达东部最大的住宅和商业区 Kota Harapan Indah。项目高架部分双向 6 车道、地面部分双向 4 车道，设计时速 80 千米。总投资 5.6 亿美元，特许权年限 50 年（含建设期 3 年）。与印度尼西亚公共工程与住房部在雅加达签署合作协议。根据协议，双方将在收费公路、市政工程、公共住房、水资源等重点领域全面开展合作。印度尼西亚公共工程与住房部将为铁建国投推荐较为成熟的投资项目和有实力的当地合作伙伴，推动项目尽快落地。此次合作使我公司的市场开发模式从“单一项目开发”升级为“一揽子项目开发”。

粤港澳大湾区区域总部战略定位为“立足港澳、辐射内地、服务海外”。2022 年 10 月，区域总部正式将总部迁往香港，同时保留南沙办公室，形成香港和南沙两地协同办公、内外协同经营的发展态势。为加快完善组织架构、加强培育投资能力，2022 年 11 月，区域总部开展有关人员的属地招聘。积极维持与当地政府的良好关系，加强与政府各部门的沟通交流，利用外部董事及公司领导调研时机，开展与广东省商务厅、南沙区政府、横琴管委会、南沙区投促局、南沙区金融局等部门座谈，畅通资源获取通道，研判属地范围内政府的政策变化及应对策略；会见香港立法会议员、驻港中联办领导、港府商务及经济发展局负责人等官员，通过高端经营活动，推动提升公司在属地知名度，助力区域总部经营开拓和项目孵化。积极加强与农业银行广东省分行、农商银行等金融机构以及广州市公证处、公安局、珠海公证处、广东省外事服务中心等单位的交流，畅通办事渠道，为区域总部的协同工作创造良好条件。加强与属地各兄弟单位以及央企、国企的交流合作，先后与股份公司华南区域总部、房地产集团南沙投资公司、中铁建设南方公司、中铁二十五局、华南建设、中土港澳公司、中铁十五局、铁四院等兄弟单位及保利集团、南沙开发建设集团、南沙交通集团、广州开发区交通投资集团、中车香港、中船资本等央企、国企会谈交流，就铁建国投在大湾区业务发展及重点项目合作进行充分沟通。重点项目为广州市南沙区横沥岛长沙涌铁建西派澜岸房地产开发项目。该项目位于广州市南沙区横沥岛尖长沙涌西侧 2021NJY－17 号地块，地块总占地面积 55363 平方米，建设用地面积 29123 平方米，总计容面积 163270 平方米。主要建设内容为住宅、公寓和配套商业，代建公园绿地 16072 平方米、道路用地 10168 平方米。铁建国投协同中铁地产南沙投资公司、华南建设、南沙开发建设集团以增资扩股方式入股项目公司，各方同股同权以股东借款形式投资项目、合作开发，铁建国投核定投资额 1.47 亿美元。2022 年 12 月，项目 1 号、2 号楼顺利开放预售。

（杜　英　施　忆　周　全）

【境外项目】 智利五号公路塔尔卡至奇廉段（Talca－Chillán）项目　全长 193.3 千米，为智利第二繁忙公路段。2020 年 12 月 30 日中标，是中资企业在智利中标的首个公路 PPP 项目。总投资 12.23 亿美元，铁建国投和铁建国际按照 60%：40% 的股比组建智利 5 号公路塔尔卡－奇廉特许经营股份有限公司，负责该项目特许经营。项目新建及扩建部分的建设期 7.7 年，预计 2028 年投入运营。2021 年 4 月 1 日，公司牵头的铁建方联营体接手智利五号公路项目既有线运营。项目运营情况总体平稳，2022 年营业收入 5.91 亿元，开工累计营业收入 10.58 亿元，全部为项目公路运营收入。2022 年运营利润 0.78 亿元，开工累计运营利润 1.52 亿元。获得 ISO9001 质量管理体系 2022—2023 年维护认证证书。

厄瓜多尔米拉多铜矿项目　项目公司（中铁建铜冠公司）由铜陵有色金属集团控股有限公司（铜陵有色）和铁建国投共同出资设立，分别持股 70% 和 30%。上述投资方于 2010 年完成该项目股权收购，收购金额 6.45 亿美元，2012 年经股东批复项目建设概算 18.92 亿美元。铜冠公司在厄瓜多尔的主要资产有科里安特铜矿带铜矿资源和配套港口、水电站土地资产。科里安特铜矿带主要包括米拉多和桑潘两个矿区，相距 40 千米，其中米拉多矿区位于萨莫拉钦奇佩省，包括米拉多、米拉多北两个矿体。米拉多矿体估算资源储量 8.6 亿吨，铜地质品位 0.525%，铜金属量 451.66 万吨。设计境界内矿石量 5.85 亿吨，平均地质品位：铜 0.544%、金 0.18 克/吨、银 1.44 克/吨、硫 2.75%。一期工程（米拉多）于 2015 年 12 月 21 日开工建设，2019

年7月18日投产，一期工程计划年处理矿石2000万吨，生产铜金属9.6万吨，正常生产运营。二期扩建工程（米拉多北矿）2021年开始启动，处于前期工程建设准备阶段，开展国外行政审批报建工作，工程试验研究、勘察设计和招标采购等工作同步进行中。厄瓜多尔米拉多铜矿项目2022年生产精矿含铜120768吨、含金2448千克、含银32671千克，分别完成年计划的117.75%、136.00%、169.32%，销售量铜精矿湿量56.84万吨，2022年累计收到货款112069.81万美元，销售收入突破80亿元。12月27日，项目风险管控文章获第十八届安徽省企业管理现代化创新成果一等奖。

俄罗斯米丘林地铁上盖项目　位于莫斯科西南部拉缅基街区，米丘林大街45A号，地铁站正上方，为地上28层地下2层、内置商业及地下停车场的多功能住宅综合体。一期建设用地面积9071平方米，总建筑面积56340平方米，地上建筑面积45340平方米，其中住宅建筑面积40901平方米，商业建筑面积4191平方米，仓储建筑面积248平方米；地下建筑面积11000平方米，其中地下车库建筑面积10841平方米（车位236个），设备夹层面积159平方米。项目公司股权结构为莫斯科工程院50%、中国铁建40%（铁建国投16%、铁建国际12%、中铁地产12%）、AFI公司（俄罗斯当地合作公司）10%。项目于2020年8月初取得土地租赁权，2021年1月取得施工许可手续，2021年12月开盘销售，目前正在进行主体结构施工和住宅预售。应对俄乌冲突及原材料价格上涨的影响，及时调整销售策略，严控投资建设成本，前期股东借款已经收回。2022年项目投资额22.45亿卢布，开工累计投资额29.44亿卢布；贷款合同规定项目融资总额64.06亿卢布，已提款21.82亿卢布。2021年12月24日开盘销售，开工累计销售额19.03亿卢布，开工累计回款额17.59亿卢布。

巴西萨尔瓦多跨海大桥项目　位于巴西巴伊亚州萨尔瓦多市，跨域桑托斯海湾，连接巴西东北部第二大经济区萨尔瓦多大都会与伊塔帕里卡岛。项目路线全长46.8千米，由萨尔瓦多引线、跨海大桥、伊塔帕里卡岛道路系统三部分组成，其中，萨尔瓦多引线长4.2千米，由4座高架桥、2座隧道以及地面道路组成；跨海大桥全长12.5千米，主桥跨径布置为（205+450+205）米，引桥长度11.54千米；伊塔帕里卡岛道路系统总长30.2千米。项目为绿地项目，总投资97.81亿雷亚尔。项目特许经营期35年，其中建设期（含准备期）预计5年，运营期30年。项目公司股权结构为中国交通建设股份有限公司37.5%，中国交建南部美洲区域公司12.5%，中铁二十局集团有限公司50%（中铁建国际投资有限公司28.57%股权由中铁二十局先代持）。因疫情影响和市场条件发生重大变化，与业主（巴西巴伊亚州政府）开展合同再谈判工作。2022年12月15日，州政府提出的上述咨询报告在州审计法院全体会议上表决通过。

哈萨克斯坦巴库塔钨矿项目　位于哈萨克斯坦共和国阿拉木图州，是哈萨克斯坦境内资源储量第二大的钨矿，在世界钨矿储量排名第五，矿石资源量约1.26亿吨，三氧化钨金属量约28.49万吨，三氧化钨平均地质品位0.226%。项目总投资19.8亿元，建设期2年，运营期20年。首期设计年处理矿石330万吨采选及辅助工程，基建期2年。建成投产后增加抛废富集系统，将采选能力扩大至年处理矿石495万吨，即日处理1.5万吨，年产65%钨精矿14351吨。佳鑫国际资源投资有限公司（佳鑫国际）控股子公司杰特苏钨业有限公司拥有该矿区矿权。铁建国投与中国土木联合对佳鑫国际进行增资扩股并合作开发钨矿项目。铁建国投投资1.47亿元，增资后持股10%；中国土木投资0.74亿元，增资后持股5%，完成增资后中国土木负责项目EPC总承包。项目内部收益率（税后）预计23.47%，资本金内部收益率12.95%。处于建设阶段。项目主体工程包括尾矿库、选矿厂全面开工建设，2022年完成尾矿库筑坝工程量141.8万立方米，为年度计划118.2%，占筑坝工程总量59.1%；实现选矿厂主厂房钢结构成功吊装，完成粗碎站50%混凝土量、粗矿堆土建、破碎厂房和筛分厂房基础，其余辅助子项工程有序推进。2022年完成基建剥离101.02万立方米，为年度计划111%，占基建剥离总量55.5%。外部供电工程完成两个变电站土建，进入设备安装；外部供水工程1号、2号加压泵站基本完工。

（文元元　陈克琴）

【党群工作】　2022年，铁建国投党委坚持以习近平新时代中国特色社会主义思想为指导，持续宣传贯彻党的二十大精神，以党中央、国务院国资委党委、股份公司党委确定的各项任务为中心，认真履行全面从严治党主体责任，严格按照上级要求开展各项党的建设工作，结合公司发展战略及国际化发展目标，召开党委会30次，党委中心组学习12次，专题研讨6次。在提升“党的政治建设、组织建设、思想文化宣传建设、全面从严治党效能、群团工作质量”中认真履职尽责，完善纪检工作制度，维稳、统战、保密等党委专项工作，毫不动摇坚持和加强党的全面领导，以高质量党建引领高质量发展，推进保障公司改革发展各项工作持续提升，确保中央和上级重大决策部署有效落实。

班子建设。公司领导班子带头学习做表率，集中围绕落实习近平总书记重要指示批示精神、推动公司“十四五”高质量发展等主题开展专题学习研讨，带队前往西班牙、波兰、巴西、智利、巴拿马、墨西哥等海外国家做一线调研，深入总部各部门、拉美区域、西班牙区域讲授党课；贯彻民主集中制原则，严格落实“三重一大”制度和廉洁自律规定，推动党的领导不断融入公司治理；认真召开党史学习教育专题民主生活会，开展批评与自我批评，领导班子思想政治素质、能力建设、作风建设等方面显著提升。

组织建设。党组织政治功能、组织功能持续强化。新成立总部第四党支部、并后管委会党支部，拉美区域总部成立支部委员会，所属党支部委员持续优化配齐。全年发展党员 3 人，开展全体党员“党员岗位创星”活动，党员管理工作质量有效提升。全面启用《党支部工作标准化建设手册》，定期召开党建工作专题会，强化指导党支部标准化建设。开展 2022 年度党建责任制考核工作和所属党组织书记抓基层党建述职评议工作，所属党支部完成首次定级，党建责任制考核 + 党支部定级晋升工作机制初步形成，党建责任制不断压实。

制度建设。公司坚持做好制度约束，确保责任落实到位。修订《公司党委落实全面从严治党主体责任清单》《“三重一大”决策实施办法》《党委议事规则》；制定印发《贯彻落实习近平总书记重要指示批示实施办法》《铁建国投 2022 年度政治监督重点问题清单》《党建工作经费管理办法》《党支部评价定级创建升级实施方案》等党建制度，切实扛牢管党治党政治责任，确保党建制度化建设落到实处。

思想宣传及文化建设。强化海外宣传策划，举办“美好中国年”“共话新时代”“同筑地球村”“对话 Z 世代”“我们在一起”“蓝色星球　绿色守护”“中华之美　时代新韵”“中国这十年”等主题宣传活动。海内外多篇优秀文章及视频作品通过股份公司新闻中心向环球网进行推荐；强化企业品牌认同，开展“我为中国铁建文化与品牌代言”主题宣讲活动和专项答题活动，推进新时代中国铁建文化与品牌落地，扩大大公司品牌价值和国际化传播的影响力，全面提升宣传整体水平和传播效能。

党风廉政建设和反腐败工作。推进“两个责任”有效落实，规范廉洁档案管理，制定下发《中铁建国际投资有限公司廉政档案管理暂行办法》；不断完善境外监督机制和廉洁风险防控体系，逐步构建和完善“大监督”体系；进一步拓宽信访举报途径，着力发现违纪违规问题线索，综合运用“四种形态”，促进企业风气进一步扭转；强化干部廉政考核，高质量完成铁建国投纪委履职考核工作；广泛开展谈心谈话，落实干部提拔、驻外工作、回国休假等环节，开展廉洁谈话机制；开展重点工作检查及廉洁风险排查，累计排查廉洁风险点 39 个；围绕反腐倡廉宣传教育月活动主题，大力开展廉洁文化“五个阵地”活动，营造风清气正氛围。

群团工作。逐步完善群团组织和工作机构，人员和经费保障，通过品牌活动培育、团队特色形象建设、劳动竞赛创新等活动，推动群团工作规范化建设；开展“关心关爱工程”，深化“我为群众办实事”活动，做细做实针对性帮扶济困工作；深入开展“巾帼建功新时代”行动，大力选树“巾帼”先进，深化女职工讲堂和读书活动，促进女职工成长发展，引领女职工建功立业；开展多项主题教育，激发广大青年的奋斗精神，引导团员青年积极投身企业急难险重任务，发挥生力军和突击队作用。（李子琪）

【中铁建铜冠投资有限公司】 由铜陵有色金属集团控股有限公司和中铁建国际投资有限公司共同出资成立的合资公司；注册地安徽省铜陵市经济技术开发区，注册资本金 56.18 亿元，双方出资比例 70%∶30%，法定代表人胡新付，经营范围包括矿业投资，矿山开发技术服务，普通货物配载，矿产品、矿山机电产品、矿山物资销售，电解铜购销，有色金属采选、冶炼、加工和进出口业务（国家限定企业经营或禁止进出口的商品和技术除外）。资产总额 167.18 亿元。其中，流动资产 28.116 亿元，非流动资产 139.068 亿元。所有者权益 73.649 亿元。

2022 年，营业总收入 810110 万元，利润总额 299346 万元，净利润 181057 万元。（胡　磊）

【西班牙阿尔德萨集团公司】 1969 年成立，总部驻马德里。主要从事包括大型基础设施、轨道交通、房建以及可再生能源的工程施工、运营维护、工程技术支持和上述领域的投资业务。铁建国投于 2019 年 12 月 25 日签订阿尔德萨公司股权收购协议，通过全资子公司欧洲基础设施投资公司（Euroinfra Inversión）持有阿尔德萨公司75%的股份；西班牙费尔南德斯（Fernandez）家族通过 HoldingdeInversiones Favifam 公司持有阿尔德萨公司25%的股份。阿尔德萨公司董事会8名董事中有6名由铁建国投提名，Fernandez 家族占有剩余的2席。阿尔德萨公司职工2263人，其中西班牙总部83人。

2022年，新签合同额约80亿元，营业收入34.50亿元。（赵　田）

中国铁建发展集团有限公司

【简况】　2019年9月成立，是中国铁建股份有限公司全资子公司，驻北京市石景山区石景山路22号铁建发展大厦。拥有市政公用工程施工总承包一级、建筑工程施工总承包三级、机电工程施工总承包三级和环保工程专业承包三级资质，获国家级高新技术企业认证，通过质量、环境、职业健康与安全管理三体系认证复审。为中国环境保护产业协会第六届理事会理事单位、中国环境科学学会第八届理事会理事单位。下辖董事会办公室、办公室、发展规划部、投资经营部、运营管理部、经济管理部、财务管理部、人力资源部（党委干部部）、审计法务部、党群工作部10个职能管理部门，新兴产业研究院、铁建发展大厦管理中心、项目管理中心、产业金融中心4个直属单位，华东区域总部、华南区域总部、西部区域总部、华北区域总部、北京区域总部5个区域总部，天津区域经营部、山西区域经营部、河北区域经营部、新疆区域经营部4个区域经营部。职工522人。管辖单位有阿达驻车投资管理有限公司、诚合瑞正风险管理咨询有限公司、中铁建网络信息科技有限公司、中铁建工研（北京）环保科技有限公司、中铁建发展集团有限公司北京水务分公司、中铁建发展集团有限公司化州分公司6个子（分）公司和13个项目公司。

2022年，新签合同总额163.63亿元，同比增长12.45%。完成营业收入22.71亿元。扶贫投入25.13万元。（吕良和　杨　宁　许　嘉）

【领导人员】

董事会

董事长	贾　洪（10月免）
	周庆国（12月任）
董事	贾　洪（10月免）
	周庆国（3月任）
	戴建国（3月免）
外部董事	张海亮
	李吉锋
	窦宏冰

监事会

监事会主席	刘　璇
监事	吕良和
职工监事	刘才义

经理层

总经理	周庆国（3月任）
副总经理	戴建国
	于程水
	刘方治（11月任）
	刘小刚（8月任）
总会计师	戴建国

党群领导

党委书记	贾　洪（10月免）
	周庆国（12月任）
党委副书记	周庆国（3月任）
纪委书记	刘　璇
工会主席	刘　璇

（李卓谷实）

【职工队伍】　职工522人，其中女职工107人。研究生及以上学历159人，大学本科毕业344人，专科及以下19人；正高级职称9人，高级职称102人，中级职称124人，初级职称118人；35岁及以下242人，36～40岁151人，41～45岁77人，46～50岁34人，51岁及以上18人。（李卓谷实）

【企业管理】　战略管理。2022年，铁建发展“十四五”规划获股份公司批复，发布“十四五”人力资源、信息化业务规划，批复所属单位网信科技、瑞正咨询“十四五”规划。改革三年行动圆满收官，完成全部43项重点任务，通过一系列改革举措，集团公司在加快现代企业制度建设、优化产业布局和结构调整、健全市场化经营机制、加强党的领导和党的建设等方面取得显著成效，积累宝贵经验，有效激发企业内生动力。对标世界一流管理提升行动作为改革三年行动的重要任务，全面完成八大管理领域52项任务举措，有效提升公司管理水平。印发《中铁建发展集团有限公司战略规划管理办法》《中铁建发展集团有限公司计划管理办法》。

企业资源配置。优化总部组织架构,加强直属机构、区域经营机构、子分公司和项目公司建设。2022年,铁建发展将总部部门由8个调整为10个,增设董事办公室、经济管理部,成立新兴产业研究院、产业金融中心,设立天津区域经营部、山西区域经营部、河北区域经营部、新疆区域经营部。与北京市石景山区国有资本投资有限公司合资设立中铁建发展集团北京生态环境建设有限公司,与北京市工业设计研究院有限公司、北京青峰源环境科技有限公司合资设立中铁建工研(北京)环保科技有限公司。成立中铁建发展(定州)园博园生态建设有限公司、中铁建发展集团(天津)智慧停车有限公司。印发《中铁建发展集团有限公司总部机构设置及岗位编制管理办法》《中铁建发展集团有限公司投资类项目公司(含运营)、总包部机构编制管理指导意见》《关于明确项目公司管理模式的通知》《关于明确项目公司管理模式的通知》。

董事会工作。铁建发展董事会设4名董事,董事会办公室为铁建发展董事会工作机构,具体实施董事会日常事务,设董事会工作专岗2人。结合企业实际情况,董事会暂未设专门委员会。2022年,董事会召开会议10次,审议议案67项,内容涉及发展规划、企业管理、投资经营、股权投资、财务管理、人力资源、审计法务等各个类别。

人力资源。印发《"十四五"人力资源发展专项规划》。全年集团公司党委选拔任用部门副职级及以上干部26人,其中通过公开招聘方式选拔任用干部10人,占比38.46%。全年引进人才173人,其中社会招聘引进人才124人,接收高校毕业生49人,接收的高校毕业生中硕士研究生及以上学历占比83.67%。印发《"青苗计划"实施方案》,以2022年毕业生为主体开展首届"青苗计划"岗前培训。持续做好职称评聘工作。持续推进实施全员绩效考核,组织集团总部各部门签订责任书,实现生产经营目标层层分解。持续发挥薪酬激励机制。修订薪酬办法,规范区域指挥部、直管项目公司、项目部等派出机构薪酬构成,构建激励与约束相统一的收入分配机制。

(杨　宁　吕良和　李　卓)

【经营管理】 投资管理。坚持"项目为王、效益至上"的理念,重点做好拓市场、兴产业、提质效、强基础、上水平五项工作;按照绿色环保巩固优势、数智工程做出品牌、工程咨询做精做专、新兴业务精准研究,做优各产业板块。以涉水项目作为产业投资拓展主线,以土地生态保护修复作为重点培育业务,实现标志性项目承揽多点突破。持续优化区域经营机构,加强分子公司和区域经营机构能力建设,最大限度发挥分子公司在省域经营力量优势。2022年底,进一步优化区域经营体系,调整设立为8个区域指挥部。落实中国铁道建筑集团有限公司综合治理专项行动,开展投资问题专项治理、进一步加强参股管理及民企挂靠国资问题综合整治等工作。严格执行《投资项目管理暂行办法》及《非投资项目管理办法》审批制度,召开投资项目立项评审会、项目部门评审会,对承揽项目进行研判分析。

财务管理。2022年完成营业收入22.71亿元,同比增加3.27亿元,增幅16.82%;净利润132万元,剔除磁浮亏损影响后净利润0.48亿元;经营性现金净流量6.21亿元,同比增加6.01亿元,增长3005%,资金回款能力大幅提升;平均资金上存度71%,高于股份公司下达预算目标值16个百分点;资产负债率67.62%,低于股份公司管控目标3.38个百分点。完善制度体系建设,修订《中铁建发展集团有限公司费用报销管理办法》《中铁建发展集团有限公司差旅费管理办法》《中铁建发展集团有限公司所属单位负责人绩效考核办法(暂行)》,制定《中铁建发展集团有限公司所属单位负责人2022年度绩效考核实施方案》《中铁建发展集团有限公司对外担保管理办法(暂行)》,印发《关于项目公司成立初期开户及日常费用开支事项的通知》。落实股份公司司库体系建设工作部,推动全集团内银(财)企直联工作,截至2022年底全集团可授权账户比60%。组织开展会计信息质量问题、债务风险、金融业务风险、国有产权管理、依法纳税问题、虚假贸易业务排查等六个专题自查,排查问题16条。充分利用政策红利,降低企业税负成本,全年节约税款1422万元,其中高新技术企业税收优惠423万元,增值税进项税加计抵减节约税款384万元,研发费用加计扣除减免所得税236万元,水污染防治企业所得税优惠283万元,增值税即征即退92万元。加强财务信息化建设,启动财务信息系统(一期)建设开发工作,完成财务核算、报账模块开发并上线使用。加强财会队伍建设,财务人员33人,较2021年增加8人,所有财务人员均为本科及以上学历,硕士以上学历占39%;中高级技术职务以上15人,占45%;注册会计师6人,占比18%。

审计法务。完成网信科技离任审计、阜石路项目竣工审计、阿达驻车原负责人离任经济责任审计、定州唐河项目过程审计等4项工作。配合股份公司完成铁建发展原董事长离任经济责任审计工作,股份公司移交整改问题22条中,已完成整改14项,整改不到位4项,整改中4项,综合整改完成率75.45%。配合股份公司开展2022年上半年科研课题专项审计,推动研究型审计工作,8月编制上报研究型审计案例。推动法律合规审核把关,2022年累计出具合规意见319份,出具法律合规意见书29份,招待费审核325次,合同审核法律意见277份,为招投标资料等出具部门评审意见34份,回复法律咨询48余件。加强合同文本范本建设,拟制并印发《保密合同》《房屋租赁合同》《采购合同》《设备及相关服务采购合同》等4份合同示范文本。按月梳理跟进涉诉案件进展,同时协助处理冬奥公园人身权侵权纠纷案件,牵头处理华东区域劳动争议纠纷案件(已顺利结案)。加强法律合规队伍建设,招聘法律专业应届生2名,组织参与国务院国资委法治讲堂4期,邀请集团公司常年法律顾问开展2022年度法律合规培训活动。

(许　嘉　刘才义　王厚友)

【项目建设】 2022年,持续完善项目管理机制,加强项目进度、安全、质量监管,防范投资、建设、运营风险,精益求精,山东省日照市东港区精致城市项目、河北省定州市园博园项目、河北省定州市唐河综合治理项目、深圳市大望梧桐片区城市更新项目等多个项目全面开工建设。

投资管控。铁建发展严格执行投资项目策划先行和设计管理制度,把控投资风险。组织各单位积极克服新冠疫情等不利因素影响,统筹协调,切实推进项目实施进度。

安全管理。发布《中铁建发展集团有限公司安全生产监督管理办法》《中铁建发展集团有限公司安全生产责任制规定》《中铁建发展集团有限公司安全生产专项整治三年行动实施方案》,切实做到健全责任体系,强化现场检查,狠抓政策落实,严防突发风险。集团全年未发生生产安全事故。

质量管理。铁建发展认真落实国家质量发展纲要精神和股份公司相关要求,在工程管理过程中严格执行有关质量标准,落实质量终身责任制。集团各级单位强化关键环节控制,扩大质量管控覆盖面,不断提升质量管理水平。通过劳动竞赛、教育培训等多种方式激发集团全员争优意识和积极性,提高全员综合能力和素质。集团全年未发生工程质量问题。

(孙连波　张　浩)

【信息化建设】 完成《中铁建发展集团“十四五”信息化规划》的编制和中国铁建“十四五”信息化规划宣贯培训学习。建立财务共享平台、底座框架系统、运营管理系统、项目信息系统、上网行为管理系统。参加公安部网络安全演练,完成集团OA系统的等级保护测评、“挖矿”专项治理工作、域名备案,完成全国两会、冬奥会、党的二十大期间的网络安全防护,参加中国铁建互联网出入口收敛(一期)项目。建立和完善信息化治理体系和信息化人才队伍。参与中国铁建数字化转型实施路径课题总体组、智慧软件生产、智慧产业、企业集中管控和数字畅通工程等课题组,参与股份公司“面向多工程类型的智慧工地底层技术平台研究”课题。

(吕良和　张宏翔)

【风险内控】 根据股份公司重大风险月度监测报告的通知的相关要求,组织各部门及所属单位对重大风险事件进行全面排查,截至2022年11月全集团各级单位填报风险评估1003条,其中特别重大风险8条、重大风险47条、较大风险180条、一般风险548条、其他风险220条。基本完成覆盖全集团的风险预估及风险扫描。完成2021年度内部控制自我评价及考核,形成监督评价底稿和内部控制管理建议书,明确内控缺陷流程和整改措施。持续推动“大监督”组织机构建设,下属各子公司完成“大监督”领导小组设置。持续完善“大监督”工作机制,年度内印发2022年度经济“大监督”工作方案,明确监督重点和职责分工,建立“大监督”联席会议和信息共享等工作机制。牵头组织集团各部门制定大监督年度工作计划,形成覆盖11个部门的监督计划38项,并充分利用内部审计、巡视巡察、业务检查等活动,开展“大风控”“大监督”体系建设及有关工作要求的现场宣贯。

(王厚友　杨　腾)

【科技创新】 科技研究。2022年,新增科研课题10项,其中参与省部级课题1项,参与股份公司A类课题1项,参与股份公司B类课题1项,主持股份公司C类课题1项和管理类课题2项,集团公司课题本级新增课题4项。全年在研课题26项。

科技成果。完善制度体系建设，制定印发《中铁建发展集团有限公司科技创新平台管理办法（试行）》。申报并取得股份公司及省部级6项科研课题批复，分别为“数字化融合勘察设计一体化成套技术研究与应用”“‘铁建智慧方舱’关键技术研究与应用”“城市轨道交通工程施工期碳排放测算及评估方法研究”“城市基础设施运营安全研究”“污泥无害化处理技术研究”“面向工业互联网的高性能可靠多方安全计算技术和产品项目”。

授权专利。2022年，获专利授权15件，其中发明专利1件、实用新型专利12项、外观设计专利2件。

其他科研事项。2022年4月，组织集团级知识产权培训班并聆听股份公司专利讲座，树立知识产权强企、强国的意识，明确集团公司知识产权高质量发展目标。2022年5月，组织开展“全国科技工作者日”活动。2022年7月，与北京一川鸣知识产权代理事务所签订知识产权代理合作协议，集团公司的知识产权工作体系初步建立。2022年，新增科技创新平台2个，与北京理工大学计算机学院成立“云网技术研究中心”，共同开展云计算、大数据、物联网、移动互联网、软件开发领域的试点与产业研究等技术研究和应用推广工作；与北京交通大学成立“数智化研究中心”，共同开展数智工程技术创新、科技研发、科技成果转化与推广工作。（吕剑锋　何　川　冯　姗）

【党群工作】 党建工作。深化党建工作责任落实。修订《党建工作责任制考核评价办法》，完成对子分公司党组织2021年度工作考评。修订《中国共产党中铁建发展集团有限公司委员会议事规则》《中铁建发展集团有限公司贯彻落实“三重一大”决策制度实施办法（试行）》。中铁建发展集团有限公司党委2022年党内相关培训班采取线上培训的方式如期举办。主动加强横向对标学习，向投资集团围绕党群工作进行对标学习。加强党支部建设管理。对总部党组织架构进行优化调整，并对相关党支部的党员构成进行调整。梳理摸排统战人士信息。按照党外知识分子、少数民族、宗教界人士、民主党派人士、“三胞”及眷属、出国留学人员及眷属6类属性在全集团范围进行摸排，梳理出22人并首次建立全集团《统战人士台账》。年内召开党委会17次、累计研究事项153项，其中涉及学习习近平总书记各类讲话精神、传达党中央各项重大决策部署和上级党委重要工作安排、干部任免等方面议题60项，涉及经营管理、企业改革、发展战略等方面议题93项。

宣传工作。新闻宣传工作聚力发声。依托企业新中标项目的推进，着手布局全国性的宣传网络。聚焦企业核心产业、重点项目、关键节点、创新成果、改革成绩等进行11次新闻策划，聚合资源在主流媒体发声。先后在《工人日报》、《中国环境报》、《北京日报》、《天津日报》、北京卫视、广东卫视、“中国之声”、“国资小新”等中央及省部级主流媒体“出镜亮相”，2022年度对外宣传报道总分较上年同期增长21%。新媒体建设品质提升。集团官微立足生态环保产业平台全面改版升级，形成政策解析、新规解读、项目走读、一线瞭望等栏目。集团微信公众号迄今累计推出157期内容，部分报道被《中国环境报》行业媒体转载，实现内聚人心、外树形象。丰富载体，建设内部宣传教育阵地。发展集团党委在OA系统开通“发展快讯”栏目，栏目启动后累计发布内部新闻、职工动态、管理心得等稿件321篇。形势任务教育深入人心。聚焦“管理提升年”主题，广泛开展形势任务宣传活动。年中工作会后，围绕下半年重点任务，集团领导班子、总部各部门、各基层单位聚焦重点任务、聚焦本职工作提升，围绕管理提升和稳增长主题，撰写评论文章，相继在集团OA发展论坛栏目刊发。同时，开展多样化形势任务教育活动，组织在京单位党员干部职工代表参观“奋进新时代”主题成就展；邀请中央团校名师为新入职员工讲授“青春百年心向党，复兴路上勇担当”主题团课，集团全体青年员工以“线上＋线下”方式聆听集中宣讲。

纪检工作。持续强化政治监督，督促深入学习贯彻党的二十大精神。持续压实管党治党责任，努力营造“严”字当头良好氛围。以日常提醒、党建检查考核评价等为抓手，督促各级党组织、纪检机构落实管党治党政治责任，督促党员干部认真落实“一岗双责”。持续做实做细日常监督，不断拧紧纪律规矩发条。强化对各级领导班子成员特别是“一把手”履职尽责、遵规守纪、廉洁从业情况的监督，强化对同级党组织落实“三重一大”决策制度执行情况的监督，持续做实做细年轻干部职工的监督；推送廉洁提醒24期，坚持不懈打“预防针”、不厌其烦念“紧箍咒”。持续推进正风肃纪，释放一严到底的鲜明信号。围绕2022年“管理提升年”主题，加强对集团党委重要决策部署、集团重点工作；全年受理股份公司党委常规巡视移交及自收的信访举报5件（含重复件）；运用监督执纪“四种形态”，依规依纪处置问题线索3件，谈话函询2人、提醒谈话1人。持续推进廉洁文化建设，着力加固不想腐的思想防线。推送纪法微课堂23期，筛选国企党员干部严重违纪违法典型案例，坚持每月推送警示案例、常敲警钟，围绕“责任重于能力，自律胜于他律”的主题，克服疫情影响，开展专题学习、演讲比赛、廉洁短信征集、发放警示教育读物、签名承诺、沉浸式学习等反腐倡廉宣传教育月系列活动。持续深化内部巡察，助力企业高质量发展。对分公司党支部开展常规巡察，进行全面“政治体检”。

工会工作。民主管理，职工权益“有保障”。组织召开发展集团一届二次职代会。精准用力，当好职工“娘家人”。持续做好职工集体福利工作，印发《中铁建发展集团有限公司工会慰问暂行办法》；积极开展“送温暖”“送清凉”等活动；疫情防控期间，投入20余万元购买防疫物资。建家建线，倾心打造“家文化”。集团工会拨付专项资金帮扶帮扶定州园博园项目、化州总承包部、亭子口项目、张贵庄污水处理厂二期等开展建家建线工作；关注偏远艰苦项目，为瑞正咨询新疆YEGS项目申请股份公司工会专项帮扶；倾心建造集团职工书屋，获评2022年全国工会职工书屋示范点。职工活动，团结凝聚“向心力”。先后组织乒羽友谊赛、棋牌比赛、“三八”节活动、“六一”节活动、职工摄影比赛等线上线下活动；组织“践行二十大　奋进新征程”趣味健步走及“学习党的二十大精神”知识竞赛。建功立业“提增效”。在重点项目范围内开展“大干四季度　全面完成年度指标”劳动竞赛。选树典型，树立学习“优榜样”。1人获铁路总工会火车头奖章，1人获股份公司“体育工作先进个人”称号，1个职工家庭获股份公司“幸福家庭”称号，1人获股份公司合理化建议和技术改进项目三等奖。

（叶玲玲　方　研　吴婉秋）

【华南区域指挥部】　驻广东省广州市天河区越秀财富世纪广场A1栋403室，负责省份包括广东、广西、海南、湖北、湖南、江西。2022年12月，集团公司动态优化各经营机构设置，优化后华南区域管辖广东、广西、海南三省，区域指挥部在编人员7人，专家返聘1人，合计8人。

2022年，华南区域落地5个项目，总投资额21亿元。（周　伟　杨　挺）

【华北区域总部】　2021年6月22日成立。驻北京市石景山区石景山路22号铁建发展大厦四层。负责省份包括北京、天津、河北、河南、辽宁、吉林、黑龙江、内蒙古，主要对应股份公司华北、中原、东北区域总部。总部编制6人。

2022年，中标河北省第七届（定州）园林博览会定州展园及地市展园项目，合同额18.85亿元；中标辽源市北部采煤沉陷区生态环境导向的开发（EOD）模式试点项目，合同额26.99亿元。（韩立志　曹　磊）

【北京区域指挥部】　2021年12月4日成立，驻北京冬奥公园马拉松大本营。负责北京区域市场的整体工作，主要对应股份公司华北区域总部。编制3人。

2022年，完成经营承揽任务7.95亿元。签署北京冬奥公园项目委托管理合同，合同额4.18亿元；中标石景山区鲁谷街道老旧小区（六合园北）综合整治项目，合同额0.92亿元；中标北京冬奥公园东北部环境整治项目，合同额0.37亿元。（王　强　黄慧娟）

【华东区域总部】　2020年成立，所辖省份包括上海、山东、江苏、安徽、浙江、福建。驻杭州市拱墅区。在编人数17人。（袁　勇　杨　苗）

【西部区域总部】　2020年11月设立，负责省份包括四川、重庆、云南、贵州、西藏、陕西、甘肃、宁夏、青海、新疆、山西，后山西经营部由水务公司代管，新疆经营部由瑞正咨询代管。总人数14人。驻成都市高新区。

2022年，完成经营承揽额85.61亿元，先后中标亭子口灌区一期工程项目、兰州“产城融合”示范区污水处理项目、资阳全域土地综合整治试点项目。

（尤　康　舒　祥）

【铁建发展（河源）城乡环境治理有限公司】　2021年2月8日成立，驻广东省河源市东源县委党校，职工3人。（孙连波　张　浩）

【中铁建发展（深圳）城市开发运营有限公司】　2022年5月31日成立，驻罗湖区东湖街道横排岭村172号。职工17人。（孙连波　张　浩）

【中铁建发展集团北京生态环境建设有限公司】　2022年1月29日成立，驻北京市石景山区北京冬奥公园。职工29人。为北京冬奥公园运营主体。

（孙连波　张　浩）

【中铁建发展集团（天津）水务有限公司】　2021年4

月25日成立，驻天津市东丽区金桥街道郭家台村航新路129号。职工51人。

2022年，中标东丽湖温泉度假旅游区南部污水处理厂一期扩建及配套管网建设工程，合同金额4509万元；中标华明非正规垃圾填埋渗滤液应急处置项目，合同金额1327万元；中标蓟州经济开发区基础设施建设项目扩建上仓污水厂项目、新建四条道路项目、新建标准厂房项目，承揽金额合计27617万元。

（肖志毅　柏　雯）

【济南济阳润淏水质净化有限公司】 2021年1月28日成立，单一股东为中铁十五局集团有限公司，驻山东省济南市济阳区济北街道仁和街8号1号办公楼。2022年1月14日通过股权转让形式，发展集团成为控股股东，占比60%，中铁十五局集团占比40%。董事长徐振生，总经理李智。总人数为21人。

（李如刚　姜睿兴）

【兰州中陆铁建环保有限公司】 2021年7月19日成立，驻甘肃省兰州市西固区玉门街10－6。职工13人。丙烯腈装置焚烧炉达标项目由兰州石化公司规划发展部于2021年7月1日委托实施，项目采用BOO模式，2022年6月20日正式开工。

（李　波　金汉鹏）

【铁建发展（定州）唐河流域治理有限公司】 2021年1月5日成立。驻定州市兴定西路172号安源大厦17层1701，注册资本金61517.49万元，由中铁建发展集团有限公司、中铁十一局集团有限公司、中铁建投资基金管理有限公司、定州开发区建投四方成立项目公司，现隶属于发展集团北方分公司。项目公司成员由中铁建发展集团及中铁十一局投资公司共同组成。其河北省定州市唐河流域综合治理PPP项目项目总投资额29.63亿元，采用BOT（建设－运营－移交）的方式运作，处于建设阶段，主要建设内容包含唐河生态水系工程及唐河生态治理工程，截至2022年底完成工程总投资的26.24%。

（齐　帅　梁金龙）

【中铁建发展（定州）园博园生态建设有限公司】 2022年7月7日成立。驻定州市兴定西路与清风北街交叉口西140米盛东广场10层。注册资本金37705.84万元，由中铁建发展集团有限公司、中铁十一局集团有限公司、中铁十一局集团第一工程有限公司、中铁建发展集团北京生态环境建设有限公司、中铁建投资基金管理有限公司、定州市城投市政工程有限公司六方成立项目公司，现隶属于发展集团北方分公司。项目公司成员由中铁建发展集团及中铁十一局投资公司共同组成。其河北省第七届（定州）园林博览会定州展园及地市展园项目建设工程PPP项目总投资额18.85亿元，采用BOT（建设－运营－移交）的方式运作，处于建设阶段，主要建设内容包含定州展园、地市展园、客运枢纽、高铁站前广场附近林荫停车场及周边道路提升改造，截至2022年底完成工程总投资的4.82%。

（赵理涛　杨卫欣）

【铁建发展（日照）生态环境治理有限公司】 中铁建发展集团联合中铁二十三局集团、中铁建投资基金管理有限公司、日照市园林绿化集团，于2020年9月11日成功中标日照市东港区生态旅游精致城市及老旧小区改造配套基础设施建设PPP项目，并于2020年12月签订PPP合同。2021年3月11注册设立，注册地山东省日照市东港区日照街道荣安广场00D幢5单元26层2613号，实际办公地点为日照市东港区兖州路148号。在岗人数22人。

2022年，完成投资额75889万元。其中，工程费用68990万元，工程建设其他费6899万元。

（盛乃连　王　青）

【中铁建发展集团（龙口）生态建设有限公司】 2021年12月21日，中铁建发展集团有限公司联合中铁十九局集团有限公司、中铁二十一局集团有限公司、中铁建投资基金管理有限公司顺利中标龙口市采煤塌陷区综合治理及人居环境提升项目，并于2022年2月签订投资合作协议。项目总投资额60.55亿元，合作期9年，其中建设期6年，采用F＋EPC（融资＋工程总承包）的运作模式进行滚动建设，自身以资金自平衡为主。由中铁建发展集团为主组成的联合体作为社会资本方和龙口市人民政府授权出资代表组建项目公司，负责项目的投融资、设计、建设等。2022年5月27日注册成立铁建发展（龙口）有限公司，注册地山东省烟台市龙口市龙港街道金沙路388号百电社区二楼。在岗人员19人。

（张全党　侯普尧）

【铁建发展（范县）范水生态环境治理有限公司】 2022年1月29日成立，驻北京市石景山区北京冬奥公园。职工29人。中铁建发展集团北京生态环境建设有限公司为北京冬奥公园运营主体。北京冬奥公园位于石景山区西部，永定河沿岸，规划总面积1142万平方米。（孙连波 张 浩）

【中铁建发展集团有限公司北京水务分公司】 2021年10月20日成立，驻北京市石景山区石景山路22号铁建发展大厦4层。职工114人。主要业务包括工业污水厂、市政污水厂的投资、建设、运行，水污染治理，环境保护专用设备制造，污水处理及再利用，海水淡化处理，自来水的生产与供应等业务在内的全流程业务，还包括技术开发、技术咨询、技术转让和服务推广等。（贺 扬 姜珊瑚）

【中铁建网络信息科技有限公司】 组建于2018年7月，驻北京市石景山区石景山路铁建发展大厦318室，拥有IT行业9项专业等级资质、机电工程施工总承包三级、电子与智能化专业承包二级施工资质，并获得国家高新技术企业、北京市专精特新中小企业认证。2021年1月，股权由中国铁建股份有限公司划转至中铁建发展集团有限公司。职工135人。

2022年，新签合同额10.61亿元，营业收入3.06亿元，利润154.96万元。（王 浩 郭云婷）

【阿达驻车投资管理有限公司】 2014年10月17日成立，注册地天津自贸试验区（空港经济区）瑞航广场21号楼5层。注册资本金13934.35万元，铁建发展集团持有阿达驻车51%股权，中铁二十局集团持有49%股权，阿达驻车由中铁建发展集团管理。2022年，阿达驻车公司成功申报国家高新技术企业。职工50人。

2022年，承揽项目12个，承揽停车泊位12767个，完成年度目标新增运营泊位11000个的116.06%；年度完成新签合同额3876.03万元；年度营业收入3649万元；净利润76万元。（张 飞 孙智慧）

【诚合瑞正风险管理咨询有限公司】 2017年10月成立，注册资本金5000万元。2020年4月23日，随母公司诚合保险经纪有限公司并入中铁建资本控股集团有限公司，2020年9月1日划转至中铁建发展集团有限公司。员工102人。已建立覆盖全部业务范围、健全的质量管理体系，并通过ISO9001、ISO14001和ISO45001体系认证。主要致力于安全咨询、全过程工程咨询、投资项目咨询、新兴业务研究与咨询四大板块。

2022年，新签合同额14667.33万元，营业收入6033.87万元，净利润914.40万元。（田凯凯 吴延龙）

中铁建交通运营集团有限公司

【简况】 前身系中铁建石家庄投资发展有限公司；2014年3月，更名中铁建华北投资发展有限公司；2016年3月，公司与中国铁建京津冀指挥部合署办公，为中国铁建直管项目公司；2019年1月，公司与整合后的中国铁建华北区域总部合署办公，为中国铁建华北区域投资平台；2022年1月，中国铁建将公司发展定位调整为专业化运营产业集团，统筹、运营、管理中国铁建系统交通运营业务，并将公司总部办公地由河北石家庄市迁至天津南开区；2022年10月，经中国铁建第五届董事会第十一次会议审议通过，同意以华北投资公司为基础，设立全资子公司中铁建交通运营集团有限公司，注册资本金20亿元。2022年12月，集团公司在天津市南开区注册成立。公司经营范围主要包括城市公共交通，公共铁路运输，铁路机车车辆维修，公路管理与养护，房地产开发经营，建设工程施工，铁路运输辅助活动，以自有资金从事投资活动，工程管理服务，非居住房地产租赁，物业管理，广告发布，广告设计、代理，技术服务、技术开发、技术咨询、技术交流、技术转让、技术推广，企业管理咨询，电子、机械设备维护（不含特种设备），以自有资金从事投资活动，建筑材料销售，电气设备销售，人力资源服务（不含职业中介活动、劳务派遣服务），业务培训（不含教育培训、职业技能培训等需取得许可的培训）等。截至2022年底，在手运营项目7个，投资总额355.3亿元。其中，轨道交通运营项目2个，高速公路项目1个，城市管廊项目2个，生态治理项目1个，商业写字楼1座。

2022年，实现收入33.98亿元，净利润4.09亿元。（李升旺 周 娜）

【领导人员】

华北投资

董事会

董事长　王宜柱(3月任)

董事　王祖春(3月任)

监事会

监事　俞　剑(6月任)

经理层

总经理　王祖春(6月任)

副总经理　李永珑(6月任)

李长捷(6月任)

党群领导

党委书记　王宜柱(3月任)

党委副书记　王祖春(3月任)

俞　剑(6月任)

纪委书记　俞　剑(6月任)

工会主席　俞　剑(6月任)

铁建交运

董事会

董事长　王宜柱(12月任)

董事　王祖春(12月任)

监事会

监事　俞　剑(12月任)

经理层

总经理　王祖春(12月任)

副总经理　李永珑(12月任)

李长捷(12月任)

党群领导

党委书记　王宜柱(12月任)

党委副书记　王祖春(12月任)

俞　剑(12月任)

纪委书记　俞　剑(12月任)

工会主席　俞　剑(12月任)

(龚继伟)

【职工队伍】　员工1428人。其中,在编正式员工125人,聘用员工1303人。在编正式员工为华北投资公司原划转人员、总部通过社会公开招聘与华北投资公司签订劳动合同的人员。聘用员工为控股或参股公司的聘用员工,主要为天津1号线整体划转人员1166人和重庆18号线社会招聘人员137人。　(龚继伟)

【企业管理】　组织机构。集团公司总部设9个部门,分别为办公室(党委办公室、董事会办公室)、发展规划部、人力资源部(党委干部部)、投资经营部、运营管理部、安全监督部、财务融资部、经济管理部、党群工作部。集团公司与华北投资公司总部实行一体化管理,为“一套人马,两块牌子”。下辖1个指挥部、1个筹备组、7家项目公司和1个资产投资类项目,分别是天津地铁建设指挥部、重庆轨道十八号线运营筹备组、天津一号线轨道交通运营有限公司、中铁建(天津)轨道交通投资发展有限公司、中铁建(天津)轨道交通投资建设有限公司、北京华北投新机场北线高速公路有限公司、石家庄润石生态保护管理服务有限公司、石家庄嘉盛管廊工程有限公司、石家庄嘉泰管廊运营有限公司和天津铭隆大厦1号楼。

制度体系。全年颁布规章制度70余项,涉及战略管理、董事会管理、市场经营、财务资金、风控合规、人力资源和行政后勤管理等各方面,涵盖公司治理、基本管理、专项业务和综合保障4个层次,构成公司有序运行的体制框架,逐步完善公司规章制度体系,保障公司各项业务依法合规有序开展。编写《中铁建交通运营集团有限公司“十四五”发展规划》。积极开展对标世界一流价值创造工作,与对标企业全方位对标学习,编写《中铁建交通运营集团有限公司对标世界一流价值创造工作实施方案》并建立台账,积极开展各项价值创造工作。有序推进国企改革三年行动深化提升行动和交通强国试点工作。

董事会工作。董事会由5名董事组成,董事会办公室为董事会工作机构。董事长王宜柱,董事王祖春,外部董事金守华、张凤华、王国堂。全年召开董事会5次,审议议案24项。董事会对中国铁建股份有限公司负责,按照《中国铁建股份有限公司章程》《中铁建交通运营集团有限公司章程》依法行使职权。董事会制定《董事会议事规则》《董事长专题会议事规则》《董事会授权管理制度》等法人治理相关工作制度。

安全管理。建立健全安全管理体系,落实企业主体责任。全年编制印发8项安全管理制度,与7家所属单位签订《2022年度安全包保责任书》;健全安全管理组织机构,成立公司安全生产委员会,设置独立的安全管理机构安全监督部,配备专职安全管理人员。学习安全生产系列指示,推动安全措施落地见效,学习贯彻落实习近平总书记关于安全生产重要论述和上级部门系列会议精神,编写下发各类通知文件51份,强化全员安全生产意识。组织开展安全生产专题活动,建立检查长效机制。组织开展“安全生产月”和“消防月”活动,提升本质安全水平;常态化开展安全督导检查,管控安全风险,消除事故隐患。加强安全教育培训,夯实安全基础管理,编制安全生产系列手册及专题培训课件,全年开展安全培训12次,提高全员安全管理水平。加强防汛、防火应急管理,提高防灾救灾能力,编写防汛、防火工作方案和应急预案,开展防汛、防火专项安全检查18次;开展各类事故应急救援演练,提升工作人员应急处置能力和逃生自救能力。加强安全生产标准化工作,其中天津地铁一号线车辆中心检修分中心被评为股份公司“安全标准车间”。紧密围绕安全生产“双零”目标开展工作,全年未发生生产安全事故。

质量管理。开展季度质量检查2次,牵头制定开展华北公司“质量月”活动,组织全体员工参与中央企业全面质量管理知识竞赛,督促各单位落实活动开展并完成公司活动总结报告,组织各单位积极参与中国质量协会组织的全面质量管理知识竞赛在线答题活动。天津地铁8号线获天津市劳动竞赛重点工程天津地铁项目2021年度“工人先锋号”和创新示范组织奖;成都道站获绿色城市轨道交通三星认证;天津地铁6号线调整工程与天津地铁6号线工程、6号线车辆段工程联合申报获“铁建杯”优质工程奖;新机场北线东西延工程获北京市“长城杯”金质奖。组织参与股份公司级行业协会组织的“1234+”“责任成本试验室”“科技普及”“建设行业供应链创新”等奖项的申报工作。

经济管理。以公司经济、建设管理为中心,综合开展经济运行分析、责任成本管控、提质增效推进、承包模式策划、设计审查管理、招标采购管理、物资设备管理、在建项目监管、合同管理、信用评价、保险管理、科技研发、节能环保等业务。2022年,完成投资类总产值31771万元,完成股份公司指标29415万元的108%,同比增长143%。完成7项制度的优化和修订,全面保障相关业务的指导及过程管控。全面对接股份公司云采平台,深化落实股份公司设计审查及备案管理,鼓励项目创优创誉,促进奖项申报。全面保障公司经济业务及所属项目安全、平稳、高效运行。建立健全财务制度,有序开展司库体系建设,积极推进银企直联工作,同步完成集团公司财务共享3.0系统的上线工作。

信息化建设。认真践行股份公司“数智铁建”战略要求,坚定不移落实信息化各项决策部署,坚持“业务驱动、统筹规划、统一标准、分步实施、互联共享、迭代更新、自主可控”的信息化建设发展原则,信息化治理体系基本健全,制定《信息化总体管理办法》《网络与信息安全管理办法》等相关制度。信息化基础设施进一步夯实,部署视频会议系统、无纸化办公系统和OA协同办公系统。网络与信息安全保障体系进一步提升,信息化赋能管理提升进一步强化,系统数据互联共享初见成效。加快推进数字化转型,加快推进智慧列车运维试点项目、智慧列车运行试点项目、智慧车站试点项目建设。

法律事务。2022年,集团公司发展规划部出具法律意见29份,其中,经济合同评审意见9份,规章制度法律意见书11份,重大决策法律意见书6份,审核授权委托书3份,保持四项审核率100%。转发股份公司《1+9合规管理办法》,成立中铁建华北投资发展有限公司合规管理机构,下发《关于开展中铁建华北投资发展有限公司合规管理工作的通知》,全面开展合规管理工作,集团本级下发法律合规方面制度4项,按照股份公司法律合规工作要求,不断提升和改进各项工作。 (张晓宇　周　娜　李竹贤)

【经营管理】 积极贯彻落实股份公司“集约化发展、精益化管理、专业化运营”发展战略和各项决策部署,研判政策走向,通过调整工作方法,厘清工作思路,畅通各方关系,加强多方合作,推进项目运营筹划,积极开拓经营市场,为专业化交通运营发展谋篇布局。全年新签合同额15.01亿元,完成股份下达指标的100.1%。积极推进系统内项目运营筹划,详细梳理系统内重庆轨道18号线、太原轨道1号线等轨道交通运营项目投资建设及运营情况,针对拟开通项目分别成立运营筹备组,派驻前往了解项目工程进度、参与设备系统设计联络、编制运营筹备计划及运营组织架构及人员编制方案、员工薪酬体系、人员招聘和培训计划等融入项目公司,积极参与项目运营开通前各项工作。在推进系统内运营项目筹划的同时,积极进行外部市场开拓,对多个项目的运营成本进行测算,积极跟进属地天津的运营业务经营,推动经营项目落实落地。

(刘　将)

【运营管理】 天津地铁1号线全年运营状态良好，全线客运量、列车服务可靠度、运营车公里均达到PPP合同绩效考核满分标准，在交通运输委员会和轨道集团组织的多次评比中名列前茅；通过实施智能化票务管理、“一站式服务”等举措，高标准完成全年运营任务，进一步提升客运服务质量。依托天津地铁建设和运营，完成股份公司智慧城轨篇章的数字化转型及行动方案。北京新机场北线高速优质完成冬奥、国庆及防疫保通保畅等重要任务。石家庄嘉盛、嘉泰管廊和滹沱河生态项目运维绩效顺利通过政府考核，总体运营组织有效、运营平稳有序。集团公司专业化交通运营能力，特别是轨道交通运营水平在股份公司处于领先地位。天津地铁1号线作为中国铁建首条自主运营线路，各项运营指标在天津市线网综合排名第一；天津地铁6号线二期是天津市首条全自动无人驾驶地铁线路，集团公司坚持智慧运营理念，积极搭建全自动线路调度指挥体系和运转模式，引领天津市轨道交通智慧智能运营，以专业的运营水平和高效的服务能力得到人民群众的广泛赞誉。同时，设立“铁兵岗”、“铁建窗口”、鲜明的铁建视觉识别系统，组织铁道兵精神和新时代铁建文化传播等工作，将铁建文化深度融入运营管理、运营安全、为民服务等各个方面，已初步在天津市人民群众和轨道交通运营市场中，塑造良好的铁建运营品牌。 （成嬗娣）

【科技创新】 以科技创新为企业发展的长期动力，搭建完善的科研技术管理体系。联合中车唐山公司及北京纵横机电完成123车牵引、制动、网络系统自主化替代改造。完成天津市交通运输委员会2021年科研课题正式立项3项，其中主研1项，为“基于全生命期的地铁车辆－轨道系统振动噪音及智能运维成套技术研究与示范应用”，对既有线振动噪声情况进行调研梳理，并且结合现场情况拟定试验段区间。参研2项，为“城市轨道交通隧道与轨道结构健康状态快速无损检测技术研究”“基于人工智能的智慧行包安检识别管理与预警系统”；联合完成“轨道交通渣土资源化利用成套技术研究及工程应用”1项科研课题申报。2022年，获外观设计专利1件，督促天津地铁8号线参建单位股份公司科研立项1个，天津市建设工程优秀BIM技术应用Ⅱ类成果1项，实用新型专利4件。

（张晓宇）

【党群工作】 党建工作。坚持以习近平新时代中国特色社会主义思想为指导，认真贯彻落实党的二十大精神，增强“四个意识”，坚定“四个自信”，坚决做到“两个维护”。建立完善“双向进入、交叉任职”体系，严格执行“三重一大”决策制度，进一步厘清党委会与董事会、经理层等决策机构的权责边界，严格将重大经营管理事项列入前置研究程序，全年召开党委会6次，讨论研究重大事项91项，确保决策的科学性、民主性、合规性。夯实基层党建工作基础，加强党建工作标准化、规范化建设，积极推进基层党组织应建尽建，逐级签订责任书，抓实党支部分类定级和晋位升级，培育天津地铁1号线运营特色品牌党支部。举办党组织书记、党务干部线上培训班，进一步提升党务干部履职尽责能力。建立党建共建机制，与地方政企单位开展党建共建13次。建立健全组织、宣传、纪检等党建工作制度，以党建工作质效提升推进基层项目创誉创效，天津地铁1号线“以‘党建＋’理念助推铁建轨道运营品牌塑造”课题获《中国铁建党建与生产经营深度融合探索实践》优秀案例刊登；天津地铁8号线获天津市劳动竞赛重点工程及地铁项目“工人先锋号”；天津地铁6号线调整工程获“铁建杯”优质工程奖项；新机场北线东西延工程获北京市“长城杯”金质奖。

宣传工作。围绕核心，强化思想建设，学习宣传贯彻党的二十大精神践行见效。高质量收听上级部署会议及宣讲报告会，公司主要领导带头宣讲，各级班子成员积极到分管领域开展宣讲，并在宣讲期间深入一线解情况、解决问题，确保大会精神达基层、通一线、有落实。各单位以党委理论学习中心组为引领，组织开展基层党务干部培训班、工班长培训班、职工劳动竞赛、演讲比赛、歌咏朗诵比赛、答题健步走、制作口袋书等活动，进一步创新学习培训及宣教形式，让大会精神在基层一线落地见效。围绕中心，强化制度建设，有力夯实思想文化工作基础。制定出台《党委理论学习中心组学习规则》《意识形态工作责任制实施办法》《突发事件新闻处置应急预案》《舆情处置办法》等系列制度文件，梳理形成意识形态责任制管理体系、宣传报道工作管理体系、思想文化建设体系，培育打造基层通讯员队伍，建强建实各级思想文化宣传工作。围绕主业，强化能力建设，企业外宣形象建设落地见效。全力提升外部媒体宣传报道工作，抓住党的二十大精神宣贯、天津地铁1号线保障运营、天津地铁8号线重大在建进展等热点事件，分别在天津电视台、《天津日报》、“津云”公众号、《每日新报》、人民网、南开电视台、“学习强国”平台等媒体进行宣传报道。强化自有对外宣传平台建设，在已建立公司本级官方网站、微信公众号基础上，进一步培育短视频制作能力，开办微信“视频号”，制作员工唱响《我和我的祖国》专题视频、天津地铁6号线二期全自动驾驶、全国消防安全日短视频等，在视频号总播放量超过1万次，并被“中国铁建”抖音及快手官方账号转发。

纪检工作。探索做实政治监督，督促两级党组织通过制定专项工作方案、专题部署有关会议、认真组织学习教育工作等深入学习宣传贯彻党的二十大精神。紧扣上级纪委相关法规制度，结合公司实际，出台6项规范性文件及具体实施办法。做实日常监督，抽调纪检干部组成监督专班，对重庆十八号线社招和校招工作进行主动介入，将纪律监督贯穿招聘考试全过程；考虑控股企业的规模、性质，向地铁在建和运营单位外派3名纪（工）委书记，将监督探头直接深入公司生产运营一线，做到抓早抓小、纠偏导正；成立疫情防控督查小组，派出人员深入地铁运营一线监督检查疫情防控措施执行情况，协助基层党组织开展列车口罩跟车治理专项活动，有效发挥地铁疫情防控哨点作用。做细廉洁提醒，中秋、国庆期间，两级纪检组织加强对中央八项规定精神落实情况的监督检查，严防节日期间“四风”问题回潮复燃。组织召开对公司新任职纪委书记任前廉洁谈话会，要求各纪委书记在工作中进一步端正态度、明确目标、增强使命感。

工会工作。组织召开铁建交运集团一届一次职代会，民主评议集团领导干部，签订集体合同，充分发挥民主议事职能。成立公司工会筹备委员会，履行工会基本职责，保障职工合法权益。开展冬送温暖、夏送清凉、金秋助学等活动，做好普惠性服务工作，进一步增强职工安全感、获得感，提升员工“幸福指数”。做好常态化帮扶救助工作落，将7位困难职工纳入救助范围，共计发放慰问金1.4万元。在“三八”国际妇女节之际，组织女职工开展典型人物学习、多肉种植、手工编织、读书分享、法律知识竞赛等各项活动；积极组织女职工参加上级组织的各项活动，在股份公司开展的幸福家庭评选活动及“喜迎二十大·铁建巾帼的幸福生活”女职工Vlog视频大赛活动中，天津地铁1号线一名女职工获“中国铁建幸福家庭”称号，两名女职工获女职工Vlog视频大赛二等奖。组织各单位结合运营工作实际，开展有针对性的职工技能竞赛、劳动竞赛，发挥职工群众的生力军作用。天津地铁1号线项目部开展为期2个月的职工技能竞赛，涵盖列车检修工、信号工、值班员等16个工种24个竞赛项目，覆盖4000余名职工和全部专业。

（沈新烨　薛　佳　周　娜）

【天津一号线轨道交通运营有限公司】　主要负责天津地铁1号线全线（本线至东延线）投融资、运营管理、运营维护、更新改造和追加投资、客运业务及授权范围内的非客运业务经营。2021年3月10日成立，注册资本金100万元。项目总投资104.98亿元，线路全长42.07千米，车站32座；2021年6月运营权正式移交至中国铁建，运营期30年。职工1303人，资产总额1069202万元，其中流动资产43389万元、非流动资产1025813万元，资产负债率78%。（李竹贤　张　平）

【中铁建（天津）轨道交通投资发展有限公司】　主要负责天津地铁8号线一期工程PPP项目的设计优化、投资、融资、建设和全线的运营管理以及授权范围内的地铁客运服务和非客运业务经营。项目采用“建设－运营－移交”（BOT）的PPP运作方式，合作期26年，其中天津地铁8号线一期工程建设期5年、运营期21年，天津地铁6号线PPP运营段运营期23年。天津地铁8号线一期工程线路全长18.54千米，17站17区间，其中换乘站9座。全线采用GOA4级全自动无人驾驶技术，A型车6辆编组，总投资167.61亿元。项目自2020年11月开工建设，8号线一期工程开工累计完成投资73.26亿元。（张　玮）

【中铁建（天津）轨道交通投资建设有限公司】　主要负责天津地铁8号线延伸工程PPP项目的投资、建设、运营。线路全长4.46千米，4站4区间。全线采用GOA4级全自动无人驾驶技术，A型车6辆编组，总投资32.45亿元。2022年开展建设前期准备工作，计划于2025年6月30日开通运营，运营期20.5年。8号线延伸工程开工累计完成投资3.78亿元。

（李竹贤　张　玮　周　娜）

【北京华北投新机场北线高速公路有限公司】　主要负责新机场北线高速公路（北京段）PPP项目的投资、建设、运营。线路全长24.68千米，投资额110.01亿元。项目合作期26.5年，其中建设期1.5年，运营期

25 年。项目中段于 2019 年 7 月 1 日开通运营，东延段于 2021 年 5 月 17 日开通运营，西延段于 2022 年 12 月 19 日开通运营。（李竹贤）

【石家庄润石生态保护管理服务有限公司】 主要负责滹沱河生态修复工程 PPP 项目的投资、建设、运营。管护线路长度约 21.9 千米，项目估算投资额 528177 万元，于 2020 年 6 月 1 日开始运营，运营期 13 年。（李竹贤）

【石家庄嘉盛管廊工程有限公司】 主要负责石家庄市汇明路地下综合管廊（汇明路段）工程 PPP 项目的投资、建设、运营，线路长度 6.975 千米，项目投资额 144654 万元，于 2019 年 8 月 8 日正式运营，运营期 28 年。（李竹贤）

【石家庄嘉泰管廊运营有限公司】 主要负责石家庄市地下综合管廊（塔北路段）工程为 PPP 项目的投资、建设、运营，线路长度 5.85 千米。项目投资额 75425 万元，于 2020 年 6 月 18 日正式运营，运营期 29 年。（李竹贤）

【天津铭隆大厦 1 号楼】 2020 年 12 月 31 日，华北投资公司购入天津铭隆大厦，建筑面积 25821 平方米，26 层，总投资 4.98 亿元，除集团公司自用外，其余对外租赁。（李竹贤）

【天津地铁建设指挥部】 主要负责天津地铁 8 号线一期工程、天津地铁 8 号线延伸工程、天津地铁 6 号线调整工程的工程施工、安全、进度、质量、文明施工、工程价款结算等工作。统筹管理天津地铁 8 号线一期工程总承包部、天津地铁 8 号线延伸工程总承包部、天津地铁 6 号线调整工程指挥部。（李竹贤）

【重庆轨道十八号线运营筹备组】 主要负责重庆轨道 18 号线运营筹备、管理模式的确定和商务对接等工作，并具体负责重庆轨道 18 号线运营事业部管理等相关工作。全线长 29.02 千米，设车站 19 座，开通初期运营时间为 2023 年 10 月 31 日，特许经营期 34 年，其中建设期 4 年，运营期 30 年。（李竹贤）

中铁南方建设投资有限公司

【简况】 2016 年在深圳注册成立，注册资本金 10 亿元，是股份公司为适应地方经济发展形势需要，抓住粤港澳大湾区经济体量大特点，充分发挥铁建全产业链优势，代表股份公司负责对接深圳市场，重点对接深圳地铁集团的经营及项目管理的专业化公司。

2022 年 3 月，南方公司调整管理模式为股份公司直管二级公司。新南方公司成立后，全面深入贯彻落实股份公司年初工作会部署，确立“先全面受控、再全面争先”的工作方针，围绕“稳增长、防疫情”，一边进行业务分割，一边强力推动生产管理，细化管控措施，转变工作作风，各项工作稳步推进，公司内控管理进一步加强，施工生产工作取得一定成绩，企业经营形势向好。

（林宇汉）

【领导人员】

董事会

董事长　刘树山

董事　谢晋水

经理层

总经理　谢晋水

党群领导

党委书记　刘树山

党委副书记　谢晋水

（陈　松）

【工程项目指挥机构】 深圳地铁 3 号线四期项目部　位于广东省深圳市。项目经理张宇。

深圳地铁 5 号线项目部　位于广东省深圳市。项目经理刘志波。

深圳地铁 16 号线项目部　位于广东省深圳市。项目指挥长姜立国。

深圳市 16 号线共建管廊 1 标项目部　位于广东省深圳市。项目经理杜万强。

深圳市 16 号线共建管廊 3 标项目部　位于广东省深圳市。项目经理任长河。

深圳地铁 16 号线二期项目部　位于广东省深圳

市。项目经理左杜平。

皇岗路快速化改造项目部　位于广东省深圳市。项目经理刘广钧。

穗莞深城际机前段Ⅰ标项目部　位于广东省深圳市。项目经理帅怀刚。

穗莞深城际前皇段项目部　位于广东省深圳市。项目经理朱伟。（陈　松）

【职工队伍】　职工135人，其中在编员工68人。高级职称64人、中级职称35人、初级职称27人；硕士及以上学历11人、本科学历110人、大专学历12人。（陈　松）

【工程项目】　深圳地铁3号线四期工程　位于深圳市龙岗区龙城街道如意路317号，包含6站7区间1场1线，线路全长9.28千米，其中高架段1.56千米、过渡段为0.31千米、地下段7.43千米。合同投资69亿元。合同工期2020年8月1日至2025年7月28日。开工累计完成投资30.25亿元。

深圳市城市轨道交通5号线工程（黄贝岭站后至大剧院段）　位于深圳市罗湖区湖贝路中国铁建深圳地铁5号线项目部。全长2.88千米，包括3站3区间，车站采用盖挖逆作法施工，区间采用盾构法施工。合同工期2019年12月20日至2025年8月31日。

深圳市城市轨道交通16号线项目　位于深圳市龙岗区如意路317号中铁建16号线项目部。正线全长29千米，全部采用地下敷设，合同投资额184亿元。全线设车站23座，区间25段，车辆段1处，停车场1处。合同工期2017年12月至2023年7月。2022年，已完成竣工验收，于12月28日完成开通试运营。

深圳市16号线共建管廊（综合井1～综合井9）工程　位于深圳市龙岗区五联路37号。长度9.24千米（含240米共建段）。工程盾构区间4个，包含综合井9座及出线井2座，入廊管线包括电力等。合同投资26.02亿元。计划工期2020年4月1日至2024年4月30日。

深圳市城市轨道交通16号线二期工程　位于深圳市龙岗区清辉路大运城消防中队旁中铁建南方深圳地铁16号线二期指挥部。正线全长9.46千米。采用地下敷设方式，设车站8座，均为地下站，其中阿波罗南站、龙兴站、福坑站为装配式车站。换乘站2座。管片外径6.2米，最大区间长度1.32千米，最小区间长度0.53千米，全线平均区间长度0.88千米，设西坑停车场1座。合同投资71.45亿元，其中前期工程5.73亿元、16号线二期主体工程65.72亿元。开工日期2020年12月30日，计划竣工日期2025年11月28日。

深圳市前海市政工程Ⅵ标项目　位于广东省深圳市前海深港合作区前湾片区，占地面积2平方千米，负责该区域内的市政道路改造、隧道、景观桥及城市配套工程施工，是市政综合打包工程。工期暂定2016年11月1日至2022年12月31日，合同投资22.8亿元。工程全部完成。

皇岗路快速化改造工程设计施工总承包（EPC）项目　位于深圳市福田区、龙华区。皇岗路改造工程北起原梅观高速收费站，南接规划广深高速地下隧道，采用城市快速路标准，分为地下快速、地面改造及慢行系统。其中，地下快速路全长10.8千米，采用双洞单层11.8米的双模双支护TBM＋单洞双层15.2米盾构隧道结构，主线为双向4车道断面，设计时速60千米；地面道路改造全长8.3千米，主要分为路面拓宽及立交节点功能提升。主线为双向6～10车道，起点—红荔路段，采用城市快速路标准，设计车速80千米／小时；红荔路—终点段，采用城市主干路标准，设计车速60千米/小时；辅路双向4～6车道，设计车速40～50千米／小时。改造全互通立交1处（北环立交）、菱形立交1处（笋岗立交）、分离式立交1处（振华立交）。贯通并提升梅林关至滨河立交段慢行系统。合同投资100.9亿元。合同工期2020年8月4日至2024年5月5日。

穗莞深城际轨道交通深圳机场至前海段工程Ⅰ标项目　位于深圳市宝安区宝安大道与宾隆路交会处中铁建穗莞深项目经理部。负责机场站至西乡站区间、西乡站1站1区间，全长6.8千米、全线轨道及“四电”工程施工15.18千米。西乡站为地下3层三跨框架结构；区间采用盾构法施工，线路采用双洞单线盾构，管片外径8.8米，内径8.0米，区间设置联络通道13座，线路全部采用地下线敷设方式，设计时度160千米，合同投资34.9亿元。2020年6月30日开工建设。开工累计完成产值15.4亿元。

粤港澳大湾区深圳都市圈城际铁路穗莞深城际前海至皇岗口岸段工程　位于深圳市福田区中心公园内（原花卉世界）。正线全长21.135千米，动走线长3.141单线千米，全线地下敷设，设超级总部站、皇岗口岸站2座地下站及中心公园存车场1处。合同投资87.5亿元。合同工期为2021年11月20日至2026年

11月19日。开工累计完成产值6.3亿元。

深圳市16号线共建管廊(坪山段及碧新路绕行段)工程　位于深圳市龙岗区五联路37号。线路全长10千米,包括综合井6座,出线井1座和顶管井4座,盾构区间3个,明挖区间8段。入廊管线包括电力、给水、通信。合同投资26.36万元,计划竣工日期2025年9月15日。 (罗文雄)

【经营管理】　2022年3月,南方公司调整管理模式为股份公司直管二级公司,成为负责对接深圳地铁集团经营和项目管理的专业化公司,公司党委确立"先全面受控、再全面争先"的工作方针,坚持"唯一的经营就是干好在建"的管理理念,高度重视在建项目履约,为经营工作奠定坚实的基础,经营工作稳步开展。

加强高端对接,保持常态化沟通机制。2022年开展两次高端对接活动,高端对接活动后,召开系列会议,积极贯彻落实对接成果,密切跟踪深圳地铁五期、机荷高速改扩建项目等一批重点投资建设项目。

紧盯大项目,紧盯核心客户抓经营。根据核心客户2022年拟招标计划安排,开展重点项目研讨,一标一策,组建经营专班。持续跟踪光明城枢纽、地铁五期、九围动车基地、宝鹏通道、机荷高速公路改扩建项目的进展情况。

重视战略引领,积极参与新型投资模式研讨。为积极应对全市固定资产投资增速下行压力,南方公司积极转变经营工作思路,将经营工作重心从"重信息"向"重资源"转变,深耕城市了解需求,积极参与市发改关于基础建设新型投融资模式的研讨,充分展示中国铁建具备完整的产业链、丰富的EPC经验以及强大的施工能力等明显优势,围绕资源谋划项目,根据要素设计方案,探索构建新型多元化投融资模式,多方发力提升经营创效能力。

凝聚发展共识,汇聚经营合力。充分发挥作为协调铁建在深资源的中心枢纽作用,全力统筹铁建"一盘棋"优势,服务产业集团在深铁路、地铁、城际及高速公路等经营承揽工作,通过加强高端对接、提供高端经营资源、组织成立经营专班、协调产业集团后方支持等方式,助力各产业集团项目落地。 (姜　峥)

【党群工作】　公司党委坚决贯彻落实好习近平总书记重要指示批示、党中央重大决策部署,在干事担当中彰显政治本色。突出政治引领,将学习宣传贯彻党的二十大精神作为首要政治任务。一是党委中心组学习和党委会研究重大事项严格遵守"第一议题"制度。强化理论学习中心组示范引领,组织中心组学习6次,集中学习研讨4次,组织领导干部深入学习宣传贯彻习近平新时代中国特色社会主义思想和党的二十大精神,参加学习宣传贯彻党的二十大精神线上培训班。二是扎实做好领导班子联系点工作。公司领导班子成员按照各自分管工作和联系点分工,采取召开座谈会、实地走访、在联系点上党课等多种方式,聚焦党建引领施工生产、安全管理等实际问题,班子成员分别在所属项目部讲授党的二十大精神专题党课6次,多次实地开展重难点工作调查,形成解决问题、改进工作的思路和具体措施。三是加强思想政治建设,以实际行动落实党的二十大精神。发布《以实际行动落实党的二十大精神十条举措》,出台《加强领导干部思想政治建设构建良好政治生态的指导意见》,始终在思想行动上同以习近平同志为核心的党中央保持高度一致。

坚持高质量发展,运用习近平总书记关于发展国有经济的重要论述推进公司发展。公司党委围绕做强做优做大国有企业这个重大时代命题,加快推进南方公司改革发展各项工作。以2022年3月股份公司调整南方公司管理模式为服务重点核心客户的专业化公司为契机,秉承"干好在建就是唯一的经营"理念,坚持"用给心脏做手术的理念建设项目",引导全体党员干部脚下沾泥,响应核心客户,顺应业主对大标段管理更高的增值服务要求,稳住现场局面,全年完成产值90亿元,占年度计划的111%;实现净利润5832万元,占年度预算指标的174.4%。安全生产平稳可控,信誉评价重获第一,各项目也是捷报频传。全年获评广东省"双优工地"1个,深圳市"双优工地"12个。3号线四期项目连续三个季度获综合排名和安全质量排名"双第一"。16号线项目在第一、第二、第三季度均获综合排名第一。穗莞深城际机前段在三季度信誉评价考核中获综合排名和安全质量排名第一。在以信誉立足的深圳地铁市场中,南方公司拔得头筹。12月28日,中国铁建在深圳首条整线工程16号线高质量开通,获得业主的高度赞誉和评价:深圳地铁16号线是最近几年深圳地铁质量、管理、运营筹备最好的一条线路,代表深圳地铁建设、运营管理的新台阶,代表国内地铁行业的先进水平。

"三基建设"逐步加强。落实"四同步",做到应建必建。公司党委坚决落实"四同步"要求,建立健全党的基层组织。南方公司设党委1个、总部党支部1个、项目党支部9个,确保基层党组织建设全覆盖,为发挥基层党支部战斗堡垒作用提供组织保障。组织开展所属28个工区组织力评价调研,从工程管理、组织管理、干群关系、执行力、应急管理、思想文化建设等6个方面做出全面调研评价,有力地推动基层党支部的创建工作。加强组织管理,不断强化基层队伍建设。一是为所属9个项目党支部和1个总部党支部配备10名支部书记、2名专职副书记,所有支部书记在2022年度党组织书记抓基层党建述职评议考核成绩均为好或较好,党支部书记能力素质符合岗位要求。二是总部及各项目部均配置党务工作人员,坚持培训全覆盖,选派32名基层党支部书记和党务干部参加股份公司业务培训,组织29名处级干部参加十九届六中全会精神学习。三是在基层资源保障上,把落实"两个1%"作为重点,其中党建工作经费按照不低于上年度职工工资总额1%的比例落实,配备总部专职党务干部4人、基层党组织专职党务干部3人,夯实党建工作基础。四是以"群众性安全生产运动"为创先争优载体,对各项目进行包保巡查。五是引导党员干部在岗创先争优,"七一"期间表彰102名在项目管理、安全管控、创誉创效等方面做出突出贡献的党员干部,下半年对129名优秀员工进行年度表彰。六是严格党员教育管理,2022年发展党员2名,符合组织程序要求。七是规范开展党费收缴、使用和管理,全年收缴党费69772.2元,开支19883元,均经过严格审批。健全制度体系,推动基层党建工作标准化。坚持推进党建工作制度化建设,2022年制定、修订"第一议题"、领导班子成员联系点、党建党风廉政建设、微信平台管理、信访维稳等9项工作制度办法,为推动公司高质量发展提供重要制度保障。以创建完善标准化党支部为抓手,严肃党内政治生活,严格执行党内各项制度,做实党建责任制考核,确保党建各项工作落到实处。

不断推动党建工作与生产经营深度融合。拓展党建载体,推动党建工作与生产经营中心工作深度融合。开展群众性安全生产运动,以工人为中心,坚持群众路线,在安全管理上党委主要领导示范带动,总部党员干部脚下沾泥,下沉到一线掌子面巡查安全,关切一线作业工人,组织党委巡查25次、提醒13次,发现安全隐患238条,提高现场工人安全意识自觉。集约化管理压缩非生产性开支8.6%。印发《中铁建南方建设投资有限公司加强领导干部思想政治建设　构建良好政治生态的指导意见》,确保南方公司改革发展目标顺利实现。

以党建入章程为起点更好发挥党组织领导核心和政治核心作用。围绕履行好把方向、管大局、保落实职责,不断改革完善重大事项决策运行机制。厘清权责边界,推动党的领导融入公司治理制度化规范化程序化。公司党委注重厘清与其他治理主体权责边界,研究修订《中国共产党中铁建南方建设投资有限公司委员会议事规则》《贯彻落实"三重一大"决策制度实施细则》《董事会议事规则》《董事会授权管理制度》《总经理办公会议事规则》等多项制度,严格执行公司"三重一大"决策流程和议事规则,党委会、董事会规范运作,党委发挥领导作用的制度机制和经理层勤经营、抓落实、强管理的治理体系不断完善。贯彻民主集中制,不断完善"三重一大"议事规则和程序。坚持把党委会研究讨论作为董事会、经理层决策重大问题的前置程序。2022年,召开党委会11次,研究审议重大经营管理事项65项,修订完善各项制度52项,涉及公司发展的重大问题均进行前置决策,充分发挥党委把关定向作用,将党的领导贯彻到企业治理各个环节。

聚焦中心工作,以高质量党建引领高质量发展。党建引领重点工作,打造南方公司安全生产管理新制式。公司党委深入落实习近平总书记关于安全生产的重要指示批示精神,充分认识到安全生产对南方公司生存发展的极端重要性,研究破解安全生产难题的科学方法和有效路径,采取多种手段严管安全生产,在解决安全生产管理"最后一米"落地上出实招、补短板、见实效,打造南方公司安全生产管理新制式。一是以党委巡查为"龙头",落实安全生产管理主体责任。公司党委主要领导、主要精力管安全,压紧压实安全生产责任链条,既防"黑天鹅",也防"灰犀牛",对各类风险苗头绝不置若罔闻、掉以轻心,确保有人施工的地方就有人对安全负责。二是明确安全管理实施路径。公司党委制定由抓现场不安全行为,到抓干部现场安全管理履职尽责,再到提升项目班子管理水平的三步走实践路径,不断强化全员安全意识。三是成立公司党委主要领导挂帅的安全生产管理专责机构——安全生产委员会,加强安全生产工作统一领导。四是以开展群众性安全生产运动为有力抓手,打通安全生产管理"最后一米"。五是创新安全管理方式。在地铁16号线试点开展安全劳动竞赛,建立以生产副经理现场负责、班组长为重要抓手的现场安全管控责任体系,按照

"奖励预付、处罚即时兑现"原则，以深圳地铁集团"十大禁令"为遵循，制定11大类32小项处罚标准，严控过程安全，为深圳地铁16号线安全优质履约和高质量开通提供保障。党委巡查只有起点，没有终点，已成为南方公司安全生产管理新制式。

设立培训学校，全面提升标准化施工水平。发布《铁建南方安全文明施工标准化手册》，开创性成立铁建南方培训学校作为标准化手册实施的重要平台和载体，采取大流动小集中的方式，对作业工人安全操作和技能提升进行常态化培训，先后组织教育培训152场次，培训现场工人3800余人次，实现操作人员全覆盖。

扩展集约化管理，整合资源提高处置问题能力。作为城市项目群管理的探索，东西部合约中心、财务中心、征拆中心成立后，工作成效显著。为进一步扩展集约面，下半年，先后成立站后事业部、盾构管控委员会、基础设施委员会、工筹委员会、特种设备委员会，组建铁建南方特战队，有效提升公司的资源整合能力，更好地响应服务核心客户需要，帮助工区迅速协调解决面临的各项难题。

公司党委认真履行党风廉政建设，严格落实好"一岗双责"。贯彻落实上级工作部署，定期研究推进党风廉政建设工作。一是参加华南区域总部2021年度党风廉政建设和反腐败工作会，组织召开南方公司2022年度党风廉政建设和反腐败工作会，分别签订党建、党风廉政建设责任书，明确各级领导人员在履行"一岗双责"工作的领导责任。二是深入贯彻《关于加强对"一把手"和领导班子监督的意见》，强化对"一把手"和领导班子贯彻执行民主集中制、依规依法履职用权、担当作为、廉洁自律等情况的监督。三是严格执行《党委落实全面从严治党主体责任规定》，推进全面从严治党在各业务部门各管理环节全覆盖。坚持抓早抓小，运用好第一种形态，及时谈话提醒、批评教育，做到经常性"咬耳扯袖"，强化干部日常监督。

执行中央八项规定及实施细则精神和廉洁从业。一体推进"不敢腐、不能腐、不想腐"体制机制建设。始终把加强政治监督摆在重要位置，协助党委以安全巡查常态化作为政治上的保障和发现问题的切入点，全年巡查25次，警示提醒13次，发现各类安全隐患238条，通报批评11人、诫勉谈话5人；推动监督长效机制建设，制定制度52项，持续加大大风控、大监督和非生产性开支等监管力度，准确运用监督执纪"四种形态"，营造风清气正的良好发展局面。

充分搭载深圳地铁"共建联控"专项工作平台，落实廉防联控各项措施。制定年度实施方案，督促各项目党组织与工区、全体员工签订《廉洁从业责任书》，与劳务队、供应商等签订《廉政协议》，推动廉洁从业承诺全覆盖；组织现场每个工点设置"工地监督服务之窗"，广泛接受社会监督。设置"廉洁文化长廊"和"廉洁会议室"，创建廉洁示范工地；联合深铁建设纪委对关键环节、关键岗位廉洁风险点进行排查，抽检工区疫情防控情况并督促整改落实；组织开展反腐倡廉宣教月活动，组织、参加廉洁谈话11场次，廉洁主题活动5场次，征集廉洁短信73条，观看教育片30场次，开展知识竞赛2场次，让广大干部职工树牢廉洁意识和底线思维。

持续纠治"四风"，强化作风建设。公司党委持之以恒落实中央八项规定精神，组织大标段项目全覆盖式非生产性开支巡查，严肃查处违规发放津补贴、违规临建等问题，严肃查处食堂接待大吃大喝、铺张浪费行为。不断强化非生产性开支合规管理，厉行节约，反对浪费，非生产性开支较巡查前下降8.6%；坚持在重大节日时点发提醒通知，编发廉洁短信，开展警示教育，坚决纠治歪风邪气，大力弘扬新风正气，营造清廉过节浓厚氛围；强化对党员干部日常监督。坚持抓早抓小、防微杜渐，对在职不尽职、履职不尽责的及时批评教育，对不担当、不作为、乱作为的追责问责，做到较真碰硬，始终让党员干部保持干事创业的精气神，坚决反对"躺平"，禁止"卧倒"。对各种视制度为摆设、视"八项规定"为儿戏、无视费用开支标准、"四风"现象突出、严重违反"三重一大"的现象和相关人员追责问责，2022年调整干部28人次，其中降职、调整不胜任岗位7人次。

厘清权责边界，研究修订《贯彻落实"三重一大"决策制度实施细则》等多项制度，严格执行"三重一大"决策流程和议事规则，党委会、董事会、总经理办公会规范运作，党委发挥领导作用的制度机制和经理层勤经营、抓落实、强管理的治理体系不断完善；贯彻民主集中制，坚持把党委会研究讨论作为董事会、经理层决策重大问题的前置程序。2022年，召开党委会11次，研究审议重大经营管理事项65项，涉及公司发展的重大问题均进行前置决策，充分发挥党委把关定向作用，将党的领导贯彻到企业治理各个环节。

（邢常青）

【风险内控】 2022年,持续完善内控运行机制,对现行的各项管理制度,从制度的覆盖面、交叉度、可行性等方面进行全面梳理,修订、制定管理制度52个。强化日常风险监控,组织所属各项目对内控体系有效性进行排查,发现问题及时整改。建立常态化的风险评估和风险信息报送机制,完成年度重大、重要风险评估工作。组织开展公司总部和所属单位风险内控自我评价,各管理层级风险管理意识进一步提升,风险管理组织体系基本完善,风险抵御能力大大增强。(李　磊)

中国铁建股份有限公司北京培训中心(中国铁建股份有限公司党校)

【简况】 前身系1983年12月组建的中国人民解放军铁道兵指挥部干部学校;1984年1月,集体转业,改编为铁道部工程指挥部干部学校;1990年10月,改称"中国铁道建筑总公司干部学校";1991年1月1日,定名为"中国铁道建筑总公司党校、干部学校";2002年3月,总公司批准成立中国铁道建筑总公司北京培训中心,实行一套班子,兼有党校、干校、北京培训中心3种职能;2005年5月,中国铁道建筑总公司决定将中国铁道建筑总公司干部学校更名为"中国铁道建筑总公司管理学院";2008年1月,随着中国铁建股份有限公司整体上市,中国铁道建筑总公司管理学院更名为"中国铁建股份有限公司北京培训中心";2009年1月,中国铁道建筑总公司党委决定将中国铁道建筑总公司党校更名为"中国铁建股份有限公司党校(中国铁建股份有限公司北京培训中心)"。2021年,中国铁建股份有限公司决定设立中国铁建管理研究院,从此,中国铁建股份有限公司党校(中国铁建股份有限公司北京培训中心、中国铁建管理研究院)实行一套机构三块牌子。主要承担企业党员领导干部培训、高级管理人员培训和其他岗位资格培训、适应性短期培训及专项培训;以及股份公司发展战略课题研究等任务。办公地点位于北京市大兴区龙河路16号。下辖办公室(党委办公室)、教务部、培训部、信息化管理部、财务部、后勤部6个部门。2002年,被列入中央党校原中央企业工委分校(现中央党校国资委分校)教学管理体系,同年被列为中央国家机关会计人员继续教育培训单位。2006年,被定为中央党校在职研究生教学点。

2022年,党校充分发挥教育培训党员领导干部的主渠道作用,不断提升干部职工的政治素质和专业能力,为打造忠诚干净担当高素质专业化的铁建党员干部队伍中国铁建高质量发展提供智力支持,全年完成线上培训项目53个,培训天数2748天,培训学员71.3万人次。

(刘德忠)

【领导人员】

党委书记、常务副校长(主任)　朱　霖

党委委员、副校长(副主任)、纪委书记　闫国良

(刘德忠)

【职工队伍】 职工23人,全部为本科及以上学历,其中,高级职称13人,中级职称7人,初级职称3人。

(孟慧婷)

【教学培训】 党校充分发挥培训铁建系统党员领导干部的"主渠道、主阵地"作用,紧紧围绕股份公司工作大局和干部教育培训任务,深入学习贯彻习近平总书记系列重要讲话和指示批示精神,克服因新冠疫情影响线下培训任务停摆的现实困难,采取"互联网+干部教育培训"的新模式,多渠道、高质量地开展干部教育培训工作,以高品质培训助力中国铁建高质量发展,各项工作取得新成效,党校总体保持稳中有进的良好发展态势。

围绕党中央重大决策部署开展理论培训。按照中国铁建党委的统一部署,深入学习贯彻习近平总书记系列重要讲话和指示批示精神,紧跟党中央、国务院重大决策部署,培训工作做到理论与实践相结合,党性教育锻炼与综合素养提升相结合。组织开展中国铁建处级干部学习贯彻党的十九届六中全会精神轮训工作,培训处级干部9022人;为系统内二级单位举办十九届六中全会及党支部书记、党务干部线上专题培训班12期,培训干部8095人;举办"中国铁建党建大讲堂"6期,培训党员干部9万余人次,党员干部累计观看9万余人次。按照中国铁建"青马工程"教学实施指导意见,党校实施"整合教学资源、创新培训机制、规范培训管理"三步走的教学模式,建立学员管理信息库和

“青马班”学习成长档案，一人一册、跟踪考察，及时将学员的学习、工作等情况录入档案，推动全系统青年英才暨青年马克思主义者培养工程顺利实施，股份公司级和37家集团公司级1000余名学员参与“大青马工程”。

围绕企业高质量发展需要开展业务培训。围绕中国铁建中心工作，落实高质量发展要求，组织开展覆盖全系统的大型线上培训项目。“十四五”信息化规划宣贯线上培训、中国铁建境外员工安全风险防范线上培训、铁建云采平台系统操作培训，培训720天，参训57万人；中国铁建中高级经营人员实战班线上培训、2022年度注册建造师继续教育培训、北京外国语大学外语在线培训、中国铁建2022年新入职大学生在线培训、中国铁建工会干部履职能力提升培训等，培训540天，参训30344人。

落实管理研究院职责定位稳步推进课题研究。2022年，由中国铁建党委组织部（人力资源部）会同党校共同完成的“基于战略导向的中国铁建领导力培训体系建设研究”被中共中央党校国资委分校评选为中央企业党校智库2021年度课题成果一等奖。由中国铁建党委组织部（人力资源部）和党校向中央企业党校智库联合申报的课题“中央企业党建和生产经营深度融合研究”成功立项。（刘德忠）

【行政工作】 围绕党校改革发展中心任务，校党委坚持从严治校、从严管理，强化合规监督，为党校健康平稳发展提供坚实保障。加强合规管理，强化合同审查。党校进一步规范合规管理工作，加强合规风险防范，提升党校依法决策和合规管理水平。认真落实四项审核制度，从合同签订及履行中的实体和程序问题出发，对党校所有对外合同进行审核，严格执行合同合规管理实施细则，审核合同51份，提出合理化建议84条，有效防范合同履约风险。结合中国铁建“合规管理强化年”工作要求，开展合规风险评估、经营业务合规风险专项排查，对合规风险事项进行全面排查。报送合规工作月报、季报和自查报告，严格履行内部审批程序，确保经得起查验。校舍改造成功立项。两次呈报专题报告，完成初步装修投资方案研讨，组织承办“装修改造可研专家评审会”，与铁五院共同完成装修方案可研报告。11月，房屋装修改造项目通过股份公司投资评审会审议，已成功立项。加强资产规范管理。作为校党委“我为群众办实事”实践活动重点工作之一，为进一步改善职工住房条件，经校党委会研究，决定对职工住宅楼剩余房源进行分配，顺利完成各类手续办理。收回3套对外出租房产，基本解决房屋遗留难题。后勤保障安全运行。立足节约高效、优质服务，定期对客房进行清扫通风，对管道、线路发现问题及时抢修，每日对食堂进行全面彻底的卫生清洁和消杀，加强食堂工作人员的体温监测，及时将结果上报区食监所，加强供货商入校后的监管，即送即走，减少人员接触，圆满安全完成在校员工全年用餐及工作餐任务。

（刘德忠）

【党群工作】 校党委认真贯彻落实新时代党的建设总要求，坚持党校姓党、从严治校，群团工作共建共享，全面从严治党的氛围不断夯实。

抓党建，各项工作稳步推进。抓好学习宣贯党的二十大精神。根据中国铁建党委部署，第一时间印发《党校关于认真学习宣传贯彻党的二十大精神的通知》并制定详细工作方案，作为当前和今后一个时期首要政治任务，深入开展学习宣贯工作。认真做好党建考核工作。根据中国铁建党建考核通知要求，校党委高度重视，精心组织，对照考核细则，认真开展自查自检及资料梳理上报工作，经考核，2021年度党校落实党建责任制考核评价等级为良好。按照党建考核评价反馈意见，校党委突出问题导向，对标对表，责任到人，逐一制定整改措施，经过集中整改，各项整改措施全部落实。全面推进巡视整改落实落地。1月10日，股份公司党委下发上轮对党校党委的《巡视情况反馈意见》，党校党委认真组织开展整改，通过各部门征求意见和建议、办公会专题研究，整改工作全部完成。

强基础，落实监督执纪问责。强本固基，大力加强制度建设。构建党校纪委工作制度体系，扎实推进纪检工作的规范化、法治化、正规化。经过反复推敲完善，完成《党校纪委会议制度》《党校纪检监察信访举报工作实施细则》《党校纪律审查工作实施细则》《党校案件审理工作暂行办法》《提醒、谈话函询和诫勉谈话工作实施细则》等监督执纪问责方面的6项工作制度，初步构建起党校“不敢腐、不能腐、不想腐”的制度体系。筑牢防线，认真开展教育活动。开展廉洁警示教育，做实做细对党员干部的日常管理和监督，做到警钟长鸣，营造风清气正的工作氛围。组织观看以“反腐倡廉、警钟长鸣”为主题的反腐倡廉教育基地网上展厅。组织全体员工认真学习韦昌学同志的先进事迹。组织在线观看中央纪委国家监委拍摄的《零容忍》教育片及中央纪委国家监委网站《警钟60秒》短视频，此外，还通过发布廉洁警句，推送主题微信，通报典型案例等多种形式，持续加大警示教育力度、形成强烈震慑效果，提高党员干部廉洁自律意识，筑牢拒腐防变思想防线。加强监督，营造风清气正良好环境。加强节日“四风”提醒警示，提示大家严守中央八项规定精神，廉洁文明过节。积极参与中国铁建纪委廉洁短信征集活动，2条作品分别获节日主题短信三等奖和通用廉洁短信优秀作品奖。扎实做好巡视巡察“后半篇文章”，持续推进整改后续工作，印发《巡视情况反馈意见的整改后续情况表》，细化分解任务，建立整改工作台账，做到问题件件有落实、事事有反馈。聚焦“关键少数”，严格落实纪委书记同部门负责人廉政谈话制度，做到抓早抓小、防微杜渐。严格执行《关于进一步规范企业领导干部亲属经商办企业行为的规定》，防范廉洁风险，监督更加精准、有效。

办实事，积极开展工会活动。开展文体活动，激发工作热情。在念坛公园组织开展“健步走”活动，组织开展全民健身主题职工趣味运动会，组织开展茶艺培训会，通过上述活动，调动职工的积极性，提升凝聚力，展现党校职工的风采。关心职工群众生活，开展帮扶慰问。进一步健全常态化帮扶机制，坚持开展工会“两节”送温暖专项慰问，为退休职工和患病退休职工发放米面油等各类节日慰问品，“两节”慰问49人次，金额6.1万元。创新工作载体，保障员工福利权益。积极参与中国铁建工会“幸福家庭”评选，坚持为员工过生日，开展年度员工体检以及“关心下一代，情暖开学季”活动，为孩子们送去书包等学习用品，构建爱国爱家、向上向善、共建共享的文明新风尚。

强引领，加强团组织桥梁、纽带作用。党校团工委充分发挥密切联系青年的桥梁、纽带作用，充分发扬“党有号召，团有行动”优良作风，围绕党校高质量培训助力中国铁建高质量发展的中心任务，引领青年勇担使命，岗位建功。加强政治引领，筑牢理想之基。印发《关于认真学习宣传贯彻党的二十大精神的通知》，组织青年收看“全国党校（行政学院）系统学习贯彻党的二十大精神师资培训班”课程，专题学习党的二十大精神，围绕“三个问题”召开专题组织生活会。服务中心大局，立足岗位建功。根据党委的工作部署，党校青年积极投身在线培训工作，2022年完成53期在线培训任务，录制、审核、上传439门课程790课时，服务学员71万余人，配合股份公司团委和19家集团公司办好青年英才暨青马工程培训，服务做好2022年新入职大学生培训。搭建创新平台，鼓励青年创新。鼓励青年依托管理研究院的平台，集智攻坚、勇于担当，积极参与重点课题申报和研究。以座谈会的形式，同步开展“党校青年谈”，鼓励青年将所学所思融入工作，为推动党校新辉煌贡献青春力量。

（刘德忠　闫　寒）

中铁建锦鲤资产管理有限公司

【简况】 前身系2007年7月中国铁道建筑总公司股改上市时成立的锦鲤资产管理中心，负责管理未纳入股份公司的资产和存续企业，以及社会服务性机构。2017年12月11日，改制为中铁建锦鲤资产管理有限公司，主要从事资产管理与投资及相关咨询服务，注册资本金5亿元，驻北京市海淀区复兴路40号东院。公司下辖西安天创房地产有限公司、北京锦成宏资产管理咨询有限公司、北京通达京承高速公路有限公司、达喜（香港）有限公司和中铁十九局集团职工中心医院5个全资子公司（单位）。其中，代总部集团持有京承高速公司股权，达喜（香港）公司和中铁十九局医院只财务并表，不参与管理。下设26个资产管理分中心，除第一分中心由总部集团直接管理外，其他25个分中心分设在各集团公司；分中心为非法人单位，下设若干分部，分中心主任由锦鲤公司任命。资产总额48.08亿元，负债总额19.24亿元，所有者权益28.84亿元。

2022年，营业收入50428万元，净利润14849万元。

（王宗刚　徐　辉）

【领导人员】

董事会

董事长　张建国

监事会

监事　王　谐

经理层

一级咨询、副总经理　铁建伟（8月免）

副总经理　孙永利

鞠小华（8月任）

虞　塘

总会计师　虞　塘

党群领导

党委书记	张建国
纪委书记	王　谐
工会主席	王　谐

（田雪莲）

【职工队伍】 职工40人，其中，总部职工32人、所属西安天创公司8人；男性19人，女性21人；30岁及以下3人，31～40岁13人，41～50岁13人，51岁及以上13人；党员及预备党员35人；博士1人，硕士23人，本科16人；正高级工程师3人，高级工程师9人，高级会计师5人，高级经济师3人，高级政工师2人。

（田雪莲）

【企业管理】 2022年，锦鲤公司围绕"实事求是、守正创新、行稳致远"工作方针，按照"守正、革新、提质、做实"工作要求，认真学习贯彻党的二十大精神和总部集团的决策部署，始终坚持以"摸清家底、完善手续、价值评估、全力盘活"十六字为工作指引，努力开拓进取、创新实践、与时俱进、顺势而为，公司总体保持平稳向好的发展态势，开启建设一流国有资产运营商的新征程。

制定实施公司"十四五"发展战略规划。确定"1333"战略，深刻阐述锦鲤公司的价值导向和使命愿景，系统谋划公司未来五年的总体发展战略、发展规划目标、重点发展任务、业务发展格局，提出"加快培育成为央企一流国有资产运营商"的发展目标，通过实施"委托经营＋自主经营＋股权投资"的发展路径，构建"资产管理服务＋资产运营＋股权投资"的商业模式，明晰公司发展方向。

改革三年行动圆满收官。以国企改革三年行动为抓手，全面推动企业治理能力建设，特别是持续加强董事会各项工作，推动经理层任期制和契约化管理，与经理层签订"两书一协议"。全面完成改革三年行动各项任务清单，包括加强党的领导和党的建设、建设现代企业制度、优化产业布局和结构调整、健全市场化经营机制等4个方面43项具体工作。

优化组织结构，加强子公司建设。为高效推动工作，公司党委年初将公司总部原有的5个职能部门调整为7个，人员调配实行优胜劣汰、双向选择，形成管控有力、运转协调、职能清晰、精干高效的总部组织架构。西安天创公司按照"大招商，招大商"的原则，提升服务意识，大厦品质提升明显，物业管理日趋规范。经营管理稳步提升，业务拓展向新向前。大厦入驻企业21家，整体出租率89.67%，大厦写字楼出租率87.9%，大厦商业裙楼出租率99%。

推进制度"立改废"工作。制定《制度立改废工作方案》，明确工作目标、原则规范、工作程序、时间节点和宣贯要求，全面完成公司基本管理制度、业务管理制度、业务管理细则和党群管理制度的梳理、修订和优化工作。锦鲤公司有效规章制度70项，2022年新订立规章制度47项，修订10项，废止7项。

综合治理工作。成立专项治理领导小组，制定专项行动工作方案，建立多层次的沟通、汇报、问题追踪机制，自查发现问题8个。国有产权专题中铁二十二局四公司高碑店医院改制未审批事项完成整改，会计信息质量专题高碑店医院资产剥离问题完成整改，部分子公司股东工商信息未变更问题无法整改，其他5个问题在整改过程中。针对国有产权、"控股不控权"、民企挂靠、参股管理等专项展开一系列自查和问题整改工作，上报各专项自查、整改报告及整改方案13份。

法律合规管理。深化风险防范体系建设，不断加强法律合规体系建设，增强"一没五不"理念，落实"4＋1"审核，加强印章管理、客商与合同、授权委托书"一事一审批"等事项的法律审核工作，促进法律意见与资产管理相融合，风险管理、法治合规及诉讼维权工作不断加强。针对假冒公司进行电信诈骗案件，及时处置骆晓祥委托理财合同纠纷的案件诉讼通知，对原告提供的证据进行详细审查，对营业执照、公章及相关登记证明进行一一比对核实，庭前的大量准备工作及开庭时的充分证据为案件的胜诉打下坚实基础，为公司避免经济损失260余万元。（孙振宇　徐　辉）

【经营管理】 紧紧围绕"国有资产管理和经营者"的定位，坚持以摸清家底为基础、以证照更新为关键、以价值评估为重点、以盘活创效为目标的思路，推动非上市资产管理主责主业实现新突破，提高非上市资产运营管理效率与质量，努力实现中国铁建整体利益最大化。

非上市资产管理顶层设计和建章立制。起草完成《中国铁道建筑集团有限公司非上市资产管理工作实施细则》，该细则是中国铁建非上市资产管理工作的纲领性文件，对于锦鲤分中心的职能定位更加清醒明确，对解决工作过程的突出问题、化解矛盾，建立中国铁建非上市资产管理体系和推动治理能力现代化具有积极的促进作用。为管理、盘活、处置非上市资产提供“标准动作”。

全面摸清非上市资产家底。资产数据复核与实物资产运管系统数据维护相结合，资产信息经过梳理、数据比对、筛查、复核、整理、录入，迁移至系统内的非上市实物资产3339项，土地864宗，使用面积1880万平方米；房屋2326处，建筑面积286.7万平方米；构筑物121处；铁路专用线28条，单线长度23760.7米。相较于原始数据，院落增加151处，土地资产增加181宗，房屋资产增加771处，构筑物增加36处，资产权证增加512项，修正错误或重复数据1284项。

加强和拓展产权管理。办理完成锦鲤第十四分中心徐州8套房产瑕疵权证完备工作，成为公司成立后第一批实际登记到公司名下的资产，为解决资产瑕疵权证问题探索出新路径。积极拓展延伸产权管理经营业务。5月，取得北京产权交易所经纪会员资格，可在北交所场内办理产权转让、增资扩股、资产转让、房屋租赁及其他各类要素资源交易的国有产权进场交易等业务。锦鲤公司已为地产集团、地产集团华东公司、中铁二十局房地产公司提供产权交易代理顾问服务，办理股权转让、股权及债权转让3项。

土地盘活和资产处置。通过加强与资产受托管理单位的合作，本着共商共建共享的原则，多方面深层次开展沟通交流，共同梳理非上市土地资产清单，激发资产活力，制定土地盘活开发规划方案，降低低效、闲置土地的比重，防范土地资产流失。积极推动各资产使用单位资产盘活工作，对资产处置各关键节点、关键结果建立全过程跟踪机制，确保资产处置有始有终、风险得到有效控制。2022年，处理资产盘活处置相关工作19件，已回复或批复完结16件，其中，总部集团转来9件、已回复完结9件，各分中心上报10件（含巡视整改转办4件），已批复完结7件。已完结资产盘活处置业务共涉及土地资产13项，土地面积99.59万平方米，房屋建筑物及构筑物132项，建筑面积10.90万平方米，形成处置收益6978.51万元。

历史遗留问题清理和医院改制工作。2022年，完成10个分中心56个历史遗留问题现场调研，按照分中心及问题类型对历史遗留问题进行分类分析撰写历史遗留问题情况报告。顺利完成上海铁城100%股权收购，积极推动上海枫亭水厂股权处置诉讼工作，积极稳妥推动富康畅达公司接收工作。积极与新的合作方展开谈判协商，会同通用技术集团下属企业国中康健公司完成对中铁十二局医院、中铁十七局医院、中铁十九局医院的调研考察，拟订医疗改革方案。

资产财务会计管理。通过梳理公司账面资产情况，进一步提升资产会计信息质量。梳理有账无实资产情况，形成有账无实物资产清单。账实不符固定资产（不含土地）492项，原值18034万元、净值5141万元。其中，毁损报废及移交类资产原值5266万元、净值1429万元。梳理长期未清理应收款项，编写《锦鲤公司长期应收款项分析报告》，分类分析并研究对应清理方案。 （张红彦　马　媛　王宗刚）

【党群工作】 深刻领悟“两个确立”的决定性意义，不断增强“四个意识”，坚定“四个自信”，做到“两个维护”，牢记“国之大者”，围绕巩固和加强党对国有企业的全面领导，加强党建引领作用，坚持完善现代企业制度与加强党的领导相统一，确保党建工作与中心工作深度融合，不断夯实党建基础工作。

党委前置研究和政治理论学习。全年召开党委会17次，审议议题121项，拟订党委理论学习中心组年度学习计划并按要求组织学习，组织“第一议题”学习17次，党委理论中心组学习5次，其中，研讨1次，专题学习党的二十大报告1次。

党的组织建设。召开党员大会，组织基层党支部进行党委委员、纪委委员候选人预备人选的酝酿推荐，重新调整党支部，签订《党支部书记党建工作责任书》；组织召开2021年组织生活会及民主测评支部和党员，3个支部30名党员开展批评与自我批评和民主测评；压实领导班子成员“一岗双责”，建立领导班子成员联系点工作制度，召开联系点进点会2次。

党员教育和干部建设。坚持以政治标准为首要，严把入党关口。预备党员转正1人次、发展入党积极分子1人次、组织党员发展对象培训1人次、组织支部书记培训教育1人次；坚持以教育实践为重点，提升整体素质。组织全体党员开展“七一建党节”主题党日活动，参观香山革命纪念馆。严格履行干部选用程序，加强公司干部队伍建设。共组织干部考察3次，完成提拔调整干部10人次。

群众工作。开展以“喜迎二十大，奋进新征程”为主题的健步走活动、六一儿童节家风家教宣讲、“我是家庭小主人”亲子劳动活动、“中国梦　铁路情　劳动美——喜迎二十大　建功新时代”职工摄影展活动、“书香三八芳菲艳　满腹馥郁巾帼香”读书会活动；联合党支部开展以“建功新时代，喜迎二十大”为主题的香山革命纪念馆参观活动。关爱职工的安全健康，多次为职工购置防疫物资。

团青工作。认真开展青年精神素养提升工程工作，向青年员工代表赠送书籍，助力青年成长成才。组织抓好主题团日活动，组织青年员工通过多种形式收听收看党的二十大开幕会直播，学习二十大，热议二十大，并积极向《中国青年报》、总部集团团委投稿，稿件被刊登在“团聚铁建”公众号3次。

巡视巡察。高质量完成巡察全覆盖，重点关注五个落实，发现问题，形成震慑，按期实现党委一届任期内巡察全覆盖任务。扎实做好巡视巡察“后半篇文章”。压实整改主体责任和监督责任，先后经公司5次党委会研究决定，形成整改方案2份、巡视反馈意见整改情况报告2份。

（郭　帆）

【西安天创投资发展有限公司】　2002年6月6日成立，2018年整体并入中铁建锦鲤资产管理有限公司。注册资本金2亿元，在册职工8人。资产总额14408.63万元。

2022年，主营业务收入3525万元，营业成本1534万元。

（张永娟）

2022 年 4 月 25 日，中国铁建党委书记、董事长汪建平（右）在中国铁建大厦会见全国五一劳动奖章获得者、中铁二十一局“工人发明家”马小利（左）。 （张　晶　提供）

人　物

新闻人物

【马小利·全国职业道德建设标兵个人】 马小利,中铁二十一局集团有限公司第三工程有限公司员工。1971年2月出生,陕西省富平县人。2014年加入中国共产党。在都汶高速公路建设中,马小利本着担当意识,带领技术人员,连续取得14项创新发明,提升工艺、提高工效。在浩吉铁路君子隧道建设中,马小利带领工作室技术人员用时两个多月研制一台仅需30秒完成砼罐车调头的隧道内施工车辆调头装置并到现场试用。2015年成立"马小利劳模创新工作室",2017年1月作为首批"中国铁建劳模(先进职工)创新工作室"获批授牌,2020年被命名为"火车头劳模和工匠人才创新工作室"。工作室坚持以弘扬"精雕细琢、精益求精"的工匠精神为宗旨,以"激发劳模和职工技术创新热情、助推企业创新发展"为核心,在长期实践中形成"树立一个模范、培养一批骨干、带动一方建设、造就一代员工"的四个"1"工作理念,创立"四个提高、三个作用、两个扩展"的"432"工作法。目前,团队60余人,拥有核心研发技术人员、技术工人13名,创新加工机械设备能手30人,其中全路技术能手6人,高级技师10人,技师25人,集团公司技术创新先进个人2人。马小利带领创新团队完成各类技术创新成果、国家专利44件,20多项研发成果获得广泛推广应用。加工注浆导管的组合钻床获2017年度中国铁建股份有限公司合理化建议和技术改进三等奖、2018年度甘肃省职工技术成果三等奖,钢筋自动搭接焊接装置获2018年度甘肃省职工技术成果三等奖。先后获全国五一劳动奖章,企业文化建设先进个人、劳动竞赛标兵、十大楷模、廉洁从业标兵等20余项荣誉表彰,并在2021年"中国梦·劳动美——永远跟党走 奋进新征程"全国职工演讲比赛中获金奖。 (尚少卿)

【郑卫红·全国职业道德建设先进个人】 郑卫红,中铁十八局集团有限公司第五工程有限公司天津地铁项目党支部书记兼总工程师。1970年3月出生,安徽省寿县人。中共党员,1990年7月从华东交通大学工业与民用建筑专业毕业,1990年7月参加工作,高级工程师,一级建造师,注册造价工程师,注册安全工程师、注册咨询工程师。33年的工作中,郑卫红始终坚守在一线,在所建17项工程中"挑大梁"11项,35个徒弟在她的言传身教中出师成业务骨干。她带领团队成功解决"高烈度、强震区、软地基、长距离、小间距重叠隧道施工技术"难题,顺利完成天津地铁史上最深基坑和最长区间段的施工。她用"严"字夯实党建工作,打造刚性执行队伍,将项目党支部建设成中国铁建首批"示范党支部",多次代表集团迎接中组部、国务院国资委国有企业党建工作专题调研组和"不忘初心、牢记使命"中央巡回督导组检查并受好评。先后获国家专利6件,国家级科学进步一等奖1项;获评"全国道德模范""全国劳动模范""全国三八红旗手""全国五一巾帼标兵""天津市劳动模范""天津市五一劳动奖章""天津市三八红旗手"等荣誉。 (费晓欢)

【严爱国·全国职工职业道德建设先进个人】 严爱国,中铁第四勘察设计院集团有限公司副总工程师、桥梁院总工程师。1971年3月出生,安徽省安庆市人。中共党员,1994年7月毕业于西南交通大学,本科学历,正高级工程师。参加工作以来,严爱国始终奋战在祖国交通建设最前沿,先后负责设计宜万铁路宜昌长江大桥,带领团队完成沪宁城际、沪杭客运专线、沪通铁路、蒙华重载铁路岳阳至吉安段、昌赣客运专线等长大铁路桥涵勘察设计,主管通车的桥梁长度800余千米。完成铁路钢-混凝土组合梁、大跨度跨海桥梁、高速铁路大跨度无砟轨道桥梁等多个重大科研项目,以及多项铁路行业标准及通用参考图编制。在宜万铁路宜昌长江大桥设计研究中,首次提出预应力混凝土连续梁(刚构)柔性拱组合结构桥,实现以混凝土主梁形式跨越长江天堑,将噪声振动降至最低,对中华鲟生态保护区影响降至最低,该结构形式在后续的铁路大规模建设中得到广泛应用。在昌吉赣客运专线赣州赣江特大桥的设计中,创新提出高速铁路组合梁斜拉桥,30次深入现场沟通交流,首次实现在大跨度斜拉桥上铺设无砟轨道,列车以时速350千米不减速通行,实现中国高速铁路大跨无砟轨道桥梁重大技术突破。主持创建国内首个轨道交通智慧桥梁技术湖北省工程研究中心,带领团队在深水大跨桥梁建造技术、桥梁数字化、健康监测及管养技术、桥梁高性能产品研究等方面取得突破。近年来,完成高等级科研16项,获发明专利74项,实用新型专利203项。以严爱国命名的创新工作室获评2019年度湖北省示范性职

工创新工作室。（欧 巍）

【王建华·全国铁路向上向善好青年】 王建华，中铁二十三局集团有限公司投资管理分公司总包运营部部员。1984 年 9 月出生，四川省冕宁县人。中共党员，重庆交通大学土木工程专业毕业，本科学历，工程师。2016 年 3 月，王建华被选派到四川省凉山彝族自治州甘洛县新市坝镇特克村担任驻村第一书记兼工作队队长。驻村五年来，他始终牢记党的嘱托，坚守为民情怀，认真履行帮扶职责，建强基层组织、改善基础设施、提高经济收入、倡导文明新风。在驻村帮扶的道路上，王建华不忘初心、牢记使命，想方设法帮助贫困群众脱贫致富。2019 年，特克村如期实现脱贫，王建华高质量完成脱贫攻坚各项任务，其工作事迹多次在人民网、四川省电视台、中铁二十三局集团有限公司网站等媒体报道。先后获四川省"脱贫攻坚先进个人"，重庆市渝中区"身边好人"，甘洛县"优秀第一书记"，集团公司"优秀党务工作者""先进生产（工作）者""优秀扶贫干部"称号。2022 年，获评全国铁路向上向善好青年。（骆桂兰）

科 技 人 物

【田宝华·中国施工企业管理协会科学技术杰出成就奖获得者】 田宝华，中铁二十三局集团有限公司党委副书记、工会主席，正高级工程师，本科（工学学士）学历，中共党员。1965 年 6 月出生，重庆市云阳人。是四川省有突出贡献的优秀专家，四川省学科和技术带头人，国家百千万人才工程"有突出贡献中青年专家"，享受国务院政府特殊津贴，全国五一劳动奖章获得者，中组部直接联系的专家，担任多个学术协会委员或理事。自参加工作以来，长期从事土木工程建筑设计施工及技术研究管理工作，熟悉城市轨道交通、特殊结构桥梁、混凝土制品等专业发展方向。先后带领创新团队承担国家、省部和股份公司 10 余项科研课题。引进日本标准主持开发跨座式单轨交通 PC 梁系统，应用于重庆轨道交通；引进德国标准研发高速磁悬浮轨道梁，应用于世界上第一条商业运营的上海磁浮轨道交通示范线。主持国家"863 计划"磁浮轨道交通新型轨道梁重大专项研究，中国铁建股份有限公司"中低速磁悬浮设计施工技术""装配式中低速磁浮轨道梁及桥墩关键技术"重大专项研究。参加具有自主知识产权长沙中低速磁悬浮试验线的建设和技术指导工作，"中低速磁浮轨道梁预制安装施工技术研究"关键技术达到国际先进水平；采用英国标准开发浮动式无砟轨道板，应用于香港东、西部铁路工程；在担任郑西客专试验段工程项目经理和总工程师期间，研究发明高速铁路无砟轨道系统双绝缘技术，解决无砟轨道电路传输问题，设计制造我国第一条双块式无砟轨道生产线。研究西部山区破碎地质条件下高速公路桥隧施工关键技术，主持"钢管砼格构墩曲线桁架梁桥综合施工技术研究"科研项目，攻破了创下四项世界第一的干海子特大桥施工难题。依托成都地铁 6 号线，研发一种应用于地铁车站二次结构装配式构件的新型混凝土材料和半封闭空间内的高效率构件安装设备，提出地铁车站站台板及轨顶风道装配式结构设计方案，开展预制构件的力学特性、耐久性、防水性能、防火性能等相关试验。先后获得全国首届城市轨道交通中青年专家、国家重大基础设施建设"风云人物"、全国建设科技进步先进个人、茅以升科学技术奖——铁道工程师奖和詹天佑铁道科学技术奖——人才奖、中央企业知识型先进职工标兵、中国铁建杰出科技创新带头人等荣誉。获国家级工法 2 项，省部级工法 5 项。发表论文 5 篇，参编工艺手册 1 部。获国家科技进步二等奖 1 项，省部级科技进步一等奖 5 项，另有多项成果获得各级、协会科技进步奖，授权国家专利 36 件，其中发明专利 25 件。"轨道板生产方法""桁架梁整体顶推架设方法"专利分别获 2014 年、2020 年中国专利优秀奖。（霍 莉）

【孟祥连·詹天佑成就奖获得者】 孟祥连，中铁第一勘察设计院集团有限公司副总工程师（2022 年 10 月 30 日解聘）。1965 年 10 月出生，山东省曹县人。西南交通大学航测及工程地质系铁道工程地质专业毕业，本科学历，正高级工程师。全国工程勘察设计大师、享受国务院政府特殊津贴专家、全国劳动模范、全国工程科技领域突出贡献者、杰出工程师鼓励奖获得者、陕西省工程勘察设计大师、陕西省有突出贡献专家、中国铁道学会标准化（地质）专业技术委员会秘书长、中国岩石力学与工程学会锚固与注浆分会常务理事长、中国地质学会工程地质专业委员会委员，中国铁建专家。孟祥连先后主持完成川藏铁路、青藏铁路、西成高铁、银西高铁、西安地铁、109隧道地震抢险等几十项国家重点工程勘察设计工作，主持20余项国家及省部级各类科研攻关项目，创造我国现代交通工程领域多个“第一”，为交通强国建设贡献智慧和力量。创造性提出川藏铁路为代表的高原山区“天空地”一体化综合勘察理念，形成完备的综合勘察工作技术体系，研究成果达到国际领先水平。制定青藏铁路“地温分区和工程分类标准”，提出“主动降温、冷却地基、保护冻土”勘察设计思路，达到国际领先水平。提出西康铁路秦岭长大隧道综合勘探方法，创建TBM围岩等级划分方法和标准，达到国际先进水平。揭示哈大客专严寒深季节冻土区影响路基冻胀的主要因素，制定防冻胀措施，实现高铁路基防冻胀技术重大突破。揭示兰新高铁“大风时空分布和变化的基本规律”，创立大风区工程地质分带方法和标准，达到国际先进水平。主持西北黄土地区高铁、地铁勘察工作，解决湿陷性黄土、地裂缝、重点文物保护勘察等世界性技术难题。获国家科技进步一等奖、全国优秀工程勘察金奖等奖项17项，撰写学术专著3部，发表科技论文26篇，编写行业标准规范6部，拥有专利12件。（鲍　瞳）

【肖明清·詹天佑铁道科学技术奖最高奖获得者】 肖明清，中铁第四勘察设计院集团有限公司总工程师，水下隧道技术国家地方工程研究中心主任，水下隧道技术湖北省工程实验室主任。1970年12月出生，湖南省邵阳市人，中共党员。全国工程勘察设计大师，中国铁建首席专家。肖明清长期工作在隧道研究与设计第一线，着力开拓新理论、新方法、新结构、新技术。主持50余座大型水下隧道和我国首批高铁隧道的设计，开拓隧道设计新理论，创新水下隧道结构体系与防水技术、隧道修建模式与修建方法，为我国隧道技术进步做出突出贡献。他主持国家重点研发计划、国家“863计划”项目、国家科技支撑计划项目等20余项省部级重大科研项目，获国家科技进步二等奖3项，省部级科技进步特等奖2项、一等奖6项，国家级优秀设计奖5项，中国土木工程詹天佑奖6项，国家发明专利59件、中国专利优秀奖2项；出版专著8部，发表论文50余篇，主编和参编行业规范7部、标准设计20余项。先后获“全国劳动模范”、“全国青年岗位能手”、“全国五一劳动奖章”、中国铁建“永远的铁道兵杯”十大楷模等荣誉称号，入选“百千万人才工程国家级人选”，被授予“国家有突出贡献中青年专家”称号，享受国务院政府特殊津贴，2016年当选第八批“全国工程勘察设计大师”，2022年获詹天佑铁道科学技术奖最高奖。（张建明）

模范人物

【陈永胜·中央企业“大国工匠”】 陈永胜，中铁十一局集团有限公司第三工程有限公司质量监督部副部长。1972年2月出生，福建省仙游县人。中共党员，1996年参加工作，本科学历，高级工程师，中国铁建特级技师，享受国务院政府特殊津贴。先后参与秦沈、宁启、浙赣、襄胡、富士康、武黄城际、合芜、商合杭、上海地铁等工程项目建设。陈永胜长期致力于试验检测专业研究，苦心钻研，攻坚克难，不断探索专业更深入、更高水平领域，并取得亮眼成绩。他提出的自密实混凝土配合比优化方案，在商合杭铁路、上海地铁15号线、广州地铁18号线等项目建设中得到广泛推广应用，为保证工程质量、缩短项目工期、降低建设成本做出重要贡献。曾代表中国铁建参加由国务院国资委、人社部共同主办的国家一类赛事中央企业建筑材料试验工职业技能大赛决赛并获金奖，先后获“全国技术能手”“湖北省第四届首席技师”“江淮工匠”“雄安工匠”“中国铁建技术能手”“劳动模范”“中铁十一局工匠”等荣誉称号。2019年、2022年，陈永胜担任两届国家二类全国行业职业技能竞赛中国铁建股份有限公司职业技能竞赛副裁判长。2022年，入选国务院国资委第二批中央企业“大国工匠”培养支持计划名单。（史　娟）

【周宏·全国五一劳动奖章获得者】 周宏，中铁十一局集团第一工程有限公司执行董事、总经理。1975年3月出生，湖南省安乡县人。中共党员，本科学历。1999年参加工作，高级工程师。先后参与溪洛渡水电站、湘桂铁路、江南高速公路等国家重难点工程建设。周宏坚持强化顶层设计，坚持公司“12345”管理思路，落实“桥牌为主、一专多能”品牌发展战略，深入推进总部机构改革和子分公司市场化运营，创新管控模式，推行扁平化模式和两级责任预算“二元”考核体系。在项目管理上，执行“三阶段策划”，应用生产管理套表，力推“网格化带班生产”，成立安全督导大队，落实验工计价“强四条”，助推项目平稳可控，为中铁十一局集团有限公司第一工程有限公司企业高质量发展总体推进发挥着掌舵把航的积极作用。2022年，公司成功取得公路工程施工总承包特级资质，发展接续登高，连续13次登上中国铁建工程公司20强榜单，被授予“中国铁建卓越工程公司”称号。周宏先后获2019年湖北省五一劳动奖章、2021年中国公路学会科技进步奖、湖北省荆楚楷模等荣誉。2022年，获全国五一劳动奖章。（李　娜）

【孙红林·全国五一劳动奖章获得者】 孙红林，中铁第四勘察设计院集团有限公司副总工程师。1973年5月出生，山西省曲沃县人。中共党员，1994年7月毕业于中国地质大学（武汉），本科学历，正高级工程师。孙红林在高速铁路科技攻关、勘察设计、技术标准等工作中成绩斐然。先后主持京沪高速铁路、沪宁城际、宁杭高铁、厦深铁路、商合杭高铁、上海虹桥综合交通枢纽、南京越江隧道等20余项重大工程项目，是我国研究高速铁路技术的知名专家和铁路技术领军人才，为推动我国高速铁路技术进步和经济社会发展做出积极贡献。他长期奋斗在高速铁路勘察设计和技术研发工作一线，致力于高速铁路工程地质勘察、路基工程设计及复杂岩土工程问题处理。率先提出基于各类“不良地质与特殊岩土”地质风险分析的高速铁路工程地质选线（址）原则，以及精细化工程地质勘察、评价技术和岩土参数选取方法，保障工程顺利建成和健康服役；攻克深厚软土地区高速铁路无砟轨道路基“毫米”级工后沉降控制技术难题，研发多种新型高铁路基结构形式，保障我国东部沿海软土地区大规模高速铁路顺利建成投产；突破运营高铁路基“偶发”变形超标修复技术瓶颈和关键技术，引领可修、快修等高铁路基维养技术的发展，为提升我国高速铁路建造技术达到世界领先水平提供有力支撑。近年来，他针对铁路建设形势变化，分析本专业面临的问题和挑战，提出“精细化、功能性、全周期”等多要素统筹考虑的解决思路和方案；结合信息技术的快速发展，提出智能工程地质勘察的“整体架构”和“智能勘察，物探先行”的总体技术路线，取得积极进展和阶段性成果。在高铁网络化基本成形的前提下，提出以基于“应力扰动”控制为核心的复杂工程环境（并行、下穿、引入等）建造技术总体研究思路。先后获国家、省部级科技进步奖10项，优秀勘察设计奖16项。主持“时速400公里高速铁路”和“高温超导磁浮”研究的立项策划和研究大纲制定等重大课题研究。2022年，获全国五一劳动奖章。（欧　巍）

【王杜江·中国青年五四奖章获得者】 王杜江，中铁第一勘察设计院集团有限公司川藏铁路勘察设计技术队长、青年突击队队长、地质专业负责人。1985年12月出生，甘肃省静宁县人。王杜江发扬尖兵精神，攻克川藏极地勘测。勘测期间，连续260天奋战在川藏铁路驻地海拔最高、自然环境最苦、交通条件最差的怒江峡谷无人区，在高山深谷“缺水、少电、无信号”的环境中完成最艰难的70千米线路勘测任务，超前稳定线路方案。他积极创新工作方法，率先应用“真实感大场景”遥感解译技术，树立山区高速铁路“高质量快速选线”典范；将“空天地”一体化勘察技术成功应用于川藏铁路最艰险的怒江峡谷无人区。在川藏铁路勘测期间，通过优化线路方案为国家节约工程投资75亿元。为稳定桥位方案，他不顾个人安危两次登顶怒江崖壁；身穿蓝色冲锋衣，野外工作中总是冲锋在前，被队员们称为“蓝色岩羊”，2021年元旦作为祖国“拼搏担当”人物代表登上央视跨年盛典。他完成高原野外地质调查、解译4900平方千米，负责完成专题和科研课题3项，参与完成重大专题、专项研究17项，申报专利3件。获全国青年岗位能手标兵、全国五一劳动奖章等荣誉。2022年，获中国青年五四奖章。（鲍　瞳）

【龙斌·中国青年五四奖章获得者】 龙斌，中国铁建重工集团股份有限公司掘进机事业部执行总经理兼总工程师。1987年5月出生，重庆市万州区人，中共党员，硕士研究生学历。2009年参加工作，2012年加入中国共产党，历任中铁轨道系统集团有限公司见习生、助理工程师，中国铁建重工集团有限公司助理工程师、工程师，掘进机事业部掘进机研究设计院副院长，研发战部系统掘进机研究设计院常务副院长，研发经营系统掘进机研发运营中心执行总经理（掘进机研究设计院执行院长），掘进机研发运营中心总经理，B1

职衔，掘进机事业部执行总经理兼总工程师。参加工作以来，龙斌作为高端地下工程装备制造领域的青年工程师、岩石隧道掘进机（TBM）研发设计的领军者，领衔承担国家重点研发计划、湖南省重大专项等课题，打破国外技术垄断，成功研制出我国首台拥有自主知识产权的大直径全断面岩石隧道掘进机，填补我国大直径全断面岩石隧道掘进机研制空白。他设计的岩石隧道掘进机双驱动系统，成功解决困扰世界50多年的"卡机"难题，使国产岩石隧道掘进机首次达到世界领先水平。所在团队研发的国产最大直径盾构机"京华号"，载入《习近平新时代中国特色社会主义思想学习问答》，参加国家"十三五"科技创新成就展，接受党和国家领导人的检阅。先后获中国专利优秀奖、湖南省科技进步一等奖等奖项，个人获茅以升科学技术奖——铁道工程师奖、中华全国铁路总工会"火车头奖章"、中央企业青年岗位能手等荣誉，获发明专利10余件，发表论文7篇；2022年，获中国青年五四奖章。

（陈海燕）

逝世人物

【刘培硕】 中铁第五勘察设计院集团有限公司原党委书记、董事长，于2022年2月4日在北京不幸逝世，享年67岁。

刘培硕，辽宁省大连市人，1955年3月出生，1970年12月参加工作，1982年4月毕业于西南交通大学铁道工程系隧道及地下铁道专业，2003年2月取得西南交通大学建筑与土木工程专业工程硕士学位，教授级高级工程师、全国工程勘察设计大师。历任中铁第一勘察设计院集团有限公司隧道处副总工程师、副处长、处长，西安分院党委副书记、院长兼陕西铁路工程承包公司经理、南阳勘察设计处处长，中铁第一勘察设计院集团有限公司董事、副院长，中铁第五勘察设计院集团有限公司党委书记、董事长。2015年3月退休。

（李　唐）

【李金城】 中铁第一勘察设计院集团有限公司原副院长、党委常委、董事、青藏铁路建设总指挥部总指挥长，中国共产党十七大、十八大中央候补委员，于2022年2月不幸逝世，享年59岁。

李金城，安徽省宿松县人，1963年10月出生，1984年7月毕业于上海铁道学院铁道工程专业，本科学历。曾任中铁第一勘察设计院集团有限公司副院长、党委常委、董事、青藏铁路建设总指挥部总指挥长，陕西省科学技术协会副主席，正高级工程师。从事铁路勘测设计工作30多年，先后参加和主持青藏铁路、拉日铁路、黔张常铁路、宝中铁路、包兰铁路、兰新铁路、宝兰二线等数十项国家重点铁路工程和三峡工程对外交通专用公路、尼日利亚铁路技术改造等一大批在国内外有较大影响的工程项目。先后获国家科技进步特等奖、詹天佑成就奖、全国科技标兵、全国优秀工程金奖、铁道部优秀工程设计特等奖、中国铁道学会特等奖、铁道部特等奖等各类科技奖数十项，入选国家百千万人才工程"有突出贡献中青年专家"，是享受国务院政府特殊津贴专家、国家有突出贡献中青年专家、铁道部青年科技拔尖人才、全国优秀科技工作者。

（唐国文）

【凌松柏】 原铁道部第十一工程局副局长。因病医治无效，于2022年9月25日在湖北省襄阳市逝世，享年87岁。

凌松柏，安徽省休宁县人，1935年11月出生，1948年6月入伍，1949年12月至1953年4月在华东军区任调剂员，1953年调入朝鲜志愿军铁十一师四十二团任调剂员，1954年6月调入铁道兵一师，历任铁道兵一师技术员、工程师、副营长、营长、副团长、团长、副师长。1954年4月加入中国共产党。1984年1月1日随部队集体转业并入铁道部，任铁道部第十一工程局副局长，1986年1月至1995年任铁十一工程局工会主席。参加了抗美援朝，先后参与黎湛铁路、贵昆铁路、成昆铁路、襄渝铁路、兖石铁路、南昆铁路、内昆铁路、京九铁路等国家重点工程建设。1995年11月退休。（罗　彬）

【陈兆林】 中铁十一局集团有限公司原工会副主席、巡视员。因病医治无效，于2022年7月2日在武汉逝世，享年73岁。

陈兆林，河北省乐亭县人，1949年3月出生，1969年2月参加中国人民解放军铁道兵。1969年10月加入中国共产党。历任铁道兵一师战士、班长、排长、营政治处主任，1984年1月1日随部队集体转业并入铁道部，历任铁道部第十一工程局团委书记，建筑安装工程处党委副书记、书记，中铁十一局集团有限公司工会副主席、巡视员。先后参与成昆铁路、襄渝铁路、兖石铁路、焦柳铁路、南昆铁路、京九铁路、大秦铁路、重庆江北机场等国家重点工程建设。2009年3月退休。

（罗　彬）

2022 年 4 月 20 日，中国铁建召开 2022 年一季度生产经营调度会。（沈正华 摄）

统计资料

特载 | 大事记 | 概况 | 董事会工作 | 工程施工 | 海外业务 | 经营工作 | 综合管理 | 科技创新 | 党的工作 | 工会工作 | 区域总部 | 所属单位 | 人物 | 统计资料 | 文献辑要 | 附录

中国铁建系统新签合同额完成情况统计

（2022 年度）

单位	年度计划（万元）	完成（万元）	其中自揽完成（万元）	其中（万元）							海外（万元）	完成年度计划（%）	上年同期自揽完成（万元）	同比增长（%）
				工程承包	勘察设计咨询	工业制造	物资物流	房地产开发	产业金融	其他				
股份公司	287600000	324500109	324500109	278911562	2945524	3732035	22490843	13131553	1140678	2147914	32752915	112.9	281965156	15.1
中国土木	10750000	11999531	11739331	10163769	8183		1823197	367		4015	11565504	109.2	10313313	13.8
中铁十一局	16003100	21596841	19269229	20731057	10809	144261	624162	46342		40210	1048323	120.4	17194009	12.1
中铁十二局	16000000	19954743	17634129	18828170	6227	177971	883642	–		58733	385373	110.2	15601144	13.0
中国铁建大桥局	6330000	13077302	11098800	12936269	2607	54969	49858	30633		2967	59557	175.3	8188189	35.5
中铁十四局	16796000	22291271	21602320	20423229	48257	336522	1265034	201431		16799	1088452	128.6	17288056	25.0
中铁十五局	9000000	18386999	17651449	17510712	2155	163892	681776	25741		2723	411832	196.1	11756242	50.1
中铁十六局	11796000	12592225	9656052	11455393	74	15725	699751	139711		281571	1349040	81.9	10850861	−11.0
中铁十七局	9796000	16105570	15431977	15014615	4440		1034231	4168		48116	953138	157.5	12285736	25.6
中铁十八局	16796000	20084620	18875446	19486336	21425	73467	170839	332338		214	1170289	112.4	16518992	14.3
中铁十九局	7003100	12252112	10037894	11778390	187	34031	415680	21208		2615	817738	143.3	8723765	15.1
中铁二十局	16796000	21175940	17886046	18998471	34763	561591	900569	194753		485793	1557102	106.5	16666641	7.3
中铁二十一局	5500000	9507265	8473671	9230179	4363	44920		225958		1845	69994	154.1	4950195	71.2
中铁二十二局	5200000	7621315	6064323	7236296	1577	14140	121335	240589		7378	142010	116.6	5340494	13.6
中铁二十三局	5203400	10559624	9664399	10412219	3341	120396		21640		2029	2029	185.7	5885031	64.2
中铁二十四局	7500000	9476042	8679956	9288094		71795	89631	26522		–	340982	115.7	7487517	15.9
中铁二十五局	4502030	6855561	4690029	6230585	6618		573379	44979		–	295428	104.2	4139661	13.3
中铁建设	16008300	19167652	17415174	16356514	2057		2117001	610347		81732	946600	108.8	14344146	21.4
中铁建电气化局	3604766	5736333	5155375	5415692	1554	267071	23380	–		28636	199813	143.0	3568983	44.4
中国铁建港航局	2050000	4180187	3093389	4167357	7072			–		5759	435549	150.9	1946353	58.9
中铁城建	4900000	5482290	5008721	5343535			42505	82124		14127	195454	102.2	5254447	−4.7
铁建国际	8590000	9016963	9016963	8978970	288		37706	–		–	9016963	105.0	6706116	34.5

续表

单位	年度计划（万元）	完成（万元）	其中自揽完成（万元）	其中（万元）							海外（万元）	完成年度计划（%）	上年同期自揽完成（万元）	同比增长（%）
				工程承包	勘察设计咨询	工业制造	物资物流	房地产开发	产业金融	其他				
铁一院	2209600	2439615	2356484	1376595	996446		3124	53868		9583	32163	106.6	2291381	2.8
铁四院	3000960	3336179	3297444	1703669	1079323		34802	51385		467000	502158	109.9	3060387	7.7
铁五院	1403900	1577849	1536638	1228489	307151	9195	2593	29179		1242	32768	109.5	1523625	0.9
上海院	1102150	1528942	1528000	1124644	375821	26409	2068	–		–	7154	138.6	1146629	33.3
中铁物资	9589000	10639501	10639501	–			10612879	3484		23139	268271	111.0	9920038	7.3
铁建重工	1795000	1828151	1828151	5754		1524061	1938	119		296279	416242	101.8	1588706	15.1
铁建地产	10021270	10159371	10159371	–				10153674		5697	5697	101.4	10458660	–2.9
资本集团	620060	826292	826292	–				–	826292	–	1650	133.3	815815	1.3
铁建财务	265800	314386	314386	–				–	314386	–	–	118.3	468503	–32.9
铁建投资	26912136	17531429	17531429	17218873	1995			310363		198	198	65.1	28882491	–39.3
中铁磁浮	500000	–	–	–				–		–	–	0.0	185379	–100
华南建设	600000	1223846	1223846	849514	3316	91225	279264	–		526	526	204.0	1434264	–15
铁建发展	1600000	1636294	1636294	1532937	14659	371	98	–		88228	88228	102.3	1455161	12.4
铁建国投	1908000	783555	783555	783555				–		–	783555	41.1	1325074	–40.9
昆仑集团	20824392	22078885	22078885	22049128	–	–	–	29757	–	–	–	106.0	10937774	101.9
南方公司	400000	–	–	–						–	–	0.0		
铁建交运	150000	150137	150137	–						150137	150137	200.2	307705	

（制表：马佶卿）

中国铁建系统股份公司区域总部承揽情况统计

（2022 年度）

<table>
<tr><th colspan="2">区域总部及省份</th><th colspan="2">新签合同额（亿元）</th><th colspan="2">同比增长（%）</th><th colspan="2">年度计划（亿元）</th><th colspan="2">完成年度计划（%）</th></tr>
<tr><td colspan="2">合　计</td><td colspan="2">27942.8</td><td colspan="2">14.7</td><td colspan="2">24800</td><td colspan="2">112.7</td></tr>
<tr><td rowspan="4">东北区域总部</td><td>辽宁</td><td>479.1</td><td rowspan="4">1588.2</td><td>46.5</td><td rowspan="4">23.4</td><td>350</td><td rowspan="4">1270</td><td>136.9</td><td rowspan="4">125.1</td></tr>
<tr><td>吉林</td><td>380.6</td><td>28.5</td><td>310</td><td>122.8</td></tr>
<tr><td>黑龙江</td><td>211.8</td><td>-27.2</td><td>300</td><td>70.6</td></tr>
<tr><td>内蒙古</td><td>516.8</td><td>38.6</td><td>310</td><td>166.7</td></tr>
<tr><td rowspan="3">华北区域总部</td><td>北京</td><td>367.0</td><td rowspan="3">2727.3</td><td>-22.4</td><td rowspan="3">-7.3</td><td>627</td><td rowspan="3">2700</td><td>58.5</td><td rowspan="3">101.0</td></tr>
<tr><td>天津</td><td>663.3</td><td>40.7</td><td>555</td><td>119.5</td></tr>
<tr><td>河北</td><td>1697.0</td><td>-15.1</td><td>1518</td><td>111.8</td></tr>
<tr><td rowspan="3">中原区域总部</td><td>山西</td><td>720.6</td><td rowspan="3">4949.8</td><td>-42.4</td><td rowspan="3">7.6</td><td>610</td><td rowspan="3">3960</td><td>118.1</td><td rowspan="3">125.0</td></tr>
<tr><td>山东</td><td>2457.4</td><td>10.5</td><td>2020</td><td>121.7</td></tr>
<tr><td>河南</td><td>1771.8</td><td>57.3</td><td>1330</td><td>133.2</td></tr>
<tr><td rowspan="4">华中区域总部</td><td>江苏</td><td>1885.2</td><td rowspan="4">4619.1</td><td>34.3</td><td rowspan="4">48.7</td><td>1580</td><td rowspan="4">3400</td><td>119.3</td><td rowspan="4">135.9</td></tr>
<tr><td>安徽</td><td>772.7</td><td>57.6</td><td>570</td><td>135.6</td></tr>
<tr><td>湖北</td><td>1049.6</td><td>14.8</td><td>830</td><td>126.5</td></tr>
<tr><td>湖南</td><td>911.6</td><td>205.1</td><td>420</td><td>217.0</td></tr>
<tr><td rowspan="4">华东区域总部</td><td>上海</td><td>604.6</td><td rowspan="4">3555.3</td><td>131.3</td><td rowspan="4">34.0</td><td>280</td><td rowspan="4">3000</td><td>215.9</td><td rowspan="4">118.5</td></tr>
<tr><td>浙江</td><td>1401.4</td><td>10.0</td><td>1500</td><td>93.4</td></tr>
<tr><td>江西</td><td>751.8</td><td>13.6</td><td>610</td><td>123.3</td></tr>
<tr><td>福建</td><td>797.5</td><td>74.7</td><td>610</td><td>130.7</td></tr>
<tr><td rowspan="3">华南区域总部</td><td>广东</td><td>2766.5</td><td rowspan="3">3678.8</td><td>16.3</td><td rowspan="3">7.1</td><td>2520</td><td rowspan="3">3600</td><td>109.8</td><td rowspan="3">102.2</td></tr>
<tr><td>广西</td><td>603.8</td><td>-25.3</td><td>820</td><td>73.6</td></tr>
<tr><td>海南</td><td>308.6</td><td>24.1</td><td>260</td><td>118.7</td></tr>
<tr><td rowspan="5">西南区域总部</td><td>重庆</td><td>1185.3</td><td rowspan="5">5379.2</td><td>38.8</td><td rowspan="5">2.2</td><td>1000</td><td rowspan="5">4500</td><td>118.5</td><td rowspan="5">119.5</td></tr>
<tr><td>四川</td><td>2160.9</td><td>-7.4</td><td>1850</td><td>116.8</td></tr>
<tr><td>云南</td><td>1098.5</td><td>9.5</td><td>900</td><td>122.1</td></tr>
<tr><td>贵州</td><td>754.4</td><td>30.8</td><td>550</td><td>137.2</td></tr>
<tr><td>西藏</td><td>180.0</td><td>-63.7</td><td>200</td><td>90.0</td></tr>
<tr><td rowspan="5">西北区域总部</td><td>陕西</td><td>1468.0</td><td rowspan="5">2870.2</td><td>22.4</td><td rowspan="5">24.1</td><td>1230</td><td rowspan="5">2370</td><td>119.3</td><td rowspan="5">121.1</td></tr>
<tr><td>甘肃</td><td>662.4</td><td>46.6</td><td>480</td><td>138.0</td></tr>
<tr><td>宁夏</td><td>96.6</td><td>35.2</td><td>100</td><td>96.6</td></tr>
<tr><td>青海</td><td>82.6</td><td>-25.9</td><td>80</td><td>103.3</td></tr>
<tr><td>新疆</td><td>560.6</td><td>17.2</td><td>480</td><td>116.8</td></tr>
<tr><td colspan="2">工程总承包部</td><td colspan="2">288.3</td><td colspan="2">13.1</td><td colspan="2">200</td><td colspan="2">144.1</td></tr>
</table>

（制表：马佶卿）

中国铁建系统各单位新签合同额完成情况排名(一)

(2022 年度·工程承包业务类)

排名	单位名称	新签合同额(万元)	完成年度计划率(%)	上年同期完成(万元)	同比增长(%)
1	中铁十四局	21602320	128.6	17288056	25.0
2	中铁十一局	19269229	120.4	17194009	12.1
3	中铁十八局	18875446	112.4	16518992	14.3
4	中铁二十局	17886046	106.5	16666641	7.3
5	中铁十五局	17651449	196.1	11756242	50.1
6	中铁十二局	17634129	110.2	15601144	13.0
7	中铁建设	17415174	108.8	14344146	21.4
8	中铁十七局	15431977	157.5	12285736	25.6
9	中国铁建大桥局	11098800	175.3	8188189	35.5
10	中铁十九局	10037894	143.3	8723765	15.1
11	中铁二十三局	9664399	185.7	5885031	64.2
12	中铁十六局	9656052	81.9	10850861	-11.0
13	中铁二十四局	8679956	115.7	7487517	15.9
14	中铁二十一局	8473671	154.1	4950195	71.2
15	中铁二十二局	6064323	116.6	5340494	13.6
16	中铁建电气化局	5155375	143.0	3568983	44.4
17	中铁城建	5008721	102.2	5254447	-4.7
18	中铁二十五局	4690029	104.2	4139661	13.3
19	中国铁建港航局	3093389	150.9	1946353	58.9

(制表:马信卿)

中国铁建系统各单位新签合同额完成情况排名(二)

(2022 年度·勘察设计咨询业务类)

排名	单位名称	新签合同额(万元)	完成年度计划率(%)	上年同期完成(万元)	同比增长(%)
1	铁四院	3297444	109.9%	3060387	7.7%
2	铁一院	2356484	106.6%	2291381	2.8%
3	铁五院	1536638	109.5%	1523625	0.9%
4	上海院	1528000	138.6%	1146629	33.3%

(制表:马信卿)

中国铁建系统各单位新签合同额完成情况排名(三)

(2022年度·投资及资产运营业务类)

排名	单位名称	新签合同额（万元）	完成年度计划率(%)	上年同期完成（万元）	同比增长(%)
1	昆仑集团	22078885	106.0	10937774	101.9
2	铁建投资	17531429	65.1	28882491	-39.3
3	铁建发展	1636294	102.3	1455161	12.4
4	铁建交运	150137	100.1		
5	中铁磁浮			185379	-100.0

(制表:马佶卿)

中国铁建系统各单位新签合同额完成情况排名(四)

(2022年度·海外业务类)

排名	单位名称	新签合同额（万元）	完成年度计划率(%)	上年同期完成（万元）	同比增长(%)
1	中国土木	11739331	109.2	10313313	13.8
2	铁建国际	9016963	105.0	6706116	34.5
3	铁建国投	783555	41.1	1325074	-40.9

(制表:马佶卿)

中国铁建系统各单位新签合同额完成情况排名(五)

(2022年度·其他业务类)

排名	单位名称	新签合同额（万元）	完成年度计划率(%)	上年同期完成（万元）	同比增长(%)
1	中铁物资	10639501	111.0	9920038	7.3
2	中铁地产	10159371	101.4	10458660	-2.9
3	铁建重工	1828151	101.8	1588706	15.1
4	华南建设	1223846	204.0	1434264	-14.7
5	铁建资本	826292	133.3	815815	1.3
6	铁建财务	314386	118.3	468503	-32.9
7	南方公司				

(制表:马佶卿)

中国铁建系统工程承包板块新签合同额按类别分完成情况统计

（2022 年度）

单位：万元

单位名称	工程承包	其中							
		铁路	公路	房建	城市轨道	市政	水利、电力	机场、港口及航道	其它工程
股份公司	278911562	49020171	41763990	94166760	12833122	41564353	17164530	3789894	18608742
中国土木	10163769	3471741	1006299	2515281	90215	50298	461059	720380	1848496
中铁十一局	20731057	4261257	2572964	5785299	1244506	3910452	541995		2414583
中铁十二局	18828170	4878241	1698342	7026220	1032541	2501006	1147890	379100	164830
中国铁建大桥局	12936269	2721080	3934940	3532296	621910	1652068	235537	3048	235390
中铁十四局	20423229	5381830	2789600	6493645	758901	1808679	2637438	110321	442815
中铁十五局	17510712	2723070	1233835	8112480	748282	2713382	841824	246481	891358
中铁十六局	11455393	1332526	1326031	4542871	848123	1644941	1402898	196315	161687
中铁十七局	15014615	1798617	1868388	6451480	782588	1608982	1559810	3496	941253
中铁十八局	19486336	2422511	2934622	8426528	751985	3547437	913068		490184
中铁十九局	11778390	1998134	1755118	3049683	623972	1173409	144298	9159	3024618
中铁二十局	18998471	2336905	2926971	8241584	373912	1593782	1051083		2474234
中铁二十一局	9230179	1416911	587507	4710532	99736	1068503	529658	168250	649083
中铁二十二局	7236296	603882	583669	3702095	412775	579425	1078033		276417
中铁二十三局	10412219	624636	1553381	3415421	1354	1325770	466698		3024958
中铁二十四局	9288094	3162552	1561984	1943740	240429	1638239	257730	312248	171172
中铁二十五局	6230585	1294262	1402816	1669224	33560	1009667	70784		750272
中铁建设	16356514	1532692	213604	12150009	172070	1618763	79375	76352	513650
中铁建电气化局	5415692	2141708	92803	1050902	1893148	62282	64749		110099
中国铁建港航局	4167357	2191	1425830	300997		894974	336855	1199378	7131
中铁城建	5343535	136565	71700	3748094	148078	1230540		8558	
铁建国际	8978970		1613530	1816193	36221		3996256		1516769

续表

单位名称	工程承包	其中							
		铁路	公路	房建	城市轨道	市政	水利、电力	机场、港口及航道	其它工程
铁一院	1376595	371955	121801	71313	30969	206751	303460		270346
铁四院	1703669	345967	417272	549661	3124	319644			68001
铁五院	1228489. 44	252713	198048	410268	13449	290000		23337	40674
上海院	1124644	35894	401360	322997		209630	34763		120000
铁建重工	5754				5754				
铁建投资	17218873	357501	6511288	8148475		1576031	12178	613400	
中铁磁浮	–								
华南建设	849514			276076	92379	12374			468685
铁建发展	1532937			70773		414109	297305		750751
铁建国投	783555	104781	304492	7809	1637		283921		80916
昆仑集团	22049128	580204	9550025	808258	1093951	9496033		343083	177575

（制表：马佶卿）

中国铁建系统各单位在境内各省市新签合同额完成情况统计(一)

(2022 年度)

单位:万元

单位	合计	辽宁省	吉林省	黑龙江省	内蒙古自治区	北京市	天津市	河北省	山西省	山东省	河南省	江苏省
合计	321213068	6591744	4031547	2465215	6173157	3685801	6687489	20384130	7206060	26030111	19747135	20271443
中国土木	438042	3992			33568	4576	427	5407	9	31485		23142
中铁十一局	20588727	291090	390164	213229	294562	8854	12001	854366	592948	763608	910142	1774337
中铁十二局	19628102	345005	61428	316710	136186	110175	102785	1580446	1408877	1830156	1022826	1271823
中铁建大桥局	13020712	498893	97991	662367	8207	42101	1266670	440488	311854	229244	280328	1042422
中铁十四局	21219619	392120	625639	12566	100478	125549	699120	1477584	285739	6030241	767385	2769584
中铁十五局	17977891	49462	10360	141989	200510	106737	21583	748862	673152	946905	2922356	1326401
中铁十六局	11524757	203819	5800	29201	234395	45987	55653	1145689	212178	553698	910803	741784
中铁十七局	15200548	25460	595835	30758	492697	6909	30315	915127	1470671	1162261	1110146	664061
中铁十八局	18914544	162946	728	10259	476650	98266	1510421	1323065	111633	2284175	1496726	437284
中铁十九局	11436989	692717	2483	2915	630747	68307	94208	334541	33316	488179	453319	1099991
中铁二十局	20104630	295276	100201	64482	708103	160977	1333	2864404	583735	914375	775748	565359
中铁二十一局	9439116	24093	145164	107407	103424	463	56138	544194	123630	1496874	881357	287889
中铁二十二局	7486683	59558	979155	311373	2472	94242	18122	1070448	426502	90745	711729	55878
中铁二十三局	10559624	16196	48225	222984	122621		4142	528167		1162871	163986	73070
中铁二十四局	9135060			31206	292919	52853		21624	11633	824846	12893	1152005
中铁二十五局	6560134	137057	9104		4455		13494	384315		392525	336437	
中铁建设	18302783	58700	317061	72293	132580	938089	2192604	825823	167741	817030	1369616	331966
中铁建电气化局	5565156	149445	9553	27284	162714	32800	39497	492086	105127	34471	50255	1187159
中铁建港航局	3750398	81522		14734						475737	70785	77301
中铁城建	5300964		94117	24165	1418	8617		55324	209554	434367	443598	195410
铁一院	2417035	23178	50	758	10384	4815	2566	10142	63999	355510	7316	9014
铁四院	3301021	560	245	159	3494	329	586	1472	1569	363102	44806	238613
铁五院	1546323	8935	10142	35429	123144	60907	7654	47864	32299	74892	77149	118043

续表

单位	合计	辽宁省	吉林省	黑龙江省	内蒙古自治区	北京市	天津市	河北省	山西省	山东省	河南省	江苏省
上海院	1521788	15	1411		3158	369	2006	20	133	16414	77348	383774
中铁物资	10394369	369935	188499	49476	128202	135903	118337	522284	126177	582182	245317	468256
铁建重工	1708188	25433	1004	21957	43214	94749	57986	7961	31293	64621	73962	62572
铁建地产	10159371	112672	65970	61011		544635	88812	74697	156945	16846		898706
铁建资本	824642	340	1253	476	12189	473555	42901	20662	1002	95639	353	78287
铁建财务	314386					314386						
铁建投资	17531429	2419979			1710667	70822	60000	2543067		2406353	1618200	1843035
华南建设	1223846					348	45			64300	49	97
铁建发展	1636294	1	269964	28		79479	37946	188621	64343	7052	556	230
昆仑集团	22078885	143342	0	0	0	0	0	1355379	0	1018545	2911643	1093951

（制表：马佶卿）

中国铁建系统施工单位建筑业总产值按地域分完成情况统计(二)

(2022 年度)

单位:万元

单 位	安徽省	湖北省	湖南省	上海市	浙江省	江西省	福建省	广东省	广西壮族自治区	重庆市	四川省
合 计	7626927	10496409	11900863	6046108	14854966	7896732	8451579	28988110	6345996	13677322	26267243
中国土木							25169	39154			
中铁十一局	845548	3205838	789927	134389	1700913	669438	76928	1136324	44188	2111196	930063
中铁十二局	470921	255979	193104	178176	315682	968140	376362	2602917	140441	1118375	1467346
中铁建大桥局	299954	785436	768580	49115	1299982	163300	265115	2180747	333513	343502	1048530
中铁十四局	446447	51530	2876	62593	977916	510465	138478	1186977	202217	634951	204829
中铁十五局	145012	583475	263461	988973	904712	592724	46974	2040531	57941	982950	1210625
中铁十六局	640825	48582	469357	110039	853944	372151	670492	841603	802239	13213	28831
中铁十七局	127429	19364	396500	3458	29829	542725	416513	1567828	22557	806554	1423829
中铁十八局	41241	577140	559272	9466	618216	612664	1869493	1087628	652145	418796	2503885
中铁十九局	204122	318397	158010	65766	368546	67392	53288	2055427	127952	402587	1495514
中铁二十局	115971	1097673	255424	127160	254141	310482	269625	1216169	785200	1555519	838007
中铁二十一局	340520	74383	158797		188762	60773	270276	88227	150675	40351	387887
中铁二十二局	39831	57605	160000		145472	186612	1108012	1061476	5095	89844	413596
中铁二十三局	1024974	351459	114524	7955	417130	467531	255125	939428	36401	15	937543
中铁二十四局	1190449	147974	158739	629111	804354	486354	835523	168810	6552	325347	916046
中铁二十五局	87834	603261	543289	1036	23164	550649	31505	1053082	737838	320000	655630
中铁建设	507350	334892	542853	484676	1196759	159634	103236	3155811	533024	589489	851277
中铁建电气化局	456735	144918	85758	41776	332292	229727	49821	233916	15495	208064	746221
中铁建港航局		461429	20		754209		44788	690100	21005	158408	861181
中铁城建	92663	156529	960587		521404	161354	394400	195887	67318	220998	102462
铁一院	37174	23790	23025	4085	12351	4187	273664	107160	32815	74204	137767
铁四院	61044	250856	50238	51000	498101	514568	336496	274684	40677	10859	35072
铁五院	12269	9346	6633	5255	56883	52380	297018	85117	63124	5595	26785

续表

单　位	安徽省	湖北省	湖南省	上海市	浙江省	江西省	福建省	广东省	广西壮族自治区	重庆市	四川省
上海院	122591	289	5403	96852	197115	22667	3622	11424	2200	4583	70200
中铁物资	112743	717885	200432	259348	248114	123809	130808	1246173	933548	407051	843090
铁建重工	35891	36380	91149	52169	63033	10550	10942	486336	14002	61283	84690
铁建地产	166064	163340	77278	2624379	479653	39669	94118	952818	51746	166115	2011852
铁建资本	1295	16903	114	355	4515	1320	3787	8789	3087	12103	9165
铁建财务											
铁建投资			784100		1394711			729597		198	
华南建设	19	1553			1787	15466		1051984		87132	
铁建发展	12	203	857	5	236	1	0	181897	50	37	604751
昆仑集团	0	0	4080558	0	0	0	0	310090	462951	2595133	5333436

（制表：马佶卿）

中国铁建系统施工单位建筑业总产值按地域分完成情况统计(三)

(2022 年度)

单位:万元

单　位	云南省	贵州省	西藏自治区	海南省	陕西省	甘肃省	宁夏回族自治区	青海省	新疆维吾尔自治区
合　计	12419600	7570924	1800144	3444546	15599721	6804441	1171540	826289	5749776
中国土木				260985					10128
中铁十一局	987849	196192	261373	50388	431602	457095	44851	63154	346170
中铁十二局	751177	278548	253214	154935	1384208	243145	25411	159240	104365
中铁建大桥局		50622	14105	43795	21972	262156	164767	7425	37531
中铁十四局	10082	273024	186090	140407	1179217	670653	219	25375	1029267
中铁十五局	769535	55100	41029	138788	829408	308637	197602	61053	611044
中铁十六局	1551609	193520		135163	198941	33446	277297	3273	141222
中铁十七局	707601	513824	367864	266487	460494	489000	63349	86388	384714
中铁十八局	233038	179202	166976	66062	318913	619005	32915		436332
中铁十九局	346301	614750	172335	68532	388119	180320	50112	108703	290092
中铁二十局	1143128	652806	95609	147962	2726774	1142847	34824	18376	282941
中铁二十一局	349309	282097	14957		1429170	1361988	56179	37838	376296
中铁二十二局	7207	28328	892	143014	186357	17436			15684
中铁二十三局	611383	2203348			286325	22495	1030	5641	535057
中铁二十四局	576140	153857	657	9546	307856	17769			
中铁二十五局	70423	295546		58553	79995	145550	358	3456	21576
中铁建设	671403	113045		525318	877250	204766	3309		225187
中铁建电气化局	77758	19953			532772	22328	26913	3171	47149
中铁建港航局				30277					8899
中铁城建	75659	694		5038	789400				90000
铁一院	4472	4660	26697	294343	256531	104619	29162	218764	259832
铁四院	496155	6668		4170	7670	4575	2791	291	170
铁五院	74207	26127	92112	1646	39778	22047	1265	1076	71200

续表

单　位	云南省	贵州省	西藏自治区	海南省	陕西省	甘肃省	宁夏回族自治区	青海省	新疆维吾尔自治区
上海院	493545	167			6467				15
中铁物资	653625	692712	51402	178614	143151	262695	41822	16106	196675
铁建重工	30025	6503	51273	10256	88867	27138		6876	56070
铁建地产	144908	715739			451398				
铁建资本	15892	1267	633	81	10420	6178	111	84	1886
铁建财务									
铁建投资				662700	1288000				
华南建设				238	828				
铁建发展	9	12623	2926	5630	216	178555			65
昆仑集团	1567159	0	0	41616	877621	0	117253	0	170207

（制表：马佶卿）

中国铁道建筑集团有限公司从业人员及劳动报酬统计(一)

(2022 年度)

行业类别	从业人员											
	在编在岗职工				其他在岗职工				其他从业人员 纳入财务报表职工统计口径的其他从业人员			
	期末人数(人)	平均人数(人)	工资总额(万元)	平均工资(元/人)	期末人数(人)	平均人数(人)	工资总额(万元)	平均工资(元/人)	期末人数(人)	平均人数(人)	工资总额(万元)	平均工资(元/人)
总计	258450	257638	4487903.70	174194.17	32137	32214	329805.19	102379.46	5320	5922	49260.77	83182.66
工程承包	216613	215560	3464454.79	160718.82	24187	24411	242603.56	99382.88	3757	4349	32520.28	74776.45
勘察设计承包	14646	14392	494207.94	343390.73	2566	2516	37374.10	148545.71	99	105	871.85	83033.33
工业制造	10022	10108	175959.70	174079.64	760	741	8525.61	115055.47	149	147	5886.72	400457.14
物资物流	4579	4758	78801.00	165617.91	402	413	2350.51	56913.08	37	37	514.84	139145.95
房地产开发	5837	6102	136354.21	223458.23	309	298	3106.72	104252.35	677	599	4244.82	70865.11
金融保险	560	550	25789.60	468901.82	2	2	40.07	200350.00	0	1	0.94	9400.00
其他	6193	6168	112336.46	182127.85	3911	3833	35804.62	93411.48	601	684	5221.32	76335.09

(制表:岳向文)

中国铁道建筑集团有限公司从业人员及劳动报酬统计(二)

(2022 年度)

行业类别	从业人员								在编不在岗职工			
	其他从业人员 未纳入财务报表职工统计口径的其他从业人员				劳务派遣人员							
	期末人数(人)	平均人数(人)	劳动报酬总额(万元)	平均报酬(元/人)	期末人数(人)	平均人数(人)	劳动报酬总额(万元)	平均报酬(元/人)	期末人数(人)	平均人数(人)	劳动报酬总额(万元)	平均报酬(元/人)
总计	1712	1756	3725.98	21218.56	43450	44568	533718.37	119753.72	15046	16356	54331.45	33218.05
工程承包	1657	1721	2875.86	16710.40	33353	32705	391568.20	119727.32	13615	14880	46811.77	31459.52
勘察设计承包	0	0	0.00		1102	2303	40387.48	175369.00	53	78	84.86	10879.49
工业制造	3	4	41.68	104200.00	1491	1534	16910.93	110240.74	647	681	2651.37	38933.48
物资物流	0	0	0.00		3178	3159	40398.88	127885.03	438	429	3758.44	87609.32
房地产开发	0	0	0.00		454	471	5387.83	114391.30	2	2	0.00	0.00
金融保险	5	6	625.87	1043116.67	13	10	154.56	154560.00	0	0	0.00	
其他	47	25	182.57	73028.00	3859	4386	38910.49	88715.21	291	286	1025.01	35839.51

(制表:岳向文)

中国铁道建筑集团有限公司从业人员统计

（2022 年度）　　单位：人

指标名称	人数	指标名称	人数
一、2021 年末从业人员人数	348816	三、2022 年减少从业人员人数	57327
1. 在编在岗职工	255220	1. 减少在编在岗职工	33281
2. 其他在岗职工	37449	（1）解除劳动合同	11502
3. 其他从业人员	8531	（2）终止劳动合同	7210
其中：纳入财务报表职工统计口径的其他从业人员	5884	其中：离休退休	6103
未纳入财务报表职工统计口径的其他从业人员	2647	（3）减少不在岗职工	1887
4. 劳务派遣人员	47616	（4）调出	12682
二、2022 年增加从业人员人数	49374	其中：调往集团公司外	865
1. 增加在编在岗职工	36398	调往股份公司系统外	884
（1）政策性安置	162	整建制划出	379
（2）录用毕业生	16132	其中：需支付经济补偿人数（指减少的在编在岗职工中）	235
（3）在编不在岗职工回归	2130	2. 减少其他在岗职工	9127
（4）调入	11216	3. 减少其他从业人员	3018
其中：集团公司外调入	1174	其中：纳入财务报表职工统计口径的其他从业人员	1566
股份公司系统外调入	636	未纳入财务报表职工统计口径的其他从业人员	1452
整建制划入	230	4. 减少劳务派遣人员	11901
（5）其他方式	6758	四、2022 年末从业人员人数	340863
2. 增加其他在岗职工	3807	1. 在编在岗职工	258337
3. 增加其他从业人员	1519	2. 其他在岗职工	32129
其中：纳入财务报表职工统计口径的其他从业人员	1002	3. 其他从业人员	7032
未纳入财务报表职工统计口径的其他从业人员	517	其中：纳入财务报表职工统计口径的其他从业人员	5320
4. 增加劳务派遣人员	7650	未纳入财务报表职工统计口径的其他从业人员	1712
		4. 劳务派遣人员	43365

（制表：岳向文）

中国铁道建筑集团有限公司从业人员专项指标统计(一)

(2022 年度)

单位:人

类别	合计	其中:女性	按年龄划分 35 岁及以下	其中:女性	36~40 岁	其中:女性	41~45 岁	其中:女性	46~50 岁	其中:女性	51~54 岁	其中:女性	55~59 岁	其中:女性	60 及以上	其中:女性
总计	340874	68031	180982	35286	63492	15208	34400	7635	31694	6810	16480	2629	12902	371	924	92
在编在岗职工	258347	52177	132241	25863	49570	12271	26680	6237	25154	5667	13284	2044	11053	90	365	5
其他在岗职工	32130	6064	16851	3394	6355	1296	3152	592	3026	467	1747	223	871	79	128	13
其他从业人员	7032	1405	3450	672	1203	270	1125	165	611	106	231	79	202	83	210	30
劳务派遣人员	43365	8385	28440	5357	6364	1371	3443	641	2903	570	1218	283	776	119	221	44
在编不在岗职工(非从业人员)	14547	5950	2286	1022	2548	1626	2342	1257	2897	1504	1721	491	2660	38	93	12

(制表:岳向文)

中国铁道建筑集团有限公司从业人员专项指标统计(二)

(2022 年度)

单位:人

类别	合计	按人才结构划分 管理人员	其中:中层及以上	专业技术人员	其中:管理岗位	技能人员	其他人员	合计	按文化程度划分 高中及以下	中专	大学专科	大学本科	硕士研究生	博士研究生
总计	340874	91752	41213	186038	46589	65062	44611	340874	38423	25521	71294	189896	15371	369
在编在岗职工	258347	83658	39416	162286	43911	39308	17006	258347	21964	13837	39173	168181	14836	356
其他在岗职工	32130	4727	1340	14510	1847	9383	5357	32130	6225	3828	12342	9390	338	7
其他从业人员	7032	675	55	876	71	1679	3873	7032	3484	1422	1214	854	55	3
劳务派遣人员	43365	2692	402	8366	760	14692	18375	43365	6750	6434	18565	11471	142	3
在编不在岗职工(非从业人员)	14547	1150	164	5079	379	4700	3997	14547	4748	2320	3991	3445	43	0

(制表:岳向文)

中国铁建系统在岗干部基本情况统计

（2022 年度）

单位：人

单位名称	总数			各类干部											学历					政治情况				年龄							
															高等院校														55岁至59岁		
	干部总数	女	少数民族	正局级	副局级	局级非领导职务	正处级	副处级	处级非领导职务	正科级	副科级	科级非领导职务	科员、办事员	专职从事专业技术工作	研究生	大学本科	专科	中专	高中及以下	共产党员	共青团员	民主党派	无党派	35岁以下	36岁至40岁	41岁至45岁	46岁至50岁	51岁至54岁	小计	女	60岁以上
中国铁建股份有限公司总部	287	54	18	51	29	12	80	10	2					103	84	197	3		3	80				23	55	52	43	63	42		9
中国土木工程集团有限公司	3687	526	151	2	12	3	94	126	6	348	126	13	1594	1363	699	2263	517	113	95	1485	640	16		1999	735	357	287	190	119		
中铁十一局集团有限公司	14960	2251	765	2	8	4	94	249	24	1207	1893	146	4152	7181	428	12561	1507	98	366	6002	4329			9906	2456	1087	832	374	305		
中铁十二局集团有限公司	14108	2170	593	2	11	4	143	248	123	748	1219	210	632	10768	359	11160	2296	201	92	4411	5325	6		9203	2301	1021	817	510	256		
中国铁建大桥工程局集团有限公司	9288	1405	774	2	10	4	110	214	43	690	822		4956	2437	251	7946	994	97		4198	2504	7		5660	1304	882	811	412	219		
中铁十四局集团有限公司	12390	3095	375	2	9	6	142	283	44	1368	2007			8529	336	9924	1780	267	83	3750	6943	5		6577	2424	1345	1281	509	254		
中铁十五局集团有限公司	10301	2691	394	2	11	5	117	214	80	1014	1263	84	3536	3975	334	8081	1568	153	165	4017	2750	1		5887	2083	930	810	330	259	6	2
中铁十六局集团有限公司	13950	3818	800	2	10	6	109	229	118	825	828	437	1095	10291	418	10498	2677	165	192	5769	5337	1		8201	3064	1088	812	385	400		
中铁十七局集团有限公司	10479	2308	366	3	11	3	130	189	165	1047	1374	187	1435	5935	304	7978	1632	319	246	4711	1698	6		5303	2591	1107	802	360	316	1	
中铁十八局集团有限公司	18217	3948	1095	2	10	7	145	333	116	1224	1812	369	3862	10337	252	13105	3862	276	722	6246	5012	1		10566	3364	1728	1593	571	395		
中铁十九局集团有限公司	11328	2820	1473	1	9	4	77	217	103	898	1330	227	3037	5425	165	8938	1873	187	165	4880	2896	2		6424	2103	907	1181	496	217		
中铁二十局集团有限公司	10579	3288	368	2	8	1	121	252	2	1220	1381	7	2316	5269	277	7809	1953	330	210	4403	2260			4361	2969	1432	942	485	361		29
中铁二十一局集团有限公司	7622	1497	263	2	9	2	74	176	47	606	795	70	1090	4751	142	6691	697	72	20	3203	2477	3		4511	1471	567	555	338	180		
中铁二十二局集团有限公司	9400	2141	520	2	9	7	65	159	109	506	862	87	409	7185	188	7714	1284	99	115	3518	2193	3	440	5789	1785	629	639	326	232		
中铁二十三局集团有限公司	6777	1551	330				26	89	19	496	912	54	1319	3862	100	5225	1201	169	82	2635	1931	5	2206	3975	1257	567	590	252	136	2	
中铁二十四局集团有限公司	6901	948	269	2	11	3	86	141	28	493	673		81	5383	134	5987	649	98	33	2882	2001	46	1972	4501	876	363	456	351	354		
中铁二十五局集团有限公司	6731	1382	609	2	10	3	81	124	52	633	876	73	482	4395	116	5820	695	90	10	2936	2366	2		4475	882	427	504	239	203		1
中铁建设集团有限公司	10015	1696	2882	3	11	2	79	213	2			1760	2338	5607	581	7953	1149	98	234	4749	2077	3		6818	1561	718	529	229	160		

续表

单位名称	总数			各类干部											学历					政治情况				年龄							
															高等院校														55岁至59岁		
	干部总数	女	少数民族	正局级	副局级	局级非领导职务	正处级	副处级	处级非领导职务	正科级	副科级	科级非领导职务	科员、办事员	专职从事专业技术工作	研究生	大学本科	专科	中专	高中及以下	共产党员	共青团员	民主党派	无党派	35岁以下	36岁至40岁	41岁至45岁	46岁至50岁	51岁至54岁	小计	女	60岁以上
中国铁建电气化局集团有限公司	5835	1265	188	3	10	5	110	171	18	439	560	54	793	3672	224	4675	742	112	82	2435	1303	1		3324	1131	555	441	233	151		
中国铁建港航局集团有限公司	3236	477	148	2	5	1	62	130	24	403	556		583	1470	126	2476	213	170	251	1222	930	2		2023	382	272	307	158	93		1
中国铁建房地产集团有限公司	3726	1444	226	2	8	1	49	103	5	343	240	3	1695	1277	699	2507	412	50	58	1451	364	2		1960	897	519	220	96	34		
中铁第一勘察设计院集团有限公司	3827	596	131	2	6	3	96	156	46	185	45		356	2932	1529	2124	149	21	4	2265	254	41		1424	668	488	419	490	338		
中铁第四勘察设计院集团有限公司	6036	882	217	2	8	4	117	197	50	202	308	171	471	4506	2903	2418	689	25	1	3298	587	59	89	2444	1185	737	521	619	530		
中铁第五勘察设计院集团有限公司	6256	1408	144	2	6	8	80	151	21	381	173		503	4931	1054	3472	1504	154	72	2105	661	22		2181	1321	900	878	589	387		
中铁上海设计院集团有限公司	1917	521	45	1	6	3	45	78	10	193	184	2	122	1273	848	1018	51			1002	294	13	7	1038	389	191	107	92	100	19	
中铁物资集团有限公司	1856	532	115	2	9	3	55	121		177	191		1298		254	1348	184	13	57	949	297			937	404	201	128	98	88		
中国铁建重工集团股份有限公司	4384	681	329	3	12		58	166						4145	1264	2845	232	43		1802		1	2581	2803	854	287	234	134	72		
中国铁建国际集团有限公司	784	138	53	3	7	2	47	68	58	87	24	106	43	339	251	442	91			478	75	2	229	350	174	91	94	40	34		1
中铁城建集团有限公司	4660	667	226	2	7	2	49	78	16	351	652		432	3071	111	4167	311	46	25	1789	2188	4		3328	568	239	258	179	88		
中国铁建投资集团有限公司	2158	446	78	2	7	3	106	164	12	356	161		1347		447	1481	179	51		1352	243	3	560	950	579	238	197	139	55		
中国铁建财务有限公司	94	49	5	2	4		10	8						70	37	57				67	7	3		44	27	9	7	5	2		
中铁建商务管理有限公司	87	2	1	2	3		10	5		12	11		8	36	12	39	21	5	10	70				12	13	4	22	19	17		
中铁磁浮交通投资建设有限公司	76	9	2	1	2	1	6	15		19	2		19	11	23	53				60	3	2	1	20	17	14	12	8	5		
中铁建资本控股集团有限公司	478	191	28	2	5	1	38	50						382	165	298	14	1		276	55	4		226	102	69	44	28	9		
中铁建发展集团有限公司	522	111	30	1	5		26	30	2	83	114	16	207	38	159	344	19			303	82	9	81	242	151	77	34	13	5		
中铁建交通运营集团有限公司	87	16	6		2		5	12		12	8		48		17	63	6		1	63	1		23	33	32	7	11	2	2		
中铁建华南建设有限公司	153	20	4	2	4	2	14	22	6	32	8	6	23	34	28	120	5			119	20			52	29	18	18	27	9		

续表

单位名称	总数			各类干部											学历					政治情况				年龄							
															高等院校														55岁至59岁		
	干部总数	女	少数民族	正局级	副局级	局级非领导职务	正处级	副处级	处级非领导职务	正科级	副科级	科级非领导职务	科员、办事员	专职从事专业技术工作	研究生	大学本科	专科	中专	高中及以下	共产党员	共青团员	民主党派	无党派	35岁以下	36岁至40岁	41岁至45岁	46岁至50岁	51岁至54岁	小计	女	60岁以上
中铁建国际投资有限公司	111	34	7	3	3		12	16						77	62	48			1	65	9	2		46	34	12	7	9	3		
中国铁建股份有限公司北京培训中心(中国铁建股份有限公司党校)	23	9	4	1	1		5	1					15		8	15				21				6	3	2	4	4	4		
中铁建锦鲤资产管理有限公司	40	20	1	1	3	1	7	5	2				21		24	15	1			34		1		11	5	5	7	8	4		
中国铁建昆仑投资集团有限公司	1512	294	58	1	9	3	77	135	9	430	226		622		240	1192	70	3	7	1018	86	3		567	397	241	207	69	31		
中国铁建股份有限公司东北区域总部	29	2	4	3	4		9	6					7		4	23	2			28				7	4	6	4	3	5		
中国铁建股份有限公司华北区域总部	82	12	3	3	1	1	16	15	2	9	10		15	10	18	55	9			68	4			19	12	18	16	11	6		
中国铁建股份有限公司中原区域总部	57	4	1	2	3	2	25	14		8			3		20	37				35				6	10	9	9	16	7		
中国铁建股份有限公司华中区域总部	83	7	1	2	2	1	17	19						42	9	70	4			70	1	1	11	16	22	11	14	16	4		
中国铁建股份有限公司华东区域总部	261	65	6	3	4		37	23		19	27		148		106	154	1			185	39	1	34	151	34	31	32	8	5		
中国铁建股份有限公司华南区域总部	169	19	12	3	3	1	26	28	1	22	12		6	67	24	131	12	2		131	9	2	27	38	41	34	27	20	9		
中国铁建股份有限公司西南区域总部	47	8	4	3	3		9	9	1	10	3		9		17	29	1			40	3		4	12	11	6	14	3	1		
中国铁建股份有限公司西北区域总部	82	16	1	3	3	2	16	9	2	25	8	6	8		22	58	2			53				18	22	10	14	12	6		
中国铁建股份有限公司工程总承包部	21	3	0	2	3		5	4	1				6		3	15	2	1		21				3	1	7	7	1	2		

（制表:张瑞全　陈　龙）

中国铁建系统在岗技术干部情况统计

（2022 年度）

单位：人

单位名称	总数					工程技术人员						卫生技术人员				教师				经济人员					统计人员				会计人员					档案人员	翻译人员	新闻人员	文艺人员	农艺研究体育律师
	技术干部总数	其中																																				
		正高级	高级	中级	初级及以下	小计	正高级工程师	教授级高工	高级工程师	工程师	助工、技术员及未聘职务	小计	正副主任医师	主治医师	医、护师及未聘职务	小计	教授、高讲	讲师	助教、助讲、教员及未聘职务	小计	正高级经济师	高级经济师	经济师	助经、经济员及未聘职务	小计	高级统计师	统计师	助统、统计员及未聘职务	小计	正高级会计师	高级会计师	会计师	助会、会计员及未聘职务					
中国铁建股份有限公司总部	287	72	183	18	5	137	54		70	3	10	0				0				47	6	35	5	1	0				44	9	29	3	3		2	57		
中国土木工程集团有限公司	2490	51	737	831	871	1928	44	1	603	659	621	12			12	2			2	126	1	32	54	39	0				218	4	52	55	107		200	1		3
中铁十一局集团有限公司	14960	106	2177	5545	7132	11872	94		1903	4741	5134	63		10	53	12	1	3	8	736	3	77	108	548	2		1	1	1465	9	89	420	947			49		761
中铁十二局集团有限公司	13829	123	2242	3653	7811	10644	112		1878	2871	5783	245	34	115	96	12	1	5	6	1256	2	132	264	858	30	9	13	8	1515	5	137	351	1022			127		
中国铁建大桥工程局集团有限公司	8673	157	1861	2713	3942	6804	142		1629	2253	2780	14	1	4	9	41	16	17	8	765		116	213	436	0				1040	8	102	225	705	9				
中铁十四局集团有限公司	12070	135	2318	3778	5079	10347	121		2030	3437	4759	9	1	6	2	2	1		1	453	3	137	89	224	1			1	1256	10	149	246	851		1			1
中铁十五局集团有限公司	9460	76	1369	3021	4994	7400	71	1	1079	2499	3750	13	2	2	9	7	1	4	2	679		122	178	379	0				1194	5	137	280	772	24		139		4
中铁十六局集团有限公司	13172	144	2318	3857	6853	10302	131		2006	3214	4951	69	1	31	37	1		1		1256	5	133	245	873	15		1	14	1529	8	178	364	979					

续表

单位名称	总数 技术干部总数	总数 其中 正高级	总数 其中 高级	总数 其中 中级	总数 其中 初级及以下	工程技术人员 小计	工程技术人员 正高级工程师	工程技术人员 教授级高工	工程技术人员 高级工程师	工程技术人员 工程师	工程技术人员 助工、技术员及未聘职务	卫生技术人员 小计	卫生技术人员 正副主任医师	卫生技术人员 主治医师	卫生技术人员 医、护师及未聘职务	教师 小计	教师 教授、高讲	教师 讲师	教师 助教、助讲、教员及未聘职务	经济人员 小计	经济人员 正高级经济师	经济人员 高级经济师	经济人员 经济师	经济人员 助经、经济员及未聘职务	统计人员 小计	统计人员 高级统计师	统计人员 统计师	统计人员 助统、统计员及未聘职务	会计人员 小计	会计人员 正高级会计师	会计人员 高级会计师	会计人员 会计师	会计人员 助会、会计员及未聘职务	档案人员	翻译人员	新闻人员	文艺人员	农艺研究体育律师
中铁十七局集团有限公司	9651	94	1645	2777	4759	6410	61	2	1303	2048	2996	432	132	187	113	2		1	1	1563	1	147	311	1104	7		4	3	1206	4	117	319	766	29		2		
中铁十八局集团有限公司	15666	154	2613	3334	9565	12868	131		2315	2848	7574	46	4	16	26	31	14	4	13	1002	12	93	157	740	4			4	1680	10	178	305	1187	16	19			
中铁十九局集团有限公司	11143	103	1838	3422	5780	8382	85	1	1437	2839	4020	154	29	66	59	2	2			736	4	167	116	449	3			3	1394	7	107	250	1030	3	3	466		
中铁二十局集团有限公司	10052	76	1598	3194	5184	7435	55	17	1349	2472	3542	35		8	27	29	12	12	5	848	1	83	242	522	5		2	3	382		3	94	285	816	24	29	449	
中铁二十一局集团有限公司	7576	60	1616	2212	3688	6338	58		1579	1958	2743	14		7	7	0				272		31	47	194	4		1	3	944	2	63	195	684	4				
中铁二十二局集团有限公司	9218	67	1534	3194	4423	7225	63		1302	2671	3189	76	2	9	65	5		3	2	446	1	56	87	302	2			2	912	2	76	176	658	2	1	549		
中铁二十三局集团有限公司	6415	11	941	1995	3468	5317	9	3	842	1769	2694	18	1	4	13	2		2		301		41	80	180	2			2	676		51	107	518	6	11	82		
中铁二十四局集团有限公司	6618	48	1191	2213	3166	5262	46		1010	1926	2280	1		1		2		2		568	2	87	108	371	4	1	1	2	781		92	176	513					
中铁二十五局集团有限公司	6713	36	1054	2232	3391	5013	32	1	897	1772	2311	3		1	2	1		1		897	2	104	260	531	2			2	796	1	53	194	548	1				

续表

单位名称	总数					工程技术人员						卫生技术人员				教师				经济人员					统计人员				会计人员					档案人员	翻译人员	新闻人员	文艺人员	农艺研究体育律师
	技术干部总数	其中				小计	正高级工程师	教授级高工	高级工程师	工程师	助工、技术员及未聘职务	小计	正副主任医师	主治医师	医、护师及未聘职务	小计	教授、高讲	讲师	助教、助讲、教员及未聘职务	小计	正高级经济师	高级经济师	经济师	助经、经济员及未聘职务	小计	高级统计师	统计师	助统、统计员及未聘职务	小计	正高级会计师	高级会计师	会计师	助会、会计员及未聘职务					
		正高级	高级	中级	初级及以下																																	
中铁建设集团有限公司	7294	71	495	2456	4272	5473	63		370	1836	3204	0				0				1232	3	77	427	725	6		4	2	567	5	48	176	338	15	1			
中国铁建电气化局集团有限公司	5733	84	1201	1663	2785	4620	70	1	1022	1325	2202	7		3	4	2		1	1	305	4	43	85	173	0				596	9	76	166	345	124	1	78		
中国铁建港航局集团有限公司	2991	38	484	963	1506	2532	33	1	419	734	1345	0				0				221	3	36	131	51	0				237	1	28	91	117		1			
中国铁建房地产集团有限公司	2079	13	290	730	1046	1335	9	1	241	469	615	0				1			1	338		19	115	204	6		2	4	376	3	29	140	204	18	1	1		3
中铁第一勘察设计院集团有限公司	3827	410	1588	1131	698	3601	408		1545	1036	612	10		6	4	3		2	1	28	1	10	8	9	4	1	1	2	140	1	22	55	62	5	4	32		
中铁第四勘察设计院集团有限公司	5963	563	2435	1894	1071	5750	559		2370	1810	1011	0				7		4	3	55		17	24	14	10	4	5	1	124	4	42	44	34	13	3	1		
中铁第五勘察设计院集团有限公司	4973	145	1466	2167	1195	4746	144		1422	2085	1095	5			5	7			7	90		15	40	35	0				125	1	28	40	56					
中铁上海设计院集团有限公司	1917	73	850	688	306	1815	72		828	649	266	1	1			0				38		4	10	24	1		1		59	1	17	26	15	3				
中铁物资集团有限公司	1107	5	149	364	589	239	1		62	89	87	0				0				658	2	59	206	391	0				210	2	28	69	111					
中国铁建重工集团股份有限公司	3996	20	432	1182	1509	3611	20		387	1086	2118	4			4	0				272		24	55	193	2		1	1	105		20	36	49		2			

续表

单位名称	总数					工程技术人员						卫生技术人员				教师				经济人员					统计人员				会计人员					档案人员	翻译人员	新闻人员	文艺人员	农艺研究体育律师
	技术干部总数	其中																																				
		正高级	高级	中级	初级及以下	小计	正高级工程师	教授级高工	高级工程师	工程师	助工、技术员及未聘职务	小计	正副主任医师	主治医师	医、护师及未聘职务	小计	教授、高讲	讲师	助教、助讲、教员及未聘职务	小计	正高级经济师	高级经济师	经济师	助经、经济员及未聘职务	小计	高级统计师	统计师	助统、统计员及未聘职务	小计	正高级会计师	高级会计师	会计师	助会、会计员及未聘职务					
中国铁建国际集团有限公司	604	20	230	179	175	354	15		180	99	60	0				0				120	1	16	42	61	0				76	3	18	27	28	2	22	30		
中铁城建集团有限公司	4567	15	722	1372	2458	3472	12	1	634	1140	1685	2	1	1		0				422	1	26	53	342	0				490	1	31	111	347			181		
中国铁建投资集团有限公司	2158	55	682	536	885	1798	45		583	368	802	0				0				139	4	42	71	22	2		2		218	6	57	94	61	1				
中国铁建财务有限公司	89	4	26	35	24	8			2	3	3	0				0				35		7	16	12	0				45	4	17	15	9					1
中铁建商务管理有限公司	79	3	11	23	42	7	1		3	3		21	1	13	7	0				40	1	4	4	31	0				11	1	3	3	4					
中铁磁浮交通投资建设有限公司	70	12	36	13	9	56	11		31	9	5	0				0				7		2	2	3	0				7	1	3	2	1					
中铁建资本控股集团有限公司	336	15	95	147	79	87	1		35	42	9	2		2		2	1		1	122		23	65	34	0				118	14	35	37	32	1	3	1		
中铁建发展集团有限公司	459	10	102	129	218	370	7	2	87	94	180	0				0				41		7	19	15	1		1		44	1	8	15	20			3		
中铁建交通运营集团有限公司	73	5	31	20	17	48	4		22	13	9	0				0				8		3	2	3	0				17	1	6	5	5					
中铁建华南建设有限公司	151	10	69	35	37	107	9		51	25	22	0				0				11		5	2	4	0				19	1	5	5	8					14

续表

单位名称	总数					工程技术人员						卫生技术人员				教师				经济人员					统计人员				会计人员					档案人员	翻译人员	新闻人员	文艺人员	农艺研究体育律师
	技术干部总数	其中																																				
		正高级	高级	中级	初级及以下	小计	正高级工程师	教授级高工	高级工程师	工程师	助工、技术员及未聘职务	小计	正副主任医师	主治医师	医、护师及未聘职务	小计	教授、高讲	讲师	助教、助讲、教员及未聘职务	小计	正高级经济师	高级经济师	经济师	助经、经济员及未聘职务	小计	高级统计师	统计师	助统、统计员及未聘职务	小计	正高级会计师	高级会计师	会计师	助会、会计员及未聘职务					
中铁建国际投资有限公司	89		11	27	51	3			1	1	1	0				0				75		10	20	45	0				10			6	4		1			
中国铁建股份有限公司北京培训中心(中国铁建股份有限公司党校)	23		7	3	1	4			3		1	0				2	1	1		1		1			0				4		2	2		12				
中铁建锦鲤资产管理有限公司	42	3	22	11	6	20		2	11	4	3	0				0				11		5	3	3	0				11	1	6	4						
中国铁建昆仑投资集团有限公司	1232	42	514	486	190	873	38		423	310	102	0				0				151	2	33	75	41	1		1		199	2	52	99	46	2		6		
中国铁建股份有限公司东北区域总部	36	2	18	6	3	29	2		18	6	3	0				0				1		1			0				6		4	1	1					
中国铁建股份有限公司华北区域总部	82	11	28	19	24	57	10		20	13	14	0				0				12	1	2	5	4	0				13		6	1	6					
中国铁建股份有限公司中原区域总部	48	11	26	9	2	30	9		18	2	1	0				0				8		4	3	1	0				10	2	4	4						
中国铁建股份有限公司华中区域总部	83	6	51	17	9	61	4	1	41	11	4	0				0				6		3		3	0				8	1	4	1	2	8				
中国铁建股份有限公司华东区域总部	174	14	61	44	54	136	13		47	31	45	0				0				13	1	5	4	3	0				24		9	9	6	1				

续表

单位名称	总数					工程技术人员						卫生技术人员				教师				经济人员					统计人员				会计人员					档案人员	翻译人员	新闻人员	文艺人员	农艺研究体育律师
	技术干部总数	其中				小计	正高级工程师	教授级高工	高级工程师	工程师	助工、技术员及未聘职务	小计	正副主任医师	主治医师	医、护师及未聘职务	小计	教授、高讲	讲师	助教、助讲、教员及未聘职务	小计	正高级经济师	高级经济师	经济师	助经、经济员及未聘职务	小计	高级统计师	统计师	助统、统计员及未聘职务	小计	正高级会计师	高级会计师	会计师	助会、会计员及未聘职务					
		正高级	高级	中级	初级及以下																																	
中国铁建股份有限公司华南区域总部	122	10	54	27		91	10		54	27		0				0				14		5	4	5	0				12	1	3	2	6	5				
中国铁建股份有限公司西南区域总部	32	4	20	6	2	18	2		15	1		0				0				5	1	1	2	1	0				9	1	4	3	1					
中国铁建股份有限公司西北区域总部	82	9	45	20	8	51	7		30	11	3	0				0				9		4	4	1	1		1		9	2	5	1	1			12		
中国铁建股份有限公司工程总承包部	16	2	9	3	2	13	5		6	2		0				0				0					0				3		3							

（制表：张瑞全　陈　龙）

中国铁建系统在岗政工干部情况统计

（2022 年度）

单位：人

单位名称	总数								部门情况					学历					年龄						
	合计	其中																							
		女	少数民族	共产党员	民主党派	已取得专业职务	局级	处级	党委政治部门	纪委	工会	共青团	其他	研究生	本科	专科	中专	高中及以下	35 岁及以下	36 岁至 40 岁	41 岁至 45 岁	46 岁至 50 岁	51 岁至 54 岁	55 岁至 59 岁	60 岁及以上
中国铁建股份有限公司总部	48	11	4	48		47	18	5	17	11	9	1	10	14	33	1			6	8	8	4	13	9	
中国土木工程集团有限公司	86	29	6	77		25	2	11	45	17	14	6	4	24	56	5	1		42	15	11	9	3	6	
中铁十一局集团有限公司	794	87	34	731		722	4	58	107	95	52	13	527	22	592	117	11	52	207	203	141	126	54	63	
中铁十二局集团有限公司	349	77	11	200		268	1	37	154	17	14	8	156	31	285	21	5	7	152	107	20	25	24	21	
中国铁建大桥工程局集团有限公司	639	200	53	498	2	319	1	43	141	35	26	7	430	32	516	81	10		281	84	86	100	56	32	
中铁十四局集团有限公司	575	112	9	553		570		60	345	95	75	60		27	446	75	17	10	115	118	105	140	62	35	
中铁十五局集团有限公司	870	349	26	529		594	2	66	103	40	34	11	682	55	606	131	22	56	375	153	91	126	63	61	1
中铁十六局集团有限公司	778	522	55	490		402		25	99	61	63	30	525	53	632	83	8	2	446	186	49	43	22	32	
中铁十七局集团有限公司	624	182	12	580		357	2	65	165	43	30	13	373	33	440	114	20	17	158	178	105	94	46	43	
中铁十八局集团有限公司	1049	344	52	835		419	4	112	334	57	69	30	559	51	810	130	14	44	407	184	148	167	85	58	
中铁十九局集团有限公司	466	196	51	360		290	1	23	103	32	34	31	266	15	363	73	3	12	198	61	60	71	46	30	
中铁二十局集团有限公司	488	184	17	239		338	2	24	134	49	41	16	248	39	355	71	11	12	154	136	69	66	47	16	
中铁二十一局集团有限公司	341	76	6	294		124	1	33	56	43	37	9	196	10	286	36	5	4	100	66	43	65	38	29	
中铁二十二局集团有限公司	432	166	18	395	1	269	1	33	173	49	29	13	168	27	342	53	6	4	157	116	51	63	28	17	
中铁二十三局集团有限公司	421	151	14	303		356		15	99	27	20	51	224	18	307	90	1	5	180	62	52	71	34	22	
中铁二十四局集团有限公司	352	64	7	344		162	3	62	85	30	28	13	196	15	274	50	4	9	113	62	27	50	57	43	
中铁二十五局集团有限公司	450	132	27	408		256	1	55	115	36	27	7	265	22	385	38	4	1	182	72	62	68	37	28	1
中铁建设集团有限公司	345	84	14	344		318	2	47	251	77	14	3		37	250	50		8	141	59	31	56	23	35	
中国铁建电气化局集团有限公司	345	189	13	273		96	2	33	86	42	37	13	167	32	271	37	2	3	116	72	56	56	30	15	
中国铁建港航局集团有限公司	245	75	15	179		245	3	12	13	9	15	12	196	18	224	3			151	39	15	27	9	3	1
中国铁建房地产集团有限公司	137	70	15	125		50	3	8	33	24	22	8	50	39	96	2			73	26	20	11	5	2	
中铁第一勘察设计院集团有限公司	32	3	2	29				8	6	1	1	1	23	3	15	12		2	3	2	2	2	9	14	
中铁第四勘察设计院集团有限公司	56	13	2	56		38	1	11	14	8	4	1	29	13	26	15	2		10	3	4	9	10	20	
中铁第五勘察设计院集团有限公司	20	14		20			1	5	6	3	1	1	9	6	13	1			2	7	2	5	3	1	
中铁上海设计院集团有限公司	23	8		23		23		8	12	5	1		5	7	16				8	4	3	4	2	2	
中铁物资集团有限公司	110	57	7	102		110	2	34	7	2	2	1	98	17	88	5			27	29	19	10	18	7	
中国铁建重工集团股份有限公司	75	31	2	72		46		23	31	8	15	5	16	14	56	5			27	19	10	9	7	3	
中国铁建国际集团有限公司	38	7	1	36		37	1	22	9	5	4	2	18	12	25	1			8	8	8	9	3	2	
中铁城建集团有限公司	181	58	10	134		138	1	19	36	12	15	8	110	9	154	16	1	1	108	24	13	17	13	6	
中国铁建投资集团有限公司	54	12		45		54		5	5	6	1	2	40	12	41	1			22	17	9	3	2	1	
中国铁建财务有限公司	4	3		4		4		1	4					1	3					4					
中铁建商务管理有限公司	6	3		6		6	1	1	5	1				1	3	2				2		1	3		
中铁磁浮交通投资建设有限公司	6			6		5		1	3			1	2	1	5				3	2		1			

续表

单位名称	总数								部门情况					学历					年龄						
	合计	其中																							
		女	少数民族	共产党员	民主党派	已取得专业职务	局级	处级	党委政治部门	纪委	工会	共青团	其他	研究生	本科	专科	中专	高中及以下	35岁及以下	36岁至40岁	41岁至45岁	46岁至50岁	51岁至54岁	55岁至59岁	60岁及以上
中铁建资本控股集团有限公司	22	6	2	21		20	1	7	22					9	13				6	3	5	4	2	2	
中铁建发展集团有限公司	21	9	2	19		13	1	5	17	1		1	2	9	11	1			8	7	2	1	3		
中铁建交通运营集团有限公司	8	3		8					6	1	1			2	6				3	2		2	1		
中铁建华南建设有限公司	16	4		14		12		9	10	1	5			2	14				6	1	3	2	3	1	
中铁建国际投资有限公司	3	1		3					3						3				1	2					
中国铁建股份有限公司北京培训中心（中国铁建股份有限公司党校）	12	6	2	11				2				1	11	4	8				5	2		1	4		
中铁建锦鲤资产管理有限公司	4	4		4				2			1	1	2	2	2				3			1			
中国铁建昆仑投资集团有限公司	141	46	6	119		141	3	17	114		21	6		22	116	2		1	54	39	17	26	4	1	
中国铁建股份有限公司东北区域总部	4	1	2	4			1	2	4					1	3					1	1	1	1		
中国铁建股份有限公司华北区域总部	3		1	3		1		2	3					2	1				1	1		1			
中国铁建股份有限公司中原区域总部	6	1		6			1	4	5				1	1	5				1	1		2	2		
中国铁建股份有限公司华中区域总部	8	1	1	8				3	2	1	1	1	3		8				4	3			1		
中国铁建股份有限公司华东区域总部	15	2	1	15		8		10	15					4	11				5	2	3	2	2	1	
中国铁建股份有限公司华南区域总部	10	1	1	10		10		7	2	1	1		6		9	1			1	4	1		4		
中国铁建股份有限公司西南区域总部	2	1		2		2		1	2					2					1		1				
中国铁建股份有限公司西北区域总部	12	4		11		12	1	3	3	2			7	4	7	1			3	3	1	1	2	2	
中国铁建股份有限公司工程总承包部	2			2		1	1	1	2					1			1				2				

（制表：张瑞全　陈　龙）

2022年9月7日，在第二十二届中国国际投资贸易洽谈会签约大会上，中国铁建港航局集团有限公司代表与翔安区政府签订战略合作会议。（王永强 提供）

文献辑要

中国铁建股份有限公司“专精特新”企业评定管理办法

中国铁建企管〔2022〕7 号

第一章 总 则

第一条 为贯彻党中央、国家部委关于建设“专精特新”企业的相关政策,落实股份公司“十四五”产业发展规划,引导股份公司所属企业更好地走“专精特新”发展道路,促进公司传统产业转型升级,加快“两新”发展突破,打造现代产业链链长,提升企业核心竞争力,实现企业高质量发展。根据国家和股份公司相关政策、制度,制订本办法。

第二条 本办法评定的“专精特新”企业是指符合“专精特新”标准,满足“发展战略专业化、管理及生产精细化、产品或服务特色化、业态技术模式新颖化”要求,在传统产业转型升级突出,在新兴产业和新兴业务培育拓展突出,具有标杆和示范引领作用,并按照规范程序评定的,股份公司所属产业集团下辖的示范性子企业。

第三条 “专精特新”企业评定遵循的原则:

(一)导向性原则。坚持“企业+产业(业务)”的评定方向,评定的主体是企业,评定的载体是产业和业务,突出引导产业和业务转型升级,聚焦“专精特新”发展,树立标杆示范优秀企业。

(二)先进性原则。参评企业“专精特新”发展程度,在股份公司系统内具有普遍意义的先进性和代表性。

(三)客观性原则。评选标准不局限于国家部委相关要求,以符合中国铁建产业发展特点为基础,本着客观、公平、公正,严格按照既定程序开展。

第二章 评定标准

第四条 评定标准包括基本条件、评价条件、限定条件三个方面。基本条件是要求参评企业必须同时满足的“五个维度”,包括:集中度、专注度、规模度、成长度和创新度。评价条件是衡量参评企业围绕“四化”(专业化、精细化、特色化、新颖化)发展程度,参评企业满足其中一项即可。限定条件是不允许参评的限制性条件。

第五条 基本条件。以股份公司产业和业务引导为基础,对参评企业在“五个维度”上的要求。

(一)集中度:工程承包传统业务参评企业的业务收入占所在集团该业务的比例不低于50%或对应的细分业务收入占所在集团该业务的比例不低于80%(专业化产业集团、外经平台集团除外)、工程承包新兴业务中的细分业务收入占集团比例不低于80%,新兴产业参评企业的收入占集团比例不低于100%。

(二)专注度:工程承包传统业务参评企业确定的业务收入占本企业总收入比例不低于70%、新兴业务收入不低于80%、新兴产业业务收入不低于100%。

(三)规模度:传统工程承包业务参评企业近两年营业收入平均值不低于100亿元(境外属地化企业不低于50亿元)或细分业务营业收入近两年平均值排名股份公司该业务前三名(境外属地化企业营业收入近两年平均值排名股份公司同类企业前三名)。

工程承包类新兴业务参评企业近两年营业收入平均值不低于20亿元或细分业务营业收入近两年平均值排名股份公司前三名。

规划设计咨询类新兴业务参评企业近两年营业收入平均值不低于5亿元或细分业务营业收入近两年平均值排名股份公司前三名。

工业制造类新兴业务参评企业近两年营业收入平均值不低于5亿元或细分业务营业收入近两年平均值排名股份公司前三名。

房地产开发类新兴业务参评企业近两年营业收入平均值不低于100亿元或细分业务营业收入近两年平均值排名股份公司前三名。

物资物流类新兴业务参评企业近两年营业收入平均值不低于100亿元或细分业务营业收入近两年平均值排名股份公司前三名。

绿色环保类新兴业务参评企业近两年营业收入平均值不低于20亿元或细分业务营业收入近两年平均值排名股份公司前三名。

新兴产业类业务参评企业近两年营业收入平均值不低于5亿元或细分业务营业收入近两年平均值排名股份公司前三名。

其它新兴业务规模度根据股份公司总体发展情况及业务特点确定。

各产业细分业务营业收入近两年平均值排名股份公司前三名,同时必须达到一定的规模,具体规模大小根据细分业务特点确定。

（四）成长度：参评企业近两年营业收入、净利润增长率不低于中国铁建该业务增幅，对应的"专精特新"业务近两年营业收入、净利润增长率不低于本企业整体增幅。

（五）创新度：参评企业原则上要获得省级及以上高新技术企业认定，具备持续创新能力，自建或与高等院校、科研机构建立研发机构，设立国家重点实验室、省部级重点实验室、中国铁建工程实验室、技术研究院、企业技术中心、企业工程中心、院士专家工作站、博士后工作站等，"专精特新"业务方面获得专利数量在本集团同级子公司中必须名列前三；参评企业每年纳税申报表中申报的用于"专精特新"业务的研发费用占总研发费用的比例不低于35%。（境外企业除外）

第六条 评价条件。参照省市行政管理部门定义的"四化"标准，并结合实际设置要素条件。"四化"的每一个条件设置5项考评要素。申报企业以申请报告形式，对所选"四化"标准逐一描述每项要素达到的程度和获得的成果，并附必要的事实和数据等客观证明材料。

（一）专业化。指企业在一定时期内，在产业、产品或市场选择上确立专门的方向，符合专业标准、成为某一领域专家并获得相应市场地位所达到的程度。要求具备要素包括：①具备企业专注核心业务的引领战略和培育过程；②具备一定水平的专业化生产能力、专业化服务能力、专业化协作配套的能力；③基本获得产业链中某个环节的强者地位；④专业业务已达到一定的规模；⑤专业业务具备良好的未来成长预期。

（二）精细化。指企业运用流程化、标准化和数字化的手段，使组织管理各单元精确、高效、协同和持续运行所达到的程度。要求具备要素包括：①建立高效、有效的制度、标准和流程；②采用信息化等方式实现精细化生产、管理和服务；③成本控制好、营业利润率处于行业前列；④有较好、较稳定的收益，全员劳动生产率处于行业前列；⑤企业经济运行平衡良好。

（三）特色化。指企业通过市场定位、客户选择以及功能、工艺、技术、服务等的持续改进，使产品/服务呈现独特性、独有性，与同类企业具有明显差别所达到的程度。要求具备要素包括：①在产品/服务定位上具备差异化发展特征；②具备清晰的市场区分定位特征；③具有地域、行业或产品特色；④采用独特的工艺、技术或特殊原料；⑤具有独特性、独有性、独家生产经营等特点。

（四）新颖化。指企业根据市场环境变化、通过开拓新兴产业和新兴业务，创新商业模式等方式，实现创造价值所达到的程度。要求具备要素包括：①实现新兴产业（业务）市场领域的开发，或传统产业（业务）升级或产业链的开发；②实现在技术、工艺、产品功能方面的成果创新；③实现商业模式上的创新；④实现采用互联网、大数据技术等新颖服务手段；⑤实现通过行业的交叉融合提供服务。

第七条 限制条件。存在下列情形之一的，不能参与股份公司"专精特新"企业评定：

（一）近两年发生过较大安全质量责任事故的；

（二）环保不达标或近两年发生过环境污染事故的；

（三）近两年盈余现金保障倍数为负的；

（四）营业利润率下降幅度较大的；

（五）工程承包业务企业资产负债率高于85%的；其它"两新"企业资产负债率高于75%的；（在"五个维度"、"四化"方面突出的单位第一次评选可适当放宽，在下次复核时，必须达到要求）

（六）工业企业没有被评为区县级及以上"专精特新"企业的（境外企业除外）；

（七）提供虚假申报信息的；

（八）有其他违法行为或不宜认定情形的。

第三章 评定实施

第八条 组织实施。股份公司成立"专精特新"企业评定工作委员会，负责"专精特新"企业评定相关工作。"专精特新"企业评定委员会由股份公司领导，股份公司发展规划部、企业管理部、科技创新部（技术中心办公室）、经营部、运营管理部（总部集团战备部）、安全监督部、投资开发部、财务资金部、审计监事部、法律合规部、信息化管理部、党委组织部（人力资源部）等部门负责人及相关领域专家组成。

第九条 评定程序。

（一）通知发布。发布"专精特新"企业评定通知。

（二）企业申报。符合申报条件的企业，由所在集团推荐申报，按照评定要求准备申报资料，并提供申报证明材料。一般包括申请表、申报材料、相关证明材料。

（三）资料初审。对申报资料的真实性、准确性和完整性进行初步审核；联系企业对申报材料进行改进和完善；对申报资料进行分类整理、建立数据库；确定入围企业名单。

（四）综合分析。确定评定指标和指标计算方法等；收集、复核定量指标基础数据，计算申报企业定量指标；组织专家对定性指标进行评审；拟定初步获评企业名单。

（五）评定公示。对初步获评企业进行公示。

（六）公布结果。公示无异议后，确定最终获评企业名单，授予"专精特新"企业称号。

（七）成果应用。宣传推进评定为“专精特新”企业的经验和做法，发挥标杆示范和典型引路作用。

第四章　工作机制

第十条　激励机制。对“专精特新”企业，给予专项激励，奖励内容包括：

（一）一次性奖励50－100万元。

（二）发展资金支持。所需资金从财务公司以最优惠利率贷款，作为该集团有息负债预算单列管理。

（三）工资总额政策支持。对于“专精特新”企业的营业利润率、劳动生产率连续平稳增长并位于行业前列的，可合理适度的工资总额单列。

（四）其它有助于“专精特新”企业持续发展的政策。

企业获得的一次性奖励可用于对“专精特新”建设做出突出贡献的个人激励；同时，对在“专精特新”建设中做出突出贡献的先进个人，要加大待遇和职级激励力度。

第十一条　退出机制。对“专精特新”企业要每年进行常态化审核，对达不到评定条件，或明显已不具备“专精特新”优势的，取消评定称号，同时取消相关扶持政策。

第十二条　梯度培育机制。股份公司和各产业集团分级分类建立本级“专精特新”企业培育库，有针对性地引导培育库中的企业成长为“专精特新”企业；支持、培育“专精特新”企业成长为国家层面的“小巨人”企业、省市级或行业级层面的单项冠军企业和产业链领航企业。条件成熟时，鼓励“专精特新”企业进入资本市场。

第十三条　协同合作机制。股份公司层面建立统筹协调机制，鼓励和规范各单位产业合作，为培育“专精特新”营造氛围、创造条件；各产业集团要整合产业链资源，积极联合内外部企业打造战略性新兴产业集群、创新型产业集群，构建创新协同、产能共享、供应链互通的新型产业发展生态，为培育“专精特新”企业提供持续动能。

第十四条　常态管理机制。股份公司每年评定一次“专精特新”企业，分批次、有重点地打造“专精特新”企业。股份公司对现有的统计口径、统计方式进行梳理，建立自上而下、口径统一的“专精特新”业务数据统计和管理机制，对获认定的“专精特新”企业实行动态跟踪管理，有关企业应定期报送生产经营运行监测数据及其他信息和资料。各产业集团要结合评定工作，加快选定本集团“专精特新”企业，有针对性支持重点企业向“专精特新”发展。三级公司层面，凡是具备条件的，都要制定“专精特新”发展规划，明确实施路径。

第五章　附　　则

第十五条　传统业务、新兴业务、新兴产业及新兴业务分类详见《中国铁建股份有限公司新兴产业和新兴业务分类指引及编制说明》（中国铁建发展〔2021〕101号）。

第十六条　对于各产业集团支柱产业的培育，不做强制划分和定义要求。原则上不管传统产业还是新兴产业，只要条件满足，都可以选为“专精特新”企业。

第十七条　获得省级或国家级“专精特新”企业称号的企业，可直接入围股份公司“专精特新”企业名单；在“四化”方面突出，但基本条件稍弱的企业，经“专精特新”评定工作委员会认可，可入围“专精特新”企业名单。

第十八条　本办法自发布之日起实行，由股份公司企业管理部负责解释。

中国铁建股份有限公司功能性子公司管理办法

中国铁建发展〔2022〕56号

第一章　总　则

第一条　为加强中国铁建股份有限公司（以下简称中国铁建）所属功能性子公司管控力度，持续规范管理，有效提升发展质量和管理效率，特制定本办法。

第二条　本办法所称的功能性子公司是指为完成特定任务、实现具体目标而设立、与长期存续的实体性企业有本质区别的法人单位或特殊目的公司，主要包括经营承揽公司、一般项目公司和特定项目公司。

经营承揽公司是指按照地方或国家市场准入有关要求，为参与项目投标或进入当地市场需要，或为解决地方政府税收留在当地、产值入统要求以及运作高端投融资项目需要设立的非实体性法人单位。

一般项目公司是指为实施已中标投资类、房地产开发类、工业制造或运营类项目需要,必须设立的临时性法人单位。

特定项目公司是指为实施已中标工程项目施工需要,一般不必设立,但应当地政府或业主要求,为实现项目的产值和税收在属地入统功能特殊需要而设立的非实体性法人单位,也称为工程施工类项目公司。

第三条 功能性子公司按照“分类管控、功能清晰、精简高效”的原则实施管理。

第四条 本办法适用于中国铁建、各区域总部,各集团公司(含其他二级公司,下同)及所属全资、控股子公司。

第二章 审批流程

第五条 功能性子公司设立和撤销审批程序

(一)经营承揽公司

中国铁建设立、撤销经营承揽公司,一般由总裁办公会研究决策。其中,设立、撤销投资类平台公司,由董事长专题会研究决策;设立境外经营承揽公司,由董事会研究决策。

集团公司设立经营承揽公司,履行本单位相应决策程序后,报中国铁建审批;撤销经营承揽公司,由集团公司决策。

(二)一般项目公司

中国铁建设立、撤销一般项目公司,由主管领导审批。

集团公司设立一般项目公司,由集团公司审批,报中国铁建备案;撤销一般项目公司,由集团公司决策。

(三)特定项目公司

中国铁建设立、撤销特定项目公司,由主管领导审批。

集团公司设立特定项目公司,由集团公司审批,原则上报中国铁建备案后办理工商注册;撤销特定项目公司,由集团公司决策。

(四)其他功能性子公司的设立和撤销,参照经营承揽公司审批程序执行。

第三章 管控规则

第六条 功能性子公司机构设置以满足功能需要为准,不得与长期存续公司一致,不得小而全。功能性子公司特定功能完成后应及时注销。

第七条 功能性子公司(不含一般项目公司)要明确由长期存续的实体单位作为其管理主体,管理主体单位要加强对功能性子公司的监督和管控,并承担相应责任。

第八条 功能性子公司原则上不参与中国铁建组织的相关三级公司评选、“专精特新”企业评定和相关评先评优活动。

第九条 功能性子公司名称原则上不得使用“中国铁建、中铁建、铁建”等字号,确需冠名的,报中国铁建审批。

第十条 功能性子公司纳入各级巡视巡察、审计范围,发现问题,由管理主体单位承担主要责任。

第十一条 功能性子公司(不含一般项目公司)原则上由集团公司出资设立,特殊情况下,在审批或备案资料中说明原因,可由三级公司出资设立。

第十二条 经营承揽公司管控要求

(一)经营承揽公司在内部管理上定位为非实体法人单位,对外要严格控制编制和人员,公司主要管理人员原则上由管理主体单位人员兼任,严格收支两条线管理。

(二)经营承揽公司是针对特定的区域或业主设立的,原则上不得跨区域开展经营活动。

(三)经营承揽公司成立后,若连续两年未承揽到任何项目,应予以注销。

第十三条 一般项目公司管控要求

一般项目公司设立后,要根据项目合同协议内容,将项目开工、完工、移交时间及时录入中国铁建机构管理系统,项目清盘或移交后,及时办理公司注销。

第十四条 特定项目公司管控要求

(一)特定项目公司在内部管理上定位为临时性非实体法人单位,对外要严格控制编制和人员,内部原则上与项目管理机构实行“一套人马,两块牌子”,不额外增加管理费用。

(二)特定项目公司仅承担项目产值入统、税收缴纳、工程价款结算、开具发票等职能。结合实际需要,区域内后续中标项目的产值和税收入统,可纳入该公司。

(三)特定项目公司设立后,要根据项目合同协议内容,将项目的开工、完工时间及时准确录入中国铁建机构管理系统。项目完工结算后,及时办理公司注销。不得将特定项目公司变更为长期存续的实体性公司。

(四)特定项目公司注册资本金应适当限制,原则上不超过人民币1亿元。

第四章 监督检查

第十五条 中国铁建发展规划部作为牵头部门负责对各单位功能性子公司管理情况实行动态监控,发现问题及时预警,适时组织检查,提出改进和处理建议。

中国铁建总部各部门要按照部门职能和“大风

控”、“大监督”管理体系工作要求,加强对功能性子公司的监督管理。

第十六条 中国铁建发展规划部将通过中国铁建机构管理系统对功能性子公司进行分类统计,建立管理台账。运营管理部要加强工程项目过程管控,投资开发部要加强投资、房地产开发项目过程管控。

第十七条 中国铁建发展规划部对经营承揽公司运行情况进行后评价,未达到预期目标的,督促各单位适时启动公司注销工作。

第十八条 各集团公司要定期对所属功能性子公司设立和运行情况进行统计、分析和评价,并于每年12月底前将功能性子公司当年度管理和运行情况,以及下一年度功能性子公司的管理思路和有关建议报中国铁建发展规划部。

第五章 附 则

第十九条 各集团公司应依据本办法研究制定本单位功能性子公司管控细则并报中国铁建发展规划部备案。

第二十条 本办法由中国铁建发展规划部负责解释。

第二十一条 本办法自发布之日起实行。

中国铁建股份有限公司
国内经营工作考核管理办法

中国铁建经营〔2022〕112 号

第一章 总 则

第一条 为全面、系统地对各子公司年度国内经营工作成果进行综合性考核,量化考核评价指标,规范各子公司的经营管理,科学、客观、全面评价各子公司的经营工作,提高中国铁建全系统的经营能力、经营成效和经营质量,实现股份公司的经营目标和战略部署,特制定本办法。

第二条 本办法考核对象为经营部负责考核的股份公司下达年度境内新签合同额计划指标的单位。

第三条 本办法考核结果纳入子公司负责人年度绩效考核。

第四条 本办法考核执行主体为股份公司经营部。

第二章 考核类型划分及指标体系

第五条 主要考核类型。

本办法按四类业务进行考核,分别为:工程承包业务类、规划设计咨询业务类、投资运营类、其他业务类。

1. 工程承包业务类,包括:中铁十一局、中铁十二局、中国铁建大桥局、中铁十四局至中铁二十五局、中铁建设、中铁建电气化局、中国铁建港航局、中铁城建。

2. 规划设计咨询业务类,包括:铁一院、铁四院、铁五院和上海院。

3. 投资运营类,包括:铁建投资、昆仑集团、中铁磁浮、铁建发展。

4. 其他业务类,包括:中铁地产、中铁物资、铁建重工、华南建设、南方公司。

第六条 本办法考核分为:基础项(30 分)、调整加分项、调整减分项。最终得分为三项分值之和,最高得分不超过 30 分。分值计算均按内插法进行,四舍五入,最终保留 2 位小数。

第七条 考核项及分值调整。

发生以下情况时,股份公司经营部将根据受影响程度,调整相应考核内容及分值,报公司领导批复后实施。

1. 市场形势发生变化或企业改革发展调整优化时。

2. 部分专业性较强的单位,其受国家及行业宏观政策影响或股份公司对其调整战略定位和发展方向时。

3. 当年新成立公司或有公司拆分重组时。

第八条 年度境内新签合同额计划指标为年初下达的年度经营计划中的“境内新签合同额计划”目标,年内如有调整,按调整后的执行。

第三章 工程承包业务类考核

第九条 工程承包业务类基础项考核分以下五个考核项,总分 30 分。

1. 完成计划目标情况(20 分)

以年度境内经营计划目标值为基准值,完成新签合同额大于等于基准值的得 20 分;每低于基准值 1% 在 20 分基础上扣 0.2 分,内插计算,扣完为止。

2. 公招项目占比(3 分)

根据各单位境内公招项目占比（非投资工程承包项目新签合同额/工程承包（含投资）新签合同额），以80%为基准，高于或等于基准值的，得3分；占比每下降1%，扣0.06分，内插计算，扣完为止。

3. 市场集中度（2分）

对“一个属地省+N个滚动省”经营成果进行考核。

各单位“1+N”市场订单总额与国内新签总额相比，以85%为基准，高于或等于基准值的，得2分；占比每下降1%，扣0.05分，内插计算，扣完为止。

“1+N”市场划分的确定以各单位在年初向股份公司经营部报送备案的清单为准，原则上三年内不得调整，且“1+N”市场数量不超过15个。

4. 新签产值转化率（3分）

根据各单位新签产值转化率（当年境内企业总产值/当年境内（含内分包）新签合同额），转化率为50%时得2分，转化率为60%时得3分，转化率为40%时得0分，其余采用内插法计算。

5. “两新”经营情况（2分）

以《中国铁建新兴产业和新兴业务分类指引》划分为准统计“两新”新签合同额。以各单位前1年境内“两新”经营新签合同额的占比为基准，当年境内“两新”经营新签合同额占比等于基准值得1.5分，高于基准值5个百分点及以上的得2分，低于基准值20个百分点及以下的得0分，其余采用内插法计算。

第十条 工程承包业务类调整加分项分以下五个考核项，加分上限10分。

1. 超额完成年度境内经营计划。当完成年度计划110%时加2分，完成年度计划120%时加4分，以此类推，采用内插法计算。

本项考核时，铁路项目及城轨项目新签合同额按照实际合同额的110%计算。

2. 执行地方或路内重大抢险、救灾任务表现突出、受到地市级以上地方政府或铁路局集团（主要铁路公司）明令表彰的，每有一项加1分。

3. 承揽到世界领先、中国领先、行业领先、系统内领先的首创性或突破性项目，每有一项加1分。

4. 通过商业模式、经营手段创新，依靠独创的铁建方案承揽的项目，每有一项加1分。

5. 加强EPC项目承揽，与系统内设计单位联合承揽的EPC项目，每有一项加0.5分。

第十一条 工程承包业务类调整减分项分以下六个考核项，扣分上限10分。

1. 未制定防范“六不揽、七严禁”等经营违规行为规章制度或在经营工作中未

2. 执行落实“六不揽、七严禁”要求的，扣3分；违反“六不揽”要求造成中标项目实际质量和效益低下的，违反“七严禁”要求以违法、中介、挂靠等方式开展经营活动，给企业造成被动或不良影响的，每发现一起扣2分；未经法律合规审核或未正确采纳法律合规意见，违法违规决策造成损失或其他严重不良后果的，扣2分。

2. 在经营活动中，因违规投标影响企业信誉的，每出现一起扣1分；对其他各类经营风险事件能够及时化解处置，并将对企业的影响降到最低的，不扣分。

3. 在新签系统录入中弄虚作假、虚报经营业绩的，每发现一起扣1分；未及时报送或录入各类经营相关的数据、表格等资料的，每发生一次扣0.5分；悬空项目占比过高，且未进行有效管理和清理的，扣0.5分。

4. 违反经营纪律，在重大项目经营中不听从股份公司统一协调和统筹，或出现重大泄密事件的，每出现一起扣2分。

5. 以股份公司名义投标项目过程中及中标后的生产实施中，因各类风险事件对后续项目承揽或区域市场经营造成重大影响的，每出现一起扣2分。

6. 未根据实际情况进行完善细化“两不奖、两处罚、一调整”要求或未在经营工作中执行落实“两不奖、两处罚、一调整”制度的，未规范投标前及中标后成本测算流程的，未建立健全“投标报价制衡”机制的，每有一项扣1分；违反“两不奖、两处罚、一调整”违规发放经营奖或未对相关责任人处罚的，每发现一起扣1分。

第四章 规划设计咨询业务类考核

第十二条 规划设计咨询业务类基础项考核分以下三个考核项，总分30分。

1. 完成计划目标情况（20分）

（1）以年度境内经营计划目标值为基准值，完成新签合同额大于等于基准值的得10分；每低于基准值1%在10分基础上扣0.1分，扣完为止。

（2）以年度境内规划设计咨询经营计划目标值为基准值，完成规划设计咨询新签合同额大于等于基准值的得10分；每低于基准值1%在10分基础上扣0.1分，扣完为止。

2. 铁路及城市轨道以外业务占比（10分）

以本单位前3年境内铁路及城市轨道以外业务占比（铁路及城市轨道以外规划设计咨询新签合同额/规划设计咨询新签合同额）的平均值为基准，当年非铁路及城轨业务占比等于基准值得8分，高于基准值5个百分点及以上的得10分，低于基准值25个百分点及以下的得0分，其余采用内插法计算。

第十三条 规划设计咨询业务类调整加分项分以

下六个考核项，加分上限10分。

1. 超额完成年度境内规划设计咨询经营计划。当完成年度规划设计咨询计划110%时加2分，完成年度规划设计咨询计划120%时加4分，以此类推，采用内插法计算。

2. 加强全过程咨询项目的承揽，每有一项加0.5分。

3. 积极参与前期规划，协助系统内单位承揽项目，每有一项加0.5分。

4. 积极发挥设计先导作用，协同系统内各单位承揽多业务板块、多业态项目，每有一项加1分。

5. 通过商业模式、经营手段创新，依靠独创的铁建方案承揽的项目，每有一项加1分。

6. 承揽到世界领先、中国领先、行业领先、系统内领先的首创性或突破性项目，每有一项加1分。

第十四条 规划设计咨询业务类调整减分项分以下五个考核项，扣分上限10分。

1. 未制定防范“六不揽、七严禁”等经营违规行为规章制度的或在经营工作中未执行落实“六不揽、七严禁”要求的，扣3分；违反“六不揽”要求造成中标项目实际质量和效益低下的，违反“七严禁”要求特别是以违法、中介、挂靠等方式开展经营活动，给企业造成被动或不良影响的，每发现一起扣2分；未经法律合规审核或未正确采纳法律合规意见，违法违规决策造成损失或其他严重不良后果的，扣2分。

2. 在经营活动中，因违规投标影响企业信誉的，每出现一起扣1分；对其他各类经营风险事件能够及时化解处置，并将对企业的影响降到最低的，不扣分。

3. 在新签系统录入中弄虚作假、虚报经营业绩的，每发现一起扣1分；未及时报送或录入各类经营相关的数据、表格等资料的，每发生一次扣0.5分。

4. 违反经营纪律，在重大项目经营中不听从股份公司统一协调和统筹，或出现重大泄密事件的，每出现一起扣2分。

5. 以股份公司名义投标项目过程中及中标后的生产实施中，因各类风险事件对后续项目承揽或区域市场经营造成重大影响的，每出现一起扣2分。

第五章　投资运营类考核

第十五条 投资运营类基础项考核分以下三个考核项，总分30分。

1. 完成投资拉动新签合同额（20分）

以年度投资项目建安费用计划目标值为基准值，大于等于基准值的得20分；每低于基准值1%在20分基础上扣0.2分，扣完为止。

2. 主业合同额占比（10分）

根据《中国铁建部分涉及投资、房地产业务的产业集团和专业公司发展定位及主要业务界面划分的意见》（中国铁建发展〔2021〕146号）中各单位A类和B类业务定义统计主业新签合同额。以各单位前1年境内主业合同额占比为基准，当年主业合同额占比等于基准值得8分，高于基准值5个百分点及以上的得10分，低于基准值25个百分点及以下的得0分，其余采用内插法计算。

第十六条 投资运营业务类调整加分项分以下四个考核项，加分上限10分。

1. 超额完成年度境内经营投资拉动新签合同额计划。当完成年度计划110%时加2分，完成年度计划120%时加4分，以此类推，采用内插法计算。

2. 承揽到涉及三个及以上板块的项目，每有一项加0.5分。

3. 承揽到世界领先、中国领先、行业领先、系统内领先的首创性或突破性项目，每有一项加1分。

4. 通过商业模式、经营手段创新，依靠独创的铁建方案承揽的项目，每有一项加1分。

第十七条 投资运营业务类调整减分项分以下六个考核项，扣分上限10分。

1. 未制定防范“六不揽、七严禁”等经营违规行为规章制度的或在经营工作中未执行落实“六不揽、七严禁”要求的，扣3分；违反“六不揽”要求造成中标项目实际质量和效益低下的，违反“七严禁”要求特别是以违法、中介、挂靠等方式开展经营活动，给企业造成被动或不良影响的，违反投资“四条底线”要求违规经营的，每发现一起扣2分；未经法律合规审核或未正确采纳法律合规意见，违法违规决策造成损失或其他严重不良后果的，扣2分。

2. 违反股份公司收费规定，超标准进行收费的，每发现一起扣1分。

3. 主要承担施工任务的单位平均建安产值合同额低于8亿元的，每出现一次扣1分。业主明确划分了工区（标段）的除外。

4. 在经营活动中，因违规投标影响企业信誉的，每出现一起扣1分；对其他各类经营风险事件能够及时化解处置，并将对企业的影响降到最低的，不扣分。

5. 在新签系统录入中弄虚作假、虚报经营业绩的，每发现一起扣1分；未及时报送或录入各类经营相关的数据、表格等资料的，每发生一次扣0.5分；悬空项目占比过高，且未进行有效管理和清理的，扣0.5分。

6. 以股份公司名义投标项目过程中及中标后的生产实施中，因各类风险事件对后续项目承揽或区域市场经营造成重大影响的，每出现一起扣2分。

第六章　其他业务类考核

第十八条　其他业务类基础项考核,30 分。

完成计划目标情况(30 分)

以年度国内计划目标值为基准值,大于等于基准值的得 30 分;每低于基准值 1% 在 30 分基础上扣 0.3 分,扣完为止。

第十九条　其他业务类调整加分项分以下三个考核项,加分上限 5 分。

1. 积极开拓新业务领域成绩突出的,加 1 分。

2. 通过商业模式、经营手段创新取得重大经营成果的,加 1 分。

3. 积极带动其他板块承揽,或在行业内排名领先,为全系统经营工作作出突出贡献的,加 1 分。

第二十条　其他业务类调整减分项分以下四个考核项,扣分上限 5 分。

1. 未制定防范"六不揽、七严禁"等经营违规行为规章制度的或在经营工作中未执行落实"六不揽、七严禁"要求的,扣 3 分;违反"六不揽"要求造成中标项目实际质量和效益低下的,违反"七严禁"要求特别是以违法、中介、挂靠等方式开展经营活动,给企业造成被动或不良影响的,每发现一起扣 2 分;未经法律合规审核或未正确采纳法律合规意见,违法违规决策造成损失或其他严重不良后果的,扣 2 分。

2. 在经营活动中,因违规投标影响企业信誉的,每出现一起扣 1 分;对其他各类经营风险事件能够及时化解处置,并将对企业的影响降到最低的,不扣分。

3. 在新签系统录入中弄虚作假、虚报经营业绩的,每发现一起扣 1 分;未及时报送或录入各类经营相关的数据、表格等资料的,每发生一次扣 0.5 分;悬空项目占比过高,且未进行有效管理和清理的,扣 0.5 分。

4. 以股份公司名义投标项目过程中及中标后的生产实施中,因各类风险事件对后续项目承揽或区域市场经营造成重大影响的,每出现一起扣 2 分。

第七章　考核评价实施流程

第二十一条　各单位于每年的 2 月 28 日前向股份公司经营部报送上一年度的自评报告、总结分析及相关证明材料。

第二十二条　股份公司经营部对各单位上报的自评报告进行审核,并按本办法规定进行考核评价,经股份公司领导批准后将各单位最终考核结果提交股份公司考核牵头部门。(4 月 22 日前)

第二十三条　考核结果纳入子公司负责人上一年度绩效考核体系中的战略引领类指标计分中。

第八章　附　则

第二十四条　考核年度内因腐败、材料造假等被省部级机构(政府、部委、央企等)纪委监委通报处分或被国际金融组织制裁,造成重大影响的单位,考核实行"一票否决",即经营考核为 0 分。

第二十五条　本办法自 2023 年 1 月 1 日起执行,原《中国铁建股份有限公司经营工作考核管理办法》(中国铁建经计〔2016〕141 号)同时废止。

第二十六条　本办法由股份公司经营部负责解释。

中国铁建股份有限公司
质量管理小组活动管理办法

中国铁建运管〔2022〕114 号

第一章　总　则

第一条　为推动全面质量管理工作深入开展,促进质量管理小组活动持续有效运行,规范活动成果的发表、评选、推优及推广工作,根据国家和有关部门规定,制定本办法。

第二条　质量管理小组是由生产、服务及管理等工作岗位的员工自愿结合,围绕组织的经营战略、方针目标和现场存在的问题,以改进质量、降低消耗、改善环境、提高人员素质和经济效益为目的,运用质量管理理论和方法开展活动的团队。

第三条　质量管理小组是各岗位员工自主参与质量改进和创新的有效形式。开展质量管理小组活动是提高员工素质、激发员工积极性和创造性,改进质量、提升组织绩效的有效途径。

第四条　各单位应以开展质量管理小组活动为载体,聚焦质量缺陷预控、质量管理提升,引导生产一线开展应用型技术创新,解决质量顽疾,保证活动开展取得实效。

第五条　各单位应参照本办法制定本单位的质量

管理小组活动管理办法，对质量管理小组的注册登记、活动记录、成果报告与发表、成果评价与奖励等各程序环节作出明确要求，保证活动开展的规范性。

第六条 本办法适用于股份公司各区域总部、所属各单位、直管项目部。

第二章 活动管理

第七条 质量管理小组活动应遵循全员参与、持续改进、PDCA 循环、基于客观事实、应用统计方法等五项基本原则。

第八条 质量管理小组活动课题选择应围绕日常工作中亟待解决的问题和实际需求进行，做到实事求是、守正创新、宁缺毋滥。

第九条 质量管理小组活动课题分为问题解决型与创新型两类课题，其中问题解决型课题根据目标来源不同分为自定目标课题和指令性目标课题。

第十条 各单位应将质量管理小组活动与提高员工质量意识和专业素质、班组建设、技术创新、合理化建议、绩效考评等工作紧密结合起来。

第十一条 各单位应建立健全质量管理小组活动组织机构，依托现有的管理架构，推选任命专职或兼职质量管理小组活动推进者，确保在组织层面为推动质量管理小组活动提供资源保障。

第十二条 各单位质量管理小组活动推进者在活动初始阶段应对选题予以关注，确认课题符合小组实际情况；在活动过程阶段应给予必要的指导，保障活动顺利开展；在成果总结阶段应及时沟通，通过诊断和不断完善保证最终活动成果的质量。

第十三条 各单位应定期组织本单位质量管理小组活动培训，积极组织骨干人员参加相关单位举办的推进培训班。

第十四条 各单位应对取得质量管理小组活动相关资格证书的人员统计备案，并于每年 12 月 31 日前将本单位持有中级及以上证书的人员向股份公司运营管理部报备，汇总表格式详见附件 1(略)。

第三章 成果申报与评选

第十五条 中国铁建优秀质量管理小组活动成果每年评选一次，年度表彰数量原则上不超过 150 项，作为推荐国家和行业质量管理小组活动成果的基础和依据。

第十六条 股份公司按照国家和行业质量管理小组活动成果历史获奖情况、质量管理小组活动规范程度及企业规模等因素综合考虑，确定各区域总部、集团公司当年推荐中国铁建优秀质量管理小组活动成果的指标名额。

第十七条 中国铁建优秀质量管理小组活动成果由各区域总部、集团公司根据股份公司确定的指标名额择优推荐，由各区域总部、集团公司及其下属子、分公司负责申报，申报时应由一个单位申报，原则上不允许联合申报。

第十八条 中国铁建优秀质量管理小组活动成果申报可涵盖工程承包、规划设计咨询、投资运营、房地产开发、工业制造、物资物流、绿色环保、产业金融等重点产业领域及城市运营、文旅康养、信息技术、新材料等新兴产业领域。

第十九条 参与评选的成果应当具备下列条件：

1. 贯彻执行中国质量协会团体标准《质量管理小组活动准则》中相关规定，正确运用质量管理理论、方法，重视活动过程的记录和凭证；

2. 活动效果显著，具有较高的技术含量、推广应用价值及经济社会效益；

3. 已获评区域总部、集团公司或地级市及以上优秀质量管理小组活动成果；

4. 活动过程及成果应有指导者进行指导和评价，指导者须持有效期内的相关资格证书，证书中企业名称应与申报企业名称相一致；

5. 活动结束日期与优秀成果申报截止日期的时间间隔不超过两年。

第二十条 成果评审分为形式审查、网络评审、会议评审、网上公示四个阶段。

1. 形式审查。股份公司对申报资料完整性、合规性进行审查，符合申报条件的成果进入网络评审阶段。

2. 网络评审。通过形式审查的成果按勘察设计咨询类、工程施工类、工业制造类、综合类等类别进行分组，评审专家按照评选条件和标准对成果作出评价，根据网络评审结果确定进入会议评审的项目。

3. 会议评审。股份公司组织专家组成评审委员会，召开质量管理小组活动成果发表会，评审专家分组进行评审，以记名投票方式评选出中国铁建优秀质量管理小组活动成果。

4. 网上公示。评审通过的成果进行网上公示，公示期满后下文发布。

第二十一条 申报材料包括：

1. 推荐单位提交的《申报中国铁建优秀质量管理小组活动成果汇总表》[附件 2(略)]；

2. 申报单位提交的《中国铁建优秀质量管理小组活动成果申报表》[附件 3(略)]；

3. Word 版及 PPT 版成果材料；

4. 小组成员及指导者证书；

5. 区域总部、集团公司、地级市及以上优秀质量管理小组活动成果证书或其他有效证明文件。

第四章 成果奖惩与推广

第二十二条 经评审通过的中国铁建优秀质量管理小组活动成果由股份公司颁发荣誉证书，由所在单位给予每项成果物质奖励。

第二十三条 从中国铁建优秀质量管理小组活动成果中择 优选取成果，推荐至中国质量协会、中国建筑业协会、中国施工 企业管理协会、中国勘察设计协会、中国铁道企业管理协会、中国铁道工程建设协会等协会，参加相应的质量管理小组竞赛活 动。

第二十四条 对于获得国家级、国家行业级、省部级的质量 管理小组活动成果，各单位应制定本单位的奖励规定，对小组成 员及指导者给予相应物质奖励，奖励金额标准及分配原则由各单 位根据实际情况自行确定。各单位应加大对获得国家级（ 中国质 量协会）质量管理小组活动成果的奖励力度。

第二十五条 对于存在事后总结、编造数据、程序混乱等问 题的成果，股份公司将取消该小组本年度参赛资格；对于构成抄 袭的成果，股份公司将取消该小组本年度参赛资格并通报批评，减少直至取消下一年度所在单位参评名额及高等级优秀成果推 荐名额。

第二十六条 各单位应积极推广优秀成果中的先进经验和 技术，形成相应的工艺工法、作业指导书和管理规定等，尤其是 对于质量高、成效好的成果应进一步研究发掘，申请专利，同时 做好专利权保护工作，避免专利侵权纠纷。

第五章 附 则

第二十七条 本办法由中国铁建股份有限公司运营管理部负责解释。

第二十八条 本办法自公布之日起执行，原《中国铁建股份 有限公司质量管理小组活动管理及成果发表评选办法》（ 中国铁建安质〔2016〕122 号）同时废止。

中国铁建股份有限公司
本级项目财务管理办法

中国铁建财资〔2022〕115 号

第一章 总 则

第一条 为规范股份公司本级项目财务活动，强化本级项目财务管理及内部控制，保证项目会计资料的真实合法、准确完整，提高风险防范水平，根据《中华人民共和国会计法》《企业会计准则》《中国铁建股份有限公司财务管理及内控制度》《中国铁建股份有限公司区域总部经费管理暂行办法》和股份公司本级项目管理规定等有关规定，结合股份公司本级项目特点，制定本办法。

第二条 股份公司本级项目是指以股份公司名义承揽并作为纳税主体的工程项目，包括直管项目和托管项目。直管项目是指由股份公司设立派出机构实施管理的项目部、指挥部等；托管项目是指股份公司指定产业集团托管实施管理、股份建立财务账套的项目部、指挥部等。

第三条 本级项目财务管理的基本职责：依据国家有关法律法规和公司有关规章制度，建立健全项目财务管理制度及内控体系并监督执行；合理合规使用资金，保证资金和资产安全完整；按照股份公司的统一要求设置会计账薄，做好项目会计核算；按时、保质完成各项预算、决算和分析工作；按时完成项目各项税费的申报和缴纳，积极做好税务规划，降低项目税负；参与项目经济合同及其他经济事项的审核；对参建单位的财务管理和会计核算进行监督和指导；按照内控管理要求及时报告重大财务事项等。

第四条 本级项目财务管理原则：

依法合规。严格按照国家有关制度和股份公司管理要求，做好项目财务管理，如实反映财务状况和经营成果，确保收的规范、支的合规。

统筹谋划。严格按照标前测算落实效益管控措施，通过项目链条同步发力和业、财、税等协调联动，平衡项目资金收支安排，实现整体效益最大化、效益货币化。

应管尽管。严格落实股份公司对于项目收支预算的执行和管理，立足本级项目管理，统筹规范全级次财务协调、监管工作，解决项目链条单位经济利益冲突。

第二章 管理职责

第五条 按照“统一领导、分级管理、协同配合”的原则做好项目财务管理工作，股份公司做好统筹指导工作；牵头产业集团做好协调沟通管理工作，参建产业集团做好协同配合；项目部落实好项目管理主体责任。

第六条 股份公司是本级项目财务管理工作的指导、监督机构，具体工作由财务资金部负责，主要职责有：制定完善股份公司本级项目财务管理办法；负责跨区域涉税事项报告表和对上计价发票开具；对重大资金拨付和大额费用报销复核；对托管项目协同发展费用计算收取和直管项目管理费核定；负责对财务相关报表的收集和审核；协助办理银行账户开具和收尾并账财务档案交付等工作；对项目进行财务检查；对项目重大财税事项进行指导。

第七条 牵头产业集团是项目财务工作的整体管理机构，主要职责：负责与业主等上级管理机构沟通协调工作；负责对上计价确权收款工作；负责协同发展费用的统一核对确认收取工作；负责对项目整体财务工作进行管理；协助项目制定具体的财务管理相关制度；股份公司要求的其他工作。

第八条 参建产业集团是项目财务工作的协同管理机构，主要职责：负责与牵头产业集团协同配合做好对上计价确认收款等工作；负责本单位项目财务指导监督检查工作；协助牵头产业集团协同发展费用核对确认等工作；负责及时做好分包发票的开具工作；配合完成牵头产业集团要求的其他财务工作事项。

第九条 项目部是财务管理的主体机构，主要职责：制定具体项目财务相关制度；负责项目银行账户及账套开立、注（撤）销和日常管理工作；负责项目资金收付、费用核算、税务申报、报表编制等日常工作；负责财务档案的整理、移交等工作；其他上级单位交办的工作。

第三章 会计机构及会计人员

第十条 项目必须按要求设置专门的会计机构，各会计岗位之间分工明确，责任清晰，并严格执行不相容岗位分离制度。

第十一条 任用会计人员实行回避制。项目部领导的直系亲属不得担任本项目的财务负责人。需要回避的直系亲属为：夫妻关系、直系血亲关系、三代以内旁系血亲以及近姻亲关系。

第十二条 项目财务负责人须报股份公司备案，鼓励交叉任职。财务负责人必须具备会计师及以上专业技术资格，并有担任造价在10亿元以上项目的财务负责人的经历。

第十三条 项目财务负责人试用期为3个月，试用期满予以打分评价，其中股份公司财务资金部分值权重50%，产业集团、内部参建单位分值权重50%，评分达到85分以上的继续留用。项目财务负责人应进行年度述职，股份公司财务资金部每年结合述职及日常管理情况对项目财务负责人进行评价。

第四章 制度建设

第十四条 项目应建立健全项目本级财务管理制度，严格遵守国家的法律法规，严格执行《中国铁建股份有限公司财务管理及内控制度》及股份公司其他有关规定。

第十五条 项目应建立经济业务的审批制度，明确审批流程、权限与责任；制定适合本项目的资金收支管理办法、经费管理办法、各项费用的开支范围及标准等。

第十六条 项目的各项财务管理办法应在项目部成立后的三个月内制定完成，并报股份公司财务资金部备案核准后正式施行。

第五章 收费管理

第十七条 项目收费内容包含股份公司投资开发部、经营部核定的协同发展费用和项目管理经费。

第十八条 协同发展费用为以股份公司名义投标的资质使用费。协同发展费用以各项目每年产值为基数计算，优先通过总分包模式收取，区域平台公司或产业集团不再对下收取协同发展费用。项目协同发展费用收取标准在项目上场三个月内由股份公司财务资金部进行交底。

第十九条 项目管理经费是指为了维持项目开展，成立项目部的办公、差旅等日常经费开支，由项目通过分包差形式收取，在项目成本中列支。直管项目管理经费标准由股份公司财务资金部核定，托管项目管理经费标准原则由股份公司投资开发部、经营部核定。

第二十条 项目每年实现的净利润必须全额上缴，项目负责人、财务负责人为责任人。次年1月底前，将上年实现的利润以现金形式上交至股份公司指定账户。未按要求上交的项目，项目负责人、财务负责人当年绩效考核薪金不得兑现。

第二十一条 建立违规收取协同发展费用监督检查、内部举报机制。经核实违反规定乱收费的，要退回多收费部分，股份公司在年度评价中对相关单位通过财务管控类指标扣分，最高扣10分；项目财务负责人年度评价认定为不合格。

第六章 财务共享服务及账簿管理

第二十二条 项目的财务收支和会计核算业务全部纳入财务共享服务中心统一管理。项目部成立后，应及时向股份公司财务资金部及财务共享服务中心申请开设账簿。

第二十三条 财务共享服务中心为在项目工作的股份公司系统内正式员工开立账号，并根据其工作岗位配置相应操作权限，职工权限变更要履行内部审批手续，原则上临时职工和外聘人员不得开立账号。

第二十四条 项目员工应妥善保管财务共享服务中心的账号和密码，不得泄漏给第三人知晓，并按要求定期更换密码。

第二十五条 财务共享服务中心实行全员提单，按照“谁经办，谁提单，谁负责”的原则办理报账及付款业务，各类单据的适用业务内容及责任部门见下表：

表单类型	适用业务内容	负责部门
员工借款单	用于借支备用金业务，满足员工因公出差、日常零星费用开支所需资金	全员提单
差旅费报销单	用于员工出差、探亲等发生的交通费、住宿费等	全员提单
通用报销单	用于差旅费以外的其他日常业务的报销，例如：零星材料采购报销、办公费用报销、车辆使用费报销等	全员提单
合同登记类单据	涉及对上、对下的新签合同登记单、合同变更单，用于记录建设施工过程中的内部施工、专业分包、劳务分包、试验检测、物资采购、租赁合同、劳务派遣等合同业务	全员提单
材料类单据	涉及物资入库单、物资出库单、发票确认单。用于所有材料及周转材料的预点、点收、发料、消耗、退料等业务的处理	物资部门
工程结算类单据	涉及分包结算单、发票确认单、租赁结算单。用于工程项目对上对下验工计价结算业务的报账	计划部门
税金类单据	用于各类税金业务的计提、支付、调整。如企业所得税、营业税金及附加等	财务部门
薪酬类单据	薪酬计提单用于员工工资的计提及单位承担部分社保的计提；薪酬发放单用于员工、临时工工资的支付以及代扣个人部分的社保	财务部门、人力部门
付款类单据	用于支付一切内外部债权债务款项，包括应收账款、应交税费、应付账款、其他应收应付款等往来款项	财务部门、物资部门、计划部门
上交款划拨单	用于支付上级单位资金的业务	财务部门
收款单	员工还款单用于员工归还借款	全员提单
	用于除收到员工还款外的其他收款业务，例如收到各类保证金、押金、租金、收银行退款、收银行利息及其他业务收入等	计划部门、物资部门、财务部门
记账型工单	用于不适用上述申请表单并且不需要支付款项的业务申请。如收入的确认、成本结转、待摊费用、调整账务等业务	财务部门

第二十六条 项目财务部门负责对业务人员提单工作进行指导，在上线初期可协助业务人员通过手机、符合条件的扫描仪完成各类单据的影像扫描上传工作。业务人员在上交或投递前应检查确认所扫描单据粘贴是否合格、附件是否齐全，确保纸质资料和电子影像资料的一致。

第二十七条 业务处理时间要求。

（一）支付类业务。为避免产生未达账项，原则上支付类业务提单时间截止月末前5个工作日。

（二）非支付类业务。每月27日前应完成如下工作：工资计提、固定资产调拨、折旧、预组资、对上计价、对下计价、材料点验、考核列销。每季度末27日前应完成如下工作：利息入账、工会经费和职工教育经费计提、税金计提、社保计提、临时设施摊销、债权债务清理、周转材料摊销、材料预点、安全生产费计提、预计价、合同收入与费用确认、期末结转。月末最后一天应完成收款业务的入账、内外部单位往来挂账。每年1月31日前完成上年结账工作。

（三）核算系统关账时间。项目要严格按照《中国铁建股份有限公司期末关账管理制度》建立期末关账管理制度，于次月1日17:00核算系统自动关闭上月会计期间。关账工作由财务部门牵头，明确各业务部门职责分工，责任到人，严格执行上级和本项目制定的期末管理规定和办法，对照《期末关账工作清单》和《业务处理截止时间明细表》，及时完成本部门负责的各项工作，保证关账工作按期保质完成，准确反映财务状况和经营成果。项目关账以后，核算系统内的凭证不允许修改、调整。如凭证有误，需在次月通过红字冲账法进行账务调整。

第二十八条 日常财务会计凭证整理要求，每月底项目财务人员应及时将电子档案与实物档案进行核对，确保电子档案与实物档案的一致性、真实性、可靠性、完整性与可用性。年度会计档案按股份公司档案管理办法执行。

第七章 银行账户和资金管理

第二十九条 项目及所属内部分包单位应在财务公司开立账户，用于资金集中及日常款项收付结算。确需在外部银行开立结算账户的项目，经股份公司审批同意，可在项目所在地股份公司指定联网银行开立一个银行账户；如因业主指定要求在非联网银行开户或开立超过一个银行账户时，需提供相关书面证明材料，报股份公司审批后开立。

第三十条 项目账户开立、变更、延期和撤销均须按规定时限报股份公司审批。严禁未经批准开立账户，严禁在出现运营风险或严重负面舆情的银行开立账户。

第三十一条 项目要严格按照印鉴管理要求刻制财务印鉴，建立并落实使用、登记、保管、移交等内控制度，实现专人分管负责制，严禁财务印鉴由一人管理或私自交于他人代管代盖。

第三十二条 项目开户后应及时开通网银功能，并将网银制单U盾、密码密钥交财务共享服务中心办理出纳提单业务，网银审核U盾由项目财务负责人保管和使用。网银操作人员要加强网上银行用户名、密码、密钥、电子支付的安全管理，密码应定期更换。网银操作人员变动时应办理交接手续并及时更改密码。项目应按月进行银行对账，持续关注银行账户使用情况。

第三十三条 项目应按照股份公司司库体系建设工作要求，及时接入司库管理信息系统，项目组建后一个月内在系统内建立组织和用户，并依托系统功能处理相关业务，提升银行账户、资金收支信息化、集约化管理水平。

第三十四条 股份公司对项目资金实施集中管理，项目资金应纳入股份公司资金集中管理体系。对确因业主资金监管等原因无法进行资金归集的，应提供相关书面证明材料，报股份公司批准。对无法授权归集的外部银行账户及资金，项目应积极研究并做好资金监管方案。

第三十五条 项目资金收支业务纳入财务共享中心统一办理，未经股份公司批准，项目禁止自行办理现金、支票、电汇及其他银行支付业务。项目收到的现金，须于当日交存银行，禁止坐收坐支。

第三十六条 股份公司对项目资金支付实行审批制度，金额在10万元以上的对外付款及2万元以上的经费开支及借款，须经股份公司审批后方可办理。

第三十七条 项目不得对外借贷、提供担保和抵押，不得以任何名义集资和对外投资。为保证项目顺利实施确需对外借贷、提供担保和抵押的，须向股份公司财务资金部提出申请，由股份公司财务资金部统一办理。

第八章 资产管理

第三十八条 备用金管理。

（一）项目应加强备用金管理，减少备用金借支；凡是能以银行存款直接支付的款项，均不得借支备用金；

（二）职工借支备用金必须按规定用途使用并按期归还，不得整借整还，不得侵占、挪作他用或转借他人使用；

（三）借支备用金应填写借款单，不得以白条借

支,借款单上应注明用途、金额和报销还款时间,逾期未还的自借款人工资中扣还;

(四)项目至少于每季度末对备用金进行一次清理,催促有关人员偿还备用金,原则上各季度末备用金余额应为零,年末备用金余额必须为零;

(五)职工调离、辞退或辞职等离开本项目时,必须将借支的备用金清算完毕。凡未办理备用金清理手续的职工,不予办理有关调离手续。

第三十九条 应收款项管理。

(一)本办法所指应收款项包括应收票据、应收账款、长期应收款、合同资产、预付款项和其他应收款等;

(二)项目要加强应收和预付款项的管理,按照"统一领导、分工协作、责任到人"的原则,由经办业务部门负责牵头,财务和其他部门配合完成;

(三)应收款项管理应强化事前控制、源头管理,在施工合同的签订环节应加强债权保障条款的商谈与审查;

(四)项目工程部门应当加快推进施工进度,及时向甲方签认已完工程量清单;项目计划部门应当按照合同规定,及时向甲方报签验工计价;工程竣工验收时,项目负责人应组织有关部门对合同变更等签证进行彻底清理,及时编制工程决算,并取得业主签认。

(五)项目应该建立健全工程数量的签认制度。凡发生设计变更,地质等施工条件与招标文件不符,自然灾害等非正常原因造成的停水、停电、停工、窝工等情况时,要及时取得设计、监理及业主代表签认的相关资料,以便为工程价款结算和索赔提供准确的资料。

(六)项目应建立完善应收款项管理台账,发生应收款项时要及时登记,详细反映应收款项的发生、增减变动、账龄和余额等;

(七)项目应建立应收款项定期签认制度,编制各季度决算前,应与债务人核对应收款项金额并办理签认,做到债权明确、账实相符;

(八)项目应建立健全应收款项催收制度,对即将到期的应收款项,应及时提醒债务人按期付款;原则上不得出现到期未收回的应收款项;对逾期应收款项,应追究相关人员责任,并及时向股份公司相关部门汇报,采取多种方式进行催收;

(九)除按合同约定扣留的质保金、审计预留金等各类保证金押金外,应收款项账龄不得超过3个月;

(十)项目应按照股份公司的统一要求按时编报应收款项有关报表,真实反映应收款项情况和清欠工作开展情况;

(十一)项目财务部门应严格按照《企业会计准则》的规定合理确定应收款项的减值准备,提取减值准备应书面上报股份公司财务资金部,按照规定程序审批后进行账务处理;

(十二)未经股份公司批准,项目严禁对应收款项进行转销;对确实无法收回的应收款项,须以书面报告形式上报股份公司财务资金部,详细说明无法收回的原因,并对相关责任人提出处理意见,按照规定程序审批后处理;

(十三)催收工作实行"谁主管、谁经办、谁负责"的原则,实行催收责任终身制,项目撤销后,相关责任人和项目负责人仍对催收工作负责。

第四十条 存货管理。项目应建立存货采购、验收与保管制度、领用与发出制度、盘点与处置制度等。

第四十一条 固定资产管理。

(一)项目应加强固定资产等实物资产采购、使用、保管、维护、更新改造、盘点、处置、核算及登记管理,明确管理及使用部门、人员职责,确保实物资产安全、完整和正常使用;

(二)项目购置固定资产应纳入固定资产投资预算,指定专人负责。本着"节约、实用"的原则,根据实际工作需要,在充分利用原有资产的基础上,尽量做到合理配置,杜绝闲置浪费;同一部门或个人不得办理固定资产业务的全过程;

(三)项目购置车辆、施工机械,须经股份公司运营管理部审批;购置其他单项金额5万元以上的固定资产,须经股份公司财务资金部审批;

(四)项目应建立固定资产卡片和固定资产明细账,并按规定的折旧方法、年限和残值率计提折旧,确保账账、账实相符;

(五)项目应建立固定资产领用保管回收制度,责任落实到人,使用人调离项目时,办理交接手续,将固定资产交回;

(六)项目应建立固定资产的维修保养制度,确保固定资产正常使用;

(七)项目应实行固定资产定期盘点清查制度,至少按季度进行盘点,并编制固定资产盘点表;

(八)项目固定资产盘盈、盘亏、报废和转移须报股份公司批准后方可进行相关处理;

(九)项目撤销时,应将固定资产交回股份公司。

第九章 收入成本费用管理

第四十二条 项目应按照收入准则要求,按月做好收入、成本确认工作。在编报每期报表前,项目应当以合同价为基础,组织相关部门测算合同预计总收入、预计总成本,并经项目相关部门及项目负责人签认。

第四十三条 项目对分包单位拨付工程计价款、预付款及其他借款,须附相关书面证明材料,包括但不限于:分包合同、付款申请单、拨款进度统计表、经项目联签的工程计量单、相关预算情况说明及其他必要的说明材料等。

第四十四条 项目对分包单位工程款的结算应以由项目相关部门联签完毕的工程计量单为依据，并及时抵扣预付款、临时借款、代垫材料款、工程质保金等款项后拨付。严禁超合同、超计价、超比例拨工程款，严禁使用现金支付工程款。

第四十五条 项目应建立计价拨款台账，详细登记对下合同额、计价、发票及资金收付情况，并每月与财务账面情况核对一致。

第四十六条 项目应严控物资成本，严格按照物资采购要求、工程量、进度等安排物资采购事项。依据采购合同、合规发票、到货记录、点收单处理采购业务。严格按照物资领用和发出流程，依据领料单、相关票据凭证等资料归集确认。严格依据合同、付款申请单等支付物资款项。并定期盘点清查物资情况。

第四十七条 项目的各项管理费开支应本着“必须、合理、节约、高效”的原则据实列支，不得以任何名义向参建单位转移成本费用开支，不得列支与本项目无关的成本费用。

第四十八条 直管项目管理费具体开支内容和标准按照《直管项目管理费核定及控制办法》执行；托管项目管理费按照托管单位的标准执行。

第四十九条 项目对外捐赠必须报股份公司批准后方可办理。

第十章　财务预算和决算

第五十条　项目必须实行全面预算管理，建立健全全面预算管理的组织体系。项目负责人对本项目的全面预算管理工作负责，财务部门负责处理全面预算管理的日常事务，各职能部门负责编制责任范围内的业务预算并对预算目标完成情况进行控制和监督。

第五十一条 项目及参建单位按照责任主体分别编制年度预算，纳入相应单位的预算管理体系，作为股份公司整体预算管理的重要关注内容，收费预算要按照股份公司核定的标准执行。

第五十二条 全面预算按“两上两下”程序编制，编制内容包括：资产负债预算、利润预算、现金流量预算、业务预算、资本预算、职工薪酬预算、科技投入预算、安全支出预算等。

第五十三条 项目应按预算认真组织实施，对预算目标层层分解，并对预算执行的全过程进行控制和管理，及时反映和监控预算的执行情况。

第五十四条 项目必须严格执行预算，未纳入预算的费用不得开支。预算执行过程中，发生重大客观因素对经营活动和财务收支产生重大影响，需调整预算目标的，由项目提出书面申请，报股份公司审批后进行调整。

第五十五条 项目必须按照规定时间和要求编制并上报会计报告。项目需定期编制的会计报告包括：月报、季报、半年报、年报。月报的上报时间为次月2日，季报和年报上报时间为季度或年度终了后10天。

第五十六条 项目应当根据真实的交易事项以及完整、准确的会计资料，并按照国家统一的会计制度规定的编制基础、编制依据、编制原则和方法编制财务会计报告，不得违背《企业会计准则》规定，随意改变财务会计报告的编制基础、编制原则和方法。

第五十七条 项目编制的财务会计报告，经项目负责人和财务负责人签字盖章后上报。

第五十八条 项目应在上报半年及年度报表的同时上报财务分析。财务分析应至少包括以下内容：

（一）项目基本情况：简要介绍项目概况，行业环境、业主情况、内部其他参建单位情况，包括对上对下合同签订情况、项目进展情况、项目机构和人员配备及人员归属情况等；

（二）项目资金状况：包括报告期及开累资金收入、支出及结余情况，以及项目未来资金预测情况等；

（三）项目财务状况：包括资产负债情况、债权债务状况，当期、开累收益情况及项目整体的效益预测等；

（四）预算完成情况：对项目当年预算的完成情况进行分析，存在差异的要分析原因并提出解决思路；

（五）项目财务管理情况：包括项目在财务管理方面所做的主要工作和取得的成效，存在的问题及下一步的工作计划等；

（六）重大事项说明；

（七）对项目财务管理的有关意见建议等。

第十一章　税务管理

第五十九条 项目作为股份公司外出经营机构，应当接受属地主管税务机关的管理，妥善协调与属地主管税务机关的关系，同时严格按照《股份公司直托管项目税务管理办法》开展税务管理工作。

第六十条 项目应及时掌握国家财税政策更新、变化，贯彻执行国家税收政策和股份公司税务制度及管理规定。

第六十一条 项目应制定相应的税务管理实施细则，按照要求及时办理各税种登记、备案、计提、预缴、申报、缴纳、扣缴、核算等工作。

第六十二条 项目会计人员应熟悉项目全生命周期各项经济业务涉税事项，组织开展税负测算、纳税规划和过程管控工作，降低税务风险，争取税务创效。

第六十三条 项目要加强发票管理，按照要求取得合规发票，对未取得合规发票的不得付款。

第六十四条 项目财务部门在处理涉税事项业务时，要善于识别风险、控制风险，对税务风险把握不准的业务要及时向股份公司财务资金部报告。

第十二章 合同管理

第六十五条 项目合同管理遵循“资格预审、评议对比、民主决策”的原则，本级项目必须及时与业主和分包单位签订经济合同，合同的签订必须符合国家相关法律法规和股份公司《中国铁建股份有限公司合同管理办法》《中国铁建股份有限公司工程项目施工合同管理办法》《中国铁建股份有限公司第三方尽职调查实施细则》《中国铁建股份有限公司合同合规管理实施细则》等有关规定。禁止和列入中国铁建合作方警示名录的合作方进行合作，包括签订合同、支付款项等行为。财务部门应全过程积极参与项目合同的签订。

第六十六条 签订合同按照股份公司有关规定应当报送股份公司审核、审批的必须严格履行审核、审批程序，由股份公司法定代表人或由其书面授权委托代理人办理。

第六十七条 项目对系统内单位分包时依法合规按照一定比例提取的协同发展费用和项目管理经费，应在合同中体现为对上对下的分包差，未经股份公司批准，不得以任何形式向分包单位收取各项费用。

第六十八条 合同作为收取和支付款项的依据，超出合同范围或未签订合同的，本级项目财务部门应当拒绝支付。

第十三章 财务监督检查

第六十九条 项目要严格执行股份公司关于财经纪律的相关要求，强化财务监督、防范财务风险，接受股份公司财务监督和检查，做好配合工作，并积极落实相关整改要求。

第七十条 股份公司本级项目作为股份公司的派出机构，有权力、有责任对参建单位的财务管理情况进行监督和检查。

第七十一条 对系统内参建单位监督和检查的主要内容包括但不限于：会计机构设置和会计人员配备情况、财务管理和内控制度执行情况、会计业务处理的合法合规情况、债权债务情况、收入成本确认的正确性及相关材料的完整性、资金收支包括是否存在巧立名目收取及转移成本费用等情况。

第七十二条 项目对参建单位的检查每年至少进行一次，对检查中发现的问题应督促其整改，并对整改情况进行跟踪检查。

第七十三条 项目应按参建单位建立财务监督检查档案，保证监督检查事项的可追溯性和工作的连贯性。

第十四章 并账与移交

第七十四条 项目应于本项目竣工验收（或完工）后三个月内办理项目财务并账和移交手续。

第七十五条 项目财务部门并账后要按规定及时注销银行账户，交回财务印鉴；项目银行存款余额与银行对账单余额必须一致，并按项目银行存款余额上交股份公司财务资金部。

第七十六条 项目并账前须逐笔对债权债务进行核对、询证，将双方签字确认的询证函随会计账簿一并移交。

第七十七条 项目应对所有财产和物资设备进行全面盘点清查，编制移交清册，并由移交方和接收方负责人在移交清册上签字确认。

第七十八条 项目负责人是并账工作的第一责任人，财务负责人是直接责任人，项目完工后要及时组织人员着手准备与股份财务资金部的并账工作。并账后，项目负责人、业务经办人员和财务负责人对项目的债权债务仍承担清算责任，直至最终清算完毕。

第七十九条 符合并账条件的项目应及时整理会计档案，并最迟于次年 6 月底前上交至股份公司档案馆，具体包括：会计凭证、会计账簿、会计报表、银行对账单、经济合同以及其他财务资料等，股份公司对实物单据和电子影像信息进行稽核后交档案馆归档。

第十五章 附 则

第八十条 本办法由股份公司财务资金部负责解释，未尽事宜按照国家有关法律法规和股份公司的相关规定执行，原有制度规定与本办法不一致的，以本办法为准。

第八十一条 以股份公司名义承揽但股份公司不参与管理的投融资项目、总承包项目，财务管理参照本办法执行。

第八十二条 本办法为内部文件，注意保管和使用。本办法自 2023 年 1 月 1 日起执行。

2022 年中国铁道建筑集团有限公司文件选目

文件号	文件标题
中铁建审监〔2022〕1 号	关于印发《中国铁道建筑集团有限公司暨中国铁建股份有限公司内部审计工作评估管理暂行办法》的通知
中铁建法〔2022〕2 号	关于建立重大风险事件首报、续报、终报工作制度的通知
中铁建投开〔2022〕3 号	中国铁道建筑集团有限公司关于 2021 年度国有资产评估管理工作总结的报告
中铁建发展〔2022〕4 号	关于中国铁道建筑集团有限公司总部机构设置的通知
中铁建办〔2022〕5 号	关于印发《中国铁道建筑集团有限公司暨中国铁建股份有限公司电子文件归档和电子档案管理办法》的通知
中铁建财资〔2022〕6 号	中国铁道建筑集团有限公司关于申请享受重大技术装备进口税收政策的请示
中铁建投开〔2022〕7 号	中国铁道建筑集团有限公司关于所控股中国铁建重工集团股份有限公司首次合理持股比例申报备案的请示
中铁建投开〔2022〕9 号	中国铁道建筑集团有限公司关于 2021 年投资完成情况的报告
中铁建发展〔2022〕10 号	关于中国铁道建筑集团有限公司改革三年行动工作台账进展情况的报告
中铁建财资〔2022〕12 号	中国铁道建筑集团有限公司关于 2022 年度预算报告的请示
中铁建投开〔2022〕13 号	中国铁道建筑集团有限公司 2021 年度产权登记分析报告
中铁建人〔2022〕15 号	中国铁道建筑集团有限公司关于中国铁建股份有限公司部分所属单位企业年金方案实施细则备案的报告
中铁建办〔2022〕16 号	关于印发《中国铁道建筑集团有限公司暨中国铁建股份有限公司重大活动和突发事件档案管理办法》的通知
中铁建投开〔2022〕20 号	中国铁道建筑集团有限公司关于确定 2022 年非主业投资控制比例的请示
中铁建投开〔2022〕21 号	中国铁道建筑集团有限公司关于 2022 年投资计划情况的报告
中铁建财资〔2022〕24 号	中国铁道建筑集团有限公司关于内保外贷业务情况的报告
中铁建财资〔2022〕25 号	中国铁道建筑集团有限公司关于金融衍生业务开展情况的报告
中铁建财资〔2022〕26 号	中国铁道建筑集团有限公司关于报送 2021 年度境外子企业财务决算的报告
中铁建财资〔2022〕27 号	中国铁道建筑集团有限公司关于 2021 年“两金”压控及专项清理工作情况的报告
中铁建财资〔2022〕28 号	中国铁道建筑集团有限公司关于 2021 年度财务决算报告的请示
中铁建财资〔2022〕29 号	中国铁道建筑集团有限公司关于 2021 年度国有资本保值增值的报告
中铁建财资〔2022〕32 号	中国铁道建筑集团有限公司关于 2021 年度资产减值准备财务核销管理工作情况的报告
中铁建人〔2022〕33 号	中国铁道建筑集团有限公司关于 2022 年度工资总额预算方案的报告
中铁建企管〔2022〕34 号	中国铁道建筑集团有限公司关于 2021 年度和 2019－2021 年任期经营业绩考核目标完成情况的报告
中铁建法〔2022〕36 号	中国铁道建筑集团有限公司关于《2021 年度内控体系工作报告》的报告
中铁建发展〔2022〕38 号	关于做好打击假冒国企专项行动排查工作的通知
中铁建运管〔2022〕39 号	中国铁道建筑集团有限公司关于推荐申报 2022 年制造业单项冠军产品的请示
中铁建发展〔2022〕40 号	中国铁道建筑集团有限公司关于“科改示范行动”综合改革方案及工作台账(2022—2023)年备案的报告

续表

文件号	文件标题
中铁建人〔2022〕41 号	中国铁道建筑集团有限公司关于中国铁建股份有限公司部分所属单位企业年金方案实施细则备案的报告
中铁建投开〔2022〕42 号	中国铁道建筑集团有限公司关于开展民企挂靠国资问题综合整治工作情况的报告
中铁建发展〔2022〕43 号	中国铁道建筑集团有限公司关于“控股不控权”问题自查情况的报告
中铁建财资〔2022〕44 号	中国铁道建筑集团有限公司关于拟开展基础设施 REITs 试点的请示
中铁建董办〔2022〕47 号	关于成立中国铁道建筑集团有限公司暨中国铁建股份有限公司提高上市公司质量工作领导小组的通知
中铁建投开〔2022〕49 号	中国铁道建筑集团有限公司关于开展投资管理自查自纠工作情况的报告
中铁建房管〔2022〕55 号	中国铁道建筑集团有限公司关于办理海淀区复兴路 40 号职工住宅项目不动产登记的请示
中铁建财资〔2022〕57 号	中国铁道建筑集团有限公司关于 2021 年度国有资本收益情况的报告
中铁建财资〔2022〕58 号	中国铁道建筑集团有限公司关于重庆铁发遂渝高速公路有限公司重庆至遂宁高速公路(重庆段)资产开展基础设施 REITs 发行情况的报告
中铁建投开〔2022〕59 号	中国铁道建筑集团有限公司关于办理中铁十六局集团有限公司朝阳区青年路 10 号院项目科研用地出让批复延期的请示
中铁建投开〔2022〕60 号	中国铁道建筑集团有限公司关于办理中铁十六局朝阳区东坝红松园职工住宅项目地下部分土地使用权出让手续的请示
中铁建安监〔2022〕61 号	关于表彰 2022 年安全生产先进个人的通报
中铁建投开〔2022〕62 号	关于修订印发《中国铁道建筑集团有限公司产权登记管理办法》的通知
中铁建发展〔2022〕63 号	关于注销中国铁道建筑总公司土耳其分公司的通知
中铁建投开〔2022〕68 号	关于印发《中国铁道建筑集团有限公司合伙企业国有权益登记暂行规定》的通知
中铁建海外〔2022〕69 号	中国铁道建筑集团有限公司关于 2021 年度国际化经营自评情况的报告
中铁建投开〔2022〕72 号	中国铁道建筑集团有限公司关于调整 2022 年非主业投资控制比例的请示
中铁建投开〔2022〕73 号	中国铁道建筑集团有限公司关于调整 2022 年投资计划情况的报告
中铁建董办〔2022〕74 号	中国铁道建筑集团有限公司关于《提高上市公司质量工作方案》及相关材料的报告
中铁建人〔2022〕75 号	中国铁道建筑集团有限公司关于 2021 年度工资总额预算执行情况的报告
中铁建财资〔2022〕76 号	关于印发《中国铁道建筑集团有限公司暨中国铁建股份有限公司司库体系建设工作方案》的通知
中铁建财资〔2022〕80 号	中国铁道建筑集团有限公司关于 2021 年度财务决算批复问题整改工作情况的报告
中铁建董办〔2022〕81 号	中国铁道建筑集团有限公司关于中国铁建董事会 2022 年上半年工作情况的报告
中铁建财资〔2022〕82 号	中国铁道建筑集团有限公司关于申请 2022 年度享受重大技术装备进口税收政策的请示
中铁建财资〔2022〕83 号	中国铁道建筑集团有限公司关于 2020 – 2022 年享受重大技术装备进口税收政策复核报告

续表

文　件　号	文　　件　　标　　题
中铁建投开〔2022〕85 号	中国铁道建筑集团有限公司关于申请办理中铁物资集团有限公司海淀区西四环中路 19 号用地规划手续的请示
中铁建投开〔2022〕86 号	关于印发《中国铁道建筑集团有限公司非上市资产管理工作实施细则》的通知
中铁建办〔2022〕88 号	关于印发《中国铁道建筑集团有限公司总部职工防暑降温费管理办法》的通知
中铁建投开〔2022〕89 号	中国铁道建筑集团有限公司关于需办理公司制改制所涉土地使用权人名称变更企业名单的报告
中铁建人〔2022〕91 号	关于印发《中国铁道建筑集团有限公司总部职工采暖补贴管理办法》的通知
中铁建投开〔2022〕95 号	中国铁道建筑集团有限公司关于 PPP 业务监督检查工作情况的报告
中铁建投开〔2022〕96 号	中国铁道建筑集团有限公司关于投资管理自查自纠整改落实情况的报告
中铁建投开〔2022〕97 号	中国铁道建筑集团有限公司关于境外“违规投资经营”专项整治情况总结报告
中铁建投开〔2022〕98 号	中国铁道建筑集团有限公司关于参股经营投资专项治理工作情况的报告
中铁建违究〔2022〕99 号	关于印发《中国铁道建筑集团有限公司暨中国铁建股份有限公司违规经营投资责任追究问题线索查处工作指引（试行）》的通知
中铁建违究〔2022〕100 号	关于印发《中国铁道建筑集团有限公司暨中国铁建股份有限公司违规经营投资责任追究问题线索督办管理办法（试行）》的通知
中铁建投开〔2022〕102 号	中国铁道建筑集团有限公司关于所属中国土木与铁建投资参与尼日利亚拉各斯 4 号桥 PPP 项目投资建设的请示
中铁建财资〔2022〕103 号	中国铁道建筑集团有限公司关于参与盘活存量资产扩大有效投资工作情况的报告
中铁建董办〔2022〕105 号	中国铁道建筑集团有限公司关于修订《提高上市公司质量工作方案》及相关材料的报告
中铁建投开〔2022〕106 号	中国铁道建筑集团有限公司关于参与东航股份非公开发行 A 股股票及工程项目合作的请示
中铁建财资〔2022〕107 号	中国铁道建筑集团有限公司关于 2023 年度主要指标预报表的报告
中铁建财资〔2022〕108 号	中国铁道建筑集团有限公司关于 2021 年度财务决算批复问题整改情况的报告
中铁建财资〔2022〕109 号	中国铁道建筑集团有限公司关于 2022 年度财务决算管理备案的报告
中铁建人〔2022〕110 号	中国铁道建筑集团有限公司关于 2022 年度工资总额预算调整的报告
中铁建财资〔2022〕111 号	中国铁道建筑集团有限公司关于境外“违反财经纪律侵吞公款”专项整治情况的报告

2022 年中国铁建股份有限公司文件选目

文　件　号	文　　件　　标　　题
中国铁建海外〔2022〕1 号	关于印发《中国铁建股份有限公司“十四五”海外发展规划》的通知
中国铁建安监〔2022〕2 号	关于印发《中国铁建股份有限公司现场安全标准化指导手册（房建分册）》的通知
中国铁建安监〔2022〕3 号	关于兑现 2021 年度安全包保责任书的通报
中国铁建法〔2022〕4 号	关于表彰 2021 年度中国铁建合规工作先进单位和先进个人的通知

续表

文件号	文件标题
中国铁建法〔2022〕5号	关于印发《中国铁建风险内控管理系统上线运行工作方案》的通知
中国铁建企管〔2022〕6号	关于下达2022年经营、生产、投资计划的通知
中国铁建企管〔2022〕7号	关于印发《中国铁建股份有限公司“专精特新”企业评定管理办法》的通知
中国铁建企管〔2022〕8号	关于印发《中国铁建股份有限公司三级公司绩效考核指导意见》的通知
中国铁建发展〔2022〕9号	关于将中铁建华北投资发展有限公司调整为专业化轨道交通运营公司的通知
中国铁建董办〔2022〕10号	关于修订印发《中国铁建股份有限公司董事会审计与风险管理委员会工作细则》的通知
中国铁建发展〔2022〕11号	关于成立中国铁建股份有限公司杭州至德清市域铁路工程土建施工II标段项目经理部的通知
中国铁建运管〔2022〕12号	关于成立中国铁建股份有限公司“碳达峰 碳中和”工作领导小组的通知
中国铁建海外〔2022〕13号	中国铁建股份有限公司加强境外中层员工安全保障实施工作方案的通知
中国铁建财资〔2022〕14号	关于印发《中国铁建股份有限公司公司债券信息披露管理办法》的通知
中国铁建财资〔2022〕15号	关于印发《中国铁建股份有限公司债务融资工具信息披露事务管理办法》的通知
中国铁建发展〔2022〕16号	关于中国铁建股份有限公司区域总部调整编制定员和增设安全总监的通知
中国铁建发展〔2022〕17号	关于成立中国铁建・中铁十一局・中铁十二局・中铁十四局・中铁十八局长沙市轨道交通7号线一期工程土建施工三标联合体项目部的通知
中国铁建安监〔2022〕18号	关于印发《中国铁建股份有限公司关于加强北京片区工程项目安全管理规定》的通知
中国铁建办〔2022〕19号	关于修订印发《中国铁建系统档案全宗编号和档案单位名称代号表》的通知
中国铁建科创〔2022〕20号	关于公布2021年度发布技术标准研制配套资助和奖励项目的通知
中国铁建人〔2022〕21号	关于印发2022年度表彰奖励计划的通知
中国铁建办〔2022〕22号	关于印发《中国铁建“十四五”档案工作发展规划》的通知
中国铁建发展〔2022〕23号	关于调整中铁建南方建设投资有限公司管理模式的通知
中国铁建人〔2022〕24号	关于印发《股份公司2022年员工培训计划》的通知
中国铁建人〔2022〕25号	关于给予陆建忠政务记大过处分的决定
中国铁建人〔2022〕26号	关于印发《中国铁建股份有限公司“十四五”人力资源规划》的通知
中国铁建运管〔2022〕27号	中国铁建股份有限公司关于大瑞铁路施工有关费用问题的报告
中国铁建法〔2022〕29号	关于发布2022年中国铁建合作方警示名录的通知
中国铁建海外〔2022〕30号	关于表彰2021年度海外工作先进单位和先进个人的通报
中国铁建运管〔2022〕31号	关于印发《中国铁建股份有限公司设备物资管理考核办法》的通知
中国铁建运管〔2022〕32号	关于印发《中国铁建股份有限公司工程质量缺陷责任追究》的通知
中国铁建人〔2022〕33号	关于给予阚宏明政务记大过处分的决定
中国铁建经营〔2022〕34号	关于表彰2021年度经营工作先进单位和先进个人的通报

续表

文 件 号	文 件 标 题
中国铁建运管〔2022〕35号	关于表彰中国铁建股份有限公司2021年度优秀项目经理的通报
中国铁建董办〔2022〕36号	关于印发《中国铁建董事会2022年工作要点》的通知
中国铁建人〔2022〕37号	关于印发股份公司《外籍管理人才管理办法(暂行)》和《海外投资人才管理办法(暂行)》的通知
中国铁建审监〔2022〕39号	关于印发《中国铁建股份有限公司监事会2022年工作要点》的通知
中国铁建发展〔2022〕40号	关于成立中国铁建股份有限公司青岛市地铁15号线一期土建三标段项目经理部的通知
中国铁建发展〔2022〕41号	关于成立中国铁建股份有限公司西安地铁1号线三期工程施工总承包2标段项目经理部的通知
中国铁建企管〔2022〕42号	关于发布2021年度“中国铁建专精特新企业”名单的通报(前文作废,以此为准)
中国铁建企管〔2022〕43号	关于2021年度“三级公司20强”评选结果的通报
中国铁建审监〔2022〕44号	印发《中国铁建股份有限公司关于开展研究型审计工作的指导意见》的通知
中国铁建办〔2022〕45号	关于表彰2021年度政务信息工作先进单位和先进个人的通报
中国铁建安监〔2022〕46号	关于印发《中国铁建股份有限公司安全生产大检查实施方案》的通知
中国铁建运管〔2022〕47号	关于调整中国铁建股份有限公司提质增效专项行动领导小组的通知
中国铁建运管〔2022〕48号	关于公布2022年度中国铁建股份有限公司优秀质量管理小组活动成果的通报
中国铁建董办〔2022〕49号	关于修订印发《中国铁建股份有限公司独立董事工作制度》的通知
中国铁建董办〔2022〕50号	关于修订印发《中国铁建股份有限公司董事会秘书工作制度》的通知
中国铁建运管〔2022〕51号	关于发布《中国铁建2022年分包商名录》的通知
中国铁建运管〔2022〕53号	关于表彰2021年的竞赛获奖单位和先进个人的通知
中国铁建财资〔2022〕54号	关于印发《中国铁建股份有限公司财务专家管理(暂行)办法》的通知
中国铁建发展〔2022〕55号	关于成立中国铁建股份有限公司新建天水至陇南铁路EPC工程总承包项目经理部的通知
中国铁建发展〔2022〕56号	关于印发《中国铁建股份有限公司功能性子公司管理办法》的通知
中国铁建发展〔2022〕57号	关于注销中国铁建股份有限公司莫桑比克代表处的通知
中国铁建人〔2022〕58号	关于给予龙信桥政务记大过处分的决定
中国铁建办〔2022〕59号	关于印发《中国铁建总部节假日值班工作规定(暂行)》的通知
中国铁建安监〔2022〕60号	关于申请成立国家隧道应急救援中铁十一局武汉队的请示
中国铁建董办〔2022〕61号	关于修订印发《中国铁建股份有限公司章程》的通知
中国铁建董办〔2022〕62号	关于修订印发《中国铁建股份有限公司股东大会议事规则》的通知
中国铁建董办〔2022〕63号	关于修订印发《中国铁建股份有限公司董事会议事规则》的通知
中国铁建人〔2022〕64号	股份公司 股份公司党委关于印发《中国铁建股份有限公司特技技师、首席技师管理办法》的通知
中国铁建运管〔2022〕65号	关于印发《中国铁建股份有限公司内部物资产品采购管理实施细则》的通知

续表

文 件 号	文 件 标 题
中国铁建发展〔2022〕67 号	关于成立中国铁建股份有限公司青岛市地铁 9 号线一期工程土建施工 2 标段项目经理部的通知
中国铁建发展〔2022〕68 号	关于成立中国铁建股份有限公司厦门轨道 6 号线集美至同安段土建施工总承包 2 标段项目部的通知
中国铁建投开〔2022〕70 号	关于印发《中国铁建股份有限公司房地产项目实施风险抵押金制度的指导意见》的通知(前文作废,以此为准)
中国铁建投开〔2022〕71 号	关于修订印发《中国铁建股份有限公司房地产业务主业管理办法》的通知
中国铁建人〔2022〕72 号	关于表彰无人机驾驶员职业技能竞赛获奖单位和个人的通报
中国铁建发展〔2022〕73 号	关于明确中国铁建股份有限公司二级公司专职外部董事有关事项的通知
中国铁建发展〔2022〕74 号	关于明确中国铁建股份有限公司在建项目督察组有关事项的通知
中国铁建发展〔2022〕75 号	关于对工程总承包部职责和定员进行适应性调整的通知
中国铁建运管〔2022〕76 号	关于成立中国铁建股份有限公司经济管理信息系统工程承包板块项目建设管理组织的通知
中国铁建运管〔2022〕77 号	关于公布 2022 年上半年内部施工企业信用评价结果的通知
中国铁建人〔2022〕79 号	关于印发《中国铁建股份有限公司关于推进科技创新激励保障机制建设的意见》的通知
中国铁建人〔2022〕80 号	关于印发《中国铁建股份有限公司科技型企业项目收益分红管理规定》的通知
中国铁建人〔2022〕81 号	关于给予卢朋政务记大过处分的决定
中国铁建人〔2022〕82 号	关于给予阮祥杰政务记大过处分的决定
中国铁建信管〔2022〕83 号	关于成立中国铁建信息化业务管理系统项目建设管理组织的通知
中国铁建办〔2022〕84 号	关于调整中国铁建股份有限公司乡村振兴工作领导小组的通知
中国铁建科创〔2022〕86 号	关于表彰第二十三届中国专利奖获奖单位的通报
中国铁建财资〔2022〕87 号	关于修订印发《中国铁建股份有限公司对外捐赠管理办法》的通知
中国铁建发展〔2022〕88 号	关于成立中国铁建股份有限公司政策研究小组的通知
中国铁建董办〔2022〕89 号	关于印发《中国铁建股份有限公司投资者关系管理制度》的通知
中国铁建董办〔2022〕90 号	关于修订印发《中国铁建股份有限公司信息披露管理制度》的通知
中国铁建董办〔2022〕91 号	关于修订印发《中国铁建股份有限公司董事、监事和高级管理人员持股变动管理制度》的通知
中国铁建董办〔2022〕92 号	关于修订印发《中国铁建股份有限公司重大信息内部报告制度》的通知
中国铁建发展〔2022〕93 号	关于设立中国铁建股份有限公司新兴业务总部的通知
中国铁建财资〔2022〕94 号	关于公布中国铁建财务专家第一批专家名单的通知
中国铁建安监〔2022〕95 号	关于印发《中国铁建股份有限公司现场安全标准化指导手册(城轨分册)》的通知
中国铁建运管〔2022〕96 号	关于公布 2022 年度中国铁建杯优质工程奖的通知
中国铁建运管〔2022〕98 号	关于表彰股份公司项目管理先进单位及优秀项目经理部的通报

续表

文 件 号	文 件 标 题
中国铁建运管〔2022〕99 号	关于表彰第五届中央企业 QC 小组成果发表赛中国铁建获奖单位的通报
中国铁建财资〔2022〕100 号	关于规范区域经营机构经费管理的通知
中国铁建发展〔2022〕101 号	关于注销中国铁建股份有限公司刚果（布）代表处的通知
中国铁建运管〔2022〕102 号	关于表彰 2022 年质量管理先进个人的通报
中国铁建发展〔2022〕103 号	关于成立中国铁建股份有限公司厦门轨道 4 号线彭厝北站换乘节点及过街通道土建项目部的通知
中国铁建发展〔2022〕104 号	关于成立中铁建交通运营集团有限公司的通知
中国铁建企管〔2022〕105 号	关于成立中央企业工程机械制造行业世界排名情况研究课题组的通知
中国铁建运管〔2022〕106 号	关于公布 2021 年度优秀工程勘察设计奖和优秀工程咨询成果奖获奖项目的通知
中国铁建科创〔2022〕107 号	关于发布《沙漠砂混凝土应用技术规程》等 10 项中国铁建企业技术标准的通知
中国铁建发展〔2022〕108 号	关于成立中国铁建股份有限公司粤东城际铁路 YDZH－7 标项目经理部的通知
中国铁建安监〔2022〕109 号	关于印发《中国铁建股份有限公司强化终端安全管控规定》的通知
中国铁建法〔2022〕110 号	关于印发中国铁建规章制度清单（2022 年版）的通知
中国铁建经营〔2022〕111 号	中国铁建股份有限公司关于请求支持所属单位充分参与高速铁路站后“四电”建设的报告
中国铁建经营〔2022〕112 号	关于修订印发《中国铁建股份有限公司国内经营工作考核管理办法》的通知
中国铁建安监〔2022〕113 号	关于公布 2022 年度安全标准工地（车间）名单的通知
中国铁建运管〔2022〕114 号	关于印发《中国铁建股份有限公司质量管理小组活动管理办法》的通知
中国铁建财资〔2022〕115 号	关于印发《中国铁建股份有限公司本级项目财务管理办法》的通知

2022 年中国铁道建筑集团有限公司党委文件选目

文 件 号	文 件 标 题
中铁建党组〔2022〕1 号	关于中国铁建党委党史学习教育专题民主生活会工作方案的报告
中铁建党巡〔2022〕3 号	印发公司党委巡视组《关于对中国铁建股份有限公司华东区域总部党委巡视情况的反馈意见》的通知
中铁建党巡〔2022〕4 号	印发公司党委巡视组《关于对中国铁建股份有限公司西北区域总部党委巡视情况的反馈意见》的通知
中铁建党巡〔2022〕5 号	印发公司党委巡视组《关于对中国铁建电气化局集团有限公司党委巡视情况的反馈意见》的通知
中铁建党巡〔2022〕6 号	印发公司党委巡视组《关于对中铁第一勘察设计院集团有限公司党委巡视情况的反馈意见》的通知
中铁建党巡〔2022〕7 号	印发公司党委巡视组《关于对中铁上海设计院集团有限公司党组织巡视情况的反馈意见》的通知
中铁建党巡〔2022〕8 号	印发公司党委巡视组《关于对中铁物资集团有限公司党委巡视情况的反馈意见》的通知

续表

文 件 号	文 件 标 题
中铁建党巡〔2022〕9 号	印发公司党委巡视组《关于对中国铁建投资集团有限公司党委巡视情况的反馈意见》的通知
中铁建党巡〔2022〕10 号	印发公司党委巡视组《关于对中铁建资本控股集团有限公司党委巡视情况的反馈意见》的通知
中铁建党巡〔2022〕11 号	印发公司党委巡视组《关于对中国铁建财务有限公司党委巡视情况的反馈意见》的通知
中铁建党巡〔2022〕12 号	印发公司党委巡视组《关于对中铁建发展集团有限公司党委巡视情况的反馈意见》的通知
中铁建党巡〔2022〕13 号	印发公司党委巡视组《关于对中铁建锦鲤资产管理有限公司党委巡视情况的反馈意见》的通知
中铁建党巡〔2022〕14 号	印发公司党委巡视组《关于对中国铁建股份有限公司北京培训中心（中国铁建股份有限公司党校）党委巡视情况的反馈意见》的通知
中铁建党组〔2022〕30 号	中国铁道建筑集团有限公司党委党史学习教育专题民主生活会情况报告
中铁建党组〔2022〕31 号	中国铁道建筑集团有限公司二级单位党委书记抓基层党建述职评议考核工作总结报告
中铁建党组〔2022〕35 号	中国铁道建筑集团有限公司党委境外项目佣金管理问题专题民主生活会情况报告
中铁建党组〔2022〕37 号	关于印发《中国铁建党支部评价定级创建晋升指导意见（试行）》的通知
中铁建党组〔2022〕38 号	关于开展中国铁建第三批示范党支部选树工作的通知
中铁建党组〔2022〕45 号	关于印发《中国铁道建筑集团有限公司暨中国铁建股份有限公司党费管理办法（试行）》的通知
中铁建党巡〔2022〕46 号	关于印发《关于进一步强化巡视整改和成果运用的实施办法》的通知
中铁建党巡〔2022〕54 号	印发公司党委巡视组《关于对中国铁建股份有限公司东北区域总部党委巡视情况的反馈意见》的通知
中铁建党巡〔2022〕55 号	印发公司党委巡视组《关于对中国铁建股份有限公司华北区域总部党委巡视情况的反馈意见》的通知
中铁建党巡〔2022〕56 号	印发公司党委巡视组《关于对中国铁建股份有限公司中原区域总部党委巡视情况的反馈意见》的通知
中铁建党巡〔2022〕57 号	印发公司党委巡视组《关于对中国铁建股份有限公司华中区域总部党委巡视情况的反馈意见》的通知
中铁建党巡〔2022〕58 号	印发公司党委巡视组《关于对中国铁建股份有限公司华南区域总部党委巡视情况的反馈意见》的通知
中铁建党巡〔2022〕59 号	印发公司党委巡视组《关于对中国铁建股份有限公司西南区域总部党委巡视情况的反馈意见》的通知
中铁建党巡〔2022〕60 号	印发公司党委巡视组《关于对中国铁建川藏铁路工程指挥部党工委巡视情况的反馈意见》的通知
中铁建党巡〔2022〕61 号	印发公司党委巡视组《关于对中国土木工程集团有限公司党委巡视情况的反馈意见》的通知
中铁建党巡〔2022〕62 号	印发公司党委巡视组《关于对中铁第四勘察设计院集团有限公司党委巡视情况的反馈意见》的通知
中铁建党巡〔2022〕63 号	印发公司党委巡视组《关于对中国铁建国际集团有限公司党委巡视情况的反馈意见》的通知

续表

文　件　号	文　　件　　标　　题
中铁建党巡〔2022〕64 号	印发公司党委巡视组《关于对中铁城建集团有限公司党委巡视情况的反馈意见》的通知
中铁建党巡〔2022〕65 号	印发公司党委巡视组《关于对中国铁建重工集团股份有限公司党委巡视情况的反馈意见》的通知
中铁建党巡〔2022〕66 号	印发公司党委巡视组《关于对中国铁建昆仑投资集团有限公司党委巡视情况的反馈意见》的通知
中铁建党巡〔2022〕67 号	印发公司党委巡视组《关于对中铁建商务管理有限公司党委巡视情况的反馈意见》的通知
中铁建党巡〔2022〕68 号	印发公司党委巡视组《关于对中国铁建股份有限公司工程总承包部党委巡视情况的反馈意见》的通知
中铁建党巡〔2022〕69 号	印发公司党委巡视组《关于对中铁磁浮交通投资建设有限公司党委巡视情况的反馈意见》的通知
中铁建党巡〔2022〕70 号	印发公司党委巡视组《关于对中铁建华南建设有限公司党委巡视情况的反馈意见》的通知
中铁建党巡〔2022〕71 号	印发公司党委巡视组《关于对中国铁建国际投资有限公司党委巡视情况的反馈意见》的通知
中铁建党组〔2022〕73 号	关于同意召开中国共产党中铁建锦鲤资产管理有限公司党员大会和党委、纪委组成人员候选人预备人选的批复
中铁建党组〔2022〕74 号	关于中国铁建党委 2022 年度党员领导干部民主生活会工作方案的报告
中铁建党纪〔2022〕75 号	关于印发《中国铁道建筑集团有限公司暨中国铁建股份有限公司“行贿人黑名单”管理办法(试行)》的通知

2022 年中国铁建股份有限公司党委文件选目

文　件　号	文　　件　　标　　题
中国铁建党组〔2022〕2 号	关于召开 2021 年度基层党组织组织生活会和开展民主评议党员的通知
中国铁建党组〔2022〕3 号	关于积极推进干部档案数字化建设的通知
中国铁建党组〔2022〕4 号	关于中共中铁十六局集团有限公司第四次党员代表大会和党委、纪委一次全会选举结果的批复
中国铁建党组〔2022〕5 号	关于中共中铁二十二局集团有限公司第四次党员代表大会和党委、纪委一次全会选举结果的批复
中国铁建党组〔2022〕6 号	关于中共中铁十七局集团有限公司第四次党员代表大会和党委、纪委一次全会选举结果的批复
中国铁建党组〔2022〕7 号	关于同意召开中国共产党中国铁建电气化局集团有限公司第二次党员代表大会和党委、纪委组成人员候选人预备人选的批复
中国铁建党组〔2022〕8 号	关于同意召开中国共产党中国铁建投资集团有限公司第二次党员代表大会和党委、纪委组成人员候选人预备人选的批复
中国铁建党组〔2022〕9 号	关于在元旦春节期间开展走访慰问生活困难党员老党员和老干部活动的通知
中国铁建党组〔2022〕10 号	关于中共中铁十九局集团有限公司第四次党员代表大会和党委、纪委一次全会选举结果的批复
中国铁建党组〔2022〕11 号	关于印发《二级公司董事会选聘及考核经理层副职实施办法》的通知

续表

文 件 号	文 件 标 题
中国铁建党组〔2022〕12 号	关于印发《关于“十四五”时期优秀年轻领导人员队伍建设的实施方案》的通知
中国铁建党宣〔2022〕13 号	股份公司党委、股份公司关于表彰 2021 年度企业文化建设先进集体和个人的决定
中国铁建党宣〔2022〕14 号	关于表彰 2021 年度对外宣传报道、新媒体建设先进单位和个人及优秀专题的决定
中国铁建党宣〔2022〕15 号	关于印发《中国铁建股份有限公司对外新闻评分办法》的通知
中国铁建党宣〔2022〕16 号	关于印发《中国铁建 2022 年宣传思想文化工作要点》的通知
中国铁建党组〔2022〕18 号	关于中共中国铁建电气化局集团有限公司第二次党员代表大会和党委、纪委一次全会选举结果的批复
中国铁建党办〔2022〕19 号	关于中国铁建股份有限公司领导班子成员分工调整的通知
中国铁建党宣〔2022〕20 号	关于印发《2022 年党委理论学习中心组专题学习重点内容安排》的通知
中国铁建党办〔2022〕21 号	关于调整中国铁建股份有限公司保密委员会组成人员的通知
中国铁建党办〔2022〕22 号	关于调整中国铁建股份有限公司维护稳定工作小组人员的通知
中国铁建党办〔2022〕23 号	关于调整中国铁建股份有限公司国家安全人民防线建设领导小组人员的通知
中国铁建党办〔2022〕24 号	关于调整中国铁建股份有限公司“三重一大”决策和运行监管系统建设工作领导小组的通知
中国铁建党纪〔2022〕25 号	关于印发《2022 年党风廉政建设和反腐败工作要点》的通知
中国铁建党组〔2022〕26 号	关于中共中国铁建投资集团有限公司第二次党员代表大会和党委、纪委一次全会选举结果的批复
中国铁建党组〔2022〕27 号	关于印发《中国铁建党委党史学习教育专题民主生活会整改方案》的通知
中国铁建党宣〔2022〕29 号	关于开展向马小利同志学习活动的决定
中国铁建党办〔2022〕30 号	关于成立中国铁建境外腐败治理工作领导小组的通知
中国铁建党组〔2022〕31 号	关于印发 2022 年发展党员计划的通知
中国铁建党宣〔2022〕32 号	关于印发《中国铁建党委关于新时代加强和改进思想政治工作的实施意见》的通知
中国铁建党组〔2022〕34 号	关于开展领导人员在所属企业兼职专项清理工作的通知
中国铁建党办〔2022〕36 号	关于印发《中国铁建青年精神素养提升工程实施方案》的通知
中国铁建党组〔2022〕40 号	关于成立中国铁建 · 中铁二十三局 · 中铁四院联合体多态耦合轨道交通动模试验平台项目 EPC 总承包部党工委的通知
中国铁建党组〔2022〕41 号	关于调整中铁建华北投资发展有限公司和中铁建南方建设投资有限公司党组织隶属关系的通知
中国铁建党宣〔2022〕43 号	关于命名“中国铁建爱国主义教育基地”的通知
中国铁建党办〔2022〕44 号	关于调整中国铁建股份有限公司保密委员会组成人员的通知
中国铁建党组〔2022〕49 号	关于中共中铁物资集团有限公司第三次党员代表大会和党委、纪委一次全会选举结果的批复
中国铁建党组〔2022〕50 号	关于公布 2021 –2022 年度中国铁建党建课题研究成果评选结果的通知

续表

文 件 号	文 件 标 题
中国铁建党组〔2022〕52 号	关于 2021 年度党建工作责任制考核评价结果的通报
中国铁建党宣〔2022〕53 号	关于印发《中国铁建视觉识别系统优化指导意见》的通知
中国铁建党组〔2022〕54 号	关于举办中国铁建 2022 年支部书记培训示范班的通知
中国铁建党组〔2022〕55 号	关于印发《中国铁建党委 2021 年度党建工作责任制考评整改方案》的通知
中国铁建党组〔2022〕56 号	股份公司党委 股份公司关于表彰 2021 年度“四好”领导班子的决定
中国铁建党办〔2022〕57 号	关于修订《中国铁建股份有限公司贯彻落实“三重一大”决策制度实施办法(试行)》的通知
中国铁建党办〔2022〕58 号	关于修订《中国共产党中国铁建股份有限公司委员会议事规则》的通知
中国铁建党宣〔2022〕59 号	关于印发《中国铁建党委关于新时代加强和改进先进典型选树宣传工作的指导意见》的通知
中国铁建党组〔2022〕60 号	关于同意召开中国共产党中铁十一局集团有限公司第四次党员代表大会和党委、纪委组成人员候选人预备人选的批复
中国铁建党组〔2022〕61 号	关于同意召开中国共产党中国铁建财务有限公司党员大会和党委、纪委组成人员候选人预备人选的批复
中国铁建党组〔2022〕64 号	关于中国共产党中国铁建财务有限公司党员大会和党委、纪委一次全会选举结果的批复
中国铁建党组〔2022〕67 号	关于成立中国共产党中国铁建股份有限公司新兴业务总部委员会的通知
中国铁建党组〔2022〕68 号	关于开展离职、调离和退休党员党组织关系专项清理的通知
中国铁建党组〔2022〕69 号	关于中国铁建组织系统认真学习贯彻党的二十大精神的通知
中国铁建党组〔2022〕70 号	关于开展 2022 年度党委书记抓基层党建述职评议考核工作的通知
中国铁建党组〔2022〕71 号	关于进一步提高经理层成员任期制契约化管理质量和实效的通知
中国铁建党组〔2022〕72 号	关于同意召开中国共产党中铁城建集团有限公司第二次党员代表大会和党委、纪委组成人员候选人预备人选的批复
中国铁建党组〔2022〕73 号	关于召开 2022 年度党员领导干部民主生活会的通知
中国铁建党办〔2022〕74 号	关于修订《中国铁建股份有限公司贯彻落实“三重一大”决策制度实施办法(试行)》的通知
中国铁建党办〔2022〕75 号	关于修订《中国共产党中国铁建股份有限公司委员会议事规则》的通知
中国铁建党组〔2022〕76 号	关于同意召开中国共产党中铁十五局集团有限公司第四次党员代表大会和党委、纪委组成人员候选人预备人选的批复
中国铁建党组〔2022〕77 号	关于同意召开中国共产党中铁十八局集团有限公司第五次党员代表大会和党委、纪委组成人员候选人预备人选的批复
中国铁建党组〔2022〕78 号	关于同意召开中国共产党中铁二十五局集团有限公司第三次党员代表大会和党委、纪委组成人员候选人预备人选的批复
中国铁建党组〔2022〕79 号	关于同意召开中国共产党中铁第一勘察设计院集团有限公司第三次党员代表大会和党委、纪委组成人员候选人预备人选的批复

(提供人:张 红)

2022 年 4 月 6 日，中国铁建召开安全生产工作视频会议。 （沈正华 摄）

附 录

中国铁建所属单位名录

单位名称	地 址	电 话	邮政编码
中国土木工程集团有限公司	北京市海淀区北蜂窝4号	0086－10－63263392	100038
北京中土大厦有限公司	中国北京市海淀区北蜂窝6号	0086－10－51818888	100038
中土集团北方建设有限公司	中国北京市丰台区望园北路西街300号呼铁大厦	0086－10－83063615	100038
中土集团南方建设发展有限公司	中国广东省珠海市香洲区吉大街道海滨南路88号财富大厦16－17楼	0086－756－6330652	519000
中土集团福州勘察设计研究院有限公司	中国福建省福州市晋安区火车站沁园支路41号	0086－591－87051157	350013
资产分公司	中国北京市海淀区北蜂窝6号中土大厦21层	0086－10－63369072	100038
中铁建轨道运营有限公司	中国北京市海淀区北蜂窝6号中土大厦	0086－10－ 51916520	100038
中铁建国际工程咨询有限公司(筹)	北京市海淀区北蜂窝路4号	0086－10－52727071	100038
中非莱基投资有限公司	中国北京市海淀区北蜂窝6号中土大厦21层	0086－10－52689888	100855
中土埃塞俄比亚工程有限公司	埃塞俄比亚亚的斯亚贝巴市内法斯尔克－拉夫托区沃雷达03号	00251－116181806	90777
中土尼日利亚有限公司	尼日利亚阿布贾10公里机场路地籍区215号	00213－83488488	900107
中土东非有限公司	坦桑尼亚达累斯萨拉姆市邮政信箱4083号	00255－22－2851129	
博茨瓦纳有限公司	博茨瓦纳哈博罗内市特洛昆区邮政信箱T08号	00267－392 5332	
中国土木工程集团(肯尼亚)有限公司	肯尼亚内罗毕市科利马尼区乔治·帕德莫尔路洛贝利亚公寓	00254－203860808	21617－00505
中国土木工程(赞比亚)有限公司	赞比亚邮政信箱36186	00260－211293461	10100
塞拉利昂有限公司	塞拉利昂弗里敦市蓝茉莉海滩“西非阳光”小区	00232－75017021	999127
几内亚分公司	几内亚科纳克里市东卡区	00224－620778899	999049
塞内加尔分公司	塞内加尔达喀尔市阿勒马蒂蔚蓝公寓2栋－3B	00221－338684980	BP 5150
科特迪瓦有限公司	科特迪瓦阿比让市科科迪区中国土木办事处	00225－69914230	25 BP 866
中国土木阿尔及利亚有限公司	阿尔及利亚阿尔及尔省比尔·穆拉德·赖斯县胡贾·埃尔杰尔德奥利维尔路03号	00213－23－300211	16000
阿联酋分公司	阿联酋阿布扎比默罕默德·本·扎耶德市Z19奥尔安瓦尔街559号	00971－50－2512681	43076
沙特阿拉伯分公司	沙特阿拉伯利雅得市萨哈法区伊玛目路NEO中心27号	00966－11－4608288	11625
埃及分公司	埃及开罗市累哈比城40区10栋	0020－1095876920	11865
港澳分公司(筹)	中国澳门宋玉生广场263号中土大厦22楼C－H座	00853－28781160	999078
巴基斯坦分公司	巴基斯坦伊斯兰堡F－8/2区公园路28号	0092－3107471333	
中土孟加拉有限公司	孟加拉国达卡市巴里达拉区(使馆区)13号路1号	0880－17－43583628	1212
中国土木(新加坡)有限公司	新加坡市冷记路2号泰丰中心#02－05	0065－62588136	159086
菲律宾分公司	菲律宾马尼拉大都会马卡蒂市黎亚斯比街170号建设大厦3层	0063－7299266	1229

续表

单位名称	地 址	电 话	邮政编码
缅甸分公司	缅甸仰光市阿隆镇 Shwe Zabu River View 公寓 B 栋 9 楼 BP2 房间	0095－94－56880088	11061
柬埔寨分公司	柬埔寨金边市桑园区百色河分区茉莉花路 J25	00855－979214511	120101
中国铁道建筑总公司土耳其安卡拉分公司	土耳其安卡拉市奥兰区库杜斯街贸易中心 26 号 1/21	0090－312－4911130	6500
中国土木工程集团(波兰)有限公司	波兰华沙德拉夫斯卡大街 17 号	0048－228223062	02－202
巴尔干分公司	塞尔维亚贝尔格莱德市萨夫斯基韦纳茨自治市奥古斯塔采萨尔察大街 27 号	00381－11－4099518	11000
罗马尼亚有限公司	罗马尼亚伊尔佛夫县沃伦达瑞市扬古尼古拉英雄大街 83 号	0040－31－1010076	77190
哥伦比亚分公司	哥伦比亚波哥大市第 7 道 113 街 41 号三星大厦 602 办公室	0057－036－8786706	110111
厄瓜多尔分公司	厄瓜多尔基多市葡萄牙大街和希利斯大街交叉口 N324－402 号波尔蒂冒大厦 15 层	00593－2－4518868	170505
巴拿马分公司	巴拿马城巴波尔大街 BICSA 金融大厦 3003 室	00507－3882888	801
哥斯达黎加分公司	哥斯达黎加圣何塞市拉斯托雷斯公寓 B 座 1002	00506－88206810	10108
秘鲁分公司	秘鲁利马市圣伊西德罗区安德雷斯雷耶斯大街 420 号阿巴科大厦 9 层	00511－7776494	15046
以色列分公司	以色列特拉维夫市哈什洛沙街 2 号曼登尼斯办公楼 2 层	00972－39684432	
中国土木工程集团(俄罗斯)有限责任公司	俄罗斯联邦莫斯科市维尔南茨大街 93－1－282 室	008－9258249552	119526
哈萨克斯坦分公司	哈萨克斯坦阿拉木图市博斯坦代斯克区阿比沙克基尔拜乌鲁大街 34 号首都大厦写字楼办公室 1101 号	007－7715032019	50060
驻印度尼西亚代表处	印度尼西亚雅加达市默加库宁岸 DEA 大厦 1 座 MZ 层。	0062－21－5760815	12950
驻乌兹别克斯坦代表处	乌兹别克斯坦塔什干市米拉巴德区米兰硕赫街5－16	00998－974295739	100052
驻日本代表处	日本国东京都江户川区东葛西 6－23－5 号 106 室	0081－3－68084667	134－0084
中铁十一局集团有限公司	湖北省武汉市武昌区中山路 277 号	027－88710611	430061
第一工程有限公司	湖北省襄阳市襄州区航空路 73 号	0710－3712008	441104
第二工程有限公司	湖北省十堰市白浪中路 99 号	0719－8362010	442000
第三工程有限公司	湖北省十堰市茅箭区武当路 15 号	0719－8763791	442012
第四工程有限公司	湖北省武汉市东湖开发区华光大道 21 号	027－87586438	430074
第五工程有限公司	重庆市沙坪坝区新桥新村 71 号	023－61536226	400037
第六工程有限公司	湖北省襄阳市高新区七里河路 2 号	0710－3719459	441003
汉江重工有限公司	湖北省襄阳市樊城区中航大道 22 号	0710－3124849	441046
电务工程有限公司	湖北省武汉市东湖新技术开发区佳园路 19 号	027－87570805	430074
建筑安装工程有限公司	湖北省武汉市武昌区丁字桥路 47 号	027－87255685	430064
桥梁有限公司	江西省鹰潭市月湖区南站路 24 号	0701－6463892	335003

续表

单位名称	地　址	电　话	邮政编码
铁恒实业有限公司	江苏省无锡市锡山区安镇街道丹山路88号锡东创融大厦c座515室	0510－68289616	214100
城市轨道工程有限公司	湖北省武汉市东湖新技术开发区佳园路23号	027－87201501	430074
房地产开发有限公司	湖北省武汉市汉阳区四新北路100号太子水榭19栋会所楼3楼323室	027－88710940	430000
武汉物业管理有限公司	湖北省武汉市武昌区中山路277号中铁大厦	027－88710940	430061
建设发展有限公司	湖北省武汉市汉阳区芳草路99号纽宾凯国际社区锦城5号楼307号	027－87255607	430050
西安建设有限公司	陕西省西咸新区秦汉新城窑店街道办兰池大厦C座19层	2933226617	712000
华东建设有限公司	江苏省南京市溧水区经济开发区柘塘街道柘宁东路3号	025－56613363	221215
中铁十二局集团有限公司	山西省太原市西矿街130号	0351－2653130	30024
第一工程有限公司	陕西省西安市灞桥区柳雪路368号	029－89512850	710038
第二工程有限公司	山西省太原市小店区人民南路19号	0351－2655010	30032
第三工程有限公司	山西省万柏林区西线街39号	0351－2656010	30024
第四工程有限公司	陕西省西安市浐灞生态区欧亚一路336号	029－68571904	710021
建筑安装工程有限公司	山西省太原市西矿街130—1号	0351－2654076	30024
电气化工程有限公司	天津市空港经济区环河北路与中心大道 交口空港商务园西区12号楼	022－58096806	300308
第七工程有限公司	湖南省长沙市天心区友谊路202号	0731－85585548	410004
海南工程有限公司	海南省海口市秀英区长滨路博生村51号	0898－66523619	570100
市政工程有限公司	广东省广州市南沙区海滨路169号成卓大厦	020－39002686	510000
铁路养护工程有限公司	四川省成都市青羊区青羊工业园区	0288－7403721	610031
国际工程有限公司	天津市空港经济区中环西路86号 中科天保智谷6号楼	022－89956873	300308
物资有限公司	山西省太原市万柏林区西线街27号	0351－2656551	30024
房地产开发有限公司	山西省太原市西矿街130号	0351－2653770	30024
投资管理有限公司	山西省太原市西矿街130号	0351－2654079	30024
城市发展建设有限公司	江苏省苏州高新区锦锋路199号	13503512588	215163
勘测设计分公司	山西省太原市西矿街130号	13223516068	30024
华南分公司	广东省中山市翠亨新区翠亨大厦12层	15533967790	528451
中心医院	山西省太原市西矿街182号	0351－2654145	30053
湘潭铁路工程学校	湖南省湘潭市广技路58号	0732－58281074	411100
兴城疗养院	辽宁省兴城市兴海北路二段103号	0429－3919478	125100
数字土木研究院	陕西省西安市灞桥区柳雪路368号	15735674696	710038
中国铁建大桥工程局集团有限公司	天津自贸试验区(空港经济区)中环西路32号	022－88958803	300300
第一工程有限公司	辽宁省大连市沙河口区沙跃街9号	0411－62838200	116033

续表

单位名称	地 址	电 话	邮政编码
第二工程有限公司	广东省深圳市盐田区东海大道盐田港9号小区中铁大厦	0755－36884891	518083
第三工程有限公司	辽宁省沈阳市沈河区方家栏路60号	024－24202435	110043
第四工程有限公司	哈尔滨总部:黑龙江省哈尔滨市南岗区先锋路459号	0451－55188599	150008
	广州总部:广东省广州市南沙区黄阁镇中国铁建环球中心六栋A座1002	15717150590	511458
第五工程有限公司	成都市新都区蜀龙大道中段1000号	028－83961551	610500
第六工程有限公司	吉林省长春市二道区岭东路2138号	0431－86161075	130033
电气化工程有限公司	天津自贸试验区(空港经济区)中环西路32号	022－58802071	300300
中铁株洲桥梁有限公司	湖南省株洲市石峰区建设北路487号	0731－28372019	412005
西北工程有限公司	宁夏回族自治区银川市中山北街571号	0951－3837085	750000
建筑工程分公司	天津自贸试验区(空港经济区)中环西路32号	022－58802058	300300
建筑装配科技有限公司	天津市子牙循环经济产业区北京道9号	022－68366695	300160
海外公司	天津自贸试验区(空港经济区)中环西路32号	022－88958831	300300
设计研究院	天津自贸试验区(空港经济区)中环西路32号	022－88954289	300300
中铁现代勘察设计院有限公司	天津自贸试验区(空港经济区)中环西路32号	022－88954289	300300
中铁津桥工程检测有限公司	吉林省长春市二道 区岭东路2072号	0431－86161564	130031
靖江重工有限公司	江苏省靖江市斜桥镇康桥路2号	0523－81160656	214500
物资贸易有限公司	天津自贸试验区(空港经济区)中环西路32号	022－58503593	300300
船舶公司	天津自贸试验区(空港经济区)中环西路32号	022－59856829	300300
投资公司	天津自贸试验区(空港经济区)中环西路32号	022－58802010	300300
特桥公司	浙江省舟山市定海区港航国际大厦B座34层	18273855666	316000
技师学院	吉林省长春市兴隆山镇新兴路707号	0431－86165313	130102
中铁十四局集团有限公司	山东省济南市历下区奥体西路2666号中铁铁建大厦A座	0531－88386460	250000
第一工程发展有限公司	山东省日照市海曲东路66号	0633－2285918	276826
第二工程有限公司	山东省泰安市岱岳区东岳大街西首樱桃园西路71号中铁十四局集团第二工程有限公司	0538－8871111	271000
第三工程有限公司	山东省济南市长清区崮云湖街道西部创新园B座1406	531－82516300	250300
第四工程有限公司	山东省济南市市中区英雄山路267号	0531—82516777	250002
第五工程有限公司	山东省济宁市兖州区金谷路80号	0537－3638015	272117
隧道工程有限公司	山东省济南市和平路1号	0531－88387001	250014
大盾构工程有限公司	江苏省南京市浦口区研创园园广路20号	025－58171996	211899
建筑工程有限公司	山东省济南市历下区奥体西路2666号铁建大厦A座	0531－88386293	250000
房桥有限公司	北京市房山区阎村镇大件路1号至7号	010－89349121	102400
电气化工程有限公司	山东省济南市历下区和平路1号	0531－88385366	250014
城市发展有限公司	山东省济南市历下区奥体西路2666号铁建大厦A座	0531－88385801	250000

续表

单位名称	地　址	电　话	邮政编码
铁正检测科技有限公司	山东省济南市和平路1号	0531－88385493	250013
西北工程有限公司	陕西省西安市沣东新城后卫寨地铁口启航时代广场A座10层	029－89145061	710000
海外工程分公司	济南市奥体西路2666号铁建大厦A座	0531－88385631	250000
市政工程分公司	山东省青岛市崂山区香港东路254号碧海山庄E3号栋	0532－80622658	266061
物流有限公司	天津市滨海新区东疆保税港区亚洲路7051号金融贸易中心南区1－3	15712767676	300451
装备有限公司	江苏省通州湾江海联动示范区三夹沙港区支路66号	18158811799	226333
人防设计院	山东省历下区窑头路7－3号	0531－81212735	250014
大盾构与地下空间科技发展研究院	江苏省南京市浦口区研创园园广路20号	025－58171977	211899
资金管理中心	济南市历下区奥体西路2666号铁建大厦A座	0531－88385318	250000
山东中铁十四局职业教育培训中心	济南市二环东路12856号兴隆山庄	0531－88387263	250002
中铁十五局集团有限公司	上海市静安区共和新路666号	021－66119123	200070
第一工程有限公司	陕西省西安市凤城二路13号	029－86688612	710018
第二工程有限公司	上海市青浦区朱家角镇沈巷路246号	021－39251366	201714
第三工程有限公司	四川省成都市东部新区三岔镇长顺街3号楼1单元1层2号	028－87847202	610095
第四工程有限公司	河南省新郑市新区华祥喜度大厦B座8楼		451150
第五工程有限公司	天津市红桥区湘潭道1号	022－87701155	300133
路桥建设有限公司	江苏省南京市浦口区泰山街道三河280号	025－58170263	210031
城市建设工程有限公司	河南省洛阳市伊滨区创新大厦	0379－61129822；	471000
城市轨道交通工程有限公司	河南省洛阳市四通路二号院	0379－62637156	471013
电气化工程有限公司	上海市松江区九亭镇博安路46号	021－57637777	201615
中铁建物产科技有限公司	河南省洛阳市西工工业园区汉宫路西段	0379－－60892718	471041
四川建筑勘察设计有限公司	四川省宜宾市翠屏区岳武里14号	0831－5968660	644000
东来地产投资开发有限公司	郑州市二七区大学中路119号。		450052
济阳迎宾黄河大桥有限公司	山东省济南市济阳区黄河大桥1号	0531－84225799	251400
铁建浙江投资开发有限公司	浙江省宁波市江北区环城北路万星汇大厦8楼		315000
华东中铁工程检测技术有限公司	河南省洛阳市四通路二号院		471013
轨道交通运营公司	河南省洛阳市四通路二号院		471013
城建设计研究院	湖北省武汉市江岸区中山大道1515号	027－82881515	430010
职工培训中心	河南省洛阳市瀍河区振兴北路2号院		471013
中铁十六局集团有限公司	北京市朝阳区红松园北里2号	010－51883114	100018
第一工程有限公司	北京市顺义区府前东街15号	010－89959686	101300
第二工程有限公司	天津市河东区万新村三区	022－24017036	300162

续表

单位名称	地　址	电　话	邮政编码
第三工程有限公司	浙江省湖州市湖东路288号	0572－2096966	313000
第四工程有限公司	北京市怀柔区迎宾中路2号	010－51045421	101400
第五工程有限公司	河北省唐山市丰润区光华道2号	0315－3082230	64000
北京轨道交通工程建设有限公司	北京市通州区新华西街26号	010－69526115	101100
地铁工程有限公司	北京市通州区台湖镇外郎营村新华联工业园南区2号楼东侧	010－59123726	101116
铁运工程有限公司	河北省高碑店市兴华北路117号	0312－5591013	74000
路桥工程有限公司	北京市密云区新北路29号	010－69080800	101500
电气化工程有限公司	北京市朝阳区金盏乡皮村北街十六号院3号	010－51884400	100018
物资贸易有限公司	北京市朝阳区金盏乡皮村北街2号院	010－51883971	100018
置业投资有限公司	北京市朝阳区金盏乡皮村北巷2号院	010－51883368	100018
城市建设发展有限公司	北京市朝阳区红松园北里2号	010－51884805	100018
建功机械有限公司	河北省唐山市曹妃甸区工业区高新路与华安道交叉口	0315－5070200	63200
中国友发有限公司	北京市朝阳区金盏乡皮村北街2号院	010－51883155	100018
规划设计研究院	北京市朝阳区红松园北里2号	010－51883025	100018
中铁十七局集团有限公司	山西省太原市小店区平阳路84号	0351－7258930	30006
第一工程有限公司	山东省青岛市黄岛区滨海大道8899号	0532－86109987	266000
第二工程有限公司	陕西省西安市未央区浐灞二路1217号	029－89871106	710024
第三工程有限公司	河北省石家庄市中山西路	0311－83983336	50081
第四工程有限公司	重庆市北部高新区洪湖西路18号上丁企业公园24－25栋	023－67030811	401121
第五工程有限公司	山西省太原市小店区人民北路20号	0351－7771032	30032
第六工程有限公司	福建省福州市连江中路181号中铁大厦	0591－83632714	350014
建筑工程有限公司	山西省太原市小店区平阳南路34号	0351－7259578	30032
上海轨道交通工程有限公司	上海市浦东新区张扬路1518号10F	021－68554723	200135
城市建设有限公司	贵州省贵阳市贵安新区兴安大道汤庄安置点（兴安大道中109号）	0851－88904868	550003
电气化公司	山西省太原市小店区平阳南路34号	0351－7259753	30032
深圳公司	深圳市福田区沙头街道新华社区新洲十一街128号祥祺投资大厦十八层	0755－23600817	518000
物资有限公司	山西省太原市小店区平阳南路34号	0351－3252633	30032
山西锋兴工程检测有限公司	山西省太原市平阳路西一巷17号	0351－7258527	30012
勘察设计院	山西省太原市小店区平阳南路34号	0351－7257842	30032
中心医院	山西省太原市小店区人民北路19号	0351－7259800	30032
中铁十八局集团有限公司	天津市河西区柳林大沽南路1519号	022－60283520	300222
第一工程有限公司	河北省涿州市冠云路	0312－3686239	72750
第二工程有限公司	河北省唐山市丰润区光华道28号	0315－7763491	64000

续表

单位名称	地 址	电 话	邮政编码
第三工程有限公司	河北省涿州市冠云路	0312－3686868	72750
第四工程有限公司	天津市津南区双港高科技产业园丽港园33号	022－60978292	300350
第五工程有限公司	天津滨海高新区塘沽海洋科技园新北路3199号	022－25216502	300459
隧道工程有限公司	重庆市北碚区蔡家岗镇凤栖路6号	023－60310378	400700
市政工程有限公司	天津市河西区柳林中铁十八局集团东区	022－28349828	300222
建筑安装工程有限公司	天津市空港经济区中环西路285号	022－58098568	300300
北京工程有限公司	北京市大兴区西红门镇欣荣北大街31号	010－80256072	100162
产业发展公司	天津市津南区双港镇津沽路北海军仓库南	022－28348001	300222
物资贸易有限公司	天津空港经济区中环西路285号8楼	022－59060572	300308
环保科技工程有限公司	天津市蓟州区上仓镇中铁十八局集团环保科技工程有限公司	022－59950518	301906
中铁工程检测有限责任公司	天津市东丽区空港经济区中环西路285号	022－58617796	300300
南方工程有限公司	广东省广州市南沙区丰泽西路华飞街2号6#楼401房	020－84529740	511400
中铁十九局集团有限公司	北京市北京经济技术开发区荣华南路19号1号楼	010－59819114	100176
第一工程有限公司	辽宁省辽阳市白塔区卫国路138号	0419－2324643	111000
第二工程有限公司	辽宁省辽阳市白塔区和平路17号	0419－2327210	111000
第三工程有限公司	辽宁省沈阳市沈北新区沈北路36号	024－67856838	100136
第五工程有限公司	辽宁省大连市金州区拥政街586号	0411－82163718	116000
第六工程有限公司	江苏省无锡市新吴区香山路7号	0510－83109698	214045
广州工程有限公司	广东省广州市南沙区黄阁镇丰泽西路中国铁建环球中心6栋B座707	020－39091907	511455
电务工程有限公司	北京市大兴区西红门新建开发区金服大街13号	010－57550018	100176
轨道交通工程有限公司	北京市顺义区林河大街16号2幢	010－57477798	101300
矿业投资有限公司	北京市丰台区风荷曲苑2号楼	010－52730878	100161
国际建设分公司	北京市经济技术开发区路东区经海3路109号院天骥智谷科技园区19号楼	010－56532789	100176
西藏工程有限公司	拉萨经济技术开发区扎西路西藏人力资源管理有限责任公司41号工位		
深圳工程有限公司	深圳市南山区招商街道水湾社区碧榆路29号101		
华东工程有限公司	浙江省余姚市新建北路425号中塑世纪大厦2幢901	0574－62957555	
房地产开发有限公司	辽宁省辽阳市白塔区和平路17号	0419－2327377	111000
物资有限公司	辽宁省沈阳市沈北新区沈北路36号	024－31928815	110122
工程检测有限公司	辽宁省辽阳市白塔区八一街137号(辽宁省辽阳市太子河区南郊街137号)	0419－2326866	111000
勘察设计院分公司	北京市北京经济技术开发区荣华南路19号1号楼18层1801	010－59819307	100176
职工中心医院	辽宁省辽阳市白塔区卫国路75号	0419－2327160	111000
置业有限公司	浙江省余姚市经济开发区城东新区冶山路		
梧桐苑(宁波)置业有限公司	浙江省余姚市朗霞街道彩虹佳园15号楼106－1		

续表

单位名称	地　址	电　话	邮政编码
中铁二十局集团有限公司	陕西省西安市太华北路89号	029-82153600	710016
第一工程有限公司	江苏省苏州市新区大同路10号	0512-66160128	215151
第二工程有限公司	北京市海淀区西四环北路158号慧科大厦东区12层	010-88591336	100142
第三工程有限公司	重庆市南岸区黄桷垭镇崇文路28号附7号	023-62626940	400000
第四工程有限公司	山东省青岛市崂山区东海东路89号	0532-88017020	266061
第五工程有限公司	云南省昆明市官渡区国贸路星河明居A幢附属楼	0871-67176639	650200
第六工程有限公司	陕西省西安市未央区广安路3619号	029-82519636	710032
市政工程有限公司	甘肃省兰州市城关区大砂坪永新产业园综合楼5楼	0931-8344636	730046
中铁贵州工程有限公司	贵州省贵阳市花溪区黔中大道沙坝路口	0851-88915055	561113
电气化工程有限公司	陕西省西安市高新区新型工业园企业壹号公园6号	029-62680920	710119
南方工程有限公司	广东省深圳市龙岗区龙盛路8号香玉儿工业园	0755-89583620	518100
房地产开发有限公司	重庆市南岸区同景路8号山水之星7楼	023-62962309	400000
中铁长安重工有限公司	陕西省西安市未央区广安路3619号	029-82551916	710032
中铁建科检测有限公司	陕西省西安市太华北路89号	029-81033669	710016
物业管理有限公司	陕西省西安市未央区太华北路89号	029-82152509	710016
安哥拉国际有限公司	安哥拉共和国罗安达市维也纳给古西CR20	00244-941431388	
莫桑比克有限公司	莫桑比克人民共和国楠普拉省NACALA市Maiaia区		
塞拉利昂有限公司	塞拉利昂共和国弗里敦市阿伯丁区		
蒙古国有限公司	蒙古国乌兰巴托市青格勒泰区第4分区昂个日音街19/2号	00976-95243728	
巴基斯坦有限公司	巴基斯坦伊斯兰堡市F8/4人马座A座1507室	13677641458	
巴西有限公司	巴伊亚州萨尔瓦多,安东尼奥卡洛斯马加良斯2573,1508室,皇室贸易大楼,贝拉维斯塔公园		40280-00
中铁建安工程设计院有限公司(合资)	河北省石家庄市长安区北二环东路17号	0311-87939537	50043
阿达驻车投资建设管理有限公司(合资)	天津市自贸试验区(空港经济区)东三道瑞航广场21号楼5层	022-84958586	300308
西安市政勘察设计院(分公司)	河北省石家庄市长安区北二环东路17号	0311-87939537	50043
投资管理分公司	陕西省西安市未央区浐灞生态区欧亚大道十字西北700米西安铁建大厦9层		710021
技工学校	陕西省渭南市向阳北街245号	0913-2167628	714000
咸阳基地管理处	陕西省咸阳市渭城区新兴北路北段东侧	029-32875467	712000
贵州瓮马铁路有限责任公司	贵州省黔南州福泉市洒金南路福泉工业园7号	0854-8980012	550500
中铁二十一局集团有限公司	甘肃省兰州市安宁区北滨河西路921号	0931-4539986	730070
第一工程有限公司	新疆维吾尔自治区乌鲁木齐市经济开发区河南西路275号	0991-7924237	830011
第二工程有限公司	甘肃省兰州市城关区和平路63号	0931-8783160	730030
第三工程有限公司	陕西省咸阳市迎宾大道	029-33761739	712000

续表

单位名称	地 址	电 话	邮政编码
第四工程有限公司	陕西省西安市高新区唐延路中段37号洛克大厦7、8、9楼	029－68593506	710065
第五工程有限公司	重庆市永川区文昌路877号	023－88730777转8014	402100
第六工程有限公司	北京市经济技术开发区科创十四街99号33幢A座	010－56532206	101111
电务电化工程有限公司	甘肃省兰州市城关区红山根西村148号	0931－4924656	730030
路桥工程有限公司	陕西省西安市高新区唐延路37乙号洛克大厦	029－68593621 转515/609	710065
德盛和置业有限公司	陕西省西安市雁塔区曲江新区新开门南路梧桐苑	029－85567281	710061
国际工程有限公司	北京市海淀区万丰路18号院5号楼3层	010－59811999	100161
勘察设计院	甘肃省兰州市城关区和平路63号	0931－4930615	730030
轨道交通工程有限公司	山东省济南市槐荫区烟台路与顺安路交叉口西元大厦东楼18－21楼	0531－55620918	250000
西部铁建工程材料科技有限公司	甘肃省兰州市永登县秦川镇经十三路纬五十四路交叉口以南900米	0931－7847611	730300
铁路运营管理有限公司	山东省青岛市城阳区上马街道汇智桥路169号万联大厦B座15楼	0532－55676886	266000
市政工程分公司	武汉市青山区和平大道1276号锐创中心28层7号		430081
铁建中原工程有限公司	河南省郑州市二七区淮河路街道陇海中路70号河南省交通规划设计研究院六楼	0371－56100700	450000
甘肃铁鹰建筑质量检测有限公司	甘肃省兰州市城关区牟家庄497号	0931－4923837	730030
中铁二十二局集团有限公司	北京市石景山区石景山路35号	010－51889066	100043
第一工程有限公司	黑龙江省哈尔滨市南岗区西大直街113号	0451－86423657	150006
第二工程有限公司	北京市石景山区实兴大街西山汇30号院6号楼	010－57551525	100041
第三工程有限公司	厦门市集美区同集南路301号中铁海新大厦	0592－5536927	361000
第四工程有限公司	天津市武清开发区创业总部基地B16	022－59903510	301700
第五工程有限公司	重庆市北碚区城南新区文长路2号	023－61389907	400700
第六工程有限公司	北京市门头沟区永定镇龙兴南二路中国铁建梧桐汇S13号楼14—18层	010－63379259	102308
轨道工程有限公司	北京市石景山区鲁谷路86号	010－51886903	100040
电气化工程有限公司	北京市门头沟区永定镇龙兴南二路中国铁建梧桐汇S13号楼14—18层	010－63379259	102308
北京中铁天瑞机械设备有限公司	北京市石景山区银河大街6号院1号楼二层南塔203	010－68635180	100040
房地产开发有限公司	北京市石景山区实兴大街30号院6号楼	010－57551383	100041
中铁京诚工程检测有限公司	北京市房山区长阳镇夏场村天瑞嘉园2号楼综合楼	010－60355283	102444
中铁雄安建设有限公司	河北省保定市雄县一铺东村6区628号		71800
市政工程有限公司	广州市花都区新华街道交通东路21号	020－36966025	510800
国际工程分公司	北京市石景山区古盛路36号院1号楼11层1103室		100041
北京工程勘察设计院	北京市石景山区石景山路35号4号楼	010－51886225	100043

续表

单位名称	地　址	电　话	邮政编码
中铁二十三局集团有限公司	四川省成都市二环路西二段10－1号	028－68311286	610072
第一工程有限公司	山东省日照市黄海二路65号	0633－31638029	276826
第二工程有限公司	黑龙江省齐齐哈尔市铁锋区站前大街256号	0452－2924257	161000
第三工程有限公司	四川省成都市温江区天府街中段336号	028－67230000	611130
第四工程有限公司	四川省成都市青羊工业总部基地G区8栋A/B座	028－68618103	610091
轨道交通工程有限公司	上海市浦东新区惠南镇城南路335号	021－68037915	201300
第六工程有限公司	重庆市北部新区金开大道68号协信星光天地二幢22～27楼	023－63035822	401121
电务工程有限公司	天津市南开区密云一支路燕宇小区45号	022－27531522	300100
建筑设计研究院	四川省达州市通川区张家湾路2号	0818－2373110	635000
中铁二十四局集团有限公司	上海市杨浦区邯郸路8号	021－55930627	230011
安徽工程有限公司	安徽省合肥市新站区新海大道15号	0551－62124910	230001
江苏工程有限公司	江苏省南京市玄武区铁新巷1号	025－85414534	210037
上海铁建工程有限公司	上海市静安区会文路2号	021－51231157	200070
浙江工程有限公司	浙江省杭州市江城路692号	0571－56721257	310009
福建铁路建设有限公司	福建省福州市晋安区沁园路77号	0591－87051159	350013
南昌铁路工程有限公司	江西省南昌市二七南路109号	0791－87022857	330002
西南建设有限公司	四川省成都市成华区华盛路58号8幢1号	028－62611137	610052
上海电务电化有限公司	上海市静安区王家宅路40号	021－51226558	200070
桥梁建设有限公司	江西省南昌市新建区玉壶山大道414号	0791－83867590	330103
申铁方圆检测科技有限公司	上海市嘉定区南翔镇火车站路370号A区	021－69922023	201800
上海建设投资有限公司	上海市嘉定区菊园新区昌徐路88号－A潇峰大厦	021－36601866	201821
路桥分公司	上海市共和新路911号	021－56799909	200070
轨道交通分公司	上海市静安区天目中路585号新梅大厦17F～18F	021－51223097	200000
北京分公司	北京市大兴区金服大街11号	13717970050	100026
资产管理分公司	上海市杨浦区逸仙路9号	15221005677	200081
中铁二十五局集团有限公司	广州市南沙区进港大道中国铁建环球中心2号楼	020－89318816	511455
第一工程有限公司	广东省广州市白云区黄边北路设计之都E2栋4－5层	020－31215873	510440
第二工程有限公司	江苏省南京市栖霞区仙林街道齐民路仙林智谷2期5号楼	025－87750201	210046
第三工程有限公司	湖南省长沙市芙蓉区职院街129号	0731－82679019	410007
第四工程有限公司	广西柳州市柳南区和平路138号	0772－3924417	545007
第五工程有限公司	青岛市高新区宝源路36号	0532－58702750	261000
电务工程有限公司	广州市黄埔区观虹路8号	020－32624523	510700
房地产开发有限公司	湖南省长沙市雨花区南二环二段东塘街道中国铁建·金色蓝庭3号楼	15193161661	410007
南方实业开发有限公司	广州市越秀区中山一路55号	020－87001012	516000

续表

单位名称	地 址	电 话	邮政编码
广州铁诚工程质量检测有限公司	广州市越秀区机务段大街303号	020-62161108	516000
中铁建大湾区建设有限公司	广州市南沙区进港大道南1号中国铁建环球中心2号楼	13671876485	511455
西北分公司	陕西省西安市未央区草滩十路1288号中国电子西安产业园B6栋	029-81310610	710018
盾构分公司	佛山市禅城区石湾镇街道佛山大道中95号佛山澜石不锈钢总部大厦7层	0757-83387909	528000
中铁建设集团有限公司	北京市石景山区石景山路20号	010-51885010	100040
北京工程有限公司	北京市石景山区石景山路20号2001-02室	010-51885002	100040
华北工程有限公司	天津市东丽区空港经济区中环西路62号	022-58503588	300300
华中分公司	河南自贸试验区郑州片区(郑东)七里河南路75号意中大厦13层1305室	0371-55352987	450046
西北分公司	西安市莲湖区杏园路太奥国际13号楼16层	029-88323250	710082
中南建设有限公司	湖北省武汉市青山区友谊大道999号武钢集团办公大楼B座29层	027-83592841	430080
华东工程有限公司	昆山市花桥镇光明路88号	0512-81863274	215332
南方工程有限公司	广州市南沙区黄阁镇华梦街6号901房	020-39092192	511466
西南分公司	四川省成都市成华区东华一路47号1号楼六层	028-64654965	610000
基础设施事业部	北京市石景山区苹果园路28号中铁创业大厦A座	010-51885657	100041
机电安装有限公司	北京市石景山区苹果园路28号	010-51885164	100043
北京中铁装饰工程有限公司	北京市石景山区苹果园路28号中铁创业大厦A座16层	010-51885423	100043
置业有限公司	北京市石景山区石景山路20号	010-51812905	100040
建筑设计院	北京市石景山区石景山路20号中铁建设大厦南配楼	010-51885084	100040
北京中铁建工物资有限公司	北京市石景山区苹果园路28号院2号楼17层1701至1707	010-51885211	100040
建筑发展有限公司	北京市丰台区张仪村路16号	010-51885432	100040
北京中铁建建筑科技有限公司	北京市丰台区张仪村路16号	010-51885508	100040
北京中铁电梯工程有限公司	北京市丰台区张仪村路16号	010-51885201	100040
物业管理有限公司	北京市石景山区石景山路20号2层201	010-51812845	100040
中国铁建电气化局集团有限公司	北京市石景山区石景山路29号	010-88779810	100043
第一工程有限公司	河南省洛阳市瀍河回族区白马寺镇18号	0379-63791027	471013
第二工程有限公司	山西省太原市尖草坪区柴村镇昌盛西街18号	0351-3258099	30023
第三工程有限公司	河北省高碑店市兴华北路57号	0312-2826807	74000
第四工程有限公司	湖南省长沙市雨花区中意一路728号	0731-85627021	410116
第五工程有限公司	四川省成都市青羊区成飞大道一号青羊工业园N区12栋	028-81726007	610031

续表

单位名称	地 址	电 话	邮政编码
南方工程有限公司	湖北省武汉市东湖开发区佳园路17号	027－50108776	430074
北方工程有限公司	山西省太原市万柏林区迎泽西大街369号	0351－6867526	30053
北京中铁建电气化设计研究院有限公司	北京市石景山区石景山路29号	010－68145100	100043
科技有限公司	河北省高碑店市西大街建国胡同9号	0312－7938598	74000
西安电气化制品有限公司	陕西省西安市未央区文景路首创富北高银26号楼5层	029－86682700	710000
康远新材料有限公司	江苏省无锡市锡山区浙大网新3栋	0510－88535792	214000
轨道交通器材有限公司	江苏省常州市武进区雪堰镇潘家工业集中区旷达路27号	0519－86547055	213179
北京京燕饭店有限公司	北京市石景山区石景山路29号	010－68876666	100043
北京城市轨道工程公司	北京市石景山区石景山路29号	010－88805818	100043
运营管理有限公司	湖北省襄阳市襄州区航空路75号	0710－3781700	441100
新型建筑工程公司	太原市小店区太榆路火车南站西广场南区S2栋四层	0351－3258213	30000
中国铁建港航局集团有限公司	广东省珠海市香洲区前山翠峰街189号	0756－6250000	519000
第一工程分公司	广州市番禺区兴南大道118号	020－84567068	510000
第二工程分公司	浙江省宁波市鄞州区泰康中路459号雷孟德旅游大厦28、29楼	0574－89069058	315100
第三工程分公司	青岛市城阳区高新区华贯路27号	0532－55679016	266000
第四工程分公司	重庆市江北区港安二路28号冠陆两江汇谷D栋10－11楼	023－67071033	400025
总承包分公司	珠海市香洲区梅华西路2372号26栋3层—4层	0756－8806610	519075
船舶工程分公司	珠海市香洲区梅华西路2372号26栋2层	0756－8809080	519000
武汉分公司(长江工程有限公司)	武汉市江岸区金桥大道特115号长江传媒大厦14层	027－85690062	430012
勘察设计院有限公司	广州市番禺南村兴南大道118号2号楼5－8楼	020－83305062	511400
海外分公司	广东省珠海市香洲区前山翠峰街189号3楼	0756－6250000	519000
新能源分公司	广东省珠海市香洲区前山翠前北二街189号民强商业大厦8－9楼	0756－8986163	519000
泰兴港务公司	江苏省泰兴市虹桥镇中丹路8号	0523－87999679	225400
中国铁建房地产集团有限公司	北京市海淀区复兴路40号中国铁建大厦B座	010－52689999	100039
中铁房地产集团北方有限公司	北京市丰台区云岗西路28号院山语城商业2层	010－56713500	100074
中铁房地产集团华东有限公司	浙江省杭州市拱墅区石祥路255号19幢	0571－86056050	310015
中铁房地产集团华南有限公司	广东省广州市天河区华夏路30号富力盈通大厦38楼	020－81657960	510000
中铁房地产集团西南有限公司	四川省成都市成华区东华一路47号中国铁建广场1号写字楼27层	028－61682255	610051
中铁房地产集团中南有限公司	武汉市江汉区云霞路189号泛海创业中心22楼	027－85508815	430012

续表

单位名称	地 址	电 话	邮政编码
中铁房地产集团东北有限公司	哈尔滨高新技术产业开发区科技创新城创新创业广场13号楼世茂大道72号火炬欧亚大厦	0411－39676377	150000
中铁房地产集团华中有限公司	陕西省西安市未央区太华路与北二环十字东南角西派中心C座25层	029－88456976－8191	710000
中铁房地产集团商业地产开发管理有限公司	天津市河北区金钟河大街北侧中国铁建国际城189公馆40层	022－26779666	300000
中铁房地产集团城市运营管理有限公司	北京市朝阳区来广营乡北苑东路19号院中国铁建广场A座21－22层	010－65568001	100012
中铁建物业管理有限公司	北京市石景山区阜石路88号首钢体育大厦15层－16层	010－56967900	100043
中铁房地产集团设计咨询有限公司	北京市门头沟区莲石湖西路98号院5号楼5层、21层	010－60817881	102300
中铁房地产集团北京投资管理有限公司	北京市石景山区玉泉路59号院3号楼中煤资源大厦8层806	010－88821226	100043
中铁建南沙投资发展有限公司有限公司	广州市南沙区南府路1号中国铁建环球中心1号楼23层	020－39030030	511458
中铁房地产集团(贵州)有限公司	贵州省贵阳市云岩区甲秀北路8号公路集团大厦8楼	0851—85505188	550003
中铁建河北雄安城市建设有限公司	河北省保定市雄县文昌大街153号	0312－5626128	071800
中铁第一勘察设计院集团有限公司	陕西省西安市西影路2号	029－82365023	710043
线路运输设计院(新型轨道交通研发中心、新型轨道交通研发中心)	陕西省西安市西影路2号	029－82365210	710043
地质路基设计院	陕西省西安市西影路2号	029－82365308	710043
桥梁隧道设计院(水利水电事业部)	陕西省西安市西影路2号	029－82365382	710043
工程经济设计院	陕西省西安市西影路2号	029－82365260	710043
电气化设计院	陕西省西安市西影路2号	029－82365712	710043
通信信号设计院	陕西省西安市西影路2号	029－82365621	710043
环境与设备设计院(生态环境设计研究院)	陕西省西安市西影路2号	029－82365290	710043
交通与市政工程设计研究院	陕西省西安市雁塔区公园南路60号	029－82365395	721001
城市轨道交通设计研究院	陕西省西安市雁塔区公园南路60号	029－82365520	721001
建筑与规划设计研究院(机场设计研究院、TOD设计研发中心)	陕西省西安市雁塔区公园南路60号	029－82349950	721001
测绘地理信息工程技术研究院	陕西省西安市西影路2号	029－82365978	710043
工程咨询院(节能评估评审中心)	陕西省西安市雁塔区公园南路60号	029－82349701	721001

续表

单位名称	地 址	电 话	邮政编码
信息网络中心	陕西省西安市西影路2号	029－82349005	710043
轨道交通工程信息化国家重点实验室陕西省铁道及地下工程重点实验室	陕西省西安市西影路2号	029－82349800	710043
中国铁建BIM工程实验室	陕西省西安市西影路2号	029－82349800	710043
海外事业部	陕西省西安市雁塔区公园南路60号	029－82365176	721001
资本运营事业部	陕西省西安市雁塔区公园南路60号	029－82349537	721001
工程总承包事业部	陕西省西安市雁塔区公园南路60号	029－82349776	721001
兰州铁道设计院有限公司(新能源事业部)	甘肃省兰州市和政路131号	0931－4933810	730000
中铁一院集团逸博置业有限公司	陕西省西安市雁塔区公园南路60号	029－82349933	721001
新疆铁道勘察设计院有限公司	新疆维吾尔自治区乌鲁木齐市北京南路703号	0991－3838877	830011
青海铁道工程勘察有限公司	青海省西宁市共和南路23号	0971－8171156	810007
甘肃铁道综合工程勘察院有限公司	甘肃省兰州市和政路131号	0931－4933355	730000
陕西铁道工程勘察有限公司	陕西省西安市雁塔区公园南路60号	029－82366412	721001
甘肃综合铁道工程承包有限公司	甘肃省兰州市和政路127号	0931－4934597	730000
中铁一院集团南方工程咨询监理有限公司	广东省珠海市香洲区香工路18号金地门道B2区34栋	0756－8919596	519000
西安铁一院工程咨询监理有限责任公司	陕西省西安市高新区丈八一路1号汇鑫ABC大厦D座	029－81770772	710065
陕西格瑞环境治理有限责任公司	陕西省西安市雁塔区公园南路60号	029－82349064	721001
甘肃环通工程试验检测有限公司	甘肃省兰州市和政路131号	0931－4933093	730000
广东南海国际建筑设计有限公司	广东省佛山市夏西国际商务区城市动力联盟大厦	0757－86281409	528251
山东建筑设计院有限公司	山东省青岛市高新区火炬路100号盘谷创客空间	0532－87805180	266000
甘肃宏图文印有限公司	陕西省西安市西影路2号	029－82349049	710043
西安百和物业管理有限公司	陕西省西安市西影路2号	029－82349833	710043
兰州鑫铁物业管理有限公司	甘肃省兰州市和政路131号	0931－4933629	730000
中铁第四勘察设计院集团有限公司	湖北省武汉市武昌区和平大道745号	027－86812844	430063
中铁四院集团南宁勘察设计院有限公司	广西壮族自治区南宁市高新区高新五路3号	0771－2721367	530003
铁四院(湖北)工程监理咨询有限公司	湖北省武汉市东湖高新区高新大道768号	027－51184497	430075
武汉铁四院工程咨询有限公司	湖北省武汉市武昌区和平大道745号	027－51156952	430063

续表

单位名称	地 址	电 话	邮政编码
武汉铁四院工程造价咨询有限公司	湖北省武汉市武昌区和平大道745号	027－51155305	430063
中铁四院集团工程建设有限责任公司	湖北省武汉市东湖高新区高新大道768号	027－51186517	430075
中铁四院集团投资有限公司	湖北省武汉市武昌区和平大道745号	027－51185719	430063
中铁四院集团房地产开发有限公司	湖北省武汉市东湖高新区高新大道768号	027－51155729	430075
中铁第五勘察设计院集团有限公司	北京市大兴区康庄路9号	010－51010102	102600
海外事业部	北京市大兴区康庄路9号	010－51011629	102600
工程总承包事业部	北京市大兴区康庄路9号	010－51123848	102600
资本运营事业部	北京市大兴区康庄路9号	010－51010825	102600
线路运输设计研究院	北京市大兴区康庄路9号	010－51010298	102600
站场设备设计研究院	北京市大兴区康庄路9号	010－51010303	102600
地质路基勘察设计研究院	北京市大兴区康庄路9号	010－51010400	102600
桥梁设计研究院	北京市大兴区康庄路9号	010－51010710	102600
电化通号设计研究院	北京市大兴区康庄路9号	010－51010519	102600
环境与航务工程设计研究院	北京市大兴区康庄路9号	010－51010636	102600
建筑设计研究院	北京市大兴区康庄路9号	010－51010567	102600
工程经济设计研究院	北京市大兴区康庄路9号	010－51010672	102600
城市轨道与地下工程设计研究院	北京市大兴区康庄路9号	010－51011227	102600
交通与市政工程设计研究院	北京市大兴区康庄路9号	010－51013923	102600
中国铁建机场设计研究院	北京市大兴区康庄路9号	010－51011325	102600
测绘与地理信息研究院	北京市大兴区康庄路9号	010－51011849	102600
工程咨询院	北京市大兴区康庄路9号	010－51011660	102600
科学技术研究院(科学技术中心、战备办公室、试验中心)	北京市大兴区康庄路9号	010－51011517	102600
东北院	黑龙江省哈尔滨市南岗区西大直街119号	0451－86426207	150006
郑州院	河南省郑州市高新区翠竹街1号总部企业基地100号楼	0371－86628312	450000
新疆院	乌鲁木齐市新市区北京南路946号金坤大厦9楼	0991－7728306	830011
天津院	天津市南开区黄河道大通大厦A803	022－87900005	300100
广西院	广西南宁青秀区紫荆路1号	0771－8060103－0	530000
常州院	江苏省常州市武进区潞城街道东方东路51－1号	0519－68217200	213025
成都院	四川省成都市武侯区希顿国际广场B座25A－01	13880814982	610041
北京铁城建设监理有限责任公司	北京市海淀区复兴路40号东院	010－52689375	100855

续表

单位名称	地　址	电　话	邮政编码
北京铁研建设监理有限责任公司	北京市大兴区黄村镇康庄路9号	010－53203301	102628
北京中铁建北方路桥工程有限公司	北京市大兴区黄村镇康庄路9号	010－51011213	102600
北京铁五院工程机械有限公司	北京市大兴区工业开发区科苑路18号	010－51011556	102600
北京铁五院工程试验检测有限公司	北京市大兴区康庄路9号	010－51015112	102600
北京铁城检测认证有限公司	北京市大兴区鼎利路10号院9号楼1层101室	010－56495458	102600
北京铁建院物业管理有限公司	北京市大兴区黄村镇康庄路9号	010－51011699	102600
北京中铁生态环境设计院有限公司	北京市大兴区西红门镇中鼎北路1号2层209室	010－51011846	100076
苏州众通规划设计有限公司	苏州市相城区高铁新城南天成路8号天成大厦9、10层	0512－68838132	215100
衢州市交通设计有限公司	浙江省衢州市柯城区白云街道花园中大道82号1－2层	0570－8767316	324000
北京铁五院工程设计咨询有限公司	北京市大兴区黄村镇康庄路9号院(南院)5号楼5层514室－530室	010－51011308	102600
南通中铁设计研究院有限公司	南通市崇州大道60号紫琅科技6号楼308	0513－89077553	226000
后勤保障中心(退管办)	北京市大兴区康庄路9号	010－51125047	102600
图文中心	北京市大兴区康庄路9号	010－51011512	102600
《铁道建筑技术》杂志社	北京市大兴区康庄路9号	010－53271032	102600
中国铁建知识产权中心	北京市大兴区康庄路9号	010－51010097	102600
中铁上海设计院集团有限公司	上海市静安区天目中路291号	021－63818358	200070
南昌铁路勘测设计院有限责任公司	江西省南昌市工人新村二路27号	0791－87021157	330002
杭州铁路设计院有限责任公司	杭州市江干区三里亭路27－35号	0571－56735223	310004
中铁上海设计院集团合肥有限公司	合肥市瑶海工业园区新海大道15号(中国铁建安徽大厦)	0551－62123591	230011
中铁上海设计院集团有限公司南京设计院	南京市鼓楼区中山北路223号建达大厦	025－83302580	210009
中铁上海设计院集团有限公司徐州设计院	徐州市新城区镜泊西路吉田商务广场C栋4层	0516－80805777	221000
中铁上海设计院集团有限公司天津分院	天津市南开区卫津路18号中恺国际广场新都大厦A座15层	022－27776861	300073
中铁上海设计院集团有限公司长沙设计院	长沙市雨花区香樟路819号万坤图财富广场1栋10楼	0731－85355391	410000
上海先行建设监理有限公司	上海市天目中路291号	021－63810150	200070

续表

单位名称	地　址	电　话	邮政编码
中铁建预制构件研发咨询(上海)有限公司	镇江市润州区冠城路8号工人大厦16楼	0511－88056117	212000
中铁上海设计院集团有限公司广州分院	广州市天河区高唐路242号301房	020－89811071	510640
中铁上海设计院集团南通晟大有限公司	江苏省南通市海门区东布洲中路33号,档案大楼12楼	0513－68908688	226100
中铁上海设计院集团启东发展有限公司	江苏南通市启东市汇龙镇长龙东街	0513－83300623	226200
中铁上海设计院集团海安有限公司	江苏南通海安市中坝南路12号建设大厦3楼	18888178121	226600
上海纬宏科技有限公司	上海市青浦区公园东路1155号科技孵化服务中心4014室D区45	028－66825906	201700
河南省华夏中智信息科技有限公司	河南省郑州市金水区楷林IFCc座25楼		450000
中铁上海设计院集团有限公司重庆分院	重庆市两江新区青枫北路12号双子座B座5楼	023－65953575	400000
中铁建申昊科技上海有限公司	上海市静安区天目中路291号	13062656611	200040
中铁物资集团有限公司	北京市海淀区西四环中路19号	010－51881098	100143
东北有限公司	辽宁省沈阳市东北大马路337号	024－88204333	110044
华东有限公司	上海市杨浦区逸仙路25号同济晶度大厦18－19楼	021－62172358	200437
中南有限公司	湖北省武汉市武昌区丁字桥路25号	027—87129871	430070
西北有限公司	陕西省西安市碑林区友谊东路150号	029－82258212	710054
西南有限公司	四川省成都市金牛区一环路北三段1号1栋3单元6至35层	028－87666612	610081
华南有限公司	广州市越秀区东风东路745号东山紫园商务大厦17层	020－28079953	510080
港澳有限公司	广东省广州市番禺区万惠一路48号奥园集团大厦20层	020－87305606(801)	511442
北京中铁工业有限公司	北京市石景山区玉泉路65号	010－51888618	100040
北京中铁国际招标公司	北京市海淀区西四环中路19号	010－51881640	100143
北京五棵松饭店有限公司	北京市海淀区西四环中路19号	010－51881680	100143
云南有限公司	云南省昆明市官渡区广福路银海樱花语幸福广场A1地块E幢8层801－814室	0871－63575127	650200
盘古云链(天津数字科技有限公司)	天津市南开区长荣大厦16楼1605、1608室	022－58608055	300199
中铁物资集团(天津)有限公司	天津市南开区南马路北侧铭隆大厦1号楼9层	022－58068338	300100
中铁民爆物资有限公司	北京市海淀区西四环中路19号26号楼5层	010－51881753	100143
北京中铁福斯罗技术有限公司	北京市海淀区西四环中路19号13号楼五层2524室	010－51881080	100143

续表

单位名称	地 址	电 话	邮政编码
钢之家电子商务公司	上海市浦东新区东方路818号众城大厦10楼D座	021－50582191	200122
北京中铁新材料技术有限公司	北京市海淀区西四环中路19号	010－51881787	100143
中国铁建重工集团股份有限公司	湖南长沙经济技术开发区东七路88号	0731－84071801	410100
中国铁建高新装备股份有限公司	云南省昆明市官渡区金马镇羊方旺384号	0871－63831815	650000
研发经营系统	湖南长沙经济技术开发区东七路88号	0731－84071779	410100
生产保障系统	湖南长沙经济技术开发区东七路88号	18570496604	410100
道岔分公司	湖南省株洲市建设北路	0731－28300006	412005
中铁隆昌铁路器材有限公司	四川省隆昌市金鹅街道重庆路598号	0832－3998026	642150
株洲中铁电气物资有限公司	湖南省株洲市田心北站路81号	0731－22681288	412001
新疆公司	乌鲁木齐市经济技术开发区融合南路399号	0991－7526016	830000
包头公司	内蒙古包头市青山区包头装备制造产业园铁建重工包头有限公司	0472－2622758	14000
中国铁建国际集团有限公司	北京市海淀区复兴路40号中国铁建大厦B座1－4层、7层	010－52689100	100855
北非区域公司	143, Route d'Amara, Chéraga, Alger, Algérie	00213－23305032	16002
亚太区域公司	北京市海淀区复兴路40号中国铁建大厦B座	010－52687585	100855
美洲区域公司	Oficina 1001, Torre 532, Rosario Norte, comuna de Las Condes, Santiago, Chile	0056－982569477	8320000
欧亚区域公司	г. Москва, муниципальный округ Коньково, вн. тер. г., Обручева ул., д. 30/1, стр. 1, этаж 5, помещ. VIII, ком. 1－31	007－4952520666	117485
中东区域公司	Office No. 16, Building No. 4450, Anas Ibn Malik Street, Al Malqa District, Riyadh, KSA	0966－114873114	12616
非洲事业部	北京市海淀区复兴路40号中国铁建大厦B座2－4层	010－52687753	100855
中铁建(北京)国际贸易有限公司	北京市海淀区复兴路40号中国铁建大厦B座2层	010－52687500	100855
中铁城建集团有限公司	湖南省长沙市岳麓区洋湖路695号	0731－88605600	410208
第一工程有限公司	山西省太原市万柏林区迎泽西大街169号	0351－2654912	30024
第二工程有限公司	广东省广州市南沙区丰泽西路华飞街2号6号楼	020—31005990	511455
第三工程有限公司	天津滨海高新区塘沽海洋科技园桂海路21号	022－60615958	300457
北京工程有限公司	北京市朝阳区常营北路五里桥一街一号院21号楼	010－85717577	100024
南昌建设有限公司	江西省南昌市西湖区二七南路116号	0791－87023247	330002
房地产开发有限公司	湖南省长沙市岳麓区洋湖路695号	0731－89590657	410208
物资有限公司	广东省广州市南沙区黄阁镇蕉门村蕉门路8号		511455
城市运营服务有限公司	湖南省长沙市学士街道含浦中路785号4栋	0731－89590603	410006
建筑科技有限公司	驻湖南省湘潭经开区东风路31号创新创业中心		411100
总承包分公司	湖南省长沙市岳麓区洋湖路695号	0731－89590891	410001

续表

单位名称	地 址	电 话	邮政编码
投资分公司	湖南省长沙市岳麓区洋湖路695号	0731－89590810	410001
中国铁建投资集团有限公司	北京市海淀区复兴路40号铁建大厦B座	010－52689500	100855
中铁建南方投资有限公司	天津市东丽区一经路3号	022－58928053	300000
中铁建苏州设计研究院有限公司	苏州市姑苏区三香路1338号恒业铂金大厦9F－10F	0512－65333172	215007
中铁建公路运营有限公司	广东省珠海市横琴新区金融岛中国铁建大厦31层	0756－8739011	519000
中铁建恒诚实业有限公司	广东省珠海市香洲区横琴中国铁建大厦	0756－8739100	519000
中铁建桂林投资有限公司	广西壮族自治区桂林市资源县产子坪资兴高速公路管理中心	0773－2202022	541400
中铁建四川简蒲高速公路有限公司	四川省眉山市东坡区太和镇太和大道中段	028－38566559	620010
中铁建贵州安紫高速公路有限公司	贵州省安顺市西秀区七眼桥镇本寨村安紫高速公路管理中心	0851－33222410	561006
北京兴延高速公路有限公司	北京市昌平区流村镇上店村上店服务区北京兴延高速公路有限公司	010－69788110	102200
中铁建四川德都高速公路有限公司	四川省德阳市旌阳区鞍山路39号高新大厦15层	0838－2530229	618000
中铁建四川德简高速公路有限公司	四川省德阳市中江县南华镇中江西收费站	0838－2909720	618000
中铁建湖南高速公路有限公司	湖南省常德市澧县南收费站	0736－5366392	415000
中铁建重庆轨道环线建设有限公司	重庆市渝北区财富中心财富园1号B栋6楼	13983210218	401120
中铁建珠海投资开发有限公司	珠海市金湾区红旗镇泰然西西里4楼	0756－7798678	519000
中铁建青岛投资有限公司	青岛市市北区瑞海北路266号尤尼小镇1号楼3层	13210201065	266000
中铁建珠海西部投资开发有限公司	珠海市金湾区红旗镇泰然西西里4楼	0756－7798678	519000
中铁建南京新市镇开发有限公司	江苏省南京市江宁区胜太路99号	13382782709	211161
珠海铁建梧桐苑置业有限公司	广东省珠海市金湾区金荷路泰然西西里6楼	13128560011	519090
中铁建万方张家口房地产开发有限公司	河北省张家口市桥西区建设西街15号西泽园南区1号楼10号商业	0313－5985150	75000
中铁建桂林旅游开发有限公司	广西桂林市临桂区西城南路1号花生唐5B6层	18078355685	541100
中铁建科江门人才岛投资有限公司	广东省江门市蓬江区潮连街祥和路138号	0750－3991579	529030
中铁建投未来城(珠海)置业有限公司	广东省珠海市金湾区金荷路泰然西西里6楼	13128560011	519090
珠海西部铁建城开发有限公司	广东省珠海市金湾区金荷路泰然西西里6楼	13128560011	519090

续表

单位名称	地 址	电 话	邮政编码
中铁建河南兰原高速公路有限公司	河南省新乡市封丘县封丘南收费站管理中心	17377773261	45000
中铁建投悦居有限公司	北京市丰台区张仪村路215号	010－－60936315	100166
中铁建投广西南玉珠高速公路有限公司	广西壮族自治区玉林市玉州区名山街道玉东大道88号中鼎大厦B座4层	18639563231	537000
珠海铁建花园置业有限公司	广东省珠海市金湾区金荷路泰然西西里6楼	13128560011	519090
中铁建投(广州)发展有限公司	广州市番禺区汇智三路25号奥园国际中心4座15楼	15918793769	511430
中铁建置业有限公司	北京市丰台区东铁匠营街道南窑39号	010－－60936315	100079
中铁建陕西高速公路有限公司	陕西省西安市经济技术开发区文景路132号普汇中金国际中心A座1102室	029－89820191	710018
中铁建(山东)高东高速公路有限公司	山东省聊城市东阿县姚寨镇高东高速东阿北管理中心	18562712615	252200
中铁建新疆京新高速公路有限公司	新疆哈密市巴里坤哈萨克自治县大河镇京新高速巴里坤收费站		839205
扬州湾头玉器特色小镇有限公司	江苏省扬州市广陵区湾头镇玉康路68号	0514－85555128	225006
中铁建山东京沪高速公路济乐有限公司	山东省济南市济阳区太平镇后石村京沪高速管理中心	0531－81171103	250000
中铁建山东济徐高速公路济鱼有限公司	山东省济宁市任城区唐口街道机场路济徐高速监控分中心	0537－5168383	272000
中铁建(山东)德商高速公路有限公司	山东省聊城市东阿县姚寨镇高东高速东阿北管理中心	18562712615	252200
中铁建甘肃张扁高速公路有限公司	甘肃省张掖市民乐县六坝镇张扁高速公路管理中心	0936－8800003	734502
中铁建投(天津)城市发展有限公司	天津东丽区金钟街道金钟新市镇仁智路4号,政务大厅三楼	022－58238989	300300
唐山唐丰置业有限公司	河北省唐山市丰润区林荫路18号唐山轨道创新发展中心叁号楼	0315－8072570	64099
中铁建投山东小清河开发有限公司	山东省济南市历城区围子山路一号中国铁建	18816391360	250100
中铁建投山西高速公路有限公司	山西省运城市盐湖区河东东街3969号新运城日报社西楼	3596359100	44000
中铁建投山东泰东高速公路有限公司	山东省泰安市东平县创业创新服务平台西北楼5楼泰东公司	15905310966	271500
中铁建投(兰州)置业有限公司	甘肃省兰州市七里河区恒大名都商业二期三幢中国铁建	17361683192	730000
中铁建投高邑城市开发有限公司	河北省石家庄市高邑县高邑镇新区管委会院内	0311－85841008	51330
中铁建投河南许昌城市开发有限公司	河南省许昌市东城区建安大道以南兴业路以东观澜嘉苑14幢	15137401019	461000
中铁建投廊坊开发建设有限公司	河北省廊坊市广阳区南尖塔镇汇景轩小区11号楼9层	17753703999	65000

续表

单位名称	地 址	电 话	邮政编码
中铁建投(桐乡)建设管理有限公司	浙江省嘉兴市桐乡市梧桐街道振兴西路888号富力大厦6楼	0573-88210959	314500
中铁建宁夏高速公路有限公司	宁夏回族自治区银川市金凤区德丰大厦19层	0951-7619028	750000
中铁建投吉林长太高速公路有限公司	吉林省松原市长岭县岭城路南挹爽街西天赋馨家园小区5号楼3门	0438-5158919	131500
中铁建投(肇庆)开发建设有限公司	广东省肇庆市大旺高新区建设路40号	0758-3603760	526238
中铁建投温玉(台州)铁路有限公司	浙江省台州市椒江区市府大道507号台州国际商务广场A幢16楼	0576-88136028	318001
中铁建投富春湾(杭州)城市开发有限公司	浙江省杭州市富阳区江滨东大道1号3层	18310727499	311400
中铁建投(烟台)开发有限公司	山东省烟台市开发区衡山路18号万行广场A座13层	18944618777	265599
陕西关环麟法高速公路有限公司	陕西省宝鸡市鹏博财富中心2号楼B座5层	18066885958	721000
中铁建投(宁波)开发建设有限公司	浙江省宁波市奉化区岳林街道复旦科技园7楼	13396662642	315502
中铁建投(驻马店)城市开发有限公司	河南省驻马店市驿城区置地大道置地国际广场2号楼17层	15863339876	463000
太原轨道交通一号线建设运营有限公司	山西省太原市小店区龙城南街291号恒大未来城3号楼12层	0351-2458280	30012
中铁建投(沈阳)城市开发建设有限公司	辽宁省沈阳市经济技术开发区开发二十二号路		110027
中国铁建投资集团冀中开发项目群	河北省保定市竞秀区乐凯北大街3088号深圳湾(保定)创新中心22楼	13503710239	71000
中铁建投西安城市开发有限公司	陕西省西安市灞桥区柳雪路368号1101室	18210779097	710000
中铁建投(天津)中德生态城开发有限公司	天津市静海区春曦道11号	022-68168099	301600
北京通达京承高速公路有限公司	北京市密云区左堤路171号	1061074038	101500
中铁建投(宿州)城市发展有限公司	安徽省宿州市埇桥区银河二路468号	0557-3800125	234000
中铁建陕西眉太高速公路有限公司	陕西省宝鸡市金台区鹏博财富中心2号楼B座11层	13891816780	721004
中铁建投沧州城市开发有限公司	河北省沧州市运河区南陈屯乡解放西路126号1501室	0317-2060069	61000
中铁建投(湘潭)新能源产业园开发有限公司	湖南省湘潭市雨湖区和平街道祥霖九华新城小区16栋门面	0731-58612616	411100
中铁建投洛阳城市开发建设有限公司	河南省洛阳市回族区九都路与夹马营交叉口君河湾50号楼2单元17层	0319-60633636	471000

续表

单位名称	地 址	电 话	邮政编码
中铁建投唐山开发有限公司	河北省唐山市路南区学院南路街道南新道与学院路交叉口南行50米中铁建投唐山开发有限公司	0315－5939989	63000
中铁建投(阳江)环境综合治理有限公司	阳江市江城区濠江路2号恒盈大厦5－7楼	18022618981	529500
中铁建投泰州姜堰城市开发建设有限公司	泰州市姜堰区罗塘街道荷叶路669号	13382368565	225500
中铁建投西安未央大学城开发有限公司	陕西省西安市未央区凤城十路2206号陕西水务大厦901	13474283222	710016
中铁建投(廉江)开发建设有限公司	廉江市吉水镇燕山村委铺仔村西旁城西水质净化厂	18826677886	524000
中铁建投(潍坊)城市发展有限公司	山东省潍坊市潍城区青年路62号交运贸易广场B座11层	0536－2106136	261021
中铁建投潍坊城市开发建设有限公司	山东省潍坊市潍城区青年路62号交运贸易广场B座11层	0536－2106136	261021
中铁建投(海南)城市建设有限公司	海南省东方市八所镇滨海北路口岸办大楼三楼	18600395111	572600
中铁建投(泰州)开发建设有限公司	江苏省泰州市海陵区海姜大道民兴中学西北门	13382368565	225300
中铁建投(西安)渼陂综合开发有限公司	陕西省西安市鄠邑区吕公路东段西户科技企业孵化器A3栋3楼	029－84911722	710302
中铁建投(重庆)城市建设开发有限公司	重庆市江津区滨江新城乾和新天汇A座13楼	19112167321	402260
中铁建投南阳城市开发有限公司	河南省南阳市卧龙区人民北路与张衡路交叉口西北角卓越凯悦国际26层	15829901288	473000
中铁建(渭南)澄韦高速公路有限公司	陕西省渭南市经济技术开发区香山大道中段	0913－2096696	714019
铁建高速中油(四川)能源有限公司	四川省成都市天府新区华阳街道祥鹤四街418号中海财富中心26层02－06单元	18408233992	610213
铁建高速中油(新疆)能源有限公司	新疆乌鲁木齐高新区(新市区)四平路2288号创新广场G座1501、1504	17799769902	830000
珠海铁建大厦置业有限公司	珠海市横琴新区荣珠道169号中国铁建大厦18－19层	0756－2680800	519000
中铁建投(青岛)城市开发建设有限公司	山东省青岛市市北区兴隆路街道傍海中路19号中国铁建中心	15965234502	266000
中铁建投城市开发建设有限公司	北京丰台区张仪村路215号	19801037797	100166
中铁建投(阳江)环境综合治理有限公司	阳江市江城区濠江路2号恒盈大厦大厦5－7楼	18022618981	529500
中国铁建昆仑投资集团有限公司	四川省成都市高新区益州大道中段1999号银泰城4栋20层	028－86051723	610094
中铁建融城发展有限公司	四川省成都市高新区益州大道中段1999号9栋20层	028－85187986	610041

续表

单位名称	地 址	电 话	邮政编码
中铁建重庆投资集团有限公司	重庆市两江新区财富东路6号涉外商务区B3栋19层、20层	023－68289131	401121
中铁建昆仑地铁投资建设管理有限公司	四川省成都市金牛区荷花池街道一环路北三段1号万达广场SOHO－C座13楼	028－83106813	610081
中铁建昆仑路桥建设有限公司	四川省成都市高新区吉瑞三路99号皇庭国际中心A做16楼	028－65777958	610095
中铁建云南投资有限公司	云南省昆明市官渡区融城金阶A座16楼	0871－63529855	650000
中铁建海南投资有限公司	海南省海口市龙华区滨海大道121－8号信恒大厦12楼		570125
中铁建昆仑资产管理有限公司	北京市石景山区玉泉路59号院2号楼6层		100040
中铁建重庆投资集团实业发展有限公司	重庆市两江新区星光五路土星C3栋16楼	023－63363093	401121
重庆金路交通工程有限责任公司	重庆市潼南工业园区三期标准厂房二号倒班楼4楼		402660
中铁建生态环境有限公司	重庆市北碚区冯时行路286号5楼	023－81912020	400711
中铁建生态环境建设重庆有限公司	重庆市北碚区冯时行路286号5楼	023－81912020	400711
四川天府机场高速公路有限公司	四川省成都市天府新区新兴街道兰家河坝	028－89767551	610213
贵州桐新高速公路发展有限公司	贵州省遵义市新蒲新区创元写字楼16层		563000
贵州黔中高速公路开发有限公司	贵州省贵阳市清镇市双创大厦b座6楼	0851－82576609	551400
贵州贵金高速公路有限公司	贵州省贵阳市观山湖区金阳北路318号烈变国际广场A幢A单元10层	0851－84777235	550081
达州中铁建昆仑投资建设管理有限公司	四川省达州市高新区秦巴智谷产业园9210	0818－28529626	635000
贵阳畅达轨道交通建设有限责任公司	贵州省贵阳市观山湖区金阳北路318号烈变国际广场13楼	0851－84701916	550081
贵州剑黎高速公路有限公司	贵州省黔东南苗族侗族自治州剑河县革东镇校场一路游客信息中心大楼	0855－2151688	556400
四川成绵苍巴高速公路有限责任公司	四川省成都市新都区桂湖东路钟楼		610599
成都昆仑森投龙泉山生态建设有限公司	四川省成都市龙泉驿区经开区南二路311号10栋	028－80271231	610100
江阴中铁建昆仑城市发展有限公司	江苏省江阴市长江大道188号金盘商务中心20楼	0510－86889009	214400
中铁建资本控股集团有限公司	北京市海淀区复兴路40号院A座	010－52681290	100855
诚合保险经纪有限公司	北京市石景山区银河大街6号院1号楼南塔A2	010－52689665	100040
中铁建金融租赁有限公司	北京市石景山区石景山路45号	010－68093000	100043
中铁建资产管理有限公司	北京市石景山区石景山路45号	010－68448207	100043

续表

单位名称	地　址	电　话	邮政编码
中铁建投资基金管理有限公司	北京市石景山区燕保大厦15层	010－59856312	100040
中国铁建财务有限公司	北京市海淀区复兴路40号中国铁建大厦A座10层	010－52689068	100855
中铁建财资管理（香港）有限公司	香港湾仔港湾道1号会展广场办公大楼4001－4009	852－53490663	999077
中铁建商务管理有限公司	北京市海淀区复兴路40号	010－51889291	100039
北京铁建物业管理有限公司	北京市海淀区复兴路40号	010－51887649	100855
北京铁建医院	北京市海淀区复兴路40号	010－51888417	100855
北京铁建餐饮有限公司	北京市海淀区复兴路40号	010－51888692	100855
中铁国际航空服务有限公司	北京市海淀区复兴路40号	010－51887251	100855
大厦服务中心	北京市海淀区复兴路40号	010－52689702－8005	100855
中铁磁浮交通投资建设有限公司	湖北省武汉市武昌区张之洞路169号金星大厦	027－88068796	430060
清远磁浮交通有限公司	清远市清城区广清大道96号凤城明珠花园凤迎阁（五栋）商铺首层39层	0763－3216566	511500
中铁建华南建设有限公司	广州市南沙区黄阁镇南府路1号中国铁建环球中心一号楼20楼	020－89557607	511455
中铁建华南建设（广州）高科技产业有限公司	广州市南沙区万顷沙镇万环西路新安村	020－39011460	511462
中铁建华南建设（广州）建材有限公司	广东省广州市番禺区南村镇江南村金山二路16号	020－39009351	511400
广州中咨城轨工程咨询有限公司	广州市海珠区新港东路1238号万胜广场A塔15层	020－83649521	510220
中铁建（中山）城市建设有限公司	中山市火炬开发区环茂一路62号	18810072787	528437
中铁建国际投资有限公司	北京市东城区建国门外大街8号华润大厦1701室	+86 010 50973265	100000
中国铁建资产管理（香港）有限公司	香港湾仔港湾道1号会展办公广场4001－09室	+852 21907500	999077
中国铁建国际投资集团有限公司	香港湾仔港湾道1号会展办公广场4001－09室	+852 21907500	999077
智利5号公路塔尔卡—奇廉特许经营股份有限公司	Calle：LOS MILITARES，Nro. 5953，Depto：705，Comuna：LAS CONDES，Ciudad：SANTIAGO，ROL：733－117，		999160
欧洲基础设施投资有限公司	CALLE BAHIA DE LA CONCHA，2，28042 Madrid	+34 913 823 287	28042
阿尔德萨集团股份有限公司	CALLE BAHIA DE POLLENSA，13，28042 Madrid	+34 913 823 287	28042
中铁建发展集团有限公司	北京市石景山区石景山路22号铁建发展大厦	010－81120606	100040
铁建发展（河源）城乡环境治理有限公司	广东省河源市东源县委党校		517500
中铁建发展（深圳）城市开发运营有限公司	广东省深圳市罗湖区东湖街道横排岭村172号		518000

续表

单位名称	地　址	电　话	邮政编码
中铁建发展集团北京生态环境建设有限公司	北京市石景山区北京冬奥公园	010－52980216	100000
中铁建发展集团(天津)水务有限公司	天津市东丽区郭家台村		300303
济南济阳润淏水质净化有限公司	山东省济南市济阳区济北街道仁和街8号1号办公楼	17795710393	251400
兰州中陆铁建环保有限公司	甘肃省兰州市西固区玉门街10－6	0931－7931104	730060
铁建发展(定州)唐河流域治理有限公司	定州市兴定西路172号安源大厦17层1701	13161718126	73000
中铁建发展(定州)园博园生态建设有限公司有限公司	定州市兴定西路与清风北街交叉口西140米盛东广场10层	13572859371	73000
铁建发展(日照)环境治理有限公司	山东省日照市东港区日照街道荣安广场00D幢5单元26层2613号		276800
中铁建发展集团(龙口)生态建设有限公司	山东省烟台市龙口市龙港街道金沙路388号百电社区二楼		265700
铁建发展(范县)范水生态环境治理有限公司	河南省濮阳市范县新区益民路惠民花苑南门		457500
北京水务分公司	北京市石景山区石景山路22号铁建发展大厦4层		100040
中铁建网络信息科技有限公司	北京市石景山区石景山路22号铁建发展大厦318室		100043
阿达驻车投资管理有限公司	天津自贸试验区(空港经济区)瑞航广场1号楼7层	022－84958586	300300
诚合瑞正风险管理咨询有限公司	北京市海淀区复兴路40号中国铁建大厦A座	1052681100	100855
中铁建交通运营集团有限公司	天津市南开区南马路北侧铭隆大厦1号楼		300100
中铁建南方建设投资有限公司	深圳市福田区福田街道滨河大道南京基滨河时代广场(北区)二期4906	0755－29010776	518000
中国铁建北京培训中心(党校)	北京市大兴区龙河路16号	010－60282716	102600
中铁建锦鲤资产管理公司	北京市海淀区复兴路40号东院	010－52681191	100855
中国铁建股份有限公司东北区域总部	辽宁省沈阳市沈北新区沈北路36号	024－67856893	110000
中铁建北方投资建设有限公司	辽宁省沈阳市沈北新区沈北路36号	024－67856893	110000
中铁建黑龙江投资建设有限公司	黑龙江省哈尔滨市松北区松北街道江都街	15004623281	150028
中铁建长春投资建设有限公司	吉林省长春市朝阳区硅谷大街	15948937680	130012
中国铁建股份有限公司华北区域总部	河北省石家庄市裕华区槐北路27号	0311－68091995	50000
中铁建雄安投资发展有限公司	河北省石家庄市裕华区槐北路27号	0311－68091995	50000

续表

单位名称	地 址	电 话	邮政编码
中国铁建股份有限公司中原区域总部	山东省济南市槐荫区日照路2753号西城大厦	53169988900	250000
中铁建黄河投资建设有限公司	山东省济南市槐荫区日照路2753号西城大厦	53169988900	250000
中铁建康养产业发展有限公司	山东省青岛市崂山区科苑纬三路25号青岛铁建大厦	13703586992	266100
中国铁建股份有限公司华中区域总部	江苏省南京市建邺区白龙江东街8号科技创新综合体A3栋19楼	025－89660883	210019
中铁建城市建设投资有限公司	江苏省南京市建邺区白龙江东街8号科技创新综合体A3栋19楼	025－89660883	210019
中铁建长江投资有限公司	湖北省武汉市江岸区谌家矶大道85号	15549192222	430014
中铁建华中投资建设有限公司	安徽省合肥市蜀山区长江西路990号	18949872788	230031
中铁建竹埠港新区建设开发有限公司	湖南省湘潭市岳塘区荷塘乡团山铺街8号综合楼3楼305号	18102131817	411100
安庆市高铁新区建设投资有限公司	安庆市经开区湖心北路76号	18913310033	246000
中铁东津利津大桥管理有限公司	山东省东营市利津县利一路117号	0546－5555699	257000
江苏盐城铁投建设发展有限公司	盐城市区新华路1号2幢242室(7)	15096603663	224000
中国铁建股份有限公司华东区域总部	浙江省杭州市拱墅区上石祥路255号中国铁建国际城19幢17－19楼	0571－87780671	310000
中铁建东方投资建设有限公司	浙江省杭州市拱墅区上石祥路255号中国铁建国际城19幢17－19楼	0571－87780671	310000
中铁建华东建设发展有限公司	中国(上海)自由贸易试验区临港新片区环湖西二路888号899室	021－66110070	200000
中铁海峡建设集团有限公司	厦门市集美区同集南路92号东侧一楼	0592－5553368	361000
中铁建东南投资建设有限公司	南昌市红谷滩区春晖路6号新龙大厦20楼	0791－86385656	330038
中铁建城市开发有限公司	浙江省杭州市拱墅区上石祥路255号中国铁建国际城19幢12－13楼	0571－81907689	310000
中铁市政(厦门)投资管理有限公司	福建省厦门市翔安区大嶝岛大嶝中路522号	0592－5938572	361103
中铁(丰城)市政建设管理有限公司	江西省宜春市丰城市新城小区A区11栋1单元102室	0592－5938572	331199
中铁建(福州)工程建设有限公司	福建省福州市晋安区象园街道晋连路19号	0591－83203811	350000
中铁建东方投资建设(慈溪)有限公司	浙江省慈溪市白沙路街道南白河路128号	0574－63012817	315300
上海铁建城市建设发展有限公司	中国(上海)自由贸易试验区临港新片区环湖西二路888号C楼	021－58281509	200000
南昌中铁建建设发展有限公司	江西省南昌市红谷滩区丰和中大道166号华兴文化广场1号楼15楼	18170925905	330038

续表

单位名称	地 址	电 话	邮政编码
中铁建东方投资建设(常山)有限公司	浙江省衢州市常山县天马街道大桥路18号四楼	15022791700	324200
中国铁建股份有限公司华南区域总部	广东省广州市番禺区钟村街汉溪村(汉溪商业中心)泽溪街3号1301－1306单元	020－39981515	511400
中铁建华南投资有限公司	广东省广州市番禺区钟村街汉溪村(汉溪商业中心)泽溪街3号1301－1306单元	020－39981515	511400
中铁建北部湾建设投资有限公司	广西壮族自治区南宁市青秀区佛子岭路33号凤岭佳园29栋		530022
中铁建海南建设发展有限公司	海南省三亚市崖州区崖州湾科技城标准厂房二期三楼C288区		572024
中铁建(东莞)建设投资有限公司	广东省东莞市大岭山镇科技工业园		523819
深圳中铁建湾区投资建设有限公司	广东省深圳市深汕特别合作区鹅埠镇深汕大道兴舞大厦A座9楼		516473
中国铁建股份有限公司西南区域总部	四川省成都市高新区益州大道中段1999号4栋21－22层	028－81266315	610041
中国铁建西南投资有限公司	四川省成都市高新区益州大道中段1999号4栋21－22层	028－81266315	610041
中国铁建股份有限公司西北区域总部	陕西省西安市雁塔区曲江新区万众国际A座19层	029－81208988	710061
中铁建西北投资建设有限公司	陕西省西安市雁塔区曲江新区万众国际A座19层	029－81208988	710061
中国铁建股份有限公司工程总承包部	北京市海淀区复兴路40号中国铁建大厦A座四层	010－52689809	100855
中国铁建新闻中心(中国铁建建筑报社)	北京市海淀区复兴路40号中国铁建大厦A座	010－52689219	100855

索　引

使用说明

一、本索引采用主题索引法编制，除大事记外，年鉴中有实质检索意义的内容均予以标引，以便检索使用。

二、本索引基本上按汉语拼音音序排列，具体排列方法如下：以数字开头的索引词，排在最前面；汉字索引词则按首字的音序、音调依次排列，首字相同时则以第二个字排序，依此类推。

三、索引词后的数字，表示检索内容所在的正文页码；数字后面的字母 a、b，表示正文栏别，合在一起即指该页码及所在的版面区域。年鉴中用表格、图片反映的内容，则在索引词后面用括号注明（表）（图）字，以区别于文字索引词。

四、为反映索引词的隶属关系，对于二级索引词，采取在上一级索引词下面缩二格的形式编排，之下再按汉语拼音音序、音调排列。

0～9

A

B

C

D

E

F

G

H

J

K

L

M

N

O ~ Q

R

S

T

Y

Z

（王彦祥、张若舒 编制）